ORDONNANCES
DES
ROYS DE FRANCE
DE LA
TROISIEME RACE,
RECUEILLIES
PAR ORDRE CHRONOLOGIQUE.

AVEC

Des renvoys des unes aux autres, des ſommaires, & des obſervations ſur le Texte.

SECOND VOLUME.

Contenant les Ordonnances du Roy Philippe de Valois, & celles du Roy Jean, juſqu'au commencement de l'année 1355.

Par feu M. DE LAURIERE *ancien Avocat au Parlement.*

Et deux Supplemens, des Tables, & l'Eloge de M. DE LAURIERE.

Par Me DENIS-FRANÇOIS SECOUSSE Avocat au Parlement, de l'Academie Royale des Inſcriptions & Belles Lettres.

A PARIS,
DE L'IMPRIMERIE ROYALE.

M. DCCXXIX.

PREFACE.

1. **M.**R DE LAURIERE a expliqué avec une profonde érudition, dans la Preface du premier volume des Ordonnances, l'origine & les principes du Droit François, ſur les matieres les plus importantes contenuës dans ce Volume, telles que ſont les *Amortiſſements*, les *Francs-fiefs*, & *la ſimple Nobleſſe*, le Droit d'*Aubaine*, le Droit de *Bâtardiſe*, le *Frerage* & le *Parage*, les *Guerres privées*, les *Duels*, ou *gages de Bataille*, les *inalienations du Domaine de la Couronne*, & la *revocation de ce qui en avoit eſté alienè*.

Il n'y a rien a ajoûter aux ſçavantes Diſſertations de M. de Lauriere ſur ces Articles : elles ſerviront de fondement à la Preface de ce Volume, & de ceux qui le ſuivront : car les principes eſtant une fois bien eſtablis, il ne reſte plus qu'à marquer ſur chacun de ces points, les changements qui y ont eſté introduits ſucceſſivement par les Ordonnances; & qu'à y joindre quelques éclairciſſements ſur les matieres dont il n'eſt point parlé dans le premier Volume, à meſure qu'elles ſe preſenteront dans les ſuivants.

2. L'on ne trouve rien dans le ſecond volume des Ordonnances, ſur le Droit d'*Aubaine*, ſur le Droit de *Bâtardiſe*, ſur le *Frerage* & le *Parage*, ni ſur les *Duels*; & la *Monnoye* eſt la ſeule matiere nouvelle, qui ait paru meriter une attention particuliere.

Des Amortiſſemens.

3. On peut voir dans la Preface de M. de Lauriere, l'origine du Droit, en vertu duquel les Rois peuvent obliger les Egliſes, qui ont acquis des immeubles, ou de les mettre hors de leurs mains, ou de leur payer une finance, qui a eſté plus ou moins forte, ſuivant les differens beſoins des Rois qui l'ont demandée, ſuivant le titre des acquiſitions, & la nature des lieux où elles ont eſté faites. *Pag. 9. n. 63.*

4. Car les Egliſes peuvent acquerir à titre lucratif, ou à titre onereux.

A titre lucratif, lorſqu'elles reçoivent de la liberalité des fidelles, des dons, ou des aumoſnes.

A titre onereux, lorſqu'elles acquierent à prix d'argent, ou par des eſchanges, ou par quelque autre Contract que ce ſoit, qui fait changer de nature à leurs biens, ſans les augmenter réellement.

5. Les Egliſes peuvent faire des acquiſitions dans les Fiefs & Arriere-fiefs du Roy, dans ſes Cenſives & Arriere-cenſives, dans les Alleus ſituez dans les Terres, Fiefs & Arriere-fiefs du Roy, dans les lieux où elles ont

Juſtice, ſoit haute, ſoit baſſe; enfin elles peuvent acquerir dans les Fiefs & dans les Arriere-fiefs d'une autre Egliſe, dont les biens ont déja eſté amortis.

6. Philippe de Valois a donné ſur les Amortiſſements, deux Ordon-
P. 14. nances : La premiere du 18. Juin 1326. & la ſeconde du 23. Novem-
P. 23. bre de la meſme année.

Il regla par l'Ordonnance du 18. Juin, que les Egliſes payeroient l'eſtimation des fruits de quatre années, pour les biens qu'elles avoient acquis depuis quarante ans, à titre gratuit, ſans ſon conſentement ou celuy de ſes predeceſſeurs, dans ſes Fiefs, ou dans ſes Cenſives, & l'eſtimation des fruits de ſix années, pour les biens acquis à titre onereux, dans ſes Fiefs. *(a)*

Par l'Ordonnance du 23. Novembre, la finance fut fixée dans ces deux cas, à l'eſtimation des fruits de huit années.

7. Il demanda pour les acquiſitions faites dans les Arriere-fiefs, ou dans les Arriere-cenſives du Roy, à titre gratuit, l'eſtimation des fruits de trois ans par la premiere Ordonnance, & l'eſtimation des fruits de quatre années par la ſeconde.

8. Par les deux Ordonnances, *(b)* l'eſtimation des fruits de quatre années fut fixée pour les biens acquis à titre gratuit, dans les Alleus ſituez dans les Terres, Fiefs, ou Arriere-fiefs du Roy; & l'eſtimation des fruits de trois années, pour les biens acquis dans ces meſmes lieux à titre onereux.

9. Par l'Ordonnance du 18. Juin, on exigea l'eſtimation des fruits de deux années, pour les biens acquis dans les lieux où les Egliſes ont ſeulement baſſe Juſtice. La taxe fut portée par la ſeconde Ordonnance, à l'eſtimation des fruits de trois années. La raiſon de ces diſpoſitions, ſuivant M. de Lauriere, dans ſon Traité du Droit d'Amortiſſe-
P. 159. ment, eſt que les Egliſes ne peuvent faire d'acquiſitions dans les lieux où elles ont baſſe Juſtice, que les hautes Juſtices, qui relevent toutes du Roy en Fief, ou en Arriere-fief, ne ſoient diminuées, ou abregées. Les Egliſes furent miſes en ſouffrance pour les acquiſitions faites dans les lieux où elles avoient haute Juſtice, & pour les Dixmes feodales acquiſes dans les lieux qui ne relevoient point d'elles.

10. Il fut ſtatué par l'Ordonnance du 18. Juin, que les Egliſes ne payeroient point de finance pour l'acquiſition des biens ſituez dans les Fiefs, & les Arriere-fiefs d'une autre Egliſe, dont les poſſeſſions auroient eſté amorties, ou par le titre de ſa fondation, ou depuis.

NOTES.

(a) Après ce mot, il y a dans le texte une lacune, qu'il faut apparemment remplir par celuy de *cenſive*.

(b) Dans l'Ordonnance du 23. Novembre, art. 5. pag. 24. il y a, pour les choſes acquiſes ès *lieux* aſſis en nos terres, &c. Il paroiſt par l'art. 5. de l'Ordonnance du 18. Juin, p. 14. qui eſt conforme à celuy-cy, qu'il faut corriger *Alleux*. Voy. auſſi. p. 16. note, n.° 5.

Des Francs-fiefs.

11. M. de Lauriere a remarqué dans sa Preface, qu'anciennement en France, les Fiefs communiquoient leur Noblesse aux Roturiers qui les possedoient, & qui y faisoient leur demeure : en sorte que lorsque les Fiefs possedez par des non-Nobles, avoient passé du pere au fils, & du fils à ses enfans, ils estoient partagez noblement. Les Rois n'approuvoient pas ces usurpations de Noblesse; & pour distinguer les Nobles des Roturiers possesseurs de Fiefs, ils ont ordonné de temps en temps, que ceux-cy leur payeroient une certaine finance, pour interrompre la prescription de la Noblesse. *Pag. 112. 113. 114. n. 80. 84. 86.*

12. Les Rois ont ordinairement exigé cette finance des non-Nobles, par les mêmes Ordonnances par lesquelles ils demandoient aux Ecclesiastiques le Droit d'Amortissement; & cette finance estoit plus ou moins forte, à proportion de celle qu'on levoit sur les Eglises.

13. Philippe de Valois par l'Ordonnance du 18. Juin 1328. regla que les non-Nobles luy payeroient l'estimation des fruits de trois ans, pour les biens qu'ils avoient acquis depuis trente ans, sans son consentement, ou celuy de ses predecesseurs, dans ses Fiefs, ou ses Arriere-fiefs; à moins qu'entre le Roy, & celuy qui avoit fait l'alienation, il n'y eust, ou trois Seigneurs, ou un plus grand nombre. *Art. 7. pag. 14.*

Par l'Ordonnance du 28. Novembre 1328. la finance fut fixée à l'estimation des fruits de quatre ans. (a) *Art. 9. pag. 24.*

14. Ces deux Ordonnances portent qu'un non-Noble ne payera point de finance, pour un Fief acquis d'un autre non-Noble, si celuy-cy l'a possedé plus de trente ans, ou a payé finance par rapport à ce Fief.

15. Philippe de Valois par un Mandement particulier, adressé aux Commissaires deputez sur le fait des finances des francs-fiefs, ordonna qu'un non-Noble ne payeroit point de finance, pour une acquisition faite d'un Noble, qui se seroit reservé un revenu, ou une pension annuelle, sur la chose qu'il auroit alienée. *Pag. 16. note, col. 2.*

Des Guerres privées.

16. M. de Lauriere a rendu compte dans une longue & curieuse dissertation, de l'origine des guerres privées, de leurs progrès dans la France, des mesures que prirent les Puissances Ecclesiastiques & seculieres, pour les reprimer, de la Treve de Dieu establie en 1041. de la

NOTES.

(a) Il y a dans le texte, *soient trois Seigneurs*, il faut lire *ne soient trois Seigneurs*. Voy. l'Errata à la fin de ce Volume.

Quarantaine le Roy ordonnée ou par Philippe Auguste, ou par S.t Loüis, & des autres coups que l'on porta de temps en temps à cet usage abusif, pour parvenir par degrés au but que l'on se proposoit, qui estoit de l'abolir entierement; enfin de l'attachement opiniastre de la Noblesse françoise pour cette barbare coûtume, qui coûtoit tant de sang à la France, ruinoit le Royaume, & opprimoit le peuple; car l'on trouve dans une Ordonnance du Roy Jean du 5. Avril 1350. que les Nobles, à l'ombre des guerres qu'ils se faisoient les uns aux autres, molestoient & pilloient les *bonnes gens, les gens de pooste,* qu'ils les prenoient mesme quelquefois, & qu'ils les faisoient transferer hors du Royaume; ce que ce Prince deffendit sous peine d'amende & de prison.

Pag. 408. n. 27.

17. Philippe le Bel par son Ordonnance du 9. Janvier 1303. avoit deffendu les guerres privées dans toute l'estenduë du Royaume; mais les Nobles ne se soumirent qu'à regret à une Loy qui leur ostoit un Droit, qu'ils regardoient comme un de leurs plus beaux privileges; & les Gentilshommes de chaque Province ne manquerent pas de profiter des conjonctures qui leur paroissoient favorables, pour en demander le restablissement. Au mois d'Avril 1315. sous le regne de Loüis le Hutin, les Nobles du Duché de Bourgogne & des Evêchez de Lengres, Ostun (Autun) se plaignirent que depuis le regne de S.t Loüis, on avoit donné plusieurs atteintes à leurs Franchises & Libertez, aux Usages, & aux Coutumes anciennes: ils prierent le Roy d'avoir égard à leurs griefs, & ils luy presenterent des Articles, dans lesquels ils estoient renfermez.

1. Vol. des Ordon. pag. 390.

Le sixiéme de ces Articles, & la réponse du Roy sont conçus dans ces termes:

1. Vol. des Ordon. pag. 555.

Item. *Que ledit Noble puissent & doient user des armes, quant leur plaira, & que ils puissent guerroyer & contregagier. Nous leur octroyons les armes, & les guerres en la maniere que ils en ont usé, & accoustumé anciennement .... & se de guerre ouverte, li uns avoit prins sur l'autre, il ne seroit tenu du rendre ...... se puis la deffense que nous sur ce leur avons faite, ne l'avoient pris.* Ces derniers mots prouvent que Loüis le Hutin, qui n'estoit monté sur le Trosne que depuis environ quatre mois, avoit déja donné une Ordonnance, pour deffendre les guerres privées.

18. Le 8. Fevrier 1330. Philippe de Valois accorda aux Barons & aux Nobles du Duché d'Aquitaine, la permission de se declarer, & de se faire la guerre les uns aux autres, suivant l'ancien usage; mais sous deux conditions. 1.° Qu'un deffi fait en forme par celuy qui voudroit declarer la guerre, & accepté par son ennemi, precederoit tous les Actes d'hostilité: 2.° Que les guerres privées cesseroient, lorsque le Roy auroit des guerres à soustenir: cette derniere disposition a esté souvent renouvellée, comme l'on verra plus bas. n. 22. 23.

P. 61. 62.

19. Il paroist qu'en 1350. les Nobles du Vermandois estoient dans

la pleine poſſeſſion de ſe faire la guerre les uns aux autres, puiſque le Roy Jean par ſon Ordonnance du penultieme de Mars de cette année, *Pag. 395.* reforma quelques abus qui s'eſtoient introduits dans ces guerres, & fit des deffenſes qui tendoient à en diminuer les inconveniens & les deſordres.

Les Nobles du Bailliage de Vermandois s'eſtant accoûtumé depuis quelque temps à commencer les Actes d'hoſtilité, auſſitoſt après que les deffis avoient eſté faits, ſans attendre l'eſcheance du terme, le Roy Jean par l'Article XV. de l'Ordonnance cy-deſſus datée, ſtatua que les principaux Chefs de la guerre ne pourroient s'attaquer que quinze jours entiers & accomplis après le deffi, & que leurs amis ſeroient obligez d'attendre quarante jours, avant que de commencer la guerre.

20. Par l'Article ſuivant, le Roy Jean deffendit à ceux qui ſe faiſoient la guerre, d'abbattre les Maiſons, ni les Moulins, de détruire les Eſtangs, de tuer les chevaux & les autres beſtes, de rompre les Greniers, la Vaiſſelle, les Huches & les Hucheaux, de déchirer les Lettres, (les Titres,) d'effondrer les Vins, & de faire de ſemblables degaſts; & il ordonna que ceux qui contreviendroient à cette Loy, repareroient le dommage qu'ils auroient fait, & payeroient une amende au Roy & à ceux qui l'auroient ſouffert.

Les Nobles du Vermandois firent leurs remontrances au Roy ſur le premier de ces deux Articles, & le Roy par ſes Lettres du 19. Septembre 1351. declara qu'à la ſupplication deſdits Nobles, & pour certaines & juſtes cauſes, il vouloit que nonobſtant ce qui eſtoit contenu dans ce premier article, les principaux Chefs de guerre puſſent s'attaquer après huit jours entiers & accomplis depuis les deffis; mais il fit deffenſes à leurs amis de ſe faire la guerre les uns aux autres, & aux Chefs de guerre d'attaquer les amis de leurs ennemis, que quarante jours après l'eſcheance du deffi, c'eſt-à-dire, quarante-huit jours après le deffi.

21. Nonobſtant cette modification, les deux articles de l'Ordonnance du penultieme Mars 1350. ſe trouvent repetez dans les mêmes termes, dans trois Ordonnances données pour le Vermandois, aux *Pag. 507. 508. 530. 531. 568. 569.* mois d'Aouſt 1352. & 1353. & au mois de Decembre 1354.

22. Le 9. Avril 1353. le Roy Jean renouvella l'Ordonnance attribuée à S.t Loüis, & nommée la Quarantaine le Roy, qui n'eſtoit plus *Pag. 552.* obſervée dans la Ville d'Amiens; & declara que par cette Ordonnance, il n'entendoit pas approuver les guerres privées, que ſes Sujets pourroient ſe faire, pendant que luy-meſme ſeroit en guerre, au mépris de pluſieurs Ordonnances qui le deffendoient.

23. Les Rois ont ſouvent renouvellé ces deffenſes; car il eſtoit de leur intereſt, & de celuy de l'Eſtat, que les guerres privées n'empeſchaſſent pas la Nobleſſe de leur fournir les ſecours dont ils avoient beſoin, pour ſouſtenir la guerre contre les ennemis du Royaume. Il paroiſt par le preambule d'une Ordonnance du Roy Jean, donnée en

Pag. 511. Parlement le 17. Decembre 1352. que Philippe de Valois avoit interdit *sous la peine de corps & d'avoir,* à toutes sortes de personnes, les guerres privées, pendant le cours des guerres Royales, & des guerres du Royaume; & que cette Loy avoit reçu un nouveau degré d'autorité, par la publication qui en avoit esté faite dans toute l'estenduë du Royaume, en vertu de l'ordre qui en avoit esté donné par le Roy Jean president en personne au Parlement. Cependant, malgré ces deffenses réïterées, non-seulement les Gentilshommes, mais les non-Nobles mesme, sous le pretexte de Privileges, de Coustumes, ou d'Usages locaux, se faisoient des deffis de *bouche* ou par *écrit,* & commettoient des Actes d'hostilité les uns contre les autres, dans le temps que les Rois estoient engagez dans des guerres, soit pour leur interest personnel, soit pour celuy du Royaume. Le Roy Jean, pour reprimer leur temerité & leur desobéïssance, ajoûta de nouvelles peines à celles qui estoient portées par la precedente Ordonnance confirmative de celle de Philippe de Valois, il menaça de son indignation ceux qui contreviendroient à ces Loix, & il ordonna que leurs biens seroient saisis, & mis dans la main du Roy, que leurs maisons seroient découvertes, qu'ils seroient constituez prisonniers: que s'ils ne pouvoient estre arrestez, ils seroient citez par cry public; & que s'ils ne se presentoient pas, ils seroient bannis du Royaume, & que tous leurs biens seroient confisquez au profit du Roy.

24. L'Ordonnance du 17. Decembre 1352. dont on vient de rendre compte, contient deux particularitez qu'il est bon de remarquer. 1.° Que les deffis qui devoient preceder les guerres privées, se faisoient ou de *bouche,* ou par *écrit.* 2.° Que les Roturiers entraînez par le mauvais exemple que la Noblesse leur donnoit, s'estoient insensiblement arrogé le Droit de declarer & de soûtenir des guerres privées, quoyque dans l'origine, cette funeste prerogative fust reservée aux seuls

P. XXXII. n. 177. Gentilshommes, comme l'a remarqué M. de Lauriere dans sa Preface. Le Roy Jean avoit déja reprimé ces entreprises des Roturiers par l'ar-

Pag. 395. ticle 17. de l'Ordonnance du penultieme de Mars 1350. qui porte *que aucuns non-Nobles ne pourront guerroyer, & aussi ne pourront estre guerroyez par Nobles, ou autres quelconques.* Cet article est repeté dans les mêmes termes dans les trois Ordonnances citées dessus au n.° 21.

25. Malgré la fureur de la Noblesse françoise pour les guerres privées, la Normandie cependant fut preservée de cette espece de contagion, ou du moins elle y fit moins de ravages que dans les autres Provinces; car le Roy Jean declare dans l'article 27. de l'Ordonnance du

Pag. 409. 5. Avril 1350. que de tout temps, il est deffendu à toutes sortes de personnes de quelque estat & condition qu'elles soient, de *guerroyer* dans la Normandie, & il ordonne que ceux qui oseront le faire, seront punis par l'emprisonnement de leurs personnes, & par la confiscation de leurs biens.

Du

Du Domaine de la Couronne.

26. Aux exemples rapportez par M. de Lauriere dans sa Preface, pour establir que le Domaine de la Couronne est inalienable, il faut ajoûter celuy de Philippe de Valois, qui dans ses Lettres du 2. Octobre 1349. adressées aux Tresoriers à Paris, dit, qu'ayant appris que plusieurs personnes possedent des Domaines dans la Ville & Vicomté de Paris, qu'ils prétendent leur avoir esté donnez par luy, ou par ses predecesseurs, & voulant sçavoir les causes pour lesquelles ces Domaines ont esté alienez, il ordonne qu'ils soient mis dans sa main jusqu'à nouvel ordre.

Pag. 40. n. 209.

Pag. 315.

Des Monnoyes.

27. M. le Blanc a remarqué que lorsque les Rois de la troisiéme Race manquoient d'argent, ils affoiblissoient leurs Monnoyes, pour subvenir à leurs besoins, & à ceux de l'Estat; ils n'ignoroient pas, & ne dissimuloient pas même à leurs sujets, tous les inconvenients, & les suites funestes de ce remede, auquel cependant la necessité de leurs affaires les obligeoit souvent d'avoir recours. (a) Les guerres longues & malheureuses, que Philippe de Valois & ses successeurs jusques à Charles VII. eurent à soustenir contre les Anglois, causerent des desordres affreux dans les Monnoyes, qui sous le regne de ces Princes furent dans un mouvement continuel. On les affoiblissoit par degrez jusqu'à un certain point, après lequel on les reportoit tout d'un coup à leur valeur intrinseque, pour avoir occasion de les affoiblir de nouveau, & le prix du Marc d'Or & d'Argent changeoit presque toutes les semaines, & même quelquefois plus souvent. Le Blanc à la fin de son excellent Traité sur les Monnoyes, a mis des Tables qui contiennent, année par année, le prix du Marc d'Or & d'Argent, le nom des Especes, leur Loy, leur poids & leur valeur. Cet Auteur exact & laborieux, avoit recüeilli tout ce qu'il avoit trouvé sur les Monnoyes dans les Cabinets des particuliers; mais il dit dans sa Preface, qu'il n'avoit pû avoir communication des originaux renfermez dans le Thresor des Chartres, & dans les autres dépots publics. Privé de ce secours, sans lequel il ne luy estoit pas possible de porter son ouvrage à la perfection, il n'a pû éviter d'estre quelquefois trompé par de mauvaises Copies, & un assez grand nombre de monuments importants ont échappé à ses recherches. Il y a dans le second volume des Ordonnances, plusieurs pieces dont il n'a point eû de connoissance: elles peuvent servir à rectifier ce qu'il y

Traité des Monnoyes. p. 76. Edit. de Paris.

NOTES.

(a) Voy. les preambules des Ordonnances du 16. Decembre 1329. p. 43. du 16. Avril 1330. p. 49. du 25. Mars 1332. p. 84.

a de défectueux dans son ouvrage, & dans ses Tables, & à suppléer ce qui y manque : c'est ce qui a déterminé à dresser de nouvelles Tables de la valeur du Marc d'Or & d'Argent, pour le regne de Philippe de Valois, & les quatre premieres années du regne du Roy Jean. Elles sont plus exactes & plus amples que celles de M. le Blanc; mais elles pourront estre à leur tour corrigées & augmentées, à mesure que l'on découvrira de nouveaux monuments sur les Monnoyes.

TABLES

Contenant année par année, les prix du Marc d'Or & d'Argent, depuis l'an 1339. jusqu'en 1354. sous les Rois Philippe de Valois, & Jean I. ou II.

ANNÉES.	DATES des MOIS.	PRIX DU MARC D'OR.	TITRE de L'OR.	Pages.
		PHILIPPE DE VALOIS.		
1339...	29. Janvier...	90.l Tournois... Le Marc d'Or valoit 12. Marcs d'Argent, & le Marc d'Argent 7.l 10.s	Or fin.	138.
	6. Avril........	108.l T. ... Le Marc d'Or valoit 12. Marcs d'Argent, & le Marc d'Argent 9.l T.	Or fin.	142.
1342.....	26. Juin.......	168.l T. ... Le Marc d'Or valoit environ 12. Marcs d'Argent, & le Marc d'Argent 12.l 10.s T.	....	179.I.III.
1347......	5. Janvier.....	51.l 10.s T.	....	270.
1348...	23. Aoust......	51.l 10.s T.	....	290.
	11. Mars........	51.l 15.s 3.d T.	....	296.
1349..	6. May..........	52.l 1.s 6.d T.	....	301.
	19. May.........	.... Cruë de 6.s 3.d T.	....	302.
	3. Decembre...	.... Cruë de 10.s 6.d T. outre 52.l 1.s 6.d	....	318.
	12. Avril.........	53.l T.	Or fin à 21. Karaz.	322.
		JEAN I. OU II.		
1350......	31. Aoust....	Cruë de 31.s 3.d T. dans la Monnoye de Tournay. .... Et de 18.s 9.d T. dans les autres Monnoyes, outre les 53.l T. d'auparavant.	....	336.

Années.	*Dates des Mois.*	PRIX DU MARC D'OR.	*Titre de l'Or.*	*Pages.*
		JEAN I. ou II.		
1351...	4. Juin...........	53.^{l} 18.^{s} 9.^{d} Tournois.	. . . .	430. 432.
	16. Aouſt.........	96.^{l} T.	. . . .	444.
	22. Septembre..	. . . . . . Augmentation de 2. deniers d'Or à l'Eſcu. . .	. . . .	449.
	9. Novembre.	. . . . . . Le Marc d'Or valoit 64. deniers d'Or à l'Eſcu. . .	. . . .	467. 468.
1352...	20. Avril..........	. . . . . . Augmentattion d'un denier d'Or à l'Eſcu. . . .	. . . .	495. 496.
	23. May, & 4. Janvier.	. . . . . . Le Marc d'Or valoit 66. deniers d'Or à l'Eſcu, & on en donnoit un demy Eſcu de plus, à la Monnoye de Tournay. . . .	. . . .	498. 512. 513. 535.
1353......	5. Octobre.....	. . . . . . Le Marc d'Or valoit 67. deniers d'Or à l'Eſcu. .	. . . .	535.
1354......	[illegible]7. Janvier.......	60.^{l} T.	. . . .	370.

Années.	*Dates des Mois.*	PRIX DU MARC D'ARGENT.	*Titre de l'Argent.*	*Pages.*
		PHILIPPE DE VALOIS.		
1339...	29. Janvier.......	7.^{l} 10.^{s} Tournois.	. . . .	138.
	6. Avril..........	9.^{l} T.	. . . .	142.
1342......	26. Juin......	12.^{l} T. . . . . 12. Marcs d'Argent valoient environ un Marc d'Or fin, qui eſtoit alors à 168.^{l}	. . . .	179. I. III.
1346.....	20. Janvier.......	5.^{l} T. . . . . au lieu de 4.^{l} 10.^{s} que l'on en donnoit auparavant.	. . . .	256.
1347......	3. Janvier.......	4.^{l} 16.^{s} T.	. . . .	269.
1348..	23. Aouſt.........	5.^{l} T.	. . . .	290.
	6. Decembre.	5.^{l} 5.^{s} T.	. . . .	293.
	18. Decembre.	6.^{l} T.	. . . .	293.
	15. Janvier......	6.^{l} 6.^{s} T..	. . . .	295.
1349...	15. Avril..........	. . . . Cruë de 8.^{s} T.	. . . .	301.
	30. Juin..........	. . . . Cruë de 7.^{s} T.	. . . .	304.
	3. Decembre..	. . . . Cruë de 7.^{s} T.	. . . .	318.
	16. Janvier.......	. . . . Cruë de 8.^{s} T.	. . . .	318.

Années.	*Dates des Mois.*	PRIX DU MARC D'ARGENT.	*Titre de l'Argent.*	*Pages.*
		JEAN I. ou II.		
1350..	12. Avril........	4.^{l} 15.^{s} T.	5. d. 18. grains.	322.
	25. Octobre....	. . . . Cruë de 7.^{s} T. . . .	. . . .	336.
	21. Janvier.....	6.^{l} . . T.	. . . .	344.
	25. Janvier.....	. . . . Cruë de 7.^{s} T. . . .	. . . .	344.
	4. Mars.........	6.^{l} 8.^{s} T.	. . . .	388. 389.
1351.	14. May.......	6.^{l} 8.^{s} T. . en tout Billon noir. . .	. . . .	428.
		6.^{l} 18.^{s} T. . le Marc d'Argent à . .	4. d. 12. grains.	
	13. Juin..........	7.^{l} 8.^{s} T. . pour une fois seulement. .	. . . .	431.
	16. Aoust....	8.^{l} 15.^{s} T.	4. d. 12. grains & au-dessus.	444.
		8.^{l} 5.^{s} T.	au-dessous.	
	7. Septembre.	10.^{l} . . T.	4. d. 12. grains & au-dessus.	447.
		9.^{l} 10.^{s} T.	au-dessous.	
	11. Octobre.	10.^{l} 10.^{s} T.	4. d.	450.
		9.^{l} 10.^{s} T.	au-dessous.	
	14. Decembre.	. . . . Cruë de 10.^{s} T. . . .	. . . .	467.
	13. Janvier.....	. . . . Cruë de 20.^{s} T. . . .	. . . .	467.
	22. Janvier...	4.^{l} 12.^{s} T.	4. d. 8. grains & au-dessus.	468.
		4.^{l} 5.^{s} T.	2. d. 8. grains.	
	24. Mars......	4.^{l} 10.^{s} T.	1. d. 16. grains.	495.
		4.^{l} 16.^{s} T.	2. d. 8. grains.	
		5.^{l} 6.^{s} T.	4. d. 8. grains.	
1352..	23. May.......	4.^{l} 18.^{s} T.	1. d. 16. grains.	498.
		5.^{l} 14.^{s} T.	4. d. 8. grains & au-dessous.	
	16. Juillet....	5.^{l} 6.^{s} T.	1. d. 16. grains.	498. 499.
		5.^{l} 12.^{s} T.	2. d. 8. grains.	
		6.^{l} 2.^{s} T.	4. d. 8. grains & au-dessous.	
	6. Aoust....	6.^{l} 10.^{s} T.	4. d.	503.
		6.^{l} . . T.	2. d.	
	19. Octobre.	6.^{l} 18.^{s} T.	4. d.	509.
		6.^{l} 8.^{s} T.	2. d.	
	22 Novembre.	8.^{l} . . T. l'Argent blanc.	. . . .	509.
		7.^{l} 10.^{s} T. l'Argent noir.	. . . .	
	20. Decembre.	8.^{l} 10.^{s} T.	2. d.	512.
	2. Fevrier...	9.^{l} 4.^{s} T.	2. d.	515.
		10.^{l} . . T.	4. d.	

ANNÉES.	DATES des MOIS.	PRIX DU MARC D'ARGENT.	TITRE de L'ARGENT.	Pages.
		JEAN I. ou II.		
1353.	20. Avril......	12.^{l} . . T.	4. d. 12. grains.	515.
		11.^{l} . . T.	1. d. 16. grains.	
	27. Juillet....	12.^{l} 15.^{s}T.	3. d. 12. grains.	524.
		11.^{l} 15.^{s}T.	1. d. 16. grains.	
	23. Aoust.....	13.^{l} 15.^{s}T.	3. d. 12. grains.	528.
		12.^{l} 15.^{s}T.	1. d. 16. grains.	
	5. Octobre...	4.^{l} 15.^{s}T.	4.^{d} & au-dessus.	535. 540.
	9. Novembre..	4.^{l} 10.^{s}T. . . . . A la Monnoye un Marc d'Argent produisoit 8.^{l} 2.^{s} 6.^{d} d'Especes.	2. d. 12. grains.	
	6. Decembre.	4.^{l} 15.^{s}T.	3. d. 5. grains.	549.
		4.^{l} 10.^{s}T.	2. d.	
	5. Fevrier...	5.^{l} . . T.	2. d.	549.
		5.^{l} 7.^{s}T.	3. d. 5. grains.	
	22. Mars......	5.^{l} 17.^{s}T.	3. d. 5. grains.	551.
		5.^{l} 10.^{s}T.	2. d. & au-dessous.	
	8. Avril......	6.^{l} 15.^{s}T.	3 d. 5. grains.	551.
		6.^{l} 5.^{s}T.	au-dessous.	
1354.	17. May.......	9.^{l} 10.^{s}T.	3. d. 5. grains.	554. 555.
		8.^{l} 10.^{s}T.	au-dessous.	
	27. Juin.......	10.^{l} 12.^{s}T.	3. d. 5. grains.	555.
		10.^{l} . . T.	au-dessous.	
	7. Septembre.	12.^{l} . . T.	3. d.	558.
		11.^{l} 8.^{s}T.	au-dessous.	
	31. Octobre.	4.^{l} 4.^{s}T.	3. d. 8. grains.	559.
		4.^{l} . . T.	1. d. 20. grains.	
	17. Janvier...	4.^{l} 16.^{s}T.	3. d. 8. grains.	570.
		4.^{l} 12.^{s}T.	1 d. 20. grains.	
	20. Mars.......	5.^{l} 6.^{s}T.	3.^{d} & au-dessus.	572.
		5.^{l} 4.^{s}T.	au-dessous.	

ELOGE
DE
M. DE LAURIERE.

EUSEBE-JACOB *(a)* DE LAURIERE naquit à Paris le 31. de Juillet 1659. il fut baptisé le lendemain, & il eût pour Parrain Eusebe Renaudot, Docteur en Medecine, son grand oncle paternel. Jacob de Lauriere son pere estoit né à Loudun le 3.e de Juin 1618. il vint à Paris fort jeune, & il y embrassa la profession de Chirurgien. Quelques années après, il abjura la Religion P. R. dans laquelle il avoit esté élevé. En 1652. il fut revestu d'une charge de Chirurgien chez Monsieur frere unique du Roy, & l'année suivante il entra chez M. le Duc de Longueville, dans la même qualité. Il s'estoit marié en 1649. & il eut quatre enfans, dont il n'est resté qu'Eusebe-Jacob de Lauriere : il l'envoya au College de Clermont, qui depuis a esté nommé le College de Loüis le Grand, pour y faire ses études. M. l'Abbé de Villiers, qui estoit alors Jesuite, & qui fut pendant plusieurs années le Regent d'Eusebe de Lauriere, le distingua bientost entre tous ses disciples : il fut frappé de son esprit rare & singulier, & il en découvrit toute l'excellence. Les traits qui caracterisoient M. de Lauriere, ne se sont jamais effacez de son esprit, & il en parloit encore avec plaisir dans les derniers temps de sa vie. De Lauriere, disoit-il un mois avant sa mort *(b)*, dès ses premieres années estoit serieux, grave, appliqué, silentieux, & presque toûjours recüeilli en luy-même : nullement touché des amusemens ordinaires de la jeunesse, il s'estoit fait une loy d'employer utilement tout son temps ; & livré dès lors à un travail dur & opiniâtre, les difficultez, loin de le rebuter, ne servoient qu'à luy faire redoubler ses efforts : attaché obstinément sur ce qui l'arrestoit, il ne le quittoit point, qu'il ne l'eust emporté : il approfondissoit tout ce qui estoit l'objet de ses études : il remontoit autant qu'il le pouvoit, aux premiers principes, & il épuisoit les matieres. Il estoit né avec une memoire très heureuse, qu'il cultivoit avec beaucoup de soin.

Ce caractere qui s'estoit developpé dans M. de Lauriere dès sa plus tendre jeunesse, ne s'est point démenti pendant le cours de sa vie.

Il continüoit ses études, & il avoit quatorze ou quinze ans, lorsqu'on luy fit un legs d'une Rente de quatre cens livres : il pria son pere de luy permettre de disposer des arrerages : son pere qui sçavoit bien qu'il en feroit un bon usage, y consentit volontiers, & il n'eut pas lieu de s'en repentir. Le fils ne l'avoit souhaité, que pour se voir en estat de satisfaire la passion qu'il se sentoit déja pour les livres ; & il commença dès lors à jetter les fondemens de sa Bibliotheque, qu'il a toûjours augmentée depuis, & qui à sa mort s'est trouvée très nombreuse & bien choisie.

M. de Lauriere en sortant du College, se consacra à la Jurisprudence. Il fut reçû Avocat le 6. de Mars 1679. & il se forma pour ses études, un plan vaste, & qui embrassoit toute l'estenduë de la science des loix. Cette science est immense, & il ne seroit pas à souhaiter que tous ceux qui s'y appliquent, entreprissent d'en creuser toutes les profondeurs : à peine leur vie pourroit-elle y suffire, & il est de l'interest de la justice, que leurs travaux ne se bornent pas à la speculation. Lorsqu'un Avocat s'est nourri de tous les principes de la Jurisprudence, il doit mettre des bornes à ses études

NOTES.

(a) M. de Lauriere n'a pris que le prenom d'Eusebe, à la teste de ses ouvrages.

(b) M. l'Abbé de Villiers est mort le 15.e d'Octobre 1728. un peu plus de neuf mois après M. de Lauriere.

pour ſe livrer aux affaires, dont la multiplicité & la varieté ſeront pour luy des ſources toûjours nouvelles d'inſtructions & de lumieres.

Mais entre ceux qui ſe deſtinent à l'étude des loix, il s'éleve de temps en temps des hommes uniques, qui devorez d'un deſir inſatiable de ſçavoir, & inſenſibles à toute autre ſatisfaction qu'à celle de multiplier leurs connoiſſances, préferent le calme & la ſolitude de leur cabinet, au bruit & au tumulte des affaires, ſacrifient avec plaiſir leur vie, & quelques fois leur fortune, pour penetrer dans ce que la Juriſprudence a de plus obſcur; & ſe livrent tout entiers à des recherches longues & penibles, & qui ſeroient rebutantes pour tout autre que pour eux. Egalement utiles à leur ſiécle, & la poſterité, ils enrichiſſent la ſcience des loix, de découvertes importantes; & ils épargnent à ceux qui ſont entraînez par le courant des affaires, un temps precieux, & des diſcuſſions laborieuſes, en leur communiquant par de ſçavants ouvrages, le fruit de leurs travaux, & de leurs veilles.

M. de Lauriere avoit apporté en naiſſant toutes les diſpoſitions neceſſaires pour devenir un Sçavant conſommé dans le genre d'étude qu'il embraſſeroit; & ayant tourné ſes vûës du coſté de la Juriſprudence, il entreprit de ſe faire ſur cette ſcience, un ſyſteme complet dans toutes ſes parties.

Après s'eſtre inſtruit des loix de tous les anciens peuples, il fit une étude profonde du Droit Romain, qui eſt le Chef-d'œuvre de la prudence humaine, & le fondement du Droit moderne: car les barbares qui détruiſirent l'Empire Romain, ſe ſoumirent aux loix de ceux qu'ils avoient vaincus; & du meſlange qu'ils en firent avec leurs uſages & leurs coûtumes, ſe ſont formées les loix qui régiſſent aujourd'huy preſque tous les peuples de l'Europe. M. de Lauriere compara exactement enſemble ces loix modernes, qui toutes fondées ſur les mêmes principes, ont cependant pris des formes diverſes chez les differens peuples, ſuivant leur caractere particulier, leurs intereſts politiques, & le degré de lumieres qu'ont eu leurs Legiſlateurs. Il s'appliqua particulierement à celles de l'Angleterre, parce qu'elles ont beaucoup de conformité avec les anciennes coûtumes de la France, qui furent portées dans ce Pays par Guillaume le Conquerant & par ſa poſterité, & qui s'y ſont conſervées preſque ſans alteration. Il joignit à l'étude du Droit civil, celle des loix Eccleſiaſtiques, & de la diſcipline de l'Egliſe.

Le but de M. de Lauriere dans ces recherches, eſtoit de ſe rendre plus capable d'approfondir le Droit François, qui eſtoit ſon objet principal. Pour y réüſſir, il remonta juſqu'aux ſiecles les plus reculez de la Monarchie, il dépoüilla tous les livres qui traitent de la Juriſprudence Françoiſe; il foüilla dans les Cabinets des particuliers, & dans les depoſts publics; il tira de la pouſſiere des pieces curieuſes & inſtructives; il rechercha avec un ſoin extrême dans tous les monumens, les veſtiges & les traces les plus légéres de noſtre Droit; il débroüilla le cahos de l'ancienne procedure, qui eſtoit ſurchargée d'un grand nombre de formalitez inutiles, & cependant *fatales*; il demeſla avec une ſagacité merveilleuſe, l'origine obſcure de nos coûtumes, qui n'ont eſté rédigées par écrit, qu'après avoir eſté obſervées pendant long-temps, ſur la foy d'un uſage incertain, & d'une tradition ſouvent peu conſtante; il lut avec attention les Hiſtoriens, dont on peut tirer bien des ſecours pour l'intelligence des Loix, qui par un heureux retour ſervent auſſi beaucoup à éclaircir l'Hiſtoire: en un mot, prenant le Droit François dans ſa ſource, il en ſuivit le cours pas à pas, pour en examiner ſcrupuleuſement les variations & le progrès.

M. de Lauriere ne s'eſtoit pas livré à de ſi vaſtes recherches, uniquement pour ſatisfaire ſa curioſité. Il eſtoit perſuadé que la déciſion des queſtions les plus ordinaires & les plus communes, dependoit ſouvent de la connoiſſance des antiquitez de noſtre Droit, & les découvertes qu'il avoit faites en ce genre, luy ont donné lieu d'attaquer pluſieurs opinions univerſellement reçûës, parce qu'il les croyoit contraires aux premiers principes.

Quoyque M. de Lauriere ſe fuſt dévoüé tout entier à la Juriſprudence, cependant ſes lectures prodigieuſes l'avoient mis au fait de toutes les parties de la Litterature.

Lorſqu'il

Lorſqu'il liſoit un livre, il faiſoit des extraits de tout ce qu'il y trouvoit de remarquable, dans quelque genre que ce fuſt. Pour eſtre en eſtat d'entendre les originaux, ſans leſquels on ne peut faire d'études ſolides, il avoit appris les langues ſçavantes, & celles d'entre les modernes, qui ſont les plus neceſſaires : & les monumens antiques de noſtre Droit, & de noſtre Hiſtoire, qu'il avoit feüilletez tant de fois, luy avoient donné une intelligence parfaite de l'ancienne langue Françoiſe. Il avoit un talent naturel pour la critique, & il s'eſtoit appliqué particulierement à celle de l'Ecriture Sainte, dans laquelle il avoit fait de grands progrès. Son goût l'avoit toûjours porté à déterrer des anecdotes, & des faits fugitifs, & il connoiſſoit parfaitement les livres rares & recherchez par les curieux.

La reputation de M. de Lauriere égaloit ſon ſçavoir. On le regardoit comme un homme qui avoit amaſſé un treſor immenſe de connoiſſances rares & ſingulieres : on avoit recours à luy comme à une reſſource ſûre, & quelquefois unique, dans les matieres, & dans les queſtions, qui ne ſont pas renfermées dans le cercle des affaires courantes & ordinaires. Lorſqu'on luy demandoit ſon avis, tout ce qu'il ſçavoit, ſe repandoit avec profuſion ; & ſoit qu'il parlât, ou qu'il écrivît, ſa ſeule peine eſtoit de bien developper les idées qui ſe preſentoient en foule à ſon eſprit, & de leur donner de l'ordre, pour les mettre dans tout leur jour.

Pour bien juger du prix des connoiſſances de M. de Lauriere, il auroit fallu eſtre auſſi ſçavant que luy. Ceux qui avoient donné des bornes plus étroites à leurs études, & qui n'avoient pas eû des vûës auſſi élevées, & auſſi étenduës que luy, n'eſtoient pas capables de bien ſentir toute l'utilité & la neceſſité de ſes recherches, ni l'application qu'elles pouvoient avoir à l'eſtat preſent de la Juriſprudence. On eſt naturellement porté à faire peu de cas de ce que l'on ignore, principalement quand on ſent qu'il eſtoit de ſon devoir de s'en inſtruire. Il s'eſt trouvé des perſonnes qui ont traité les études profondes de M. de Lauriere, d'antiquitez inutiles, & de vaines curioſitez. Il ne l'ignoroit pas, & il s'en eſt plaint modeſtement dans un endroit de ſes ouvrages ; *(a)* Mais il eſtoit bien dédommagé de ces critiques, par l'eſtime que tous les premiers Magiſtrats faiſoient de luy. M. le Chancelier, M. ſon fils l'Avocat General, & M. le Procureur General, l'ont toûjours honoré d'une conſideration particuliere ; & ces ſçavants Magiſtrats eſtoient par bien des titres, des Juges competens de ſon merite : ils le conſultoient dans les affaires majeures, & ils ont quelques fois mis en œuvre des materiaux qu'ils luy avoient demandez.

M. de Lauriere avoit eû l'avantage d'eſtre aſſocié aux études de M. le Chancelier, & il préſagea dès lors les progrès prodigieux qu'il a faits dans toutes les ſciences, & le degré éminent où il a porté ſes connoiſſances dans tous les genres. Quoyque M. de Lauriere fuſt déja conſommé dans la ſcience du Droit, il venoit s'inſtruire dans les Conferences qui ſe tenoient chez le jeune Magiſtrat, qui faiſoit ſouvent de nouvelles découvertes. M. de Lauriere les recüeilloit avec ſoin : il en a enrichi pluſieurs de ſes ouvrages, & il a crû qu'il eſtoit de ſon devoir d'en faire au moins une fois un hommage public, à celuy de qui il les tenoit. Dans ſon Commentaire ſur la Coûtume de Paris, il a marqué qu'il eſtoit redevable à M. l'Avocat general Dagueſſeau, du fonds de la note qu'il a donnée ſur l'article 36. & qui contient le veritable ſens de cet article, que tous les Commentateurs avoient mal entendu. *(b)*

M. de Lauriere, qui ne negligeoit aucun moyen de s'inſtruire, s'eſtoit lié avec tous les ſçavans de ſon temps, & avec tous ceux qui ſe diſtinguoient dans Paris par leurs talens, dans quelque genre que ce fût. Il a eſté pendant quelques années dans un

NOTES.

(a) J'ay expliqué les origines & le progrés de noſtre Droit, & j'ay fait voir ſur quelques regles, que ces premiers principes, que l'on traite ſans raiſon d'antiquitez & de curioſitez, *ſont ſouvent de la derniere neceſſité pour bien décider les queſtions ordinaires*. Preface des Inſtitutes de Loiſel. M. de Lauriere prouve ce qu'il avance, par un exemple.

(b) On doit à M. l'Avocat General Dagueſſeau, cette explication qui eſt indubitable. Coûtume de Paris par M. de Lauriere p. 47.

commerce reglé avec M. Baluze, M. de la Monnoye, & quelques autres personnes de merite, qui s'assembloient les Dimanches, pour s'entretenir librement sur des matieres de Litterature. La conformité de la profession, des études, des vûës, & des projets, forma & entretint pendant très long-temps, l'union la plus intime entre luy & M.e Claude Berroyer, avec qui il a partagé le travail & l'honneur de plusieurs ouvrages, qui ont esté très favorablement reçûs du public. Ils avoient aggregé à leur societé, M.e Claude Alexis Loger aussi Avocat au Parlement, qui n'estoit point inferieur à ses deux amis.

Quoyque M. de Lauriere fust fort attaché à ses études, il ne refusoit cependant point son ministere à ceux qui y avoient recours, & plusieurs clients ont éprouvé à leur avantage, qu'il sçavoit, quand il en estoit question, faire usage pour les affaires, de ses lumieres & de son sçavoir.

On peut cependant dire que presque toute sa vie a esté partagée entre les livres qu'il a lûs, & ceux qu'il a composez. Il a donné au public un grand nombre d'ouvrages, qui transmettront son nom à la posterité, & qui seront des témoins toûjours vivans, de sa profonde érudition, & de son assiduité au travail. Son premier ouvrage fut imprimé en 1692. il est intitulé, De l'origine du Droit d'Amortissement. *(a)* Il y traita aussi du Droit des Francs-fiefs, qui est fondé à peu près sur les mêmes principes, & il entreprit d'y prouver que les Rentes constituées sont sujettes au Droit d'Amortissement. Il fit imprimer à la fin de cet ouvrage, des actes & des titres pour luy servir de preuves. Le privilege du Roy qu'il obtint pour l'impression de ce livre, merite quelque attention. M. de Lauriere se servit de la *supplique* que l'on a coûtume de mettre au commencement de ces sortes de Privileges, pour rendre compte de ses idées sur l'étude du Droit François, qui luy paroissoit estre trop negligée, & du projet qu'il avoit formé, d'en examiner successivement toutes les matieres, dans des dissertations separées. *(b)*

En 1698. il fit imprimer les Textes des Coûtumes de la Prevosté & Vicomté de Paris, avec des notes nouvelles, *(c)* & il y joignit à la fin, les anciennes Constitutions du Chastelet de Paris, qu'il avoit tirées de la Bibliotheque de feu M. Hautin Conseiller au Chastelet. M. de Lauriere avoit retouché & augmenté ces notes, dans le dessein d'en donner une seconde Edition, & sa famille est dans la disposition de la faire imprimer.

La même année, il donna une Dissertation sur le Tenement de cinq ans, c'est-à-dire la *Saisine*, la possession de cinq ans. *(d)* On trouve dans cette Dissertation, un

NOTES.

(a) De l'origine du Droit d'Amortissement par Eusebe de L*** Avocat au Parlement. A Paris, chez Jerôme Bobin. 1692. in-douze.

(b) Nostre bien amé Eusebe de Lauriere, Avocat au Parlement, nous a fait remontrer que l'estude particuliere qu'il fait depuis longtemps de nostre Jurisprudence Françoise, luy ayant fait voir qu'il estoit difficile d'y faire de grands progrès, sans remonter jusqu'à la source, il a toûjours tâché de l'estudier historiquement. Et comme cette methode l'a convaincu, non-seulement qu'il y avoit plus de découvertes à faire dans nostre Droit François, & pour le moins d'aussi belles que dans le Droit Romain, dont pourtant tout le monde est si fort prevenu; mais aussi que la pluspart des fautes qu'ont fait ceux qui l'ont manié jusqu'icy, viennent de ce qu'ils n'en ont pas assez connu l'origine : il a cru qu'il falloit prendre de cette maniere chaque matiere en particulier, & faire des Dissertations de chacune. Et parce qu'il a trouvé en faisant celle des Amortissemens, que les Rois nos predecesseurs, qui les establirent, ne le firent pas moins pour l'Eglise, que pour leur Couronne; il croiroit ne pas faire une chose moins agreable aux Ecclesiastiques de nostre Royaume, qu'utile à nos interests, de la donner au public. *Privilege du Roy.*

(c) Texte des Coûtumes de la Prevosté & Vicomté de Paris, avec des notes nouvelles, pour faire connoistre le sens & l'esprit de chaque article, par M. Eusebe de Lauriere Avocat en Parlement. A Paris, chez Guillaume Saugrain. 1698. in-douze.

(d) Dissertation sur le Tenement de cinq ans, où l'on fait voir que cette prescription ne doit plus estre pratiquée dans l'Anjou, le Maine, la Touraine, & le Loudunois : & que les infeodations, & les ensaisinemens de rentes doivent estre abolis dans les Coûtumes de Senlis,

détail très curieux & très instructif, sur la variation des sentimens des Jurisconsultes François, au sujet des Rentes constituées.

En 1699. M. de Lauriere conjointement avec M. Berroyer, fit imprimer les Traitez de M. du Plessis Avocat au Parlement, sur la Coûtume de Paris. *(a)* Il s'en estoit repandu dans le public un grand nombre de copies, que la reputation de l'Auteur faisoit rechercher avec empressement, quoyquelles fussent très fautives. L'édition fut faite sur un Manuscrit original de M. du Plessis, qui fut communiqué par M. de Brilhac. M.rs Berroyer & de Lauriere y ajoûterent des notes pour servir de preuves, & des Dissertations, dans lesquelles ils marquerent les changemens survenus dans la Jurisprudence. Cette premiere Edition fut suivie en 1702. d'une seconde faite sur un autre Manuscrit original, que M. le Procureur General de la Briffe avoit acheté de la veuve, & des heritiers de M. du Plessis. Ce nouveau Manuscrit estoit beaucoup plus ample que celuy de Monsieur de Brilhac, auquel il estoit posterieur, & contenoit les derniers sentimens de M. du Plessis, à qui de nouvelles vûës avoient fait changer d'opinion sur plusieurs points importans. Dans cette seconde édition, on confondit les observations de quelques Auteurs anonymes, avec les notes de M.rs Berroyer & de Lauriere : dans la troisiéme faite en 1709. ils eurent soin de faire mettre des étoiles au commencement de celles qu'ils avoüoient pour leur ouvrage : ils n'ont point eû de part à la quatriéme édition qui a paru en 1726.

La même année 1699. M.rs Berroyer & de Lauriere firent imprimer la Bibliotheque des Coûtumes, *(b)* qui renfermoit le plan d'un ouvrage immense, que leurs autres occupations ne leur ont pas permis d'executer. C'estoit l'édition d'un nouveau Coûtumier general, avec une compilation de tous les Commentaires sur les Coûtumes, & un Recüeil des Chartres, des Actes originaux, & de toutes les autres pieces qui pouvoient servir à leur intelligence. L'utilité de ce projet se fait assez sentir d'elle-

NOTES.

de Valois, & de Clermont. Par M. Eusebe de Lauriere Avocat au Parlement. A Paris, chez Jacques Morel, grande Salle du Palais. 1698. in-douze.

M. Pocquet de Livonniere dans les additions qu'il a faites au Commentaire de Dupineau sur la Coûtume d'Anjou, Par. 1725. 2. vol. fol. deuxieme observation sur l'art. 422. Tom. I. p. 1380. & suiv. a fait une assez longue Dissertation contre ce Traité de M. de Lauriere. Voicy comment il l'a commencée.

Un Auteur moderne a entrepris par un Traité exprès, de persuader que le Tenement de cinq ans devoit estre aboli dans les Coûtumes d'Anjou, du Maine, Touraine & Loudunois. Il a fait imprimer à ce propos une Dissertation fort docte & fort curieuse de l'origine des rentes constituées, & des difficultez qui se sont presentées dans leur establissement, mais il me semble qu'il manque d'autoritez & de raisons pour le point décisif de la question.

M. de Lauriere auroit peut-estre répondu à M. de Livonniere, s'ils avoient vescu plus long-temps l'un & l'autre. M. de Livonniere est mort le 31. May 1726.

(a) Traitez de M. du Plessis ancien Avocat au Parlement, sur la Coûtume de Paris, donnez au Public sur le manuscrit de l'Auteur, plus correct & plus ample que toutes les copies qui ont paru jusqu'à present, avec des notes pour servir de preuves, & des Dissertations de M.rs Berroyer & de Lauriere, Avocats au Parlement. Ouvrage non seulement necessaire pour la parfaite intelligence des Titres de cette Coûtume, dont les articles sont expliquez dans un ordre naturel, & qui peut servir de modelle pour commenter les autres Coûtumes ; mais encore très utile pour tous les Parlemens du Royaume, par la reduction methodique qu'on y trouve des principes du Droit François sur chaque matiere. Paris, chez N. Gosselin, 1699. in Fol.°

(b) Bibliotheque des Coûtumes, contenant la Preface d'un nouveau Coûtumier general, une Liste Historique des Coûtumiers generaux, une Liste alphabetique des Textes & Commentaires des Coûtumes, Usances, Statuts, Fors, Chartes, Stiles, Loix de Police, & autres Municipales du Royaume, avec quelques observations Historiques. Le Texte des anciennes Coûtumes de Bourbonnois, avec le Procès-verbal donné sur le manuscrit. Le Texte des nouvelles Coûtumes de Bourbonnois corrigé sur l'original, avec des apostilles de M. Charles du Moulin, & son Commentaire posthume augmenté par luy-même de plus de trois quarts. Quatre Consultations du même Auteur, qui ont esté omises dans le Recüeil de ses ouvrages. Par M.es Claude Berroyer & Eusebe de Lauriere Avocats au Parlement. Paris, chez Nicolas Gosselin. 1699. in 4.°

même; mais il faudroit copier le livre en entier, pour donner une juste idée de l'estenduë des vûës qu'ils avoient eû en le formant, des mouvemens qu'ils s'estoient donnez pour déterrer dans des Cabinets de gens souvent peu connus, des nouveaux Commentaires sur les Coûtumes, de leurs recherches infinies, de leurs découvertes heureuses, & du nombre prodigieux de Manuscrits & de Livres dont ils avoient fait usage. A la teste du volume dont on rend compte, se trouve la Preface du nouveau Coûtumier general que l'on annonçoit, & une Dissertation profonde, sous le titre modeste de Conjectures sur l'origine du Droit François. M. Loger eut beaucoup de part à cette Dissertation, & les trois Auteurs consulterent un Avocat * fameux leur intime ami, qui leur communiqua ses lumieres sur le fond de l'ouvrage, & qui repandit sur cette Dissertation sçavante, l'élegance, la finesse, & la delicatesse de son stile.

* *M. Freteau Avocat au Parlement, & premier Secretaire de M. le Chancelier.*

Après cette Preface, se trouve une Liste de toutes les Coûtumes, & de tous les Commentateurs, à laquelle succede le texte de l'ancienne Coûtume du Bourbonnois, qui est suivi du Texte de la nouvelle Coûtume, avec des apostilles de M.e Charles du Moulins, & son Commentaire posthume augmenté de plus de trois quarts. Le volume est terminé par quatre consultations de ce sçavant Avocat, qui ne sont point dans la derniere édition de ses œuvres, & dont les trois dernieres n'avoient jamais esté imprimées. La troisiéme qui est de l'année 1546. & qui fut signée par vingt Avocats, regarde la querelle de Guy Chabot-de-Jarnac, contre François de Vivonne de la Chateigneraye, laquelle fut suivie d'un duel fameux au commencement du regne de Henri II. On trouve à la teste de cette consultation, deux Cartels de François de Vivonne, & un interrogatoire qu'il subit devant un Commissaire du Roy. Ces deux pieces anecdotes font bien connoistre quel estoit le veritable sujet de leur querelle. A la page 59. de ce volume, on a inseré la vie & l'éloge en latin de Gabriel Michel de la Rochemaillet, Doyen des Avocats du Parlement de Paris, auteur très laborieux, & connu principalement par la douziéme édition du Coûtumier general qu'il donna en 1614. Cette vie avoit esté composée par M. Ménard de Tours. Enfin l'on peut dire qu'il y a peu de Livres dans lequel on trouve plus de choses nouvelles & curieuses, principalement sur l'Histoire Litteraire de la Jurisprudence Françoise.

Page 273.

En 1704. M. de Lauriere fit imprimer le Glossaire du Droit François. *(a)* Cet ouvrage avoit esté donné au public en 1583. sous le titre d'Indice des Droits Royaux & Seigneuriaux, par M.e François Ragueau: c'est une explication par ordre alphabetique, des termes du Droit François, qui se trouvent dans les Ordonnances, les Coûtumes, les Chartres, les Titres, & dans les ouvrages des anciens Praticiens & Jurisconsultes François. M. de Lauriere ajoûta des notes aux articles donnez, par Ragueau, lorsqu'ils en avoient besoin : Il enrichit l'ouvrage d'un grand nombre de termes, & il les expliqua dans des notes souvent très longues, & qui meriteroient le nom de Dissertations. Il insera à leur rang quelques additions faites à l'Indice de Ragueau, par M.rs Galand & Mornac, & il en fit honneur à ces deux sçavans. Quelques personnes disent que M. de Lauriere leur a montré son Glossaire considerablement augmenté, & prest à estre imprimé: cependant on ne l'a trouvé, ni dans ses papiers ni dans sa Bibliotheque.

En 1710. M. de Lauriere donna une nouvelle édition des Institutes Coûtumieres de Loisel, Avocat au Parlement, à laquelle il ajoûta des notes. *(b)* Ces Institutes sont

NOTES.

(a) Glossaire du Droit François, contenant l'explication des mots difficiles qui se trouvent dans les Ordonnances de nos Rois, dans les Coûtumes du Royaume, dans les anciens Arrests, & les anciens Titres, donné cy-devant au public, sous le nom d'Indice des Droits Royaux & Seigneuriaux, par M. François Ragueau, Lieutenant du Bailliage de Berry, au Siege de Mehun, & Docteur Regent en Droit en l'Université de Bourges. Revû, corrigé, augmenté de mots & de notes, & remis dans un meilleur ordre, par M. Eusebe de Lauriere, Avocat au Parlement. En 2. parties. Paris, chez Jean & Michel Guignard. 1704. in 4.°

(b) Institutes Coûtumieres de M. Loisel

un recüeil rangé par ordre de matieres, & distribué par Titres, de passages écrits d'un stile court & concis, en forme de maximes & de sentences, & tirez des textes originaux de nostre Droit, & des ouvrages des Jurisconsultes François. M. Loisel a ajoûté à ces passages, quelques proverbes remplis de sens. Ce recüeil qui contient les principes, les regles, & le precis du Droit François, fut très bien reçû du public, lorsqu'il le fit imprimer en 1607. à la fin de l'Institution au Droit François de Coquille. Il s'en fit depuis plusieurs éditions; mais cet ouvrage avoit besoin d'un Commentaire, soit par rapport à la difficulté de la matiere, soit à cause de l'obscurité du stile, qui est quelques fois énigmatique. En 1665. M.e Paul Challines Avocat au Parlement fit réimprimer à Paris avec des notes, les Institutes Coûtumieres qui estoient devenuës rares. En 1688. François de Launay Professeur en Droit François à Paris, fit imprimer sur le premier titre de ces Institutes, un Commentaire, que sa mort qui arriva quelques années après, l'empescha de continüer sur le reste de l'ouvrage. M. de Lauriere qui trouvoit les notes de Challines superficielles & peu exactes, entreprit d'en faire de nouvelles : il y travailla long-temps, & les retoucha souvent, puisque dès l'année 1692. à la fin de la Preface de son traité sur les Amortissemens, il avoit fait esperer qu'il les donneroit dans peu au public; elles parurent enfin en 1710. On les regarde communement comme son meilleur ouvrage. Le plan de celuy qu'il commentoit, l'engagea à traiter de toutes les parties du Droit François, & il n'y en avoit pas une qu'il n'eut approfondie. Il eut soin d'indiquer sous chaque regle, l'ouvrage d'où M. Loisel l'avoit tirée. Il fit quelques corrections dans son texte, il releva quelques fautes qui luy estoient échappées, & il mit à la teste du Livre un abregé de sa vie. Le texte de Loisel & le Commentaire forment un Livre très varié, quelques fois même amusant, & qui peut estre utile non seulement aux Jurisconsultes, mais même aux gens de Lettres, du moins à ceux qui s'interessent à nostre Histoire. Comme la vie de M. de Lauriere n'a esté qu'une étude continuelle, il acqueroit tous les jours de nouvelles connoissances : elles l'ont mis en estat de faire des additions très considerables à son Commentaire sur Loisel, & il y a lieu d'esperer qu'elles verront bientost le jour.

En 1715. M. de Lauriere donna son traité des Institutions, & des Substitutions contractuelles. *(a)* Il roule sur une pure matiere de Droit, abstraite & difficile. M. de Lauriere y proposa plusieurs idées nouvelles qu'il croyoit *fondées sur de bons principes, & sur des Textes precis du Droit Romain, & des Coûtumes.* Il paroist cependant par sa Preface, *(b)* qu'il prevoyoit qu'on pourroit les traiter *d'opinions singulieres.* En effet, il n'y a eu qu'une voix pour rendre justice à la profonde érudition qui regne dans cet ouvrage; mais il s'en faut bien que son sentiment ait réüni tous les suffrages.

M. de Lauriere a eû part conjointement avec M. de Ferriere Avocat au Parlement, & Doyen des Professeurs en Droit de la Faculté de Paris, à la nouvelle édition qui a esté faite en 1720. des Ordonnances compilées par Neron & Girard. *(c)*

NOTES.

Avocat au Parlement, avec des renvois aux Ordonnances de nos Rois, aux Coûtumes, & aux Auteurs qui les ont commentées, aux Arrests, aux anciens Praticiens, & aux Historiens dont les regles ont esté tirées, & avec des notes nouvelles. Par M.e Eusebe de Lauriere Avocat au Parlement. Paris, chez N. Gosselin. 1710. 2. vol. in 12.°

(*a*) Traité des Institutions & des Substitutions contractuelles. Paris. 1715. 2. Vol. in 12. Par M. de Lauriere Avocat au Parlement.

(*b*) On ne doute pas que ceux qui ne connoissent que les Arrests, ne disent sans examen que l'on a *des opinions singulieres;* mais comme on n'a rien avancé que *sur de bons principes, & sur des Textes precis du Droit Romain, & de nos Coûtumes,* ausquels il n'est pas possible de repondre, on se met peu en peine d'un tel reproche. *Preface de M. de Lauriere.*

(*c*) Recüeil d'Edits & d'Ordonnances Royaux sur le fait de la Justice, & autres matieres les plus importantes: contenant les Ordonnances des Roys Philippes VI. Jean I. Charles V. Charles VI. Charles VII. Charles VIII. Loüis XII. François I. Henry II. François II. Charles IX. Henry III. Henry IV. Loüis XIII. Loüis XIV. & Loüis XV. & plusieurs Arrests rendus en consequence. Augmenté sur l'Edition de M.es Pierre Neron, & Estienne Girard, d'un très grand nombre

La lecture de nos anciens Romans, & de nos vieux Poëtes, estoit très familiere à M. de Lauriere. *(a)* Il avoit jetté sur le papier quelques notes sur Villon : elles ont esté imprimées dans l'édition de ce Poëte, donnée par Coustellier en 1723. elles y sont indiquées par des chiffres : celles à la teste desquelles il y a des lettres de l'alphabet, sont de Clement Marot.

Cette même année 1723. fut marquée par la publication de la premiere partie d'un ouvrage qui a couronné les travaux de M. de Lauriere, & qui estoit le plus difficile, le plus vaste, & le plus utile de ceux qu'il a donnez au public. Je veux parler du premier volume du Reciieil Chronologique des Ordonnances des Rois de France de la troisiéme Race. La France si renommée par la multiplicité & la sagesse de ses loix, en ignore encore une partie, & le temps aneantit chaque jour, ou du moins altere les monuments dans lesquels elles sont conservées. Les anciens Reciieils d'Ordonnances sont defectueux, fautifs & mal digérez. Ceux qui les ont publiez, les avoient entrepris de leur propre mouvement, & ils avoient esté dénüez de bien des secours qui leur estoient necessaires. Une compilation des Ordonnances ne peut estre executée dignement, que par les ordres, & sous la protection du Souverain. Loüis XIV. ayant resolu de faire travailler à une nouvelle Collection des Ordonnances, se reposa du soin de l'execution sur M. le Chancelier de Pontchartrain; qui ayant demandé à M. Daguesseau Conseiller d'Estat, & à M. son fils pour lors Avocat General, des personnes capables de ce travail, agréa Mrs Berroyer, de Lauriere & Loger, qu'ils luy presenterent. Les preparatifs pour cette entreprise immense demandoient bien du temps. Il falloit feüilleter tous les ouvrages qui traitent du Droit François, visiter les Cabinets des particuliers, foüiller dans le Tresor des Chartres, dans la Bibliotheque du Roy, dans les Greffes & les deposts de toutes les Cours de Justice de Paris, faire écrire par ordre de M. le Chancelier dans tous les autres Tribunaux du Royaume, pour avoir des inventaires des Ordonnances qui y estoient conservées, & des copies des plus anciennes. Il falloit se former un plan pour tout l'ouvrage, balancer les avantages & les inconvenients des differents projets qui se presentoient, enfin se déterminer.

Après un long travail & bien des recherches, ces trois associez donnerent en 1706. une Table Chronologique des Ordonnances depuis Hugues Capet, jusqu'en 1400. *(b)* avec un avertissement dans lequel ils rendoient compte du plan auquel ils s'estoient arrestez; & ils prioient les sçavans de leur communiquer leurs lumieres pour le corriger, ou pour le perfectionner, & de leur fournir des materiaux. Le plan ayant esté generalement approuvé, ils se mirent en devoir de l'executer. Leur travail fut suspendu en 1709. par les malheurs des temps; mais dans les commencemens du Regne de Loüis XV. M. le Chancelier fit donner des ordres pour le continuer. M. Loger estoit mort au mois d'Avril 1715. M. Berroyer n'estoit plus maistre de son temps, dont le public se croyoit en droit de disposer en entier, & M. de Lauriere se trouva seul chargé d'un travail qu'il partageoit auparavant avec deux Collegues dignes de luy. Cependant malgré des infirmitez qui augmentoient tous les jours, il donna en 1723. le premier volume, qui comprend les Ordonnances des Roys de la troisieme Race, depuis Hugues Capet, jusqu'à Philippe de Valois exclusivement. *(c)* Ce premier volume

NOTES.

d'Ordonnances, & de quantité de notes, Conferences & Commentaires. Paris, chez Montalant. 1720. 2. Vol. in F.°

(*a*) Les Œuvres de François Villon. Paris, chez Antoine Urbain Coustellier. 1723. in 12. Voy. la Preface.

(*b*) Table Chronologique des Ordonnances faites par les Rois de France de la troisieme Race, depuis Hugues Capet, jusqu'en 1400. Paris, Imprimerie Royale. 1706. in 4.°

(*c*) Ordonnances des Rois de France de la troisieme Race, reciieillies par ordre Chronologique, avec des renvoys des unes aux autres, des sommaires, des observations sur le Texte, & cinq Tables. La 1.ere des Pasques, la 2.e des Ordonnances par ordre de date, la 3.e des Matieres, la 4.e des noms des personnes, & la 5.e des noms des lieux. Le 1.er volume contenant ce qu'on a trouvé d'Ordonnances imprimées, ou manuscrites, depuis Hugues Capet, jusqu'à la fin du regne de Charles le Bel. Par M. de Lauriere ancien Avocat au Parlement. Paris, Imprimerie Royale. 1723.

demandoit un Editeur consommé dans la science du Droit François. Nos anciennes Loix sont très obscures, parce qu'elles ont rapport à des usages peu connus, ou entierement ignorez. D'ailleurs, comme dans ces temps reculez, les Coûtumes n'estoient pas encore redigées par écrit, les Ordonnances rouloient souvent sur des pures matieres de Droit. Telles sont les Establissemens de Saint Loüis, ce precieux monument de l'ancienne Jurisprudence Françoise. M. du Cange avoit fait sur cette espece de Code, des remarques en Historien. *(a)* M. de Lauriere après avoir corrigé le Texte sur de nouveaux Manuscrits, le commenta en Jurisconsulte. Son Commentaire est très étendu, & très sçavant. L'on est étonné du grand nombre d'Auteurs de tous les genres, & de tous les Pays, dont les citations se trouvent en foule dans les notes qui le composent, & en general dans toutes celles du premier volume des Ordonnances. Dès qu'il eust paru, M. de Lauriere fit commencer l'impression du second, qui comprenoit déja les Ordonnances de Philippe de Valois, & celles des quatre premieres années du Roy Jean, lorsque la mort l'enleva au milieu de ses travaux.

Si l'on compte le grand nombre d'ouvrages excellents sortis de la plume de M. de Lauriere, il a vêcu long-temps; mais il a trop peu vêcu pour la perfection de ceux ausquels il travailloit encore. Si l'on ne pouvoit se flatter qu'il mist la derniere main à la compilation des Ordonnances; il eust esté du moins à souhaiter qu'il l'eût portée au-delà de ces temps, dont les Loix encore obscures, & peu connuës, avoient besoin d'un interprete aussi éclairé que luy. Celuy qui a esté choisi pour continuer ce Recüeil, taschera de marcher sur ses traces. M. de Lauriere sera pour luy un modelle qu'il aura sans cesse devant les yeux, quoyque sans esperance de l'égaler. S'il ne peut le remplacer du costé de l'érudition, du moins il imitera son ardeur pour le travail; & à son exemple, il consacrera tout son temps à l'avancement d'un ouvrage si honorable à la nation, & si utile pour l'administration de la Justice, & pour le gouvernement du Royaume.

Outre les additions faites par M. de Lauriere à ses Commentaires sur la Coûtume de Paris, & sur les Institutes de Loisel, dont on a rendu compte, il a encore laissé des Notes manuscrites sur la Coûtume du Loudunois. Il en avoit fait un étude particuliere, parce qu'il estoit originaire de ce Pays. Cependant ces notes ne forment pas un ouvrage suivi & continué sur tous les articles; mais dans des feüilles de papier blanc qu'il avoit fait relier entre les pages du Commentaire de Proust sur cette Coûtume, il a écrit des observations, & des remarques, qui sont quelquefois très chargées & très estenduës. On ne pourroit pas les imprimer separement; mais si l'on faisoit une nouvelle édition du Commentaire de Proust, on pourroit les y ajoûter, & elles en releveroient infiniment le prix.

Pendant que M. de Lauriere estoit occupé à composer des ouvrages, il formoit de nouveaux projets: Le temps, ou differentes circonstances ne luy ont pas permis de les executer tous. Il s'estoit engagé à la fin de la vie de M. Loisel, à faire imprimer les Notes manuscrites de ce sçavant Avocat sur la Coûtume de Paris, avec celles de M.rs ses Fils: il n'a publié ni les unes, ni les autres; mais quel dommage pour la Jurisprudence Françoise, qu'il n'ait point donné au public une compilation extremement utile, & d'un genre tout nouveau, qu'il a annoncée dans plusieurs endroits de ses ouvrages, sous le titre de Recüeil de pieces, ou d'Actes Juridiques. *(b)* Son intention estoit de rassembler tous les monumens qui pouvoient donner connoissance de

NOTES.

(a) M. du Cange a fait imprimer ces Establissements, avec des notes à la fin de l'Edition du Joinville qu'il a donnée en 1668.

(b) Pour donner une idée exacte du projet de M. de Lauriere, on a crû devoir mettre icy les passages, dans lesquels il en a parlé.

Les Batards obtenoient des Lettres du Roy, portant pouvoir de disposer de leurs Biens, dont on fera imprimer quelques-unes dans le Recueil des pieces Juridiques qu'on a dessein de donner. Commentaire sur l'article 42. du Livre 1. Tit. 1. des Institutes Coûtumieres de Loisel. Tom. I. pag. 76. 77.

J'ay lû plusieurs de ces Manumissions pour la Prestrise & les Ordres, sans la confirmation du Roy, & des Seigneurs superieurs. J'en ay

nostre ancien Droit, soit public, soit particulier, de la forme dans laquelle on rendoit la justice, & de la procedure qu'on suivoit. On l'a déja repeté plus d'une fois, nos anciennes Coûtumes n'estoient point écrites, & elles estoient sujettes à bien des variations : or on ne peut avoir de preuves plus incontestables de l'existence de certaines Coûtumes, & rien ne peut mieux mettre au fait de leur nature, de leurs principes, & de leurs regles, que les Actes judiciaires mêmes qui ont esté dressez conformement à ces Coûtumes, lesquelles y sont quelques fois rappellées. Quelles lumieres ce Recüeil n'auroit-il pas repanduës sur les origines obscures de nostre Droit, & quelle perte qu'il ait esté enseveli dans un même tombeau avec M. de Lauriere ! car on ne peut guere se flater que son zele pour les antiquitez de nostre Jurisprudence trouve jamais des imitateurs assez ardens, assez laborieux & assez éclairez, pour faire revivre un projet, dont l'execution demanderoit bien des recherches penibles, & une érudition peu commune.

M. de Lauriere a esté pendant toute sa vie sujet à de grandes maladies, & ses travaux continuels ont sans doute contribué à affoiblir son temperament. Vingt ans avant sa mort, il luy survint dans la bouche une grosse loupe qui adheroit à la gencive du costé droit. Dans les dix dernieres années de sa vie, elle grossit si considerablement, qu'à peine pouvoit-il prendre des alimens solides : elle luy attiroit des fluxions presque continuelles, & après l'avoir beaucoup incommodé pendant sa vie, elle a esté la cause de sa mort. Pendant sa derniere maladie, qui dura un mois, elle fondit insensiblement, & à sa mort, elle estoit presque dissoute. Il mourut le 9. de Janvier 1728. âgé de 68. ans, 5. mois & 10. jours.

Il avoit esté marié deux fois. Au mois de May 1696. il épousa Marguerite Domec : il en a eû quatre enfans, dont il ne reste plus aujourd'huy que deux filles. Sa premiere femme estant morte au mois de Mars 1705. il épousa le 29. Aoust 1711. Catherine Langlois, dont il a eû une fille.

NOTES.

extrait une du Registre de Philippe le Bel. Je la mettray toute entiere dans le Recüeil des pieces Juridiques, que j'espere faire imprimer quelque jour. Ibid. article 79. pag. 126. 127.

Nous apprenons d'un ancien Titre que l'on fera imprimer quelque jour, qu'anciennement les Nobles seuls estoient sujets au Ban, & toutes personnes sans distinction à l'arriére-Ban, pourvû qu'elles pussent porter les Armes. Ibid. Tit. 3. art. 18. pag. 202.

En cause d'appel ès Pays Coûtumiers, on ne se pouvoit accorder sans Lettres du Roy. Il y a un grand nombre de ces Lettres avec les Transactions faites en consequence, dans les Registres du Tresor des Chartres, dont on fera imprimer quelques-unes dans le Recüeil des Actes Juridiques qu'on espere donner au public.

M. de Lauriere a inseré dans ses ouvrages, quelques-unes de ces pieces Juridiques. Il y en a un assez grand nombre dans le Glossaire du Droit François. On trouve dans le Commentaire sur Loisel L. 1. Tit. 3. art. 40. Tome I. p. 221. des Lettres de Philippe le Long, qui permettent à une Veuve qui vouloit se remarier avant la fin de l'année de son deüil, de garder son Doüaire. Dans le 1. Vol. des Ordonnances, pag. 155. note B. & pag. 189. note A. col. 1. 2. il y a des pieces qui auroient pû entrer dans le Recüeil des Actes Juridiques.

ORDONNANCES

ORDONNANCES
DES ROIS DE FRANCE
DE LA TROISIÉME RACE.

PHILIPPE DE VALOIS REGENT. (a)

PHILIPPE DE VALOIS Regent, à Paris, au mois de Fevrier 1327.

Letres par lesquelles le Roy confirme un reglement fait, par des Commissaires que le feu Roy Charles le Bel avoit nommez, pour travailler à la reformation des abus qui se commettoient au Chastelet de Paris.

SOMMAIRES.

(1) Il n'y aura au Chastelet de Paris que huit *Conseillers, sçavoir, quatre Clercs, & quatre lais, aux gages de quarante livres Parisis. Ils seront mis par le Chancelier, appellez avec luy quatre du Parlement de Paris & le Prevost de Paris.*

(2) Les procés seront secretement distribuez aux Conseillers, par le Prevost de Paris, sans que les parties le sçachent.

(3) Les Auditeurs *du Chastelet y resideront continuellement.*

(4) Les Auditeurs *ne pourront connoistre que jusqu'à la concurrence de* vingt livres & au dessous.

(5) Les Causes seront poursuivies où elles auront esté commencées. On ne pourra prendre defaut devant les Auditeurs, *d'une cause commencée en haut pardevant le Prevost; ni pareillement devant le Prevost, d'une cause commencée en bas pardevant les* Auditeurs.

*(6) Quand l'*Auditeur *aura donné sa Sentence entre les parties, elle ne sera pas reformée par le Prevost, pour en empescher l'execution.*

(7) Les Auditeurs *entreront en leur siege aussitost que le Prevost entrera au sien: Et ils en sortiront en mesme temps que luy.*

(8) Les Examinateurs *du Chastelet n'auront autre office que celuy d'examiner.*

(9) Il n'y aura que douze Examinateurs *lesquels auront six Chambres, ils seront deux dans chacune, & ces deux auront douze deniers pour chaque témoin qu'ils examineront, &c.*

(10) Les faits & les articles sur lesquels les témoins devront estre oüis & examinez, seront baillez par le Prevost de Paris aux Examinateurs.

(11) Les defaux qui se trouveront aux examinations, seront reparez par les Examinateurs.

(12) Les debats qui surviendront pardevant les Examinateurs, *entre les parties, seront vuidez par le Prevost de Paris, & les Procés seront mis dans un coffre dont il aura la clef.*

(13) Du Clerc du Greffe *& de son devoir.*

(14) Il n'y aura qu'un Clerc du Greffe *pour les defauts.*

(15) Le Clerc du Greffe *n'aura d'autre émolument que ses gages. Et lorsqu'il sera absent, le Prevost de Paris commettra quelqu'un en sa place.*

(16) Le Sergent *criera les defauts pendant l'absence du* Clerc du Greffe.

(17) Il n'y aura que soixante Notaires *au Chastelet.*

(18) Taxe ordonnée aux Notaires du Chastelet, pour la passation des Lettres & des Contracts qu'ils recevront.

(19) Les Sergens à cheval *seront reduits à quatre-vingt, & ceux à verge à six vingt-quatre, au lieu de sept cens qu'ils estoient auparavant.*

(20) Taxe des salaires des Sergents à *cheval.*

(21) En quel cas les Sergents à cheval sont responsables & tenus de payer la debte du creancier; Quel serment ils doivent faire. Ils doivent avoir un cheval à eux appartenant. Et pour quelle somme ils doivent bailler caution, ainsi que ceux à verge.

(22) Les Sergens *du Chastelet resideront à* Paris.

(23) Les Sergens *à verge ne pourront sergenter hors la banlieuë de Paris.*

(24) Les Avocats *doivent aller de bonne heure au Chastelet, & ils ne plaideront aucunes causes sans la licence du Prevost de Paris.*

(25) Les Avocats *pourront plaider à leur tour deux, ou trois causes.*

PHILIPPE DE VALOIS Regent, à Paris, au mois de Fevrier 1327.

(26) Les Avocats ne seront point interrompus lorsqu'ils auront audience.

(27) L'Avocat qui plaidera pour une partie ne sera interrompu par un autre Avocat ou le conseil de la partie.

(28) Les Avocats, les Procureurs, les Notaires & les Sergens trouvez parjures, seront chassez du Chastelet, & privez des Offices royaux.

(29) Les Avocats seront crûs des articles qu'ils auront plaidez.

(30) Les parties, ni les Procureurs n'entreront point à l'Audience, s'ils n'y sont appellez.

(31) Les Procureurs, ni les parties n'entreront point au Parc Civil. Et il y aura deux Sergens qui en garderont les portes, afin qu'aucun n'y entre s'il n'y est appellé.

(32) Les Memoriaux seront faits par des personnes suffisantes & Jurez.

(33) Les écritures seront signées & datées.

(34) Les interlocutoires ne seront point demandées par les Avocats, si elles ne sont necessaires.

(35) Personne ne doit s'asseoir au rang, ni au siege des Avocats.

(36) Les collations de pieces seront faites par des personnes commises par le Prevost.

(37) Si une des parties est deffaillante de faire sa collation dans le temps convenu, le procés sera mis au Conseil pour estre fait droit.

(38) On ne pourra bailler des écritures, que deux fois en une mesme cause.

(39) Les conclusions seront mises au premier memorial.

(40) Les Avocats ne poseront nuls faits impertinens, & s'ils le font ils seront punis.

(41) Aucun Avocat ne pourra plaider, s'il n'est sur le Tableau.

(42) On ne peut plaider si l'on n'est Avocat, ou si l'on ne parle pour soy-mesme.

(43) Le Prevost ou son Lieutenant visiteront les Prisonniers du jour au lendemain.

(44) Les noms de ceux qui seront aux Prisons du Chastelet par le mandement d'un autre que le Prevost de Paris, seront mis en écrit, avec la cause pour laquelle ils ont esté arrestez.

(45) Quand quelqu'un sera arresté, le Sergent fera commandement à la partie de se rendre pardevant le Prevost, ou son Lieutenant, pour voir delivrer le Prisonnier, ou pour s'opposer à sa delivrance.

(46) Les Officiers du Chastelet feront serment de garder les presentes Ordonnances, à peine d'estre privez de leurs Offices.

PHILIPPE COMTE DE VALOIS & Anjou, *(b) Regent* les Royaume de France & de Navarre: Sçavoir faisons à tous presens & à venir, que comme nostre tres cher Sire *Charles*, jadis Roy desdits Royaumes, en eust les bonnes mœurs. Et ses predecesseurs Roys de France, desirant, pourvoyant & procurant la paix, la tranquillité, le profit & la seureté des subjects, en encontrestant en toutes bonnes manieres aux griefs, oppressions & dommages d'iceux. Et pour ce que comme renommée estoit qu'en la *(c) Vicomté de Paris,* & ressorts d'icelle, & specialement en la Ville de Paris, souffroient lesdits sujets moult d'oppressions & de grevances, tant par la desordonnance des Officiers du Chastelet, *Auditeurs, Notaires, Examinateurs, Advocats,*

NOTES.

(a) Cette Ordonance est au Tresor des Chartes, Registre de *Philippe de Valois* pour les années 1327. 1328. cote 65. 1. piece 54. & dans Joly tome 2. pag. 1413.

(b) Charles le Bel mourut à Vincennes le premier jour de Fevrier de l'année 1327. Il n'eut que deux filles de sa troisiéme femme *Jeanne* fille de *Loüis Comte d'Evreux,* son oncle, dont l'ainée nommée *Marie* deceda quelques années aprés le Roy son pere. Et à l'égard de la seconde nommée *Blanche,* qui naquit quelques mois aprés le deceds du Roy, elle épousa Philippe Duc d'Orleans, fils de *Philippe de Valois.* Pendant la grossesse de la Reine *Jeanne d'Evreux,* dont on attendoit un Roy, la Regence du Royaume fut donnée à *Philippe de Valois* à l'exclusion d'*Edoüard* Roy d'Angleterre, lequel fut jugé n'y avoir aucun droit. Mais comme la Reine n'accoucha que d'une fille, la Couronne fut deserée à *Philippe de Valois* qui succeda ainsi immediatement à *Charles le Bel,* quoy qu'il fût parent du Roy defunt, dans un degré plus éloigné qu'*Edoüard,* car Edoüard neveu de *Charles le Bel,* comme fils d'*Isabelle* sa sœur, ne luy estoit parent que par une fille qui ne pouvoit succeder, au lieu que *Philippe de Valois* estoit cousin germain de *Charles le Bel* par un mâle, car il estoit fils de *Charles de Valois* frere puisné de *Philippe le Bel.* Ce qui a donné lieu à la regle de Loisel tirée d'Alain Chartier, que de tout temps en ce Royaume, *toutesfois & quantes qu'une femme est deboutée d'aucune succession,* comme de fief noble, *les fils* qui en viennent & descendent, en sont *aussi forclos.* Voyez les Institutes de Loisel livre 2. titre 5. regle 9.

(c) Vicomté de Paris & ressorts d'icelle.] Tant d'auteurs ont traité des *Comtes* & des *Vicomtes,* qu'il est inutile d'en parler davantage. On peut voir sur ce sujet Loyseau dans son Traité des Seigneuries, chap. 6. 7. 8. *Altesseram de Ducibus & Comitibus.*

Brodeau sur le Titre de la Coutume de Paris, aux mots *Prevosté & Vicomté,* pages 10. &

PHILIPPE DE VALOIS Regent, à Paris, au mois de Fevrier 1327.

Procureurs, Geoliers, Registreurs, Officiers dudit Chastelet, que pour la grande *multitude des Sergens* qui estoient en ladite *Vicomté*: Entendant & considerant les sens, la discretion, la diligence & la loyauté de ses amez & feaux M.es *Philippes de Messes*, jadis Clerc, *Guillaume de Marsilly* Chevalier, Conseillers dudit nostre tres cher Sire le Roy *Charles*, & *le Prevost de Paris*, eust mandé & commis par ses Lettres, au dessusdit Clerc, Chevalier, & Prevost, que eux trois, ou les deux entendissent diligemment à la reformation de ladite *Vicomté*, & à l'Ordonnance des Officiers dudit Chastelet, & à la moderation de ladite *multitude des Sergens*, selon la forme & la teneur des dernieres Lettres, dont la teneur ensuit.

CAROLUS *Dei gratiâ Francorum & Navarræ Rex; dilectis & fidelibus Magistro* Philippo de Messiâ, Guillelmo de Marsilliaco militi, *Consiliariis nostris ac* Præposito Parisiensi, salutem & dilectionem. *FREQUENS & assidua nos multorum querela sic constrepit, valido vulgi clamore nostras aures pulsante, quod in* Castelleto nostro Parisiensi, *tot in Reipublicæ læsionem & enervationem justitiæ, per eos qui circà publicas expeditiones versantur, enormitates excessuum, iniquæ relationes, exactiones illicitæ, falsitatum commenta, pauperum oppressiones, & violentiæ committantur, quod inde frequenter veritas absconditur, quam super candelabrum ministerii nostrorum officiorum in regno Franciæ volumus indifferenter patere. Quocircà* vobis aut duorum vestrum, *ut præfati tam horribiles extirpentur* abusus, *tenore præsentium*, committimus & mandamus, *quatenus* Auditoribus, Notariis, Servientibus, Advocatis, Procuratoribus, Geolariis, Examinatoribus, *& aliis officiariis quibuscumque, non solum* Præposituræ *prædictæ, sed etiam omnibus aliis officiariis nostris (d)* Vicecomitatus Parisiensis & ressortorum ejus, *a suis prius suspensis officiis, de Notariorum dicti Castelleti, qui plerumque, sicut accepimus, in salariis exigendis metas rationis excedunt; Advocatorum quorum nonnulli, per imperitiam, suscepta causarum negotia dubiis eventibus obtenebrant & obvolvunt, & de* quotâ parte litis *paciscuntur;* Procuratorum, *qui sub effrenatâ multitudine & numero, quàm plurium excessive fraudibus exquisitis, expedienda per eos in impedimenta retorquent scripturarum, quorum exactiones illicitas*

NOTES.

11. de l'édition de 1669. Et de la Mare dans son traité de la Police tome 1. pages 30. 99. 139.

Le Prevost de Paris comme *premier Baillif* de France avoit deux territoires, l'un où il estoit juge immediat, & l'autre où il estoit juge par appel. Le premier estoit nommé *Prevosté*, & le second *Vicomté* lequel comprenoit les Chastellenies de Gonesse, de Poissy, de Corbeil, de Montlehery, de S.t Germain, de Triel, de Tournan, de Brie-Comte-Robert, de Gournay, &c.

Le temporel de l'Evesque & du Chapitre de Meaux, qui avoient un Bailly, devoit par cette raison estre du ressort de la *Vicomté*, comme le remarque Chopin sur la Coutume de Paris, liv. 1. tit. 3. n. 7. Et Brodeau au lieu marqué cy-dessus.

Cependant l'Autheur du grand Coutumier qui ne s'explique pas nettement, semble nous marquer que le temporel de l'Evesque & du Chapitre de Meaux estoit dans le ressort de la *Prevosté*.

L'on appelle, dit-il, *Prevosté de Paris, là où le Prevost de Paris est Juge souverain & tres presomptif de droit commun. Et tous les lieux sont de la Prevosté de Paris, desquels par appointement de Juge ou dûe de droit, ou de bref, l'on vient, ou doit venir de droit commun au Chastelet de Paris; si comme du Bailly de Meaux pour la jurisdiction temporelle de l'Evesque de Meaux, & aussi du Chapitre de Meaux, pour la jurisdiction temporelle qui est de la* Prevosté *de Paris, du ressort & plusieurs autres lieux.*

L'on appelle Vicomté *de Paris certaines Chastellenies, desquelles, quand elles sont en la main du Roy de France, le Prevost de Paris de son droit en est Bailly. Et sont lesdites Chastellenies, Montlehery, Corbeil, Genesse & Poissy. Et est à sçavoir qu'esdites Chastellenies l'on plaide devant les Prevosts des lieux & des assises du Bailly, l'on appelle directement au Parlement, &c.* Livre 1. chap. 2. page 9. 10.

(d) Vicecomitatus Parisiensis & ressortorum ejus.] On void par là que la *Vicomté* qui avoit des Ressorts, estoit plus estenduë que la *Prevosté*. Voyez la note sur les Letres precedentes.

L'Ordonance de *Philippe le Bel* de l'année 1302. celle de l'an 1309. celle de l'an 1313. touchant les Officiers du Chastelet, pages 336. 352. 465. celle de *Philippe le Long* de l'année 1318. tome premier pag. 652. de l'année 1320. pag. 738. & l'Ordonance du mois de Juin 1321. page 750.

PHILIPPE DE VALOIS Regent, à Paris, au mois de Fevrier 1327.

parit conditio excessiva servientum, *qui frequenter sub tuitionis prætextu, & officii velamine, deprædationes, & alia turpia committere non verentur;* Examinatorum, *quorum aliqui circa testium depositiones aliud scripsisse aliud audisse dicuntur;* Geolariorum, *qui a prisionariis commissis eorum custodiæ quidquid possunt capiunt & extorquent;* Registratorum, *quorum favores, & quod Tu* Preposite *quod penes te Registra, non servas, puniciones, & jura plurimum suffocant & absorbent;* Auditorum, *qui raro, sicut fertur, suum exequuntur officium, placitationi propensius intendentes, Cæterorumque quorumlibet officiariorum prædictorum gestis, excessibus, maleficiis communibus & offensis, summarie, sine strepitu judicii & de plano, rejectis quibuscumque malitiis, fraudibus, subterfugiis, cavillationibus, dilationibusque morosis, vocatis qui vocandi fuerint,* inquiratis, *cum celeri diligentiâ veritatem. Et omnibus illis quos super præmissis repereritis innocentes, ad sua per nos officia restitutis, repertos culpabiles, sic civiliter puniatis, quod cæteri eorum pœnâ perterriti, à similibus imposturis arceantur. Nec non & circa status omnes, & singulos supra dictos, quæ corrigenda & in melius reformanda noveritis,* corrigatis *& etiam reformetis. In præmissis autem & ea tangentibus* vobis *aut duobus vestrum, ab omnibus justitiariis nostris, & subditis pareri volumus efficaciter & intendi jubemus, & super omnibus & singulis quæ feceritis de præmissis, vestras fieri literas faciatis, per nos postmodum confirmandas. Datum apud* Fontembliaudi, *vigesimâ quintâ Maii, anno Domini millesimo trecentesimo vigesimo quinto.*

Et ledit *Chevalier* & ledit *Prevost* nous ayant rapporté, sur la reformation dudit Chastelet, que grand & meur traitié, conseil, & deliberation ils ont eu ensemble, & donné leur advis, ou ordonnnances, & ce qui bon & profitable pour nosdits subjects leur a semblé à faire, en la maniere qui s'ensuit.

(1) Quant à ceux qui sont de par Nous à nostre Conseil dudit Chastelet, dont ils estoient plusieurs Clercs & Lais, & d'autres qui avoient à faire au Siege dudit Chastelet, & qui estoient *Advocaz communs*, pourquoy ils ont esté si occupez, que les querelles & les procez en ont moult esté empeschiez, & venoient peu audit Chastelet, au grand dommage de nous, & du peuple. *Nous ordonnons* qu'il en y ait *huict tant seulement*, desquels il y aura *quatre Clercs* & *quatre Lais*, & si assembleront au Chastelet *deux jours en la sepmaine*, pour voir d'un accord, & d'une assentement les procez & les causes, *avecques nostre Prevost:* Et viendront au Mandement dudict *Prevost*, toutesfois qu'il les mandera; Et iceux Conseillers *ne seront Advocats, Procureurs, (e) ne pensionnaires des personnes demeurans en la Viconté de Paris, ne ez ressorts, ne d'autres* qui ayent affaire au Siege dudict Chastelet, de quelque estat ou condition qu'ils soient, & prendront chacun *quarante livres parisis de pension* par an: Et y seront mis de par *nostre Chancelier*, appellez avec luy *quatre de nostre Parlement*, & le *Prevost* de Paris: Et seront tenus rapporter à nostredit *Prevost* les procez, sur quoy l'on devra donner *interlocutoire*, dedans les *quinze jours* qui leur auront esté baillez, & les autres procez sur lesquels l'on devra donner *sentence diffinitive, dedans un mois* aprés ce qui leur auront esté baillez, ou plustost s'ils peuvent, ou dire audit Prevost les cas de l'empeschement, si aucun en ont, pourquoy ils ne puissent ce faire.

(2) Item, Les *procez* dudit Chastelet seront si *secretement* baillez aux *Conseillers* par ledit *Prevost*, à voier, que parties ne puissent sçavoir à qui son procez sera baillé. Et si ceux à qui les procez seront baillez à voier, y trouvent aucun deffaut, il le rapporteront audit *Prevost* secretement: Et ne recevront rien de partie, par nulle voye pour mettre les Actes, si ce n'est par ledit *Prevost*.

NOTES.

(e) Ne pensionnaires, &c.] Voyez l'article 6. de l'Ordonance du mois de Novembre 1302. tome 1. page 353. Les Letres de *Philippe le Long* accordées aux habitans du Quercy & du Perigord, art. 16. tome 1. page 698. l'Ordonance de S.t *Loüis* pour l'utilité du Royaume, art. 3. & 7. pages 78. 79. & l'Ordonance de *Philippe le Bel* du 25. Mars 1302. pour l'utilité & la reformation du Royaume, articles 40. 42. 43. page 364. tome 1.er Voyez cy-aprés au premier Juin 1331.

PHILIPPE DE VALOIS Regent, à Paris, au mois de Fevrier 1327.

(3) *Item.* Nous ordonnons que les *Auditeurs* facent *(f) continuelle residence* en leur Siege dudit Chastelet, s'ils n'ont loyal *exoine*, ou *juste cause*: laquelle exoine ou cause ils signifieront audit *Prevost*, & à donc ledit Prevost les pourvoira de *Lieutenants* durant leur exoine, tex qui sont profitables à garder nostre droict, & du peuple.

(4) *Item.* Nul des *(g) Auditeurs*, ne leurs *tenans*, ne cognoistront de nulles causes qui montent dessus *vingt livres parisis*, ne de nul heritage : ne pourront donner nul Decret, ne Commission signée, fors ez causes, & jusques à la somme tant seulement dont la cognoissance leur est baillée, si comme dit est.

(5) *Item.* Pour ce qu'il est venu à nostre cognoissance, que plusieurs fraudes & tricheries ont esté faites en nostredit *Chastelet* par plusieurs fois, de ce que quand aucune partie garde son jour *en haut* devant nostre *dit Prevost*, l'autre partie, ou son Procureur, le faict mettre en defaut, *(h) à val* devant nos *Auditeurs* malicieusement : *Nous voulons* que nul defaut ne soit pris des-ores-en-avant devant nos *Auditeurs*, de cause qui soit commencée devant nostredit *Prevost*; ne deffaut aussi ne soit pris devant nostredit *Prevost*, de cause qui soit commencée devant *nosdits Auditeurs* : Et s'il advenoit qu'aucun eust esté mis en deffaut, & il puisse monstrer qu'il ait faict son deu au jour devant le Juge pardevant lequel la cause sera commencée, il sera osté du defaut, sans peine & sans emende.

(6) *Item.* Pour ce qu'aucuns en fraude de partie, & pour dilayer les causes quand *l'Auditeur* a prononcé sa Sentence contre aucune partie, il en demande *(i) l'amendement* de nostredit *Prevost* : Nous *voulons* que a cil qui aura demandé *l'amendement* du Prevost, de Sentence donnée contre luy par l'*Auditeur*, en deschiée que il paye jusques à la somme de *quarante sols d'amende*, au plus, & pourra le *Prevost* appeticer l'amende, selon la condition de la cause & des personnes : Et cognoistra tantost nostredit Prevost sommairement & de plain de cel *amendement*.

(7) *Item.* Que nos dits *Auditeurs* viennent aussi matin, & entrent au Siege & se levent du Siege aussitost comme nostredit *Prevost*, & y soient autant que nostredit Prevost.

(8) *Item.* *(k)* Nul *Examinateur* ne sera au rang du Siege dudit Prevost, ni ne sera *Advocat*, *Notaire*, *Pensionnaire*, ne *Procureur*, ni ne tiendra nul autre Office en nostredit Chastelet, quel qu'il soit, fors l'Office d'examination.

(9) *Item.* Qu'ils *(l)* soient *douze Examinateurs* tant seulement, qui auront *six chambres*, & en chacune chambre *deux Examinateurs*, dont l'un fera les *demandes* & les *interrogatoires* aux tesmoins, & *(m)* l'autre escrira : Et prendront *eux deux* pour chacun tesmoin qu'ils examineront, *(n) douze deniers* tant seulement : c'est à sçavoir,

NOTES.

(f) Continuelle residence.] Voyez l'art. 22. de l'Ordonance de *Philippe le Bel* du 23. Mars 1302. pour l'utilité du Royaume page 361. L'Ordonance de *Philippe le Long* du mois de Fevrier 1320. art. 1. page 738. & le Traité de la Police, tome 1. page 100. colomne premiere vers le commencement.

(g) Auditeurs.] Il ne faut pas les confondre avec les *Examinateurs* dont il est parlé dans les articles 8. & 9. cy-aprés. Par l'article 6. de l'Ordonance de Philippe le Bel, les *Auditeurs* ne pouvoient connoître que des causes qui montoient à *soixante sols*, & par celle-cy ils peuvent connoitre jusqu'à *vingt livres*. Voyez au tome 1.er page 717. Touchant les *Auditeurs*. Voyez l'Ordonance de *Philippe le Bel* de 1302. art. 5. & 6. celle de *Philippe le Long* de 1320. touchant le Seel du Chastelet, tome 1. p. 717. 738. le grand Coutumier page 6. le Traité de la Police tome 1. Leur jurisdiction a esté portée ensuite à vingt-cinq livres, & ils connoissent à present jusqu'à cinquante livres.

(h) A val.] C'est-à-dire, en bas.

(i) L'amendement.] Voyez ce qu'on a observé sur ce sujet sur les Establissemens de S.t Loüis, livre 1. chap. 1. page 110. 169. 170. 171. 264. & Livre 2. chapitre 15.

(k) Nul examinateur.] Touchant l'office d'examinateur, voyez le tome 1. du Traité de la Police, livre 1. titre 11. chap. 1. 2. 3. &c.

(l) Soient douze.] Auparavant il n'y en avoit que *huict*. Voyez l'article 10. de l'Ordonance de *Philippe le Long* de 1320. tome 1. page 739. Le grand Coutumier page 7.

(m) L'autre écrira.] Par l'article 10. de l'Ordonance de 1320. les examinateurs devoient avoir avec eux des Notaires.

(n) Douze deniers.] Auparavant ils n'en

PHILIPPE DE VALOIS Regent, à Paris, au mois de Fevrier 1327.

chacun *ſix deniers.* Et quant ils iront *hors la Ville* pour examiner, ils prendront pour *chacune journée* qu'ils n'examineront, pour allant & venant, chacun *(o) huict ſols.* Et quand ils ſeront au lieu où ils devront examiner, ils prendront eux deux pour chacun teſmoin qu'ils examineront *deux ſols* tant ſeulement. C'eſt à ſçavoir, *chacun douze deniers* ſe ainſi eſtoit, que par defaut & la negligence des parties ils n'examinaſſent point, ils prendront pour chacune journée *huict ſols* tant ſeulement; & ne pourront demeurer en lieu ſans y examiner, que deux jours; Et n'auront pour examiner & pour eſcrire nul autre eſmolumens, fors eux deux, afin que les ſecrets de l'examination ne ſoient revelez.

(10) Item. Les *faicts & les articles* ſeront baillez à noſdits *Examinateurs* par noſtredit *Prevoſt :* Et ne ſera l'Examinateur octroyé à partie qui le requiert. Et ſitoſt comme les faicts & les articles leur ſeront baillez, examineront, & continuellement : ſi que ſi les teſmoins demeurent en la Ville par leur defaut, & par leur coulpe, ce ſera aux propres couſts & deſpens de ceux en qui coulpe & defaut y demeureront.

(11) Item. Si aucun *defaut* eſt trouvé en leur *Examination,* ou au procez, ſi que il ne ſe puiſſe juger, ils *examineront* arriere le procez *à leurs couſts :* Et ceux qui ſeront trouvez en tel defaut eſtre couſtumiers, ſeront oſtez de leur Office.

(12) Item. Au deſchargement dudit Siege de noſtredit *Prevoſt,* & pour l'advancement des cauſes, ſitoſt comme les faicts & les articles ſeront baillez à noſditz *Examinateurs,* les parties prendront les aſſignations *de leurs journées* pardevant eux, juſques à tant qu'il ſoit *conclus* en la cauſe. Et ſi partie y met aucun debat, elle aura ſur ce recours à noſtredit *Prevoſt;* Et ſera enregiſtré au livre dudit Prevoſt le bail des faicts & des articles qui ſeront baillez auſdits *Examinateurs,* & à qui eſt *la journée* qu'on leur baillera : Et aura noſtredit Prevoſt une *huche* où les procez ſeront mis, dont il aura la clef.

(13) Item. Nous voulons que *le (*) Clerc du Greffe* dudit Chaſtelet, qui eſt, ou ſera eſtably, pour le temps, de par nous, vienne bien matin, pour mettre en eſcrit les bonne gens qui ſeront ſemonds, & qui luy ſeront teſmoignez de nos *Sergents, avant Prime Noſtre-Dame,* ou autrement, ledit Clerc ne les recevra pas, Et ſeront tenus noſdits *Sergents* rendre aux bonnes gens l'argent qu'ils auront eu d'eux, & deſdomager : Et ne pourra l'on appeller au Greffe nulle partie, fors tant comme noſtredit Prevoſt ſiera.

(14) Item. A tous les defauts mettre en effect, n'aura qu'un *Clerc Juré* à Nous.

(15) Item. Ledit *Clerc Juré* à Nous ne pourra prendre, ne avoir aucun profit & eſmolument devers le Greffe que *ſes gages;* ni ne pourra y mettre pour ſoy, s'il n'y a grand *exoine,* & lors l'y mettra le Prevoſt.

(16) Item. Le *Sergent* pour le temps criera le deffaut, & ne prendra rien.

(17) Item. Audit Chaſtelet ſeront *(p) ſoixante Notaires* tant ſeulement, ſuffiſans; Et ne paſſera & ne ſera nulle Lettre ſcellée & ſignée *(q)* que de Notaire; Ne ne pourront *vendre* ne *(r) bailler à ferme* leurs dits offices. Et ſi aucuns ont fait au temps paſſé, ou faiſoient d'oreſnavant le contraire, dés maintenant nous les *privons* de leur office : Et *voulons* qu'audit office, & en tous les autres qui vacqueront d'icy en avant, ou par mort, ou autrement, que noſtre *Chancellier,* appellez avec luy *quatre*

NOTES.

avoient que huit. Voyez l'article 12. de l'Ordonance de 1320. tome 1. page 740.

(o) Huit ſols.] Auparavant ils prenoient ſeize ſols. Voyez l'art. 12. de l'Ordonance de *Philippe le Long* de 1320. tome 2. page 740.

(*) Clerc du Greffe.] Voyez le grand Coutumier, page 8.

(p) Soixante.] Voyez le Mandement de Philippe le Bel de l'an 1300. par lequel ils avoient déja eſté réduits à ſoixante, tome 1. pages 336. 337. joignez les Chartes des Notaires, pages 18. 19.

(q) Que de Notaire.] Voyez l'article 6. de l'Ordonance de *Philippe le Long* du mois de Fevrier 1320. tome 1. page 739.

(r) Bailler à ferme.] Voyez l'Ordonance de *Philippe le Long,* au lieu marqué cy-deſſus, article 9. page 739.

de nostre Parlement, & le *Prevost*, instituent bonnes personnes & convenables audit office.

(18) Et pour les *(s)* outrageux salaires qu'ils prenoient, Nous voulons qu'ils n'ayent que quatre deniers d'un gaigement.

Item. D'une *Lettre de vente* ou *d'accensement d'heritages, deux sols.*

Item. D'une procuration *Douze deniers.*

Item. D'une Lettre d'apprentif *dix-huit deniers;* & des autres Lettres qui seront faites en forme commune, comme de *vendre* & *d'achepter* denrées, d'engagier, & de semblables contracts, ils prendront de chacune telle Lettre *deux sols* tant seulement.

Et s'il advenoit qu'il y eust aucune sorte Lettre à faire, où il convient avoir industrie de personne & de personnes, & de quoy le *salaire* deust estre plus grand, nostredict *Prevost, ou son Lieutenant* verra tele Lettre; & en sera payé le Notaire à la taxation dudit Prevost, ou dudit Lieutenant.

Et quand ils iront passer une Lettre, ou un accord à la Ville de Paris, ils prendront chacun *quatre sols* parisis pour leur peine, sans la façon de la Lettre.

Et s'ils vont *hors de la Ville*, ils prendront pour chacune journée allant & venant, demeurant au lieu, chacun *huict sols parisis.*

(19) Item. Pource que nostre peuple se tenoit agrevé de la grande *multitude de Sergents* qui estoient audit Chastelet, & des exactions qu'ils faisoient; *Nous voulons* pour le proffit commun, que ceste multitude de Sergents, qui estoit de *(t) sept cents*, soit ramenée quant aux *Sergents de verge à six-vingt*, & quant aux *Sergents de cheval à quatre-vingt.*

(20) Item. Nous voulons que chacun *Sergent de cheval*, quelque part qu'il soit envoyé faire execution *hors la Vicomté de Paris*, prenne *six sols pour sa journée.* Et quand il sera au lieu où il devra faire, ou requerir l'execution, il fera ce qui luy appartiendra au plustost qu'il pourra, par son serment; Et s'il *demeure par son deffault*, ou par sa coulpe, outre raison, il ne *prendra ne salaire, ne despense*, & sera *privé de son office:* Et s'il advenoit qu'il feist plusieurs executions, en un jour pour une personne, ne prendra-t-il que *six sols* pour sa *journée;* & si ne prendront nul gage sur qui ils seront envoyez faire execution, ainçois les payeront ceux qui les mettront en œuvre, si comme dessus est ordonné.

(21) Item. S'il advenoit que *Sergent* relaschast de sa volonté, sans mandement de son Maistre, aucune chose, puisqu'il les auroit *arrestez* sur aucun debteur, il en sera puny. Et s'il advenoit que celuy sur qui il auroit faict *l'Arrest*, devint moins suffisant de payer, depuis l'Arrest relasché, le *Sergent* qui n'auroit faict payer le debte au Creancier, pour lequel il auroit fait ledit Arrest, jusques à la valeur des biens qu'il aura relaschez, sera *puny comme parjure.* Et ne sera nul Sergent dedans le *Parc* où l'on tient les plaids, s'il n'y est appellé: Et *jurera* le Sergent qu'il fera l'execution qui luy est commise au plustost qu'il pourra, & qu'il tiendra les Ordonnances susdites, *& jurera* dés le commencement qu'il tiendra *bon cheval sien, propre, & armes* suffisantes, tant comme il sera audit Office; & tant comme il demeurera à *avoir*

PHILIPPE DE VALOIS Regent, à Paris, au mois de Fevrier 1327.

NOTES.

(s) Outrageux salaires.] Voyez l'Ordonance de *Philippe le Bel* de l'an 1302. art. 37. page 364. l'Ordonance du mois de Janvier 1303. articles 16. & 17. tome 1. page 397. & celle du Mercredy des Cendres. 1303. art. 23. & 25. pages 400. 401. Tome 1.

(t) Sept cens.] Voyez l'art. 17. de l'Ordonance de *S.t Loüis* du mois de Decembre 1254. tome 1. page 71. l'article 16. de l'Ordonance de 1256. pour l'utilité du Royaume page 80. Par l'Ordonance de *Philippe le Bel* du mois de Novembre 1302. imprimée dans le premier tome page 352. le nombre des Sergens du Chastelet fut fixé à *quatre-vingt* à cheval, & à *quatre-vingt* à pied, avec les *douze* de la *douzaine.*

Par celle du 3. Juin 1309. le nombre des *Sergens à cheval* fut réduit à soixante, & celuy des *Sergens à pied* fixé à quatre-vingt-dix, en comptant ceux de la *douzaine*. Voyez le tome premier, pages 465. 466. Les Lettres de *Philippe le Long* du 23. Janvier 1318. tome 1. page 653. & l'Ordonance du mois de Juin 1322. par laquelle ils avoient esté reduits, ceux à cheval à quatre-vingt-dix-huit, & ceux à pied à cent trente-trois, tome 1. page 750.

PHILIPPE DE VALOIS Regent, à Paris, au mois de Fevrier 1327.

cheval sien propre, il ne pourra user dudit Office : Et ceux qui seront en la Ville, tant comme ils y demeureront, se presenteront chacun jour devant *nostredit Prevost une fois*. Et voulons que nul ne soit Sergent dudit Chastelet, s'il n'est lai, ne ne soit tenu pour Sergent, tant qu'il ayt baillé bons plaiges lais, *cil de cheval de cent livres*, & *cil de verge de cinquante livres parisis.*

(22) Item. Que tous *(u)* les Sergens estans en l'Ordonnance, soient tenus *d'estre residens en la Banlieuë de Paris*, exceptez les *Gardiens* deputez de par nous à garder *(x)* le *temporel de l'Evesché & du Chapitre de Meaux*, & le Deputé *Gardien de l'Abbé & du Convent de Lagny* sur Marne. Et si aucun y estoit trouvé demeurer hors ladite Banlieuë, il luy sera commandé de venir demeurer à Paris; & s'il ne venoit dans le mois aprés le commandement, il sera du tout mis hors de l'Ordonnance, & y mettra le Prevost un autre en lieu de luy, ainsi comme si l'Office vacast par sa mort.

(23) Item. Que nul Sergent à verge ne puisse sergenter *(y)* hors de la Banlieuë de Paris.

(24) Item. Nous voulons que les *Advocats* viennent audit Chastelet *aprés le Soleil levant* tantost, l'espace qu'ils peussent avoir ouy une Messe courte : Et ne sera nul *Advocat*, ne *Procureur* au rang du Siege au *Prevost*, ny ne pourront estre *Advocats* & *Procureurs* ensemble : Et seront tenus les *Advocats* par leurs serments à plaider les causes anciennes, avant que les nouvelles : Et n'aura nul *Advocat* licence de plaider, fors comme ledit Prevost leur donnera; pour cause de ce qu'iceux *Advocats* veulent plaider à leur volonté arrogament, & icelle cause comme ils veullent, entre les autres, empeschant le profit commun.

(25) Item. Quand ledit *Prevost*, ou son *Lieutenant (z)* sera au siege, que il demande s'il y a aucunes parties qui ayent à plaider, & s'il y a que plaider, il plaidera deux querelles à son tour pour sa partie, contre sa partie adverse; Et s'il n'y a nuls *Advocats* qui soient plus excellents que les autres, & qui ayent plus de querelles que les autres, ils en pourront plaider trois seulement.

(26) Item. Que l'audience de celuy qui plaidera sa cause pour sa partie, ne luy soit empeschée en nulle maniere durant son audience d'autre personne.

(27) Item. Que *l'Advocat* qui plaidera pour sa partie, la plaide seulement par sa bouche, puisqu'il aura commencé à plaider, sans que nul autre *Advocat* estant avec luy en la cause, ou du *conseil* d'icelle en puisse parler, ne advocasser; & s'il y en a aucun, il en sera en amende de *dix livres* payable à nous : mais bien en pourront ceux qui seront du conseil d'icelle, communiquer avec l'autre Advocat plaidant pour le profit de la cause, sans faire aucune noise.

NOTES.

(u) Les Sergens sont tenus d'estre residens dans la Banlieüe de Paris.] Voyez l'article 3. de l'Ordonance de *Philippe le Bel* du 3. Juin 1309. tome 1. page 465.

(x) Le temporel.] Ainsi le temporel de l'Evesché de Meaux, l'Abbaye & le Convent de Lagny sont de la *Prevosté* de Paris. Voyez l'ancien style gothique du Chastelet, au titre *Qu'est Prevosté, Vicomté & Bailliage.* L'Auteur du grand Coutumier Livre premier chapitre 2. page 10. Le procés verbal de la Coustume de Paris à la comparution de M. de Brisé Evesque de Meaux.

(y) Hors de la Banlieuë.] Voyez l'art. 6. de l'Ordonance de *Philippe le Long* du mois de Juin 1321. page 753.

(z) Sera au siege.] Ainsi l'on void que le Prevost de Paris rendoit la justice par luy-mesme; Et qu'il ne la rendoit par son Lieutenant, qu'en son absence.

Les Prevosts de Paris ont continué d'exercer ainsi la justice jusques dans ces derniers temps.

Jean *d'Estouteville* Prevost de Paris obtint un Arrest du Parlement contre son Lieutenant Civil Jean *Allegret*, par lequel il fut ordonné que la distribution des procés seroit faite par le Prevost, qu'il jugeroit avec son Lieutenant tous les procés du Siege, que le Lieutenant n'auroit la connoissance des affaires personnelles qu'au dessous de cinquante livres en l'absence du Prevost.

Et en 1531. Jean *de la Barre* Prevost de Paris, quoyque non *gradué* comme Jean *d'Estouteville*, condamna le nommé *Lanes* à estre pendu pour vol commis dans la maison du Roy. Voyez les Additions de Girard à Joly, tome 1. tit. 25. page 1418. de la Mare, tome 1. livre 1. titre 8. page 107.

(28) Item.

PHILIPPE DE VALOIS Regent, à Paris, au mois de Fevrier 1327.

(28) *Item.* S'il advenoit que l'Advocat, Procureur, Notaire, Sergent feussent repris parjures, il sera privé dudit Chastelet à tousjours, & de toutes Offices Royaux.

(29) *Item.* Quand les Advocats auront plaidé, & ils auront fait leurs articles, & il y a debat d'articles à accorder, les Advocats seront creus par leur serment; & s'il y a articles impertinents, ils en seront ostez par ceux qui les accorderont : Et s'il y avoit aucun debat, ou autre plaidoyé entre les Advocats, ledit Prevost se recordera du plaidoyé, par les presens à plaidoyer, & les accordera.

(30) *Item.* Dedans l'audience ne demeurera partie, ne Procureurs, jusques à tant qu'ils soient appellez pour plaider leurs causes : & quand ils auront plaidé, ils s'en iront hors du Parc.

(31) *Item.* Parties & Procureurs seront hors *du Parc*, où l'on plaide; Et seront à *l'huis* deux Sergens suffisans & convenables establis par leurs serments, que nul n'entre dedans, fors ainsi comme ils seront appellez pour plaider; & que l'un des deux Sergens appelle à cet *huys* les deffaillans, si hautement & si solennellement, que ceux qui y seront le puissent oüir appeller, ou leur Procureur.

(32) *Item.* Que ceux qui feront (*aa*) les *Memoriaux* seront personnes suffisantes & jurez, Et ne feront *Memoriaux*, ne accords, si les parties ne sont presentez à accord de l'escriture; Et jureront les *Advocats* qu'ils ne contrediront *les Memoriaux* que plaidoyé auront, ains les accorderont selon ce que plaidoyé auront; Et y seront iceux *Notaires* mis & establis de par le Prevost, bons & suffisans. Et cil qui debatra le *Memorial*, sans cause, sera puny par ledit Prevost, & payera soixante sols d'amende à Nous.

(33) *Item.* Qui conque fera *raisons, ou escritures* au Chastelet qui seront plaidoyées, le nom de celuy qui ce aura fait, y sera mis en escrit, & la datte du jour qu'elles seront baillées en jugement.

(34) *Item.* Que nul *Advocats* ne se mette en *interlocutoire*, s'il ne veoit & soit certain, & croye par son serment, que il y eschaye. Et se il apparoist à nostredit Prevost, que calomnieusement se accoustumast à ce faire, ledit Prevost l'en punira, & donnera telle peine comme il appartiendra.

(35) *Item.* Que nul sié *au rang*, ne au *siege des Advocats*, fors qu'eux, si ce n'est du commandement dudit *Prevost*, ou de son *Lieutenant*, sur peine de *deux sols six deniers parisis*, dont les *deux sols seront à nous*, & les six *deniers seront és Notaires qui feront les Memoriaux*, lesquels s'entremettront de lever ceste peine, & si en seront mis hors honteusement.

(36) *Item.* La *Collation des pieces* sera faite par telles personnes, comme ledit Prevost y establira, dedans les huict jours, que il sera conclud en cause.

(37) *Item.* Si aucune partie est deffaillante de faire sa *collation*, dedans le temps que les parties auront accordé à la faire, *Nous voulons que* contrestant la partie deffaillante, ceux qui seront establis de par ledit Prevost à la faire, mettront le procez au Conseil sans aucun delay, pour droict faire dessus.

(38) *Item.* Que l'on pourra bailler par escrit deux fois en une mesme cause tant seulement. Et s'il a fait nouvel, ou second baillié, que il chié, se ce n'est en respondant au fait de la partie adverse.

(39) *Item.* Que au premier *Memorial* qui sera fait des procez, tant en cause d'heritages, que personnelle, la fin à quoy tend la demande soit mise.

(40) *Item.* Que les Advocats ne poseront nuls faits impertinents; & s'ils les proposent évidament, ils seront punis par ledit Prevost.

(41) *Item.* Que *l'Advocat* ne sera receu à plaider, s'il n'est *Juré* suffisamment, ou son nom escrit au Roolle aux Advocats.

NOTES.

(*aa*) *Les Memoriaux.*] Voyez l'art. 17. de l'Ordonance du Roy Jean, de l'an 1363. tome 1. de la Collection de Neron, page 15. col. 1. L'article 52. de l'Ordonance de Charles VII. à Monti-lez Tours du 7. Avril 1453. dans la mesme Collection, tome 1. page 34. col. 2. & Jean le Coq ou *Jean Galli* dans ses questions, chap. 11. & 12.

On void dans l'article 35. cy-aprés que les

PHILIPPE DE VALOIS Regent, à Paris, au mois de Fevrier 1327.

(42) *Item.* Deffendu est, que nul ne s'efforce de plaider, s'il n'est *Advocat,* si ce n'est pour sa cause propre.

(43) *Item.* Nous voulons que nostredict *Prevost,* ou son *Lieutenant,* facent *visitation des persones* qui auront esté pris du jour au lendemain; car le plus souvent pauvres gens sont pris, & emprisonnez pour legeres causes, desquelles ledit *Prevost* pourra tantost faire delivrance suffisante, & avec ce sera plus remembrant de tous les faits des prisonniers: Et si ledit Prevost ne les pouvoit par soy délivrer, l'on viendra tantost à nos Gens de Parlement, ou Presidens pour Nous à Paris, pour en avoir deliberation.

(44) *Item.* Ledit Prevost fera mettre en escrit tous les prisonniers qui seront au Chastelet mis d'autre mandement que du Prevost, & le cas pourquoy: & les délivrera s'il peut, & en viendra parler à nosdits Gens, de huict jours en huict jours: & mesmement pour les pauvres prisonniers, qui n'ont qui les ramantoivent, afin que nosdits Gens y mettent, ou facent mettre de par nous bons remedes.

(45) *Item.* Quiconque fera arrester, ou emprisonner aucun, ou ses biens prendre, que le Sergent qui ce fera, face tantost commandement aux parties, que elles soient pardevant ledit Prevost, ou son Lieutenant, sans delay, pour les veoir delivrer, ou (*bb*) encombrer; ou autrement on ira avant à la delivrance, selon ce que le cas requerra.

(46) *Item.* Que tous ceux qui seront és offices dessus nommez, jureront sur sainctes Evangiles, qu'ils garderont ces Ordonnances. Et s'ils sçavent aucuns des Officiers, quels qu'ils soient, ou Sergent qui aille encontre, & ne les garde, ils seront tenus reveler au *Prevost;* & s'ils font encontre ces Ordonnances, ils seront privez de leurs Offices à tousjours.

Nous, leursdits advis & Ordonnances, en la forme que dit est, & devisé cy-dessus, & sur ce deliberation de nostre Grand Conseil, auquel celle dite Ordonnance ou advis a esté rapporté de nostre commandement, & par nostredit *Conseil,* veus diligemment; *loüons, greons, approuvons, & de certaine science confirmons par la teneur de ces presentes Lettres; & voulons & ordonnons de certaine science,* que tantost comme aucun, ou aucuns de nos Officiers contenu en nostre Ordonnance presente, fera ou feront contre nostredite Ordonnance, ou aucune choses contenuës en icelles, depuis qu'elle sera publiée, & qu'ils y auront juré à garder & tenir là, ils sont ou soient dés lors privez par nostredit Prevost de Paris, qui est, ou qui pour le temps sera, de quelque Office qu'ils ayent audit Chastelet de Paris, & que nostredit Prevost nous rescrive sans delay la cause de ladite privation, afin que nous puissions ordonner nostre volonté sur ce. Et *mandons & commandons* à nostredit Prevost de Paris, present & advenir, que toutes les choses cy-dessus contenuës, & chacune d'icelles, ils facent tenir & garder fermement sans infractions, quelle qu'elle soit, si ce n'est de nostre commandement especial, faisant exprez & speciale mention de nostre presente Ordonnance.

Si donnons en mandement à tous nos Justiciers & sujects, & à chacun d'eux, que audict Prevost obéissent & entendent, en ce faisant. Donné à Paris, *l'an de grace* (*cc*) *mil trois cens vingt-sept, au mois de Fevrier.* Ainsi signé, par le Conseil, assemblé sur ce en la Chambre des Comptes. JULIANUS.

NOTES.

Memoriaux se faisoient par les Notaires. Joignez l'article 39.

(*bb*) *Encombrer.*] Empescher. Ce mot vient de *Cumbri* ou *Combri,* qui signifie des arbres abbattus & mis en travers dans les chemins pour les *barrer* & empêcher le passage. Ce mot a passé de France en Angleterre. Voyez l'ancienne Coutume de Normandie chapitre 100. du Bref *de mariage encombre.* La glose en cet endroit & Rastal sur les mots *Quare incombravit, &c.*

(*cc*) Cette date est à observer, & prouve que *Charles le Bel* est decedé le premier de Fevrier 1327. comme il est marqué sur son tombeau, & non au premier jour de Fevrier 1328. selon nos Historiens. Les six Ordonnances qui suivent prouvent manifestement cette verité.

PHILIPPE VI. DE VALOIS, à Paris, en 1328. au mois d'Avril.

PHILIPPE DE VALOIS ROY ET VIe DE CE NOM.

(a) Letres par lesquelles le Roy confirme un reglement du Bailly de Sens, touchant les instrumens dont on se servoit pour pescher dans la Riviere d'Yonne.

SOMMAIRES.

(1) De la laine au moule d'un Parisis.
(2) De la Truble.
(3) Du Courgnon.
(4) Des buchieres, ou cramail.
(5) Du fray des Vendoises.
(6) Du Bas & des Nasses.
(7) Des Gourdainnes.
(8) Du Faisant.
(9) De la Rabace.
(10) Des Sarines.
(11) Des Nasses pellées.
(12) Des Ableres.
(13) Du Merchepier.
(14) Des Trians.
(15) De l'Eprevier.
(16) Des Nasses aux gors.
(17) Du Barbelet.
(18) De la Truble.
(19) Du Puisier.
(20) Des Nasses espaisses.
(21) De la doublée.
(22) De la vente du Barbel.
(23) De la vente du Brochet.
(24) De la vente des Anguilles.
(25) De la vente des Carpeaux.

PHILIPPUS *Dei gratiâ Franciæ Rex.* Notum *facimus universis presentibus & futuris, Nos infra scriptas vidisse literas, tenorem, qui sequitur continentes.*

A tous ceux qui ces presentes Letres verront & oiront, *Jean* le *Mecaires* Baillif de Sens, *Salut.* Saichent tuit nous avoir vû unes Letres scellées dou Seel de la Baillie de *Senz,* dou temps *Jean d'Oysi* Baill'y de Senz nostre devancier, contenanz la fourme qui s'ensuit.

A tous ceux qui voiront & oiront ces presentes Letres, *Jean d'Oysi* Baillif de Senz, Salut. *Saichent* tuit que nous le Mardy amprés la feste St Philippe & St Jacques, l'an de grace *mil trois cens dix-sept,* receusmes & veismes les Ordonnances des *anginz* couranz, en la *riviere d'Yonne,* & en la Ville *de Senz* & és Villes vesines & appertenances, faites, considerées & regardées, à grant deliberation de grant Conseil, pour la grant destruction des poissons de ladite riviere, qui estoit faite en ladite riviere, pour les malicieus *anginz* couranz, pour penre toute maniere de poissons grans & petits, si que lidit *angin* essorbissoient (si) tous les petits poissons, florins & autres, que se Ordenance n'en fust faite, ladite riviere fust de tout destruite. Et sont faites lesdites Ordenances par *Misonnet de Bray* corrigeur desdiz *anginz,* de par *Messire le Roy,* & par *Pierre de la Loy* commis de par Nous à ces Ordenances faire, appellez avec eux *(b)* de l'antessetement dou menu commun des peschcurs de Senz & des Villes vesines & des appartenances, *Felissant, Fauberet, Jean Lucienne, Jean Damcron, Guerrin de Beaugrant, Chipaut, Guille, Clement, le Blanc, Guillaume Emiome,*

NOTES.

(a) Ces letres sont au Tresor des Chartes, Registre cotté 65. 1. pour les années 1327. 1328.

Registre 94. pour les années 1363. 1364. dans un *Vidimus* du Roy *Jean,* du mois de Mars 1363. à Paris.

Registre 115. pour l'année 1379. piece 37. où sont deux *Vidimus,* l'un du Roy *Jean,* du mois de May 1363. à Paris, l'autre de *Charles V.* du mois de Juin 1379.

Voyez l'Ordonance de *Philippe le Bel* touchant la pesche, tome 1. page 541. & celle de *Philippe le Long* du 26. Juin 1326. tome 1. page 792.

(b) De l'antessetement.] Il doit y avoir ce semble, de *l'assentement.*

PHILIPPE VI. DE VALOIS, à Paris, en 1328. au mois d'Avril.

liquel ont juré bien & leaument ladite Ordenance au profit dou commun. *Et commancent* lesdites Ordenances des anginz & des filets deffensables en ladite riviere & esdits lieux, en la fourme qui s'ensuit.

Premierement. La *laine au moule d'un Parisis*, ne courra point des Pasques jusques à la S.t Remy, mes elles courront au moule d'un gros Tournois.

(2) Item. En toutes saisons *la Truble* au bois courra dés la S.t Remy jusques à Pasques, & non plus.

(3) Item. Li *Courgnon* des chas, que l'en dit *bourrouhe,* ne courra point en nulles saisons.

(4) Item. Les *Buchieres*, que l'en dit *cramail* à fouller, ne courra point my May & my Avril.

(5) Item. Nous deffendons le *fray des Vendoises*, que nully ne traye en lieu où elles froyeront, que une fois de jourz, & autre de nuiz.

(6) Item. Nous deffendons le *Bas*, que l'en n'en levera nulz, ne ne tendra nasses encor quant que l'en les voudra lever : de Pasques jusques à la Magdelaine & de la Magdelaine jusques à la Toussaintz, l'en les levera une foiz; & de Noël jusques à la Chandeleur une fois, & de la Chandeleur jusques à Pasques une fois.

(7) Item Nous deffendons les *Gourdainnes* en la guise de bois. L'en les levera en estel toutesfois que l'en voudra, pour les nestoier.

(8) Item. Li *Faisant* courront en la maniere qu'il a esté accoustumé.

(9) Item. Nous deffendons la *Rabace* à touzjourz.

(10) Item. Nous deffendons toutes *Sarines* à corne, en toutes saisons.

(11) Item. Nous deffendons les *Nasses pellées*, que l'en dit *gravez baincheres.*

(12) Item. Nous deffendons les *Ableres* essener à terre.

(13) Item. Nous deffendons *Merchepier à l'Archet* de Pasques à Penthecouste.

(14) Item. Trians courranz en toutes saisons.

(15) Item. Nous deffendons *l'Esprevier*, se il n'en a moule d'un grant denier. Et si n'en peschera l'en point fors de Soleil levant jusqu'à Soleil couchant.

(16) Item. Nous deffendons les *Nasses* que l'en tient aux gorz, à touzjours.

(17) Item. Nous deffendons que l'en n'esche point au *Barbelet*, sur la Hart.

(18) Item. Nous deffendons que l'en ne pesche point à *Truble* à rincer, des Pasques jusques à la S.t Remy.

(19) Item. Le *Puisier* courra de la S.t Remy jusques à Pasques, aussi comme la Truble.

(20) Item. Nous deffendons que l'en n'esche point les nasses espesses, ne les jonchées de tourere de Chenevis.

(21) Item. Nous deffendons la *Doublée*, se elle n'est au moule d'un Parisis.

(22) Item. Nous deffendons que l'en n'esche point, ne que l'en vende point, ne mette en vente *Barbel*, se il n'a un doigt hors la teste & la queüe.

(23) Item. Nous deffendons le Brochet, se il ne vault deux deniers.

(24) Item. Nous deffendons les Anguilles, si les quatre ne vallent un denier.

(25) Item. Les deux Carpeaus un denier.

Et quiconques ira contre les Ordonnances dessusdites, il l'amendera si coume il est accoustumé au lieu. Et seront li angin ars.

Pour laquelle chouse Nous vous *mandons & commandons* à tous les subgiez de ladite Baillie, prions & requerons à touz autres, que ils gardent & teignent fermement sanz encontrevenir les Ordonnances cy-dessus escriptes, en la fourme & en la maniere que en ycelles est contenu. En tesmoing de laquelle chouse nous avons scellées ces Letres dou Seel de la Baillie de Senz. *Donné à Senz* le troisiéme jour de May 1317.

Pourquoy Nous *mandons & commandons* à tous les subgiez de ladite Baillie, prions & requerons tous autres, que toutes les Ordonnances dessusdites, & chascunes d'icelles tiengnent & gardent fermement, sanz encontrevenir en la fourme & en la maniere que contenu est és Letres cy-dessus transcrites. En tesmoing de ce Nous avons scellées ces Letres dou Scel de ladite Baillie. *Donné à Senz* le Mardy aprés l'apparition Nostre Seigneur, l'an 1327.

PHILIPPE VI. DE VALOIS, à Paris, en 1328. au mois d'Avril.

Nos autem omnia & singula in dictis literis contenta rata habentes & grata, ea volumus, laudamus, approbamus, *& tenorem præsentium* autoritate *nostrâ regiâ confirmamus, nostro & alieno in omnibus jure salvo. Quod ut firmum & stabile permaneat in futurum, sigillum nostrum, quo antequam etiam Regnum ad nos devenisset utebamur, fecimus presentibus hiis apponi.* Datum *Parisius* anno Domini millesimo trecentesimo vicesimo octavo. *(c) Mense Aprili.*

NOTES.

(c) Mense Aprili.] L'année 1328. commença le 3. Avril & finit le 23. de l'autre mois d'Avril suivant. Et à en juger par les dates precedentes, il y a de l'apparence que cette Ordonnance fut faite & arrestée au commencement de cette année 1328. parce que *Charles le Bel* deceda le premier de Fevrier de l'année precedente 1327.

PHILIPPE DE VALOIS, à Paris, le 18. Juin 1328.

(a) Letres par lesquelles le Roy fait quelques changemens, ou modifications à l'Ordonnance de *Charles le Bel*, du 18. Juillet 1326. touchant les *Amortissemens* & les *Francs-fiefs*.

SOMMAIRES.

(1) Les Eglises payeront l'estimation des fruits de quatre années, pour les acquisitions faites depuis quarante années.

(2) Pour les fonds qu'elles ont acquis à titre d'achat, ou d'eschange, elles payeront la valeur des fruits de six années.

(3) Pour ce qu'elles ont eû à titre de don ou d'aumosne, elles payeront les fruits de trois années.

(4) Pour ce qu'elles ont dans les lieux où elles ont seulement basse justice, elles payeront l'estimation des fruits de deux années; & elles seront en souffrance pour ce qu'elles ont acquis dans les lieux, où elles ont haute justice, & pour les disines infeodées.

(5) Pour ce qu'elles ont acquis dans les alleus situez dans les fiefs, ou arriere-fiefs du Roy, à titre de don & d'aumosne, elles payeront la valeur des fruits de quatre années.

(6) Pour ce qu'elles ont acquis dans les mesmes lieux à autre titre que de don & d'aumosne, elles payeront les fruits de trois années.

(7) Les personnes non nobles, *payeront l'estimation des fruits de trois années, pour ce qu'elles ont acquis dans les fiefs, ou les arriere-fiefs du Roy, pourvû qu'entre le Roy & celuy qui a fait l'alienation il n'y ait pas* trois *Seigneurs intermediaires.*

(8) Pour les rentes en grain, ou en vin, elles payeront le prix commun de ce que ces Rentes peuvent valoir, eû égard à une année commune des six precedentes.

(9) Si une personne non noble, *qui a payé finance pour un fief, le revend à un autre* non noble, *l'acquereur n'en payera pas finance, & ne pourra estre contraint de le mettre hors de ses mains.*

(10) Les Eglises qui ont acquis dans les fiefs, ou les arriere-fiefs d'autres Eglises dûëment amortis, *ne doivent au Roy aucune finance.*

(11) Si quelque personne ecclesiastique, *ou* non noble *est obligée de financer, les Commissaires préposez pour la levée de la finance ne pourront saisir les choses acquises avant que la finance ait esté reglée entr'eux & les acquereurs.*

A Tous ceux qui ces Lettres verront, *Jehan de Milon* garde de la Prevosté de Paris, Salut: Sçavoir faisons, que nous l'an de grace *mil trois cens trente*, le Vendredy septiéme jour de Decembre, veismes une Lettre féellée du Scel nostre Sire le Roy contenant ceste fourme.

Philippus Dei gratia Francorum Rex, *Senescallo & receptoribus nostris Bellicadri & Nemausi ac Ruthenensi, vel eorum loca tenentibus, necnon Commissariis à nobis in*

NOTES.

(a) Ces letres sont en la Chambre de Montpellier, au *Royaume en general*, armoire A. 7. Cont.on des titres par.ers nom. 18. fol. 51.

Et au Tresor des Chartes, où elles ne sont pas en forme, Registre de Philippe de Valois cote E E. feüillet 13.

PHILIPPE DE VALOIS, à Paris, le 18. Juin 1328.

eisdem Senescalliis super facto financiarum deputatis, salutem. *Quum quod plures persone* ignobiles *&* ecclesiasticæ *dolebant & conquerebantur super hoc, quod (b) Ordinatio facta* per clarissimum dominum nostrum Regem Carolum cujus animæ parcat Deus, super finantiis exhigendis nimis gravis & aspera videbatur *eisdem;* Nos volentes *ecclesiarum utilitati providere & pro posse nostro graves subditorum nostrorum incommoditates vitare, dictam ordinationem in modum qui sequitur duximus moderandam.*

(1) Videlicet quod pro rebus & possessionibus quas ecclesiæ fecerunt in nostris feudis & censivis titulo doni vel heleemosynæ, sine nostro vel prædecessorum nostrorum assensu a quadraginta annis citra, *dicte ecclesie estimationem fructuum* quatuor annorum *nobis solvent.*

(2) Item. *Pro rebus acquisitis in nostris feudis..... titulo emptionis aut permutationis, seu excambii, aut alio quocumque modo, absque titulo doni vel heleemosynæ, estimationem fructuum (c)* sex annorum *pro financiâ nobis solvent.*

(3) Item. *Pro rebus & possessionibus acquisitis in retrofeudis vel retrocensivis, titulo doni aut heleemosinæ, estimationem fructuum trium annorum nobis solvent.*

(4) Item. *Pro rebus & possessionibus acquisitis in locis in quibus dictæ ecclesiæ* bassam tantummodo habent *justitiam, estimationem (d)* duorum annorum *pro financiâ nobis solvent, & ponentur in sufferentiâ rerum quas acquisierunt in locis in quibus altam habent justitiam, & sic de* decimis feudalibus *quas acquisierunt in locis, qui nullo medio tenentur ab eis.*

(5) Item. *Pro rebus & possessionibus acquisitis in allodiis situatis in terris, feudis & retrofeudis nostris, titulo doni ac heleemosinæ, estimationem fructuum quatuor annorum pro financiâ solvant.*

(6) Item. *Pro rebus & possessionibus acquisitis in locis supradictis, alio titulo quàm doni vel heleemosinæ, estimationem fructuum trium annorum persolvent.*

(7) Item. *Pro rebus aut possessionibus quas* persone ignobiles *acquisierunt* a triginta *annis citra in nostris feudis, aut retrofeudis absque nostro seu predecessorum nostrorum assensu, &* ita sit quod inter nos & personam quæ *alienavit* res illas, non sint tres aut plures *(e)* intermedii domini, *estimationem fructuum (f)* trium annorum *pro financiâ nobis solvent.*

(8) Nostræ autem intentionis existit, quod (g) pro redditibus acquisitis per modum supradictum, qui in granis sive vino existunt, non solvent majus pretium sive minus, imo commune pretium quod valere possunt, habito respectu ad unam communem annuatam sex annorum precedentium.

(9) Item. *Si aliqua persona* ignobilis *acquirat ab ullâ personâ* ignobili *aliquod* feudum, *Et dicta persona ignobilis à quâ acquisivit, ad amplius quam tempus supradictum illud tenuerit, aut financiam fecerit, post tempus prædictum (h) non compellentur ad faciendum inde financiam, nec ad ponendum extra manum suam.*

NOTES.

(b) Ordinatio facta, &c.] Voyez l'Ordon. du 18. Juillet 1326. au tome 1. p. 797.

(c) Sex annorum.] Dans l'Ordonance suivante du 23. Novembre 1328. il y a *huit années*, art. 2.

(d) Duorum annorum.] Dans l'Ordonance Françoise de 1328. art. 4. il y a *trois années.*

(e) Intermedii.] Voyez ce qu'on a observé sur l'art. 7. de l'Ordon. de 1328. cy-aprés.

(f) Trium annorum.] Dans l'Ordonance Françoise du mois de Novembre 1328. il y a *quatre années.*

(g) Redditibus.] Voyez le Mandement qui est à la fin de la note suivante.

(h) Non compellentur ad faciendum financiam.] Voyez la note sur l'article 9. de l'Ordonance du 23. Novembre 1328. cy-aprés.

Cette Ordonance fut ainsi envoyée en *Latin* au pays de *Languedoc*. Voicy la Françoise qui fut envoyée au pays de *Languedoil*, laquelle on ne donne qu'en note, parce qu'elle n'est pas en forme.

ORDONNANCE.

PRemierement. Que pour les choses & possessions que les Eglises ont acquises és Fiez & Censives du Roy, par titre de don ou d'aumosne, senz l'assentement de luy, ou de ses devanciers depuis quarante ans en ça, lesdites Eglises payeront l'estimation des fruits de quatre ans. *Voyez l'art. 1. de l'Ordon. du 23. Novembre 1328.*

(10) Item. *Si aliqua Ecclesia acquisierit aliquas res, seu possessiones in feudis aut retrofeudis alterius Ecclesiæ, quæ ex antiqua fundatione dictæ ecclesiæ aut alias amortisatæ fuerint, ecclesiæ quæ eas acquisierunt ad faciendum financiam minime compellantur.*

(11) Item. *Si aliqua* ecclesia, *vel persona* ignobilis *finare debet de aliquibus rebus, aut possessionibus quas acquisierunt, Commissarii deputati ad exigendum & levandum*

PHILIPPE DE VALOIS, à Paris, le 18. Juin 1328.

NOTES.

(2) *Item.* Pour les choses acquises ez fiez & censives du Roy, par titre d'achat ou d'eschange, ou par quelque autre maniere, senz titre de don ou d'aumosne, ils payeront l'estimation des fruiz de six ans. *Dans l'art. 2. de l'Ordonance de 1328. il y a huit années.*

(3) *Item.* Pour les choses, ou possessions acquises ez arriere-fiefs, ou arriere-censives du Roy par titre de don ou d'aumosne, ils payeront l'estimation des fruiz de trois ans. *Dans l'article 3. de l'Ordonance du 23. Novembre 1328. il y a quatre années.*

(4) *Item.* Pour les choses & possessions acquises ez lieux où lesdites Eglises ont basse justice tant seulement, ils payeront pour finance l'estimation des fruiz *de deux ans.* Et les mettra l'en en souffrance des choses qu'ils ont acquises és lieux, où ils ont haute justice; & ainsi des *dixmes feodaux* que ils ont acquises és lieux qui sont tenus d'eux sans nul moyen. *Dans l'art. 4. de l'Ordonance du 23. Novembre 1328. il y a les fruits de trois années.*

(5) *Item.* Pour les choses, ou possessions acquises en alleuz assis ez fiez & arriere-fiez du Roy, par titre de don ou d'aumosne, ils payeront pour finance l'estimation des fruiz de trois ans. *Dans l'article 5. de l'Ordonance du 23. Novembre 1328. il y a les fruits de quatre années.*

(6) *Item.* Pour les choses & possessions que personnes *non nobles* ont acquises depuis trente ans en ça, ez fiez ou arriere-fiez du Roy senz assentement de luy ou de ses devanciers; & ainsi soit que entre le Roy & la personne qui aliena icelles choses, ne soient *trois Seigneurs entremoiens* ou plus, ils payeront pour finance l'estimation des fruiz de trois ans. *Dans l'article 7. de l'Ordonance du 23. Novembre 1328. il y a quatre années.*

(7) *Item.* Et est l'intention du Roy que des *Rentes* acquises par la maniere dessusdite, lesquelles sont en grain ou en vin, l'en ne payera mie le plus grand ne le plus petit priz, mes le commun priz que il pevent valoir eu regart à une commune année de six ans precedenz. *Dans l'Ordonance du 23. Novembre 1328. article 8. il y a une année commune des dix precedentes.*

(8) *Item.* Se aucune personne *non noble* acquiert d'une autre personne *non noble* aucun fié, se la dite personne *non noble* dont il ha acquis, l'a tenu au plus *haut du temps dessusdit*, ou *en ait finance depuis* le temps dessusdit, il ne sera mie contrainz à en faire finance, ne à le mettre hors de sa main. *Voyez l'article 10. de l'Ordonance du 23. Novembre 1328.*

(9) *Item.* Se aucune Eglise a acquis aucunes choses ou possessions és fiez ou arriere-fiez d'une autre Eglise, lesquiex sont de l'ancienne *fondation* de ladite Eglise, ou ont esté *autrefeiz amortiz*, les Eglises qui les ont acquises ne seront mie contraintes à en fere finance. *Voyez l'article 11. de l'Ordonance du 23. Novembre 1328.*

(10) *Item.* Se aucune *Eglise* ou personne *non noble* doit finer de aucunes choses ou possessions qu'ils ayent acquises, les Commissaires deputez à demander & lever lesdites finances, ne devront mie assigner, ne mettre la main, mes que tant seulement aux choses acquises avant ce que la finance soit accordée entre ledit Commissaire & celuy qui aura acquis. *Voyez l'article dernier de l'Ordonance du 23. Novembre 1328.*

A ceste Ordenance faire furent present Monf.r *de Biaumont*, li *Chancelier*, li Sires de *Beaujeu*, li Sires *de Noiers*, li Sires de *Briquebec* Mareschal de France. Monf.r J. *de Vienne*, Monf.r *André de Florence*, M. *des Essarz*. J. *Billouart*, *Erart Datemt*, & G. de *Dicy*. Et fu faite *ladite* Ordenance le dernier jour d'Avril l'an *XXVIII*.

INSTRUCTIONS.

C'Est la maniere comment l'en procedera à lever les finances des *acquez* faits par les Eglises & par personnes *non nobles* en *la Languedoc*, selonc la *moderation* faite derrenierement de la volenté & commandement du Roy nostre Sire, bailliée & envoyée à touz les Commissaires deputez sus lesdites finances. *Voyez la Preface de l'Ordonance du 23. Novembre 1328. à la fin.*

Premierement. Que pour les choses & possessions que les Eglises ont acquises és fiez & censives du Roy, par titre de *don ou d'aumosne*, senz l'assentement de luy, ou de ses devanciers depuis quarante ans en ça, lesdites Eglises payeront l'estimation des fruiz de huit ans. *Dans l'article 1. de l'Ordonance du 23. Novembre 1328. cy-après, il y a l'estimation des fruiz de huit années.*

(2) *Item.* Pour les choses acquises és fiez & censives du Roy, par titre *d'achat ou d'eschange, ou par* quelque autre maniere senz titre de don ou d'aumosne, il payeront l'estimation des fruiz de huit ans. *Voyez l'art. 2. de l'Ordonance du 23. Novembre 1328.*

PHILIPPE DE VALOIS, à Paris, le 18. Juin 1328.

dictas financias non debebunt assignare, neque manum apponere, nisi tantummodo ad res acquisitas, antequam financia fuerit concordata inter dictum Commissarium & illum qui eas acquisivit.

Quocirca mandamus *vobis quatenus vos, aut vestrum alter, vocato secum aliquo probo viro, superdictis finantiis per istum modum & non aliter procedatis.*

Datum Parisius die decimâ octavâ Junii, anno Domini millesimo trecentesimo vicesimo octavo.

NOTES.

(3) Item. Pour les choses ou possessions acquises és arriere-fiez, ou arriere-censives du Roy, par titre *de don ou d'aumosne,* il payeront l'estimation des fruiz de quatre ans. *Voyez l'art. 4. de l'Ordonance du 23. Novembre 1328.*

(4) Item. Pour les choses ou possessions acquises és lieux où lesdites Eglises ont *basse Justice* tant seulement, il payeront pour finance l'estimation des fruiz de trois ans; Et les mettra l'en en souffrance des choses qu'il ont acquises és lieux où ils ont haute Justice, & aussi des *disines feodaux* qu'il ont acquises & acquerront és lieux qui sont tenuz d'eux, sens nul moyen. *Voyez l'article 4. de l'Ordonance du 23. Novembre 1328.*

(5) Item. Pour les choses & possessions acquises en alleus assis és terres, fiez & arrierefiez du Roy, par titre *de don ou d'aumosne,* il payeront pour finance l'estimation des fruiz de quatre ans. *Voyez l'article 5. de l'Ordonance du 23. Novembre 1328.*

(6) Item. Pour les choses & possessions acquises és lieux dessusdiz, par autre titre que *de don, ou d'aumosne,* il payeront l'estimation des fruiz de trois ans. *Voyez l'article 6. de l'Ordonance du 23. Novembre 1328.*

(7) Item. Pour les choses & possessions que personnes *non nobles* ont acquises depuis *trente ans en ça* ez fiez ou arriere-fiez du Roy, senz assentement de luy ou de ses devanciers, & ensi soit que entre le Roy & la personne qui aliena icelles choses ne soient *trois Seigneurs entremoiens,* ou plus, il paieront pour finance l'estimation des fruiz de quatre ans. *Voyez l'article 7. de l'Ordonance du 23. Novembre 1328.*

(8) Et est l'intention du Roy que des *rentes acquises* par la maniere dessusdite, lesquels sont en grain ou en vin, l'en ne paiera mie le plus grant ne le plus petit priz, mes le commun priz que il pevent valoir eû regart à une commune année de six ans precedenz. *Dans l'article 8. de l'Ordonance du 23. Novembre 1328. au lieu* de six ans *il y a* dix ans.

(9) Item. Se aucune personne *non noble* acquiert d'une autre personne *non noble* aucun fié; se ladite personne *non noble* dont il a acquis, la tenu au plus haut du *temps dessusdit,* ou en ait *fait finance* puis le temps dessusdit, il ne sera mie contrainz à en faire finance, ne à le mettre hors de sa main. *Voyez l'article 9. de l'Ordonance du 23. Novembre 1328.*

(10) Item. Se aucune *Eglise* a acquis aucunes choses ou possessions és fiez ou arrierefiez *d'une autre Eglise,* lesquels sont de l'encienne *fondation* de ladite Eglise, ou ont esté *autrefoiz admortiz,* les Eglises qui les ont acquises ne seront mie contraintes à en faire finance. *Voyez l'article 10. de l'Ordonance du 23. Novembre 1328.*

(11) Item. Se aucune *Eglise* ou personne *non noble* doit finer d'aucunes choses, ou possessions qu'il aient acquises, les Commissaires deputez à demander & lever lesdites finances ne devront mie assigner, ne mettre la main, mes que tant seulement aus choses acquises, avant ce que la finance soit accordée entre ledit Commissaire & celuy qui aura acquis. *Voyez l'article 11. de l'Ordonance du 23. Novembre 1328.*

MANDEMENT.

PHilippus Dei gratia Francorum Rex, *dilecto & fideli nostro Magistro Guillelmo de Ventenaco clerico & consiliario nostro, Commissario a nobis deputato in Senescallia Petragoricensi & Caturcensi, super financiis feodorum nobilium & acquestuum Ecclesiarum,* salutem & dilectionem. *Querelam clamosam multorum audivimus, quod vos pro possessionibus & rebus aliis alienatis & translatis a* nobilibus *in* innobiles, *cum datione pecuniæ, certis redditibus, seu certa pensione annua in illis rebus per ipsos alienantes retentis, financiam exigitis & levatis pro nobis, nedum pro pecunia data, sed etiam pro redditibus seu annua pensione prædictis, super quo* supplicatum *est nobis sæpius* provideri *de remedio opportuno:* Nos *itaque nolentes gravare subjectos, nec jus nostrum sic rigide prosequi cum eisdem,* Mandamus *vobis quatenus in financiis recipiendis amodo, solam dationem pecuniæ estimantes in casu prædicto,* redditus, *seu* annuam pensionem per alienantem retentos *minime computetis, nisi aliud per nos in mandatis recipere vos contingat. Per hoc tamen non intendimus financias per vos aliter receptas revocare, sed eas volumus prout sunt, remanere. Datum &c.*

Ces Letres sont au Tresor des Chartes, Registre de Philippes de Valois, cotte EE. feüillet 25.

(a) Letres

PHILIPPE DE VALOIS, à Paris, au mois de Juin 1328.

(a) Letres par lesquelles le Roy declare que les sujets du *Duc de Bretagne* ne pourront estre distraits de sa jurisdiction sous pretexte des appellations interjettées *de ses jugemens.*

PHILIPPUS Dei gratia Franciæ Rex: *dilectis & fidelibus gentibus nostri Parlamenti, cæterisque justitiariis nostris ad quos præsentes litteræ pervenerint,* Salutem. *Litteras infra scriptas vidimus in hæc verba.*

Philippus Dei gratia Franciæ Rex : *Turonensi & Constanciensi Baillivis,* salutem. Significavit *nobis dilectus & fidelis noster* JOANNES Dux Britanniæ *conquerendo &c. anno Domini 1302.* (Voyez le Tome premier au 25. Mars 1302. p. 369.)

Item. A tous ceux qui ces presentes Lettres verront. Henry *Taperel,* garde de la Prevosté de Paris, *Salut.* Sachent tuit que nous l'an 1316. le Mercredy devant la Mi-Caresme, veismes unes Lettres scellées du Seel nostre Sires le Roy, contenant la fourme qui s'ensuit.

Philippus Dei gratia Franciæ & Navarræ Rex. Turonensi & Constanciensi Baillivis, vel eorum loca tenentibus, Salutem. *Significavit nobis dilectus & fidelis noster,* JOANNES Dux Britanniæ, conquerendo *&c. anno Domini 1316.*

Et nous en c'est transcrit avons mis le Seel de la Prevosté de Paris, l'an & le Mercredy dessusdits. (Voyez au Tome premier, sous le mois de Fevrier 1316. p. 633.)

Item. Philippus Dei gratia *Franciæ & Navarræ Rex : dilectis & fidelibus nostris gentibus Parlamenti, cæterisque justitiariis nostris, aut eorum loca tenentibus,* Salutem. *Ad supplicationem dilecti & fidelis nostri* Ducis Britanniæ *dicentis sibi per Dominum quondam* genitorem nostrum *&c. Anno Domini 1318.* (Ces Lettres sont au Tome premier, p. 654.)

Item. *Philippus Dei gratia Franciæ & Navarræ Rex. Turonensi & Constanciensi Baillivis, aut eorum loca tenentibus, cæterisque justitiariis regni nostri ad quos præsentes litteræ pervenerint.* Salutem. *Mandamus vobis &c. Datum Parisius die 12. Maii anno Domini 1318.* (Ces Lettres sont au premier Tome, page 654.)

Nos autem ex certa scientia, & diligenti deliberatione prehabita, in pleno nostro consilio, etiam cum vobis gentibus nostri Parlamenti dictas litteras in suo robore teneri & observari volumus, *ipsasque renovantes & confirmantes* mandamus *vobis, quatenus pretextu quarumcumque* appellationum ad nostram curiam interjectarum, *per dicti Ducis* subditos appellantes, *hujusmodi exemptione prædicta, contra seriem & exigentiam dictarum litterarum, nullatenus gaudere faciatis, quin imo in his in quibus extra appellationum ipsarum causas, actores fuerint appellantes prædicti, dictum Ducem, vel ejus gentes, quin in eosdem, sicut in alios subditos suos justitiam exercere valeant, impedire minime præsumatis. Si autem dicti subditi dicere, vel proponere voluerint, quod tale* jus exemptionis agendo *eis competat ex privilegio, prescriptione, vel propria consuetudine qualicumque, subditos eos super hoc audiri volumus coram vobis, & vocato dicto Duce, fieri justitiæ complementum, cujusmodi pendente quæstione, appellantes* exemptione *prædicta* agendo, *exceptis causis appellationum, non gaudebunt. Imo a petitionibus quas in nostra curia contra alios dicti Ducis subditos, vel alias in prejudicium dicti Ducis facerent, seu vellent facere,* causis appellationum exceptis, *ut permittatis supersederi,* Mandamus, *usquequo super dicta quæstione fuerit terminatum. Litteris in contrarium obtentis, nonobstantibus, vel etiam obtinendis. In cujus rei testimonium, præsentibus litteris nostrum fecimus apponi sigillum.* Datum Parisius anno Domini MCCCXXVIII. mense Junii.

NOTES.

(a) Ces letres sont au Tresor des Chartes, Registre de *Philippe d. Valois,* coté 65. 1. pour les années 1327. 1328. piece 72.

PHILIPPE DE VALOIS, à Paris, au mois de Juin 1328.

(a) Letres par lesquelles le Roy ordonne que *les appellations des Jugemens rendus par des Commissaires* donnez par le *Duc de Bretagne*, seront portées directement devant le Duc, sans que le Parlement de Paris en puisse connoistre, *omisso medio.*

PHILIPPUS *Dei gratia Franciæ Rex : dilectis & fidelibus gentibus* Parlamenti nostri Parisius, *cæterisque justitiariis nostris ad quos præsentes litteræ pervenerint*, Salutem. *Conquerente dilecto & fideli nostro Duce* accepimus, *quod cum ipse in suo* Ducatu *certos quandoque deputet* Commissarios *ad cognoscendum super debatis, seu causis aliquibus, quæ frequenter vertuntur ibidem, inter partes.* Vos *nihilominus* appellationes *quæ a dictis* Commissariis *ad Nos, seu* Curiam *nostram*, omisso dicto Duce, *sæpius emittuntur, retinere de ipsis cognoscendo satagitis, appellantes ipsos prætextu* appellationum *hujusmodi* exemptione *gaudere facientes contra* Ducem *præfatum, in ejus, suæque jurisdictionis grande prejudicium & jacturam, maxime cum ipsa contra jus commune, statum & nobilitatem dicti sui ducatus noscantur existere, sicut dicit, postulans cum instantia sibi super hoc provideri.*

Quapropter *Nos qui jura ipsius servari cupimus, habitis super hoc, in nostris (b)* magno Consilio, & Parlamento *deliberatione pleniori*, volumus & *ex certa scientia, dicto* Duci, *tenore præsentium* concedimus, *ut quotienscumque a suis propriis & immediatis* Commissariis *appellabitur, primæ appellationes hujusmodi ad eum sine impedimento quolibet devolvantur, ac super hiis cognoscat aut cognosci, sine contradictione quacumque faciat, ut fuerit rationis.* Proviso *tamen, quod* secundæ appellationes, *si quæ fuerint super causis eisdem, ad Nos, seu Curiam nostram specialiter reserventur.* Mandantes *vobis, & vestrum cuilibet, quatenus dictum* Ducem, *contra præsentis nostræ* commissionis *tenorem, quam firmiter præcipimus observari, non impediatis de cætero, vel impedire quomodolibet permittatis. In cujus rei testimonium sigillum nostrum fecimus præsentibus hiis apponi.* Datum Parisius anno Domini millesimo trecentesimo vigesimo octavo. Mense Junii.

NOTES.

(a) Ces letres sont au Tresor des Chartes du Roy, Registre coté 65. 1. pour les années 1327. 1328. piece 73.

(b) Dilecto & fideli.] Voyez le Traité de l'ancien estat de la petite Bretagne de Vignier, pages 325. 326. &c.

(c) Magno Consilio & Parlamento.] Voyez Du Tillet, pages 422. 423. de la seconde édition.

PHILIPPE DE VALOIS, à Paris, au mois de Juin 1328.

(a) Letres par lesquelles le Roy ordonne que les appellations des Jugemens rendus par les *Seneschaux de Bretagne*, seront portées aux grands Jours du Duc, & de ses grands Jours au Parlement de Paris.

PHILIPPUS *Dei gratia Franciæ Rex : Gentibus nostris Parlamentum tenentibus, cæterisque justitiariis nostris ad quos præsentes litteræ pervenerint,* Salutem. *Cum, sicut ex conquestione dilecti & fidelis nostri* Ducis Britanniæ *accepimus, consuetum sit ab antiquo, quod quando aliquem ab audientia cujus-vis Senescallorum suorum Britanniæ appellare contingit, appellatio hujusmodi ad dictum Ducem, vel ejus (b)* magnos dies, *qui*

NOTES.

(a) Ces letres sont au Tresor des Chartes, Registre coté 65. 1. pour les années 1327. 1328. piece 101.

(b) Magnos dies, qui dicuntur in Britanniæ

dicuntur in Britanniæ *partibus* Parlamentum, *ob hoc ab antiquo introductos, prout assignari & statui consueverunt, & proinde ut a dicto Duce, vel dictis* Parlamento *seu* magnis diebus *appellatum fuerit, appellationes hujusmodi ad* Parlamentum nostrum *devenerunt & devenire consueverunt. Et de hoc fuerunt dicti Ducis prædecessores & ipse in possessione sufficienti, vel quasi, etiam sui Ducatus auctoritate & jure, licet aliqui a dictis Senescallis, seu eorum aliquibus, vel aliquo interdum appellantes ad nostram Curiam,* omisso Duce *prædicto, ejusque* magnis diebus, *qui dicuntur* Parlamentum *in istis partibus,* appellationum *suarum causas in ipsa curia nostra decidi satagentes, ad examen dicti Ducis renuerunt redire & renuunt. Vosque ipsos sibi recusastis pluries & recusatis incessanter, cognitionem appellationum hujusmodi retinentes de facto, ipsos appellantes, appellationum hujusmodi prætextu, exemptione gaudere facientes, in ipsius Ducis, suæ que jurisdictionis grande prejudicium & jacturam.* Quocirca *Nos ipsius Ducis jura illæsa servare volentes, habita super hoc plenaria deliberatione etiam in* Parlamento *nostro, & ex certa scientia,* Mandamus *vobis quatenus tales appellationes ad nostram Curiam interjectas, ipso* Duce, *seu* magnis diebus, *qui* Parlamentum *dicuntur in illis partibus,* omissis, *cum partibus ad dictum* Ducem, *seu ut dicunt,* magnos dies *suos hujusmodi remittere nullatenus differatis, dictis exemptione, recusatione, & retentione nonobstantibus, cum eas sibi prejudicari nolumus. Hoc tamen salvo, quod si contingat in eadem causa* secundam *appellationem fieri, ea ad nostram curiam devolvatur. Quæ præmissa fieri* volumus *& perpetuò firmiter observari. In cujus rei testimonium* sigillum *nostrum fecimus præsentibus hiis apponi.* Datum Parisius anno Domini millesimo trecentesimo vicesimo octavo. Mense Junii.

PHILIPPE DE VALOIS, à Paris, au mois de Juin 1328.

NOTES.

partibus Parlamentum.] Les Pairs n'avoient chez eux que des *grands jours*. Comme en Champagne les grands jours *de Troyes*. Cependant dans les Pairies ces *grands jours estoient* nommez *Parlement*, comme l'on void dans les letres de *Philippe Duc de Bourgogne*, pour la redaction des Coutumes de sa Province, où il y a cette note. *Sed quam potestatem habuerit Dux Philippus erigendi Parlamentum, nescio, cum etiam viderim plura arresta in Burgundia, quæ tempore Ducum data fuerunt in Parlamento Parisiensi, sub quo tunc erat Dux Philippus tamquam unus ex Paribus Franciæ & alii Duces Burgundiæ ejus prædecessores.* Voyez Perard dans son Recüeil de Pieces concernant l'Histoire de Bourgogne, page 382. 383. le Glossaire du Droit François & celuy de Du Cange.

PHILIPPE VI. dit DE VALOIS, à Paris, le 1.er Juillet 1328.

(a) Letres adressées *au Seneschal de Beaucaire*, portant que les nobles & les Communautez Religieuses ne peuvent se faire deux *degrez de Jurisdiction.*

PHILIPPUS *Dei gratiâ Francorum Rex: Senescallo Bellicadri &* Ballivio *& judici curiæ communis (b)* Gaballitani, *vel eorum loca tenentibus, cæterisque Justitiariis nostris ad quos præsentes litteræ pervenerint,* Salutem. *Cum dudum per prædecessores nostros plura Statuta & Arresta, pro bono statu Regni facta fuisse dicantur, continentia inter cætera, clausulam sub hac forma;* De pluribus nobilibus & viris religiosis, qui a paucis citra temporibus, judices in terris suis posuerunt, *ad cognoscendum de* primis appellationibus, *quos nullatenus habere solebant; non* permittantur de *novo* judicem appellationum creari vel fieri, *nisi usi fuerint ab antiquo,* Mandamus *vobis & vestrum cuilibet, ut ad eum pertinuerit, quatenus* Statutum *hujusmodi, juxta*

NOTES.

(a) Ces letres sont en la Seneschaussée de Beaucaire, n. 66. cahier g, feüillet 8.

Cette sage Ordonance a esté renouvellée depuis par celle de Roussillon, article 24. & par l'Edit de Charles IX. concernant les Officiers du Comté de Tonnerre, lequel est rapporté par Joly, tome 2. pages 1136. 1137.

(b) Gaballitani.] C'est le nom des habitans du *Gevaudan*, ou du *Givaudan;* ainsi nommez des peuples de ce lieu, appellez *Cabali* ou *Gabales*.

ejus, de quo liquebit, tenorem servetis, & servari inviolabiliter faciatis, super hiis quæ in contrarium tempore præterito noveritis contigisse, jus nostrum servetis illæsum, & ad statum debitum reducentes juxta ipsius statuti tenorem taliter, quod possitis de bona & diligenti justitia commendari, nec oporteat super hoc ad nos deferri querelam. Datum Parisius prima die Julii anno Domini millesimo trecentesimo vicesimo octavo.

PHILIPPE DE VALOIS, à Paris, le 11. Juillet 1328.

(a) Letres touchant une ayde de quatre cens hommes de cheval, *qui avoit esté accordée au Roy par les habitans de Paris, pour la guerre* de Flandre.

PHILIPPE par la grace de Dieu Roy de France. A tous ceux qui ces presentes Letres verront, *Salut.* Faisons à sçavoir à touz, comme nostre Conseil ayt requis de par nous, noz amez les bonnes gens de nostre Ville de Paris, qu'ils nous voussissent *faire ayde* pour nostre presente *guerre de Flandres.* Nozdites bonnes gens, & les mestiers de ladite Ville ont accordé à nous aidier pour ce present ost, de *quatre cens hommes de cheval* pour l'espace de *trois mois,* au cas que nous irons en nostre propre personne. Et pour ce que nosdites bonnes gens puissent miex porter, sans grevance ladite aide, & aussi que nul ne se puist excuser que il ne nous soit tenuz & doie aidier en ce cas. *Nous voullons* que toute maniere de *Bourgois, marcheanz* & non *marcheanz,* & autres personnes demouranz, habitanz & residenz à Paris & és forbeurs *(b) frans & non frans,* demouranz & residenz és *terres franches* de la Ville, *(c)* qui ont autrefois contribué en ce cas & en semblable, soient tenus de contribuer en ceste ayde, selon la faculté d'eux, & à ce point contrains par noz gens, ou cas que il voudroient contrarier. Et sera cueillie & levée *ladite ayde* par noz bonnes genz de Paris, lesquiex payeront lesdites genz de cheval à nostre Tresor à Paris, de moys en moys. Et commenceront à payer le premier *jour d'Aoust,* prouchainement venant. Et si tost comme *pais* ou *trieves* seront, ladite ayde doit cesser & cessera du tout, payé tout avant, ce que lesdites gens de cheval auront cousté pour le temps passé, & pour le retour. Et est à sçavoir, que parmy ceste ayde, euls ne seront tenuz de nous faire aultre *ayde* pour cause de nostre guerre de ce present ost, ne d'aller en *(d) ost* ne en *chevauchiée,* soit *par ban, ou par arriereban* en c'est ost, jusques au derrain jour d'Avril prouchainement venant. Et se il avenoit que nous en *franchissiens* aucuns de ladite ayde, nous *voullons* que ladite *franchise* tiengne leu, o nozdites bonnes gens de Paris, à leur décharge. Et *voullons* que parmy ceste dite ayde, nul droit ne soit acquis à *nous* contre ladite Ville, ne à ladite Ville contre *nous.* En tesmoignage de ce, nous avons fait mettre nostre Seel en ces presentes Letres. *Donné à Paris le onziéme jour de Juillet, l'an de grace mil trois cens vingt-huit.*

NOTES.

(a) Ces letres sont au Tresor des Chartes, Registre de *Philippe de Valois,* coté 65. 1. piece 170.

(b) Frans & non frans.... demeurans és terres franches.] Voyez le Traité de la Police tome 1. page 139. colomne premiere au commencement, Sauval dans ses antiquitez de Paris, tome 2. pages 452. & 453. où il traite des hommes & des femmes de Corps, lesquels appartenoient aux Seigneurs qui avoient des fiefs & des justices tant dans la Ville qu'aux environs, & Du Breüil dans ses antiquitez de Paris, livre second de l'Université, page 364. où il traite *de la manumission des habitans de S.t Germain des Prez,* avec les observations qui sont à la page 367. Voyez aussi à la page 370.

(c) Qui ont autrefois contribué.] Voyez au tome premier, pages 346. 350. 369. 373. 391. 412. 546.

(d) Ost, ne chevauchiée, soit par ban ou arriere-ban.] Voyez les notes sur le chapitre 61. du premier Livre des Establissemens, tome 1. page 152. 153. & l'article 19. de l'Ordonance de *Philippe le Long* du mois de Juillet 1319. page 698.

PHILIPPE VI. dit DE VALOIS, à Paris, le 20. Juillet 1328.

(a) Letres touchant le Sceau de Montpellier.

SOMMAIRES.

(1) Les appellations interjettées du Garde-Scel de Montpellier seront portées au Seneschal.

(2) Quand le Seneschal aura decidé les causes portées pardevant luy par appel du Garde-Scel, il n'y aura plus d'appel du jugement du Seneschal.

(3) Les debiteurs obligez sous le Scel de Montpellier ne pourront opposer aucune exception, si ce n'est la seule inscription de faux.

PHILIPPUS Dei gratia Francorum Rex. *Universis præsentes literas inspecturis,* Salutem. *Notum facimus quod cum ad requisitionem & supplicationem Nobilium, & aliarum personarum Senescalliæ* Bellicadri, *dilecti & fideles* Stephanus de Vilaribus, Clentus & Guillermus *de* Moyaco *milites nostri in dicta Senescallia, pro patriæ reformatione deputati, certam* ordinationem *fieri ordinassent, super eo quod dicti conquerentes proponebant, quod cum* Custos sigilli *nostri Montispessulani occasione clamorum coram ipso expositorum per eorum creditores, precepit executiones contra obligatos fieri, in personis & bonis eorumdem, prout ad hoc per literas dicto sigillo sigillatas reperiuntur obligati, si ipsos ad nostrum Senescallum Senescalliæ prædictæ appellare contingat, propter eorum copiam multociens nequeunt dictum Senescallum, per diversas ejus assizias prosequi, sicque appellationes prædictas deserunt, ut desertas; propter quod petebant certum judicem appellationis in causis moventibus,* occasione dicti sigilli apud Montempessulanum continue residentem, ordinari, *asserentes hoc fuisse pluries ordinatum; cum vero super præmissis & dependentibus, ex præmissis,* facta informatione *prædicta, & nostræ Curiæ reportata, ut super hoc ordinaremus & declararemus, prout visum justum nobis foret & æquum videretur faciendum,* ipsa visa & diligenter inspecta *super præmissis & eorum dependentiis, stilum dicti sigilli declaramus in modum qui sequitur.*

Primo. *Videlicet, quod si sub dicto sigillo aliquis debitor obligatus, occasione executionis contra ipsum factæ in ejus persona, vel bonis, appellaverit* a custode dicti *sigilli, dicta appellatio ad* dictum nostrum Senescallum *devolvetur & de ea cognoscet & eam terminabit, vel alteri committere poterit nec constituetur vel ordinabitur* certus judex; *qui de dictis appellationibus cognitionem habeat aliqualem ut petebant, sed penes dictum Senescallum judicem ordinarium ipsius Senescalliæ hujusmodi causa remaneat, prout retroactis temporibus est fieri consuetum.*

(2) Declaramus insuper, ut si aliquis prout superius est *expressum,* appellaverit a dicto custode ad Senescallum *prædictum, a dicta sententia dicti Senescalli, vel ipsius deputati, amplius* appellare non liceat, *ut obligatorum cavillosa malitia in dilationibus affectatis, reformetur.*

(3) Volumus *etiam ut nulli obligato sub dicto sigillo, liceat contra instrumenta, seu literas dicto sigillo sigillatas aliam exceptionem opponere, præter quod si dictas literas, seu instrumenta* de falsitate *redarguere, falsitatem proponere voluerit ad solutionem debiti, quittationem, dilationem vel respectum, quibuscumque aliis exceptionibus exclusis, sicque etiam præmissa omnia futuris temporibus,* volumus *observari.*

In cujus rei testimonium præsentibus literis nostrum fecimus apponi sigillum. Datum Parisius die vicesima Julii anno Domini millesimo trecentesimo vicesimo octavo.

NOTES.

(a) Ces letres sont à la Chambre de Montpellier au *Royaume en general,* armoire A. 7.e Cont.on des titres par.ers n.o 18. fol.o 25. verso. Voyez *Brodeau* sur les articles 364. 365. de la Coutume de Paris, *Loiseau* des Seigneuries chap. 14. n. 13. *Bacquet* des Droits de justice chap. 8. n. 32. 36. & la Conference des Ordonances, livre 4. titre 1. partie 2. tome 1. page 582.

PHILIPPE DE VALOIS, au Pont S.te Maixance, le le 25. Septembre 1328.

(a) Ordonance portant deffenses de lever aucune imposition sur les terres *allodiales* & *amorties*.

PHILIPPUS Dei gratia Francorum Rex: *Receptori Carcassonæ, vel ejus locum tenenti ac Intendentibus pro nobis negotio* finantiarum feudalium, *in dicta Senescallia*, Salutem. *Literas* Domini Philippi *inclytæ recordationis Francorum Regis Domini & patrui nostri charissimi* vidimus, *formam quæ sequitur continentes.*

Philippus Dei gratia Francorum Rex : *Intendentibus pro nobis negotio finantiarum* feudalium in Senescallia Carcassonæ, Salutem. *Consulibus Carcassonæ ac heredibus* Grimonis fabri *&* Petri Ganiani ac Guillermi Clementis *dicti loci, & nonnullis aliis loci ejusdem conquerentibus*, accepimus, *quod cum tam ipsi, quam eorum predecessores & Magister de* Cappela, *notarius de Carcassona & plures alii de Senescallia prædicta, quasdam res & possessiones* Francas & de Franco allodio *ab antiquo acquisitas pacifice tenuerunt, ex quibus nulle redhibentie nullaque servitia prestari consueverunt, a quibuscumque. Item quod cum a Prelatis, seu ecclesiasticis personis quasdam possessiones quas Prelati ipsi & ecclesiasticæ personæ prædictæ,* amortisatas tenebant, in perpetuam emphyteusim acquisiverunt. *Vos conquerentes eosdem ad faciendum vobiscum finantiam de ipsis rebus consonam super* allodiis prædictis imponendam *compellitis minus juste, cum res* & possessiones prædictæ ad aliqua servitia non teneantur, *ut dicunt. Item quod de rebus feudalibus per nobiles ad lucrandum, seu perpetuam* emphyteusim *personis innobilibus concessis, licet nobiles ipsi certum quid inde habuerint pro* accapito, *seu* intrata *& censum,* seu certam redhibentiam *sibi retinuerunt in eisdem. Et quamvis res ipso tempore concessionum quondam desertæ, quondamque incultæ, & (b) aliæ adhermales, seu medii valoris essent, non obstante etiam quod in hiis feodorum & rerum ipsarum conditiones factæ fuerunt meliores, & financiam petitis ab eisdem ad valorem quem nunc habent, seu extimatum reddituum aut fructuum modernorum & aliàs mandasse dicimur, quatenus ordinationes nostræ multipliciter aggravantur. Quocirca vobis præcipiendo* mandamus *sicut aliàs* mandasse dicimur, *quatenus* ordinationes nostras *& prædecessorum nostrorum super hujusmodi finantiis observantes, ad faciendum financiam vobiscum, seu solvendum pro, seu de rebus quæ de* Franco allodio, aut *de illis quæ per ecclesiasticos, seu ecclesiasticas personas* extra manus suas & in manus privatorum positas *& (c)* amortisatas teneri consueverunt, seu etiam de rebus feudalibus *per nobiles innobiliter transpositas de quibus rerum ipsarum & feudorum conditiones factæ fuerunt meliores, si & prout vobis de hiis constiterit,* conquerentes *ipsos nullatenus compellatis, aut aliàs gravetis ipsos eosdem, & ipsos in suis rationibus & defencionibus debite audientes, si quid occasione prædicta contra eosdem attemptatum fuerit ad statum debitum mediante justitia.* Actum apud montem Argi XXVII. die Maii anno Domini millesimo trecentesimo decimo quarto.

Nos autem prædictas literas in suo robore remanere volentes mandamus & vestrum cuilibet quathenus omnia & singula in dictis literis contenta servare & tenere curetis & executioni secundùm tenorem earum, absque difficultate qualibet demandetis & demandari faciatis. Datum apud Pontem Sanctæ Maxentiæ die XXV. Septembris anno Domini millesimo trecentesimo vigesimo octavo.

NOTES.

(a) Cette Ordonance est en la Seneschaussée de Carcassone, Armoire A. liasse *des hommages en general*, n.° 1. fol. 98. *verso*.

(b) Aliæ adhermales.] C'est un terme du pays latinisé, qui signifie à peu prés la mesme chose que terres *hermes* dans nos Coutumes. Voyez le Glossaire du Droit François sur ce mot.

(c) Voyez ce qu'on a observé sur l'art. 9. de l'Ordonance du 23. Novembre 1328. & l'article 9. de l'Ordonance du 18. Juin 1328. page 14.

PHILIPPE VI. dit DE VALOIS, à Paris, le 23. Novembre 1328.

(a) Ordonance touchant les *Francs-fiefs & les acquisitions* faites par les Eglises.

SOMMAIRES.

(1) Les Eglises payeront les fruits de quatre années, pour les acquisitions qu'elles ont faites depuis quarante années *dans les fiefs & les censives du Roy, à titre de don & d'aumosne.*

(2) Pour ce qu'elles y ont acquis à titre d'achat ou d'eschange, elles payeront l'estimation des fruits de huit années.

(3) Pour les acquisitions faites dans les arriere-fiefs du Roy à titre de don, ou d'aumosne, elles payeront l'estimation des fruits de quatre années.

(4) Pour les acquisitions faites dans les lieux où elles ont basse justice, elles payeront l'estimation des fruits de trois années.

(5) Pour les acquisitions faites dans les terres, les fiefs & les arriere-fiefs du Roy, à titre de don, ou d'aumosne, elles payeront l'estimation des fruits de quatre années.

(6) Pour les acquisitions qu'elles y ont faites à tout autre titre que de don ou d'aumosne, elles payeront l'estimation des fruits de trois années.

(7) Les personnes non nobles *qui ont fait depuis trente années des acquisitions dans les fiefs & les arriere-fiefs du Roy, si entre le Roy & ceux qui ont fait les alienations, il n'y a pas* trois Seigneurs *intermediaires, elles payeront l'estimation des fruits de* quatre années.

(8) Quant aux rentes *en grain, ou en vin; on en payera le prix qu'elles pourront valoir, en formant une année commune des dix precedentes.*

(9) Si le non noble qui possede un fief dont il a payé finance, le vend à un autre non noble, le non noble qui l'acquiert n'en payera pas finance, ni ne pourra estre contraint de le mettre hors de ses mains.

(10) Une Eglise ne payera pas finance pour les acquisitions qu'elle fait dans les fiefs d'une autre Eglise dont les fiefs sont de son ancienne fondation, ou ont esté anciennement amortis.

(11) Lorsque l'Eglise, ou un non noble *seront tenus de financer, les Commissaires ne pourront faire apposer la main sur les choses qu'ils auront acquises, avant que la finance ait esté reglée entre les acquereurs & eux.*

PHELIPPE par la grace de Dieu Roy de France : au Seneschal & Receveur de Carcassone & à leurs Lieutenans, *Salut.* Pour ce que plusieurs personnes *non nobles* & de *Eglise* se doloint & complaignoint de ce que *(b)* l'Ordonnance faite par nostre tres cher Seigneur le Roy *Charles*, que Dieu absolve, de lever les finances des *fiés nobles* & des *acquez des Eglises*, estoit trop griez & aspre à eux, *Nous qui voulons* pourvoir au profit des Eglises, & eschiver à nostre pouvoir, les *griés & dommages* de nos autres subjez, avons ladite Ordonance *amoderée* & atemperée par la maniere qui s'ensuit.

(1) C'est à sçavoir que pour les choses & possessions que les Eglises ont acquises en *nos fiez* & *censives*, par titre de *don* & *d'aumosne*, sans l'assentement de nous & de nos devanciers depuis *quarante ans* en ça, lesdites Eglises payeront l'estimation des fruits *de huit ans.*

(2) Item. Pour les choses acquises en nos fiez & censives, par titre *d'achat*, ou *d'eschange*, ou par quelque autre maniere, sans titre de *don, ou d'aumosne*, ils payeront l'estimation des fruits de *huit ans.*

(3) Item. Pour les choses ou possessions acquises en nos *arriere-fiez* par titre de *don, ou d'aumosne*, ils payeront l'estimation des fruits de *quatre ans.*

(4) Item. Pour les choses, ou possessions acquises en lieux où lesdites Eglises ont

NOTES.

(a) Cette Ordonance est au *Tresor des Chartes*, Registre coté 67. piece 359. dans un *Vidimus* du mois de May 1330. Elle est aussi en la Chambre des Comptes de *Montpellier*, dans l'armoire A. de la Seneschaussée de *Carcassone*, n. 1. feüillet 98. Voyez les pieces qui suivent, imprimées en note.

(b) L'Ordonance faite par le Roy Charles.] C'est celle *du 18. Juillet 1326.* imprimée dans le tome 1.er feüillet 797. Les gens *d'Eglise*, & les *Non nobles* se plaignirent de la rigueur de cette Ordonance, & le Roy *Philippe de Valois* ayant égard à leurs remontrances, la modera par celle-cy.

PHILIPPE VI. dit DE VALOIS, à Paris, le 23. Novembre 1328.

basse Justice tant seulement, ils payeront par finance, l'estimation *de trois ans*, & les mettra l'on *en souffrance* des choses qu'ils ont acquises, és lieux qui sont tenus d'eux sans nul moyen.

(5) Item. Pour les choses, ou possessions acquises en lieux assis en nos terres, fiez & arriere-fiez, par titre de *don, ou d'aumosne*, ils payeront pour finance, l'estimation des fruits de *quatre ans*.

(6) Item. Pour les choses, ou possessions acquises és lieux dessusdits par autre titre que *de don, ou d'aumosne*, ils payeront l'estimation des fruiz *de trois ans*.

(7) Item. Pour les choses & possessions, que *personnes non nobles* ont acquises depuis *trante ans* en ça, en noz fiez & arriere-fiez sans assentement de Nous ou de nos devanciers; Et ainsint soit que entre nous & la personne qui aliene icelles choses, soint trois Seigneurs *(c) Entromoiens* ou plus, ils payeront pour finance l'estimation de *quatre ans*.

(8) Et est de nostre intention que des *rentes acquises* par la maniere dessusdite, lesquelles sont en *grain, ou en vin*, l'on ne payera mie le plus grand, ni le plus petit prix, mais comun prix, qu'ils peuvent valoir *en rachat* à une commune année des *dix ans precedans*.

(9) Item. Si aucune personne *non noble* acquiert d'une autre personne *non noble* aucun fiez, si ladite personne *non noble* dont il a acquis, l'a tenu au plus haut du temps dessusdit, ou en ait *fait finance*, puis le temps dessusdit, il ne sera mie contraint à en faire *(d)* finance, ne le mettre hors de sa main.

(10) Item. Si aucune *Eglise* a acquis aucunes choses ou possessions, és *fiez* ou

NOTES.

(c) Entromoiens.] Entremoiens, ou intermediaires. Voyez ce que j'ay écrit sur ce sujet dans ma Dissertation sur l'origine du droit d'amortissement, page 120. dans mon Glossaire sur les mots *Francs-fiefs*, à la fin, & dans ma Preface sur le premier volume de cet Ouvrage, page 11. & mes notes sur l'Ordonance de 1275. tome 1.er page 304. 305.

(d) On void par cet art. 9. & par le 10. & par l'Ordonance precedente, que les amortissemens dans ces temps-là estoient *réels*, & que les fonds amortis comme des Francs-aleux, passoient par cette raison avec leurs franchises, aux successeurs, mesmes particuliers. Et de-là est venue la Regle de Loisel dans ses Institutes Coutumieres, liv. 1. tit. 1. n. 66. que *Tenir en main-morte, en franc-aleu, ou franc-aumône est tout un, en effet*.

Mais depuis environ deux cens années, on a derogé à cet ancien droit, en faisant les amortissemens *personnels*. On a donc establi pour maxime, que *terre sortant de main-morte, rentre en sa sujetion de feodalité* ou de *censive*. Voyez Loisel au mesme titre, regle 69. & cy-aprés l'Ordonance du 25. Septembre 1328.

Comme il n'y avoit point ancienement de difference entre les heritages tenus en *main-morte*, & ceux qui estoient tenus en *franc-aleu*, les uns comme les autres ne devoient aucuns cens, comme il est tres bien decidé par les articles 190. & 202. de la Coutume de Meaux. Mais par le nouveau droit, les amortissemens sont reputez faits avec retention du cens, ou de la foy, ensorte qu'aujourd'huy les gens de main-morte ne peuvent bailler à cens Seigneurial, leurs heritages amortis, parce que *cens* sur *cens n'a lieu*, ce qui, ce semble ne devoir estre entendu que des heritages nouvellement amortis, & non de ceux qui l'avoient esté ancienement. Voyez Bacquet du droit d'amortissement, chap. 61.

On trouve d'autres Letres données sur le mesme sujet, vers le commencement du regne de *Philippe de Valois*, mais que l'on ne donne qu'en notes, parce qu'elles ne sont pas en forme. La *premiere*, du dernier Avril 1328. est tirée du Tresor des Chartes, Registre de *Philippe de Valois*, coté E E, feüillet 13.

La *seconde*, sans date, du mesme Registre, au mesme feüillet, la *troisiéme*, du mesme Registre E E, feüillet 25. & la *quatriéme*, du Registre 67. piece 359.

Confirmatio ordinationum factarum super novis aquestibus. Necnon financiæ factæ a Capellania Ecclesiæ dictæ *de Marquete*, de quæstibus hic expressis.

PHilippus Dei gratia Francorum Rex. Notum facimus universis tàm præsentibus quàm futuris, Nos infra scriptas vidisse literas formam quæ sequitur continentes.

A tous chiaus qui ches presentes Lettres verront ou orront. Jehans Anseaus du Val-huon, & Giles Costna. *Salut.* Les lettres de haut homme Nochier Seigneur, & Maistre M.r Renart de *Choisnel* Chevalier, Gouverneur & *Bailli de l'Isle*, de Doüay, de Tournesis & des appartenances, eues, esquelles li Mandemens du Roy nostre Sire est incorporés, avons reveus contenans la forme qui s'ensuit,

arriere-fiez

arriere-fiez d'une autre *Eglise*, lesquels sont de *l'ancienne fondation* de ladite Eglise, ou ont esté autrefois *admortis*, les Eglises qui les ont acquises, ne seront mie constraints à en faire *finance*.

PHILIPPE VI. dit DE VALOIS, à Paris, le 23. Novembre 1328.

(11) *Item*. Si aucune Eglise, ou personne *non noble* doit finer de aucunes choses, ou possessions qu'ils en ayent acquises, vous ne devrez mie assigner, ne mettre la

NOTES.

Renard de Choisnel Chevalier, Gouverneur & Baillif de l'Ille, de Doüay, de Tournesis, & des appartenances, à Ansel *du Val-Huon*. Salut. Les Lettres du Roy nos avons receus contenans la forme qui s'ensuit.

Philippe par la grace de Dieu Roys de France, au Baillif & au Receveur de l'Ille & de Tournesis, ou leurs Lieutenans &c. *C'est l'Ordonance precedente du 23. Novembre 1328.*

Par la vertu desquelles lettres nous *vous mandons* & commettons, que vous alliez par tous les lieux desdites Baillies de Doüay, d'Orchies & du ressort d'icelles où il appartendra, & appelé avec vous *Gilon de la Couste*, selonc la teneur desdites lettres faites execution deument, en lieu de nous, tellement que pas n'y ait defaut. Car nous nous en prendrions à vous s'il estoit. Et tout ce que vous en arrez fait, ou levé, rapportez pardevers nous, ou nostre Lieutenant sans arrest, pour convertir ou proufit du Roy nostre Sire, selonc ce que mandé nous est. De ce faire vous donnons povoir & autorité : *mandons & commandons* à tous les subgez du Roy, *prions & requerons* à tous autres, qu'à vous & audit *Gile*, & aux deputez de par vous, obéissent diligemment. *Donné à l'Ille sous nostre Seel le seiziéme jour de Fevrier, l'an de grace mil trois cens vingt & huit.*

Par la vertu desquelles lettres & mandement dessusdiz, nous sommes adrechiez *à Marquete* de lez Doüay, en laquelle Ville & dependances d'icelle, li Capitre d'Arras, au proufit de Capelains & de *poures monde* de ladite Eglise, avoit acaté passé à trente-quatre ans, ou environ, soixante-huit rasieres de terre, pau plus pau mains, & un terrage estimé à quatre muis de blé, & quatre muis d'avaine par an. *Item* six Capons. *Item* deux petits tournois & deux coupes d'avaine, lesquelles choses estoient adonc tenues en fief de M.r *Bauduin de Courcheles Chevalier*, & lidiz Chevalier les tenoit en fief de noble homme adonc *Conte de Flandres*, liquiels Comte ledit vendange & acat des choses dessusdites grea & confirma, & tant qu'il pout *amortit* pour ladite Eglise, si comme il apparoist par ses Lettres seelées de son Seel: Et lesquelles choses dessusdites nous cussiesmes saisi & mises en la main du Roy, pour ce que nous disiesmes que lidit Chapitre les avoit acquises depuis quarante ans ença. Et nous par le Conseil de bonnes gens dignes de foy, appelés avec nous, avons trouvé & fait certaine estimation que les choses dessusdites sont en la value de quarante-quatre livres parisis par an & de tant avons estimé pour les finances appartenans au Roy nostre Sire pour les fruits de trois années, qui soment à six vingt douze livres parisis, de laquelle somme, par la vertu d'un autre mandement du Roy nostre Sire adreschant à nous contenant la forme qui s'ensuit,

Philippus Dei gratiâ Francorum Rex. Baillivo Insulæ & collectoribus deputatis super financiis acquestuum in Balliviâ antedicta, salutem. *Cum nos audita supplicatione dilectorum nostrorum capituli, & Capellanorum Ecclesiæ Attrebatensis, dicentium quod vos ipsos compellatis ad finandum vobiscum de & super quibusdam rebus situatis apud* Marquete *in Ostrevanto, per eos acquisitis usque ad valorem quadraginta librarum Parisiensium annui & perpetui redditus, supplicantium ob hoc Nobis, ut cum duæ partes dictorum redditnum acquisitorum ad usum capellanorum prædictorum in ipsa ecclesia Domino famulantium pertineant; & reliqua pars in eleemosinam, pro mandato dictæ ecclesiæ pauperibus habeat erogari, financiam hujusmodi nullatenus exigi* mandaremus, *eis medietatem dictæ financiæ, de speciali gratia ac pietatis intuitu, remisimus & quittavimus per præsentes, dum tamen de reliqua medietate vobis vel alteri vestrum pro nobis satisfaciant indilate.* Mandamus *vobis & vestrum cuilibet, quatenus ipsos contra tenorem nostræ præsentis gratiæ nullatenus molestetis. Sed si quid de suo captum fuerit, hac de causa satisfacto vobis, ut prædicitur, de reliqua medietate dictæ financiæ eis reddi & restitui faciatis ad plenum, absque nostri alterius expectatione mandati. Datum apud Saussoium Campaniæ vicesimo nono die Januarii anno Domini millesimo trecentesimo vicesimo nono.*

Avons fait deduction ausdits Capellains & poures, de la moitié, & l'autre moitié, c'est assavoir *soixantesix livres parisis* de la monnoie qui courroit par les Ordenances du Roy nostre Sire, ou mois de Mars, l'an mil trois cens vint & nuef, avons eu & reçû pour lesdites finances, & pour iceux deniers convertir ou proufit du Roy nostre Sire, selonc la teneur de la Commission & Mandement dessusdits. *En tesmoing* desquelles choses nous avons mis nos propres Seaus à ces presentes lettres qui furent faites & données le *quinziaime jour du mois de Mars, l'an de grace mil trois cens vint & nuef.*

Renars de Choisnel Chevalier, Gouverneur & Baillif de l'Ilse, de Douay, de Tournesis, & des appartenances, à tous ceux qui ces presentes lettres verront & orront, *Salut & dilection.* Sacent donc que toutes les choses contenuës en ces presentes lettres seellées des Seauls no chiers & amez Ansel du *Val-Huon* & *Giloni*

PHILIPPE VI. dit DE VALOIS, à Paris, le 23. Novembre 1328.

main, mais que tant seulement és choses acquises, avant ce que la finance soit accordée entre vous & celluy qui aura acquis.

Pourquoy *Nous vous mandons*, que vous, ou l'un de vous, appellé avec que soy un preudhomme, sur lesdites finances alliez avant par cette maniere, & non autrement. Donné à Paris le vingt-troisiéme jour de Novembre, l'an de grace mil trois cens vingt-huit, par les gens des Comptes & les Tresoriers. *R. De Molinis.*

NOTES.

Cousin deputez de par nous seur les acqueftz des fiez, alleus, & arriere-fiez, és Bailliages de Doüay & d'Orchies & ou ressors d'icelles, & aussi seur les acquests des Eglises, eues esquelles cestes nostres presentes sont annexées, nous *loons, greons & approuvons.* En tesmoing de che nous avons ces presentes lettres seellées de nostre Seel, Faites & données le quinziesme jour du mois de Mars, l'an mil trois cens vint & nuef.

Nos autem prædicta omnia & singula in superscriptis contenta literis, rata & grata habentes, ea volumus, laudamus, ratificamus, approbamus, & nostra auctoritate regia tenorem præsentium confirmamus, concedentes nihilominus dictis Capitulo, Capellanis & pauperibus prædictæ Attrebatensis Ecclesiæ, quod ipsi prædicta omnia de cætero liberè teneant, absque coactione vendendi, vel extra manum suam ponendi, vel præstandi nobis, aut successoribus nostris aliquam financiam pro eisdem, salvo in aliis jure nostro, & in omnibus quolibet alieno. Quod ut firmum & stabile permaneat in futurum, præsentibus literis nostrum fecimus apponi sigillum. Datum anno Domini millesimo trecentesimo tricesimo mense Maii.

PHILIPPE DE VALOIS, à Paris, le 25. Fevrier 1328.

(a) Letres touchant la residence des Juges, des Sergens & autres Officiers. Elles ordonnent encore que les Prevostez & autres Offices de Sergens seront exercez par des personnes laïques.

PHILIPPE &c. Nous avons ordené, eüe deliberation avec nostre grant Conseil, que toute maniere de *Prevoz*, de *Sergens*, & d'autres *Officiaus deserviront leur Offices en leurs propres personnes*, Et que des-ores-en-avant *nuls Clers* ne sera *Prevost*, *ne Sergent*, ne ne *tenra Office Royal*, ou il conviegne exercer Jurisdiction temporelle. *Si te mandons* que touz les *Prevoz*, *Sergens* & autres Officiaus qui exercent Jurisdiction pour nous en ta baillie, tu contraignes à *deservir leurs Offices (b) en leurs personnes.* Et ou cas que il ne le voudront faire, oste les, & fay gouverner lesdiz offices par autres personnes convenables, jusques à tant que nous y aiens pourveu, non contrestant graces, se aucunes leur ont esté ottroiées de nous ou de noz devanciers, de les faire deservir par autres que par eux. Et les *Clers* se aucuns en y a es diz *Offices* ou *Prevostez*, oste les, & en lieu d'eux y mete autres convenables pour les exercer.

Toute voies il n'est mie nostre entente, que s'il y a aucuns *Clers fermiers*, que lesdites fermes leur soient pour ce ostées : mes *nous volons* que il soient contrains à faire exercer les Offices que il tiennent à ferme, esquiex il convient exercer Juridiction *temporelle,* par autres *(c) personnes layes convenables,* à ce que dores-en-avant nuls n'y soit receuz. Pourquoy donne te garde, que sus peyne de encourre nostre indignation, tu tiegne & garde, fay tenir & garder senz corrumpre ceste presente *Ordenance :* car se tu ne le fais nous t'en punirons griefment. Et ce que fait en auras, & les noms des personnes & des lieus rescripses pardevers noz amez & feals les Gens de nos Comptes à Paris. Donné à Paris le vingt-cinquiéme jour de Fevrier, l'an 1328.

NOTES.

(a) Cette Ordonnance est au Tresor des Chartes, Registre de *Philippe de Valois*, coté E E. fol. 26.

(b) En leurs personnes.] Voyez l'Ordonnance de *Philippe de Valois* de 1327. portant reglement pour le Chastelet de Paris, article 3. avec la note.

(c) Personnes Layes convenables.] Suivant l'Ordonance de Philippe IV. dit le Bel de l'an 1287. ou 1288. Voyez le tome 1.er page 316. & l'Ordonance du mois de Mars 1302. article 19. tome 1.er page 360.

PHILIPPE DE VALOIS, à Paris, le 11. Mars 1328.

(a) *Mandement touchant un subside pour l'ost de Flandre.*

PHILIPPE par la grace de Dieu Roys de France: A nostre amé *Estienne d'Amberain*, deputé de par nous à lever le *(b)* subside à nous dehu és parties *de Normandie*, pour nostre dernier *host de Flandres*, & à tous nos *Baillis & autres Justiciers* & deputez pour le fait dudit subside, *Salut*. Aucuns nobles, ausquiex nous avons donné ledit subside de leur hommes & subgiez, nous ont monstré, en complaignant que pour ce que il n'ont *haute Justice* sur leursdits hommes, vous volez lever ledit subside pour *Nous*. Surquoy nous vous faisons assavoir, que il est nostre entente & volenté, que ausdiz nobles ausquiex nous avons fait ladite grace, s'il ont esté personelement avecques nous en nostredite guerre, vous leissiez lever ledit subside de leurdiz hommes, que il tiennent en leur demaines au tel comme nous le feissons lever, & non mie plus grant, nonobstant ce que il n'ayent *haute Justice* sur eux. Toutefois des hommes de leur feaus qui n'ont heu ladite grace, faites lever ledit subside pour *Nous*, & ne souffrez que il en lievent riens. Et se aucune chose a esté faite au contraire des choses dessusdites, si le faites remettre à estat dehu, senz delay, chascune en droit soy. Donné à Paris onze jours en Mars, l'an mil trois cens vingt-huit.

NOTES.

(a) Ce Mandement est au Tresor des Chartes, Registre de *Philippe de Valois* coté E E. folio 25. *verso*.

(b) Subside.] Voyez les letres de *Philippe le Long* du 17. Novembre 1318. tome 1.er page 677. le Mandement de *Philippe le Bel* du 12. Juin 1302. page 345. le Mandement de la Toussaints 1302. tome 1. page 350. l'Ordonance de 1302. tome 1.er page 369. les letres du 29. May 1303. page 373. le Mandement du 20. Janvier 1303. page 391. le Mandement du 9. de Juillet 1304. page 413. & le Mandement du Samedy aprés l'Ascension 1303. page 546.

PHILIPPE DE VALOIS, à Louvre lez Paris, le 21. Mars 1328.

(a) Ordonance touchant le prix & le cours des monoies.

SOMMAIRES.

(1) La monoye d'or & d'argent aura cours jusques à Noël prochain venant 1329. Noël passé, le Royal *n'aura cours que pour vingt-un sols Parisis, & les autres* Florins *à l'avenant, & aprés Pâques le Royal ne sera pris que pour seize sols Parisis, & les autres à l'avenant.*

PHILIPPES par la grace de Dieu Roys de France. Au Baillif de Valois, ou son Lieutenant. Salut.

Comme nous, qui sommes desirans, & avons affection par especial, si comme tenuz y sommes, de diligeaument, & soigneusement entendre au bon gouvernement de nostre Royaume, & sus l'estat d'iceluy, en telle maniere que ce soit à loüange de Dieu, & à la paix, & à la tranquillité de nos subgiez, & au profit comun de nostre Royaume. *Considerans* entre les autres choses, que la *reformation des monoies* est grandement necessaire & convenable, especialment en *l'estat, où elles sont* à present, dont nostre peuple est *& a esté moult grandement grevez & domagiez*, & seroit encore de plus en plus, si remede n'y estoit mis. Avons *mandé* & fait convocations de Prelats,

NOTES.

(a) Cette Ordonance est en la Chambre des Comptes de Paris, Registre *Pater* feüillet 333.

C'est par cette Ordonance que *Philippe de Valois* commença à remedier au mal que l'affoiblissement des monoyes avoit causé, sous les regnes precedens & sous le sien. Voyez cy-aprés la Declaration du 4. Septembre 1329.

PHILIPPE DE VALOIS, à Louvre lez Paris, le 21. Mars 1328.

Barons & bonnes Villes & autres ſaiges & connoiſſans en tiex choſes avoir avis ſur ce avec eux, afin que leſdites monoies ſoient *reformées*, remiſes en eſtat, & *ramenées à leur droit cours*. Par le Conſeil & déliberation que nous avons eû avec euls en noſtre autre grand Conſeil, *avons ordonné & ordonnons* ſur ce, en la maniere qui s'enſuit.

(b) Premierement noſtre monoie d'or & d'argent aura ſon cours, juſques à Noël prochain venant, qui fut *l'an mil trois cens vingt-nüef*, en la maniere qui s'enſuit.

C'eſt aſſavoir que le *Florin royal d'or* ne ſera pris ne mis pour plus grand prix, que *vingt & huit ſols pariſis*, & les autres *Florins qui ſont de poids*, à l'avenant, & les autres *monoies d'argent blanches* & noires, pour le prix que elles *cüerent* à preſent ſans haucier. Et ledit *Noel paſſé*, le *Royal* n'aura cours, ne ne ſera pris, ne mis pour plus de *vingt & un ſols* Pariſis. Et les autres florins qui ſeront de poids à l'avenant.

La *Blanche maille* pour *ſix tournois*.

Le *Pariſis double* pour trois mailles pariſis, & les autres monoies d'argent à l'avenant, & auront cours en ceſte maniere juſques à la *Paquès* enſuivant, qui *ſera mil trois cens & trante*.

Et ledit jour de *Paſques* paſſé, ledit *Royal* n'aura cours, & ne ſera pris, ne mis pour plus de *ſeize ſols* pariſis, & les autres *monoies qui ſeront de poids* à l'avenant.

La *blanche maille* pour quatre tournois, & le *double Pariſis* pour *un Pariſis*, & les autres monoies d'argent à l'avenant, ſelon leur droit cours.

Et qui fera le contraire en prenant ou mettant leſdites monoies d'or & d'argent pour plus grand prix, ou autrement que dit eſt deſſus, la monoie ſera forfaite & acquiſe à nous.

Si te mandons, & commandons eſtroitement, que tantoſt & ſans delay tu faſſe noſdites Ordonnances *crier & publier* ſolempnement, par tous les lieux & Villes notables de ta Baillie & reſſort, où il appartiendra, & où l'en a accouſtumé à faire ſemblables cris & proclamation, & les fay forment enteriner, tenir & garder de point en point ſelon la teneur d'icelles, & que cy-deſſus eſt eſcript & diviſé, ſans rien faire, ou ſouffrir à faire, au contraire. Et pour ce que noſdites *Ordonnances* ſoient plus à plain & mieux gardées, ſans corrompre, ni enfraindre, *Nous voullons*, que tu faſſes prendre garde par tous les lieux de tadite Baillie & ou reſſort d'icelle, où tu verras que neceſſité ſera, afin que leſdites monoies, d'or ou d'argent ne ſoient priſes, ne miſes pour autre, ne gregneux prix, que deſſus eſt dit. Et les monoies qui ſeront trouvées prenant, ou mettant autrement que dit eſt, ſoient acquiſes, & forfaites à *Nous*, ſi comme dit eſt devant. Et avec ce *voulons* nous, que tu faſſes *copier* noſdites Ordonnances & mettre en pluſieurs lieux publics de ta Baillie, afin que le peuple puiſſe le voir & lire, & que aprés ledit cry, nuls ne ne pretende cauſe d'ignorance.

Et neanmoins faces venir pardevant toi, les *Changeurs*, *Orfevres*, *Drapiers* & *Pelletiers*, *Merciers* & autres marchands groſſiers de ta baillie, & reſſort d'icelle. Et leur fay *jurer* ſur ſaintes Evangiles, que leſdites monoies d'or & d'argent, ne penrront, ne ne mettront pour autre ne greigneux prix que il eſt dit cy-deſſus.

Et de ce faire curieuſement & meurement, ſans long delay, ſoies ſi diligens & attentis, que par toi n'ayt aucun defaut, & que n'en puiſſes, ou doies eſtre repris de negligence. Duquel defaut s'il y eſtoit par toi, il nous en deplairoit forment, & non ſans cauſe, & nous en prendrions a toi, & punirions griefment.

Et reſcrit à nos amez les gens de nos Comptes à Paris, à quel jour tu auras reçû nos Ordenances.

En teſmoing de ce, Nous avons fait mettre noſtre Seel à ces preſentes Letres. *Donné au Louvre-lez-Paris le vingt-un jour de Mars, l'an de grace mil trois-cens vingt-huit.*

NOTES.

(b) Voyez le Blanc dans ſon Traité des monoies chap. 1. aux Prolegomenes, page 6. de l'édition d'Hollande, chapitre 2. page 11. chapitre 3. page 13. & 21. chapitre 5. page 30. 31. & dans le Traité page 206.

PHILIPPE VI. dit DE VALOIS, à Blois, le 18. Juin 1329.

(a) Letres portant ordre de restituer ce qui avoit esté reçû pour l'ayde accordée à cause de la guerre de Gascogne, qui n'avoit pas esté commencée.

PHILIPPES &c. Au Bailli de Bourges ou à son Lieutenant. *Salut.* Comme pour cause du subside de la *guerre* que nous entendions à avoir en *Gascogne*, laquelle nous n'avons pas, plusieurs Commissaires, Collecteurs, Sergens & autres personnes ayent levé, si comme nous avons entendu, plusieurs sommes d'argent, & pris plusieurs gages sus nos subgiez de ta Baillie, pour cause dudit *subside*, duquel il n'est, ne oncques ne fu nostre entention que aucune chose fust levé, fors ou *(b)* cas, où nous avenist ladite guerre. Et nous te aions autrefois mandé à cesser du tout de lever & demander ledit subside, & à rendre & restituer enterinement tout ce qui levé & pris en avoit esté, laquele chose tu n'as pas fait; ainçois detiennent encore plusieurs desdiz Commissaires, Collecteurs, Sergens, & autres personnes qui de ce se sont entremis, plusieurs *sommes d'argent* & plusieurs *gages*, que il ont prises pour la cause dessusdite de noz subjets de ta baillie & des ressorts, en quoy il ont esté & sont grandement endommagiez, contre nostre volenté & nostre entention dont il nous desplaist forment, & ne *voulons* en nulle maniere que il demeure ainsi. Pourquoy Nous te *mandons*, *comandons*, & *enjoignons* sus le serement que tu as à nous, & sus encourre nostre indignation à tousjours, que tantost *veües ces Letres*, sans aucun delay tu faces *crier & publier* par touz les lieux de ta baillie & des ressors esquiex l'en a acoustumé à faire criées, que quiconques aura pris, reçeu ou levé aucune chose *pour cause dudit subside*, ou pour salaire, soient gages, ou argent, il le rende tantost & sans delay enterinement & franchement, sans coux, sans frais, & sans missions, aus personnes de qui il a esté levé, pris ou reçu, si & en tele maniere que pour ce nus de nostre peuple, soit grant ou petit n'en ait esté grevé ne endommagé en aucune chose. Et se *huit jours* aprés ledit cri fait, tu treuves aucun qui en heust aucune chose reçeu, ou pris, si le fai rendre enterinement, & pren le *corps & touz ses biens* sans rendre ne recroire, se ce n'est de nostre commandement especial. Et pour ce que nous soions plus certains que tu l'aies fait & accompli si comme dit est, nous *volons* & te *mandons* que par lettres de huit ou dix des meilleures personnes de chacune des plus notables Villes de ta Baillie, ou par instrumens publiques lesqueux tu nous envoies dedans la prochaine *mi-Aoust* quelque part que nous soions, il nous temoignent en leur consciences & par leur seremens, que tu l'as fait & accompli ensi comme dessus est dit. Si fai ces choses si bien & si diligeaument que il n'i ait a en aucune chose defaute, car saches s'il y estoit, nous t'en punirions en tele maniere & si griefment que tuit li autres y prendroient example. *(c)* Donné à Bloys dix-huit jours de Juing, l'an de grace mil trois cens vingt-neuf.

NOTES.

(a) Ces letres sont au Tresor des Chartes, Registre coté E E. fol. 14.

Voyez les letres du 11. Mars 1328. touchant le subside pour la guerre de Flandre.

(b) Ou cas où nous avenist ladite guerre.] On prétendoit en France qu'Edoüard Roy d'Angleterre devoit au Roy, pour la Guienne & le Ponthiéu, *l'hommage lige*, Et Edoüard soutenoit qu'il ne le devoit que *simple*. Il fut convenu de part & d'autre, que les Registres du Royaume seroient consultez. Y ayant eû de la part des Anglois quelques hostilitez, le Roy alla en Guienne à la teste de ses armées, & prit *Xaintes*, ce qui obligea Edoüard de passer en France, où cette affaire fut terminée à l'amiable.

(c) En ceste fourme furent baillées trentecinq paires de letres au Clerc *Macho de Mathes* la veille S.t Pierre & S.t Pol, & li fu enjoint que tantost les envoyast, par certains Messagers qui sussent dedens certain jour, & raportassent à quel jour, il les auroient presentées, present Monsr. G. Courteheuse, Sire *Martin des Essars*, Sire *Erart Dallement*, & *Billeart.*

PHILIPPE DE VALOIS, à Paris, le 21. Juin 1329.

(a) Letres adressées à tous les Baillis & Seneschaux du Royaume, en faveur du Seel de Montpellier.

PHILIPPUS Dei gratia Francorum Rex : universis *& singulis Baillivis, Senescallis, Vicariis, cæterisque justitiariis per regnum nostrum constitutis*, Salutem. Volumus *& vobis* mandamus *quatenus executionem clamorum, ad vires nostri sigilli Montispessulani expositorum*, faciatis & compleatis viriliter, *totiens quotiens super hoc fueritis requisiti per* Custodem regentem *seu* judicem dicti sigilli; *alioquin quod idem* Custos regens *vel* judex *hoc faciat vestris sumptibus & expensis, vosque quoscumque alios sibi super hoc inobedientes, impedimenta prestantes, vel rebelles debite* puniat, *nobisque & parti condignæ* faciat emendari, *justitiarios & alios intra regnum constitutos ad hoc compellendo per captionem & expletationem personarum & bonorum eorumdem si & infra regnum nostrum potuerint reperiri. Quod si idem custos regens vel judex in præmissis fuerit negligens vel remissus*, Damus Senescallo nostro *Bellicadri tenore presentium in mandatis, ut ipsum puniat super hoc prout fuerit rationis*. Datum *Parisius vicesima prima die Junii anno Domini millesimo trecentesimo vicesimo nono.*

NOTES.

(a) Ces letres sont en la Chambre de Montpellier *au Royaume en general*, armoire A. 7.e cont.[on] des titres part.[ers] n.º 18. fol. 25. Voyez le tome premier de la Conference des Ordonances, livre 4.e partie seconde du *Seel de Montpellier*, & cy-dessus les letres du 20. Juillet 1328. page 21.

PHILIPPE DE VALOIS, à St Remy en Varenne sur Loire, en Aoust 1329.

(a) Confirmation des differens Reglemens faits en faveur des Habitans & des Escoliers de la Ville d'Angers.

SOMMAIRES.

(1) Les Pastissiers & les Boulangers feront de bon pain, & ne gagneront que douze deniers sur deux setiers de bled.

(2) Nul homme ne peut vendre pain & bled à regrat.

(3) Aucun ne peut vendre à regrat jusques à trois heures après midy, ni aller acheter les denrées sur les chemins.

(4) Aucun poissonnier ne peut acheter sa marchandise dans la Quinte pour la revendre dans la Ville.

(5) Nul ne se doit loüer pour vendre le poisson que les Marchands forains apportent à Angers.

(6) Les Bouchers & les Poulaillers vendront à prix juste & raisonnable.

(7) Les Bouchers jureront qu'ils ne vendront pas de mauvaise chair.

(8) On n'achetera point à Angers, ni dans la Quinte, vin à regrat, *après la St Martin* d'hyver, *&c.*

(9) Celuy qui vendra du vin en Taverne affirmera qu'il le vend au prix courant.

(10) Les lanternes *seront allumées la nuit sur le Pont d'Angers.*

(11) Il n'y aura pas de joindrage.

(12) Le Prevost & le Bailly jureront qu'ils feront observer ces reglemens.

(13) Et les Baillifs presens & à venir establiront tous les ans un preud'homme pour les faire executer.

Sommaires aux dispositions adjoûtées à l'Ordonance precedente.

(1) Les Pastissiers de la Ville jureront, qu'ils livreront de bonnes marchandises.

(2) Les vendeurs de Sel jureront, qu'ils n'y feront aucun mauvais meslange.

(3) Les Corroyeurs jureront, que leurs Cuirs seront bons & bien tannez.

(4) Les Chandeliers jureront, qu'ils n'employeront que de bon suif & sans aucun mauvais meslange.

(5) Dans chaque mestier il y aura deux ou trois prud'hommes, qui feront executer les presens reglemens.

PHILIPPE DE VALOIS, à S.t Remy en Varenne sur Loire, en Aoust 1329.

PHILIPPUS Dei gratiâ Francorum Rex. Notum facimus universis tàm præsentibus quàm futuris, quod cum felicis recordationis Carolus *secundus, tum Regis Jerusalem primogenitus, Dux Apuliæ, Princeps Capuæ, Andegaviæ, Provinciæ, & Forqualquerii Comes, Scolaribus in villa sua Andegaviæ studentibus & manentibus, & hominibus dicti loci, ad ipsorum requisitionem* certam ordinationem, *certaque* statuta, *super* victualibus *in eadem villa* vendendis, & super aliis *ad* bonum statum bonumque regimen ipsius villæ, Scolariumque & *hominum ejusdem pertinentibus fecerit, & concesserit: Et Carissimus Dominus Genitor noster* Karolus Regis Franciæ filius, Comes Andegaviæ *prædicta confirmaverit per suas literas, volueritque & præceperit eadem perpetuò firma & stabilia firmiter observari, prout de præmissis informati & instructi plene sumus, & eadem plenius continentur in quadam cedula nobis ex parte gentium nostrarum exhibita, & de registris nostris comitatus Andegaviæ extracta, formam literarum dicti Domini genitoris nostri super præmissis confectarum continente, cui cedulæ tanquam originali proprio fidem plenariam & indubiam* adhibemus. *Et ipsius tenor sequitur in hæc verba.*

Charles fils du Roy de France, Comte de Valois, d'Alençon & d'Anjou. A tous ceux qui ces presentes letres verront & orront, *Salut.* Sachent tuit que nous avons veu, & diligaument resgardé unes letres non cancellées, non mauvaises, non viciées, si comme il apparoist, scellées dou grant scel à tres hault Prince *Charles le Segont, par la grace de Dieu, Roy de Jerusalem* & de Sezile & Comte d'Anjou, en celui temps, en la forme & en la maniere qui s'ensuit.

Charles le Segont par la Grace de Dieu, Roy de Jerusalem & de Sezile, Duc de Puille, prince de Capoües & de la Morée, Comte d'Anjou & de Provence, & de Fourqualquiert, par la teneur de cestes Letres faisons assavoir à tous qui sont & seront, que de la partie aus *Escoliers* demorans à Angers & *des hommes mesmes de la Ville*, nous ont esté monstrés & presentés Letres de nostre Seel, dont nous usions en temps que nous estions Prince de Salerne, & que nostre Pere dont Dieu ait l'ame, vivoit, desquelles la teneur est telle comme il ensuit.

Charles ainsné fils le Roy de Jerusalem & de Sezile, Prince de Salerne, & Seigneur de Lenneur, dou mont Saint Ange, à nobles hommes *Jehan de Beaumont* Chevalier Bailli d'Angers, & ceus qui Baillifs d'Anjou seront pour le temps, *Salut* & *bonne amor.* De la part aus *Escoliers* demorans à Angers, *des hommes* mesmes de la Ville nous fust expousé & monstré, que jadis anciennement fut *gardé,* & puis fut *ordené* & *establi* par nostre Seigneur nostre pere, & gardé quant il demouroit en ceste pays.

(1) Que tous *(b) Pestors,* tous Bolengiers de la Ville d'Angers, feissent loiaus denrées de pain *(c) Segon le marche* dou blé, en telle maniere que il ne gagnassent en *deux sextiers* de blé, que *douze deniers*, & le bien loial.

(2) Et que nul homme ne peust *vendre pain à (d) regrat*, ne vendre *blé à regrat* en Angers.

(3) Et que nul Regratier qui vive de *regrat*, ne peust achater nulle chose pour vendre à *regrat*, jusque à l'heure de tierce de jour.

Et que nul *Regratier* ne peust aler par luy ou par autre, encontre nulle *(e) vitaille*, pour les achater en chemin, tant comme les *(*)* Bonnes anciennes durent.

(4) Et que nul *Poissonnier* ne peut achater Poisson dedenz la *Quinte d'Angers* pour vendre à *regrat* en la Ville d'Angers.

(5) Et que nul *Poissonnier* ne se deust alouer à nul homme dehors, pour le

NOTES.

(a) Ces letres sont au Tresor des Chartes, Registre coté 67. piece 120. Voyez l'Histoire Genealogique de la Maison Royale, tome 1. page 191.

(b) Pestors.] Pastissiers. *Pistores. Pasticerii*, qui faciunt pastillas, *& pasta carnibus.* Comme il y a cy-aprés.

(c) Segon.] Selon.

(d) Regrat.] Voyez l'Ordonance de Loüis le Jeune de l'an 1168. tome 1.er page 16.

(e) Vitaille.] Victuaille. Voyez l'Ordonance de Loüis le Jeune, article 9. tome 1.er page 16.

(*) Bonnes ancienes.] C'est à dire, anciennes Bornes.

PHILIPPE DE VALOIS, à S.t Remy en Varenne sur Loire, en Aoust 1329.

Poisson que li homme dehors avoient amené en la Ville pour vendre.

(6) Et que les *Bouchiers* & *Poulaliers* deussent faire loial marchié, segont le pris que il ayent les choses achatées.

(7) Et que tous les *Bouchiers* qui sont à Angers, juroient qu'il ne vendroient char desloial; Et se il savoient que autre la vendit desloial, que il diroient à la Justice, au plustoust que il pouront.

(8) On ne peut achaster à Angers, ne *dedans la Quinte vin à regrat* en prés la feste Saint Martin d'yvert, pour vendre à *regrat* à Angers, se il ne le garde quatre jours, ou se il ne le mene d'un chantier à autre.

(9) Et que se aucun vendoit *son vin* en taverne, que il deust jurer que il vendroit loiaument, segon le commun pris dou pais.

(10) Et que de nuit les *Lanternes* fussent tenues sus le Pont d'Angers.

(11) Et que en la terre n'eust point de (f) *Juindrage*, ne chose qui la vaille par fraude, ne par boidise.

(12) Et que chascun *Prevost* qui sont & seront à Angers, jurast premierement que cestes choses garderoit loiaument & feroit garder à son poüer, & que l'en fist communement sçavoir par tout Angers cest commandement, & que li Baillif qui y seroient, feissent cestes choses garder enterignement & curieusement, & punissent durement ceuls qui vendroient encontre en nulle maniere.

(13) Et que Baillifs qui seront en Anjou deussent establir *chascun* an, aucun *Preudome*, ou plusieurs, qui ces choses gardassent & feissent garder loiaument. Lesquelles choses ne leur sont pas gardées en prejudice & domage deuls, & de toute la terre si comme il dient, dont il nous supplierent que nous meissons & faisons mettre convenable remede, à ce que ces choses fussent gardées loiaument, & tenues. Pour laquelle chose *Nous vous mandon & commandon*, que vous *l'ordination* laquelle Nostre Seigneur nostre pere fist sus les choses dessus escriptes, & ce qui en fu gardé en son temps, faites par vous, ou par nos subgiez tenir & garder enterignement & loiaument, & punissez ceus qui encontre feront segon *l'ordination* nostre pere dessusdite. *Donné* à Angers le neviesme jour d'Aoust, l'an de l'Incarnation Nostre Seigneur, *mil deux cens & dix nuef.*

Derechief unes autres letres scellées dou seau dont l'on usoit en la Cour d'Angers en temps dessusdit, annexées aus letres dessus escriptes, desquelles letres ennexées la teneur est telle comme il ensuit.

A tous ceus qui ces presentes lettres verront & orront *Johan Molet* Drapier, Garde du Seel Mons.r le Roy de Sezile en celui temps, *Salut en nostre Seigneur.* Sachent tous que pardevant Guichart de *Monthno,* en celui temps son Baillif d'Angers en drois establis, les *Pestors* d'Angers confesserent, que *tres-haut homme Roy de Jerusalem & de Sezille* fit statut & establissement, à ce son Conseil appelé, entre iceux *Pestors* dessusdiz.

C'est assavoir que lesdiz estoient tenus par leur serment que il tous & chascun en droit soy, feroient loiaus denrées de pain selonc le marchié du blé, en telle maniere que chascun ne gaigneroit en deus setiers & pleine mine de blé, à la mesure d'Angers, que *doze deniers* & le biau loial, de laquelle confession lediz S.r Baillif juga & condempna lesdiz *Pestors* ausdites choses tenir & garder sanz venir encontre, & les jurérent sus les saintes Evangiles, presens Mons.r *Alains*, nous Seigneurs *de Loys*, *Hebert Lanier*, *G. le Limosin*, Johan *Molet*, *Johan Jati*, *Aleaume Robert Lanier*, & plusours autres. Et fut ce fait à Angers en lostel dudit *Hebert Lanier* sus le Pont d'Angers en du Dimenche en prés (g) *l'Angevine*. En l'an de grace *mil deux cens soixante & diz & nuef*.

NOTES.

(f) *Juindrage.*] Les *Juindres* sont des apprentifs, ou garçons de boutique. Ce mot vient ce semble de *junior*, comme *moindre* de *minor*.

(g) *l'Angevine.*] C'est la Feste de la Nativité de Nostre-Dame.

& nuef, & scellée dou Scel Monsr le Roy de Jerusalem & de Sezile, duquel l'en use en Anjou, en tesmoing de vente Real.

Lesquelles deux paires de lettres veues & diligaument de mot à mot regardées, Nous entendans & considerans lesdites choses & lesdiz statuts estre honorables à nous & profitables à nostre Cité d'Angers dessusdite, & aus *Escoliers* & aus autres *Estagers* demorans en icelle, à la *juste* supplication d'iceus *Escoliers*, & de nos *autres hommes de ladite Cité;* lesdites choses toutes & chascunes, en la maniere qu'elles sont devisées & desclariées *confirmons* par la teneur de ceste Letre, & *voullons*, & *commandons* qu'elles soient fermes & estables, & gardées fermement par nos subgiez à tousjours mais. *Et mandons* à nos Baillis & à nos Receveurs en Anjou, que il lesdites choses toutes & chascunes en la maniere qu'elles sont devisées & desclariées, gardent & tiegnent, & facent tenir & garder enteringnement sans enfraindre, & punissent tous ceus & chascun qui encontre feroient, ou vendroient en aucune maniere. En tesmoing desquelles choses, & que ce soit ferme & estable, nous avons fait sceller ces Lettres de nostre Scel. *Donné & scellé à Paris le jour de Mardy enprés la Saint Vincent, l'an de grace mil deux cens quatre-vins & nuef.*

PHILIPPE DE VALOIS, à S.t Remy en Varenne sur Loire, en Aoust 1329.

Nous entendans & considerans lesdites choses & lesdiz statuts estre honorables à Nous, & profitables à nostre Cité d'Angers dessusdite, & aus *Escoliers* demorans en icelle, & à la *juste* supplication d'iceuls Escoliers, confirmons par la teneur de ceste letre & *voullons & commandons* qu'elles soient fermes & estables & gardées fermement par nos subgiez à tousjours mais. Et mandons à nos Baillis & à nos Receveurs en Anjou, que il lesdites choses toutes & chascunes, en la maniere qu'elles sont dessus devisées & desclariées, gardent, tiegnent, facent garder & tenir enteringnement sans enfraindre. En tesmoing desquelles choses, & que ce soit ferme & estable, Nous avons fait sceller ces Letres de nostre Scel. *Donné à Angers en l'an de grace mil deux cens quatre-vins & dix, le Mercredy, enprés la Tyephaine.*

Nos præmissa omnia & singula, in præscriptis literis, sive præscriptâ cedulâ contenta, dicti Domini genitoris *nostri factum & propositum prosequendo, rata habentes & grata, eadem* innovamus, laudamus, volumus, approbamus, *ac tenore præsentium auctoritate nostra Regia, de potestatis plenitudine, ex certa scientia, & speciali gratia* confirmamus *adjicientes huic nostræ innovationi & confirmationi, ac etiam de ampliori gratia* concedentes, statuentes, *& ordinantes auctoritate Regia prædicta, & de dictæ potestatis plenitudine ex certa scientia.*

(1) Quod Pasticerii *dictæ villæ, & singuli eorum* jurare *teneantur, quod ipsi facient fieri, & facient bonos & legitimos* pastillos, *&* pasta *carnibus & pretio legitimis.*

(2) Et quod venditores & mercatores Salis *dictæ villæ jurabunt, quod ipsi cum sale non ponent, vel miscebunt, poni vel misceri facient* pulverem, sabulum, *vel* gravellam, *aut aliam quamcumque malam mixtionem, & quod Sal illud justo & competenti pretio vendent.*

(3) Item. *Quod Coriatores & Coriorum venditores jurabunt, quod ipsi bona & legitima coria vendent competenter* tannata, *& parata juxta modum & naturam ministerii eorumdem.*

(4) Item. *Quod* Candelarii & venditores de cepo *jurabunt quod ipsi facient & justo ac competenti pretio vendent bonas & legitimas Candelas de bono & legitimo* cepo, *absque mala mixtione quacumque.*

(5) Item. *Et quod in quolibet de ministeriis suprascriptis statuentur duo vel plures boni viri, prout expediens videbitur, Magistri & Custodes ministerii cujuslibet, qui jurabunt quod dicta ministeria, & quælibet ipsorum manutenebunt & custodient, manutenerique & custodiri bene & fideliter facient pro posse.*

Præscripta vero omnia & singula compleri, teneri, & inviolabiliter observari perpetuò per quoscumque justiciarios & subditos nostros, & contradictores ad præmissa facienda compelli, absque alterius expectatione mandati, præsentium tenore ac præsentibus literis, absque aliarum literarum quacumque exhibitione, pareri & intendi cum effectu volumus *&* mandamus. *Salvo in aliis jure nostro, & in omnibus jure quolibet alieno. Quod ut firmum permaneat in futurum, Nostrum præsentibus literis fecimus apponi sigillum.* Actum apud Sanctum Remigium in Varena super Ligerim, mense Augusti, anno Domini *millesimo trecentesimo vicesimo nono.*

PHILIPPE DE VALOIS, à la Fontaine S.t Martin, le 6. Septembre 1329.

(a) Ordonance portant évaluation des Monoies.

SOMMAIRES.

(1) Il sera fabriqué des Parisis d'or *qui auront cours à la feste de Pâques prochaine, au poids & à la loy de vingt sols de bons petits Parisis, comme du temps de S.t Loüis.*

(2) Il sera aussi fabriqué de gros tournois d'argent, *du poids & de la loy, tels qu'ils avoient cours du temps de S.t Loüis, pour douze petits deniers tournois.*

(3) Plus, des petits Parisis, *comme ils avoient cours du temps de S.t Loüis.*

(4) Des petits Tournois *de la loy & de la valeur, qui avoit cours du temps de S.t Loüis.*

(5) Des petites oboles Parisis *&* tournois *de la valeur & de la loy de celles du temps de S.t Loüis.*

(6) De petites pièces *ou Poitevines, dont quatre vaudront un denier, & cinq un petit Parisis.*

(7) Et attendu que le Roy a suffisamment d'or, d'argent & de billon pour faire fabriquer ces monoies, il n'en retirera aucun profit. Et pour chaque marc d'or fin, l'on donnera aux monoies 24. Karacts, au poids du marc de S.t Loüis & 830. gros tournois d'argent.

(8) Aux monoies du Roy on payera pour le marc d'argent fin de 24. Karacts, au poids du marc de S.t Loüis 58. gros tournois fabriquez actuellement.

(9) On donnera pour le marc d'argent fin, au poids de cinquante-six sols, six deniers de bons petits tournois.

(10) Les monoies d'argent dont il est parlé cy-dessus auront encore plus cours que la monoie d'or *nommée* Royaux *nouvellement fabriquée. Ensorte qu'elles auront cours pour le prix de douze sols parisis doubles, que l'on fabrique à present, ou pour quinze gros tournois que l'on va fabriquer.*

(11) Les deniers d'or fin à l'aignel auront cours pour quatorze gros tournois, & pour sept petits tournois que l'on va fabriquer.

(12) Toute autre monoie d'or n'aura aucun cours, & ne sera prise que comme billon.

(13) Les monoies d'argent qui ont cours, ne seront cependant prises que comme billon, si elles sont trop legeres d'un grain.

(14) Toute monoie d'argent qui sera trop legere d'un grain, ne sera prise que pour billon.

(15) Toute monoie d'argent fausse ou contrefaite, ne sera prise que pour billon.

(16) Toute monoie fabriquée hors du Royaume n'aura cours que pour billon.

(17) Les petits Parisis anciens & les oboles, qui peseront moins que ceux dont la fabrique est ordonnée, ne seront pris que comme billon.

(18) Les petits tournois anciens & les oboles, qui seront plus pesans que les bons petits tournois dont la fabrique est ordonnée, n'auront aucun cours, & ne seront pris que pour billon.

(19) Les gardes des Ports & des passages ne pourront empescher les marchands estrangers d'apporter *dans le Royaume des matieres d'or, d'argent & de billon, ni d'emporter l'argent monoié qu'ils auront reçû en payement de leur marchandise.*

(20) Nul changeur, ou autre ne trebuchera ni requeurera aucunes monoies courantes.

(21) Deffenses sont faites à tous Changeurs & Marchands, sous peine d'amende & de confiscation des Especes, de mesler les bonnes, avec les mauvaises qui n'ont point de cours.

(22) Tout Marchand & Changeur sera obligé de rompre & de couper toutes monoies fausses ou legeres, & si quinze jours aprés la publication de la presente Ordonance, il est trouvé faisant le contraire, il sera puni en son corps & en ses biens.

(23) Tout Changeur, ou Marchand peut faire le change en bonne monoie, à un denier pour livre de profit & au-dessous.

(24) Aucun Orfevre ni Changeur ne pourra acheter le marc d'or ou d'argent fin, à autre prix que celuy qu'on en donne aux monoies.

(25) Ceux qui apporteront dehors du Royaume de l'or, de l'argent ou du billon aux monoies du Roy, seront payez par preference à ses propres sujets.

(26) En concurrence d'estrangers on suivra pour le payement l'ordre du Registre.

(27) Ceux qui apporteront de l'or, de l'argent & du billon dans le Royaume, y seront exempts de tous peages & imposts.

PHILIPPUS Dei gratia Francorum Rex: Senescallo Bellicadri, vel ejus locumtenenti, *Salutem.* Nos *qui plurimum statum bonum & gubernationes regni nostri in justitia & tranquillitate esse desideramus,* ordinamus *habita plenaria nostri* Magni Consilii

NOTES.

(a) Cette Ordonance est en la Chambre de Montpellier *au Royaume en general,* armoire A. 7.e cont.on des titres par.ers n. 18. fol. 29. *verso.*

PHILIPPE DE VALOIS, à la Fontaine S.t Martin, le 6. Septembre 1329.

deliberatione, cum Prelatis, Baronibus & comunitatibus regni nostri, *de faciendo* bonam monetam *illius valoris & legis, qualis erat moneta quæ currebat tempore quo vivebat* Beatus Ludovicus quondam Rex Franciæ, *in modum qui sequitur.*

(1) In primis ordinamus *ut in locis nostri regni consuetis, moneta quæ vocabatur* *(b)* Parisiensis aureus, *operetur & cudatur; quorum quilibet communem habebit* cursum, *a proximo* festo futuro Paschæ *in antea, per pondus* & legem, pro viginti solidis bonorum parvorum Parisiensium *illius valoris & quales erant parvi Parisienses, tempore quo vivebat dictus* Beatus Ludovicus *Rex quondam.*

(2) Item. *Cudetur alia moneta in locis præmissis, quæ vocabitur* Turonensis grossus *argenti, quorum quilibet habebit cursum communem, juxta pondus & legem illorum qui currebant tempore dicti Beati Ludovici quondam, pro duodecim denariis* Turonensibus parvis.

(3) Item. *Alia moneta quæ vocabitur* parvus Parisiensis, valoris *& legis illorum qui currebant tempore dicti Sancti Ludovici.*

(4) Item. *Alia moneta quæ vocabitur* parvus Turonensis, *valoris & legis illorum qui currebant tempore dicti Sancti Ludovici Regis quondam.*

(5) Item. *Alia moneta quæ vocabitur parvus* obolus Parisiensis *& parvus obolus Turonensis, valoris & legis dictorum parvorum Turonensium & Parisiensium.*

(6) Item. *Alia moneta quæ vocabitur* parva Picta, *& quatuor valebunt unum* denarium, *& quinque unum Parisiensem parvum.*

(7) Et ut nos habemus materiam auri, argenti & billoni de faciendo dictas monetas operari, ob reverentiam Dei, & bonum statum gentium regni nostri, est intentionis nostræ, ut super obragio *dictæ monetæ* nullum commodum consequamur. *Et ideo* ordinamus, *ut in omnibus locis in quibus dictæ monetæ operabuntur, dabitur pro* qualibet marcha auri fini, viginti quatuor Cayratorum, ad pondus *marchæ Beati Ludovici regis quondam,* octingenti & triginta Turon. *groff. argenti, illorum qui nunc cuduntur.*

(8) Item. *Dabitur de marcha argenti fini in petia, ad pondus prædictum quinquaginta octo Turonenses grossi.*

(9) Item. *Dabuntur in marcha argenti fini billonis, ad pondus prædictum* quinquaginta sex *solidi sex denarii bonorum* parvorum *Turonensium.*

(10) Item. Ordinamus & volumus, *ut monetæ supradictæ singulis diebus in antea* *(c) cursum habeant majorem, quam moneta aurea quæ vocatur* Regalis, *quæ ultimò fuit fabricata; habeant cursum pro pretio* duodecim solidorum *Turonensium duplicium, qui nunc fiunt & cuduntur, vel pro* duodecim solidis Parisiensium duplicium bonorum, *qui nunc cuduntur, vel* pro quindecim grossis Turonensium, qui nunc fiunt, *quia plus non valent per pondus & legem.*

(11) Item. Volumus *&* ordinamus *quod dicti* aurei vocati ad agnum, habeant *cursum pro* quatuordecim *grossis Turonensium argenti, &* septem parvis *Turonensium, qui nunc cuduntur.*

(12) Item. *Quod quæcumque alia moneta aurea nullum habeat cursum, nisi ad billonum.*

NOTES.

Cette Ordonance fut publiée plusieurs fois parce qu'elle ne fut pas d'abord bien observée.

Voyez le Blanc dans son *Traité des Monoies* page 209. de l'édition de *Hollande*, à la fin, cyaprés l'Ordonance du Samedy aprés la S.t Michel 1329. & celle du 8. Mars suivant. Le Blanc remarque à la fin de la page 210. que cette Ordonance comme on l'a dit fut mal executée, & que par cette raison elle fut renouvellée le 19. Septembre 1330. mais ce *renouvellement* ne se trouve pas.

(b) Parisiensis aureus.] Ainsi le Blanc s'est trompé, quand il a écrit que le *Parisis d'or* fut commencé au mois d'Octobre 1330. Cette monoie comme dit cet auteur fut ainsi nommée parce qu'elle valoit une livre parisis, ou vingt sols parisis d'argent fin.

(c) Cursum habeant majorem.] En sorte que selon le Blanc page 211. de l'édition de Hollande, on ne perdoit sur l'argent qu'on portoit à la monoie que ce qu'il en coustoit pour la marquer. Et celuy par exemple qui portoit un marc d'argent fin, dont on faisoit soixante gros tournois, recevoit à la monoie cinquante-huit, où l'on retenoit seulement deux pour les frais de la fabrication.

PHILIPPE DE VALOIS, à la Fontaine S.t Martin, le 6. Septembre 1329.

(13) Item. *Quod omnes monetæ aureæ suprà designatæ quibus nunc damus cursum, quæ sunt minoris ponderis unius grani ad plus, ponderis cujus esse debent, non habeant cursum nisi ad bilhonum.*

(14) Item. *Quod quælibet* moneta argentea *quæ sit minoris ponderis unius grani ad plus ejus legalis ponderis, non habeat cursum nisi ad bilhonum.*

(15) Item. *Quod quælibet moneta argenti, sive sit falsa, sive contra-facta non habeat cursum nisi ad bilhonum.*

(16) Item. *Quod nulla moneta de extra regnum, cursum habeat aliquem nisi ad bilhonum.*

(17) Item. *Quod* parvi Parisienses antiqui *&* oboli, *illorum qui erunt minoris ponderis illorum bonorum Parisiensium, & obolorum quos nunc cudi facimus, nullum cursum habeant nisi ad bilhonum.*

(18) Item. Quod parvi Turonenses antiqui *& eorum oboli, qui erunt majoris ponderis illorum bonorum Turonensium parvorum quos nunc cudi facimus, nullum cursum habeant nisi ad bilhonum.*

(19) Item. *Custodes portuum & passagiorum confinium regni nostri sint amoti, quantum ad factum auri & argenti & monetarum, ut mercatores advenire possint sine aliquo dubio, & adportare ad regnum nostrum aurum, argentum & bilhonum & etiam* extrahere *de dicto regno nostro monetas, quæ eis solventur in dicto regno nostro.*

(20) Item. *Quod nullus Campsor, nec alia persona sit ausa (d)* trabutare, *nec* recourre *aliquas monetas quæ habeant cursum, quæcumque sint dictæ monetæ.*

(21) Item. *Quod nullus Campsor, nec mercator, nec alia persona sint ausi* mesleare *monetas per* nos prohibitas *ut nullum cursum habeant, cum* bona moneta *quam de præsenti curri facimus. Et si aliquis reperiretur prædicta faciendo, omnes* bonæ monetæ *&* aliæ reprobæ *erunt nobis* commissæ *& tantumdem* pro emenda *dabunt nobis.*

(22) Item. *Quod quilibet* Campsor *&* mercator *& quæcumque alia persona teneatur frangere & scindere omnes quas habebit monetas auri & argenti, & quamcumque parvam monetam falsam vel contrafactam, aut minoris ponderis. Et si aliquis*, lapsis quindecim *diebus proxime post instantem publicationem* presentis ordinationis *contra prædicta faciendo reperiretur, in corpore & averiis condemnabitur, ad nostram voluntatem.*

(23) Item. *Quod quilibet Campsor possit cambiare quibuscumque personis bonas & fortes monetas, quas nunc cudi facimus, ad unum parvum denarium pro libra & non ad plus.*

(24) Item. *Quod nullus* auri faber, Campsor, *nec aliqua persona cujuscumque status existat, sit ausa vendere, nec emere* marcham auri, nec argenti fini *ad aliud pretium, quam nos ordinavimus dari in nostris monetis.*

(25) Item. *Quod quilibet de extra regnum nostrum, qui portabit ad nostras monetas aurum, argentum, vel bilhonum, sit privilegiatus præ* ceteris omnibus *regni nostri, ut ipsi solvatur & restituatur in nostra moneta valor auri, argenti, vel* bilhoni *quod portaverit, præ ceteris regni nostri.*

(26) Item. *Quod quicumque qui portaverit ad monetas nostras aurum, argentum vel bilhonem juxta cursum registri prout prius tradiderit, primitus liberetur.*

(27) Item. *Quod quilibet possit asportare de extra regnum nostrum ad nostras monetas libere* aurum, argentum *in massa &* bilhonum; *Et erit liber ab omni pedagio atque leuda & quacumque alia redibentia; seu coustuma, tam nostra, quam Baronum nostrorum.*

Quare mandamus vobis quatenus presentem ordinationem & omnia subscripta faciatis proclamari & sollempniter publicari per vestram Senescalliam, in locis consuetis, ut nullus possit se per ignorantiam excusare, & etiam faciatis publice proclamari & deffendi, ut nullus, cujuscumque conditionis existat, sit ausus infringere in aliqua sua parte, nostram

NOTES.

(d) *Trabutare.*] Voyez cy-aprés l'Ordonnance du 8. Mars 1309. article 14. C'est rendre leger, *ad lapsum impellere*, diminuer, faire tomber. Voyez Boisard dans son Traité des monoies chapitre 6. à la fin.

præsentem ordinationem, sub pœna corporis & averi, sed quisquis teneat, servet & custodiat eamdem de puncto in punctum, juxta ejus seriem atque formam. Datum ad fontem Sancti Martini Omayna, sexta die Septembris anno Domini millesimo trecentesimo vicesimo nono per Dominum *Regem & suum consilium J. De Boulare.*

PHILIPPE VI. DE VALOIS, l'an 1329. le Samedy d'aprés la S.t Michel 29. de Septembre.

(a) Ordonance touchant les monoies, & principalement les Parisis d'or & d'argent.

SOMMAIRES.

(1) Il sera fait des Parisis d'or, qui auront cours pour vingt sols, de bons petits parisis.

(2) Des parisis d'argent, *qui auront cours pour douze bons petits parisis.*

(3) Des gros tournois d'argent qui auront cours pour douze bons petits tournois.

(4) De bons petits parisis, comme du temps de S.t Loüis.

(5) De bons petits tournois, comme du temps de S.t Loüis.

(6) Des petites mailles de la loy des deniers.

(7) De petites Poitevines *dont les quatre vaudront un bon petit tournois, & les cinq un bon petit Parisis. Le Roy ne prendra aucun profit sur ces monoies, & pour chaque marc d'or fin on donnera huit cens trente-trois gros tournois d'argent.*

(8) Pour le marc d'argent fin 58. gros tournois.

(9) Pour le marc fin en billon audit poids, 56. sols six deniers de bons petits tournois.

(10) Les Royaux d'or auront cours pour douze sols de doubles, ou pour douze des Parisis, à ouvrer, ou pour quinze gros tournois.

(11) Les deniers d'or, dits à l'aignel, auront cours pour quatorze gros tournois, & sept petits tournois.

(12) Toutes les autres monoies d'or seront mises au billon.

(13) Toutes les monoies d'or, qui seront de moindre poids d'un grain, ou plus, seront mises au billon.

(14) Toutes monoies d'argent qui seront legeres de plus d'un grain, seront mises au billon.

(15) Et pareillement toutes les monoies d'argent fausses ou contrefaites.

(16) Et toutes les monoies fabriquées hors du Royaume.

(17) Les petits Parisis anciens & leurs mailles, de moindre poids que les bons que l'on doit fabriquer, n'auront nul cours.

(18) Les petits tournois anciens & leurs mailles, qui seront de moindre poids que ceux que le Roy fait faire, n'auront nul cours.

(19) Les gardes des Ports & des passages, quant au fait de l'or, de l'argent & des monoies seront ostez, &c.

(20) Nul Changeur, ou autre ne pourra trebucher ni recouvre aucunes monoies qui ayent cours.

(21) Nul Orfevre, ou autre ne pourra faire passer hors du Royaume, argent, ni billon.

(22) Nul Orfevre ni autre ne pourra rechacier, ni affiner, si ce n'est aux lieux marquez.

(23) Que nul Changeur ni autre ne mesle les monoies qui n'ont point cours, avec les bonnes que le Roy fait faire.

(24) Les Changeurs, Marchands & autres personnes qui auront des monoies d'or, d'argent, ou des petites monoies fausses & contrefaites seront tenus de les faire couper & percer.

(25) Les Changeurs pourront changer à toutes personnes les monoies bonnes & fortes que le Roy fait faire, à un denier pour livre & au-dessous.

(26) Nul Orfevre, ou autre n'achetera, ni ne vendra le marc d'or ni d'argent, à autre prix que ce qu'on en donne aux monoies.

(27) Toute personne qui apportera au Royaume, de l'or ou de l'argent aux monoies du Roy y sera expediée avant les autres.

(28) Ceux du Royaume qui porteront de l'or, de l'argent, ou du billon aux monoies du Roy, seront expediez suivant leur ordre.

(29) Il ne sera payé aucun droit de peage ou autre, par ceux qui apporteront de l'or, de l'argent, ou du billon dans le Royaume.

PHILIPES par la grace de Dieu Roy de France : au *Seneschal* de *Carcassonne*, ou à son Lieutenant. *Salut.* Nous qui moult desirons le bon estement de nostre royaume & de gouverner le, en justice, en pais & en transquilité, *avons ordené*, eüe

NOTES.

(a) Cette Ordonance est en la Chambre des Comptes de Paris au Registre *Noster*, feüillet 213. aprés une Ordonance du 6. Septembre. Voyez *Le Blanc* des monoies, page 209. de l'édition de Hollande. L'Auteur de la Chronique de Normandie parle de cette Ordonance en ces termes. *Philippus Rex Franciæ ordinavit fieri monetam valde bonam de pondere & lege beati Ludovici proavi sui quæ incœpit habere plenum cursum in Paschate anni 1330.*

PHILIPPE VI. DE VALOIS, l'an 1329. le Samedy d'après la S.t Michel 29. de Septembre.

deliberation de nostre *grant Conseil*, & avec les Prelaz, Barons & Communes de nostredit Royaume, de faire bonne monnoye de la valeur & de la loy de celle *du temps Monsieur Saint Loys* jadis *Roys* nostre devancier. Et sur ce avons faites les Ordennances qui s'ensuivent.

Premierement. De faire courir és lieux accoustumés en nostre Royaume, *Parisis d'or*, lesquiex vaudront par poys & par loy, & auront cours du jour de *Pasques prochaines* à venir en avant, pour *vint soulz* de bons petiz parisis, de la valeur & de la loy de ceux du temps dudit Monsieur *Saint Loys.*

(2) Item. Parisis d'argent, lesquiex vaudront par poys & par loy, & auront cours chascun pour *douze des bons petiz* Parisis.

(3) Item. Gros tournois d'argent de la valeur & de la loy de ceulx du temps dudit Monsieur *Saint Loys*, & auront cours pour pris de douze bons petiz tournois.

(4) Item. Bons petiz parisis de la valeur & de la loy de ceux du temps dudit Monsieur *Saint Loys.*

(5) Item. Petiz tournois de la valeur & de la loy, du temps dudit Monsieur *Saint Loys.*

(6) Item. Petites mailles parisis & tournoises, de la valoir & de la loy d'iceulx deniers.

(7) Item. Petites poitevines, dont les quatre vaudront par poys, & par loy un *bon petit tournoys*, & les cinq un *bon petit parisis*, Et pour ce que nous aions quantité d'or, d'argent, de billon à faire ouvrer esdittes monnoies, pour la reverence de Dieu nostre Seigneur, & pour le bon estement du commun pueple de nostre Royaume, nostre entente est que sur ledit ouvrage nous ne preignons *nul prouffit;* Et pour ce nous avons *ordené & ordenons*, que en touz les lieux, où l'en ouvrera noz bonnes monnoyes dessusdittes, l'en donrra pour *chascun marc d'or* fin de *vint & quatre caraz* au poiz du marc Monsieur Sainct Loys, *huit cent trente tournois gros d'argent*, d'iceux bons que nous ferons faire.

(8) Item. L'en donrra ou *marc d'argent* fin en piece au pois dessusdit, *cinquente-huit* gros tournois.

(9) Item. L'en donrra du *marc fin en billon*, audis pois, cinquente-six souls six deniers desdiz bons petiz tournois.

(10) Item. Nous avons *ordené & voulons & ordenons*, que pour ce que les monnoies dessusdittes, à touzjours mais, soient estables, que les *Royauls d'or* qui sont faiz darrenierement, aient cours, pour ce qu'il n'ait de faute de monnoie en nostre Royaume, pour le pris de *douze soulz* chascun, des doubles qui ont ores cours, ou pour douze soulz d'iceulx parisis que nous ferons ouvrer, ou pour quinze gros tournois, quar il ne valent plus par pois & par loy.

(11) Item. Voulons & ordenons que les *deniers d'or*, diz à l'aignel, aient cours pour le pris de quatorze gros tournois & sept petiz tournois.

(12) Item. Que toutes *autres monnoyes* d'or soient abatues & mises *au billon.*

(13) Item. Que toutes les monnoyes d'or dessus contenues, ausqueles nous donnons cours, qui seront de mendre pois, un grain, ou plus que leur droit pois, soient abatues & mises au billon.

(14) Item. Que toutes monnoyes d'argent qui seront de mendre pois que leur drois pois plus d'un grain, soient abatues & mises au billon.

(15) Item. Que toutes monnoyes d'argent fauses & contrefaites soient mises au billon.

(16) Item. Que nulle monnoie faite hors de nostre Royaume n'ait cours, ains seront toutes abatues & mises au billon.

(17) Item. Que les petiz *parisis* anciens & *les mailles* d'iceux, qui seront de mendre pois que les bons que ferons maintenant faire, n'aient nul cours, ains soient mises au billon.

(18) Item. Les *petiz tournois anciens* & les mailles d'iceux, liquel seront trouvé

de mendre pois que ceux que nous ferons faire maintenant, n'auront nul cours, ains seront mises au billon.

(19) *Item.* Que *les gardes des* ports & des passages des confins de nostre Royaume, soient ostez, quant au fait de l'or & de l'argent & des monnoyes, pour ce que les marchans estrangers puissent, sans nul doubte, apporter oudit royaume or, argent & billon & traire hors dudit Royaume les monnoyes qui leur seront poiées.

(20) *Item.* Que *nul changeur, ne* autre personne ne soit si hardi qu'il trebuche, ne ne recourre nulles monnoies qui aient cours qu'elles que elles soient.

(21) *Item.* Que nul Changeur, Orfevre, ne autre personne ne ose trahiere hors de nostre Royaume, or, argent, ne mace, ne billon.

(22) *Item.* Que nul *Changeur, Orfevre,* ne autre dudit Royaume, ne dehors, quel qu'il soit, ne soit si hardi qu'il *rechace,* ou face *rechacier,* ne *afiner,* se ce n'est és lieus qui seront ordenez de par nous.

(23) *Item.* Que nul Changeur, ne Marchant, ne autre, ne mesle les monnoies que nous deffendons qui n'ait cours, avec la bonne monnoie que nous ferons faire, Et se il estoit trouvé qu'il fust fait, toutes les monnoyes bonnes & autres mauvaises seront encourues à nous, & autant pour amende.

(24) *Item.* Que touz Changeurs, Marchanz, & autres personnes soient tenues, quant il auront par devers eux *monnoyes d'or,* ou *d'argent,* ou *petite monnoye* fausse ou contrefaite, ou de mendre pois, que elles soient coupées, ou persées. Et se il avenoit qu'il fust trouvé le contraire, puis quinze jours aprés le cri de ceste Ordenance, chascun seroit condempné *en corps & en biens* à nostre volenté.

(25) *Item.* Que touz Changeurs puissent changer à toutes personnes les bonnes & les fortes monnoies que nous ferons maintenant, à un denier pour livre & au-dessouz & non plus.

(26) *Item.* Que nul Orfevre, ne Changeur, ne autre personne qu'elle que elle soit, ne soit si hardi de *vendre* ne *acheter marc d'or,* ne *argent* fin, à autre pris que nous avons ordené à donner en noz monnoies.

(27) *Item.* Que tout homme dehors de nostredit Royaume, qui portera à noz monnoyes, or, argent, ou billon, soit privillegié devant ceux de nostredit Royaume, que ledit or, argent ou billon soit reçû & poié avant tous autres.

(28) *Item.* Que tout homme qui portera à noz monnoies or, argent, ou billon, celuy que premier aura balle soit delivré tout premier selon le cours du papier.

(29) *Item.* Que tout homme puissent apporter dehors de nostredit Royaume à noz monnoyes, or, argent en mace & billon franchement & sans *en poier à nous* ne à nul autre *Seignieur, ou peageur* du Royaume, peage, *leude,* ne autre coustume, pourquoy Nous vous *mandons* que ces presentes ordenances & toutes les choses cy-dessus escriptes, vous faciez crier & publier sollemnellement par vostre Seneschaucié, si que nuls ne se puisse escuser par ignorance, & faites aussi crier & publier & deffendre que nul de quelque condition ou estat qu'il soit, ne soit si hardi qu'il ouse enfaindre en riens nosdites Ordenances surs paine de forfaire corps & avoir, mes que chauscun les tiengne & gardent de point en point selon la teneur d'icelles.

PHILIPPE VI. DE VALOIS, l'an 1329. le Samedy d'aprés la S.t Michel 29. de Septembre.

NOTES.

En teste de cette Ordenance est écrit, *l'Ordenance de la monnoye faite l'an XXIX. & criée par le Royaume le Samedy d'aprés la S.t Michel lors.*

Il y a trés peu de difference entre cette Ordonance & la precedente, de sorte qu'il est difficile de dire pourquoy celle-cy fut faite environ 23. jours aprés l'autre. Le Blanc dans son Traité des monoies de l'édition de Hollande page 210, dit qu'elle fut mal executée, & que par cette raison elle fut renouvellée le 19. Septembre 1330. mais il pourroit estre que cet Auteur auroit confondu celle-cy avec celle du 19. Septembre 1330. qu'on ne trouve pas.

PHILIPPE VI. dit DE VALOIS, à S.t Germain en Laye, en Nov. 1329.

(a) Letres par lesquelles le Roy approuve quelques dispositions redigées par un *Inquisiteur des heretiques.*

SOMMAIRES.

(1) Les maisons qui auront servi de retraite à l'heresie, seront détruites & ne pourront plus estre rebasties.

(2) Les enfans, ou les petits enfans des heretiques, & ceux qui seront suspects d'heresie, seront privez de tous offices publics.

(3) La prison de Carcassone, où les heretiques sont detenus, sera reparée aux dépens du Roy, & les sommes qui y seront necessaires seront prises sur les receveurs des amendes.

(4) Les Ducs, les Comtes, les Barons, les Seneschaux, les Baillis & les autres Officiers obéïront aux Inquisiteurs & à leurs Commissaires, & feront executer leurs Sentences.

(5) L'intention d'aucun de nos Roys n'a esté d'empescher l'office de l'inquisition, par aucunes Letres.

PHILIPPE par la grace de Dieu, Roys de France, Savoir faisons à tous presens & à venir, que Religieux homme & honneste frere *Henry de Chamay*, de l'ordre des Prescheurs, *(b) Inquisiteur* sur le crime de heresie, deputé en nostre Royaume, à Carcassone resident, Nous a monstré & presenté *aucunes lettres* de nos predecesseurs jadis Roys de France, contenans certaines clauses & mandemens, en faveur de *la foy Catholique* & de *l'office de l'inquisition,* ottroiés par nosdits Encesseurs, lesquelles clauses & mandemens ledit frere *Henry* nous a bailliez par escript contenant la fourme qui s'ensuit.

Premierement. *Quod domus, plateæ, & loca in quibus hæreses fautæ fuerunt, diruantur, & nunquam postea reedificentur, sed perpetuo subjaceant sterquilineæ vilitati.*

(2) Item. *Quod filii hæreticorum, aut nepotes eorumdem, aut suspecti de hæresi, seu etiam diffamati, in Balliviis & aliis publicis officiis minime teneantur, sed continuo habeant amoveri.*

(3) Item. *Quod murus* Inquisitionis *Carcassonæ, ubi hæretici detinentur, quotiens opus fuerit, reparetur de pecunia regia: Et omnes illi, quos Senescallus Carcassonensis (c) partem incursuum recipere noverit, compellantur per eum, ad contribuendum in expensis hujusmodi, quibus, pro rata sua, prout ad hoc monuerit eos teneri.*

(4) Item. *Quod omnes & singuli Duces, Comites, Barones, etiam Senescalli, Ballivi, Præpositi, Vicarii, Castellani, Bajuli, cæterique justiciarii regni Franciæ,* Inquisitoribus hæreticæ pravitatis, *& eorum commissariis habeant obedire in capiendis, tenendis, custodiendis, & ad carceres adducendis quibuscumque hæreticis, aut de hæresi suspectis, & ipsorum* Inquisitorum sententias exequi *diligenter, necnon eis & eorum commissariis & nunciis* præstare conductum securum, promptum auxilium, *&* favorem, *per totam terram jurisdictionis eorum, in omnibus quæ spectant ad ipsius inquisitionis*

NOTES.

(a) Ces letres sont au Tresor des Chartes, Registre de Philippe de Valois, cotté 67. piece 293.

(b) Inquisiteur.] Touchant l'Inquisition & son establissement. Voyez l'Histoire de Toulouse de M. de la *Faille*, dans son abregé chap. 29. page 139. Et dans ses annales, page 7. Guillaume de Puy Laurent. *Et Cangium in glossario.* Ces Offices *d'Inquisiteur* furent donnez aux *Dominicains,* que nous nommons *Jacobins*, & ceux qui y estoient employez, estoient soumis aux *Prieurs* qui les devoient ayder. Voyez les Statuts du Chapitre general de l'Ordre des Freres Prescheurs de l'an 1270. dans les Anecdotes de *Dom Martene*, tome 4. col. 1756. article 12. l'Ordonance de *S.t Loüis* de l'an 1228. tome 1. page 50. Celle de *Philippe le Bel* de l'an 1298. tome 1. page 330. 331. & celle du 29. *Juin* 1302. page 346.

(c) Partem incursuum Incursus.] Sont les peines, ou les amendes encouruës. Voyez l'art. 82. de la Coutume de Bordeaux, l'art. 5. du titre 8. de celle d'Aix, la Loy septiéme au Code Theodosien *De accusationibus,* les preuves de l'Histoire de Turenne, page 65. De la Croix dans son histoire des Evéques de Cahors, n. 88. *Et Cangium in glossario, in verbo* incurramentum & incursus.

negotium

negotium & officium, si quando, & quotiens ab eis fuerint requisiti.

PHILIPPE VI. dit DE VALOIS, à S.t Germain en Laye, en Novembre 1329.

(5) Item. *Quod non intendit* unus dictorum Regum, *per quascumque literas, quæ a sua emanaverint Curia, inquisitionis officium aliquatenus impediri, quominus inquisitores in suo procederent officio, juxta* commissionem a sede apostolica eis factam.

Lesquelles clauses le devant dit *Inquisiteur* a supplié & requis humblement par nous estre renouvellées & confirmées. Et nous *voulans & entendans* la besoigne de sainte foy catholique & dudit *office de l'Inquisition,* de tout nostre pouvoir, promovoir & adrecier, & parfaitement, Dieu aidant, ensuivre les bonnes voies, & les bons faits de nosdits Encesseurs, & especialment de sainte memoire *nostre Seigneur Saint Loys : Mandons & commandons* à tous Dues, Comtes, Barons, *(d)* Tuiers, Seneschals, Baillifs, Prevoz, Viguiers, Baillis, Chastellains, & à tous autres Justiciers de nostre Royaume, que les devant dites clauses, lesquelles *Nous* de certaine science *renouvelons*, estre gardées, tenues, & accomplies par tous leurs subgiez, & en les choses contenues ès dessus escriptes clauses, especialment, & en toutes autres choses generalment, qui appartiennent à la foy & audit office de l'inquisition, obeissent & fassent obeir leurs subgiez audit *Inquisiteur* & à ses successeurs, & à tous autres en nostre Royaume, par l'Eglise de Rome sur ce députez, selon le Droit Canonique & Civil, & le estatut de nostre cher *Seigneur Saint Loys*, qui se commance *Cupientes :* & leur senefions par la teneur de ces lettres, que Nous ne *volons* ne *entendons venir*, ne faire, ne souffrir que par autre soit fait encontre les dessusdites & escriptes clauses, par aucunes lettres quelles qu'elles soient de nostre Cour ottroiées, ou à ottroier; mais toutes lettres qui seroient trouvées contraires & obvians à la teneur desdites clauses ou statut, Nous de certaine science *revoquons* & *anullons* par la teneur de cestes. Et pour ce que ce soit ferme & estable à toujours mais, nous avons fait mettre nostre Seel en ces presentes lettres. *Donné à Saint Germain en Laye, l'an de grace mil trois cens vingt & nuef ou mois de Novembre.*

Par le Roy à la relation de Monsr Aymeri Guenaut & de Monsr Guillaume Bertran.. Ja.. de BOULAY.

NOTES.

(d) Tuiers.] Ce mot est en abregé dans le manuscrit, où l'on a peut-estre eu intention de mettre *Terriers.*

PHILIPPE VI. dit DE VALOIS, à S.t Germain en Laye, en Novembre 1329.

(a) Ordonance par laquelle le Roy renouvelle & confirme *celle de S.t Loüis*, du mois d'Avril 1228. *contre les heretiques.*

PHILIPPUS Dei gratia Francorum Rex: Notum facimus universis, tam præsentibus, quam futuris, quod nos progenitorum nostrorum, & præcipue Beati Ludovici *sanctæ memoriæ, Francorum Regum, vestigiis inhærere volentes, ac favente Domino, totis affectibus* cupientes, *ut catholicæ & orthodoxæ fidei negotium, ac* inquisitionis officium, *contra hereticam pravitatem, ad Dei gloriam & dictæ fidei augmentum, nostris temporibus prosperetur, necnon ut heretica præsidia de nostri regni finibus & partibus universis facilius valeant aboleri; considerantes* præfati Beati Ludovici *statutum, quod incipit (b)* Cupientes, in favorem divinæ fidei & inquisitionis officii, necnon in detestationem labis perfidiæ hæresis prædictæ, *dudum fuisse editum sanctissime, & edictum, Nos idem statutum salubre specialiter reputantes, ipsum ab omnibus firmiter teneri* volumus,

NOTES.

(a) Cette Ordonance est au Tresor des Chartes, Registre de Philippe de Valois, coté 67. piece 292.

(b) Cupientes.] Voyez au tome premier page 50.

& mandamus *inviolabiliter observari, necnon ipsum cum toto suo tenore* laudamus, ratificamus, *approbamus, & autoritate nostra regia* renovamus, *ac etiam tenore præsentium, ex certa scientia* confirmamus. *Quod ut perpetuæ stabilitatis robur obtineat, præsentibus literis nostrum fecimus apponi sigillum. Actum apud Sanctum Germanum in Laya, anno Domini millesimo trecentesimo vicesimo nono mense Novembri.*

Per Dominum Regem ad relationem Dominorum Aymerici Guenaudi & Guillelmi Bertrandi... Ja... DE BOULAYO.

PHILIPPE VI. dit DE VALOIS, à Paris, le 4. Decembre 1329.

(a) Ordonance touchant le cours des Monoies pour servir de Declaration à celle du 21. Mars 1328.

SOMMAIRES.

(1) Le jour de Noël prochain venant, les Royaux jusques à Pâques suivant, n'auront cours que pour dix-huit sols Parisis. Sçavoir douze sols de doubles, qui vaudront lors dix-huit sols, *& depuis le jour de Pâques passé en avant, pour douze sols Parisis petits forts, ou douze gros tournois d'argent ordonnez à faire.*

PHILIPPE par la grace de Dieu Roy de France : au Baillif de Valois, ou à son Lieutenant, Salut.

Nous t'envoiasmes il y a grant piece nos Letres contenans une *Ordonnance* que nous avions faite sus le *cours de nos monoies*, dont la teneur est telle.

Philippe &c. Voyez cy-dessus, page 27.

Sus laquelle Ordonnance, Nous avons depuis eu avec nostre *grand Conseil, avis & deliberation*, Et avons trouvé que en l'article, qui fait mention des *Royaux d'or*, a erreur, quar lesdits *Royaux*, qui doivent dechoir, par la teneur de nostredite Ordenance, le jour *de Noel* prochain venant, de *sept sols*, & le jour de *Paques* ensivant de *cinq sols*, il avoient & ont cours de *volenté* de *pueble*, non mie par *Ordonnance*, pour *vingt-huit sols parisis*, de la monoie qui cüert à present, ne valent, ne ou temps de nostredite Ordenance, ne valoient, de poids & de loy, si comme depuis il Nous a aparu clairement, més que *vingt-quatre sols Parisis* de ladite monoie.

C'est assavoir *douze sols de doubles*, ou de *bons petits parisis forts*, que Nous avons ordonné à faire du poids & de la loy du temps *Monsieur Saint Loüis*. Et par einsint nostre pueple estoit deceus, & defraudez grandement, ou cours *desdits Royaux*. Quar se il ne decheussent que par la maniere dessusdite, il ne se peussent revenir audit poids, & à ladite loy de nos autres monoies. De quoy Nous en nostre Conseil n'estions mis avisé, ou temps de nostredite Ordenance.

Pourquoy Nous qui voulons & desirons eschiver à nostre pouvoir le domage de nos subgiez, *voulons & ordenons* par la teneur de ces letres, que dés le jour de *Noel prochain* venant, *lesdits Royaux n'ayent cours* jusques à Pasques ensuivant, que pour *dix & huit sols Parisis*. C'est assavoir *douze sols de doubles*, qui vaudront lors dix & huit sols, & depuis le jour de *Pasques* passé en avant, *pour douze sols Parisis petits forts*, ou douze *gros tournois d'argent*, que nous avons ordené à faire du poids & de la loy Monsieur Saint Loüis.

Si te mandons que nos presentes Ordenances, & toutes les choses dessus escrites, tu fay crier & publier sollempnement, par tous les lieux publics & solempnez de ta dite Baillie & du ressort d'icelle. Si que nuls ne se puisse excuser, par ignorance. Et fay aussi crier & deffendre publiquement, que nuls de quelque condition que ce soit, ne soit si hardiz, que il ose enfraindre en rien nos presentes Ordenances, sus *peine de*

NOTES.

(a) Cette Ordonance est en la Chambre des Comptes de Paris, Registre *Pater*, feüillet 333.

corps & de biens. Mais que chascun les tiengne & garde de point en point, selon la teneur d'icelles. *En tesmoing* de ce, Nous avons fait mettre nostre Scel à ces presentes Letres. *Donné à Paris* le quatre jour de Decembre, l'an de grace mil trois cens vingt-nuef.

PHILIPPE VI. dit DE VALOIS, à Paris, le 16. Decembre 1329.

(a) Ordonance touchant les payemens.

SOMMAIRES.

(1) Toutes Rentes en deniers seront payées pour les termes à venir aprés le jour de Noël, à tel prix comme monoie aura cours.

(2) Les ventes de bois qui ont esté faites au temps passé jusques à Pâques 1327, se payeront à l'avenir comme la monoie courra, à l'escheance des termes.

(3) Les ventes de bois faites depuis Pâques 1327. jusques à la publication de l'Ordonance du mois de Mars dernier, seront payées à la monoie qui a couru devant Noël de l'année 1329, sauf au vendeur à reprendre sa vente s'il luy plaist, &c.

(4) Pour les fermes muables, & les ventes de bois depuis l'Ordonance de l'an 1328. le prix en sera payé en telle monoie & à tel prix, comme la monoie aura cours, aux termes qui eschoiront.

(5) Pour les fermes muables prises avant la publication de la mesme Ordonance, si ceux qui les ont, les veulent laisser pour les années suivantes, ils le pourront faire en faisant leur declaration avant la feste de la Chandeleur prochaine, & en payant ce qui en sera dû, au prix de la monoie qui aura couru devant la feste de Noël de l'an 1329. Et si les fermiers veulent retenir leurs fermes, ils le pourront faire, en donnant aux bailleurs la monoie, pour le prix que elle aura aux termes qui eschoiront.

(6) Les dettes créées au temps passé, seront payées au prix & à la valuë que les bons gros tournois d'argent avoient cours, aux lieux où les Contracts furent passez.

PHILIPES par la grace de Dieu, Roys de France : *au Prevost de Paris, ou à son Lieutenant, Salut.* Nous desierrans, si comme il Nous appartient le bon estat de noz subgiez & de nostre Royaume, & nozdiz subgiez tenir en prosperité, en transquilité paisible, & euls desoremés garder de griés, opressions & dommagez, que il ont encoureu & soutenu en temps passé, pour plusieurs *mutacions de monnoies* qui ont coureu ou temps passé, parmy nostre Royaume, *avons ordené* par grant deliberacion de nostre Conseil, de Prelaz, Dux, Comtes, Barons, Mestres de Monnoies & grant planté d'autres bonnes gens, saiges & expers ou fait desdites monnoyes, & plusieurs *communes* de nostre Royaume, à *faire à present bonne monnoie,* & certainnes Ordenances sus le cours d'icelle, lesquelles Nous t'avons envoyées n'aguerres, pour faire crier & publier sollempnellement en ta Prevosté : Et pour ce que entre les marchans, fermiers, vendeurs de bois & autres personnes porroit avoir questions & debaz pour cause des contraux & marchez faiz, & debtes deues & accreues, ou temps passé, de rentes ou deniers, ou en autre maniere, sus *les paiemens* qui devront estre faiz, ou temps avenir, *Nous pour oster touz doubtez,* troubles, questions, cavillations & debaz, qui porroient estre en nozdiz subgiez pour les causes dessusdittes, par grant deliberacion de nostredit Conseil, de plusieurs Prelaz, Barons & autres saiges, avons ordené & pourveu de remedes à ce convenables, par la maniere qui s'ensuit.

Premierement. Toutes rentes en deniers se paieront pour les termes avenir aprés le jour *de Noel* prochain venant, ausquiex l'en a accoustumé à paier ycelles rentes, à tele monnoie & à tel pris comme monnoie aura son cours, pour lesdiz termes à venir aprés le jour dudit Noel.

(2) Item. Toutes les ventes des bois qui ont esté faites ou temps passé, jusques à *Pasques l'an trois cens vingt & sept,* tenrront & se paieront, pour les *termes à venir,*

NOTES.

(a) Cette Ordonance est au Registre *Pater* de la Chambre des Comptes de Paris, feüillet 333. 334. Voyez *le Blanc* dans son Traité des monoies de l'édition de Hollande, page 211. & cy-dessus au 6. Septembre 1329. & au Samedy aprés la Saint Michel de la mesme année.

PHILIPPE VI. dit DE VALOIS, à Paris, le 16. Decembre 1329.

en telle monnoye, comme elle courra aufdiz termes à venir, fans ce qu'il puiffent leffier leur ventes, mefmement comme la monnoie dudit temps eftoit affés fouffifant, & que bois n'eftoient point encheriz oudit temps. Et fi fe font les marchans depuis acquitiez de monoie, qui depuis a couru *plus feble* aux termes paffez & efcheuz.

(3) Item. Les ventes des bois qui auront efté venduës depuis Pafques, l'an trois cens vingt-fept, jufques à la publication de noftre Ordenance que nous feifmes, ou *mois de Mars darrein* paffé, fe paieront à la monnoie, & au pris que monnoie a couru au devant de Noel, *l'an trois cent vint-neuf,* mefmement pour ce que lefdiz bois ont efté venduz plus chier, & plus haut pris, pour raifon de la monnoie qui eftoit *lors plus feble,* fauf ce que le vendeur porra fon bois, *& la vente* reprendre pardevers foy, ou point où il la trouvera, *fi li plaift,* nonobftant l'oppoficion de l'achepteur, en prenant dudit acheteur, au pris que ladite vente li coufta, à la monnoie qui a coureu, tout ce qu'il en aura efploitié, Et fera fceu, fe la vente fera forée, ou enpirée, ou fe li meillieur bois ou li pire en eft coupé & efploitié, & de ce fera faite competant reftitucion : Et ou cas que ledit acheteur vourra retenir fa vente, pour poier tele monnoie, & à tel pris comme monnoie fe mettra aus termes enfuivans & à venir, faire le porra, fans contredit du vendeur.

(4) Item. Des *fermes muables* & *ventes de bois,* qui puis noftre Ordenance faite en Mars, *l'an trois cent vint-huit* darrenierement paffé & publié par noftre Royaume, ont efté bailliées, ou vendues, les fermiers & les marchanz des boiz paieront en telle monnoie & à tel pris comme monnoie *aura fon cours* aus termes qui efcherront pour *le temps enfivant* & à venir, quar lefdiz fermiers & marchans de bois poient eftre bien avifez, & favoir par quel pris monnoies devoient avoir leur cours, & à quele monnoie l'en devoit marchander & poier pour le temps à venir, puis ladite *publication* de noftredittc Ordenance.

(5) Item. Se aucuns ont pris *fermes muables,* au devant de la publication de noftredite Ordenance, & les *veulent leffier* pour les années enfivans & à venir, faire le porront, mais qu'il apparoiffe fouffifamment de leur delaiffement aus vendeurs & aux bailleurs defdites fermes, dedans la fefte de la *Chandeleur prochaine,* & que dedanz icelle Chandeleur prochaine à venir, il paient aus bailleurs au pris que la monnoie a coureu *devant ledit Noel, l'an trois cent vint-neuf,* tout ce qu'il leur devront, pour caufe de leur fermes, pour cefte *prefente* année, nonobftant que les paiemens defdites fermes pour raifon de ladite prefente année, foient les aucunes à venir; fauf & refervé aus fermiers que il ne foient tenuz de paier aus bailleurs, ce qui en eft à lever pour caufe de cefte *année prefente,* & pour aucuns termes à venir d'icelle année, laquelle chofe les bailleurs leveront, fe les fermes leur font leffiez, & le feront tenuz deduyre & rabattre aus fermiers, en leurfdiz paiemens de leur ferme deuz pour *l'année prefente deffufdite.* Et fe les fermiers, ou *aucun d'iceuls veulent retenir* leurs *fermes pour poier aus bailleurs* tele monnoie & pour tel pris comme elle courra aus termes qui efcherront puis ledit Noel en avant, faire le porra fans contredit des bailleurs.

(6) Item. Debtes accreues du temps paffé, à paier à certains termes, ou fans termes, feront poiés au pris & à la value, que *bons gros tournois* d'argent fe mettoient, és lieus où les *contraux fe firent* quant la debte fut accreuë. C'eft affavoir & à entendre de *deniers prefiez,* ou *denrées vendues,* exceptées *fermes & ventes de bois,* dont mencion eft faite deffus. Et eft affavoir que ou cas qu'il auroit és chofes deffufdites, ou en aucunes d'icelles, certains & exprés *convenans, faifans* mencion de certaines monnoyes, & fur certains pris, noftre entente eft que fans *enfraindre, il foient tenuz* & gardez en leur force & en leur vertu. Pourquoy *Nous te mandons, commandons & commettons que* tu faces affavoir par cri follempnel & autrement, par toutes les voies que pourra miex, à touz noz fubgiez de ta Prevofté & du reffort d'icelle, & commande de par nous, que toutes les chofes ci-deffus efcriptes & chaufcune d'icelles, il tiegnent & gardent fermement fanz corrompre, chafcun en droit foy, fur quant qu'il fe puent mesfaire envers nous de corps & d'avoir; & ne fueffre que aucuns defdiz fubgiez face queftion, trouble, ne debat à autre perfonne qu'elle que elle foit, contre la

teneur de nostredитte & presente Ordenance. Et ceuls que tu trouveras avoir fait, ou faisans le contraire, puis ledit cry fait, puniz les en maniere que les autres y preignent exemple. Et volons bien que tu saiches que se en ces choses tu es negligent & paresceus, Nous nous en prendrons à toy, & t'en punirons griefment. En tesmoing de laquelle chose, Nous avons fait mettre nostre Scel en ces presentes Lettres. *Donné à Paris le seiziéme jour de Decembre, l'an de grace mil trois cens vint & nuef.*

PHILIPPE VI. dit DE VALOIS, à Paris, le 8. Mars 1329.

(a) Ordonance touchant les Monoies.

SOMMAIRES.

(1) Les Parisis d'or *auront cours pour* vingt sols *Parisis, les* Royaux d'or *pour douze sols, & les* agneaux d'or *à proportion.*

(2) Les Parisis d'argent *auront cours pour douze bons petits Parisis, ou douze doubles.*

(3) Les tournois d'argent *de S.t Loüis, les autres anciens de poids dû, & ceux que le Roy fait faire, auront cours pour douze bons petits tournois de la monoie nouvelle.*

(4) Les mailles blanches *du coin du Roy, seront prises pour* douze bons petits tournois.

(5) Les deniers doubles, *& les petits* Parisis nouveaux *seront pris pour* un bon Parisis.

(6) Les petits Tournois, *pour un petit* Tournois.

(7). Les deux mailles Parisis *nouvelles pour un petit* Parisis, *les deux* mailles tournois *pour un petit* Tournois. *Cinq petites* Poitevines *pour un petit Parisis, & quatre pour un petit Tournois.*

(8) Les monoies d'or marquées dans les articles precedens, qui seront moindres d'un grain, ou plus, seront portées au billon, & toutes les autres monoies d'or pareillement.

(9) Les monoies d'argent qui seront de plus d'un grain de moindre poids, seront abbatuës & portées au billon.

(10) Toutes les monoies fausses & contrefaites seront mises au billon.

(11) Nulles monoies fabriquées en pays estranger n'auront cours dans le Royaume.

(12) Les petits Parisis anciens & leurs mailles *de moindre poids que les nouveaux bons Parisis, seront mis au billon.*

(13) Les petits Tournois anciens & leurs mailles qui seront de moindre poids que les nouveaux, seront portez au billon.

(14) Nul Changeur, ou Orfevre ne trebuchera & ne requeurera aucune des monoies courantes.

(15) Nul Orfevre, ou toute autre personne ne pourra faire passer hors du Royaume or & argent en masse ou billon.

(16) Nul Changeur, Orfevre, ou autre personne ne pourra rechater *ne* affiner, *si ce n'est dans les lieux marquez par le Roy.*

(17) Nul Changeur ne Marchand, ou autre ne meslera les bonnes monoyes avec les deffenduës, sous peine de confiscation des monoies tant mauvaises que bonnes.

(18) Tous Changeurs, Marchands & autres, sous peine de corps & de biens, seront tenus de faire percer & couper les monoies d'or & d'argent qui ne seront pas de poids, les contrefaites & celles qui auront esté fabriquées hors du Royaume.

(19) Les Changeurs ne prendront qu'un denier pour livre & au-dessous.

(20) Nul Changeur, Orfevre & autre personne ne pourront vendre & acheter or & argent, qu'au prix qu'on en donne aux monoies.

(21) Les estrangers qui apporteront de l'or ou de l'argent aux monoies du Roy, seront payez & expediez avant tous autres.

(22) Ceux qui apporteront de l'or, de l'argent ou du billon dans le Royaume, seront francs de tous droits.

PHILIPPE &c. Au Prevost de Paris, Salut. Comme nous qui moult desierrons le bon estement de nostre Royaume, & especialment sus le *fait des monnoies*, aions ordené de faire bonne monnoie de la valeur & de la loy d'icelle de *(b) Monsieur Saint Loys*, eüe deliberation de Prelaz & de Barons, & des bonnes Villes de nostre

NOTES.

(a) Cette Ordonance est au Tresor des Chartes, Registre de Philippe de Valois, coté EE. fol. 4. Voyez l'Ordonance du Samedy aprés la S.t Michel 1329. & celle du 6. Septembre precedent de la mesme année.

(b) Monsr S.t Loüis.] Voyez au tome premier page 93. 94. 95. Et *le Blanc, des monoies, sous Loüis IX.* Comme *Philippe de Valois* prit un bon modele, en se reglant sur *S.t Loüis,* aucun de nos Roys jusqu'à lors, depuis S.t Loüis, n'avoit encore fait fabriquer une si grande quantité de monoie d'or, ni si bien monoiée. Ces monoies d'or, selon le Blanc, furent nouvelles, c'est-à-dire, inconnuës sous les

PHILIPPE VI. dit DE VALOIS, à Paris, le 8. Mars 1329.

Royaume & de nostre grant Conseil, & sur ce nous aions ordené que les *febles* monnoies qui avoient cours en nostre Royaume, soient decheues *(*) à Noel* derrenierement passé, *du quart*, & à *Pasques* prochiennement venant, dechieent de *l'autre quart;* Et pour ce Nous *volons* & *ordenons*, aussi comme autrefoiz t'a esté publié & mandé *par noz Ordenances*, que du jour de *Pasques* procheinement venant en avant, lesdites monnoies aient leur droit cours.

Premierement. (c) Les bons *parisis d'or* que nous faisons ouvrer à present, pour *vint soulz* de bons parisis & non pour plus, & les *Royaus d'or* bons & de pois deu, pour douze soulz de bons Parisis & non pour plus, & les *agneaux d'or* à l'avenant.

(2) Item. (d) Les bons *Parisis d'argent* que nous faisons ouvrer maintenant, pour douze bons petiz parisis, ou pour douze doubles, & non pour plus.

(3) Item. Les *tournois d'argent* du temps Monsieur *Saint Loys*, & les autres anciens bons & de pois deu, & ceus que nous faisons ouvrer maintenant, pour *douze bons petiz tournois*, de ceus que nous faisons ouvrer maintenant, & non pour plus.

(4) Item. Les *mailles blanches* de nostre coing, pour quatre desdiz *bons petiz tournois* & non pour plus.

(5) Item. (e) Les *deniers doubles* & les *petiz parisis* que nous faisons ouvrer maintenant, pour un bon parisis, & non pour plus.

(6) Item. Les *tournois petiz*, que nous faisons ouvrer maintenant, pour un petit tournois, & non pour plus.

(7) Item. Deux *(f) mailles parisis* de celles que nous faisons ouvrer maintenant, pour un *petit parisis*, & *deux mailles tournois* pour un *petit tournois*, & *cinq petites Poitevines* pour un *petit parisis*, & quatre pour un petit tournois.

(8) Item. Volons & ordenons, si comme autrefoiz t'a esté mandé, que les *monnoies d'or* dessus contenues, esqueles nous donnons cours, qui seront de *maindre pois* un *grain, ou plus*, soient abatues & mises au *billon*, & toutes les autres monnoies d'or soient abatues & mises *au billon.*

(9) Item. Que toutes les monnoies d'argent, ausqueles nous donnons cours, qui seront de maindre pois plus d'un grain, soient abatues & mises au billon.

(10) Item. Que toutes monnoies fausses, ou contrefaites soient abatues & mises au billon.

(11) Item. Que nulles monnoies faites *(g) hors de nostre Royaume* n'aient nuls cours, ains soient abatues & mises au billon.

(12) Item. Que les *petiz parisis* anciens & les *mailles d'iceus*, qui soient de maindre pris que les *bons parisis* que nous faisons ouvrer maintenant, n'aient cours, ains soient mises au billon.

(13) Item. Que les *petiz tournois anciens* & les *mailles* d'iceus, lesquiex seront trouvez de maindre pois que ceuls que nous faisons ouvrer maintenant, n'aient nul cours, ains soient mis *au billon.*

(14) Item. Que nul *Changeur*, *Orfevre*, ne autres personnes ne soient si hardiz

NOTES.

regnes precedens, à l'exception du *Royal* & de la *Chaise*. Voyez le Blanc, page 210.

* *A Noel.]* Voyez cy-dessus, pages 42. 43. l'Ordonance touchant le cours des monoies pour servir de *Declaration* à celle du 21. Mars 1328. en date du 4. Decembre 1329. & l'Ordonance touchant *les payemens*, du 16. Decembre 1329. pages 43. 44.

(c) Les bons Parisis d'or que nous faisons ouvrer.] Le Blanc qui n'avoit pas fait attention à cette Ordonance du 8. Mars 1329. s'est ce semble trompé, en disant que le *Parisis d'or* ne fut commencé qu'au mois d'Octobre 1330. & qu'il ne dura que jusqu'au mois de Fevrier 1336.

(d) Le Parisis d'argent.] Il valoit douze deniers Parisis. C'estoit une monoie nouvelle.

(e) Les deniers doubles.] Voyez le Blanc dans son Traité des monoies, page 207. 208. de l'édition de Hollande.

(f) Mailles.] Voyez le Blanc, pages 184. 185. & l'Ordonance de *Philippe le Bel* du 18. Janvier 1308, tome 1.er page 455. 537. 541. 546. 615.

(g) Hors de nostre Royaume.] Voyez le tome premier, pages 433. 442. 450.

qu'il *(h) trebuche*, ne *recueure* nulle de ces monnoies à qui nous donnons cours, queles qu'elles soient.

(15) Item. Que nul Changeur, Orfevre, ne autres personnes *(i)* ne ose traire hors de nostre Royaume, or, ne argent en mace, ne billon.

(16) Item. Que nul Changeur, Orfevre, ne autre personne du Royaume, ne dehors quele qu'elle soit, ne soit si hardiz, qui *rechate*, ou face *(k) rechater*, ne *affiner*, si ce n'est és lieus qui seront ordenez de par Nous.

(17) Item. Que nul *Changeur*, ne *Marchant*, ne autre persone quele qu'elle soit, ne *mesle* les monnoies que Nous dessendons qu'il n'aient cours, avecques la bonne monnoie que Nous faisons ouvrer maintenant. Et se il estoit trouvé qu'il fust fait, toutes les *monnoies bonnes*, & autres non deues, seroient *encourues* à Nous, & autant pour amende.

(18) Item. Que touz *Changeurs*, *Marchanz* & autres personnes soient tenuz, quant il auront pardevers euls *monnoie d'or*, ou *d'argent*, ou *petite monnoie faussé*, ou *contrefaite*, ou de *maindre pois*, ou faite *hors de nostre Royaume*, que elles soient *(l) perciées & coupées;* Et se il avenoit qu'il fust trouvé le contraire aprés le cri de ceste Ordenance, chascun seroit condempnez *en corps & en biens* à nostre volenté.

(19) Item. Que touz *Changeurs* puissent changier à toutes personnes les bonnes & fortes monnoies à qui Nous donnons cours, à un denier pour livre au-dessouz, & non à plus.

(20) Item. Que nul Changeur, Orfevre, ne autre personne quelle qu'elle soit, ne soit si hardiz de vendre, ne *(m)* achater marc *d'or* ne *d'argent* à autre pris que Nous avons ordené à donner en noz monnoies.

(21) Item. Que tuit *homme dehors de nostredit Royaume* qui *portera* à nos monnoies *or*, *argent*, ou *billon*, soit privilegiez devant ceuls de nostredit Royaume, que ledit or, argent, billon soit reçû & payé *avant touz autres*.

(22) Item. Que tout homme puisse apporter dehors nostredit Royaume à noz monnoies, or, argent en masse & billon, franchement & senz en paier à Nous, ne à nul autre Seigneur, ou paaigier du Royaume, paaige, leude, ne autre costume.

Pourquoy Nous te mandons que toute autre besoigne mise arrere, ces presentes Ordenances & toutes les choses ci-dessus escriptes tu faces *crier & publier sollempnement*, par touz les lieus accoustumez de la *Vicomté de Paris*, si que nul ne se puisse excuser par ignorance, & fai aussi crier & publier & deffendre que nul de quelque condition ou estat que il soit, ne soit si hardiz qui ose enfraindre en riens noz dites Ordenances, sus peine de corps & de biens, mes que chascuns les tiengne & garde de point en point selonc la teneur d'icelles. *En tesmoing de ce, Nous avons fait metre nostre Seel en ces Letres. Donné à Paris le huitiéme jour de Mars, l'an de grace mil trois cenz vint & nuef.*

PHILIPPE VI. dit DE VALOIS, à Paris, le 8. Mars 1329.

NOTES.

(h) Trebuche.] C'est-à-dire Rendre leger. Voyez le tome 1. p. 298. & l'Ordonance du 25. Septembre 1338. *Recueurre, recurrat, requirat.*

(i) Ne ose traire hors du Royaume.] Voyez l'Ordonance de *Philippe le Bel* de 1308. art. 8. tome 1. page 450. & celle du 18. Janvier 1308. art. 8, page 455. & 767.

(k) Rechater.] Voyez au tome premier l'Ordonance du 15. Octobre 1322. page 322. l'Ordonance du 20. Janvier 1310. art. premier, n. 1. page 475.

(l) Perciées & coupées.] Il devroit y avoir *de faire qu'elles soient, &c.* Voyez le tome 1.er page 94. 450. 455. 475. 521. 529. 536. 772. & les Ordonances citées cy-dessus, lettre *(a)*.

(m) Acheter marc d'or, &c.] Voyez le tome 1.er page 616. Au reste il faut remarquer que cette Ordonance est presque la mesme, que celle du 6. Septembre, & que celle du Samedy aprés la S.t Michel de l'année 1329. imprimées cy-dessus, pages 34. 37. On pourroit dire qu'elle a eu de differentes dates, parce qu'elle fut envoyée en differens temps, dans les Provinces, aux differens Baillis & Senechaux. Mais ce qui détruit cette conjecture, c'est qu'elle se trouve transcrite dans le Registre B. de la Chambre des Comptes de Paris, sous des dates differentes, en Latin & en François.

PHILIPPE VI. dit DE VALOIS, à S.t Christophe en Hallatte, le 12. Mars 1329.

(a) Letres adressées au Seneschal de Beaucaire, pour punir ceux qui jurent *le vilain serment.*

SOMMAIRES.

(1) Celuy qui jurera le vilain serment sera mis pour la premiere fois au Pilori, depuis l'heure de Prime jusqu'à l'heure de midy.

(2) Pour la seconde fois on luy fendra la levre d'enhaut, avec un fer chaud.

(3) Pour la troisiéme fois la levre de dessus luy sera entierement coupée avec un rasoir ou couteau.

(4) Ceux qui entendront jurer, & ne le denonceront pas à la justice, seront condamnez en l'amende.

PHELIPPE par la grace de Dieu Roy de France : au Senechau de Beaucaire, ou à son Lieutenant, *Salut.* Affin de chastier ceulx qui *de Dieu nostre Createur* & de la glorieuse Vierge sa mere, dient *paroles vilaines* & especialement qui en jurent, ou dient *les vilains seremens, Nous voulons* que tels vilains seremens & teles vilaines paroles que non miees ne dites, ne doivent estre, ne soyent dites, & que cil qui presumeront de les dire, en soyent chastiés & punis, *Avons ordonné en* deliberation de nostre Conseil, que tele punition en soit faite de ceulx qui jurent lesdit vilains seremens, ou diront lesdites vilaines paroles, come s'ensuit.

(1) C'est assavoir que quiconque les jurra, ou dira, pour la premiere fois qu'il en sera surpris & convencu, sera mis ou pilory devant le pueple, & y demorrera de l'eure de Prime, jusques à l'eure de midy.

(2) Et s'il est trouvé ou sceu qu'il le jure ou die la *seconde fois* puis ladite premiere punition, il aura fendu à *un fer* chaut *(b)* la baulieure dessus, c'est assavoir ce qui est entre le nez & le baulyeure de sous, si que les dens dessoub li parront parmi la fendue, en tele maniere que les parties de ladite baulieure ne se pourront joindre.

(3) Et se il est trouvé ou sceu qu'il le jure ou die *la tierce fois* aprés lasdites deux punitions, ladite baulieure dessus li sera coupée tout hors à un razeur, ou coutel.

(4) Et se aucune personne ot dire ou jurer lesdits vilains seremens & vilaines paroles, & il ne le va tantost denoncier à la justice, il sera condempné à esmende pecuniere selon sa faculté.

Si vous mandons que nostreditte Ordonance vous faciés publier & crier en vostre Senechaucie, si que nuls ne se puissent excuser de ignorance. Et mandes aussi à tous hauts justiciers de vostreditte Seneschaussie, que il la fassent aussy publier & crier en leurs terres, & punissiez, ou faites punir ceulx qui jurront ou diront lesdit vilains seremens ou vilaines paroles, & ceux aussi qui ne les denoncieront en la maniere que dit est sans départ. *Donnée à Saint Christophle* en Halate *le douziéme jour de Mars,* l'an de grace mil trois cens vingt-neuf. *Par le Roy en son Conseil.*

NOTES.

(a) Ces letres sont en la Chambre de Montpellier, au *Royaume en general*, armoire A. 7.e cont.on des titres part.ers n. 18. fol. 39. *verso.*

(b) La baulieure dessus] appellée par les Grecs Μύσταξ, d'où nous avons fait le mot moustache.

M. Du Cange dans ses observations sur S.t Loüis, page 103. remarque que cette Ordonance comme trop rigoureuse ne fut pas approuvée du Pape Clement IV, qui envoya une Bulle au Roy, par laquelle il le pria de vouloir establir des peines temporelles contre les blasphemateurs, & de ne plus user de mutilation de membres, ni de peines de mort. Le mesme Auteur remarque au mesme endroit, que S.t Loüis changea par cette raison ces peines corporelles, en amendes, ce qui semble contredit par les letres qui approuvent la severité de S.t Loüis.

(a) Letres

(a) Letres adressées au Seneschal de Beaucaire, *par lesquelles le Roy luy ordonne, sous de* rigoureuses peines, *de punir severement ceux qui survendront les marchandises & les denrées, en enfraignant les Ordonances, qui avoient remis les monoies, presque en leur premier estat.*

PHILIPPE VI. dit DE VALOIS, à Paris, le 6. Avril 1330.

PHELIPPE par la grace de Dieu Roys de France : au Seneschal de Beaucaire, ou à son Lieutenant, *Salut.* Come Nous desirans, si come il appartient de nostre office royal, le bon estat de nous subgiés, & à eux pourveoir, par toutes les meilleures manieres que nous poons, qu'il soient tenus en prosperité & en tranquilité paisible, & gardés deshoresmais, de griés, de pertes & domages qu'il ont eu, encorru & soutenu en temps passé, par plusieurs *mutations de monoies,* qui ont corru en temps passé en nostre Royaume, *ayons pieça ordené,* par la grant deliberation de nostre grant Conseil, de Prelas, Dus, Contes, Barons, Maistres de Monoies, & plusieurs comunes de bones Villes de nostre Royaume, à faire *bone monoie, & certaines Ordonances* sur le cours d'icelle, lesquels Nous vous ayons envoyez lonc temps, pour faire crier & publier sollemnement en vostre Senechaucie. Et estoit nostre entention que toutes denrées & merchandises deussent estre mises à *raisonable pris,* selonc la valeur, le pois & la loy de ladite monoie. Et pour ce que aucuns de nos subgiés estoient, & encores sont si plains de *fraude* & d'*avarice,* de *iniquité* & de *convoitise,* qu'ils ne voloient, ne ni volent metre leur danrés & marchandises à raisonable prix, encores les voloyent & veulent survendre plus cher à ceste *forte monoye* qui court à present, qu'il ne faisoient pardevant, à *la foible,* de quoy nostre peuble se doloit, & encore se doilt & complaint grandement. Et Nous nous en tenions, & encore tenons pour mal contens. *Nous* pour oster tout enconvenient, qui de ce se poit ensuir, vous ayons autresfois mandé, que eüe consideration à la valeur, loy & poys de la monoie, qui coroit *avant Noël* derrenierement passé, & à celle qui court à present & qui corra aprés les Pasques prouchaines, vous en vostredite Senechaucie, fissiez mettre *les merchandises, vivres* & autres *denrées* queles qu'elles fussent, & ovroiés de quelque ouvrage, ou labourage qu'ils usassent, & de quelque condition & estat qu'il fussent, à raison, & à juste & loyal avaluement, par les meilleurs, plus saines & convenables voyes que vous pensés. Et ceux qui à ce ne voudroyent obeyr, ne entendre, & qui feroyent le contraire, *punissiés & corrigissiés,* par tele maniere que tous les autres y prensissent essemple; lesquelles denrées deüessent estre deschеues & avalées *d'un quart,* selon ladite monoye qui ot cours, & semblablement doivent estre d'un *autre quart* descheues & avalées lendemain de ces prochaines Pasques, selon le cours de la monoye, qui lors courra. Et jaçoit ce que vous ayés fait toutes ses choses crier & publier par vostredite Senechaucie sollempnement, si comme est dit, neamoins des choses contenues esdittes *Ordonnances,* rien n'en a esté fait, si come Nous avons entendu, par la *grief clameur & complainte* de nostre peuple, Et entendons que c'est par *vostre defaulte & negligence,* pour ce que nuls n'en avés puni, ne corrigié. Pourquoy Nous vous *mandons* derechief *& commandons* estroitement, que toutes les choses dessusdittes contenues en nostredit *premier mandement,* vous faciés *tenir, garder & acomplir;* Et de tous ceux que vous trouverés qui à ce feront rebelles, ou feront au contraire, & qui *survendront,* empeschiez qu'ils n'enlevent & reprennent les denrées & merchandises qu'il seurvendront, & les apliquiez & faites apliquer, come *confisquées & acquises pardevers nous,* en faisant de ce inventoire, en telle maniere, que vous Nous en puissiez repondre, & avec ce mettés & prenés en *nostre main* tous leurs *autres biens,* quels qu'il

NOTES.

(a) Ces letres sont à la Chambre de Montpellier, *au Royaume en general,* armoire A.7.e cont.on des titres part.ers n.o 18. fol. 38.

PHILIPPE VI. dit DE VALOIS, à Paris, le 6. Avril 1330.

soient, sans rendre & sans recroire, se ce n'est de nostre especial commendement, & les *corps* de tous les rebelles, si vous vées que mestiers soit, prenés, mettés & tenés en *preyson fermée*, Et c'est present mandement *faites crier, & publier, ces* lettres veües, par tous les lieux de vostre Senechaucie, où vous verrés que bon sera, sans nul delay, & tenir, garder fermement & acomplir. *Et volons* que vous sachiés que s'il y a nul deffault, Nous nous en prendrons à vous, dou tout, & vous priverons de tout vos offices à perpetuité, sans grace & sans rapel, & autrement vous punirons si grievement & en telle meniere, que tous nous autres officials y pendront exemples. *En tesmoin de ce, Nous avons fait mettre nostre Scel à ces presentes lettres, données à Paris le sixiéme jour d'Avril, l'an de grace mil trois cens vingt-neuf. Par le Roy* à vostre relation.

PHILIPPE VI. dit DE VALOIS, à Paris, le 16. Avril 1330.

(a) Letres par lesquelles le Roy ordonne que les chairs, les poissons, les denrées & les autres vivres seront portez librement aux marchez.

PHELIPPES par la grace de Dieu Roy de France : au Senechau de Beaucaire, ou à son Lieutenant, *Salut.* Come il eut esté crié de par Nous, que chascun apportast aux merchiés & aux foires, vivres de *Chars* & de *Poissons*, pour vendre, & les vendissent *à prix raisonable*, selon la monoye. Et Nous ayons entendu, que alcuns Prevost, Maires, Sergens, & autres Justiciers, qui sous couleur, que les mercheans qui lesdis vivres apportent, les vendent à autres prix que raisonables, les en molestent, en pluseurs manieres, sans ce qu'il en ayent mandement *de Nous*, parquoy pluseurs inconveniens s'en ensuivent, au domage du peuple, *car par lesdites molestations* plusieurs marchans se layssent de porter & d'amener *aux merchés, & aux foires, lesdits vivres*, quoyque nostre entente soit & ait esté, que telles molestacions cessent, & que tous marchans & autres puissent aporter & amener aux merchez, & aux foires lesdits vivres, sans empeschement, *Nous* vous mandons que vous facés crier en vostre Seneschaucie *que chascun aporte & amaine aux merchiez & aux foires, toutes manieres de vivres, de Chars & de Poissons*, de Poulailles & de Volailles, de *(b) hues* & de formatges, pour vendre loyaument, *& ne sueffrez que* teles molestations leur soient faites, ne contraintes, ne amendes levées, ne empeschement leur soit mis sur ce : se Nous ne faisons à vous, ou à eulx autre especial mandement, sur ce nos autres Ordennances demourans en toutes choses en leur vertu. *Donné à Paris le seiziéme jour d'Avril, l'an de grace mil trois cens trente.*

NOTES.

(a) Ces letres sont en la Chambre de Montpellier, *au Royaume en general*, armoire A. 7.e cont.[on] des titres part.[ers] n. 18. fol. 49. au feüillet 39. n. 18. Au mesme endroit, il y a des letres semblables datées du 17. Avril 1330.

Les changemens qu'il y eut dans les monoies sous les regnes precedens, pour les necessitez pressantes de l'Estat, donnérent occasion à une grande cherté, parce que la plus grande partie des marchands avides de gain, vendirent excessivement leurs marchandises, ainsi que les ouvriers leurs salaires. Le Roy remedia à ce desordre, en ordonnant, que toutes les denrées seroient portées aux marchez, & en donnant ordre ensuite aux Magistrats de les fixer à un prix raisonnable. Voyez au tome premier l'Ordonance du 25. May 1305. page 432. celle du Jeudy avant Pâques fleuries 1308. page 459. le mandement du 6. Avril 1330. cy-dessus, page 49. & cy-aprés l'Ordonance du 29. Novembre, pages 56. 57.

(b) Hües Aucæ, Anseres.] Des Oyes, des Oües, & en Allemand des *Hus*, d'où l'on a fait le nom de *Jean Hus* celebre heretique & le nom de la ruë aux Oües à Paris.

PHILIPPE VI. dit DE VALOIS, le 9. May 1330.

(a) Ordonance touchant les appellations qui seront interjettées au Parlement.

SOMMAIRES.

(1) Celuy qui aura esté condamné par Sentence, & qui en interjettera appel au Parlement, sera tenu d'y faire intimer le Juge qui l'aura condamné, & sa partie averse dans trois mois, *& s'il laisse passer les trois mois sans y obtenir* adjournement, *les Juges seront obligez de faire mettre leurs Sentences à execution. Dans ce cas l'appellant ne devra pas d'amende, mais s'il a obtenu l'adjournement, & s'il ne l'a pas dûement poursuivi, ou s'il succombe, il devra l'amende dans les pays coustumiers.*

(1) PHILIPPUS *Dei gratia Francorum Rex: Notum facimus universis, tam præsentibus, quam futuris, quod cum in regno nostro, generaliter hactenùs quâdam consuetudine, fuerit observatum, ut si aliquis a nostris judicibus, vel ab aliis nostris subditis sententialiter condemnatus, ad nostram appellabat Curiam, poterat talis appellans, quandocumque infra tunc* proximum subsequens Parlamentum *in causâ appellationis,* adjornamentum impetrare, *judicemque, a quo appellaverat, ac partem quæ per se reportaverat sententiam, citari, seu eisdem intimari facere, secundum consuetudinem, & stilum regionum, dum tamen partes appellatæ & judices haberent tempus sufficiens, ad Parlamentum, ad quod adjornati fuerunt, veniendi. Et in casu quo adjornamentum non impetraverant, vel si impetraverant eo usi non fuerant, ad emendam aliquam nobis præstandam minime tenebantur, nec poterat in casu prædicto, medio tempore Judex, qui protulerat sententiam eam executioni facere demandari.* Sed in suspenso *remanebat, quousque per Curiam nostram, mandatum fuisset ut suam exequeretur sententiam. Ex quo sæpe contingebat quamplurimos malitiose, & ad finem, executionem sententiarum contra eos prolatarum differendi, ad nostram Curiam appellare, scientes virtute consuetudinis antedictæ, per annum quandoque & amplius differre posse executionem, quod in damnum subditorum nostrorum plurimum redundabat.* Nos *igitur finem litibus cupientes imponi, ac malitiis & fraudibus hominum obviare, nostrorum subditorum indemnitati, quantum nobis est possibile, providere, ut eorum status jugiter servetur illæsus. Habitâ, super hoc deliberatione cum dilectis & fidelibus gentibus Parlamenti nostri, Prælatis, Baronibus, & aliis consiliariis nostris,* prædictam consuetudinem, *ex certâ scientiâ, ut nobis* & subditis nostris damnosam, penitus abolemus, *statuentes hac Constitutione, in perpetuum valitura, ut* quicumque a judicibus nostris, *seu* aliis subditis regni nostri ad

NOTES.

(a) Cette Ordonance est au Registre A. du Parlement, feüillet 4. & 6. Dans Joly, tome 1.er page 150. des additions. Dans Fontanon tome 1.er page 627. & en Languedoc, armoire A. n. 11. Registre coté 5. feüillet 143.

On a déja remarqué sur les Establissemens de S.t Loüis, qu'ancienement en France les roturiers n'avoient pas la liberté de se pourvoir contre les Sentences de leurs Seigneurs qui les avoient condamnez, & qu'il en estoit de mesme des gentix hommes qui demeuroient dans les terres des Seigneurs, avec cette difference seulement, que les gentils hommes, qui se prétendoient mal condamnez, pouvoient fausser jugement & en venir au Duel, ce qui est expliqué tres au long par Beaumanoir dans ses Coutumes du Beauvoisis, chapitre 67. Voyez au tome premier les articles trois du premier Livre des Establissemens avec les notes qu'on y a faites page 110. l'article 78. page 169. l'article 138. page 223. & l'article 15. du second Livre page 263. 264. 265.

Cela estoit ainsi en Cour Seigneuriale, mais nous apprenons des chapitres citez du premier Livre des Establissemens & du chapitre 15. du second Livre, qu'en Cour Royale il en estoit autrement, & que l'usage des appellations commençoit à s'y establir selon le Droit Romain, où toute appellation devoit estre faite, *illico, viva voce inter acta, aut intra decem dies, datis libellis,* aut intra triginta dies *acceptis, redditisque libellis dimissoriis.* Et ensuite selon la distance des lieux il y avoit deux, trois, ou six mois pour exercer les appellations & les introduire dans les jurisdictions superieures. Titulo 13. libri septimi Codicis *De Temporibus & reparationibus appellationum, seu consultationum.*

PHILIPPE VI. dit DE VALOIS, le 9. May 1330.

nostram Curiam duxerit appellandum, *(b) intra* TRES MENSES continuos, *a tempore* appellationis emissæ, adjornamentum impetrare, & Judices a quibus appellaverit, adjornari, seu citari, ac parti appellatæ intimari *facere, vel e contra, secundum* diversitatem regionum teneatur. *Quod si in* præmissis negligens *fuerit*, ELAPSIS TRIBUS MENSIBUS prædictis, Judices a quibus fuerit appellatum, sententias per eos latas, *poterunt, & tenebuntur* executioni debitæ facere demandari, absque *alterius cujuscumque* expectatione mandati, nec emendam aliquam *nobis appellans*, in casu prædicto, *solvere tenebitur. Si verò hujusmodi appellantes infra* TRES MENSES *prædictos, adjornamentum impetraverint, & eo usi fuerint, modo superius declarato, suamque appellationem postea non fuerint debite prosecuti, vel in causa succubuerint, ad emendam nobis præstandam, propter hoc tenebuntur, Fisci nostri juribus applicandam*, in patria tamen quæ jure consuetudinario regitur. *Et hanc nostram* ordinationem *volumus ad perpetuam rei memoriam observari. Et ne aliquis super ea valeat, prætextu ignorantiæ excusari, in omnibus partibus regni nostri solemniter publicari. In cujus rei testimonium, &c. (c) Die nono Maii millesimo trecentesimo trigesimo.*

NOTES.

(b) Intra tres menses.] De là vient encore aujourd'huy que les appellations interjettées au Parlement, doivent estre relevées *dans trois mois*, aprés lesquels l'appel est *reputé desert*. Voyez l'article 5. de l'Ordonance de 1667. au titre de *l'execution des jugemens*, avec les notes de Bornier, l'Ordonance de Charles VII. de 1453. article 15. celle de Charles VIII. de 1493. article 59. Despeisses tome 2. titre 12. section 1. article 2. Lange dans son praticien au titre des *appellations*, page 605. de l'édition de 1692. *Rebuffum ad constitutiones Regias titulo De Appellationibus.* Legem 10. *Codice Theodosiano de appellationibus Legem primam codice Justinianæo de temporibus appellationum & ibi Jacobus Gothofredus & Cujacius.* Et l'ancien stile du Parlement, chapitre 4. & 5.

(c) Die 9. Maii 1330.] C'est la date qui est donnée à cette Ordonance au Registre A. du Parlement, Fontanon qui n'en rapporte qu'un fragment, tome premier livre 3. sous le titre *des appellations* page 627. la date mal de 1332. Joly qui la rapporte toute entiere dans ses additions à Girard, page 150. tome premier la date également mal de 1332.

PHILIPPE VI. dit DE VALOIS, à Chasteau-thierry, en Septembre 1330.

(a) Letres accordées aux Notaires du *Chastellet de Paris*, par lesquelles le Roy confirme d'autres Ordonances des Roys ses predecesseurs, faites en leur faveur.

PHILIPPE par la grace de Dieu Rois de France. Sçavoir faisons à tous presens & à venir, que nous avons veu les Letres de nostre tres chier Seigneur & Cousin *Philippes* jadis Rois de France & de Navarre, seellées, en fils de soie & cire verte, contenant la fourme qui s'ensuit.

(b) Philippus Dei gratia Franciæ & Navarræ Rex Notum facimus universis, tam præsentibus quam futuris, Nos infra scriptas carissimorum Dominorum Genitoris & germani nostrorum, quondam dictorum regnorum Regum, vidisse literas, in laqueo Serici & cera viridi sigillatas, in hæc verba.

(c) Ludovicus Dei gratia Franciæ & Navarræ Rex Notum facimus universis tam præsentibus quam futuris, Nos literas inclitæ recordationis carissimi Domini & genitoris nostri vidisse in hæc verba.

(d) Philippus Dei gratia Francorum Rex Præposito Parisiensi salutem. *Intellecto*

NOTES.

(a) Ces letres sont au Tresor des Chartes, Registre coté 53. fol. 35. piece 78. conferé avec la piece 477. du Registre coté 67. Voyez les Chartes des Notaires, pages 51. 52.

(b) C'est l'Ordonance de *Philippe le Long* du mois de Fevrier 1316. Elle est au tome 1.er page 632.

(c) C'est une Ordonance de *Loüis Hutin* du mois de Janvier 1314. à la fin de l'année. Voyez les Chartes des Notaires, page 59.

(d) Voyez l'Ordonance de Philippe IV. dit le Bel, au tome 1.er page 336. 337.

dudum ex fide dignorum relatu, ex confusa Notariorum Castelleti nostri Paris. multitudine, multa pericula provenire, mandaveramus tibi, ut vocato tecum Nicolao Portitore ejusque circa hoc habito consilio, diligenter inquireres, quot Notarii, ad facienda negotia Castelleti prædicti sufficerent, & qui de Notariis idoneiores existerent ad prædicta. Quid inde faceres & invenires, dilecto & fideli nostro magistro Stephano archidiacono Brugensi, sub tuo & dicti Nicolai sigillis inclusum celebriter remissurus. Tuque & idem Nicolaus eidem Magistro Stephano, juxta mandati nostri prædicti tenorem, diligenti inquisitione præhabita, per vestras rescripseritis literas, sexaginta Notarios infra scriptos sufficere, & idoneos fore ad facienda omnia negotia, ad officium Notarii pertinentia, quæ in Castelleto prædicto facienda existunt, videlicet Jacobum Auberti, Guillelmum le Conte, Stephanum de Medonta, Theobaldum de Fraxinis, Guerinum de Monteforti, Manesserium de sancto Mauro, Guillelmum de sancto Martino, Guillelmum de Evreux, le Chevalier Berthaudum de Rothomago, Guillelmum de Roseto, Thomam Poileve, Johannem de Lacellis, Petrum de Pontibus, Stephanum de Montygniaco, Martinum Toustain, Jeronimum de Castris, Joannem de Bailliaco, Petrum Bidellum universitatis Parisiensis, Girardum de Thumriaco, Evenum de Villet, Egidium de Brebant, Jacobum de Carnoto, Robertum Pagani, Johannem de Parvoponte, Simonem de Boissy, Henricum Li roys, Johannem le Saunier, Simonem de Charmoya, Girardum de Nizella, Aubertum Laguillier, Guillermum Chapiausec, Hugonem de sancto Leodegario, Gratianum Bonneayde, Petrum de Claromonte, Joannem de Medunta, Eustatium de Couciaco, Guyardum de Sarqueuse, Johannem de Sucy, Odonem de Sancto Dyonisio, Quintinum de Perona, Laurentium Quarré, Colinum de Gisortio, Johannotum de Crespy, Michaelem de Sancto Lando, Johotum de Cruce, Joudoinum de Nonchodoro, Nicolaum de Thumriaco, Rogerium de Lanu, Clementem clericum Hervei de Trinitate, Guillermum le Chat, Eustachium de Aurelianis, Johannem le Railleur, Simonem de Cernay, Johannem de Templo, Johannem Bescot, Bernardum la Bele, Nicolaum de Arrabato, Simonem de Sancto Clodoaldo, Johannem Lotharingum de Remis, & Johanotum Fromenti. Quare nos volentes quod ipsi in officio Notarii Castelleti prædicti remaneant, & illud more solito exerceant, quamdiu nostræ placuerit voluntati. Mandamus tibi quatenus omnibus aliis ab officio Notarii Castelleti prædicti Parisius amotis, personas superiùs nominatas, absque numeri prædicti augmentatione, permittas officium prædictum exequi, & libere exercere. In cujus rei testimonium præsentibus literis nostrum fecimus apponi sigillum. Actum Parisius die Martis, post Dominicam qua cantatur Judica me. Anno Domini millesimo trecentesimo.

PHILIPPE VI. dit DE VALOIS, à Chasteau-Thierry, en Septembre 1330.

Item. *Alias literas quarum tenor talis est.*

Philippus Dei gratia Francorum Rex. Notum facimus universis, tam præsentibus quam futuris, Nos infra scriptas vidisse literas, tenorem qui sequitur continentes.

A tous ceux qui ces presentes Lettres verront, Guillaume *Thybout* Garde de la Prevosté de Paris, Salut. Nos faisons à sçavoir, que pardevant Nos vindrent le commun des Notaires de Chastellet de Paris, & affermerent, que ou temps que feu *Renaut Barbou* estoit Prevost de Paris, Pierre la Pie, Mestre Rogier du Gresse, Mestre Hüe *l'Oiseleur*, feu Nicolas de Rozoy, *Henry* de la Trinité, Nicolas le Porteur, Benoist de Saint Gervais, Gillebert d'Estampes, Simon Payen, Menessier des Fossez, & tuit li autres, qui lors estoient Notaires oudit Chastellet, avoient faite & ordenée de leur commun assentement & de la volenté dudit Prevost & par bonne devotion en l'enneur de Dieu & de Nostre-Dame Sainte Marie, tant comme Confreres, une Confrarie en la maniere qu'il est cy-aprés devisé & escript.

C'est assavoir qu'il chanteront en l'Eglise, où le commun se assentira mex, chaucun Vendredy, Vespres de Nostre-Dame, & chaucun Saumedy au matin, Messe en celle maniere, que celuy qui seroit defaillant de venir aus Vespres dedenz le premier *Gloria* du premier Seaume, payra un denier, & dedenz le premier *Kirié* de la Messe, un denier, s'il n'avoit leel essoigne, de laquele il sera creus par son serement.

Et feront chanter chaucun jour une Messe, en laquele seront acuilli principaument Nostre Seigneur le Roy de France, Madame la Royne, leus enfans, touz leurs

PHILIPPE VI. dit DE VALOIS, à Chasteau-Thierry, en Septembre 1330.

hoirs de France, li Confrere & tuit li bienfaiteur de ladite Confrarie. C'est assavoir chacun Lundi, Messe pour les Mors, le Mardy, du Saint Esprit, le Mercredy, de Nostre-Dame, & chacun jour ensivant à tousjours ordenerement en ycele maniere, en l'Eglise, où ledit commun feront le service.

Et quand aucun Confrere, ou la femme d'aucun Notaire ira de vie à mort, tuit li Confrere sont & seront tenus à aler au cors, aus Vigilles & à la Messe, à poine de deus deniers, s'il n'ont leel essoigne, de laquele il feront foy en la maniere qu'il est cy-dessus, c'est assavoir à ceus qui seront establiz de par le commun, à garder les choses de ladite Confrairie.

Derechief il est ordené que aucuns desdiz Notaires Confreres, ne puisse escrire ou Chastellet, ou alleurs en Paris, ne arrester lettres, tant que le commun chantera Vespres, Vigiles, ou Messe, se ce n'est pour les propres besoignes Nostre Seigneur le Roy : Et se il le fait, ce que il gaignera sera ainsi à la Confrarie : Et se celuy qui ensit l'aura fait, le cele, & il est aprés sceu, il l'amendera à ladite Confrairie, & tauxera l'amende le *Scelleur* du Chastellet, à la Requeste des Procureurs; Et sera ceste *Ordenance* bien tenue & gardée, & à toutes les festes de Nostre-Dame, de Saint Nicolas & de Sainte Katerine; més les desaillans qui ne vendront au service de ces festes, payeront chacun deus deniers pour chacun defaut.

Derechief il est ordené entre lesdiz Confreres, que aucun dores-en-avant qui soit jurez du Chastelet, tout ait il fait le ferment, par la volenté de Nous, ou de ceus qui aprés Nos seront Prevos de Paris, ne soit tenu pour Compaignon, pour juré, pour Confrere, pour Notaire jusques à tant qu'il ait payez *diz soulz* de Parisis *d'entrée* à la Confrairie.

Derechief que cil des Confreres qui se mariera puis qu'il ait esté Notaire, payera cinq sols parisis pour son *mariage*. Et quand il trespassera de ceste siecle, il payra à la Confrarie dix sols parisis, ou son meilleur garnement. Et se il avenoit que aucuns desdiz Confreres dechée de son meuble, par maladie, ou autrement, soit si poure qu'il ne ait dont vivre, pourquoy il eust esté personne convenable, que l'en le pourverra convenablement des biens de ladite Confrerie; selonc ce que elle sera aisée de meuble.

Derechief se aucuns Bourgeois, ou autres persone convenable veut entrer par devotion en ladite Confrarie, il i sera par ceste condition. C'est assavoir cil, ou cele qui en ladite Conferrie entrera, il paera *diz sols* parisis, ou son meilleur garnement : Et il aura quant il sera trespassé, huit livres de cire entor le cors : & seront leuz pour l'ame de luy, quatre psautiers, & si aura la crois & le *poille*, & ce que il devra avoir de ladite Confrarie comme li autres : & aprés son *obit*, li Confraires Notaires chanteront Vigiles & Messe propre pour l'ame de luy, en l'Eglise, où il feront leur service.

Derechief il est ordené que chacun Confrere Notaire payera chacun Dimanche un denier à mettre en la *boiste*, & à chascun Siege que ladite Confrarie fera, deux souz, & tuit li autre Confrere payeront audit Siege chaucun deux souz, & douze deniers pour amosne chascun an, desquiex deniers qui vendront à ladite Confrarie, ladite Confrerie sera *tenuë*, en la maniere qu'il est devisé dessus en l'enneur de Dieu & de Nostre-Dame Sainte Marie.

Et ceste *Ordenance* dessusdite promistrent tuit li commun des Notaires dessusdiz, qui à present sont ensamble & chacun pour soy par leur serment, à tenir, garder & fermement accomplir à touz jours à leur poair, bien & loyaument en la maniere qu'il est dit & devisé par dessus, & que il feront assavoir à chaucun en droit soy, à ceux qui seront procureur establis par ledit commun de ladite Confrarie, se aucun des Compaignons mesprent, en aucune des choses dessusdites, au plustost qu'il porront.

Et Nous *Guillaume Tibout* Garde de ladite Prevosté, regardans & considerans la benigne affection, la bonne volonté & la devotion desdiz Notaires & les choses dessusdites estre convenablement & profitablement faites & ordenées, toutes icelles choses & chacune d'icelles, *voulons, loons*, & entant comme en Nous est, *approuvons*

& confirmons. En tesmoignage desdites choses, Nous à la Requeste du commun des Notaires dessusdiz, avons mis en ceste Lettre le Seel de la Prevosté de Paris, l'an de grace mil trois cens, ou mois d'Octoubre.

PHILIPPE VI. dit DE VALOIS, à Chasteau-Thierry, en Septembre 1330.

Nos vero ordinationem dictæ Confratriæ & omnia & singula præmissa rata & grata habentes, ea laudamus, volumus, approbamus, & autoritate regia, tenore præsentium confirmamus. Quod ut firmum permaneat & stabile in futurum, præsentibus literis nostrum fecimus apponi sigillum, salvo in omnibus jure nostro & quolibet alieno. Actum apud Fontem Bladi, *anno Domini millesimo trecentesimo octavo mense Decembri.*

Nos autem ordinationes præscriptas, & omnia & singula in prædictis literis contenta, rata & grata habentes, ea volumus, laudamus, approbamus, & autoritate nostra regia confirmamus, salvo in aliis jure nostro, & in omnibus quolibet alieno. Quod ut firmum & stabile perseveret in futurum, præsentibus literis nostrum sigillum, quo vivente carissimo Domino genitore nostro utebamur, fecimus apponi. Datum apud Vincennas, *anno Domini millesimo trecentesimo quarto decimo, mense Januarii.*

Nos vero ordinationes præscriptas, & omnia & singula in prædictis literis contenta, rata & grata habentes, ea volumus, laudamus, approbamus, & autoritate regia tenore præsentium confirmamus. Quod ut firmum & stabile perseveret in futurum, præsentibus literis nostrum fecimus apponi sigillum, salvo in aliis jure nostro, & in omnibus quolibet alieno. Datum Parisius mense Februarii, anno Domini millesimo trecentesimo sexto decimo.

Et Nous les choses devant dites & chacune d'icelles, si comme elles sont cy-dessus devisées, avons agreables & les *loons, ratifions, approuvons & confirmons*, de nostre autorité royal, sauf en toutes choses le droit d'autruy, & que ce soit ferme & stable pour tout temps, nous avons fait mettre nostre Seel en ces presentes Letres. *Données à Chasteau-Thierry, l'an de grace mil trois cens & trante* au mois de Septembre.

Par le Roy à la relation de l'archidiacre de Langres, H. Martin.

PHILIPPE VI. dit DE VALOIS, à Marisy S.t Mart 1330. au mois de Septembre.

(a) Autres Letres en faveur des Notaires du Chastelet de Paris.

PHILIPPES par la grace de Dieu Rois de France, Sçavoir faisons à touz presens & à venir, que nous avons vû les Letres de nostre tres chier Seigneur & Cousin *Philippe*, jadis Rois de France & de Navarre, contenant la fourme qui s'ensuit.

Philippus Dei gratiâ Francorum & Navarræ Rex : Præposito & Sigillifero Castelleti nostro Parisiensis, Salutem. &c. Cette Ordonance qui est du 5. Juin 1317. est au premier volume, sous le 5. Juin 1317. pages 647. 648. 649.

Et nous les choses devant dites & chascune d'icelles, si comme elles sont cy-dessus divisées, avons agreables & les *loüons, verifions, approuvons & confirmons* de nostre autorité Royale, sauf nostre droit en autres choses, & en toutes le droit d'autruy. Et que ce soit ferme & stable par tout temps, Nous avons fait mettre nostre Seel à ces presentes letres données à *Marisy* S.t Mart, *l'an de grace 1330. au mois de Septembre.*

Sur le reply est escrit, *Par le Roy*, à la relation de l'Archidiacre de Langres, P. Martin, & seellé de cire verte en lacs de soye verte & rouge.

NOTES.

(a) Ces Letres sont dans le reciieil des Chartes des Notaires, page 62.

PHILIPPE VI. dit DE VALOIS, à Paris, à S.t Denis en France, le 11. Octobre 1330.

(a) Letres adressées au *Seneschal de Beaucaire*, par lesquelles le Roy luy ordonne de faire *jurer* les *Changeurs* & les *Marchands*, qu'ils observeront les Ordonances des monoies, qu'il avoit nouvellement faites.

SOMMAIRES.

(1) Le Seneschal de Beaucaire fera affirmer les Changeurs, leurs femmes, leurs enfans & leurs valets, *sur les Evangiles, qu'ils observeront les Ordonances faites par le Roy, en 1328. & 1329. sur le fait des monoies.*

(2) Il obligera, sous peine de punition, ceux qui ont apporté des monoies estrangeres dans le Royaume, de les y laisser, sans leur permettre de les remporter.

(3) Il fera jurer aux Orfevres, leurs femmes, leurs enfans & leurs valets, *ou garçons; qu'ils ne feront pas de grosse vaisselle d'argent, contre les Ordonances.*

(4) Il fera faire le mesme serment aux Drapiers, Pelliciers & Bouchers, &c. qu'ils observeront ces Ordonances.

(5) Et pareillement aux Marchands Italiens & Outremontains.

(6) Il y aura deux personnes sages, qui seront preposées pour faire executer la presente Ordonance.

PHELIPPES par la grace de Dieu Roy de France : au Seneschau de Beaucaire, ou à son Lieutenant, *Salut*. Come nous aions fait certaines Ordonances sur le fait de nostre monoie, lesquelles faire tenir & garder Nous avons grant desir & affectueuse voulonté.

(1) Et pour ce en avons ordoné, par deliberation de nostre grand Conseil, Et *voulons* que en la presence de vostre *Lieutenant*, & de vos Notaires, faites, ou fassiés convenir en certain lieu tout *les Cambiadors* de vostre Senechaucie, leur *femmes, leur enfans*, & *leur (b) vallet*, qui serviront del fait de Change, tot lesquiex *jurrent solempnement*, sur les saint Evangiles de Dieu, chacun en sa propre & singuliere persone, que il *tendront fermement* de *point* en *point nostredite Ordonance*, sans enfraindre, en la fourme & en la maniere qu'il est contenu en icelle.

(2) Et que toutes les monoyes deffendues faites hors de nostre Royaume, especialement *(c) Flourins de Flourense*, lesquelles cil qui les aurons apportés, & ne les voudroient vendre, ne laissier, & les vouldroient reporter, faites venir pardevers vous toutes les persones que ainssy en vouldroient user, affin que il en soyent punis, selon ce que est contenu en nostredite Ordonance. Et seront tenus par leurdit serement de nous dire & denuncier toutes les persones de leur mestier, qui auroient fait, ou feroient le contraire.

(3) Item. Tot Orfevres, leurs femes, leurs enfans & leur *valet* ouvrans dudit mestier, *jurent*, come dit est, chacun en sa propre & singuliere personne, qu'il ne feront ouvrer *(d)* nulle grosse *vassellemente d'argent* blanc, fors en la maniere que il est contenu en nostredite Ordonance, & ne donront greigneur pris, en or, ne en argent, que nous fayson en nos monoyes, & ne mettront, ne pendront nulles monoyes deffendues, ne les nostres pour greigneur pris, qu'il est dit en nostreditte Ordonance.

(4) Item. Tot Drapiers & Pelliciers, Espiciers, Merciers, Selliers, Talemelliers, Taberniers, Boschiers & Peychoniers, Polalliers, Cordoaniers, Buchiers & tous autres les mestiers, leurs femmes, leurs enfans & leurs *vallet* qui s'entremettent des mestiers & marchandises dessusdites de vostre Senechaucie, *jurent* come dessus chascun en sa propre & singuliere personne, à tenir nostredite Ordenance de point en point,

NOTES.

(a) Ces letres sont à la Chambre de Montpellier *au Royaume en general*, armoire A. 7.e cont.on des titres part.ers n. 18. fol. 46. *verso*.

(b) Vallet.] Voyez ce que j'ay remarqué dans le Glossaire du Droit François sur ce mot.

(c) Flourins de Flourense.] Voyez au tome premier les letres du mois d'Octobre 1309. n. 1. pages 468. 474. 479. 550. 618. 770.

(d) Nulle grosse vaisselemente.] Voyez le Mandement du 20. Janvier 1310. n. 1. & 2. tome 1. p. 475. 476. 480. 616. 768. 773.

point, si come dit est, & repourteront & denuncieront à Nous, par leurdit serement, tous ceux qui ont fait & feroient le contraire.

(5) Item. Tout Ytalians & outre montains merchans, *jurent* comme dessus est dit.

(6) Item. Nous voulons que de chascun des mestiers, & marchandises dessusdittes, soient par vous depputez & establis *des preudes hommes & suffisens*, à garder & faire tenir & garder nostredite Ordenance, & pour denuncier, & reporter, par leur serement à Nous, tous ceulx qu'ils saront estre allés, ou qui yront contre nostredite Ordenance, en aucunes des choses contenues en ycelle.

Si vous *mandons* si estroitement, come plus povons, que vous tantost ces lettres veües, faites faire & acomplir tout ce que dessus est dit, & en cas que vous trouvez aucunes persones des mestiers dessusdit, rebelles & desobediens à faire le serement en la maniere que dit est, Nous *voulons* que vous leur suspendiez leur mestier, ou merchandise, & leur deffendés que, sur pene de cors & d'aver, il ne s'en entremettent plus. Et tout ce faites & complicez en tele maniere que par vous n'y ait deffault, duquel s'il y estoit, Nous vous en punirions griefvement, en cors & en biens. *Donné à Paris à Saint Denis en France, unziesme jours d'Octobre, l'an 1330.*

PHILIPPE VI. dit DE VALOIS, à Paris, à S.t Denis en France, le 11. Octobre 1330.

PHILIPPE VI. dit DE VALOIS, à Paris, le 23. Octobre 1330.

Ordonance touchant les *ventes*, les *prests* & les *payemens*.

SOMMAIRES.

(1) Tous Contracts, & prests seront faits à sols & à livres, & non en deniers d'or, ni gros tournois.

(2) Ceux qui se seront obligez de payer en sols & livres, *seront quittes en payant pour un Parisis vingt sols de bons Parisis, pour un* Royal d'or, *douze sols de petits Parisis, pour le* denier au mouton *onze sols huit deniers de petits Parisis, & pour un gros tournois douze bons petits tournois, &c.*

PHILIPPES par la grace de Dieu Roy de France : *au Seneschal de Beaucaire,* ou à son Lieutenant, *Salut.* Come Nous ayons fait plusieurs Ordonances sur le fait de nous *monoyes*, par lesquelles Nous *avons donné* certains cours à *nos bonnes monoyes,* & fait special commandement, & deffences, que nuls ne face le contraire, sur les paines contenues en icelles; Et pour ce que aucuns de celles, & malicieuses gens, pour leur malvaise cauthele, en tout se sont efforcés à priver & corrompre nosdites Ordonances, en plusieurs manieres, specialement en *marchandises*, en *contract* & en *prest,* en deniers d'or & à gros tournois..... si audessement, au dommage de Nous & de nostre peuple, dont moult nous deplait.

(1) Nous (a) deffendons, que nul ne soit si hardis, sur peine de corps & d'avoir, de marchander, faire contract, ni emprunt en *deniers d'or,* ni *à gros tournois, (b)* mais seulement à *sols & à livres,* de la monoye que Nous faisons ouvrer à present.

(2) Et voulons que tous ceux qui se sont oubligiez en cette maniere, par lettres ou autrement, ils se puissent acquiter, par payant pour un *parisi d'or, vingt sols de bons parisis,* pour un *Royal d'or, douse sols de petits parisis,* & pour le denier *au*

NOTES.

(a) Cette Ordonance est en la *Seneschaussée de Nimes*, Registre H, armoire B, feüillet 46. & à present *au Royaume en general,* armoire A. 7.e cont.on des titres & papiers n. 18. feüillet 46.

Depuis l'année 1322. les monoies, comme on l'a dit, avoient esté fort *affoiblies*, ce qui avoit causé de grands desordres, ausquels le Roy s'efforça de remedier par ses Ordonances du 6. Septembre, du Samedy aprés la S.t Michel, du 4. Decembre & du 8. Mars 1329.

Le Blanc remarque que celle du 6. de Septembre 1329. n'ayant pas esté bien observée par la negligence des Officiers, elle fut *renouvellée* le 19. Septembre 1330. mais ce *renouvellement* dont il cite quelques articles, aux feüillets *210.* & *211.* de l'édition de Hollande, ne se trouve pas.

(b) Mais seulement à sols & à livres, de la monoie que nous faisons faire.] Ce qui fut sagement ordonné, parce que les sols & les livres ainsi employez, sont des *monoies immuables.*

moton, onse sols & huit deniers de petits parisis, & pour un gros *tournois douse bons petits tournois*, nonobstant toutes Lettres & convenances expresses au contraire. Et qui faira le contraire tous ses biens seront acquis à Nous, & le corps à nostre volonté.

Si *vous mandons* si estroitement comme plus promps, que vous le fassiés ainsi faire & tenir, & garder fermement, en toute vostre Senechaucie, & escrivés solemnellement par tous les lieux d'icelle, & de ce faire soyés si soigneux & si diligens, que par vous non y ait deffaut, duquel se il y estoit, Nous vous en punirons griévement, en corps & en biens. *Donné à Paris le vingt-troisiéme jour d'Octobre, l'an de grace mil trois cens trente.*

PHILIPPE VI. dit DE VALOIS, à Paris, le 29. & penultiéme jour de Novembre 1330.

(a) *Ordonance portant injonction aux Baillifs, & aux Seneschaux de mettre* à juste prix *les* vivres *& les* denrées, *& de fixer les* journées *des* ouvriers.

PHILIPES par la grace de Dieu Roy de France au Seneschal *de Carcassonne*, ou à son Lieutenant, *Salut*. Pour la grand *clameur*, qui nous soit venue *du peuple commun* de nostre Royaume, au temps de la mutation de nos *monoyes*, pource que les *riches hommes*, & *marchands*, qui avoient les bleds, vins & autres *vivres* & *denrées*, par la grand *convoitise, avarice* & *iniquité de vendre à la forte monoye* qui court à presant, non pas tant seulement aussi grand prix, comme ils faisoient à la *foible monoye*, qui couroit *avant Noël* dernier passé, ains les *vouloint* aussi, comme par deplaisance de ladite forte monoie, & rebellion de Nous, *vendre excessivement*, *de greigneur prix*, & icelles reprouvoint, afin de pourchasser à leur pouvoir charté en nostredit Royaume. Et aussi les *comuns ouvriers* vouloint avoir aussi *grand prix* pour leurs journées à la *forte monoye*, comme ils avoient accoutumé de prendre à la foible; *Nous* pour le profit comun qui nous est moult à cœur, devant tous autres choses, vousimes que *moderation* feut mise, sur chascune maniere de *vivres, denrées, marchandises*, & journées d'ouvriers, & *mandames* par plusieurs fois *à vous*, *& à tous les autres Senechaux, Baillifs & Justiciers de* nostre Royaume, que chacun en sa Juridiction, *ordonât*, & mît *telle provision, eu regard*, & consideration *aux prix* que lesdites *denrées* & *marchandises* estoient *vendues*, & que lesdits *ouvriers* prenoient pour leurs *journées*, au temps & à la value de la *foible monoye* & de *l'abaissement d'icelle foible monoie*, qui bien *eschëue*, *estoit de la moitié* ou plus, quoyqu'icelles denrées & journées decheussent aussi de leur prix convenablement, & à juste prix, ainsi comme en nos Lettres, à vous & à chacun d'eux autres sur ce plusieurs fois envoyées, est contenu plus plainement. Et jaçoit que juxte nos mandemens & nostre volonté, vous fussiés tenus mettre sur chacune *denrée & journées*, certain & convenable prix selon le *évaluement desdites monoyes*, si comme l'on Nous a donné à entendre, toutes voyes il est venu à nostre cognoissance, pour grand clameur de plusieurs personnes de vostre Senechaucie, que icelles *Ordonnances ne sont en rien tenuës*, *ne gardées* par nos subjets, par la deffaulte & negligence *de vous* & de vostre cure, ains *vendent* lesdits riches hommes & marchands leurs *denrées* & *marchandises*, & lesdites monoyes prenent pour leurs *journées chacun à sa volonté*, & moult excessivement & énormement

NOTES.

(a) Cette Ordonance est en la Seneschaussée de *Carcassone* dans la liasse *des homages en general*, armoire A. n. 1. feüillet 61.

Comme l'avarice & l'usure sont insatiables, la cherté qui est presque toûjours la suite de l'affoiblissement des monoies, lequel est quelquefois inévitable, ne cessa pas depuis le *renforcement* qui en fut fait, parce que les marchands toûjours injustes vouloient autant vendre leurs denrées à la *forte* monoie, qu'ils la vendoient à la *foible*, & que les *ouvriers* aussi injustes, vouloient sans diminution, estre payez de leurs *journées*, comme dans le temps que la foible *monoie* avoit cours. Il y eut à ce sujet plusieurs plaintes

graigneur prix qu'ils ne faisoint au temps de ladite foible monoye, dont il Nous deplait moult au cœur, & en sommes mal contens de vous; *Pourquoy Nous vous mandons & commandons districtement*, sur peine de *encourre nostre indignation*, & tout ce que vous pourriés mesaire envers Nous, que vous mettez *telle provision* & *Ordonnance* és choses dessusdites, que lesdites denrées & journées soint *amoderées* & mises à *juste prix*, *selon l'evaluëment desdites monoies*, & que icelle *amoderation* & *Ordonnance* soit gardée fermement de tous vous subjetz, sans enfraindre. Et pour constraindre vigoureusement, *corriger & punir* griévement par *grosses amendes* civiles, tous ceux qui trepasseront lesdites *amoderations & Ordonnances*, & faire que icelles tiendront de point en point, *Nous voulons & commandons que* vous en vostre personne vous *transportiés* bien souvent *par tous les lieux de vostre Senechaucie*, és plus notables & suffisant personnes, qui des transgresseurs & rebelles vous sçachent adviser, si curieusement & diligemment, que Nous en doions brievement oüir nouvelles: Et pour ce que par deffaute & *sterilité des vins* qui a esté cette année, le *prix desdits vins* ne pourroit pas bounement de tout dechaer, ne abaisser selon la valeur de ladite monoye, faites *le vin* mettre par le conseil des bonnes gens, à *si juste & loyal prix*, comme vous verrez qui sera à mettre, sans excés: Et *voudrions* bien que au plus prés que vous pourrés, vous eussiés consideration, & avis (selon la *(b)* longanimité des pays, & la faculté *des vins*, qui sont en vostredite Senechaucie, & la quantité des mesures) à la Ordonnance que Nous avons fait faire de vendre prix de Paris. *Donné à Paris le penultiéme jour de Novembre, l'an de grace mil trois cens & trante*. Par le Roy à la relation de vous, de M. des Sieurs & de P. Forget. Vistrelet.

PHILIPPE VI. dit DE VALOIS, à Paris, le 29. & penultiéme jour de Novembre 1330.

NOTES.

du peuple. Et ce fut par cette raison que le Roy bien intentionné pour ses sujets, ordonna par ses letres du 6. Avril 1329. sous de rigoureuses peines, à ses Officiers, de punir severement ceux qui survendroient leurs marchandises; qu'il enjoignit, par d'autres letres du 16. Avril 1330. que les *denrées* & les *vivres* seroient portez aux marchez, par celle-cy que les Seneschaux & les Baillifs mettroient à juste prix les *vivres* & les *journées* des ouvriers, & que par celle du 12. Janvier suivant il punît les *usuriers*.

(b) Longanimité.] C'est-à-dire, l'éloignement. *Longinquitas*.

PHILIPPE VI. dit DE VALOIS, à Paris, le 12. Janvier 1330.

(a) Ordonance contre les usuriers.

SOMMAIRES.

(1) Tous les debiteurs des Lombards usuriers seront quittes, en payant aux Lombards les trois quarts de ce qui leur sera dû, ce qui sera publié en la Vicomté de Paris & dans toutes les Seneschaussées & tous les Baillages.

(2) Les Baillis & Seneschaux feront rendre les obligations aux debiteurs, en payant les trois quarts *des dettes usuraires; car de tout ce qui aura esté presté sans usure, rien ne sera rabatu.*

(3) Les debiteurs auront un respit de quatre mois, pour payer les trois quarts des dettes actives appartenantes aux Lombards usuriers.

(4) S'il arrive que le creancier & le debiteur ne puissent prouver leur intention, le debiteur de bonne reputation sera crû à son serment.

(5) Et si le creancier usurier veut prouver le contraire, il sera admis en produisant le nombre de témoins requis par le Droit.

PHELIPPES par la grace de Dieu Roy de France : au Seneschal de Beaucaire, ou à son Lieutenant, *Salut*. Come pour excessives & importables *usures* que faysoient plusieurs *Italiens*, *Cassenicrs*, *usuriers*, demorans en nostre Royaume de France,

NOTES.

(a) Cette Ordonance est au depost de Montpellier, *au Royaume en general*, Armoire A. 7.e cont.en des titres part.ers n. 18. fol. 47. *verso*. Voyez la Table du premier volume au mot *Italiens*. Ils estoient nommez *Caseniers*, ou *Casseniers*, parce qu'ils avoient pris *case*, ou habitation dans le Royaume.

PHILIPPE VI. dit DE VALOIS, à Paris, le 12. Janvier 1330.

dont la *clamour* du peuple nous estoit venüe, afin que le peuple, qui est ainsi devoié, fust secourus en tele maniere que cil, qui estoit obligiés sus gages, ou autrement, fussent quittes, & eussent leurs obligations, ou gages, en *paiant le pur sort*, c'est assavoir le principal debte, que il auroient receu desdit usuriers; & lesdits Italiens, *Cassenicrs*, usuriers fussent punis. Pour garder justice & raison, *Nous* aions fait *prendre eux, & leurs biens, par tout nostre Royaume*, là où il ont & pourront estre trouvés, & eux pris & arresté; & ordené que certains Commissaires seroient envoiés en chascune Seneschaucie & Baillie de nostre Royaume dessusdit, qui feroient crier & publier par les Seneschaucies & Baillies, où il seroient transmis, que *dedens un mois après le crit, tout homme qui seroit obligiés auxdit Casseniers, usuriers* par lettres, gaiges, ou autrement, veinst d'avant lesdit Commissaires, pour monstrer *quanbien* il devoit, tant de sort, ou de *principal* debte, come *d'usure*, & en payant le principal il iert quitte de l'usure, *paié le pur sort:* Et là où il auroit opposition *le debteur seroit creu par son serement*, avecque *un tesmoing digne de foy;* Et luy où il seroit de *bonne renommée*, & ne pourroit avoir tesmoing, il seroit creu par son serement, avecques une bonne presomption; *Considerans* la *qualité de la personne & la quantité du debte.* Et aussi si le creancier voloit *(b) noüe* chose prouver, le debteur seroit tenu prouver le contraire par tant de tesmoing & par tels come droit veult; & cette opposition devroit estre finie *dedens deux mois après la publication de laditte Ordennance;* Laquelle Ordonnance faite, *& publiée en nostre Palays à Paris, là où toutes manieres de gens & de toutes les parties du* monde, *viennent, les uns pour aprendre, & demander droit, les autres pour veoir l'estat de gouverner justice,* dont plusieurs diverses parties du Royaume ne demourent guaires, sans se traisre *devers nostre Conseil*, en monstrant pour le prouffit comun de tout le comun pueple du Royaume, que les choses dessusdites, combien qu'elles fussent bien & discretement ordonées, domage seroit, à la confusion de ceux qui sont obligés envers lesdit cassemiers, usuriers, qui sont si *cauteleurs*, & si *malicieus*, qu'il font faire leurs obligations *à leur volenté*, & si sont si *ben faites* que à peine il peut nul contradire; & les *(c)* fortifient de *serement*, & de *renonciations à leur volenté*, si & en tele maniere, que avant que il en fust cogneult pleyt, en costeroit plus au debteur, qu'il ne pourroit avoir de prouffit, en recouvrant l'usure: Et d'autre part lesdit obligiés perdroient leurs besongnes à faire, & en poursuivant il dependroient le leur, en escriptures *de Procureurs & Avocats*, & en payant les despens des Comissaires; Et supplians que remede y fût mis, si que les debteurs fussent relevés des grans usures où il estoient obligiés, à meins de frais & de couz, laquelle chose oie par nostre Conseil, & rapportée *à Nous*, eue deliberation par moult de jorns, Nous avons *ordonné* en la maniere que s'ensuit.

(1) C'est assavoir que tout home qui sera obligiés ausdit *Lombarz, Cassaniers, usuriers* de tout le Royaume, sur lettres, gages, ou autrement, il sera *rebatu du debte* en quoy il est obligiés *le quarte partie*, & per paiant *les trois parts du debte*, Sera quittes; Et sera ce crié à certain jour à Paris, & en la Vicomté, & aussi par touttes les *Seneschaucies & Baillies* du Royaume.

(2) Et aussi à tous les obligiés qui vendront payer aprés *le crit* fait, li *Seneschaus, Baillis* & autres justiciers, leur feront rendre leurs obligations, ou gages, en payant sans plus, *les trois parts* du debt, en coy il auront usuré. Car du debte qui sera presté sans usure, il ne sera riens rebatu.

(3) Item. Pour ce que chascun, qui vendra payer en la maniere que desus, aprés le crit fait, sera quites, & recouvrera ses obligations de lettres, ou de gages, plusieurs sont qui ne pourroient paier sitost, sans faire granz meschiets. *Nous ordonons*, de grace especial, que nul debteur ne sera contrains à la requeste *desdiz usuriers*, ou autrement,

NOTES.

(b) Noüe.] Nouvelle.

(c) Fortifient de serement.] Ce serment fait dans les Contracts, qui a tant de force en Italie, selon le chapitre *Quamvis De pactis in sexto*, n'est depuis ce temps presque d'aucune consideration parmi nous.

à payer ledit debte, rebatu le quart, jusqu'à tant que quatre mois soyent passés dés le jour que le crit sera fait.

PHILIPPE VI. dit DE VALOIS, à Paris, le 12. Janvier 1330.

(4) Et se en ainssi estoit que aucuns debteurs ne se tenissent pour contens de ceste Ordenance, & qu'ils aimient mieux poursuir les usuriers par voye de action, pour recouvrer leurs obligations en paiant *le pur sort; Nous voulons,* que nonobstant *l'Ordenance dessusdite,* de laquelle il ne se pourroit point aidier en ces cas, qu'il le puissent poursuivre, devant *nous juges ordinaires;* Et avenant que ledit *Creancier & le debteur* ne pourront prouver s'entention par plus temoings, *le debiteur* sera cru par son serement, aveques *un tesmoing digne de foy.* Et s'il ne poit avoir tesmoings, il sera creu par son serement, aveques une bonne presomption, considerant la qualité de la personne & la quantité du debte; Et sera finie & determinée tele opposition, qui sera faite sans signe de jugement, dedens deux moys aprés la publication de ladite Ordennance.

(5) Et ainsi si le Creancier veult aucune chose prouver contre le debteur, il sera *receu à prouver,* par tans de temoings par eux, *(d)* come droit veult.

Et n'est pas nostre entente que en ceste Ordennance soient compris les pris fais des merchans à autres merchans; Pourquoy Nous vous *mandons & comandons* destroitement, que les choses dessusdittes & chascunes de celles par nous ordenées & faites comme dessus est dit, vous faciés publier & crier par tous les lieux de vostre Senechaucie, où vous verrés que sera il à faire, & les faites tenir & garder fermement & loyaument, en la maniere que il est dessus ordoné & devisé, si diligement & sagement, que faulte n'y ait. *Donné à Paris le douzéme jour de Janvier, l'an de grace mil trois cens trente.*

NOTES.

(d) Comme Droit veult.] C'est-à-dire, deux tesmoins. Voyez la Loy premiere, *paragrapho finali Digestis de Testibus.* La Loy *Ubi numerus,* au Digeste, au mesme Titre. La glose & les Docteurs en ces endroits, & la glose sur le chapitre premier, paragraphe dernier du Titre, *Si de investitura inter dominum & vassallum,* aux Livres des Fiefs.

PHILIPPE VI. dit DE VALOIS, au bois de Vincennes, le 8. Fevrier 1330.

(a) Letres Patentes par lesquelles le Roy permet les guerres privées dans le Duché *d'Aquitaine.*

SOMMAIRES.

(1) Les guerres privées sont restablies dans tout le Duché d'Aquitaine, à condition qu'elles seront declarées *dans les formes &* acceptées *par ceux à qui elles seront faites, & qu'elles cesseront pendant que le Roy sera en guerre contre ses ennemis.*

(2) Les Chasteaux, ou forteresses du Seigneur d'Albret & des autres nobles du Duché d'Aquitaine, seront conservez tant qu'ils seront fideles au Roy & à ses successeurs.

(3) Les Officiers Royaux ne pourront faire aucuns exploits, ni demeurer dans les terres des Seigneurs hauts justiciers, si ce n'est en cas de negligence, ou de ressort.

(4) Les Proclamations, les contraintes & les autres formalitez qui precederont ces guerres, seront faites par le ministere des Seneschaux Royaux, & non par les Officiers des Seigneurs hauts justiciers, si ce n'est au refus, ou par la negligence des Officiers du Roy.

(1) *PHILIPPUS Dei gratiâ Francorum Rex: Notum facimus universis, tam præsentibus quàm futuris, quod cum nuper charissimus & fidelis consanguineus noster* Joannes eadem gratiâ Rex Bohemiæ, *pro nobis agens in partibus Wasconiæ, ad petitionem dilecti & fidelis nostri* Bernardi Esii *Domini de* Lebreto *militis, & plurium aliorum,*

NOTES.

(a) Ces letres sont dans le premier volume du *nouveau recüeil* de Dom *Martenne,* intitulé *Veterum scriptorum amplissima collectio,* tome 1. col. 1439. 1440. Voyez touchant les guerres privées ce qu'on a écrit dans la Preface du premier tome, n. 140. page 25.

PHILIPPE VI. dit DE VALOIS, au bois de Vincennes, le 8. Fevrier 1330.

tàm Baronum, *quàm nobilium* Ducatus Aquitaniæ, *supra, infraque scriptorum, inter alia suas sequentis tenoris literas nostro nomine concessisset, nostrâ voluntate retentâ, Nos attentis literis supra dictis, ipsorum* Baronum *ac* nobilium *petitionibus annuentes, eidem Domino de* Lebreto, Baronibus *&* Nobilibus *prædicti Ducatus* concedimus *per præsentes, quod inter se possint ad invicem, cum expedire videant (b) GUERRAS INDICERE, persequi & continuare, (c) DIFFIDATIONIS tamen præcedente formâ, per volentem guerram facere, & per DIFFIDATUM ACCEPTATA, antequam occasione dictæ guerræ aliquod dammum inferatur in corporibus, vel in bonis; Et quod pro guerra hujusmodi, seu damnis, occasione ejusdem data vel secuta, invadentur, seu diffidantur, aut eorum* valitores, *vel agentes, seu diffidatores, quamvis invasionem diffidantium non expectaverint, cum armis, vel sine armis, ad aliquam pœnam, vel emendam nullatenus teneantur, cum sic præmissis usi fuisse noscantur, maxime in illis partibus ab antiquo, salvo tamen & retento Nobis & successoribus, quod dicti* Barones *&* Nobiles, *& eorum successores à guerris suis, pro facto guerrarum nostrarum & successorum nostrorum, & ad successorum nostrorum & ad nostrum, ipsorumque mandatum, cessarent seu qui cessare tenebantur.*

De portatione verò & usu armorum quem dictus Dominus de (d) Lebreto, *& alii Nobiles prædicti, à Nobis sibi declarari, seu confirmari petebant, scilicet quod ipsi, cum suis gentibus, seu valitoribus, tam equitibus quam peditibus, possent arma cujuscumque deferre, guerra seu guerris diffidationum, inter eos non procedentibus, aut eis durantibus, vel sopitis, & de remissionibus delinquentium & contrahentium subditorum suorum, tam a Nobis, quam ab aliis petentibus faciendis,* Nos *informationem pleniorem fieri faciemus, qualiter hactenus & portatione armorum temporibus hujusmodi usi sunt* Aquitani, *eo tempore quo Rex Angliæ Ducatum prædictum tenebat, & etiam de remissionibus supradictis, & prout invenerimus per informationem prædictam, super hoc usitatum fuisse, uti concedemus, & permittemus libere & impune, nostrasque literas, cera viridi sigillatas concedemus eisdem.*

(2) Item. *Concedimus* Baronibus *& Nobilibus Ducatus prædicti, quod* castra, fortalitia, *aut loca alia quæcumque dicti Domini de* Lebreto, *& aliorum quorumcumque Nobilium dicti Ducatus, ubicumque & cujuscumque status existant,* obedientibus Nobis *& successoribus nostris, durante eorum obedientia, non derimantur, in toto, vel in parte, nec amoveantur, aut transferantur a Dominio & subjectione, seu ressorto eorum, quibus sunt & erunt, nisi de illorum quorum interirit, assensu procedat; seu propter excessus aut delicta, per partem, quos de jure scripto, vel de consuetudine patente, prout locorum in quibus situata fuerint, diversitas exigit, per sententiam precedentem dirui, & demoliri debeant, aut translatio fieri debeat de eisdem.*

(3) Item. *Statuimus concedentes, quod Officiarii nostri in terris Dominorum dicti Ducatus jurisdictionem habentium, non faciant aliqua expleta, nisi in casibus ressorti & superioritatis, & in casibus istis* officiales *&* servientes *nostri, citationes, adjornamenta*

NOTES.

(b) Guerras indicere.] C'est avec raison qu'un Auteur a dit que la *coutume hebetoit les sens des hommes*, car il est certain que ce qui fait horreur par soy-mesme, devient tolerable quand on y est accoustumé depuis long-temps.

Y avoit-il rien de plus affreux que les *Duels* & les *guerres privées*; Et cependant quand *Philippe Auguste* & *S.t Loüis* entreprirent de les esteindre peu à peu, ils trouverent des obstacles presque infinis, tant de la part des Seigneurs Ecclesiastiques, que temporels, qui regardoient ces injustices & ces meurtres, comme de beaux Droits de leurs Seigneuries.

Ainsi malgré les Ordonances de ces Princes & celles de *Philippes le Bel*, les guerres privées estoient encore tolerées en Auvergne sous Philippe le Long, comme l'on peut voir par l'art. 14. de l'Ordonance du mois de Juin 1319.

Par l'article 6. de l'Ordonance du 12. Avril 1315. elles furent permises aux Nobles de *Bourgogne*, des Eveschez de *Langres, d'Autun*, & du Comté de *Forest*.

Et enfin par celle-cy elles furent permises dans tout le Duché d'Aquitaine, & elles furent ensuite deffenduës par le Roy Jean.

(c) Diffidationis.] Vide Cangium in Glossario in verbo *Diffidare*, Froissart *volumine 1. cap. 257. Villharduinum n. 112. & chronicon Flandriæ Vernaculum*, cap. 19.

(d) De Lebreto.] Vide Cangium *in glossario, in verbo* Leporeta

& executiones & alia expleta per manus Dominorum jurisdictionum hujusmodi habentium, aut eorum officiariorum fieri requirant, & permittant, nisi ipsi Domini, vel eorum officiarii super hoc requisiti, in his faciendis, vel exequendis fuerint negligentes; Nec in aliis casibus aliquis Seneschallus, judex, aut officiarius noster infra jurisdictionem alicujus alti justitiarii, jurisdictionem aut cognitionem aliam, in casibus ad nostrum justitiarium actum spectantibus exerceat. Ressorti tamen casibus, & aliis ad Nos jure regio spectantibus nobis salvis, & de domiciliis servientium *non tenendis in terris Baronum, & aliorum jurisdictionem altam habentium, (e)* ordinationem regiam *super hoc editam servari volumus, & etiam faciemus in Ducatu prædicto.*

PHILIPPE VI. dit DE VALOIS, au bois de Vincennes, le 8. Fevrier 1330.

(4) Proclamationes autem armorum, *dum faciendæ fuerint, pro causa nos tangente in terris, & jurisdictionibus aliorum justitiariorum, seu merum imperium habentium, &* compulsiones *per eos fiant ad* mandatum Seneschallorum nostrorum, *nisi in casu quo justitiarii nostri legitime requisiti, id facere negligerent, vel etiam recusarent. Cæterùm ad dictorum Dominorum de* Lebreto, *& aliorum* Baronum *& Nobilium prædictorum petitionem,* Nos *omnes (f)* foros, *consuetudines & usus eorum antiquos & hactenus observatos, generales, & speciales in præmissis, & aliis volentibus teneri, & conservari, eos & eas* volumus, laudamus & approbamus, ratificamus *& tenore præsentium* confirmamus. *Quæ ut firma & stabilia perseverent, præsentibus literis nostris fecimus apponi sigillum, salvo in aliis jure nostro & in omnibus alieno. Datum apud Boscum Vincennarum, anno Domini millesimo trecentesimo trigesimo die octavo Februarii per Dominum Regem. In suo consilio magno erant Domini Rex Navarræ, Dux Normannensis, Dux Borbonensis & plures alii.*

NOTES.

(e) *Ordinationem regiam.]* Voyez l'Ordonance de Philippe le Bel, de l'an 1290. art. 12. tome 1.er page 319. l'Ordonance du Lundy aprés la my-Caresme, article 29. tome 1.er page 362. l'Ordonance de 1303. article 7. tome 1. page 404. l'Ordonance de 1315. art. 13. tome 1. page 622.

(f) *Foros consuetudines & usus.]* Ces mots sont comme synonimes. Voyez le Glossaire du Droit François, & Du Cange sur le mot *Fors*.

PHILIPPE VI. dit DE VALOIS, en 1330.

(a) Ordonance portant revocation de l'ancienne Coutume, par laquelle les jugemens des procés en matiere réelle & de proprieté, estoient suspendus jusqu'à ce que les mineurs, qui y estoient parties, fussent devenus majeurs.

CUM *in regno nostro (b) præteritis temporibus, sit quadam consuetudine diutius observatum, prout ex relatione dilectarum, & fidelium gentium Parlamenti nostri didiscimus, ut in causa* proprietaria, *vel* reali, *inter aliquos motâ, alteram partium, Actorem videlicet, sive Reum* decedere contingeret, *aliquibus relictis liberis, vel aliis ipsius decedentis heredibus, qui omnes, seu aliqui prædictorum* minores existant; personas idoneas standi in judicio, seu causas persequendi, propter deffectum ætatis legitimæ, non habentes, non poterat secundum consuetudinem prædictam, *ulterius* procedi

NOTES.

(a) Cette Ordonance est au Registre A. du Parlement, feüillet 5. *recto & 6. verso, en 1330.*

(b) *Cum Præteritis temporibus sit quadam consuetudine diutius observatum.]* Selon le Droit Romain le mineur mal condamné par une Sentence, avoit deux voyes pour se pourvoir, ou celle de la *restitution* qui luy estoit particuliere, ou celle de *l'appel* qui luy estoit commune avec les majeurs. Ensorte que les procés où les mineurs avoient interest, estoient ordinairement beaucoup plus longs que les autres.

Nos anciens François qui estoient gens de guerre, ne s'accommoderent pas de toutes ces procedures. Et pour prevenir le mal que les *restitutions accordées aux mineurs* pouvoient causer, ils establirent, qu'en *matiere réelle*, ou de

PHILIPPE VI. dit DE VALOIS, en 1330.

in causâ prædictâ, sed ipsam oportebat in eodem statu remanere, *donec omnes heredes ad quos bona fuerant devoluta, ratione quorum lis pendebat, ad* annos legitimos pervenissent. *Ex quo sæpe contingebat, seu contingere poterat, causas tamdiu protelatas periclitari posse de facili, utpote probationum difficultatibus impeditas, cum forsitan, propter tantum seculi magis quàm temporis spatium, nec documentis integritas, actis fides, vel ætas testibus valeret suffragari, prout in causa in Curiâ nostrâ dudum incœpta, inter defunctos Comitem de* Dompno Martino *ex parte unâ, ac* Joannem de Tria *milites ex alterâ, ratione castri de* Monciaco, *& ejus pertinentiarum, & inter ipsos defunctorum heredes pendente; satis poterat reperiri, quæ propter consuetudinem ante dictam, per multorum temporum spatia fuerat in prejudicium Comitis ad præsens de Dompno Martino retardata, prout ex tenore plurimorum arrestorum super hoc, inter dictas partes factorum, dicebat clarius apparere. Propter quod Nobis supplicarunt, ut prædictis periculis obviare, ac de competenti providere remedio curaremus. Et licet prædicta consuetudo, ob* favorem minorum fuisset introducta, *prout tamen facti experientia, ac fideli relatione gentium nostrarum, didicimus,* sæpe minoribus damna non modica generabat; *& quod* in eorum favorem fuerat introductum in eorum prejudicium redundabat. Nos *igitur periculis obviare, ac indemnitatibus subditorum nostrorum, ut tenemur, providere volentes, prædictam consuetudinem, ex omni certa scientia, habito super hoc consilio, cum Prælatis, Baronibus, & aliis de Consilio nostro, penitus* abolemus, *ac etiam totaliter* revocamus *&* annullamus. *Et hac generali constitutione in perpetuum valitura* statuimus, *ac etiam* decernimus, ut si lite motâ, vel pendente inter aliquos, in causa proprietaria vel reali, & in quâ prædicta consuetudo locum sibi vendicabat, alterum litigantium Actorem videlicet, sive Reum decedere contigerit, pluribus relictis heredibus, omnibus minoribus annis existentibus, *vel aliquibus minoribus, & aliis legitimæ ætatis jam effectis, ad quos causa sive bona, super, vel ratione quorum lis pendebat conjunctim jure hereditario, vel aliàs fuerint devoluta, si alter prædictorum heredum, vel etiam successorum ad annos legitimos pervenerat, vel forsitan tempore defuncti, cujus bona ad ipsos pervenerant, jam erat ætatis legitimæ* aliis minoribus *annis existentibus* *(c)* dabitur Tutor, vel Curator ad litem, quibus sic datis, in lite jam incœpta & pendente conjunctim procedere tenebuntur, *Tutor* seu *Curator,* unà cum majoribus annis, prout status causæ requirat, nec amplius expectetur, quod alii majores annis sint effecti. *Et eodem modo observari volumus, ac etiam statuimus,* in casibus quibus jam major annis effectus diem clauderet extremum, relictis suis liberis, vel aliis heredibus minoribus annis, vel aliquibus ipsorum, *vel etiam aliorum coheredum jam defuncti, majoribus annis effectis, & aliis minoribus annis, datis Tutoribus seu Curatoribus ad litem in dicta causa conjunctim procedatur. Anno Domini millesimo trecentesimo trigesimo.*

NOTES.

proprieté, les procés où les mineurs auroient interest, seroient *suspendus,* jusques à leur majorité.

En remediant ainsi à un petit mal, ils en firent un plus grand, parce que la plusspart des procés estant devenus comme éternels, par les minoritez qui se succedoient les unes aux autres, chacun usurpoit le fond de son voisin, & le faisoit passer à des mineurs pour en éloigner la restitution.

On a déja remarqué qu'en l'année 819. *Loüis le debonnaire* tâcha de remedier à ce desordre en restraignant le privilege des mineurs, aux fonds qui leur seroient échus par les successions de leurs parens. Ce Capitulaire qui nous fait connoître l'ancieneté de cette Coutume est rapporté sur le chapitre 73. du premier Livre des Establissemens de S.t Loüis, tome 1.er page 165. Voyez ce que j'ay remarqué sur les *Institutes de Loisel,* livre 1. Tit. 4. Regle 12.

(c) Dabitur Tutor vel Curator ad litem.] Avant cette Ordonance les *Gardiens,* ou *Baillistres* estoient distinguez des Tuteurs, parce qu'il n'y avoit regulierement des *Tuteurs,* que quand il n'y avoit pas de *Baillistres* ou de *Gardiens.* Depuis cette Ordonance les mineurs ont eû en mesme temps des *Gardiens,* & des *Tuteurs* qui n'estoient que *ad lites,* contre la disposition des Loix Romaines, qui donnoient les Tuteurs aux personnes & non aux causes, §. 4. *Institutionibus qui testamento Tutores dari possunt.*

(a) Letres

PHILIPPE VI.e dit DE VALOIS, à S.t Germain en Laye, le 15. Avril 1331.

(a) Letres par lesquelles le Roy restablit l'ancien usage de la Chambre, touchant la taxation des comptes de ceux qui avoient esté envoyez en Commission pour le Roy.

PHILIPPES par la grace de Dieu Roys de France à nos amez & feauls les *gens des Comptes à Paris, Salut & dilection.* Nous recordans & avisez de la maniere comment souloient ancienement, & n'agueres du temps de nos Predecesseurs, *compter de leurs dépens, les Commissaires envoiez en divers lieux,* pour les Royaux besoingnes; desquiex *depends* il apportoient & monstroient en la Chambre des Comptes à Paris toutes les singulieres parties, lesquelles vües, les gens de ladite Chambre leur en comptoient ce qui leur en sembloit bon & raisonable de passer *en Compte,* selon la condition & estat des personnes & des biens, où ils avoient esté, & du temps que il povoient & devoient par raison, avoir emploié & attendu, sans faintise; & le *remanant leur estoit rayé, & refusé à passer* en leurs diz comptes. *Vous mandons, commandons* & *enjoignons* en vos sermens, que ladite *maniere* de compter, *vous tenez & gardez* de point en point & sans enfraindre, nonobstant que par l'importunité d'aucuns eust esté moult de fois, & puis pou de temps, fait au contraire, ou grand grief, prejudice & domage de Nous; car moult y a desdiz *Commissaires,* qui ont dit & affirmé, qu'ils ne sçauroient, ou pourroient montrer les parties de leurs depens, pour ce que aucun *(b) droit* que leurs clercs sont morts, & si aucun dient, que il ont leur *escrips perduz,* ou que il ne sçauroient faire escrire les parties de leurs depens, ou que il n'en porroient la paine souffrir; & par ce veulent conclure à avoir granz & grosses taxations pour chascune journée, & cette taxation faite, laissoient aucune fois de leurs gens & de leurs chevaux, pour plus espargner, par quoy nos besoingnes sont aucunes fois faites moins souffisament pour espargner, & demeurent aucune fois plus de temps & de jours, qu'ils ne deussent. *Et pour obvier* à toutes ces nouvelles choses, & moult d'autres inconveniens qui ensuir s'en pourroient à nostre domage, *Nous vous deffendons,* que, contre la teneur de ladite *ancienne maniere* de *compter* avec lesdiz *Commissaires,* vous ne souffrez desormais estre faites taxations pour journées & à yceux, *(c) envoys* leurs comptez leurs dépens raisonables selon la maniere dessus escripte. *Donné à Saint Germain en Laye le quinzième jour d'Avril, l'an de grace 1331.*

Par le Roy à la relation du Mareschal de Trie.... de Mahus.

NOTES.

(a) Ces Letres sont en la Chambre des Comptes de Paris, Registre B. feüillet 16. *verso.*

(b) Droit.] Il y a ainsi dans le manuscrit, mais il faut lire, *dient.*

(c) Envoys.] Lisez ençois.

PHILIPPE VI. dit DE VALOIS, à l'Abbaye de S.t Joire de lez Beauquierville, le 30. May 1331.

(a) Ordonance touchant les assignations qui seront faites sur les detes actives & passives du Roy, par ses Tresoriers.

PHILIPPE par la grace de Dieu Roys de France: à nos amez & feaus les *gens de noz Comptes & Tresoriers à Paris, Salut & dilection.* Comme n'agueres il soit venu à nostre cognoissance, que plusieurs de noz subgiez ont esté grossement grevez,

NOTES.

(a) Cette Ordonnance est au Tresor des Chartes, Registre de Philippe de Valois, coté E E. fol. 29. *verso.*

PHILIPPE VI. dit DE VALOIS, à l'Abbaye de S.t Joire de lez Beauquierville, le 30. May 1331.

& domagez ou temps paſſé, pour cauſe & raiſon de pluſieurs *aſſignations faites par Nous* à pluſieurs noz ſubgiez, auſquels Nous eſtions tenuz, tant de noſtre temps, comme du temps de noz Predeceſſeurs, que Dieu abſoille, pource que vous aucunes fois aviez, *devant noſtredite aſſignation, ja aſſigné à autres, les meſmes debtes, ſur leſquels Nous faiſions aſſignations, ou les aviez ja fait recevoir;* Et ainſi ont eſté pour leſdites cauſes leſdiz nos ſubgiez domagiez, & Nous auſſi, pour pluſieurs autres cauſes. Et pour ce auſſi que Nous ne ſçavions auſquels, & ſur leſquels leſdites *aſſignations* eſtoient par vous faites. *Nous* depuis voz dites *aſſignations*, en avons fait aucuneſoiz à pluſieurs, dons, quittances, & remiſſions, & donné reſpiz & ſouffrances, leſquelles choſes eſtoient en préjudice & domage deſdiz *aſſignez*, pource que leurſdites *aſſignations* ne ſont point venues à effet. *Nous voulans & deſirans*, ſur ce pourveoir de remede convenable, *avons volu & ordené, (b)* par la *deliberation de noſtre grant Conſeil*, que dores-en-avant *toutes aſſignations quelles que elles ſoient, tant des debtes & ſur les debtes que Nous devons & qui ſont à nous deues, du temps de noz predeceſſeurs*, comme de noſtre temps, *ſoient faites par vous nos Treſoriers à Paris*, qui eſtes maintenant, & par ceus qui par le tems à venir ſeront en voſdits Offices, ſelon noz Ordenances, ſi comme il appartendra, & comme bon vous ſemblera : Car Nous confians de vos bonnes loyautez & diligences, *vous y commettons* par ces preſentes Lettres, & vous donnons pooir & auctorité de les faire convenablement & deuement en la maniere deſſuſdite, *& Nous voulons* garder dores-en-avant de faire les choſes deſſuſdites.

Et ou cas ou quel par aucune aventure, Nous aurions faites aucunes *remiſſions, dons, ou quittances*, donné *reſpiz* & *ſouffrances* à nozdiz ſubgiez, ſur leſquiex vous auriez faites *aſſignations;* & depuis icelles, *Nous voulons & Nous plaiſt* que, non contreſtant leſdites *quittances, dons, ou remiſſions, reſpiz, ſouffrances, & Ordenances* faites par Nous, ou à faire en quelconque *maniere que* ce fuſt, les *aſſignez (c)* par *vous ſoient poié ſelon voſdites* aſſignations, leſquelles Nous ne voulons point eſtre empeſchées en aucune maniere, leſquels *dons, remiſſions, ou quittances* faites par nous aprés voſtres aſſignations, *Nous voulons* de certaine ſcience eſtre de nulle valuë. *Si vous mandons* & à chacun de vous, que les choſes deſſuſdites vous tiegnez & gardez, & facez garder & tenir, ſenz venir encontre en aucune maniere. *Donné à l'Abbaie de Saint Joire de lez Beauquierville, le trentiéme jour de May, l'an de grace mil trois cens trente & un.*

Par le Roy, *Guichart.*

NOTES.

(b) Par la deliberation de noſtre grand Conſeil.] Voyez les Memoires de Du Tillet au chapitre du grand Conſeil, page 422.

(c) Par voſdites aſſignations.] Voyez l'Ordonance de Philippe le Long du 10. & 18. Juillet 1318. article 7. page 658. celle du 28. Juillet de la meſme année, article 4.

PHILIPPE VI. dit DE VALOIS, à S.t Joire de Beauquierville, le 1.er de Juin 1331.

(a) Ordonance portant que tous dons *faits ſur l'émolument des* Seaus & des Greffes, &c. *ſeront nuls.*

PHILIPPE par la grace de Dieu Roys de France : à nos amez & feauz *Gens de nos Comptes à Paris, Salut & dilection.* Comme Nous, par la deliberation de *noſtre (b) grant Conſeil*, aions *voulu* & *ordené*, que touz les *Seaus, Eſcriptures, & Tabliers* de noſtre Royaume, tant de *faiz*, de *contraus*, comme *d'eſploiz de Juſtice*, ſoit en ſiege de Seneſchaux en leurs Seneſchaucies, & des Baillis, Vigiers, ou autres

NOTES.

(a) Cette Ordonance eſt au Treſor des Chartes, Regiſtre de *Philippe de Valois*, coté EE. fol. 29. Voyez cy-deſſus feüillet 73.

(b) Grand Conſeil.] Voyez Du Tillet dans ſes Memoires, page 422.

tenans le gouvernement de nostre Juridicion, & des Seneschaucies & ressors d'icelles, soit en Baillies, en sieges d'assises, en *Prevosté*, en *Vicomté*, soit de *Baillis*, *Prevos*, ou *Vicontes*, ou autres tenans le gouvernement de nostre Juridicion en noz *Baillies, ou és ressors d'icelles*, en quelque maniere que ce soit, *soient mis en nostre main & retenuz (c) à nostre demaine, à touzjours,* non contrestans *Dons* qui faiz en aient esté, ou temps de noz Predecesseurs, & du nostre, à quelque personne que ce soit. Et avec ce *aiens volu & ordené* que lesdiz *Seaus, Escriptures & Tabliers* soient baillez par *cris & par subhastations* le plus profitablement que l'en porra en la maniere que l'en a acoustumé à bailler noz autres fermes au *plus offrant,* pour tourner & convertir touz les émolumenz desdiz *Seaux, Escriptures & Tabliers* à nostre profit.

PHILIPPE VI. dit DE VALOIS, à S.t Joire de Beauquiervil-le, le 1.er de Juin 1331.

Et pour ce que en nulle maniere nostre *presente Ordenance ne* puisse estre enfrainte, ou temps à venir, Nous avons *volu & ordené* de certaine science, que se il avenoit que Nous, non *remembrans* de nostre presente Ordenance, feissiens *aucuns Dons* à quelque personne que ce fût, sur les *émolumens des fermes desdiz Seaus, Escriptures, & Tabliers,* combien que en noz Lettres qui faites seroient sur ledit Don, fût contenu *de grace especial, & non contrestant Ordenance,* que la grace que Nous en fariens ne soit de valuë, jusques à donc que vous Nous arez rien escript de l'avisement de nostre presente Ordenance, & la valeur du Don que nous en ariens fait, si comme dit est.

Et pour ce que Nous avions pieça ordené que les diz *Seaus & Escriptures & Tabliers* fussent venduz, *Nous volons* que tout l'émolument desdiz Seaus, Escriptures, & Tabliers qui depuis en ont esté receuz, par ceus qui tenu les ont, soit levé & esploité, & *converti à nostre profit*, & que à ce soient contraint touz ceux qui lesdiz émolumenz auront eu & receu, depuis nostre premiere Ordenance.

Et vous *mandons* que nostre *presente Ordenance* vous faciez *finifier & publier* à touz nos *Seneschaus & Baillis* de nostre Royaume, selon ce que vous verrez que à faire sara, & à noz Receveurs, ainsi que touz lesdiz émolumens il reçoivent & mettent pardevers eux pour aporter en nostre Tresor à Paris, toutesfoiz que il viendront rendre leurs comptes de leurs receptes. En tesmoing de laquelle chose, Nous avons fait mettre nostre Seel en ces Lettres. *Donné à Saint Joire de Beauquierville, le premier jour de Juign, l'an de grace mil trois cens trente & un.*

Par le Roy. *Guichart.*

NOTES.

(c) *A nostre demaine.*] Voyez les letres de *Philippe le Bel*, du Mardy avant la S.t Vincent 1310. tome 1.er page 476. les letres de *Philippe le Long*, du 8. Mars 1316. tome 1.er page 634. le Mandement de *Charles le Bel*, du 10. Novembre 1322. tome 1.er page 773. avec les renvoys, & cy-aprés les Letres du 10. Septembre 1331. page 72.

PHILIPPE VI. dit DE VALOIS, à S.t Joire de Beauquiervil-le, le 1.er de Juin 1331.

(a) Mandement portant que les Trésoriers, les Receveurs du Roy, & leurs successeurs, feront serment qu'ils ne prendront gages, ni robes de personne, & qu'ils ne presteront l'argent du Roy, ni mesme le leur.

PHILIPPE par la grace de Dieu Roys de France : à nos amez & feaux les *gens de nos Comptes*, & *Thresoriers* à Paris, *Salut & dilection.* Comme par grant deliberation de nostre *(b) grant Conseil*, & pour certaine & juste cause, & de certaine

NOTES.

(a) Ce Mandement est au Tresor des Chartes, Registre de *Philippe de Valois*, coté E E. fol. 28. *verso.* Voyez cy-dessus l'Ordonance du mois de Fevrier 1327. faite par Philippe de Valois, Regent, article 1.er page 4. & la note qu'on y a faite letre (e) aux mots *non pensionaires.*

(b) *Grand Conseil.*] Voyez les Memoires de Du Tillet, au chapitre du Grand Conseil, page 422.

PHILIPPE VI. dit DE VALOIS, à S.t Joire de Beauquiervil-le, le 1.er de Juin 1331.

science, Nous aions *ordené*, que de ci en avant noz *Thresoriers à Paris & Receveurs* de tout nostre Royaume, de quelque condition que il soient, & les successeurs d'iceuls esdiz offices, ou temps avenir, ne puissent, ne doient prendre, ne *(c) porter robes*, ne recevoir *gaiges* de autres personnes, ne faire pourveances, ne garnisons, ne *service d'autrui*, en quelque maniere que ce soit.

Derechief que lesdis noz *Thresoriers & Receveurs* ne puissent *prester en aucune maniere en secret, ou en appert, de noz deniers, ne des leurs*, à aucuns quel qu'il soient, en cas de necessité, ne en aucune maniere.

Et à ce que nostredite *Ordenance* soit tenüe & gardée, si comme Nous desirons & voulons, *avons ordené*, que nosdits *Thresoriers & Receveurs* qui sont adpresent, *promettent & soient tenuz en vostre presence, à faire serement*, à les garder & tenir sanz enfraindre, ne faire contraire, sur paine d'encourre nostre indignation, & d'estre privez à tousjours de leurs offices & de touz autres, & *d'amende à volenté*, ou cas qu'il feroient contre noz Ordenances dessusdites.

Et que aussi les *successeurs* ausdiz noz Thresoriers & Receveurs ausdiz Offices, qui seront establiz pour le temps à venir, en leur nouvelle Creation, soient tenuz aussi à promettre & jurer noz dites Ordenances, à garder & tenir sur ladite paine.

Nous vous *mandons, commettons, & enjoignons* estroitement que de noz diz *Thresoriers* de Paris, & des autres noz *Receveurs*, que vous pourrez avoir bonnement, *recevez ledit serement*, & sur ladite paine sanz aucun delay, & commettez de par Nous aucunes personnes convenables à *recevoir les seremens* des autres, si comme bon vous semblera; Et noz dites *Ordenances* feciez *signifier & publier* à touz noz diz *Receveurs*, si comme il appartendra. Et ceuls à qui il aura esté *signifié*, & qui auront faiz les *seremens*, faites *registrer* en ladite Chambre, afin que se il venoient, ou faisoient encontre, il ne se puissent excuser d'ignorance; lesquels, si vous trouvez aprés ce avoir fait le contraire, *privez lés desdiz Offices*, sanz aucun *essoigner:* Et touz les biens d'iceulx mettez & tenez en nostre main, sanz en faire aucune *recreance*, ou *délivrance*, sanz nostre especial mandement. En tesmoing de ce nous avons fait mettre nostre Seel en ces presentes lettres. *Donné à S.t Joire de Beauquierville, le premier jour de Juign, l'an de grace mil trois cens trente-un.*

Par le Roy Guichart.

NOTES.

(c) Porter Robes.] Voyez l'Ordonance de *Philippe le Long* du 12. Fevrier 1320. touchant *le payement* des gens *des Enquestes*, sur le mot *manteaux*, tome 1.er pages 734. 735. où l'on a parlé des *robes & habits* de livrées.

PHILIPPE VI. dit DE VALOIS, à Paris, le 10. Juin 1331.

Mandement adressé au Seneschal de Beaucaire, en faveur des possesseurs de Franc-aleux, de fonds amortis, & de terres tenuës à cens & à champart.

SOMMAIRES.

(1) Les Commissaires deputez par le Roy pour le recouvrement de ses Droits recellez, *donneront des copies de leur Commission; Et ils ne pourront exiger aucune amende des possesseurs* d'aleux, *sous pretexte que ces possesseurs n'auront pas produit leurs titres dans le temps qui leur avoit esté marqué.*

(2) Les Commissaires ne pourront sous pretexte de la mesme Commission, exiger aucune finance des Eglises, des nobles, *& des* non-nobles, *contre la teneur des privileges qui leur ont esté accordez par les Roys predecesseurs de sa Majesté, & dont ils ont joüi paisiblement jusqu'à ce jour, l'intention de sa Majesté n'estant pas que les* non nobles *restent en possession des acquisitions qu'ils ont faites des* nobles, *sans une grace particuliere.*

(3) Et comme par privilege des Roys predecesseurs de sa Majesté, observé jusqu'à present, ceux qui tiennent d'elle un fief, ou un arriere-fief, peuvent posseder des heritages tenus à cens, ou à champart, *il en sera informé, & si les choses sont ainsi, ils ne seront point molestez, ni troublez dans leur possession.*

(4) Quant aux autres choses, comme les

prez, les champs, les terres labourables, les jardins, les courtilles, les maisons & les vignes, acquis des nobles par des non nobles, dans lesquelles il n'y a justice, ni homage, il ne sera levé aucune finance.

(5) S'il y a quelques doutes, au sujet de ces privileges & de ces differens usages, ils seront decidez par la Chambre des Comptes de Paris.

PHILIPPE VI. dit DE VALOIS, à Paris, le 10. Juin 1331.

(1) PHILIPPUS Dei gratiâ Francorum Rex : Senescallo Bellicadri *& deputatis à Nobis in dictâ Senescalliâ, super* nostris juribus recelatis, Salutem. *(a) Cum intellexerimus, quod virtute cujusdam Commissionis per Nos vobis factæ,* in Senescallia Bellicadri, *super nostris* juribus recelatis, *nulla fide facta vestræ Commissionis, & etiam fecistis quoddam Edictum, quod quæcumque persona, quæ aliquas res* in Alodio teneat, *infra certum terminum* eas denuntiet, *quod nisi fecerit, lapso dicto termino,* pro Alodialibus minime tenerentur. Mandamus *vobis quathenus copiam dictæ vestræ Commissionis, omnibus quos tangit & vos requisiverint, faciatis, & quod ratione dicti Edicti, eo quod infra dictum terminum per vos appositum in eodem Edicto, res quæ erant* in Alodio, *vobis non extiterint denuntiatæ, nullos molestetis, nec trahatis ad aliquam emendam, seu pœnam, ratione* dicti Edicti, *sed per alias vias idoneas* jus nostrum servetis.

(2) Et cum etiam intellexerimus, *quod virtute alterius* Commissionis *per Nos vobis factæ* super Finantiis Aquestuum, *finantias requiritis* ab Ecclesiis, Nobilibus & Innobilibus, *de* Aquestibus *factis* per Innobiles a Nobilibus, *vel ab* Ecclesiis, de quibuscumque personis Nobilibus, *vel* Innobilibus, *(b) contra tenorem privilegiorum* nostrorum prædecessorum, *quæ observata fuerint in patria pacifice, usque ad diem hodiernam, vobis scire facimus, quod non est* intentionis nostræ, *quod de* Aquestibus, *quæ* Innobiles fecerunt de rebus quas Nobiles tenebant, eisdem Innobilibus remaneant, *nisi procedat de nostra gratia & voluntate.*

(3) Et quia datum est Nobis intelligi, quod per privilegia nostrorum Prædecessorum, *quæ observata fuerunt, & sunt usque ad diem hodiernam, fuit concessum, quod illi qui tenebant a* nobis in feudum, *vel* retrofeudum, *poterant & consueverant aliquas* res singulares non nobiles tenere, *sicut sunt campi, vineæ datæ & concessæ ad censum, seu ad certam partem fructuum.* Mandamus vobis & committimus, *quathenus de hiis vos informetis, & si inveneritis ita esse, nullos molestetis, contra dicta privilegia & consuetudines supradictas, & ad hoc monstrandum certum terminum eisdem detis, infra quem, quantum ad res hujus talis conditionis in sufferentia apponatis, & lapso dicto termino, servetis jus nostrum, non faciendo prejudicium aliter in hiis, nec in aliis.*

(4) Nec etiam nostræ existit intentionis, *nec* volumus *quod de aliquibus rebus, quæcumque sint, sicut sunt prata, campi, terræ, labores, horti, curtilia, domus, vineæ & aliæ res* acquisitæ de Nobilibus per Innobiles, *qui tamen non habeant justitiam, dominationem, nec homagium super his, vel quæ non tenentur* in feudum, *vos non levetis, nec requiratis* aliquam finantiam, *sed si aliquid feceritis in contrarium, incontinenti ad statum debitum reducatis.*

(5) Et si habeatis aliqua dubia *super dictis* privilegiis, *vel* consuetudinibus, *vel aliis rebus de quibus vos informabunt illi quos tanget, mitatis nobis dicta dubia & instructiones ad hoc pertinentes, pro clarificando,* Parisius gentibus nostris compotorum *& detis diem idoneam illis quos tanget, ad audiendam super hiis declarationem.* Datum Parisius decima die Junii, anno Domini millesimo trecentesimo tricesimo primo.

NOTES.

(a) Ces Letres, ou ce Mandement sont en la Chambre des Comptes de Montpellier, *au Royaume en general,* armoire A. 7.ᵉ cont.ᵒⁿ des titres part.ᵉʳˢ n. 18. fol. 53. En l'année 1328. le Roy avoit levé des finances sur les nouveaux acquests & les Francs-fiefs. Voyez cy-dessus, tome 2. pages 22. & 23. Et l'on void par celles-cy que ces finances ne furent pas levées exactement au profit de sa Majesté, puisqu'il y eut des Commissaires députez, *super Juribus recelatis.* Mais comme ces Commissaires excederent en quelque chose leur pouvoir, le Roy juste les arresta par ces Letres.

(b) Contra tenorem Privilegiorum nostrorum.] Voyez cy-dessus l'Ordonance du 25. Septembre 1328. page 22. & celle du 23. Novembre de la mesme année 1328. page 23.

PHILIPPE VI. dit DE VALOIS, à Paris, au mois d'Aoust 1331.

(a) Letres par lesquelles le Roy confirme quelques usages observez dans la Faculté de Medecine de Paris.

SOMMAIRES.

(1) Les Escoliers, qui voudront estre licentiez en Medecine, *seront tenus d'y estudier à ordinaire & à cours pendant cinquante-six mois, ou pendant six années, sans y comprendre les vacations d'entre la* S.t Pierre *& la* S.te Croix.

(2) Ils auront aussi les quatre cours, *& à la septiéme année ils seront presentez par les Maistres Regens de la Faculté, au Chancelier de l'Eglise de Paris, pour estre Maistres.*

(3) Ils seront examinez solennellement par chaque Regent, *& le Chancelier appellera ensuite les Maîtres* Regens, *pour faire encore leur examen, & recevoir l'Escolier s'il est capable, ou le refuser s'il ne l'est pas.*

(4) Tous les deux ans on congediera les Escoliers les moins suffisans, pour en diminuer le grand nombre lequel empescheroit qu'ils ne pussent faire en un an leurs quatre cours.

PHILIPPE par la grace de Dieu Rois de France. Savoir faisons à tous presens & à venir, que comme nos amez le *Doyen & les Maistres de la Faculté de Medecine à Paris,* Nous eussent humblement supplié, que Nous de nostre grace, leur vosissions *confirmer & approuver une coustume,* que il dient estre gardée de si long temps que il n'est memoire du contraire en leur dite faculté, pour le proffit commun de la santé humaine.

(1) C'est assavoir que les *Escoliers* qui vuellent estre *licentiés* en Medecine, doivent oïr en ladite science par *cinquante-six mois,* ou par *six ans,* à *ordinaire & à cours,* non comptées les *vacations* d'entre Saint Pere & la Sainte Crois.

(2) Item. Il convient que il aient aussi les *quatre cours.* Et se il ont ainsi fait, il pevent ou septiéme an, estre presentez par les Maistres Regens de ladite faculté, au Chancellier de l'Eglise de Paris, pour estre Maistres.

(3) Item. Que il doivent estre examinez de une question sollempnelment de chascun Maistre Regent; & puis doit ledit *Chancellier* appeller lesdiz Maistres Regens, & examiner chascun par soy, si que par leur examen & deposition, lesdits Escoliers qui sont à licentier, soint licentié, & les autres refusé.

(4) Item. Que les *Congiez* doivent estre donnez en ladite faculté, de deux ans en deux ans, tant pour oster & restraindre la multitude des *non souffisans* à estre Maistres, qui trop grant porroit estre, comme pour ce que il ne pourroient pas lire en un an parfaitement *les quatre cours* devant diz.

Et pour ce que Nous fussions miex enfourmez sus *icelle coustume,* Nous eussions mandé par nos Letres à l'official de Paris, auquel Nous envoiasmes la supplication à Nous bailliée de par lesdits Maistres, que il sus icelle *coustume* s'infourmast bien & diligemment, & Nous renvoiast l'information que faite auroit sur ce. Par laquelle information faite par ledit Official, si comme plus plainement est contenu en icelle, & à Nous renvoiée, Nous a apparu souffisaument ladite *coustume* avoir esté ainsi gardée de lonc temps, & estre bonne, juste, raisonnable & profitable pour la santé des corps humains. Pourquoy *Nous* qui desirons & devons desirer, si comme il appartient, le proffit commun de la santé humaine, lequel ladite coustume touche: Et pour ce enclinans benignement à la supplication des Doyen & Maistres en Medecine devant dits, icelle coustume *loons, greons, ratifions, approuvons,* & de nostre autorité royal, de grace especial, & de certaine science, en tant comme en Nous est, *la confirmons* par la teneur de ces presentes letres. Et pour ce que ce soit ferme chose & estable à

NOTES.

(a) Ces Letres sont au Tresor des Chartes, Registre coté 67. piece 914.

tousjours mais, Nous avons fait mettre nostre Scel en ces présentes Lettres, sauf en toutes choses nostre droit & l'autruy. *Fait à Paris, l'an de grace mil trois cens trente & un ou mois d'Aoust.*

Par le Roy à la relation du Doyen de Saint Martin de Tours. *G. Buyn.*

PHILIPPE VI. dit DE VALOIS, à Pacy, en Aoust 1331.

(a) Letres par lesquelles le Roy confirme des Letres precedentes de *Jacques, Roy d'Arragon*, portant que nul ne pourra exercer la Medecine à Montpellier, s'il n'a esté auparavant examiné & reçû Licentié.

PHILIPPE par la grace de Dieu Rois de France. Savoir faisons à tous présens & à venir, que Nous avons veu unes Lettres contenans la fourme qui s'ensuit.'

Noverint universi. Jacobus *Dei gratia* Rex Majoricarum, *Comes Roncilionis & Ceretaniæ, & Dominus* Montispessullani, *attendentes, quod claræ memoriæ Dominus* Jacobus Rex Aragonum *pater noster, pro ampliando & conservando Medicinali studio in* Montepessullano, *suum concessit privilegium Doctoribus & Universitati studentium in arte Medicinæ in Villa* Montispessullani; *Nos volentes dicti Domini Patris nostri vestigiis inhærere, considerantes etiam memoriter & pensantes, cum quanta sollicitudine & cautela progenitores nostri Domini Montispessullani de statuendo, conservando, & ampliando Medicinali studio, nunc longe lateque, juvante feliciter manu Dei, per vastam mundi sollicitudinem extensis fructuosis propaginibus dilatato, efficaciter curaverunt, tam eorum exemplo commendabili, quam evidente utilitate reipublicæ inducimur, ut* illorum audaciam *reprimamus, qui præsumunt ibidem, sine* examinatione & licentia praticari, *per quod non solum nomen & fama ejusdem studii denigratur, sed & multa incumbunt mortis pericula & rerum dispendia inferuntur; Et ideo per Nos & nostros successores futuros Dominos Montispessulani* prohibemus *in perpetuum, & districte omnibus utriusque sexus Christianis etiam & Judæis, ne quis in* villa Montispessullani & tota ejus dominatione audeat in Facultate Medicinæ aliquod officium praticandi exercere, nisi prius ibi examinatus & licentiatus fuerit. *Quod si forte aliqui præsumpserint attentare, tenenti locum nostrum, & Bajulis & aliis Curialibus nostris* Montispessullani, *præsentibus & futuris, districte* præcipimus & mandamus, *ut ad simplam requisitionem* Cancellarii *ipsius studii, seu vices ejus gerentis, in personis & rebus* puniat *taliter hujusmodi transgressores, quod in pœna unius aliorum temeritas à similibus arceatur. Prædictam itaque concessionem duximus concedendam, salvo tamen quòd per hujusmodi concessionem Nobis, vel nostris successoribus non generetur, nec generari possit præjudicium aliquod, in jurisdictione scilicet & dominatione nostra Montispessulani. Et ad majorem firmitatem omnium prædictorum præsens instrumentum sigillo nostro majori pendenti fecimus communiri.* Datum in Montepessullano idus Aprilis, anno Domini millesimo ducentesimo octuagesimo primo.

Noverint universi, *quod anno Dominicæ Incarnationis millesimo trecentesimo trigesimo & die quinta mensis Januarii, illustrissimo Principe Domino* Philippo *Dei gratiâ Francorum Rege regnante, exhibito quodam privilegio felicis recordationis* Domini Jacobi (b) Regis Aragonum, *in pergameno scripto, & ejusdem sigillo impendenti, ut in eo apparet, sigillato, coram discreto viro Domino* Girardo Lombardi *locum tenenti venerabilis viri Domini* Johannis Ricardi *Judicis Curiæ Regiæ Montispessullani, causâ transcribendi per me notarium infrascriptum, & in formam publicam ipsius transcriptum referandi, ad*

NOTES.

(a) Ces letres sont au Tresor des Chartes, Registre coté 67. piece 875.

(b) *Regis Aragonum.*] Touchant les Rois d'Arragon & autres Seigneurs de Montpellier. Voyez Gariel dans son Histoire qui a pour titre, *Series Præsulum Magalonensium*, édition 2. tome premier & second.

PHILIPPE VI. dit DE VALOIS, à Pacy, en Aoust 1331.

evitandum periculum amissionis, fractionis, rapinæ, & alterius cujuslibet casus fortuiti ipsius privilegii, cum debeat ad diversa judicia in diversis partibus præsentari, dictus Dominus locum tenens, audito diligenter & intellecto tenore dicti privilegii Universitati Dominorum Magistrorum in Facultate Medicinæ in Montepessulano, Magalonensis *diocesis commorantium, a dicto Domino Rege concesso, præcepit causâ cognitâ & dedit in mandatis michi* Johanni Calmelli *notario regio infrascripto, ad instantiam & postulationem* Magistri Johannis Masson *Magistri in Medicina, procuratoris Universitatis dictorum Dominorum Magistrorum, & pro dicta Universitate petentis, & in præsentia & testimonio Magistri* Johannis Macellarii *Notarii Regii,* Petri Alheti *Clerici, &* Johannis de Retornato, *Bedellis dictorum Dominorum Magistrorum Medicinæ, quatenus dictum privilegium de verbo ad verbum, nil addito, vel remoto transciberem, in formam publicam, ad æternam rei memoriam contenta in eodem decernens, causa cognita, dicto transcripto, velut dicto originali fidem perpetuò, in jus & extra esse adhibendam, sua judiciali autoritate interveniente pariter & decreto; quibus præcepto & mandato Ego dictus* Johannes Calmelli *Notarius Regius dictum privilegium* transcripsi, *prout de verbo ad verbum superiùs continetur, & dictum originale cum transcripto perscrutatus sum diligenter, adhibito, & mecum perscrutante Magistro Guillelmo* Blancardi *Notario Regio: Et quia utrobique invenimus eundem tenorem per omnia contineri, ad majorem præscriptorum fidem hîc apposui* signum meum, *& rasi superiùs in octava linea in dictione præsumunt. Hinc autem perscrutinio cautè & provide facto, Ego dictus* Guillelmus Blancardi *Notarius Regius, unà cum dicto* Johanne Calmelli *præsens fui, subscripsi, & signo meo signavi. In* testimonium *vero quod dicti Magistri* Johannes Calmelli *&* Guillelmus Blancardi, *sint publici dicti Domini nostri Franc. Regis Notarii, & quod instrumentis & aliis scripturis per eos confectis, suisque præcedentibus signis signatis tanquam veris & publicis, in judicio & extra, plena fides adhibeatur, Nos* Petrus Ricardi *jurisperitus, judex sigilli regii Montispessullani ipsum sigillum autenticum cereum hic apponi fecimus & apponendi.*

Nous adecertes les choses dessusdites pource que il nous samble qu'elles sont profitables pour le commun profit, à la requeste & supplication des Docteurs & Maistres en Medecine de l'estude de la Ville de Montpellier, aians agreables, fermes & estables, icelles *volons, ratifions, loons, greons, approuvons,* & de nostre autorité roial, en tant comme à Nous appartient & puet appartenir, *confirmons,* sauf en toutes choses nostre droit & le droit d'autruy. Et pource que ce soit ferme chose & estable à tous jours, Nous avons fait metre nostre Seel en ces presentes lettres. *Donné à Pacy, l'an de grace nostre Seigneur mil trois cens trente-un, ou mois d'Aoust.*

Par le Roy à la relation le Doyen de S.t Martin de Tours. *J. Aubigny.*

PHILIPPE VI. dit DE VALOIS, à Paris, le 10. Septembre 1331.

(a) Letres par lesquelles le Roy commande que suivant son Ordonance precedente, les Baillis & Seneschaux tiendront leurs assises en personnes, de deux mois en deux mois, aux lieux accoustumez. Que par an ils ne pourront s'absenter que pendant six semaines au plus. Que les écritures & les Sceaux des Bailliages, des Seneschaussées & des Prevostez, rëunis au Domaine, seront donnez à ferme aux plus offrans.

PHILIPPES par la grace de Dieu Roy de France : au Baillif d'Amiens, *Salut.* Tu scez, ou dois sçavoir, comme nous avons pieça *ordené* & mandé, par nos Letres à toy, & à touz les autres *Seneschaux & Baillis* de nostre Royaume que, tu & euls,

NOTES.

(a) Ces Letres sont au Registre B. de la Chambre des Comptes de Paris, feüillet 3. Voyez au tome 1.er pages 366. 476. 570. 634. 660. 662. 663. 664. 671. 673. 676. & cy-après page 65.

chascun

PHILIPPE VI. dit DE VALOIS, à Paris, le 10. Septembre 1331.

chascun en sa Seneschaussie & Baillages, tenissés en vos personnes, *vos Assises*, és Chastellenies és lieux *accoustumez*, de *deux mois* en *deux mois* au plus tard, sans aucun greigneur intervalle, ne ne fussiez *absens* chascun de sadite Seneschaussie & Baillie, pas plus de six semaines pour tout l'an. Et aussi scez tu & dois sçavoir, comme Nous *avons ordené*, si coume tu puez avoir vû, par nos autres lettres à toi seur ce envoiées, que touz les émolumens des Sceaux de nos Seneschaux, Baillis & Prevosts, & toutes les *Escriptures, Clergies & Notairies de toutes les Seneschaucies, Baillies & Prevostez* de nostre Royaume, soient *mises à nostre Domaine*, & venduës par *cris* & *subhastations & baillées au plus offrans*, si coume il est accoustumé, *des fermes* de nos autres *Domaines*. Et neantmoins Nous avons entendu, par relation de plusieurs dignes de foy, que tu *ne tiens pas tes Assises en ta persone*, ne si souvent comme *Nous avons ordené*, & és *absent* de ta Baillie pour la greigneur partie de l'an, dont le droit de Nous & de nos subgiez n'est pas si diligeaument gardé, comme il apartenist, ainsi y est *grevé* moult grandement. Et avecques ce qui plus Nous deplaist, & portons plus grief, l'en Nous a donné à entendre, que pour *nostredite Ordonnance de vendre nos Sceaux & Escriptures*, & pour empescher & destourber du tout, que aucun ne s'enhardisse de acheter lés, ne prendre à ferme, tu as delaissié & delaisse du tout à *tenir tes dites Assises*, & as donné plusieurs menaces à tous ceuls qui *les diz Sceaux* & escriptures vouloient acheter, & a refusé signer & sceller *les Escriptures*, *que* les fermiers qui en ont pris, te ont requises à signer & sceller, & encores en prens & recoi par devers toi l'émolument, contre nostre volonté & Ordenance : parquoy il convient que les obligations & autres actes, qui deussent estre faiz entre nos subgiez, sous nos Sceaux, soient faiz sous les Sceaux de la *Cour d'Eglise*, laquelle chose est grand presomption, & temerité à emprendre à toi, se il est ainsi. *Pourquoy* Nous te *mandons* & *enjoignons* d'estroitement, seur ce que tu te puez meffaire envers Nous, que tu en ta personne, teignes tes assises bien & diligeaument, aux termes & en la maniere que Nous *ordenasmes* & te *mandasmes*, piéça par nos autres letres. Et les *fermiers*, qui les émolumens des Sceaux, Escriptures, Notairies & Clergies de ton Baillage à Nous appartenans, voudront acheter, jouxte nostre Ordonnance, tu reçoives & traites gratieusement & amiablement, & leurs escriptures, qui à toi appartiendront à signer, ou sceller, delivres si diligeaument & si brievement, que les diz *fermiers*, ne les subgiez, pour qui elles seront, ne s'en puissent douloir, ne ne se doie aucun *doubter* desdites choses penre à ferme, sachant fermement, que s'il Nous est plus apporté nouvelles du contraire, Nous te punirons si de ta presomption & temerité, que tous les autres y pourroient prendre exemple. *Donné à Paris le dixiéme jour de Septembre, l'an de grace mil trois cens trente-un.*

PHILIPPE VI. dit DE VALOIS, à Paris, au mois de Decembre 1331.

Ordonance touchant les Foires de Champagne.

SOMMAIRES.

(1) Les Foires seront remises en leur ancien estat. Les nouvelles Coutumes y seront abbatuës, avec le quart *du courretage, les* six deniers *pour mandement, & les* trois deniers *pour livre, ne seront plus levez.*

(2) Il n'y aura plus aucunes graces, ou respits. Et les maistres des Foires jureront que pour letres données, ou à donner, ils ne feront rien contre la coutume des foires.

(3) Les deffenses données par les Maistres des Foires contre plusieurs pays, cesseront & seront suspenduës, de la S.t Jean prochaine en deux ans.

(4) Les Prevosts qui n'obéiront pas aux Mandemens à eux envoyez, payeront la peine qui y sera contenuë.

(5) Il y aura continuellement un des Maîtres aux Foires.

(6) Les Maîtres establiront les Notaires aux Foires, & ils en auront la correction.

(7) Le nombre des Sergens sera de sept vingt dix.

(8) Les marchands qui voudront joüir des privileges des Foires, y feront voiturer leurs marchandises, & les y exposeront en vente pendant trois jours, aprés lesquels ils pourront faire conduire leurs effets où ils voudront par le Royaume, & en faire leur profit.

(9) Tout Italien, Ultramontain & autres estrangers, seront tenus de resider aux Foires,

PHILIPPE VI. dit DE VALOIS, à Paris, au mois de Decembre 1331.

ou de vuider le Royaume dans trois mois, &c.

(10) Les Changeurs seront establis par les Maistres des Foires, en payant les droits accoustumez.

(11) Il y aura deux Tabellions, qui pourront recevoir les Contracts passez entre Italiens.

(12) Nuls Commissaires ne seront envoyez par le Roy aux Foires, à moins qu'il n'y ait avec eux un des Maistres.

(13) Les Maquignons, ou Marchands de Chevaux Italiens y auront leurs escuries, sans pouvoir faire residence ailleurs, sous peine de perdre leurs Chevaux.

(14) Nul des gens du Roy ne prendra les Chevaux des frequentans les Foires, & si quelqu'un le fait, les Maistres feront delivrer les Chevaux.

(15) Si aucuns des Officiers du Roy, fait quelque grief, ou empeschement aux Marchands des Foires, il leur sera levé, par quatre personnes du Conseil du Roy, sçavoir par deux du Parlement, & deux Maistres des Comptes, ou trois d'eux.

(16) Les Marchands qui contreviendront à ces Ordonances seront punis, & les Maistres jureront qu'ils les observeront, &c.

PHILIPPES *(a)* par la grace de Dieu, Roy de France. Savoir faisons à tous presens & à venir, que comme par les fraudes & malice, & aucune nouvelletez indeües, qui ont esté faites, ou temps passé, en nos Foires de Champagne & de Brie, & sous l'ombre desdites Foires, les Villes justiciables, & subgiez de nostre Royaume & des autres pays, aient esté ça en arriere, & sont encore grossement fraudées & dommagiez & domageusement grevés, & les franchises, libertés, usages & coustumes anciennes desdites Foires mal gardées, au grand grief, deshonneurs, prejudice & domaige de Nous, de nostre Royaume, des subgiez, Marchans de nostredit Royaume & des frequentens nosdites Foires, & du commun proffit. Nous qui avons voulenté & grant desir de mettre remede convenable & hastif en cette besoigne, & en la reformation desdites *Foires,* & de garder les Loix & usages enciens d'icelles, parquoy li peuple, les marcheans, & frequentens lesdites *Foires* ne soient dores-en-avant grevés, ne domagiez, & puisse seurement aller & venir ausdites Foires sous *nostre conduit.* De nostre autorité Royale, & de certaine science, eüe sur ce deliberation en nostre grant Conseil, pour le commun proffit avons ordené & ordenons en la fourme & en la maniere qui s'ensuit.

Premierement. Il Nous plaist & *voulons* que nosdites Foires de Champagne & de Brie *(b)* soient remises en leur droit estat ancien. Pourquoy Nous *voulons* que les coustumes mises & establies de nouvel, soient du tout abbatuës, c'est assavoir le *quart du corretage, six deniers* pour mandement, & *trois deniers* pour livre, lesquels six deniers pour mandement, & trois deniers pour livre soloient aller au Seel.

(2) Item. Toute *grace* donnée & à donner, & *(c)* tuit *respit* cesseront du tout: Et jureront les Mestres des Foires, que pour lettres données & à donner il ne feront riens qui soit contre la coustume des Foires.

(3) Item. (d) Les *deffenses* données par les *Mestres des Foires* du temps passé, contre plusieurs païs, *cesseront* & seront *souspendues* dés la S.t Jean prochain venant

NOTES.

(a) Cette Ordonance est en la Chambre des Comptes de Paris, memorial B, feüillet 41. 95. & au Tresor des Chartes, Registre 67. piece 499.

Comme les Foires se tenoient ancienement, ainsi qu'aujourd'huy, aux grandes Festes & aux Dedicaces des Eglises, elles ont esté nommées dans la moyenne & la basse latinité *Feriæ*.

Les Foires de Champagne estoient celle de May de *Provins*, celle de *S.t Jean* de *Troyes*, celle de *S.t Ayoul*, ou *S.t Ernoul* de Provins, celle de *S.t Remy*, ou la Foire froide de *Treset de Troyes*, celle de *Lagny* sur Marne, & celle de *Bar-sur-Aube*. Touchant les Foires qui se tenoient six fois l'an, voyez l'Ordonance de *Philippe le Bel* de l'an 1311. au mois de Juillet, tome 1.er page 484. celle du mois de Juin 1326. tome 1.er page 794. 795. celle de *Charles le Bel* de 1327. tome 1.er page 800, & du Cange dans son Glossaire sur le mot *Nundinæ*, où il rapporte deux pieces tirées du Registre *Noster* de la Chambre des Comptes de Paris, où il y a plusieurs choses curieuses touchant ces Foires. Voyez le mesme Auteur sur *Custos Nundinarum*.

(b) Seront remises à leur estat ancien.] Voyez l'art. premier de l'Ordonance de *Charles le Bel* du mois de May 1327. tome 1.er page 800.

(c) Tuit respit cesseront.] Voyez l'article 2. de l'Ordonance de *Charles le Bel* de 1327.

(d) Les deffenses données.] Voyez l'art. 3. de l'Ordonance de *Charles le Bel* de 1327.

en deux ans, dedans lesquiex la justice & les creanciers se puissent apaisier, & iceuls passé, se apaisiez ne sont, les deffenses vaillent, comme devant.

Philippe VI. dit de Valois, à Paris, au mois de Decembre 1331.

(4) *Item.* (e) De tous les *Mandemens envoyez aux Prevosts* de Champagne & de Brie, se lesdits Prevosts n'y obeïssent, & il aient eu leur *premier* mandement, le *secont* & le *tiers,* la peine contenuë esdits mandemens sera levée, sans faire grace de la peine.

(5) *Item.* Li (f) uns des Mestres desdites Foires demourra continuellement sur lesdites Foires, pour la dellivrance des Marcheanz, & le proffit commun.

(6) *Item.* Pour ce que les Mestres des Foires cognoissent & doivent cognoistre la souffisance *des Notaires des Foires,* & que (g) li *Notaires* y soient mis & institué plus souffisant, *Nous voulons* que dores en avant, quant le siege *d'un Notaire* vacquera és Foires, par mort, ou autrement, les Mestres des Foires, en leur loyauté, y establissent personnes convenables & souffisans, & aient la corection desdits *Notaires* presens & à venir, quant à leur destitution, s'il messesoient, & à l'institution d'euls quant le cas escheira, sans en prendre pour ce aucun proffist; ne ni establiront, sur leur serment personne, que ils ne croyent estre souffisanz, par priere ne par affection nulle.

(7) *Item.* (h) Le nombre de l'Ordenance des Sergens qui a esté faite pieça, c'est assavoir *sept vingts & dix;* si comme en autres lettres seellées en cire verte est contenu, tendra & le surplus sera osté, & ne porra marcheanz, ne autre, avoir Sergents fors que de ceux de l'Ordenance; ne nul Oultremontain ne sera Sergent.

(8) *Item.* Toutes maniere de Marcheans frequentens les Foires, & qui de nouvel y voudront venir demourer, qui voudront joir des privileges des Foires de Champaigne, seront tenus d'amener leurs marchandises en Champaigne, de quelconques pais qu'il les facent amener, & aux trois jours de la Foire les deschargeront & mettront avant pour vendre, & demoureront *les trois jours* en la maniere accoustumée. Et ces trois jours passez la marchandise qui leur demoura, qui ne sera pas venduë, il pourront mener là où il voudront (i) par le Royaume, & en faire leur profit comme il leur plaira: mais se laditte marchandise qu'il n'auront venduë, & qu'il enmenneront des trois jours, se il la veullent mener hors du Royaume, elle ne sera mie ou conduit des Foires, ou cas où *elle aura passé le Royaume,* Et ce que les Marcheanz & Oultremontains achepteront esdites Foires, en quelconques lieu qu'ils l'amenne, tant ou Royaume, comme hors du Royaume (k) sera *ou conduit* desdites Foires. Et est encor assavoir que tous Marcheans Oultremontains, qui menneront, ou feront mener marchandise par mer, par autre part que par *Aigues-mortes,* ou par les Senechauciées de *Carcassonne,* ou de *Beaucaire,* ou par le Baillage de *Mascon,* en eschivant ledit Port & Senechauciées, s'il ou leurs marchandises estoient pris, ou desrobés, il ne joiroient point du conduit des Foires, ne des privileges.

(9) *Item.* (l) Tuit *Italien & Oultremontains* & toutes autres manieres de personnes de quelques part qu'il soient, dehors nostre Royaume, *presteurs,* ou *Caseniers,* seront tenus de venir demourer & faire compaignie en nosdites Foires; où il vuideront nostre Royaume dedens *trois mois aprés la publication de ces letres.* Toutesfois

NOTES.

(e) *De tous les Mandemens, &c.]* Voyez l'article 4. de l'Ordonance de 1327.

(f) *Un des Maistres.]* Voyez l'article 5. de l'Ordonance de 1327.

(g) *Li Notaires y soient mis.]* Le nombre en avoit esté fixé à *quarante,* par des letres de *Philippe le Long* du mois de Juin 1317. Voyez la note sur les Letres de ce jour, tome 1.er page 649.

(h) *Le nombre des Sergens.]* Voyez les letres de *Philippe le Long,* du mois de Juin 1317. & l'Ordonance de *Charles le Bel* du mois de May 1327. article 6. tome 1.er pages 649. 800.

(i) *Par le Royaume.]* Voyez l'Ordonance de *Charles le Bel* de 1327. article 9. tome 1.er page 801.

(k) *Sera ou conduit desdites Foires.]* Vide *Philippum Albertum Orthenium De conducendi jure,* cap. 8. pag. 271.

(l) *Tout Italien, &c.]* Voyez l'article 9. de l'Ordonance de 1327. tome premier, page 801.

PHILIPPE VI. dit DE VALOIS, à Paris, au mois de Decembre 1331.

s'ils vouloient demourer & user de loyal marchandise, sans prester, ou faire Contract usuraire, il ne seront pas contrains de vuidier le Royaume, ains y porront demourer, en payant les Redevances ordenées. Et porront lesdits *presteurs* & *Cazeniers* qui seront venus demourer en Champaigne, avoir leurs *facteurs*, pour cuillir leurs debtes, qui leur sont deubs par le Royaume, du temps passé.

(10) Item. Toutes les compaignies *(m)* qui tiennent *Change*, & autres *Changeurs* qui ont esté, sont & seront ordenez Changeurs par *les Mestres des Foires*, en payant les debtes accoustumez, & non autres personnes, seront tenus de *seoir*, ou *faire seoir* de leurs gens à leurs *Changes* & avoir leurs *tapis*, en la maniere qu'il le souloient faire ancienement.

(11) Item. Esdites Foires aura *(n)* deux *Tabellions* tant seulement, qui porront faire cartes des Contraux fais de Ythaliens à autre Ythalien, & non entre autre personne, lesquelles cartes, ou instrumens ne seront pas mis à execution par mandement de Foire.

(12) Item. (o) Nuls *Commissaires* ne seront envoyez de par Nous, sur les frequentens des Foires, que li uns des Mestres desdites Foires ne soit mis avecques euls; Et ne porront riens faire sans l'un desdits Mestres, afin que les coustumes des Foires soient miex gardées.

(13) Item. Toutes manieres de Marcheanz de *Chevaus* Ytaliens, & Oultremontains, ameneront leurs *Chevaus* és Foires, & y tendront leurs estalles, sans avoir nulles *residences* ailleurs; Et s'il font le contraire il perdront leurs Chevaus.

(14) Item. Nulles de nos gens *(p)* ne prendront les Chevaux des frequentens les Foires, & se il les prennent, les Mestres des Foires les leur porront delivrer, pour ce que les Marchans n'en perdissent à aller en leurs marchandises.

(15) Item. Se aucuns de nos *officiaux* faisoit aucun grief, ou empeschement aus Marchands desdites Foires, *Nous voulons & ordenons* par la teneur de ces presentes lettres, que *quatre personnes de nostre Conseil,* c'est assavoir deux personnes de *nostre Parlement* & deux autres personnes *des Maistres de nostre Chambre des Comptes*, ou les *trois d'euls*, appellés ceuls qui feront appeler, à la Requeste des Mestres desdites Foires, facent sommairement & de plain accomplissement de justice.

(16) Item. Nous *voulons & ordenons*, que se aucun des Compaignies ou Marcheans dessusdits venoient en aucune maniere contre noz *Ordenances* dessusdites, ou faisoient aucune fraude, qu'ils *soient punis* en telle maniere que tuit li autre y preignent exemple. Et touttes ces choses garder fermement, jureront les Mestres des Foires qui à present sont, & ceulz qui seront ou tems à venir, quand il seront nouvellement faits. Et toutes ces choses faisons Nous à l'honneur de nostre Royaume & au proffit de tout le commun. Et *voulons* & *commandons* que ces presentes Ordenances & chascune d'icelles soient gardées & tenuës de point en point perpetuellement & fermement, sans venir encontre, par quelque voie ou maniere que ce soit, non contrestant toutes autres Ordenances, au devant de ceste, faite en aucune chose au contraire : Et *mandons* & *commandons* par la teneur de ces presentes lettres, aus Gardes ou Mestres de nosdites Foires qui sont à present, & qui seront pour le temps à venir, & à tous noz Senechaux, Baillis, Prevoz & autres justiciers de nostre Royaume, & *requerrons* à tous autres que nosdites Ordenances tieignent, gardent, & facent tenir & garder fermement, & publier en leurs Senechaucies, Baillies & jurisdictions & liex accoustumez à faire criées, & qu'il peussent corrigier tous ceux qui vendront

NOTES.

(m) Qui tiennent Change.] Voyez l'art. 10. de l'Ordonance de *Charles le Bel* de l'an 1327. tome 1.er page 802.

(n) Deux Tabellions.] Par l'article 11. de l'Ordonance de *Charles le Bel* de 1327. il ne devoit y en avoir qu'un.

(o) Nuls Commissaires.] Voyez l'art. 12. de l'Ordonance de *Charles le Bel* de 1327. tome 1.er page 802.

(p) Ne prendront chevaux.] Voyez l'article 30. de l'Ordonance de S.t Louis du mois de Decembre 1254. tome 1.er page 74. l'Ordonance de *Philippe le Bel* de 1308. art. 6. 7. 8. &c. pages 459. 460.

ou feront encontre par quelque voie, ou maniere que ce soit, en tele maniere qu'il soit exemple à tous autres. Et pour ce que ce soit ferme & estable à touzjours, Nous avons fait mettre nostre Seel à ces presentes lettres. Ce fut fait à Paris, *l'an de grace mil trois cens trente & un*, ou mois de *Decembre*, ainsins signez par le Roy en son Conseil. *R. DEMOLINS.*

PHILIPPE VI. dit DE VALOIS, à Paris, en Mars 1331.

(a) Ordonance touchant la Ville de Laon.

SOMMAIRES.

(1) Le Bailly de Vermandois, ou son Lieutenant pour luy, connoistra de toutes affaires, tant en assises à Laon, que hors d'assises.

(2) Il y aura à Laon un Prevost de la Cité à gages, qui y exercera pour le Roy, la justice haute, moyenne & basse, & dans tous les lieux qui estoient de la Commune, ou de la paix, l'appel de ses jugemens sera porté pardevant le Bailly de Vermandois, dans ses assises à Laon.

(3) Le Prevost establira à Laon les maistres de tous les mestiers.

(4) Le Prevost *de la* Cité *assistera en la Cour du Prevost* forain, *comme les Eschevins y assistoient ancienement, pour y juger & prononcer les jugemens. Et les appellations* volages *tant à Laon que dans tous les lieux dépendans de la Cité, seront portées pardevant luy, sans que le Prevost forain en puisse connoistre.*

(5) Le Prevost de la Cité de Laon pourra, comme ancienement les Eschevins, se transporter dans les justices tres foncieres des Seigneurs, pour y rendre ses jugemens.

(6) Ceux qui avoient accoustumé de venir à Laon, & qui y viendront pour avoir conseil & jugement, seront expediez par le Prevost, qui appellera avec luy six sages personnes, ou plus.

(7) Les sommes destinées pour le pavage, *seront levées comme à l'ordinaire & employées aux reparations & à l'entretien des chaussées.*

(8) Les sommes dont les habitans de Laon auront besoin pour la deffense de leurs paturages, de leurs droitures & de leurs franchises, pour la conservation des puits, des fontaines, & pour le payement de leurs rentes à vie ou à perpetuité, seront levées par six *personnes que le Prevost fera eslire par le peuple, dont trois seront Procureurs, & les trois autres* Eslus *leveront une taille proportionnée, avec le Prevost, qui sera employée aux charges & aux necessitez de la Ville.*

(9) Il n'y aura plus à Laon de Tour du Beffroy, *& les deux cloches qui y estoient en seront ostées & confisquées au Roy. Les deux autres cloches, qui sont en la Tour de porte Martel y resteront, dont la grande servira à sonner le couvre-feu au soir, le point du jour au matin, & le tocsin; Et la petite pour faire assembler le guet.*

(10) Quand le Prevost sera establi il jurera en presence du peuple aux assises du Bailly de Vermandois, qu'il rendra justice sans acception des personnes.

(11) Le Doyen, le Tresorier, le Chapitre & toutes les autres personnes de l'Eglise de Laon jureront, qu'ils ne traverseront les habitans de la Ville, ni le Prevost dans son territoire.

PHILIPPE par la grace de Dieu, Roy de France: Sçavoir faisons à tous presens & à venir, que comme Nous considerans, que la *Commune jadis de Laon,* pour certains meffaits & excés notoires, enormes & detestables, avoit esté ostée & abatuë à tousjours par *Arrest de la Cour de nostre tres cher* Seigneur & oncle le Roy *Philippe le Bel,* confirmez & approuvez par nos tres chers Seigneurs les Roys *Philippe & Charles* dont Dieux ait les ames, par grant deliberation de nostre Conseil *avons ordené* que jamais Commune, Corps, College, Eschevinage, Maire, Jurez, ou aucun autre estat, ou signe à ce appartenant ne soient instituez, ou establi à Laon, sauf en

NOTES.

(a) Cette Ordonance est au Tresor des Chartes, Registre coté 67. piece 629. La Ville de Laon, dont l'Eglise avoit esté une des plus celebres du Royaume, fut dans l'onziéme & le douziéme siecle agitée par des guerres & des rebellions, dont l'histoire est rapportée en partie par *Guibert*, Abbé de Nogent sous Coucy, dans le Livre troisiéme de sa vie. Et enfin pour punition de tous les crimes que ses habitans avoient commis, elle fut privée de son droit de *Commune*, sous le regne de *Philippe le Bel*, par Arrest du Parlement. Et comme il n'y avoit plus d'Officiers de Ville, c'est-à-dire, plus de Maires, ni d'Eschevins, pour en gouverner les affaires, *Philippe de Valois* y pourvût par cette Ordonance. Touchant les Villes

PHILIPPE VI. dit DE VALOIS, à Paris, en Mars 1331.

cas de necessité, évident par certaine maniere, & par certaines conditions, si comme en nos lettres sur ce faites est plus plainement contenu, esquelles il est dit, que par Nous sera pourveu au gouvernement de ladite Ville de Laon, & le pays soient gouvernez & tenuz en bonne paix & en bon estat, & les bonnes coustumes & les bons usages gardés, & les *fortereßes*, les *Puits*, les *Fontaines*, & les autres *aisances* de ladite Ville maintenus, & le lieu & les habitans gouvernez en transquillité, si comme sont plusieurs autres bonnes Villes de nostre Royaume, esquelles il n'a nul estat de Commune. *Nous consideré* le bon gouvernement qui a esté en ladite Ville par nos gens, *depuis que la Commune fu abatuë*, & qui est aussi, & a esté és autres *Citez & bonnes Villes de nostre Royaume, esquelles il n'a nul estat de Commune, ne d'Eschevinage,* eü sur ce grant & meure deliberation & Conseil audit Gouvernement, avons pourveu & pourveons en la maniere qui s'ensuit.

Premierement. Nous *voulons & ordenons* que des causes, querelles, & besoignes qui seront demenées pardevant nostre Bailli de Vermandois, ou son Lieutenant, tant en assises, comme hors d'assises à *Laon,* ledit Bailli ait dores en avant seul & pour le tout la cognoissance & les jugemens; & sur ce, & d'iceux se puisse conseillier & demander conseil là, & à quelques personnes que bon li semblera.

(2) Item. Nous avons *ordené & ordennons* que par tout temps mais dores en avant soit establi par Nous, & de par nos successeurs une bonne personne convenable à gages, qui aura nom le *Prevost de la (b) Cité de Laon,* pour gouverner toute la *justice & Jurisdiction haute moyenne & basse* que Nous avons à Laon, & dedans les termes & les metes de *la paix,* & de la *Commune* jadis de Laon, tant celle qui fut jadis de la Commune, comme celle que Nous y avions & avons; lequel Prevost de toutes les causes, querelles qui pardevant li seront meues, aura le jugement seul & pour le tout; Et se pourra conseiller, & demander conseil desdits jugemens là, & à quelques personnes que bon li semblera. Et se il estoit appellé de li par quelque voye que ce fust, Nous *voulons* que nostre *Bailli de Vermandois* ait la premiere cognoissance de ses appeaus, és assises à Laon. Et defendons de certaine science & pour cause que oncques ou temps à venir pour quelque couleur, ou engin que ce soit, l'Office dudit Prevost *(c)* ne soit venduë ou baillée à *ferme,* mais perpetuellement demeure & soit en *garde* à gages competens.

(3) Item. Nous *ordenons & voulons* que nostredit *Prevost* mette les Maistres de tous les mestiers & artifices qui sont & seront à Laon, toutesfois que mestier en sera.

(4) Item. Nous *ordenons & voulons* que ledit *Prevost* soit en la Court de nostre *Prevost forain de Laon,* toutesfois que mestier sera, ainsi comme souloient estre *Eschevins, ou temps de la Commune,* pour oir les plaidaries qui là seront demenées, & pour *juger & prononcer les jugemens,* si comme il est accoustumé, desquels il se conseillera & demandera conseil, se il en a mestier, à telles personnes, & si comme bon li semblera; Et *voulons & ordenons* que les *(d) Appiaus volaiges,* qui se feront en la *Ville de Laon,* & en toutes les *Villes & Jurisdictions* appartenant audit *Prevost de la Cité,* viennent pardevant li, & en sa Court, sans ce que nostre *Prevost forain* qui seroit pour le temps, s'en entremette de riens dores en avant.

(5) Item. Nous avons *ordené & ordenons* que toutes fois que les Justiciers des *Seigneurs, qui ont justice tres fonciere à Laon,* vendront requerir ledit Prevost, pour aller à leur Court jugier, & faire ce que souloient faire en tel cas les *Eschevins* de

NOTES.

de Commune. Voyez mon Glossaire, & Philippe de Beaumanoir dans ses Coutumes de Beauvoisis, chapitre 50. page 168.

(b) Cité de Laon.] C'est ainsi qu'on nomme les Villes où il y avoit Siege Episcopal ou Archiepiscopal. Voyez ce que j'ay remarqué à ce sujet dans mon Glossaire du Droit François.

(c) Ne soit venduë ne baillée à ferme, mais soit en garde.] Remarquez la difference des Prevostez *en garde,* & à *ferme.* Voyez Loiseau dans son Traité des Offices, livre 3. chap. 1. n. 75. 76. 77. 80. &c. page 209. de l'édition de 1660.

(d) Appiaux volaiges.] Voyez cy-dessus les letres du mois d'Aoust 1332. page 81.

Laon, ou temps de la *Commune* jadis, que il y aille, ou envoye pour li, se bonnement n'y pouvoit aller, personne convenable pour faire les choses à ce appartenant, si comme le *Gardien*, qui a esté de par Nous, l'a accoustumé de faire, & comme les *Eschevins* le faisoient ou temps de la Commune.

PHILIPPE VI. dit DE VALOIS, à Paris, en Mars 1331.

(6) *Item.* Nous avons *ordené & ordenons*, que tous ceux qui avoient accoustumé de venir, & qui vendront querre Conseil & Jugemens à Laon, ayent leur conseil & jugement par nostredit Prevost, lequel appellera pour li conseiller à ce faire, chascune fois que mestier en sera, *quatre, ou six sages hommes,* ou tel nombre & telles personnes comme bon li semblera. Et se il estoit absent, ou empesché, son Lieutenant le fera pour luy, en tele mesme maniere.

(7) *Item.* Nous voulons que le *Pavage* accoustumé à lever à Laon, soit levé & converti enterinement és reparations & soustenances des Chauciés, par ceux que nostre *Prevost* establira.

(8) *Item.* Pource que les habitans de Laon & des appartenances des *termes de la Paix & de la Commune jadis,* pourroient avoir affaire pour defendre leurs *pasturages*, leurs *franchises*, leurs *droitures* & *libertez*, & pour ce qu'il conviendra à faire *tailles*, pour poursuir leurs besoignes, & pour maintenir en bon estat leurs *forteresses*, les *puits*, les *fontaines*, les *murs*, les *chaussies*, & les autres *aisances* de ladite Ville au proufit commun, & pour payer les *Rentes* qu'ils doivent à *vie & à heritage,* & leurs debtes & autres charges; Nous avons *ordené & ordenons,* que dores en avant, de trois ans en trois ans, ledit Prevost, en lieu convenable, fasse assembler le *pueble de Laon*, & là en sa presence fasse eslire *six personnes convenables* de ladite Ville, desquelles ils facent *les trois Procureurs*, & chascun pour le tout, à poursuir leurs causes & besongnes, se aucunes leur en survenoient, & à eux defendre & requerir, & demander leurs droits, leurs libertez, & franchises, se mestier estoit, & pour toutes autres choses qu'ils pourroient avoir à faire pour le profit commun, & les autres trois *Eslus* avec ledit Prevost visiteroient chascun an, deux fois, ou trois, ou tant de fois comme mestier sera, les *murs*, les *portes*, les *forteresses*, les *puits*, les *fontaines*, les *chaucies* & *pavemens*, & toutes les autres aisances communes de ladite Ville, & verront les reparations qui seront necessaires; pour lesquelles, & pour payer les *rentes* & les debtes qu'ils doivent & devront, & pour faire les autres necessitez communes de ladite Ville & des appartenances, toutesfois qu'il sera mestier de faire *taille*, ledit Prevost fera assambler le pueple en lieu convenable, si comme dessus est dit, & avec lesdites *trois personnes*, exposera au pueple les causes pourquoy il convient faire *taille*; & aprés ce il & lesdiz *Esleuz* prendront de chascune paroisse *deux ou trois personnes* de ceux qui miex pevent & doivent sçavoir les facultez de leurs voisins; Et iceulx, & lesdits *Esleuz*, jurez premierement aux saints Evangiles que nul ne chargeront, ne ne deporteront à leur escient contre raison, fera ledit Prevost imposer & *asseoir la taille* sur toutes les personnes qui à ce seront tenuës; de laquelle *assiette* il retendra coppie pardevers li, quand elle sera faite; & puis sera levée ladite *imposition* par les trois *esleuz* qui en paieront les *rentes* & les *debtes* de ladite Ville, & les marchiez des reparations & les ouvrages & autres mises necessaires de ladite Ville, qu'il convendra à faire, pour le profit commun, desquelles & des receptes qui auront esté faites tant desdites tailles comme d'ailleurs, il compteront en la fin des *trois ans* dessusdiz, present ledit *Prevost,* à nostre *Bailli de Vermendois,* qui vendra oir ledit Compte à Laon, & appellera les bonnes gens de la Ville audit compte oir, ceux qui estre y voudront; & le compte rendu & affiné ledit Bailli envoyera coppie de mot à mot, soubs son seel, en la *Chambre de nos Comptes à Paris* pour veoir & examiner se il y auroit chose qui deust estre corrigée, & qui ne feust faite raisonnablement, & pour en faire ce qu'il appartendra.

(9) *Item.* Nous *ordenons* & *commandons* que les *cloches,* qui furent de la Commune jadis de Laon, les deux qui sont en la tour que l'en seult dire *le Beffroy,* & tout le merrien, où elles pendent, ce qui en pourra estre osté, sans empirement, ou dommage de ladite tour, soient tantost ostées & mises, & appliquées à nostre profit, pour translater hors de Laon, sans ce que jamais y soient retornées; *Et defendons* que ladite tour ne soit jamais

PHILIPPE VI. dit DE VALOIS, à Paris, en Mars 1331.

appelée *(e) Beffroy*, mais soit appelée & nommée dores en avant la *prison du Prevost*. Et *voulons & ordenons* que les autres *deux cloches* qui sont en la tour de porte Martel, une grant, & une petite, demeurent perpetuelment là où elles sont, *la grant* pour sonner *cueuvrefeu* au soir, & le *point du jour au matin* & *la petite* pour sonner un po avant *cueuvrefeu*, afin de faire venir & assembler le *guet* ou lieu acoustumé, & pour sonner avec *la grant* cloche, se il avoit en la Ville *peril de feu:* mais pour nulles autres causes, ne autrement ne seront sonnées lesdites cloches: Et establira ledit Prevost une personne de par Nous, qui les sonnera en la maniere, & pour les causes dessusdites.

(10) Item. Nous *voulons & ordenons que* és premieres *Assises* qui seront tenues à Laon par *nostre Bailli de Vermendois,* aprés ce que ledit *Prevost* sera nouvellement establi, il *jure* en presence du pueple, sur saints Evangiles, que bien & loyaument gouvernera à son escient, & fera droit au grant & au petit, sans acception de personne, & que il gardera les bons usages & les bonnes coustumes de la Ville de Laon, des habitans d'icelle, & des appartenances, & les defendra, & gardera deüement de torts & de injures.

(11) Item. Nous *ordenons & commandons* que dores en avant le Dean, Thresorier, & Chapitre, & toutes les autres personnes de l'Eglise de Laon cessent, & se seuffrent de travailler les habitans de Laon & des autres Villes & lieux appartenans à la subjection dudit Prevost, à Lengres & ailleurs hors de leur diocese de Laon. Et pource que ce soit ferme & estable à touz jours, ou temps à venir, Nous avons fait mettre nostre Scel à ces presentes lettres faites & données à Paris, l'an de grace mil trois cens trente-un ou mois de Mars.

Par les deputez sur ce de par le Roy avec les gens des Comptes & les Tresoriers & leur presens eus. R. de Molins.

NOTES.

(e) Beffroy.] C'est la tour où sont les cloches de la Ville. Voyez mon Glossaire du Droit François, au mot *Beffroy,* & Beaumanoir, chapitre 50.

PHILIPPE VI. dit DE VALOIS, en 1331.

(a) Ordonance portant que ceux qui se pourvoieront contre des Arrests, par proposition (b) d'erreur, payeront deux amendes.

PHILIPPUS, Notum facimus universis, *cordi nobis esse lites minuere, & a laboribus relevare subjectos, ut finis brevior & debitus litibus imponatur. Sane quia sæpe per importunitatem petentium, tam* Nos, *quam nonnulli* prædecessores nostri *Reges Franciæ multas gratias concessimus de* proponendo Errores *contra* arresta in Curia nostra lata, *ex quo lites quandoque factæ sunt immortales,* gentesque nostræ pro Nobis *nostrum tenentes Parlamentum, adeò circa* examinationem dictorum Errorum *aliquotiens occupantur, quod expeditioni aliarum causarum, quæ in Parlamento nostro ventilantur, vacare commodè nequeunt, in grande præjudicium, atque dampnum subditorum nostrorum. Ideò nos præterita emendare volentes, & adversus futura, quantum possimus, providere; inclitæ recordationis* Domini Regis Karoli consanguinei, ac prædecessoris nostri *vestigiis inhærere volentes,* hoc Edicto perpetuo Statuimus, *ut quicumque* gratiam a Nobis, seu Successoribus nostris proponendi errores *contra* Arrestum, in Curia nostra *latum,* impetraverit,

NOTES.

(a) Cette Ordonance est au Registre A. du Parlement, feüillet 111. *verso* ou 5. Voyez cy-aprés l'Ordonance du mois de Decembre 1344. n. 9.

(b) L'usage des *appellations* n'a esté reçû que tard en France, comme on le void dans le chap. 80. du premier Livre des Establissemens de *S.t Loüis.* Voyez au tome 1.er page 171. à la note qui est marquée letre *(e)* le chap. 15. du livre 2. & cy-dessus tome 2. page 169. auparavant on se pourvoyoit par *supplication* ou *proposition d'erreur,* en quelques lieux, en s'adressant au Juge mesme qui avoit rendu la Sentence, suivant la Loy premiere. *Digestis de officio Præfecti Pretorio,* & la Loy unique, *Cod. De sententiis Præfecti Prætorio.* Mais ailleurs en

antequam

antequam ad proponendum errores prædictos, *per* Curiam nostram *admittatur, vel super hiis audiatur,* CAVERE IDONEE *teneatur* de refundendis expensis & interesse parti adversæ, *ac Nobis solvendo* DUPLICEM EMENDAM, *si per Arrestum, seu judicium Curiæ nostræ succubuerit. Quod si* idonee cavere *non potuerit, talem præstabit* cautionem, *qualem Gentes nostrum tenentes Parlamentum ordinabunt, licet in literis gratiarum nulla mentio habeatur, de solvendo* duplicem emendam, *vel de refundendis damnis, vel expensis.* Hæc ordinatio *registrata est, inter arresta anni millesimi trecentesimi trigesimi primi.*

PHILIPPE VI. dit DE VALOIS, en 1331.

NOTES.

s'adressant au Suzerain, ou Superieur. Voyez la note sur le chapitre 78. & 80. du Livre premier des Establissemens, & sur le chapitre 15. du deuxiéme Livre, & cy-dessus, tome 2. page 5. Quand les *appellations* furent admises, les plaideurs eurent ensuite l'audace de se pourvoir par *proposition d'erreur* contre les Arrests du Parlement mesme, ce qui fut en partie borné & corrigé par cette Ordonnance, par l'article 9. de celle du mois de Decembre 1349. & ensuite totalement aboli par l'article 42. de l'Ordonance de 1667. du Titre Des *Requestes Civiles.*

PHILIPPE VI. dit DE VALOIS, à Paris, en Aoust 1332.

(a) Letres par lesquelles le Roy supprime les (b) appeaux vollages dans la Ville de Launay en Porcien.

PHILIPPE par la grace de Dieu Roy de France, Sçavoir faisons à tous presens & à venir, que comme les habitans de la Ville de *Launay en Pourcien,* disans que pour cause des *Appeaus que l'en dit volages,* il ont soustenu, & soustiennent, & ont de jour en jour *grans griez, molestez & dommages,* nous ayent supplié que nous *voussissions* oster du tout & abatre en ladite Ville *lesdiz Appeaus,* & nous en ayent offert lesdiz habitans pour eulz & pour leurs successeurs à tousjours més, donner *pour chascun chef de feu d'ostel* de ladite Ville, *trois soulz tournois chascun an, au jour de la S.t Martin* d'hiver, afin que Nous *abatons* & *ostons* du tout pour tousjours més

NOTES.

(a) Ces Letres sont au Tresor des Chartes, Registre coté 67. piece 1049. Voyez cy-aprés les letres du mois de Mars 1331. page 77.

(b) Appeaux vollages.] Selon le procés verbal des Coutumes de Vermandois, dans la Prevosté foraine de Laon. *Le Roy a seul la connoissance des* appeaux volages, *qui est telle que toutes les fois qu'un soy disant, & maintenant possesseur d'aucun heritage, est troublé, & empéché, par trouble & empéchement de fait en son heritage, par un autre, & il le trouve en iceluy son heritage, luy faisant ledit trouble & empéchement; en ce cas il loist à tel possesseur, sans commission & ordonnance du Juge, de luymesme appeller promptement par* appel volage, *celuy, ou ceux qui auront fait, ou font le trouble, à brief jour & heure. Neamoins comparent & sont tenus comparoir les appellez, en tel estat, c'est à dire, avec les instrumens, armes & bastons dont ils estoient garnis, faisans ledit trouble de fait, pardevant le* Prevost *de ladite Prevosté foraine, qui est le Juge pour le Roy, & pardevant lequel, ledit possesseur est tenu faire demande, & conclure formellement en matiere* de nouvelleté, *sans pouvoir prendre autres conclusions, sur lesquelles les appellez sont tenus répondre promptement. Et cela fait, doit ledit* Prevost *renvoyer & remettre les parties à ses plaids ordinaires, s'il n'y a cause, avant ce faire, d'adjuger quelque provision, comme de sequestre de fournissement, de complainte, ou autres. Toutefois il y a plusieurs Bourgs & Villages, en ladite Prevosté, pour les manans & habitans d'iceux, qui par cy-devant ont esté, & sont encore exempts desdits appeaux,* moyennant la redevance de deux sols parisis, que *les non clercs & bigames desdits villages affranchis, sont tenus payer par chacun an au Roy, pour leurs exemptions, & dont le receveur fait recepte.* La Ville de *Launay,* fut une de celles qui obtinrent des affranchissements. Dans les Registres du Tresor, il y a des Lettres semblables pour plusieurs autres lieux, qu'on n'a pas jugé à propos par cette raison de faire transcrire. Ces appels avoient esté anciennement abolis. Ils furent restablis par une Ordonance de *Philippe le Bel,* au Parlement de la Toussains de l'an 1296. qui est au feüillet 328. du premier tome, & enfin ils furent derechef abolis sous *Philippe de Valois,* moyennant une redevance modique. Mais à en juger par ce qui vient d'estre rapporté, du procés verbal des Coutumes de Vermandois, il paroist qu'aprés avoir esté ainsi abolis, ils furent encore en usage en quelques lieux.

PHILIPPE VI. dit DE VALOIS, à Paris, en Aoust 1332.

lesdits Appeaux volages, *Nous* à leurdite supplication inclinans, avons *osté & abatu & ostons & abatons* du tout lesdiz *Appeaus volages* en ladite Ville, quant aux habitans de ladite Ville tant seulement, & iceulx habitans pour eulz & pour leurs successeurs *affranchissons* des diz Appeaus volages à tousjours més, parmy & sur les conditions qui s'ensuivent. C'est assavoir que tous lesdiz habitans & leurs successeurs, excepté les personnes qui n'estoient pas sujettes ausdiz *Appeauz*, seront tenus de Nous payer pour chascun chief de feu d'ostel de ladite Ville *trois soulz tournois par an*, le jour de la *S.t Martin d'hiver*, lesquiex il payeront à *nostre Receveur de Vermendois* pour Nous, ou à ceulz qui par Nous, ou par nos successeurs seront députez à ce recevoir, & s'il en y avoit aucun desdiz habitans qui fussent *non payables*, les *bien payables* les *feront payables*, en tele maniere que Nous & nos successeurs aurons enterinement lesdiz *trois soulz* pour chascun *chief de feu d'ostel de ladite Ville* en la maniere que dit est. Et se il avient que aucun des touz manans de ladite Ville, voise *demourer hors d'icelle Ville* en lieu qui soit subgiet *ausdiz Appeaux volages*, il ne joiront pas de cette franchise tant comme il demouront hors de ladite Ville en lieux subgiez *ausdits Appeaux*: Et pourront lesdiz habitans & chascun d'eus appeller & user si comme devant, des Appeaux volages contre *leur Seigneur, Maieur, & touz autres Justiciers* quelconques de ladite Ville & des appartenances, en tant il sont & seront leurs Seigneurs & Justiciers, si semblable franchise ne leur est ottroiée, ou temps à venir, de Nous, ou de nos successeurs. Et s'il avient que lesdiz habitans *appellent* aucuns autres sougiez ausdiz *Appeaus volages*, qui n'auroient semblable *franchise*, les appellans seront tenuz de poursuivre leurs *Appeaus*. Et ou cas que personnes estranges appelleront le *Majeur* & les *Eschevins* de ladite Ville, pour causes quelconques, qui touchent lesdiz *habitans*, ou aucuns de euls, le *Majeur*, ne les *Eschevins* ne seront tenus en ce cas de venir ny de obeïr ausdiz *Appeaus volages*. Et n'est pas nostre entente que si il y a aucuns *Clers* habitans de ladite Ville qui ayent personnes laies demourans en leur hostieux, que lesdites personnes laies puissent *joir ne user* de ladite *franchise*, si il ne payent lesdiz *trois solz* tournois comme les habitans de ladite Ville. Reservé à Nous les appellations *(c)* de *deffaut de droit & deffaus*, ou *mauvais jugemens, & les adjornemens* & tous *autres cas* à nous appartenans pour cause de nostre souveraineté en autres faits & en autres causes, és queles lesdiz habitans seront tenus de venir & d'obeir si comme il faisoient avant *l'ottroy de ceste franchise*, & sauf en autres choses nostre droit & en toutes l'autrui. Et pour ce que ce soit plus ferme & estable à touzjours més, Nous avons fait mettre nostre Seel en ces presentes Lettres. *Donné à Paris, l'an de grace mil trois cens trente & deux ou mois d'Aoust.*

Par la Chambre des Comptes & le Tresoriers. *P. Jul.*

NOTES.

(c) De deffaut de Droit, ou de mauvais jugement.] Voyez ce qu'on a remarqué sur le chap. 78. du premier Livre des Establissemens, tome premier, page 169. & Beaumanoir, chapitre 61. 62.

PHILIPPE VI. dit DE VALOIS, à S.t Germain en Laye, le 20. Septembre 1332.

(a) Declaration portant, que lorsqu'il plaist au Roy de remettre aux Evesques le temporel de leurs benefices, avant qu'ils ayent rendu leur hommage, *& qu'ils ayent fait le* serment de fidelité, *s'il vacque quelque benefice en* Regale, *la Collation neamoins en appartiendra au Roy, qui en disposera tant que le Prelat n'aura pas rendu son* hommage, *ou fait le* serment de fidelité.

PHILIPPE par la grace de Dieu, Roy de France, à nos amez & feaulx les gens tenans nostre Parlement, & à tous autres qui ces presentes Letres verront, *Salut.* Sçavoir faisons, que Nous avons sçû & sommes informez, par la relation d'aucuns de nos gens, dignes de foy, que nostre chier Seigneur *& cousin le Roy Charles*, dont Dieu ayt l'ame, par grant deliberation & avis de son Conseil, *voust, declara & ordonna, pour tout temps à venir*, que si a *un nouvel Prelat, Arcevesque, ou Evesque*, qui *li deust fere serment de feauté & homage*, ou ledit *serment seulement*, il feist grace de luy rendre la *temporalité* tenuë en main royale pour cause de *Regale*, avant ce qu'il feist sondit serment & *homage*, ou l'un de eux, à quoy il seroit tenu. L'entente de mondit Seigneur estoit, que *le Droit de la Collation des benefices, pour cause de Regale*, que yceluy Regale durant, ou *(b)* jusques à tant que ledit *(c) serment, ou homage*, ou l'un d'iceux luy auroit esté fait, *luy fust reservé* & sauf, Et en peust ordonner; comme avant ce qu'il feist ladite grace, & que ce mesmes *voust*, & *ordonna*, & declara des benefices, qui durant le Regale avoient vacqué, combien que le Prelat eust fait son devoir envers luy, & qu'il luy eust rendu & delivré à plain tout son *temporel*, qui tenu seroit en la main royal, pour raison dudit *Regale*. Si vous mandons & commandons & à chascun de vous, que en ceste maniere vous le tenez & gardez, faites tenir & garder fermement toutesfois que le cas y a esté eschu depuis ladite Ordenance, & y escherra au temps à venir. *Donné à Saint Germain en Laye le vingtiéme jour Septembre, l'an de grace mil trois cens trente-deux.*

PHILIPPE VI. dit DE VALOIS, à S.t Germain en Laye le 20. Septembre 1332.

NOTES.

(a) Cette Ordonance est au Registre A. du Parlement, feüillet 21. & en la Chambre des Comptes de Paris, Registre *Croix*, feüillet 101.

(b) Jusques à tant que ledit serment, ou homage, ou l'un d'iceux luy auroit esté fait, &c.] Du temps de *Philippe Auguste* la Regale finissoit quand le Beneficier eslu, avoit esté consacré & benit. Voyez l'article 11. du testament de ce Prince, tome premier, page 20. Mais cette Ordonance cy, plus conforme aux principes du Droit des fiefs, ordonne mieux, que la Regale ne sera close que par le serment de fidelité ou l'homage. Voyez M. de Marca, *De Concordia sacerdotii & Imperii, lib. 8. cap. 22. n. 10. & 162. & ibi Baluzius*. Les Institutions au Droit Ecclesiastique de M. Gibert, chap. 107. page 677.

(c) Serment ou homage.] Voyez la difference qu'il y a entre l'un & l'autre dans mon Glossaire, sur ces mots.

Ordonance touchant les Monoies, la vaisselle d'argent, & les interests des sommes dûës.

PHILIPPE VI. dit DE VALOIS, à Orleans, le 25. Mars 1332. à la fin de l'année.

SOMMAIRES.

(1) Toutes les monoies du Roy, d'or, d'argent & noires, resteront au prix qu'elles furent mises & ordonées aux brandons de l'an 1328.

(2) Tous les Tresoriers du Roy, receveurs, les gens de son hostel, & tous autres qui s'entremettent de receptes & de mises pour sa Majesté, Changeurs & autres, jureront sur les peines dessusdites, qu'ils ne prendront ne feront prendre, ni mettre par eux ou autres, nulles monoies fabriquées hors le Royaume, pour nul prix quel que il soit, ni celles du Roy pour plus qu'elles ne valent, &c.

(3) Personne, sous peine de corps & d'avoir, ne pourra transporter hors du Royaume, or, argent en masse, ou billon, ni monoie, si ce n'est ceux qui iront hors du Royaume, lesquels ne pourront néamoins porter que ce qu'il leur faudra pour leur dépense ordinaire, selon leur estat. Et pour cet effect il y aura aux ports & passages des gardes commises par les Baillifs & les Seneschaux.

(4) Nul ne pourra prester à usure à plus d'un denier la livre par semaine. Et si aucun prestoit à deniers comptans, sans bailler denrées à un denier, ou au moins à un denier la livre la semaine, le Roy leveroit amende.

(5) Les Orfevres & autres ne pourront faire de grands ouvrages d'or & d'argent, si ce ne sont des Calices & autres vases d'Eglise. Et ils ne pourront acheter à plus haut prix, que ce qu'on en donne aux monoies, sous peine de perdre tout l'argent & la vaisselle.

(6) Les orbateurs ne pourront emploier & ouvrer qu'une certaine quantité d'argent qui leur sera baillée chaque semaine par des personnes preposées, sous peine de perdre l'argent & l'ouvrage.

(7) Les Barons, les Nobles, & les Bourgeois, & toutes les personnes laïques du Royaume seront obligez d'envoyer aux monoies du Roy le tiers de leur vaisselle d'argent pour en fabriquer

PHILIPPE VI. dit DE VALOIS, à Orleans, le 25. Mars 1332. à la fin de l'année.

des petits tournois, des Parisis, & des mailles petites, dont ils seront payez sans delay & sans que le Roy y ait aucun profit, parce qu'il ne prendra que ce que la monoie aura cousté à faire.

(8) L'article precedent ayant esté accordé par les Prelats qui se trouverent à Orleans avec le Roy, tous les autres Prelats du Royaume, seculiers, ou religieux, l'accorderont pareillement, & feront porter chacun en la plus proche monoie du lieu où ils seront, le quart *de la* tierce partie *de leur vaisselle, à la S.t Jean Baptiste prochaine, le second* quart, *à la S.t* Remy *suivante, le troisiéme quart* à Noël, *& le* dernier *à* Pâques. *Ceux qui n'auront que douze* marcs *ne porteront rien s'ils ne veulent, ceux qui en auront plus de douze, jusques à dix-huit, en porteront six, & ceux qui en auront plus de dix-huit, en porteront le tiers.*

(9) Toute vaisselle d'argent dont les executeurs seront obligez de faire de l'argent comptant pour satisfaire au payement des legs, ne sera pas venduë, mais portée aux prochaines monoyes royales, où le prix en sera payé.

(10) Aucun Orfévre, Changeur & Marchand, sous peine de corps & d'avoir, n'acheteront des monoies au Coin des Barons, ou d'autres plus foibles que celles du Roy.

(11) Aucun Orfevre, Changeur, ou autre ne pourra, sous peine de corps & d'avoir, fondre de gros tournois d'argent, ni autre bonne monoie royale, fabriquée en consequence de la presente Ordonance.

(12) Les Mites, *les* Cornus, *& les* Esterlings *n'auront aucun cours, & ne seront pris aux monoies qu'au marc pour billon.*

(13) Les Changeurs, les Orfevres & autres, sous peine de corps & d'avoir, ne pourront affiner, rechassier, trebucher, ni recourre aucune monoie, quelle que elle soit, blanche ou noire.

(14) Tous Estrangers qui apporteront des marchandises dans le Royaume, en emporteront le prix en denrées seulement, & non en argent, sous peine de corps & d'avoir, à l'exception des Marchands de Draps, de chevaux *ou de* Pelleteries, *qui pourront emporter le prix qu'ils en auront touché en or, de la monoie courante.*

(15) Personne, sous les peines marquées cy-dessus, ne pourra prendre, ni donner en payement des Parisis *& des* Tournois foibles *&* pelez, *ou diminuez au-delà de dix sols.*

(16) On ne pourra sous les mesmes peines tenir Change que dans les lieux notables & publics du Royaume, si l'on n'est de bonne renommée, à moins que l'on ne donne bonne & suffisante caution de cinq cens livres Parisis, *avec serment qu'on observera la presente Ordonance, &c.*

(17) Nul sous peine de corps & d'avoir ne pourra faire courretage *d'or & d'argent.*

(18) Nul ne pourra porter billon qu'aux monoies du Roy les plus prochaines.

(a) PHILLIPPES par la grace de Dieu Roy de France, A tous nos Justiciers. *Salut.* Comme au temps que Nous venismes au gouvernement de nostre Royaume. Les *Prelats, Barons,* & le *commun peuple* de nostre Royaume se complainsissent griefment à Nous, par plusieurs fois *de l'estat des monoies,* qui lors estoient si *febles,* & couroient pour si *grand pris,* que touz en estoient grevez & domagiez, tant pour toutes *marchandises, denrées, vivres, journées d'ouvriers,* & autres choses qui estoient desordénement *chieres,* comme en moult d'autres manieres; en Nous requerrans que remede y voullissiens mettre par telle voie, que lesdites monoies feussent mises & ramenées à leur droit pris & cours. Et Nous qui toûjours avons souverain desir & affectueuse volonté de diligenter, & curieusement entendre au bon gouvernement de nostre Royaume, & sur l'estat d'iceluy, en tele maniere que ce soit à *loüenge de Dieu* & à la paix & tranquillité de nos subgiez, & au profit commun de nostredit Royaume, *enclinans* à *leur Requeste* feismes appeller à Paris pardevant Nous, & nostre Grand Conseil *(b) aux brandons,* qui furent *l'an mil trois cens vingt-huict,* les Prelas, Barons, & les bonnes Villes de nostre Royaume, pour avoir conseil & avis comment & par quelle voie, lesdites monoies pourroient estre mises *en leur droit estat.*

A la Requeste de tous lesquiex, & *par leur Conseil, Nous* lesdites monoies *meismes & ramenasmes* en leur droit cours & estat tel, comme elles estoient au temps *Monseigneur Saint Loüis,* si comme il appert plus plainement par les *Ordonnances qui seur ce en furent faites & publiées,* scellées de nostre grand Seel. Et comme depuis par les mouvemens & mutineries d'aucuns *malicieux, cautilleux* de nostre

NOTES.

(a) Cette Ordonance est en la Chambre des Comptes de Paris, Registre B. feüillet 66. *verso.* Voyez au feüillet 34.

(b) Aux Brandons.] C'est-à-dire, à la premiere semaine du Caresme.

Royaume qui toûjours voudroient *l'afleboiement, remument* & *destruction* de nos monoies, *à leur profit singulier* & au grand domage de tout le commun nostre peuple, se doubtoit que nos dites monoies ne fussent *rafebloiées* & mises en greigneur cours, en leur grand grief & domage. Pour laquelle doubte oster, & les domages & inconveniens qui en povoient venir, eschiver, & pour contraiter aux *malitieux* & aux *cautelleux.* Par deliberation de nostre *Grand Conseil,* mandâmes & feismes assembler à *Orliens* plusieurs de nos *Prelats, Barons* & des *bonnes Villes* & autres saiges & cognoissans au fait desdites monoies, & leur avons fait demander leur *conseil* & avis seur ce, & sur la grant defaute, que l'en disoit qui estoit de monoie, & quel remede l'en porroit mettre, parquoy nostre peuple peust avoir *souffisance de monoie;* lequel conseil, Prelaz, Barons & bonnes Villes, en conseil & deliberation ensemble, & chascun par soy, furent à accord, & pour le commun profit, que la bonne monoie li feist tenir, & que *l'en feist la petite monoie.* C'est assavoir *Parisis petits,* & *tournois petiz,* & *mailles d'iceuls,* & que l'en ne feist point de *blanche monoie,* quant à present. Et Nous eu sur ce *conseil* & *deliberation* avec nostre *Grand Conseil,* avons sur ce pourvû en la maniere qui s'ensuit.

PHILIPPE VI. dit DE VALOIS, à Orleans, le 25. Mars 1332. à la fin de l'année.

Premierement. Que toutes nos monoies d'or & d'argent & noires, courront & demourront au pris que elles furent mises & *ordenées aux brandons* dessusdiz, en la forme & maniere que il est contenu en l'Ordonance faite lors sur ce.

C'est assavoir, *le Florin royal, pour douze sols Parisis.*

Le *Parisis d'or,* pour *vingt sols* Parisis.

Le *Florin à l'aignel* de bon poids, pour *onze sols huict deniers* Parisis.

Le *gros tournois d'argent,* pour *douze tournois petits.*

La *maille blanche* pour *quatre tournois.*

Et le *double,* un *petit Parisis.*

Et toutes autres *monoies d'or, Florins de Florence,* & autres soient de nostre coing ou d'autre *n'auront nul cours,* quel que il soit, mais seulement portées & mises au marc pour billon. Et qui sera trouvé faisant le contraire, en prenant ou mettant nos autres monoies d'or & d'argent, pour greigneur pris, qu'il n'est dit dessus. *Il perdra toute la monoie & l'amendera à nostre volonté.*

(2) Item. Pour miex & plus fermement tenir ceste presente Ordenance, tous nos Tresoriers & Receveurs, les gens de nostre Hostel, & tous autres, qui s'entremettent de *receptes* & de *mises* pour Nous, Et tous les Changeurs, Marcheans & personnes notables de nostre Royaume, *jurront* sur les Saints *Evangiles* de Dieu, que sur les *peines* dessusdites. Et ne penront ne mettront, ne feront penre ne mettre par euls, ne par autres, nulles monoies faites hors de nostre Royaume, par nul pris, quel que il soit, ne les nostres pour *greigneur* pris, que il est dit dessus & en autelle maniere. Et par cette mesme voie les Prelas & les Barons de nostre Royaume les *feront jurer* à leurs Receveurs & à ceuls qui feront leurs despens.

(3) Item. Que nul ne soit si hardis, sur *peine* de corps & d'avoir, de traire ne de porter *or, argent, vaisselle, joyaux d'or, d'argent, argent en masse,* ou *billon, ne monoie hors de nostre Royaume,* excepté seulement ceuls, qui iroient hors de nostre Royaume, qui pourront porter monoie, *pour faire leurs despens necessaires,* tant seulement, selon leur estat & condition, se n'est par nostre congié & licence. Et aura pour tous les ports & passages de nostre Royaume, là où nos Seneschaux, Baillis verront, que sera à faire, *bonnes gardes,* & de bonne renommée & honnestes personnes qui seront de nostre Royaume, & non d'ailleurs, *lesquiex seront mis & deputez par nos Seneschaux & Baillis.* Lesquels gardes *jurront* & donront *bonne caution* & souffisante, és mains desdiz *Seneschaux* & *Baillis,* de faire bien & loyaument, à *leurs perils,* leurs offices, & auront *le quint* des *choses, qui par euls seront prises & jugiées pour forfaites,* par les Juges des lieux, selon *nos Ordonnances.* Et dés maintenant Nous rappellons tous autres gardes & deputez sur le fait & prise de nos monoies.

(4) Item. Pour ce que nostre *petit pueple,* & subgiez de nostre Royaume de France, qui pour labourer & soustenir leurs terres & possessions, & supporter leurs

PHILIPPE VI. dit DE VALOIS, à Orleans, le 25. Mars 1332. à la fin de l'année.

autres necessitez, ont *emprunté à usure.* Et ont esté ou temps passé moult *grevez, domagiez* & *apauriez,* par extorsions de tres *grandes usures. Nous* meuz de pitié & ayant compassion d'euls, combien que Nous ne *veullons,* ne *entendons* à aucun donner taisiblement ne expressement licence, auctorité ne pouvoir de prester à usure, par chose, qui aprés s'ensuive, ne par autre, *toutevoie* pour eschiver le grand domage de nos diz pueples & subgiez, meuz de pitié, *voulons, ordenons* & *establissons,* que *nul ne preste en nostre Royaume à plus de un denier* la livre la *semaine:* Et se aucun par aventure y prestoit deniers comptans, sans bailler *denrées,* quelles que elles soient, *à un denier,* ou au moins *de un denier la livre la semaine,* de laquelle chose toutevoie Nous *ne donnons licence, auctorité* ne *povoir,* si comme dit est, mais Nous n'en leverons & ferons lever amende, quelle que elle soit Et cest article *les Prelas n'octroient, ne contredient* à present, mais Nous faisons fors que il n'en leveront nulles amendes. Et tous ceuls qui feront le contraire, tous leurs biens Nous seront acquis, & sera le corps puni, comme de cas criminel.

(5) Item. Que nuls *Orfevres,* Changeurs, ne autres quiex que il soient, ne soient si hardiz de faire, ni faire faire vessaille, ne *grans vessiaux* d'argent, ne *Hanaps d'or,* se n'est pour *Calices,* ou *vessiaus* à *Sainctuaire* pour servir Dieu, & *Hennaps* dorez à couvercles du pois de trois mars & demy ou de quatre au plus, & blanche vesselle du pois de six onces & au-dessous, tant seulement, ne *achater* argent à *greigneur pris* que *Nous donnons en noz monoies, sur paine* de perdre tout l'argent & la vesselle, lequel argent quant il leur faudra, il l'achateront de certaines personnes qui seront à ce commises & ordenées de par Nous & de nul autre.

(6) Item. Que nuls *orbateurs* ne soient si hardiz d'ouvrer, ne faire ouvrer *d'orbaterie,* ne mettre en euvre en icelui mestier, ne en autre, *or ne argent,* mais seulement certaine quantité d'argent qui leur sera bailliée chascune sepmaine par les personnes dessusdittes, qui seront *à ce ordennées* de par Nous, sur paine de perdre tout l'argent & l'ouvrage & d'amender à nostre volenté.

(7) Item. Pour ce que nostre pueple commun puisse plus habondamment & largement avoir *petite monoye* dont il est greigneur necessité que d'autre, les Barons, tuit li Noble, li Bourgois, & tuit li autre lay de nostre Royaume, de quelque estat que il soient, porteront, ou feront porter en noz monnoyes, tous enterinement *le tiers* de leur blanche vessellemente d'argent, pour faire *tournoiz & parisiz petiz,* & mailles petites d'iceulx, Et en seront payez par ordre & sanz delay, sanz ce que nous y preignons nul profit, mais tant seulement ce que la monnoye coustera à faire, & à ce seront contrains par noz Seneschaus & Baillis & autres Justiciers par leurs feremens.

(8) Item. Et cest article, quant à porter, ou faire porter à noz monnoyes le *tiers de leur vesselle* à nostre priere, & pour le profit commun, *promisrent touz les Prelaz qui estoient presenz* avec Nous à *Orliens,* à faire en leurs personnes & à emplir, si comme dit est, & le promettront & feront touz les autres *Prelaz,* soient seculiers, ou *Religieus,* exemps & non exemps, & aussi le feront tuit li autre Clergié, de quelque estat que il soient, lequel tiers de vessellemente il feront porter *chascun an* en la plus prochaine de noz monnoyes du lieu où il seront plus prés. C'est assavoir *le quart* de la tierce partie de vessellemente dedens la Saint *Jehan Baptiste* prochaine, le *second quart* à la Saint *Remy* prochaine ensivant, *le tiers* quart *au Noël* prochain aprés ensivant, & le *derrain quart à Pasques* prochain aprés ensivant, ou plustost se il leur plest. Et qui en aura *douze mars* tant seulement, ou au-dessous, il n'en sera riens *contraint;* mais qui en aura au-dessus de douze mars jusques à *dix-huit mars* il sera tenu de porter à la monnoye ce qu'il en aura oultre *douze mars;* Et qui en aura plus de *dix-huit mars* sera tenu de porter à la monnoye le *tiers* de tout ce qu'il en aura, si comme dessus est dit.

(9) Item. Que nulle vessellemente d'argent blanche, qui soit de *execution* ou *testament* de quelque personne que ce soit, qui sera ordenée pour *vendre* & pour ledit Testament accomplir, ne soit venduë à nul, mais soit toute portée à noz plus prochaines monnoyes, pour ouvrer en la maniere & si comme il est contenu en l'article

precedent, ſur paine de perdre toute la veſſelle, *(b)* & feront, à leur povoir, touz les Prelaz ceſte Ordenance garder & tenir fermement, entre les Clercs.

PHILIPPE VI. dit DE VALOIS, à Orleans, le 25. Mars 1332. à la fin de l'année.

(10) Item. Que nuls *Changeurs, Orfevres, Marchans,* ne autres ne ſoient ſi hardiz ſur paine de *corps* & *d'avoir,* de aler hors de noſtre Royaume achater monnoyes de Barons, ne de nulles autres plus flebles en pois, ne en loy que les noſtres.

(11) Item. Que nuls Changeurs, Orfevres ne autres quiex qu'il ſoient, ne ſoient ſi hardiz, ſur paine de corps & d'avoir, de fondre, ou faire *fondre gros tournois d'argent,* ne autre bonne monnoye Royal faite en noſtre coing, qui par ceſte preſente Ordenance ont cours.

(12) Item. Que nulles *(c) Mittez doubles, (d) Cornuz, Eſterlins,* ne nulles autres monnoyes faites hors de noſtre Royaume n'aient nul cours fors au marc pour billon.

(13) Item. Que nuls *Changeurs, Orfevres* ne autres quiex que il ſoient, ne ſoient ſi hardiz, *ſur paine de corps & d'avoir,* de *affiner,* ne de *rechaſſier* argent, billon, ne nulle monnoye blanche ou noire, quele que elle ſoit, ne *trebuchier* ne *recourre* nulle monnoye, quelle que elle ſoit.

(14) Item. Pour ce que noſtre Royaume ne ſoit deſgarny de *bonne monnoye,* & que elle ne ſoit portée hors, en eſtranges terres & royaumes, mais ſoit & demeure pour la ſouſtenance & aide de noſtre commun pueple. *Nous deffendons* à touz Marchans *Eſtranges* & autres qui apportent, ou amainent quelconques marchandiſes en noſtre Royaume, que ſur *paine de corps & d'avoir,* il ne ſoient ſi hardiz de *traire monnoye, or, ne argent hors de noſtre Royaume,* ſanz noſtre congié, més ſeulement *denrées,* exceptez ceuls qui aporteront, ou ameneront en noſtre Royaume *(e) Draps, Chevaus,* ou *Pelleterie* pour vendre, leſquiex en pourrons *porter le pris* que il vendront leurs diz draps, chevaus, ou pelleterie, mais que ce ſoit en noz *monoies d'or,* aux quelles Nous donnons cours, & non en autres.

(15) Item. Que nuls ſur les *paines deſſuſdittes* ne ſoit ſi hardiz de prendre, ne de mettre en nul payement, *Pariſis, ne tournois flebles pelez qui paſſent plus de dix ſols,* laquelle choſe Nous ſouffrons qu'il ſe mettent juſques à ladite ſomme *de dix ſols* quant à preſent, pour la neceſſité qui eſt de petite monnoye entre noſtre commun pueple juſques à tant que Nous en aions autrement ordené.

(16) Item. Que nuls ne ſoit ſi hardiz ſur *paine de corps & d'avoir,* de tenir *change* ne faire *nul fait de* marchandiſe de change, ſe n'eſt *és lieus notables & publiques accouſtumez de noſtre Royaume,* & meſmement Nous *voulons* que nuls ne face fait de Change ſe il n'eſt de *bon renom.* Et donrra chaſcun *caution* en la main de noz

NOTES.

(b) Et feront les Prelâts cette Ordonance garder. Voyez cy-deſſus, page 85. ligne 7. & l'article 4.

(c) Mites.] C'eſtoient des monoies Flamendes, dont David *Lindanus* parle ainſi, dans ſon Hiſtoire de Tenremonde, Livre 2. chapitre 2. nombre 46. page 111. de l'édition d'Anvers en l'année 1612. où il dit que le droit de les fabriquer fut accordé aux Chanoines de ce lieu. *Philippus Bonus conceſſit olim in puram eleemoſynam cudere nummos æreos pretii quatuor obolorum Flandricorum quas* metas *vocant quæ valerent toto Dominio Teneremundæno, &c.*

(d) Cornus, Eſterlings.] Les *Cornus* ont vray-ſemblablement eſté ainſi nommez à cauſe de leur figure. Quant aux *Eſterlins,* c'eſt une monoie anciene, dont il eſt parlé en pluſieurs endroits du premier volume, où ils ſont nommez *Stellingi* & *Eſtellins.* Voyez à la page 31. 94. 95. 468. 550. *Vide Cangium in gloſſario.*

(e) Draps, Chevaux, ou Pelleterie.] Sous le Regne de *Philippe de Valois* les Riches eſtoient veſtus d'eſtoffes de ſoie, de *Camelot* & de *Camocas,* dont il eſt parlé dans Pathelin, page 4. de la derniere édition. Le peuple eſtoit veſtu de drap, dont les grands Seigneurs donnoient des habillemens à leurs domeſtiques, nommez *livrées.* Et ceux qui avoient ainſi des livrées eſtoient dits eſtre *aux Draps de leurs Maiſtres,* comme il ſe void dans Froiſſart, tome 2. chapitre 77. Quant aux pauvres ils eſtoient veſtus de *feutres,* dont ils ſe ſervoient meſmes pour couverture la nuit. Voyez ce qu'on a remarqué ſur l'Ordonance du 12. Fevrier 1320. tome 1.er page 735. cy-deſſus, pages 67. 68. *Et Cangium in Gloſſario in Drappus, &c.*

PHILIPPE VI. dit DE VALOIS, à Orleans, le 25. Mars 1332. à la fin de l'année.

Seneschaus & Baillis de cinq cens livres parisis, que il garderont, & rendront loyaumenť ce qui leur sera baillé en *garde, depost,* ou autrement, & jurront que il tendront & accompliront fermement de point . . . ceste presente Ordenance, & ne feront nuls fait de Change *en leurs hostieux,* mais seulement *és lieux publiques* accoustumez & entre *Soleil levant & le Soleil couchant.* Mais il pourront bien payer & recevoir ou prendre l'argent, ou la monnoie de quoy Change sera fait entre euls en leurs hostieux ou ailleurs, mais que le marchié soit fait au Change; Et ne pourra nul Changeur vendre nosdites monnoyes d'or plus que un denier la piece du pris dessusdit, ne achater pour mains que un denier la piece dudit pris.

(17) Item. Pour ce que ce en arrieres le fait *& estat de noz monnoyes à moult esté domagiez* & fraudez, par *courratiers de monnoies,* Nous avons *ordené & ordenons* que nuls ne soit si hardiz, *sur paine de corps & d'avoir,* quiex que il soient, de faire *nul fait de courretage d'or, d'argent* ne de nulle monnoye quelle que elle soit; Et qui sera trouvé faisant le contraire huit jours aprés la publication de ceste presente Ordenance Nous les reputons dés maintenant pour convaincuz & atainz és peines dessusdittes, sans rappel.

(18) Item. Que nul ne puisse porter billon à nulle monnoie, que à noz monnoies, & à la plus prochaine.

Si vous mandons & commandons estroitement, & à chascun de vous, si comme à luy appartiendra, que sanz nul delay vous faciez *noz dittes Ordenances crier & publier solempnellement* par tous les lieux & Villes notables de voz Jurisdictions & ressort où il appartendra, & où l'en a accoustumé à faire semblables criz & publications, & les faites fermement *enteriner, tenir & garder* de point en point selon la teneur d'icelles. Et que cy-dessus és escript & devisé, sanz rien faire, ou souffrir à faire au contraire. Et toutesfoiz & quantes que vous trouverez quelconque personne estre coupable d'aucune des choses dessus dittes, punissiez les des peines dessus contenuës, hastivement & curieusement, sanz autre Mandement attendre. En tele maniere que tuit li autre y preignent exemple de justice, car Nous avons en cuer & en volonté desdittes *Ordenances* faire tenir & garder en la maniere que dessus est dit & devisé. Et pource que ycelles soient mieuz gardées, sanz corrompre ne enfraindre, & que nuls ne s'en puisse excuser de ignorance. *Nous voulons* que vous les *faciez coppier* & mettre en plusieurs *lieus publiques* de voz dittes Jurisdictions, afin que le pueple les puisse *veoir & lire;* Et de ce faire curieusement & notoirement sanz long delay, soyez si diligenz & ententis, que par vous n'y ait aucun deffaut, si comme par plusieurs fois y a esté par vostre mauvaise garde & negligence. Quar ce deffaut y a plus par vous il Nous en desplaira forment & non sans cause, & Nous en *prenrons à vous & punirons griefment.* Et rescripsiez à noz amez & feauls les Genz de nóz Comptes à Paris à quel jour vous aurez reçû noz dittes Ordenances. *En tesmoing* de laquelle chose Nous avons fait mettre nostre Seel à ces presentes Lettres. *Donné à Orliens le vingt-cinquiéme jour de Mars, l'an de grace mil trois cens trente-deux.*

PHILIPPE VI. dit DE VALOIS, à Paris, en Avril 1333.

(a) Letres par lesquelles le Roy revoque un Droit, qu'il levoit sur les Draperies.

PHILIPPUS *Dei gratiâ Francorum Rex Notum facimus universis, tàm præsentibus quàm futuris, nos infra scriptas vidisse literas, formam quæ sequitur continentes. Universis præsentes literas inspecturis,* Joannes de Borbonio & Guillelmus de

NOTES.

(a) Ces Letres sont au Tresor, Registre coté 69. piece 324. Registre coté 71. pour les années 1333. Il y a au Registre 6. du Tresor des Chartes, guichet 20. pour les années 1317. 1318. &c. & au Memorial A. de la Chambre des Comptes de Paris, feüillets 195. 201. des

Ventinaco,

PHILIPPE VI. dit DE VALOIS, à Paris, en Avril 1333.

Ventinaco, *Domini nostri Regis* Clerici, *ac Guido de* Vela, *miles, Senescallus Carcassonensis & Biterrensis, ejusdem Domini Regis Commissarii, ab eodem D. Rege super revocatione gabellæ Pannorum Senescalliæ Carcassonensis, inter cetera negotia deputati,* Salutem. *Notum facimus quod cum virtute & autoritate literarum nostræ commissionis prædictæ, quarum tenor talis est.*

Philippes par la grace de Dieu Rois de France. A nos feaux Clercs & Conseillers, Maistre *Jehan de Bourbon, Pierre de Prouville, & Guillaume de Ventenac,* & au Seneschal de Carcassone, *Salut & dilection.* Comme sur ce que aucuns des habitans de la *Seneschaussée de Carcassone,* disans que les *imposition, Ordenances & deffences* faites ou pays, sur le fait de la *Draperie,* estoient moult domageuses aux gens du pays, nous avoient offert à donner *cent cinquante mille livres tournois,* pour oster & rappeller du tout lesdites imposition, Ordenances & deffences. Et aucuns autres habitans de ladite Seneschaucie disant tout le contraire, nous avoient aussi offert à donner *quarante mille livres tournois,* pour demourer lesdites imposition, *Ordenances & deffences* en leur estat sans rappeller, nous eussiens envoyé en ladite Seneschaucie nostre amé & feal Clerc & Conseiller Maistre *Raymon Saguet* & vous *Jehan* dessusdit, pour savoir à laquelle chose le plus des gens de ladite Seneschaucie s'accorderoit, c'est à sçavoir à rapeller, ou demourer lesdites imposition, Ordenances & deffences, si comme dessus est dit. Et pour ce qu'il a esté trouvé par *l'enqueste* sur ce faite, que la plus grande & saine partie des gens & des habitans de ladite Seneschaucie, veut & a consenti que lesdites imposition, Ordonnances & deffences *soient du tout rappellées* pour le proufit commun, *Nous voullans* & desirans faire & garder le proufit commun avons encliné à leur requeste, à rappeller lesdites imposition, Ordenances & deffences, *parmi ladite somme de cent cinquante mille livres, bons petits tournois, à paier en cinq années prochaines ensuivant.* Pour ce est-il, que vous qui de vostre industrie, diligence & dilection, Nous fions à plain, vous envoions les *Lettres obligatoires sur lesdites offres & consentemens,* avec les procés sur ce faits; & *vous mandons & commettons* par la teneur de ces Lettres, que tantost & sans nul delay vous aillez és parties de ladite *Seneschaucie, & aux autres lieux qu'il vous semblera à faire,* & appellez pardevant vous des bonnes gens du pays, ceux qui vous sera avis de faire, & distribuez & departez entre les gens & les habitans de ladite *Seneschaucie,* ladite somme *de cent cinquante mille livres tournois, à payer ausdis termes de cinq ans,* en la meilleure maniere que vous verrez qu'il sera à faire, en recevant obligations souffisans desdites gens & habitans de payer ausdits termes, ce que à chascun en pourra touchier. Et se il y avoit aucuns rebelles, ou contredisans à faire les choses dessusdites, *contraingniez* les vigueureusement tantost & sans delay à tenir, faire & accomplir lesdites choses, toutes dilations & appellations rejettées. Et tantost que lesdites choses seront faites & accomplies, si comme dessus est dit, *facez cesser & abatre du tout lesdites imposition, Ordennances & deffences,* pourvû que les debtes & redevances, que Nous, ou nos devanciers avions & prenions avant lesdites Ordenances & deffences, & les *quatre deniers pour livre* Nous demeurent, sauf, sus les marchandises & autres choses deffenduës. Et ordonnez qu'ils *soient levez,* & Nous certifiez tantost par vos Lettres de ce que vous aurez seur ce fait. Toutesfois Nous voullons que vous quatre, ou trois, ou deux de vous, sans les autres attendre, puissiez lesdites choses faire & accomplir, & que ce que les uns auront encommancié, les autres, mais qu'ils soient trois, ou deux, puissent parfaire & accomplir, Et *vous mandons & commandons* par la teneur de ces Lettres, à tous nos justiciers & subgiez, & à chascun d'eux, que sur toutes les choses dessusdites, & chascunes d'icelles, & en celles qui les touchent, & en

NOTES.

traitez faits avec les ouvriers en laine du Languedoc. Quoy que ces traitez soient confirmez par les Roys precedens, on n'a pas jugé à propos de leur donner place dans ce Recüeil, parce qu'ils ne sont pas des Ordonances. Suivant ces traitez le Roy devoit lever un certain droit sur les Draps. Et ce droit fut aboli par ces letres, moyennant finance.

PHILIPPE VI. dit DE VALOIS, à Paris, en Avril 1333.

dépendent, il obéissent & facent obéir à vous quatre, ou trois, ou deux de vous diligemment & sans defaut, & vous donnent force, conseil & ayde, toutefois que vous les en requerrez. *Donné à Paris le onziéme jour de Mars, l'an de grace mil trois cens trente & un.*

Nos servando dictarum litterarum tenorem, summam prædictam distribuendam duximus, inter Prælatos, personas Ecclesiasticas, Barones, Nobiles homines, & habitatores ac Paratores villarum, & locorum, *necnon gentes & habitatores terræ* Comitatus Fuxi, *Senescalliæ prædictæ, onerando unumquemque, & imponendo, inde singulis hominibus & habitatoribus ac Paratoribus prædictis, habita consideratione ad statum & numerum focorum cujuslibet villæ & loci, ac dicti negotii qualitatem, certam partem dictæ summæ, prout consulte vidimus expedire; recepimusque obligationes, quasi ab omnibus Consulibus, Syndicis, Procuratoribus, ac Paratoribus singularum villarum, ac locorum hujusmodi, de solvenda dictâ parte eorum, cuilibet imposita,* dicto Domino nostro Regi, *aut deputatis, seu deputandis ab eodem* Domino Rege, *vel nobis, per quinque pares & æquales solutiones,* in quinque annis proximis continuis *& sequentibus. Prima solutione incipienda in festo futuro proximæ* Paschæ Domini, *& aliis sequentibus solutionibus faciendis dictis singulis annis, in festo prædicto: dictusque Dominus noster* Rex, *quem dudum certificavimus de præmissis, intimando sibi, quod dicti Prælati, personæ ecclesiasticæ, Barones & Nobiles, ac gentes & habitatores dicti Comitatus Fuxi, se obligare super hoc recusaverant ad finem, quod nobis rescriberet & mandaret, quid & quomodò super hoc procedere deberemus; nobis inter cætera mandavit, Prælatos, dictas gentes Ecclesiasticas, Barones, Nobiles quos quantum ad eorum expensas, & bona dumtaxat super obligatione hujusmodi in sufferentia, ad suæ voluntatis beneplacitum posuit, in sufferentia teneamus; præter illos & Ecclesiasticas personas, qui talliis & collectis, quibus ratione villarum & locorum in quibus degunt, alias contribuere consueverunt; dictasque gentes & habitatores dicti Comitatus Fuxi, audiamus in suis rationibus, per quas se ab hujusmodi contributione liberos & quietos esse dicunt, super sedenda compulsione contributionis hujusmodi eis facienda, donec visis eorum rationibus, & aliis, quæ in contrarium Procurator regius, vel alius etiam proponere voluerit, cur ad hoc teneantur, idem* Dominus Rex, *seu ejus Curia aliud duxerit ordinandum, & quod interim* dicta Gabella, *ac ordinationes & inhibitiones super ea factæ in terra dicti Comitatus remaneant, & eos ab aliis locis Senescalliæ prædictæ amovere curemus.* Nos ideò *volentes exequi dictam traditam nobis in hac parte formam,* Gabellam *prædictam &* ordinationes, *occasione dictæ Gabellæ factas, per quas hactenus inhibitum fuerat, quod* lanæ aiguelini, animalia lanigera, pelles lanatæ, filum laneum, pannum crudum, grana, gauda, gayda, garanciæ tinctæ, necnon pastellum, cardones domestici, sive franchi, clavati cineres atque ligna, & cætera omnia & singula, quæ ad paraturam, tincturam, adaptationem, complementum & perfectionem pannorum parandorum, adaptandorum & perficiendorum utilia, necessaria & expedientia sunt, ac etiam opportuna, de Senescallia Carcassonensi nullatenus extraherentur. *Privilegia, salvas gardias, cæteraque omnia & singula contenta in dictis ordinationibus, necnon arresta inde secuta, tenore præsentium* amovemus, revocamus, cassamus, irritamus & penitus annullamus, *& ea omnia* reducimus *in statu, quo erant tempore, & ante tempus confectionis ordinationum prædictarum, absque eo quod futuris temporibus, reponi (non) possint, nec reduci in Senescallia prædicta, sine voluntate & assensu expresso, & ad requestum, Prælatorum Universitatum, & personarum ejusdem Senescalliæ communiter & concorditer, seu majoris & sanioris partis eorum, cum sic in tractatu, super amotione dictæ Gabellæ facto, contineatur expresse. Omnesque pœnas civiles & criminales, forefactoras & incursus, quos & quas dicti homines & habitatores, ac* Paratores *villarum & locorum prædictorum dictæ Senescalliæ Carcassonensis, jam ut præmittitur, obligati, ratione gabellæ & ordinationum prædictarum potuerunt commisisse, seu incurrisse, eis & eorum cuilibet,* auctoritate regia *nobis in hac parte commissa, tenore præsentium* remittimus *totaliter, & quittamus, Dantes, per præsentes in mandatis, omnibus & singulis justiciariis* & custodibus portuum & passagiorum Senescalliæ prædictæ, ut prædictas res *& mercaturas, per dictas ordinationes* *a regno Franciæ* extrahi prohibitas, & mercatores & personas alias quascumque cum dictis rebus & mercaturis transire liberè, & eas portare extra regnum Franciæ, *ubi voluerint, permittant, modo & formâ, quibus tempore & ante tempus confectionis ordinationum prædictarum ipsæ consueverant transvehi & portari; dummodo pedagia, & alias redibentias, pro dictis rebus & mercaturis prohibitis, ante tempus confectionis ordinationum ipsarum præstari solita, &* quatuor denarios *pro libra, pro rebus & mercaturis ipsis solverent gentibus Regis, super hoc deputandis.* Mandantes *& præcipientes insuper omnibus & singulis collectoribus, seu receptoribus impositionem duodecim denariorum & infra, quæ pro pannis perfectis, integris, & non integris, ratione dictæ gabellæ solvitur, in villis & locis Senescalliæ prædictæ, ut ab exactione & perceptione impositionis prædictæ cessent deinceps totaliter & desistant; Salvis tamen arreragiis, si quæ de dicta gabella, seu impositione dictorum* duodecim denariorum, *& infra, pro præterito tempore, debeantur, quæ exigi & levari* volumus, *non obstante amotione prædictâ. Gabellam tamen prædictam, ac inhibitiones & ordinationes prædictas, in personis & rebus dictorum Prælatorum, personarum Ecclesiasticarum, Baronum & Nobilium, qui ut præmittitur, in sufferentia positi, sunt in suspenso, ac in terra dicti Comitatus Fuxi, in statu* volumus *remanere, non obstante amotione prædicta, donec* dictus D. Rex, *seu ejus* Curia, *super hoc, aliud duxerit* ordinandum. *Cæterum cum* dictus D. noster Rex *ad relationem aliquorum dictæ Senescalliæ dicentium, quod* Notarii, Servientes *& alii quos dudum deputavimus super inquisitione numeri focorum villarum & locorum Senescalliæ prædictæ, quasdam villas, seu loca in majori, & aliquas in minori quàm deberent numero, posuerunt, nobis expressè mandaverit, ut servata super hoc æqualitate, tàm pro præsenti, quàm pro futuris similibus negotiis, opponamus remedium opportunum; retinuimus in amotione hujusmodi, & adhuc retinemus specialiter & expressè, quod super hoc veritatem* inquiremus, *& inde faciemus, & procedemus, juxta dicti Mandati regii nobis super hoc decreti tenorem, & formam retinuimus etiam & specialiter retinemus, quod illos qui adhuc obligati non sunt, pro parte eis de dicta summa per nos imposita obligari faciamus, & quod si aliqua in & de præmissis corrigenda, emendanda, seu declaranda fuerint, & corrigere, emendare seu declarare quando & quotiens opus fuerit valeamus. In cujus rei testimonium, nos Commissarii prædicti sigilla nostra præsentibus literis duximus apponenda.* Actum Carcassonæ vigesima quarta die Februarii, anno Domini millesimo trecentesimo trigesimo secundo.

Nos autem distributionem & impositionem dictæ summæ, modo contento in dictis literis, factam, & amotionem, revocationem, cassationem & irritationem & annullationem dictæ gabellæ, modo, & sicut in prædictis Literis continetur, factas, *necnon & retentiones,* per supradictos Commissarios factas, *tam super eo quod gabella inhibitionesque & retentiones prædictæ in personis & rebus dictorum Prælatorum, personarum Ecclesiasticarum, Baronum & Nobilium, qui sicut prædicitur in sufferentia positi, sunt in suspenso, ac terra dicti Comitatus Fuxi in statu remanere debeant, donec aliud per vos, seu nostram Curiam super hoc fuerit ordinatum, quam de inquirendo tàm super numero focorum, quam de faciendo obligari illos qui nondum sunt obligati, quàm etiam de corrigendo, emendando & declarando, si quæ in prædictis sunt corrigenda, emendanda vel declaranda sunt, prout in præscriptis literis plenius exprefsantur, ac omnia alia universa & singula in eisdem super scriptis literis contenta, rata habentes & grata ea omnia* volumus, laudamus, ratificamus, approbamus, *& ex certa scientia, autoritate nostra regia, tenorem præsentium confirmamus, nostro in aliis, & alieno in omnibus jure salvo. Quod ut firmum sit & perpetuæ stabilitatis robur obtineat, præsentibus literis nostrum fecimus apponi sigillum.*

Datum Parisius, anno Domini millesimo trecentesimo trigesimo tertio, mense Aprilis.

Per Dominum Regem, ad relationem gentium compotorum. Et Thesaurar. Ja. de Boulaye.

PHILIPPE VI. dit DE VALOIS, à Chantecoq, le 11. May 1333.

(a) Ordonance portant nullité des Letres de Dons en argent, de rentes, ou de Benefices, dans lesquelles il ne sera pas fait mention des autres Dons faits à l'Impetrant, par le Roy, ou ses Predecesseurs.

PHILIPPE par la grace de Dieu, Roy de France, à nos amez & feaulz les *gens de noz* Comptes & Tresoriers à Paris, *Salut & dilection.* Pour ce que plusieurs personnes nous font, & ont fait, & fait faire plusieurs Requestes de *bienfaits, graces & dons,* avoir & recouvrer de *Nous,* pour cause *des services* qu'ils nous ont faits, & font chacun jour, tels y a, ou pour autre cause, les autres qui ne servent, ou ont servi, sans exprimer, ni faire mention aucune des *bienfaits,* qui receus aient, ne qui fais leur aient esté, de nos *predecesseurs,* ne de *Nous:* Et Nous non advertis, ne remembrans *des Dons & Graces,* que faites leur aïons, & ignorans, non mie sans cause, de ceux qui par nosdits predecesseurs, leur ont esté faits, leur octroions, & avons octroié aucunefois, ce qu'il nous requerroient, & cette chose aucunefois, à cil qui autre bienfait avoit eu. Et que ce que secondement, ou tiercement li estoit donné, souffisist bien à autre personne, qui point de bienfait n'avoit eu, & qui aussi bien l'eust desservi, & au quel nous fussiens demis, & ainsi demouré à estre pourvû à plusieurs par cette faute. Et si nous tourne & a tourné souventefois à damage, dont il Nous deplaist grandement. Nous *avons ordené & ordenons* dés maintenant, pour demourer, & tenir à *tousjours-mais,* sans *enfraindre,* que quelque *Don, Grace,* ou *octroy,* que nous facions desoremais *(b) de somme d'argent,* ou *de rente à vie,* ou *à heritage d'office, (c)* ou *de forfaiture,* ou *de benefice,* ou *autre chose qui à profit d'argent & de rente* puist venir, en donnant de nouvel, ou en quittant ce qui dû nous seroit, à quelquonque personne que ce soit, *ne vaille,* ne *teigne dores en avant, par quelque forme de Letres que nous leur donnons seur ce,* se és dites Letres, & en la requeste dudit Don que fait aurons, *n'est faite expresse mention* desdits *bienfaits,* & *graces,* qui faites auront estez par nos predecesseurs, & par Nous à celi, qui ledit bien fait & grace aura de Nous de cy en avant recouvré.

Si vous *mandons & commandons* estroitement, que nostre *presente Ordonnance* vous teniez & faciez tenir & accomplir desoremais, sans faire en rien le contraire par quelque mandement, qui fait vous en seroit, se ainsi n'est en iceli exprimé comme cydessus est dit.

En tesmoing de ce Nous avons fait mettre nostre Seel à ces presentes *données à Chantecoq, le onze jour de May,* l'an de grace mil trois cens trante-trois. *Par le Roy.* Present Messire Geffroy de Beaumont. Leüe toute par le Roy, presens au lire ledit Messire *Geffroy* & P. *Forget* & *Laumosnier.* Verbr.

NOTES.

(a) Cette Ordonance est au Registre A. du Parlement, feüillet 35. *verso.* en la Chambre des Comptes Registre B. feüillet 120.

(b) De sommes d'argent, ou *de rente à vie ou à heritage, &c.]* Il n'est rien dit dans cette Ordonance des fonds de terre du Domaine, parce qu'ils estoient reputez inalienables depuis l'Ordonance de *Philippe V.* du 29. Juillet 1318. & celle de *Charles le Bel* du 5. Avril 1321. Voyez le tome premier aux pages 665. 666. 762. 763.

(c) Ou de forfaiture. Par l'Ordonance de *Philippe V.* du 17. Avril 1320. il estoit statué, que le Roy *ne donneroit amendes, forfaitures, quarts deniers, ne rachats à personne,* mais seulement *certaines* sommes à prendre dessus. Voyez le tome premier, page 705. art. 21.

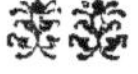

PHILIPPE VI. dit DE VALOIS, à Paris, le 23. Juin 1333.

(a) Letres adressées aux Collecteurs des Decimes, de n'exiger des Religieux de Bon-port, que ce qui sera dû pour huit cens livres de terre.

PHILIPPE par la grace de Dieu, Roys de France, Savoir faisons à tous presens & à venir, que Nous avons veües *unes lettres scellées de Nostre Scel, passées en nostre Chambre des Comptes à Paris*, contenant la fourme qui s'ensuit.

Philippe par la grace de Dieu, Roys de France, aux *Collecteurs du (b) dizisme* de la Province de Roüen & à leurs deputez, ou Lieutenans, *Salut*. Les Religieux... de Bon-port, &c. *Donné à Paris le vingt-troisiéme jour de Juin, l'an de grace mil trois cens trente-trois.* Nous adecertes les choses contenuës esdites lettres, & chascune d'icelles, *voulons, loons, approuvons*, & de nostre autorité royal, de certaine science par ces presentes lettres les *confirmons*, sauf nostre droit en autres choses, & en toutes le droit d'autruy. *Mandons* à nos amez *& feaux gens des Comptes* dessusdits, & aux *Collecteurs* qui sont & seront pour le temps deputez ausdiz *dizisines*, que contre la teneur desdites lettres ne molestent, ou contraignent les Religieux dessusdits; & en tant comme il en auroient esté mis, ou enregistrez és registres *des dixismes* à plus grant somme que dessus est dit, les ostent de leurs registres, afin que dores en avant il puissent demourer à pars, en la maniere que esdites lettres dessus transcriptes est contenu. Et que ce soit ferme & estable à tousjours. Nous avons fait mettre nostre Scel à ces presentes lettres. *Donné à Paris l'an de grace mil trois cens trente & trois ou mois d'Ottembre.*

Par la Chambre des Comptes. Virtubec. *Collation est faite.*

NOTES.

(a) Ce Mandement est au Tresor des Chartes, Registre coté 67. piece 1191.

(b) Dixisme.] Jean XXII. fit publier une *croisade* & accorda à *Philippe de Valois une Decime*, pour six années. Les Ecclesiastiques de Normandie ayant fait quelque difficulté de la payer, il y eut à ce sujet en 1335. un Concile Provincial tenu à Roüen. Voyez les Conciles de Normandie du Pere Bessin, partie seconde, *In Episcopis Constantiensibus, col. 2.* page 532. l'Ordonance de Philippe Auguste du mois de Mars 1214. touchant les croisez, tome premier page 32. & cy-aprés l'Ordonance du 22. de Fevrier 1333. vers le commencement, où le Roy parle de cette *croisade*.

On donne ces Letres par rapport à leur forme.

1.° On ne void dans ce Registre que les seules letres inserées dans d'autres, qui ayent dates du jour.

2.° Quoyque ces Lettres fussent données *par le Roy & sous son Scel*, il est dit qu'elles sont passées en la Chambre des Comptes.

3.° Celles dans lesquelles les premieres sont renfermées, font un Commandement à la Chambre : cependant il est dit au bas *par la Chambre des Comptes*, ce qui forme de l'embarras & une espece de contradiction.

4.° Celles-cy n'ont pas de date du mois, au lieu que les autres en ont; ce qui sembleroit faire une preuve que des Letres ne feroient pas de la *Chambre*, ou d'une autre Compagnie, lorsqu'elles n'ont pas de date de jour.

PHILIPPE VI. dit DE VALOIS, à Marigny, le 11. Juillet 1333.

Ordonance touchant les Eaux & Forests.

SOMMAIRES.

(1) Les Maîtres des Forests n'auront plus inspection sur les Rivieres. Et la connoissance en appartiendra aux Baillis & Seneschaux, chacun dans leur ressort.

(2) Quant aux Estangs il sera mandé aux Baillifs & Seneschaux, qu'ils sachent combien le Roy a d'Estangs en chaque Bailliage, & Seneschaussée, combien d'arpens d'eau chaque Estang contient, & comment ils sont peuplez, & ils en écriront en la Chambre des Comptes.

(3) Ils informeront pareillement la Chambre des Comptes de l'estat, où sont les Chasteaux & maisons du Roy.

(4) Les gages des gardes des Chasteaux seront suspendus, s'ils n'y font leur residence avec leur famille & leur menage, à moins qu'ils ne soient auprés du Roy, ou employez à l'execution de ses commandemens.

PHILIPPE VI. dit DE VALOIS, à Marigny, le 11. Juillet 1333.

C'EST *(a)* ce qui a esté ordenné par le Roy en son Conseil à *Marigny*, le onziéme jour de *Juignet mil trois cens trente-trois*, presens le *Chancelier*, M. Jehan de Chastillon, M. Mile de Meysi, M. Michiel de Recourt, M. Jehan Campdavainne, M. Reymon Saguet, Robert le Clerc, & P. Forget.

Premierement. Que les *Mestres des Forez* ne se entremettront dores en avant de nulles *Rivieres*. Et sera mandé aus Seneschaux & Baillis de s'en prendre garde & de en avoir la congnoissance chascun en sa Seneschaucie & Baillie, & leur sera envoyée l'Ordenance du Roy faite sus le fait desdittes *Rivieres*. Et sont rapellez touz Sergenz commis sus lesdittes Rivieres.

(2) Item. Quant aus *Estans* sera mandé ausdiz *Seneschaux & Baillis*, qu'il sachent qu'auz Estanz li Roys a en chascune Seneschaucié & Baillie, & qu'auz arpens de eau chascun contient se, & comment il sont pueplez, & en quel point il sont. Et ce qu'il en trouveront rescrivent bientost à la Chambre des Comptes, parquoy li Roys en puist ordener, si comme bon li semblera.

(3) Item. Qu'il soit mandé ausdiz Seneschaus & Baillis & aus Receveurs, qu'il sachent chascun en sa Senschaucié & Baillie, en quel estat sont *les Chasteaux* & manoirs du Roy, & qu'il le escrivent sanz delay à la Chambre des Comptes ledit estat, si que li Roys puisse mettre remede là où mestier sera.

(4) Item. A touz ceuls, qui ont la *garde desdiz Chasteaus & manoirs* & prennent sus leurs *gaiges*, qui ne y font leur demourance euls & leur mesnage, se il ne sont continuelement pardevers le Roy par son commandement especial, *soient leurs gaiges souspenduz*, & que il escrivent pardevers la Chambre des Comptes les noms de ceuls qui n'y ont demouré, ne demeurent, en la maniere que dit est, si que li Roys y puisse prouveoir de remede convenable.

NOTES.

(a) Cette Ordonance est en la Chambre des Comptes de Paris, Registre B. feüillet 43. *verso.*

Du *Tillet*, le Pere *Sirmond* dans ses notes sur les Capitulaires, *Ragueau* dans son indice ou Glossaire du Droit François, & *Menage* dans son Dictionaire étymologique, ont remarqué que le nom de *Forest*, comme celuy de *Garenne* convenoit également aux Rivieres & aux Bois, parce que les bestes nommées *feræ* y sont *garanties* & deffenduës comme dans une espece de *Fort*, ce qui paroist clairement par la Charte de fondation de l'Abbaye de S.t Vincent, ou de S.t Germain des Prez, que le Pere Broüillard vient de faire reimprimer dans son histoire de ce monastere, pages 1. & 2. aux preuves, dont voicy les paroles. *Propterea in honore Dominorum sanctorum cedimus Nos fiscum largitatis nostræ, qui vocatus Issiacus.* (Issy,) *qui est in pagis Parisiorum, prope alveum sequanæ... Cum omnibus adjacentiis, qui ibi ad agunt, cum omnia quæ ad nos deserviunt tam in aquis vel insulis... has omnes piscationes quæ sunt & fieri possunt, multaque parte fluminis sunt nos tenemus, & nostræ* FORESTIS *est, tradimus ad ipsum locum, &c.* Ainsi il estoit ce semble naturel que les Maîtres des *Forests* le fussent en mesme temps & des Eaux & des Bois. Voyez au tome premier, pages 683. 684. 685. 686. 687. 709. 710. 711. Cependant on void icy que le Roy osta la connoissance des *Eaux* aux *Maîtres*, pour la donner aux *Baillifs & Seneschaux*. Mais cette Ordonance fut peu executée, puisqu'il paroist par l'art. 5. d'une autre Ordonance que le mesme Roy Philippe VI. en 1346. statua que *aucuns, pour cause des Forests & Bois, ou d'enquestes, ou de ventes, ou d'autres causes quelles qu'elles fussent, ne pourroient prendre droits, ou profits aucuns, exceptez leurs gaiges de* dix sols par jour, *&* Cent livres par an, *fors tant seulement quand euls iront pour le fait desdites* FORESTS ET EAUES, *qu'ils prendront quarante sols tournois, &c.* Voyez de S.t Yon, des Eauës & Forests, livre premier, titre 4. art. 3. page 55. tit. 17. page 192. Et touchant l'ancieneté de l'Office des *Maîtres* des Eaux & Forests. Voyez le mesme Auteur, pages 2. 3. & 4.

PHILIPPE VI. dit DE VALOIS, à Paris, en 1333. au mois d'Octobre.

Mandement adressé aux Collecteurs des Decimes, par lequel le Roy confirme des Letres precedentes du 23. Juin 1333. en faveur des Religieux de Bon-port.

PHILIPPE, &c. *Voyez cy-dessus à la page 93.* au commencement.

PHILIPPE VI. dit DE VALOIS, le 8. Decembre 1333.

(a) Declaration par laquelle le Roy ordonne qu'il sera payé de ses rentes & revenus, avant tous autres creanciers.

PHILIPPE par la grace de Dieu Roy de France : à touz les Justiciers de nostre Royaume, qui ces presentes Lettres verront, *Salut.* Il Nous a esté raporté, que les *Gardes de noz Foires de Champaigne & de Brie*, & plusieurs autres personnes, qui *portent lettres obligatoires de nozdittes Foires*, sus les subgez de nostre Royaume, qui à Nous sont tenuz pour cause de *noz Rentes*, & autres *Revenus* de noz terres & demaines, s'efforcent mettre lesdites Lettres à execution, & faire les poier enterinement avant nozdittes *debtes*, dont noz payemens sont souvent empeschiez & retardez en nôtre préjudice & damage. *Pourquoy Nous declarons*, par la teneur de ces presentes lettres, que nozdittes *(b) dettes, lesquelles sont & doivent estre nommées Fiscales, doivent estre & soient ençois mises à execution & poyées à Nous, ou à noz gens à ce députez de par Nous*, ains que toutes autres debtes qu'elles que elles soient. Et vous *mandons* & à chascun de vous, si comme à luy appartiendra, que avant toutes autres *debtes* deüës à quelconques personnes que ce soit, vous faciez lez Noz estre payées, non contrestant quelconques obligations, ou mandemens de nozdittes Foires, ou d'ailleurs. *Donné à Paris le huitiéme jour de Decembre, l'an de grace mil trois cens trente-trois. Par les gens des Comptes.* Vistrebet.

NOTES.

(a) Cette Ordonance est en la Chambre des Comptes, Registre B. feüillet 93. *bis.*

(b) Dettes nommées Fiscales, &c. Ce qui est dit icy a quelque conformité avec l'art. 17. de l'Ordonance de S.t Loüis de 1256. qui est à la page 80. du tome premier, où ce Prince statuë, que *aucun de ses sujets ne sera mis en prison pour dettes*, si ce n'est pour les siennes. *Sic jure Romano ut debitoribus fisci, quod fiscus debet compensetur sæpe constitutum est, excepta causa tributoria & stipendiorum, item pretio rei à fisco emptæ ; & quod ex causa annonaria debetur.* Lege aufertur 46. De jure fisci.

PHILIPPE VI. dit DE VALOIS, à Paris, le 18. de Janvier 1333.

(a) Ordonance portant que les Sergens Royaux ne pourront *demeurer*, ni Sergenter dans les terres des Seigneurs qui y ont toute Justice.

PHILIPPUS *Dei gratia Francorum Rex, Viromandensi & Senonensi Baillivis, cæterisque Justitiariis nostris, aut eorum locatenentibus*, Salutem. *Cum in ordinationibus charissimi Domini, &* Propatrui nostri, *super Servientium nostrorum officiis editis, sit inter cætera dictis Servientibus nostris interdictum, ne ipsi justitiam, aut officium suum exerceant*

NOTES.

(a) Cette Ordonance est aux archives de l'Evesché de *Châlons.* Dans ces mêmes archives il y a un Arrest du Parlement extrait du Registre *Olim*, en date des *Octaves de la Nativité de Nostre-Dame*, en 1260. par lequel il est interdit aux Sergens Royaux de demeurer dans les terres des Seigneurs, où le Roy n'avoit que le *fief* & le *ressort.* Il y a aussi l'expedition d'un autre Arrest signé *Du Tillet*, en date du *lendemain de la S.t Martin d'hyver 1334.* au profit du Comte de Nevers, contre les *Sergens Royaux*, par lequel il leur est deffendu de demeurer, ni d'exploiter dans ces terres, sinon aux termes de l'Ordonance. Voyez l'article 12. de l'Ordonance de *Philippe le Bel* de l'an 1290. tome premier, page 319. l'art. 29. de l'Ordonance du 23. Mars 1302. page 362. l'article 7. de l'Ordonance du mois de Fevrier 1303. page 404. & celle de *Loüis Hutin* du mois de Mars 1315. tome premier, article 13. page 622.

PHILIPPE VI. dit DE VALOIS, à Paris, le 18. de Janvier 1333.

in terris Prælatorum, Baronum, aut aliorum vassallorum, seu subditorum nostrorum, in quibus habent omnimodam justitiam altam & bassam, seu merum & mixtum imperium, nisi in causa ressorti, aut alio ad nos, de jure & consuetudine spectante, neque tunc, nisi de præcepto Senescalli, Baillivi aut Præpositi, Vicecomitis Vicarii, seu judicis nostri loci illius, quorum mandatum contineat casum ad nos, ut prædicitur, pertinentem: Item ne morentur, seu larem foveant, in dictis terris, aut locis, vel in locis vicinis, in fraudem, absque voluntate Dominorum, nisi sint oriundi de loco, aut ibidem matrimonium contraxerint; in quibus etiam duobus casibus non poterunt servientis officium exercere in locis illis, etiamsi casus ressorti, vel alii ad nos spectantes evenerint in eisdem. Et de illis se nullatenus intromittere poterunt. Imo casus illi executioni mandabuntur, per alios Servientes nostros. Prælati vero, Barones & alii fideles nostri poterunt dictos Servientes nostros justitiare, & contra eos uti sua jurisdictione spirituali & temporali, pro ut justum fuerit, sine fraude, sicut contra privatas personas, in hiis quæ ad eorum officium non spectabunt. Poterunt que eos punire de excessibus & commissis quæ fecerunt, non tamen officium suum exercendo. Mandamus *vobis & vestrum cuilibet, prout ad ipsum pertinuerit, quatenus in terris dilecti & fidelis nostri* Episcopi Cathalonensis, *in quibus vobis constiterit ipsum omnimodam altam & bassam habere justitiam, contenta in ordinatione prædicta dicti Prepatrui nostri, prout superius sunt expressa, faciatis inviolabiliter observari, contrarium facientes prout ad Nos pertinet debite puniendo.* Datum Parisius die decima octava Januarii millesimo trecentesimo trigesimo tertio.

PHILIPPE VI. dit DE VALOIS, à Paris, le 21. Fevrier 1333.

(a) Confirmation de la revocation du droit de Bourgeoisie qui avoit esté accordé aux *Italiens*.

PHILIPPUS *Dei gratia Francorum Rex: universis præsentes literas inspecturis,* Salutem. *Notum facimus Nos vidisse literas charissimi Domini* Regis Karoli, *tenorem qui sequitur continentes.*

Karolus Dei gratia Francorum & Navarræ Rex: universis præsentes literas inspecturis, Salutem. *Notum facimus Nos vidisse literas charissimi Domini, & germani nostri* Philippi, *quondam dictorum regnorum Regis, formam quæ sequitur continentes.* Voyez le Tome premier au 21. May 1324. page 781.

Philippus *Dei gratia Francorum Rex: Universis præsentes literas inspecturis,* Salutem. *Cum per charissimos* genitorem *&* germanos *nostros &c.* (Voyez cy-dessus au Regne de Philippe le Long, sous l'an 1320. page 749. Tome premier.)

Quæ omnia & singula, prout superius sunt expressa rata habentes & grata, ea volumus, laudamus, approbamus, ratificamus, *& autoritate regia, tenorem præsentium* confirmamus; *Dantes in mandatis dilectis & fidelibus gentibus nostris præsens Parlamentum nostrum tenentibus, & qui futuris Parlamentis præfuerint, ac omnibus aliis Justitiariis regni nostri, ut omnia & singula supradicta servent & teneant, teneri & servari faciant, ac etiam inviolabiliter observari. Nonobstantibus quibuscumque literis subreptitiis impetratis in contrarium, seu etiam impetrandis. In cujus rei testimonium præsentibus literis nostrum fecimus apponi sigillum.* Datum Parisius die vigesima secunda Februarii millesimo trecentesimo trigesimo tertio.

NOTES.

(a) Cette confirmation est en la Chambre des Comptes de Paris au Registre C. feüillet 147. *verso.* Voyez au tome premier page 327. 489. 490. 491. 582. 584. 585. 630. 631. 651. &c.

(a) Ordonance

PHILIPPE VI. dit DE VALOIS, à Poissy, le 22. Fevrier 1333.

(a) Ordonance par laquelle il est deffendu aux gens de l'Hostel du Roy, & mesme aux Officiers des Comptes, de prendre aucun autre Droit que leurs gages, & statué que les Droits qu'ils percevoient auparavant, tourneront au profit du Roy.

SOMMAIRES.

(1) Tous les Officiers & autres gens de l'Hostel *du Roy seront contens de leurs gages, & ne pourront prendre aucun autre droit, pour raison de leurs Offices.*

(2) Les gens du Parlement, *de la* Chambre des Comptes *& du* Tresor *se contenteront pareillement de leurs gages, sans lever aucuns autres droits. Et ceux qui seront mandez par le Roy, ou envoyez quelque part en commission, ne pourront avoir en mesme temps gages & dépens.*

(3) S'il y a quelques Officiers à qui des croissances, *ou des augmentations de gages ayent esté accordées depuis le regne de* Philippe le Bel, *elles sont revoquées.*

(4) Tous les gages accordez de grace à des Clers, ou des lais, jusques à ce qu'ils eussent esté pourvûs d'Offices ou de benefices, sont également rappellez & revoquez depuis ledit temps.

PHILIPPES par la grace de Dieu, Roys de France; à tous ceuls qui ces presentes Letres verront & oyront, *Salut.* Sçavoir faisons, que considerans les grands fraiz, couz & dépens, qui seront necessaires à parfaire *(b)* le S.[t] *voyage d'outremer, lequel nous avons empris à l'ayde de Dieu,* & *entendons accomplir,* avons *ordené* & *ordenons* pour le grand bien & proufit de nostredit *voyage,* & aussi pour ce que Nous en puissiens venir plus seurement à nôtre entente, eüe grande *déliberation* de nôtre Conseil, & de certaine science, les chouses qui s'ensuivent.

Premierement. Que tous les Officiers & autres gens de nôtre Hôtel, de quelqu'estat que il soient, cessent dores en avant de prendre droits quelconques que ils soient, pour cause de leurs Offices, si comme accoustumé avoient au temps passé. Ainçois *voulons* que il leur souffise & soient contens de prendre & recevoir tant seulement les *gages* que ils ont accoustumé à prendre chascun jour, lesquels se comptent par *mois* ou autrement; Et tous lesdits Droitz desquels ils ne prennent nuls, comme dit est, nous recevons pardevers Nous, & *voulons* que les Clercs desdis Offices en comptent deux fois l'an, au mestre de la *Chambre aux deniers* de nôtre Hôtel, & ledit mestre en compte, & soit tenu de compter, chascun an à nos amez & feauls les *gens de nos Comptes* à Paris, & que à nous viegne le proufit.

(2) Derechief que ceuls de nôtre *Parlement* & de la *Chambre de nos Comptes* & de nôtre *Trésor,* ou aucuns d'euls de quelque estat que il soit, ne puisse prenre dores en avant aucuns Droits, en quelque maniere que ce soit: ençois soient contens de prenre les gages ordenez & accoustumez en la maniere dessusdite, aussi comme les gens de nostredit *Hôtel.* Et n'est mie nôtre entente que nuls qui ait gaiges de Nous, soit à vie ou autrement, se par commission est envoyé de par nous en aucuns lieux, ou par mandement de nous, de venir à Nous, pour aucunes de nos besoingnes, *pregne gaiges & despens.*

(3) Item. Que se aucuns d'iceux, ou autres Officiers de nôtre Royaume ont eû grace de *croissance de gaiges* octroyée par Nous, ou par nos predecesseurs ou temps passé, à voulenté, depuis le temps de nôtre *cher oncle* de bonne memoire *le Roy Philippes* le Bel, Nous des or en droit ladite grace rappellons, & icelle *croissance* de gaiges,

NOTES.

(a) Cette Ordonance est en la Chambre des Comptes, cote B. feüillet 56. *verso.*

(b) Le saint voyage d'outremer.] Voyez le Mandement du 23. Juin 1333. cy-dessus, page 93. dans lequel il est parlé de la Decime qui fut levée à ce sujet.

PHILIPPE VI. dit DE VALOIS, à Poiffy, le 22. Fevrier 1333.

à quelque perfonne que elle foit faite, *reprenons* & *retenons* devers Nous dores en avant, *depuis ledit temps*, & iceuls remettons és gages ordinaires des Offices que ils tiengnent. Defquels preure tant feulement, Nous *voullons* qu'ils foient contens.

(4) Derechief. Comme autrefois Nous avons *rappellé (c)* gaiges donnez de graces, tant à *Clercs*, comme à *laiz*, jufques à temps que nous les euffiens pourvûs *d'Office, ou benefice;* encore *rappellons* nous lefdites graces faites, tant par Nous comme par nos predeceffeurs *depuis ledit temps*, & les mettons au nient, & pour caufe: *& ne voulons* dores en avant que aucune chofe en foit payée, par quelconques letres qui ayent efté octroyées, ou audit cas.

Si donnons en mandement à nos amez & feaux *Meftre de nôtre* Hôtel de la *Chambre aux deniers*, gens de nos Comptes, & *Treforiers* à Paris, & à tous autres à qui il peuft appartenir, que nos dites Ordenances facent tenir, garder & accomplir enterinement, & ne fueffrent faire le contraire en aucune maniere. En tefmoing de laquelle chofe Nous avons fait mettre noftre Seel en ces Letres. *Donné à Poiffy le vingt-deuxiéme jour de Fevrier, l'an de grace mil trois cens trante & trois.*

NOTES.

(c) Gaiges donnez de graces, tant à Clercs.] Voyez l'article 26. de l'Ordonance de *Philippe le Long* du 10. & 18. Juillet 1310. tome 1.er page 660. & l'Ordonance du mois de Decembre 1320. tome 1.er page 734.

PHILIPPE VI. dit DE VALOIS, à Senlis, en l'année 1334. le premier Juin.

(a) Declaration, par laquelle le Roy modere & interprete fon Ordonance de Poiffy, du 22. Fevrier 1333. par laquelle il avoit deffendu *aux gens de fon Hôtel & à fes Officiers des Comptes de prendre d'autres Droits que leurs gages, &* ftatué *que les Droits qu'ils percevoient auparavant tourneroient au profit de Sa Majefté.*

PHILIPPES par la grace de Dieu, Roys de France: à nos amez & feauls Treforiers à Paris. Come par vertu d'une Ordenance faites par *Nous*, contenant, que *tous ceuls de noftre Hoftel, & touz nos Confeillers autres, qui prennent gaiges, ne pregnent nuls droits quels que il foient, ainçois foient contens* de leurs gaiges, tant feulement, *& nos petits Clers de noftre Chambre des Comptes* aient acouftumé à prendre chafcun, par an, *trante livres Parifis*, que l'on appelle *Droits de Efcripts*, ou *recompenfation* de plufieurs émolumens, que il pieça pregnent fur *Nous*, en noftre Trefor, de l'ordonnance de nos predeceffeurs, par la continuelle refidence que il font en noftredite Chambre, *Vous* iceuls *trente livres Parifis* contredites, ou refufez à payer *à nofdits Cleres. Si voullons* que vous fachiez, que noftre entente n'eft, ne ne fut, quant nous feifmes ladite *Ordenance*, que iceuls *Clers*, ne priffent chacun lefdites *trante livres Parifis par an*, pour caufe de ladite *recompenfation* faite à euls de nos predeceffeurs, comme dit eft.

Si vous mandons que vous à nos dis *Clercs* payez dores en avant fans contredit, avec leurs gaiges accouftumez, *lefdites trante livres Parifis* par an à chafcun d'euls, en la maniere que il l'ont accouftumé à prendre, ou temps paffé, jufques au temps prefent. Laquelle choufe *Nous leur avons octroié de grace efpecial*, nonobftant ladite Ordenance faite par nous. *Donné à Maubuiffon le premier jour de Juing, l'an de grace mil trois cens trente-quatre.*

NOTES.

(a) Cette Ordonance eft en la Chambre des Comptes, Regiftre B. feüillet 57. *verfo.*

(a) Seconde Declaration sur l'Ordonance de Poissy, du 22. Fevrier 1333.

PHILIPPE VI. dit DE VALOIS, à Maubuisson, le premier Juin 1334.

PHILIPPES par la grace de Dieu, Roys de France : à nos amez & feauls Tresoriers, *Salut & dilection.* L'on Nous donne à entendre, que par vertu *d'une Ordenance* par Nous faites n'aguerres, contenant que *tous ceuls de nostre Hostel, & tous nos Conseillers & autres, qui prennent gaiges de Nous, ne pregnent nuls droits, ains soient contens de leurs gaiges tant seulement,* vous contredites, ou refusez payer à nos Marescliaux, *à ceuls de nostre* Hostel, *à nos Conseillers de nos Chambres du* Parlement, des Comptes & des Enquestes, *& à nos* Clercs, Notaires, *& plusieurs autres nos officiaux, leurs gaiges octroiez & ordenez par nos predecesseurs & par Nous.* Si *voulons* que vous sachiez que nostre entente ne fu pas, quand nous feismes *ladite Ordenance*, ne est, que par icelle *Ordenance* les gaiges ordenez par nos *predecesseurs,* ou par *Nous,* fussent, ne soient à aucun en riens amendris, mais tant seulement, que les *droits si aucuns en prenoient* outre leurs gaiges ordonez, *ou octroiez par nos predecesseurs ou par Nous, il ne prendroient dés lors en avant, & que quand aucun viendroit à Nous, ou ailleurs de nostre mandement, & prendroit despens sur Nous, ses gaiges en seroient dores en avant deduiz & rabatuz.*

Si vous mandons, que non contrestant *ladite Ordenance vous payez*, à tous ceuls qui prennent, & ont accoustumé à prenre gaiges autels, & en la maniere, comme par nos predecesseurs, ou par Nous, ont esté ordenez ou octroiez en la maniere qu'il les ont eus. *Donné à Senlis le vingt-deuxiéme jour de May, l'an de grace mil trois cens trente & quatre.*

NOTES.

(a) Cette Declaration est en la Chambre des Comptes de Paris, Registre B. feüillet 57. & 94.

(a) Letres touchant la prestation du serment dû au Duc de Normandie.

PHILIPPE VI. dit DE VALOIS, à l'Abbaye de Nostre-Dame de lez Pontoise, en Juin 1334.

PHILIPPE, &c. faisons sçavoir à tous que comme Nous eussions pieça requis & commandé à nostre amé & feal Conseillier *Pierre* Arcevesque de *(b) Roen*, que il pour cause de *son temporel* que il a ou Duché de Normandie, feist *serement de feauté* à nostre *tres cher & feal fil* Jehan *de France Duc de Normandie*, en la forme & maniere que il Nous avoit pieça fait ledit serement, avant que nostredit fil feust Duc dudit Duché; & à sa requeste vousismes que il en eust deliberation avecques son Chapitre; Et pource que il avoit eu sur ce grant & souffisant dilation, & ne Nous en avoit encore respondu, nous feismes mettre *nostre main* en sondit temporel; ledit Arcevesque aprés ce establi personnelment en nostre presence, nous respondi que il avoit eu sur ce deliberation avecques son Chapitre, & que veuz les privileges & letres de *l'Eglise de Roen*, & oyes les personnes d'icelle, il n'avoit pû trouver chose,

NOTES.

(a) Ces Letres sont au Tresor des Chartes, piece 1343. au Registre de Philippe de Valois.

(b) Pierre Arcevesque de Roen.] Quand Philippe Auguste eut fait la conqueste de la Normandie, il joüit de cette Province comme d'une Souveraineté particuliere. Et de là vient qu'il y eut un Chancelier particulier pour la Normandie. Les *Ducs* prétendirent par cette raison, que le serment de fidelité leur estoit dû par l'Archevesque de Roüen, & par consequent par les autres Evesques du Duché. L'Archevesque de Roüen prétendit au contraire que c'estoit au *Roy*, que le serment de fidelité estoit dû & non au *Duc*, & ce fut par ces Letres que cette contestation fut terminée.

Charles V. Regent, pendant l'absence du Roy *Jean* son pere prisonnier en Angleterre unit la Normandie au Royaume, ensorte qu'il

PHILIPPE VI. dit DE VALOIS, à l'Abbaye de Nostre-Dame de lez Pontoise, en Juin 1334.

cause, ne raison pour laquelle il *feust tenuz à faire ledit serement* à nostredit fil, comme à Duc de Normandie, ains avoit-il fait ledit serement à Nous, & ses predecesseurs Arcevesques de Roen avoient fait ledit serement à Noz predecesseurs Roys de France, comme Roys de France, de si lonc temps, que il n'estoit memoire du contraire, & que il estoit plainnement enformez, que quant il y avoit jadis Duc en Normandie, *avant que le Duché venist au Roy de France, en son domaine*, les Arcevesques de Roen, qui pour le temps estoient, faisoient ledit *serement au Roy de France*, non mie *au Duc;* Et de ce il Nous vouloit & offriroit enformer se il Nous plaisoit. Finalement. *Nous à la supplication dudit Arcevesque*, avons *voulu & ordené, Voulons & Ordenons*, pour oster sur ce toute matiere de discort, que ledit Arcevesque & ses successeurs Arcevesques de Roen facent ledit serement *à nostre cher fil Duc de Normandie dessusdit*, en tele maniere & condition, que se il avenoit par aventure, que Diex ne veulle, que ledit Duché feust autrefoiz baillé, ou venist par quelconque maniere à aucun autre qui feust Dux de Normandie, non mie Roys de France, ledit Arcevesque & les Arcevesques de Roen, qui pour le temps seront, ne l'y soient & ne seront tenuz à faire serement de feauté, mais *à Nous, ou aus Roys de France, qui pour le temps seront;* Et ce voulons Nous, & de nostre certaine science *decernons* estre perpetuelment gardé sans toute contradiction; Et ce ottroions Nous audit Arcevesque pour ly & ses successeurs Arcevesques de Roen qui pour le temps seront, & à l'Eglise de Roen perpetuelment, en faisant à euls grace especial en ce, se grace y affiert. Et en ceste forme, maniere & condition ledit Arcevesque *a fait ledit serement* de feauté de nostre volenté & commandement à nostredit *(c) fil Duc de Normandie*, & non autrement. Et pour ce que ce soit ferme chose & estable à touz jours, nous avons fait mettre nostre Seel en ces presentes letres. *Donné en l'Abbaye de Nostre-Dame la Royal de lez Pontoise, l'an de grace mil trois cens trente & quatre, ou mois de Juing.*

Par le Roy presens le Duc de Bourbon, les Arcevesques de Senz & d'Aux, le Seigneur de Garencieres, & M. Guy Baudet Doyen de Paris. *Aubigny.*

NOTES.

n'y eut plus de Chancelier de cette Province. Et depuis, le serment de fidelité de l'Archevesque de Roüen & des Evesques ses suffragans n'a pû estre fait qu'au Roy seul. Voyez au tome 1.er page 420.

(c) Fil Duc de Normandie.] Il y a au mesme Registre, piece 1399. des lettres de Jean Duc de Normandie, par lesquelles il approuve & confirme celles du Roy. Ces letres sont données au Moncel prés Pont Sainte Maxence, en Juillet 1334.

PHILIPPE VI. dit DE VALOIS, à Paris, le 21. jour de Septembre 1334. Voyez au 11. May 1333.

(a) Letres adressées aux Gens des Comptes, par lesquelles le Roy leur declare que son intention est, que son Ordonnance portant que personne ne pourra tenir deux bourses de luy, soit executée.

PHILIPPES par la grace de Dieu, Roys de France : à nos amez & feaulx les Gens de nos Comptes à Paris, *Salut & dilection.* Comme pour certaine cause Nous *aions ja pieça ordonné*, que nulle personne de quelque estat ou condition que elle soit, ayt, prengne, & tiengne *deux bourses* de Nous, non contrestant quelconque don que Nous en aions fait, ou faissons ou temps à venir, *Sçavoir* vous faisons, que nostre entente est, *& voulons* que en ce nostredite *Ordenance* soit tenuë & gardée de point en point, Et vous mandons que vous ne souffrez que aucune chose soit faite au contraire, par quelconque maniere que ce soit, contre l'Ordonnance dessusdite. *Donné à Poissy le vingt-uniéme jour de Septembre mil trois cens trente-quatre, sous nostre petit Scel, en l'absence du grand.*

NOTES.

(a) Ces Letres sont au Registre B. de la Chambre des Comptes de Paris, feüillet 1.

PHILIPPE VI. dit DE VALOIS, à Vincennes, le 3. Octobre 1334.

(a) *Letres par lesquelles le Roy ordonne que le nombre des Examinateurs & Commissaires du Chastelet sera reduit.*

PHILIPPES par la grace de Dieu, Roy de France : Au Prevost de Paris, *Salut.* Sçavoir te faisons, que Nous sommes bien records, que par *(b)* nos Ordonnances Royaux faites de nostre commandement, sur la *reformation* des estats de nostre *Chastellet* de Paris, par certains de nos gens de nostre Conseil deputez par *Nous* à ce, & confirmées de Nous par nos Lettres scellées de nostre *grand Scel en cire verte* & laqs de soie, en nostredit Chastellet, doit avoir *(c) douze Examinateurs* tant seulement, lesquels doivent avoir en nostre Chastellet *six Chambres.* C'est à sçavoir deux & deux une Chambre. Et pource que Nous avons entendu qu'en nostredit Chastellet, sont bien *trante personnes,* ou plus, qui se dient *Examinateurs* & presument user d'office d'examinateur, contre lesdites Ordonnances, laquelle chose Nous deplaist. *Nous* qui voullons sur ce pourvoir de remede, te *mandons,* & *commettons* par ces presentes, que tantost & sans delay, tu *eslises* diligemment & loyaument sans faveur & affection singuliere *douze* des plus *anciens,* & plus *suffisans* de ceux, qui par nos dites Ordonnances, ou ainçois, sont establis & demourez oudit office, s'ils vivent encore. Et si aucun d'iceux est *mort,* ou ne soit *souffisant* à ce, eslis des autres qui par les dites Ordonnances n'estoient dudit nombre, qui te sembleront *souffisant audit office exercer,* jusques à ce que ledit nombre de *douze examinateurs soit parfait.* Et iceux *douze,* que tu auras eslu, comme dit est, & chacun d'eux mets & institué de *par Nous* audit Office d'examinateur, & les en fay paisiblement joüir & user, & leur delivre, ou fais delivrer en nostredit Chastellet lesdites six Chambres, selon la teneur de nos dites Ordenances. Et deffend de *par Nous* à tous ceux qui se sont portez pour Examinateurs en nostredit Chastellet, & demourront outre les diz Eslus & instituez par toy, en la maniere cy-dessus divisée, qu'ils ne *s'entremettent* dores en avant de faire l'Office d'examinateur. Et se aucun d'iceux *douze* eslus prins par toi, *meurt,* ou que son lieu *vacque,* par aucune autre maniere que par mort, ne mets, ne establis en son lieu aucun autre, que tu n'ayes special mandement de Nous, & que reçû par toi nos Letres sur ce, tu les *tinssent suffisans* à faire & exercer ledit office d'examinateur. Si te *mandons* & *commettons* que toi mesmes ce faces, *de tous les autres estats* de nostredit Chastellet *selon la teneur de nos dites Ordonnances,* lesquelles fay tenir & garder de point en point, nonobstant quelles conques Letres impetrées, ou à impetrer au contraire, sur quelque forme de parolle que ce soit, lesquelles Nous regardons dés maintenant comme subreptices & non passées de nostre conscience en tant comme elles sont, ou seroient contre nos dites Ordenances, & contre la teneur de nos presentes Letres. Si Nous *donnons en Mandement,* par *ces Letres* à tous nos Justiciers & subjects que à toi en faisant les choses dessusdites & les dépendances d'icelles, ils obéïssent & entendent diligemment. *Donné au Bois de Vincennes le troisiéme jour d'Octobre, l'an de grace mil trois cens trente-quatre.* Ainsi signé par le Roy. CHAROLLES.

NOTES.

(a) Ces letres sont dans Joly aux additions à Girard, tome 2. page 1468. où il dit les avoir prises des feüillets 158. & 159. d'un Livre écrit en parchemin, intitulé & signé *Doulx Sire,* le Mercredy premier jour de Juin 1575. signé *Drouart.*

(b) Nos Ordonances.] Ce sont celles qui furent faites par *Philippe de Valois* pendant qu'il estoit Regent du Royaume, lesquelles sont imprimées cy-dessus au feüillet premier.

(c) Douze examinateurs.] Voyez cy-dessus l'article 9. de l'Ordonance de *Philippe de Valois* Regent, page 5. à la fin. L'Ordonance de *Philippe le Long* de 1320. tome premier, page 739. & l'Auteur du grand Coutumier, page 7.

PHILIPPE VI. dit DE VALOIS, à Vincennes, au mois d'Octobre 1334.

(a) Ordonance touchant la Regale.

PHILIPPES par la grace de Dieu, Roy de France. Sçavoir faisons à touz presens & à venir, que comme il ayt esté mis en doute par aucuns, si Nous avons droit, & à Nous appartenoit de donner *(b) les Prouvendes*, dignitez, benefices, comme ils avoient esté & estoient trouvés non occupez, vacans & vuides *de fait tant seulement*, ou temps de nostre Regale; és Eglises de nostre Royaume esquelles Nous avons *Droit de Regale.* Et se ceuls à qui nos *predecesseurs*, ou *Nous* les avons donnez, en doivent joir, & joüissent. Nous nous *tenons* & *sommes* souffisament & deument *enfourmez*, que nos devanciers Roys de France, pour cause de *Regale* & de Noblesse de la Courone de France, ont accoustumé & ont esté en possession & saisine de donner *(b) les Prouvendes, dignitez & benefices*, quand ils ont esté trouvez, ou temps des *Regales (c) vacans de Droit, ou de fait* tant seulement, ou trouvez non occupez, vuides ou vacans *de fait tant seulement.* Et que Nous aussi en avons *usé, usons & entendons à user*, comme de nostre Droit Royal, toutefois que aucun ou semblable ou quelsconques des cas dessusdiz escherra, & denions toute audience *de plait* à tous ceuls, qui à nos diz usaiges accoustumez par nos devanciers Rois de France & par nous coutumez, & aux Droits Royaux qui en tels cas Nous appartiennent, pour cause de nostre Couronne, & aus Collations par Nous, ou nos devanciers, ou successeurs, faites, ou à faire, és cas dessusdiz, ou en aucun d'iceux, se voudroient opposer. Et se plait, ou procez sur aucun des cas dessusdiz, quelsconques ils soient, pendent en Parlement, ou devant quelsconques nos Commissaires, Nous les rappellons & mettons *dou tout au neant :* Et *deffendons* à nos amez & feaux nos gens qui tenront dores en avant nos Parlemens à Paris, & aus dessusdits Commissaires, que il de ces cas, ni de semblables, ne tiengnent Court, ne cognoissance, ores, ne autrefoiz. Et *voullons* & *ordonnons* que dores en avant, nul pourvû en quelsconques des cas dessusdiz, se ce n'est par vertu de provision, ou collation royaux, qu'il ayt de nos devanciers, ou de Nous, ou de nos successeurs Roys de France; ne soit reçuz à plait ne oiz en opposition, contre ceuls qui és cas dessusdiz, ou en aucun d'iceuls, sont pourveus par noz *devanciers*, ou par *Nous*, ou seront pourvus au *temps à venir* par *Nous*, ou nos *successeurs* Roys de France, pour quelsconques Letres, ou octroy, que il ayt, ou empetré de Nous, se expresse mention n'y est faite, de *mot à mot* de ces *presentes.* Et voullons que des ores en avant tous ceux qui en semblable cas, ou cas dessusdiz, & aucun d'iceux, ont collation de nos *devanciers*, ou de Nous, ou aurons ou temps à venir, de Nous, ou de nos *successeurs* Roys de France, *soient tenus & gardez en possession, & saisine paisible, des benefices à euls ainsi donnez*, nonobstant *opposition* d'autre, que par vertu de autre collation s'y soit opposé, ou oppose à present, ou veüille opposer ou temps à venir, à ce avons-nous *Ordonné* & *Ordonnons*, de certaine science enformez, à plain de nos Droits & usages dessusdiz, & *Mandons* par la teneur de ces presentes, à noz amez & feauls, les gens qui tendront nostre prochain *Parlement* & les gens de nos *Comptes*, que à perpetuelle memoire, fassent ces presentes enregistrer en nos Chambres de Parlement & des

NOTES.

(a) Cette Ordodance est au Registre A. du Parlement, feüillet 14. Voyez les Arrests de *Jean Galli*, decision 268. avec la note de M. Charles du Molin, la decision 188. & l'ancien stile du Parlement, partie 3. titre 31. §. 2.

(b) Les Prouvendes.] Voyez l'Ordonance de *Philippe le Long* du 27. May 1320. tome premier page 714. avec la note sur le mot *Provende.*

(c) Vacans de Droit & de fait.] Voyez Pinson dans son Traité *des Regales*, tome 1.er chapitre 5. nombres 21. 22. &c. page 84. 85. le testament du Roy Philippe Auguste, tome premier page 20. nombre 12. avec la note de M. de Marca, *De Concordia Sacerdotii*, lib. 8. cap. 22. n. 10. & *ibi Baluzius.*

Comptes, *& garder pour Original au Tresor de nos Chartes, & de nos Letres.* Et pour que ce soit ferme & estable, à tousjours mais, Nous avons fait mettre nostre Seel à ces presentes Letres. *Donné à Vincennes au mois d'Octobre, l'an de grace mil trois cens trente-quatre.*

PHILIPPE VI. dit DE VALOIS, à Abbeville, le 16. Septembre 1335.

(a) Letres portant deffenses à tous Prelats & tous Officiaux de mettre en interdit aucunes terres du Domaine du Roy.

PHILIPPUS *Dei gratiâ Francorum Rex : Senescallo Bellicadri, & Judicibus dictæ Senescalliæ, vel eorum loca tenentibus, cæterisque Justitiariis nostris,* Salutem. *Ex querimonia Consulum & habitatorum Civitatum, Castrorum & Villarum* Bellicadri *&* Nemausi, *(b)* Sumidrii, aquarum mortuarum, *(c)* Alesti, *(d)* Andusiæ & *(e)* villæ novæ de Berco, *aliorumque locorum nostrorum terræ nostræ. Ad nostrum pervenit auditum quod licet a sede Apostolica Nobis & nostris prædecessoribus, per plures Romanos Pontifices, per privilegium sit indultum, (f)* ut nullus in terra Regia excommunicationis, vel interdicti sententias proferat, absque mandato sedis Apostolicæ, *nihilominus dilecti nostri (g)* Magalonensis, Nemausensis & *(h)* Vivariensis *Episcopi & alii dictæ Senescalliæ, seu* officiales *eorum, contra dictorum* privilegiorum tenorem, *dictas* Civitates, Castra, Villas & loca terræ nostræ, quæ de nostro existunt Domanio, de facto supposuerunt, nec verentur supponere Ecclesiasticis *interdictis, & in eis* interdicti *&* excommunicationis *sententias promulgare, dictos conquerentes, nobis subditos, non sine nostræ juridictionis præjudicio, & dictorum privilegiorum offensâ, super hiis multipliciter molestando. Quare nos super hiis providere volentes,* Mandamus *vobis, & vestrum cuilibet, quatenus ex nunc, & aliàs, si & cum talia, per dictos Episcopos vel officiales eorum, aut ipsorum aliquem contigerit attemptare, attente ex parte nostrâ requiratis eosdem, ut*

NOTES.

(a) Ces Letres sont au depost general de Montpellier, *au Royaume en general,* armoire A. 7.e cont.on des titres part.ers. n.o 18. fol. 120.

(b) Sumidrii.] C'est le nom d'une Ville qui estoit appellée anciennement *Sommeire* & à present *Sommieres.* En Latin *Sumerium* & *Sumidrium.* Vide *Hadriani Valesii notitiam* Galliarum *litera S. in verbo* Sumerium, *paginâ* 538. *col.* 2.

(c) Alesti.] ou *Alesiæ,* C'est Alais, ou Alés, qui est une Ville située sur la riviere du Gardon au pied des Sevennes, à dix lieuës de Nimes & sept d'Uzés.

(d) Andusiæ.] Anduse est une Ville située dans le bas Languedoc sur le Gardon, à deux lieuës d'Alais, & six de Nimes.

(e) Villæ novæ de Berco.] Petite Ville située dans le Vivarais à quatre lieuës de Viviers.

(f) Ut nullus terra regia, &c.] Voyez le Ferrault dans son recüeil des Privileges des Rois de France, dans la quatriéme partie de l'ancien stile du Parlement, Privilege 6. *Spicilegium D. Lucæ Dacherii, tom. 3. in fol.* pag. 606. col. 2. pag. 633. col. 2. 634. col. 1. Joignez le chap. 95. des Decisions de *Jean des Mares* à la fin du second tome des Commentaires de Brodeau sur la Coutume de Paris, feüillet 570.

(g) Vide P. Garielis *seriem Episcoporum Magalonensium, seu Monspeliensium. In* Joanne V. *tomo 2. paginâ 464.*

(h) Vide Joannis Columbi *histor. Episcopor. Vivarens.* lib. 4. n. 6. & 7. pag. 228. 229.

On croit devoir joindre à ces Letres l'Arrest qui suit.

ARRESTUM

Contra Archiepiscopum Lugdunensem, de admovendo interdictum per eum positum, in Comitatu Foresii.

PHilippus *Dei gratiâ Francorum Rex : universis præsentes literas inspecturis,* Salutem. *Notum facimus quod cum dilectus & fidelis consiliarius noster* Johannes Comes Forensis, *Curiæ nostræ conquestus fuisset, super eo quod dicebat quod cum pridem ex parte defuncti* Petri *tunc Archiepiscopi Lugdunensis requisitus fuisset, quod cum in suo Comitatu,* sive terra, *quidam publici malefactores habitarent, nullas tamen personas eidem nominando, qui* Batitores *&* Correctores *Cappellanorum & Clericorum literarum Curiæ Ecclesiæ Lugdunensis portitorum, se faciebant nuncupari, qui etiam per mercatos, villas, & itinera publica Comitatus prædicti,*

PHILIPPE VI. dit DE VALOIS, à Abbeville, le 16. Septembre 1335.

dictas sententias & interdicta celeriter revocent, *ac Nos & dictos nostros subditos* prædictis privilegiis, uti, & gaudere permittant. *Quod si ea revocare noluerint, vel plus debito, defecerint requisiti debite, vos* ad hæc compellatis, seu compelli debitè faciatis eosdem, per suorum bonorum temporalium sub vestris juridictionibus existentium captionem, *aut aliis remediis opportunis.* Datum apud *Abbatis villam,* die decima sexta Septembris, anno Domini millesimo trecentesimo tricesimo quinto. *Per Dominum regem ad relationem Dominorum M. Cham. & G. de villaribus P. Caisnot.*

NOTES.

armati publicè incedentes, dictos Clericos, Cappellanos, ac etiam portitores Ecclesiasticarum literarum inhumaniter verberabant, vellet super hoc providere de remedio competenti, pro ut ad Dominum temporalem pertinebat. Et licet dictus Comes respondisset, quod paratus erat de prædictis malefactoribus, si eidem nominarentur, facere justitiæ complementum, prout de suis subditis ad ipsum pertinebat, & quod multum eidem displicebat, si sic esset : dictus tamen Archiepiscopus *contra juris rationem, ipso amplius non summato, nec in negligentia aliqua in justitia de suis subditis exhibenda existente, sed potius parato exhibere justitiam, inceperat procedere contra ipsum, volendo* Cessum *seu* Interdictum *ponere in ipsius Comitatus terram, in jurisdictionis nostræ præjudicium temporalis, cui subest dictus Comes, ac etiam contra quamdam compositionem dudum inter tunc Archiepiscopum & Ecclesiam Lugdunensem ex parte una, ac Comites Foresii ex altera factam per nostros prædecessores, ad instantiam & preces tunc Archiepiscopi Lugdunensis, de verbo ad verbum confirmatam; Et quod magis in prædictæ jurisdictionis nostræ temporalis vituperium & contemptum, ac nostræ superioritatis & Regiæ Majestatis redundare dignoscitur, dictus Comes sentiens se per dictum* Archiepiscopum *in hiis & pluribus aliis, occasione præmissorum & aliorum, ac timens verissimiliter in futurum prægravari, ad Nos, seu nostrum Ballivum Matisconensem appellasset : inhibitumque fuisset prædicto* Archiepiscopo *nunc defuncto, ne in præjudicium* appellationis *prædictæ contra ipsum* Comitem *aliquid attemptaret, ipsaque appellationis causa de mandato nostro Curiæ nostræ remissa. Nihilominus prædictus* Archiepiscopus *occasione præmissorum, & in præjudicium* appellationis *& inhibitionis prædictarum, terram, quam dictus Comes habet in regno nostro & in Diœcesi Lugdunensi,* supposuit *Ecclesiastico interdicto, ac per suas mandavit literas in sua diocesi dictum* interdictum *servari, pro eo inter cætera, ut dicebat dictus Archiepiscopus, quod cum certo tractatu habito per gentes præfati Archiepiscopi cum quibusdam duobus Militibus prædicti Comitis, qui tunc cum dicto Comite, & de ejus consilio erant, dicti milites promisissent malefactores prædictos, vel quatuor eorumdem dicto Archiepiscopo tradere pro justitia exhibenda infra certum terminum, hoc tamen facere recusaverit, & quod hoc ignorare non poterat; propter quod dicebat dictus* Archiepiscopus *ipsum* Comitem *in sua malitia persistere: Cum si hoc ad ipsius Comitis notitiam pervenisset, non tamen tenebatur suos subditos merè laicos dicto Archiepiscopo tradere in casu prædicto, cum paratus esset de iis facere justitiam, ut dicebat. Et cum prædictum* interdictum, *per aliquod tempus fuisset positum in suspenso, dicto termino elapso,* Archiepiscopus *qui nunc est, factum sui prædecessoris ratum habens,* interdictum *hujusmodi in terra dicti Comitis sustinuit recidisse. Quare petebat & etiam supplicabat dictus* Comes, *ut cum prædicta facta fuissent in nostræ superioritatis & appellationis prædictæ vituperium & contemptum, contra* appellationem *&* inhibitionem *prædictas, nec esset in aliqua negligentia de suis subditis exhibendi justitiam, neque justè processum contra ipsum, prout in tali casu procedi debebat, prout per dictum processum poterat apparere; ipsa faceremus ut attemptata post & contra appellationem & inhibitionem prædictas. revocari, plures ad dictum finem proponendo rationes; Procuratore prædicti* Archiepiscopi *è contrario proponente, quod juste & ritè dictum* interdictum *in terra dicti* Comitis *positum fuerat, & erat prout per processum super hoc factum apparebat; nec aliquid fecerat in præjudicium nostræ jurisdictionis temporalis, cum de prædictis solum ad Curiam Ecclesiasticam pertineat cognitio, prædictum processum Curiæ nostræ exhibendo & tradendo.* Quibus partibus hinc inde auditis, *visisque* appellatione *per dictum Comitem* ad nostrum Ballivum interposita, *& exhibitione ac etiam processu prædictis :* Consideratis *etiam aliis quæ Curiam nostram movere poterant & debebant : Quia Curiæ nostræ apparuit, dictum* interdictum positum fuisse, *& esse post* appellationem *per dictum Comitem ad nostrum* Ballivum *interjectam & inhibitionem prædictas ; per* Arrestum Curiæ nostræ dictum *fuit, Quod temporalitas prædicti Archiepiscopi Lugdunensis ad manum nostram ponetur, & tenebitur, quò usque per ipsum fuerint dicta attemptata post & contra appellationem, inhibitionem, & compositionem prædictas totaliter revocata. In cujus rei testimonium præsentibus literis fecimus apponi sigillum.* Datum Parisius in Parlamento nostro vigesima quarta die Julii, anno Domini millesimo trecentesimo tricesimo tertio. *Hangest.*

Cet Arrest est au Tresor des Chartes. *Per Arrestum Curiæ*, Registre coté 67. piece 1252.

(a) Letres

PHILIPPE VI. dit DE VALOIS, à Bellandieres prés Chastelleraut, le 9. Decembre 1335.

(a) Letres par lesquelles le Roy ordonne aux gens des Comptes, de faire payer aux Receveurs, tout ce qu'ils doivent, & de les y contraindre par corps.

PHILIPPES par la grâce de Dieu, Roys de France : à nos amez & feauls les Gens de nos Comptes à Paris, *Salut.* Il y a plusieurs Receveurs en nostre Royaume, qui reçoivent les rentes & revenuës de nostre Royaume, & des *deniers de nos receptes marchandent les uns*, & en *traient les profits* à euls, & li *autres en achettent grans heritages*, & en mainent grans estats, & demeurent en grans *restaz* vers Nous, & vers les persônnes qui prennent *fiez & aumônes*, seur les dites receptes. Et encore pourroit-il estre ou temps à venir, si remede n'y estoit mis. Et especialment le Receveur de *Champagne*, le Receveur *d'Anjou*, le Receveur de *Caours*, & *Bethuche Guy* Receveur de *Flandres*, Nous sont tenuz en grans *Restaz* & pieça. De quoy nos feauls & amez *Tresoriers* à Paris n'en puent *traire*, par Mandement, ne par diligence que il y mettent, *deniers* que pou, ou nient, & se joissent ainsi dou nostre, laquelle chose moult Nous desplaist. Pourquoi Nous y voulons mettre remede. *Vous Mandons* & estroitement *enjoignons*, que iceux des quatre Receveurs, & tous les autres qui ainsi font, vous faciez viguereusement contraindre, par *prise de corps*, & par venduë & exploitation *de leurs biens*, sans faveur & sans deport de Nous, pour le *restaz*, à quoy ils sont tenuz à Nous: & à ceuls que il comptent payer, (&) ne le font mie, tout ce que il leur puent devoir des arrerages de leur temps des *rentes, fiez & aumônes & gaiges*, que il prennent par an, sous leurs receptes, de tant dont il ne pourront montrer payement. Et iceux que vous trouverez tiex, ostez de leurs Offices, & mettez autres bons & souffisans en leur lieu, & profitables pour Nous. *Donné à Bellandieres de les Chastelleraut, le neuf Decembre, l'an de grace mil trois cens trente-cinq.* Par le Roy. VERBENE.

NOTES.

(a) Ces Letres sont en la Chambre des Comptes de Paris, Registre B. feüillet 64. *verso.*

PHILIPPE VI. dit DE VALOIS, à Brive, le 26. Decembre 1335.

(a) Declaration sur l'Ordonance du 11. May 1333. portant nullité des letres de Dons, dans lesquelles il ne seroit pas fait mention des autres dons precedens accordez à l'impetrant.

PHILIPPE par la grace de Dieu Roy de France : à nos amez & feaulz les Gens de nos Comptes, *Salut & dilection.* Nous avons reçû les letres clauses de vous nos Gens des Comptes, faisant mention *(b)* de *l'Ordenance*, que faite avons pour les Dons & graces que Nous faisons à plusieurs diverses personnes; les quiex Dons & graces par ladite *Ordenance* n'estoient point de valuë, se en nos letres desdits Dons & graces, n'estoient *declarées & specifiées* singulierement, & nommément tous *les autres Dons & Graces*, que Nous, ou nos predecesseurs eussions fait, tant à ceux à qui Nous faisions de nouvel lesdits Dons & graces, comme à leurs devanciers. Vous dites en vos dites Letres, que és Letres de Dons & graces que Nous faisions, & avions fait depuis ladite *Ordenance*, estoient contenuës plusieurs & diverses manieres de

NOTES.

(a) Cette Declaration est au Registre A. du Parlement, feüillet 35. *verso* & 36.

(b) De l'Ordonnance que faite avons pour les Dons.] Voyez cy-devant au feüillet 92.

PHILIPPE VI. dit DE VALOIS, à Brive, le 26. Decembre 1335.

escrire, lesquelles estoient bien especifiées en vos dites Letres, & estoient contre nostre dite Ordenance, si en voliez avoir nostre *Declaration*, & sçavoir nostre entente, si en avons eu vostre avis en nostre Conseil, & vous faisons assavoir, que combien que ladite *Ordenance* fût faite, pour nostre prousfit & pour bonnes causes, toutes voyes Nous considerans plusieurs inconveniens qui en pourroient ensuir, & le domage que ceulx à qui Nous ferions aucuns dons, ou graces, en pourroient avoir. *Voullons & vous mandons*, & à chascuns de vous, que des Dons & Graces que faits avons avant ladite Ordenance, & que Nous ferons dores-en-avant, à quelle conques personnes, vous passiez nos Letres, és *quelles sera* contenu *(c) non contrestant autres Dons*, que *Nous, ou nos predecesseurs, avons fait* à eulx & à leurs devanciers, sans faire aucune autre declaration desdits dons & graces, non contrestant la devant dite premiere Ordonnance, & quelconque Mandement que fait vous en aions au contraire. *Donné à Brive le vingt-sixiéme jour de Decembre, l'an de grace mil trois cens trente-cinq.*

NOTES.

(c) Non contrestant autres Dons.] Par l'Ordonance de *Philipe le Long* du 3. Janvier 1316. article 9. & par celle du mesme Prince du 18. Juillet 1318. article 21. il estoit deffendu au Chancelier de seeller aucunes Letres où il y avoit la clause *non contrestant les Ordonnances*. Voyez le tome premier, page 630. & 660.

PHILIPPE VI. dit DE VALOIS, à Beziers, en Fevrier 1335.

(a) Letres par lesquelles le Roy confirme des Reglemens faits par des Commissaires, touchant l'esllection des Capitouls de Toulouse.

Sommaires des Letres de Philippe le Hardy.

(1) Les Consuls de Toulouse qui auront fait leur temps, nommeront dans le Chasteau de Narbonne, trois personnes capables & suffisantes, dans les douze quartiers de la Ville, pour remplir leur Office de Consul, ou de Capitoul. Le Viguier *examinera si les nommez sont capables. Et s'ils ne le sont pas, il en eslira d'autres à l'instant, ou le plustost qu'il pourra. Et s'il survient à cet égard quelque difficulté, le* Seneschal, *ou son Lieutenant en connoîtra.*

(2) Des personnes ainsi nommées, le Viguier *choisira & eslira celle qu'il jugera la plus propre pour remplir l'Office vacant.*

(3) Celuy qui aura esté une fois Capitoul ne pourra plus l'estre qu'aprés trois années.

(4) Les Capitouls jugeront en matieres criminelles, *en la presence du* Viguier, *lequel en ce cas ne fera pas fonction de Juge, &c.*

(5) S'il y a quelqu'un qui soit suspect de crime, il pourra estre arresté par le Viguier, *le sous-Viguier, ou leurs Lieutenans. Il sera livré aux Capitouls, qui en connoîtront & en jugeront. Mais l'execution en sera faite par le* Viguier *& par ses gens.*

(6) Si quelqu'un commet quelque forfait envers les Citoyens de Toulouse, dans les bornes de la Viguerie, *ou hors des bornes, où ils n'ont pas de Jurisdiction. Le* Viguier *ou son Lieutenant connoîtra du forfait & en fera faire raison aux Capitouls. Il en sera de mesme du forfait commis dans le territoire de la Seneschaussée, dont le Seneschal connoîtra.*

(7) Les Citoyens de Toulouse ne payeront aucunes Laides, *ou* Peages *dûs au Roy pour les fruits de leur crû, ni pour les marchandises qu'ils feront venir pour leur usage particulier, comme il s'est toûjours pratiqué jusques à present. Et quant à leurs* Coustumes *le Roy promet qu'il les fera rediger par écrit, aprés qu'elles auront esté corrigées.*

Sommaires des Letres de Philippe le Bel.

(1) Les Consuls & Capitouls de Toulouse joüiront de la justice criminelle, comme ils l'avoient sous le regne du Roy Philippe le Hardy.

(2) S'il y a quelqu'un qui soit suspect de crime, il pourra estre arresté par le Viguier, ou par son ordre, & sera mis dans la prison des Capitouls, qui en connoistront, &c.

(3) Si quelqu'un commet quelque forfait envers les Citoyens de Toulouse, hors des bornes de la Viguerie, où ils n'ont pas Jurisdiction, le Seneschal de Toulouse leur en fera justice.

Sommaires des Letres de Philippe de Valois.

(1) La Ville ou Cité de Toulouse *sera divisée en* huit parties, *& le* Bourg *en* quatre, *& de chaque partie ou particule on choisira un Capitoul, en sorte que dans la Ville ou Cité il y aura huit Capitouls, & quatre au Bourg,*

PHILIPPE VI. dit DE VALOIS, à Beziers, en Fevrier 1335.

lesquels tiendront leurs audiences selon qu'il est reglé par la presente Ordonnance.

(2) Un des deux Notaires sera institué comme auparavant en la Chambre criminelle par les Capitouls de la Cité, & l'autre par les Capitouls du Bourg, &c.

(3) Le Seel de la petite Cour sera pendant une année dans la Cité, & pendant l'autre année dans le Bourg.

(4) Des trois Commissaires Capitouls que l'on nommoit tous les ans pour la feste des Jeux Fleureaux *il y en aura toûjours un du Bourg.*

(5) Les Capitouls auront deux Syndics, dont l'un sera de la Cité, l'autre du Bourg.

(6) Lorsque l'on envoyera des Capitouls Deputez en la Cour de France, ou Romaine, de deux, il y en aura toûjours un de la Cité, & l'autre du Bourg, & de trois, il y en aura deux de la Cité & l'autre du Bourg.

(7) Dans les affaires qui se negocieront ainsi, il faudra toûjours le consentement de celuy du Bourg.

(8) Les Capitouls du Bourg pourront autant avoir de gardes de jour & de nuit, que les Capitouls de la Cité.

(9) Des douze archives, huit seront regies par les Capitouls de la Cité, & quatre par les Capitouls du Bourg.

(10) Deux parts des Sergents seront instituées par les Capitouls de la Cité, *& la troisiéme par les Capitouls du* Bourg.

(11) Lorsqu'il y aura quelque supplique à faire au Pape, les deux tiers seront pour ceux de la Cité, *& le tiers pour ceux du* Bourg.

(12) Il y aura trois clefs des archives dont les Capitouls du Bourg auront une, & les Capitouls de la Cité les deux autres.

PHILIPPUS *Dei gratiâ Francorum Rex. Notum facimus universis, tàm præsentibus, quàm futuris, nos infra scriptas vidisse literas, formam quæ sequitur continentes.*

Universis præsentes literas inspecturis, Guillelmus Flote *D. de Revello miles, Stephanus* Alberti *& Hugo* de Arciaco, Clerici *Domini nostri Franciæ Regis, Legum Doctoris destinati, ab eodem D. nostro Rege ad partes Seneschalliæ Tholosæ, (b)* ad exequendum quoddam Arrestum in Parlamento regio Parisius, contra Capitularios, & Universitatem Villæ *Tholosæ latam,* Salutem. Et præsentibus dare fidem. *Cum nuper occasione mortis* Aymerici Berengarii, *per olim Capitularios Tholosæ ad mortem* indebitè condemnati, *quoddam Arrestum in Parlamento regio Parisius, contra dictos* Capitularios *& Universitatem Villæ Tholosæ, prolatum fuisset, per quod inter cætera,* omni jure corporis & universitatis privati fuerunt, eorumque bona communia confiscata, & Domino nostro Regi applicata, *prout in dicto Arresto pleniùs continetur,* cujus executio Nobis commissa fuerat, *per Dominum nostrum Regem literatorie in hunc modum.*

PHILIPPUS *Dei gratiâ Francorum Rex, dilectis & fidelibus Magistro* Hugoni de Arciaco *Clerico,* Guillelmo *Floto Dom. de Revello militi, consiliariis nostris,* ac Seneschallo nostro Tholosæ, *Salutem & dilectionem.*

Cum nuper quoddam Arrestum in Curia nostra, pro procuratore nostro pro Nobis, contra Capitularios & Universitatem civitatis Tholosæ *latum fuerit,* vobis committimus

NOTES.

(a) Ces Letres sont au Tresor des Chartes, Registre 69. piece 267. & sont rapportées par *la Faille,* dans ses annales de Toulouse, tome premier aux preuves, pages 86. 87. &c.

(b) Ad exequendum quoddam arrestum.] En l'année 1331. un escolier, enfant de qualité nommé *Aymeric Berenger,* qui estudioit pour lors à Toulouse, blessa à mort un des Capitouls, appellé *François de Gaure.* Les Capitouls avec deux cens hommes chercherent *Berenger* & ses complices, ils le trouverent, l'arresterent & le menerent prisonnier à l'Hôtel de Ville. Ils luy firent ensuite son procez & le condamnerent à faire le tour de la Ville attaché à la queüe d'un cheval, jusques devant la maison du Capitoul Gaure, où il auroit le poing coupé, & de là à estre traîné sur une claye aux fourches patibulaires du Chasteau, où il auroit la teste trenchée, qui seroit mise & exposée ensuite avec son corps, aux fourches, & ses biens confisquez.

Cette Sentence ayant esté lûë à *Berenger,* il en interjetta appel au *Viguier,* mais comme cet Officier n'avoit pas de ressort sur les Capitouls, on n'eut point d'égard à cet appel.

Berenger en appella au *Seneschal.* Et un Commissaire du Lieutenant du Juge des Appeaux s'estant trouvé là, la Sentence fut confirmée sur le champ: Le condamné en interjetta appel au Parlement de Paris, & quoy qu'un Lieutenant du Seneschal se fût transporté en l'Hôtel de Ville, & qu'il y eût declaré pour le Seneschal, que le Seneschal estoit appellant de cette Sentence, & qu'il eût fait ses protestations contre l'attentat, au cas qu'ils passassent outre; cependant la Sentence fut mise à execution.

PHILIPPE VI. dit DE VALOIS, à Beziers, en Fevrier 1335.

& mandamus, *quatenus vos* tres aut duo vestrum, *illud juxta sui continentiam & tenorem, executioni debitæ demanderis, Judices, Officiales, Notarios Servientes, ac quoscumque ministros alios in dicta executione necessarios instituentes, dubiaque vel obscura, quæ circa dictum* Arrestum *& ejus executionem emerserint* declarantes, *ac cætera omnia facientes, quæ circa hæc, cum suis dependentiis, vobis videbuntur opportuna, ab omnibus autem justitiariis & subditis nostris, vobis in præmissis & ea tangentibus pareri* volumus, & mandamus. *Datum Parisius die septima Augusti, anno Domini millesimo trecentesimo trigesimo quinto. Item.*

PHILIPPUS Dei gratiâ Francorum Rex: dilecto & fideli consiliario nostro magistro Stephano Alberti *legum professori,* Salutem & dilectionem. *Quia in executione* Arresti, *nuper contra* Capitularios *&* Universitatem *Tholosæ in Curia nostra lati, quod juxta sui tenorem, unâ cum institutione Judicum, Officialium, Notariorum, Servientum, & quorumcumque ministrorum, aliorum ad hoc necessariorum, nec non & declaratione obscurorum quæ circa* Arrestum *hujusmodi & circa & ejus executionem emergent.* Dilectis & fidelibus Consiliariis *nostris magistro Hugoni de* Arciaco, *&* Guillelmo Flote *D. de* Revello *militi qui jam iter suum ad illas partes propter hoc arripuerunt, &* Seneschallo Tholosæ *per alias literas nostras commisimus præsentiam vestram, de cujus fidelitate, & industria plenam fiduciam gerimus, fructuosam speramus, vobis* Mandamus *& districte* præcipimus, *quatenus omni excusatione cessante, & dilatione sublata, ad partes illas Tholosæ, vos dictas vestras continuando, personaliter transferentes ad* executionem dicti Arresti, *una cum prædictis consiliariis & Seneschallo nostris duobus, aut uno ex ipsis, quotiens huic vacare poteritis, vobis* Committimus *per præsentes, juxta tenorem commissionis prædictæ procedatis, & faciatis circa hoc & dependentia ab ipsis, quæ vobis videbantur opportuna, vobis, cum quotiens, ut præmittitur, circa hoc vacare poteritis, unà cum dictis* consiliariis, & Seneschallo *nostris duobus, aut uno ex ipsis, quorum commissioni in hac parte derogari non intendimus, pareri volumus & mandamus.* Datum Parisius die vigesima secunda Septembris, anno Domini millesimo trecentesimo trigesimo quinto.

Ipsaque (c) executione per nos facta, *ac completa cum institutione Præpositorum, Notariorum Servientum, & aliorum Officialium ad regimen Curiæ dictæ, præposituræ necessariorum, Capitulariis, qui ante dictam executionem hujusmodi jurisdictionem exercebant, unà cum Notariis, Servientibus ac Officialibus aliis, & ministris eorumdem primitùs destitutis, plures habitatores Tholosæ, nobis* nomine Regio, *sæpe cum magna instantia* supplicarunt, *quatenus* quemdam tractatum Parisius inchoatum, inter nonnullos consiliarios D. nostri Regis, vice & nomine ejusdem *ex parte una, & quosdam* habitatores dictæ villæ *ex altera, ad finem quod dictum Capitulatum, Corpus & Universitatem hujusmodi* haberent, *de quo perficiendo potestatem à Domino nostro Rege* habebamus, *quantum in nobis erat* perficere *dignaremur. Unde nos habitis pluribus tractatibus, cum eisdem, in quibus inter cætera obtulerunt D. nostro Regi dare* quinquaginta mille libras

NOTES.

Les Parens d'Aymeric *Berenger* se pourvûrent au Parlement, qui rendit son Arrest contre les Capitouls & le Corps de la Ville de Toulouse, par lequel ils furent declarez privez du Droit de *Corps & d'Université*, & les biens communs ou du corps confisquez au profit du Roy. Et l'execution de cet Arrest fut commise à Guillaume *Flotte* Sieur de Revel Chevalier & à deux autres *Clercs*, dont le Seneschal de Toulouse estoit un, & à Estienne Albert.

Ces Commissaires se rendirent à Toulouse, la my-Septembre 1335. & le lendemain ils se rendirent à l'Hôtel de Ville, pour prononcer l'Arrest aux Capitouls.

La Ville fit une deputation au Roy pour le prier de la remettre dans ses Droits. Le Roy renvoya les Deputez aux Commissaires qui estoient encore dans la Province, & les Commissaires remirent les choses en l'estat où elles estoient avant l'Arrest.

Ces Commissaires firent ensuite *deux Reglemens*, le premier touchant *l'élection & la creation des Capitouls*, & le second *pour terminer une contestation qui estoit entre la Ville & le Bourg*.

(c) Executione per nos facta.] Voyez-en le recit dans les annales de la Ville de Toulouse, de *la Faille* sous l'an 1335. page 76. & voyez à la page 75. des preuves, où l'Arrest est rapporté.

turonenses, *certis terminis persolvendas; visis etiam quibusdam literis, à prædecessoribus Regibus (d) Franciæ, olim concessis Universitati ac Capitulariis dictæ villæ, quorum literarum tenor sequitur.*

PHILIPPE VI. dit DE VALOIS, à Beziers, en Fevrier 1335.

PHILIPPUS (e) *Dei gratiâ Francorum Rex, Universis præsentes literas inspecturis,* Salutem. *Notum facimus, quod cum* Consules *nostri Tholosæ, pro se, & aliis concivibus Tholosæ, serenitatem nostram adiissent,* supplicantes *nobis super diversis articulis inferius annotandis. Nos affectantes bonum statum & commodum ejusdem civitatis, & civium prædictorum,* volentes *que eisdem gratiam facere specialem, super singulis articulis in modum qui sequitur duximus* ordinandum.

Et primo super electione Consulum Civitatis ejusdem, videlicet, quod moderni Consules, *& alii qui pro tempore erunt, adveniente termino, sive fine sui Consulatus, attendentes quod ipsi debeant cognoscere conditiones suorum concivium, nominabunt in* Castro Narbonensi, *de cætero, de singulis* duodecim partitis Tholosæ, tres personas ydoneas & sufficientes, *ad officium Consulatus, nec poterunt nominare duos consanguineos germanos, nec propinquiores simul; Et tunc* Vicarius *Tholosæ, coram quo nominabuntur, videbit, si sint idonei ad officium supradictum; Et si de nominatis in aliqua partita, nullus nominatorum ydoneus invenitur,* Vicarius *tunc eliget, quam citius commodè poterit, unum idoneum de eadem partita ad officium supradictum; Et si* dubium *fuerit de aliquo, vel de aliquibus, utrum sit reprobandus vel etiam reprobandi,* Seneschallus Tholosanus *vel locum ejus tenens, cognoscet de hoc, & ordinabit summariè & de plano, & sine strepitu judicii, & nihilominus dictus* Vicarius *non omittet quin ipse eligat de aliis partitis, de nominatis prædictis, quos viderit eligendos, ut* propter dilationem cognitionis Seneschalli, *vel ejus* locum tenentis, *dicta electio Consulum differatur, & propter defectum alterius Consulum non electi, vel non approbati, alii jam approbati non omittant exercere officium Consulatus.*

(2) Post hoc verò, de prædictis civibus, sic Vicario nominatis, *& per eum approbatis, idem* Vicarius eliget *unum de duodecim singulis partitis antedictis, quem secundùm ejus arbitrium idoniorem credat ad officium antedictum. Prædictis autem addimus, quod moderni Consules, & alii, qui pro tempore fuerint, jurabunt in præsentia Vicarii, quod de prædictis duodecim partitis nominabunt ydoneos, & sufficientes ad Officium Consulatus.*

(3) Insuper volumus *&* ordinamus, *quod nullus de civibus antedictis, qui fuerit* Consul, *ad idem officium iterum assumi possit, usque ad* tres annos *plenarie confirmantes.*

(4) Super verò secundo articulo, *videlicet,* super cognitione & judicio criminum de quibus *ipsi* Consules, *vice nostra, ac nomine Nostri, cognitionem & judicium habebant Tholosæ, & infra terminos, de quibus erant in possessione pacifica cognoscendi & judicandi, ut dicebant. Si tamen* prius querimonia *super his veniret* ad eos, *vel si per Servientes ipsorum in præsenti delicto deprehensi fuissent, quamvis tamen* Vicarius noster Tholosæ, de consimilibus criminibus perpetratis *in civitate Tholosæ, & locis superiùs nominatis similiter, cognitionem & judicium habet, pro Nobis,* si primo ad eum veniret querimonia, *vel si per Servientes ejusdem* Vicarii *caperentur. Nos similiter eisdem civibus nostris & Consulibus in hoc casu, gratiam specialem facere volentes,* ordinamus *quod de cætero præfati* Consules, *de prædictis omnibus & singulis criminibus Tholosæ, seu locis prædictis, perpetratis sive commissis, & de omnibus quæ ad cognitionem & judicium eorum pertinere videbunt,* præsente Vicario nostro Tholosæ, *qui pro tempore fuerit, vel locum ejus tenente,* non tamen partem judicis obtinente, cognoscant & judicent. *Ita tamen quod in cognitione & judicio prædictis* sint duo Notarii *Clerici, vel saltem unus à Vicario nostro prædicto, & duo similiter, vel unus à prædictis Consulibus, qui acta omnia super cognitione & judicio prædictis faciant fideliter & conscribant, qui*

NOTES.

(d) Philippes le Hardy en 1283. & Philippes le Bel en 1303.
(e) Ces letres sont de Philippes le Hardy.

PHILIPPE VI. dit DE VALOIS, à Beziers, en Fevrier 1335.

quidem Notarii jurabunt *in præsentia* Vicarii *& Consulum, ad sancta Dei* Evangelia, *quod jura nostra servabunt, bene & fideliter, & jura similiter cujuslibet alterius, & quod acta fideliter conficient & conscribent, ac referent. Et de ista concessione excipi volumus Gentes nostras, ac Servientes nostros, de quibus Nobis vel Vicario nostro Tholosæ vel locum ejus tenenti cognitionem, & judicium penitùs retinemus; Addentes insuper ad præmissa, quod si aliquis captus fuerit, pro delicto in casu criminis, per* Vicarium, *seu subvicarium nostrum Tholosæ, aut per Servientes suos in præsenti delicto, in locis prædictis, ad Curiam Vicarii, ubi tenet placita sua, ducetur, & ibidem per dictos Consules, præsente, ut supradictum est, prædicto Vicario, vel ejus locum tenente, de prædicto delicto suo cognoscent, judicabunt; nec prædictus Vicarius poterit prædictum criminosum absque judicio, vel assensu dictorum Consulum verberare.*

(5) *Præterea si aliquis de aliquo* gravi crimine meritò *sit suspectus, per* Vicarium, *vel* subvicarium *Tholosæ, vel per* locum ejus tenentes, *aut per Servientes suos, de mandato ipsorum,* poterit capi, & tradetur Consulibus, *& in domo* Consulatus, *de dicta suspicione cognoscetur, & judicabitur. Fiet autem executio de* criminibus supradictis, *per* Vicarium Tholosæ *& gentes suas, in personis & rebus delinquentium, quemadmodum nunc extitit consuetum.*

(6) *Insuper* volumus & ordinamus, *quod si aliquis forefaciat prædictis Civibus, in prædicta* Vicaria, *seu infra metas* Vicariæ, *extra fines suos, ubi aliquam jurisdictionem non habent,* Vicarius *noster Tholosæ, vel* locum ejus tenens *cognoscat Tholosæ, de prædicto* forefacto, *& causâ cognitâ, faciat illud* dictis Consulibus, *prout justum fuerit emendari, & hoc idem de commisso eisdem facto* in Seneschallia ordinamus, *quod Seneschallus Tholosæ faciat eis celeris justitiæ complementum, secundùm quod hactenus fieri consuevit.*

(7) *Insuper* volumus *quod ipsi Cives de fructibus, proventibus & exitibus terrarum & vinearum suarum, quos ipsi adducunt & nichilominus de omnibus & singulis mercaturis ad usum eorumdem Civium,* sint liberi & immunes a præstatione leudarum, seu pedagiorum nostrorum, *quemadmodum sunt ad præsens, & esse* consueverunt; *quem usum, seu libertatem per præsentes* confirmamus. *Demum cum prædicti* Cives *nobis supplicaverint quod Nos eorum* consuetudines vellemus in scriptis redigi, ita quod in judicio, non haberentur dubiæ, & incertæ, *sed per eas possent causæ in judicio terminari,* nec probatione aliâ indigerent, *quia tamen aliquæ ex ipsis consuetudinibus, judicio quorumdam, hujus correctionis & declarationis lima indigerent;* concedimus *eis, quod* eas consuetudines *ad majorem certitudinem* redigi faciemus, *facta priùs* per Nos correctione & declaratione *supradictis. Hæc autem omnia & singula præmissa, quæ de novo eis* concedimus, *prout superius sunt expressa,* volumus & concedimus *eis, quamdiu nostræ placuerit voluntati. Hæc autem prædicta* concedimus *&* volumus, *salvo in aliis jure nostro & jure dictorum Consulum & Civium in omnibus aliis, quoad possessionem vel quasi, & proprietatem, & jure quolibet alieno. In cujus rei testimonium præsentibus literis nostrum fecimus apponi sigillum.* Actum *Nemausi,* anno Domini millesimo ducentesimo octogesimo tertio mense Octobris.

Item tenor aliarum literarum regiarum talis est.

(1) *PHILIPPUS Dei (f) gratiâ Francorum Rex. Universis præsentes literas inspecturis,* Salutem. *De dilectorum Consulum nostrorum civitatis nostræ regiæ, &* suburbii *Tholosæ, fidelitate & industria confidentes, ipsosque propterea, circa cognitionem &* judicium criminum, illos prosequi *gratiis & honoribus prævenire* volentes, *per quos justitia suum consequatur effectum, & sic jura nostra nobis illibata serventur, quod aliena non lædantur in aliquo, sed tribuatur unicuique quod suum est. Eorum* supplicationibus annuentes, *sibi præsentium tenore, de gratia speciali* concedimus & volumus, *quod de cætero præfati Consules vice nostra, & pro Nobis, de omnibus &* singulis criminibus, tàm in civitate & suburbio Tholosæ, *& in locis* in quibus cognitionem & judicium hujusmodi,

NOTES.

(f) Ces letres sont de Philippes le Bel.

ex concessione claræ memoriæ Philippi Regis Franciæ cariſſimi genitoris noſtri, *conſueverunt hactenus exercere, quàm in tota* Vicaria Tholoſæ, *Monaſteriis, Eccleſiis & perſonis Eccleſiaſticis, ac Nobilibus, qui cives Tholoſani non exiſtant, Vicariæ ſupradictæ hominibus juſtitiabilibus, terris & bonis eorum duntaxat exceptis, perpetratis ſive commiſſis, & de omnibus, quæ ad hujuſmodi cognitionem, & judicium pertinent,* præſente Vicario noſtro Tholoſæ, *qui pro tempore fuerit, vel ejus* locum tenente, non tamen partem judicis obtinente, *cognoſcant & judicent. Ita tamen quod in cognitione & judicio prædictis, ſint* duo Notarii electi, *vel ſaltem unus a* Vicario *noſtro prædicto, & duo ſimiliter, vel unus a prædictis* Conſulibus, *qui acta omnia, ſuper cognitione & judicio prædictorum criminum faciant & conſcribant, qui quidem Notarii jurabunt in præſentia Vicarii & Conſulum ad ſancta Dei Evangelia, quod jura noſtra ſervabunt bene & fideliter & jura ſimiliter cujuſlibet alterius, & quod fideliter conficient & conſcribent ac referent: Et de iſta conceſſione excipi volumus Gentes noſtras, & Servientes noſtros, de quibus Nobis vel Vicario noſtro Tholoſæ vel ejus locum tenenti, cognitionem, & judicium penitùs retinemus; addentes inſuper, quod ſi aliquis captus fuerit, pro delicto, ſeu caſu criminis, per Vicarium noſtrum Tholoſæ, aut per Servientes ſuos præſenti delicto, in locis ſupradictis, ad Curiam Vicarii, ubi tenet placita ſua, ducetur, & ibidem per dictos Conſules, præſente, ut ſupradictum eſt, prædicto Vicario vel ejus locum tenente, de prædicto delicto ſuo cognoſcent & judicabunt; nec prædictus Vicarius poterit prædictum criminoſum abſque conſilio vel aſſenſu dictorum Conſulum liberare.*

(2) Præterea ſi aliquis de aliquo crimine *meritò ſit* ſuſpectus, *per Vicarium Tholoſæ, vel per locum ejus tenentem, aut per Servientes ſuos de mandato ipſius poterit capi,* & tradetur Conſulibus, *& in domo Conſulatus, de dicta ſuſpicione cognoſcetur & judicabitur. Fiet autem executio de criminibus ſupradictis per* Vicarium Tholoſæ, *vel gentes ſuas, in perſonis & rebus delinquentium, quemadmodum uſque ad nunc extitit conſuetum.*

(3) Inſuper volumus & ordinamus *quod ſi aliquis forefaciat prædictis civibus in Seneſchalliâ Tholoſæ, extra fines ſuos ubi aliquam juriſdictionem non habeat, quod* Seneſchallus noſter Tholoſanus faciat *eis celeris juſtitiæ complementum, ſecundùm quod hactenus fieri conſuevit. Gratiam autem & conceſſionem hujuſmodi, tamdiu durare volumus, donec eam Nos, vel Succeſſores noſtri expreſſè duxerimus revocandam, in cujus rei teſtimonium præſentibus literis noſtrum fecimus apponi ſigillum.* Actum Tholoſæ, anno Domini milleſimo trecenteſimo tertio, menſe Januarii.

Quibus tractatibus & aliis, per nos, dicto D. noſtro Regi plenarie reportatis, idem Dominus noſter Rex, *de ſua benignitate ſolitâ volens miſericorditer agere cum eiſdem, nobis commiſerit, ut ipſos tractatus perficeremus, prout nobis videretur expedire, ſecundùm quod in noſtræ commiſſionis literis continetur, quarum tenor talis eſt.*

PHILIPPUS *Dei gratiâ Franciæ Rex: dilectis & fidelibus magiſtris Stephano Alberti & Hugoni de* Arciaco *Clericis, Guillelmo* Flote *Domino de Revello militi, Conſiliariis noſtris, ac Seneſchallo Tholoſæ,* Salutem & dilectionem.

Cum nuper quodam Arreſto lato *contra civitatem* & Capitularios Villæ Tholoſæ, *per quod, inter cætera* privati fuerant omni jure corporis, & Univerſitatis, *per vos de mandato noſtro executo, quidam amicabilis tractatus inter vos pro Nobis, & habitatores dictæ* Villæ Tholoſæ, *ad ipſorum ſupplicationem habitus fuerit, ſuper juribus corporis & Univerſitatis, ac Capitulatus per nos eiſdem concedendis. Nos attentis gratiis, ſervitiis & obſequiis nobis & Prædeceſſoribus noſtris Franciæ Regibus olim fideliter per habitatores dictæ Villæ exhibitis, ipſorum vota pio ac benigno favore proſequi volentes, ut plus circa ipſos agat noſtra clementia, quam poteſtas;* vobis committimus, & mandamus *quatenus vos tres, vel duo veſtrum, dictum tractatum perficientes, & complentes, Capitulatum ipſum cum bonis, juribus, privilegiis, & libertatibus, prout duxeritis* ordinandum, *dictis habitatoribus* Villæ Tholoſæ concedatis, *in præmiſſis, & aliàs circa bonum ſtatum Villæ prædictæ* diſponentes & ordinantes *prout veſtræ diſcretioni videbitur faciendum, literas veſtras ſuper his, quæ circa hæc feceritis,* concedentes, *a Nobis poſtmodum, cum requiſiti fuerimus, confirmandis, ab omnibus autem juſtitiariis & ſubditis noſtris, vobis, aut tribus, vel duobus veſtrum, pareri volumus & mandamus.* Datum Brivæ, die

PHILIPPE VI. dit DE VALOIS, à Beziers, en Fevrier 1335.

PHILIPPE VI. dit DE VALOIS, à Beziers, en Fevrier 1335.

vicesima septima Decembris, anno Domini millesimo trecentesimo trigesimo quinto.

Igitur visa & intellecta pia devotione dictorum habitantium, ac Domini nostri Regis pietatis & clementiæ abundantiâ, quam habet ad dictam villam & habitatores ejusdem, Capitulatum, corpus, & Universitatem, cum juribus, bonis, & emolumentis, privilegiis, libertatibus, franchisiis, jurisdictionibus & exercitiis, *juxta tenorem & formam præscriptarum literarum, a prædecessoribus dicti Domini Regis eisdem concessarum. Illa videlicet quæ per alterum dictorum prædecessorum,* ut dictis literis Nemausi, de novo concessa fuerant, anno Domini millesimo ducentesimo octogesimo tertio, *quamdiu dicti Domini Regis, qui nunc est, vel successorum suorum placuerit voluntati. Illa verò quæ in dictis aliis literis Tholosæ, anno Domini* millesimo trecentesimo tertio, *per alium prædecessorem concessa fuerant, quousque idem Dominus noster Rex, qui nunc est, vel ejus successores concessionem illam expresse duxerint revocandam, ipsum Capitulatum & corpus cum jurisdictionibus & exercitiis habendum, tenendum, gubernandum & exercendum per eos, vice & nomine Domini nostri Regis, alia verò omnia, quæ ante vel post dictas concessiones habebant, prout ante ipsas concessiones, vel post, obtinebant,* auctoritate Domini nostri Regis, *virtute potestatis nobis datæ,* eis concessimus, & concedimus *per præsentes, salvis certis* reformationibus & ordinationibus, circa statum Capitulatus per Nos factis, ac etiam faciendis; & nichilominus *dictam Universitatem, ac singulares personas ejusdem, ab hiis, quæ occasione abusium* Capitulatus, *vel quorumcumque delictorum in & circa officium Capitulatus, ante confiscationem ipsius commissorum, vel occasione dictæ mortis aliquam pœnam civilem vel criminalem erga Dominum nostrum Regem incurrisse potuerant, sive sint præventi, sive non, officiales regios a pœnis eisdem quittamus, dictas pœnas eisdem penitus remittendo.*

(1) Quia vero inter habitatores dictæ villæ Tholosæ, videlicet illos de Civitate *ex una parte, &* illos de Burgo *ex altera, quoddam incipiebat oriri* debatum *super numero* Capitulariorum *habendo, tàm in civitate, quàm in Burgo prædictis, in casu in quo* dictus Capitulatus *concederetur eisdem, prout supplicabant. Super quo quidem* debato *dictæ partes ordinationi & voluntati, ac dispositioni nostris voluntariè submiserunt. Pluribus præhabitis tractatibus, cum partibus prædictis, super dicto debato,* ordinavimus & disposuimus *per hunc modum videlicet, quod dicta* Civitas, *quæ summe plus abundat in personis, facultatibus (g) numero* factorum, *quam faciat dictus* Burgus, *in* octo partibus, *& dictus* Burgus *in* quatuor partibus *dividentur, & de qualibet particula,* unus Capitularius assumetur, *& sic non obstante, quod æqualis Capitulariorum numerus ante confiscationem Capitulatus esse consueverit, tàm in civitate, quàm in Burgo.* Ordinamus quod in dicta civitate erunt octo Capitularii, *& in* Burgo *duntaxat erunt* quatuor, *& quod tàm dicti octo de* civitate, *quàm dicti quatuor de* Burgo, *tenebunt audientias suas, ordinabunt processus & facient alia dicto Capitulatui suo incumbentia, per hunc modum videlicet, quod in sententiis concordandis & in omnibus ac singulis aliis actibus, tàm judiciariis, quàm extrajudiciariis in quibus expediendis olim ante confiscationem* dicti Capitulatus, *consensus majoris partis Capitulariorum requirebatur, & erat necessarius, amodo debeant necessario dicti quatuor Capitularii de Burgo vacari, saltem per unum Servientem dictæ domus communis, cujus assertioni juratoriæ super dicta vocatione volumus esse standum, & omnes dicti* quatuor *Capitularii de Burgo, seu* tres, *aut* duo, *vel* unus *ad minus, si interesse voluerint, in præmissis omnibus, debeant consentire, alioquin quod per illos de civitate fiet nullius sit valoris.*

(2) Item. Cum hactenus, ante confiscationem hujusmodi, consueverint institui, in tabulario *criminum dictæ Curiæ domus communis,* duo Notarii, *unus per* Capitularios de Civitate, *& alius per* Capitularios de Burgo. *Ordinamus quod amodo idem, quantum ad hoc observetur. Et hoc idem etiam* volumus *de illis duobus* probis hominibus, *qui consueverunt ad audiendas causas* parvæ Curiæ *deputari, ut uno anno per illos de civitate, & alio anno per illos de Burgo eligantur.*

NOTES.

(g) Numero factorum.] Lisez *Numero focorum.*

(3) Item.

PHILIPPE VI. dit DE VALOIS, à Beziers, en Fevrier 1335.

(3) Item. Volumus & ordinamus, *quod sigillum parvæ Curiæ custodiatur uno anno in* Civitate, *& alio anno in* Burgo. Et hoc cum non contigerit emolumentum dicti parvi sigilli arrendari.

(4) Item. Ordinamus, *quod Capitularii dictæ Villæ Tholosæ* tres habebunt Accessores dumtaxat, *quorum duo per Capitularios* Civitatis, *& unus per Capitularios* Burgi *eligentur.*

(5) Item. Ordinamus, *quod dicti Capitularii habebunt* duos Syndicos, *quorum unus erit de* Civitate, *& alius erit de* Burgo.

(6) Item. Volumus *&* ordinamus, *quod quotiens contingerit mittere aliquos de Capitulariis, aut aliis probis hominibus notabilibus personis*, ad Curiam Domini nostri Regis, *vel* ad Curiam Romanam, *aut alibi, pro negotiis villæ expediendis,* si duo *dumtaxat mittantur, unus erit de* Civitate, *& alius erit de* Burgo. *Si verò* tres *mittantur, duo erunt de* Civitate, *& alius erit de* Burgo. *Et eandem formam, juxta numerum mittendorum observari* Volumus, *si contingeret plures mitti.*

(7) Item. Ordinamus *etiam, in hoc casu, quod in agendo, & expediendo per dictos mittendos, habeat unus* de Burgo *necessariò consentire.*

(8) Item. Ordinamus, quod Capitularii de Burgo *Tholosæ possint tot* Custodes *nocturnos instituere, quot instituent illi* de Civitate, *Et idem etiam de* diurnis *Custodibus observetur.*

(9) Item. De duodecim Tabulariis *causarum civilium dictæ domus communis,* ordinamus, *quod* octo *regentur, per Notarios institutos per Capitularios* dictæ Civitatis, *&* quatuor *per Notarios institutos per Capitularios* dicti Burgi.

(10) De Servientibus *etiam* ordinamus, *quod* duæ partes *instituentur per Capitularios* de Civitate *&* tertia pars *per illos de* Burgo.

(11) Item. Ordinamus, *quod cum continget* Capitularios Tholosæ, *nomine* Capitulatus, *aliquas supplicationes tradere, seu mittere* Domino nostro Papæ, *super gratiis faciendis,* duæ *partes* dictarum supplicationum *tradentur pro illis de* Civitate, *&* tertia *pars pro illis de* Burgo.

(12) Item. De duabus *clavibus quæ consueverant esse ante dictam confiscationem, in dicta domo communi, & custodiri, per illos duos Capitularios* de Civitate, *&* de Burgo, *qui præerant per menses expeditioni causarum criminalium dictæ Curiæ,* ordinamus, *quod amodo erunt ibi* tres claves, *quarum una custodietur* per Capitularios *de* Burgo, *seu unum ex eis, &* aliæ duæ *custodientur per illos duos Capitularios, qui præerunt per menses expeditioni dictarum causarum criminalium, prout extitit ante dictam confiscationem fieri consuetum.*

In quorum omnium robur & testimonium, sigilla nostra præsentibus literis duximus apponenda. Datum & actum Tholosæ. Die tertia mensis Januarii. Anno Domini millesimo trecentesimo trigesimo quinto.

Nos autem concessionem prædictam per dictos Commissarios nostros factam, & omnia alia, & singula in supra scriptis literis contenta, prout superiùs sunt expressa, rata & grata habentes, ea volumus, laudamus, approbamus, *& nostra auctoritate regia, tenore præsentium, ex certa scientia* approbamus, *nostro in aliis, & alieno in omnibus jure salvo. Quod ut firmum & stabile in futurum perseveret, nostrum præsentibus literis fecimus apponi sigillum.* Actum Biterris, anno Domini millesimo trecentesimo trigesimo quinto, mense Februarii.

Per Dominum Regem in consilio suo ad relationem vestram. R. de Molinis.

PHILIPPE VI. dit DE VALOIS, à Avignon, au mois de Mars 1335.

(a) Letres faites en faveur des Pareurs, ou Parmentiers de la Ville de Carcassone.

SOMMAIRES.

(1) Les Pareurs, ou Parmentiers, auront la marque qui leur a esté donnée, pour mettre à la teste de chaque piece d'estoffe; Et dessenses sont faites à tous autres d'user de la mesme marque.

(2) Les Gardes & Jurez pourront seuls instituer & destituer les Courtiers & les porteurs, à la charge néamoins de la part des Courtiers & des porteurs, de faire leur serment devant le Juge Royal.

(3) Le Viguier & la Cour Royale de Carcassone seront tenus sans délay de recevoir le serment des Courtiers & des porteurs.

(4) Les Pareurs ou Parmentiers, auront une chambre commune, où ils pourront s'assembler pour les affaires de leur art.

(5) Ils pourront lever depuis un denier jusqu'à huit, tant pour le Garde du lieu où l'on tire les estoffes, que pour les affaires de la Communauté, &c.

(6) Il n'y aura que les Pareurs, ou Parmentiers seuls qui pourront eslire leurs Gardes & Jurez, que le Viguier & la Cour de Carcassone recevront à serment sans examen.

PHILIPPUS *Dei gratiâ Francorum Rex. Notum facimus universis, tàm præsentibus, quàm futuris, quod visa per Consilium nostrum quadam oblatione facta Seneschallo nostro Carcassonensi, pro Nobis & nostro nomine, per Arnaldum* Raperie *Paratorem & Supra-positum paratoriæ Carcassonensis, & Guillelmum* Marsedi *procuratorem, ut dicebat, & procuratorio nomine aliorum* Supra-positorum, *ac etiam* Paratorum *Carcassonensium, seu majoris partis eorumdem, de* quingentis libris *turonensibus, quas nobis gratis obtulerunt, semel dare & solvere, in quolibet festo omnium sanctorum proxime futurorum,* tertiam partem, *ut Supra-positis artis, seu* ministerii ipsorum Paratorum, *præsentibus & futuris, ea quæ inferiùs continentur concedere dignaremur. Deliberatione super hoc habita diligenti, Et ipsius Seneschalli, ac magistri* Raymundi Folcaudi *procuratoris nostri dictæ Seneschalliæ, relatione auditâ, eisdem Supra-positoribus pro se, & suis in arte prædicta successoribus, dictam oblationem admittentes, ex certa scientia* concedimus *per præsentes.*

(1) Quod sicut consueverunt a triginta annis, vel amplius citra, habeant Signum, *quod tunc eis datum fuit, ad ponendum in capite* cujuslibet panni, *qui fiet in Carcassona, de (b)* cotono, *seu* bombace *albo, amplitudinis duorum digitorum, vel circa, quodque eodem Signo utentur in pannis factis Carcasson. more solito, & sic quilibet pannus, ad minus de mille sexentis filis (c)* staminis, *ut proinde cognoscatur, si* pannus sit bonus & legalis, *vel insufficiens.* Inhibemus *enim, ne, sub pœna amissionis pannorum nobis applicandorum, aliquis ultra* villam Carcasson. *Parator, Textor, vel alius, tali Signo, vel consimili, de cotono serico, vel lana, aut alio albo quocumque contra facto, uti de cætero præsumat post nostræ præsentis inhibitionis publicationem. Et si quid extra Carcasson. attemptatum est, id adnullari, & ad nihilum deduci, & cessare de cætero ne per contra-facturam dicti signi* Pannificium Carcassonæ *per alios diffamaretur,* volumus & mandamus, *item* volumus *& etiam* concedimus, *quod de quibuscumque pannis crudis, vel aliis, postquam ad ipsorum Paratorum manus quoquomodo pervenerint, an boni sint & legales, vel falsi, aut falsificati, sive minus sufficienter texti, vel adoperati, ipsi Supra-positi qui nunc sunt, & illi qui erunt pro tempore, in arte seu ministerio, paratoriæ supradictæ dumtaxat, habeant examinationem & cognitionem, juxta suæ artis ministerium, & ordinationem supradictam, & ea referre habeant Curiæ nostræ Carcassonensi, quæ de talibus juxta dictorum Supra-positorum consilium habeat judicare, & exequi judicatum in talibus consuetum.*

NOTES.

(a) Ces letres sont au Tresor, Registre 69. piece 252.

(b) De Cotono seu Bombace.] Vide Cangium in Glossario *in Bombace.*

(c) Staminis.] De *l'Estain,* d'où l'on a fait le mot *Estame,* & *Estamine.*

PHILIPPE VI. dit DE VALOIS, à Avignon, au mois de Mars. 1335.

(2) *Item.* Concedimus, *&* volumus, *quod ipsi Supra-positi, & eorum in dicta arte successores, & nullus alius, habeant more consueto eligere, instituere & destituere* Portatores *&* Portatrices *&* Corretarios, *quos & quotquot voluerint, pro voluntatis beneplacito, ad pannos emendum & vendendum & faciendum alia necessaria, quæ ad* Corretariorum *spectant officium, pro arte, seu ministerio prædictis, totiens quotiens eis videbitur faciendum. Ita tamen quod dictæ* Curiæ nostræ, dictos *Corretarios, Portatores & Portatrices, pro juramento præstando, ante quam utantur suo officio, debeant præsentare.*

(3) *Item.* Volumus, *& eis, ut supra,* concedimus, *quod* Vicarius *&* Curia nostra *Carcassonensis, hujusmodi* Portatores, *&* Portatrices *ac* Corretarios, *per dictos Supra-positos, totiens quotiens eis placuerit, electos & institutos, habeant ad ipsorum Supra-positorum nominationem, & præsentationem & requestam, absque aliqua alia examinatione, & omni dilatione sublatâ,* acceptare & non refutare, seu recusare, sed ab eis juramentum recipere, *quod in prædictis fideliter se habebunt, & eos etiam jam admissos ad requisitionem ipsorum Supra-positorum, destituere, & destitutos, appellatione quacumque submotâ, & (d)* Hostalariis *quibuscumque prohibere, sub pœna decem librarum Turonensium, nobis applicanda, ne de dictâ* Corrateriâ, *se aliquatenus intromittant. Et quod ipsi* Corraterii *destituti, nec* Hostalarii, *per quos multæ fraudes, quandoque circa præmissa consueverunt, ut dicitur, committi, aliquatenus in prædictis pannis emendis, vel vendendis associent mercatores, nisi dicti* Hostalarii *essent* Corretarii *dictæ pirariæ, modo supradicto instituti, sub pœna prædicta nobis applicanda, ut dictum est, & committenda, appellatione quacumque refutata, & etiam non obstante.*

(4) *Item.* Volumus, *& eis* concedimus, *quod pro tractandis dictæ artis, seu* ministerii paratoriæ *negotiis, ipsi Supra-positi & Paratores, si, & cum eis placuerit, in loco tamen honesto Paratoriæ vel alibi, se possint, prout consueverunt, congregare impune, & de suis negotiis tractare, & Actores, seu Procuratores facere, & constituere, ad procurandum, promovendum, petendum, agendum & deffendendum ubique facta & negotia ministerii, seu artis paratoriæ supradictæ, & illos destituere & revocare, pro libito voluntatis.*

(5) *Item.* Concedimus *eisdem, quod pro* Custode *(e)* Tendaris, *seu loci* communis *in quo panni* tirantur, *seu* tenduntur, *& in parte* adaptantur, *possint* unum denarium, *& pro clausura, & aliis reparationibus dicti* Tendaris, *ac pro aliis negotiis communibus dictæ artis, seu ministerii peragendi & prosequendi, si, & cum necessitas hoc requisierit, & eis visum fuerit,* de illo denario, *usque* ad octo *impune indicere, seu imponere desuper, seu supra quemlibet pannum, in dicto* Tendari, *& aliis* Tendariis *dictæ villæ* tirandum, *per illos qui facient pannos ipsos* tirari, *vel abinde eos amovebunt, eisdem Supra-positis præsentibus & futuris, vel deputandis ab eis solvendo. Ita quod cessante causa indictionis, seu impositionis hujusmodi, totiens quotiens debeat cessare, & cesset effectus, & quod Curia nostra Carcassonensis det eis, & concedat ad præmissa, si hoc requisierint, compulsores.*

(6) *Item.* Volumus & eis concedimus, *quod ipsi* Paratores, *modo consueto, possint, & nullus possit alius, eligere, seu instituere & destituere, sicut & hactenus fieri consuevit, Supra-positos prædictos, & quod Curia nostra Carcassonensis ipsorum Supra-positorum sic electorum & institutorum, teneatur juramenta recipere consueta, absque examinatione & contradictione quacumque, & destitutos prohibere, eo ipso quod apparebit ipsos Supra-positos esse destitutos, ne se de dicta Præpositura intromittant. Et ut melius fraudes, si committi contingeret, detegantur,* Volumus *quod detegentes, seu revelantes ea, quæ ad notitiam Curiæ nostræ non venissent, nec venire sperarentur infra mensem, de pœnis commissis, vel de eis quæ propter hoc levari potuerunt,* decimam partem *habeant, absque difficultate quacumque.*

Quod ut firmum & stabile perpetuò perseveret, nostrum præsentibus literis fecimus apponi sigillum. Salvo in aliis jure nostro, & in omnibus quolibet alieno. Actum Avenione,

NOTES.

(d) Hostalarii.] Vide Cangium in Glossario mediæ & infimæ Latinitatis in *Hostilagium.*
(e) Tendaris.] Vide Cangium in *Tendarii.*

anno Domini millesimo trecentesimo trigesimo quinto mense Martii.

Per Dominum Regem, ad relationem Dominorum Joannis de Pratis, *& Simonis* Derguery, *de consensu Domini* Guidonis Caprarii *& Mathæi* Guete. P. de Molinis.

PHILIPPE VI. dit DE VALOIS, à Paris, le 22. May 1336.

(a) Mandement au Prevost de Paris de contraindre les Apothicaires, leurs garçons, & les herbiers à garder les Ordonances faites touchant l'Apothicairerie, & l'Espicerie.

PHILIPPES par la grace de Dieu, Roy de France : au Prevost de Paris, ou son Lieutenant, *Salut.* Le Doien & les Maistres de la Faculté de Medecine Nous ont donné à entendre, que jadis pour le bien commun, *certaines Ordonnances* furent faites & scellées du Scel de nostre Chastellet de Paris, entre les dits *Maistres de Medecine d'une part*, & les *Apothiquaires d'autre,* sur ce qui touche l'*Apothiquairerie*, ou *Espicerie.* Et que specialement, & par exprés est contenu és dites *Ordonnances*, que les dits Apothiquaires tous & un chascuns, qui du mestier veulent user, doivent jurer devant cil, qui de par Nous y sera, ou seront establis, à *icelles tenir & garder* loyaument. Par quoy *Nous te mandons*, que comme les diz Maistres des Medecines sachent mieux le vray entendement des dites *Ordonnances,* que autres ne sçauroient, qui ne tiennent pas la science de Medecine, *tu* contraingne les dits *Apothiquaires* & leurs *Valets* & les *Herbiers,* à les tenir & garder, devant ladite Faculté, ou devant le *Doien,* ou deux, ou trois Maistres d'icelle. Et que tu les contraignes à montrer ausdits Maistres les *Medecines laxatives*, & les *(b) opiates*, qui se gardent par long temps, pour les voir, avant que elles soient confites, & sçavoir qu'elles soient bonnes & fraiches & non corrompuës *& tresallées*, selon ce qu'il t'apperra, par les dites *Ordonnances,* qu'ils seront tenus de les montrer à leurs Maistres, ou l'un des Jurez. Et ce fay si diligeaument qu'en defaut n'en convienne retour à Nous. *Donné à Paris le vingt-deuxiéme de May, l'an de grace mil trois cens trente-six. (c)*

NOTES.

(a) Ce Mandement est dans le Livre vert vieil 2. du Chastelet, feüillet 31. & il est rapporté par Fontanon, tome 4. page 464. de la Compilation des Ordonances.

(b) Opiates.] Ce sont des confections narcotiques, ou dans lesquelles on fait entrer de l'*Opium*, qui fait dormir.

On appelle encore ainsi toutes les confections, ou electuaires, qui ont rapport aux confections, & antidotes, dans lesquelles il entre de l'*Opium*.

(c) Cette Ordonance fut confirmée par une autre du Roy *Charles VI.* de l'année 1390. & ensuite par une du Roy *Charles VII.* de l'année 1437.

En l'année 1353. au mois d'Aoust le Roy *Jean* l'augmenta & la perfectionna, en statuant que tous les Apothicaires de la Ville de Paris & suburbes d'icelle, jureroient, en la main du Maistre, au temps des visitations, en la presence de quatre assistans, que de toutes Medecines & autres choses appartenantes audit mestier d'Apothicaire, ils reveleront la verité des choses, qui seront pardevers euls, tant vieilles comme nouvelles, ou en autre qualité qu'elles soient, & n'y adjousteront rien de fait, ne de parole, par eux, ne par autre mensonge, ou fraude, mais la planiere & pure verité en reveleront. Et que avec jureront les *Apothicaires*, qu'il feront loyaument à leur pouvoir le mestier d'Apothicairerie, & qu'ils auront leur Livre qu'on appelle *Antidotaire Nicolas*, corrigié par les Maistres du mestier, au conseil des Medecins assistans au fait de ladite visitation. Qu'ils ne mettront en leurs receptes aucunes Medecines corrompuës, ou de quoy la vertu soit exhalée, par telle maniere qu'elle ne puisse avoir son droit effect. Et que quand ils disposeront aucune recepte dudit *Nicolas*, des *Medecines laxatives* & des *Opiates*, ils ne la confiront pas, jusques à tant qu'il l'auront montrée au Maistre du mestier. Et que quand ils l'auront confite, ils écriront dessus, le mois qu'elle sera faite, si que quand elle sera *tresallée,* l'on l'ajustera & degastera, &c.

Voyez ce qu'on a observé sur cette Ordonance du Roy Jean, où l'on a expliqué ce que c'est que *l'antidotaux* ou *l'antidotaire Nicolas*.

PHILIPPE VI. dit DE VALOIS, au Parlement, le 10. Juillet 1336.

(a) Letres par lesquelles le Roy ordonne que l'Evesque d'Amiens sera contraint, par saisie de son temporel, de ne plus lever des amendes sur les nouveaux mariez, qui habiteront avec leurs épouses.

PHILIPPUS *Dei gratiâ Francorum Rex :* Baillivo Ambianensi, *aut ejus locum tenenti,* Salutem. *Sua Nobis* Major, *&* Scabini villæ Ambianensis, gravi conquestione *monstrarunt, quod cum ipsi, super eo, quod* Officialis Ambianensis, Vicegerens Episcopi *dictæ villæ, & aliæ ipsius Episcopi gentes, Joannem de* Arguenne, *& plures alios dictæ villæ Burgenses nostros, coram Episcopo conveniri & citari faciebant, imponentes eidem* Joanni, *& aliis nostris Burgensibus,* quod ipsi fœminas, aliasque suas desponsatas carnaliter cognoverant, ipsos ad solvendum emendas, *propter hoc compellendo, vel etiam tractando, coram fidelibus Gentibus nostris Parlamentum nostrum Parisiense tenentibus,* in nostra præsentia conquesti fuissent, *asserentes præmissa fore in magnum præjudicium nostrum, dictorum conquerentium, ac particularium omnium in dicta villa commorantium. Cumque* de præcepto *Gentium nostrarum prædictarum, tibi* ore tenus *facto, ipsum Episcopum ad desistendum de præmissis, per ipsius temporalitatis captionem*

NOTES.

(a) Ces Letres sont au Registre A. du Parlement, feüillet 196. Dans ce mesme Registre au mesme feüillet *verso*, elles sont renouvellées par Charles VI. par des Letres données *Parisius in Parlamento, quintâ die Martii. Anno Domini millesimo octogesimo octavo & regni sui octavo, sub sigillo suo in absentiâ magni ordinato.* Signatum per Cameram. *J. Jouvence Clerici.*

Lorsque l'on travailla à la Table chronologique imprimée in 4.° en l'année 1706. On rejetta cette piece. L'on y mit pour note, que *ce n'estoit pas une Ordonance, & qu'elle n'auroit point place dans la Compilation, par la raison qu'elle estoit dans le recüeil de Fontanon,* Et on avertit qu'elle seroit simplement dans l'*Appendice.*

Mais aprés l'avoir attentivement examinée, on a crû la devoir placer içy, parce qu'anciennement nos Roys se rendoient assez souvent dans leurs Parlemens, & que les Reglemens generaux qui y estoient faits, en leur presence, estoient par cette raison de *veritables Ordonances.* Il y en a des exemples dans le *Tome premier,* où l'on peut voir que l'Ordonance de 1275. & celle de 1291. touchant les *Francsfiefs* & les *Amortissements*, furent faites au Parlement de Noël.

Icy les habitans d'Amiens presenterent leur Requeste au Parlement, le Roy y estant, par laquelle ils se plaignirent, que leur Evesque, ou ses Officiers, levoient des *amendes,* non seulement sur les adulteres, qui avoient esté en commerce avec les femmes des autres, mais avec ceux mesmes, qui avoient habité avec leurs propres femmes.

Sur cette plainte la Cour fit ordonner verbalement à l'Evesque, de se desister de ces vexations, sous peine de saisie de son temporel; Mais l'Evesque persistant, & ayant soustenu que son temporel ne pouvoit estre saisi, qu'en vertu d'un Mandement exprés du Roy. *Philippe de Valois* fit expedier ces Lettres, en vertu desquelles le temporel de l'Evesque fut saisi. Parce qu'elles estoient constamment émanées de la volonté du Roy elles furent registrées au Parlement *entre les Ordonances,* & par cette raison l'on mit au bas de l'enregistrement, *Lecta per Cameram, Registrata in Curia Parlamenti, in libro Ordinationum Regiarum fol. 50. in nono anno.*

L'Evesque d'Amiens qui estoit alors obéït peut-estre aux ordres du Roy. Mais ses successeurs, ou leurs Archidiacres ayant le Siege vacant, suivi ce mauvais exemple sous le regne de Charles VI. en l'année 1388. le Mandement qui suit de ce Prince fut envoyé au Bailly d'Amiens, le 5. Mars.

Karolus Dei gratiâ Francorum Rex, Baillivo Ambianensi, aut ejus locum tenenti, ac primo Parlamenti nostri Hostiario, seu Servienti nostro, qui super hiis requiretur, *Salutem.* Major & *Scabini villæ Ambianensis,* Curiæ nostræ Parisius conquerendo, monstraverunt, quod cum super debato olim moto & pendente in dicta Curia, inter dictos *conquerentes* ex una parte, & *Episcopum Ambianensem* ex altera, super eo, quod prædictus Episcopus, ejus Officialis, aliæque ejus gentes & officiarii trahebant in causam, Burgenses & habitatores villæ & Episcopatus Ambianensis *UXORATOS, eis imponendo, se alias mulieres quam suas uxores in facie Ecclesiæ desponsatas, carnaliter cognovisse, ab ipsis pecuniarias emendas exigendo. Partibus auditis, per Arrestum, seu ordinationem* Curiæ judicatum fuerit, & *Mandatum* Baillivo

PHILIPPE VI. dit DE VALOIS, au Parlement, le 10. Juillet 1336.

compellere voluisses, tamen tu, prætextu quarumdam literarum Regiarum, *tibi per ipsum Episcopum directarum, continentium inter cætera, ut dicitur, quod sua temporalitas, nisi* de nostro speciali mandato nullatenus arrestatur, *à præmissis omnino cessasti, in dictorum conquerentium, & omnium in dicta villa habitantium dammum non modicum, ac periculum, & gravamen, sicut diximus. Tamen auditis super his partibus, coram prædictis gentibus nostris* Ordinatum fuit *quod dictus* Episcopus *compelleretur ad* desistendum *à prædictis,* per captionem temporalitatis suæ. Commendamus *tibi quatenus dictum Episcopum ad* desistendum *à præmissis, seu* desisti faciendum, per ipsius temporalitatis captionem, *indilatè* compellas : *Literis prædictis per ipsum* Episcopum, *seu ejus gentes tibi super hoc directis, vel ostensis, & aliis impedimentis à Nobis, seu etiam impetrandis,* nonobstantibus *quibuscunque. Datum Parisius in Parlamento nostro, die decima Julii. Anno Domini millesimo trecentesimo trigesimo sexto.* Signatum. Hangest.

Lecta per Cameram. Registrata in Curia Parlamenti in libro ordinationum regiarum. *Fol. 50. in nono anno.*

NOTES.

Ambianensi, seu ejus locum tenenti, tunc existenti, ut dictum Episcopum, ejus officialem, Gentes, & alios officiarios suos quoscumque compelleret, per captionem & detentionem eorum temporalitatis, ad cessandum à *compulsionibus & exactionibus* prædictis. *Nihilominus* prædictis non obstantibus, *Archidiaconi Pontiviensis & Ambianensis*, qui sede Episcopatus vacante, ut est de præsenti, & in Ecclesia Ambianensi habent regimen spiritualitatis ipsius Episcopatus, Burgenses, & habitatores villæ & Diocesis prædictorum, de facto per *citationes, monitiones, & excommunicationum sententias, promulgationes,* & *pecuniarum exactiones*, causa prædictâ, persequuntur, & adeo *vexant*, tàm laboribus, quàm expensis, quod vexationes suas redimendo, necnon obviare satagendo, jurgiis quæ in facto matrimonii sequi possint, cum præfatis Archidiaconis, & eorum officiariis, ad certas pecuniarum summas componunt, ipsasque summas indebite exigunt & levant, contra tenorem Arresti, seu *ordinationis* prædictorum temere veniendo. Quod in ipsorum conquerentium, non solum præjudicium & gravamen, *sed nostri & nostræ Curiæ contemptum* redundat, si ita est. Quare vobis & vestrum cuilibet, *committendo Mandamus,* quatenus de, & super prædictis vos diligenter informetis, & *informationem* quam indè feceritis, quàm citius dictæ *Curiæ* remittatis, ut ipsâ visâ, dicta Curia providere valeat, ut fuerit rationis, Et insuper dictis *Archidiaconis* eorum officialibus, officiariis & servitoribus, & eorum cuilibet, sub certis magnis pœnis nobis applicandis, *præcipiatis, & injungatis ex parte nostra,* ut a prædictis monitionibus, citationibus *sententiarum,* excommunicationibus, & potissime pecuniarum exactionibus omnimode se de cœtero desistant, *literis subreptitiis impetratis, vel impetrandis* non obstantibus quibuscumque. *Datum Parisius in Parlamento nostro quinta die Martii. Anno Domini millesimo trecentesimo octogesimo octavo & regni nostri* sub sigillo nostro, in absentia magni ordinate. Signatum per Cameram. J. Jouvence. *Clerici.*

En l'année 1409. ces mesmes vexations & ces exactions continuoient encore. Et le 19. Mars il fut dit, par Arrest de la Cour, que les deffenses faites, à la Requeste du Procureur general & les Maires & les Echevins d'Abbeville en Ponthieu, par vertu de certaines Letres Royaux, à *l'Evesque d'Amiens,* & aux Curez de ladite Ville; c'est à sçavoir audit *Evesque,* qu'il ne print, ne exigeât *argent des nouveaux mariez, pour leur donner congé de coucher avec leurs femmes, la premiere, deux & troisiéme nuits* de leurs nopces, & autres contenuës audit Arrest, avoient esté bonnes & valables, & que l'opposition dudit Evesque avoit esté donnée sans excepte, au regard des exceptions generales, au regard desquelles il fut dit, les deffenses avoir esté faites sans cause. Et fut dit que chacun desdits habitans pourroit coucher *cum uxoribus suis,* la *premiere nuit de leurs nopces, sans le congé de l'Evesque,* & que les habitans qui mourroient, *pourroient estre enterrez* sans le congé de l'Evesque & de ses Officiers, s'il n'y avoit empeschement Canonique. Et outre que les heritiers & *executeurs* du Testament d'aucun trepassé ne pourroient estre contrains, d'obéïr à accomplir les *Ordonances faites par les Officiers* dudit Evesque, ne par luy, au regard des testamens faits par lesdits *Intestaux.* Mais les pourroit ledit Evesque admonester charitablement, qu'ils fissent bien pour l'ame dudit *intestat,* & que les heritiers & executeurs dudit Testament d'aucun trepassé, pourroient dedans l'an du trepassement *submettre* l'execution d'iceluy à la *justice* Laye, ou d'Eglise, &c. Voyez *Baluze* dans ses notes sur la Collection de Canons de *Reginon,* pages 586. 657. & 658. & ce que j'ay remarqué dans mon Glossaire du Droit François *sur Executeurs Testamentaires.*

PHILIPPE VI. dit DE VALOIS, à Vincennes, le 13. Mars 1337.

(a) Letres, ou Mandement fait en faveur de l'Université, portant que les Regens & les Echoliers, sous la *garde* & la protection du Roy, auront leurs causes commises pardevant le Prevost de Paris.

PHILIPPUS *Dei gratiâ Francorum Rex: Præposito Parisiensi, vel ejus locum tenenti*, Salutem.

Cum nos ad supplicationem Universitatis Magistrorum, *&* Scholarium *Parisiensium in* nostrâ speciali Gardia & Protectione existentium, *qui interdum cum veniunt ad studium, aut quamdiu ibidem resident, & morantur, vel ad partes suas ipsi* Magistri, *seu Scholares redeunt*, injuriæ, molestiæ, oppressiones, & violentiæ, *nedum in* Præpositurâ *tuâ, sed* in aliis locis *inferuntur eisdem, in præjudicium* Gardiæ nostræ, *quas prosequi nequeunt*, extra Parisius, *quin a suo studio, in Universitatis prædictæ grave præjudicium, distrahantur, graviterque vexentur laboribus, & expensis*, Tibi mandavimus, *atque* commisimus Protectionem ipsorum, *ac* Custodiam, *coërcitionem insuper ipsorum, qui* in Protectionis & Gardiæ nostræ *præjudicium, Universitati, seu Magistris, aut Scholaribus prædictis inferrent* violentiam indebitam, injuriam, vel *(b)* jacturam, *sive infra* Præpositur æ tuæ fines, sive in locis aliis quibuscumque Regni nostri. Volumus tamen quod hujusmodi gratia, & commissio, *ac potestas, ipsius* Commissionis *prætextu tibi data, esset a datâ literarum nostrarum super hoc confectarum, ad* quadriennii spatium, *termino valituro finiturarum. Cujus profecto* quadriennii *spatium, ut asserunt, & ex inspectione dictarum literarum nostrarum liquido dignoscitur præteriisse;* Quamobrem *iteratis, desiderio Universitatis* Magistrorum *&* Scholarium *Parisiensium, sibi, pro futuro, consimilem gratiam à nobis poscentium indulgeri, supplicationibus*, annuentes, *Tibi dictas* Protectionem & Custodiam eorumdem, *ac coërcitionem malefactorum, quos eisdem regni nostri quâvis parte*, violentias *& alia indebita detrimenta memorata constiterit intulisse*, committimus, *per præsentes*, hunc ad terminum *duntaxat, in suo robore duraturas. (c) Sperantes videlicet Universitatem Magistrorum & Scholarum, & Scholarium*

NOTES.

(a) Ces Letres sont rapportées par *Boullay* dans son histoire de l'Université de Paris, tome 4. page 256. Voyez les Letres du dernier Decembre 1340.

(b) Voyez cy-aprés la Declaration du 17. May 1344.

(c) Il y a ensuite dans l'Histoire de l'Université, tome 4. page 256. Les letres de *Pierre Belagent* Garde de la Prevosté de Paris, adressées à tous justiciers, où il parle en ces termes. ET pour ce que M. Richard de *Billy*, Recteur de l'Université de Paris, Nous a temoigné par son signet, que *Hemonin de Marcey* dessous Luxey, de l'Evesché de Toul, Clerc, est vray escholier à Paris, en la Faculté des Arts, sous discret homme *Jehan de Dijon*, & il se soit dolus pardevant Nous, que *Girard Piedargent*, *Raoullet Blanchart*, Jehan *Rouge Geure*, & *Girard* fils defunt *Boussait de Brisoy*, luy ont fait plusieurs villenies, domages & injures non dûës. C'est à sçavoir, que en requerant plusieurs de ses biens, lesquels ils luy detiennent, injurieusement, & les luy ont despoüillez, & ostez à force, & maugré que ledit escholier en eût jusques de soixante livres parisis chascun an par soi, & ont mis la main à li injurieusement, & l'eussent battu, & feru villenement, se il ny eust eu aide de bonnes gens, ont batu & feru vilainement le frere dudit escholier, en dépit de ly, & ly ont fait & dit plusieurs villenies, à declairer en lieu & en temps, lesquelles villenies, il ne voulsit pour cent livres parisis, laquelle chose est en grant griés & préjudice de *nostre Garde*, & de l'Université dessus dites, si qu'il nous a montré, en complaignant, & offre à prouver, se mestier est; *Nous vous mandons & commandons de par le Roy, & par la vertu de ladite Commission, que vous à la Requeste du porteur de ces Letres, leur fassiez commandement de par le Roy*, que audit escholier amendent lesdites villenies & injures, & que il luy rendent *lesdits biens, avec tous dépens, mises & interests qu'il a faits, pour les choses dessus dites.* Et si il se veullent opposer au contraire, si leur donnez jour competent à Paris *pardevant Nous*, pour venir alleguer cause, pourquoy il n'y soient tenus, avec *intimation*, que viengnent, ou non, nous procedions contre eux, si come reson sera. Et au porteur de ces Letres, gardez & deffendez de faire violence, se mestier y est. Ce

antedictos hujusmodi privilegio, seu gratiâ nullatenus abusuros. Datum apud Vicennas, decimâ tertiâ die Martii. Anno millesimo trecentesimo trigesimo septimo.

NOTES.

tant en faites de vous en droit soy, que par vous n'y ait defaut, & que ledit escholier n'ayt cause de soy complaindre de vous. Et ce que fait aurez, nous rescrivez sous vos sceauz. Donné sous le Scel de la Prevosté de Paris. L'an de grace *mil trois cens trente-neuf. Le mardy aprés la feste du S.t Sacrement. Collatio.* De Chezy. Et au dos Letres & adjournement pour *Henonin de Marzy.* Le Clerc.

PHILIPPE VI. dit DE VALOIS, le 17. Mars 1337.

(a) Ordonance par laquelle le Roy declare nuls tous les Dons de Benefices & d'Offices faits avant la vacance, & les dons des confiscations avant qu'elles soient acquises.

ON ne connoist cette Ordonance, que parce que celle du 9. Juillet 1341. imprimée cy-aprés, en ordonne l'execution.

PHILIPPE VI. dit DE VALOIS, à Vincennes, au mois de Juin 1338.

(a) Ordonance touchant la solde des gens de Guerre, tant dans tout le Royaume, que dans les Seneschaussées de Toulouse, de Beaucaire, de Nismes, de Carcassone, de Beziers, de Perigord, de Cahors, de Roüergue, de Bigorre, & dans les Pays d'Auvergne & d'Aquitaine.

Sommaires de la convention faite entre le Roy & les nobles.

(1) L'Arbalestrier *à pied aura dans les Seneschaussées nommées en ces presentes, quinze deniers tournois de solde par jour.*

(2) Le simple Pieton, *sans Arbaleste, aura douze deniers tournois.*

(3) L'Escuyer, *qui aura un cheval de vingt-cinq livres, aura par jour six sols six deniers tournois.*

(4) Le Chevalier banneret *aura par jour vingt sols tournois.*

(5) Le simple Chevalier *dix sols tournois.*

(6) L'Escuyer, *qui aura un cheval de quarante livres, sept sols six deniers.*

(7) Le simple Gentilhomme *armé de tunique, de Gambiere & de bassinet, aura deux sols, & s'il est mieux armé, deux sols six deniers.*

(8) L'Escuyer, *avec un cheval de vingt-cinq livres ou plus, non couvert, aura par tout sept sols tournois, excepté dans les lieux, & les Seneschaussées marquez dans ces presentes, où il n'aura que six sols six deniers.*

(9) Les Fantassins, *ou gens de pied, sans arbaleste, & autres, auront par tout quinze deniers tournois, excepté dans lesdites Seneschaussées, où ils n'auront que douze deniers tournois.*

(10) Le Chevalier *qui aura* double banniere, *& l'*Escuyer *avec* banniere, *auront par tout le Royaume la solde ordinaire, dont les Comtes, les Barons & les nobles seront contents, tant pour eux, que pour leurs gens nobles, ou non nobles.*

Sommaires de l'Ordonance.

(1) Lorsque les personnes nommées cy-dessus auront esté mandées par le Roy, pour ses guerres, il leur sera fait un prest *proportionné au chemin qu'ils auront à faire, & eû égard à leurs soldes.*

(2) Le Roy, ni ses successeurs n'exigeront rien d'eux, ni de leurs sujets nobles, ou non nobles, pour les frais de leurs guerres.

(3) Lorsqu'il s'agira de bornage entre le Roy & les habitans desdites Seneschaussées, il sera fait avec le Procureur du Roy, & avec des personnes prudes & habiles, sans forme de jugement.

(4) Les Commissaires envoyez aux Eglises dont le Roy est gardien, *ne pourront apposer des pennonceaux, que sur les fonds dont elles sont en possession paisible. Et si à ce sujet il y a contestation, le Commissaire fera donner adjournement pardevant les Juges ordinaires.*

(5) Le Roy n'accordera point de Droit de Garde, *ni ses successeurs, dans les terres des supplians, sans connoissance de cause préalable, & aprés avoir appellé les nobles.*

(6) Si le Procureur du Roy fait procés pour quelque immeuble, ou chose reputée immeuble, le deffendeur, qui est en possession, ne sera point dessaisi, sans connoissance de cause, & la chose contentieuse

contentieuse, ne sera mise en la main du Roy, que dans le cas où elle y seroit mise, si le procés estoit entre deux particuliers.

(7) Le Procureur du Roy ne se rendra partie dans aucun procés, que par le mandement exprés du Juge, aprés que les parties auront esté entenduës.

(8) En matiere possessoire lorsqu'il s'agira du Domaine de la Couronne, le Juge ordinaire en connoistra.

(9) Il pourra encore connoistre du Domaine au petitoire, si le Procureur du Roy est demandeur, & si la chose contentieuse n'est que de cinquante livres de revenu par an. Et si le Procureur du Roy est deffendeur, le même Juge en connoîtra encore, au cas que la chose ne produise que trente livres par an.

(10) Le rapport des procés sera fait tant en matiere civile que criminelle, devant les Seneschaux & autres Juges, en presence des parties, si elles veulent y estre. Les Juges verront par eux-mesmes les enquestes & les procés. Ils les rapporteront, & s'ils les donnent à d'autres, les parties n'en devront rien.

(11) Dans toutes les causes du Roy ou d'autres, lorsque l'on aura renoncé, ou conclu, & que l'affaire sera en estat, elle sera jugée à la troisiéme assise suivante; ou autrement les Juges seront punis, & elle sera decidée par d'autres.

(12) Les Seneschaux & les autres Juges ne consulteront pas les Avocats & les Procureurs du Roy, ni ceux des parties, dans les affaires où ils auront esté employez.

(13) Les Seneschaux & les autres Juges Royaux ne pourront empêcher que les Seigneurs inferieurs, hauts justiciers, ou autres ne punissent leurs Officiers, qui auront commis quelque délict dans leurs fonctions.

(14) S'il arrive que quelque Officier royal, de quelque autorité qu'il soit, delinque dans le territoire d'un Seigneur haut justicier, pourvû que ce ne soit pas dans l'exercice de ses fonctions, la punition en appartiendra au Seigneur justicier.

(15) Les obligations passées sous le Scel du Roy seront mises à execution dans leurs terres par leurs Officiers, & non par ceux du Roy, à moins que les Officiers des Seigneurs ne soient negligens, ou refusans.

(16) On ne constituëra plus deux ou plusieurs Mangeurs pour une dette, mais en leur place on establira un Commissaire, ou Sergent, à moins qu'il n'y ait necessité d'en user autrement, ce qui sera à l'arbitrage du Juge royal. Et quand il s'agira de proceder par execution pour ce qui sera dû au Roy, il n'y aura qu'un seul Mangeur, sans Commissaires.

(17) Dans les Seneschaussées susdites, les écritures des cours ne seront plus venduës, ni données à ferme par les Seneschaux, mais elles seront regies & gouvernées par des personnes capables. Et l'on ne payera rien pour les grosses, à moins qu'elles n'ayent esté faites à la requisition des parties.

(18) Les Seneschaux & les autres Officiers royaux ne pourront, sous pretexte de Letres obtenuës, ou à obtenir du Roy, traire devant eux en matiere civile, ou criminelle, les sujets des Seigneurs hauts justiciers, à moins qu'il n'y ait mention expresse dans les Letres, que telle est l'intention du Roy, par des raisons particulieres. L'on ne pourra plus pareillement proceder par voye d'execution, sur les sujets des Seigneurs hauts justiciers, sous pretexte de Letres nommées Debita Regalia.

(19) Les cris d'armes, dans les cas où il s'agira du service du Roy, seront faits dans les terres des Seigneurs hauts justiciers, par eux, ou leurs Officiers, sur le Mandement des Seneschaux, à moins que les Seigneurs, ou leurs Officiers ne soient negligens, ou refusans.

(20) Si un Officier Royal se dit commis pour faire quelque execution, il sera obligé de montrer son pouvoir, ou il sera condamné aux dépens & duëment puni.

(21) Les Seneschaux, ou autres Justiciers Royaux ne pourront prendre au corps aucun noble, ou quelqu'autre personne que ce soit, si ce n'est en flagrant délict, ou aprés information, ou à moins que le crime ne soit connu de tout le monde, & qu'il n'y ait à craindre que le criminel ne prenne la fuite. Et dans aucun cas on ne procedera à l'enqueste, qu'aprés que l'information aura esté faite secretement.

(22) Aucun Denonciateur ne sera admis, qu'aprés avoir donné bonne & suffisante caution pour les dépens, dommages & interests.

(23) Les Comtes, les Barons & les autres Nobles, qui sont en possession d'avoir des Juges d'appel, y sont conservez, sans aucun empeschement.

(24) Les Comtes, les Barons & les autres Seigneurs qui ont droit de faire batre monoye, y sont conservez en faisant serment au Roy.

(25) Lorsqu'il sera question du domaine d'un heritage, situé dans le territoire d'un Seigneur haut justicier, les Officiers Royaux ne pourront attirer à eux l'affaire, sous pretexte que celuy qui en est le possesseur, l'a obligée sous le Scel Royal.

(26) Les Seigneurs qui sont d'ancienneté en possession de lever des Péages par terre & par eau, en joüiront comme auparavant.

(27) Si le sujet d'un haut justicier ou autre a violé dans le territoire de son Seigneur, la Sauvegarde du Roy, le Seneschal, ou autre Officier Royal qui connoistra du crime, ne pourra condamner le coupable, qu'au tiers de la perte de ses biens, sauf au Juge ordinaire à proceder, comme il luy appartiendra.

(28) Lorsqu'un homme pour crime aura esté banni, dans une haute justice, & condamné ensuite au bannissement dans une justice Royale, s'il est pris en ne gardant pas son ban dans la haute justice, il y sera puni comme s'il n'avoit

PHILIPPE VI. dit DE VALOIS, à Vincennes, au mois de Juin 1338.

PHILIPPE VI. dit DE VALOIS, à Vincennes, au mois de Juin 1338.

pas esté condamné dans la Justice royale.

(29) Dans les procés qu'il y aura entre le Procureur du Roy d'une part, & quelque particulier d'autre, le particulier ne payera rien au Procureur du Roy pour ses salaires, *ni aux Notaires, & aux témoins, pour* dépens. *Et s'il fait au contraire, ce qui aura esté payé sera rendu.*

(30) Aucun Seneschal, Juge, Officier, ou Sergent, &c. ne pourra contraindre un creancier à leur confier ses Letres obligatoires, quoy que scellées des Sceaux Royaux, pour les mettre à execution, à moins que le creancier ne juge à propos de les confier au Sergent.

(31) Lorsque des biens auront esté mis en la main du Roy à la poursuite de son Procureur ou d'autre, la garde en sera confiée à quelque homme de bien, en luy donnant un salaire convenable.

(32) Dans les appellations interjettées par les Comtes, les Barons & les Nobles contre les Procureurs du Roy, si les Comtes & les Barons ont fait leurs diligences, & qu'il n'ait pas tenu à eux que leurs causes fussent terminées aux assises, le temps fatal des appellations ne courra pas contr'eux.

(33) Le Roy ni ses successeurs n'acquerront plus rien à titre de Pariage, *d'eschange, d'achat & de ventes, dans les hautes justices des Comtes & des Barons, si ce n'est des* forts *s'ils sont necessaires pour la deffense du Royaume, en payant un prix convenable.*

(34) Les Officiers Royaux qui ne seront plus en charge, resteront pendant cinquante jours *au lieu de leur domicile, pour deffendre aux plaintes, qui seront faites contr'eux.*

(35) Les graces, ou les Privileges accordez aux Comtes, aux Barons & aux Nobles par S.t Loüis *&* Philippe le Bel, *leur sont confirmez.*

(36) Le Roy réïtere & confirme les soldes, les graces & les privileges exprimez cy-dessus.

(37) Les Seneschaux & autres Officiers Royaux, feront publier la presente Ordonance à leurs prochaines assises.

(38) Si les Seneschaux & autres Officiers Royaux manquent à l'observation des presentes, ils seront tenus aux dépens, dommages & interests des parties.

PHILIPPUS *Dei gratiâ Francorum Rex. Ad populorum regimen & tuthelam constituti sunt in orbe terrarum ab eo per quem Reges regnant, Regum & Principum potentes, ut in virga æquitatis & justitiæ regnent & in pace custodiant sibi subditas nationes. Cum itaque Nobis ex parte dilectorum & fidelium nostrorum* Comitum, Baronum & aliorum nobilium justitiam altam, *seu merum imperium habentium,* Senescalliarum Tolosæ, Bellicadri, Nemausi, Carcassonæ, Biterris, Petragoricensis & Cathurcensis *ac* Ruthenensis *&* Bigorre, *ressortorum earum, pro se & suis subditis plures querimoniæ nuper expositæ fuissent, inter alia continentes, quod ipsis* districta, *seu diminuta fuerant, in guerris nostris Vasconiæ anni præsentis* stipendia, *quæ in guerris Vasconiæ percipere consueverunt Prædecessorum nostrorum temporibus ab antiquo. Dicebant enim quod* quilibet habens equum pretii viginti quinque librarum turonensium, *vel majoris* pretii, debebat habere per diem, septem solidos, & sex denarios turonenses, *Et si esset minoris pretii* viginti quinque librarum *turonensium, debebat habere* quinque solidos turonenses.

Item. Quod quilibet Serviens pedes, *debebat habere per diem* quindecim denarios turonenses; *Gentes vero nostræ recusaverunt solvere pro* homine equite, *si* equus *non esset* cohopertus, *vel posset* cohoperiri ferro, *ultra* quinque solidos turonenses, *& pro* Serviente pedite *noluerunt solvere ultra* duodecim denarios turonenses, *quod in dictorum Comitum, Baronum & nobilium, ac subditorum suorum, tam* nobilium *quam* innobilium, *grave præjudicium redundare dicebant, & plura alia gravamina sibi & suis subditis, per Senescallos, Officiales & ministros nostros illata fuisse dicebant, ante & post tempus, quo* Regnantium Dominus *ad regni solium Nos provexit, suas* libertates, privilegia & consuetudines infringendo, *suaque jura lædendo,* dicti conquerentes, *ex ordinatione & mandato nostris, duos ex se ipsis, de qualibet Senescalliarum prædictarum ad nostram nuper præsentiam destinarunt, cum potestate* componendi & concordandi *Nobiscum, super* stipendiis tam præteritis, quam futuris, pro se & subditis *suis, & super aliis gravaminibus quæ nobis ducerent proponenda, qui nobis seriose omnia & singula de quibus conquerebantur, exponere curaverunt,* supplicantes, *per Nos provisionem congruam super hiis*

NOTES.

(*a*) Cette Ordonance est *au Royaume en general,* armoire A. 7.e cont.on des titres part.ers n.o 18. fol. 73.

exhiberi. Auditis *igitur prædictis destinatis, & habito tractatu cum ipsis, super stipendiis prædictis, suo & aliorum* Comitum, Baronum, Nobilium nomine composuimus & concordavimus *super stipendiis, & aliis pro se & suis subditis nobilibus & innobilibus persolvendis, prout sequitur.*

PHILIPPE VI. dit DE VALOIS, à Vincennes, au mois de Juin 1338.

In primis ordinatum & concordatum *est, quod amodo in guerris nostris* Balistarius Pedes capiat, *pro stipendiis per diem, in dictis Senescalliis & in toto* Ducatu Aquitaniæ *& in partibus* Alverniæ, quindecim denarios turonenses.

(2) Item. Serviens pedes sine balista, *in locis prædictis, duodecim denarios turonenses.*

(3) Item. Scutifer *eques habens equum pretii* viginti quinque librarum turonensium, *vel majoris pretii, per diem sex solidos & sex denarios turonenses.*

(4) Item. Concordatum est, quod in dictis partibus *ac ubique & infra regnum Franciæ,* Miles cum banneria *capiat viginti solidos turonenses.*

(5) Item. Miles *simplex* decem *solidos turonenses.*

(6) Item. Scutifer *habens equum pretii* quadraginta librarum *turonensium, vel majoris pretii* cohopertum ferro, *corio, cornu, vel platis, capiet septem solidos & sex denarios turonenses.*

(7) Item. Nobilis homo pedes *armatus* tunica, *(b)* Cambereta *& bassineto, capiet duos solidos turonenses. Et si sit magis, sicut decet armatus, capiet duos solidos & sex denarios turonenses.*

(8) Item. *Concordatum est, Quod* Scutifer habens *equum pretii* viginti quinque librarum turonensium, *vel majoris pretii non* cohopertum, *capiet ubique & infra regnum Franciæ, septem solidos turonenses, exceptis partibus dictarum Senescalliarum & Aquitaniæ & Alverniæ, ubi dumtaxat capiet* sex solidos *& sex* denarios turonenses.

(9) Item. Servientes pedites, *sine Arbalista,* sive *alii, capient ubique & infra regnum Franciæ, quindecim denarios turonenses, exceptis partibus dictarum Senescalliarum & Aquitaniæ & Alverniæ, ubi Servientes pedites, sine arbalistis, capient dumtaxat duodecim denarios turonenses.*

(10) Item. *Miles cum* duplici *(*)* banneria, *&* Scutifer *cum (*)* banneria, *capient stipendia per totum* regnum Franciæ, modo consueto temporibus retrolapsis. *Et sic dicti Comites, Barones & Nobiles pro se, & suis subditis nobilibus & innobilibus, stipendiis supradictis erunt contenti.*

Eapropter notum facimus universis tam præsentibus quam futuris, quod Nos rectum & congruum arbitrantes, quod dicti Comites, Barones & Nobiles, *qui tam consideratione præmissorum, quam pro honore nostro & Prædecessorum nostrorum, exposuerunt liberaliter se, suarum personarum pericula, & rerum stipendia non timentes, regiam debent clementiam favorabilem invenire, non solum in hiis quæ ex* justitiæ debito, *sed etiam* de gratia requiruntur. *Idcirco ad supplicationem eorum* statuta, ordinationes, prohibitiones & declarationes fecimus, & eis concessimus infrascriptas irrefragabiliter & in perpetuum valituras, quibus supernâ *clementiâ, speramus cultum justitiæ, pacis, & modestiæ, in dictarum Senescalliarum partibus observari.*

In primis *ordinamus & præcipimus, per Senescallos Receptores, Thesaurarios, seu Capitaneos, aut deputatos nostros, & successorum nostrorum* eisdem supplicantibus, & eorum successoribus *pro se, & suis* subditis, *tam* nobilibus *quam* innobilibus, *cum* ex parte nostra mandati fuerint, ut ad guerras nostras accedant, mutuum fieri, priusquam iter arripiant, *secundum statuta cujuslibet eorumdem, super stipendiis suis plus vel minus, secundum locorum distantias, ut commodius absque suorum dampnosa distractione bonorum, ad id se valeant præparare.*

(2) Statuimus *etiam concedentes, quod aliqua subsidia vel exactiones ab eis, vel eorum subditis* nobilibus *vel* innobilibus *ex parte nostra, vel successorum nostrorum*

NOTES.

(b) Cambereta.] Jambiere, ou Gambiere, armeure deffensive des jambes. *Vide Cangium in Armatura & Gamberia.*

* *Banneria.]* Voyez ce que j'ay remarqué dans mon Glossaire sur *Bachelier*, Tome 1.er page 107.

PHILIPPE VI. dit DE VALOIS, à Vincennes, au mois de Juin 1338.

de cetero non exigantur pro guerris nostris, *vel aliàs omnimode.*

(3) Item. *Hoc* Edicto in perpetuum *valituro* statuimus, *ut cum* limitationes *fieri petentur, etiam inter Nos & alios quoscumque subditos nostros, per Senescallias locorum sine difficultate fiant, vocato tamen* Procuratore nostro, *si Demanium nostrum contingit, exceptis finibus regni nostri contiguis, terris vel jurisdictionibus consistentibus extra regnum, in quibus limitationes fieri non concedimus, per præsentes. Et si de jrue nostro & alieno, in casu* limitationis sit *dubium, inquiratur super hoc cum probis viris locorum vicinorum, vocato Procuratore nostro summariè & de plano, & sine strepitu judicii & figura, & ulterius fiat eodem modo,* ponentes limites *prout ratio suadebit: nec ob hoc Procuratoribus, vel Officialibus nostris* salarium, *vel expensæ solvantur, exceptis salariis Servientium.*

(4) Item. Edicto perpetuo *prohibemus, ne amodò (c)* Gardiatores Ecclesiarum *aut* Commissarii à *Nobis, vel Senescallis nostris deputati,* Penuncellos *vel Gardias ponant, nisi in rebus de quibus Ecclesiæ fuerunt* in possessione pacifica, vel quasi: *Et si inter partes sit oppositio super re, vel jurisdictione, & utraque se asserat possidere,* Gardiator, *vel* Commissarius *in casu illo, partes* adjornet *coram suis ordinariis ad diem competentem, & prohibeat partibus ne interim in præjudicium alterutrius, pendente adjornamento, aliquid attemptent, nec aliqui* pro fractione Gardiæ *molestentur, nisi fuerit notoria, sicut* de Ecclesiis Cathedralibus, Monasteriis *aliquibus, quæ sunt* in Gardia *Regia, notoriè ab antiquo, vel nisi in assisiis publice, vel parti fuerit specialiter intimata.*

(5) Item. *Concedimus* statuentes, quod *amodò non concedantur per Nos, aut Successores nostros,* in terris, aut subditis *dictorum supplicantium,* gardiæ, *nisi causæ cognitio legitima præcesserit, vocatis* nobilibus, *exceptis Ecclesiis & Monasteriis quæ sunt (d)* in Gardia Regia *ab antiquo, & viduis, pupillis & clericis clericaliter viventibus, viduitate, pupillari ætate, ac clericatu eorum durantibus dumtaxat.*

(6) Item. *Hac in perpetuum valitura* Constitutione statuimus, *ut si quis* Procurator noster *amodò movere voluerit, vel* moverit litem, *super re, vel jurisdictione quacumque, contra aliquem eam possidentem,* non dissaziantur, seu turbentur possidentes, *nisi* prius causa cognita, *(e) nec ad* manum nostram *res litigiosa ponatur, nisi in casu, quo si lis esset* inter privatos, *res contentiosa ad ipsam* manum *nostram tamquam* firmiorem *poni deberet. Et si possidens, seu* saisitus, lite *pendente, utatur in casu præmisso jurisdictione vel re contentiosa,* declaramus *ipsum non posse vel debere (f) de attemptatis condemnari propter hoc, vel etiam molestari.*

(7) Statuimus *etiam* prohibentes *ne quis Procurator Regius* partialiter *se admergetur in causa quacumque, nisi prius a Judice coram quo lis pendebit, habuerit in judicio, partibus præsentibus & auditis,* mandatum *expressum.*

(8) Item. *Præsenti constitutione, quam irrefragabiliter præcipimus observari,* diximus ordinando, *quod quandocunque agetur* de Patrimonio, *seu Dominio regio* in possessorio *dumtaxat,* ordinarius loci *de hoc valeat cognoscere, & etiam judicare.*

(9) Si vero in petitorio *agatur &* Procurator Regius *actor fuerit in causa, ordinarius loci valeat de illa* cognoscere *& eam judicare, dum tamen causa illa* valorem

NOTES.

(c) Gardiatores Ecclesiarum, aut Commissarii, &c.] Voyez l'Ordonance de *Philippe le Bel* du 3. May 1302. tome 1.er page 344. avec la note aux letres (d. d.) Beaumanoir dans ses Coutumes du Beauvoisis, chapitre 46. *Chopinum de Domanio,* lib. 1. Tit. 6. n. 1. *Duchesnium in historia Ducum Burgundiæ,* pag. 92. 93. 101. Cangium in verb. *Regalia & Warda. Historiam Episcoporum Autissiodorensium, cap.* 59. *Biblioth. manuscript. Labbei. Et historiam Episcoporum Cadurcensium num.* 178. *in* 4.°

(d) In Gardia regia.] Voyez ce qu'on vient de remarquer sur les mots *Gardiatores Ecclesiarum & Commissarii.*

(e) Nec ad manum nostram, &c.] Il en estoit ainsi dans nos pays Coustumiers, où la chose contentieuse estoit mise en la main du Roy. D'où l'on a fait la regle que le Roy ne plaide pas dessaisi. *Quand aucun debat de nouvelleté est meu entre un sujet & le Roy, adonc la chose est mise en la main du Roy, mais il ne nuit point, car aucun prud'homme est eslu, qui gouverne la chose au nom de l'un & de l'autre.* L'Auteur du grand Coutumier, Livre 2. chapitre 21. page 150. Voyez l'art. 31. cy-après.

(f) Super attemptatis.] Voyez l'Auteur du grand Coutumier, livre 2. chap. 21. page 149. lignes 23. 24. &c.

annuum quinquaginta librarum Turonensium *non excedat. Et si Procurator Regius sit* deffensor, *& causa illa ultra valorem* triginta librarum Turonensium *annuatim non ascendat, de ea possit similiter ordinare, cognoscere & etiam terminare.*

PHILIPPE VI. dit DE VALOIS, à Vincennes, au mois de Juin 1338.

(10) Præterea statuimus & mandamus *relationes processuum & causarum, tàm civilium, quàm criminalium, amodò fieri coram Senescallis & Judicibus aliis, in partibus supradictis, in præsentia partium litigantium, si ad id voluerint interesse. Addimus etiam* statuto hujusmodi, *quod Judices per se ipsos* inquestas & processus *amodò videant, & referant; Et si per alios eos videri faciant vel referri,* partes proinde nihil solvere teneantur, *nec ad id compellantur, nisi de earum voluntate procedat.*

(11) Item. *Præcipiendo* statuimus, *ut cum in causis, tàm nostris quàm aliis,* renuntiatum *fuerit &* conclusum, *& fuerint in statu judicandi, Judices, infra* tertiam assiziam *immediate sequentem, ad tardius sententiam proferant in eisdem; alioquin id per alios facientes, fieri si petatur, eos propter hoc debite puniemus.*

(12) Prohibemus *insuper* statuentes, *ne Senescalli aut alii Judices consulant* Patronos, *seu* Advocatos vel Procuratores *nostros, aut alios, vel cum eis deliberent qualiter pronunciare* habebunt, vel judicare in causis *nostris vel aliis, in quibus* ipsi Procuratores *fuerint vel Patroni, sed eos a consilio, seu deliberatione hujusmodi omnino repellant, ne ibidem intersint.*

(13) Item. Inhibendo statuimus, ne Senescalli, *aut quicumque alii Judices nostri altos Justitiarios, seu merum imperium habentes, aut eorum aliquem, impedire præsumant, quominus in suos* officiales delinquentes *in suis officiis, vel aliis, infra jurisdictionem ipsorum, & quemlibet* eorumdem, suam jurisdictionem valeant exercere, *& eos pro suis culpis & excessibus* debite *corrigere, & punire, nisi ad nos hujusmodi Jurisdictio pertineat, de consuetudine jam præstitâ.*

(14) Statuimus etiam *ut si quis* Officialis noster, *cujuscumque auctoritatis existat, infra jurisdictionem cujuscumque alti justitiarii, seu merum imperium habentis, de cetero reperiatur* delinquens, *puniatur, non exercendo suum officium. Et non impediatur dictus altus justitiarius, per quemcumque Justitiarium nostrum, quominus in delinquentes hujusmodi, suam jurisdictionem exerceat, ipsumque puniat justitia mediante.*

(15) Præterea Declaramus statuentes, executiones obligationum *factarum ad* vires cujuscumque nostri Sigilli, *per altos justitiarios vel merum imperium habentes in terris & jurisdictionibus suis debere fieri, nisi legitime requisiti id facere negligerent, vel etiam recusarent.*

(16) Item. *Præsenti Constitutione Statuimus, quod amodo non ponantur (g)* Comestores, *nec duo vel plures simul, sed* unicus *dumtaxat* Serviens, *sive* Commissarius, *eadem vice, pro executione solius debiti deputetur, nisi plures mittendi sint ex causa rationabili,* per Judicem nostrum ordinarium arbitranda. *Et fiant* executiones *locorum consuetudine observatâ; Et qui contrarium fecerit debite puniatur. Adjicientes constitutioni hujusmodi, ut pro* nostris debitis exequendis, *vel exigendis, non nisi unus solus eadem vice absque Commissario seu Commissariis, vel aliis quibusvis adjunctis Servientibus deputetur. Et de recognitione solutionis cum facta fuerit,* Volumus & Statuimus *dari & concedi petentibus publicum instrumentum.*

(17) Item. *Præsentium autoritate* Statuimus, *quod scripturæ Curiarum nostrarum, in partibus illis, licet consueverint* vendi, *vel* ad firmam tradi, *per Senescallos, amodo tradantur* personis idoneis *per eas gubernandæ; Adjicientes, quod nullus compellatur solvere pro scriptura grossata, vel extratta, nisi ad requisitionem ipsius grossata fuerit, vel extratta.*

(18) Item. *Statuto perpetuo* Prohibemus, *ne aliquis Senescallus aut alius officialis noster subditos altorum Justitiariorum, seu merum imperium habentium, aut eorum aliquos, prætextu litterarum nostrarum ad eos contra dictos subditos obtentarum, vel obtinendarum* coram se trahet civiliter aut criminaliter, *nisi in dictis literis nostris* fieret mentio,

NOTES.

(g) Comestores.] Voyez le Glossaire du Droit François sur le mot *Mangeurs.* Du Cange dans son Glossaire sur *Comestores.* De la Thaumassiere dans son petit Glossaire sur les Coutumes du Beauvoisis, de Philippe de Beaumanoir, & Menage dans ses origines de la Langue Françoise sur *Mangeurs.*

PHILIPPE VI. dit DE VALOIS, à Vincennes, au mois de Juin 1338.

quod non obstante, quod *essent subditi* dictorum altorum *Justitiariorum, & continerent commissionem & causam commissionis rationabilem, nos moventes, aliàs enim eas ex nunc* subreptitias reputamus, *nec eas volumus* executioni mandari, *nihilominus* inhibentes *jurisdictionem qualemcumque amodo exerceri in subditos altorum Justitiariorum, seu merum imperium habentium, prætextu litterarum* quæ Debita Regalia *nuncupantur, a nobis vel Justitiariis nostris quibuslibet obtentarum, seu obtinendarum.*

(19) Statuimus præterea ut (h) Proclamationes armorum, *dum faciendæ fuerint pro casu nos tangente, in terris & jurisdictionibus* altorum Justitiariorum, *seu merum imperium habentium,* per eos fiant, ad mandatum Senescallorum *nostrorum, nisi in casu quo Justitiarii ipsi legitime requisiti id facere negligerent, vel etiam recusarent; nec in aliis casibus aliquis Senescallus, judex aut Officialis noster, infra Jurisdictionem alicujus Justitiarii, jurisdictionem, aut cognitionem aliam in casibus ad ipsum Justitiarium altum spectantibus, exerceat, ressorti tamen casibus, & aliis ad nos jure Regio spectantibus, nobis salvis.*

(20) Et si aliquis Officialis noster *se dixerit ad executionem aliquam faciendam, vel ad aliud deputatum,* Volumus *quod de potestate, seu commissione sibi tradita doceat requisitus, alioquin ad dampna & expensas illius teneatur & aliàs debite puniatur.*

(21) Item. Irrefragabili Prohibemus Edicto, *ne Senescalli, aut quicumque alii* Justitiarii nostri, *quemcumque* Nobilem, aut alium capiant, *pro quocumque delicto, nisi in facto* præsenti, *vel prius* de commisso delicto informati *contra eum, fuerint legitime & mature, aut esset* fama de hoc publica, *vel vehemens* præsumptio *contra eum, seu* verisimiliter de fuga illius timeretur; *Nec in aliquo casuum prædictorum* procedatur ad inquestam, *nisi* informatione præmissa. *Et cum* informationes secrete fient contra delatos de crimine, *vel excessu,* Notarii, *seu* Commissarii *scribere & examinare teneantur depositiones testium, quantum facient pro innoscentia, vel excusatione delati, & fiant sine custu aliquo delatorum.*

(22) Adjicimus *etiam huic Edicto, quod aliquis (i)* Denuntiator, *Instructor, Instigator, seu alius, quocumque nomine censeatur, non* admittatur *ad* prosequendum denuntiationem *suam, nisi prius de dampnis & expensis refundendis dederit idoneam cautionem.*

(23) Item. *Statuimus & concedimus ut* Comites Barones *& alii* Nobiles *qui Judices* appellationum habuerunt *& habent de consuetudine, antiqua, vel de privilegio competenti, & de appellationibus suorum inferiorum judicum cognoverunt & in sayzina cognoscendi remanserunt,* deinceps habeant *& de* dictis appellationibus cognoscant, *nec super hoc impediantur a quocumque.*

(24) Et quia nonnulli ex ipsis Comitibus, Baronibus *&* Nobilibus solent facere *(k)* cudi monetam, ut dicunt, *concedimus ipsis & eorum cuilibet, quod* facta nobis fide de jure suo, *de forma & de cuno earum, cudi faciant, ut solebant.*

(25) Item. *Super eo quod dum quæstio vertitur contra subditos dictorum supplicantium, aut eorum aliquem, super* dominio rei hereditariæ, *in eorum alta justitia, vel ubi habent merum imperium,* situatæ, *justitiarii nostri occasione illa, quod possessor dictæ rei rem illam obligavit, sub aliquo sigillorum nostrorum, dictos altos Justitiarios, vel merum imperium habentes, in cognitione quæstionis dominii dictæ rei impedire nituntur,* ordinamus

NOTES.

(h) Proclamationes armorum.] Ces proclamations, quand elles estoient faites pour le Roy, n'estoient, ce semble, autre chose que le *Ban.* Car anciennement on disoit *crier le Ban* & crier au *Ban,* comme l'on peut voir dans les chapitres 11. & 42. de l'ancienne Coutume de Flandre, & dans l'article 35. du chapitre premier du stile de Liege, citez dans mon Glossaire sur le mot *Ban.* Voyez l'Ordonance de *Philippe le Long* du mois de Juillet 1319. article 17. tome 1.er page 698. où les cris appellez icy *Proclamationes* sont nommez *Preconisationes,* & ce que j'ay remarqué sur le chapitre 61. du premier Livre des Establissemens, tome premier page 152. Il ne faut pas confondre ces *cris* avec les *cris* de guerre, dont le S.r Du Cange a traité fort au long dans les chapitres 11. & 12. de ses Dissertations sur Joinville.

(i) Denunciator.] Voyez au premier tome pages 399. 571. & 396.

(k) Cudi monetam.] Voyez au tome 1.er pages 93. 95. 614. 615. 624. 630. 814. &c. *Jacobum Gothofredum in comment. ad Codicem Theodosian. tomo 3. pag. 180.* & Constans dans son Traité des monoies aux preuves, pages 16. & 17.

prohibentes ne aliquis Justitiarius noster id amodo faciat, vel attemptet.

PHILIPPE VI. dit DE VALOIS, à Vincennes, au mois de Juin 1338.

(26) Item. Concedimus *quod* Nobiles *habentes ab antiquo* Pedagia *in terris & fluminibus suis, non* impediantur *per aliquem, seu aliquos de* Officialibus nostris, *quin illa levare possint a mercatoribus per eorum Leudarium, seu districtum transeuntibus, prout hactenus consueverunt, licet iidem mercatores à Nobis, seu gentibus nostris nomine nostro eis vendentibus emerint res prædictas, non obstantibus literis in contrarium impetratis, nec impedimento, a pauco tempore citra, eis apposito in hac parte.*

(27) Statuimus etiam præcipientes, *quod si in Jurisdictione* alti Justitiarii, *seu* merum imperium *habentis, aliquis subditus suus, vel alius* deliquerit *vel commiserit (l)* nostram Gardiam violando, *quod* Senescallus vel Judex noster, qui de violentia Gardiæ cognoscet, *non possit multare* delinquentem, seu violatorem Gardiæ, *quantumcumque delictum grave sit, ultra valorem tertiæ* partis bonorum delinquentis *& infra, prout qualitas Commissi exegerit & requiret, & dictus ordinarius non impediatur quominus contra* delinquentes *impune procedat, ut ad* ipsum pertinebit, *salvo* quod in capitali *crimine retardabitur sententia ferenda per ordinarium, quousque sententia ratione dictæ* salvæ gardiæ *per Senescallos vel judices nostros lata fuerit contra accusatum prædictum.*

(28) Concedimus insuper dictis altis Justitiariis, vel merum imperium habentibus, *& eorum cuilibet, quod si contingat aliquem per ipsos, aut eorum aliquem* bannire, *& postmodum ille* bannitus *per gentes nostras pro eodem casu vel alio banniatur, ac deinde Banniens invenerit dictum bannitum in sua alta jurisdictione, & ibidem eum ceperit, non im*pediatur *per gentes nostras, occasione* dicti secundi banni *per gentes nostras facti, quominus dictum* bannitum justitiare valeat, *prout ad eum pertinuerit, quamdiu fuerit diligens in hac parte.*

(29) Item. Statuimus *prohibendo, ut cum post aliquem* Procuratorem Regium, *pro jure regio ex una parte, & quemcumque* privatum *ex altera, super* jurisdictione, *vel re aliqua litem amodo moveri contigerit,* privatus *non compellatur ad solvendum* Procuratori Regio, *vel pro ipso,* salarium, *pro dictis, vel pro actis, seu Notariis, vel Testibus (m) aut alios sumptus litis; Et si contrarium factum fuerit* Decernimus *recipientem compelli ad restituendum solventi, unà cum dampnis & expensis quas sustinuerint in hac parte.*

(30) Inhibemus *insuper ne aliquis Senescallus, Judex, Officialis, Receptor aut Serviens* creditorem *aliquem compellat invitum ad tradendum suas* obligatorias litteras, *etiam sub aliquo sigillorum* nostrorum sigillatas, *ut* fiat per manus eorum executio *de eisdem, nisi* creditor *executionem, per Receptorem seu Servientem fieri requisierit, quin imo creditor per se, vel per privatum nuntium, debita sua possit si velit, absque compulsione vel exactione requirere & levare.*

(31) Et cum bona, vel res aliquas ad manum nostram, ad instantiam Procuratoris *nostri, vel alterius* cujuscumque, *vel propter* debatum partium *poni contigerit,* Ordinamus & Præcipimus *ea non Officialibus, Ministris, aut Servientibus nostris, aut eorum alicui,* sed *(n)* alicui probo viro privato tradi custodienda & regenda, competenti *salario mediante, qui de eis debeat loco & tempore reddere rationem, deductis rationabilibus expensis. Et si quis Officialis, Minister, seu Serviens noster ea recipere præsumpserit contra præsentem ordinationem nostram, etiam partium intervenientium consensu, recipientem compelli* jubemus *ad restituendum levata, absque salario & expensis.*

(32) Item. *Duximus statuendum, ut in causis* appellationum *prosequendis,* contra Procuratores Regios, *si dicti* Comites, Barones, *&* Nobiles *ac eorum subditi fuerint diligentes adeò, quod per eos non steterit quominus fuerint terminatæ, sed* per dilationes petitas ex parte Procuratorum nostrorum, *vel quia Assiziæ non sederent totiens, quod*

NOTES.

(l) Nostram Gardiam violando.] Voyez le Glossaire du Droit François sur les mots *Sauvegarde,* & Beaumanoir dans ses Cout. de Beauvoisis au chap. *des Treves & Asseuremens.* Loisel livre 6. Tit. 1. Regle 7. 8. & Tit. 2. Regle 9.

(m) Aut alios sumptus litis.] Vide *Joannem Galli & ibi Molineum Quæstione 360.* Bacquet des Droits de Justice chap. 7. n. 13. 22. & 24. Despeisses tome 3. Titre 11. Titre 2. page 74. n. 11.

(n) Alicui probo viro.] Voyez l'Auteur du grand Coutumier, Livre 2. chap. 21. des cas de *nouvelletez,* page 150. & cy-dessus l'art. 6.

PHILIPPE VI. dit DE VALOIS, à Vincennes, au mois de Juin 1338.

causæ ipsæ potuerint terminari, non currant, nec currisse dicantur fatalia *contra ipsos.*

(33) Et quia ex parte Comitum, Baronum & *aliorum* Nobilium *prædictorum extitit* supplicatum, *quathenus a faciendis (o)* Pariagiis, *& ab acquirendo, emptionis vel excambii titulo, vel aliàs quoquomodo, in feudis, retrofeudis, villis, locis & castris, ubi ipsi* altam justitiam, *seu* merum imperium *habere noscuntur, abstineremus.* Volumus *Nos, & dictæ eorum supplicationi pro Nobis & successoribus nostris* annuimus concedendum, *quod nisi duntaxat pro* necessitate *regni,* Fortalitia *necessaria vel utilia* pro securitate *regni nostri* & tuitione *ipsius ulteriùs acquiremus, in locis prædictis vel eorum aliquo, titulis supradictis, aut aliquo eorumdem, & de acquisitis in casu illo recompensationem debitam faciemus.*

(34) Cum autem Senescalli, Judices, Procuratores, *& quicumque alii Officiales nostri, officium suum, quacumque causa, vel* occasione *dimiserint,* Ordinamus & Statuimus, *quod post dimissionem dicti officii in illo loco, debeant per (p)* quinquaginta dies *immediate sequentes continue residere, &* querelantibus *de ipsis habeant* respondere, *ut possint ipsi querelantes facilius consequi jus suum contra eos.*

(35) Privilegia *autem, seu* Ordinationes *eisdem* Comitibus, Baronibus, *&* Nobilibus *quæ a* Beato Ludovico, *& a carissimo quondam* patruo nostro Philippo *Regibus Francorum,* Concedimus *&* Præcipimus *eis tradi, sub sigillo nostro, per gentes nostras* Cameræ computorum, *quæ eis,* nobilibus *pro Nobis & successoribus nostris, tenore præsentium* confirmamus, renovamus *& teneri ac inviolabiliter observari* mandamus.

(36) Cæterum Nos præmissa omnia & singula per Nos, ut præmittitur, statuta, edicta, concessa, inhibita & ordinata, *prout superius sunt expressa, seu* concordata, volumus *ex parte* Comitum, Baronum & Nobilium *prædictorum, pro se & subditis suis prædictis super* percipiendis stipendiis supradictis *observari :* Et *inviolabiliter Nos & successores nostros Reges, ad ea ex parte nostra servanda, & facienda servare,* obligamus *expresse.*

(37) Et ut inviolabilius & inconcusse serventur, omnes & singulos Senescallos præsentes & futuros dictarum Senescalliarum, in prima Assizia quam tenebunt, *necnon* & Judices, *Procuratores &* Officiarios, Thesaurarios, *Ministros & Servientes regios præsentes & futuros, per juramentum eorum dictis Senescallis astringi* volumus, *ad irrefragabilem observantiam eorumdem, nonobstantibus quibuscumque Ordinatione, lege, privilegio, usu, stilo, observantia, consuetudine contrariis, vel statuto, causis, processibus seu litibus pendentibus aut litteris per nos, vel successores nostros concessis, seu concedendis, quæ quoad hoc de certa scientia, de plenitudine Regiæ potestatis* tollimus, cassamus, annullamus, irritamus & viribus *penitus* vacuamus, *ut nullus ad excipiendum de ipsis contra præmissa, vel præmissorum aliquod, admittatur ex nunc, prædictis officialibus nostris præsentibus & futuris & cuilibet eorum super prædictis silentium perpetuum imponendo.*

(37) Si quis autem ea, vel eorum aliquod transgressus fuerit, & requisitus, reformare, seu reparare noluerit, teneatur ad resarciendum expensas & dampna illius vel illorum, in cujus, vel quorum præjudicium circa hoc fuerit attemptatum, & nihilominus pro transgressionibus hujusmodi taliter puniatur, quod pœna illius cedat aliis in exemplum. Notarii etiam & Tabelliones qui in suis officiis contra præmissa vel eorum aliquod attemptare vel facere præsumpserint, ad expensas & dampna similiter teneantur & etiam puniantur. Quod ut firmum & stabile perpetuò perseveret, præsentibus litteris nostrum fecimus apponi sigillum, nostro in aliis, & alieno in omnibus jure salvo. Actum apud Boscum Vincennarum, anno Domini millesimo trecentesimo tricesimo octavo mense Junio.

Et est escrit en la marge pardessous. *Per Dominum Regem ad relationem Consilii sui Mattheum.* Et Nous en c'est transcript avons mis le Seel de la Prevosté de Paris, l'an & le jour du Samedy dessusdit. Collation est faite. MONTARGIS.

NOTES.

(o) Pariagiis.] On ne dit rien icy des *Pariages* aprés ce qu'on en a écrit dans le Glossaire du Droit François. Voyez Corbin dans ses Droits de Patronage, Livre 2. page 405. Du Cange dans son Glossaire & Pithou dans ses Memoires des *Comtes de Champagne.*

(p) Quinquaginta dies.] Voyez l'Ordonnance de S.t Loüis du mois de Decembre 1259. article 31. Tome premier, page 75. & l'Ordonnance de 1256. article 25. Tome 1. p. 81.

Letres

PHILIPPE VI. dit DE VALOIS, à Vincennes, le 28. Juillet 1338.

(a) Letres par lesquelles le Roy confirme l'Ordonnance precedente, du mois de Juin 1338. faite en faveur des Comtes, des Barons, des Nobles des Seneschaussées de Toulouse, de Carcassone, de Besiers, de Beaucaire, de Nismes & de Roüargues.

A Tous ceulx qui ces Letres verront, Pierre *Belagent* garde de la Prevosté de Paris, *Salut.* Saichent tuit que Nous, l'an de grace mil trois cens trente-huit, le Dymenche neuf jours d'Aoust, veismes unes lettres seellées du grand Seel nostre Sire le Roy, contenant la fourme que s'ensuit.

PHILIPPUS *Dei gratiâ Francorum Rex, Senescallis Tolose, Carcassonæ & Bitteris, Bellicadri & Nemausi, Ruthenensis & Bigorræ, Petragoricensis & Caturcensis, ceterisque Justitiariis nostris dictarum Senescalliarum presentibus & futuris, aut eorum loca tenentibus, ad quos presentes litteræ pervenerint,* Salutem. *Nobis (b)* nuper exposito *pro parte dilectorum nostrorum* Comitum, Baronum, *ceterorumque nobilium Senescalliarum prædictarum, pro se & suis subditis, tam* Nobilibus quam innobilibus, *quod in guerris nostris Vasconiæ præsentibus, fuerant sibi solita* stipendia diminuta, vel substracta, cum non fuissent eis pene soluta, quinimo gentes nostræ dicta stipendia eis computare & solvere denegabant, *sed Justitiarii & Officiales nostri alii plura sibi & suis subditis gravamina intulerant & jugiter inferebant, suas libertates, privilegia & consuetudines infringendo, suaque jura lædendo.* Nos *regali provisione volentes super hiis remedium adhibere,* Ordinavimus & Dedimus in mandatis, *ut ipsi videlicet de qualibet Senescalliâ* duos ex se ipsis *ad nostram presentiam destinarent, cum procuratione & plenaria potestate, & mandato* componendi & concordandi *nobiscum pro se, & dictis* Comitibus, Baronibus, Nobilibus *& eorum subditis supradictis, pro se & eorum heredibus ac successoribus,* super stipendiis a modo percipiendis *in perpetuum, in guerris & exercitibus nostris & successorum nostrorum Regum Franciæ,* & exponendi *Nobis* gravamina *seriose, de quibus querimoniam pretendebant.* In nostra igitur *presentiâ nuper constitutis* Procuratoribus, *ut premittitur ad premissa specialiter deputatis, & per eos nominibus quibus supra, post tractatum habitum* concordiæ *Nobiscum, super* perceptione & modo stipendiorum prædictorum in perpetuum, auditisque & intellectis gravaminibus *Nobis expositis per* Procuratores *eorumdem, & habita super hoc deliberatione certa,* Statuta, Ordinationes, Inhibitiones, Declarationes *&* præcepta *super eis* edidimus *&* concessimus *super hæc omnia, tam super concordia vel compositione stipendiorum, quam super aliis, sicut in nostris litteris cerâ viridi sigillatis, pleniùs continetur.*

Statuta quoque & Ordinationes Beati Ludovici & carissimi quondam Patrui *nostri Regis* Philippi, eisdem duximus *confirmandas, quæ ut perpetuam habeant firmitatem,* Volumus & Ordinamus *vos & quemlibet vestrum adstringi ad præstandum juramentum de eis inviolabiliter observandis, sub forma in eisdem nostris litteris comprehensa. Quocirca* Mandamus *vobis & vestrum cuilibet* præcipiendo *districte, quathenus dictos Comites, Barones & Nobiles pro se & eorum subditis prædictis, nostris litteris uti* & gaudere permittatis *libere & impune, juramentaque præstetis & præstare faciatis, de quibus mentionem faciunt, ceteraque omnia & singula in ipsis contenta compleatis, servetis & faciatis, ab omnibus, prout ad vestrum quemlibet pertinuerit, adeo firmiter & inviolabiliter compleri etiam & observari, quod in vestri negligentia, inobedientia vel deffectu non sit ad Nos super hoc recursus habendus.* Datum apud Boscum Vincennarum, vicesima

NOTES.

(a) Ces Letres sont en la Chambre de Montpellier, *au Royaume en general,* armoire A. 7.e cont.[on] des titres part.[ers] n.° 18. fol. 79. *verso.*

(b) Nuper exposito.] Voyez cy-dessus l'Ordonance du mois de Juin 1338. page 122.

octava die Julii, anno Domini millesimo trecentesimo tricesimo octavo. *Et nous en ce transcript avons mis le Scel de la Prevosté de Paris, l'an & le jour dessusdis.*

PHILIPPE VI. dit DE VALOIS, à Amiens, le 24. Aoust 1338.

(a) Letres adressées aux Commissaires & Deputez dans la Seneschaussée de Beaucaire, pour connoître des usures, & de la transgression aux Ordonances, dans la levée de la finance des Francs-fiefs.

SOMMAIRES.

(1) Les deputez n'inquieteront point les marchands qui font un commerce licite. Ils procederont seulement contre les usuriers. Et si les biens de ceux qui ne sont pas coupables de ce crime ont esté saisis, ils leur seront rendus sans coust. A l'égard de ceux qui se trouveront coupables, leur procés leur sera fait avec douceur.

(2) Quant à la finance des francs-fiefs, pour les biens acquis des nobles par les non nobles, personne ne sera inquieté contre les privileges accordez par les Roys predecesseurs de sa Majesté; Et tout ce qui aura esté fait, au préjudice de ces privileges, sera restabli dans son premier estat.

PHILIPPUS *Dei gratiâ Francorum Rex:* Deputatis *à Nobis, seu ab aliis,* in Senescallia Bellicadri *ad recognoscendum* de usuris & trangressionibus Ordinationum Regiarum & finantiarum, feudorum & retrofeudorum à nobilibus per innobiles *acquisitorum,* salutem. *In Commisso hujusmodi negotio, ex certa scientia adjungentes* Senescallum *dictæ Senescalliæ, seu ejus* locum tenentem.

(1) Volumus *&* *vobis* mandamus *inhibentes expressè, quathenus contra* mercatores *licitas mercaturas exercentes, nullatenus procedatis, seu procedi permittatis, sed duntaxat contra* manifestos usurarios, *scilicet* mutuantes pecuniam pro pecuniâ *ad usuram, aut merces a se venditas reementes, seu reemi facientes sub velamine usurarum, aut de prædictis contractibus usurariis,* per famam publicam diffamatos. *Et si aliquorum bona, qui* hujusmodi conditionum, *seu alterius* non existant, *ob hoc capta fuerint, distratta vel sancita, ipsa deliberari & reddi faciatis, sine custu. In* processibus *autem contra eos, quos* præfatarum conditionum esse repereritis, *in eorumdem deffensionibus, & rationibus ac debitis objectionibus illos, juxta formam, qua regitur terra illa, benigne admittatis.*

(2) (b) Occasione vero finantiarum, pro acquisitionibus feudorum & retrofeudorum, *aliquos non molestetis, nec molestari permittatis,* contra Privilegia & Ordinationes per Nos, seu *Prædecessores nostros super hoc concessas & editas; sed factum super præmissis in contrarium revocetis, & ad* statum pristinum & debitum reducatis, seu reduci faciatis, *nonobstantibus litteris, per quas mandari vobis dicitur, quod a procedendo in vestris commissionibus non cessaretis, propter aliquas litteras nostras, nisi in eis de vestris commissionibus fieret plena mentio & expressa.* Datum Ambiani vicesima quarta Augusti, anno Domini millesimo trecentesimo tricesimo octavo. *Per Dominum Regem ad relationem vestram.*

NOTES.

(a) Ces Letres sont en la Chambre de Montpellier, *au Royaume en general,* armoire A. 7.ᵉ cont.ᵒⁿ des titres part.ᵉʳˢ n.º 18. fol. 79. où elles ont pour titre, *Litera bona super usuris & financiis.*

(b) Occasione financiarum.] Voyez cy-dessus page 13. les Letres du 18. Juin 1328. & l'Ordonance du 23. de Novembre de la même année, page 23. où le Lecteur remarquera que du temps de *Philippe de Valois,* & sous les Rois ses predecesseurs, les *amortissemens estoient réels,* ensorte qu'un *non noble* pouvoit acheter sans payer finance, le fief d'un autre non noble qui l'avoit acquis & qui en avoit payé le Droit de franc-fief au Roy, pour obtenir de sa Majesté l'abregement & l'affranchissement de services; & qu'une Eglise pouvoit acheter librement & sans payer finance, & faire des acquisitions dans les fiefs amortis d'une autre Eglise. Ce qui a esté changé il y a environ deux cens années, en establissant que les amortissemens ne feroient plus que *personels,* & non réels.

PHILIPPE VI. dit DE VALOIS, à Vincennes, le 12. Fevrier 1338.

Letres concernant la reduction du nombre excessif des Sergens Royaux.

(a) PHILIPPE par la grace de Dieu Roy de France : au Seneschal de *Beaucaire*, ou à son *Lieutenant*, Salut. Pour les griefs & oppressions que nostre peuple soutenoit de la *multitude des Sergens*, qui estoient és Senechaucies & Baillies de nostre Royaume, *Nous avons plusieurs fois mandé à les restraindre*, & fait ordonner finablement *certain nombre en chacune Chastellenie*, par conseil de bonnes gens du païs; lequel nombre *n'est pas bien gardé*, car il y en a plusieurs oultre ledit nombre, dequoy nostre peuple est moult grevé & mangié, dont il Nous deplaist moult, & y desirons à mettre remede; *Si vous mandons*, sur le serement que vous avez à Nous, & sur encourre *nostre indignation*, & d'estre *puni d'amende arbitraire*, que tantost veües ces Lettres, tous les Sergens qui sont en vostre Senechaucie, les Prevostez & Chastellenies d'icelle, qui ne sont au nombre & du nombre de la derniere Ordonnance, lesquels par ces Lettres Nous *ostons & destituons* desdits Offices, vous en *ostés* de fait, & ne souffrez que ils sargentent, ne officient doresnavant, nonobstant quels conques Lettres sur quelconques formes de parolles impetrées ou à impetrer, de vous ou d'autres de par vous : Ne oultre ledit nombre par ladite Ordonnance estably en vostre Senechaucie, & és Chastellenies & Prevostés d'icelle, n'establissés, ne ne mettés ou souffrés à Sergenter aucune personne, *seut ores qu'il impetre nos Lettres,* si elles n'estoient passées par Nous sans relation d'aucun, & faisoient expresse mention de ces presentes, lesquelles *Nous voulons estre publiées* tantost par tous les lieux de vostre Senechaucie, & la copie d'icelles estre mise *en tous les Sieges où vous avés accoustumé à tenir Assises, car nostre volonté est (b) que l'Ordonnance de la restitution du nombre desdits Sergens soit gardée sans acroître : Et sçachiés* que si vous faites, ou souffrés à faire le contraire, Nous vous en punirons en telle maniere qu'à tous les autres ils donnent exemple. *Donné au Bois de Vincennes le douziéme jour de Fevrier, l'an de grace mil trois cens trente-huit.* Par le Roy. R. DE MALUIS.

NOTES.

(a) Ces Letres sont en la Seneschaussée de Nîmes, armoire A. liasse 16. des Actes ramassez, feüillet 76. *verso*. Voyez cy-aprés les Letres du dernier Avril 1339.

(b) Que l'Ordonance de la restitution du nombre desdits Sergens soit gardée sans accroître.] Voyez les Letres de *Philippe de Valois*, Regent, du mois de Fevrier 1327. nombres 19. 20. 21. & 22. cy-dessus, pages 7. & 8.

PHILIPPE VI. dit DE VALOIS, à Paris, le 15. Avril 1339.

Ordonance pour la fabrication des *Deniers d'or*, appellez *Doubles d'or*, & des *demy doubles d'or*.

(a) PHILIPPE par la grace de Dieu Roy de France, *au Seneschal de Beaucaire*, ou à son *Lieutenant*, Salut. Pour que le peuple de nostre Royaume, *Changeurs, Marchands & autres*, s'efforcent de leur volonté mettre & detenir *nos monoyes d'or*, pour *gregneur prix* que cellui pour lequel nous leur avons donné cours, & aussi prennent & mettent entre eux pour tel prix comme ils veulent, *monoyes d'or faites hors de nostre Royaume,* comme *Florins de Fleurance*, & autres, n'en ont voulu, ne veulent encore garder *nos Ordonnances* faites sur le cours *de nosdites monoyes d'or*,

NOTES.

(a) Ces Letres sont en la Seneschaussée de Nîmes au Registre des Sauvegardes, feüillet 19. *verso*.

PHILIPPE VI. dit DE VALOIS, à Paris, le 15. Avril 1339.

ainçois croissent, & augmentent de leur volonté, ou temerité propre, *le prix que Nous leur avons donné*, combien que plusieurs fois leur ayons fait deffendre, & entendre, sur moult grosses peines, *Nous avons ordonné faire en nos monnoyes Deniers d'or appellés (b) Doubles d'or, & autres appellés demi doubles d'or,* Et avons donné & donnons cours aux *Doubles d'or,* pour le prix de *soixante sols tournois,* & aux *demi Doubles,* pour *trante sols tournois*, lesquels ayent cours tant seulement pour les prix dessusdits. Et à toutes autres *monoyes d'or,* tant *de nostre Royaume que d'ailleurs*, quelles qu'elles soient nommées & appellées, avons osté & *ostons tout cours,* & voulons *qu'elles soient portées à nos monoyes au marc pour billion. Et Commandons & Deffendons* à touttes personnes de quelsconques estats & conditions qu'ils soient, *sous peine d'encourre & forfaire envers Nous les corps & les biens*, que aucunes desdites *monoyes d'or, auxquelles nous avons aussi osté le cours*, ne prenent, ni ne mettent en nostredit Royaume, ne és ressorts, pour quelque prix que ce soit, ne aucunes desdites *monoyes d'or aussi* deffenduës, ne portent, ne ne fassent porter hors d'icellui nostredit Royaume ne ailleurs, que à nosdites monoyes, *au marc pour billon,* comme dit est. Pourquoy Nous vous *mandons & commandons, que tantost* & sans delay, ces Letres veües, vous *faites crier & publier nosdites Ordonnances & Deffenses,* par tous les lieux notables de vostre Senechaucie, & tous les transgresseurs d'icelles que vous pourrés trouver, punissés par lesdites peines civilement, nostre volonté retenuë en l'oultre plus, en telle maniere que tous les autres y doivent prendre exemple. *Donné à Paris le quinzième jour d'Avril, l'an de grace mil trois cens trente-neuf, la Vigille de Pasques; Par le Roy, à la relation du Conseil. VISTRELET.*

NOTES.

(b) Doubles d'or.] Voyez Le Blanc dans son Traité des monoies, sous *Philippe de Valois.*

PHILIPPE VI. dit DE VALOIS, à Melun, le dernier Avril 1339.

(a) Letres par lesquelles le Roy ordonne, que ceux qui ont esté retranchez du nombre des Sergens, n'en pourront plus exercer l'Office.

PHILIPPUS *Dei gratia Francorum Rex, Senescallo nostro* Bellicadri, *&* Nemausi, *aut ejus locumtenenti*, Salutem. *Attentâ quærimoniâ Servientum nostrorum dictæ villæ* Nemausi, *de (*) numero* Ordinationum nostrarum super Servientibus editarum, existentium, *& continente, quod licet virtute certarum litterarum nostrarum vobis directarum, plures qui non erant* de dictis Ordinationibus à dicto officio fuerunt amoti. *Eisque*

NOTES.

(a) Ces Letres sont à la Chambre de Montpellier, armoire A. nombre 6. liasse 16. des Actes ramassez, feüillet 76. *verso*, joignez cy-dessus les Letres du 12. Fevrier 1338.

Ces Letres n'eurent leur execution qu'en 1341. comme nous l'apprenons du *Vidimus* qui suit plus correct que les Letres qui precedent.

LUDOVICUS Comes Valentiniensis & Diensis, locum tenens generalis Domini nostri Francorum Regis in lingua & partibus Occitanis: Senescallo Bellicadri, vel ejus locum tenenti, Salutem. *Vidimus quasdam litteras regias alias vobis missas quarum tenor talis est.*

PHILIPPUS Dei gratiâ Francorum Rex: Senescallo nostro Bellicadri & Nemausi, *aut ejus locum tenenti,* Salutem. *Attenta* querimonia Servientum nostrorum *dictæ villæ* Nemausi, *de minima ordinationum nostrarum* super Servientibus *editarum executione, continente quod licet virtute certarum litterarum nuper vobis directarum, plures qui non erant de dictis Ordinationibus à dicto officio fuerunt amoti, eisque prohibitum fuerit sub certa pena, ne dictum Officium Sergentariæ amplius exercerent; nihilominus* Receptor noster *vestræ Senescalliæ contra prædictas ordinationes nostras veniendo, ob favorem quem habet erga ipsos præcepit, eis facere executiones & plura alia ad officium Servientum pertinentia, ex quibus tale reportant commodum, sicut facerent alii Servientes de numero & de ordinationibus existentes, si ea facerent, quod in ipsorum Servientum, de numero ordinationum prohibitum fuerit, sub dicta pœna, ut dictum officium Sergentariæ ampliùs exercerent; nihilominus* Receptor *noster vestræ Senescalliæ, contra prædictas Ordinationes nostras veniendo, ob favorem quem habet erga ipsos, præcepit eis facere executiones, & plura alia ad officium Servientum pertinentia, ex quibus tale reportant commodum, sicut facerent alii Servientes* de numero & de ordinationibus existentibus, *si eas facerent, quod in ipsorum Servientum* de numero ordinationum antedictarum existentium, *grande cedit præjudicium atque dampnum, sicut dicunt;* Quocircà *vobis* Mandamus, *quatenùs, si vocatis evocandis summariè & de plano, vobis constiterit* ita esse, Receptori *nostro prædicto, ex parte nostra,* præcipiatis *ut a prædictis* desistat; *Cui etiam nos* præcipimus *per præsentes, compellentes nihilominùs ipsos Servientes* de dictis numero & ordinationibus non existentes, *ut a dicto officio desistant, ipsisque conquerentibus dampna & expensas, quæ & quas præmissorum occasione ipsos sustinuisse* reperiretis, *reddant, ac Nobis dictam* pœnam eis impositam, cum emenda *condigna pro præmissis* præstent, *& taliter* compellatis, *quod ob vestrum defectum ad Nos nulla referatur querela, litteris subreptitiis in*

PHILIPPE VI. dit DE VALOIS, à Melun, le dernier Avril 1339.

NOTES.

antedictarum existentium grande cedit præjudicium atque dampnum, sicut dicunt. Quocirca vobis Mandamus *quatenùs si vocatis evocandis summarie & de plano vobis constiterit ita esse. Receptori nostro prædicto ex parte nostra præcipiatis, ut a prædictis desistat, cui etiam nos præcipimus per præsentes, compellentes nihilominus ipsos Servientes de dictis numero & ordinationibus non existentes, ut a dicto officio desistant, ipsisque conquerentibus dampna & expensas, quæ & quas præmissorum occasione ipsos sustinuisse reperiretis, reddant, ac Nobis dictam pœnam eis impositam, cum emenda condigna pro præmissis præstent, taliter compellatis, quod ob vestrum defectum ad Nos nulla referatur querela, litteris subreptitiis in contrarium impetratis, vel etiam impetrandis non obstantibus quibuscumque. Datum apud Melendunum, die ultima Aprilis, anno Domini millesimo trecentesimo tricesimo nono.*

PHILIPPES par la grace de Dieu, Roy de France: au Seneschal de Beaucaire, ou à son Lieutenant, *Salut.* Pour les griez & oppressions que nostre pueple soustenoit de la multitude de Sergens, qui estoient és Senechaucies & Baillies de nostre Royaume, Nous avons plusieurs fois mandé à les *restraindre* & fait ordener finablement certain nombre en chacune Chastellenie par conseil de bonnes gens du pays, lequel nombre n'est pas bien gardé, car il en y a plusieurs oultre ledit nombre, de quoy nostre pueple est grandement grevé & mangé, dont il nous desplaist moult & y devons à mettre remede. Si vous *mandons* sur le serment que vous avez à Nous, & sur encourre nostre indignation & d'estre puni d'amende arbitraire, que tantost veües ces Lettres, tous les Sergens qui sont en vostre Seneschaucie & és Prevostés & Chastellenies d'icelle, qui ne sont en nombre & du nombre de la derreniere Ordenance, lesquelx par ces Lettres nous *ostons & destituons* dudit Office, vous en ostés de fait, & ne souffrés que il Sergentent, ne officient dores-enavant, nonobstant quelconques lettres sur quelconque forme de paroles empetrées, ou à empetrer de Nous, ou d'autre de par Nous, ne oultre ledit nombre par ladite Ordenance establi en vostre Senechaucie & és Chastellenies & Prevostés d'icelle, n'establissés, ne ne metés ou souffrés à Sergenter aucune personne, fût ores que il empetrat nos Lettres, se elles n'estoient passées par Nous sans relation d'aucun, & faisoient expresse mention de ces presentes, lesquelles Nous *voulons* estre publiées tantost, par tous les lieux de vostre Senechaucie, & la copie d'icelle estre mise en tous les Sieges où vous avez accoutumé à tenir Assises. Car Nous volons que l'Ordennance de la restrinction du nombre desdits Sergens soit gardée sans accroistre. Et sachés que si vous faites, ou souffrés à faire le contraire, Nous vous en punirons en telle maniere que tuit li autres il devient exemple prendre. *Donné au Bois de Vincennes le deuzième jour de Fevrier, l'an de grace mil trois cens trente-huit.* Par le Roy. B. DE MALUIS.

Veruntamen ex plurimorum relatu intelleximus, quod plures Servientes in dicta Senescallia, ultra numerum dictarum Ordinationum existunt & utuntur Officio Sergentariæ, suntque aliqui qui licet sint de numero Servientum ordinationis prædictæ, sunt tamen minus idonei & sufficientes ad dictum officium exercendum, propter quorum insufficientiam & multitudinem, jus regium, & res publica læditur in immensum, super quibus Nos debita remedia adhibere volentes, vobis districte præcipimus & mandamus, *quatenùs omnes & singulos servientes quos institutos fore repereritis in dicta Senescallia, ultra numerum in Ordinationibus regiis contentum, ipsas Ordinationes & litteras regias supradictas* de puncto in punctum *observantes, eosdem a dicto Sergentariæ officio amoveatis & destituatis, & eosdem dicto Sergentariæ officio uti deinceps nullatenus permittatis. Imo si quos utentes Officio prædicto, post dictam vestram prohibitionem inveneritis, eosdem mediante justitia taliter puniatis, quod cedat ceteris in exemplum. Si qui vero de numero & ordinatione prædictis minus idonei ac sufficientes ad ipsum Sergentariæ officium exercen-*

contrarium impetratis, vel etiam impetrandis, nonobstantibus quibuscumque. Datum apud Molendunum die ultimâ Aprilis, anno Domini millesimo trecentesimo tricesimo nono.

NOTES.

dum reperti fuerint, eosdem a dicto Officio destituatis & loco ipsorum alios Servientes idoneos & sufficientes instituatis, & ipsos consortio Servientum regiorum, de numero & ordinatione prædictis, segregetis taliter, quod dictæ Ordinationes regiæ & mandata regia nullatenus infringantur, sed potius conserventur. Datum Nemausi die nona mensis Martii, anno Domini millesimo trecentesimo quadragesimo primo.

PHILIPPE VI. dit DE VALOIS, à Conflans lez Paris, au mois de Juin 1339.

(a) Letres par lesquelles le Roy ordonne qu'en la Ville de Tournay aucun Eschevin, ou Juré ne pourra assister au procés d'un de ses Parens au troisiéme degré.

PHILIPPE par la grace de Dieu Roys de France. Savoir faisons à tous presens & à venir, que comme les habitans de la Ville de *Tournay* Nous aient donné à entendre que les Privileges par Nous ottroiez ausdiz habitans, sus la fondation de la Jurisdiction & de la *(b)* Commune, soit contenu une clause qui s'ensuit. *Item, que en un office de ladite Ville de Tournay, ne puissent estre deux hommes de lignage en tiers, ou plus prés, & que il soient tenuz de yssir hors du Conseil au Jugement de leurs proismes* en outre; Et que sous l'ombre d'icelle clause, & depuis plusieurs des *Jurez* & *Eschevins* de ladite Ville soient plusieurs fois demourez *aus Jugemens de leur proisme dessous le point que l'en dit.* De quoy cil du peuple de ladite Ville, qui ce savoient, se sont plusieurs foiz tenuz, & encore tiennent tousjours pour *mal contens,* quar ce est contre la Coustume anciennement usée & gardée en ladite Ville, laquelle estoit telle, que nul ne demouroit au Jugement *de son proisme, en tiers, ou plus prés.* Et estoit celle Coustume louée & approuvée en ladite Ville, *pour bonne & raisonnable. Si Nous* ont supplié lesdiz habitans que sur ce leur veilliens pourveoir de gracieux *remede,* en *declarant & ordenant par nos Letres ladite Coustume estre tenuë & gardée.* Et Nous adecertes, eue consideration aus choses dessusdites, & pour le bon & paisible gouvernement de ladite Ville & des habitans d'icelle, ladite Coustume encienne, que *nul ne puisse demourer au Conseil, au Jugement de son proisme, en tiers, ou plus prés, loée & approuvée, en tant comme elle puet toucher le bon gouvernement, & la paix de la Ville & habitans dessusdiz,* aians ferme & agreable, icelle de grace especial, Loons, Approuvons, *& de nostre autorité royal* Confermons, non contrestant ladite clause. Et pour ce que ce soit ferme chose & estaible à tousjours, nous avons fait mettre nostre Scel en ces presentes Lettres, sauf en autres choses nostre droit & en toutes l'autruy. *Donné à Conflans lez Paris, l'an de grace mil trois cens trente & nuef ou mois de Juing.*

Par le Roy à vostre relation. T. SAING.

NOTES.

(a) Ces Letres sont au Tresor des Chartes du Roy à Paris, au Registre de *Philippe de Valois*, coté 72. pour les années 1339. 1340. & 1341.

(b) La Charte de la Commune de Tournay est de l'an 1187. Elle se trouve dans les Copies manuscrites du Chartulaire de *Philippe Auguste,* & Dom Luc Dachery l'a fait imprimer dans son Spicilege, où elle est dans le Tome troisiéme de la seconde édition *in fol.* page 551.

(c) Proismes. Proximi.] Voyez l'art. 89. de la Coutume de Lile, la Coutume du Hainault, chapitre 32. Ils sont nommez ailleurs *Proesmes,* comme dans la Coutume de Therouane, article 18. de S.t Paul, article 42. de Ponthieu, articles 132. 134. d'Artois, article 123. Voyez Monstrelet, chapitres 39. & 115. volume premier, les art. 348. 398. de la Coutume d'Anjou, les articles 360. & 408. de celle du Maine, & le Glossaire du Droit François sur le mot *Premesse.*

PHILIPPE VI. dit DE VALOIS, au Bois de Vincennes, au mois de Novembre 1339.

Letres par lesquelles le Roy permet aux Marchands d'Arragon & de Majorque, de pouvoir negocier & apporter librement leurs Marchandises en la Ville de *Harfleur.*

SOMMAIRES.

(1) Les Marchands d'Arragon & de Majorque pourront apporter librement leurs marchandises en la Ville de Harfleur, pour les y vendre.

(2) S'ils ont apporté des marchandises qu'ils n'auront pû vendre, ils les pourront emporter & les faire conduire où il leur plaira, sans payer aucune imposition, si ce n'est pour la cage du lieu, où ils les mettront.

(3) Le Prevost de la Ville leur donnera des Corratiers bons & suffisans pour vendre leurs marchandises. Et ces Corratiers feront serment qu'ils se comporteront loyaument.

(4) Si ces marchands pour raison des Contracts qu'ils ont passez avec d'autres marchands, ont quelque procez, il sera jugé par le Prevost de la Ville, avec deux Bourgeois, aprés que les Corratiers & les autres qui auront esté presens au Contract, auront esté appellez.

(5) En cas d'excés lesdits marchands ne seront pas mis à une plus grosse amende que les sujets du Roy. Et s'il leur arrivoit de battre un de leurs Valets *de la main, ils n'en payeront pas plus d'amende qu'un Bourgeois*

(6) Les Maîtres des Navires & des Nefs, & ceux qui chargeront, ou déchargeront leurs marchandises ne pourront, par convention ni exaction exiger d'eux des salaires excessifs. Et si à ce sujet il y a contestation, elle sera decidée par le Prevost *de la Ville, qui prendra pour conseil des Bourgeois & de bonnes gens.*

(7) Ils pourront avoir à titre de loyer ou d'achat, des maisons pour y demeurer, & y mettre leurs marchandises.

(8) Pour les denrées qu'ils vendront, ils ne payeront rien au poids le Roy, &c.

(9) Pour les marchandises qu'ils feront porter en Flandre ou ailleurs, soit dedans ou dehors du Royaume, ils ne payeront aucune nouvelle imposition, à l'exception des Coutumes anciennes, &c.

(10) Les effets desdits marchands ne pourront estre arrestez sous pretexte du Droit de Marque, dans la Ville, ou Port de Harfleur, *à moins qu'un an & un jour auparavant on ne leur ait notifié l'Arrest, &c.*

(11) En cas de guerre lesdits marchands auront soixante jours francs pour enlever & transporter leurs effets, à compter du jour de la notification qui leur en aura esté faite.

(a) PHILIPPE par la grace de Dieu, Roys de France : Savoir faisons à tous presens & à venir. Comme plusieurs Marcheans, & gens des Royaumes *d'Arragon* & de *(b) Maillorques* aient propos & entention, si comme il dient, de frequenter nostre Royaume, & de y mener leurs marchandises, especialment en la Ville & Port de *Harefleu.* Et pour ce nous aient fait supplier, qu'il nous pleust eslargir nostre puissance Royal envers eux, & leur pourveoir de seureté, par quoy il puissent demorer dores-en-avant paisiblement en ladite Ville de *(c) Harefleu,* & y mener leurs denrées & marchandises, si comme font nos subgets demourans en ladite Ville. Nous, qui si comme il appartient, *Voulons* les subgets & marcheans frequentans nostre Royaume gouverner en *pais & en tranquillité,* pour l'amour & affection que Nous tenons, que les subgets & marcheans desdits Royaumes ont tousjours eu, & ont à Nous, & à nostre Royaume, & esperons qu'il ayent ou temps à venir.

(1) Volons que en ceste partie apperçoivent nostre liberalité royal : à leur requeste, de grace especial, de certaine science & de nostre autorité royal *avons octroié,* & par ces Lettres *octroions* ausdiz marchans & gens desdiz Royaumes, que *euls* avec leurs *nefs & denrées* puissent *venir & aler par mer,* & demorer paisiblement, *&*

NOTES.

(a) Ces Letres sont au Tresor des Chartes dans le Registre de *Philippe de Valois,* coté 72. piece 508. Il y en a une pareille pour les Marchands de Castille, dans le Registre coté 80. piece 95.

(b) Maillorques] C'est Majorques, *Majorica,* appellée ancienement, *Balearis major.*

(c) Harefleu] Harflerium, ou *Hareflotum,* petite Ville située dans le pays de Caux en Normandie, entre le Havre de Grace & Caudebec. *Vide Valesii Notitiam Galliarum.*

PHILIPPE VI. dit DE VALOIS, au Bois de Vincennes, au mois de Novembre 1339.

sauvement en ladite Ville & Port de Harefleu, & que toutes leurs denrées & marchandises qu'il voudront amener *par mer*, & faire venir en ladite Ville, *il y puissent vendre franchement, sans rien payer pour le vendage.* Mais se il *achatent* en ladite Ville aucunes denrées, & les y *revendent*, il en paieront les *redevances & Coustumes anciennes*, sans payer pour ce nulle *nouvelle imposition, ne les quatre deniers pour livre, que l'en paie pour les denrées que l'en meine hors de nostre Royaume.* Et se il chargeoient *laines pour mener hors de nostredit Royaume*, il en paieroient toutes les redevances accoustumées.

(2) Item. *Voulons & leur octroions* comme dessus, que se il avoient fait descharger leurs denrées au Port de ladite Ville, & ne les y peussent vendre à leur profit, que il les y puissent faire recharger & mener quelque part que il leur plaira, pour faire leur profit, sans paier pour ce Coustume, ne nulle nouvelle imposition, fors tant seulement la caage du lieu où il les chargeront: pourveu toutesvoyes qu'il ne les portent, ou facent porter en terre, ou pais de nos anemis, ou qui se portent pour le temps pour anemis de Nous, ou de nostredit Royaume.

(3) Item. *Volons* que le Prevost de ladite Ville, par le conseil & bourg. de ladite Ville, leur baillent & ordennent *Corratiers bons, souffisans, & loyauls*, pour leur vendre leur marcheandises: Et se applegeront lesdiz Corratiers pardevant ledit Prevost, *& feront serement* qu'il se porteront loyaulment audit Corretaige: parquoy se il faisoient ausdiz Marchans bailler leurs denrées à gens dont il fussent mal asseyiés, lesdiz marchans puissent recouvrer sur eulz & leur pleiges, somierement & de plain, de jour en jour, le dommage qu'il auront ainsin encouru par leur deffaut.

(4) Item. *Voulons & leur octroyons* comme dessus, que se, pour aucuns *Contraux* fais entre euls & autres marchans, debat ou question mouvoit *entre euls & autres marchans, le Prevost de ladite Ville*, appelé avec luy deux des Bourgeois de ladite Ville, oys les Corratiers & autres qui auroient esté ausdits Contraux, leur face bon & brief droit *sommairement* & de plain, & de jour en jour, le plustost qu'il pourra estre fait bonnement.

(5) Et est nostre entente que se pour aucuns excez, il estoient approchiez pardevant le Prevost de ladite Ville, dont il fussent encoru *en amende*, que l'en ne lieve d'eux point plus *excessive amende* que l'en feroit d'un de nos autres *subgets* demourans en ladite Ville, & selonc les merites dou fait. Et avec ce *Voulons que* se par aventure il *feroint* de la main un de leurs (d) *Valés* ou *Berms*, il n'en paient autre amende que feroit un des Bourgeois de ladite Ville en cas semblable.

(6) Item. Nous *Voulons & Ordenons*, & par ces Letres *Defendons*, que les *Maistres des nefs, & vesseaux*, & ceuls qui *chargeront, ou deschargeront leurs denrées*, ne puissent faire *aliances*, ou (e) *Harelles* de prendre, ou avoir d'euls, plus *excessif salaires qu'il ne appartiendroit*, Et que si sur ce naist debat, *le Prevost* de ladite Ville, par le *conseil des Bourgeois* & bonnes gens de ladite Ville, en puissent *tauxer & ordener* ce qui a faire en sera de raison.

(7) Item. *Voulons*, en tant comme en Nous est, & leur *Octroyons* comme dessus, qu'il puissent avoir des maisons de ladite Ville à loyer, ou par achast, & par juste pris, pour demourer & mettre leurs denrées, au regart des Bourgeois & bonnes gens de ladite Ville.

NOTES.

(d) *Valés* ou *Berms*] Au Registre 80. il y a *Bermans*. Touchant les *Valets*. Voyez les Letres imprimées cy-dessus en date du 11. Octobre 1330. page 56. par lesquelles le Roy enjoint aux Baillis & Seneschaux de faire jurer aux marchands Changeurs Orfevres, leurs femmes, leurs enfans & leurs *Valets*, qu'ils observeront les Ordonances des monoies.

(e) *Harelles.*] Vexations, importunitez, exactions. De l'ancien mot François *Harier*, qui signifie *fatiguer, tourmenter.* Voyez *Schinner in etymologico Linguæ Anglicanæ generali*, sur le mot *Hare*, qu'il interprete *Perterrefacere*. Sous le Regne de *Charles VI.* il y eut à Roüen une *sedition*, dont il est parlé dans la seconde partie du *Rosier de France*, qui fut appellée *Harelle*. Voyez Jean Juvenal des Ursins dans son Histoire de *Charles VI.* sous l'an 1382. & Menage dans ses origines.

(8) Item.

PHILIPPE VI. dit DE VALOIS, au Bois de Vincennes, au mois de Novembre 1339.

(8) Item. *Voulons & leur octroyons,* comme dessus, que pour *leurs denrées,* qu'ils vendront en ladite Ville, ils ne soient tenus de riens Nous payer *(f) pour le poids,* Mais ceuls qui les achateront d'euls, & eux meismes de denrées, qu'ils achateront en ladite Ville, paieront pour *le poids,* les redevances accoustumées.

(9) Item. *Leur octroions,* comme dessus, que des marcheandises qu'il chargeront pour porter *en Flandre,* ou ailleurs, en nostre Royaulme, ou ailleurs, ils ne paieront nulle nouvelle imposition quelle que elle soit, fors tant seulement les *Coustumes anciennes,* pourveu que ce qu'ils chargeront ainsi, ils ne portent en terre, ne ez pais de noz anemis, ou qui se portent pour anemis de Nous, ou de nostredit Royaume.

(10) Item. Nous *Voulons* & leur *Octroyons,* que pour cause *des (g) Marques,* à donner *contre les subgets desdiz royaumes, ou* aucun d'yceuls, ils, ou aucun d'euls, ne leurs biens, ne puissent *estre arrestez, ou empeschez* en ladite Ville, ou Port de *Haresleu,* jusques paravant l'en leur ait fait savoir notoirement *un an* & un jour avant, ce que l'en les puisse *arrester* pour cause desdites *Marques.* Et *Voulons, Ordenons* & *Declarons,* que pour cause des *Marques* données, contre les Marchans, ou subgés desdiz royaumes, se aucunes desja en sont données, l'en ne puisse faire *arrester sur euls,* ne *en leurs biens,* esdites *Ville,* ou *Port, jusques par deux ans,* avant ce que l'en puisse faire ledit Arrest, & que l'en leur ait fait savoir comme dit est.

(11) Ensur que tout *Voulons, ordenons* & *leur Octroyons* comme dessus, que se par aventure (ce que ja n'aviegne,) guerre, ou dissention mouvoit entre Nous & lesdiz Roys, ou aucuns d'euls, parquoy il ne nous pleust plus que lesdiz Marchans demourassent en nostredit Royaume, qu'ils *aient soixante jours francs* de vuidage, depuis ce que l'en leur aura fait savoir qu'ils vuident de nostredit Royaume, avant ce que l'en puisse faire arrest sur euls, ou en leurs biens pour la cause dessusdite.

Si Mandons par ces Letres à tous les Justiciers & subgets de nostredit Royaume, & à chascun pour soy, si comme à luy appartendra, que lesdiz Marchans & gens desdits Royaumes, ou aucun d'euls, ores, ne ou temps à venir, ne molestent, ou facent ou suefrent molester en aucune maniere, contre la teneur de nostre presente grace, de laquelle Nous voulons que ils & chacun d'euls usent & joissent paisiblement, & puissent aler & venir & mener leurs marchandises & denrées dudit Port de *Haresleu,* quelque part qu'il leur plaira, en nos Villes & Ports de nostredit Royaume, & és autres Villes & Ports de nostre tres cher filz *le Duc de Normendie,* par la riviere de Seine, sans aucun contredit, ou empeschement, selonc la teneur de nos presentes Letres & en la maniere dessusdite. Et pour ce que ce soit ferme chose & estable à tousjours, Nous avons fait mettre nostre Seel en ces presentes, sauf nostre droit en autres choses, & en tout le droit d'autre. *Ce fu fait ou Bois de Vincennes, l'an de grace mil trois cens trente-neuf ou mois de Novembre.*

Par le Roy en son Conseil à la relation de sondit Conseil ouquel Monf. de Beauvez & Vous estiez. *Sine' &c.*

NOTES.

(f) Pour le poids.] Ainsi alors ce poids estoit au Roy. Ancienement il y en avoit deux. En l'année 1179. le Roy Loüis VII. donna celuy-cy en fief à Henry *de Puella.* Quant à l'autre, qui estoit celuy de la *Cire,* qu'on ne nommoit pas le *Poids du Roy* ou *le Roy,* il estoit tenu en fief du grand *Chambellan de France.*

Le *Poids le Roy* estoit dans la ruë *des Lombards* en un grand Logis, qui estoit appellé par cette maison LE POIDS LE ROY; Et le poids de la *Cire* se tenoit dans des maisons appellées *le poids de la Chancellerie.*

Vers l'an 1384. *Bureau de la Riviere* acheta ces deux Poids, celuy du Roy avec la maison de la ruë des Lombards, de *Jacques des Essarts* & de sa femme, moyennant la somme de 6600. francs d'or, au Coin du Roy. Et quant à l'autre avec les maisons de la Chancellerie, il l'acquit de *Jean Hesselin* & de sa femme, moyennant la somme de 1100. livres Tournois.

En l'année 1717. Marguerite de la *Roche-Guyon,* fille de *Perrette de la Riviere* & veuve de *Jean de Vergy,* Seneschal & Gouverneur de Bourgogne, les vendit tous deux 2775. livres au Chapitre de Nostre-Dame, avec les fleaux, les cordages, les revenus & leurs ustensiles, & depuis ce temps le Chapitre de Nostre-Dame en a continué la possession. Voyez mon Glossaire sur les mots *Poids le Roy,* & Sauval, Tome premier, pages 658. 659.

(g) Pour cause des Marques.] Voyez le Glossaire du Droit François sur ce mot.

PHILIPPE VI. dit DE VALOIS, à Baugency sur Loire, le 29. Janvier 1339.

(a) Ordonance portant qu'il sera fait des nouvelles monoies d'Or, blanches & noires; & par laquelle le prix du marc d'Or & d'Argent est fixé.

PHILIPPE par la grace de Dieu, Roys de France, à noz amez les Maistres de noz monnoies, *Salut.* Savoir vous faisons, que Nous avons eu avis, & plaine deliberacion, sur le fait de noz monnoyes, avec plusieurs *Barons* de nostre lignaige, & autres, & aucuns Prelas, avec nostre *grant Conseil.* Si avons *Ordené & Ordenons* que l'en face noz monnoies *d'Or, blanches* & *noires*, sur le pied de soixante gros *tournois d'argent le Roy, au marc de Paris*, & nostre *monnoye d'Or fin*, sur le pié *de douze marcs d'argent le Roy, au marc de Paris.* C'est assavoir que *un marc d'Or fin* vaudra & courra pour *douze marcs d'argent:* Et ainsi parmy ce, seront toutes noz monnoyes blanches & noires avaluées *trentaines*, en courant le marc d'argent le Roy, au dessusdit marc de Paris, pour *sept livres dix souls tournois, & un marc d'Or fin pour quatre-vingts-dix livres tournois, argent le Roy des monnoyes dessusdites.* Et les causes qui nous meuvent à faire tele monnoie, sont pour ce que nostre peuple qui estoit & est, à grand soufresté & povreté de monnoie, si comme dessus est dit, puisse plus habundament, planteureusement & plustost estre rempli de monnoye coursable. Pourquoy Nous vous *mandons*, & par ces Letres *commettons*, que nos monnoyes *d'Or, blanches & noires* dessusdites, que Nous avons ordené à faire presentement, comme dit est, vous faciez faire tantost sans aucun prolonguement ou delay, en la maniere que dessus est dit & devisé, & faites donner en tout Or fin au marc dessusdit, *quatre-vingt-deux livres tournois*, en paiant un des deniers d'Or, que par nozdittes Ordenances Nous avons ordené à faire, pour *quarante souls tournois, & au marc d'argent le Roy dessusdit* faites donner à ceuls qui feront leur loy, *six livres cinq soulz tournois*, & en tout autre argent & billon à la valuë du pris dessusdit, en payant noz monnoies *blanches* & *noires*, pour le pris contenu és Ordenances de nosdites monnoies: Et toutes ces choses faites si pourveuement & en telle maniere que par vous n'y ait aucun deffaut. *Donné à Baugency sur Loire le vingt-neufviéme jour de Janvier, l'an mil trois cens trente-neuf.*

Par le Roy. J. BARRIERE.

NOTES.

(a) Cette Ordonance est en la Chambre des Comptes de Paris au memorial B. feüillet 107. *verso.* Voyez cy-aprés au 6. Avril 1309. avant Pâques.

PHILIPPE VI. dit DE VALOIS, à Paris, le 22. Mars 1339.

(a) Ordonance touchant les Monoiers; Elle contient un Reglement entre les ouvriers & monoiers, tant du Serment de France & de Toulouse, que du serment de l'Empire & d'Espagne.

SOMMAIRES.

(1) Les Prevosts, tant pour eux que pour leurs Ouvriers, ont promis qu'avec deux cens fournaises, ils feront & fourniront dans les octaves de Pâques prochaines, soixante fournaises, & les ouvriers deux cens soixante-seize.

(2) Ils ont promis & accordé pour tous les Ouvriers du Serment de France, *que toutes les fois qu'un Maître des monoies du Roy requerra les monoiers d'ouvrer, ils seront tenus de le faire, tant les jours de festes, que les jours ouvrables, &c.*

(3) Il est accordé aux ouvriers, de grace speciale, que pour fournir les deux cens soixante-seize fournaises, ils pourront jusques au terme marqué cy-dessus, recevoir leurs arriere-neveux, hommes *&* femmes, *pour ledit ouvrage.*

PHILIPPE VI. dit DE VALOIS, à Paris, le 22. Mars 1339.

(b) PHILIPPE par la grace de Dieu, Roy de France : A tous ceux qui ces presentes Lettres voirront, *Salut.* Sçavoir faisons, que comme nos amez *(c) les Generaux Maîtres* de nos monoies maintinsent pour Nous, contre les *Ouvriers des monoies du Serment de France,* que par defaut de ce, nos monoies n'estoient pas si garnies, come il apartint, non si grand quantité de fournoises, laquelle chose nous tournoit en grand domage. Et d'autre part *lesdits Ouvriers* maintinsent, que le default n'estoit pas par leur coulpe, & montrassent plus de causes & de raisons à leurs excusations. *Finablement lesdits Maîtres generaux* de nosdites monoies, *pour Nous* d'une part, & aucuns *Prevos des Ouvriers* de nos singulieres monoies de nostre Royaume. C'est à sçavoir.

Bernard Poncin Prevost de la monoie de *Montreüil.*
Bouin Jean Begon, Prevost des Ouvriers de la monoie de *Roüen.*
Michel Greinart, Prevost des Ouvriers de la monoie d'*Angers.*
Girard de Vennes, Prevost des Ouvriers de la monoie de *Troies.*
Pierre Morille, Prevost des Ouvriers de la monoie de *S. Pourcin.*
Baudart de Lile, Prevost des Ouvriers de la monoie de *Tournay.*
Jean Henry, Prevost des Ouvriers de la monoie de *Sommieres.*
Jean Petit, Prevost des Ouvriers de la monoie de *Paris.*

Pour eux, & pour tous les autres *Ouvriers* de monoie dudit *Serment,* d'autre, a esté *traité & accordée* devant nos amez & feaux les Gens de nos Comptes à Paris. Et de leur volonté en la forme qui s'ensuit.

Premierement. Iceux *Prevoz,* pour eux, & pour tous *les autres Ouvriers* dessusdits, ont *promis & accordé,* que avec *deux cens fournoises,* que ils ont à present en toutes nos monoies *dudit Serment de France,* ils feront & fourniront dedans *les octaves de Pâques* prochainement venant *(d) soixante fournoises dudit Serement.* Et aussi feront & fourniront en nosdites monoies *d'Ouvriers dudit Serment deux cens soixante fournoises.* Et ont promis que *chacune desdites fournoises* fera chascun jour *cinquante marcs de Florins* au nait, tant *de blanc* comme *de noir.* Et ne pourront compter ne emploier audit nombre *de deux cens soixante fournoises,* aucunes fournoises *du Serement de Toulouse,* ne d'autre que celuy de France.

(2) Item. Ont promis & accordé pour tous les ouvriers *dudit Serement,* que toutes les fois que le Maître d'aucunes de nos Monoies requerra les Monoiers d'icelle monoie de ouvrer, ils feront tenus de ouvrer, tant à jour *ouvrable,* comme à jour *de feste,* exceptez Dimanches, festes d'Apostres & autres festes, où ils auront vœu. Et par les *promesses & accords* dessusdiz, lesquels ils sont tenus de faire ratifier & confirmer de tous les Officiers de nostre Royaume *dudit Serement,* Nous *Voullons & leur*

NOTES.

(a) Cette Ordonance est rapportée par *Constans* aux preuves de son premier Traité des monoies, pages 6. & 7. qui dit l'avoir tirée du Tresor des Chartes, sans indiquer néanmoins le Registre.

(b) On avoit douté si l'on feroit entrer ces Letres dans le Recüeil general des Ordonances, parce que ce n'est qu'une transaction passée entre des particuliers, approuvée par le Roy. Mais comme elles se trouvent employées dans la Table Chronologique, & que *Constans* leur a donné le titre d'*Ordonance,* on a crû qu'on ne devoit point les obmettre.

(c) Les Generaux maîtres de nos monoies.] Touchant l'origine des premiers *Generaux* maîtres des monoies de France, leur institution & la fonction de leurs Charges. Voyez *Constans* dans son Traité de la Cour des Monoies, page premiere.

(d) Soixante Fournoises du Serment de France.] Ce serment qui estoit presque autant réel que personel, estoit ainsi conçû selon *Constans,* dans les preuves de ses Traitez des Monoies, pages 13. & 14.

Magistri monetarum præsentes & posteri jurabunt, quod ipsi non mercabuntur de facto monetarum, nec de facto billonum, nec facient mercari per se, vel per alium, de dicto facto.

Item. *Hoc idem jurabunt Custodes, & omnes alii Officiales monetarum.*

Item. *Quod non ponent Custodes, nec Officiales in monetis, nisi bonos & sufficientes, legales & scientes, & sine suspicione sinistra, habita super hoc deliberatione gentium Computorum.*

PHILIPPE VI. dit DE VALOIS, à Paris, le 22. Mars 1339.

Accordons que sitost comme ils auront garni & fourni dedans ledit terme, en nosdites monoies, lesdites *deux cens soixante fournoises, dudit Serement (e)* Nous ne prendrons, ni ferons prendre *aucuns Ouvriers dehors nostre Royaume, pour ouvrer en aucunes de nos monoies,* autres que ceux qui à present y sont, ne dans ledit terme, excepté *dix fournoises, que Aymeri de la Coste* doit amener à nosdites monoies, de nostre commandement, pour la necessité d'ouvrage qui y est à present; lesquiex ouvriers *desdites fournoises ainsi amenez,* & ceux qui à present y sont hors de nostredit Royaume, *pourront tant seulement demourer en nosdites monoies jusques à la S.t Michel,* ou jusques à tant que l'ouvrage laschast, *tant que ceux Ouvriers du Serement de France y puissent souffrir,* ne dessors en avant n'y ferons venir, en aucunes de *nosdites monoies dehors nostredit Royaume, aucuns Ouvriers, tant comme ceux dudit Serement puissent fournir & afluer* suffisament toute l'œuvre de nosdites monoies.

(3) Item. Avons Voullu, *Voullons & leur Octroyons* ceste fois de grace speciale, pour fournir & garnir lesdites *deux cens soixante fournoises, (f)* qu'ils puissent jusques audit terme, tant seulement, recevoir de leurs *Arriere-neveux, hommes & femmes, fuist tiex,* & de tel aage comme bon & profitable leur semblera, *pour nostre dit ouvrage, & ledit terme passé ils ne puissent desfors* en avant aucuns recevoir, sans nostre congié & licence, ainsi que ils ne pouvoient avant nostre presente grace, & que par cette grace ne soit faite, ou engendrée, à *Nous,* ne à eux, ou à leurs privileges & franchises aucun prejudice. Et *Voullons* encore, *Mandons, & Ordonnons,* que se aucun desdits *Ouvriers estoit rebelle, contredisoit,* ou *empeschoit* la reception desdits *Arriere-neveux,* à estre faite en la maniere dessusdite, iceluy *rebelle (g)* soit tantost envoyé *auxdits Generaux maîtres de nos monoies à Paris,* pour faire ouvrer en nostre dite monoie de

NOTES.

Item. *Quod ipsi servabunt honorem & commodum, & secreta Domini Regis & monetarum, & Cameræ Computorum & Thesaurariorum, & specialiter secreta mutationum monetarum, & crementorum pretii argenti in monetis.*

Item. *Quod de monetis Regis nihil recipient autoritate sua, sine licentia Regis, vel Thesaurariorum.*

Item. *Nihil capient nisi vadia sua, & licita, & honesta consueta recipi, sine corruptione.*

Item. *Quod in propria persona ibunt, quoties opus fuerit, ad visitandas monetas, nec aliquid ob hoc capient supra Regem, nisi vadia consueta, ordinaria, quæ capient in Thesauro.*

Item. *Quod nulla jura petent, vel recipient in monetis, nisi sola vadia consueta in Thesauro, & non alibi, &c.*

(e) Nous ne prendrons, &c.] Ne ferons prendre aucuns Ouvriers dehors nostre Royaume, pour ouvrer en aucunes de nos monoies, &c.

Ces paroles nous font connoître que dans ces temps-là les Ouvriers des monoies estoient rares, & que par cette raison nos Roys estoient dans la necessité d'en faire venir des païs estrangers, ou comme on parloit alors, *des monoies des autres Sermens.* Ce seroit donc une erreur de s'imaginer que des Princes estrangers, ou des Princes vassaux de la Couronne eussent esté en droit d'avoir des ouvriers dans les monoies du Royaume. Ce que nos Roys jaloux de leur honneur & de l'honneur de leur nation, n'auroient jamais souffert.

(f) Ils puissent jusques audit terme tant seulement recevoir leurs Arriere-neveux, &c.] Voilà la preuve, qu'on manquoit alors d'Ouvriers des monoies en France. Voyez dans la note suivante les Letres de *Philippe Auguste* letre *(g).*

(g) Soit tantost envoyé pardevant les Generaux maîtres de nos monoies à Paris.] Cecy estoit conforme aux Letres de *Philippe Auguste* du mois de Decembre 1211. par lesquelles il avoit ordonné que les Ouvriers des monoyes seroient justiciables des Maitres. Les voicy telles qu'elles sont rapportées par *Constans* dans les preuves de son premier Traité des monoies, page 6.

PHILIPPUS Rex Franciæ, salutem in Domino. Noveritis, quod cum contentio verteretur inter Magistros, monetæ Parisius & Operarios ejusdem operis, in regno meo commorantes; tandem coram me, super omnibus contentionibus motis inter eos compositum extitit in hunc modum; Videlicet quod Ego reddidi ipsis Operariis totum opus eorumdem, & ipsorum libertatem, quæ libertas talis est, quod Ego Volui, Concessi & Confirmavi eisdem operariis, per totum regnum meum, quod ipsi sunt liberi, & immunes ab omni tallia & exercitu, & quod coram nullo judice possint conveniri, *nec in judicium evocari,* nisi *coram Magistro* monetæ eorumdem, nisi in tribus casibus videlicet in *homicidio, raptu & combustione ignis.* Et super his taliter duximus statuendum, quod nullus in opere eorumdem commorari, nec ad illud opus evocari possit, nisi sit *Frater, Filius,* vel *Nepos* eorumdem, nec etiam ubi denarii fabricantur &

Paris sans chomer, pour estre punis si comme il appartiendra. Et ainsi *Voullons, Commandons & Ordonnons,* que tous les Ouvriers dudit Serement, qui en aucune de nos monoies chomeront par feintise ou autrement, sans cause raisonnable, soient semblablement envoyez *aux dits Maîtres Generaux,* sous seure & sauvegarde, pour les punir & en ordonner si comme ils verront qu'il sera à faire.

PHILIPPE VI. dit DE VALOIS, à Paris, le 22. Mars 1339.

Lesquelles choses ainsi accordées Nous *Voullons & Commandons* estre parfaitement accomplies, tenuës & gardées fermement sans enfraindre. En tesmoing de laquelle chose Nous avons fait mettre nostre Seel à ces presentes. *Donné à Paris le vingt-deux Mars, l'an de grace mil trois cens trente-neuf.* Et est écrit en la marge.

Par le Roy à la relation de son Conseil. Signé VISTRELET.

NOTES.

traduntur instanter, ut etiam ubi opus eorum, sicut aliàs construitur, nemo interesse potest, nec commorari, nisi hi de consanguinitate eorumdem Operariorum, ut supradictum est & expressum.

Item. Volui & Concessi eisdem, quod si aliquis extraneus manus injecit in aliquem eorum Operariorum injuste, quod idem injuriator venire teneatur TOTUS NUDUS ad misericordiam eorumdem habendam supra delicto perpetrato. Et Volui & Concessi eisdem, quod ipsi pro merecde Operariorum eorum habeant, & percipere valeant, *de sexdecim marchis, & quadraginta stillingis,* novem solidos & quatuor denarios ad marcham de civitate Trecensem. *Datum Parisius sexta Kalendis Decembris, millesimo ducentesimo undecimo.*

Voyez au tome premier, page 24.

En l'année 1225. sous le Regne de *Loüis VIII.* il y eut une autre contestation entre les *Ouvriers* des monoies & les *Maîtres,* qui fut terminée par une transaction que ce Prince approuva & qu'il est bon de rapporter pour faire connoître en quoy consistoit la totalité du Serment des ouvriers des monoies.

In Nomine Sanctæ & individuæ Trinitatis, Amen: Ludovicus *Dei gratiâ Francorum Rex. Noverint universi præsentes pariter & futuri, quod cum esset contentio inter* Operarios *monetæ Parisiensis, ex una parte, &* Magistros *ejusdem monetæ ex altera, super usus monetæ Parisiensis. Tandem de assensu & de mandato nostro* in arbitros *compromiserunt, videlicet Adam* Hermant *& Petrum Tenciam & Marcellum, Præpositum ejusdem monetæ, & Hellonimum* Furnerud, *& insuper Guidonem Autiss. cives Parisienses, qui secundum legitimam inquisitionem, quam super hoc fecerunt, dixerunt,* Talis est usus *monetæ Parisiensis.* Plumbum debet ponderare sex decem marchas & dimidium. *Et de hoc plumbo debent Operarii facere duas marchas cum scissitis, hoc modo, quod si* Frerconem *ultra duas marchas fecerunt, nihil de hoc amittent. Si autem plus duabus marchis &* Frercone fecerint, *ipsi admittent de superfluo duarum marcharum, & si in* Frercone *plus fecerint, ipsi admittent de* debili *natura denarium & de forti obolum. Et tam fortes quam debiles debent esse transeuntes à tredecim & obolo inferius & superius.* Sciendum est *autem quod imprimis* Operarii *tenentur venire coram Magistris jaturi, quod in argento nullum ponent* uniamentum, *nec polluent denarium ullo modo. Et si aliquis deprehensus fuerit in aliquam* Pollucionem *pulveris ac cineris, per* sacramentum *Magistr imonetæ & duorum Operariorum, ad hoc à Magistris vocatorum,* condemnabitur in quinque solidos, *qui distribuentur* leprosis. *Magistri autem monetarii & Operarii sunt* quieti *& liberi ab* omnibus consuetudinibus, *ad usus & consuetudines, quàm fuerunt tempore piæ recordationis* Regis Philippi *genitoris nostri;* Operarii *autem pro nullo nisi pro* Magistris *monetæ justitiam exequentur, nisi* latrocinium *vel* raptum *fecerint, aut* murtrum. *Si vero* Operarii *aut monetarii voluerint pro Magistris monetæ justitiam exequi, Magistri poterunt abannundare justitiæ Domini Regis: pro his siquidem libertatibus dicti* Operarii *aut* Monetarii *tenentur venire & Servire in omnibus monetis Domini Regis, propriis sumptibus, nec debent exigere à* Magistris *nullum adventagium, nec debitum, ultra debitum operagium.* Nos *autem hanc* Compromissionem *& compositionem laudantes, & approbantes, præsentem paginam ad petitionem partium, paramus, sigilli nostri auctoritate & Regis nominis caractere inferius annotato confirmamus.* Actum Parisius, anno Domini millesimo ducentesimo vigesimo quinto. Astantibus in Palatio nostro quorum *nomina supposita sunt & signa.* Dapisero *nullo.* S. Roberti Buticularii, S. Bartholomæi *Camerarii. Signum* Mathæi Constabularii. *Datum per Magistrum* Guerin. *Silvanectensis Episcopi Cancellarii.*

Ces Letres sont dans le Traité des Monoies de *Constans*, aux preuves, pages 24. 25.

PHILIPPE VI. dit DE VALOIS, à Maubuisson, le 6. Avril 1339. avant Pasques.

(a) Ordonance portant qu'il sera fabriqué des Doubles d'Or fin, *des* Deniers d'Argent *à la Couronne, &c.*

PHILIPPES par la grace de Dieu, Roy de France : A nos amez les Maistres de nos monnoies, *Salut.* Sçavoir faisons que Nous avons eu avis & plaine deliberation sur le fait de nos monnoies, avec plusieurs *Barons* de nostre lignage & autres, & aucuns Prelatz, avec *nostre Grant Conseil.* Si *avons Ordené,* & *Ordenons* que l'en face noz monnoies *d'or, blanches* & *noires trente sizaines.* C'est assavoir nos monnoies *blanches* & *noires* sur le pié de *soixante groz tournois d'argent le Roy,* au Marc de *Paris,* & nostre monnoye *d'or fin,* sur le pié *de douze marcs d'argent le Roy, audit marc de Paris.* C'est assavoir que *un marc d'or fin vaudra* & courra *(b) pour douze marcs d'argent,* & ainsy parmi ce seront toutes noz dittes monnoies *blanches & noires* avalüées *trente sizaines,* en courant le marc *d'argent le Roy,* au dessusdit *marc de Paris pour neuf livres tournois,* & *un marc d'or fin, pour cent huit livres tournois* argent le Roy, des monnoies dessus dittes; Et les causes qui nous meuvent à faire telles monnoyes sont, pour ce que nostre peuple qui estoit & est a grant *(c) souffreté* & *pouvreté* de monnoies, si comme dessus est dit, puisse plus abundament, planteureusement & plustost estre *remplis de monnoies coursables.* Pourquoy nous vous *Mandons,* & par ces presentes Lettres *Commettons,* que nos monnoies *d'Or* & *blanches* & *noires* dessusdittes, que Nous avons *Ordené* à faire *presentement,* comme dit est, vous faciez faire tantost, sans aucun prolonguement, ou delay, en la maniere que dessus est dit, & devisé, & faites donner *en tout Or fin,* au *marc dessusdit quatre-vingt-quinze livres,* en paiant un des *deniers d'Or, que* par nosdites Ordenances *Nous avons ordené à faire pour soixante sols tournois & un denier d'or sengle,* moitié d'iceuls *pour trente souls tournois.* Et au *marc d'argent* le Roy dessusdit, faites donner à ceux qui seront leur *loy six livres quinze sols tournois.* Et en tout autre argent & billon à la valuë du pris dessusdit, en paiant noz *monnoies blanches* & *noires* pour le pris contenu és

NOTES.

(a) Cette Ordonance est en la Chambre des Comptes de Paris Registre B. feüillet 108. où elle a pour Titre. *C'est la Lettre de la monoie trente-sixaine, en faisant les Doubles d'or fin* & les *Deniers d'argent à la Couronne.* Et donna l'en lors au marc d'or quatre-vingt-quinze livres tournois, & au *marc d'argent* soixante-une livres quinze sols tournois.

(b) Pour douze marcs d'argent.] La même proportion estoit en France en l'an 864. sous le regne de *Charles le Chauve,* comme l'on voit par le Capitul. suivant, qui est au Titre 35. Tome 2. colomne 185. 186. *Ut in omni regno nostro non amplius vendatur* libra auri *purissime cocti, nisi duodecim libris argenti de novis & meris denariis. Illud vero aurum, quod coctum quidem fuerit, sed non tantum ut in eo de auratura fieri possit, libra una de auro* vendatur decem denariis argenti, de novis & meris denariis. Et omnimodis provideant, tam Comites, quam cœteri omnes ministri Reipublicæ, ne aliqua *adjectione, vel fraude per occasionem aliquid amplius vendatur, sicut de suis honoribus gaudere volunt. Et quicumque hanc commendationem nostram, aliquo ingenio infirmare, vel fraudare, seu aliter immutare inventus fuerit, si liber homo fuerit,* bannum nostrum, *id est* sexaginta solidos *componat, colonus seu servus nudus cum Virgis flagelletur.* Voyez la note du Pere Sirmond en cet endroit. *Legem unicam Codice Theodosiano De argenti pretio* quod thesauro *infertur Legem 3. Codice. De susceptoribus* & *Jacobum Gothofredum ad Legem primam codice Theodosiano De oblatione votorum tomo 2. pag. 451. columna 1.* Celuy qui voudra estre instruit des differentes proportions qu'il y a eu dans les differens siecles entre l'or & l'argent, n'aura qu'à consulter Du Cange dans son Glossaire sur le mot *Marcha.*

(c) Nostre peuple estoit en grande souffreté & pouvreté de monoies.] C'est principalement de cette Ordonance, qu'il faut entendre ces paroles de l'Auteur de la *Chronique de Roüen,* publiée par le *Pere Labbe,* dans sa Bibliotheque manuscrite, tome 2. page 385. *Philippus Rex Franciæ Ordinavit fieri monetam valde bonam de pondere & Lege* Beati Ludovici *proavi sui, quæ incepit habere cursum plenum in Paschate 1330.* Voyez cy-dessus au 29. Janvier 1339.

Ordenances de nos dites monnoies, & toutes ces choses faites si pourveuement & en telle maniere que par vous n'y ait aucun deffaut. *Donné à Maubuisson lez Pontoise, le sixiéme jour d'Avril avant Pasques, l'an de grace mil trois cens trente-neuf.*
P. le Roy. BARRIERE.

PHILIPPE VI. dit DE VALOIS, à Paris, le 2. Juin 1340.

(a) Mandement adressé au Seneschal de Beaucaire, ou son Lieutenant, par lequel le Roy luy ordonne de faire crier solemnellement qu'aucun debiteur regnicolle n'ait à s'acquitter envers les Italiens, ou Ultramontains, ni envers les Juifs, des sommes qu'ils leurs devoient, sous peine de payer au Roy une seconde fois, avec amende.

PHILIPPE par la grace de Dieu, Roys de France : au Seneschal de *Biaucayre*, ou à son Lieutenant, *Salut.* Nous avons entendu que plusieurs *(b) Ytaliens & Outremontans,* & aussi *Juys* demourans hors de nostre Royaume & Villes prochaines & joignant audit Royaume, ont marchandé & marchandent avec aucuns *Prelats, Barons,* & autres *personnes nobles & non nobles* de nostredit Royaume, contre les deffenses royauls, & ont fait & font pluseurs *Contraux usuraires,* & autres deffendus par lesdites *Ordennances,* avec gens de nostredit Royaume. Pourquoy Nous vous *Commettons par la teneur de ces Lettres, & Mandons* que en tous les lieux notables de vostredite Senechaucie, *vous faciés crier,* par cri sollempnel, que *nul qui soit tenu en aucune chose ausdits Ytaliens, ou Outremontains, ou Juys, ne soit si hardi, que il paie ausdits Credeteurs, chose* que *il leur doient,* sous *paine de Nous paier une autre fois,* & sur paine de *l'amende,* & de quanque il se pourroient *meffaire envers Nos,* & que il le vous viegnent dire, & reveler, dedens certain jour que vous assignerés. Et faites *aussi crier* que tous *Tabellions* & autres, qui Obligations, Lettres, ou *Instrumens* en auront reçûs, vous baillent par écrit en substance tels Contraux, & que il ne les baillent, ne rendent audit Credeteurs, & les contraignés à vous montrer *(c) leurs Protocolles,*

NOTES.

(a) Ce Mandement est en la Seneschaussée de Nîmes en general, armoire A. liasse 16. des Actes ramassez, n.° 5. fol. 63.

(b) Italiens & Outremontains.] C'estoient en ces temps-là d'injustes & cruels usuriers, dont il a esté parlé tant de fois cy-dessus, & qui ne valoient pas mieux que les Juifs.

(c) Leurs Protocolles.] Il y avoit chez les Romains quatre sortes de personnes dont la profession estoit d'écrire, que l'on confond assez souvent, & qu'il faut cependant distinguer. Tels estoient ceux qui estoient nommez *Notarii, Tabularii, Argentarii & Tabelliones.*

Notarii. Estoient ceux qui écrivoient avec une celerité surprenante, parce que de certains signes ausquels ils estoient accoustumez valoient des mots entiers, ce qui a fait dire au Poëte Manilius, Livre 4.

Et hic scriptor erit felix cui litera verbum est,
Quique notis linguam superet, cursuque loquentis
Excipiat longuas nova per compendia voces.

Il y avoit des maîtres qui tenoient des Ecoles où ils enseignoient à écrire ainsi. Comme S.t Cassien en l'honneur duquel Prudence a fait l'Hymne neufviéme *Peristephanon*, où il marque en ces vers ce que l'on vient d'observer,

Præfuerat studiis puerilibus & grege multo
Sæptus magister literarum sederat.
Verba notis brevibus comprendere cuncta peritus,
Raptimque punctis dicta præpetibus sequi.

Comme Cassien estoit Chrestien, les tirans l'abandonnerent à ses perfides écholiers, qui le mirent en pieces, en le dechirant avec les stilets dont ils se servoient pour écrire sur leurs tablettes cirées.

Tabularii, estoient ceux qui mettoient au net les Rolles des Tributs, ou Imposts, dont il est parlé dans la Loy premiere au Code Theodosien, *De exactionibus,* & dont il y a un Titre au mesme Code, *lib. 8. Vide Jacobum Gothofredum ad Legem secundam. De annona & tributis Tomo 4.° paginâ 9.a*

Argentarii estoient des Banquiers, ou des *Changeurs,* qui avoient leurs Tables, ou leurs Bureaux dans les marchez & les lieux publics, comme anciennement les Changeurs aux Foires

PHILIPPE VI. dit DE VALOIS, à Paris, le 2. Juin 1340.

par voies deües, affin que vous puissiés sçavoir, & avoir cognoissance desdits Contraux, & que satisfaction vous puist estre faite desdites debtes. Et se lesdit debteurs se veulent traire dedens un mois aprés ledit cri, pardevans *nos amez & feaulx gens de nos Comptes à Paris, pour traitier sur le paiement* desdites *Debtes*, nosdittes gens leur feront sur ce bonne courtoisie & grant. Et en cas que il ne vendront, *nous ferons lever sur euls toutes lesdites* Debtes, *Si Deffendons à vous, & à tous nos Justiciers*, par ces presentes Lettres, que *pour teles Debtes, ils ne facent aucun esploit, ou execution*

NOTES.

de Champagne, ainsi que l'on peut voir dans les differentes Ordonances touchant ces Foires, qui ont esté rapportées cy-dessus.

Ces *Argentiers* comme le remarque Cujas sur la Loy, *Si unus 27. Digestis de Pactis*, composoient des *Corps* dans les differentes Villes où ils estoient establis, & leurs fonctions estoient publiques. *Lege* Argentarius *Digestis de edendo. Lege quod Privilegium Digestis Depositi, Lege* si ventri. §. *in bonis infra de Rebus auctoritate judicis possidendis.*

Tabernas & mensas cum ære in foro positas habebant, Lege Qui Tabernas *de contrahenda emptione. Apud mensas pecuniæ deponebantur, permutabantur, emebantur, vendebantur, quod Latinè est* Cambire, *Græcè* ἀνταμείβεσθαι. *Per eos plerique pecuniam credebant & fænori occupabant, emebant, vendebant, auctionem & omnia negotia exercebant, deque his omnibus rationes conficiebant. Ex eorum scriptura nascebatur obligatio* nominum, *sine stipulatione. Usuræ eis debebanturex sola præscriptione & quidem* Besses, *Lege* Eos *Cod. De usuris. Eorum munia, quæ varia erant, variis quoque appellationibus designabantur. Nam &* Mensarii *dicebantur, sive* Mensularii & Nummularii & Argentarii, & argentariæ mensæ Exercitores, argenti Distractores, Collibystæ, Ermatistæ. Coactores, sive Collectarii.

Saumaise fait à peu prés la mesme remarque dans son Traité *De fænore Trapezitico*, c'est-à-dire, *de l'usure des Banques*, pages 13. 14. & 15. où il prouve par Harmenopule, que ces Banquiers & les Tabellions passoient indifferemment toutes sortes de Contracts. *Sciri oportet* quod solus Tabellio sufficit, *qui instrumentum conscripsit, ad testificandam ejus veritatem in comparatione instrumentorum quæ in judicio proferuntur. Similiter & in Trapeziticis rationibus, satis est si is qui eas scripsit & si unus, intelligatur, &c.*

Quant aux *Tabellions*, ils eurent ce nom, parce que dans la bonne Latinité, *Tabellæ* signifioit en mesme temps & le Contract & le papier, ou la Charte sur lequel la convention estoit écrite, ce qui paroist clairement par ces vers de la sixiéme satire de Juvenal.

Si tibi legitimis pactam junctamque Tabellis
Non es amaturus, ducendi nulla videtur,
Causa, &c.

En sorte que suivant la note de Cujas *ad Legem 15. Codice de Decurionibus & Legem 14.* §. His tabulis *Codice De sacrosanctis Ecclesiis, Tabelliones publici erant contractuum scriptores*, & les instrumens qu'ils avoient redigez sont nommez dans les Novelles *Publica & forensia.*

D'abord ils faisoient un projet du Contract qu'ils recevoient. Ensuite ils le mettoient au net, & par là le Contract recevoit sa derniere perfection. *Lege* Contractus *Codice De fide instrumentorum. Lege ultima codice De contrahenda emptione.*

Ce qui a donné lieu à quelques-uns de confondre sans raison ces sortes de *projets*, avec les *Protocolles.*

Saumaise dans son Traité *De Modo usurarum*, pages 414. 415. 416. s'est imaginé qu'anciennement les *Protocolles* n'estoient autre chose que ces projets, ou minutes de Contracts reliez & rassemblez en un mesme volume, en quoy il s'est trompé, comme il l'a reconnu luy-mesme dans ses notes sur *Vopiscus in Firmo, num. 3.* page 703. de l'édition de Hollande.

Pour connoître au vray ce que c'estoit anciennement qu'un *Protocolle*, il n'y a qu'à faire quelque attention à l'abregé de la Novelle. 40. de Justinien, que Julien l'Antecesseur a fait au nombre 170.

Tabelliones non scribant instrumenta *in aliis Chartis, quam his quæ* Protocolla *habent. Ut tamen* Protocollum *tale sit, quod habeat nomen gloriosissimi Comitis largitionum, & tempus, quo charta facta est. Alioquin si aliam scripturam habeat, non admittant Tabelliones, &c.*

On void donc clairement qu'il estoit deffendu aux *Tabellions* de ne rediger des Contracts que sur des Chartes, ou des feüilles de papier, qui avoient des *Protocolles* : que les *Protocolles* devoient contenir le nom de l'Officier, nommé *Comes sacrarum largitionum*, qui avoit inspection sur la fabrique des Chartes *& des Papiers*, & que les ouvriers devoient y marquer le temps que le Papier, ou la Charte avoient esté faits, aprés quoy l'Empereur adjoûte, que s'il y avoit d'autre écriture les Tabellions ne pourroient s'en servir. D'où nous apprenons que le *Protocolle* estoit une écriture, qui estoit à la teste de la premiere page de la feüille, ou de la Charte sur laquelle le Contract devoit estre redigé.

Vers les bas siecles les Tabellions furent appellez *Notaires*, non comme les *anciens Notaires* dont on a parlé cy-dessus, dont l'art estoit d'écrire *par signes* avec une celerité trés grande. Mais parce que les minutes, ou les projets *contre*

contre lesdit Debteurs à requeste desdits Crediteurs, ne pour eulx. Et reservez *à nosdites gens de nos Comptes,* ce que trouvé, & fait aurés des choses dessusdites. *Donné à Paris le second jour de Juing, l'an de grace mil trois cens quarante,* sous nostre nouvel Scel, en l'absence de nostre grant. *Per gentes Computorum & Thesaurariorum. O.* LIEVRIER.

PHILIPPE VI. dit DE VALOIS, à Paris, le 2. Juin 1340.

NOTES.

de Contracts de ces derniers estoient nommez *Notæ*, ou *Notulæ*, comme l'on peut voir *in summa totius Artis Notariæ Rolandini*, ancien Autheur Italien, qui écrivoit à Boulogne en 1260, & dont l'ouvrage a esté imprimé à Venise en deux volumes *in folio*, avec de grands Commentaires, entre lesquels il y a un Traité de ces *Notes*, d'où cesmesmes Notaires ont eû en plusieurs lieux le titre *de Gardes-notes*, depuis qu'il leur fut enjoint de les conserver. Et quand on leur ordonna de les joindre toutes ensemble & de les faire relier par ordre de dates, les Registres qu'elles formerent, furent nommez *Protocolles*, qu'il ne faut point, comme on l'a dit, confondre avec les anciens *Protocolles* dont on a parlé cy-dessus. Voyez ce que j'ay remarqué dans mon Glossaire, sur les mots *Tabellion* & *Notaire.*

Les minutes des Tabellions ne furent nommées *Notes*, selon toutes les apparences, que parce qu'elles contenoient, comme en abregé, la substance des Contracts, en sorte que tout ce qui n'estoit que de stile & qui estoit obmis, estoit marqué par des *Et cetera.* Ce qui a esté observé, il y a déja long-temps par *Zinzelinus* Glossateur des Extravagantes de Jean XXII. sur le chapitre 5. du Titre 14. *De verborum significatione*, letre X. sur le mot *Et cetera*, Où il a mis pour glose, *hæc clausula comprehensiva est multorum verborum..... Unde facit in argumentum, pro more Tabellionum, qui habent in aliquibus Regionibus, quod recipientes* Notam in Protocollo, *de aliquo facto, vel contractu, utuntur frequenter ista clausulâ. Et post redigendo instrumentum in mundum, apponunt multa verba, quæ non apposuerunt* in Nota, *vel* in Protocollo. *Et illa subintellecta fore dicuntur sub tali clausula,* Et cetera. *De jure tamen scripto nihil plus in mundo, quàm* in Protocollo debet reperiri, ut omnis falsitas & suspicio evitetur. *Authentica de Tabellionibus* §. *Illud quoque & sequenti collatione.*

Voyez ce que je remarque à ce sujet dans mes notes sur les Institutes Coutumieres de Loisel, Livre 3. Titre 1.er *Des conventions.* Regle 13. Masuer dans sa pratique, Titre 18. nombre 32. & Beschet dans ses Commentaires sur les Coutumes de Xaintonge, page 9.

Touchant les usuriers dont il est parlé dans cette Ordonance. Voyez ce que Du Cange a remarqué dans son Glossaire sur *Caorcini* & *Langobardi.* Saumaise dans son Traité *De fœnore Trapezitico*, pages 576. 577. 578. & ce qu'on en a dit au tome premier de ce Recüeil, pages 489. 490. 491. 582. 630. 631. 650. 651. 742. & cy-dessus, pages 59. 60. &c.

PHILIPPE VI. dit DE VALOIS, à Paris, le 8. Juin 1340.

(a) Mandement au Seneschal de Beaucaire de faire publier & observer l'Ordonance portant deffenses, sur peine de corps & d'avoir, de recevoir, ni de donner en payement aucune monoie d'Or du Coin du Roy, à l'exception des deniers doubles d'Or *dont Sa Majesté avoit ordonné la fabrique par son Ordonance du 6. Avril 1339. avant Pâques, & que les Marchands jureront l'un aprés l'autre & leurs facteurs, ou valets, qu'ils l'observeront exactement.*

PHILIPPE par la grace de Dieu Roys de France : Au Seneschal de Biaucaire, ou à son Lieutenant, *Salut.* Comme par plusieurs fois vous aions mandé que jouxte & selonc la teneur *des Ordennances de nos Monnoyes,* vous feissiés garder, que nuls, sur paine *de corps & d'avoir*, ne fust si hardis de penre, ne mettre *en cours, payement, ne autrement* que ce soit, aucunes de nos *monnoyes d'Or ne d'argent, ne les autres faites hors de nostre Royaume,* pour nul prix quel que il fust, excepté celles qui par nosdites *Ordennances avoient cours,* & les *autres du tout abatuès,* & mises *au Marc*

NOTES.

(a) Ce Mandement est en la Seneschaussée de Nismes en general, armoire A. liasse 16. des Actes ramassez, n.° 5. fol. 62. & au Registre des Sauvegardes, feüillet 62. *verso.* Voyez cy-aprés au 12. Novembre 1340.

PHILIPPE VI. dit DE VALOIS, à Paris, le 8. Juin 1340.

pour Billon, afin de eschever le cours aux monoies contrefaittes, & aux autres faites *hors de nostredit Royaume*, & aussi pour contrester aux cautilleux & malitieux, qui de jour en jour *s'efforcent à les mettre en cours*, & de enfraindre & corrompre nosdites *Ordennances*, au grant damage, & deception de nostre *commun peuple*, qui pour ce en est grievement *dommagiés*. Et nientmoins il soit venu, & de jour en jour vient à nostre cognoissance, que par *vostre defaut* & mauvaise diligence *nosdites Ordennances* ne sont en riens *tenuës, ne gardées*, ainçois y ont nos monoies dessusdittes *deffenduës*, ou les autres *contrefaites hors de nostre Royaume*, communament cours, & nos monoies d'Or prises & mises *pour grengneur pris que Nous ne leur avons donné*, au grant domage & deception de Nous & de nostre commun peuple, dont tres fermement nous desplaist mesmement, car nous sommes bien enfourmés que tous ces inconveniens & dommages ont esté, & sont par vostre paresse & mauvais port, & ne le voulons plus souffrir. Pourquoy Nous, eu sur ce avis & plaine deliberation, avec nostre Conseil, afin que nosdites monnoies ne passent, ne *aient autre, ne greigneur cours que Nous leur avons donné par nosdites Ordennances*, & que nostredit peuple ne soit en ce plus grevés, ne damagiés, *Vous Mandons* & par ces presentes expressement *enjoingnons, commandons & commettons*, que tantost vous faciés *crier & publier* notablement par toutes les Villes & lieux accoustumés de vostre Seneschauciée & ez ressorts d'icelle, que *nuls sur peine de corps & d'avoir, de quelque estat* & condition que il soit, ne soit si hardis de prenre, ne mettre aucunes monoies d'or, de nostre Coing, ou d'autre quelles que elles soient, excepté tant seullement *nos Deniers doubles d'Or*, que nous faisons faire à present *pour soissante sols tournois la piece, & non pour plus, & toutes autres monnoyes d'Or, quelles qu'elles soient*, oster le cours, & du tout *abatuës & mises au Marc pour Billon*. Et tous ceuls que par information, ou autrement, que ce soit, *vous pourriés trouver*, & sçavoir, qui auroient fait, ou ferroient le contraire, punissiés les hastivement, sans aucun deport ou delay, des peines dessusdites *contenuës és Ordennances de nosdites monoies*, par telle maniere que ce soit exemple à tous autres. Et aussy en toutes les *foires & marchiés* de vostredite Seneschauciée, toutesfois & quantes que elles seront, *faites crier & publier nostre presente Ordennance*, & que toutes personnes qui auront *deniers d'Or* de quelque figure & Coing, que il soient, excepté tant seulement nos dessusdis doubles d'Or, soient *Changeurs, Marcheans* ou autres, qui s'entremettent de fait de *Change*, ou de *marcheandise* d'argent, ou *de Billon*, en coffres, Changes, remises & ailleurs, & tous les autres, que depuis ledit cri, il penront & recevront, il *couperont*, ou *feront* couper tantost, affin qu'il n'y aient jamais cours, pour nul pris quel que il soit, & que se depuis *ledit cri*, il sont trouvés, prenant en quelqu'autre lieu & maniere que ce soit, il seront *forfait & aquis à Nous*, & les corps d'iceulx en nostre volonté. Et nientmoins faites convenir pardevant vous, *Drapiers, Pelletiers, Merciers, Espiciers, marcheans* de chevaulx, & autres gros mestiers & marcheans, & les *faites jurer* en vous mains, & leurs *Vallés & facteurs* aussi, *sur les sains Evangiles de Dieu*, chacun en sa propre & singuliere personne l'un aprés l'autre, que *sur paine de corps & d'avoir il tendront & accompliront toutes les choses & chascunes dessusdites sans enfraindre, en la maniere que dessus est dit. De ce faire & accomplir* soyés si curieux & diligens que par vous n'y ait deffaut, ne pour ce Nous, ne nostre peuple plus grevés, ne damagiés, car soyés certains se il venoit plus à nostre cognoissance du contraire, Nous vous en pugnirons pour cette fois, & pour toutes les autres si griévement, & en telle maniere que ce seroit exemple à tous autres. *Donné à Paris sous nostre nouvel Scel en l'absence du grant, le huitiéme jour de Juin, l'an de grace mil trois cens & quarente.* Per Dominum Regem ad relationem sui Consilii. *O. LIEVRIER.*

PHILIPPE VI. dit DE VALOIS, à Paris, le 16. Octobre 1340.

(a) Ordonance par laquelle le Roy declare qu'il entend qu'une precedente de ses predecesseurs, touchant un impost sur les marchandises transportées hors du Royaume, soit executée.

SOMMAIRES.

(1) Pour chacun tonneau de Vin, il sera payé dix sols.

(2) Pour chaque septier de Froment, de Pois, de Feves, on payera douze sols.

(3) Pour chacun septier d'avoine, six deniers.

(4) Des avoirs *de pois, pour chaque vingt sols,* quatre deniers.

(5) De chaque millier de Harenc, huit deniers.

(6) De la Guesde, *pour chaque vingt sols,* quatre deniers.

(7) De chaque septier de Sel, mesure de Paris, quatre deniers.

(8) De chaque Bœuf, douze deniers.

(9) De chacune Vache, huit deniers.

(10) De chaque Pourceau, quatre deniers.

(11) De chaque Mouton, deux deniers.

(12) De la Pelleterie cruë, pour chaque vingt sols, quatre deniers.

(13) De Draps, & autres marchandises, pour chaque vingt sols, quatre deniers.

(14) Dans les lieux où les Parisis ont cours, les Droits seront levez & payez en Parisis, *& en Tournois dans les lieux où les Tournois ont cours.*

PHILIPPE par la grace de Dieu, Roy de France, au Seneschal de Beaucaire, ou à son Lieutenant, *Salut.* Comme aucun ne doive, ne ne puisse ignorer l'Ordonance, qui pieça feut faite par nos predecesseurs Roys de France *sur les denrées, vivres & marchandises, qui sont traites hors de nostre Royaume,* que telle est.

(1) C'est à sçavoir, pour chacun tonnel de vin l'on payera *dix sols,* & est entendre deux queües *pour un tonneau,* & és lieux où l'on ne met pas le vin en tonneau, il sera avalué selon le tonneau.

(2) Item. Pour chacun Sestier de *Froment, de Poiz, de Féves,* l'on payera *douze deniers,* & est à entendre que c'est au Sestier de Paris. Et à icellui Sestier tout sera avalué.

(3) Item. Pour chacun Sestier *d'Avoine,* & de tout autre grain, l'on payera *six deniers.*

(4) Item. Tout *avoir de poids,* pour chacun *vingt sols,* l'on payera *quatre deniers,* & en seront creus les marchands ou les conducteurs, de dire par leurs seremens ce qui sera és balles sans y defrauder. Et s'acquitteront au lieu dont ils partiront, & de celuy acquit porteront Lettres aux Gardes qui seront establis sur les fins du Royaume; Et est à sçavoir que l'on ne payera rien des marchandises, qui se fasse au-dessous de vingt sols, & à ce mesme prix payera l'on des chevaux.

(5) Item. Pour chacun *millier de Harent,* l'on payera *huit deniers,* & n'en levera l'on rien au-dessous du millier.

(6) Item. (b) Guesde, pour chacun vingt sols, l'on payera *quatre deniers,* & au dessous neant.

NOTES.

(a) Il y a au commencement de cette Ordonance, que personne *ne pouvoit ignorer celle faite par les predecesseurs Rois de France,* qui estoit celle de *Charles le Bel,* du 13.e jour de Decembre 1324. renouvellée par celle-cy. Lorsqu'on travailla à la Table Chronologique, on ne pût trouver l'Ordonance de *Charles,* parce que dans les Registres elle est mal datée du 13. Decembre 1334. & attribuée au Roy *Philippe,* qui ne pouvoit estre que *Philippe de Valois,* lequel commença de regner en l'année 1328.

Mais depuis on observe qu'au Registre B. de la Chambre des Comptes de Paris, feüillet 85. elle est datée du 13. Decembre 1324. ensorte que n'y ayant plus de doute qu'elle ne soit de *Charles le Bel,* on la donne icy par supplément en note, n'ayant pû estre mise en sa place au feüillet 783. du premier volume.

(b) Guesde.] Nommée *Isatis domestica. Isatis sativa, glastrum, sativum guadum,* & en François, *Guesde & Pastel.* C'est une plante de

PHILIPPE VI. dit DE VALOIS, à Paris, le 16. Octobre 1340.

(7) *Item.* Pour chacun *Sestier de Sel* à la mesure de Paris, l'on payera *quatre deniers*, & au-dessous d'un Sestier, neant.

(8) *Item.* Pour chacun *Beuf*, l'on payera *douze deniers.*

(9) *Item.* Pour chacune *Vache*, l'on payera *huit deniers.*

(10) *Item.* Pour chacun *Porceau*, l'on payera *quatre deniers.*

(11) *Item.* Pour chacun *Mouton*, l'on payera *deux deniers.*

(12) *Item. Peleterie cruë*, pour chacun vingt sols, l'on payera *quatre deniers*, & au dessous, neant.

(13) *Item. Draps, & toutes* autres marchandises, pour chacun vingt sols, l'on payera *quatre deniers*, & au-dessous de vingt sols, neant.

(14) Et est à sçavoir que és lieux où l'on met Parisis, l'on levera les choses dessusdites au Parisi, & és lieux où l'on met tournois l'on levera tournois. Et Nous

NOTES.

trois pieds de haut, que l'on cultive en *Languedoc.* On en tire de l'huile qui est vulneraire, dessicative & astringente, on en tire aussi un extrait dont les Teinturiers se servent.

ORDONNANCE

de Charles le Bel, *du 13. Decembre 1324. touchant les denrées & les marchandises transportées hors du Royaume.*

(1) CHARLES par la grace de Dieu, Roys de France & de Navarre: à tous nos Justiciers, *Salut.* Comme Nous desirans, & regardans la grande necessité de nostre Royaume, & des personnes religieuses, nobles, & autres nos justitiables, & subgiez, o deliberation de nostre grand Conseil, & pour cause, eussiens fait *deffendre* par tout nostredit Royaume, que nul ne *traisist*, ne feist *traire aucuns vivres*, & autres *marchandises hors de nostredit Royaume.* Et plusieurs personnes religieuses, nobles & autres dehors nostre Royaume, disans, que pour cause de nos Ordenances & deffenses faites seur ce, ils avoient moult grands desaux & *necessitez de vivres & de marhandises*, & pour ce avoient soustenu & soustenoient tres grands domages, *Nous aient supplié humblement, que non contrestant nos dites Ordenances & deffenses, nous vousissions octroier* que il pussent *traire & mener Blez, Vins, & autres marchandises hors de nostre Royaume*, & que seur ce Nous les pourveissiens de remede convenable. Et consideré aussi la necessité de nos guerres, eüe deliberation seur ce, avec nôtre *Grand Conseil, avons ordené*, que quiconque voudra par *terre*, & par *yaue douce*, *traire* & *mener vivres*, *& autres marchandises*, hors de nostre Royaume, *non contrestant nosdites Ordenances* lesquelles *Nous rappellons, quant à ce*, excepté toutes voyes nos *anemis*, il en puisse *traire* toutesfois & quantesfois que il leur plaira, en *payant* à Nous pour ce, les redevances qui s'ensuivent.

(2) *C'est assavoir* pour chascun tonneau de Vin, on poiera *dix sols*, & est à entendre deux *Queuës* pour un tonnel; Et ès lieux où on ne met pas le Vin en tonnel, il sera avaliié, suivant le tonneau.

(3) *Item.* Pour chascun sextier de *Froment*, de *Pois*, de *Feves*, on poiera *douze deniers*; c'est à entendre que c'est au sextier de Paris, & à icely sextier tout sera avaliié.

(4) *Item.* Pour chacun *sextier d'Avoine*, & de tout autre grain, l'en paiera *six deniers.*

(5) *Item.* Tout *avoir de poids*, pour chascun vingt sols, on poiera *quatre deniers*; Et en seront creus les marchans, ou les conduiseurs, de dire par leurs sermens ce qui sera ès *balles*, sans *desardeser*: Et s'acquitteront au lieu dont il partiront, & de cet acquit porteront lettres *aux Gardes*, qui seront establis seur les fins du Royaume. Et est à scavoir que l'en ne *poiera riens* de marchandises, qui se fasse *au-dessous de vingt sols*; & à cet mesme prix poiera l'en *des chevaux.*

(6) *Item.* Pour chascun *millier de Harenc*, on poiera *huit deniers*, & ne levera-t-on riens du dessous d'un *millier.*

(7) *Item. Guesde*, pour chascun vingt sols on payera *quatre deniers.*

(8) *Item Cuirs*, pour chascun *vingt sols* on poiera *quatre deniers*, & au-dessus de vingt sols, neant.

(9) *Item.* Pour chascun sextier de *Sel* à la mesure de Paris, on poiera *quatre deniers*, & au-dessous du sextier neant.

(10) *Item* Pour chascun *Büef*, on poiera *douze deniers.*

(11) *Item.* Pour une *Vache*, on poiera *huit deniers.*

(12) *Item.* Pour chascun *Pourceau*, on poiera *quatre deniers.*

(13) *Item.* Pour chascun *Mouton*, on poiera *deux deniers.*

(14) *Item.* Pour *Pelleterie crüe*, pour chascun *vingt sols*, on poiera *quatre deniers*, & au-dessous neant.

(15) *Item. Draps* & toutes autres marchandises, pour chascun *vingt sols*, l'en poiera *quatre deniers*, & au-dessous neant.

(16) Et est assavoir que ès lieux où l'on met *Parisis*, l'on levera les choses dessus dites *au Parisis*; Et ès lieux où l'on met *Tournois*, on levera à *Tournois.* Pourquoy *Nous vous*

ayant entendu que bien que icelle Ordonnance ait esté solemnellement criée & subastée par tous lieux notables de nostredit Royaume, toutes-voyes aucuns marchands qui par les Ports & passages de vostre Senechaucée portent hors de nostredit Royaume plusieurs denrées, Vins & autres marchandises, y font & commettent plusieurs fraudes, & detriment ladite imposition, & autres devoirs qui nous en sont deus, en allant contre ladite Ordonnance, & en encourant envers Nous en certaines & grosses peines, qui sur ce sont ordonnées, si comme on dit, Nous qui voulons ladite Ordonnance estre gardée fortement, Vous *mandons* & estroitement *enjoignons* que tantost sans aucun delay, vous par tous les Ports & passages de vostre Senechaucée, où vous verrés qu'il sera à faire, commettés & establissés de par Nous certaines personnes qui ladite imposition, selon ladite Ordonnance, lievent & recouvrent pour Nous, & que vous Nous en puissiés & sçachiés repondre en lieu & en temps; car bien sçachiés que si deffaut y a, Nous ne nous en prendrons que à vous & à vos biens : Toutes voyes si aucuns vouloint ladite imposition acheter, si la vendés pour prix competant, & delivrés au plus offrant, les criées & subhastation accoustumées en ce gardées, en prenant

PHILIPPE VI. dit DE VALOIS, à Paris, le 16. Octobre 1340.

NOTES.

mandons, & commettons, que tous ceuls qui les dites choses, ou aucunes d'icelles, voudront par terre, ou par yaue douce traire & mener hors de nostre Royaume, exceptez nos *anemis, vous laissiez passer,* en prenant les redevances dessus dites, selon nostredite Ordenance, laquelle *Nous voullons estre tenuë & gardée,* en prenant de ceux qui les diz vivres & marchandises meneront hors de nostre Royaume, *leurs sermens,* qu'ils ne meneront, ne feront mener, conduire, ni administrer aucunes choses des diz vivres & marchandises *à nos anemis,* par quelque voye que ce soit, seur peine de corps & d'avoir, & *en prenant & recevant par escript les noms des marchans,* à qui seront les dites marchandises, que il emmeneront hors de nostre Royaume, & *le lieu où elles auront esté prises,* & quiex marchandises il emmeneront, & le lieu, & le païs où il les voudront mener. Et à faire tenir, & garder nostre presente Ordenance, à recevoir au nom de Nous, & pour Nous *les redevances dessus* declairiées, Nous *vous mandons & commettons* que vous *establissiez* és lieux, où vous verrez qu'il sera à faire, bonnes personnes, & *loyaux, à vos perils,* qui en seront tenus de rendre bon compte, & loyal, toute fois que mestier sera; Et cette Ordenance *faites publier* tantost & sans delay, par tous les lieux que vous verrez qu'il sera de faire, laquelle Ordenance Nous *voullons* que elle se tiengne, jusques à la prochaine feste de Toussains. *Donné à Paris le treize jour de Decembre, l'an de grace mil trois cens vingt-quatre.*

Il y a en la Seneschaussée de Montpellier, *au Royaume en general,* armoire A. liasse 16. des Actes ramassez, nombre 5. feüillet 148. *verso,* un Mandement en date du 15. Decembre 1340. adressé au Seneschal de Beaucaire, qui concerne l'execution de cette Ordonance & de celle de *Philippe de Valois,* du 16. Octobre precedent.

PHILIPPUS Dei gratiâ Francorum Rex, Senescallo Bellicadri, vel ejus locum tenenti, Salutem. *Exposuerunt nobis graviter conquerendo,* gentes *&* Procuratores *fidelis nostri* Charoli de Grimaldis *militis, quod cum vobis mandaverimus, ut emolumenta impositionis* quatuor denariorum pro libra, de mercaturis & victualibus *extrahendis* de regno nostro, *per Senescalliam Bellicadri prædictam, dicto Charolo per Nos assignata ad certum tempus, prout in aliis nostris litteris dictæ assignationis, de quibus vobis liquebit continetur & per vos virtute cujusdam nostri* generalis mandati *ad manum nostram capta & posita, ipso Charolo vel suo procuratori redderetis & restitueretis juxta tenorem assignationis nostræ prædictæ, litteris dicti nostri generalis mandati non obstantibus, aut aliis litteris subrepticiis quibuscumque, & quod pecuniam ad manum nostram levatam, postquam dicta emolumenta ad manum nostram posuistis, dicto Charolo, vel suo Procuratori restitueretis & bonum & legalem compotum de receptis sibi reddere faceretis, vosque vigore dicti nostri mandati, possessionem dictorum emolumentorum, dicto Charolo, vel suis restituistis,* pecuniam tamen levatam & receptam *de dictis emolumentis, pro tempore quo dictam impositionem ad manum nostram tenuistis, vigore nostri generalis mandati* dicto Charolo, *vel suo procuratori reddere, seu sibi* reddi *faceretis,* denegatis *asserendo quod non clare vobis astaret, per nostras prædictas litteras, quod sibi pecuniam dictam reddere & restituere debeatis, ex eo quod in dictis nostris litteris continetur, quod virtute nostri* generalis mandati, *dictam impositionem ad manum nostram posuistis, & quod non fuit generale mandatum seu speciale. Quare vobis* mandamus *quatinus pecuniam habitam & receptam de dictis emolumentis, infra tempus quo levare fecistis ad manum nostram, emolumenta dictæ impositionis vigore dicti nostri generalis, vel specialis mandati,* dicto Charolo, *vel suo procuratori reddatis & restituatis, seu reddi & restitui faciatis indilate, & de dicta pecunia sic levata sibi vel suis bonum & legalem compotum reddi & consignari faciatis, & eundem* Charolum *& suos*

PHILIPPE VI. dit DE VALOIS, à Paris, le 16. Octobre 1340.

d'iceux bonne & feine caution de Nous payer le prix qu'ils l'aient achetée aux termes par vous sur ce ordonnés, & rescrivés au plustost que vous pourrés à nos amés & feaux gens de nos Comptes à Paris, tout ce que fait en aurés : Et se vous trouvés que aucuns commettent, ou aient commis sur ce aucune fraude, si les punissés ou faites punir en telle maniere que tous les autres voulans faire le semblable y prennent exemple. *Donné à Paris sous nostre Scel nouvel, le seizième jour d'Octobre, l'an de grace mil trois cens quarante.*

Par les Gens des Comptes. DULEIS.

NOTES.

in pacifica possessione dictorum emolumentorum conservetis & teneatis, *de puncto in punctum prout in litteris assignationis nostræ prædictæ sibi factæ plenius continetur, litteris subreptiis quibuscumque in contrarium à Nobis vel gentibus nostris impetratis, vel impetrandis nonobstantibus.* Datum Parisius die decima quinta Decembris, anno Domini millesimo trecentesimo quadragesimo.

Per gentes Compotorum. DE CONA.

PHILIPPE VI. dit DE VALOIS, à Paris, le 8. Novembre 1340.

(a) Letres par lesquelles le Roy commet *Raymont de Gaillart* & *Dordel de Clavade*, avec ordre de se transporter dans la Seneschaussée de Beaucaire & de Nismes, pour y faire observer les Ordonances des Monoies.

SOMMAIRES.

(1) Les Commissaires deputez confisqueront au profit du Roy les monoies deffenduës, qui seront baillées, ou prises en payement, ou employées en marchandises, ou qui seront portées ailleurs qu'aux monoies Royales. Ils feront des inventaires fideles des monoies ainsi confisquées, & ils en auront pour leurs soins la dixième partie.

(2) Nul ne pourra faire marché, ou Contract au marc d'Or, *ni à* denier d'Or, à marc d'Argent, *ni à* gros deniers *tournois*, *mais seulement à* sols, *& autres monoies courantes.*

(3) Si les Commissaires découvrent quelques personnes qui ayent sur elles quelques monoies d'or deffenduës, ils les feront couper & porter à la monoie la plus proche du lieu où ils seront, dont le maître donnera la valeur au prix courant des monoies.

PHILIPPE par la grace de Dieu Roys de France : au Seneschal de Beaucaire, ou à son Lieutenant, *Salut.* Nous avons establi *Raimond de Gaillart & Dordel de Clavade Commissaires sur le fait du cours des monoies & du bilhon, en la fourme que s'ensuit.*

PHILIPPE par la grace de Dieu Roys de France. A nos amez *Raymond de Gaillart & Dordel de Clavade, Salut & dilection.* Comme par les Ordennances faites par plusieurs fois, où temps passé par nos predecesseurs Roys de France & par Nous, par nostre grant Conseil, eû avec plusieurs sages cognoissans sur le fait & le cours de nos monoies, pour le mouteplicement & accroissement du profit commun de nostre Royaume, *Nous aions ordené & deffendu sur certaines* & grosses peines, que nuls ne fust si hardis de mettre en payement de marchandises, ou en quelque Contract que ce fust, aucunes de nos monoies *d'Or, blanches* ou *noires,* ou autres faites hors de nostre Royaume, pour quelque prix que ce fust, fors tant seulement *au marc pour billon,* excepté celles à qui Nous avons donné cours par nos Ordenances. C'est à sçavoir *le double d'Or pour soixante sols tournois tant seulement*, & nos monoies *blanches & noires, que Nous faisons faire à present,* & par special ayons enjoint, commandé & deffendu estroitement sur lesdites peines, que nuls ne portast, ne feist porter, ou traire

NOTES.

(a) Ces Letres sont en la Seneschaussée de Nîmes, *au Royaume en general,* armoire A. liasse 16. des Actes ramassez, n.° 5. fol. 149. *verso*, & au Registre des Sauvegardes, feuillet 149. *verso.*

Or, Argent, ou billon, ou aucunes des *dessusdites monoies deffenduës ailleurs que à nos monoies:* Et il soit venu à nostre connoissance, & de jour en jour vient, que plusieurs marchans & autres couvertement & secretement en ont porté & trait, & fait traire & porter, & ont prises & mises encontre nosdites deffenses & Ordenances, *Or, Argent & billon, & lesdites monoies deffenduës portées* à autres monoies que aux nostres, en grant domage & deception de Nous & de nostre pueble, dont forment nous deplaist. Nous qui tels griefs & domages ne voulons plus souffrir, confians de la loialté & diligence de chacun de vous. Vous *mandons & commettons*, que vous en vos propres personnes vous transportés en la Seneschaussée de *Beaucaire & de Nimes*, & ez Villes & lieux d'icelle là où vous verrés qu'il sera à faire, pour garder que nuls ne face le contraire des choses dessusdites, ou d'aucunes des autres contenuës *en nosdites Ordenances.*

PHILIPPE VI. dit DE VALOIS, à Paris, le 8. Novembre 1340.

(1) Et tous ceulx que vous pourrés trouver & sçavoir qui lesdites monoies deffenduës prendront, ou mettront en payemens de marchandises ou autrement en quelque maniere, ou qui les porteront ou feront traire, ou porter aucun *Or, Argent ou billon* en quelque maniere que ce soit, ailleurs que à nos monoies, prenés les, & mettés tout pardevers vous, comme forfait & acquis à Nous, & touttes icelles forfaitures portés, ou faites porter por ouvrer en la plus prochaine de nos monoies du lieu où vous serés, par certain & loial inventaire, dont le maistre de nostredite monoie vous baillera desdites forfaitures que vous li porterés, pour vos *travals*, la *desiéme partie* du tout, de quoy ledit Maistre comptera & rendra le profit d'iceues en ses comptes.

(2) Item. Voulons & deffendons estroitement, que nuls ne soit si hardis de faire aucun *marchiez*, ou Contract *au marc d'Or*, ni à *deniers d'Or*, ni à *marc d'Argent*, ni à *gros tournois*, fors tant seulement *à souls & autres de nosdites monoies* courant à present par nos Ordenances dessusdites, & qui fera le contraire, les conventions qu'ils feront ne seront en riens tenuës.

(3) Item. Voulons que se vous trouvés dedens nostre Royaume personne aucune quelle qu'elle soit, portant sur li *aucune monoie d'Or deffenduë*, que vous les coupés & portés en la plus prochaine de nos monoies du lieu où vous serés, dont vous aurés de chascune piece *quatre deniers tournois*, sur celi à qui il sera trouvé, & le maître li donnera de tout l'Or qui sera *coupé, le fuer de nos monoies*, car Nous ne voulons que aucuns *deniers d'or quel qu'il soit, se mette pour aucun pris*, fors le *denier double d'Or que nous faisons faire à present pour soixante sols tournois* & non pour plus.

Et *mandons & commandons* à tous nos Officiers de nostre Royaume, Senechals, Baillis, Prevoz & autres, & à tous nos autres subgiés, que en faisant cet office, vous donnent conseil, confort & aide se mestier en avez & en soit requis. *Donné à Paris sous nostre Scel nouvel le huitiéme jour de Novembre, l'an de grace mil trois cens quarente.*

Et pour ce que Nous desirons les choses dessusdites estre faites, tenuës, gardées & accomplies diligemment, loiaument & sagement, Nous vous *mandons & commettons* que où cas, & ez lieux que vous verrés que mestier en sera, *vous establissiés & deputés bonnes personnes* & loyals, qui leiaument & sagement facent & accomplissent les exploits & choses dessusdites, & leur en donnés & cometés pouoir de par Nous ou tel & semblable comme dessus est dit. Et faites publiquement crier, que les choses devant dites soient tenuës & gardées sans enfraindre, sur cette peine comme vous verrés que affaire sera : Et nous *mandons* à tous nos justiciers & subgiés requerans tous autres que à ceulx que vous aiés deputé, & à chascun d'eux sur ce obéïssent, & entendent: Et où cas que lesdis Commissaires n'y voudront ou n'y pourrront entendre, deputés en leur lieu autres convenables, & leur donés pouvoir comme dessus est dit. *Donné à Paris sous nostre Scel nouvel, le huitiéme jour de Novembre, l'an de grace mil trois cens quarante.* Par le Roy à la relation du Conseil. D. MATHIEU.

PHILIPPE VI. dit DE VALOIS, à Paris, le 14. Novembre 1340.

(a) Mandement au Seneschal de Beaucaire, au Juge, au Receveur, au Maître & Gardes des Monoies, de faire payer sans procedure, sans délay ni forme de procez, toutes les dépenses qu'il avoit esté necessaire d'avancer, pour transporter à Montpellier la Monoie qui estoit auparavant à Sommieres.

PHILIPPE par la grace de Dieu Roy de France : *au Seneschal de Beaucaire,* au *Juge* & au *Receveur,* & aux *Maistre* & *Gardes de nostre monnoye* de Montpellier. Comme plusieurs *(b)* ouvriers & monoyeurs *du serement de France,* & autres personnes, disans que nostre monoie, *(c)* qui lors estoit *à Sommieres,* seroit plus profitablement pour Nous, eux, & tout le peuple du pays à *Montpellier,* que audit lieu de *Sommieres,* Nous ayent pieça *requis & supplié* que en ladite Ville *de Montpellier* voulsissions ladite monoye faire *transporter & mettre,* en offrant payer tous les fraix & couts, que pour ce conviendroit faire, & en promettant chacun à y contribuer pour sa portion, selon son estat & faculté: Et *Nous enclinans* à leurdite *supplication* & *offre,* ayons voulu ladite monoye estre *mise & transportée* à nostredite Ville de *Montpellier,* & y soit à present toute preste & ouvrant, & *Raymond Galliart* & plusieurs autres ses Compagnons en cette partie, Nous ayent donné à entendre que ils ont fait & payé du leur, tous les fraix, couts & dépans, qui pour le fait de ladite *translation* ont esté faits, ou la greigneur partie. Et neantmoins les autres qui ladite translation avoient requise, & qui avoient promis à contribuer auxdits fraix, cousts & depens, ou y doivent contribuer selon raison, ont recusé, & encores recusent rendre & restituer

NOTES.

(a) Ce Mandement est au Registre des Sauvegardes de la Seneschaussée de Nîmes, & de Beaucaire, &c. & en la même Seneschaussée armoire *(a)* liasse 16. des Actes ramassez, *numero* 5. feüillet 150.

(b) Ouvriers & monoyeurs du serment de France.] Ancienement nos Roys, à leur avenement à la Couronne, créoient dans leurs monoies, *un Ouvrier & un Monoieur.*

Les Ouvriers & les Monoieurs joüissoient non seulement, tant qu'ils vivoient, des *privileges* des monoies ; mais ces privileges passoient à leurs *descendans,* tant *masles* que *femelles,* avec cette distinction que *la fille d'une fille les perdoit,* au lieu que *la fille du fils les conservoit.*

Les fils ainez de ces *Monoieurs* & de ces *ouvriers,* sont *monoieurs.* C'est-à-dire, qu'ils sont ceux *qui marquent l'ouvrage.*

L'Ouvrier pendant la premiere année de sa reception estoit appellé *Recuiteur,* parce qu'ancienement lorsqu'on fabriquoit *au marteau,* il falloit repasser plusieurs fois l'ouvrage par la *cuiture.*

Durant cette premiere année l'apprentif *Monoieur,* estoit nommé *Ricochon,* & ensuite il estoit reçû *Monoieur,* s'il en estoit capable.

On appelloit les *Ouvriers* & les *Monoieurs, ouvriers & monoiers du Serment de France,* pour les distinguer de ceux de *l'Empire,* qui furent admis, dit-on sans preuve, en France par *Charlemagne* & les autres *Rois* de France Empereurs.

Ce *serment de l'Empire* dura jusqu'à *François I.er* qui le supprima, en réünissant les ouvriers & les monoieurs de ce serment, à celuy de France.

Il y avoit encore en France des ouvriers & des *monoieurs* du serment de *Brabant.* Ceux qui avoient fait *serment en France* estoient dis *du serment de France,* ceux qui l'avoient fait en Allemagne estoient dis *du serment de l'Empire,* & ceux qui l'avoient fait en *Flandre,* du serment de *Brabant.* Voyez au premier tome page 806. article 24. & la note sur les Letres du 22. Mars 1339. page 139.

Il y avoit aussi en France *des Notaires Royaux & Imperiaux. Vide speculatorem de fide instrumentorum.* §. Restat *numero 23. Pontanum ad consuetudines Blesenses articulo 17. pagina 150. Petrum de Vineis lib. 6. cap. 32. & Cangium in glossario verbo* Notarii.

(c) Qui lors estoit à Sommieres.] Sommieres est une petite Ville du Languedoc située sur *la Vidourle,* entre *Nîmes* & *Montpellier,* à quatre lieuës ou environ de chacune.

L'Hostel des monoies de cette Province estoit d'abord à *Sommieres,* parce que *Montpellier* qui estoit une Ville beaucoup plus considerable appartenoit à des Princes estrangers,

restituer auxdits *Raymond* & ses compagnons telles portions, comme il leur en appartient & doit appartenir, indüement & sans cause, & en dommage dudit *Raymond* & ses compagnons dessusdits, si comme ils dient; *Nous vous mandons*, & à chacun de vous, si comme il appartiendra, que tous ceux qu'il vous aparra, sommairement & de plain, sans ordre de plait, appellés ceux qui seront..... tenus de raison, ou équité, par leurs promesses, obligations ou autrement, *à contribuer aux fraix, couts & dépens* dessusdits, *vous contraignés* vigoureusement *& sans delay*, à rendre & payer audit *Raymond & ses compagnons, telles portions* comme à chacun en appartiendra, en telle maniere que iceux *Raimond* & ses Compagnons n'ayent cause de plus en retourner à Nous, ou à nostre Court. *Donné à Paris sous nostre Scel nouvel, le quatorziéme jour de Novembre, l'an de grace mil trois cens quarante.*

PHILIPPE VI. dit DE VALOIS, à Paris, le 14. Novembre 1340.

Par les Gens des Comptes. VISTREBAT.

NOTES.

sçavoir aux Rois d'Arragon. Mais *Philippe de Valois* l'ayant acquise de *Jacques* Roy *de Majorques*, la monoie qui estoit *à Sommieres* y fut transferée. Voyez Gariel dans son Histoire des Evesques *de Maguelonne*, Tome 2. page 32.

Le Siege de ces Evesques fut ensuite changé, & François I.er du consentement du Pape Paul III. le transfera à Montpellier, en 1536. *Vide Guillelmum de Podio Laurentii.*

PHILIPPE VI. dit DE VALOIS, à Paris, le 22. Novembre 1340.

(a) Mandement adressé au Seneschal de Beaucaire, de faire crier par chaque semaine & deffendre publiquement, qu'aucun ne mette & ne prenne pour aucun prix, les monoies fabriquées hors du Royaume, ou celles du Coin du Roy qui n'ont plus de cours, &c.

PHILIPPE par la grace de Dieu, Roy de France, au Seneschal de Beaucaire, ou à son Lieutenant, *Salut.* Nous nous marveillons tres grandement, que jaçoit ce que Nous vous ayons *mandé par plusieurs (b) fois* par nos Lettres, que *vous fissiés deffendre & crier par tous les liex notables de vostre Senechaucie,* que aucun sur paine de forfaire le corps & l'avoir à nostre volonté, *ne prist, ni ne mist en marchandant ou autrement, aucune monoye faite hors de nostre Royaume, ne d'autre Coing que le nostre, ne aucune mesme de nostre Coing, fors* celles ausquelles Nous avons donné cours pour le prix que nous leur avons donné, c'est à sçavoir nos *Doubles* pour deux tournois, *Deniers d'Argent à la Couronne* pour dix tournois, *Doubles d'or* pour soixante sols tournois, mais fissiés toutes les autres prohiber ou couper, & mettre au marc pour billon. Neantmoins Nous avons entendu que plusieurs monoyes faites hors de nostre Royaume, qui par malice sont faites assés semblables aux nostres, se prennent & mettent en vostre Seneschaucie communément pour tel prix comme les nostres, combien qu'elles ne vaillent pas tant de moult grand chose, & que nous les ayons deffendu, comme dit est, & celles mesmes de nostre Coing, tant celles auxquelles Nous avons du tout osté le cours, comme celles auxquelles Nous l'avons donné, veut le peuple & s'efforce mettre pour graigneur prix que celles pour lesquelles Nous les avons fait faire, dont il nous deplaist fortement, & en sommes mal contens de vous, & de tous nos autres Justiciers de vostre Senechaucie; Pource *Nous vous mandons, commandons & enjoignons estroitement, sur peine d'encourre nostre indignation, & d'estre privé de tous vos Offices, que chacune sepmaine vous fassiés crier & deffendre publiquement* par tous les lieux de vostre Senechaucie, *que aucun sur tout*

NOTES.

(a) Ce Mandement est à Nîmes au Registre des *Sauvegardes,* & à Montpellier en la Seneschaussée de Nîmes, armoire A. liasse 16. des Actes ramassez, n.° 5. fol. 148.

(b) Voyez cy-dessus le Mandement du 8. Juin 1350.

PHILIPPE VI. dit DE VALOIS, à Paris, le 22. Novembre 1340.

ce qu'il peut forfaire envers Nous, ne soit si hardi de prendre ne de mettre pour aucun pris en marchandise ou autrement, aucune monoie faite hors de nostre Royaume, ne aucune de celles de nostre Coing, auxquels Nous avons osté *le cours, ne celles mesmes auxquelles Nous lui avons donné cours, fors pour le prix que Nous leur avons donné,* comme dessus est dit; Et aussy que aucun ne soit si hardi, sur les peines dessusdites, de porter, ne de traire hors de nostredit Royaume aucune desdites monoyes dessusdites, *ne aucun billon d'Or ou d'Argent :* Et de tous ceux qui seront trouvés faisant le contraire, *prenés ou fasés prendre les corps & les biens par inventaire, & lesdites monoyes & billons, comme forfaits à Nous, & iceux corps envoyés en nostre Chastelet à Paris,* & lesdits Inventaires, monoyes & billons *en la Chambre de nos Comptes.* Et pour ce faire plus diligemment, deputés en chacune Prevosté de vostredite Senechaucie *certaines personnes* bons, loyaux & suffisans, lesquels Nous *voulons* que aient la *quinte partie* de toutes les monoyes, billon & autres biens qu'ils prendront, qui seront à Nous forfaits pour desobéïssances des choses dessusdites. *Donné à Paris le vingt-deuxiéme jour de Novembre, l'an de grace mil trois cens quarante.*

Par le Roy, à la relation du Conseil. VISTREBAT.

PHILIPPE VI. dit DE VALOIS, à Vincennes, le dernier Decembre 1340.

(a) Letres en faveur de l'Université de Paris.

PHILIPPUS *Dei gratiâ Francorum Rex :* Præposito *nostro* Parisiensi, *aut ejus locum tenenti,* Salutem. *Cum Universitas, Magistri & Scholares Parisienses, (b)* in nostra speciali gardiâ, & protectione *existant, cum veniunt ad studium, & ibidem morantur, vel ad suas partes redeunt, frequenter tamen, pro ut accepimus, injuriæ, molestiæ, & oppressiones, & violentiæ, ne dum in* Præpositura *tuâ eisdem, & in locis aliis inferuntur, in præjudicium* gardiæ *(b)* nostræ, *quas prosequi nequeunt extra* civitatem Parisiensem, *quia à studio suo distrahuntur, graviterque vexentur laboribus & expensis, si extra ipsam civitatem injurias hujusmodi prosequi oporteat.* Supplicantes *sibi per Nos, de remedio provideri opportuno.* Quare *nos eorum supplicationi* annuentes, idcirco tibi protectionem ipsorum ac custodiam, *coërcitionem insuper eorum, qui* in protectionis & gardiæ nostræ *præjudicium Universitati, seu* Magistris, *aut* Scholaribus *prædictis inferant* violentiam *indebitam,* injuriam *vel* jacturam, *sive intra* Præposituræ tuæ *fines, in aliis locis, quibuscumque regni nostri, tenore præsentium (c)* committimus. *Quod eis concedimus de gratiâ speciali, Privilegiis, seu consuetudinibus in contrarium impetratis, aut etiam impetrandis non obstantibus, quibuscumque. In cujus rei testimonium sigillum nostrum præsentibus est appensum.* Datum apud Vicennas ultima die Decembris, anno Domini millesimo trecentesimo quadragesimo.

NOTES.

(a) Ces Letres sont au Registre A. du Parlement, feüillet 6. *verso.* & dans l'Histoire de *Boullay* de l'Université, tome 4. page 203. Voyez les Letres du 13. Mars 1337. & Fontanon, tome 4. page 942.

(b) Ainsi l'Université de Paris, les Regens, les Maîtres & les Echoliers sont sous la garde & la protection du Roy, & le Prevost de Paris n'est leur conservateur, que comme delegué, ou comme commis par sa Majesté.

(c) Touchant le serment que le *Prevost de Paris* doit faire à l'Université comme conservateur de ses privileges. Voyez l'Ordonance de *Philippe Auguste* de l'année 1200. à Betisy, à la fin, tome premier, page 25. *Boullay* dans son Histoire de l'Université de Paris, tome 4. pages 3. 4. 25. 26. 100. 214. 318. 393. 413. & le recüeil des pieces qui concernent l'Université de Paris, in 4.° En 1653. *Charles de Neuville Baron d'Halincourt,* fut reçû Prevost au Parlement de Paris, & conservateur des privileges de l'Université de Paris, & le 13. Juin 1592. il presta *le Serment à l'Université assemblée aux Mathurins.* Depuis l'année 1612. *Loüis Seguier* fut Prevost de Paris jusques en 1653. & l'Université assemblée luy deputa le S.r *Turgot* Proviseur du College d'Harcourt, pour l'avertir de venir faire à l'Université le serment comme tous ses predecesseurs, de sorte qu'il est vray de dire que ces Letres sont encore à present dans toute leur force. Voyez le recüeil des Privileges de l'Université.

PHILIPPE VI. dit DE VALOIS, à Vincennes, au mois de Janvier 1340.

(a) Autres Letres en faveur de l'Université de Paris.

SOMMAIRES.

(1) Aucune personne de quelque estat & condition qu'elle soit ne pourra sous pretexte de peage, taille ou autre imposition personnelle, inquieter, fatiguer ni molester les maîtres & les escholiers de l'Université.

(2) Les maîtres & les escholiers de l'Université ne pourront en action personnelle estre traits pardevant aucuns Juges Laïcs hors des murs de la Ville de Paris.

(3) Leurs biens & leurs provisions de bouche necessaires pour leur subsistance ne pourront estre arrestez sous quelque pretexte que ce soit, mesme à l'occasion des guerres.

(4) Le Prevost de Paris qui est à present & qui sera à l'avenir, est establi le conservateur & le gardien de ces privileges.

PHILIPPUS *Dei gratiâ Francorum Rex. Notum facimus Universis, tàm præsentibus quàm futuris, quod cum opus sit singulis Regibus orthodoxis, eisque cedat ad gloriam, in regnis suis habere viros industrios, decoros scientiâ, virtutibus præsignitos, fortitudine consiliis, ut singula consultâ providentiâ dirigentes, sub pacis Principe, gloriose regnent & imperent ex suæ culmine Majestatis; Et Universitas Magistrorum, & Scholarium* Parisius studentium, *velut fertilitatis ager fructus uberes proferens, in quo* granati *scientiam colligunt, producat viros varietate fœcundos, quorum gloriosa fœcunditas, in alios affluenter effunditur, parvos magnificans, rudes erudiens, & debiles efficiens virtuosos. Horum quidem in desiderio meræ bonitatis incorporalem,* in Parisiensi studio *acquirunt literarum & dogmatum margaritam. Et quanto majoribus fuerint libertatibus, privilegiis & franchisiis communiti, tanto ad ipsam margaritam incorporalem acquirendam ferventius & propensius, pro viribus laborabunt. Horum itaque habita consideratione, præfatis* Magistris & Scholaribus ipsius Universitatis *præsentibus pariter & futuris, & ad ipsum studium accedentibus, aut se ad veniendum, sine fraude, & actualiter præparantibus, ac in ipso commorantibus, aut ad propria redeuntibus.*

(1) Concedimus *de gratiâ speciali & certâ scientiâ, & de nostræ plenitudine potestatis,* ne quisquam laïcus, cujuscumque conditionis, vel eminentiæ existat; sive privata persona, Præpositus vel Baillivus, præfatos Magistros & Scholares, aut ad ipsius studium accedentes, vel se ad veniendum sine fraude *actualiter præparantes, aut ad propria redeuntes,* de quorum Scholaritate constabit, per proprium juramentum, in *personâ, familia, sive rebus, occasione* pedagii, talliæ, impositionis, coustumæ & aliorum hujusmodi personalium onerum, *aut alterius exactionis cujuscunque* personalis *inquirant, molestent,* aut aliàs quovismodo extorquere præsumant.

(2) Item. *Quod Magistri & Scholares* Parisius *studentes*, per quoscumque *judices regni nostri sæculares* extra muros Parisienses inviti, in *causâ personali* ad eorum judicium, vel examen trahantur, *nec citentur, nec hoc procurent facere laïci regni nostri, subditi ipsius regni nostri.*

(3) Item. *Quod bona eorum, & munitiones, de quibus habent, & habebunt* vivere, & sustentari, *in ipso studio memorato, statu eorum considerato, occasione guerrarum, nec alia occasione quacumque, per quoscumque cujuscumque status, conditionis, eminentiæ existant, pro Nobis, aut nostris subditis* non capiantur, *aut aliàs quomodolibet arrestentur.*

(4) Ad præmissa vero diligenter exequenda, & super debito terminanda, ne Magistri, & Scholares Universitatis præfatæ vagandi, à studio assumant materiam, sed potius in ipso perseverent continue, nec interruptionem studii occasione præmissorum possent

NOTES.

(a) Ces Letres sont rapportées par *Boullay* dans son Histoire de l'Université de Paris, tome 4. page 264.

PHILIPPE VI. dit DE VALOIS, à Vincennes, au mois de Janvier 1340.

sibi aliqualiter vendicare. Dilectum nostrum Præpositum Parisiensem præsentem pariter & futurum Executorem, Gardiatorem, omnium & singulorum prædictorum, per Nos eisdem Magistris & Scholaribus *dictæ Universitatis concessorum*, tenore præsentium deputamus, *Dantes* dicto Præposito *præsenti pariter & futuro, ac etiam committentes tenore præsentium in mandatis, ut præfatos Magistros & Scholares nostris præsentibus gratiis, privilegiis, franchisiis & libertatibus supradictis uti faciant, & gaudere. Rebelles autem ipsos Magistros, & Scholares dictæ Universitatis, in præfatis nostris gratiis, privilegiis, franchisiis, & libertatibus supra dictis impedientes, ut a rebellione, & impedimentis hujusmodi omninò desistant, viriliter compellendo, non obstantibus quibuscumque privilegiis indultis, vel concessis, vel in posterum concedendis, quibuscumque personis, vel Patriæ,* non facientibus de verbo ad verbum expressam hujusmodi privilegii mentionem, *salvo in aliis jure nostro, & in omnibus quolibet alieno. Quod ut firmum, & stabile permaneat in futurum, nostrum præsentibus fecimus apponi sigillum.* Datum apud *Vincennam*, anno Domini millesimo trecentesimo quadragesimo. Mense Januarii, sigil. per Dominum Regem ad relationem Consilii. *CLAVEL.*

PHILIPPE VI. dit DE VALOIS, à Ste Jemme, au mois de Fevrier 1340. Dans le Glossaire de Du Cange cette Ordonance est de Ste Levine.

(a) Letres concernant les Droits du Connestable de France, dans le temps de la Guerre, sur les gens d'armes.

PHILIPPE, &c. Savoir faisons à tous presens & à venir, que sur ce que nostre tres cher & feal cousin *Raoul, Comte de Eu, (b) Connestable de France, disoit* & maintenoit que ceux de nostre lignage, & les Princes, Prelas & Barons dehors nostre Royaume, & toutes manieres de gens de cheval & de pié, de quelconque condition qu'il soient, qui *prennent gaiges ou argent sur Nous, li doivent telles droitures, comme ses predecesseurs oudit Office* ont accoustumé à prendre *sur les soudoiers*, qui prennent *gaiges ou argent sur Nous*, & que dore nul qui preigne gaiges ou argent sur Nous, ne s'en puet ou doit exemter. Aucuns de nostredit lignage, & autres maintenanz & disant le contraire. Nous voulans sur ce savoir la verité, *Nous* en sommes enfourmez par ceux qui nous en peuent & doivent faire savoir la verité. Et avons trouvé que nostredit Cousin & ses predecesseurs oudit Office, *doivent prendre & avoir droitures de toutes manieres de gens d'armes & de pié qui prenoient gaiges sur Nous, ou sommes d'argent pour Nous servir à certains nombres de gens d'armes, soient avecques ceuls de nostre lignage, ou autres de nostre Royaume & dehors, de quelconques estat & condition qu'il soient, qui servent és hosts de Nous, ou de nos Gens pour Nous :* Exceptées toutesvoies *les personnes de nostre lignage*, ceulx de leurs hostieux lesquiex il

NOTES.

(a) Ces Letres sont au Tresor des Chartes, Registre de *Philippe de Valois*, coté 72. pour les années 1340. & 1341. piece deuxiéme, & elle est rapportée exactement par Du Cange dans son Glossaire *Mediæ Latinitatis*, sur *Comes stabuli*.

(b) Connestable de France.] Sous les Empereurs Romains il y avoit dans leur maison, un Officier qui avoit la Surintendance de leurs escuries & de leurs chevaux. Il est parlé de cet Officier dans la Loy 29. *Codice Theodosiano*, au Titre *De annona & tributis*, livre 11. où il est nommé *Comes sacri Stabuli*, & dans la Loy 3.e au mesme Code, au Titre *De equorum conlatione*, où il est appellé *Comes Stabuli, lib. 11. Tit. 17.*

Ammian Marcellin dans le livre 30., de son Histoire, chapitre 5. à la fin, parle de ce mesme Officier qu'il nomme *Tribun :* Et nous apprenons de cet Auteur, que les Soldats appellez *Stratores*, dont l'Office estoit de mettre l'Empereur à cheval, estoient sous sa conduite.

Sous les Empereurs Grecs, cet Officier fut conservé & fut nommé *Magnus Contostaulus*, & en Latin *Comes-Stabuli*, d'où en François l'on a fait le mot *Connestable*. Ensorte que l'opinion de Du Molin dans son Commentaire sur l'anciene Coutume de Paris §. 20. n. 2. page 295. est ridicule, où il soustient que ce grand Officier a esté ainsi appellé, *quasi* Cuneus Stabilis. *Vide Codinum Curopalatum de Officiis, cap. 2. n. 10.* page 18. de l'impression du Louvre, page 1823.

Les differens Rois qui s'establirent dans l'Eu-

maintiennent de couz & de fraiz, & qui ne prennent nul gaiges sur Nous ou sommes d'argent, comme dit est, & tous ceux qui nous servent au leur, sanz prendre gaiges sur Nous ou sommes d'argent en la maniere dessusdite. Et exceptés les soudoiers de la Mer, esquiex nostredit Cousin n'a nul droit : Et ce declarons Nous par ces presentes Letres au profit de nostredit Cousin & de ses successeurs oudit Office, Et voulons qu'il puissent demander, prendre, lever, & avoir dores-en-avant leursdites droitures, en la maniere dessusdite, sanz nul empeschement; lequel empeschement Nous pour le temps à venir, mettons du tout au neant, sauf toutevoies nostre droit en autres choses & en toutes l'autrui. Et donnons en Mandement par ces meismes Letres à tous ceulx à qui il puet & pourra appartenir, que des droitures devant dites à tousjoursmais laissent joir paisiblement nostredit Cousin & ses successeurs oudit Office, & les baillent & delivrent à nostredit Cousin & à ses successeurs *Connestables* de France, senz nulle difficulté, & sanz autre mandement attendre de Nous, où de nos successeurs Roys de France. Et pource que les choses dessusdites soient fermes & estables à touzjours, Nous avons fait mettre nostre Seel à ces presentes Letres. *Donné à Sainte Jemme, l'an de grace mil trois cens quarante, où mois de Fevrier.*

Par le Roy. LORRIZ.

PHILIPPE VI. dit DE VALOIS, à S.te Jemme, au mois de Fevrier 1340. Dans le Glossaire de Du Cange cette Ordonance est de S.te Levine.

NOTES.

rope, par la decadence de l'Empire Romain eurent de tels Officiers.

On void dans le Concile 13. de Tolede, que les Roys Gots establis en Espagne avoient leurs *Connestables.* Voyez Blanca *in Commentariis Rerum Aragonensium, pag. 785.*

Aimoin dans son Histoire des François livre 3. chapitre 71. parle de celuy qui estoit préposé dans la maison de nos Rois, pour les chevaux, *quem vulgò Connestabilem vocabant.* Et dans Gregoire de Tours cet Office estoit nommé *Comitatus Stabulorum, lib. 5.* chap. 48. 40. Livre 9. chapitre 38. Livre 10. chapitre 5.

Reginon dans sa Chronique sous l'an 807. parlant d'un Burchard, *Comite Stabuli,* adjoûte ensuite, *quem Constabulum corrupte appellamus.*

Sous la seconde race de nos Roys, cette dignité estoit une des premieres du Royaume, comme on le void dans la Requeste d'*Hincmar, ad proceres palatii.*

Et sous la troisiéme race, une de leurs fonctions estoit de signer aux Chartes, comme témoins, avec le *Seneschal* ou le grand maître nommé *Dapifer*, le Bouteiller & le Chancelier dont la signature estoit necessaire.

Touchant les Droits du Connestable, il n'y a qu'à voir les Chartes rapportées par Du Cange, sur ce mot dans son Glossaire, *mediæ & infimæ Latinitatis*, & ce qu'en a écrit Bouteiller dans sa Somme, page 896.

On ne croid pas devoir obmettre icy, que les monasteres avoient aussi des *Connestables*, dont la fonction est ainsi marquée dans la Compilation des Auteurs, qui ont écrit de la discipline monastique chapitre 12. De l'*Ordre de Cluny*, écrit par Bernard, partie premiere, page 157. *Idem Connestabulus, per consuetudinem debet, postquam hospites comedere inceperint, præsentare se eis in hospitio & cum hilaritate & modesta alacritate dicere eis* Benedicite, & cum responso *Dominus* addere, Ea quæ in ministerio nostro sunt præsento vobis, & inde serviam vobis & cum sufficientia. *Cum autem inquisierint quod sit ministerium ejus! hospitarius, vel ipsemet respondebit quod* Constabularius est, *& omnia quæ equis eorum conveniunt ministrabit eis.*

PHILIPPE VI. dit DE VALOIS, au mois de May 1341. & Philippe le Bel, à Paris, en Janvier 1309.

(a) Letres accordées aux Marchands de Portugal, establis à Harfleur.

Sommaires des Letres de Philippes le Bel.

(1) Les Marchands de Lisbonne establis à Harfleur *seront quittes & affranchis de toutes les* Coutumes *& amendes dûës au* Prevost, *comme ils l'estoient autrefois. Et s'il y avoit quelque contestation entr'eux & ceux de la Ville, pourvû qu'il ne fût question de mort, de mutilation de membre, de rapt, de larcin, de treves enfraintes, ni d'autres crimes dont la peine fut corporelle, ils pourront estre caution les uns des autres, & auront jour assigné pardevant le Bailly.*

(2) Quant aux cas où il y aura sang & playe, & les cas où il n'y aura ni sang ni playe, & dont la connoissance appartiendra au Prevost, ces sortes de contestations seront terminées à l'amiable par deux Bourgeois de la Ville, & deux Marchands, & par l'avis du Prevost.

PHILIPPE VI. dit DE VALOIS, au mois de May 1341. & Philippe le Bel, à Paris, en Janvier 1309.

(3) Le Prevost fera avoir aux Marchands, des maisons dans la Ville, pour se loger, & pour mettre leurs marchandises, à prix raisonnable.

(4) Pour le fait de leur marchandise ou les cas qui concerneront le Roy, ils ne seront obligez de répondre que devant le Prevost de la Ville, le Vicomte du Monastere des Villes, & le Bailly.

(5) S'il leur est dû réellement quelque chose pour le fait de leur negoce, le Bailly les en fera payer au plustost, comme si c'estoit des dettes du Roy.

(6) Il leur sera libre d'establir & de destituer leurs Courretiers comme ils le jugeront à propos, à condition que ces Courretiers ne seront Cabaretiers, Hosteliers, ni Marchands.

(7) Ils pourront se servir du poids de la Ville, & le confier à une personne d'honneur qu'ils presenteront au Prevost.

(8) Si les voituriers qui seront chargez du transport de leurs denrées, leur font quelque tort, ce dommage sera reparé de l'autorité du Bailly de Caux.

(9) Si quelqu'un d'eux avoit procés contre un Chevalier, un Escuyer, ou leurs gens, il ne seroit obligé de comparoir que pardevant les Juges Royaux.

(10) Le pavé de la Ville, les Quays & les issuës seront mis en bon estat, afin que lesdits Marchands puissent charger & décharger leurs marchandises, sans que pour cet entretien ils soient tenus de payer aucun Droit.

(11) Les marchandises qu'ils auront données par compte aux Bateliers pour les conduire à Harfleur, leur y seront renduës par compte. Le Prevost les fera transporter de Leure à Harfleur, & les fera loger comme à l'ordinaire, à leurs dépens.

(12) Si quelques-uns de leurs valets, *ou* garçons, *se marioit à Harfleur, & receloit chez luy de leurs denrées ou marchandises, le Juge du lieu où les denrées recelées seroient trouvées, seroit tenu de les faire mettre sous la garde d'un honneste homme du lieu, & d'un autre Marchand Portugais, jusqu'à ce que le maître des marchandises recelées, les eut reclamées, ou son Procureur pour luy.*

(13) Si aucun d'euls sort de chez luy, seul, ou avec quelqu'un pendant la nuit, & commet quelque crime, il en sera seul puni: Et si pour cause de ce crime il y a des denrées ou des marchandises saisies, la saisie ne vaudra qu'à l'égard des denrées ou marchandises du criminel, qui sera puni en son corps & ses biens.

(14) Aucun Chevalier, aucun Escuyer ni autre, ne pourra prendre ni enlever leurs marchandises qu'aprés en avoir fait le marché, & en avoir payé le prix.

(15) Ils auront la protection du Roy & de ses Officiers contre toutes les violences induës qui leur seront faites & à leurs valets *ou* garçons: *Et tant qu'ils demeureront dans ladite Ville, ils joüiront de ses privileges.*

Sommaires des Letres de Philippe de Valois.

(1) Les Marchands de Portugal & de Lisbone sont affranchis & quittes de toutes impositions establies, ou à establir, quelles qu'elles soient, & mesme des quatre deniers *pour livre, qu'on levoit pour les marchandises qui estoient transporteés hors du Royaume.*

(2) En cas de Guerre entre la France & le Portugal, ou de dissension entre les peuples des deux nations, qui fussent suivies de quelque acte d'hostilité, les nefs, les denrées, & les marchandises des Marchands qui n'y auront point eû de part, ne pourront sous ce pretexte estre empeschées ou saisies.

(3) Si le Roy prend desdits Marchands, de la Cire, ou d'autres denrées, ses gens seront obligez d'en faire le prix, & de le payer, avant que de les enlever.

(4) S'il survenoit quelque Guerre, ou s'il falloit faire travailler au Havre de Leure, *ou de* Harfleur, *& que pour fournir à cette dépense il fallut lever quelque taille, ils en seroient exempts, avec leurs Vaisseaux & leurs marchandises.*

(5) Lorsqu'il y aura quelque contestation, ou querelle entre eux, pourvû qu'il n'y ait mort, grande blessure, ni mutilation de membre, elles seront accommodées par deux marchands de leur païs, sinon elles seront jugées & terminées par le Prevost de Harfleur.

(6) Le Havre de Harfleur sera si bien entretenu que leurs nefs & leurs marchandises y pourront aller & venir sans peril, & pour raison de cette dépense ils ne payeront rien.

(7) Ils pourront acheter & vendre à Harfleur, porter leurs marchandises hors de la Ville, & les y reporter tant qu'il leur plaira, sans payer aucune redevance, ou imposition.

(8) S'ils trouvoient dans leurs Celliers ou leurs maisons des larrons, ils les pourroient arrester & les livrer à la justice.

(9) Si quelqu'un d'eux avoit encouru quelque amende envers le Roy, il en est declaré quitte.

(10) Ils pourront demeurer à Harfleur tant qu'il leur plaira, en sortir & aller ailleurs, sans payer ni Coutume, ni amende, à moins que quelqu'un d'eux n'eust commis quelque delict, dont il seroit seul puni. Et quant à leurs marchandises ils seront les maîtres d'en ordonner & d'en fixer le prix, comme ils faisoient anciennement.

PHILIPPE, &c. Savoir faisons à tous presens & à venir, Nous avoir veu les Letres de nostre tres cher Seigneur & oncle *le Roy Philippe le Beaux*, que Dieux absoille, scellées en las de soye & cire vert, non corruptes, non chancellées, ne en aucune partie viciées, si comme il apparoist de prime face, contenant la fourme qui s'ensuit.

PHILIPPE VI. dit DE VALOIS, au mois de May 1340. & Philippe le Bel, à Paris, en Janvier 1309.

PHILIPPUS Dei gratiâ Francorum Rex. *Notum facimus Universis tàm præsentibus quàm futuris, quod Nos dilectis nostris Mercatoribus* portus Portugalliæ & Lixibonæ, *ac locorum circumvicinorum, volentes gratiam facere specialem, eidem tenore præsentium* concedimus, *ut ipsi & eorum quilibet, una cum franchisiis quibus uti solebant, dum in villa nostra de* Hareffleu *in Caleti Baillivia morabantur, utantur, & gaudeant quandiu ipsos cum suis mercaturis in dicta nostra Villa de* Hareffleu *morari, marchandisias exercere contigerit, franchisiis infra scriptis.*

Primò. *Erunt liberi, atque quitti de omnibus* Coustumis *&* emendis *pertinentibus ad* Præpositum *dictæ Villæ, eo modo quo aliàs extiterunt. Et si accideret, quod aliqua contentio inter eos, vel illos dictæ Villæ, aut aliunde, & eos moveretur, dum tamen non esset periculum mortis, aut mutilationis* membri, *aut* mulier rapta, *aut* latrocinium, *vel* traugæ fractæ, *vel alius casus, de quo deberet corporalem homo, seu mulier pœnam pati,* erunt recrediti *per plegios unus pro alio, dando eis diem coram Baillivo, qui pro tempore Baillivus fuerit dicti loci.*

(2) Item. *In casibus in quibus* erit sanguis *&* plaga, *& in illis in quibus* non erit sanguis, aut plaga, *de quibus cognitio spectat ad* Præpositum *dictæ Villæ, tales discordiæ & debata concordabuntur per duos de Burgensibus dictæ Villæ, & per duos de ipsis Mercatoribus ad Consilium & auxilium dicti Præpositi, modo quo aliàs factum extitit.*

(3) Item. *Baillivus dicti loci eisdem* Mercatoribus *domos pro se & suis Mercaturis, in dicta Villa, pro competenti pretio & per pretium bonarum gentium, si necesse fuerit, faciet liberari.*

(4) Item. *Nullus ipsorum* Mercatorum *in facto suæ mercaturæ, vel in alio casu ad Nos spectante, præter coram Præposito dictæ Villæ, Vicecomite Monasterii villarum, aut Baillivo tenebitur respondere.*

(5) Item. *Illud quod alicui ipsorum Mercatorum debebitur pro facto suæ mercaturæ, si sit cognitum vel probatum,* Baillivus *loci, qui pro tempore erit, faciet & sine dilatione persolvi, tanquam debita, citius quam fieri poterit bono modo.*

(6) Item. *Dicti Mercatores poterunt ponere & amovere Corretarios in facto suarum mercaturarum quotiens erit expediens, & eos præsentare Præposito dictæ Villæ, hoc salvo, quod nullus ipsorum* Corretariorum *erit Tabernarius, Hostelarius, seu Mercator, propter multas fraudes quæ subsequi possent, & eo modo quo aliàs factum fuit.*

(7) Iem. *Dicti Mercatores poterunt uti* pondere *dictæ Villæ, & illud dare & committere decenti personæ, præsentando eamdem Præposito dictæ Villæ, & eo modo quo fuerunt præterito tempore usitati.*

(8) Item. *Si aliquis dictorum Mercatorum tradat aliquibus vectuariis Balliviæ Caleti, suas denariatas deferendas sicut de Flandria, aut aliunde, & hoc faciendo dicti vectuarii aliquod faciant ei dampnum, erunt correcti & compulsi ad reddendum dampnum, prout pertinebit per Baillivum Caleti, seu per Baillivos qui pro tempore erunt Baillivi Balliviæ supradictæ.*

(9) Item. *Si aliquis dictorum Mercatorum haberet contentionem, aut litem erga aliquem* Militem, Armigerum, *seu erga homines ipsorum, non corrigetur, nec præterquam coram gentibus nostris tenebitur respondere.*

(10) Item. *(b) Essarum nostrum dictæ Villæ parabitur & ponetur in tali statu quod dicti mercatores absque solutione Taagii poterunt suas deneriatas & mercaturas bono modo onerare & exonerare de die & de nocte.*

(11) Item. *Mercaturas quas dicti Mercatores tradent & liberabunt per compotum*

NOTES.

(a) Ces Letres sont au Tresor des Chartes, Registre *de Philippe de Valois*, 72. piece 176. & au Registre coté 80. piece 82. où elle est en François. Voyez les Letres du mois de Novembre 1339. pour les Marchands d'Arragon establis à Harfleur, cy-dessus page 135.

(b) Essarum.] Comme ce mot qu'on n'entend pas rend cet article obscur, on en a fait le Sommaire en prenant les termes qui sont dans l'exemplaire François.

PHILIPPE VI. dit DE VALOIS, au mois de May 1341. & Philippe le Bel, à Paris, en Janvier 1309.

batellariis *(c) alleiaendo naves, pro veniendo (d) de Lota apud* Hareffleu, *dicti* batellarii *ita restituent per compotum: Et faciet Præpositus dictæ Villæ quicumque fuerit pro tempore eas venire (d)* de Lota *apud Hareffleu, & hospitari, suis sumptibus & expensis eo modo quo aliàs factum fuit.*

(12) Item. *Si aliquis* valetorum suorum *in dicta villa vel alibi matrimonialiter copularetur, & aliquas de denariatis, aut mercaturis ipsorum Mercatorum* recelaret, *aut alias alienaret,* justitia *loci in quo Mercaturæ prædictæ* reperirentur, *tenebitur eas* ponere in manu salva *alicujus* probi viri *loci illius ubi* reperirentur, *adjuncto secum uno de* Mercatoribus patriæ *eorumdem, pro prædictis mercaturis securè custodiendis, quousque mercator, cujus essent, seu procurator suus pro eo sufficienter fundatus, veniat pro ipsis mercaturis reclamandis & suis faciendis. Et si ipse mercator pro suis eas possit facere, restituentur eidem, & ille qui hoc fecerit secundum sua demerita punietur.*

(13) Item. *Si aliquis* Mercator *ipsorum,* solus de nocte *exeat domum suam, vel in alterius societate, & faciat* maleficium *aliquod, nullus alius præterquam* ipse *propter hoc punietur, nec denariatæ, seu mercaturæ captæ, vel arrestatæ, præterquam denariatæ seu mercaturæ illius qui maleficium fecerit, nec denariatæ similiter suorum Magistrorum, sed ille qui maleficium fecerit per* corpus & bona sua, *prout pertinebit, secundum maleficium punietur.*

(14) Item. *Nullus* Miles, Armiger, *vel alter poterit capere dictas mercaturas dictorum Mercatorum, nisi prius* foro facto, *& pro eis pecuniam* persolvendo.

(15) Item. *Dicti Mercatores & sui* valeti *per Nos & gentes nostras* à vi & violentia indebitis *contra omnes & erga omnes* custodientur *& debitè* defendentur. *Prædictos autem Mercatores & eorum quemlibet prædictis franchisiis, & aliis quibus dum in dicta villa morabantur gaudebant, uti & gaudere* volumus, *quamdiu in præfata villa mercaturas exercebunt, & in ea, ut præmittitur permanebunt. Salvo in aliis jure nostro, & in omnibus quolibet alieno. Quod ut firmum & stabile permaneat in futurum præsentibus Literis nostrum fecimus apponi sigillum.* Actum Parisius anno Domini millesimo trecentesimo nono, mense Januarii.

Lesquelles Lettres & les choses qui contenuës y sont, & chascunes d'icelles, ayant icelles fermes & agréables, *voulons, loons, gréons, approuvons, ratefions*, & de grace especial, & de nostre autorité Royal, & de certaine science par la teneur de ces presentes *confermons.*

(1) Et pource que Nous sommes desirans, si comme il appartient, de garder en bonne paix & tranquillité les Marcheans frequentans nostre Royaume, *Nous,* pour la bonne amour & affection que Nous tenons que lesdits *Marcheans de Portigal & de Lixebonne* ont toujours eu à Nous & ont & à nostredit Royaume, & esperons que il aient où temps à venir, à la supplication & requeste d'iceuls, leur avons donné & ottroié, de nostredite meisme grace, & en ampliant icelle *donnons & ottroions,* que de toutes leurs denrées & marcheandises, queles que elles soient, que eulz ou aucun de eulz feront venir, ou que il auront en nostredit Royaume, ou qu'il en voudront traire hors, *soient quittes de toutes impositions establies & à establir, soit (e) de quatre deniers pour livre que l'en paie pour les denrées & marcheandises que l'en trait, ou maine hors de nostredit Royaume, ou d'autre imposition ou subvention quele que elle soit.*

(2) Item. Nous voulons que se par aventure il avenoit que guerre, que ja naviegne, ou dissention, fust en mer, ou en terre entre *Nous,* & le Roy *desdits pays de Portigal & de Lixebonne,* ou entre les Subgés de nostredit Royaulme & ceuls desdits pays,

NOTES.

(c) Alleiaendo.] Alleviando, *exonerando.*

(d) De Lota.] Du Cange dans son Glossaire sur le mot *alleviare,* a mis *de Lora,* & il y a de l'apparence que c'est le lieu qui est appellé dans les Letres *de Philippe de Valois* qui suivent, *Havre,* ou *Hable de Leure.*

(e) De quatre deniers pour livre que l'en paie pour marchandises que l'on trait hors du Royaume.] Voyez cy-dessus l'Ordonance *de Charles le Bel,* de l'an 1324. tome second, page 148. & celle *de Philippe de Valois,* du 16. Octobre 1340. page 147.

pays, dont aucune malefaçon s'ensievit, aucuns d'iceuls Maistres ou Mariniers, ou autres personnes, ne leurs biens, nefs, denrées & marchandises ne soient empéeschiées, fors seulement ceux qui fait auront ladite malefaçon.

PHILIPPE VI. dit DE VALOIS, au mois de May 1341. & Philippe le Bel, à Paris, en Janvier. 1309.

(3) *Item.* Se nous faissions prendre cire, vitaille, ou autre *avoir* quel que il fust, appartenant ausdits Marcheans, Nous *voulons & mandons* que par nos gens qui ce prendront, soit fait pris & marchié, & ausdits Marcheans, avant que les denrées partent de leur hostieux, soit fait dudit pris satisfaction.

(4) *Item.* Nous leur avons ottroié que se nous faissions faire aucune armée par mer ou par terre, ou taille pour *(f)* le Hable de *Leure*, ou de Harrefleu, pourquoy nous feissions lever aucune imposition, euls, leur *avoir*, leurs marcheandises & leurs nefs en soient quittes.

(5) *Item.* Nous avons voulu & *voulons* que en tous les cas que lesdits Marcheans auront descort ou tençon par entre euls, soit de paroles, de fait ou d'autres choses, mais que il n'y ait *mort* ne *mehaing*, que deux des Marcheans de leurs dits païs soient esleus pour les oir & mettre à accort, & l'accort fait par le consentement des parties, que le Prevost de Harrefleu le face tenir & garder: Et au cas que accort n'y feroit, voisent lesdites parties devant ledit Prevost, & leur face raison selon le fait.

(6) *Item.* Nous voulons que nostre *Hable de Harefleu*, toutesfois que mestiers en fera, soit fait & amendé, en tele maniere que les nefs & marcheandises desdits Marcheans y puissent aller & venir sans peril, sans ce que lesdits Marcheans y contribuënt en aucune chose.

(7) *Item.* Nous avons *ordené & ordenons* que lesdiz Marcheans puissent achater & vendre en nostredite Ville de Harefleu & porter leurs marcheandises hors de ladite Ville, & rapporter toutesfois & quantes qu'il leur plaira, sans en paier coustume, ne autre redevence, pourveu toutefois que il ne les portent en terre de nos anemis.

(8) *Item.* Se il avenoit que lesdiz Marcheans trouvassent en leurs maisons, ou en celiers aucuns larrons, pour *Erobler* leurs marcheandises, il Nous plaist que euls les puissent prendre & baillier à justice, sans ce que euls ne leurs biens en soient pris.

(9) *Item.* Nous avons fait grace & faisons ausdits Marcheans, que se en aucun temps passé, euls, ou aucun d'eulz ont fait chose de quoy il Nous appartiegne, ou doie appartenir aucune *amende*, eulz jusques aujourd'hui en soient quittes.

(10) Enseur que tout il Nous plaist & *Volons* que lesdiz Marcheans soient & demeurent en ladite Ville de Harefleu tant que il leur plaira, & d'icelle se puissent partir & aller ailleurs, leurs corps & leurs biens frans & quittes, sans paier coustume ne amende pour ce, se n'estoit pour forfait, ou malefaçon aucun, dont uns & chascun respondroit pour le sien tant seulement; Et en outre il Nous plait aussi & *Volons* que de, & sur toutes leurs denrées & marchandises que euls feront venir en ladite Ville & Port de Harrefleu, il puissent *faire ordenance* & *admoderer le pris d'icelles* toutesfois que il leur plaira, en la maniere que il le faisoient, où temps que il avoient leur demeure en ladite Ville.

Lesqueles libertez & franchises dessus especefiées & chascune d'icelles Nous *voulons* fermement estre tenuës & gardées, sanz enfraindre, & lesdits Marcheans maintenus en icelles, tant comme il auront & feront leur demeure en ladite Ville de *Hareffleu*. Et *donnons* en mandement au Baillif de Caux, ou Viscomte de Monstierviller, au Prevost de *Harreffleu*, & à tous les Justiciers de nostredit Royaume, ou à leurs Lieuxtenans, que contre nostredite présente grace & le vrai entendement d'icelle ne empeschent, ou molestent, ne ne sueffrent empeschier, ou molester lesdiz Marcheans en aucune maniere, mais tous empeschemens, ou molestes qui mis y feroient ostent & facent oster sans delay. Et pour que ce soit chose permanable à touzjours, Nous avons

NOTES.

(f) Le hable de Leure, ou de Harfleu.] Ce Havre de Leure est ce qui est appellé dans les Letres *de Philippe le Bel*, que celles-cy confirment, *de Lota*, ou *de Lora*, dans l'art. 11. Voyez le Glossaire de Du Cange sur *Haula & Halulum*.

fait mettre en ces presentes nostre Seel, sauf en autres choses nostre droit & l'autruy en toutes. *Ce fu fait l'an de grace mil trois cens quarante & un, où mois de May.*

Par le Roy, à la relation du Conseil. DUBOIS.

Collation est faite avec les Registres du Tresor des Privileges du Roy.

Sine financia, quia ad utilitatem Reg. & Patriæ.

PHILIPPE VI. dit DE VALOIS, à Becoisel, 1341. au mois de Juin, à S.t Germain en Laye le 20. Avril 1341. & à Estioles le 12. May 1341.

(a) Letres par lesquelles le Roy ordonne que les habitans des Comtez d'Anjou & du Maine ne pourront estre contraints de plaider au Parlement, si ce n'est en cas d'appel, *de* mauvais jugement, *& de* defaut de Droit.

PHILIPPE..... à nos amez & feaulz les gens tenans *nostre present Parlement*, & qui le tendront au temps à venir, & à nos amez & feauls les gens de *Requestes de nostre Hostel*, & de *nostre Palais*, presens & à venir, *Salut & dilection.* Comme nostre tres chier filz *le Duc de Normandie*, Nous eut autrefois exposé, que en son grand prejudice & de ses subgiez *d'Anjou & du Maine*, estoient de plusieurs *empetrées Letres de Nous* de *adjournemens*, par lesquelles estoient trais en nostre Parlement, ou devant aucuns de vous, les subgiez de nostredit fils, desdiz Comtez, *partie contre autre*, laquelle chose estoit contre l'usage, & Noblesse du Païs, comme ils ne deussent ressortir en nostre Parlement, fors en cas *d'appel, de mauvais jugement, & de defaut de Droit*, & seur ce luy eussiens octroyé Letres adressantes à vous, dont la teneur s'ensuit.

PHILIPPES..... à noz amez & feauls gens tenans nostre Parlement *present & qui tendront où temps à venir, & aux gens des Requestes de nostre Hostel & de nostre Palais à Paris*, Salut & dilection. *Nostre tres cher* ainsnez *fils le* Duc de Normandie, Comte d'Anjou & du Maine, *Nous a exposé que plusieurs personnes Nobles & autres, & Officiers de nostre Hostel, ont empetré où temps passé, & empetrent de jour en jour nos Letres, contre les subgiez de nostredit fils de ses terres* d'Anjou & du Maine, *ou contre aucun d'iceuls, pour les adjourner & traire en nostre* Parlement, *ou pardevant vous, gens de nosdites* Requestes, *sans ce qu'il y ait appel de* mauvais jugement, *ou de* default de Droit, *laquelle chose est contre l'usage & la Noblece du Païs, par lequel usage* aucun ne doit ressortir en nostre Parlement, ne estre trait à instance de partie à partie, *hors du païs, en laissant* les assises, *se ce n'est* en cas *d'appel* ou de *default de Droit. Et aussi est contre les* Ordenances Royaux, *contenant que* aucun ne soit trait hors de la Chastellenie *où il demeure,* partie contre autre, *fors és cas dessusdiz. Et est au préjudice de nostredit fils, tant pour le temps present, comme pour le temps à venir mesmement.* Quar quant aucun noble homme de nostre dit fils *(b)* chiet de son appel, il perd durant sa vie, *tout ce qu'il tient* de nostredit fils, & est acquis à nostredit fils, lesqueles choses li peuvent estre apeticiées, & soustraites, par tels adjournemens, *comme dessus est dit, laquelle chose ne Nous plaist mie. Jaçoit ce que aucune fois, ayons octroié, par avanture, de grace especiale, par l'importunité des Requerans, ou non remembrans dudit usage, & de ladite Noblesse, ou parce que l'on Nous a donné aucune chose à entendre contre verité. Pour quoy Nous* vous Mandons, *& à chascun de vous, si comme il appartiendra, & estroitement* Deffendons, *que dores-en-avant, vous ou aucun*

NOTES.

(a) Ces Letres sont au Tresor des Chartes, Registre de *Philippe de Valois*, coté 73. piece 165. feüillet 83.

(b) Chiet de son appel, il perd durant sa vie, &c.] Voyez les Institutes Coutumieres de Loisel, Liv. 6. Tit. 4. des appellations, Regle 8. *Des Fontaines* dans son conseil, chap. 12. n. 7. *Beaumanoir* dans ses Coutumes de Beauvoisis, chap. 61. & le chap. 81. du premier Livre des Establissemens de S.t Loüis, tome premier de la Nouvelle Collection des Ordonances, pages 170. 171. 172.

de vous, ne cognoissiez, *ou* jugiez *d'aucune chose, contre les subgiez desdiz* Païs, ou contre aucun d'iceulx, *à instance de partie, se ce n'estoit* en cas d'appel, ou de mauvais jugement, *ou de* default de Droit. *Mais se aucun adjournement estoit fait pardevant vous, ou aucun de vous, en autre cas que pardessus est dit, contre aucun desdiz subgiez, renvoiez lez pardevant les* Ordinaires, *non contrestant quelquesconques Letres de grace, & autres empetrées, ou à empetrer au contraire, non faisant mention de cestes, ou prociez commanciés. Et pour ce n'entendons pas empeschier, que nostredit fils le Duc ne puisse cognoistre, par li ou par ses gens & Juges, entre ses subgiez, là où il li plaira, aussi comme devant la date de ces presentes.* Donné à Saint Germain en Laye le vingt jour d'Avril, l'an de grace mil trois cens quarante-un. Sous le Scel de nostre secret.

PHILIPPE VI. dit DE VALOIS, à Becoisel 1341. au mois de Juin, à S.t Germain en Laye le 20. Avril 1341. & à Estioles le 12. May 1341.

Et depuis nostre amé & feal Conseiller *Robert de Dreux, Chevalier Sire de Beu,* Maistre d'Hostel de nostre trés chiere compaigne la Reyne ayt empetré de nous, à cause *de Pierre Troulleau* son neveu, letres au contraire, contre les Executeurs du Testament de feu *Pierre Troulleau, jadis Chevalier* & nostre *Chambellant,* adreçant à vous les gens de nostre present Parlement, desquelles la teneur est telle.

PHILIPPE, &c. à noz amez & feauls gens tenans nostre present Parlement, Salut & dilection. *Comme à la Requeste de nostre amé & feal Chevalier, & Conseiller* Robert de Dreux, *Sires de Beu, & souverain Maistre de l'hostel de nostre tres chiere & amée compagne la Royne, Gouverneur & administrateur (c)* deputé de par Nous, *de son neveu* Pierre Troissel, *& de tous ses biens, fils & hoir de feu* Pierre Troussel, *jadis* Seigneur de Chasteaux, *& nostre Chambellant. Nous eussions mandé & commis ja pieça au* Bailly d'Anjou & du Maine, *ou son Lieutenant, qu'il contrainsist les executeurs dudit* Seigneur de Chasteaux à rendre *bon compte, & loial audit* Seigneur de Beu, *où nom que dessus, des biens dudit feu* Seigneur de Chasteaux. *Et pour ce que ledit* Seigneur de Beu *empeschié de noz besoingnes, & de besoingnes de nostre tres chiere* compaigne la Royne, *pour certains mandemens que Nous li aviens fait, ne pëet vaquer, ne comparoir aux* journées *qui luy estoient assignées pardevant ledit Bailly,* Nous *eussions mandé & commis, se mestier estoit, audit Bailly, que lesdits executeurs il fist adjourner à certain & competent jour, pardevant vous en cest present Parlement, non contrestant qu'il siée, pour proceder & aller avant, selon la fourme du Mandement adrecié audit Bailly, si comme toutes ces choses, avec plusieurs autres sont dites estre plus à plain contenuës en nos letres sur ce faites. Et par vertu d'icelles letres,* lesdites parties *se sont comparuës pardevant vous & à certaines* journées, *ja passées. Et ayt requis ledit* Seigneur de Beu, *où nom que dessus, que les diz executeurs li rendissent compte de ladite execution, les quiex n'ont voullu riens faire, ainçois, pour fuir, & delayer, & afin que la verité ne soit sceüe, ont proposé plusieurs raisons & dilatoires & à plusieurs fins, en disant, entre les autres choses, qu'il ne sont tenuz de rendre compte audit* Seigneur de Beu, *pour ce que* où gouvernement, qu'il a de Nous, pour gouverner sondit neveu, & ses biens, *il n'y est point contenu, (d)* qu'il puisse demener en jugement ses actions. *Et supposé qu'ils fussent tenus de compter, si ne pourroit-il, pour ce qu'il ne sont pas tuit present, & que le temps de leur administration n'est pas fixé. Et avec ce est contenu au* Testament *dudit Seigneur de Chasteaux, que lesdits executeurs ne soient tenuz à rendre compte,* fors l'un à l'autre. *Et pour ce dient, que nullement, il ne sont tenuz de rendre compte audit* Seigneur de

NOTES.

(c) Deputé de par nous.] Voyez l'ancienne Coutume d'Anjou glosée manuscrite, le chapitre 18. du premier Livre des Establissemens de *S.t Loüis,* l'art. 185. de la Coutume d'Anjou, & le 98. de celle du Maine.

(d) Qu'il puisse demener en jugement ses actions.] Voyez les Institutes Coutumieres de *Loisel,* Livre premier Titre 4. *De Vourie* sur l'article 270. de la Coutume de Paris, & l'art. 73. du premier Livre des Establissemens de *S.t Loüis,* avec les notes qu'on y a faites dans le tome premier de la nouvelle Collection des Ordonances, pages 165. 166.

PHILIPPE VI. dit DE VALOIS, à Becoisel 1341. au mois de Juin, à S.t Germain en Laye le 20. Avril 1341. & à Estioles le 12. May 1341.

Beu. *Et avec ce ont requis lesdiz executeurs, qu'il soient renvoyez pardevant leur* juge ordinaire en Anjou, *par vertu de certaines letres, que Nous avons octroiées à nostre* tres chier fils le Duc de Normandie, Comte d'Anjou & du Maine, *par lesquelles il vous est deffendu que dores-en-avant vous ne cognoissiez, ou jugiez d'aucune cause, contre les subgiez de nostredit fils, de sa terre* d'Anjou & du Maine, *si ce n'estoit* en cas d'appel, de mauvais jugement, *ou de* deffault de Droit. *Si* Nous *a ledit* Seigneur de Beu *supplié humblement que sus les chouses dessusdites, li vousissions pourveoir de remede convenable. Pourquoy Nous considerans, (e) que* la cognoissance des testamens Nous appartient especialement quant l'en s'en trait premierement *pardevers Nous. Et aussi que nostredit Chambellant estoit continuelement à nostre service, où temps que il vivoit, & qu'il fut mort à Paris, où il avoit une grande partie de ses biens. Et aussi que ledit* Seigneur de Beu *est continuelement au service de nostre tres chiere compaigne la Royne & où raison est, pourquoy il ne pourroit bonnement aller plaidoier és parties d'Anjou, ne aussi devant vous ne pourroit-il longuement plaidoier. Et que grief chose seroit, s'il falloit que lesdiz executeurs allassent avant par* teles delatoires. *Vous* mandons *&* commettons, *que les parties vous fassiez proceder & aller avant en ladite cause, & de jour en jour hastivement & par perhemptoires pardevant vous, car ainsi le* voulons *Nous, & l'avons octroié audit* Seigneur de Beu *de grace especial, & de certaine science, nonobstant lesdites letres & autres subreptices empetrées ou à empetrer au contraire, & raisons proposées par lesdiz executeurs, lesquelles, quant à ce, Nous mettons par ces Letres du tout au nient, & nonobstant aussi la grace que autrefois avions faite en cette partie audit Seigneur de Beu.* Donné à Estioles le douziéme jour de May, l'an de grace mil trois cens quarante-un.

Et nostredit fils Nous ayt signifié, en soy complaignant sur ce, que comme li, & ses prédecesseurs *Comtes d'Anjou & du Maine* sont & ont esté, de si long temps qu'il n'est memoire du contraire, en saisine, & en possession, de cognoitre entre touz les subgiez desdiz Comtez, toutesfois que l'en s'en tirat à li, des debats menez *sur testamens*, & de toutes causes de *femmes veuves* & de *pupilles*, & du *portement d'armes*, en sesdiz Comtez: Et que par l'usage prescript, & la *Noblesse* desditz Comtez, ses subgiez ne ressortent, ne n'ont accoustumé ressortir en nostre *Parlement*, en delaissant les *Cours, ne ses Assises* és cas dessusditz, ne autres quelconques il sont, fors seulement *en cas d'appel*, de *mauvais jugement*, ou de *defaut de Droit.* Et Nous a requis nostredit fils, à grant instance, que desdites *saisines*, & *usage & noblesse*, nous le *leissons*, & faaçons *laissier* joir, & user en la maniere, & en la fourme, que nostredit tres chier & amé Pere & Seigneur *Monsieur de Valois*, & *Nous* depuis *(f)* tant come les Comtez, l'avons usé & exploitié & joy paisiblement, & que les empeschemens dessusdiz, que de nouvel y ont esté mis, puisque Nous *venismes* au Royaume, soient osté, & mis dou tout au nient, & que ladite cause, entre *le Sire de Beu* & lesdiz *Executeurs*, & toutes les autres causes de sesdiz subgiez, pendantes en nostredit *Parlement*, & és Requestes de nostre Hostel, *soient renvoiées* par devant son *Bailly d'Anjou*, & du *Maine.* Et *Nous* oye la Complainte, & la Requeste de nostredit filz, voulans encliner à raison, & Nous tenans pour suffisament enformez, que les usages, noblesses, & saisines desdites

NOTES.

(e) Que la cognoissance des testamens Nous appartient, &c.] Il avoit esté ordonné par un grand nombre de Canons, que la connoissance des executions Testamentaires appartiendroit aux Evêques, ou leurs Officiaux à cause des legs pieux. Mais de la part du Roy ses Officiers se sont toûjours opposez à cet abus, & l'usage s'est establi depuis trés long-temps, qu'elle appartiendroit par prévention aux Juges Royaux, comme on le void icy. Et quoyque le *Concile de Trente* dans la Session 22. chap. 7. *De Reformatione*, qui ordonne que les Evêques en seroient Juges comme deleguez du Saint Siege, les Officiers Royaux ont toûjours conservé leur Droit, comme l'on peut voir par l'art. 39. de la Coutume de Meaux, & par les decisions 68. & 89. de Jean des Mares. Voyez ce que j'ay remarqué dans mon Glossaire sur *Executeurs Testamentaires*, & sur Loisel, Livre 2. Tit. 4. Regle 17.

(f) Tant comme les Comtez.] Tenismes. Voyez cy-aprés, à la ligne 2. de la page suivante.

Comtez sont telles, & que aussi nostredit Seigneur & Pere, tant comme il les *tint*, & Nous tant comme Nous les *tenismes*, avant que nostredit fils en fust fait *Comte*, *l'avions aussi usé*, & ne trouvions qui onques mais en nul temps, fors que depuis que nous venismes au Royaume, onques *teles causes de partie à partie*, comme dit est dessus, ne autres des subgiez desdites Comtez *venissent*, *ne ressortissent en Parlement*, fors que *és cas d'appeaux*, de *mauvais jugemens*, ou de *default de Droit*. Excepté que au temps de nostre tres chier Seigneur & Cousin le Roy *Charles*, que Diez absoille, furent traiz en *cause en Parlement* nos amez & feauls le feu *Sire de Craon* & le feu Sire de *Poüencé*, pour ce qu'il avoient couru *(g)* ô armes & à chevaux, l'un sur l'autre esdites Comtez. La cause Nous *fut renduë & renvoiée*, *& en cogneusmes & determinasmes*, & en eusmes les amendes, pour ce *qu'il estoient nos subgiez*, *& que les courses* & les faiz d'armes avoient esté faiz en la Comté d'Anjou, *dont Nous estions lors Comte*.

PHILIPPE VI. dit DE VALOIS, à Becoisel 1341. au mois de Juin, à S.t Germain en Laye le 20. Avril 1341. & à Estioles le 12. May 1341.

Pourquoy Nous voulans y metre fin perpetuel, vous *Mandons* estroitement, & deffendons à vous & à chascun de vous, & à vos successeurs esdiz offices de *Parlement* & des *Requestes*, que dores-en-avant, vous, ne aucun de vous ne fassiez venir, ne traire *de partie en partie en nulle cause*, quelles que elles soient dores en avant *en Parlement*, ne aux *Requestes*, les subgiez de nostredit filz, ou aucun d'iceuls desdites Comtez, ne seur ce ne donnez à instance de partie à partie, contre autres, adjournemens, si ce n'est és cas dessusdiz, *d'appel*, de *mauvais jugement*, ou de *defaut de droit*. Et ladite cause dudit Sires de Beu, à cause de sondit neveu, & toutes les autres pendans, entre parties, subgiez desdiz Comtez devant vous, ou aucun de vous, en *Parlement*, ou hors Parlement, de *Nous*, ou par Letres empetrées de nostre Court, vous renvoiez en la Cour de nostredit fils, par devant son Bailly, non contrestant les causes contenuës és Letres empetrées dudit Sires de Beu, cy dessus transcriptes, & non contrestant quelconques *saisines*, que nous aions contre autres personnes, *en cause de testament*, par *prevention*, ou en autres causes: car *Nous* pouvons bien avoir telle saisine contre autres du general de nostre Royaume, de quoy *Nous* & nos predecesseurs Rois de France avons usé ancienement, que *Nous*, *ne nos (h) successeurs* n'avons mie, ne l'avons usé, contre les *Comtes*, ne les subgiez d'Anjou, & du Mayne, *car au pays a moult de libertez*, *saisines*, *usages & coustumes anciennes*, qui ne sont mie en autre pays. Et voulons aussi que se par importunité d'aucuns impetrans, ou autrement, *Nous octroions*, aucunes Letres, qui fussent contraires, ou derogatoires en aucune maniere, en tout, ou partie à ces presentes, *lesdites Letres soient de nulle valeur*, *& que elles n'aient nul effet*. Et vous *mandons & commandons*, que auxdites Letres vous ne obeissiez en aucune maniere, mais ces presentes voulons *tousjours demourer en leur vertu*: Et pour que ce soit chose ferme & estable pour le temps present & à venir, Nous lesdites choses avons octroiées, à *nostredit fils*, pour le bon droit que nous sçavons qu'il y a, du quel nous sommes, & nous tenons bien enfourmez, si comme dit est. Et avec ce de grace especial, se mestier en est, de certaine science, de nostre autorité Royal, & pleine puissance, avons fait mettre nostre Seel à ces presentes, sauf nostre droit en autres choses, & l'autruy en toutes. *Ce fut fait à Becoisel*, *l'an de grace mil trois cens quarante & un*, *au mois de Juin*.

Par le Roy en son Conseil. VERBER.

Leu au Roy, present *le Vicomte de Meleun*, le Mareschal *Bertran*, *le Sires de Mathefilou*, le Sires *du Mouliner*, le Sires de Mervet, Messires Louis de *Vaucent*, Messires Jean *d'Andresel*, Messire *Baudry des Roches*, & Sires *Jehan de Milon*.

NOTES.

(g) O] C'est-à-dire, *avec*.
(h) Successeurs.] Lisez *predecesseurs*.

PHILIPPE VI. dit DE VALOIS, à Poncourt, le 9. Juillet 1341.

(a) Mandement par lequel le Roy ordonne qu'une Ordonnance precedente du 17. Mars 1337. sera observée, portant que les Dons que sa Majesté fera d'Offices, & de Benefices, &c. seront nuls, si ces Offices & ces Benefices ne vaquent de fait.

PHILIPPE par la grace de Dieu Roys de France : A tous ceux qui ces presentes Letres verront, *Salut.* Sçavoir faisons, que pour eschiver les granz inconvenienz, qui s'estoient ensui, où temps passé, & encores s'ensuioient chacun jour, de ce que Nous avions accoustumé *à donner Offices & Benefices, & (b) Eschoites,* & autres choses à Nous appartenanz, *avant ce que ils vacassent de fait. Nous* eue deliberation & avis en nostre Conseil seur ce, *ordenasmes l'an (c) 1337. le 17. jour de Mars,* que dés lors en avant, *Nous ne donneriens nulle chose quelle que elle feust, à Nous appartenant, si elle ne vaquoit de fait.* Si donnons en Mandement à nos amez & feaulz les Gens tenans nostre *Parlement* à Paris, & à tous autres Justiciers, & à chascun d'eux, que il gardent & tiennent, & fassent tenir & garder chacun en droit soy, nostredite *Ordenance,* sans enfraindre. Et se par aucune aventure, par importunité de requeranz, ou autrement, Nous avons *depuis* donné letres au contraire, nostre intention est qu'elles soient de nul valeur, & dés maintenant *les annullons* par la teneur de ces presentes, & ne voulons mie que l'en obeisse de riens ausdites Letres. En tesmoing de ce Nous avons fait metre nostre Scel en ces presentes Letres. *Donné à Poncourt le neufviéme jour de Juillet, l'an de grace mil trois cens quarante & un.*

Par le Roy en son Conseil.

NOTES.

(a) Ce Mandement est au Registre A. du Parlement, feüillet 5. *recto.*

(b) Eschoites.] Les Eschoites sont proprement des successions collaterales, à la difference des successions directes, nommées *Droites aventures.* Voyez ce que j'ay remarqué dans mon Glossaire sur ces mots. Icy les Echoites sont les *Aubaines,* les *Bâtardises,* & les *Desherences.*

(c) L'an 1337. le 17. Mars.] Cette Ordonance precedente ne se trouve pas. Voyez cy-dessus sous cette date page 120. & l'Ordonance du 11. May 1333. avec la note & les renvois.

PHILIPPE VI. dit DE VALOIS, à Vincennes, le 30. Aoust 1341.

(a) Letres par lesquelles le Roy ordonne que dans les Villes de Nîmes, de Beaucaire, & de Montpellier, il y aura un lieu, où les Commissaires deputez par le Roy, ou par le Parlement, dans ces Seneschaussées, jugeront les causes dont la connoissance leur sera commise, & qu'il ny aura plus qu'un seul Notaire qui redigera, ou qui fera rediger, par ceux qu'il commettra à ses risques, perils & fortunes, tous les procés & tous les Actes desquels il aura la garde, &c.

PHILIPPUS Dei gratiâ Francorum Rex : Universis præsentes litteras inspecturis, Salutem. *Notum facimus quod nobis ultimo existentibus in partibus Tolosanis, per fide dignorum testimonium, & subsequenter per plures de nostro Consilio, fuimus plenarie*

NOTES.

(a) Ces Letres sont en la Seneschaussée de Nîmes, en general, armoire A. liasse 16. des Actes ramassez, n.° 6. fol. 57. *verso.*

informati, quod non solum nobis, *sed etiam* Reipublicæ *esset utile, imò quasi* necessarium, *quod in qualibet Senescallia Regni nostri & præcipue in Senescalliis* Tolosæ, Carcassonæ & Bellicadri, *processus qui consueverunt fieri, virtute commissionum & mandatorum nostrorum, qui sæpissime erant & sunt minùs sufficienter facti, & in quibus plures defectus inveniebantur multociens,* tàm propter *insufficientiam & ignorantiam Notariorum qui acta, & processus hujusmodi faciebant, & in formam publicam redigebant,* quàm propter *diversitatem, & multitudinem eorumdem, & insuper, quod multi processus facti super hoc amittebantur, sæpius & plures collusiones & defraudationes committebantur, ex quibus emendarum nostrarum dilationes, aut etiam occultationes, & quæcumque adnullationes frequentissime sequebantur, & à pluribus immoderata salaria pro eisdem processibus petebantur, & capiebantur quotidie à Notariis antedictis, in nostrum, & Reipublicæ dammum & præjudicium non modicum ac gravamen. Et ob hoc habita deliberatione cum* aliquibus de nostro Consilio *& maxime cum dilectis & fidelibus clericis & Consiliariis nostris* Raimundo Saqueti *nunc Episcopo Morinensi, &* Johanne de Borbonio, *per Nos tunc tàm pro hiis, quàm aliis nostris negotiis in illis partibus destinatis, qui cum gentibus & officialibus nostris illarum partium super hoc consilium habuerunt, pro nostra, & Reipublicæ utilitate,* Ordinavimus *quod per unam personam idoneam, sive per deputandos ab ea, sub ejus periculo,* Officium faciendi acta & processus, quæ quotidie fiunt & fieri consueverunt in civitate Tolosæ, tàm inter illos qui inibi commorantur, quàm inter alias quascumque personas, coram Commissariis in eadem civitate deputatis, penes quam personam hujusmodi, in *Archivo* ad hoc idoneo & in ejus *custodia* remanebunt, & tenebunt Commissarii super hoc deputati de cætero sedem suam, in aula nostra nova Tolosæ & dictas causas ibidem audient & terminabunt mediante justitia, & non in privatis locis vel hospitiis eorumdem. *Et hoc idem* Ordinavimus *fieri in civitatibus* Carcassonæ *& etiam* Bitterrensis, *Et licet in collatione tunc per nos facta de dicto officio in civitate Tolosæ faciendo, dilecto & fideli clerico & secretario nostro magistro* Jacobo de Virtutibus, *aliqui se opposuissent, prætendentes dictum Officium Nobis & Reipublicæ fore præjudiciabile & dampnosum, attendentes, quia per* informationem *super hoc de mandato nostro* factam, *fuit repertum contrarium, quinimo quia per ipsam informationem Nobis, seu gentibus* requestas hospitii nostri tenentibus, *per quas ipsam videri fecimus, constitit dictum Officium esse Nobis & Reipublicæ utile, dictus Secretarius noster in dicto remansit Officio, & illud tenuit toto tempore vitæ suæ, & adhuc hoc idem inibi & in civitate Carcassonæ & Bitterrensis, sine contradictione aliqua observatur.*

PHILIPPE VI. dit DE VALOIS, à Vincennes, le 30. Aoust 1341.

Nos igitur attendentes, quod eisdem de causis & etiam quibusdam aliis quæ experientia docente ad præsens nos moverunt, erit Nobis & Reipublicæ utile, quod processus & acta quæ fient de cætero, virtute commissionum & mandatorum nostrorum in Senescallia Bellicadri & Nemausi, fient in certis locis ad hoc actis, & per unum Notarium sufficientem & idoneum, aut per certos idoneos per ipsum suo periculo deputandos, *penes quos,* & in eorumdem custodia dicti processus, ad evitandum prædicta inconvenientia & plura alia quæ sequebantur multotiens remanebunt, *auctoritate nostra regia & ex certa scientia* Statuimus *& etiam* Ordinamus, *quod in civitate Nemausensi* & in Villa *Bellicadri & Montispessulani,* ordinetur de cetero certus locus in quo Commissarii a Nobis, seu nostra Curia in dicta Senescallia deputati vel deputandi, ex nunc in antea, causas tangentes commissiones ipsorum, *audiant & determinent,* secundum formam & tenorem commissionum suarum: quodque *certus Notarius sufficiens* & idoneus per se, vel per substitutos idoneos suo periculo processus & acta quæ fient virtute commissionum hujusmodi in Senescallia Bellicadri & Nemausi faciat & diligenter custodiat in certis locis idoneis & securis, per eum vel suos ad hoc specialiter deputatos, *quos processus & acta post obitum dicti Notarii, qui ea in ejus custodia habuerit,* volumus penes Senescallium *Bellicadri qui pro tempore fuerit, ad utilitatem nostram & Reipublicæ remanere, donec per Nos alius in eodem Officio fuerit institutus. Dantes nihilominus, tenore præsentium, in mandatis* Senescallo Bellicadri *qui nunc est & qui pro tempore fuerit, ac omnibus aliis quorum interest, seu interesse potest* *quatenus* præsentem ordinationem nostram, sine contradictione quacumque observent *& observari faciant deinceps, ab omnibus nostris subditis & subjectis, & contra ipsam non attemptent, seu attemptari permittant, seu faciant quoquomodo, Et quod prædictam ordinationem nostram publicari faciant in locis prædictis & aliis de quibus eis videbitur expedire, in cujus rei testimonium præsentibus litteris nostrum fecimus apponi sigillum.* Datum apud nemus Vincennarum, penultimâ die Augusti. Anno Domini millesimo trecentesimo quadragesimo primo. Per Dominum Regem in suo Consilio ad relationem vestram. *CLAVEL.*

PHILIPPE VI. dit DE VALOIS, à Paris, le 19. Janvier 1341.

(a) Letres portant deffenses à quelques personnes que ce soit de prendre, de mettre, ni de recevoir aucunes monoies d'Or, blanches & noires fabriquées hors du Royaume, abatuës & deffenduës, lesquelles seront portées aux Hostels des monoies, exceptez les deniers d'Or fin, & les monoies que l'on fabriquoit alors, &c.

SOMMAIRES.

(1) Les monoies fabriquées hors du Royaume, & deffenduës par les Ordonnances, ne seront plus mises, ni reçuës, sur peine de corps & d'avoir.

(2) Chaque Seneschal dans son ressort, establira plusieurs personnes, pour prendre & arrester toutes les monoies contrefaites, lesquelles, quand elles en trouveront les couperont, & les feront porter pour ouvrer, en la plus prochaine monoie, &c.

(3) Personne à l'avenir, sous les mesmes peines, ne fera le commerce de Change, que dans les lieux publics & accoustumez d'ancieneté.

(4) Nul quel qu'il soit, sur les peines dessusdites, ne pourra se mesler du fait de Change & de monoie.

PHILIPPE par la grace de Dieu, Roy de France, au Seneschal de Beaucaire, ou à son Lieutenant, *Salut.* Pource que le peuple de nostre Royaume, *Changeurs, Marchands,* & autres se sont efforcés, & de jour en jour s'efforcent de leur volonté, de prendre, mettre & recevoir toutes monoyes d'or, & blanches & noires, faites *hors de nostre Royaume,* & contrefaites aux nostres, encontre nostre deffense, & les Ordonnances de nos monoyes, dont Nous sommes remembrans, que par plusieurs fois *vous en avons escrit,* par nos Lettres par lesquelles Nous avons mandé, & commis, que vous fissiés punition, & justice de ceux qui fairont le contraire, & de tout ce, & des autres choses contenuës és Ordonances de nosdites monoyes, & mandemens, vous n'avés rien fait ne accompli. Ainçois par vostre mauvaise garde & diligence est nostredit Royaume *peuplé des monoyes deffenduës,* & plusieurs maux, dommages & inconveniens vient à nostredit peuple, dont tres fortement Nous deplaist.

(1) Nous qui tels griefs & dommages ne voulons plus souffrir, *vous Mandons, commandons,* & expressément *enjoignons,* sur les peines que vous vous pouvés mesfaire envers Nous, que tantost & sans aucun delay, ces *Lettres veües,* vous fassiés *crier* & deffendre en vostredite Senechaucie & ressort d'icelle, que nuls, sur peine de corps & d'avoir, ne soit si hardis *de prendre, mettre, ne recevoir en payement, garde, depost, ou autrement que ce soit, aucune des monoyes dessusdites, ne les autres deffenduës & abatuës par les Ordonnances dessusdites, mais que au marc par billon.* Excepté tant seulement les *(b) deniers d'Or fin à l'ange, &* les autres monoyes *blanches & noires que* Nous faisons faire à present. Et tous ceux que vous pourrés trouver & sçavoir par information, ou autrement que ce soit, qui en aucune chose fairoint le contraire, *punissés-les*

NOTES.

(a) Ces Letres sont en la Chambre de Montpellier, au Registre des *Sauvegardes,* n.° 6. feüillet 122.

(b) Deniers d'or fin à l'ange.] Voyez le Blanc dans son Traité des monoies de l'édition d'Hollande, page 206.

punissés-les hastivement, & sans aucun *deport*, ou delay, *des peines dessusdites*, en telle maniere que ce soit exemple à tous autres.

PHILIPPE VI. dit DE VALOIS, à Paris, le 19. Janvier 1341.

(2) Et en outre ce *Voulons*, & vous *Mandons* que pour mieux & diligemment entendre aux choses dessusdites, vous establissiez & commettiez par vos Lettres, en vostredite Senechaucie & ressort d'icelle, plusieurs personnes, pour prendre & arrester toutes les monoyes contrefaites & deffenduës dessusdites, sur quelque personne & en quelque lieu qu'ils les pourront trouver, lesquels deputez & establis, sitost que prises & trouvées les auront, les couperont & porteront & fairont porter pour ouvrer, en la plus prochaine de nos monoyes du lieu où ils seront, desquelles prises & forfaitures ils auront le *dixiéme denier*, qui payé leur sera par les Maîtres particuliers de nosdites monoyes, auxquels ils vendront lesdites forfaitures.

(3) Item. Pource que plusieurs personnes, qui, cachetement & en lieux secrets, s'entremettent de fait & de marchandise de *Change* en nostredit Royaume, hors les lieux publiques & d'antienneté accoutumez, en fraudant le fait & l'ouvrage de nos monoyes, pource que la matiere & billon qu'ils pourchassent & achetent, ils vendent aux personnes, qui le portent pour ouvrer és monoyes contrefaites, & faites hors de nostredit Royaume, ou eux-mesmes le portent & font porter esdites monoyes, au grand dommage & deception de Nous & de nostre peuple. *Nous Voulons* & vous *mandons* que vous fassiés crier & publier par toutes les Villes & lieux de vostre Senechaucie, que nuls, sur les peines dessusdites, ne soit si hardis des-ores-en-avant de faire fait ne marchandise de *Change*, mais tant seulement és lieux publiques & d'antienneté accoutumés, nonobstant quelconques Lettres qu'ils en aient de Nous, des Maîtres de nos monoyes ou d'autres, lesquelles, si aucunes en ont, Nous rappellons, & mettons du tout au neant. Et *voulons* que vous & nos autres justiciers & subjets n'y obéïssent en rien.

(4) Item. Nous Voulons que vous fassiés aussi crier & publier par la maniere & comme dessus, & sur lesdites peines, que nuls ne soint si hardis *de faire fait de ouvrages de Change ne de monoye.*

Toutes les choses & chacune dessusdites, faites & accomplissez si diligemment & en telle maniere que par vous n'y ait aucun deffaut, ne pource Nous, ne nostre peuple grevés ne dommagés, car se il advenoit, Nous vous en punirions si griefvement & en telle maniere que tous autres y prendroient exemple. *Donné à Paris le dix-neufviéme jour de Janvier, l'an de grace mil trois cens quarante-un.*

Par les gens lays des Comptes. G. DUBOIS.

Pour le Roy.

PHILIPPE VI. dit DE VALOIS, au Bois de Vincennes, au mois de Janvier 1341.

(a) Ordonance touchant la vente des Cuirs corrompus, que des forains apportoient dans la Ville de Toulouse.

PHILIPPUS... *Universis presentes literas inspecturis*, Salutem. *Notum facimus, quod Nos quasdam patentes literas dilecti & fidelis Consiliarii nostri* Roberti de Charmaco *Militis, olim reformatoris per Nos in Senescalliis Tholosæ, Carcassonæ & Bigorræ destinati, suo sigillo sigillatas vidisse, formam quæ sequitur continentes.*

Robertus de Charmaco *Miles & Consiliarius Domini nostri Francorum Regis, ad partes Seneschalliarum Tholosæ, Carcassonæ & Bigorræ, pro reformatione patriæ, & officialium correctione, & aliis pluribus de causis, ac negotiis, à Majestate Regia destinatus*, Vicario, Judici ordinario, ac *Capitulariis Tholosæ, aut dictorum Vicarii & Judicis locum tenentibus*, Salutem.

NOTES.

(a) Cette Ordonance est au Tresor des Chartes, Registre coté 72. piece 269.

PHILIPPE VI. dit DE VALOIS, au Bois de Vincennes, au mois de Janvier 1341.

Nonnulli Cives Tholosæ in Vico, *seu* Carreria Raymundi del Faro *vulgariter nuncupata commorantes, nobis sua gravi conquestione monstrarunt, quod forenses extranei, & alii ad* mercatum *Castri Tholosæ venientes, suas animalium pelles, coria morticina, fœtentia, & sui putridine, fœtore & corruptione aërem, & per consequens gentes inficientia, & per plurimum humano corpori nosciva, in dicto* Vico *seu* Carreria, *quæ est una de majoribus, & insignioribus Carreriis (b) dictæ Civitatis, in qua itur de* Castro Narbonensi, & Curiis *Regiis Tholosæ per medium civitatis & suburbii, diebus fori, & nundinarum, asportant, atque tenent venalia, & exponunt, quorum fœtore nimio, & putridine, vix est ausus aliquis, dum inibi existunt, pertransire; quod cedit in ipsorum inibi inhabitantium, & transeuntium infectionis periculum, atque dampnum, & utilitatis Regiæ & Reipublicæ lesionem, nimiamque dicti Vici, ac Civitatis deformationem. Hospitia namque inibi existentia, quæ in parte tenentur de Domino Rege* in feudum, *multo minus valent, quam valerent, si dicta* Coria *abinde perpetuo amoverentur, & quia etiam commorantium & itinerantium transitus quamplurimum impeditur.*

Nobis igitur pro suo interesse, & commodo Regio, ac publico supplicantes, *ut pro reformatione prospera dictæ Civitatis & Carreriæ, ac regia utilitate, & publica, vellemus super hoc de oportuno remedio providere. Nos autem cupientes, sicut nostro reformationis incumbit officio, utilitatem Regiam &* publicam *potius preferre, quam* privatam, *vocatis Procuratore Regio Seneschalliæ Tholosanæ, ac pluribus aliis Officialibus Regiis, & quamplurimis Civibus civitatis prelibatæ, tam Militibus, Doctoribus, Burgensibus Mercatoribus, Clericis, Religiosis, & aliis personis in talibus expertis in multitudine copiosa, informatione præhabita, eorum testimonio, ac relatione præclara, ac nostris loco diebus fori, & aliis subter oculis reperimus, significata hujusmodi claram veritatem, & notoriam continere, & idem etiam* de Coriis, *seu pellibus consimilibus, quæ diebus fori in Vico*, seu Carreria Montis-Aygonis, *Tholosæ tenentur & portantur, humanis corporibus consimile præstantibus nocumentum: & ideo postulata exauditione, fore digna & consona rationi, habito consilio, & deliberatione solenni, cum pluribus judicibus & aliis Consiliariis Regiis atque nostris super præmissis, duximus* Ordinandum, *ac etiam tenore presentium* Ordinamus, *quod de cetero hujusmodi* coria *seu* pelles, *in dictis vicis, seu carreriis minime teneantur, & quod inhibeatur, tam publice, quam aliàs, sub certis pœnis per vos, seu vestrum alterum* indicendis *quibuscumque, ne contra presentem* Ordinationem, *talia* coria, *seu* pelles, *in dictis teneantur carreriis, & ibi ad vendendum asportentur. Et Nos etiam hoc idem, harum serie,* inhibemus *pro utilitate Regia & publica, nihilominus* ordinantes *quod alia loca carentia consimili nocumento Domino Regi & Reipublicæ minus damnosa & magis expedientia, pro dictis* coriis *tenendis & vendendis* assignentur; *atque (ut) relatione & consilio dicti Procuratoris Regii, ejus Advocati Regii, dictorum Judicum, Consiliariorum, & proborum aliorum procerum, dictæ Urbis plateam, seu carreriam vacuam, contiguam continentiæ dicti castri, pro tenendis dictis coriis, diebus fori & nundinarum ejusdem* Castri, & plateam pœnitentiæ, *diebus* fori *dicti loci* Montis Aygonis *didiscimus esse tales; dicta loca, pro tenendis* coriis *& vendendis, serie presentium* assignamus. *Quamobrem vobis & vestrum cuilibet districte injungendo* mandamus, *quatenus hujusmodi* Ordinationem nostram, *omni excusatione, oppositione, diffugio, usu contrario & allegatione cessantibus, de puncto in punctum exequamini, ac teneri, & observari perpetuò & inviolabiliter faciatis. Contrarium facientes juris remediis compescentes ac pœnis debitis taliter punientes, quod cæteris transeat in exemplum, nonobstantibus quibuscumque literis, non facientibus plenam & expressam de præsentibus mentionem, impetratis, seu etiam impetrandis, ac omnibus recusationibus, excusationibus, exceptionibus & appellationibus postpositis & rejectis. In cujus rei testimonium, sigillum nostrum præsentibus*

NOTES.

(b) *Dictæ Civitatis.*] C'est ainsi qu'on nomme toutes les Villes, où il y a Siege Archiepiscopal ou Episcopal. Quand le Pape érige dans une Ville, un Evesché, ou un Archevesché, il érige en mesme temps la Ville en *Cité*, & de là vient qu'on distingue encore aujourd'huy à Paris, la *Cité* de la nouvelle Ville.

Literis, impendenti duximus apponendum. Actum & datum Tholosæ die prima Octobris, anno Domini millesimo trecentesimo quadragesimo primo.

PHILIPPE VI. dit DE VALOIS, au Bois de Vincennes, au mois de Janvier 1341.

Robertus de Charmaco, *Miles Consiliarius Domini nostri Francorum Regis, ad partes Seneschalliarum Tholosæ, Carcassonæ & Bigorræ; pro reformatione patriæ, & officialium correctione, & aliis pluribus de causis, & negotiis, à Majestate Regia destinatus.*

Universis *presentes Literas inspecturis salutem.* Notum facimus *per presentes, quod mota lite, seu controversia, coram nobis, pretextu* cujusdam Ordinationis, *pro utilitate Regia & Publica, & bona ac prospera reformatione Urbis & Suburbii Tholosæ, nuper cum magna deliberatione, per Nos factæ,* de non tenendis de cætero coriis, *& pellibus morticinis, fœtentibus, & inficientibus, tamquam noscivis corporibus humanis, & dampnum & deformitatem dictis Urbi & Suburbio prestantibus, in vicis seu carreriis* Raymundi del Pharo, *satis prope Ecclesiam* Beatæ Mariæ de Carmelio, *qua itur de castro Regio Narbonensi, Tholosæ, & Curiis Regiis dicti castri, per medium dictæ Civitatis, & Suburbii, quæ est una de majoribus, & insignioribus carreriis dictæ Civitatis, necnon de* Monte Aygone, *prout hoc, & aliàs latius, in aliis Literis nostris super hoc obtentis, continetur, inter Mercatores dictorum* coriorum & pellium *tam affatorum (c) Paragaminarios & (d) Pellegantios, quam alios, dicentes & allegantes, se esse, & ab antiquo, tam eos, quam eorum prædecessores, fuisse per tanta tempora, quod de contrario hominum memoria non existebat, in possessione & saisina vendendi in dictis vicis, seu carreriis, dicta coria, & pelles pro libitu voluntatis, & specialiter diebus* fori *& nundinarum, & hoc ex titulo, per Dominum olim* Comitem Tholosanum *eis concesso, tempore quo dicta carreria* Raymundi del Pharo *non erat populata, & postmodum, per* Dominum tum Regem Franciæ *confirmato;* Supplicantes *se in dicta possessione tueri, & dictam nostram* Ordinationem *revocare, ex parte una.* Et Procuratorem Regium generalem *Seneschalliæ Tholosanæ, pro jure Regio, unà cum Advocato suo, & habitatorum in dictis carreriis, pro suo interesse & Capitularios & quam plures alios cives & habitatores dictæ Civitatis & Suburbii, pro utilitate publica, ex altera* deffendentes, *& in contrarium replicantes, & dicentes saisinam & possessionem ex adverso alligatam, non debere dici* saisinam *sed potius* corruptelam, *in causis & rationibus in dicta nostra* Ordinatione *contentis. Et quia nunc cessat causa concessionis dicti quondam Comitis, & confirmationis Regiæ, si quæ fuerunt* dicta coria *nulli poterant præstare nocumentum, quia nulli ibi tum temporis habitabant. Sed erat propter guerras ut locus vacuus & inanis, & nunc est locus solempnis, pulchris & magnis edificiis & bonis, & divitibus gentibus populatus. Et nunc dictæ carreriæ, sunt de bonis ac majoribus, & insignioribus carreriis Civitatis prælibatæ, & per quas cives & forenses ad dictam Civitatem venientes habent necessario & communiter pertransire. Quæ quidem edificia, quæ in parte a* Domino Rege tenentur in feudum, *propter infectionem dictorum coriorum & pellium multo minus valent, quam valerent, si dicta* coria *perpetuò amoverentur. Ex quorum amotione Dominus noster Rex, seu Respublica notorie nullam pati noscitur* lesionem, *sed potius commodum reportare,* dicentes *nostram* Ordinationem *fore executioni* demandandam, *nonobstantibus propositis ex adverso.*

Igitur *auditis dictarum partium rationibus, & quidquid dictæ proponere ac probare voluerunt,* habita super his deliberatione pleniori *ac consilio cum judicibus, officialibus & Consiliariis Regiis dictæ Seneschalliæ Tholosanæ, per* judicium Curiæ nostræ *dictum fuit, &* Nos dicimus & cognoscimus *per præsentes, prædictam nostram* Ordinationem tenere, *& quod dicta* coria & pelles *juxta dictam* Ordinationem, *de cætero in dictis* vicis *seu* carreriis minime teneantur, *sed in* locis, *per alias nostras literas dictæ nostræ ordinationis* assignatis, *vel aliis extra fossata dictæ Civitatis & suburbii, magis & pro utilitate Regia & publica expedientibus, qui vocato Procuratore Regio, & aliis evocandis*

NOTES.

(c) Paragaminarios.] C'est-à-dire, des Parcheminiers.

(d) Pellegantios.] C'estoient ce semble des ouvriers qui travailloient à ces peaux, & qui les vendoient, aprés les avoir perfectionnées pour differens usages.

PHILIPPE VI. dit DE VALOIS, au Bois de Vincennes, au mois de Janvier 1341.

reperientur, ad cognitionem Seneschalli & Vicarii Tholosæ, aut eorum loca tenentium assignandis.

Quapropter damus, tenore præsentium in mandatis, dictis Seneschallo & Vicario *judici ordinario, & Capitulariis Tholosæ, aut eorum loca tenentibus, quatenus* Arrestum & judicatum *nostrum hujusmodi & dictas alias nostras literas* prædictæ Ordinationis nostræ, *de quibus liquebit, de puncto in punctum juxta eorum seriem, executioni demandent, vel faciant demandare, frivolis oppositionibus, diffugiis & exceptionibus & appellationibus quibuscumque postpositis ac rejectis.* Datum Tholosæ die sexta Octobris, anno Domini millesimo trecentesimo quadragesimo primo.

Nos *autem præmissa omnia & singula, prout superius* exprimuntur, *rata & grata habentes,* ea volumus, laudamus, ratificamus, approbamus *& auctoritate nostra Regia de speciali gratia, tenore præsentium* confirmamus. *Quod ut firmum & stabile perpetuò permaneat in futurum, præsentibus litteris nostrum fecimus apponi sigillum.* Datum apud nemus Vincennarum, mense Januarii, anno Domini millesimo trecentesimo quadragesimo primo. *Per Dominum Regem, ad relationem Dominorum de* Malistroto & G. de Villaribus. J. Marchia.

PHILIPPE VI. dit DE VALOIS, à S.t Christophe en Halatte, le 19. Mars 1341.

(a) Ordonance par laquelle le Roy abolit des Letres, qui accordoient à des Officiers des gages pour toute leur vie.

PHILIPPE par la grace de Dieu, Roy de France: à noz amez & feauls Gens de nos Comptes à Paris, *Salut.* Comme plusieurs gens de nostre Conseil & de noz Officiers qui prennent gaiges de Nous, ont, si comme l'en dit, empetré Lettres de Nous, de avoir leurs gaiges à leur vie, *hors* & ens, facent, ou ne facent leurs Offices, Et ainsy sont noz Offices mains souffisament exercées & gouvernées, pource que chascun qui ainsy prendroit gaiges vont *hors,* ou pourroit aller où temps à venir, & laissent à faire leursdiz Offices, en grant domage & préjudice de Nous, & de ceux qui ont à faire pardevers lesdits Officiers. Pourquoy *Nous voulans* obvier à tieux malices & inconveniens, avons *Ordené & Ordenons,* en declairant nostre entente, qui ne fut oncques au contraire, que telles Lettres, ne telles graces ne puissent valoir à ceulx qui empetrées les ont, ou empetreront où temps advenir, ne qu'il en puisse joir, fors tant seulement en cas que en verité il seroint en telle maladie, ou telle veillece, ou impotense, pourquoy en verité ne peussent bonnement desservir leurs Offices, ou que aprés nostre trepassement aucun de nos successeurs emprés nostre decés les mettroint hors de leurs Offices sans leur culpe. Et si n'est mie oncquoies nostre entente de la avoir octroiée à aucun, ne octroier où temps à venir, se ce n'est à personne qui Nous aint bien & longuement servi, parquoy telle grace y doie bien estre employée. Et ne *voulons* que autrement, ne en autre cas que comme dessus est dit, aucun desdiz empetrans en joissent. Et ce voulons estre gardé entre toutes les personnes qui prennent gaiges de Nous, de quelque estat qu'il soient. Si vous *mandons* que ainsy le faciez publier & garder, & aussy le commandons garder à touz noz Tresoriers & Receveurs, chacun en sa recepte. *Donné à Saint Christophe en Halate le dix-neufviéme jour de Mars, l'an de grace mil trois cens quarante-un*

Par le Roy en ses Requestes. BARR.

NOTES.

(a) Cette Ordonance est au Registre B. de la Chambre des Comptes de Paris, feüillet 172.

PHILIPPE VI. dit DE VALOIS, à Paris, le 8. Avril 1342.

(a) Ordonnance touchant la restriction du nombre des Notaires du Roy, & des Sergens d'armes, & touchant le payement de leurs appointemens. Elle contient aussi des dispositions touchant les Maîtres des Requestes de l'Hostel, les Baillis, les Seneschaux, & ceux qui prennent des vivres pour le Roy.

SOMMAIRES.

(1) Les Notaires & les Sergens d'armes ne prendront plus leurs gages sur les receptes du Roy ni par les mains de ses Receveurs, mais en son Tresor *à Paris, ou en son Hostel, comme anciennement, à l'exception néanmoins des* Sergens d'armes, *qui sont employez sur les frontieres à la garde des Châteaux, lesquels seront toûjours payez* par les Receveurs.

(2) Tous les Receveurs seront changez & chacun d'eux aura une recepte nouvelle, differente de celle qu'il avoit. Et ils feront serment sur les Evangiles, qu'ils ne prendront Robes ni pensions de personnes, ou qu'ils renonceront à leurs Offices.

(3) Le Roy ne fera à l'avenir aucuns Sergens d'armes, *qu'aprés qu'ils auront esté reduits au nombre de cent, & des Notaires, qu'aprés qu'ils auront esté reduits au nombre* de trente.

(4) Les Notaires du Roy n'auront aucuns gages, jusqu'à ce qu'ils ayent esté examinez par le Parlement pour connoître s'ils sont suffisans & capables de faire des Letres, tant en Latin qu'en François, & que le Parlement ait attesté leur suffisance, &c.

(5) Quant à l'avenir, le Roy ne fera aucun Notaire, *à moins qu'il n'ait esté examiné par M. le Chancelier.*

(6) Aucun du Conseil, de quelque estat qu'il soit, ne suppliera le Roy de faire des Baillis, *des* Seneschaux, *& d'autres grands Officiers, à moins qu'ils ne les croyent suffisans; Et le Roy ne les admettra que quand il aura esté asseuré de leur capacité, par d'autres que les requerans.*

(7) Quand le Parlement sera fini, le Roy mandera son Chancelier avec les trois Maîtres Presidens du Parlement, *& dix personnes de son Conseil, Clercs & Lais, lesquels ordonneront selon sa volonté, du Parlement prochain, & tant de la grande Chambre, que de celles des Enquestes & des Requestes, &c.*

(8) Et comme environ depuis dix années quelques faussaires executez avoient declaré qu'ils avoient fabriquez des Letres de dons d'Offices, d'amortissement, d'anoblissement, & autres, les Baillis, Seneschaux & Receveurs seront tenus d'envoyer à Paris à la feste de S.t Martin prochaine, en la Chambre des Comptes, ou à ceux que le Roy commettra, toutes les Letres d'amortissement, d'anoblissement, & autres, octroyées aux personnes domiciliées dans leurs ressorts, afin qu'elles ne commencent à joüir des benefices qui leur y sont accordez, que du jour qu'elles leur seront delivrées.

(9) Le Roy ne fera aucun Maître des Requestes, *que quand le nombre aura esté réduit à* six, trois *Clercs &* trois *Lais. Et de ceux qui sont, il n'y en aura que* quatre, deux *Clercs, &* deux *Lais, qui prendront quelque chose en l'Hostel du Roy en la maniere accoustumée.*

(10) Aucuns Seneschaux, Gouverneurs & Baillis ne pourront à l'avenir estre Maîtres des Requestes de l'Hostel, ni estre admis au Parlement comme Maîtres. Et tous ces Officiers ne pourront prendre le titre de Gouverneurs, *mais seulement celuy de* Baillifs, *ou de* Seneschaux.

(11) Ceux qui ont des Offices en l'Hostel du Roy, qu'ils feront desservir par des personnes suffisantes, ne pourront faire adjourner aucun du lieu de leur Office, si ce n'est pardevant ceux qui en sont les Juges ordinaires, pardevant lesquels leurs Lieutenans seront aussi obligez de répondre.

(12) Les Pourvoyeurs du Roy, ne pourront prendre aucune chose pour luy, s'ils n'ont ses Lettres, ou du grand Maître de son Hostel; sa Majesté voulant que les Ordonnances faites à ce sujet soient observées de point en point.

PHILIPPES par la grace de Dieu, Roy de France : à nos amez & feaux les *Gens de nos Comptes à Paris, Salut & dilection.* Sçavoir faisons, que Nous avons fait en nostre Grand Conseil certaines Ordenances contenantes ceste forme.

Premierement. Que tous nos *Notaires, & Sergents d'armes*, qui sont, & ont esté

NOTES.

(a) Cette Ordonnance est au Registre A. du Parlement, feüillet 18. *verso*, en la Chambre des Comptes de Paris au Registre B. feüillet 172. au Memorial C. feüillet 265. & elle est rapportée par Joly dans ses additions à Girard, tome premier feüillet 12.

PHILIPPE VI. dit DE VALOIS, à Paris, le 8. Avril 1342.

assignez à prendre leurs gages *(b) sur nos Receptes* de nostre Royaume, par les *Receveurs* d'icelles, ou autre part, en quelque lieu que ce soit, prenront doresnavant leursdits gages en nostre *Thresor à Paris*, ou en nostre *Hostel*, si comme antiennement a esté fait, & non ailleurs, nonobstant quelconques *Lettres d'assignation* qu'ils en ayent de Nous, lesquelles Nous voulons estre *rappellées*, & dés maintenant rappellons du tout, exceptez nos *Sergents d'armes*, qui sont establis *(c)* à garder *nos Chasteaux des frontieres*, devers les advenuës de nostre Royaume.

(2) Item. Que tous nos *Receveurs* de nostre Royaume seront *changez & muz* de leurs receptes en autres. Et *jureront aux saincts Evangiles de Dieu, (d)* qu'ils ne prenront *Robes, ne pensions* de quelque personnes que ce soit, ou il renonceront à leurs Offices.

(3) Item. Que Nous ne ferons doresnavant *aucuns Sergents d'armes,* jusques

NOTES.

(b) Sur nos receptes, &c.] Les *Notaires* & les *Sergens d'armes* avoient surpris le Roy, en obtenant de sa Majesté, que leurs gages, Robes & manteaux, qu'ils prenoient *en son Hostel* quand ils y estoient, ils les prendroient *hors de son Hostel* en ses receptes, les uns par leurs propres mains, & les autres par les mains des Receveurs.

Le Roy qui reconnut la fraude, fit à ce sujet à Vincennes, le 18. Juin 1339. l'Ordonnance suivante, qui est au Registre B. feüillet 107. de la Chambre des Comptes de Paris.

PHILIPPE par la grace de Dieu, Roys de France, à noz amez & feaus Gens de noz Comptes à Paris, *Salut & dilection.* Comme Nous par *l'importunité de nos Notaires & Sergens d'armes*, ayans esté *prevenuz & deceuz*, de faire en nostre grant prejudice & dommage, contre stile & coustume ancienne, dont Nous n'estions pas bien avisez, ce qui s'ensuit. *C'est assavoir que moult des dessus nommez, Notaires & Sergens d'armes ont empetrez de Nous, que leurs gaiges, robes & manteaus qu'ils prenoient, & mesmement lesdits Notaires en nostre Hostel quant il y estoient, il prennent hors de nostre Hostel chascun jour,* soient en nos besoingnes, ou non, *en certains lieus & en nos Receveries, aucuns par leurs mains, & aucuns par les mains de nos Receveurs.* Et pour ce ne demeure pas, *que eus, ou aucuns d'iceus ne Nous soient moult coustable en nostredit Hostel & en moult d'autres manieres.* Nous qui en ce *Voulons* pourveoir à nostre proffit, de certaine science, & pour moult de causes justes & raisonnables qui à ce nous meuvent, *avons Ordené & Ordenons, par la teneur de ces Lettres, & vous mandons & commettons* que vous toutes teles assignations, lesquelles Nous rappellons dés maintenant, vous faciez du tout cesser, & mettre au nient, non contrestans Lettres que les dessus nommez, Notaires & Sergens aient de Nous, & deffendez à tous noz Baillis, Seneschaus, Receveurs & autres Officiers, que desormais riens ne leur en paient, ne ne seuffrent estre payez, ne pris par leurs mains, ou autrement: mais leur enjoingnent & commandent de par Nous, que les Lettres que il ont seur ce, rendent & mettent sens delay pardevers vous, & vous meismes leur mandez & commandez de par Nous, que ainsy le facent: Et à ceus qui ainsy vous auront renduës leurs dittes Lettres, faictes, vos Lettres adreçans au Maistre de nostre Chambre aus deniers, que leurs *gages, manteaus,* ou *robbes leur paie, pour les jours que il seront & auront esté en nostre Hostel, & fait leur office en la maniere accoustumée.* Et ce *voulons* Nous estre tenu & gardé sans enfraindre, non contrestans Lettres qui de Nous soient de ci en avant empetrées au contraire, non faisant mencion mot à mot de ces presentes Lettres. *Donné au Bois de Vincennes le dix-huitiéme jour de Juing, l'an de grace mil trois cens trente-neuf.*

Par le Roy à la relation de son Conseil. MATH.

Mais comme cette Ordonnance n'eut pas tout son effet, le Roy la renouvella & la perfectionna par celle-cy qu'il eut soin de faire exactement observer.

(c) A garder nos Chasteaux.] Selon Bouteiller dans sa Somme rurale, page 899. *Ces Sergens estoient les Massiers du Roy, parce qu'ils estoient Sergens pour le Corps du Roy, & devoient & pouvoient à des procés leurs armures porter* jusqu'à la Chambre des Comptes du Roy, & pouvoient faire Office de Sergenterie par tout le Royaume. Ils devoient avoir gages du Roy, & n'avoient d'autres Juges que sa Majesté ou le Connestable.

(d) Qu'ils ne prendront Robes ni pensions.] Voyez ce qu'on a remarqué à ce sujet sur l'article premier de l'Ordonance de 1327. cy-dessus, page 4. l'article 6. de l'Ordonnance du mois de Novembre 1302. tome premier, page 353. Les Letres Patentes de *Philippes le Long* accordées aux habitans de Quercy & de Perigord, tome premier, page 698. l'Ordonance *de S.t Loüis* pour l'utilité du Royaume, articles 3. & 7. Celle de *Philippes le Long* du 25. Mars 1302. pour l'utilité du Royaume, articles 40. 42. 43. page 364. & l'Ordonance du premier Juin 1331. dans le second volume, pages 67. 68.

qu'ils soient venus au *nombre de cent*, ne ferons aussi aucuns *Notaires*, jusqu'ils soient venus au *nombre de trente*.

PHILIPPE VI. dit DE VALOIS, à Paris, le 8. Avril 1342.

(4) Item. Que *nos Notaires*, qui à present sont, ne prenront aucuns gages, jusqu'ils seront *examinez par nostre Parlement*, assavoir s'ils sont suffisants pour faire *Lettres*, tant en *Latin* comme *en François*, & que nostredit Parlement Nous ait rescript la suffisance d'eux. Et se fera ladite examination tantost aprés *Quasimodo*.

(5) Item. Que Nous ne ferons doresnavant aucun *Notaire*, jusqu'ils seront examinez par nostre *Chancelier*, assavoir s'ils seront *suffisants* pour faire *Lettres*, tant en *Latin*, comme en *François*, comme dit est, selon ce que l'Office le requiert, & qu'il Nous en ait fait sa relation.

(6) Item. Qu'aucuns de nostre Conseil, de quelque estat qu'ils soient, ne Nous requerront, ne prieront, par *leurs serments*, de faire *Baillys, Seneschaux, Receveurs, ou autres grands Officiers*, s'ils ne cuident les personnes bien suffisantes, pour lesquelles ils Nous requerront ou prieront, jusques Nous soyons bien advisez & enformez par autres, que par lesdits requerants.

(7) Item. Que quand nostredit Parlement sera finy, Nous *manderons* nostredit Chancelier, les trois *Maistres Presidents* de nostredit Parlement, & dix personnes tant Clercs comme Lais, de nostre Conseil, tels comme il Nous plaira, lesquels ordenneront selon nostre volenté, de nostredit Parlement, tant de la *Grand-Chambre* de nostredit Parlement, & de la *Chambre des Enquestes*, comme *des Requestes, pour le Parlement advenir;* Et jurront par leurs serments, qu'ils nous nommeront des plus suffisants, qui soient en nostredit Parlement, & nous diront quel nombre de personnes il devra suffire, pour ladite *Grand'Chambre*, pour les *Enquestes* & *Requestes*.

(8) Item. Pource qu'aucuns *faussaires*, lesquels ont esté *justiciez*, pour leurs fausfetez & mauvaistiez, ont cognu & confessé qu'ils ont *escrit, scellé & passé plusieurs Lettres de dons d'Offices, & de plusieurs autres choses depuis dix ans en ça*, il sera mandé à tous nos Baillys Seneschaux, Receveurs, & à tous autres, à qui il appartiendra, que tous *amortissements & annoblissements* faits & octroyez aux personnes demeurants en leurs Bailliages, Seneschaussies, ou Jurisdictions, soient envoyez avec leurs Lettres en *la Chambre de nos Comptes à Paris*, ou pardevant ceux que Nous y commettrons, *dans la feste Saint Martin d'hyver, prochain venant*, & que lesdits Baillys, Seneschaux, ou autres, dessous quelle Jurisdiction il seront, ne souffrent que depuis ladite feste *Saint Martin*, ils joüissent desdits *amortissements & annoblissements*, jusqu'ils monstrent Lettres de leurs delivrance de Nous, ou de ceux qui seront commis à ce faire.

(9) Item. Que Nous ne ferons doresnavant aucun *Maistre des Requestes de nostredit Hostel*, jusqu'ils soient venus au nombre *de six*, c'est assavoir, *trois Clercs & trois Lais;* Et desdits Maistres qui à present sont, il n'y aura que quatre, c'est assavoir deux Clercs & deux Lais, qui prennent aucune chose en nostredit Hostel, fors tant seulement en la maniere que les Maistres des Requestes de nostredit Hostel souloient, & ont accoustumé à prendre antiennement.

(10) Item. Qu'aucuns *Seneschaux, Gouverneurs & Baillys*, ne seront doresnavant *Maistres des Requestes* de nostredit *Hostel*, ne de nostredit *Parlement*, ne ne seront en nostredit Parlement comme Maistres. Et ne *Voulons* que doresnavant aucuns Seneschaux, Baillifs, ou Officiers de nos Senechaussées & Baillies, soient appellez *Gouverneurs*, fors seulement Seneschaux, ou Baillys.

(11) Item. Que si Nous avons donné, ou donnons au temps advenir, à aucun des Gens de nostredit Hostel, aucun Office, & que Nous leur ayons fait, ou facions *grace de les desservir* par autres personnes suffisans, à leurs perils, que pour aucune chose, ils ne pourront traitter, ne faire adjourner quelque personne de là où seront leurs dits Offices, fors tant seulement devant les Juges ordinaires de la Jurisdiction de leursdits Offices, & que leurs Lieutenants seront tenus de respondre de tout ce qu'on leur voudra demander devant leursdits Juges.

(12) Item. Que nuls preneurs pour Nous, ne soient si hardis, sur quand que il se

PHILIPPE VI. dit DE VALOIS, à Paris, le 8. Avril 1342.

puent meffaire, de prendre aulcune chose pour Nous, s'ils n'ont Lettres nouvelles de Nous, ou du Grand Maistre de nostredit Hostel, Nous adcertes, *(e) voulants nos Ordenances* dessusdites estre gardées & accomplies de poinct en poinct.

Vous *Mandons*, & fermement *Enjoignons* sur la foy & serment, que vous avez à Nous, que lesdites Ordenances, & chacunes d'icelles, vous faciez tenir, garder & accomplir de poinct en poinct, selon le contenu d'icelles, & ne souffrez qu'aulcune chose soit faite doresnavant au contraire par quelque personne que ce soit. *Donné à Paris le huitiéme jour d'Avril, l'an de grace mil trois cens quarante-deux. Collatio facta est cum originali signato sic.* Autrefois ainsi signé.

Par le Roy en son Conseil, auquel vous estiez. BRIAIRE. G. DUBOIS.

NOTES.

(e) Voulans nos Ordonances estre gardées.] Voyez celle du Jeudy avant Pâques fleuries 1308. tome premier, page 458. 459. & les Letres accordées par *Philippe de Valois* aux Marchands de Portugal establis à *Harfleur*, article 3. tome 2. page 135.

PHILIPPE VI. dit DE VALOIS, à Paris, au mois d'Avril 1342.

(a) Letres par lesquelles le Roy confirme la Confrairie des Procureurs du Parlement.

SOMMAIRES.

(1) Les Confreres feront chanter tous les Dimanches de l'an une Messe du S.t Esprit & de Nostre-Dame.

(2) Plus, une Messe de Nostre-Dame le jour de la my-Aoust, à Diacre & Sous-Diacre.

(3) A la Saint Nicolas & à la Sainte Catherine, les Vespres & la Messe, à Diacre & Sous-Diacre.

(4) Le soir & le jour des Morts, Vigiles & la Messe des Morts, & les Confreres qui manqueront, payeront pour chaque heure qu'ils manqueront à Vespres & Vigiles, deux Parisis, & pour chaque Messe quatre Parisis, s'ils n'ont une vraye essoine.

(5) Les Confreres seront tenus, à leur pouvoir, d'assister aux Messes des Dimanches & d'y faire leurs offrandes; Et ceux qui y manqueront payeront pour chaque defaut un Parisis, pour l'entretien *du luminaire & les autres choses necessaires à la Confrairie.*

(6) Toutes personnes qui voudront entrer en leur Confrairie, y seront reçûës en payant seize sols Parisis.

(7) Chaque Confrere, le jour de la feste de Saint Nicolas d'esté, & chaque sœur, donnera pour aumosne *treize sols Parisis, & pour le* siege *deux sols Parisis; ce qui sera levé pour les pauvres de la Confrairie sur chaque Confrere, soit qu'il vienne, ou ne vienne pas.*

(8) Il y aura pour les Services deux torches & quatre cierges.

(9) Lors qu'un Confrere trepassera, il y aura Vigiles, Messe: Et chaque Confrere qui y manquera, payera à cause des Vigiles deux Parisis, & à cause de la Messe, quatre Parisis. Et les cierges & les torches dont on a parlé dans l'article precedent seront allumez au service des Morts.

(10) Si quelque Confrere tombe en pauvreté, il aura chaque semaine une aumosne de la Confrairie.

(11) Au siege qui sera au jour de Saint Nicolas d'esté, il y aura chacun an trois maîtres & deux Procureurs. Et les maîtres & Procureurs qui seront démis rendront bon compte aux nouveaux maîtres élûs, &c.

PHILIPPES, &c. *(b)* Savoir faisons à tous presens & à venir, que Nous avons veu unes Letres Patentes scellées du Scel de nostre Chastellet de Paris, contenant la forme qui s'ensuit. A touz ceuls qui ces presentes Lettres verront & orront, *Guillaume Gormont* Garde de la Prevosté de Paris, *Salut.* Savoir faisons que pardevant

NOTES.

(a) Ces Letres sont au Tresor des Chartes, dans le Registre de *Philippes de Valois*, cotte 72. piece 404.

(b) Ce n'est pas là une Ordonance; mais comme ces Letres sont une espece de Droit au Palais, & qu'on a fait imprimer cy-dessus, tome 2. page 54. les Letres par lesquelles la Confrairie des Notaires a esté confirmée par ce mesme Roy au mois de Septembre 1730. on a crû qu'on ne devoit pas obmettre celles-cy.

Richart

Richart Passent & *Ponce* dit le *Bourgoignon*, Clers, Notaires Jurez establis de par nostre Sire le Roy, où Chastellet de Paris, & aux choses cy-aprés contenuës & escriptes, faire, oir, & mettre en fourme publique pour Nous, & en lieu de Nous, *commis & envoyez*, furent personelment establiz Maistre *Pierre Gervaise* curé de Sainte Croiz en la Cité, Jehan *de Coucy*, Jehan *Morise*, Jehan *de Hericon*, Jehan *de l'Espine*, Bertelemi *de Lengres*, Jehan *de Scolin*, Gassot *de Noyssy*, Robin de *Sainte Greu*, Guillemin *Gronart*, Jehan *Danisy* le *Jonc*, Guillaume le *Bidaut*, Pierre *du Port*, Jehan *Danisy*, l'ainsné, Guillaume de *Tortefontaine*, Raoulet le *Breton*, P. de *Hautecour*, Maistre Nicole *de la Fon*, Auchier *de Cayeu*, P. de *Saint Omer*, Heliot *de la Roche*, Guillaume *Mignon*, P. *Lonnel*, J. *Lucas*, J. de *Bragcloigne*, J. *Bongis*, Haymon *du Puys*, autrement dit *le Peur*, & G. *de Rains Procureurs & escrivains* où Palais nostre Sire le Roy à Paris, & ailleurs en la Court & en l'Hostel dudit Seigneur, distrent, accorderent, recognurent & confesserent en bonne verité, pardevant lesdiz Notaites Jurez comme pardevant Nous, chascun en droit soy, que il avoient entre eulz bonne & vraie entention de faire les choses contenuës & especifiées en une escripture, ou cedule dont la teneur s'ensuit.

EN nom du Pere & du Filz & du Saint Esperit. *C'est l'Ordenance de la Confrairie que les Compaignons Clerc, & autres Procureurs, & Escripvains frequentans le Palais & la Court du Roy nostre Sire à Paris & ailleurs*, font & entendent faire, en l'enneur de Dieu Nostre Seigneur *Jesus-Crist*, & de *Nostre-Dame* sa glorieuse mere, de *Saint Nicolas*, de Sainte *Katerine* & de touz sainz & de toutes saintes, & pour accroistre & multiplier le service divin pour le *Roy* nostre Sire, Madame la *Royne*, leurs *enfans* & leurs *successeurs*, les *Confreres* & *Consuers*, & les *bienfacteurs* de ladite Confrairie en la maniere qui s'ensuit,

Premierement. Les diz Confreres feront chanter chascun Dimenche de l'an une Messe du Saint Esperit, ou de Nostre-Dame.

(2) Item. Une Messe de Nostre-Dame le jour de la my-Aoust, à Diacre & à sous-Diacre.

(3) Item. Aus deux festes Saint Nicolas, & à la feste Sainte Katerine, Vespres & Messes à Dyacre & à sous-Dyacre.

(4) Item. Le soir & le jour des Morts, Vigile & Messe des morts: Et les Confreres qui ne seront aux heures, tant d'icelle, comme ausdites trois festes de Saint Nicolas & de Sainte Katerine & des Morts, payeront pour chascune heure qu'il deffaudront à Vespres & Vigiles, deux parisis, & pour chascune Messe quatre parisis, se vraye essoine n'y a.

(5) Item. Lesdiz Confreres & ceulz qui pour le temps seront, sont & seront tenuz à leur poüer, d'estre aux Messes des Dimenches dessusdiz, & faire offrande selon ce qu'il leur plaira. Et qui n'y sera, il poiera pour deffaut un parisis *(c) pour guerir* luminaire & autres choses necessaires à ladite Confrarie.

(6) Item. Toutes personnes souffisans qui vouront entrer en ladite Confrarie seront receuz par paiant seze parisis d'entrée.

(7) Item. Le jour de la feste de *Saint Nicolas* d'esté, chacun an, sera à ladite Confrarie & paiera chascun Confrere & Consuer pour annosne *treze parisis*, & pour le siege deux soulz parisis. Et seront levez par les Procureurs de ladite Confrarie, vigne ou non vigne.

(8) Item. Deux torches & quatre cierges seront faiz convenables pour allumer aus services dessusdiz.

NOTES.

(c) *Pour guerir.*] C'est-à-dire, pour *garantir* ou *empêcher* que le luminaire & les autres choses necessaires à la Confrairie ne manquent. *Guerir* un malade n'est autre chose que le preserver & garantir de la mort dont il estoit menacé. C'est pour cela que dans le chapitre 141. du premier Livre des Establissemens *de S.t Loüis*, on s'est servi du terme *de garir en parage*, pour *garantir*. Voyez ce qu'on a remarqué en cet endroit, & Caseneuve sur les mots *guerir* & *guarir*. On pourroit aussi lire *Querir*, de *Quærere*, chercher, fournir & faire avoir.

PHILIPPE VI. dit DE VALOIS, à Paris, au mois d'Avril 1342.

(9) Item. Se aucun Confrere de ladite Confrarie trespasse, il aura Vigiles & Messe. Et chascun Confrere qui n'y sera, il paiera pour deffaut de Vigiles deux parisis, & pour Messe quatre parisis; Et seront les torches & cierges dessusdiz allumez au Service des Morts.

(10) Item. Se il y a aucun desdiz Confreres qui dechié de son estat, il aura en aumosne chascune semaine sus ladite Confrarie, ce que bon semblera ausdiz Confreres.

(11) Item. Au siege qui sera le jour de feste Saint Nicolas d'esté, seront chascun an trois Maistres & deux Procureurs esleus par la plus saine partie des Confreres de ladite Confrarie.

Et seront lesdiz Maistres & Procureurs qui seront démis, à rendre bon compte dedens *les huit jours* aprés ledit siege, pardevant les noviaux Maistres & Procureurs esleuz, ou autres à ce appelez: & n'en pourra on debouter aucun des Confreres de estre audit Compte, qui estre & entendre y voudra. Et recevront les dessusdiz esleuz toutes personnes souffisantes qui entrer vourront en ladite Confrarie, par paiant en ycelle Confrarie, l'entrée & les autres choses dessusdittes ainssi comme dit est: Et sera tout le service dessusdit, & toutes les autres choses dessus esclarcies aux despens de ladite Confrarie. Promettent loyaulment & en bonne foy les dessus nommez Confreres, & ceux & celles qui entrer vourront en icelle Confrarie serons tenuz de promettre, pardevant les Maistres ou Procureurs qui pour le temps y seront, en semblable maniere tenir, garder, & accomplir toutes les choses dessus escriptes, & chascune d'icelles, & de non venir encontre.

En tesmoing de ce, Nous à la relation desdiz Clers, Notaires Jurez, ausquiex Nous adjoustons pleniere foy en ce cas & en greigneur, avons mis en ces Lettres le Scel de ladite Prevosté de Paris, le Dimenche diz & sept jours de Juing, *l'an de grace mil trois cens quarante-un.*

ET comme nous aions en grant desir l'acroissement du Service de Dieu, lequel est accoustumez à estre faiz és Confreries, avec les autres euvres de cherité & de vraie amour, *Nous* ladite Confrairie ordenée comme dessus est, & toutes les autres choses contenuës esdites letres aians fermes & agreables, icelles loons & approuvons, & de grace especial, de certaine science, & de nostre autorité royal confermons. Et que ce soit ferme & estable à touzjours, Nous avons fait mettre nostre Scel à ces letres, sauf en autres choses nostre droit, & en toutes l'autruy. *Ce fut fait à Paris, l'an de grace mil trois cens quarante & deux, oû mois d'Avril.*

Par le Roy à vostre relation. MOLINS.

Sine financia. R. DE BALEHAM.

PHILIPPE VI. dit DE VALOIS, à Vincennes, le 26. Juin 1342.

(a) Ordonnance touchant les monoies.

SOMMAIRES.

(1) Les deniers d'or fin qui sont de trente-huit & un tiers *de poids au marc de Paris, seront de* quarante-deux *au marc, sans muer, ni changer la loy, ni la figure.*

(2) Les gros tournois d'argent à la fleur de lys de la loy & du Coing qu'on les fait, seront de dix sols de poids au marc de Paris.

(3) Les Deniers doubles *de la loy & de la maniere qu'on les fait, seront* de vingt sols *de poids au-dessus du marc de Paris.*

(4) Le marc d'or fin *sera ainsi acheté pour* douze marcs *d'argent, & les douze marcs d'argent, pour environ un marc d'or fin.*

PHILIPPE par la grace de Dieu, Rois de France, aus Maistres de nos monoies, *Salut.* Nous avons ordené par deliberation de *nostre Conseil,* & pour certaines

NOTES.

(a) Cette Ordonnance est au Registre B. de la Chambre des Comptes de Paris, feüillet 112.

& justes causes touchans l'honneur & profit de nostre Royaume, & especialement pour jetter & mettre hors d'iceluy les *fausses monoies & contrefaites*, qui de jour en jour de dehors nostredit Royaume y sont apportées, par les caveilleuses & malicieuses gens, au grant dommage & deception de nostre commun peuple, que nos monnoyes d'or blanches & noires *quarante-huitiémes* que l'en a fait, & fait ad present, soient faites & ouvrées *soixantiémes*.

PHILIPPE VI. dit DE VALOIS, à Vincennes, le 26. Juin 1342.

(1) C'est assavoir nos *Deniers d'or fin à l'Ange*, que l'on fait ad present de *trente-huit & un tiers* de pois au marc de Paris, vous les faciés taillier & ouvrer de *quarante-deulx de pois* audit marc, sans muer ne changier en riens la loi ne la figure desdis *Deniers d'or fin à l'Ange*, liquel auront cours pour *quatre livres cinq sols tournois* la piece. Et ferés donner en tout or fin, & en tout autre or à la valuë au dessusdit marc *huit vinz huit livres tournois*, en prenant noz dessus diz *deniers d'or fin à l'Ange* pour le pris dessusdit.

(2) Item. Faites faire & ouvrer nos *gros Tournois d'argent à la fleur de Lis*, de la loi, du coing, du cours & de la maniere que l'en les fait ad present, mais il seront de *dix sols de pois* au dessusdit marc de Paris.

(3) Item. Et nos *Deniers parisis doubles*, de la loi, du cours, & de la maniere que l'on les fait ad present, mais il seront de *vint sols* de pois au dessusdit marc de Paris. Et faites donner en toutes nos monnoies en tout argent le Roy au marc dessusdit, à ceuls qui feront leur loy, *douze livres dix seuls tournois*, & en tout autre argent & billon à la valuë. Et ainsy parmi nostre presente Ordenance seront noldittes monnoies avaluées en courant *un marc d'or fin, pour environ douze marcs d'argent, & douze marcs d'argent pour environ un d'or.* Si faites & accomplissiez vous & chacun de vous toutes les choses & chacune dessusdittes si pourveuement, diligemment & en telle maniere que par vous n'y ait aucun deffaut. *Donné au Bois de Vincennes le vingt-sixiéme jour de Juing, l'an de grace mil trois cens quarante-deux.*

Par le Roy en son Conseil. LORRIS.

(a) Letres portant establissement de Greniers *à Sel & de* Gabelles.

PHILIPPE VI. dit DE VALOIS, à Paris, le 20. Mars 1342.

PHILIPPES par la grace de Dieu, Roy de France : A noz amez & feauls Conseillers Mestre Guillaume *Pinchon* Arcediacre d'Avrenches, Pierre *de Villaines* Arcediacre en l'Eglise de Paris, Mestre *Philippe de Trye* Tresorier de Bayeux Mestres des Requestes de nostre Hostel, Mestre *Regnau Chauviau*, Guy, *Chev* . , Artus de *Pommeure*, Chevaliers & Mestre Jacques de *Boulay*. *Salut & dilection.* Comme Nous desirans de tout nostre cuer entre toutes noz pensées & besoignes, trouver voyes par lesqueles *Nous* puissiens miex contrester à *noz ennemis*, à moins de grevance & de charge de noz subjetz que faire le pourrons, par grant & meure deliberation, avis, & grant conseil aions *ordené (b)* certains *Greniers*, ou *Gabelles de Sel*, estre faiz par

NOTES.

(a) Ces Letres sont au Memorial B. fol. 156. de la Chambre des Comptes de Paris, & sont apparemment celles que Masson dans ses Annales de France, Livre 4. page 435. date de l'année 1343.

(b) Certains Greniers, ou Gabelles à Sel.] On void par cette Ordonnance que *Philippes de Valois* a le premier establi en France les *Greniers à Sel.* Ce qui a esté remarqué par *Jean* Abbé de Laon dans son miroir historique, chap. 71. Livre 11. Auparavant le droit de Gabelle appartenoit à des particuliers, qui en abusoient, ainsi que je l'ay remarqué dans mon Glossaire. Dans l'Empire Romain ce tribut estoit levé, comme l'on peut voir dans la loy *Inter Publica. De verborum significatione*, dans la loy *Si quis sine. Codice De vectigalibus & commissis*, dans la *loy Liber homo* §. 1. *De heredibus instituendis.* Et comme *les hommes* criminels estoient condamnez *aux metaux*, la peine des *femmes criminelles* estoit d'estre condamnées aux Salines. Voyez Cujas, *lib. 3. obs. cap. 31. Cangium in verbo Gabella.* les auteurs que j'ay citez dans mon Glossaire, & cy-aprés l'Ordonance du 15. Fevrier 1345

PHILIPPE VI. dit DE VALOIS, à Paris, le 20. Mars 1342.

noſtre Royaume, & ſur ce avons ordené, deputé & commis certains Commiſſaires par noſtredit Royaume és lieux où il appartient, pour *leſdits Greniers & Gabelle, publier, faire executer & mettre en ordre.* Nous qui voulons en toute maniere, que leſdits *Grenier,* ou *Gabelle* ayent *bon & brief effect,* & ſoient *gouvernez* au plus juſtement & profitablement que *eſtre* pourra, enfourmez & confians à plain du ſenz, loyauté, diligence & diſcretion de chacun de vous, vous *Ordenons, eſtabliſſons, & faiſons Meſtres Souverains, Commiſſaires, Conducteurs & Executeurs deſdiz Grenier & Gabelle, & de toutes choſes, qui ſur iceulx ont eſté & ſeront ordenées, & qui profitables, ou neceſſaires y ſont, & vous ſembleront à faire & ordener en quelque* maniere que ce ſoit, à demourer pour ce à Paris ou ailleurs, où bon & expedient vous ſemblera, en tele maniere que ſe, pour ledit fait, ou pour noz autres beſoignes, pluſieurs de vous s'abſenteront de Paris, que au moins deux de vous y demeurent continuelement, deſquelz vous *Meſtre Guillaume,* ou vous *Guy* ſoyez touzjours li uns. Et donnons à vous, à trois & à deux, plain pouvoir, auctorité & mandement eſpecial, de *mettre, ordener & deputer* par voz Lettres ſcellées de vos Sceauls, touz & telz *Commiſſaires, Grenetiers, Gabelliers, Clercs* & autres Officiers ez dis *Greniers* & *Gabelles,* commis és lieux où bon vous ſemblera par tout noſtre Royaume, de iceuls & tous autres deputez & à deputer ſur ce, *oſter, changer* & *rappeller,* & mettez-y autres toutesfois & quantes foiz qu'il ſera & vous ſemblera à faire, de tauxer & faire payer à iceuls & à chaſcun d'eulx, *gages convenables,* de pourveoir de tel remede comme bon vous ſemblera, ſur toutes doubtes, empeſchemens, excés & deffaut, qui en mettant en ordre & à effet, & en gouvernant leſdiz Greniers & Gabelles, pourroient avenir touchanz iceuls: & abſolument de faire tout ce qui bon & convenable ſera & vous ſemblera où fait deſdiz Grenier & Gabelles & deppendances & appartenances d'iceulx, en quelque maniere que ce ſoit, ſoit contenu en l'Ordonnance & inſtruction ſur ce faites ou non; *Voulans* & *Mandans* que de tous les Commiſſaires, *Grenetiers, Gabelliers, Clercs* & *Officiers* quelconques, deputez & à deputer ou fait deſdiz Grenier & Gabelle, vous, quatre, ou trois, ou deux de vous ſeuls, & nuls autres, ayez la congnoiſſance, correction & pugnicion du tout, quant aus choſes touchant le fait dudit Sel, & de tout ce qui en peut & pourra dependre & à yceuls appartenir, & que yceuls ne puiſſent eſtre approchiez, ne pourſuiz, ſoit par voye d'appel, ou autrement comment que ce ſoit, fors par vous ou devant vous, des choſes touchanz ledit fait, & vous auſſi à cauſe de voz Offices ſur les choſes deſſuſdites, fors ſeulement pardevant *Nous,* & des faiz d'iceulz deſſus touchant, ou d'aucun d'euls, vous ne ſoiez en riens tenus, ne chargez de reſpondre: Et quant à ces choſes deſſuſdites, & toutes autres touchanz le fait deſdits Grenier & Gabelle, & celles qui en aucune maniere en peuent, ou pourroient dependre, *Nous exemprons* vous & chaſcun de vous à touzjours mais, de la *Juriſdiction, punicion, correction & congnoiſſance de toutes noz autres gens & Officiauls quelz qu'il ſoient,* & de quelque eſtat & condition qu'ilz ſoient & ſeront, & de quelque pouvoir & autorité qu'il uſent, ou uſeront, ſoient és requeſtes de noſtre Hoſtel, en la Chambre des Comptes, en Parlement ou ailleurs. Et tous leſdits Commiſſaires, Grenetiers, Gabelliers, Clercs, & Officiers quelzconques deputez & à deputer au fait deſdit Grenier & Gabelle, *exemptons auſſy* de la correction & punicion de *toutes noz genz & Officiers, fors* de vous ſeulement: *Et Mandons & Enjoignons eſtroitement* à tous noz Conſeillers, Juſticiers & ſubjetz, ſur les ſermens & loyautez qu'il ont à Nous, que tout ce que vous leur requerrez touchant le fait deſſuſdit, il, & chaſcun d'euls vous doignent conſeil, confort & aide, toutesfois que requis en ſeront de par vous, ou aucun de vous; voulans que à vous en ce ſoit entendu diligemment. En teſmoing de ce Nous avons fait mettre noſtre nouvel Scel à ces preſentes Lettres. *Donné à Paris le vingtiéme jour de Mars mil trois cens quarante-deux.* Autrefoiz ainſy ſignée par le Roy. LORRIZ. Et corrigiée avec addicion de Meſſ. *Phe. Re.* Et au deſſus diz de la voulenté du Roy à la relation du Conſeil, *Marueil,* à preſent doublée. Par les Genz des Comptes. G. DUBOIS.

PHILIPPE VI. dit DE VALOIS, en l'année 1342.

(a) Letres touchant le fait du Change.

PHILIPPUS *Dei gratiâ Francorum Rex: dilectis nostris* Magistris, *& Custodibus monetæ nostræ Tholosæ, vel eorum loca tenentibus*, Salutem.

Cum per dilectum & fidelem Consiliarium nostrum (b) Episcopum Belvacensem, tunc locum nostrum tenentem in partibus Occitanis *&* Xantonensis, *vobis, & vestrûm cuilibet mandatum, & commissum extitisse dicatur, ut Personis expertis* super facto & arte Cambii, *daretis & concederetis, sub certa forma*, licentiam, *&* potestatem *debite faciendi & exercendi* dictum factum Cambii, *ad finem ut billonum & Cambium in Monetario nostro Tholosæ a diversis partibus apportaretur, & Monetagium ipsum conservaretur, & multiplicaretur ad utilitatem nostram, prout hæc, & alia in literis dicti* Consiliarii nostri, *super hoc concessis latius contineri dicuntur. Nunc quoque per* Ordinationes *nostras* super facto monetarum & Cambii noviter editas *prohibitum esse dicatur*, ne aliquis sub pœna corporis & bonorum, audeat, vel præsumat facere, seu exercere factum Cambii, nisi dumtaxat in villis & locis notabilibus, in quibus hactenus, & ab antiquo dictum factum Cambii fieri & exerceri consuevit, & quod sit homo legalis & bonæ famæ, & juret tenere *Ordinationes nostras*, & vestras, & idoneè caveat pro quinquagentis libris Turonensibus, & fideliter custodiendo & reddendo ea quæ sibi tradita fuerint, deposita, commendata vel aliter. *Nos pro utilitate nostra & Reipublicæ* volentes *dictum Monetagium nostrum Tholosæ meliorari, & multiplicari, vobis & vestrûm cuilibet insolidum,* Præcipimus *&* mandamus, *committendo, si sit opus, quatenus* mercatoribus & personis legalibus *& bonæ famæ, ex parte nostra* concedatis licentiam & potestatem debite faciendi & exercendi officium, seu ministerium Cambii, *juxta nostras* Ordinationes. *Et ipsis penitus observatis, receptis prius ab ipsis & eorum quolibet* per vos *seu officiarios nostros sub quorum jurisdictionibus morantur,* juramento & cautionibus idoneis, *de quibus mentio habetur, in nostris*

NOTES.

(a) Ces Letres sont aux archives de la monoie de Toulouse, & sont rapportées par *Constans* dans son Traité de la Cour des monoies, aux preuves du premier Traité des trois generaux maistres des monoies, pages 21. 22. tome 2. pag. 84. Voyez l'Ordonnance du 25. Mars 1332. art. 16.

(b) Episcopum Belvacensem.] Cet Evêque de Beauvais, qui estoit Lieutenant de Roy en Languedoc, se nommoit *Jean de Marigny*. Voicy ses letres datées du 18. Juin 1342. dont le Roy fait mention dans les siennes.

JOANNES permissione Divina Belvacensis Episcopus, locum tenens *Domini nostri Franciæ Regis in Occitanis & Xantonensis partibus:* Magistris & Custodibus *monetæ Tholosæ. Mercatores Tholosæ pro se ipsis, & singulis* Campsoribus *dictæ carreriæ, nobis exposuerunt graviter, quod licet vos & prædecessores vestri hactenus, pro conservatione & multiplicatione Monetagii regii Tholosæ,* mercatoribus *& aliis personis* supra facto & arte Cambii expertis, *licentiam dare & concedere consueveritis, emendi,* Cambiandi *& aggregandi per se & factores suos idoneos, aurum, argentum & quascumque monetas de Billono, pro ipsis monetis asportandis, vel mittendis, ad dictum Monetagium Tholosæ per quorum manus dictæ monetæ de Billono ad* ipsum Monetagium *apportari dicuntur & ad factum Cambii debite faciendi & exercendi. Nihilominus vos* Magistri *& Custodes prætextu quarumdam literarum registratarum, Seneschallo Tholosæ directarum & de mandato ejusdem publicatarum, in quibus inter cætera contineri dicitur, quod* nullus, sub certa pœna, ausus esset facere, seu exercere factum Cambii, *nisi dumtaxat in locis publicis, & ab antiquo consuetis, non obstantibus quibuscumque literis in contrarium concessis, seu concedendis, dictam licentiam dare & concedere recusastis, a die dictæ publicationis literarum prædictarum, & adhuc recusatis & obmittitis, ob quam causam billonum in ipso Monetagio ex tunc nihilominus, quia, non ut antea fertur, caruit, & desiit asportari in ipsius Domini nostri Regis præjudicium, suique Monetagii prædicti non modicam diminutionem. Quo circa nos dictum Monetagium augmentari & multiplicari, pro honore & utilitate Regis cupientes, vobis & uni cuilibet in solidum,* Præcipimus *&* Mandamus, *committendo si sit opus, quatenus, mercatoribus & personis super facto*

PHILIPPE VI. dit DE VALOIS, en l'année 1342.

(c) Ordinationibus antedictis, *& in locis propinquioribus de* Monetagio *nostro Tholosæ, quam de alio* Monetagio *regni nostri,* non permittatis aliquem facere, seu exercere dictum officium, *seu* ministerium Cambii, *nisi prius habita a vobis* licentia super prædictis, *secundum modum supra scriptum. Et quoscumque facientes, seu attemptantes contrarium, ad desistendum per captionem bonorum suorum, & ut prætereuntibus compellendo. Super præmissis enim & dependentibus ex eisdem, vobis & vestrûm cuilibet in solidum, ab omnibus nostris subditis pareri* Volumus & Mandamus. *Datum, ut supra, anno millesimo trecentesimo quadragesimo secundo.*

NOTES.

& arte Cambii *expertis, & aliis, de quibus expediens vobis videbitur,* licentiam & potestatem, *debitè faciendi factum, seu artem Cambii, prout dari consuevisset, tribuatis & etiam concedatis, in locis tamen prædictis & ab antiquo consuetis juxta dictas literas Regis præsentes, de quibus liquebit & earum forma penitus observata, taliter quod ob vestri culpam Domini Monetagium aliquam non patiatur diminutionem. Et quia, ut intelleximus, nonnulli de facto & absque licentia Domini,* factum Cambii *facere, seu exercere præsumunt, & quandoque billonum de regno Franciæ extrahunt & extrahi faciunt, Volumus quod omnes illi, quibus per vos, seu vestrum alterum dicta licentia concedetur,* jurare habeant, coram vobis, ad sancta Dei Evangelia, & promittere, sub obligatione bonorum suorum, quod factum prædictum fideliter & debite facient & exercebunt, dolo & fraude cessantibus quibuscumque, & totum billonum quod acquirent, seu acquiri facient, ad Domini Monetagium Tholosæ, *seu ad mensas nummularias dictorum Campsorum Tholosæ asportabunt fideliter, sive mittent. Quorum nomina in quodam libro, seu Registro dictæ monetæ, Volumus* Registrari, *& nullos alios, nisi modo præmisso à vobis licentiam obtinuerint, dicto facto Cambii uti permittatis, & præmissis desistere faciendo, super quibus & dependentibus ex eisdem, vobis & vestrûm cuilibet in solidum per dicti Domini Regis subditos pareri* Volumus & mandamus. *Datum* Marmandæ *decima octava die mensis Junii, anno Domini millesimo trecentesimo quadragesimo secundo. Per Dominum locum tenentem. R. CAUHAS.*

(c) Ordinationibus antedictis, &c.] Voyez cy-dessus, tome 2. pag. 84. l'Ordonnance du 25. Mars 1332. article 16.

PHILIPPE VI. dit DE VALOIS, à Paris, le 22. Aoust 1343.

(a) Ordonnance touchant les Monoies.

SOMMAIRES.

(1) A compter de la quinzaine *après* la Nostre-Dame de Septembre prochaine, *qui sera le 22. de ce mesme mois, le* denier d'or fin à l'escu *n'aura cours jusques à Pasques fleuries, que pour quarante-cinq sols tournois. Le* blanc denier d'argent à la fleur de lys, *pour neuf deniers, le* double parisis noir *pour trois mailles, le* nouveau bon gros tournois d'argent, *pour treize sols neuf deniers tournois, &c.*

(2) Depuis Pasques fleuries, jusqu'à la quinzaine finie de la Nostre-Dame de Septembre suivante. Le denier d'or à l'escu *n'aura plus cours que pour* trente sols tournois, *Le blanc* denier d'argent à la fleur de lys, *pour six deniers tournois, le* double parisis noir, *pour deux sols six deniers tournois.*

*(3) Depuis la quinzaine d'après la Nostre-Dame de Septembre, l'*Escu d'Or *n'aura plus cours que pour* seize sols vingt deniers tournois, *Le* blanc denier à la fleur de lys, *pour trois deniers tournois, le* double noir, *pour maille tournois, & le* bon *gros tournois, pour* douze Parisis, *& pour* quinze deniers tournois.

(4) Tous les Tresoriers du Roy, Receveurs, *& autres qui s'entremettent de receptes, tous Changeurs & marchands jureront sur les Evangiles, que sur les peines ordonnées, ils ne mettront par eux, ni par autres les monoies* deffenduës, *ni celles qui ont cours, pour plus grand prix que celuy qui vient d'estre fixé.*

(5) Personne, sous peine de corps & d'avoir ne fera porter argent, vaisselle, joyaux d'or & d'argent en masse & billon hors du Royaume, à l'exception seulement des Florins, *si ce n'est par la permission du Roy, &c.*

(6) Les Orfevres, ni les Changeurs ne pourront faire, ni faire faire de grands *vaisseaux d'argent & des hanaps d'or, si ce n'est pour Calices, ou autres vases sacrez à couvercles, du poids de trois* marcs *& demy, ou* quatre *au plus, & de la* blanche vaisselle *du poids de* six onces *& au dessous.*

(7) Aucun Orbateur n'employera en œuvres de son métier, d'Or, ni d'argent, que ce qui luy en sera baillé chaque semaine par les personnes préposées, sous peine de perdre l'argent avec l'ouvrage, & d'estre encore condamné en l'amende.

(8) Tous les Orfevres, Changeurs & marchands qui auront de l'Or, ou de l'Argent à vendre, ne le pourront porter qu'aux monoies

du Roy, qui sont les plus prochaines du lieu où ils demeureront.

(9) Les Orfevres & les Changeurs, sous peine de corps & d'avoir, ne fondront, ni ne feront fondre de gros tournois *d'argent, ni aucune monoie Royale.*

*(10) Nulle personne, Orfevre, Changeur, &c. sous peine de corps & d'avoir, n'*affinera *ni* rechaciera *argent, billon, ni aucune monoie blanche & noire.*

(11) Tous Orfevres, Changeurs & marchans ne trebucheront *aucunes monoies d'Or, blanches & noires, sous peine de corps & d'avoir. Et les Seneschaux, Baillis & autres Juges feront jurer les ouvriers, qu'ils ne feront plus d'engins à trebucher,*

(12) Tous marchands estrangers & autres, sous peine de corps & d'avoir, ne pourront faire transporter *hors du Royaume des monoyes d'or & d'argent, à l'exception seulement du denier ou de la monoie d'or qui a cours.*

(13) Tous les Contracts quels qu'ils soient ne seront faits à deniers d'or, à gros tournois, ni à marc d'or, ni d'argent, mais seulement à livres *&* sols.

(14) Il n'y aura des Changes *que dans les Villes & dans les* lieux publics & accoustumez. *Les Changeurs donneront bonne & suffisante caution de cinq cens livres, & ils jureront qu'ils observeront la presente Ordonnance.*

(15) Aucun, sous peine de corps & d'avoir, huit jours après la publication de la presente Ordonnance ne pourra faire aucun Contract, d'Or, d'Argent, ni d'aucune monoye quelle que elle soit.

PHILIPPE VI. dit DE VALOIS, à Paris, le 22. Aoust 1343.

PHILIPPE par la grace de Dieu Roy de France : au Seneschal de Xaintonges, ou à son Lieutenant, *Salut.*

Comme Nous qui sommes desirans, & avons affection & souverain desir de diligemment entendre au bon gouvernement de nostre Royaume, & sur l'estat d'iceluy, en telle maniere que ce *soit en la loüange de Dieu,* & à la paix & la tranquillité de nos subgiez, & au commun proufit de nostredit Royaume, ayans eu deliberation, & avis avec plusieurs Prelaz, Barons & bonnes Villes de nostredit Royaume, avec nostre Conseil & plusieurs autres saiges, & cognoissans sur *le faiz de noz monoies,* comment & par quelle maniere lesdites monoies soient *mises & ramenées à bon estat,* avons *Ordené,* & *Ordenons* seur ce, en la maniere que s'ensuit.

Premierement. Nos monoies *d'or* & *blanches* & *noires* faites en noz coings couranz à present, auront leur cours, tel comme elles ont, jusques à la *quinziéme* de cette *prochaine* Nostre-Dame, en Septembre, qui sera 22. jours en iceluy mois. Et iceluy jour passé le *Denier d'or fin à l'escu* fait en noz coings, aura cours & sera pris & mis jusques au jour de Pâques floris ensuivant, qui sera vingt-huit jours au mois de Mars, pour *quarante-cinq sols tournois.*

Le blanc *denier d'argent à la fleur de liz* courant à present, pour *quinze deniers tournois,* courra pour *nuef deniers tournois.*

Et le *double parisis noir,* pour *trois mailles* tournois.

Le nouvel *bon gros tournois* d'argent que Nous avons ordonné à faire du poids de la Loy de *Monsieur Saint Loüis,* & de noz autres predecesseurs Roys de France, aura cours par celuy temps, pour *treize sols nuef deniers tournois.*

Et aussi avons ordonné à faire *petiz Parisis,* desquieux les *douze* auront cours & seront pris & mis, pour un d'iceuls *gros tournois, Et petiz tournois,* desquels les

NOTES.

(a) Cette Ordonnance est au Registre A. du Parlement feüillet 25. En la Chambre des Comptes de Paris au Registre B. feüillet 114. & au *Registre vert vieil* du Chastelet, feüillet 6. *verso.*

Lorsque *Philippe de Valois* fut monté sur le trosne, il fit faire, comme on l'a déja dit, de *bonne monoie,* sur les remontrances de ses peuples, en l'année 1330. mais en l'année 1336. il les *affoiblit* à un tel point, qu'en 1342. le *sol* ne tenoit plus que *quinze grains* d'argent.

Dans cette année-cy 1343. il revint à la *forte monoie* qui dura peu. Et il y eut les *deux tiers* de perte sur ce que l'on avoit de bien en argent, parce que les *gros tournois de S.t Loüis,* qui valoient alors *trois sols neuf deniers,* furent mis à *quinze deniers tournois,* & les autres monoies furent diminuées à proportion. Voyez le Blanc dans son Traité Historique des Monoies, chap. 4. *De la monoie numeraire ou de compte,* page 20. & 21. au commencement de l'édition de Hollande.

Philippes ordonna ensuite un *second* affoiblissement, qui ne fut reparé qu'au 25. Avril 1350. quatre mois avant sa mort. Mais la *forte monoie* qu'il fit faire alors, ne fut pas si bonne que celle qu'il avoit fait faire en 1330. Voyez le Blanc sous *Philippe de Valois, pages* 211. 212. & Mathieu *Villany* qu'il cite.

PHILIPPE VI. dit DE VALOIS, à Paris, le 22. Aoust 1343.

quinze auront cours pour un des bons gros dessusdiz.

Et pour ce mesme prix auront cours les bons gros *tournois* de droit poids du temps Monsieur *Saint Loüis* & des temps de nos autres predecesseurs Roys de France. Et *toutes autres monoies* d'or & blanches & noires, tant de noz coings, comme d'autres *n'auront aucun cours,* quel que il soit, mais seulement au marc pour billon.

(2) Item. Ledit jour de *Pâques fleuries* passé, jusques à la *quinzaine* de Nostre-Dame de Septembre ensuivant, qui sera vingt & deux jours *au mois de Septembre,* l'an *trois cens quarante-quatre,* le dessus dit *Denier d'or à l'escu* aura cours & sera mis & pris *pour trante sols tournois,* le *blanc Denier d'argent à la fleur de liz,* pour *six deniers tournois.*

Et le *Double noir Parisis,* pour *un Denier tournois,* & les *bons gros tournois,* pour *deux sols six deniers tournois.*

(3) Item. Et de ladite quinzaine de la Nostre-Dame en Septembre vingt & deux jours d'iceluy mois, *l'an trois cens quarante-quatre en avant,* le *dessus dit Denier d'or à l'escu,* aura cours, & sera pris & mis pour *seize sols vingt deniers tournois.*

Le *Denier blanc* à la fleur de lis, pour *trois deniers tournois.*

Le *Double noir,* pour *maille tournois.*

Et le *bon gros tournois* dessus dit, pour *douze Parisis,* & pour *quinze deniers tournois.*

Et ainsi comme dessus est dit, parmi nostre presente Ordonnance, toutes autres *monoies d'or, blanches & noires,* tant de nostre Royaume, comme dehors, n'auront aucun cours, ne ne seront prises ne mises, pour quelque prix que ce soit, mais seulement au marc pour billon, depuis le premier terme de la *baroison* de noz monoies, qui sera comme dit est, à la *quinziéme de la Nostre-Dame en Septembre* prochaine à venir. Et quiconques depuis lors les sera trouvez prenanz, ou mettant en marchandise, paiemens, ou autrement, comment que ce soit, pour aucun pris quel qu'il soit, ne *les nostres* dessus dites, aux quelles nous *donnons cours,* pour autre, ne greigneur pris que dessus est dit, toutes les monoies ainsi prises & mises, nous seront acquises, avec les corps d'iceuls à nostre volenté.

(4) Item. Pour mieux & plus fermement tenir nostre presente Ordonnance, tous nos *Tresoriers* & *Receveurs,* gens de *nostre Hostel,* & tous autres, qui s'entremettent de *receptes,* & de *mises* pour Nous, & tous *changeurs* & gros *marchanz* & personnes notables de nostre Royaume, *jurront és mains* des maistres de nostre Hostel, de nos Seneschauls & Baillis, Prevostz, & autres Justiciers, sur les Sains Evangiles de Dieu, que sur les peines dessusdites, ils ne prendront, ne mettront, ne par autres ne feront prendre, ne mettre aucunes des monoies deffenduës dessusdites, pour aucun pris quelque il soit, ne les *nostres* à qui Nous donnons cours, pour autre ne greigneur pris, que Nous leur donnons par dessus.

(5) Item. Que aucun quelque il soit de estat ou condition, ne soit si hardiz, sous paine de corps & d'avoir, de *porter,* ni *traire,* ou faire *porter* argent, ou *Vaisselle,* joyaux d'or, d'argent, argent en masse, en billon, hors de nostre Royaume, excepté tant seulement les *Florins à l'escu,* se n'est par nostre congié & licence. Et aura par touz les ports & passages de nostre Royaume, là où noz Seneschauls & Baillis verront qu'il sera à faire, en leurs perils, bonnes gardes, loiaux, & de bonne renomée, personnes convenables & souffisanz nez en nostre Royaume, & non ailleurs, lesquels y seront mis & deputez par nozdiz Baillis & Seneschaux, lesquels jurront & baudront bonne caution és mains d'iceuls, de faire bien & loiaument à leurs pouvoirs & perils leurs Offices, & auront le *Quint denier* des choses par euls prises, & jugées comme forfaites, par les Juges des lieux, selon nos Ordonnances. Et dés maintenant Nous rappellons toutes nos autres gardes & députez sur les prises, & le fait de noz monoies.

(6) Item. Que aucuns *orfevres, changeurs,* ne soient si hardiz de ouvrer, de faire, ne faire faire vaissele, ne granz *vaisseaux d'argent,* ne *(b) hanaps* d'or, se n'est

se n'est pour calices, ou vaisseaux à saintuaires pour servir Dieu, à *hanaps* dorez à *couvercles* du poids de trois marcs & demy, ou de quatre au plus, & blanche vaisselle du poids de six onces, & au-dessous tant seulement : ne achater or, ne argent à greigneur pris que Nous en donnons à nos monoies, sous peine de perdre tout l'or, l'argent, & la vaisselle; lequel or & argent quand il leur faudra, ils achateront de certaines personnes à ce commises & députez de par Nous, & de nul autre.

(7) *Item.* Que aucun *Orbateur* ne soit si hardiz de ouvrer, ne faire ouvrer, *d'orbatre*, ne mettre en œuvre en iceluy mestier, ne en autre *or, ne argent*, mais seulement certaine quantité d'argent, qui leur sera baillée chascune semaine par les personnes dessusdites, qui de par Nous seront à ce ordenées, seur paine de perdre tout l'argent & l'ouvrage, & l'amende à nostre volonté.

(8) *Item.* Nous deffendons expressement sur paine *de corps & d'avoir*, à touz *Changeurs, Orfevres*, ou *Marcheanz*, & autres de quelque condition que il soient, que il ne soient si hardiz de porter, ou faire porter *Or* ou *Argent*, ne *billon* quel que il soit en aucune monoie de nostre Royaume, ou dehors pour ouvrer, mais tant seulement és nostres, & en la plus prochaine du lieu où ils seront.

(9) *Item.* Que aucuns *Changeurs*, *Orfevres*, ne autres personnes, quelle que elle soit, ne soit si hardiz sur paine de corps & d'avoir, de fondre, ni faire fondre *gros Tournois d'argent*, ou autre bone monoie Royal, faite en noz coings, aux quels par cette presente Ordenance Nous donnons cours.

(10) *Item.* Que aucuns Changeurs, Orfevres, ou autre personne quelle que elle soit, ne soit si hardiz, sur peine de corps & d'avoir, *d'affiner*, ni de (c) *rechacier* argent, billon, ne aucune monoie blanche ne noire, qu'elle que elle soit. Et afin que touz se puissent & doient mieux garder, Nous *Voulons* & *ordenons* que à ce soient commis & deputez certaines loiaux personnes à noz couz.

(11) *Item.* Nous deffendons sur paine *de corps & d'avoir*, à tous *Changeurs*, *Orfevres, Marcheanz* & autres, quels que ils soient, que ils ne soient si hardiz de (d) *tresbuchier* aucunes monoies d'or blanches & noires qu'elles que elles soient, en couvert, ne en appert. Et afin que miex chascun s'en doie garder, Nous *voulons & ordenons* à vous Seneschal de *Xaintonges*, & expressement *enjoignons*, que tous lesdiz Changeurs, Orfevres, Merciers, Epiciers en gros, marchanz & autres dont bon vous semblera de vostre Seneschaucie, & ressort dicelle, *faciez jurer* en vos mains, sur les sainz Evangiles de Dieu, chascun l'un aprés l'autre, en sa propre & singuliere personne, & leurs femmes, enfans & vallez l'un aprés l'autre, que ils ne *trebucheront*, ne feront *trebucher* d'ores-en-avant aucunes desdites monoies, sur lesdites paines.

Et encore par quoy il ne s'en puissent excuser du contraire, *Nous voulons* & vous *mandons* que toutes les personnes qu'en vostre Seneschaucie s'entremettent de faire *engins à trebuchier monoie*, vous faciez jurer entre vos mains, par la maniere dessusdite, que d'ores-en-avant ils n'en feront plus aucuns, sur les paines dessusdites, & que touz ceuls que ils ont faiz pardevers euls, il vous baudront presentement, & les *Changeurs* & *Orfevres* aussi, par quoy il ne soit plus bailliez à aucun.

(12) *Item.* Pour ce que nostre Royaume ne soit dégarnis de *bonne monoie*, & qu'elle ne soit portée hors, en estrangeres terres & Royaumes, mais soit & demeure pour la soustenance & ayde de nostre commun pueple, *Nous deffendons* à touz marcheans estrangers, & autres qui apportent, & amainent quelconques marchandises en nostre Royaume, que sur paine de corps, & d'avoir, ils ne soient si hardis *de traire*, ne faire *porter monoie d'or, ni d'argent* hors de nostredit Royaume, sans nostre Congié,

NOTES.

(b) *Hanaps d'or.*] Heinnap en Alleman, est proprement une escuelle à oreilles. *Diota. Vide Horat. libro primo Carminum Ode 9. versu 8.*

(c) *Rechacier.*] Voyez l'article 16. de l'Ordonance du 8. Mars 1329. avec la note, letre K. tome 2. page 47.

(d) *Tresbuchier.*] Voyez l'art. 20. de l'Ordonance du 6. Septembre 1329. l'art. 16. de l'Ordonance du 8. Mars 1329. page 36. & page 47. aux notes. Le Traité des monoies de Poulain page 438. & Boizard chap. 6. page 37.

PHILIPPE VI. dit DE VALOIS, à Paris, le 22. Aoust 1343.

mais seulement *Denier*, ou *nostre monoie* d'or, à laquelle, si comme dessus, Nous avons donné cours, & non à aucune autre monoie. C'est à sçavoir *escuz d'or.*

(13) Item. Nous *Voulons* & *Deffendons* à touz marcheanz & autres personnes de quelque estat & *condition* que ils soient, que aucun ne soit si hardiz de marcheander, ne faire aucun *contraut* de marchandises quelque comment que ce soit, à nombre *de Deniers d'or,* de *gros Tournois*, ne à marc *d'or ne d'argent, (e)* mais seulement à LIVRES & à SOULZ, de la monoie faite en noz coings, qui courra pour le temps que il feront lesdiz marchiez & contraux. Et qui sera trouvé faisant le contraire, il perdra tout le contraut & marchandise, & l'amendera à nostre voulenté.

(14) Item. Que aucuns sur paine de corps & d'avoir, ne soit si hardiz de *changier,* ne faire aucun fait de *marchandise de change, (f) se ce n'est* en *villes*, & *lieux publics & accoustumez à changer d'ancieneté.* Et mesmement Nous *ordonnons* & *voulons* que aucun ne fasse, ne experte fait de change, se il n'est *loial* & de *bonne renomée.* Et donra chascun bonne & *suffisante caution* en vostre main & en la main de nos autres Justitiers, de *cinq cens livres*, afin de tenir & garder loialment tout ce que baillé leur sera en garde, dépost, ou autrement. Et jurront en voz mains sur les sainz Evangiles de Dieu, que il tenront & accompliront fermement de point en point cette presente Ordonnance, & que il ne feront autre fait, ne autre marchandise de *change,* en leurs hostieux, ne ailleurs, mais seulement és lieux *publiques* & *accoustumez* à tenir fait de change. Mais ils pourront bien payer & recevoir, ou prendre l'argent & la monoie, de quoy change sera faiz entr'eux en leurs hostels, ou ailleurs, sans y commettre, ne entendre fraude, ne malice de par euls, mais toutesfois que le marchié en soit fait où *Change* publique. Et ne pourra aucun Changeur, vendre nostre monoie d'or *(g)* plus que à *un denier la piece,* du pris que Nous li avons donné par dessus, sur les paines dessusdites.

(15) Item. Pour ce que çà en arriere l'estat de nos monoies à moult esté grevez & domagiez & fraudez par *Courratiers* de monoies, lesquels ont esté cause & fondement de touz maulz. En celuy cas, Nous *avons ordené* & *voulons* que aucun ne soit si hardiz, sur paine de corps & d'avoir, quiex que ils soient, de faire aucun fait, ne contract d'or, d'argent, ne de aucune monoie qu'elle que elle soit. Et depuis huit jours aprés *le cry* & publication de ceste presente; qui sera trouvé faisant le contraire, Nous dés maintenant le tenons & reputons convaincu & attaint de ce fait, & encorru és paines dessusdites.

(16) Si vous *mandons* & estroitement *enjoignons* que sans aucun délay, vous faciez nosdites Ordenances crier & publier solempnelment par tous les lieux & Villes notables de vostre Seneschaucie & ressort d'icelle, où il appartendra, & où l'en a accoustumé à faire semblables criz & publications, & les faites tenir fermement, enteriner, accomplir & garder sans enfraindre, selon la teneur d'icelles, en punissant par les peines dessusdites tous ceuls que vous trouverez avoir fait aucune chose au contraire, si curieusement & haastivement & sans aucun déport ou délay, ni autre mandement attendre, que touz autres y doient prenre exemple. Et pour ce que aucun ne se puisse excuser par ignorance des choses dessusdites, *Nous voulons* que vous faciez ces *presentes Letres* copier sous vostre Seel, pluseurs foiz, & les copies mettre és plus notables lieux de vostre Seneschaucie, & où il pourront plus publiquement estre vûës En tesmoing de laquelle chose, Nous avons fait mettre nostre *Seel nouvel* à ces presentes Letres. *Donné à Paris le vingt-deux jour d'Aoust, l'an de grace mil trois cens quarante-trois.*

NOTES.

(e) Mais seulement à livres & à sols.] Voyez cy-dessus l'Ordonance touchant *les ventes*, du 23. Octobre 1330. page 57. art. 1.er

(f) Se ce n'est en villes & lieux publics.] Voyez cy-dessus l'Ordonance du 25. Mars 1332. article 16. page 57. celle de 1342. avec les letres de *Jean de Marigny* Evêque de Beauvais, & Lieutenant pour le Roy en Languedoc, pages 181. 182.

(g) Plus que à un denier la piece.] Voyez cy-dessus l'Ordonance du 6. Septembre 1329. article 23. page 36. celle du 29. Septembre de la mesme année 1329. article 25. page 39.

PHI[illegible] VI [illegible] DE VA[illegible], à Paris, l[illegible] Aoust 1343.

(a) Ordonance touchant les monoies & les payemens.

SOMMAIRES.

(1) Les arrerages des Rentes constituées en deniers, pour les termes à échoir depuis la Nostre-Dame de Septembre, *seront payez à la monoie courante, quoyque quelques-unes de ces Rentes eussent esté constituées au temps que la monoie estoit plus foible.*

(2) Les ventes de bois *faites jusques à* Pâques, *premier jour de 1340. seront payées pour les termes à venir à la monoie courante.*

(3) Quant aux ventes de bois *faites depuis 1340. au cas que l'acheteur veüille tenir le marché, pour payer à la monoie qui aura cours, il le pourra, si l'acheteur ne le veut pas, & si le vendeur n'est pas content de la monoie courante pour les termes à venir, le vendeur pourra son bois & sa vente reprendre en l'estat où il les trouvera, en recevant de* l'acheteur *le prix de ce qui aura esté exploité en la monoie qui aura couru.*

(4) Les loiers *à venir des fermes muables prises avant* Pâques, *premier jour de l'année 1340. seront payez à la monoie qui courrera à chaque terme.*

(5) Il sera loisible aux Fermiers *de retenir les fermes prises depuis 1340. en payant les loyers, en la monoie qui courrera aux termes qui échoiront depuis la presente Ordonnance. Et s'ils les veulent* laisser, *ils le pourront en avertissant les bailleurs, dans les 40. jours aprés la publication des presentes, &c.*

(6) Quant aux loyers des maisons, *si celuy qui en a pris, y veut demeurer pour le prix qu'il a loüé, & payer le loyer pour les termes qui échoiront, en la monoie qui aura cours, il le pourra, en faisant sa declaration dans quinze jours, aprés la publication des presentes, aux Baillies & Seneschaussées où les maisons seront situées, & en payant tous les loyers du temps passé, en la monoye qui aura couru, &c.*

(7) Les emprunts *& les* dettes *du temps passé, à payer à terme, ou sans terme, seront acquitez en la monoie qui courroit au temps du Contract, ou de l'emprunt, sans usure, &c.*

PHILIPPES par la grace de Dieu, Roys de France. Au *Seneschal de Xaintonges,* ou son Lieutenant. *Salut.*

Comme par grant deliberation de nostre Conseil, auquel estoient plusieurs Prelatz, Barons, gens de noz bonnes Villes, & autres saiges, aiens *ordené, & pourveu,* seur l'estat de noz monoies, au mieux & plus diligemment, & au profit de nostre Royaume, que Nous avons peu, en la maniere qui s'ensuit.

Premierement. Que toutes *Rentes en deniers* se paieront, pour les termes à venir, aprés la *quinzaine de la Septembresche,* qui sera *vingt-deux jours* en Septembre, à tele monoie & tel prix, comme monoie aura son cours, selonc nos Ordonnances faites sur le cours de nos monoies, pour les termes qui sont à venir, jasoit ce que aucunes desdites Rentes en deniers ayent esté *achetées,* au temps que la monoie estoit plus foible.

(2) Item. Toutes *ventes de Bois,* qui ont esté faites où temps passé, jusques à Pâques, *l'an mil trois cens quarante,* tiendront & se paieront pour les termes à venir, en tele monoie comme il courra aux termes à venir, sans que il puissent *laissier leur vente,* mesmement comme la monoie dudit temps estoit assez souffisante. Et si se sont les marcheanz depuis acquitiez de monoie qui depuis a couru plus foible, aux termes passez & escheuz.

(3) Item. Les ventes de Bois, qui ont esté vendus depuis *Pâques,* l'an 1340. ou cas que *l'acheteur voudra retenir son marchié,* pour paier tele monoie, & à tel prix comme monoie *se payera aux* termes ensuivanz & à venir, faire le pourra sans contredit du vendeur. Et où cas que il ne voudra le faire, se li *vendeur* ne veult estre content de la monoie qui court à present, pour les termes à venir, il pourra *son bois & sa*

NOTES.

(a) Cette Ordonnance est au Registre A. du Parlement de Paris, feüillet 26. *verso.* Voyez cy-dessus l'Ordonnance du 16. Decembre 1329. tome 2. page 43. l'Ordonnance de *Philippes IV. dit le Bel,* du mois de Juin 1313. Tome premier, page 525. celle du 13. Janvier 1306. Tome premier, pages 445. 446. celle du 16. Fevrier 1306. pages 446. 447. celle de Pâques fleuries de 1308. pag. 447. 448.

PHILIPPE VI. dit DE VALOIS, à Paris, le 22. Aoust 1343.

vente reprendre, pardevers soy, ou point où il la trouvera, se il li plaist, *nonobstant l'opposition de l'acheteur*, en prenant dudit acheteur au pris que la vente li cousta, en la monoie qui a courru, tout ce qu'il en aura exploitié. Et sera sçeu si la vente sera forciée, ou empiriée, & si le meillieur bois, ou le pire en est coupé, ou exploitié, & de ce sera faite competente restitution.

(4) *Item.* Se aucuns ont pris *fermes muables* avant Pâques 1340. les Fermiers paieront tele monoie, & pour tel pris, pour les termes à venir, come il courra aux termes, pour la cause contenuë en l'article des *ventes de Bois.*

(5) Se aucuns ont pris (b) *fermes muables* depuis Pâques 1340. si les *Fermiers veullent retenir* leurs fermes, pour payer aux bailleurs telle *monoie*, & pour *tel pris* comme elle *courra aux termes qui écheront*, puis nostre *presente Ordonnance* en avant, *faire le pourront*, sans contredit des bailleurs. Et se il les *veullent laissier* pour le temps ensuivant & à venir, *faire le pourront*, mais que il appere souffisament de leur delaissement aux *vendeurs*, & aux *bailleurs* desdites fermes, *dedanz quarante jours* aprés la publication faite de cette Ordonnance és Seneschaucies & Baillies, où leurs fermes seront assises, & que dedans iceuls *quarante jours*, ils payent aux vendeurs & bailleurs tout ce qu'il leur devront du temps passé pour cause de leurs fermes, en telle monoie comme il auront receu.

(6) *Item.* Quant aux *loyers des maisons*, se cil qui l'a loüée y *veult demourer*, pour le prix que il la loüée, & *poier le loier*, pour les termes à venir, en la monoie qui *courra és termes*, faire le pourra. Et se il *veult laissier* la maison au *bailleur*, faire le pourra; mais que dedanz *quinze jours* aprés la publication de ces meismes faite, és Baillies & Seneschaucies, où leurs maisons seront assises, il les *laissent*, & *poient* tout ce qu'ils *doivent du temps passé*, en la monoie qui a couru. Et est à sçavoir que où cas qu'il y auroit és choses dessusdites, ou en aucunes d'icelles certains.... contraus faisant mention de certaine monoie & sur certain pris, nostre entente est que sanz enfraindre, ils soient tenuz & gardez en leur force & vertu.

(7) *Item.* Les *empruns* & *debtes accrües* du temps passé, *à poier à certains termes*, ou *sans termes*, seront poiées *de la monoie qui courut* ou temps du *contraut*, ou de *l'emprunt fait*, toute *usure*, ou convention d'usure cessant. Et se debat y a, elle sera avaluée au pris & à la *value* que *marc d'argent valoit*, au temps que le contraut fut faiz, & que la debte fut accrüe. C'est à sçavoir & entendre des *deniers prettez*, & des *denrées venduës*, exceptées *fermes* & *ventes de bois*, dont mention est faite cy-dessus.

Pourquoi Nous vous *mandons*, *commendons* & *commettons*, se mestier est, par la teneur de ces presentes letres, que vous faites sçavoir par cry solempnel & autrement, par toutes les meilleures & plus cleres voies que pourrez, & à touz nos subgiez de vostre Seneschaucie & ressort d'icelle, *commandez* de par Nous, que toutes les Ordonnances & les choses dessus écrites & chascunes d'icelles, ils tiengnent & gardent fermement & sans enfraindre, chascun en droit soy, sur tout ce qu'ils se peuvent meffaire envers Nous, *de corps & d'avoir*. Et ne souffrez que aucun desdiz subgiez face question, trouble, ne debat à autre personne quelle que elle soit, contre la teneur de nos presentes Ordonnances. Et tous ceulx que vous trouverez avoir fait, ou faisant le contraire, puis ledit cry faiz, punissez en tele maniere que les autres y preignent exemple. Et *voulons* que vous sachiez que se en ces choses vous estiez negligenz, ou pareceux, Nous *nous* en prendrons à vous, & vous en punirions griefment. *En tesmoing de laquelle chose*, Nous avons fait mettre *nostre Scel nouvel* à ces presentes Letres. *Donné à Paris le vingt-deux jour d'Aoust, l'an de grace mil trois cens quarante-trois.*

NOTES.

(b) *Fermes muables.*] Voyez l'Ordonnance de *Philippes le Bel*, faite à Pontoise au mois de Juin 1313. article 4. tome premier, page 526. où ce qui y est appellé, *fermes baillées à temps*, semble estre ce qui est nommé icy *fermes muables*. Joignez les notes sur l'Ordonnance du 25. Aoust 1313. tome premier, page 531. colomne premiere, ligne 18. paragraphe. *Item de Firmis*, celle du 16. Decembre 1329. art. 4. & 5. & cy-aprés les notes qui sont à la fin de l'Ordonnance du 26. Octobre 1343.

PHILIPPE VI. dit DE VALOIS, à Paris, le 12. Septembre 1343.

(a) Letres contenans des Reglemens pour procurer l'abondance des vivres.

SOMMAIRES.

(1) Tous ceux qui feront conduire des grains & des vivres *dans la Baillie d'Auvergne, feront tenus de les faire décharger aux Halles & aux Marchez, sans qu'il leur soit permis de les mettre dans des maisons & des greniers, sous peine de les perdre.*

(2) Aucun marchand, sous la même peine, *ne pourra acheter* du Bled, *ou aucuns autres grains, pour les revendre, à l'exception neanmoins des* Boulangers *qui ne pourront en acheter qu'un* muid *à la fois.*

(3) Aucun Bourgeois ne pourra faire des provisions de grains que pour quinze jours *seulement.*

(4) Tous ceux qui ont des bleds *en greniers, n'en pourront retenir que ce qu'il leur en faudra pour leur famille, & ils mettront le reste en vente.*

(5) Ceux qui voudront acheter une certaine quantité de Bleds pour semer, *feront tenus de faire porter aux marchez autant des leurs, qui ne sont pas propres aux semailles.*

(6) Personne ne pourra saisir *les* grains *qui feront apportez aux marchez, ni les* chevaux *qui les y ameneront.*

(7) Aucun ne pourra acheter le pain *que l'on apporte de dehors pour le revendre.*

(8) Personne sous les mêmes peines ne pourra faire des assemblées sous couleur de Confrairie.

PHILIPPE par la grace de Dieu, Roys de France : *au Bailly d'Auvergne*, ou à son Lieutenant, *Salut.* Nous avons entendu par la grief complainte du commun pueple de ladite Baillie, que plusieurs personnes mûës de convoitise ont par leur malice acheté & achatent, ou font achater de jour en jour *grant quantité de blés,* & *mettent en greniers plus assés* que il ne leur en faut pour *la garnison de leurs hostieux*, ou maisons, dont grant *chierté en est venuë* oudit Bailliage, & plusieurs inconveniens en pouroient ensuir où temps à venir, se sur ce n'estoit pourveu de remede, si comme on dit. *Pourquoy Nous vous mandons*, & se mestier est *commettons* que tantost ces Letres veuës, vous vous *transportez és marchiez & villes de ladite Baillie* & du ressort d'icelle, & és lieux accoustumés *faites crier & publier* de par Nous les choses qui s'ensuivent.

Premierement. Que toutes manieres des gens qui amenront *grains* & *vivres* en ladite Baillie d'Auvergne & autres Villes de ladite Baillie & ressort, les mainent tout droit *és halles & és marchiez* des lieux, sans les descendre ou mettre en *hostel, ne en grenier,* sur tout ce que il se puent meffaire envers nous, *especiaument* de perdre les denrées, & aussi que aucuns ne soit si hardis de les recevoir, *ne reception* en fere en son hostel sur ladite paine.

(2) Item. Que aucun marchant quel qu'il soit, ne soit si hardis d'acheter aucuns *grains* pour revendre, *sur la paine dessusditte*, excepté *Boulangers*, qui lesditz grains pourront *achepter* pour *convertir* en pain & non ailleurs. Et n'en pourront *acheter que un muy* au plus à une fois.

(3) Item. Que aucun *bourgois* ne autre n'en puisse acheter fors tant seulement pour *quinze jours* au plus.

(4) Item. Que tous ceulz qui ont *blés en greniers*, facent ouvrir leurs greniers *& mettre leur blé* en vente, fors tant seulement tant que il leur en faudra pour le vivre d'eulz & de leurz Gens.

(5) Item. Que tous ceulz qui ont *blés* en leurs *hostieux*, & vouldront acheter *blés pour semer*, facent mener au marchié pour vendre *autant de leurs blés*, qui ne feront pas bons pour semer.

NOTES.

(a) Ces Letres sont au Memorial B. deuxiéme, feüillet 93. de la Chambre des Comptes de Paris. Voyez l'Ordonance de *Philippe le Bel,* du mois de Mars 1304. tome premier, pages 426. 427. 431. 443. 444. & les articles 6. 9. & 12. des Lettres de *Loüis VII.* de 1168. tome premier, page 13.

PHILIPPE VI. dit DE VALOIS, à Paris, le 12. Septembre 1343.

(6) *Item.* Que chascun puisse sauvement & seurement amener *grains* & *vivres* en ladite Baillie, & és autres Villes dudit Baillage & ressort, sanz ce que iceulz *grains* soient *prins*, ne les *chevaux*, ne *charretiers* qui les *amenront*, & que se aucun les veult prendre ne le souffrez pas, mais delivrez lesdis Chevaux & Charretiers.

(7) *Item.* Que aucun, ne aucune ne soit si hardis d'achetter *pain pour revendre*, c'est assavoir du pain que l'en ameine de *dehors*.

(8) *Item.* Que aucun sur *lesdites paines* ne soit si hardis de faire *assemblée sus couleur de confraerie* ne autrement.

Et lesdites choses criées & publiées, comme dit est, faites fermement tenir & garder sans enfraindre par toute ladite Baillie & ressort, en telle maniere que il n'y ait aucun deffaut. Et se vous povez savoir, ou trouver que aucun fasse le contraire, si le punissez, ou faites punir par les paines dessusdittes, si que les autres voulans faire le semblable, y preignent exemple. Et Nous donnons en mandement à tous nos Justiciers & subjectz que à vous & à vos deputez, en faisant les choses dessusdittes & leurs deppendences, entendent & obeissent diligemment. *Donné à Paris le douziéme jour de Septembre, l'an de grace mil trois cens quarante-trois*, souz nostre Seel nouvel. Par les Gens des Comptes. G. DUBOYS.

PHILIPPE VI. dit DE VALOIS, à Beaumont le Bois, le 21. Septembre 1343.

(a) Letres portant que les Notaires *du Roy denommez, les* Secretaires *de la Reine & du Prince* Jean *leur fils, qui avoient esté examinez & trouvez suffisans, seront enregistrez en la Chambre des Comptes, & payez de leurs* gages *& manteaux.*

PHILIPPE par la grace de Dieu, Roys de France à nos amez & feauls les *Genz de noz Comptes* à Paris, *Salut & dilection.* Nous vous envoyons les Lettres que noz amez & feauls *genz, qui ont tenu nostre Parlement derrenierement passé*, Nous ont envoyées, sur l'examination de noz *Notaires.* Si vous *mandons* que vous les faciez *enregistrer en la Chambre de noz ditz comptes.* Et à tous ceux que nosdiz Genz de Parlement Nous ont temoigniez *estre souffisans* par icelles, *faites compter de leurs gaiges* & *manteaux*, en nostre *Chambre aus deniers*, tant du temps passé, comme de celuy à venir, selon ce qu'il est accoustumé. Et leur *faites payer tout ce que il vous apparoira à euls estre deû*, pour cause de *leursdits gaiges & manteaux, pour le temps passé & celuy à venir*, si comme dessus est dit. Et aussi à *noz amez & feaux Secretaires de la Royne* & de *Jehan* nostre fils, & avec ce à noz *autres Notaires* Maistres Jehan *Cordier*, Baudoüin *de Donchery* & Jehan *le Clerc*, lesquiex Nous avons fait *examiner* diligemment par noz amez & feauls *les Gens des Requestes de nostre Hostel*, & les avons trouvez *souffisans*, & lesquiex *Nous voulons* estre enregistrez en nostredite Chambre des Comptes, avec noz *autres Notaires*, contenuz en la *rescription de nostredit Parlement*, en tele maniere que il Nous *puissent servir en nostre Cour & ailleurs*, selon ce que il y sont ordenez sans deffaut, & que par faute de leur payement il ne se puissent pas excuser de ce faire, car ainsi l'avons-nous ordené, & *voulons* estre fait continuellement d'ores-en-avant, nonobstant quelzconques Mandemens, ou Ordenance au contraire. Donné à Beaumont-le-Bois, le vingt-uniéme jour de Septembre, l'an de grace mil trois cent quarante-trois, sous le Seel de nostre secret. *Signé ainsi par le Roy.* BARR.

NOTES.

(a) Ces Letres sont au Registre B. de la Chambre des Comptes de Paris.

PHILIPPE VI. dit DE VALOIS, à la Forte maison de lez Chartres, le 26. Octobre 1343.

(a) Ordonance touchant les Monoies.

PHILIPPE par la grace de Dieu Roy de France au Prevost de Paris, ou son Lieutenant, *Salut.* Comme par nos Ordenances darrainierement faites sur le fait de *nos monoies*, Nous eussiens ordené par deliberation de nostre Conseil, que le *Denier d'or fin à l'escu* fait en noz coings, auroit cours & seroit pris & mis depuis le *vingt-deux jour de Septembre* darrainierement passé, jusques au jour de *Pasques fleuries* prochain venant, pour *quarante-cinq sols* tournois, le *blanc Denier d'argent à la fleur de lis*, pour *nuef deniers* tournois, le *Parisis noir* pour *trois mailles* tournois, le nouvel *bon gros Tournois d'argent* que Nous faisons faire à present, du poids & de la loy *du temps de Monsr Saint Loüis*, & de nos autres predecesseurs Rois de France, auroient cours, & seroient pris & mis pour *trois sols nuef deniers* tournois, & le *petiz Parisis* que Nous faisons faire à present, les *douze* auroient cours pour un d'iceulx *gros Tournois*, & le *petiz tournois* que Nous faisons faire à present, les *quinze* auroient cours pour un *des bons gros Tournois* dessusdiz, & pour c'est meisme pris auroient cours les *bons gros Tournois* de droit & pois du temps de Monsieur *Saint Loüis* & de nos autres predecesseurs Rois de France.

Item. Que depuis ledit jour desdites *Pasques* fleuries en avant, jusques à la *quinzaine* de la *Nostre-Dame en Septembre* ensuivant, *ledit Denier d'or fin à l'escu* n'auroit cours & ne seroit pris que pour *trante* sols tournois; *le blanc Denier d'argent à la fleur de lis* pour six deniers tournois, & le *double noir parisis* pour un denier tournois, & les *bons Tournois* dessusdiz pour deux sols six deniers tournois.

Item. Et de la susdite *quinzaine* de la *Nostre-Dame de Septembre*, l'an *mil trois cens quarante-quatre* en avant, le susdit *Denier d'or* à l'escu n'auroit cours & ne seroit pris & mis que pour seze sols huit deniers tournois, le *blanc Denier d'argent à la fleur de lis* pour trois deniers tournois, le *Double noir* pour maille tournoise, & le bon *groz* dessusdit pour douze parisis & pour quinze tournois, si comme tout ce estoit plus à plain contenu en nosdites Ordenances, lesquelles tu as pardevers toi. Et depuis ce par la *grand clameur* de nostre pueple, soit venu à nostre cognoissance, que plusieurs groz marcheanz & autres, qui sont garnis de *bleds* & de *vivres* & d'autres marchandises *(b)* recellent leursdiz bleds & vivres, & ne les veulent exposer à vendre, au *fuer* de la monoie courante à present, en attendant que nozdites monoies fussent venues

NOTES.

(a) Cette Ordonance est au Registre A. du Parlement, feüillet 27. Et en la Chambre des Comptes de Paris, Registre B. On n'y a pas mis de sommaires parce qu'ils seroient aussi longs que le texte.

Voyez Le Blanc dans son Traité des Monoies de l'édition de Hollande, sous *Philippe de Valois*, page 213. où il confond cette Ordonance avec une du 5. Novembre 1343. qui est au Registre A. du Parlement. Et c'est, selon toutes les apparences, de celle-cy & des deux precedentes du 22. Aoust 1343. que l'Auteur du *Miroir Historial*, liv. 11. chap. 73. écrit, que cette année, *le Roy fit cheoir la monoie, par telle condition, que ce qui valoit douze deniers de la monoie courante*, ne vaudroit *que neuf deniers. C'est à sçavoir que* l'Escu *qui valoit* soixante sols, *ne vaudroit que* trente-six sols, & le Gros tournois *que trois sols le 22. jour de Septembre. Et en la Pâques ensuivant* prochaine, *l'Escu* ne vaudroit que vingt-quatre sols, *le Gros* deux sols, *& la Maille* blanche *six deniers*, jusques *en my-Septembre.*

Et que *le Roy* ce meisme an *1343.* le 26. *Octobre, fit* cheoir *du tout les monoies devant dites*, par telle *maniere que le* Gros *vauldroit douze* deniers, la *maille blanche* vauldroit *trois tournois*, le *Florin à l'escu* treize sols quatre deniers, *le florin de Florence* nuef sols six deniers. *Jaçoit ce que paravant, il eust osté* le cours aux autres monoies, excepté aux *Brulez* qui valoient deux deniers, lesquels furent à une maille tournoise. *Voyez cy-dessus* les Ordonances du 22. Aoust 1343. pages 183. 187.

(b) Recellent lesdiz bleds.] Voyez l'Ordonance de *Philippes le Bel*, du mois de Mars 1304. celle de Paques fleuries de la mesme année, tome premier, page 426. & Poulain dans son Traité des Monoies, maximes 9. 10. 11. & 12.

PHILIPPE VI. dit DE VALOIS, à la Forte maison de lez Chartres, le 26. Octobre 1343.

à leur droit cours & abaissiées, si come en nosdites Ordenances est contenu, par quoi ils le pussent vendre au temps à venir à forte monnoie, plus que il ne feroient à celle qui court à present, eû regard à ce que les choses se devoient avaluer, par quoy nostre commun pueple, à trés *grand desfault de vivres, & auroit encor plus*, si Nous n'y mettions remede..... Et Nous qui voulons, & avons tres grand desir & especiale affection de pourveoir au grief de nostre pueple, & de entendre au bon gouvernement d'iceluy, consideranz que ce que *Nous* avons *ordené* de *ramener nosdites monoies à leur droit cours à trois fois* comme dessus est dit, Nous fismes en faveur de nostredit pueple, & pour ce que mieux le peussent supporter, que se à une fois eussiens abatu nosdites monoies. Et comme nostredit pueple requiert à present & par la maniere dessusdite, que nosdites monoies soient dés maintenant abatuës & menées à leur droit cours, *avons Ordonné & Ordonnons*, par deliberation de nostre Conseil, & en faveur de nostredit pueple, & pour subvenir à la necessité d'iceluy, & pour le bien publique, & afin que *nul n'ait cause de plus receller les bleds* & les *vivres*, dont *nostredit pueple doit avoir sa sustentation, pour attendre* à les *vendre à la forte monoie*, que nosdites monoies qui aux deux termes dessusdiz à venir devoient venir à leur droit cours, y *vendront dés maintenant* à une fois en la maniere que il devoient faire par nos dessusdites *Ordonnances*, à la *quinzaine* de la Nostre-Dame en Septembre dessusdite à venir.

C'est à sçavoir que *ledit Denier d'or fin à l'escu* n'aura cours de cy en avant que pour seze sols huit deniers tournois.

Le Denier blanc à la fleur de lis, pour trois deniers tournois.

Le Double noir parisis, pour maille tournoise.

Et le bon groz Tournois dessusdit, pour douze parisis & pour quinze tournois.

Et *les petiz Parisis* que Nous faisons faire à present, les *douze* auront cours pour un bon gros dessusdit.

Et *les petiz Tournois* que Nous faisons faire à present, les *quinze* auront cours pour un des *bons groz* dessusdiz,

Et *toutes les autres monoies d'or*, blanches & noires, tant de nos coings, comme autres, n'auront aucuns cours quelque il soit, fors au marc pour billon.

Et est nostre *entente, & voullons* que dés maintenant tous *vivres* quelque ils soient, & toutes *marchandises*, & toutes *journées d'ouvriers*, & toutes autres choses, soient *avaluées*, & se avaluent selon, & à *la bonne monoie qui courra à present*, & que touz marchiez & contraux qui de cy en avant se feront, se fassent à bonne monoie, tele comme dessus est dit, à sols & à livres.

Et quant aux *termes des loiers des maisons*, des *accensemens*, de *ventes de bois*, de *fermes*, de *contraux* & *d'obligations*, si aucuns troubles en venoient depuis la publication de noz *presentes Ordenances*, combien que il en soit assez declairié, & entendu par nos autres *Ordenances* dessusdites, pour oster tous troubles & empeschemens, *(c) nos gens de nos Comptes en ont, & auront pardevers euls nostre declaration, laquelle Nous voullons* qu'ils reçoivent, sous nostre Seel, par quoy chascun la puisse voir & sçavoir.

Si te *mandons* & fermement *enjoignons*, que vües ces Letres, tu faces crier nostre presente *Ordonnance* à Paris & ailleurs, en ta Prevosté & és ressorts & lieux accoustumez à faire cris, & prends & faiz penre garde que *blez & autres vivres, marchandises* & toutes autres choses *se avaluent* au fuer *de la bonne monoie*, qui courra à present, & que *touz ceuls qui ont bleds & autres vivres, outre ce que il leur en faut, tant seulement pour leurs vivres & despenses en leurs hostieux, les exposent à vendre.* Par quoy nostre pueple *n'en ait souffreté, ne default.* Et se aucuns de ces choses faire estoient contredisant, ou refusant aprés la publication de nostredite *presente Ordenance*, si les y contraing, ou faiz contraindre, par tous les meilleures & convenables voies, que tu le pourras & sçauras faire, au profit de nostre commun pueple, en la faveur & à

NOTES.

(c) Noz gens des Comptes en ont & auront pardevers eux nostre Declaration.] Voyez la note imprimée à la suite de cette Ordonance.

la requeste

la requeste duquel Nous avons fait, & faisons ceste presente Ordenance, & pour la cause dessusdite. Et pour les choses miex & plus briefment & seurement faire au profit de nostredit pueple, depute certaines personnes de par Nous & à nos couts en ta Prevosté, ou ressort d'icelle, qui à ce faire entendent diligeaument. Et nos presentes Ordenances faiz tenir & garder fermement de point en point, selon leur teneur; *sachans* que si en ça à defaut, & par ton default plainte en viegne à *Nous*, Nous t'en punirons en corps & en biens, si griefment que tous les autres y prendront exemple. En tesmoing de ce, Nous avons fait seeller ces Letres de nostre *Seel nouvel. Donné à la Forte maison* de lez Chartres, le vingt-sixiéme jour d'Octobre, l'an de grace *mil trois cens quarante-trois.*

PHILIPPE VI. dit DE VALOIS, à la Forte maison de lez Chartres, le 26. Octobre 1343.

NOTES.

DECLARATION

sur l'Ordonance precedente, envoyée par le Roy aux Gens des Comptes.

Premierement. Pource que lesdites derrenieres Ordenances parlent tant seulement, si comme il semble, de bois, & des fermes muables du Roy, prises à la S.t Jehan, & depuis. *Sçavoir* mon si lesdites *Ordenances* auront lieu aux marchiez de bois & fermes des autres Seigneurs du Royaume de France.

Oyl.

(2) *Item.* Pource que lesdites *Ordenances* dient, que ceuls qui ont pris marchiez de bois, & fermes muables à la S.t Jehan, & depuis; les *pueven laissier.* SÇAVOIR mon si lesdites Ordenances auront lieu en ceuls qui paravant avoient pris lesdiz marchiez & fermes, & depuis les *premieres Ordenances,* les avoient repris & retenuz simplement, sans aucune nouvelle Ordenance.

Oyl.

(3) *Item.* Supposé qu'elles n'eussent pas lieu és dessusdiz, qui auroient repris & retenu simplement. *Sçavoir* mon, si elles auront lieu, en ceuls, qui ont repris, & retenu, par convenances nouvelles, en adjoûtant, ou diminuisant à leurs marchiez, que il avoient avant.

Se il n'y a obligation, ne convenant, elles tenront, si le bailleur ne veut estre content, par payant telle monoie, comme il est contenu au marchié du Contract.

(4) *Item.* Pource que les dites derrenieres Ordenances dient en leur commancement, que ceuls qui ont marchiez de bois & fermes muables à la S.t Jehan, & depuis, le puevent laissier, & aprés dient que ceuls qui ont pris teles fermes muables, les pourront laissier dedans quinze jours aprés la publication. *Sçavoir* mon si ladite *Quinzaine* sera gardée és ventes de bois, aussi comme aux fermes muables, car le tiexte ne le dit pas.

Oyl.

(5) *Item.* Si ceuls qui porront laissier leurs fermes dedans *quinzaine,* & leurs marchiez de bois, dedans le temps qui par vous sera declarié, ne les delaissent, *Sçavoir* mon se pour les termes à venir, ils seront tenus de poier *forte monoie,* car les Ordenances n'en font nulle mention.

Oyl.

(6) *Item.* Pour ce que à la S.t Jehan, depuis, & mesmement puis les premieres Ordenances publiées, plusieurs marcheanz de bois ont prins ventes à paier à *forte monoie,* au terme de Noel, l'an 1344. & aprés, ausquels termes ladite *forte monoie devoit courre,* par lesdites premieres Ordenances, & bien le pouvoient prouver lesdiz marcheanz. *Sçavoir* mon si par les dernieres Ordenances il pourront delaissier, laquelle chose sembleroit enconvenient aux bailleurs, pource que par l'avancement du cours de la *forte monoie,* les preneurs n'ont point de domage, ainçois ont profit, pour ce qu'ils recevront dores-mais forte monoie des exploits de leurs marchiez.

Ils ne le puevent laissier.

(7) *Item.* Pour ce que plusieurs marcheans ont prins depuis la S.t Jehan, fermes, & marchiez de bois, à plusieurs années à paier à termes, dont aucuns devoient estre à paier, de la monoie de *nuef tournois,* & de *six tournois,* selon la *premiere Ordenance,* & les autres à *forte monoie,* pour le temps que elle auroit son cours. *Sçavoir mon* en cas que tels *marcheanz* voudroient delaissier, par la derreniere Ordenance, si les bailleurs les pourroient contraindre à tenir leurs marchiez, en voulans estre contens de la monoie de *nuef* & de *six tournois,* pour les termes que il les doivent poier, par les premieres Ordenances.

Oyl.

(8) *Item.* Pource que plusieurs marcheanz avant la S.t Jean avoient pris fermes & marchiez de bois à paier à plusieurs années, qui selon les premieres Ordenances, ne delaisserent point, en entention de poier monoie de *nuef* & de *six tournois,* jusques au temps qui estoit pris pour le cours de la *forte monoie,* lesquels par les derrenieres Ordenances ne puevent delessier. *Sçavoir mon* à quelle monoie il s'acquitteront, pour les termes qui escherront, avant le temps que la forte monnoie devoit courre par les premieres Ordenances mesmement, car se

PHILIPPE VI. dit DE VALOIS, à la Forte-maison de lez Chartres, le 26. Octobre 1343.

NOTES.

il se povoient acquitter à la monoie de *nuef* & *de six tournois*, pour lesdiz termes, les bailleurs seroient trop endommagez, & les preneurs auroient trop grand gaaing, consideré ce que desoresmais ils recevront forte monoie des exploits de leurs marchiez.

Il le puevent laissier, si le bailleur n'est content de telle monoie, comme il devoit courre par la premiere Ordenance.

(9) Item. Si l'entention du Roy estoit que lesdites Ordenances derrenierement faites sur les debtes des *ventes des bois* & des *fermes muables*, prinses à la S.t Jehan, & depuis, n'eussent point de lieu que en ses *marchiez*, & non pas entre ses subgiez. *Sçavoir mon* si les bailleurs, qui avoient pris convenance de estre poiez de *nuef* & de *six tournois*, pour ce que il entendoient que cette monoie deust courre, seront tenuz de garder telles convenances aux preneurs, de quoy ils seroient trop endommagiez, & les preneurs auroient trop grand proufit, si comme dit est en l'article precedent.

Les Ordenances ont lieu aussi bien entre les subgiez, comme ès marchiez du Roy. Et puet delessier comme dessus.

(10) Item. Pour ce que les premieres Ordenances, qui parlent, que ceuls qui ont prins marchiez de bois, puis Pasques, l'an 1340. les puevent delaissier, en icelles n'est point contenu de temps de faire *ledit delais*. SÇAVOIR si par lesdites Ordenances premieres il pouront desoresmais delessier.

Il y a quarante jours de delaissier en la premiere Ordenance, & quinze en la derniere.

(11) Item. Pour ce que les premieres Ordenances dient que ceuls qui avoient pris *fermes muables*, les puevent laissier dedans les *quarante jours*, mais que ils satisfiassent dedans *quarante jours*, de ce que ils devoient du temps passé, desquels aucuns delaisserent de parolles, & rien n'en paierent du temps passé. *Sçavoir* mon se leur delais est pour nul, & se il porroient estre contrains à tenir lesdites fermes, & paier forte monoie.

Puisque il n'ont paié de fait, il ne puevent delessier.

(12) Item. Si la vente des bois qui a esté faite puis Pasques, l'an 1340. estoit toute vuidée, ou la plus grande partie, & aucun terme, ou aucune chose en fust encores deu, *l'acheteur* sera tenuz à poier telle monoie comme il couroit où temps du contract, & li seront les termes de poier tenuz & gardez.

(13) Item. Le 16.e jour de Septembre, sur ce que plusieurs personnes, depuis Pasques derreniere passée, l'an 1343. ont baillé à ferme leurs *grosses fermes de blez & d'autres grains*, de cest Aoust, ou partie d'icelluy, avant leur messon, ou cuillette, à poier à certains termes, ou aux termes accoustumez, és pays où elles sont, sans deviser à quelle monoie, considerée *la chierté du bled, & des autres grains*, qui depuis sont encheriz, & aussi que les *fermiers*, ou *acheteurs* desdites *fermes* les vendront & en recevront la monoie, qui courra pour le temps à venir.

(14) Fust *conseillé & deliberé*, que les fermiers, ou acheteurs, qui les veullent, ou voudront retenir, seront tenuz à poier telle monoie, & pour tel pris comme il courra aux termes. Et se ils les vuellent delessier, il seront tenuz à bailler la despeulle & à rendre bon compte & loial aux bailleurs, de tout ce que il auront cuilli, ou levé, ou autrement ordené. Et les bailleurs seront tenuz à leur poier, ou rendre justement ce que par raison lesdites fermes leur auront cousté à *cueillir, porter, charier* & *mettre en grange*, & touz autres couts justes & loiaux.

(15) Item. Les marcheans de bois, qui selon les Ordenances ont renoncié, & ont vendu au temps de la *foible monoie*, leur bois, pour certain prix, à poier à la feste de Noel, & a donc doivent semblablement poier partie de l'argent deu à ceuls, de qui ils ont acheté les bois, sans faire expresse mention, ni obligation de monoie courant au terme, ou d'autre certaine monoie, si est assavoir quelle monoie il recevront & paieront.

Il prendront, & paieront la monoie qui courroit, *où temps du contract, selon les Ordenances.*

(16) Item. Suppose que il doient poier tele monoie, que il courra au Noel, sans autre adjection faire en obligation de certaine monoie, ou certain prix, se il poieront la *monoie forte*, qui courra au Noel, *ou la foible, qui* courroit au temps du contract. Car és Ordenances premieres est contenu, que le marchand qui lessera son marchié, poiera ce que il aura exploitié du bois, à la monoie qui aura courru.

Ut supra.

(17) Item. Si les *Censiers*, qui puis *la Saint Jehan* derreniere passée, ont *accensé*, ou fait marchié à plusieurs années des choses qui se reçoivent en deniers, & promis par leurs *foiz* de leurs corps, à poier chascun an certaine somme d'argent, à tenir la *cense* pour le *terme*, nonobstant toutes Ordenances faites ou à faire, auquel il ont renoncié dedens quinze jours, contenuz és dernieres Ordenances faites seur ce, ont pu renoncier nonobstant les renonciations & seremens dessusdiz.

Selon la Declaration qui en a esté faite depuis, il les ont pu lessier.

(18) Item. Comment se poieront *loiers de*

NOTES.

maisons, pour les *termes de la Toussainz passée*, *& pour les termes* à venir, jusques à la *Saint Jehan*, ne a qu'elle monoie.

> *Les loiers se poiront selon les premieres Ordenances*, c'est *assavoir la Saint Remy*, floibe monoie, *le Noel*, un groz pour trois sols parisis. *Pasques & Saint Jehan* un *groz pour deux sols parisis*.

(19) *Item*. Comment se poiront *gages*, *fiez & aumosnes, rentes à vie*, duës par journées, ou à une foiz, dez l'an 1342. jusques à la *Toussainz* de l'an 1343. & qui sont accoustumées de poier à ladite feste *de Toussainz*, ou au *Noel* prouchain venant.

> *Len poiera les chouses ainsi*. C'est assavoir *jusques au vingt-deuxiéme jour de Septembre* foible monoie.
>
> *Item*. Dudit vingt-deuxiéme jour de Septembre, jusques au Lundy devant *la Toussainz*, monoie *moienne*, & *depuis Lundy* forte monoie, selon les Declarations, *qui en sont faites seur ce*.

Au bas de cette Declaration, qui est au Registre A. du Parlement, feüillet 28. *verso*, il y a. *Collatio Ordinationum & Declarationum prædictarum facta fuit cum Registro, in Camera Compotorum Domini Regis Parisius, die duodecima Februarii, Anno Domini millesimo trecentesimo quadragesimo sexto*.

Per me J. SARDIGNON *& me de* DURIO.

PHILIPPE VI. dit DE VALOIS, à la Forte-maison de lez Chartres, le 26. Octobre 1343.

PHILIPPE VI. dit DE VALOIS, à S.t Germain en Laye, le 5.e jour de Novembre, l'an de Grace 1343.

(a) *Letres par lesquelles le Roy regle en quelles monoies ses* Decimes, *& ses* Rentes *luy seront payées, ainsi que les Rentes, les loyers, &c. dûs, par les particuliers aux particuliers.*

PHILIPPES par la grace de Dieu, Roy de France, au Prevost de Paris, ou son Lieutenant, *Salut*.

Aprés le sauvement de nostre ame, Nous avons souverain desir & trés especiale affection, de gouverner nostre pueple en pais, & en tranquillité, & de pourveoir au grand domage d'icelluy, & de obvier à touz inconveniens, qui pourroient seurvenir entre noz subgiez. Pour ce est-il, que combien que pluseurs de noz genz de nostre *Grand Conseil*, eüe seur ce grand deliberation aus sages, Nous eussent rapporté, que par *rigueur de Droit*, se il Nous eust plû, Nous pussiens avoir levé & reçu *nos Rentes*, & les *Dixiémes*, que Nostre tres Saint *Pere le Pape*, Nous a octroiées derrainierement, pour subvenir à *la necessité de nos guerres*, à telle & si forte monoie comme il queurt à present.

Nous recordans, en nostre cüer, la tres grant obeïssance, que touz-jours a eu à Nous nostredit pueple, qui tres gratieusement Nous a aidié, & secouru en toutes les requestes que Nous li avons fait faire, pour la necessité de noz dites guerres. De nostre propre mouvement avons *Ordené* & *Ordenons* & *Voulons*, de nostre pure grace & liberalité Royal, pour le bien publique, qui doit preceder au profit des singulieres personnes, & en faveur de nostredit pueple, que les *diz Disiémes*, & *tout nos Rentes en deniers* quelles que elles soient, Nous & noz genz pour nous, receusines pour le terme de la Toussainz dairrenierement passée, en telle monoie, comme il devoit courre par noz premieres Ordenances, que nous avons faites sur l'abaissement de noz monoies.

C'est à sçavoir de ce qui est dû, & sera depuis le jour de nosdites Ordenances premieres, jusques audit jour de la Toussainz, & pour le terme de ladite Toussainz, Nous nous payerons en un *bon groz Tournois d'argent*, pour *trois sols Parisis*, en un *Florin à l'escu*, pour *trante-six sols Parisis*, & en nostre menuë *monoie noire*, que *Nous faisons* faire à present, *à la valüe*, *& selon le cours*, *que donné* li avons, par nosdites Ordenances. Et depuis ledit jour de la *Toussainz en avant*, en tele *& si forte monoie*,

NOTES.

(a) Ces letres sont au Registre A. du Parlement, feüillet 28.

PHILIPPE VI. dit DE VALOIS, à S.t Germain en Laye, le 5.e jour de Novembre, l'an de Grace 1343.

& pour tel prix comme il queurt à present, & en la forme & maniere que Nous le faisons, & *Ordenons* de ce qui Nous touche, le faisons-nous, & voullons estre fait, & avons *Ordené & Ordenons* par ces Letres, pour touz les subgiez de nostre Royaume, *Nobles*, ou *non nobles*, de quelque estat qu'ils soient, en declairant expressement que *toutes Rentes en deniers se poieront de touz noz subgiez, l'un à l'autre, en la monoie dessusdite.*

Toutes voies nostre entente est, & *Voullons* & *Ordenons*, à la requeste de noz bien amez *le* Prevost *des Marcheanz & les Eschevins de nostre Ville de Paris*, & en faveur de nostre menu pueple de ladite Ville, que *tous les loiers, les rentes des maisons de nostredite Ville & de la banlieuë d'icelle*, pour les termes de *la S.t Remy*, dairenierement passée, & de *Noel* pour cil à venir, *se poient à la monoie* moienne dessusdite, & *de Noel* en avant, à tele & si forte, *comme il queurt* à present.

En tesmoing de laquelle chose, Nous avons fait sceller ces Letres de nostre grand Seel. *Donné à S.t Germain en Laye le cinquième jour de Novembre, l'an de grace mil trois cens quarante-trois.*

PHILIPPE VI. dit DE VALOIS, au mois de Novembre en 1343.

(a) Ordonance touchant les rachats des Rentes assises, ou assignées sur les maisons de la Ville, & des Fauxbourgs de Paris.

PHILIPPUS Dei gratiâ Francorum Rex. Noverint universi præsentes pariter & futuri, quod cum Cives nostri Parisienses supplicassent Nobis, quod Nos Ordinaremus & Statueremus *certum terminum, infra quem illis quibus debentur (b)* incrementa *censuum, vel redituum, possent assignare ad domos & possessiones & earum pertinentias Parisiis, vel eorum suburbiis, de quibus iisdem civibus debentur* incrementa censuum *& reditus de eisdem, quando domus, vel possessiones hujusmodi sunt vacuæ, & ad hoc redactæ,* quod non possunt ibi percipere *census & reditus suos, aut possessores earumdem domorum, vel possessionum sunt deficientes in solvendo census & reditus earumdem, dicendo, quod plures domus corruerunt, & ruina deteriores erant reditus in villa Parisiensi & ejus suburbiis, & loca remanserunt vacua, & plures possessiones inanes erant & vacuæ, quæ non essent, si illi quibus census, vel reditus deberentur, possent ad domos, vel possessiones assignare.* Nos *ipsorum civium indemnitati, & ipsius villæ Parisiensis, quæ ex hoc difformatur immunditiis & ruinis, commoditati providere* volentes, *pensata etiam super hoc publica utilitate,* Ordinamus & Statuimus, *quod illi, seu aliqui eorum, quibus census vel reditus hujusmodi debebuntur, per annum continuum,* ter in ipso anno continuo, *videlicet in crastino omnium Sanctorum, in octavis Nativitatis Domini, & in octavis Pentecostes* citabuntur, *vel ad judicium* vocabuntur *ad locum, vel* in loco ubi census, vel reditus debentur *in cujuscumque Dominio, vel trefundo existant ille, vel illi, qui domos, vel possessiones hujusmodi possidebunt, coram* Præposito nostro Parisiensi, *& in præsentia*

NOTES.

(a) Cette Ordonance est dans Fontanon, tome premier, page 789. Dans Joly aux additions à Girard, tome premier page 244. & tome 2. page 1842. V. Rebuffi livre 4. titre 50.

(b) Incrementa censuum. C'est ce qu'on appelloit *Croist de cens, Sur cens, & seconde rente.* Du Molin dans son Commentaire sur le titre des *Censives*, de l'ancienne Coustume de Paris, glose 2. n. 16. à la fin, pag. 9. colomne 2. de l'edition de 1576. a esté d'avis que le *Cens*, ou le *Croist de cens* estoient la même chose, & que le cens ne fut ainsi appellé anciennement, que parce qu'il estoit payé en menuë monnoye, sur laquelle il y avoit une *Croix empreinte*.

Si dictum sit, à dix sols de cens & surcens, *vel* à dix sols de Croix de cens, ou rente, *antiquitus usitatum. Non significat INCREMENTUM census, prout nonnulli argute putant, sed incaute, quia illud verbum etiam unico denario census à veteribus frequenter adhibetur. Sed denotat prestationem census in certâ pecuniâ numeratâ consistere, quæ altera parte CRUCE signata sit.*

Brodeau sur la nouvelle Coustume de Paris, sur le titre des Censives, n. 23. a esté de cet avis, page 539. Mais l'opinion de ces deux Autheurs

fide dignorum & in Castelleto, *& ibi monebunt eosdem, quod solvant arreragia, vel* ponant illas domos *& possessiones in tali statu,* quod illi quibus *census*, vel reditus *debentur,* possint ibi capere, *pro* censu & reditu, & pro arreragiis. *Et fiant citationes per* quadraginta dies, *ante diem litis, & erit citatio sufficiens, quæ fiet ad locum, vel in loco ubi census, vel reditus debentur, & in Castelleto. Et si citati non veniant, vel mittant sufficienter, quanquam sint absentes, vel extra patriam, noster Præpositus Parisiensis reputabit eos contumaces, & super contumacia illa, vel contumaciis, aut super monitione, vel monitionibus dabit literam suam sigillo Præpositurœ Parisiensis sigillatam, in qua continebitur major pars illorum, qui erunt præsentes, in monitione prædicta, & nocebit eis contumacia, vel contumaciæ, eo modo quo noceret monitio, si facta esset coram Præposito Parisiensi, & in præsentia eorumdem. Et monitionibus sic factis, vel contumaciis habitis, modo prædicto, si possessores, vel proprietarii dictarum domorum & possessionum & ante dictorum locorum, non solverint* arreragia *dictorum censuum, vel posuerint easdem domos, vel possessiones, in tali statu, quod* Censuarii *possint ibidem capere, pro arreragiis censuum & redituum prædictorum, in continenti prædicto anno elapso,* amittent totum jus *sibi competens, aut competiturum, nec ex tunc poterunt ibidem ratione prædictorum jus aliquod reclamare. Et nihilominus illi, quibus census debebantur, vel reditus, poterunt exigere & petere ab illis qui fuerunt proprietarii, arreragia suorum redituum & censuum eo modo, quo exigere aliàs consueverant. Præterea ex causis prædictis* Statuimus *&* Ordinamus, *quod si plures sunt, qui* Census, Super-census *aliosve* Reditus *habebunt, seu jus aliud in locis, seu domibus prædictis ruinosis, vel per annum vacuis, absque denariorum solutione, & aliquis seu aliqui ipsorum, census ceterorum jus habentes, quoscumque ipsos monuerint, seu monere fecerint, & vocare ad judicium coram Præposito nostro Parisiensi, per intervalla prædicta, & requiri, prout est supra inter Censuarium & Proprietarium* Ordinatum seu statutum *& dicti* Census, Super-census, reditus, *seu jus aliud, ut dictum est debentes, sic citati, seu moniti non venerint, seu comparuerint sufficienter, ad hoc quod possit, inter ipsos de prædictis discuti, & fieri quod fuerit rationis, quod ex tunc, anno elapso, priventur omni jure quod habebant, ratione quacumque, in locis, seu domibus prædictis;* Volentes *quantum ad privationem omnium jurium prædictorum, quod illud, quod est superius* Ordinatum, *seu* statutum *inter* Proprietarium *&* Censuarium *in deficientes sic vocatos, seu monitos inter cæteros jus habentes, vendicet sibi locum. Quæ ut robur perpetuæ stabilitatis perpetuo, obtineant, præsentem paginam sigilli nostri munimine fecimus roborari.* Actum Parisius anno incarnationis Domini millesimo trecentesimo quadragesimo tertio.

PHILIPPE VI. dit DE VALOIS, au mois de Novembre en 1343.

NOTES.

est pleinement détruite par l'Ordonnance de *Philippes le Bel*, du mois de Novembre 1303. imprimée dans le tome premier, pag. 387. 388. 389. & par celle-cy, où les *Croissts de cens, Incrementa censuum*, sont appellez *Rentes*, ce qui ne peut estre entendu que des rentes assises & imposées aprés le chef-cens, & ce qui est clairement démontré par ces paroles d'un acte de l'année 1202. imprimé dans les preuves de l'histoire de Montmorency, page 395. *Concesserunt totum* AUGMENTUM *census hostisiarum, quæ ibi fiunt, quod vulgo dicitur* CROISCENS. Voyez ce que j'ay remarqué sur l'Ordonnance de *Philippes le Bel* du mois de Novembre 1303. & les articles 165. 169. 170. 171. des Coustumes Notoires.

PHILIPPE VI. dit DE VALOIS, au mois de Fevrier 1343.

(a) Letres par lesquelles le Roy accorde des privileges aux Monoiers.

PHILIPPES par la Grace de Dieu, Rois de France; Sçavoir faisons à tous presens & à venir, que comme pour le *(b) deffaut & la grant necessité, que Nous avons eu, au temps passé, de ouvriers & monnoiers* du serment de France, *en toutes nos*

NOTES.

(a) Ces Letres sont au Tresor des Chartes, Registre 68. piece 61.

(b) Deffaut & la grant necessité.] Ces Letres prouvent clairement la verité de la note qu'on a faite, sur les Letres de *Philippes de*

PHILIPPE VI. dit DE VALOIS, au mois de Fevrier 1343.

monoies, Nous aions mandé ouvriers & monoiers du ferment de l'Empire, *tant du Roy Robert, comme de plusseurs autres Princes & Barons qui ont pooir de faire monoie, pour venir garnir nos monnoyes, & ouvrer & mounoier en icelles*, Et Nous soions enfourmez que bien & loyaument, il Nous ont servi lonctemps & fervent encore & ont promis à servir, si & en tele maniere, que en l'ouvrage & monoiage de nos monnoies, par euls ne sera ja trouvé aucun defaut. Nous, ces choses considerées, de nostre autorité & plain pooir roial, de certaine science & de grace especial, & tant en recompensation du bon service que iceuls ouvriers & monoiers Nous ont ja fait, & font encore de jour en jour, & pensons que il Nous facent au temps à venir, comme pour ce que il ne font autre mestier, ne labour dont il se puissent vivre, à yceuls *ouvriers & monnoiers*, & *à leurs hoirs & successeurs*, tant comme il seront ouvrans, & non ouvrans, residenz en nostre Royaume, pour cause de nos ouvrages, & de ce apperra deüement par Lettres des Maistres-Generaulx de nos monnoyes, afin de eschiver toute fraude & malice, où temps à venir, *avons donné & octroié, donnons & octroions* par ces presentes Lettres, les *privileges, franchises & libertez qui s'ensuivent.*

Premierement. Que euls, leurs *fames* & leur *famille*, ne soient tenus de respondre de aucun cas, quelque il soit, pardevant quelconque juge de nostre Royaume, se n'est devant les *maistres de nos monnoies*, ou les *Prevosts* desdiz ouvriers & monnoyers, ou un de euls, en quelque lieu que il soient, excepté de trois cas, tant seulement, de *murtre*, de *larrecin*, & *de rapt.* Et iceuls *ouvriers* & *monnoiers* dés maintenant, tant comme il seront residenz en nostre Royaume, leurs *femmes*, leur *famille*, voullons estre tenus *frans, quittes & delivrez par tout nostredit Royaume, de toutes tailles & de* toutes *coustumes*, de tout *paages*, soit pour raison des choses achetées & venduës pour euls, que pour leurs vivres, & sans fraude, de tous *travers & chauciées*, de *centiesme, cinquantiesme* subside, *hoz* & *chevauchies*, & generaument de toutes *subventions, exactions, maletostes, impositions*, & de toutes *servitudes* & *nouvelletez* qu'elles que elles soient, & comment que elles soient nommées, ou appellées, & leurs biens achatans & vendans par euls, pour leurs vivres, comme dit est. Et *prenmons & mettons* dés maintenant, en la maniere que dit est pardessus, les dessusdiz *ouvriers* & *monnoiers*, leursdites *femmes & famille*, leurs *corps* & leurs *biens* & chascun de euls, en nostre sauve & especial garde. Et *voullons* & *octroions*, que contre celuy, ou ceuls qui grief, molestes, destourbes, ou aucun dommages leurs feroient, ou à aucun d'euls, sommierement & de plain, & sans longue figure de jugement, soit procedé, condemnez & contrainz par leurs Juges, à rendre tous couz, dépens & domaiges, en quoy ils seroient encourrus, pour le fait des empeschemens & à amendes à Nous, & à partie, selon la qualité & quantité du meffait, & generalement leur *octroions* & *donnons* tous autels & semblables privileges, comme ceuls dudit *serment de France* ont & soulloient avoir du temps de nostre tres chier Seigneur oncle *(c) le Roy Philippes*, que *Dieu absoille.* Et *maudons* & estroitement *commandons* & *enjoignons*, à tous nos Justiciers & subgiez, & à chascun de euls, que il lesdites libertés, privileges & franchises, desquelles il leur apparera deüëment, tiennent & gardent & facent maintenir & garder par tout nostredit Royaume, au-dessuz diz ouvriers & monnoiers, à leursdites femmes & famille, & à chascun de euls, par la presentation faite à euls, ou à aucun d'euls de la copie de c'est present original, faite soubs aucun de nos sceauls royauls

NOTES.

Valois, du 22. Mars *1339.* page 140. où l'on a remarqué, que sous le regne de ce Prince, on manquoit en France *d'ouvriers* pour travailler aux *monoies.* Ensorte qu'on estoit obligé d'en faire venir, tant du *serment de l'Empire*, que des Seigneuries des Princes & Barons, qui avoient droit de faire battre monoie. D'où il resulte que quelques-uns ont trés mal conclu de là, contre l'honneur du Royaume, que depuis *Charlemagne* les Empereurs estoient en possession d'avoir en France des ouvriers des monoies. Voyez Menage dans son Dictionaire étymologique sur *Serment de France.*

(c) Le Roy Philippes.] Voyez au Tome premier, pages 30. & 803. &c.

authentiques, à laquelle copie collationnée en nostre Chambre des Comptes, Nous *voullons* que plaine foy soit adjoustée, & execution faite aussi, comme par ledit original. Et que ce soit chose ferme & estable à tousjours més, en la maniere que dit est, Nous avons fait mettre nostre Seel à ces presentes Lettres, en las de soie & en cire vert. Ce fu fait l'an de grace mil trois cens quarante-trois, où mois de Fevrier.

Par le Roy à la relation des Gens des Comptes. FRANCO.

PHILIPPE VI. dit DE VALOIS, à Paris, le 6. May 1344.

(a) Mandement par lequel le Roy marque que son intention est, que l'Ordonance *de Philippes le Bel*, portant deffenses aux Sergens Royaux d'exploiter, & de demeurer dans les terres des Seigneurs qui ont haute & basse Justice, soit executée.

SOMMAIRES.

(1) Les Sergens royaux ne peuvent exercer leurs Offices dans les terres, où les Prelats & les Barons ont haute & basse Justice, si ce n'est en cas de ressort & par la permission des Baillis, Seneschaux, Prevosts, Vicomtes & Viguiers.

(2) Ils ne peuvent demeurer dans les terres de ces Seigneurs, s'ils n'y sont nez, ou s'ils n'y sont mariez. Et dans ce cas ils ne pourront y faire aucun exploit, mesme en cas de ressort.

(3) Les Prelats & les Barons peuvent les faire punir par leurs Justices, pour les delicts qui ne concerneront pas l'exercice de leurs Offices.

PHILIPPUS *Dei gratiâ Francorum Rex Ballivo Bituricensi, cæterisque Justitiariis nostris, ad quos præsentes nostræ pervenerint, vel eorum locatenentibus,* Salutem.

Cum in ordinationibus inclitæ recordationis carissimi Domini, ac Patrui Regis Philippi Pulchri, *prædecessoris nostri, super Servientum nostrorum officiis editis, sit inter cætera,* dictis servientibus nostris interdictum, *ne ipsi* justitiam, *aut* officium suum *exerceant* in terris Prælatorum, Baronum, *aut aliorum* vassallorum, seu subditorum nostrorum *in quibus ipsi* omnimodam habent justitiam altam & bassam, *seu merum & mixtum Imperium, nisi* in casu ressorti, *aut alio ad nos de* jure, *vel* consuetudine *spectante, neque tunc,* nisi de præcepto *Seneschalli, Baillivi, vel Præpositi, Vicecomitis, Vicarii, sive Judicis nostri loci illius, quorum mandatum, seu præceptum contineat casum, ad nos, ut prædicitur, pertinentem.*

(2) Item. *Ne ipsi* morentur, *seu* Larem foveant, *in dictis terris, aut locis, vel in locis vicinis in fraudem, absque voluntate Dominorum, nisi sint (b)* oriundi *de loco, aut ibidem matrimonium contraxerint; in quibus duobus casibus non poterunt* Servientis *officium exercere, in locis illis, etiam si casus* ressorti, *aut alius ad nos spectans in eisdem terris evenerit : nec de illis se intromittere non poterunt, imo casus ille executioni mandabitur, per alios Servientes nostros.*

(3) Prælati verò, Barones, & alii Fideles nostri poterunt prædictos Servientes nostros justitiare, & contra eos uti jurisdictione sua spirituali & temporali, prout justum fuerit, sine fraude, sicut contra alias privatas personas, in his quæ ad eorum officium *non spectabunt; poteruntque eos punire de excessibus & commissis quæ fecerint, non tamen nostrum Regium officium exercendo.*

Vobis & vestrûm cuilibet præcipiendo, mandamus, *quatenus, in terris dilectæ & fidelis nostræ* Isabellæ *de* Brabantiâ, Dominæ Vierzonis *& de* Luyriaco, *in quibus ipsam altam & bassam habere justitiam vobis constiterit, contenta in* ordinatione prædicta, *prout*

NOTES.

(a) Ce Mandement est au Registre A. du Parlement, feüillets 5. & 7.

Voyez l'Ordonance de *Philippes le Bel* de l'an 1290. article 12. tome premier, page 319. Celle du 23. Mars 1302. article 29. page 362. celle du mois de Fevrier 1303. article 7. page 404.

(b) Oriundi, aut ibidem matrimonium contraxerint.] Voyez l'Ordonance du 23. Mars 1302. article 30. tome 1. page 362.

superius sunt expressa, faciatis inviolabiliter observari. Contrarium facientes, prout ad vos & vestrûm quemlibet pertinet, debite puniendo. Datum Parisiis sexta die Maii, *anno Domini* millesimo trecensimo quadragesimo quarto. S. est H. *litera sigillata, secundum* ordinationes. GORS.

PHILIPPE VI. dit DE VALOIS, à Chasteau-Thierry en 1344. le 8. Juillet.

(a) Mandement aux Gens des Comptes à Paris, de faire bailler par les Donataires du Roy des estats par écrit, de tous les Dons & de toutes les graces qu'ils auront reçûs de Sa Majesté, & de ses predecesseurs.

PHILIPPES par la Grace de Dieu, Roys de France à noz amez & feaulz genz de noz Comptes à Paris, *Salut & dilection.* Pour ce que en pluseurs dons & graces que Nous avons faiz à plusieurs gens de nostre hostel, & à autres personnes où temps passé, aucuns Nous ont teüe verité, & ne Nous ont pas dit, ne fait sçavoir les Biensfais, Graces, Dons & Octrois que Nous leur aviens fait, & en y a aucuns qui *petitement* ont esté recompensez & les autres trop *largement, Nous vous mandons & enjoingnons* estroitement, & sus vos *loiautez* & *serremens,* que de toutes les personnes quelles que elles soient, à qui Nous ferons dores-en-avant *aucuns Dons*, soit à heritage à vie, à volenté, ou à une fois, vous, avant tout euvre, *prenés leur serrement de vous* dire veritablement & baillier par escrit tous *les dons* & *graces,* que onques leur aurons fait, & quel profit, & en quelque maniere il en ont eu. Et sceue la verité & responsé sur ce, le Nous rescrivez, pour en ordenner nostre plaisir, en accomplissant ces choses, nonobstant quelconques lettres empetrées, ou à empetrer au contraire. Donné à *Chastiau-Thierry* le huitiéme jour de Juillet, l'an de grace mil trois cens quarante-quatre souz le Seel de nostre secret. *In originali signatum sic.*

Par le Roy. P. DANNOY.

NOTES.

(a) Ce Mandement est au memorial B. fol. 20. *verso* de la Chambre des Comptes de Paris.

PHILIPPE VI. dit DE VALOIS, à Chasteau-Thierry, en Juillet 1344.

(a) Letres pour la reformation des Foires de Champagne.

SOMMAIRES.

(1) Les Foires de Champagne & de Brie seront remises en leur ancien estat. Leurs franchises seront restablies, & les imposts, qui y ont esté mis depuis trente ans seront ostez.

(2) Les graces & les respits octroyez contre les Marchands qui frequentent ces Foires seront nuls. Les gardes n'y auront aucun égard, & ils ne seront point tenus d'y obéïr.

(3) Tous Marchands Italiens, Ultramontains, Florentins, Lucois, Milanois, Venitiens, Allemans, Provenceaux & autres auront aux Foires une demeure honeste, & y pourront venir & s'en retourner seurement, avec leurs marchandises, qui seront sous la protection du Roy. En sorte que leurs marchandises ne pourront estre saisies, ni arrestées, que par les Gardes seuls desdites Foires, & en cas de meffait seulement.

(4) Les Marchands estrangers, Italiens, Lombards, ou autres, ne pourront par eux, ni par autres, sous peine de confiscation, faire entrer des marchandises dans le Royaume, si ce n'est pour les conduire aux Foires, ou au cas qu'elles y ayent esté prises, achetées, ou eschangées, ou que n'ayant pas esté vendües, ils soient obligez de les remporter.

(5) Les Drapiers & les Marchands des dix-sept Villes, *qui sont tenus de venir aux Foires, y feront conduire leurs marchandises, comme auparavant. Et ils ne pourront les faire transporter, ni vendre en gros autre part, pour les faire passer hors du Royaume, sous peine de confiscation, qu'aprés les avoir fait venir à une desdites Foires, &c.*

(6) Les Marchands desdites Foires, ne seront pas contraints de livrer leurs marchandises, à moins qu'ils n'ayent esté payez, au cas qu'ils n'ayent pas donné à terme.

(7) Ceux qui vendent en détail & à poids, y exposeront leurs marchandises pendant le temps accoustumé.

(8) Les

(8) Les marchands de Chevaux y auront leurs Escuries, dés les trois jours des Draps jusques aux Changes abatus. Leur marchandise ne pourra estre arrestée par qui que ce soit, & si elle l'estoit à la Requeste des Gens du Roy par les Gardes, elle ne pourra estre retenuë que pendant trois jours, aprés lesquels ils pourront prendre leurs chevaux, & les emmener, sans amende.

(9) Les Marchands de cuirs *y viendront & feront mettre leurs marchandises aux lieux accoustumez, pendant les trois jours ordinaires, & ils exposeront leurs marchandises dés le premier jour.*

(10) Aucun Marchand, en venant ausdites Foires, & en s'en retournant, ne pourra estre arresté, ni ses marchandises, pour cause d'aucunes deffenses données de tout temps passé, depuis la date des presentes, jusques à cinq années, &c.

(11) Aucuns Baillis, Prevosts, Commissaires, Officiers du Royaume, ni les Chevaucheurs du Roy, pour Sa Majesté, ou pour autres, ne pourront prendre, ni arrester les chevaux desdits Marchands, si ce n'est du commandement des Gardes, ou de l'un d'eux. Et au cas que contre ces deffenses quelques chevaux soient pris, les Gardes des Foires, l'un d'eux, ou leurs Lieutenans les feront rendre.

(12) Les Changeurs tiendront leurs changes ausdites Foires, aux lieux accoustumez.

(13) Tous Marchands & frequentans lesdites Foires, seront justiciez par les Gardes, & non par autres, sinon par les Gens des Comptes, en cas de souveraineté, & par les Grands jours de Troyes, *en* cas d'appel seulement.

(14) Aucun Italien, Ultramontain, Provençal & autres, ne pourront user des obligations, ou scellez desdites Foires, ni de leurs libertez, privileges & franchises, s'ils n'y ont fait residence, à l'exception du conduit, *au cas que quelques denrées y fussent* restées, *ou qu'il fallût les emporter.*

(15) Les Marchands Italiens, Luquois, Venitiens, Genevois, Allemands & autres, pourront faire des Contracts & Obligations entre eux en pieces d'or & d'argent, pour marchandises negociées aux Foires, & non avec d'autres personnes.

(16) Tous les Officiers de Champagne, Baillis, ou autres, seront soûmis aux Gardes des Foires, pour l'execution des Mandemens adressez aux Officiers & à eux.

(17) Tous Italiens, Changeurs & autres qui ne seront du Royaume, & qui viendront y demeurer, y feront compagnie, ou en sortiront dans deux mois, à compter de la date des presentes. Les Presteurs sur gages ne joüiront point des franchises, & ils auront des Facteurs, pour se faire payer des sommes qui leur sont dûës.

(18) Nul Marchand ne pourra pour prest, prendre plus de quinze livres pour cent.

(19) Tout deffendeur pourra plaider ses causes par Procureur, sans grace, en la Cour des Foires, lorsqu'il ne sera pas question de detention de corps. Et s'il survient quelque difficulté pour le gouvernement des Foires, l'interpretation sera faite par les Gardes, &c.

(20) On n'aura point égard en la Cour des Foires, à toutes les exceptions déclinatoires & dilatoires qui y seront proposées. On procedera d'abord au principal; & si les parties se pourvoient par appel au Parlement, on n'y aura aucun égard.

(21) Ceux qui contreviendront aux presentes Ordonnances, seront punis exemplairement.

(22) Nul Marchand ne pourra se faire faire obligation pour les deniers qu'il prestera, ni en faire transport, que sous le seel des Foires. Ceux qui feront le contraire seront punis, ils ne pourront s'aider du privilege des Foires, & les Actes qu'ils auront passez seront nuls.

(23) Les Gardes, ou du moins l'un d'eux, seront aux Foires dés la veille des trois jours. L'un d'eux y sera continuellement jusques à ce que les plaidoieries soient finies. Et si pendant le vague de la Foire ils sont dans l'obligation de s'absenter, le Lieutenant du Roy *y restera jusques à ce que les Gardes, ou l'un d'eux soit de retour pour le payement. Sitost que la Foire sera livrée, l'un des Gardes, ou le Lieutenant visiteront les marchandises, & le* Chancellier, *ou* Garde Seel *des Foires y viendra dés la veille des trois jours, & en s'en retournant il laissera son Lieutenant pour prendre les Octrois.*

(24) Le nombre fixé de sept-vingts-dix Sergens *restera, & mesme le surplus, jusques à ce qu'il ait esté reduit par mort à ce nombre; & quand il en manquera, les Gardes y mettront des personnes suffisantes, mais sans pouvoir remplir la place d'aucun* Ultramontain.

(25) Il y aura quarante Notaires *comme auparavant. Quand il y aura des places vacantes, les Gardes les rempliront de personnes suffisantes, gratuitement & par élection. Et des premiers Notaires qui seront establis, il y en aura* quatre *bons Clercs, pour rediger tous Actes en* Latin *&* en François.

(26) Tout Sergent des Foires, s'il n'est en voyage, sera tenu de se presenter une fois aux Gardes en chaque Foire, & il y sera jusques à la fin pour executer les ordres des Gardes.

(27) Les Notaires & les Sergens exerceront leurs Offices en personnes, & ils ne pourront les faire exercer par d'autres, si ce n'est du consentement des Gardes.

(28) Il n'y aura que deux Tabellions, *pour passer les chartes, ou instrumens d'Italien à Italien. Ces chartes ne seront pas mises à execution par mandement des Foires, dont le* Garde Seel *ne pourra faire seeller, ni* nul Notaire *des Foires expedier aucun.*

(29) S'il y avoit quelque interpretation à faire en la presente Ordonnance, on s'adressera aux Gens des Comptes, qui en decideront comme bon leur semblera.

PHILIPPE VI. dit DE VALOIS, à Chasteau-Thierry, en Juillet 1344.

(30) Les Gardes des Foires qui sont & qui seront, feront serment d'observer & de faire observer la presente Ordonnance de point en point.

(31) Toute autorité est donnée aux Gardes pour l'execution des presentes, & à cet égard tous les Officiers du Royaume leur obéïront.

PHILIPPES, &c. Sçavoir faisons, à tous presens & à venir, que comme notoire chose soit, & de ce soiens souffisaument enformez, que nos Foires de Champaigne & de Brie, furent fondées & faites en l'institution d'icelles, pour le bien commun de tout pays, tant de nostre Royaume, comme dehors; & furent establies, en *marches communes*, pour tous les pays raemplir de Marchandises necessaires à iceuls. Et par ce se consentirent en la fondation d'icelles, tuit *Prelat, Prince, Baron Chrestien* & *mescreant*, & se sousmistrent en la *jurisdiction & obéïssance d'icelles*, pour lesquelles choses furent octroiées *franchises* & *libertez* aux frequentans des dictes Foires, & *sauf-conduit* aux venans & *demeurans* en ycelles, & aussi aux *retournans* d'ycelles, jusques en leur pays, & à tous leurs biens & marchandises, par quoy sauvement & seurement li marcheant & marchandises de tout pays y puissent venir & demorer & semblablement retourner. Et pour l'occasion des choses dessusdites, Nous est dûë obéïssance par tout pays deçà mer & delà mer, Et pour ce Nous avons grant affection, tant pour l'honneur de Nous, & de nostre Royaume, comme pour le bien commun, que lesdites Foires soient & demeurent en bon & souffisant estat. Si avons fait sçavoir l'estat d'icelles, ouquel nous avons trouvé plusieurs *defaux, par les fraudes, malices, & aucunes nouvelletez indües, qui ont esté faites où temps passé en nos dites Foires*, sous l'ombre *desquels* les Villes justitiables, & subgiez de nostre Royaume & des autres pays ont esté ça en arriere & sont encore grandement *fraudez* & *domagiez*, & les *franchises, libertez*, & *coustumes* anciennes desdites Foires mal *gardées*, en grant grief de l'honneur, *préjudice* & *domage* de *Nous, de nostre Royaume, des subgiez & Marchaands de nostredit Royaume & d'ailleurs, & des frequentans desdites Foires*, dont Nous qui avons grant volonté & desir de mettre remede convenable & hastif en ceste besoigne & en la reformation desdites Foires, & de garder les bons & anciens usaiges d'ycelles, par quoy li pueples, les Marchands & frequentans desdites Foires ne soient dores-en-avant grevez, ne domagiez, & puissent sauvement aller & venir és dites Foires sous nostre conduit, protection & sauvegarde, de nostre autorité royal & de nostre certaine science : Eue seur ce deliberation *avec nostre grant Conseil*, pour le commun profit, avons *Ordené & Ordenons*, en la forme & maniere qui s'ensuivent.

Premierement. Il Nous plaist & *Voulons* que nos dites *Foirès de Champaigne* & de *Brie* soient remises à leur droit estat ancien, & *Ordonnons* que les bons & anciens usaiges, franchises, coustumes & libertez d'icelles soient gardées enterinement, sanz enfraindre, & que toutes servitutes mises, ou establies és dites Foires depuis trante ans en ça soient rappellées, & du tout rabatuës.

(2) Item. Par Nous, nos successeurs, ou nos gens, ne feront aucunes *graces*, ou *respits* octroyez contre les Marchands & frequentans desdites Foires, ne contre les libertez & coustumes devant dites : Et se par l'importunité des impetranz, ou autrement, estoient octroyées, les *Gardes* d'icelles foires n'y seroient tenus obéïr, & ne *Voulons* que il y obéïssent par nulle voye ou maniere que ce soit.

(3) Item. Toutes compaignies de marchanz, & aussi li marchant singulier, *Ytalien, Outremontain, Florentin, Lucois, Milenois, Genevois, Venitien, Almans, Prouvanceaux*, & d'autres pays qui ne sont de nostre Royaume, se marchander veulent en icely, auront demourance pour euls, ou leurs facteurs, honeste esdites foires, sans avoir mension principal autre part. Et seurement venront, demouront & retourneront euls,

NOTES.

(a) Ces Letres sont au Tresor des Chartes, Regiftre de *Philippe de Valois*, cotté 75. pour les années 1342. 1346. piece 47. Voyez l'Ordonance du 6. Aoust 1349. à Vincennes.

leurs marchandises, & li conduiseurs d'icelles, *(b) ou saufconduit* desdites foires, auquel Nous les prenons & recevons dés maintenant, ensemble leurs *marchandises*, & biens, sanz ce que par autres que par les *Gardes* d'icelles foires, soient pris, arrestez, ou empeschez, se ce n'est pour meffait present. Et se aucun meffait contre ce, il sera punis par lesdits Gardes.

PHILIPPE VI. dit DE VALOIS, à Chasteau-Thierry, en Juillet 1344.

(4) Item. Aucun marchant *Ytalien, Lombard, Alman, Prouvençal,* ou autres dehors nostre Royaume, ne pourront mener par euls, ou par autres aucunes marchandises, ou denrées par les destrois d'iceluy, se ce n'est pour les mener esdites foires, ou que d'icelles foires soient *parties* & *alienées*, par *vendition, eschange,* ou autre *contract,* ou que par *defaut de vendüe* ayent demoré esdites foires, par les jours ordenez par l'ancienne coustume à icelles denrées vendre, sus paine des marchandises estre à Nous acquises.

(5) Item. Li *Drapier* & *marchant des dix & sept villes,* li quiex sont tenus de venir esdites foires, amenront leurs *Draps* en icelles foires, selon ce qu'ils souloient anciennement, & ne les pourront conduire, ne vendre *en gros, autre part pour mener hors de nostre Royaume, sus paine d'iceuls estre acquis à Nous,* jusques à tant qu'ils les ayent premierement *emmenez en l'une* desdites foires, nonobstant graces que Nous aions donné au contraire à ceuls de *Chaalons*, ne à autre des dictes *dix-sept Villes*, lesquelles Nous *rappellons* de tout dés maintenant.

(6) Item. Aucuns marchaanz desdites foires ne seront contrains de livrer leurs *denrées* aux marchaans, se premier ne sont *satisfaits,* où cas que és traitiés des marchandises ne seroient faites expresses *convenances de aucuns termes* de payer, qu'il ne soient poiez trois jours, ou quatre, aprés ce que les marchandises auront esté delivrées.

(7) Item. Li marchaanz *d'avoir de poiz* tenront & monstreront publiquement esdites foires toutes leurs marchandises, par le temps accoustumé. C'est à sçavoir dés le premier jour des trois jours de Draps, jusques au sixiéme jour aprés, & aprés ce, ou cas qu'il n'auroient vendu, *(c)* il les pourront deduire si comme il leur plaira.

(8) Item. Tuit marchaanz de *chevaux, Ytalien, Alman, Provençal,* ou autres dehors nostre Royaume, tenront estables de leur chevaux esdites foires *dés les trois jours de Draps*, jusques à changes abatus. Et ne seront pris, arrestez, ou empeschez pour Nous, ne pour autres, se ce n'est par les Gardes des foires. Et où cas que à requeste *(d)* de noz genz, Escuiers, Courretiers, ou autres seroient par lesdites Gardes arrestez, il ne pourront estre tenuz en arrest plus de *trois jours,* mais incontinent les trois *jours passez*, li marchant à qui il seroient, les pourroient penre, amener & en faire leur profit, sans amende.

(9) Item. (e) Li *marchaanz de Cordoüen* amenront, & venront esdites foires, *aus lieus, & aus trois jours accoustumez*, & publiquement monstreront toutes leurs denrées, dés le premier jour, & par les trois jours de *cordoüen,* selonc ce que anciennement le faisoient, & en autres lieux, ne autrement ne les pourront vendre en ladite foire.

(10) Item. Aucun marchant en venant, demourant esdites foires, & retournant d'icelles, ensemble leurs marchandises, ne seront pris, arrestez, ou empeschez, pour occasion de quelconques deffenses desdites foires, données de tout le temps passé, de la date de ces presentes, jusques *à cinq ans* ensuivanz: Et cependant lesdites parties porront accorder, & li creancier, qui auront les deffences, pourront faire contraindre les personnes principaument obligées, sans prejudicier aux deffences.

NOTES.

(b) Ou saufconduit desdites Foires.] *Vide Philippum Albertum. Orthen* De Regali conducendi jure *capite 8. paginâ 265.*

(c) Il les pourront déduire.] Dans l'Ordonance du 6. Aoust 1349. il y a *il les pourront mener*, & en *ordonner* ainsi qu'il leur plaira.

(d) De noz genz.] Dans l'Ordonance du 6. Aoust 1349. il y a ensuite *Estimeurs.*

(e) Li marchand de Cordoüen.] Les cuirs estoient ainsi appellez alors, parce qu'on les faisoit venir de *Cordoüe* en Espagne. Comme les Cuirs noirs, jaunes, bleus & rouges sont nommez *Maroquins,* parce qu'on les faisoit venir de Maroc. De *Cordoüen* ceux qui employent ces Cuirs pour chausser, ont esté nommez *Cordonniers.*

PHILIPPE VI. dit DE VALOIS, à Chasteau-Thierry, en Juillet 1344.

(11) Item. Pour ce que Nous sommes souffisament enformez, que pour les *prises* desordonnées, qui faites ont esté où temps passé, par nos gens, *des chevaux des marchanz & frequentanz lesdites foires*, par quoy ils ont grant defaut de chevaucheurs necessaires, pour exercer le fait de leurs marchandises, afin que doresmais, il se tiegnent seurement *garniz de bons chevaux* esdites foires, *Nous deffendons* expressement à tous *Baillis, Prevoz, Sergenz, Commissaires,* ou *Officiers* quelconques de nostre Royaume, & aussi à nos *chevaucheurs*, que pour Nous, ne pour autre, *de par Nous,* de quelconque estat qu'ils soient, ne *prennent, ou arrestent aucuns chevaux* desdiz marchands, ou frequentans, ou des venans & demourans esdites foires, ou retournans d'icelles, *se n'est du commandement desdites Gardes,* ou de l'un d'euls. Et où cas que aucuns s'efforceroient du contraire faire, *Nous ne voulons que l'on* obeisse à euls. Et se aucun en avoit pris, *Nous Ordenons* que par *les Gardes desdites foires,* l'un de euls, ou leurs *Lieuxtenans,* soient delivrez lesdiz chevaux, & les preneurs, ou empescheurs punis deüement.

(12) Item. Toutes les compagnies de *changeurs* esdites foires, seront en leurs changes, en lieux apparents, & auront *tappis,* en la maniere qu'il souloit estre fait ancienement.

(13) Item. Tuit marchaanz, & frequentanz esdites foires seront *justitiez par les Gardes d'icelles,* & non par autres, se ce n'est *par les gens de nos Comptes en cas de souveraineté*, & les gens de *nos jours de Troyes, en cause d'Apiaulx* tant seulement. Et ne voulons que Reformateur, Commissaire, ou autre, de quelque povoir, ou autorité qu'il usent, s'entremettent de cognoistre desdiz marchanz & frequentanz, ne de leurs causes.

(14) Item. Aucuns *Ytaliens, Oultremontains, Provenceaux*, ou autres dehors nostre Royaume, ne pourra user des *obligations*, ou *scellez* desdites foires, ou li aidier des Privileges, franchises & libertez d'icelles, se il esdites foires n'a residence, fors que *du conduit,* où cas que aucunes denrées menroit esdites foires, ou remenroit d'icelles, si comme dessus est dit.

(15) Item. Tuit marchanz *Ytalien, Lucois, Venitien, Genevois, Ahnans,* & d'autres pays estrangers frequentanz lesdites foires, pourront *faire contraux & obligations* entr'euls, en nombre de pieces d'or & d'argent, pour cause de marchandise, & contraux faiz esdites foires, & non entr'autres personnes.

(16) Item. Tuit *Officiers de Champaigne*, tant Baillif, comme autre, sont & seront *subgiez* aus *Gardes desdites* foires, pour accomplir la teneur des mandements à euls adreciez, & ausdiz officiers. Et leur manderont & commanderont lesdites Gardes, sus paine d'amende, à appliquer à Nous, & feront contraindre les rebelles & desobéïssans lesdites Gardes, par leurs Commissaires.

(17) Item. Tuit *Ytalien, Oultremontain*, ou autre changeur, qui ne sont de nostre Royaume, & venront demourer esdites foires, illec feront compaignie, où il *vuideront nostre* Royaume *dedans deux mois*, aprés la publication de ces presentes Ordonnances. Et ne demourront aucuns *presteurs sur gaiges, Ytaliens,* ne autres personnes, en franchise, ne il n'y tenront leurs biens dores-en-avant. Et *Voulons* que lesdiz marchands *Presteurs* & *Caseniers,* qui venront demourer en Champaigne, ayent leurs gens, ou facteurs pour venir queillir leurs dettes, qui leur sont dües en nostre Royaume.

(18) Item. Nul marchaanz ne pourront prester par an pour plus haut de *quinze livres pour cent.* Et s'il font le contraire, Nous les en punirons deüement, selon ce que bon Nous semblera.

(19) Item. Nous ordonnons que tuit *Deffendeurs* soient receus à plaidier *leurs causes par Procureur, sans grace* en la Court des foires, és cas qui ne desirent *detention de corps*, nonobstant coustume contraire, & que se aucune chose est doubteuse, ou desire interpretation pour le gouvernement desdites foires, les Gardes d'icelles qui sont & qui seront, y puissent *interpretter, & esclaircir,* par le conseil de la court desdites foires, selonc les anciens usaiges & coustumes.

(20) Item. Que pour abregier les *causes, & les payemens desdites foires*, & pour

PHILIPPE VI. dit DE VALOIS, à Chasteau-Thierry, en Juillet 1344.

oster les parties de longues plaidoiries, *Nous Ordenons* de quelconques *accessoires,* qui seront proposées *en la court desdites foires*, soient *declinatoires, dilatoires,* ou autres, excepté *les peremptoires* tant seulement, que *les Gardes* desdites foires porront faire delaissier les parties, sans ycelles recevoir en jugement, selon ce que il leur semblera que bon soit, meismement là, où il semblera aus *Gardes* desdites foires, en leurs consciences, & *par le conseil de six, ou huit des plus souffisanz de la Foire, notoires, ou autres saiges,* tous accordans, à ce qu'il soit bon de le faire, & d'aller en avant *sus le Principal, sans ycelles parties recevoir en droit, ne en interlocutoire:* Et se les parties en appellent, ou font pourchas sur *ce, pardevers Nous,* à nostre *Court,* Nous ne *voulons* que à ce deferent les Gardes d'icelles foires, mais *Voulons* que ce nonobstant, ils facent les parties *proceder sur le Principal,* & procedent en outre, tout aussi comme se il n'en *estoit point appellé,* ne fait aucun pourchas, ou impetration au contraire.

(21) Item. Nous *Voulons* que se aucuns venoient en aucune maniere, contre nos Ordonnances dessusdites, ou faisoient aucune fraude, qu'ils soient punis en telle maniere, que tuit li autre y preignent exemple.

(22) Item. Nous *Voulons & Ordonnons*, que nuls *marchanz, presteurs*, ne puisse faire obligation, pour *creant* des *deniers* qu'ils *presteront,* & aussi ne puissent faire *Transport,* ne *Portage* de leurs debtes, se n'est *soubs le seel desdites Foires*, & ou cas que aucun *le feront*, qu'ils soient *punis* deüement, & qu'il ne se *puissent aidier des privileges* desdictes Foires. Et ce qui en sera fait autrement sera de nulle valüe.

(23) Item. Lesdites Gardes, ou l'un d'eulx seront en la foire dés la *veille des trois jours*, & y demora li uns d'eulx continuelment, jusques *les plaidoiries soient faites,* Et quant il se partira ou *vague* de la foire, le *Lieutenant institué de par Nous, qui est, ou sera,* y demorra jusques lesdites Gardes, ou li un d'eulx y sera retournez, pour le payement. Et si tost comme la Foire sera livrée, en l'une desdites foires, li uns desdites Gardes, ou li diz *Lieutenanz,* sera en ladite Foire, pour visiter les hales, marchanz, & marchandises, & pour establir veües suffisans, afin que tuit marchaant, ayent tout le bien, & la seurté que l'en leur pourra faire. Et aussi le *Chancellier & Garde du seel* desdites foires, venra en chascune foire la *veille des trois jours*, & quant il se partira *ou vague,* laissera son Lieutenant, bonne & loial personne, pour prendre les octrois, en la maniere accoustumée.

(24) Item. Nous *Voulons & Ordonnons* que le nombre ancien de *sept vins & dix Sergens*, demeure en son estat, & li seurplus qui y est aussi, parce que *Nous* & les *Gardes* desdites foires n'y feront nuls autres Sergens, par mort, ne autrement, jusques il soient revenus au premier nombre *de sept vins dix*, & quant il seront audit nombre, & il en defaudra aucun, *lesdites Gardes les y mettront souffisanz,* sans don & sans profit, & sans y mettre d'ores-en-avant *nul Oultremontain.*

(25) Item. Dores-en-avant, le nombre des *quarante Notaires,* qui y sont, se tendra sans y mettre nuls nouveaux. Et quant li liex *vaquera* d'aucun de euls, lesdictes *Gardes* en auront *le don,* & y mettront bonne & souffisante personne en leur loyauté, & sans nul proffit avoir, & *par élection* & par *serement.* Et des premiers Notaires, qui y seront establiz, que l'en en face *quatre bons Clers,* & bons *Notaires* souffisans pour *escrire en françois & en latin* par tout pays. Et se lesdites *Gardes* y mettoient autre personne, ou recevoient de par Nous & par nos Lettres, Nous *Voulons* le don, ou reception estre de nulle valüe. Et obéïront lesdiz *Notaires ausdites Gardes* & à nostredit *Chancellier & Garde du Seel,* qui est & qui sera en la maniere accoustumée.

(26) Item. Tuit *li Sergent* desdites foires, qui ne seront occupez de voyages, se presenteront aux *Gardes* desdites foires, une fois en chascune foire, & demourront là, jusques à tant qu'il ayent besoignés, & pour obeir aux commandemens des Gardes desdites foires.

(27) Item. Que *li Notaires*, & *Sergenz* desdites Foires, ceulx qui exercer vouldront leursdiz offices, seront tenus de les *exercer en leurs personnes*, & ne les pourront faire exercer par autres, vendre, ne aliener, pour quelque cause que ce soit, se n'estoit

PHILIPPE VI. dit DE VALOIS, à Chasteau-Thierry, en Juillet 1344.

par la volonté des dictes Gardes, qui sur ce auront povoir de donner licence & pourveoir, selonc ce que il leur sembiera de raison.

(28) Item. Esdites Foires aura deux *Tabellions* seulement, pour faire Chartes & instrumens de *Ytalien à Ytalien,* & non entr'autres personnes, lesquelles Chartes & instrumens Nous ne *Voulons* en aucune maniere estre mises à execution, *par mandement desdites Foires :* Et *deffendons* au *Chancellier* & *Garde du Seel* desdites Foires, qui à present est, & qui pour le temps sera, que tels *mandemens ne soient seellez,* & aux *Notaires* desdites Foires, que nuls ne escrivent dores-en-avant par nulle maniere.

(29) Item. Se aucunes *Declarations* estoient à faire pour le temps à venir, és choses dessusdites, ou en aucunes d'icelles, Nous *Voulons* & *Ordonnons* que nos amez & feaulx Genz de nos Comptes à Paris en puissent faire, *declairer* & *ordonner* par toutes les manieres & voyes que bon leur semblera à faire.

(30) Item. Nous *Voulons* & *Ordenons,* que lesdites *Gardes* des Foires, qui à present sont, & pour le temps seront, facent *serment* de garder, & faire garder toutes les choses dessusdites, & chascune d'icelles, sans enfraindre en aucune maniere, quand il seront de nouvel establiz au gouvernement d'icelles Foires.

(31) Item. Nous donnons povoir & autorité *aux Gardes desdites Foires,* qui sont, & seront, de faire tenir & garder les dites Ordenances, & contraindre à ce tous les rebelles. Et ceste puissance Nous *annexons perpetuelment* en leur Office, & *Voulons* que tuit *li Officiers* de nostre Royaume leur obéïssent seur toutes les choses dessus dictes, & dependances d'icelles. Et pource que les choses dessusdictes soient plus fermement tenuës & gardées sans corrompre, Nous ne *voulons* que coustume, ou usaige, privileges ou autres establissemens quelconques, ou graces données, ou à donner, Letres, ou Commissions empetrées, ou à empetrer de Nous, ou de nostre Court, contraires ou préjudiciables à nos dictes Ordenances & aux coustumes, franchises & libertez desdites Foires, soubs quelconques formes de paroles que elles soient, ne comment que on en ayt usé, *soient d'aucun effect,* mais en tant comme elles seroient contraires, ou prejudiciables à nosdites Ordonnances & aux coustumes, usaiges, libertez & privileges desdictes Foires, Nous les *irritons, cassons & annullons,* & *les decernons estre nulles,* & de nulle valeur, & avec ce *decernons* par la planté de nostre puissance & autorité Royal, & de nostre grace especial, que nos dites Ordonnances soient & demeurent perpetuelment en force & en vertu, non contrestant quelconques Lettres, ou graces données, ou à donner au contraire. Et est nostre entention que par les choses cy-dessus escriptes, aucun préjudice ne soit aux graces & privileges, que Nous avons fait par nos autres Lettres, aux Marchanz habitanz & frequentanz nostre Ville de *(f) Harfleur,* mais demeurent en leur force & vertu; Donnanz en mandement & Commandanz à tous nos Officiers & à tous autres justitiers de nostre Royaume, Requerrans tous autres, que aux *Gardes* desdictes Foires, & à leurs mandemenz entendent & obéïssent diligeaument, de cy en avant, ne ne presument aucunes choses estre faites contre nosdites Ordenances, ne les coustumes, usaiges & libertez desdictes Foires, par euls, ne leurs subgiez, ou justiciables, sus peine de encourir en nostre indignation. Et afin que chascun saiche nos dictes Ordennances, & comment Nous avons desir de reformer nos dictes Foires, Nous *Voulons & Commandons* à tous les Justitiers de nostre Royaume; à qui seront portées les *Copies* de nos dictes Ordennances, faites soubs le Seel des dictes Foires, ausquelles *Copies* Nous voulons que foiz soit adjoustée, si comme elle seroit à l'original, que tantost & sanz delay il les facent *crier* & *publier* solempnelment & diligeaument, par tous les lieux notables de leurs jurisdictions, en la maniere qu'elles sont escriptes, si tost comme il en seront requis par le porteur de ces presentes Lettres, ou des dictes coppies. Par quoy de cy en avant marchaanz ou marchandise de tous pays viegnent plus sauvement & seurement en nos dites Foires. Et pour ce que ce soit

NOTES.

(f) Harfleur.] Voyez cy-dessus les Letres du mois de Janvier 1309. page 157.

ferme & estable à tousjours, Nous avons fait mettre nostre Seel nouvel en ces presentes Lettres. *Donné à Chasteau-Thierry, l'an de grace mil trois cens quarante-quatre, où mois de Juillet.*

(a) *Declaration touchant la pesche du Poisson, dans la riviere de Somme.*

PHILIPPE VI. dit DE VALOIS, au mois de Septembre, à Paris, 1344. & à Paris le 16. Aoust 1343.

PHILIPPES, &c. Sçavoir faisons à tous presens & à venir, que Nous veu unes Lettres Patentes scellées du Seel de *Perronne*, & unes autres scellées de nostre Seel du Baillage de *Vermandois*, annexées aux Lettres dudit Prevost, desquelles les teneurs s'ensuivent.

A tous ceux qui ces Lettres verront, ou orront: *Pierre li marchanz* Prevoz de Perronne. *Salut.* Nous avons receu les Lettres du Roy nostre Sires, contenant la fourme qui s'ensuit.

PHILIPPE par la grace de Dieu, Rois de France, au Prevost de Perronne, ou à son Lieutenant, *Salut.* Comme par vertu de nos autres Lettres empetrées de Nous par *Foursi Boudant*, demorant à *Vauls-sur-Somme*, Jean *Estonne de Clary*, Pierre *Foursi* demorant à Farnieres, Laurent *de Vauls* demorant à Fulieres, & plusieurs autres, *tendanz & marchanz* de Poisson en la riviere de *Somme*, & tu aies fait une information, ou enqueste, appellez ceuls qui à ce faisoient à appeller, assavoir mon comment il a esté usé & accoustumé de peschier en la riviere de *Somme*, & il ayt esté trouvé par ladite information, que des pieça & ancienement il fut ordonné, & à en usé & accoustumé de pescher en ladicte riviere de Somme de *harnois de nostre maille*, en tout temps de l'an que il plaist à peschier, & de prendre sans meffait des *Anguilles* de la valüe de un denier les deux, au *Becquet* de dix paux, *au Carpel* de nuef paux, & au *Bresmol* de sept paux. Et aussi a esté ordené & accoustumé anciennement, que en toutes saisons de l'an, on puet prendre & vendre *Roches*, fors entre mi-Avril & mi-May. Et aussi ancienement n'a mie esté usé de payer *amende* pour petit poisson, se on le met en fosses aux *becques* pour leur ponture; ne que li Sergens des yaües y doivent aller peschier, ne fait n'a esté, fors que depuis que *Jehan* de Perronne fut *Prevoz* des yaües.

Item. Il n'a mie esté accoustumé, fors que depuis que lediz *Jean* fust *Prevoz* des yaües, de payer amende pour *harnois de maure maille*, autre que de *nostre maille*, se il est trouvé en la maison d'autre pescheur, ou marcheanz, autre que de *perdre le harnois*, puisque il n'est trouvé peschant. Pourquoy tu par vertu de nosdites Lettres & de ladite information, ou enqueste, lesdiz *tendanz* & *marchanz* de poisson en ladite rivierre de *Somme* & tous autres, voulans estre tenus, maintenus & gardez en leurs usaiges anciens & accoustumez, eusses *mandé & deffendu de par Nous*, à tous nos Justitiers & subgiez, que lesdiz *tendanz* & *marchanz*, & tous autres, laissassent user & joüir de leursdiz usaiges anciens & accoustumez, & que contre yceuls ne contrainsissent, ne molestassent en aucune maniere, en *corps* ne en *biens*, mais les en leissassent joüir & user paisiblement, si comme de toutes ces choses püet apparoir plus plainement par *unes Lettres scellées de ton Seel*, approuvée & verifiée par unes autres Lettres annexées en ycelles, & *scellées du seel de la Baillie de Vermandois*, establi de par Nous à Perrone, si comme l'en dist, Nous aiens les choses faites par toi en cette partie, comme dit est, eu *fermes & agreables*, en tant comme elles ont esté faites deüement. Te *Mandons* & se mestier est *Commettons*, que tu iceuls *faces tenir & garder* & accomplir bien & deüement, & appellez ceuls qui feront à appeller. Et si aucune chose trouve avoir esté faites encontre torchonnierement, *remets-là, ou faits remettre tantost*

NOTES.

(a) Cette Declaration est au Tresor, Registre de *Philippe de Valois*, cotté 75. pour les années 1342. & 1346. piece 58.

PHILIPPE VI. dit DE VALOIS, au mois de Septembre, à Paris, 1344. & à Paris le 16. Aoust 1343.

& sans delay à estat premier & deu. De ce faire te donnons plain povoir & mandement especial. *Et donnons en mandement* par ces presentes Lettres à tous Justitiers & subgiez, & par especial au *Bailly*, & au *Receveur* de Vermandois, ou à leurs *Lieutenans*, que il t'obeissent diligemment, en faisant les choses dessusdites. *Donné à Paris le seiziéme jour d'Aoust, l'an de grace mil trois cens quarante-trois*, soubs nostre seel nouvel.

Par vertu desquelles Lettres, Nous voulanz obeir au contenu d'icelles, & ledit contenu estre enteriné, & recordanz avoir esté faites une *information*, ou *enqueste*, appellez par Nous ceuls qui faisoient à appeller & à requeste de *Fourcy Boudant* demorant à Vaulx-sur-Somme. *Jehan Estonne de Clary*, *Pierre Fourcy* demourant à Farnieres, *Laurent de Vaulx* demorant à Fulieres, & plusieurs autres *tendanz & marcheanz* de poisson en la riviere de *Somme*, par vertu d'une Lettres du Roy nostre Sires, adressant à Nous, lesquelles puent apparoir par l'inspection du contenu en ladite requeste, & dont lesdites Lettres du Roy nostre Sires, dessus transcriptes, font plainiere & expresse mantion, & avec icelle *enqueste* ou *information* valoir, estre tenuë & gardée de par le Roy, & avoir agreable en tout, comme elle est, deüement faite, appellez ceuls qui seront à appeller, & ycelle estre gardée par Nous, & faire tenir bien & deüement. Ayans *en enterin* ycelles Lettres & ladicte *enqueste*, ou *information*, dont elles font mention, & par vertu de ycelles, à la requeste des marcheanz dessus nommez, & plusieurs de la riviere de *Somme*, fait appeller devant nous à Perronne, au *Lundy* landemain de la *Quasimodo*, douze jour d'Avril, l'an mil trois cens quarante-quatre, pour veoir, *enteriner lesdictes Lettres du Roy nostre Sires, selonc leur teneur*, les personnes qui s'ensuivent. C'est à sçavoir discretes personnes & honestes.... *Doyen & Chapitre Saint Fourse* de Perronne, Religieuses personnes & honnestes *Abbé & Convent de Saint Vaast d'Arras*, Abbé & Convent *Saint Nicholay d'Anonaise*, Relligieuses Dames & honestes Abesse & Convent *Nostre-Dame de Soissons*, le *Commandeur* de *la maison d'Estrepigny* de Relligion de Saint Jehan de Jerusalem, Noble Dame Madame *Beatrix de Saint Pol* Dame de Neelle & de Chauny, Noble personne Monsieur de *Creveciier* Seigneur de Fuse en partie, Monsieur de *Longueval*, Monsieur Robert de *Fanüel* Seigneur de Clary, Monsieur *Rabache de Hangest* Seigneur de Queilu Chevaliers, Nostre Dame Madame *Marguerite de Chambly* Dames de *Ronquerolles & de Clary*. Madame de *Faleny Doagioie*, Nobles Demoiselles, Mademoiselle de *Rayneval*, Mademoiselle *du Buas*, Nobles hommes *Jehan* Seigneur de *Berthencourt*, Philippes de *Happlaincourt*, *Raoul de Voyenne*, Escuiers, touz aians en plus les poissons & revenuës de la riviere de *Somme*, en la Prevosté de Perronne & circuite de ladite Ville, où lesdiz marchanz *tendeurs & pescheurs sont* demoranz & peschanz. Desquelles personnes appellées devant Nous audit jour, par certain *Sergent* du Roy nostre Sires, en *la Prevosté de Perronne*, & par vertu de nos Lettres, ou lesdictes Lettres du Roy nostre Sires estoient incorporées, & si comme de ce Nous est apparu par la relation du Sergent sur ce faite, les aucunes se comparurent devant Nous, ou personne pour euls; ausquels comparanz, & ensement au Procureur du Roy, Substitu en la Prevosté de Peronne, adjourné comme les dessus nommez, feismes *apparoir desdites Lettres du Roy nostre Sires*, & les feismes lire de point en point, & avec *l'enqueste*, ou *information* dont lesdites Lettres font mention, & leur demandasmes se il vouloient aucune chose dire, proposer, ou alleguer, contre le contenu desdites Lettres & enqueste, ou information dont elles font mention, que elles ne fussent deüement empetrées, & avecques ce *l'Ordonnance de la pescherie*, harnois, & *contenu desdites Lettres*, *estoit chose raisonable*, & *deüe*, liquel oyes lesdictes Lettres, & apparut à euls de ladite *Enqueste*, ou *Information*, *Respondirent* que il *vouloient tenir icelle Ordenance*, & que ce estoit raisons, & bons usaiges accoustumez d'ancienneté, & avec ce estoit proffiz & utilitez à ladicte riviere & gouvernement du pays, sauf qu'icelluy jour, par ledict *Procureur du Roy*, *Substitut*, fut requis à *avoir jour* pour luy conseillier & advisier de la responce faire, au contenu desdictes Lettres & Information. Et ensement par *Fourcy de Perronne*, Sergent des yaües,

yaües, commis & deputez en ladicte riviere & Prevosté, par *Philippes Coquellet Prevost* desdictes yaües, demande jour *comme d'avis* à repondre audit contenu, lequel jour tant audiz *Procureur* & *Sergent*, comme à appeler les personnes qui audit jour ne s'estoient comparues, adjournées *à enteriner* lesdictes Lettres comme dessus; Et pour les deüement pour Nous estre sommées, assignames au *Samedy* prochain avant l'Assension, auquel jour dudit *Samedy*, comporans devant Nous les dessus nommez marchanz, avec plusieurs autres de ladicte rivierre, & les personnes, ou leurs Procureurs des dessus nommez deffaillans du jour dessusdict, presentez devant Nous, avec *le Procureur du Roy* devant dict, & ledit *Sergent* des yaües, feismes, comme devant apparoir, & lire tant *lesdictes lettres dessus transcriptes*, comme ladicte *enqueste, ou information*, lesquelles personnes, ou leurs Procureurs, ycelles lettres oyes, *respondirent ladicte information, ou enqueste, estre deüement faite, & voulloir lesdictes Lettres estre enterignées avec l'Ordonnance, pescherie & harnois contenus en ycelles.* Et estre deüement empetrées au proffit, gouvernement de ladite rivierre & du pays. Et ensement par ledit *Procureur*, si deüement *conseillié* seur les choses dessusdictes, *respondi* fut par la maniere dessusdicte, estre les choses dictes & devant esclarchies, raisonablement & deüement faites au proffit du pays, paix, tranquillité des marchaanz, & utilité de ladite rivierre, ledit *Sergent* ensement, copie demandée desdictes *Lettres* & *Ordenance*, comme dessus, si se accorda à ladicte *enqueste*, ou *information*, & le contenu desdictes Lettres *du Roy* nostre Sires, sans le contredire en aucune maniere, avecques encore que les marchaanz dessus nommez, & plusieurs autres de ladicte rivierre, & des personnes, ou leur Procureur adjournez, comme dessus, tant de la premiere journée comme de la seconde, du *Procureur du Roy* & d'iceluy *Sergent* des yaües, Nous fût certifié & affirmé que avec *l'Ordonnance de harnois & pescherie éclarcy esdictes Lettres du Roy nostre Sires*, estoit poursiz à ladicte riviere, utilité au pays, & pour lesdiz marchanz & pescheurs, de prendre en tout temps & saisons, & vendre *Roches* ayans cinq *paux*, sauf le restrainte de peschier du temps contenu esdites Lettres, & tout ledit contenu estre gardé & ensement *Teuquez* de sept *paux*, & avec accordé, conseillié & tesmoignié estre raisonable & d'ancienneté, que combien que li *Sergent* des yaües ayent voulu user de contraindre les marchaanz & pescheurs à *poier amende* se il trouvoient aucunes *Roches de menre valeur, grandeur que de cinq paux*, & aucuns autres poissons vendanz en plain marchié, que ou cas que la valüe de plus d'entre deux deniers & trois deniers, ne sera trouvé *vendre*, ou avoir apporté en marchié ne puissent estre, *ne ne doivent à amende* pour ce, *Pourquoy Nous consideré* le évocation faite par nous, sus *lesdictes Lettres*, eü reguard aux personnes, & à la responce faite par euls, ou de par euls, & surtout ce eü conseil, avis & deliberation, pour enterigner *lesdictes Lettres* du Roy nostre Sires, *information*, ou *enqueste* & *Ordonnance* dont elles sont mention, & ycelles estre gardées & accomplies deüement. *Donnons en mandement* & commandement, *par vertu du pouvoir à Nous donné* par *lesdictes Lettres*, à tous justitiers & subgiez du Roy nostre Sires, que contre la teneur desdictes Lettres & enqueste dont elles font mention, lesquelles *Nous tenons* par ce que dessus est dit, estre deüement faites & profitables à ladite riviere, marcheanz pescheurs, & du pays, ne facent aucune chose au prejudice d'icelle, & ladicte Ordenance dedans contenuë, mais les tiengnent & gardent deüement, de point en point, sans le contraire faire, ne y prejudicier, ou quel cas se fait estoit, Nous *entendons* le remettre à estat deû, & punir les meffaisans selonc raison. *En tesmoing* desquelles choses estre tenuës, gardées & enterignées, avons mis *à ces Lettres nostre Seel, duquel Nous usons en l'office de ladite Prevosté*, qui furent faites & données le Samedy dessusdit, l'an de grace mil trois cens quarante-quatre.

A tous ceuls qui ces presentes Lettres verront & orront, *Jehan Gayaus Warde du Seel de la Baillie de Vermandois* establi de par le Roy à Perronne, *Salut*. Saichent tous, que pardevant Nous est venus en propre personne *Pierre li Marchaant* naguerres Prevost de Perronne, & a connût & affermé en verité, que les Lettres parmy lesquelles cestes presentes sont annexées, estoient & sont seellées de son propre Seel, duquel il

PHILIPPE VI. dit DE VALOIS, au mois de Juignet 1344. & à Paris au mois de Septembre 1344.

PHILIPPE VI. dit DE VALOIS, au mois de Juignet 1344. & à Paris au mois de Septembre 1344.

usoit & avoit usé ou temps, que il exerçoit l'office de ladite Prevosté, & que les choses contenuës esdictes Lettres furent faites, & encores en attendant user où temps à venir, si comme il recongnut. En tesmoing de ce, Nous à la requeste dudit Pierre, avons mis à ces Lettres presentes le Seel de ladite Baillie, sauf le droit le Roy & l'autruy. *Ce fut fait en l'an de grace mil trois cens quarante-quatre, ou mois de Juignet.*

Nous adcertes lesdictes Lettres dessus escriptes, & toutes les choses dessusdictes contenuës en icelles, ayans fermes & agreables, ycelles voullons, loons, agreons, & de nostre autorité royal, les confirmons. Et que ce soit ferme & estable à tousjours, Nous avons fait mettre nostre Scel à ces presentes Lettres, sauf nostre droit & l'autruy en toutes choses. Ce fut fait à Paris en l'an de grace mil trois cens quarante-quatre, ou mois de Septembre *sine Financia.*

PHILIPPE VI. dit DE VALOIS, à S.t Christophe en Hallatte le 29. Octobre 1344.

(a) Mandement aux Gens des Comptes à Paris, portant que jusques icy l'intention de Sa Majesté n'a point esté de faire des dons de rente à vie, ou à heritage par assiette de terres, mais seulement à valüe de terre, ou rente annuelle.

PHILIPPES par la grace de Dieu Roys de France, à noz amez & feaulx genz de noz Comptes à Paris, *Salut & dilection.* Nous avons entendu que plusieurs personnes ausquieux Nous, de grace especial, avons fait *Dons de Rente* à vie, ou à heritage, se sont efforciez, ou veulent efforcier de vouloir avoir lesdites Rentes par *assiette de terre,* selont coustume de pais, disans que par la fourme & teneur des Lettres à eulx octroyées sur ledit don, leur doit aussi estre fait & desja l'a esté fait à aucuns, si comme l'en dit, laquelle chose Nous desplait s'il est ainsi, *Pourquoy Nous vous faisons* assavoir que ce ne fut oncques nostre entente, ne n'est que à aucunes personnes de quelque estat, ou condition qu'il soient, Nous leur *feissiens Dons de Rentes à vie*, ou à *heritage, par assiete de païs*, mais tant seulement *(b) à valüe de terre, ou rente annuel.* Si vous mandons que autrement ne le faciez, ou faciez faire, & se fait l'avez, ou fait faire à aucuns, si le rappellez, & leur faites rendre ce que levé en auront, oultre ladite valuë de rente annuelle, comme dit est, & ce faites en tele maniere qu'il n'y ayt aucun deffaut, nonobstant quelzconques Lettres de Dons octroyées sur ce à quelque personne que ce soit. *Donné à Saint Christophe en Halate le vingt-neufviéme jour d'Octobre, l'an de grace mil trois cens quarante & quatre.* Par le Roy. P. DANNOY.

NOTES.

(a) Ce Mandement est au Memorial B. fol. 183. de la Chambre des Comptes de Paris.

(b) Valüe de terre.] Voyez Du Molin dans son Traité François, *Des usures*, Quest. 7.

PHILIPPE VI. dit DE VALOIS, à Paris, l'an 1344. au mois de Decembre.

(a) Ordonance servant de Declaration à la precedente du 9. May 1330. touchant les appellations interjettées au Parlement.

SOMMAIRES.

(1) Si les parties ont comparu aux jours des presentations, quand mesmes il y auroit du defaut dans la qualité de la presentation, la Cour, sans avoir égard à ce defaut, ne laissera pas de faire proceder les parties.

(2) Les parties plaideront à l'avenir selon l'ordre qu'elles seront appellées, soit sur la presentation du demandeur, ou du defendeur.

(3) Ceux qui auront interjetté appel dans les Pays de Coûtumes, sans distinction d'adjournement impetré, ou executé dans les trois mois; seront tenus de payer l'amende de soixante livres Parisis, à moins qu'ils n'ayent renoncé à

PHILIPPE VI. dit DE VALOIS, à Paris, l'an 1344. au mois de Decembre.

leur appel dans huit jours, à compter du jour que l'appel aura esté interjetté, & pardevant la personne nommée par le Juge, qui aura prononcé la sentence, ou pardevant le juge mesme s'il est present.

(4) Si quelqu'un interjette appel avant le Parlement prochain, & s'il est du Baillage de Vermandois, il poura impetrer & faire executer son adjournement avant l'ouverture du Parlement. Ceux qui sont des autres Baillages, ou Seneschaussées, impetreront leur adjournement pendant le Parlement dans l'espace de trois mois, & le feront executer dans le temps competant, mais cependant avant les jours fixez pour les presentations de leurs Seneschaussées, ou Baillages; Et dans ce cas ils n'auront pas le délay de trois mois suivant l'Ordonnance du 9. May 1330.

(5) Il suffira à l'avenir à ceux qui interjetteront appel au Parlement, de faire adjourner les Juges au lieu, où ils auront rendu leur sentence, & où ils auront fait deny de justice, en parlant à ceux qui demeureront sur le lieu, ou aux voisins, &c. ce qui sera observé dans les Pairies.

(6) Lorsque des Abbayes, des Couvents & autres communautez seront adjournées, dés que leurs Procureurs se seront presentez, la Cour ordonnera que les parties procederont.

(7) On n'obtiendra plus de letres sous le nom du Procureur du Roy, donnant pouvoir d'informer secretement *contre des personnes de bonne reputation, si ce n'est du consentement exprés du Roy, &c.*

(8) On ne pourra faire adjourner personne pardevant les Maistres des Requestes de l'Hôtel du Roy, si ce n'est de la certaine science du Roy, ou dans les causes personnelles des Officiers & domestiques, ou Commenseaux de son Hôtel.

(9) Il ne sera permis à personne, de venir directement, ni indirectement contre les Arrests du Parlement, ou d'impetrer des letres pour en suspendre l'execution, sous peine de soixante livres Parisis d'amende, *à moins qu'on n'ait obtenu des letres du Roy, par lesquelles il soit permis de se pourvoir par* proposition d'erreur, *suivant les Ordonnances, &c.*

(10) Toutes Letres surprises, ou obtenuës par importunité au préjudice d'autruy, seront declarées nulles, injustes & subreptices.

(11) Dans les procez de proprieté *les défendeurs n'auront plus qu'un seul délay, au prochain Parlement suivant, pour avoir leur garand, &c.*

(12) Les Baillis Royaux seront obligez d'estre presens au Parlement, lorsqu'on y plaidera les causes de leurs Baillages, à moins que le Parlement ne les en dispense pour de justes raisons, sinon ils seront interdits, ou privez de leurs Offices, ou punis severement.

(13) Les Conseillers & les Avocats ne pourront estre juges dans les causes, où ils auront esté consultez, & où ils auront esté employez pour les parties; Et si aucuns Juges Royaux croyent à propos de prendre l'avis d'Avocats, ce sera aprés que les Avocats auront juré qu'ils n'auront point esté consultez dans ces affaires, ou qu'ils n'en auront pas esté chargez.

PHILIPPUS *Dei gratiâ Francorum Rex: Universis præsentes litteras inspecturis,* Salutem.

Quoniam facti experientia didicimus plura quæ per Nos, seu Prædecessores nostros ad utilitatem, tranquillitatem & favorem subditorum nostrorum fuerant salubriter ordinata, ac etiam instituta, per abutentium malicias, & cautelas, in ipsorum subditorum dampnum, & læsionem redundare. Et sicut in humana reperitur natura, quæ ad bene operandum, quandoque non aliter conservatur, vel etiam revocatur, nisi hoc quod ex sui varietate & decursu continuo ei resistere videtur, corrigitur. Sic ea quæ propter bonum subditorum utiliter fuerunt ordinata, oportet nos ex causis supervenientibus mutare, corrigere, aut totaliter quandoque revocare. Quapropter *Nos subditorum nostrorum utilitatem & tranquillitatem, ut tenemur, procurare volentes,* Ordinationes *infra scriptas,* in magno nostro Consilio *fecimus, ac etiam* Ordinavimus, *quæ in scriptis redigi* volumus, *ad perpetuam hominum memoriam, & ut nullus propter ignorantiam super hiis de cætero valeat excusari, præcedentes ordinationes aliquas, ex causis supradictis, secundum factorum qualitatem, & temporum varietatem corrigentes, declarantes, seu etiam mutantes.*

In primis *igitur, cum secundum stilum Curiæ nostræ, &* Ordinationes scriptas, *oportet*

NOTES.

(a) Cette Ordonance est au Registre A. du Parlement, feüillet 30. & elle est peut-estre une des plus sages & des plus utiles qui ayent esté faites pendant ce regne.

Pour entendre ce premier article, il faut lire la premiere partie de l'ancien stile du Parlement au chapitre 4. *De adjornamentis in causa appellationum*, & au chap. 5. *De præsentationibus in Parlamento*, composé par du Breüil qui vivoit sous le regne de *Charles le Bel* & de *Philippes de Valois*, à quoy il faut joindre les notes *d'Aufrerius*, où l'on voira que dans nos pays *Coutumiers*, l'usage estoit d'adjourner le Juge qui avoit rendu la Sentence, dont estoit appel;

PHILIPPE VI. dit DE VALOIS, à Paris, l'an 1344. au mois de Decembre.

partes, quæ in Parlamento nostro litigare debebant, se certis, modo, forma seu qualitatibus præsentare. *Quod si in hoc deficerent, defectus, seu licentia concedebatur contra partem non sufficienter* præsentatam, *ex quo sæpe pars quæ per simplicitatem, aut aliàs per negligentiam non se sufficienter secundum dictum stilum præsentaverat, suam causam amittebat, licet in* Curia præsens esset, *vel cadebat ab instantia suæ causæ, & adversæ parti condemnabatur in expensis. Verum cum modus, & ordinatio* præsentationum, *ob hoc fuerit introducta, ut partes suos adversarios, contra quos agere, & in judicio consistere debebant, scire possint, & ut partes præsentatæ, sine confusione & tumultu inordinato, in Curia nostra pro litigando, prout se præsentaverant*, per rotulum *secundum suum ordinem vocarentur.* Nos *rigorem, qui circa qualitatem dictarum* præsentationum, *transactis temporibus extitit observatus, temperare volentes* Ordinamus, *ut si partes præsentatæ fuerint diebus* præsentationum *licet in earum præsentatione aliquis, secundum stilum, in* qualitate præsentationis *reperiatur defectus, Curia nostra stilo, &* defectu *prædictis nonobstantibus, in causa procedere faciat duas partes.*

(2) Item. Quia in Parlamento nostro quoque consuetum fuerat observari, quod si partes præsentatæ *vocarentur* per rotulum, *seu cedulam, aut aliàs per illum ad quem, ex ejus officio, seu aliàs hoc fieri incumbebat, actor, qui ad cautelam & per suam maliciam, ut tardius vocaretur in fine præsentationum, se forsitan præsentabat, in præjudicium suæ partis, prætendebat, ex stilo Curiæ, aut aliàs, se non debere compelli litigare, cum vocaretur secundum præsentationem suæ partis adversæ, sed tunc solum, cum secundum ordinem suæ præsentationis vocaretur. Ex cujus observantia, curia impediebatur, & causarum expeditio retardabatur, & parti volenti procedere inferebatur præjudicium, sive dampnum :* Volumus *ac etiam* Ordinamus *ut talis stilus, seu ordo præsentationum in litigando de cætero non servetur, sed secundum quod* vocabuntur partes, *per præsentationem cujuslibet earumdem* actoris *scilicet sive* rei, *litigare teneantur.*

(3) Item. Cum per Nos in magno nostro Consilio & in favorem (b) appellantium subditorum nostrorum jamdiu Ordinatum fuisset, *ut appellantes a nostris judicibus, seu aliis, ad Curiam nostram,* dilationem trium mensium *haberent ad impetrandum* adjornamentum in causâ appellationis suæ, *& ad illud faciendum executioni demandari. Et in casu quo adjornamentum non impetraverant, vel impetrato usi non fuerant, a sua appellatione cadebant, sed propter hoc ad* emendam, *ob dictam appellationem minime tenebantur, prout in dicta Ordinatione plenius continetur, licet antea (c)* ILLICO *cum appellaverant in emendam incidebant. Quia tamen crescente plurium malicia, hoc quod ob ipsorum favorem, fuerat introductum, ad aliorum læsionem, & retardationem juris ipsorum pluries vertebatur, quia plures & quasi sine delectu, ab omni sententia etiam juste lata,*

NOTES.

& de dénoncer l'adjournement à la partie qui avoit obtenu gain de cause, & que dans les pays *de Droit écrit*, l'usage estoit d'adjourner la partie, & de dénoncer l'appel au Juge qui avoit rendu la Sentence.

Ubi appellatur ab aliquo judice terræ consuetudinariæ, adjornatur Judex, qui tulit sententiam principaliter & non Pars, & fit intimatio illi, pro qua lata est sententia.

E contra fit in patria quæ regitur jure scripto, quia adjornatur principaliter ille pro quo fuit lata sententia & fit intimatio Judici. Stilus Parlam. part. 1. cap. 4. & cap. 23.

(b) Appellantium] Vide stilum Parlamenti, parte 1. cap. 20. 21. 22. 23. 25. &c. & ibi *Aufrerium*, & l'Ordonance de *Philippes de Valois* du 9. May 1330. tome 2. page 51.

(c) Illico] Vide *Johannem Galli, quæstione 158. & ibi Molineum.* Joignez la note sur le premier livre des Establissemens de *S.t Loüis*, chap. 80. 81. Ce qui suit, tiré du chap. 20. de l'ancien stile du Parlement, §. 2. merite d'estre remarqué, parce qu'il donne beaucoup de jour à cette Ordonance.

Si appellatio emittatur in patria consuetudinaria, a sententia lata a Judice, statim appellandum est, antequam surgat Judex a sede pro recedendo, vel recedat, aliàs reputabitur non appellans.

Item si appelletur a sententia lata in patria juris scripti, siquidem in continenti & inter acta sufficit dicere appello *etiam sine alia verborum expressione, & sine aliqua scriptura fiat, Dumtamen de hoc constare possit per acta, sed secus si post quod facere potest, dum tamen appellet intra* decem *dies, quia tunc oportet quod appellet in* scriptis, *& quod causas legitimas in eadem inserat quæ si probatæ essent, deberent legitimæ reputari, &c.*

propter dilationem prædictam. Et quia in casibus prædictis solvere aliquam non tenebantur emendam, appellabant, pluresque fraudes alias committebant, prout experientia facti, & nonnullorum relatione fideli didiscimus. Nos *indempnitati subditorum nostrorum providere* volentes, *& fraudibus & maliciis talium obviare,* Volumus, *ac etiam ex nostra scientia* Ordinamus, *ut de cætero* in patria quæ jure consuetudinario regitur, *quicumque ad* Nos, *seu ad* nostram Curiam appellaverint, *a nostris judicibus, vel aliis, a quibus ad* Nos, *seu nostram* Curiam *immediate appellandum fuerit, appellantes ipsi, præfata* distinctione, *super impetrando & exequendo* adjornamento, *vel non* intra *(d)* tres menses, *quantum ad hoc per præsentem ordinationem*, penitus abolitâ, *ad emendam* sexaginta librarum Parisiensium solitam *Nobis* solvendam omnimode compellantur, *nisi in causa appellationis suæ obtinuerint, vel nisi* intra octo dies continue a die appellationis numerandos, suæ renuntiaverint appellationi. *Et ut supra* dicta renunciatione, *ullum oriri non valeat debatum, nec etiam partes ex hac in factis ponantur,* Judex qui protulit sententiam, *ipso adhuc pro tribunali sedente*, personam certam ordinare, *seu deputare publice* tenebitur *in loco, in quo suas pronuntiabit sententias, coram quâ*, si judicem absentare *contingat*, appellantes renuntiare *poterunt & debebunt, infra tempus prædictum, appellationibus per eos interjectis, & ab ipso* judice, *seu* persona *per ipsum judicem ad hoc ordinata, seu deputata, ut præmittitur, literas sub sigillo alterius ipsorum; tam* appellans, *quam* appellatus *habebunt* renuntiationem, *&* diem *quo lata fuerit sententia, ac etiam* diem, *quo ipsi* appellationi *renuntiaverint, continentes*, Ordinatione, *tamen supra dilatione adjornamentum impetrandi, & ipso infra* terminum trium mensium *executioni demandando & aliis prout & secundum quod inferius in continenti declarabimus, seu interpretabimur in suis virtute & robore permanente.*

(4) Item. Cum secundum dictam (e) Ordinationem *nostram super* adjornamento, impetrando *& exequendo infra* tres menses, *propter nostrorum utilitatem subditorum, jamdiu per Nos factam, appellantes à nostris judicibus, seu aliis ad curiam nostram,* dilationem trium mensium *haberent post latam sententiam, seu juris* denegationem, *ad suum adjornamentum impetrandum, ac etiam exequendum, & in casu quo adjornamentum non impetraverant, vel impetratum non faciebant, infra tempus prædictum exectioni demandari, sed a* sua appellatione caderent, *nobis tamen ad* emendam, *minime tenebantur. Quia tamen plures quandoque ex verbis* constitutionis *prædictæ, calumniose occasionem maliciæ sumentes, cum ipsos ante inceptum Parlamentum, condemnari, seu eis jus denegari contingebat & appellaverant ad Curiam nostram, licet tempus sufficiens ad impetrandum adjornamentum, & ad ipsum exequi faciendum haberent, ante tunc (f) proximum Parlamentum, minus tamen* trium mensium *spatio, non impetrabant adjornamentum ad tunc proximum Parlamentum, sed ad aliud immediate subsequens, suam colorantes malitiam, ex eo & pro eo, quod* tres menses *continuos habentes ad impetrandum adjornamentum, ut præmittitur, eisdem licebat, virtute* Ordinationis præfatæ, *ut dicebant, quandocumque, infra tamen* tres menses *prædictos, suum adjornamentum impetrare, & exequi. Et quia finis dictorum trium mensium, tempore jam incæpti Parlamenti claudebatur, in quo, secundum stilum Curiæ, non licebat adjornamentum impetrare ad* procedendum in jam *(g)* incœpto Parlamento *absque* gratia speciali, *concludebant, quod oportebat illud impetrare ad tunc* futurum Parlamentum. *Ex quo, si per modum ante dictum Constitutio intelligeretur, prædicti appellantes majorem dilationem haberent, quam habere potuissent, ante Constitutionem prædictam, per quam intentionis nostræ fuerat dilationem, in causis prædictis, arctare, ac etiam restringere, non autem augmentare. Ea propter* Nos *dictam Ordinationem seu Constitutionem* declarantes, interpretantes, *seu* corrigentes *in hac parte*, volumus *ac etiam* Ordinamus, *ut si per aliquem* appelletur, *ante* tunc

PHILIPPE VI. dit DE VALOIS, à Paris, l'an 1344. au mois de Decembre.

NOTES.

(d) Tres menses.] Voyez cy-dessus l'Ordonnance du 9. May 1330. page 51. tom. 2.

(e) Ordinationem prædictam.] C'est l'Ordonnance du 9. May 1330.

(f) Proximum Parlamentum.] Vide *primam partem stili Parlamenti*, cap. 4. &c. §. *1. 2. 3.*

(g) Incæpto Parlamento.] Vide stilum *Parlamenti*, parte 1. cap. 4. & §. 1. 2. 3. 4.

PHILIPPE VI. dit DE VALOIS, à Paris, l'an 1344. au mois de Decembre.

futurum Parlamentum, *quod declarationi & arbitrio Curiæ nostræ relinquimus, infra quod tempus appellantes, si sint de* Viromandensi Ballivia, *illud possint impetrari & exequi facere*, ante initium Parlamenti, ad impetrandum & exequi faciendum *ante dicti Parlamenti initium & per competentem terminum, teneantur: Et alii de* Baillıviis, *seu* Seneschalliis *nostris, adjornamentum* impetrare *duntaxat, cum illud possint, etiam* durante Parlamento, *infra* tres menses *tamen prædictos &* exequi facere *per dilationem competentem, tamen ante* dies præsentationum *Seneschalliæ suæ, vel Bailliviæ, hoc facere teneantur, nec in hiis casibus, dilationem* trium mensium *habebunt, virtute Constitutionis, seu Ordinationis ante dictæ, quam* nolumus *nec etiam* volumus, *seu intelligimus locum sibi vindicare in causis supradictis.*

(5) Item. Cum transactis temporibus, fuerit, ex stilo Curiæ nostræ observatum, *ut si quis* a sententia *alicujus* Paris Franciæ, Ducis, Comitis, Baronis, *seu alterius Domini temporalis*, aut defectu, seu denegatione juris, *ab ipsis, seu officialibus, & judicibus suis, ad Nos, seu Curiam nostram* appellabat, *oportebat, ut non solum*, judicem, *seu* officialem, *ad ipsius personam, seu domicilium, sed etiam* Parem, Ducem, Baronem, vel Dominum, *modo consilii, (h) faceret adjornari. Ex quo sæpius* appellantes opprimebantur *multis laboribus, sumptibus, & expensis. Nam plerumque contingebat ipsos* Pares, Duces, Comites, Barones *vel* Dominos *in partibus multum remotis, etiam infra limites regni nostri, a loco, quo* lata fuerat sententia, *seu* facta denegatio juris, *suum mutare domicilium, etiam post* latam sententiam, *vel* defectum, seu denegationem juris, *quod* appellantes *verisimiliter ignorare poterant, & quia quoque, ob causas prædictas, juxta rigorem dicti stili, ipsos Dominos, seu eorum officiales non faciebant sufficienter adjornari,* suam causam etiam justam amittebant, *& in partis adversæ condemnabantur expensis.* Nos *igitur dicti stili rigorem, secundum clementiam nostram, temperare volentes, ac tanto rigori, equitatem præferri,* Ordinamus, *ac etiam* statuimus, *ut in dictis casibus sufficiat & proficiat, ac sufficere & proficere debeat, ipsis appellantibus.* Si ipsos judices, *qui* sententiam protulerunt, aut denegationem juris fecerunt, & a quibus extitit appellatum, adjornari faciant, in loco, ubi lata fuerit sententia, vel facta fuerit juris denegatio, *seu defectus, ad personas, seu habitatores dicti loci, si qui reperiantur, vel coram vicinis loci prædicti, si nemo reperiatur ibidem, vel quod ad personam ipsius judicis, vel locum tenentis, vel ad eorum domicilium, fiat ipsum adjornamentum, si ibidem, vel alibi infra castellaniam dicti loci casualiter, vel alias, inveniatur, si hoc appellans maluerit. Denique adjornamentum simili modo fiat, ad dominos judicis, in locis prædictis, ipsis absentibus vel etiam præsentibus, absque eo quod oporteat Dominos in eorum personis, seu domiciliis facere adjornari, prout fieri solebat, ante* Ordinationem *seu* constitutionem *præsentem. Et quia ex* observatione antiqua *consuevit fieri,* ut nos literas nostras Paribus Franciæ mittere debeamus, per quas ipsos adjornamus *(i)* & alias literas, quibus Baillivis, vel Judicibus mandatur, ut literas nostras Paribus debeant præsentare, *volumus ut* literæ prædictæ *solum ad* eorum judicem, *vel ad* locum,

NOTES.

(h) Faceret adjornari.] L'Autheur de l'ancien stile du Parlement parle de cet ancien usage dans la premiere partie, cap. 23. §. 1. *Ubi quis*, dit-il, *appellavit ab hominibus alicujus Paris, qui super se habent homines Judicantes in curia dicti Paris, qui dicuntur* FRANCI; *si pars appellata, & Par Franciæ se remitti petat, super dicta causa ad homines immediate judicantes, audientur. Ita dictum fuit per dictam Curiam anno 1326.* où il faut remarquer que les hommes qui tenoient les grands jours des *Pairs*, estoient appellez *Francs.*

(i) Et alias literas, &c.] D'abord la regle estoit qu'un Pair de France ne pouvoit estre adjourné, que par *deux autres Pairs;* ce qui avoit lieu, lorsque c'estoit un Pair qui failoit adjourner un autre Pair, comme il est trés bien expliqué dans l'ancien stile du Parlement, au titre *Des adjournemens des Pairs*, partie 1. par Bouteiller dans sa *Somme*, livre premier, titre 3. page 12. par du Tillet dans son recüeil des *Roys de France*, au titre Des Pairs, page 370. & dans mes Observations sur *Loisel*, livre premier, titre premier, regle 32. Il en estoit de meme dans les lieux où l'on jugeoit par Pairs: Mais lorsque c'estoit le Roy qui faisoit adjourner un Pair, il faisoit expedier une Letre en Chancellerie, par laquelle il adjournoit le Pair: On expedioit ensuite une seconde Letre adressée à un Bailli, ou à quelqu'autre personne, avec

ubi *lata fuerat sententia, vel facta juris denegatio seu defectus similiter præsententur, absque alia solemnitate servanda.*

PHILIPPE VI. dit DE VALOIS, à Paris, l'an 1344. au mois de Decembre.

(6) *Item. Cum sæpe contigerit, & contingat nonnulla* adjornamenta, *contra* Abbates & Conventus, Capitula, Scabinatus & Scabinos, Consulatus & Consules, *aut* homines judicantes, *in nostris & subditorum nostrorum curiis, facta impugnari, & plerumque nulla, seu insufficientia, per nostram Curiam declarari, ex, & pro eo, quod in conventu, & capitulo* campana pulsata, *conventu & capitulo congregato, & in scabinatu scabinis, consulatu, consulibus, aut eorum majori parte congregatis* facta *non extiterint, & quod* Judex conjurator hominum judicantium, *ac etiam* Dominus judicis *(k)* conjuratoris *non extiterint* adjornati, *seu propter alios* ritus, *seu solemnitates consuetudinum, seu stilorum, usuum, aut observantiarum locorum, & proprie curiarum continue*, observatos, *unde quamplures perdiderunt & in futurum perdere possent causas suas, licet adjornati, seu procuratores, pro dictis adjornatis, in nostrâ Curiâ comparuerint, & compareant, & se præsentaverint, & præsentent.* Nos tales *anfractus litium, & superstitiones amputare volentes, & lites dirimere, & causarum expeditionem accelerare cupientes*, Volumus, *ac etiam* ordinamus, *quod* Curia nostra, *prædictis nonobstantibus, quascumque personas prædictas, aut alias in* nostra Curia *adjornatas, ex quo comparuerint & se præsentaverint, una pars contra alteram*, summarie & de *plano, rejectis quibuscumque talibus allegationibus, & ipsis non auditis, ac penitus non admissis, in causa procedere faciat ipsas partes.*

(7) *Item. Quia sæpe per malivolos, & ex malitia plurimorum, a Nobis impetrantur literæ*, sub nomine Procuratoris nostri, & ipso penitus ignorante, *per quas quoque committitur, etiam personis suspectis, ut (l)* informationes secretas *faciant*, contra personas bonæ famæ, *ex quibus quamplurimi notabiliter, ac etiam enormiter læduntur, non solum in eorum bonis, sed etiam* personis, & denigratione suæ famæ *Nam & ipsi in villibus carceribus detruduntur, & eorum bona, in manu nostra posita* distrahuntur *& indebite dissipantur, & quoque contra officiales nostros, qui propter justitiam & observationem juris nostri, malivolentiam & odium plurimorum incurrunt. Cum igitur intentionis nostræ non extitit, quod subditi & officiales nostri talibus informationibus opprimantur*, Ordinamus, *ac etiam* Decernimus *ut de cætero, virtute talium literarum*, tales non *fiant* informationes, *nec* literæ sub Procuratoris nostri nomine concedantur, *nisi* de nostra expressa emanaverint voluntate *& conscientia, seu a* nostra Curia *tales literæ emanaverint, aut ipso* Procuratore *nostro generali, hoc in sua persona petente, vel de ipsius certo mandato, aliàs autem* volumus *ut* impetrantes *hujusmodi dampna, & expensas illis* resarciant, *& reddere, ac injurias emendare teneantur, contra quos talia* impetrare *præsumpserunt* & erga nos *emendam* sexaginta librarum Parisiensium *in tali*

NOTES.

ordre de presenter la Letre d'adjournement au Pair. Ce porteur de commission estoit appellé *Serviens Regis:* Et comme le Pair estoit aussi bien adjourné par un tel Sergent, que s'il avoit esté adjourné par deux de ses Pairs, de là est venuë la Regle qui est rapportée par *Loisel sergent à Roy est Pair à Comte.*

Lorsqu'un simple particulier avoit affaire à un Pair de France, il est évident qu'il n'auroit jamais pû le faire adjourner par deux de ses Pairs, & qu'ainsi il n'auroit jamais pû obtenir justice au Parlement, où les Pairs plaidoient en premiere instance.

Ainsi dans ce cas le particulier estoit dans l'obligation de se pourvoir en Chancellerie, d'y obtenir des Letres, par lesquelles le Roy adjournoit le Pair, & d'autres Letres qui commettoient quelque Officier pour presenter les Letres d'Adjournement au Pair.

Mais comme il estoit difficile de trouver le Pair, qui souvent estoit absent, *Philippes de Valois* statua par cette Ordonnance, qu'il suffiroit à l'advenir de presenter la Lettre d'Adjournement *en cas d'appel*, qui estoit le cas le plus frequent, au Juge du Pair; & au lieu où la sentence auroit esté renduë. Voyez l'ancien stile du Parlement, partie premiere, chapitre 4.

(k) Conjuratores.] Voyez mon Glossaire du Droit François sur *Conjure*, Alteserram *de Ducibus & comitibus*, cap. 4. pag. 237. Charondas dans ses Notes sur Bouteiller, pag. 19. Beaumanoir chap. 1. pag. 11. à la fin, & *Cangium* in verbo *conjurare.*

(l) Informationes secretas.] Vide *Marquardum Freherum De occultis judiciis olim in Westphalia, aliisque Germaniæ partibus usitatis, postea abolitis.*

PHILIPPE VI. dit DE VALOIS, à Paris, l'an 1344. au mois de Decembre.

impetratione *incurrant, & in eam incidant, ipso facto, ad quam nobis solvendam celeriter compellantur*, nec ulla fides informationibus adhibeatur prædictis. *Si verò aliqui officiales, aut subditi nostri, virtute informationis debite factæ per literas nostras, de voluntate & conscientia nostra, seu a Curia nostra concessas, aut ad petitionem Procuratoris nostri generalis, seu ejus certi mandati, ut prædictum est, emanatas,* capti fuerint *ipsi*, antequam in carcerem detrudantur, *ad judicem, cujus autoritate capti sunt, adducantur, & factis, per informationem repertis, contra eos propositis,* illico *in suis defensionibus audiantur, ut sic confestim judex de corporum elargitione, seu detentione, ac bonorum suorum recredentia facienda, vel non, prout sibi justum, & equum visum fuerit, valeat ordinare. Quod si ita prompte copia judicis haberi non possit, dicti capti honeste & secure detineantur, donec ad judicem adduci valeant, & in suis defensionibus audiri, cumque intentionis nostræ non existat, quod* præsentis ordinationis *occasione, delicta remanere debeant impunita,* Declaramus ordinariam *jurisdictionem, seu potestatem Seneschallorum, Bailliviorum, Præpositorum, Bajulorum, aut aliorum ordinariorum, seu Procuratoris, Seneschalliarum & Balliviarum nostrarum non diminui, nec eisdem aliquatenus derogari.* Ordinationem tamen nostram antiquam *præsentibus renovantes* Statuimus, *ac etiam* Ordinamus, *quod* Procuratores nostri *occasione criminum, delictorum seu excessuum contra aliquos subditos nostros persecutionem, placitum, seu dilationem non faciant, nisi* præcedentibus *informatione debita & præcepto judicis* competentis.

(8) Item. Quia à pluribus fide dignis didicimus, *quod plures malivoli literas a nobis* impetrant, *& per eorum importunitatem obtinent, ut eorum adversarii, quos laboribus & expensis fatigare nituntur, coram Magistris Requestarum nostri hospitii adjornentur, licet pluries hoc fieri expresse prohibuerimus & ut gravius adversarios suos laboribus & expensis gravare valeant, ipsos impetrant adjornari* ubicumque nos esse *contingerit, ex quo quoque constat ipsos sic adjornatos esse sub periculo amittendi causas suas, propter defectum sui consilii, ac de facili suos advocatos secum habere non valeant propter mutationem locorum, in quibus* nos *transferre ex multis causis contingit. Et quia hospitia seu alia necessaria, nisi cum difficultate possunt sæpius reperire, qui etiam a suis Provinciis, Seneschalliis, Bailliviis, Præposituris, seu Castellaniis, contra* ordinationes Regias, *& antiquas trahuntur illicite, quod in subditorum nostrorum grave præjudicium & jacturam dignoscitur redundare.* Nos *subditorum nostrorum indemnitatibus in hac parte providere volentes,* Ordinamus *ac etiam* Statuimus *de cætero, ut* nulli liceat *coram dictis* Magistris Requestarum *nostri hospitii, aliquas personas adjornari facere, seu etiam evocari,* nisi de nostra expressa procedat scientia, *vel in causis* officiorum *per nos* concessorum, *aut inter* officiales, *seu* familiares *&* domesticos *dicti hospitii nostri, & in causis* mere personalibus, *quas unum officialem, seu domesticum & officialem contra alium officialem, familiarem & domesticum habere continget, vel cum aliquis alius a familiari & domestico hospitii nostri aliquid petere voluerit super* actione mere personali, *& quæ officium ejus tangat, quæ quidem causæ tunc coram dictis Magistris Requestarum poterunt agitari, ne* domestici & familiares hospitii *nostri a nostris distrahantur, & impediantur* officiis. *Alias vero quascumque personas, etiam hospitii nostri, tam agendo, quam etiam defendendo & in causis quibuscumque,* volumus *coram suis* ordinariis *judicibus remitti. Et si secus actum vel factum fuerit ipsum* Declaramus *nullum, irritum & inane.*

(9) Item. Cum jamdudum per nos in nostro magno consilio sit, & fuerit (m) Ordinatum, *ut nulli liceat* contra arresta *curiæ nostræ aliquid proponere, vel dicere,* nisi a nobis impetraverit gratiam errores *contra* hujusmodi arresta proponendi, *quo etiam casu* cautionem, *antequam reciperetur ad aliquid proponendum, dare debet, & tenetur, de solvendo nobis* duplicem emendam, *in casu, quo non invenirentur* errores *in* arresto, *ac etiam de solvendo* expensas, *atque* dampna, *illi qui pro se reportaverat.* Dicta tamen Ordinatione nonobstante, *plures nituntur, etiam de facto, per eorum importunitatem, a nobis impetrare literas, absque eo quod asserant* errores intervenisse in arresto

NOTES.

(m) Vide *ordinationem anni 1331. supra folio 66. 67. & ibi notam.*

ut contra

ut contra arrestum, *& intellectum ejus, & arresto nonobstante, quod etiam per nostras literas annullamus, audiantur. Et quod est gravius parti, quæ arrestum pro se reportavit & habuit, ut arresti* executio usque ad *certum tempus etiam* suspendatur, *vel quod partes super hiis, super quibus arrestum fuit latum, coram aliis, quam coram gentibus Parlamenti nostri, & non in ipso Parlamento adjornatæ audiantur. Cum tamen prout per prædecessores nostros Franciæ Reges, semper fuit, &* propter autoritatem Parlamenti *inviolabiliter observatum, ne arresta Curiæ nostræ, aliquatenus, nisi per ipsas gentes Parlamenti nostri, in nostra præsentia, cum hoc præcipimus, vel nobis absentibus, per ipsas quæ personam nostram immediate representant, vel per ipsas, & aliquot alios consiliarios nostros, quando ad hoc cum ipsis mittimus, aliquo modo corrigantur, vel aliàs mutentur.* Nos igitur mores antiquos, *& facta Prædecessorum nostrorum laudabilia, in quantum possumus, tenere, & observare cupientes,* volumus, *ac etiam* statuimus, *ut de cætero nulli liceat* contra arresta Parlamenti nostri directe, vel per obliquum, expresse, *vel* tacite, *aut aliàs* quovisimodo *contrà ire, vel literas impetrare, per quas* arrestorum executio retardetur, *vel impediatur, vel contra ea dicant, seu veniant impetrantes. Quod si fecerint* in emendam Sexaginta librarum Parisiensium *nobis applicandam, incidant,* & illico *teneantur, nisi a Nobis literas habuerint, de gratia speciali & ex certa nostra scientia, ut* ad proponendum Errores contra arresta, juxta Ordinationes *nostras prædictas, audiantur. Quæ quidem literæ impetrabuntur, per hunc modum videlicet, ut ille qui asserere intendit* intervenisse Errores *in arresto,* ipsos Errores in scriptis, *Gentibus Requestarum hospitii nostri, vel aliis Gentibus nostris per quas talia* impetrare *intendit, tradat, ut ipsæ gentes nostræ deliberare habeant & possint si, ut a prima facie apparere potest,* gratiam proponendi Errores *concedere debeamus. Qui quidem* Errores *sic* in scriptis *traditi, ne pars quæ forsitan ad cautelam* Errores *ipsos immutaret, post gratiam impetratam, sub signis illorum mediantibus, quibus gratia fiet, seu transibit, & sub contra-sigillo nostro, gentibus Parlamenti nostri, cum literis super gratia concessis, transmittantur. Quibus sic in scriptis traditis, & parte vocata,* dictaque solita cautione præstita de refundendis sumptibus & expensis, secundum alias Ordinationes *nostras,* Errores per Parlamentum nostrum, non alibi, *neque per alias, ut prædictum est, vel nisi solum* in præsentia nostra, *si hoc* Ordinaverimus *fieri, ipsis etiam præsentibus, corrigantur.* Volumus *insuper quod nulli concedatur de cætero gratia,* ut arresti *executio* suspendatur, *propter* Errores *in ipsum proponendos, quia pro arresto, quod debite, & absque interventu Errorum latum & factum fuerit ab omnibus, est verisimiliter præsumendum. Et si forsitan contingat verisimiliter dubitari, quod pars quæ pro se arrestum reportavit, sit, vel efficiatur sic, quod fructus percipiendos virtute arresti, in casu quo in arresto Erratum fuisset, reddendi, seu restituendi facultatem non haberet, ipsa Curia nostra supra* Ordinari *valeat, prout videbitur faciendum.* Statuimus *etiam quod de cetero, nulli concedatur* gratia proponendi *Errores contra* arrestum interlocutorium, *quod si secus factum fuerit, nullum esse decernimus, ac etiam non valere.*

(10) Item. Quia sepe contingit, quod plures literæ *per importunitatem petentium; & quanquam per inadvertentiam a Nobis impetrantur, ex quibus, vel per quas, jus partis enormiter læditur, quod nobis displicet.* Volumus, *ac etiam* Præcipimus, *prout etiam in propria Persona* recolimus, *nos pluries gentibus, seu* Magistris Parlamenti *dixisse, ac etiam* injunxisse, *ut talibus literis, in læsionem juris partium, sic concessis, non* obediant, vel etiam obtemperent quoquomodo, *imo eas* nullas, iniquas, vel subreptitias pronuntient, ac annullent, *vel si eis expediens videatur, secundum naturam causæ, vel formam literarum, Nobis super hoc referant, & nostram advisent conscientiam, super hoc quod videbitur rationabiliter faciendum.*

(11) Item. Cum a magnis retroactis temporibus, quibus Parlamentum bis in anno quolibet teneri solebat, *fuerit observatum, quod in (n) causis* proprietariis, *seu* proprietatis, *Reus* post libellum *in scriptis traditum, seu* demandam, *& post* diem consilii

NOTES.

(n) Causis proprietatis.] Vide *Stilum antiquum Parlamenti,* parte 1. cap. 17.

PHILIPPE VI. dit DE VALOIS, à Paris, l'an 1344. au mois de Decembre.

& *(o)* ventam tres dilationes habebat, *&* *per* tria Parlamenta, *ad suum* Garandum, *quem nominabat* faciendum adjornari, *&* *in casu, quo ille, quem in suum nominaverat* Garandum *non venerat*, defectum *solum* habebat contra ipsum, causa proprietatis in eodem statu, inter partes principales remanente *&* *dormiente. Ex quibus dilationibus multa pericula venire solebant, in præjudicium quoque irrevocabile petitoris, seu actoris; propter quod, Nos tantas* perplexitates litium, *&* *dilationes abreviare volentes*, Ordinamus, *&* *ex certa scientia* statuimus, *ut de cætero* in causis proprietariis, ad habendum suum *(p)* Garandum, Reus *nisi solum* unam dilationem habeat ad proximum tum sequens Parlamentum, *&* *quod ipsi Reo, adeo jus suum, seu actio sua, contra illum, quem in Garendum nominavit &* *adjornari fecit, semel solum &* *salva remaneat, ac si per* tria Parlamenta, *ipsum, ut fieri solebat, adjornari fecisset.*

(12) Item. Cum Baillivi nostri Parlamento nostro diebus Balliviarum suarum, comparere *&* remanere *continue* teneantur, *ac* rationabiliter *debeant, ut eorum* sententias a quibus appellatur, *habeant sustinere*, *&* ut si quis de ipsis in Parlamento *nostro (q)* querimoniam facere voluerit, ipsis super hoc auditis, per ipsum Parlamentum ordinetur, *&* *apparere possit, ac cognosci de ipsorum* gestu, moribus, *&* vita, *&* *qualiter per ipsos digne Regantur Provinciæ iis traditæ, sub eorum regimine, &* *ut etiam Curia possit injungere, si quæ duxerit ordinanda. Quia tamen sæpe contingit ipsos Baillivos, ipsis tunc temporibus* absentare *&* *excusationes, quæsito colore, tam per literas nostras, aut alias pretendere, ex quo subditi nostri, cum de ipsorum Balliviorum oppressionibus, propter eorum absentiam, veritas, haberi non possit, oppressi remaneant, &* *aliàs multipliciter prægravati.* Volumus *ac etiam* Ordinamus ut Baillivi nostri ad dies *suarum Baillivarum, in* Parlamento nostro *personaliter, omni* excusatione cessante, *comparere*, *&* *causis suæ* Bailliviæ durantibus, remanere teneantur, *nisi de* ipsius Parlamenti licentia, *si forte causa* sufficiens interveniat, ipsos absentare *contingat. Si vero absque causis prædictis, seu gravi infirmitate non venerint, vel postea quam præsentes fuerunt, si absentaverint*, Volumus, *ac etiam* Præcipimus *ipsos ab* officiis nostris *privari, seu suspendi, aut* aliter *graviter puniri, per ipsum nostrum Parlamentum, prout viderit faciendum.*

(13) Item. Ordinamus *omnibus* Seneschallis, Baillivis, *&* *aliis judicibus nostris*, *&* *sub eorum* juramentis *districte injungendo, ne* Advocatos *seu* Consiliarios, *super causis in quibus* consilium, *seu* patrocinium suum partibus præstiterunt, *quoquomodo permittant, in* dictis causis judicandi, *cum ipsis judicibus in consilio præsentes interesse. Et si quandoque forsitan* judices nostros *advocatorum contingat petere consilium, in* causis judicandis, *ipsos* primitus jurare facient *quod in causis prædictis* numquam consilium, *seu* patrimonium *præstiterunt. Quod si contrarium factum reperiatur, tam judices, quam etiam Nos* Advocatos *graviter, ut perjuros, punienus. Has vero* ordinationes, *seu* constitutiones volumus *ad perpetuam rei memoriam observari. Et ne aliquis super ipsis valeat pretextu ignorantiæ excusari, præcepimus dilectis &* *fidelibus gentibus nostrum Parlamentum tenentibus, ut dictas* ordinationes, *seu constitutiones per Regnum nostrum, in Seneschalliis &* *Baillivis nostris solemniter faciant publicari. Quod ut firmum &* *stabile perseveret, præsentibus literis nostrum* novum, absente majore, *fecimus apponi sigillum.* Datum Parisius. Anno Domini millesimo trecentesimo quadragesimo quarto. Mense Decembri.

NOTES.

(o) Ventam.] Vide *Stilum antiquum Parlamenti*, parte 1. cap. 11. *De dilatione ventæ.*

(p) Garendum.] Vide *Stilum Parlamenti*, parte 1. cap. 12. *De dilatione garendi*, & ibi *Aufrerium.*

(q) Querimoniam facere.] Cecy est trés remarquable. Les Baillis & les Seneschaux doivent estre presens au Parlement, dans le temps qu'on y plaide les causes de leurs Bailliages, pour y soûtenir leurs sentences, pour deffendre aux plaintes faites contr'eux, & afin que le Parlement puisse s'informer de leur vie & de leurs mœurs.

PHILIPPE VI. dit DE VALOIS, au Val Nostre-Dame, le onziéme jour de Mars 1344.

(a) Ordonance touchant le Parlement.

SOMMAIRES.

(1) Au Parlement il y aura quinze Conseillers clercs, & quinze lais, qui auront gages, outre les trois Presidens, &c.

(2) En la Chambres des Enquestes il y aura vingt-quatre clercs, & seize lais.

(3) Aux Requestes du Palais, il y aura cinq clercs & trois lais.

(4) Les personnes cy-aprés nommées *exerceront lesdits estats; Et s'il plaist aux autres de venir, il leur sera permis: Mais ils n'auront des gages que quand ils succederont aux autres.*

(5) Personne ne sera mis en la place de ceux qui sont cy-aprés nommez, *que du consentement du Roy sur le tesmoignage du Chancelier, & du Parlement.*

(6) Les nommez *demeureront continuellement au Parlement pour faire leurs Offices.*

(7) La presente Ordonnance aura son execution, comme celle du 8. Aoust 1342. touchant les Notaires du Roy, *& les* Sergens d'Armes.

Sommaires des additions à l'Ordonance precedente.

(1) Chaque Commissaire ne pourra prendre par jour, pour chaque cheval qu'il menera avec luy, que dix sols Parisis, *au Pays où les* Parisis *sont reçûs, &* dix sols Tournois, *où les* Tournois *ont lieu.*

(2) Les Gens du Parlement *qui seront envoyez en commission, ne pourront se faire payer que pour six chevaux, quand ils en auroient davantage; les Gens des* Enquestes *& des* Requestes *du Palais, que pour quatre chevaux, entre lesquels les chevaux de leurs clercs seront comptez,* &c.

(3) Chaque clerc de Commissaire *ne pourra prendre que* cinq sols *par jour,* Parisis *ou* Tournois *selon les lieux, tant pour parchemin, que pour escritures, copies, grosses d'Enquestes, &c.*

(4) Les Commissaires *employeront leur temps utilement, & en cas qu'ils fassent le contraire, ils seront punis, si le* Roy *en a connoissance.*

(5) Pendant que le Parlement *soira, les* Commissaires *deputez pour taxer les dépens, ne pourront prendre pour salaires à Paris, que dix sols* Parisis *par jour.*

(6) Et il ne sera pas pris davantage, le Parlement *seant, pour examiner les témoins.*

(7) Les Maistres du Parlement, *ni autres ne pourront interrompre le* Parlement *pour leurs affaires particulieres. Lorsqu'ils seront assis en la Chambre, ils ne pourront se lever, si ce n'est pour les affaires de la Cour, & par le congé des Presidens.*

(8) Pendant que la Cour soira, aucun des Seigneurs n'ira, ni ne viendra en la sale, pour s'entretenir inutilement avec ceux qu'ils y rencontreront.

(9) Les Seigneurs se rendront au Palais *dés le matin, & ils n'en sortiront pas, jusques à ce que la Cour soit levée.*

(10) Lorsque les Presidens entrent, on ne doit les troubler dans leurs fonctions, par des Requestes.

(11) Lorsque le President met une cause au Conseil, *tous se doivent taire jusqu'à ce qu'il ait fini. S'il a obmis quelque circonstance, il sera permis ensuite de l'en faire ressouvenir: Et si l'affaire n'est pas assez éclaircie, on pourra demander que les Avocats soient entendus, & pendant qu'ils parleront, personne ne les interrompra, si ce n'est le President.*

(12) Au Conseil *celuy qui dira son opinion, ne repetera pas tout ce qui aura esté touché en sa presence.*

(13) On n'alleguera ni Loix *ni* Canons, *si ce n'est en matiere de* Droit, *& à moins que le President ne le demande.*

(14) Lorsque les Arrests auront esté prononcez, il ne sera permis à personne de reveler le secret de la Cour, *en disant de quel avis les* Seigneurs *ont esté.*

(15) Pour empécher que le secret de la Cour *ne soit à l'avenir revelé, il n'y aura au* Conseil *que les* Seigneurs, *avec le Registreur, & tous les autres iront à la Tournelle.*

(16) Chaque Seigneur *ne se levera qu'une fois en une matinée, ce qui n'aura lieu à l'égard des* Prelats *& des* Barons *qui tiennent l'honneur du* Siege.

(17) Nul ne se levera avant le President, *qui tient le* Siege.

(18) Nul des Seigneurs *ne demandera d'aller en commission, pendant le* Parlement.

Sommaires des articles de l'Ordonance des Seigneurs des Enquestes.

(1) Ils obéiront & seront soumis à leur President.

(2) Ils ne parleront pas, & ne s'entretiendront pas ensemble, lorsqu'ils seront dans les fonctions de leurs offices. Ils écouteront attentivement le Rapporteur, *& ne se leveront plus si souvent qu'autrefois.*

(3) Six jours au plustard aprés qu'un Arrest *aura esté rendu: ils le rapporteront à la* Chambre, *pour y estre corrigé, &c.*

PHILIPPE VI. dit DE VALOIS, au Val Nostre-Dame, le onziéme jour de Mars 1344.

(4) Ils liront leur Arrest *estant assis. Ils redigeront la correction dès qu'elle sera faite, & ils la liront.*

(5) Ils ne donneront leurs Arrests *à la* Cour *pour les prononcer, qu'après qu'ils auront esté seellez du seel de l'un des* Presidens.

(6) Dès que les Arrests *auront esté corrigez & seellez, ils les apporteront au* Regiſtre, *pour les faire prononcer.*

(7) Comme ils doivent rediger les Arrests *de leur propre main, ils les écriront si au large & si bien, qu'on puisse les lire aisément.*

(8) Quoyque leurs Arrests soient accordez, ils jugeront avec les autres. Ils feront leurs Arrests *chez eux après midy, ou de nuit, & non en la* Chambre, *à moins qu'ils ne soient obligez d'en parler à leurs confreres.*

(9) Ils rapporteront tous, s'il n'y a excuse legitime, parce quils sont tous Jugeurs *&* Rapporteurs.

DE PAR LE ROY.

NOs Gens du Parlement, Nous avons faite certaine Ordenance, sur le fait de nos *Chambres du Parlement*, des *Enquestes* & de nos *Requestes du Palais*, par deliberation de *nostre Grant Conseil*, laquelle Nous avons envoyé, sous le *seel de nostre secret* enclose, *à nos Gens des Comptes*, qui vous en bailleront la copie. Si *vous Mandons & commandons* estroitement, & sur les sermens que vous avez à Nous, que *ladite Ordenance*, laquelle Nous *Voullons* garder & estre gardée, sans enfraindre, vous gardez, & faites garder & tenir, en ce qui à vous apartient. Et se aucun Mandement vous venoit, qui fût en rien contre *ladite Ordenance*, ne le mettez à aucune execution, jusques vous Nous en ayez avisiez, & que vous en sçachiez autrement nostre volonté. Donné *au Val Nostre-Dame*, le onziéme jour de Mars l'an mil trois cens quarante-quatre.

A nos amez & feaulz les gens tenanz nostre Parlement à Paris.

(1) LI Roys en *son grand Conseil*, par bonne & meure deliberation, a ordené pour l'honneur & profit de luy, & de son pueple, & pour plusieurs causes justes & raisonables, que pour gouverner sa *Justice capital*, c'est à sçavoir, *son Parlement*, seront en sondit *Parlement*, prenanz gaiges accoustumez, *quinze Clercs*, & *quinze Lais*, outre *les trois Presidens*, qui ont gaiges separez, & autres que les dessusdiz, & sans ceux, à qui li Roys a donné leurs gaiges à vie.

(2) Item. En sa Chambre des *Enquestes*, *quarante*, c'est à sçavoir, *vingt-quatre Clercs* & *seize Lais*.

(3) Item. En ses *Requestes du Palais*, *huit*, c'est à sçavoir, *cinq Clercs & trois Lais*.

(4) Et combien que moult grand nombre de personnes ayent été & soient és dessusdits Estaz, par ce meisme Conseil, les personnes *cy-dessous nommées*, sont Esleuz à demourer, pour exercer & continuer lesdiz Estaz, aux charges accoustumez. Et toutes voyes se il plaist aux autres venir esdiz Estaz & Offices, il plaist bien au Roy, que il y viengnent, mais ils ne prenront gaiges, jusques à tant, que il seront mis au lieu des susdiz nommez Esleuz

(5) Item. Li Roys par ce meisme Conseil, a ordené que nul ne soient mis au lieu & nombre de l'un des dessusdiz Esleuz, quand il vacquera, se il n'est tesmoigné au

NOTES.

(a) Cette Ordonance est au Regiſtre A. du Parlement, feüillet 8. *recto*, où elle n'est pas en forme. Elle est aussi en la Chambre des Comptes de Paris, au Regiſtre B. du Greffe, feüillet 147. *verso*, & elle est aux Terriers, en un rouleau. Voyez Joly tome premier, page 13. & 14. l'Ordonance de *Philippes le Bel*, de l'an 1291. tome premier page 320. l'Ordonance du 23. Mars 1302. article 62. tome premier page 366. l'Ordonance de 1304, ou 1305. tome premier, page 547. l'Ordonance de *Philippe le Long* du 3. Decembre 1319. tome premier page 702. celle du mesme Roy *Philippe le Long* du 17. Novembre 1318. tome premier page 673. 674. & enfin l'Ordonance du mois de Decembre 1320. tome premier page 727.

Roy, par le *Chancellier*, & par le *Parlement*, estre *suffisant* à exercer ledit office, & estre mis audit nombre & lieu.

PHILIPPE VI. dit DE VALOIS, au Val Nostre-Dame, le onziéme jour de Mars 1344.

(6) *Item.* Les dessusdiz au nombre demoureront continuelement oudit Parlement, pour faire leur office, & ne s'en partiront durant le Parlement, se ce n'est par la licence du Parlement.

(7) Et *Veult* li Roys *&* *Ordene*, ainsi comme il a fait (*b*) de ses *Notaires*, & de ses *Sergens d'armes*, que cette presente Ordenance soit tenuë & gardée à toûjours, sans enfraindre pour quelconque cause que ce soit, & dés maintenant li Roys declaire & decerne estre nul, & de nulle valeur, tout ce qui de cy en avant seroit fait au contraire.

Cy-aprés s'ensuivent les noms des personnes ordenées pour la Grant-Chambre de Parlement.

CLERS.	*PRESIDENS.*	*LAIS.*
M. PHILIPPE NICOLAS.	Messire SIMON DE BUCY.	M. R. DE CHARNY.
M. G. DE PONTLEVOY.	M. JACQUES LE VACHER.	M. J. DE CHARROLES.
M. ADRIEN AUBEN.	M. PIERRE DEMEVILLE.	M. B. MULET.
M. J. PASTAUT.		M. BERTHAUD DESPREZ.
M. E. DE CHASTEAU-VILLAIN.		M. G. DE DICY.
M. G. LE COUVREUR.		M. GUIL. DAMBREVILLE.
LE PRIEUR DE CRESPY.		M. JACQUES LE MAISY.
M. DAUTEVILLE.		M. J. LE VICOMTE.
M. J. DERGUIRY.		M. J. SIROT.
M. J. DANGUERANT.		M. J. DE PACY.
M. P. DE PUVILLE.		M. P. DE CREIL.
M. R. PINÇON.		M. G. BESCOT.
M. GUY DE SAINT SEPULCHRE.		M. THOMAS VAVIN.
M. ESTIENNE DE PARIS.		M. JEHAN DE HANGEST.
M. GUY DOBLE.		M. OUDART LE LOY.

Ce sont les personnes ordenées pour la Chambre des Enquestes.

CLERS.	*LAIS.*
M. DE HUBANT l'aisné.	M. GUY DE NOYEN.
M. FOUQUES BARDOUL.	M. JEHAN LE JAY.
M. JEHAN BESCOT.	M. CRESPIN DE ROCHEFORT.
M. G. DE BEUVIGNIES.	M. R. DE VILLENEUVE.
M. G. PANNIER.	M. NICOLAS DE VEELLY.
M. DUPRE-GILBERT.	M. JEHAN DE LA FERÉ.
M. MAIRET.	M. LE PROUS.
M. J. BLOYN.	M. LOYS WAIVERUCHE.
M. AYMERY DE CHARTRES.	M. ADAM DE SANTY.
M. P. BRISOLLES.	M. G. DE NEMOUX.
M. OUDART DE BARDUSIERES.	M. P. DE BERTHECOURT.
M. JEHAN HUBANT le jeune.	M. G. DE HUBANT.

NOTES.

(*b*) *De ses Notaires & de ses Sergens d'armes.*] Voyez cy-dessus l'Ordonance de *Philippe de Valois*, du 8. Aoust 1342. tome 2. page 173.

PHILIPPE VI. dit DE VALOIS, au Val Nostre-Dame, le onziéme jour de Mars 1344.

CLERS.

L'ARCHIDIACRE DE BOULLOGNE.
M. P. DE LA CHARITÉ.
M. NICOLE DU BOYS.
M. P. DANGRAUT.
M. GUIDE GRASSET.
M. JEHAN LE CHARRON.
M. PIERRE DE CENTPUITS.
M. PHILIPPES DE TALLERU.
M. PAUBERY.
M. SIMON DE TRAVISY.
M. J. DE LA PORTE.
M. G. DE CHAUMONT.

LAIS.

M. R. PIED DE FER.
M. JEHAN DE CLOYE.
M. LEGER DE BARDILLY.
M. JEHAN DE DYON, *dit* PAVÉES.
M. MADAIN DE HORDAING, pour ce qu'il a perdu le sien.

Ce sont les persones ordonnées pour les Requestes.

CLERS.

M. GUY DE FONTAINES.
M. P. DE LENGRES.
M. ESTIENNE LE BARROIS.
M. P. DUBE.
M. HUGUES LE SEIRE.

LAIS.

M. JACQUES DU BOULLAY.
M. PIERRE DE VILLAINES.
M. GEOFFROY DU BOIS.

Et pour ce que li Roys veult que ceste presente Ordenance soit ferme & estable, tenuë & gardée à tousjours, il a commandé que elle soit seellée de son seel en cire verte, & en soye.

POUR CE QUE, Nous avons eû plusieurs complaintes de nos Subgiez, que les Commissaires de *nostre Parlement*, & de *Par Nous*, prenoient granz salaires & & excessifs, par quoi les parties sont si oppressées, qu'il en sont mis à poureté, ou convient souvent qu'il en cessent à poursuir leur cause, ou leur droit. *Ordenons*, & *Voullons* que nul Commissaire envoyé de par *Nous, ou nostre Parlement*, ne puist penre pour son salaire, plus que *cy-dessouz* est *par Nous ordené*. Et quiconque fera le contraire, Nous le punirons, comme *parjure,* ou autrement, si comme bon Nous semblera.

Primo. Nous *Ordenons* & *Voullons,* que nulz Commissaire ne pourra penre chascun jour pour chascun cheval, qu'il menra avecques luy, que *dix sols Parisis*, où pays, où en alloüe Parisis, ou *dix sols Tournois*, ou *pays*, où *en alloue Tournois.*

(2) Item. Nous *Voullons,* & *Ordenons*, que nos *Gens de Parlement*, qui seront envoyez en *Commission*, ne puissent penre que pour *six chevaux* au plus, combien que plus en y menassent. Nos Gens de *nos Enquestes*, ou *Requestes* du Palais, pour *quatre chevaux*, és quels nombres seront comptez les chevaux que leurs *Clers* chevaucheront, qui labourront en l'audition. Et se il advenoit que aucuns *Commissaires* des personnes dessusdites, selonc sa condition, deust mener moins de chevaux que le nombre dessusdit, il s'en devroit passer à moins, & faire aussi comme se il alloit pour ses propres besoingnes, se ce n'estoit pour cause du fait de la Commission, & convenist mener Notaire, ou Clerc, ou sommer plus que il ne feroit en sa besoigne, où quel cas il ne pourroit penre pour chevaux, outre le nombre dessusdit.

(3) Item. Les *Clercs des Commissaires* ne pourront penre des parties, *chascun Clerc* que *cinq sols seulement*, chacun jour qu'il feront besoigne, *tournois,* ou *Parisis*, selon le Pays où il sera, tant pour parchemin, pour escripture, copies, grossement

d'enqueſtes de procez, & de toutes autres eſcriptures qu'il fera; Et tout *ce Enjoignons* Nous aux Commiſſaires par leurs fermens, & ſeur peine d'encourre parjure.

PHILIPPE VI. dit DE VALOIS, au Val Noſtre-Dame, le onziéme jour de Mars 1344.

(4) Item. Nous enjoignons aux *Commiſſaires* étroitement, en leur conſcience & loyauté, & ſeur *leurs fermens*, que les Commiſſions là où il feront envoyez il labourent bien, & loyaulment, & continuelement chaſcun jour; car qui feroit le contraire, & penroit mauvaiſement l'argent des parties, & l'en puniriens griefment, s'il venoit à noſtre cognoiſſance. Car Nous avons entendu que moult de Commiſſaires commence moult tard chaſcun jour à entrer en beſoigne, & labourent moult lachement. De quoy il Nous deſplaiſt.

(5) Item. Que les Commiſſaires par le Parlement deputez, & à deputer à taxer *deſpenz*, ſéant Parlement, ne pourront penre ſalaires à Paris. C'eſt à ſçavoir, que chaſcun Commiſſaire *dix ſols Pariſis*, pour le jour qu'il y entendra, avec les gaiges du Roy

(6) Item. Pour examiner *teſmoings* à Paris, ſéant Parlement, en autele maniere.

(7) Item. Nous deffendons étroitement, que nuls des *Maitres du Parlement*; ſoient Preſident, ou autre, ne empeſchent, ne entrerompent les beſoignes ordinaires du Parlement, pour leurs propres beſoignes, ou autres, & que il ne tiengnent leurs Conſauls en la Chambre du Parlement, & que puiſqu'il feront *aſſis en la Chambre*, il ne *ſe lievent*, pour aller parler, ou conſeiller aveceques autres, de quelconque beſoingne, ſe ce n'eſtoit beſoigne de la Cour, ne ne faſſent venir à euls aucune perſonne, grant, ou petite, pour parler, ou pour conſeiller, à luy, puiſqu'il ſoiront. Et ce en chargeons Nous, & *Commandons* eſpecialement à chaſcun d'euls par leur ferment, ſe ce n'eſt du congié des Preſidens, à celle fin que les beſoingnes du Parlement n'en ſoient empeſchiées.

(8) Item. Moult deshoneſte choſe eſt que, la *Court ſeant*, aucuns des *Seigneurs* voiſent tourneant, & eſbatiçant par la *Salle du Palais*. Et ſe *li Seigneur* ont à aucun à faire, il doivent prenre l'eure & lieu de parler & de beſoigner *aprés dyner*: Et ſi beſoing avoient de parler à aucun ou autre, il pourroient parler à euls à qui ils auroient à faire, *au matin*, où Palais, & lieux plus ſecrez. Mais la Cour ſeant, ſouvent ſont venus pluſieurs *des Seigneurs* pietoiant par *Salle du Palais*, dont c'eſt blâme & deshoneſte choſe, à euls & à la Court.

(9) Item. Que les *diz Seigneurs* doivent venir *bien matin*, & continuer tant que la *Court* ſoit *levée*. Et ſouvent advient que trop tard viennent, & trop toſt ſe partent.

(10) Item. Quand li *Preſident* vient au Siege pour *plaidoier*, ou pour *conſeillier*, on ne le doit l'empeſchier, de *Requeſtes*, ou autrement. pourquoy ſon office ordinaire, & la delivrance du Parlement ſoient empeſchiez, & retardez, ou dilaiés, mais doit-on prendre & capter heure convenable, & qui ait mains de *Encombrier*, & de *Empeſchement*, que on peut. Et par eſpecial en ce, on le greve moult, au jour du Conſeil, quant il a conçû les plaidoiries, pour rapporter au Conſeil; & on le empêche & embeſoingne, en autres choſes.

(11) Item. Quant li Preſident met une cauſe au Conſeil, tous ſe doivent taire, juſques à tant, que il ayt dit tout ce que il aura conçû, & aprés, ſe il a aucune chouſe oubliée, qui façe a reciter, li ſoit ramenteu: Et ſe la chouſe n'eſt aſſez debatuë, par les *Advocaz*, ſoit requis au Preſident, qu'il la face debatre, & lors ne parle nul, que les *debatans*, ſe par le *Preſident*, ne li eſt demandé. Et trop ſouvent advient que ſanz demander chaſcun parle; parquoy l'en devroit faire quatre Arreſts, ou l'en n'en fait que ung.

(12) Item. Au Conſeil, quand aucun dit ſon opinion, il ne doit touchier, ni dire nommément ce qui ait été touchié, ne dit en ſa preſence.

(13) Item. Nulz ne doit alleguer, *Loys*, *Canon*, *ni Decret*, ſe demandé ne li eſt par le Preſident, & auſſi ſe ce n'eſt en pure matiere de Droit.

(14) Item. Depuis que les Arreſts ſont prononciez & publiez, il ne loiſt à nul, quel que il ſoit, dire, ne reciter, de *quel opinion li Seigneur* ont eſté. Car en ce

PHILIPPE VI. dit DE VALOIS, au Val Nostre-Dame, le onziéme jour de Mars 1344.

faisant, il enfraindroient son *serment que il a fait,* de garder & non reveler les secrez de la Cour.

(15) Item. Que combien que l'en doive croire fermement, que chascun garde son serement, se toutevoyes est-il advenu, & advient souvent que les *secrez* de la Court, & ce que l'en fait au *Conseil,* est *revelé.* Et en pourroit-on donner moult de exemple, que plusieurs des *Seigneurs* soivent. Et peut advenir que aucun *Seigneur,* par inadvertence, le dit, ou que aucun *Seigneur* le dit à *un autre du Conseil du Roy,* en *autre estat,* ou qui n'y a mis esté, & cuide que iceluy *Seigneur* le doit tenir secrez, ou que aucun *Huissier* en passant, en oyt aucune chose, ou autre qui y vient, sans mander, le dit, ou autrement. Et pour ce, se au Conseil ne demourassent que li Seigneur, & li Registreur de la Cour, & allassent tous autres en la Tournelle besoingner, bon seroit. Et ainsi soit fait dorefenavant.

(16) Par ce que les Seigneurs se lievent si souvent, ce empesche moult, & retarde le Parlement, si doit suffir, & suffise soy lever une foiz, en la matinée, pour une personne, exceptez les *Prelaz* & les *Barons,* qui tiengnent le honneur du Siege.

(17) Item. Nulz ne se lieve devant autruy, fors que le President, qui tient le Siege, se levera.

(18) Item. Nulz des Seigneurs, ne fassent empetrer, que *non-obstant Parlement,* il voisent en *Commission,* car ce n'est, ne ne seroit leur honneur, & contre les *Ordenances* du Parlement anciennes.

Les Seigneurs des Enquestes, seur leurs sermens, doivent faire, & accomplir les choses qui s'ensuient.

PRemierement. Qu'il donnent, & facent obedience, reverence, & audience, telle comme il apartient à leur President.

(2) Item. Que il ne conseillent, parlent, ne connoissent, quant il devront entendre à leur office; c'est à sçavoir en escoutant le Rapporteur, & en jugeant. Et ne se lievent mie si souvent, come en disoit que il le seulent faire,

(3) Item. Enjoint leur est sur leur serment, que dedenz *six jours au plustard, après que l'Arrest aura* esté conseillé en la Chambre, il rapporteront l'Arrest fait, pour corrigier en la Chambre, & se il ne le pouvoient l'avoir fait si-tost, il en prendront congié au President.

(4) Item. Que il lisent *leur Arrest,* pour corrigier en seant, & que tantost, que on leur dira la correction, il la façent, & escrisent & relisent.

(5) Item. Qu'ils ne baillent leurs *Arrests,* devers la Court pour *prononcier,* jusques à tant, qu'il soit seellé *du seel de* l'un *de leurs Presidens.*

(6) Item. Que tantost, & sans délay, qu'il sera ainsi *corrigié* & *seellé,* il l'aporte au Registre, pour le faire *prononcier.*

(7) Item. Que pour ce que par leurs *sermens,* euls en leurs personnes, de leur *propre main,* doivent *escrire leurs Arrests,* ou par aucuns de leurs Compaignons de la Chambre, & non pas autres, soient leurs *Clercs,* ou autres, il escrisent leur Arrest large & *loing à loing,* si que en les puist mieux lire.

(8) Item. Que combien que *leur Arrest* soit accordé, aident à jugier les autres, & fassent leurs Arrests en leurs maisons, *après dyner,* ou *de nuit,* & non pas en la *Chambre* des Enquestes, se il n'estoit besoing d'en parler à leurs *Compagnons.*

(9) Item. Que tous rapportent, se il n'en sont excusé par leurs Presidens, car tous doivent estre *Rapporteurs* & *Jugeurs.*

NOTES.

Les Ordonances qui suivent, & qui sont dans les Registres, tant du Parlement, que de la Chambre des Comptes indiquez cy-dessus, n'estant pas *du Roy,* mais du *Parlement,* on a jugé à propos de les donner, mais en notes seulement.

Cy-après

PHILIPPE VI. dit DE VALOIS, au Val Nostre-Dame, le onziéme jour de Mars 1344.

Cy-après s'ensuient les Ordonances faites par la Cour, *touchant les Huissiers du Parlement.*

PRemierement la *Court commande & enjoint* estroitement à tous les *Huissiers du Parlement*, que oultre le *Huissier* qui appelle les presentations, tuit li autre *Huissier* soient chascun jour continuelement audit *Parlement*, pour faire leur office, & y demeurent continuelement, & tant que li *Seigneurs* seront partis de la *Court*, ou au mains y soient continuelement *six Huissiers* sans nul défault; C'est à sçavoir *deux* pour le premier *huis du parlement*, *deux* pour les *deux Guichez du Parc* garder, & *deux* pour oster & garder la *noisse* de derriere les bancs, & de toute *la Chambre du Parlement*, & pour faire & accomplir les Commandemens *de la Court*.

(2) *Item*. Les *six Huissiers* dessusdiz, qui devront servir continuelement en *Parlement* par *deux mois*, se viennent nommer, & faire escrire au *Registre*, pour faire le service desdiz deuls premiers mois du *Parlement*, en commancié, & les autres *six*, par les deux autres ensement, & ainsi de deux mois en deux mois, jusques à la fin du *Parlement* : Toutes voyes n'est pas l'*intention de la Court*, que cil, qui serviront durant les mois de leurs compaignons, soit pour ce excusez de servir en leurs mois, quant il escherront.

(3) *Item. La Court* leur *commande & enjoint*, come dit est, que il mainent en prison tous ceuls qui *noiseront* en la *Chambre du Parlement*, & *empescheront l'audience* du siege : Et le fassent sanz nulle doubte, & sanz nulluy espargner, & ne souffrent mie que les *clercs* des *Avocatz*, ou d'*autres fassent leurs escritures en la Chambre du Parlement*.

(4) *Item*. Li *Seigneur* seant au Conseil, li *Huissier* ne seuffrent, que aucun viengne ou siege, se du gré & autorité du *President* tenant le siege, n'est accordé, ou octroyé.

(5) *Item*. Li *Huissier* ne viegnent pas au Conseil, mais parlent de *l'huis*. Et se venir les y convient, que ce soit le mains que il pourront, tant pour garder leur honneur, comme pour eschiver la soupeçon, que on pourroit avoir contreuls, de reveler le Conseil.

(6) *Item*. Gardent se, li *Huissier* de vendre l'entrée *du Parlement*, & aussi de refuser l'entrée à ceuls, qui entrer y doivent; especialement se gardent de la refuser, pour cause de ce que on ne leur fourre la *paume*. Car se il venoit à la connoissance de la *Court*, elle les en puniroit griefment.

(7) *Item*. Partent & divisent entr'euls égaument les *courtoisies*, que on leur fera, pour cause de l'Office, & leur enjoint la *Court* par leur serment.

Ordinationes Advocatos & Consiliarios, in Parlamento juratos tangentes.

Sequitur juramentum Advocatorum & Consiliariorum Parlamenti.

Primo. *Ponantur in scriptis* nomina *Advocatorum;* Deinde, *rejectis non peritis*, *eligantur ad hoc officium idonei & sufficientes*.

(2) Advocati istius Curiæ *jurabunt articulos qui sequuntur; videlicet*,

Quod diligenter & fideliter istud officium exercebunt.

Quod causarum *injustarum* patrocinium scienter non recipient.

Quod si non ab initio, ex post facto tamen viderint eam esse *injustam*, statim eam dimittent.

Quod in causis, quas fovebunt, si viderint tangi *Regem*, ipsi de hoc Curiam avisabunt.

Quod Causa placitata, & factis negatis, ipsi de recenti intra biduum, vel triduum facient, & Curiæ tradent articulos suos, nisi ex causa, de licentia Curiæ, ulterius differrent.

Quod impertinentes articulos scienter non facient.

Quod *consuetudines*, quas veras esse non crediderint, non proponent, nec sustinebunt.

Quod causas, quas suscipient, cito expedient pro posse suo.

Quod in iis dilationes, & subterfugia maliciose non quærent.

Quod pro salario suo, quantumcumque sit magna causa, *ultra triginta libras Parisienses*, *non recipient*, nec etiam aliquid ultra, in salarii majoris fraudem. Minus tamen recipere possunt.

Quod pro mediocri minus, & pro minori causa multo minus recipient, secundum quantitatem causæ, & conditiones personarum.

Item quod non pacifcentur de *quota parte* litis.

Hoc idem juramentum præstabunt, illi qui Advocatis proponentibus, ut Consiliarii assistent. Injungatur iis præter juramentum.

Quod bene mane veniant, & bene venire faciant partes suas.

Quod illum cui data fuerit audientia, non impediant.

Quod stando, & retro primum scamnum patrocinentur.

Quod primi scamnum non occupent.

Quod licet sint plures advocati in una causa, unus tantummodo loquitur.

Quod facta impertinentia non proponant.

Quod ipsi de Curia non recedant, quamdiu Magistri in Camera erunt.

(3) *Et est sciendum quod nullus* Advocatus *ad patrocinandum recipietur, nisi sit* juratus & in rotulo nominum Advocatorum scriptus. *Et* prohibet Curia *ne ipsi ingerant se, ad patrocinandum, nisi sint* jurati.

PHILIPPE VI. dit DE VALOIS, au Val Nostre-Dame, le onziéme jour de Mars 1344.

Item. *Quia ex* Advocatorum discretione & industria *partim pendet causarum abreviatio, quod cedit ad eorum honorem, & utilitatem suæ partis, eisdem* injungit Curia, *in vim sacramenti sui, ut ea facta, vel rationes solum, quæ, vel quas ad illum finem faciunt, in quo verisimiliter prævident debere poni in* arresto, *proponant, facta & rationes, replicationes, seu duplicationes* inutiles & supervacuas *omittendo, licet illi pro quibus suum impendunt patrocinium,* sæpius eos molestent, & velint fieri, quibus obtemperare non debent, *propter eorum honorem, & ut potius* Curiæ *pareant in hac parte.*

(4) Item. Advocatis *juxta* antiquas ordinationes, *& per sacramentum injungit* Curia, *ut articulos causarum, quas litigaverunt,* infra triduum Curiæ tradant, *nisi per ipsam* Curiam *super hoc, cum eis fuerit dispensatum & postea quod citius fieri poterit eos* concordent. *Cum intentionis* Curiæ sit *amodo super factis & articulis partium in fine cujuslibet* Bailliviæ *Præpositur-, seu* Seneschalliæ, *de* Commissariis, *&* commissionibus Ordinare; *& partibus providere, ut sic ipsæ partes, citius quam consueverint, possint, cum* Commissariis suis *loqui, & de pecunia ac aliis necessariis ad causæ suæ prosequutionem maturius, & commodius valeant providere. Intentionis tamen* Curiæ *propter hoc non existit, quod* Parlamento *sedente, contra ipsius* Ordinationes antiquas, *Commissarii de* Curia *habeant procedere in causa, sed confestim, finito* Parlamento, *celerius poterunt procedere in eadem.*

(5) Item. *Quia circa advocationis officium facti* experientia, *&* observantia stili Curiæ *multum prodest,* Advocati, qui de novo ad hujusmodi officium, per Curiam sunt recepti, *abstinere debent, propter* eorum honorem, *& damnum quod partibus propter eorum forsitan negligentiam provenire posset, ne ex abrupto,* & impudenter advocationis officium exerceant; *sed per tempus sufficiens* Advocatos antiquos, & expertos *audiant diligenter, ut sic* de stilo Curiæ, *& advocandi modo primitus informati, suum patrocinium præstare, &* advocationis officium *laudabiliter, & utiliter possint & valeant* exercere.

(6) Item. *Dicti* Advocati novi *debent deferre* Majoribus, & antiquis Advocatis, *tam in sedibus, quam in aliis, nec sedere præsumant* in primo scamno, *in quo* Advocati, & Procuratores Regii, Baillivi, Seneschalli, & alii potentiores, & nobiles esse debent, *& sedere consueverunt.*

Ordinationes Procuratores generales in Parlamento juratos tangentes.

Sequitur juramentum Procuratorum generalium Parlamenti.

Primo *ponantur in scriptis, post nomina* Advocatorum.

(2) Procuratores *prædicti jurabunt hæc quæ sequuntur;*

Quod diligenter & fideliter officium Procuratoris exercebunt.

Quod causarum *injustarum* officium Procuratoris scienter non recipient.

Quod si non ab initio, sed ex post facto viderint causam esse *injustam,* statim eam dimittent.

Quod in causis quas fovebunt, si viderint tangi jus *Regis,* ipsi de hoc Curiam avisabunt.

Quod causa placitata, & factis negatis, ipsi de recenti intra biduum, vel triduum fieri, & tradi procurabunt articulos suos, nisi ex causa de licentia Curiæ, ulterius differrent.

Quod impertinentes articulos scienter non facient, nec fieri facient, seu permittent.

Quod facta, nec consuetudines quas veras non crediderint, non proponent, nec proponi facient.

Quod causas quas suscipient, cito expediri procurabunt pro posse suo.

Quod in eis dilationes & subterfugia, maliciose non quærent.

Quod pro salario suo, quantumcumque sit magna causa, *ultra decem libras Parisienses,* pro uno Parlamento *non recipient,* nec etiam aliquid *in salarii majoris fraudem.* Minus tamen recipient secundum qualitatem causæ, & conditiones personarum.

Item. Quod non paciscentur de quota parte litis.

Item. Quod non facient *forum de* causa ducenda in fraudem salarii Advocati, vel alterius.

Item. Quod non impetrabunt, vel impetrari facient literas injustas & iniquas, *contra rationem & stilum Curiæ.*

Quod non inducent Magistros suos ad corruptionem aliquam faciendam, nec etiam ad informandum aliquos, duorum de causis suis ad partem *extra judicium.*

Item. Quod per favorem, preces, pecuniam, *aut alias indebite,* non quærent Advocatos *ad modum (Proxenetæ)* vel mediatoris.

Injungatur eis præter juramentum.

Quod mane veniant.

Quod illum cui data fuerit audientia, non impediant.

Quod retro advocatos stent, vel sedeant.

Quod primum scamnum non occupent.

Quod ipsi de Curia non recedant, *quamdiu* Magistri, in Camera erunt.

(3) Et est sciendum, quod nullus Procurator generalis Parlamenti, *admittetur ad officium Procuratoris exercendum; nisi sit* juratus, *& in rotulis* Procuratorum generalium *scriptus. Et prohibet Curia, ne ipsi ingerant se ad* Procuratores generales in Parlamento, *nisi fuerint* jurati.

(4) Item. Prohibet Curia *Procuratoribus, in vim juramenti, ne indistincte, prout fieri sæpius præsumpserunt, infra* Parcum *Curiæ intrare præsumant, ex quo audientia, propter eorum inordinatum tumultum, & strepitum sæpius*

impeditur, sed juxta advocatos *partis suæ stare retro* scamnum. *Et hoc eisdem* injungit Curia. Quod *si contra fecerint, graviter per dictam Curiam punientur.*

(5) Item. Quia plerumque, ex eo quod Procuratores partium *unus alteri adjornamenta, relationes & alia, quæ parti adversæ debent exhiberi, recusant exhibere, causarum expeditio retardatur*, Curia injungit *Procuratoribus prædictis per sacramentum suum, & sub pœna* privationis sui officii, *ut de cætero prædicta exhibenda suæ parti adversæ, exhibeant, antequam ipsos oporteat litigare.*

Ci ensuivent les Ordonances du Parlement, *touchant touz, especialment les parties, qui y ont à plaidoier.*

Primo. Que tuit cil qui auront à faire en Parlement, soient presentez dedanz *le premier jour*, ou le *second au plus loing*, de leur *Baillie*, ou de leur *Seneschaucië*, avant que le Siege de Parlement soit levé, ou au mains *dedanz Soleil couchant*, ou autrement, sanz nulle esperence de grace, & demander deffaut, il ne soient plus reçeuz. Ainçoiz seront tenuz pour purs desaillanz. Et sera le deffaut puis la en avant, bailliez à leur partie, toutefois que il sera requis.

(2) Item. Que tout cil qui se presenteront, faffent especial *presentation* en chacune *Baillie*, ou *Seneschaucie*, en laquelle il aront à faire; Et se il ont à faire en diverses *Baillies*, ou *Seneschaucies*, ou en une seule, que en chascune *presentation*, il facent escrire touz ceulz, contre qui il se presenteront, ou autrement *de tout le Parlement, il ne seront reçeuz, encontre nul autre*, mais que contre ceulz contre qui il seront presentez.

(3) Item. Que toutes manieres de parties, selon ce que elles seront *presentées, seront delivrées*, par l'ordre des presentations, sans nul avantage de donner audience à autre personne, mais que selon l'ordre, que il seront presentées. Et bien se gardent les parties, que *elles soient trouvées à l'huy de la Chambre, presentes & garnies de leur Conseil*, quand elles seront appellées, car les *parties presentes* seront tantost *delivrées* sans delay. Et se l'une est presente & l'autre est absente, la presente emportera dessors autel profit, comme se il ne fust point presenté. Et se toutes les deux parties sont deffaillans, remagnent à *l'autre Parlement*, sanz nulle esperance d'estre oiz où *Parlement present*, se la Cour ne veoit, que il eussent fait en fraude, d'aucune chouse, que touchast le Roy. Et ainsi se delivrera chacune Baillie & Seneschaucie, avant qu'on commence l'autre.

(4) Item. Que la partie, qui ne seroit oye, & delivrée, par la deffaute de son *Advocat*, qui devroit *plaidoier sa cause*, & seroit certain que ce seroit par la *deffaute de l'Advocat*, seroit oye aprés. Mais lors il en payeroit *dix livres d'amende*, tout ce ainçoiz que il fust oyz en autre cause. Et est à entendre *des Advocaz* residenz en Parlement, car nulle partie ne seroit excusée pour attendre *Advocat estrange*, ne de son pays. Et *Commande* li Roys, *que cette peine soit levée*, sans nul deporter.

PHILIPPE VI. dit DE VALOIS, au Val Nostre-Dame, le onziéme jour de Mars 1344.

(5) Item. Que nule cause ne prendra delay contre quelque personne que ce soit, soit *Pair, ou Baron*, que elle ne se delivre selon l'ordre dessus dit, pour grace que li Roys fasse, se ce n'est à aucun qui soit absent, pour le *prousit commun*, & lors de grace sa cause soit mise *à l'autre Parlement*, ou en cas de droit Demaine *des Pairies, ou des Baronies*, lesqueles li Roys mettroit pardevant luy à sa venuë; & que la cause pour quoy il voudroit que sa venuë fust attenduë, fust écrite *en la Letre*, par laquelle il manderoit, que la cause fust attenduë à sa venuë, ou autrement qu'on la delivreroit sans luy attendre. Et n'est mie l'entente se Roy, que nulle grace soit octroiée, ne donnée par luy au contraire, ains la tendroit, & veut estre tenuë comme octroiée hors de sa conscience, se il n'apperroit clairement que elle fust donnée & octroiée de sa certaine science. Et semond la Cour aux diz Avocaz, par leurs sermens, que contre cette Ordenance ils ne fassent requeste en la Cour.

(6) Item. Que nulle *Baillie*, ne *Seneschaucie* ne sera commanciée à delivrer, devant ce que tuit li Arrest de l'autre, seront tuit conseillez & pronunciez. Se n'estoit ou cas, où la Cour pour aucune grand cause voudroit attendre le Roy, auquel cas la Court diroit aux parties, que elles se en pourroient aler en leur pays, jusques à tant que li Roys fust revenuz, se il leur plaisoit.

(7) Item. Que bonnes personnes & apprestées pour delivrer, soient aux *Requestes de la Langue d'oc, & de la Langue Françoise*, & que ils aient *trois ou quatre Notaires*, un de..... & le remanant des autres, qui par leur serment soient tenus d'estre aux Requestes, tant comme les Maîtres des Requestes yssent, sans faillir & sans aller en la Chambre, & que par leurs sermens, il puissent faire autres Letres, tant que il aient Letres des Requestes à faire, & que les Letres, que ils feront, & apporteront escrites au matin à leurs Maîtres des Requestes, liquel les corrigeront, se il voient que elles sussent à corrigier & les signeront du *signet* que *l'un d'eux portera*, connu au Chancellier. Et les envoyeront au Chancellier toutes corrigiées pour seeller. Et se il y avoit aucun defaut il en seroient blâmez, cil qui les auront signées & passées. Et n'y aura au siege des Requestes qu'un *signet*, tel coume li Rois a ordonné. Et ne pourront cognoitre, ne prenre cognoissance de causes, ne de querelles, especialment du principal des causes, qui doivent estre demenées en Parlement, ou devant les Baillis & Seneschaux, ains se partie s'oppose contre la Requeste, à la fin que Letre de Justice

PHILIPPE VI. dit DE VALOIS, au Val Nostre-Dame, le onziéme jour de Mars 1344.

n'en soit donnée, il pourriont bien cognoitre & oyr les parties à la fin, se il donneront Letres de Justice ou non.

(8) Item. Que li jour, que *li Reys vendra à* Paris, *pour oyr les causes que il aura reservées,* por oyr pardevant li, le Parlement de toutes querelles cessera, & seront publiées, lesquelles causes il ara reservées, en pleine court, pour ce que nul ne demeure, se il n'y a à faire. Cependant, & sitost come les causes reservées au Roy, seront delivrées, le Parlement cessera quant aux causes qui estoient reservées devant le Roy. Et retournera l'en à délivrer les autres causes, qui estoient pour *la venüe du Roy*, mises en suspens, non contrestant Requestes que aucun grant homme ayt à faire au Roy. Et puis en prés toutes causes delivrées, *le Parlement finira & publiera l'en le nouvel Parlement.* Et si veult li Roys & ordonne, si come dit est, jusques à tant qu'il détermine liever Ordonnance contraire.

(9) Item. Que li Roys enjoint à tous ceuls du *Parlement*, soient de la *Chambre*, soient des *Enquestes*, ou à ceuls de *Requestes*, seur leur serment, que de nule cause qui en Parlement sera, il ne reçoivent, enfourment, ne parolent, prennent en leurs maison, ni ailleurs quelque personne qui leur en veüille parler, ou enformer par letres, ne par messages, ne en autres manieres, fors seulement en Parlement, les parties plaidantes & monstrans leur Droit.

(10) Item. Que li Rois a ordonné que durant le Parlement, les Maistres du Parlement, ne Clercs, ne Lais ne soient pas envoyez en *commissions* pour faire enqueste durant le Parlement, & que continuellement ils soient à la delivrance des besoingnes du Parlement, tant comme il durera.

(11) Item. Que à aucun Notaire, on ne fasse aucune commission par tout l'an.

(12) Item. Que des besoingnes extraordinaires, on ne empêche pas le Parlement, mais praigne on des Maîtres à part, pour conseiller lesdites besoingnes extraordinaires.

(13) Item. Li Roys n'entend pas tant comme Parlement sera au matin, d'empeschier ceuls qui tiendront le Parlement, mais se il a à faire d'euls, il les mandera à autre heure, que on ne tendra plus les plaits dudit Parlement.

(14) Item. Quand li Roys vendra en Parlement, que le *Parc* soit tout vuide. Et aussi soit tout vuide la place qui est devant son siege, si que il puist parler secretement à ceuls que il appellera pour parler à luy.

(15) Item. Que nul ne se parte de son siege, ne ne vienne seoir de lez le lict du Roy, les *Chambellans* exceptez, ne ne vienne conseillier à luy, se il ne l'appelle.

(16) Item. Que cil qui tendront le Parlement, ne *boivent*, ne ne *mangent* avec les parties qui ont à faire pardevant euls, ne les parties avec eulx. Car on dit piéça, que *trop grande familiarité engendre grant mal.*

(17) Item. Que cil qui tendront le Parlement, ne souffrent pas euls vituperer par oultrageuses parolles de *Avocat*, ne de parties. Car la honeur du Roy de qui il representent la personne, ne le doit mie souffrir.

(18) Item. Que tous ceulx qui seront presentez aux jours de leurs *Baillages, Prevostez* & *Seneschaucies* & par estat sont continuez ou autrement, à autre jour dudit Parlement, ne se devront presenter au jour de la continuation, mais souffit la premiere presentation.

PHILIPPE VI. dit DE VALOIS, à Vincennes, en 1340. le dernier Decembre, & le 17. May 1345. En la Chambre du Parlement.

(a) Declaration en faveur de l'Université de Paris.

PHILIPPUS Dei gratiâ Francorum Rex: Universis præsentes literas inspecturis, Salutem. NOTUM facimus, quod ad supplicationem Universitatis, & Magistrorum & Scholarium Parisiensium, Nos eisdem nostras concesserimus literas, tenorem qui sequitur continentes.

PHILIPPUS Dei gratia Francorum Rex: Præposito nostro Parisiensi, *aut ejus* Locumtenenti, *Salutem. Cum* Universitas, Magistri, *&* Scholares *Parisienses in nostra speciali gardiâ & protectione existant, cum* veniunt *ad studium, & ibidem* morantur, *vel ad partes suas* redeunt, *frequenter tamen, prout accepimus, injuriæ, molestiæ & oppressiones & violentiæ, nedum in* Præpositura *tua eisdem, & in locis aliis inferuntur, in præjudicium* Gardiæ nostræ, *quas prosequi nequeunt, extra Parisiensem civitatem, quia a studio suo distrahantur graviterque vexentur laboribus & expensis, si extra ipsam civitatem injurias hujusmodi, prosequi oporteat.* Supplicantes *sibi per nos de remedio provideri*

NOTES.

(a) Cette Declaration est au Registre A. du Parlement, feüillet 6. *verso*, & elle est rapportée par *Boullay* dans son Histoire de l'Université, tome 4. *Sexto seculo*, page 263. 264. 282. 283. Voyez cy-dessus, tome 2. page 154.

oportuno. Quare nos *eorum supplicationi annuentes*, *idcirco* sibi protectionem ipsorum, ac custodiam, coërcitionem *insuper eorum, qui in Protectionis & Gardiæ nostræ præjudicium, Universitati, seu Magistris aut Scholaribus prædictis inferent violentiam indebitam, injuriam vel* jacturam, *sive intra* Præpositurae *tuæ fines*, *sive in locis aliis quibuscumque Regni nostri, tenore præsentium* Committimus, *quod iis* concedimus de gratia speciali, *Privilegiis seu consuetudinibus in contrarium impetratis, aut etiam impetrandis, nonobstantibus quibuscumque. In cujus rei testimonium sigillum nostrum præsentibus est appensum.* Datum apud Vincennas ultima die Decembris anno Domini millesimo trecentesimo quadragesimo.

PHILIPPE VI. dit DE VALOIS, à Vincennes en 1340. le dernier Decembre, & le 17. May 1345. En la Chambre du Parlement.

Postmodumque Universitas, Magistri, & Scholares prædicti, asserentes *quod sub illo verbo* Jacturam, *in dictis literis contento,* illicite detenta contineantur, *dictus tamen* Præpositus *sæpius hesitaverat, an ipsi de bonis ad dictos Magistros & Scholares pertinentibus, & de hiis quæ debentur eisdem, deberet, seu posset cognoscere, virtute literarum prædictarum* asserentes *insuper, quod nonnulli Baillivi & alii de Ducatu Normaniæ, & de quibusdam aliis partibus regni nostri, prætextu quorumdam privilegiorum, eisdem, ut dicebant, a Nobis, seu Prædecessoribus nostris concessorum, dicto Præposito in præmissis obedire recusabant, Nobis* supplicassent *ut super hiis* Declarationem *facere dignaremur.* Nos *igitur visis literis suprascriptis, ac supplicationi Universitatis, Magistrorum & Scholarium prædictorum, hiisque consideratis, quæ circa hoc considerare debebant, habita super hoc deliberatione diligenti, cum dilectis & fidelibus* Parlamenti *nostri,* Cancellario *& pluribus aliis consiliariis nostris,* Declaravimus, *& tenore præsentium* Declaramus, *quod super* injuriis, molestiis, oppressionibus *&* violentiis *eisdem, Magistris, aut Scholaribus, in personis, aut familiaribus propriis eorumdem, seu dictorum Magistrorum propriis bonis ad ipsos Magistros, seu Scholares, sine fraude, absque aliqua fictione, & absque cessionis, transporti, vel alias simulato contractu pertinentibus, illatis vel inferendis* dictam nostram Gardiam *infringendo, contrà dictarum tenorem literarum, necnon super damnis & interresse exinde secutis, a quibuscumque personis,* & ubicumque, infra Regnum nostrum, dictus Præpositus *summarie & de plano cognoscet, & faciet breve justitiæ complementum, faciendo* Nobis *& parti, debite emendari. Et ab omnibus* Regni nostri *Justitiariis, ubicumque constitutis, obedietur dicto Præposito, in hac parte, nonobstantibus quibuscumque Privilegiis* Normaniæ, *seu aliis regnicolis concessis, seu etiam concedendis. Septima decima die Maii millesimo trecentesimo quadragesimo quinto.*

Per consilium existens in Camera, ubi vos *eratis, virtute certi mandati regii super hoc facti.*

NOTES.

Il y a ensuite au Regiſtre, *Declaratio supra scripta fuit in Camera Parlamenti, septima decima die Maii, præsentibus infra scriptis.*

CLERICIS.

Episcopo Baiocensi.
E. Laudunensi.
Magistro Andræa Auban.
M. Ævone Boich.
M. Ægidio Coopertoris.
Priore de Crespeio.
M. Aymaro de Alta-villa.
M. Guidone de Sancto Sepulchro.
M. Johanne de Cigneriaco.
M. Radulpho Pinçon.
M. Guillelmo de Oblato.
M. Guillelmo Rollandi.
M. Fulcone Bardoil.
M. Johanne Biscoti.

CLERICIS.

M. Petro de Caritate.
M. Reginaldo de Prato-Gilberti.
M. Aymerico de Carnots.
M. Johanne Blevini.
M. Petro de Angeriaco.
M. J. de Hubanto juniore.
M. Odone Grasseti.
M. Chatardo de Mesiaco.
M. Petro de Centumputeis.
M. Joanne de Tain.
Archidiacono Boloniensi.
M. Johanne Marette.
M. Jacobo de Fuas.
M. Guill. de Calvomonte.

LAICIS.

D. Guillel. Flotte Cancellario *Franciæ.*
D. Guill. Bertrandi.
D. Philip. de Castaleriis.
D. Symoni de Buciaco.
Petro de Scinvilla.
D. Joh. de Morellis
D. Berthaudo de Pratis militibus.
D. Guill. de Noyon.
D. Joh. le Jay.
Michael de Parisiis.
Henrico Givais.
Guill. Bescoti.
Thomas Vainin.

CLERICIS.	LAICIS.	LAICIS.
M. Oudardo de Bardilleriis.	*Joh. de Hangesto.*	*Joh.* Hardy.
M. Jacobo de Lorriaco.	*Roberto* Pied de Fer.	*Roger de Bardilliaco.*
M. Nicolao de Bosco.	*Guillel. Probi.*	*Nicol.* Florentin.
M. Roberto de Vanoise.	*Adam de Senonis.*	*Milone Barbitonsoris.*
M. Henrico de Hableio.	*Ludovico* Wautruche.	*Johanne* Pytage.
M. Gaufredo le Mendre.	*Johan.* Reboute.	

Et au dos il y a, *Publiées en jugement, le Prevost seant en son Siege, le mardy* aprés la S.t Barnabé Apostre, l'an 1345. Signé *Languille.* Voyez l'Histoire de l'Université de Boullay, tome 4. page 283.

PHILIPPE VI. dit DE VALOIS, à Paris, le 14. Juin 1345.

(a) Letres par lesquelles le Roy confirme l'attribution de toute Jurisdiction donnée aux Generaux Maîtres *des monoies, deputez à Toulouse, sur les ouvriers & monoiers de cette Ville, avec pouvoir de les faire décharger de toutes impositions par le Viguier & les Capitouls.*

PHILIPPE par la grace de Dieu, Roy de France, au Viguier & Maîtres de nos monoies à Toulouse. De la supplication de nos *ouvriers* & *monoiers* du *serement de France* & de *Toulouse*, commis en cette partie, disans que comme ils sont *francs* & quittes de toutes *tailles, charges, maltostes, impositions, subventions, exactions, peages, passages, osts, chevauchées, centisme, cinquantisme, prest, chevauchiées, & generalement* de toutes autres *coutumes, servitutes, nouvelletez* & *redevances* qu'elles que elles soient, & coment que elles soient nommées, ou appellées, *ouvrans* & non *ouvrans,* pour certains privileges, qu'ils ont seur ce de *Nous,* & de nos Predecesseurs Rois de France, *seellez en cire verte.* Et avec ce soient en nostre *sauve & especiale garde,* leurs *femmes,* leur *famille,* & tous leurs *biens,* & ne soient *tenus de repondre pardevant aucuns* Juges quels que ils soient, de aucuns cas, fors pardevant les *Generaux Maistres de nos monoies à Paris,* ou pardevant vousdits *Maistres de nos monoies de Toulouse,* qui à ce estes commis & deputez, si comme ils dient, aux quels pour Nous la connoissance en appartient, & non à autres. Exceptez seulement des *trois cas* reservez esdiz Privileges, c'est à sçavoir de *meurtre,* de *rapt* & de *larrecin,* si comme ces choses avec plusieurs autres sont plus à plain contenues esdits Privileges & Letres de Commission sur ce faites. Desquels si comme ils dient, ils ont usé paisiblement jusques à ores. Neamoins le *sous-Viguier,* les *Chastellains du Chastel-Narbonois,* & de la maison commune, & leurs *Chancelliers,* & *Clercs,* & plusieurs nos *Sergens & des Capitoliers* de ladite Ville, & Seneschaucée de Toulouse, & les *Gardes* de ladite Ville *de nuit,* pour lesdits *Capitoliers,* se sont efforcez, & encores s'efforcent, non dûment, & sans cause raisonable, *de prendre lesdits* supplians, ou aucuns d'eux, & de leur oster *leurs couteaux,* quand ils vont & viennent à l'ouvrage de nosdites monoies, à Toulouse, *& les gaigent & prennent de leurs biens* & autres choses, & les menent par leur force & puissance en prison esdits lieux, & quand ils y sont, leur font payer plusieurs *servitudes, l'escale, prisonage, castelage,* & autres choses, en faisant contre lesdits Privileges & Commissions, esquels Privileges lesdites *servitutes* sont comprises en general. Et jaçoit que lesdits Supplians ne leur ayent meffait, ne à autre, en aucune autre maniere, pourquoy ils leur doivent faire tels excés, ne faire payer lesdites *servitutes,* ni quoyque ce soit, pour cas dont la cognoissance leur

NOTES.

(a) Ces Letres sont dans les archives de la monoie de Toulouse, & *Constans* les a fait imprimer dans ses preuves du Traité premier des *trois Generaux Maîtres* des monoies, page 20.

appartiengne, ne par mandement que ils ayent de *vousdits Maistres* qui estes, comme dit est, Juges desdits *Supplians*, lesquelles choses sont au grand grief, domage & prejudice desdits Supplians, *&* *retardement* de l'ouvrage desdites monoies, si comme ils dient.

PHILIPPE VI. dit DE VALOIS, à Paris le 14. Juin 1345.

Pourquoy *Nous vous Mandons* & à chascun de vous, & pour ce que autrefois vous a esté commis, si comme l'on dit, *Commettons*, que appellez ceuls que fairont à appeller, & veus lesdits *Privileges* & Commission, *s'il vous appert* souvent & de plain estre ainsi, vous *contraigniez* & faites contraindre deument & sans delay, les dessus nommez, *à delivrer les Supplians desdites prisons*, & à leur rendre & restituer franchement leursdits biens, *cousteaux* & autres choses, ainsi prises & arrestées pour la cause dessusdite, avec tous *couts, dépens & dommages*, & autrement faire *amendes convenables*, pour cause de la transgression desdits Privileges *& de nostredite Sauvegarde justifiante*, si comme raison sera, ce qu'il est à faire selon iceuls *Privileges*. Et à remettre, ou faire remettre au premier estat & dû, ce qu'il est à faire, toutes choses que vous trouverez estre faites, ou attemptées au contraire, par leurs *pourchas*, ou mandemens, ou d'aucun d'eux, en leur faisant *inhibition & deffence, sur certaines peines, à Nous estre appliquées, qu'ils cessent du tout dores-en-avant, des contraintes, prises, empeschemens & molestations indües dessusdites*: Et lesdits *Privileges faites tenir & garder selon leur forme & teneur*, sans enfraindre en aucune maniere, & d'iceux *joüir lesdits Supplians* paisiblement. Et avec ce ne les souffrez dores-en-avant ainsi estre fait, sans cognoissance de cause, *gaigiez, contrains, ne molestez*, se ce n'est par lesdits *Maistres generaux*, ou par *vous Maistres*, contre la teneur desdits Privileges & Commission. Et faites en telle maniere que l'ouvrage de nostredite monoie ne soit retardé, & que les Supplians n'ayent cause de recevoir plus pour le plaintif pardevers *Nous*, nonobstant cavillations, allegations, recusations, appellations, deffenses & inhibitions frivoles, & Letres subreptices, empetrées, ou à empetrer au contraire, non faisant expresse mention desdits Privileges & Commission. *Donné à Paris le quatorziéme jour de Juin, l'an de grace mil trois cens quarante-cinq.* J. DEMENS.

PHILIPPE VI. dit DE VALOIS, à Paris, le 19. Aoust 1345.

(a) Letres par lesquelles le Roy confirme l'autorité du *Juge des conventions* de Nîmes sur les personnes qui se sont soumises à sa jurisdiction, & qui ordonnent que les Marchands Italiens ne pourront estre tirez hors de cette Ville.

PHILIPPUS *Dei gratia Francorum Rex: Senescallo Bellicadri & Nemausi, & Judici nostro ordinario, &* Conventionum *Regiarum Nemausi, vel eorum loca-tenentibus*, Salutem. *Cum ex gravi querela* Mercatorum Ytalicorum habitantium Nemausi, *de dictis (b)* Conventionibus regiis, *Commissarii in hac parte, intelleximus quod licet juxta vires & Privilegia dictarum* conventionum, *quæ* imitantur vires & privilegia Nundinarum

NOTES.

(a) Ces Letres sont en la Seneschaussée de Nismes en general, Armoire A. liasse 16. des Actes ramassez, N.° 7. *fol.* 83.

(b) *Conventionibus.*] On ne peut mieux expliquer ce que c'estoit que ces *Conventions*, qu'en transcrivant ce qui y en est dit dans l'ancien stile manuscrit de Nismes.

Item. *Et combien que les conventions de Nismes ayent esté instituées en faveur des Creanciers, & pour reprimer les subterfuges & cavillations des debiteurs, & ayent leur stile & observance limitez. Toutesfois chacun jour le Juge desdites conventions permuë le stile & observance d'icelle court, & au moyen de plusieurs rescrits, que lesdits debiteurs impetrent & procedent souvent en forme de Court ordinaire par multiplication de delais, procés & escritures, à la grande foulle & destruction des Creanciers.*

Pour y remedier, attendu que ledit Juge est Chartulaire, avons ordonné que les causes & procés de ladite Cour doresnavant seront terminez & vuidez selon le stile, rigueur & observance de ladite Court, & ne aura l'en regard auxdits rescripts, sinon tel que de Droit.

PHILIPPE VI. dit DE VALOIS, à Paris, le 19. Aoust 1345.

Campaniæ *&* *Briæ, ac etiam* Burgefiarum Regiarum *Parifius, inter cetera privilegia fic quod ipfi non tenentur, nec funt compellendi exire civitatem* Nemaufi, *fed ibi debent juftitiari, per judicem loci ordinarium, & quod eorum Debitores ad folvendum compellantur, prout confueverunt compelli illi, qui* in nundinis Campaniæ, & Briæ compelluntur; *Nihilominus aliqui eorum Debitores, a folutione rerum debitarum & fe nituntur excufare, pretendendo fe Burgenfes* Baftidæ novæ Belvacenfis, *ratione privilegiorum, quæ dicunt effe conceffa Burgenfibus dictæ* Baftidæ, *licet dicta privilegia fe ad hoc minime extendant, & etiam aliqui prætendentes fe Burgenfes dictæ* Baftidæ, *faciunt citare, feu adjornari aliquos mercatores* Ytalicos de dictis Conventionibus, ad *comparendum & litigandum extra* civitatem Nemaufi *prædictam, coram* judice *feu* gubernatore, *aut aliis* officialibus dictæ Baftidæ, *contra privilegia dictarum* Conventionum, *de quibus hactenus ufi funt pacifice, in ipforum conquerentium magnum præjudicium, & gravamen, & enervationem dictarum* Conventionum, *cum dicta privilegia dictarum (c)* Conventionum initarum inter Dominum Philippum Regem Francorum, quondam Patruum *noftrum, cum mercatoribus certarum civitatum in dictis* conventionibus *expreffarum, & per nos etiam confirmata fuiffent*, inhita & conceffa, *antequam dicta* Baftida *effet facta, aut ejufdem* Baftidæ *privilegia conceffa, fuper quibus Nobis* fupplicaverunt *fibi, per Nos, de opportuno remedio provideri.* Quare vobis & *veftrûm cuilibet* Præcipimus *&* Mandamus *quathenus, de debitis quæ dictis mercatoribus dictarum* conventionum, *vel eorum alicui, inveneritis, per teftes, vel inftrumenta, aut alia legitima documenta deberi, vocatis evocandis, eis fatisfieri*, juxta vires & privilegia dictarum Conventionum faciatis, *nec aliquem ipforum mercatorum de dictis* Conventionibus, *pro aliquibus, qui ab ipfis, vel eorum aliquo, per aliquem, vel aliquos burgenfes dictæ Baftidæ, vel alios petantur, vel per eos deberi dicant*, compellatis *aut* permittatis compelli exire *dictam civitatem Nemaufi, feu de eis in dicta civitate Nemaufi juftitiam faciatis, cuicumque ab eis aliquid petenti, juxta tenorem* dictarum conventionum, *nonobftantibus quibufcumque privilegiis dictæ Baftidæ, præfentibus poft annum minime valituris.* Datum Parifius die decima nona Augufti. Anno Domini millefimo trecentefimo quadragefimo quinto, fub noftro novo figillo.

NOTES.

Item. *Et combien que le Juge defdites* Conventions *ait fon fiege en la Ville de Nifmes, toutesfois en plufieurs Villes & lieux de noftre Senefchauffée, il a créé & inftitué* Lieutenans, *lefquelles baillent Lettres en blanc aux Creanciers, au moyen defquelles fe commettent plufieurs fauffetez, concuffions & roberies, & empefchent les Jurifdictions ordinaires. Pour y pourvoir avons ordonné que femblables lettres en blanc ne feront dores-en-avant octroiées. Ains l'avons deffendu & deffendons fur peine de faux. Et quant aux* Lieutenans, *en avertiront le Seigneur pour y eftre pourvû*, &c.

Selon le ftile nouveau imprimé à Nifmes en 1659. feüillet 180. *le Juge des Conventions* Royaux de Nifmes fut créé & eftabli par *Philippe III.* en l'année 1272. Il eft Juge chartulaire ayant Seel royal, authentique & rigoureux, comme celuy du petit Seel de Montpellier, Seel Mage de Carcaffone, fiege de Saint Marcellin en Dauphiné. Il connoift feulement des *executions* faites en vertu des obligations *paffées aux forces & rigueurs de fa Court*, & aux fens de *contraindre les debiteurs à payer & fatisfaire ce à quoy ils font obligez par faifie & vente de leurs biens, capture & détention de leurs perfonnes.* (Si à ce fe trouvent SOUMIS) ne pouvant connoiftre d'aucunes caufes en action perfonelle, réelle, defiftat, refcifion ou autre, ni mefme par adreffe de Letres Royaux, fuivant l'Ordonnance de *Charles VIII.* de l'an 1490. le 28. Decembre.

Tout ce qui concerne la Jurifdiction & l'autorité du *Juge des Conventions* de Nifmes, eft netement expliqué aux feüillets 181. 182. 183. 184. &c. du ftile de Nifmes, imprimé à Nifmes en 1659. en quarante articles qui portent, Qu'aucunes letres ne feront octroiées, s'il n'appert de la foumiffion. Qu'avant la conceffion des Letres, il fera fait exhibition par inftrument public, écriture authentique ou atteftoire du Notaire qui l'aura reçû. Que le Notaire en l'expedition de clameur doit attefter de la foumiffion. Que la clameur en perfonne doit eftre expofée fur le contenu au Contract pour chofe certaine, confiftant à payer, ou à faire, ou pour dommages & interefts juftes & raifonnables, &c. Qu'enfuite de l'expofition de la clameur le Juge connoift de toutes les dépendances & emergences, &c.

(c) Conventionum initarum.] De là vient que ce Juge eft appellé le Juge *des Conventions.*

(d) Philippum Regem Francorum.] Nomine tertium.

(a) Mandement

PHILIPPE VI. dit DE VALOIS, à Paris, le 19. Aoust 1345.

(a) Mandement au Seneschal de Beaucaire, par lequel le Roy Ordonne que l'imposition qu'on levoit sur les bestiaux, amenez des pays estrangers dans le Royaume, pour y paistre pendant l'esté, & les remmener pendant l'hyver, sera continuée.

PHILIPPE par la grace de Dieu Roy de France : au Seneschal de Beaucaire, ou à son Lieutenant, *Salut.* Nous avons entendu que plusieurs *Moutons, Brebis* & autre *bestiaille* dehors nostre Royaume, viennent au temps d'esté prendre leur *pasture* & nourrisson en nostre Royaume, & y multiploient, & puis en temps elles sont ramenées hors de nostre Royaume. Et vous mettez empéchement aux deputés, sur les choses qui se trayent hors de nostre Royaume, que ils ne levent *l'imposition* mise sur ladite bestiaille. *Si vous mandons que vous, tantost & sans delay, ostez ledit empeschement, & laissez lever ladite imposition;* Car nostre entente est que elle soit payée au cas dessusdit. *Donné à Paris le dix-neufviéme jour de Aoust, l'an de grace mil trois cens quarante-cinq.* Par vous Monseigneur de Clermont. PELLICIER.

NOTES.

(a) Ce Mandement est au Registre *des Sauvegardes* de la Chambre de Montpellier, nombre 7. feüillet 110. *verso.* Et en la Seneschaussée de Nismes en general, Armoire A. liasse 16. des actes ramassez, N.° 7. feüillet 69. *verso.*

PHILIPPE VI. dit DE VALOIS, à Paris, le 19. Aoust 1345.

(a) Letres adressées au Seneschal de Beaucaire, & au Juge du Seel de Montpellier, portant que ce Seel sera executoire, tant sur les biens principaux des debiteurs, que sur leurs dettes actives, soit qu'elles leur appartiennent à titre de Don, de Cession, ou de Vente.

PHILIPPUS Dei gratia Francorum Rex: Senescallo Bellicadri, & Judici sigilli Regii Montispessulani, aut eorum Loca-tenentibus, Salutem. *Custos dicti sigilli Nobis graviter conquerendo monstravit, quod licet hactenus, in* Curia dicti sigilli *fuerit consuetum facere* executiones Clamorum viribus dicti sigilli expositorum, contra bona principalia debitorum, *& eis deficientibus in* nominibus, *sive* debitis, *etiam jure* donationis, cessionis, *vel* venditionis, *aut alias quoquomodo eisdem pertinentibus; nihilominus vos Senescallus & Judex, seu alter vestrum, vigore quarumdam* literarum nostrarum, *quibus vobis & aliis Justiciariis nostris mandatum fuisse dicitur, ex deliberatione nostri consilii, ut* executiones dictorum Clamorum *in* nominibus, *sive* debitis obligatis *viribus dicti sigilli, jure* donationis, cessionis, *aut* venditionis *pertinentibus, nullam executionem faciatis, seu fieri permittatis, propter quod* executiones dictorum Clamorum, *ac* Decimarum *inde ad Nos pertinentium, in immensum diminuuntur, quod est in detrimentum dicti vigoris, & emolumenti ejusdem diminutionem, prout fertur.* Quocirca *vobis & vestrum cuilibet* mandamus, *si necesse fuerit, committendo, quatenus* executiones dictorum Clamorum *in dictis* nominibus, *seu* debitis *fieri faciatis, & alias dictum sigillum regatis, seu regi permittatis, prout alias est fuerit consuetum, stillum dicti sigilli penitus observando, litteris*

NOTES.

(a) Ces Letres sont en la Chambre de Montpellier, armoire A. feüillet 96. & au Registre *des Sauvegardes*, nombre 7. feüillet 110. *verso.* Et en la Seneschaussée de Nîmes en general, armoire A. liasse des Actes ramassez, n. 7. feüillet 96.

prædictis & aliis impetratis, seu etiam subrepticiis impetrandis, nonobstantibus quibuscumque. Datum Parisius die decima nona Augusti. Anno Domini millesimo trecentesimo quadragesimo quinto. *Per vos Dominos de Claromonte.* PELLICERII.

PHILIPPE VI. dit DE VALOIS, 1345. en Septembre.

(a) Ordonance touchant la vente des biens des debiteurs, en execution des Mandemens des Foires de Champagne.

PHILIPPUS *Dei gratiâ Francorum Rex. &c. Notum facimus Universis, tàm præsentibus, quàm futuris, quod cum, prout Nobis exponi fecerunt Mercatores, Nundinas nostras Campaniæ & Briæ frequentantes, & nonnullæ aliæ personæ notabiles, quod cum retroactis temporibus, Mercatores inibi frequentantes, ob defectum solutionis debitorum suorum, faciebant* executionem *fieri in bonis* immobilibus Debitorum ipsorum, *juxta antiquos usus, ac consuetudines dictarum Nundinarum, in executionibus hujusmodi, sic extiterit observatum, quod Custodes nundinarum ipsarum, ad instantiam Creditorum literatorie, mandabant locorum Justitiariis in quibus dicta bona consistebant, ut dictam executionem facerent: Et si quis se opponeret in contrarium, diem opponenti coram ipsis Custodibus assignarent. Si vero* nullus se opponebat, *aut alias debitor ab oppositione cadebat, Justitiarii locorum ipsorum, dicta* bona immobilia *in sua jurisdictione situata, venditioni faciebant exponi,* virtute mandatorum dictarum Nundinarum, & ea subhastari, *& publice* proclamari, *per debita & competentia intervalla, ut inde venalia ad utilitatem, tam Creditoris, quam Debitoris, plus offerentibus traderentur. Etsi qui in contrarium se vellent* opponere, possent ad proclamationes hujusmodi publice apparere, & causam oppositionis *suæ, in judicio coram dictis Magistris Nundinarum deducere; propter quæ hujusmodi solemnitatibus observatis, solutoque venditionis pretio, per emptores, in registro nundinarum ipsarum, & de præcepto dictorum Custodum, & ipsis emptoribus, per locorum justitiarios literis venditionum traditis, & exinde sub sigillo dictarum nundinarum literis confirmationis obtentis, tales* venditiones sic factæ, stabiles & firmæ perpetuo permanebant, *nec exinde obligati, heredes sui, aut causam ab eis habituri, seu quicumque alii admittebantur in aliquo, ad impugnandum Venditiones prædictas, & sic emptores sub spe securitatis hujusmodi emebant libentius, & Mercatores ad dictas nundinas habundantius confluebant.* Nihilominus tamen, *a viginti annis citra, vel circa, quorumdam abusus, seu malicia adinvenit cautelas, ut post solemnitates hujusmodi, obligati, seu causam habentes ab eis, seu quivis alii,* ad impugnandum venditiones ipsas audiantur, *& de facto de die in diem admittantur. Et quod est gravius, secundum usus & consuetudines dictarum Nundinarum, conquerentes audiantur contra Mercatores, ad quarum requisitionem res fuerunt venditioni expositæ, possessoribus seu detentoribus rerum Venditarum non vocatis, nec auditis; Unde interdum post multa tempora Venditiones ipsæ, sicut pluries accidit, in causis justissimis, per eventus judiciorum dubios, revocantur & adnullantur,* contra aliquos usus & laudabiles consuetudines Nundinarum ipsarum, *& de facto ipsæ res venditæ ab emptoribus, seu quibuslibet possessoribus & detentoribus aufferuntur, & contra ipsos non vocatos, & non auditos,* sententia contra Mercatores lata executioni demandatur. Nec audiuntur præfati possessores, seu detentores in contrarium, *nisi per eos proponatur collusionem inter conquerentes* & Mercatores factam fuisse, seu novationem & accordum inter dictum conquerentem & possessorem, seu detentorem intervenisse, *super re,* per dictum possessorem, seu detentorem retinenda, *Quamobrem Emptores timentes hujusmodi pericula se abstinent ab emptionibus Nundinarum, & Mercatores prædicti gravantur, opprimuntur, & plerumque ob defectum Emptoris legitimi, suis debitis defraudantur, in*

NOTES.

(a) Cette Ordonance est au Tresor, Registre de *Philippe de Valois*, cotté 75. pour les années 1342. 1346. piece 363.

eorum grave prejudicium, atque dampnum, & juris nostri lesionem non modicam, sicut dicunt; Supplicantes super hoc provideri *de remedio opportuno.* Cum igitur expediat, *ut ea quæ fuerunt, pro securitate contrahentium antiquitus salubriter introducta, debitis observentur mensuris: Et si forsan præveniente quorumdam astutia fuerant tempore prætermissa, quod sub regulis moderatis in statum pristinum revocentur. Nos habita, cum dilectis & fidelibus gentibus* nostris dies Trecenses *tenentibus, ac cum Custodibus,* Cancellario *& quam pluribus Notariis dictarum nundinarum, cum advocatis & aliis peritis, nundinas ipsas frequentantibus, super præmissis deliberatione pleniori,* Ordinamus *& Edicto perpetuo* statuimus, *ut prædictis Venditionibus adimpletis, servatis præscripris solempnitatibus, nemo in regno nostro larem, sive domicilium fovens, aut alias moràm trahens,* post annum completum, a tempore confirmationis prædictæ *quomodolibet audiatur, seu admittatur, sed* infra annum *in* regno nostro, ut prædictum, habitans, aut commorans, *& foraneus, seu extra regnum nostrum habitans, & ab eo penitus se absentans, per* annum continuum & integrum, ab initio subhastationum & proclamationum prædictarum computandum, infra biennium, a dictæ confirmationis tempore numerandum, ad impugnationem præfatæ venditionis rationabiliter audiatur *& admittatur simul, & semel contra Mercatorem & possessorem, seu detentorem rei venditæ, ut præfertur. Et si alter ipsorum adjornatorum defecerit, alter vero comparuerit, causa supersedebit in statu, contra comparentem, donec deficiens, seu in deffectu positus, super* utilitate *deffectus readjornatus fuerit; qui si dictum defectum purgaverit, contra ambos simul processus continuabitur, & perficietur, si vero deffectum non purgaverit, utilitas actori, seu conquerenti adjudicabitur, talis, quod si diffinitivam conquerens, sive actor reportaverit, contra alterum, quemadmodum & antea solebat, executioni demandabitur contra ambos, realiter & in effectu emptori, tamen pretio Emptionis seu Venditionis per ipsum ad registrum soluto, ut antiquitus primitus, & ante omnia reddito per registrum. Post annum vero, omni incolæ regni nostri, & post biennium omni extraneo, seu foraneo dicti regni, ut prætactum est, super impugnatione dictæ Venditionis, seu Contractus, omnis audientia denegetur, & ex tunc in perpetuum Emptor, seu ab eo causam habens, ac etiam Mercator securi indesinenter permaneant & consistant.* Damus *autem prædictis Nundinarum ipsarum Custodibus, cæterisque Justitiariis nostris, aut eorum Loca-tenentibus & eorum cuilibet, tenore præsentium, in mandatis, quatenus* Ordinationem *prædictam ab omnibus teneri faciant & servari, & ne quis prætextu ignorantiæ super hoc valeat excusari, prout expedierit debito publicari. Quod ut firmum & stabile permaneat in futurum, præsentibus literis sigillum nostrum, pro diebus Trecensibus ordinatum duximus apponendum.* Actum Trecis in Diebus. Anno Domini millesimo trecentesimo quadragesimo quinto. Mense Septembri.

PHILIPPE VI. dit DE VALOIS, à Troyes, 1345. en Septembre.

PHILIPPE VI. dit DE VALOIS, à Paris le 2. Octobre 1345.

(a) Ordonance par laquelle le Roy veut que les Officiers, qu'il y nomme, à compter du premier Octobre, soient un an sans prendre de gages.

PHILIPPE par la grace de Dieu Roy de France à nos amez & feaulz les genz de noz Comptes, & Tresoriers à Paris. *Salut & dilection.* Comme pour cause des guerres que Nous avons eû par lonc temps, & avons à present en mer & en terre contre plusieurs qui perseveranz en leur mauvaise & desloyal emprise, se sont efforciez & efforcent Nous, nostre Royaume & noz subgiez grever & dommaigier par toutes les voyes & manieres qu'il peuvent; pour lesquelles guerres il Nous a convenu, convient & conviendra encore plus, se elles durent, faire & soustenir plusieurs grans & innumerables mises & despens en plusieurs & diverses manieres à la garde,

NOTES.

(a) Cette Ordonance est au Memorial B. fol. 188. *verso,* de la Chambre des Comptes de Paris. Voyez cy-dessus l'Ordonance de *Jean* Duc de Normandie, Lieutenant du Royaume, au Siege d'*Aiguillon* en Guyenne, qui appartenoit à *Edoüard* Roy d'Angleterre, Tome 2. page 242. avec la Note qu'on y a faite.

PHILIPPE VI. dit DE VALOIS, à Paris, le 2. Octobre 1345.

tuicion & deffence de Nous, nostre Royaume & subjetz dessusdit, si comme vous & chascun povez sçavoir. *Nous considerans* que de raison & de droit naturel, nozdiz subgetz qui vivent & ont accoustumé vivre en pais, & tranquillité sous Nous, mesmement noz *Officiers*, & ceulz qui prennent & ont accoustumé prendre *gauges* sur Nous, Nous doient faire ayde & subside, pour supporter les frais, mises & despens dessusdiz, *avons Ordenné* que nostre *Chancelier*, & Vous nosdittes *gens des Comptes & Tresoriers*, & tous noz autres *Conseillers*, quiex qu'il soient, tous les gens de nostre *Parlement*, comme des *Requestes* de *nostre Hostel* & du *Palais*, & de nostre *Chambre des Enquestes*, noz *Notaires*, noz *Clercs*, *(b) Sergens d'armes*, noz *Seneschaux*, *Baillifz*, *Vicontes*, *Maistres de Forez*, *Gardes de noz* foires de Champaigne & de Brie, & *deputtez* sur le fait du Sel, *Juges*, *Viguiers*, *Prevoz*, *Chastellains*, qui ne gardent noz Chastiaulx estans és frontieres de nostredit Royaume, les *Genz*, *Maistres* & *Clercs* de noz *Monnoyes*, & touz noz *Advocaz*, *Gardes* des *Sceaulz*, *Receveurs*, *Procureurs*, *Gruyers*, *Grenetiers*, *Huissiers* de nostre *Parlement*, & tous nos autres Officiers quiex qu'il soient, qui ont & prennent *gaiges*, *ou pensions sur Nous*, pour cause de leurs Offices, jusques à la montance *de trois soulz parisis* par jour, & *au-dessus*, cessez par l'espace *d'un an* à venir, à compter du premier jour de ce present mois *d'Octobre*, à prendre lesdits gaiges & pensions. *Nous vous mandons* que nostredite Ordonnance, vous tenez & faciez tenir & garder entierement sans enfraindre, en quelque maniere que ce soit, & icelle faites signifier bien & deüement là & à ceulz où il appartendra. *Donné à Paris le deuxiéme jour d'Octobre, l'an de grace mil trois cens quarante & cinq*, souz nostre nouvel Seel. Par le Roy. BARR.

NOTES.

(b) Sergens d'armes.] Touchant ces Officiers, voyez le Traité de *la Milice Françoise*, du Pere *Daniel*, tome 2. livre 9. chapitre 12. pages 92. 93. où cet Auteur exact & fidele remarque, que ce fut le Roy *Philippe Auguste* qui les institua, pour la garde de sa personne. Comme ils estoient gentilshommes & des personnes de merite & de courage, *Philippe Auguste en* 1214. leur confia la garde du Pont de *Bouvines*, & comme ils firent alors vœu, en cas de victoire, de faire construire un Temple à Dieu, sous l'invocation de Sainte Catherine, Saint *Loüis* à leur priere fonda l'Eglise de Sainte Catherine du Val des Escholiers, possedée à present par les Chanoines Reguliers de Sainte Genevieve, & il en posa la premiere pierre. L'on peut juger de l'importance de ces Officiers, par ce qu'en a écrit Bouteiller dans sa Somme, page 899. par ce qu'en a rapporté Du Cange sur *Servientes armorum*, & par l'Ordonnance du 8. Avril 1342. page 113. de ce tome. Quoyqu'ils fussent *Gens de Guerre*, ils estoient neanmoins aussi *Officiers de Justice*. Ils pouvoient à des procés, porter leurs armures jusques à la *Chambre des Comptes* du Roy. Ils pouvoient faire *Office de Sergenterie* par tout le Royaume, & ils n'avoient point d'autre *Juge* que le *Roy*, ou le *Connestable*. Et au lieu que tous les autres Offices finissoient par le *decés du Roy*, toutesfois les Offices de Sergens d'armes en ce cas, duroient toûjours. Voyez *Bouteiller* au lieu de sa Somme marqué cy-dessus.

PHILIPPE VI. dit DE VALOIS, à Vincennes, le 22. Novembre 1345.

(a) Ordonance touchant les vendeurs de Marée, par laquelle le Roy confirme une autre Ordonance de l'an 1326. & dans laquelle il y a un Mandement adressé au Prevost de Paris, daté à S.t Germain en Laye, du 8. Novembre 1343.

NOTES.

Lorsqu'on travailla à la Table Chronologique des Ordonances imprimée *in Quarto*, feu M.r *Loger* Avocat avoit le Registre de la Marée, parce qu'il avoit succedé à l'Office de Procureur du Roy de cette Jurisdiction, par le decés du S.r Chuppé son oncle ancien Avocat, mais cet Office ayant passé au S.r *Horreau*, aussi Avocat, & le S.r *Loger* estant ensuite decedé, quelque recherche qu'on ait faite de ce Registre, on n'a pû connoître qui en estoit le possesseur. C'est par cette raison qu'on a esté dans l'impuissance d'avoir cette Ordonance pour la placer icy.

PHILIPPE VI. dit DE VALOIS, à Paris, le 17. Janvier 1345.

(a) Mandement pour faire observer les nouvelles Ordonances des monoies, & pour empescher le transport de l'argent & du billon hors du Royaume.

PHILIPPE par la grace de Dieu, Roys de France, *à Courrat de Courselles, Aubertin Tresbon, Marthe Philippe, & Raymond Gaillart.* Salut. *Come (b)* és Ordenances de nos monoies dernierement faites, soit, entre les autres choses contenu, que aucun sur paine de corps & d'avoir, ne soit si hardiz de porter, ou faire traire, ou porter *argent, ou billon hors de nostre Royaume, mais que en la plus prochaine de noz monnoyes du lieu où il seroient.* Nientmoins Nous avons entendu, & somes souffisament enformé que aucuns Changeurs, Marcheans, & autres de plusieurs pays ont porté, & de jour en jour portent & font porter frauduleusement, encontre nostredite deffense & Ordenance, en grant domage & deception de Nous & de nostre pueple, *Argent & Billon* hors de nostre Royaume, pour laquiele chose noz dites monnoies ont longuement chomé & encore choment, dont trés forment Nous déplaist & ne les volons plus souffrir. *Nous confians* de vostre loyauté & diligence, vous *Mandons* & estroitement *enjoingnons & cometons*, que tantost ces Lettres veües, vous transportez en vos propres personnes en la Ville de *Montpellier*, & en toutes les Villes, Ports & passages de nostre Royaume, où vous verrez que bon & profitable sera, pour nosdites *Ordenances faire tenir & garder, & ycelles faites crier & publier sollempnelement, que* aucuns sur grans peines civiles ne face le contraire. Et tous ceulx qui par information secrete, ou vehemente presomption, vous porrez croire & savoir, qui auront pourté, ou envoyé, ou fait porter, ou envoyer, par aucune maniere fraudeusement, *Argent ou Billon,* hors de nostre Royaume, ceulx qui ont rechangé, ou fait rechangier argent, *contra nostra dicta deffensa*, & ceuls qui auront vendu, ou achaté argent à plus grant pris que Nous n'en donnons, por le temps en noz monnoyes, & qui le ferront, & qui en autres chouses ont fait, ou feront contre nos Ordenances, faites penre leurs propres corps & mettre en pryson fermée, où Nous *volons* que ils soient detenus sans recreance, jusques à tant que par Nous, ou noz gens en soit ordené, & tous leurs *biens* faites mettre à nostre main, comme *forfais & acquis à Nous.* Desquiex biens faites faire certains & justes *inventaires*, sans en rien rendre, ou recroire, pourquoy Nous en puisons faire tele justice & punition civile come le cas requiert, & que ce soit exemple à tous autres. Et Nous *volons* que pour vostre peine & dépens, vos ayez le *quint denier* des prises que vous ferez qui seront en forfaiture, qui payé vous sera par les *Maistres particuliers* de nozdites monoyes, ausquiex lesdites forfaitures seront baylées por ouvrer de par Nous. De ce faire vous *Donnons* povoir, autorité & mandement especial. Et Nous *Mandons & Commandons*, au Senechal de Nismes & de Beaucaire, & à tous nous autres Justiciers & subgiez, *prions & requerons* tout autres, que à vous, & aux comis & deputez de par vous, en ce faisant, & tout ce que en depend, obeyssent & entendent diligement. Et leur *Deffendons* que il ne entreprenent, ne fassent entreprendre à personne nulle, par tele maniere que ce soit contre la teneur de vostre Comission, & à vous donnent & prestent à ce faire conseil, confort, & aide touttesfois que il en seront requis de vous, ou d'autres de par vous, en telle maniere que par leur deffaut, desobeissance, ou negligence, nostre droit ne soit en aucune maniere retardé. *Donné à Paris le dix-septiéme jour de Janvier, l'an de grace mil trois cens quarante-cinq.* Par les gens des Comptes presens les Maistres des monnoyes. BIARRE.

NOTES.

(a) Ce Mandement est en la Seneschaussée de Nîmes en general, armoire A. liasse 16. des Actes ramassez, n.° 7. fol. 115. & au Registre *des Sauvegardes*, n.° 7. feüillet 156.

(b) *E's Ordonances de nos monoies dernierement faites.]* Voyez celles du 26. Octobre 1343. page 191. celle du 22. Aoust de la mesme année, page 182. & celle du 26. Juin 1342. page 178. 179.

PHILIPPE VI. dit DE VALOIS, à Nostre-Dame des Champs lez Paris, le 15. Fevrier 1345.

(a) Ordonance contenant plusieurs dispositions differentes touchant les Gabelles du Sel, l'imposition de quatre deniers pour livre, les Sergens & les Sergenteries, les *prises de Chevaux, de Grains*, & la Jurisdiction des Maistres des Requestes.

SOMMAIRES.

(1) Le Roy declare que son intention n'a point esté d'unir à son domaine, les Gabelles du Sel, avec l'imposition des quatre deniers pour livre, qu'il souhaitoit estre abbatuës, & que son intention a esté qu'à l'avenir les Prevostez fussent baillées en garde.

(2) Le Roy, la Reine & le Prince Jean *leur fils aîné Duc de Normandie ne feront plus* d'emprunts, *si ce n'est de ceux qui voudront bien leur prester.*

(3) Les Sergens seront remis à l'ancien nombre, à moins qu'il ne soit necessaire qu'il y en ait davantage. Les Sergens ne seront pas distribuez par Seneschaussées & Bailliages, mais par Prevostez & Chastellenies. Si ceux à qui les Sergenteries auront esté données ne peuvent exercer leurs Offices, ils pourront mettre des personnes à leur place. Mais dans ce cas aucun Substitut ne sera reçû que par le conseil de douze des plus suffisans du Pays, & à moins qu'il ne donne bonne & suffisante caution, pardevant les Seneschaux & Baillis.

(4) Nuls à l'exception des Princes *du lignage du Roy ne pourront faire* aucunes prises. *Ceux qui contreviendront à la presente Ordonance pourront estre arrestez, & chacun pourra faire la fonction de Sergent pour les conduire en prison.*

(5) Les prises de chevaux *de harnois, comme celles des autres Chevaux de charrettes, de Bleds, & de Vins sont generalement defenduës, si ce n'est pour la necessité de l'Hôtel du* Roy, *de* la Reine, *ou des* Princes *leurs enfans, &c.*

(6) Les Maîtres des Requestes ne pourront faire adjourner personne devant eux, si ce n'est pour cause d'Office donné par le Roy, pour lequel il y ait contestation, ou qu'il soit question de quelque demande personnelle contre quelque Officier de l'Hôtel.

(7) Les Maîtres des Requestes de l'Hôtel du Roy, de la Reine & des Princes leurs enfans ne connoistront que des actions personnelles, intentées contre les Gens de l'Hôtel du Roy.

(8) A l'avenir on n'accordera plus de Letres d'Estat, si ce n'est pour le Roy, ou ses Lieutenans. Et si quelqu'autres gens du Roy ou Officiers en accordent elles seront nulles, à moins que ceux qui les auront impetrées ne servent à la Guerre, ou qu'ils n'en soient empeschez par maladie, &c.

(9) Les Maîtres de Requestes ne pourront plus taxer aucune amende, si ce n'est en la presence du Roy lorsqu'il oirra ses Requestes.

(10) Les Maîtres des Eauës & Forests n'auront à l'avenir nuls Lieutenans. *Et ils connoîtront en personne des delicts commis aux Eauës & Forests du Roy. Et s'ils font adjourner quelqu'un pardevant euls ce sera à certain jour & en certain lieu dans la Chastellenie, où l'adjourné aura son domicile, & où il aura commis le delict, &c.*

(11) Les Seneschaux, *les* Baillis, *les* Prevosts *ou leurs* Lieutenans *ne pourront faire faire aucune Enqueste, sinon par Commissaires bons & suffisans, & du consentement des Parties, si elles conviennent de la personne du Commissaire. Et lors qu'au Parlement les Parties conviendront de Commissaires, ils leur seront accordez pour épargner les frais.*

(12) Et comme il y a eû plusieurs Offices nouveaux pour examiner les témoins, *ces mêmes Offices sont esteins & supprimez, & l'examen des témoins sera commis à l'avenir à de bonnes & suffisantes personnes agréées par les parties.*

(13) Les Offices de Commissaires sur le fait d'usures, *de transgressions aux Ordonances des monoyes, sont pareillement esteints & supprimez.*

PHILIPPE par la Grace de Dieu, Roy de France, à touz ceuls qui ces presentes Letres verront. *Salut.*

Comme pour ce que à nostre cognoissance estoit venu, que la *Gabelle du Sel* & les *Impositions de quatre deniers pour livre* estoient moult *desplaisans* à nostre peuple, & que tant par icely comme pour les Prevoz, Fermiers, & les excessis nombre des *Sergenz*, & les *Commissaires* envoyez par nostre Royaume sur plusieurs cas, nostredit peuple se tenoit moult agrevez, Nous eussiens fait appeller pardevant Nous, au jour

NOTES.

(a) Cette Ordonance est au Registre A. du Parlement, feüillets 19. 20. 21. ou feüillets 21. 22. & 23.

PHILIPPE VI. dit DE VALOIS, à Nostre-Dame des Champs lez Paris, le 15. Fevrier 1345.

de la feste *Nostre-Dame Chandeleur* derrenierement passée, les *Prelaz, Barons, Chapitres* & bonnes Villes de nostre Royaume pour pourveoir à leurdit Conseil sur lesdiz griez, au plaisir de Dieu & au prousit commun de nostre peuple, auquel leur feismes dire & exposer nostre entention en nostre presence. Sur laquelle euë deliberation par aucuns, puis il Nous ont fait reponse bonne & graticuse.

Sçavoir faisons que Nous consideranz la bonne volonté & grande affection que il ont eüe à Nous ou temps passé, & encor ont, & les grans charges qu'il ont eu & soustenu especialement pour le fait de noz guerres. *Desiranz* nostre Royaume mettre & tenir en bon estat au prousit de noz subgiez, *avons Ordené* sur les choses dessusdites, & sur plusieurs autres qui sont venuës à nostre cognoissance, desquelles nostre peuple se tenoit agrevez, en la maniere qui s'ensuit.

Premierement. Sur ce qui se doubtoient que la *Gabelle du Sel, & les impositions fussent encorporées en nostre Domaine, & qu'elles durassent à perpetuité*, Nous leur feismes dire & declarer que nostre *entention n'estoit pas que lesdites Gabelles & Impositions durent à touzjours*, & que elles soient *mises à nostre Domaine*. Ainçois pour la deplaisance que elles font à nostredit peuple, vouldrions moult que par leur bon conseil & avis, bonne voie & convenable fust trouvée, par laquelle l'en meist bone provision sur le fait de nostre guerre, & lesdictes *Gabelles & Impositions* fussent *abatuës à touzjours mais*, & parmy ladite voye, touz *Prevoz, Fermiez fussent ostez*, & *les Prevostez de cy en avant, fussent (b) baillées* en garde à bonnes personnes & souffisans.

(2) Item. Nous *Voullons* & *Ordenons* que touz empruns de Nous, de nostre tres chiere Compaigne la Royne & de nostre tres chier fils le Duc de Normandie, cessent dés maintenant. Et que aucun ne soit par aucune maniere contraint de faire prest, se ce n'est de leur bon gré & volonté, sans aucune contrainte.

(3) Item. Des *Sergenz* & *Sergenteries*, Nous *Voulons* & *Ordenons* qu'il soient touz ramenez à l'estat & au nombre ancien, *(c)* selon les Ordenances royauls autrefois faites sur ce, & noz Seneschauls & Baillis facent venir en leurs presences, touz noz Sergens de noz Seneschaucies & Baillages au temps passé, & audit nombre les restraignent, soit, & lesdites bonnes genz ne voient que il soit trés grant necessité de plus y en avoir, & que par le conseil desdictes bonnes gens, ils en laissent & eslissent des plus suffisanz, tant & en tel nombre comme bon leur semblera, en ostant les autres tout à plain desdiz offices. Et *Voulons & deffendons* que nulz Sergens, quelz que il soit, ayt puissance de Sergenter en Seneschaucie & Baillage generalement. Mais voulons que il ayent puissance, chascuns singulierement, de *Serganter par Prevostez ou Chastellenies*, selon ce que à noz *Seneschauz* & *Baillis* semblera bon à faire par le conseil des sages du pays. Et si par avanture *Nous* avons *donné*, ou *donnons* aucunes Lettres au contraire, *Nous les rappellons* dés maintenant, & mettons du tout au neant. Et au cas que aucun d'iceuls, à qui Nous aurons donné lesdites *Sergenteries*, ne voudroient, ou ne pourroient en leurs personnes faire leurs *Offices*, & *il auront puissance de substituer; Nous voulons* que aucun *Substitut* ne soit pris, ou reçeuz, si ce n'est par le conseil *des diz, ou de douze des plus suffisanz du Pays*, si comme dessus est dit : Et que cilz qui sera *Substitut* donne toute & *autelle caution*, & si grant, *pardevant les Seneschaux, ou Baillis* à qui il appartiendra, comme se il estoit pur *Sergent*. Non contrestant qu'en noz dites Letres soit contenu, que cilz qui les establiront ayent donné *caution* pardevers Nous, ou aucuns de noz gens, & soient tenuz d'obéir aux *Seneschaux*, ou *Baillis* en toutes choses, ou se ce non, lesdiz *Seneschaux*, ou *Baillis* les ostent tantost.

(4) Item. Quant *aux prises des Chevaux, des Charrettes*, & des Chevaux à

NOTES.

(b) Baillées en garde, &c.] Voyez Loiseau dans son Traité des Offices, livre 3. chap. premier, nombres 67. 68. 69. 70. 71. &c.

(c) Selon les Ordenances royaux faites sur ce.] Voyez au Tome premier, pages 71. 80. 296. 363. 399. 679. 690. 352. 465. 466. 652. 551. l'Ordonnance du mois de Fevrier 1327. article 19. Tome 2. page 7. & les Lettres du dernier Avril 1339. Tome 2. pages 132. 133. 134.

PHILIPPE VI. dit DE VALOIS, à Nostre-Dame des Champs lez Paris, le 15. Fevrier 1345.

chevauchier, aux prises des *Bleds* & des *Avoines*, & autres *Grains*, & des *Vins*, & des *Bestes* & de tous autres *Vivres*; pour lesquelles *prises* nostre peuple s'est devers Nous doluz griefment, & exposé plusieurs inconveniens qui de ce puent ensuir. *Nous avons Ordené* & *Ordenons* en cette maniere, que nuls *fors de nostre lignage*, ne autre, soient nostre *Lieutenant*, *Connestables*, *Mareschauz*, *ou Admirauz*, *Maistres* de noz Comptes, de nostre Hostel, des Requestes, d'iceluy, de Parlement, ou de quelsconques noz Estaz, ou Offices, *Princes*, *Barons*, ne *Chevaliers*, facent aucunes prises en nostre Royaume des choses dessus dites : Et *Voullons* & *Deffendons* que aucuns ne leur obéïssent en cest cas, se ils ne payent *deniers comptanz*, ou pris que les choses vaudront, par communs cours, & que elles seront exposées en vente; Et se aucuns s'efforce de faire contre leur volenté aucunes prises, *Nous Voullons* que l'en ne soit tenuz d'obéir, ainçois Voulons *que tels preneurs soient pris par la Justice* des lieux, où ils feront lesdites prises; & *Commandons* à toutes les Justices, par la teneur de ces Letres, que il les preignent, & mettent en prison sanz les rendre, se ce n'est par *noz Letres passées par Nous*, *& signées par Secretaire*, *sanz relation d'autruy* : Et quant à ce *Voulons* & *Ordenons* que chacun ayt autorité de faire office *de Sergent*, *pour les prenre & les mettre en prison*, sanz encourre en aucune maniere nostre offence : Et quant aux *prises des Chevaux pour chevauchier*, Nous les *Deffendons* sur la peine dessusdite à touz les dessusdiz, & aussi les *Deffendons* à touz *chevaucheurs* & *preneurs*, se ce n'estoit ou cas que *Nous envoyrions* noz *chevaucheurs* pour noz propres besoingnes, & que ils n'en puissent trouver nulz à loier: Ou quel cas Nous ne *voulons pas* que il en puissent prenre de leur autorité, mais parmi la justice des lieux, où lesdiz *Chevaux* seront.

(5) Item. Toutes *(d)* prises de *Chevaux* de *Harnois*, & de *Charettes* Nous *deffendons* à tous generalment, se ce n'est pour la necessité de *nostre Hostel*, celuy de nostre très chiere compaigne *la Roine* & de noz *enfanz*, ou quel cas Nous *Voulons* que cil qui les prenront, ayent commissions de prenre, par *Letres seellées* de nostre Seel, & *signées de Secretaire*, *sans relation d'autruy*, & autrement que nul n'obéïsse à euls.

(6) Item. Comme plusieurs de noz subgiez se soient doluz, de ce qu'il sont souvent travailliez pardevers les *Maistres de noz Requestes*, Nous *Ordenons* que les *Maistres des Requestes de nostre Hostel* n'ayent pouair de nul faire *adjourner pardevant euls*, ne en tenir court, ne cognoissance, se ce n'est pour cause *d'aucun Office* donné par Nous, duquel soit debat entre parties, ou que l'en fist aucunes *demandes pures personnelles*, contre aucun de nostre Hostel.

(7) Item. Par tele maniere *Ordenons* que les *Maistres de nostre Hostel*, *de nostre dicte compaigne*, *& de noz diz Enfanz* n'ayent aucune cognoissance de cause, se ce n'est *de personnes* de nostre Hostel, ou cas que l'en leur feroit aucunes demandes pures personnelles.

(8) Item. Comme pour *Letres de respiz* & *Estaz*, que Nous donons, & plusieurs autres, ou nom de *Nous*, mesmement *en faveur de ceuls*, *qui dient qu'il sont*, *ou veulent aller en noz guerres*, plusieurs grands pertes, & domages viennent de jour en jour aux bons Marchanz de nostre Royaume, dont il Nous deplaist : Nous *voulons* & *Ordenons*, que dores-en-avant *nulz ne donnent telz Letres d'Estat*, se ce n'est pour *Nous*, ou noz *Lieuxtenanz*. Et si par avanture aucuns autres de noz gens, ou Officiers les donnoient, *Nous Voulons*, *Ordenons* que nulz n'y soit tenuz à obéir, & avecques ce

NOTES.

(d) Du Cange dans son Glossaire *mediæ & infimæ Latinitatis*, sur les mots *Mutuum violentum*. Tome 2. partie 2.de de l'édition de Paris, page 726. cite une Ordonance de *Philippe VI.* contre *les prises*, tant de vivres, que de chevaux, dont il ne rapporte aucun extrait. On a fait chercher plusieurs fois cette prétenduë Ordonance dans les Registres publics, & comme on ne l'a point trouvée, on est convaincu que cet Auteur, d'ailleurs fort exact, s'est trompé, & qu'il a entendu parler des deux articles 4. & 5. de cette Ordonance donnée *à Nostre-Dame des Champs* le 15. Fevrier 1345. & qu'il a mal datée du 3. de ce mesme mois. Voyez cy-dessus l'Ordonance du 8. Avril 1342. page 176. Les Letres de *Philippe VI.* accordées aux Marchands de *Portugal* establis *à Harfleur*, tome 2. page 135. & au tome premier pages 158. 159.

Voulons

PHILIPPE VI. dit DE VALOIS, à Nostre-Dame des Champs lez Paris, le 15. Fevrier 1345.

Voulons, que ceulz à qui, *Nous*, ou noz diz *Lieuxtenanz* auront donné lesdites *Letres d'Estat*, que d'icelles ne se puissent aidier, ne ne portent aucun proufit, se il n'estoient *en leurs personnes en noz dites guerres*, ou se par maladie, ou *impotence de leurs corps*, il n'estoient excusé, & que il y eussent souffisamment envoié, selon leurs estaz.

(9) Item. Pour ce que pluseurs se deulent desdiz *Maistres de noz Hostelz*, de ce qu'il taxent plusieurs *amendes* excessivement, & en prennent *grands proufiz*, Nous *Ordenons* que nule *amende* ne soit taxée par euls, se ce n'est en nostre presence, quand Nous orrons noz Requestes.

(10) Item. Pour ce que Nous avons oy plusieurs plaintes des *Maistres de noz yauës & Forez*, & de leurs *Lieuxtenanz*, *Nous ordenons* que de cy en avant il n'ayent nulz *Lieuxtenanz*, & que en *leurs personnes* il cognoissent *des excez & deliz* commis en noz *Yauës & Forez* tant seulement; Et ou cas que il feront aucun adjourner pardevant euls, *Nous voulons* que ce soit *à certain jour*, & *à certain lieu*, & en la chastellenie dont *l'adjourné sera*, ou là où il aura *meffait;* Et aussi *voulons* que les *uns* d'euls soient en *un Pays*, pour entendre en leur *office*, & les *autres* ès *autres*, jouxte l'*Ordonnance* que Nous en *ferons faire ce*.

(11) Item. Comme Nous aions entendu, que noz *Seneschauz*, *Baillis*, *Prevoz*, & leurs *Lieuxtenanz*, ès causes qui pendent pardevant euls, il retiennent aucune foiz pardevers euls *l'audition*, & *l'examination* des *temoins*, & aucunes foiz les *commettent* à leurs *Clercs* & à leurs *Afins*, dont plusieurs domages s'en ensuivent. *Nous voulons* & *Ordenons* que de cy en avant aucuns de noz *Seneschauz*, *Baillis*, ou *Prevoz*, ou leurs *Lieuxtenanz* ne *facent faire Enquestes*, se ce n'est par *Commissaires* bons & suffisans, & du *consentement des Parties*, au cas que les *Parties seront de accort des Commissaires*; Et se Nous avons donné, ou donnons aucunes Letres au contraire, *Nous voulons que elles soient nulles*, & *de nulle valeur*. Et pour ce que aucune foiz en nostre *Parlement* viennent plusieurs *querelles*, *qui sont de peu de chose*, & aucune foiz *de genz de petit estat*, il *Nous plaist & voulons*, que ou cas, où *Parties seront à accort*, en nostre *Parlement*, de prenre *Commissaires* en leur Pays, que il leur soit octroié, afin que chascun puisse *poursuir* sa cause, au mains de *fraiz & de couz*, & que par default de *poursuite*, ne laissent à *poursuir* leur droit.

(12) Item. Pour ce que l'en a fait depuis peu de temps, *Offices nouveaux pour examiner tesmoins*, Nous *voulons* que touz telz Offices *soient ostez*, & l'examination *soit commise à bonnes personnes & suffisanz*, ou à ceuls qui seront eslus *du consentement des Parties*, si comme dessus est dict.

(13) Item. Touz *Commissaires* donnez sur le fait *d'usures*, sur *transgressions de Monoies*, des *Ordonnances* de noz *Monoies* traites hors de nostre Royaume, & sur autres cas semblables, *Nous rappellons* des maintenant, & ne voulons que il leur soit en riens obéy, par *povoir*, ou letres que il ayent sur lesdiz cas, ou aucun d'iceuls. Si *donons en Mandement* à touz les Justiciers de nostre Royaume, & à leurs Lieuxtenanz, que noz dites *Ordenances*, & chascunes d'icelles, en la maniere & fourme que cy-dessus sont exprimées, facent, gardent, tiennent, & accomplissent, & facent garder, tenir, & accomplir chascun en droit soy, sans faire, ou attempter en quelque maniere que ce soit au contraire. Et *Voulons* que en toutes les choses dessusdites, & chascunes d'icelles, chascun en droit soy, si come il li appartiendra, obéisse, sans autre Mandement attendre de Nous; Et que nulz ne soit si hardiz de ycelles *enfraindre*, sur quanques il se puent meffaire *envers Nous*. En tesmoin de laquelle chose, Nous avons fait mettre nostre Seel à ces presentes Letres. *Donné à Nostre-Dame des Champs lez Paris*, le quinziéme jour de Fevrier, l'an de grace *mil trois cens quarante-cinq*.

NOTES.

(e) Qui seront esluës par les parties.] Voyez l'Ordonance de 1667. au Titre 21. *des Descentes sur les lieux*, *des nominations & des rapports d'experts*, & le Titre 22. *des Enquestes*, & cy-dessus, tome 2. page 5. article 8. 9. & 10. & page 101.

JEAN, fils aîné du Roy Philippe de Valois, comme Lieutenant General pour le Roy, en ses tentes devant Aiguillon, le 27. Avril 1346.

(a) *Letres de* Jean *fils aîné de Philippe de Valois Roy de France, en qualité de Lieutenant. Touchant les monoies.*

JEHAN *ainzné fils & Lieutenant du Roy de France, Duc de Normandie & de Guienne, Comte de Poitou, d'Anjou & du Maine,* au Seneſchal de Beaucaire, ou à ſon Lieutenant. *Salut.*

Nous avons entendu par le rapport de pluſeurs Prelaz, Barons, Bourgois & autres ſubgiez & habitans du Royaume de France, *diſanz,* que comme par l'Ordenance derraine faite par *noſtredit Seigneur* en ſon Conſeil *ſur le fait de ſes monoies,* Il euſt ordenné que *nulles monnoies d'or, blanches, ou noires qu'elles que elles fuſſent,* tant du Royaume, ou *dehors, n'auroient aucun cours dans ſon Royaume,* pour quelconque pris que ce fuſt, *excepté tant ſeulement les Deniers d'or à l'eſcu,* pour *ſeize ſols huit deniers tournois.* Le *gros Tournois* d'argent pour *quinze deniers* tournois. Et les *Pariſis & Tournois,* pour leur prix, ſi comme contenu eſt eſdites Ordenances. Et pluſeurs ſont à preſent, qui par leur grant malice, ſe ſont efforciez & efforcent de jour en jour de mettre pour autre & greigneur prix les *Deniers d'or à l'eſcu,* que ordené n'avoit eſté par noſtredict Seigneur, & auſſi donnent *cours aux autres monnoies d'or,* & par ce *traient* la *bonne monoie blanche & noire* pardevers euls, & icelle portent hors du Royaume de France, & par ainſi ne peut le peuple eſtre bien gouverné, ne ſouſtenu de monoie, laquelle choſe eſt au contemps & déſobéïſſance de noſtredit Seigneur, de ſes Ordenances, grief & domage dudit peuple. Et *Nous ont requis* que ſeur ce leur vuilliens pourveoir de remede convenable. SÇAVOIR faiſons que Nous oys leur ſupplication, en grant deliberation & avis avec noſtre Conſeil, deſirans tenir & garder le peuple en bonne paix & tranquillité, & obvier aux malices des mauvais, *avons Ordonné & Ordenons* par ces preſentes, *du pouvoir & autorité Royale, à Nous donné & octroyé de noſtredit Seigneur, que nulles monoies d'or, blanches, ne noires n'auront cours* au Royaume, ne ne ſeront miſes pour quelque prix que ce ſoit, *exceptez* tant ſeulement *bons Deniers d'or fin,* appellez *Florins Saint Georges,* que Nous faiſons faire à preſent, leſquels auront cours pour *vingt ſols* tournois la piece. *Et Deniers d'or à l'eſcu pour ſeze ſols huict deniers* tournois, & bons *gros Tournois d'argent,* de poids, qui auront cours pour *quinze deniers* tournois, & bons *Doubles noirs* que Nous faiſons faire à preſent, qui auront cours pour *deux deniers & maille* tournois, & bons *Pariſis* pour un petit *Pariſi, & Tournois* qui à preſent courrent pour un petit *Tournois.* Et n'auront nulles monoies qu'elles que elles ſoient, cours, *exceptez* celles qui deſſus ſont nommez. Et auſſi *avons Ordené* & *voullons* que nul ne *affine,* ne faſſe *affiner* nul

NOTES.

(a) Ces Letres ſont en original au Treſor des Chartes du Roy, d'où elles ont eſté priſes.

Jean Duc de Normandie fit cette Ordonance, comme Lieutenant du Royaume, pendant qu'il commandoit au ſiege *d'Aiguillon,* Ville de Guienne, qui appartenoit alors au Roy d'Angleterre.

Edoüard mit en mer une puiſſante armée pour aller ſecourir cette place, mais par le conſeil de *Geoffroy d'Harcour,* il alla faire une deſcente à la *Hogue* en Normandie, où il ſe rendit en peu de temps maître de tout le Cotantin. Il battit & prit le *Comte d'Eu* Conneſtable de France & le *Comte de Tanquarville,* qui furent priſonniers. Il ſe rendit maître de Roüen dont il fit rompre le Pont. Il bruſla les fauxbourgs du Pont-de-l'Arche, ceux de Vernon, de Louviers, de Meulan. Il tourna enſuite du coſté d'Amiens, où il gagna la fameuſe *Bataille de Crecy,* aprés laquelle il commit des hoſtilitez cruelles dans tout le Royaume, comme l'on peut voir dans *Froiſſard,* chapitre 125. Dans Mezeray ſous l'an 1346. dans l'hiſtoire du R. P. Daniel, & dans celle de l'Abbé de Choiſy.

Le Roy ayant eſté obligé de rappeller le Duc de Normandie, le Comte de *Derby* qui commandoit dans *Aiguillon,* Lieutenant General du Roy d'Angleterre, eſtant devenu maître de la Campagne, prit les Villes de *Mirebeau,* de S.t Jean *d'Angely* & de *Poitiers,* & aprés ces conqueſtes, qui luy ouvroient tout le pays au-delà de la Loire, il y mit ſes troupes en quartier d'hyver.

argent, ne monnoye blanche ne noire, ne faire *vaisselle* d'argent de plus grand prix que *six onces*, se n'est pour œuvre d'Eglise. *Voulons* aussi que toutes monoies de *Changeurs*, *Marchanz* & autres, soient tantost delivrez à la monnoie, chascun à son tour, sans ce que aucune grace ou faveur en soient faites à quelsconques. Et *deffendons* à tous les Officiers de *nostredit Seigneur* & autres, que il pour quelque cause que ce soit, ou à venir puisse, il ne pregnent le droit des Marchands, en tout ne en partie, pour quelsconques Letres, ou Mandement quoyque ce soit, de nostredit *Seigneur* ou de Nous. Et *en bonne foy les assurons & leur promettons*, que du leur, de par nostredit Seigneur, ne de par Nous, riens ne sera prins. Et se aucuns Mandemens en venoient aux Maistres & Gardes de nos Monnoyes, ou autres noz Officiers, ou autres quelsconques personnes, *Nous voulons & decernons* iceuls Mandemens estre de nulle valeur, & leur mandons que il n'y obeissent en riens. *Si vous mandons* & estroitement *commandons & enjoignons*, sur toute la feaulté, amour & loyauté que vous avez à nostredict Seigneur & à Nous, que *nozdites Ordenances*, selon leur fourme & teneur, vous faciez *crier & publier* par toutes les Villes & lieux de vostredicte Seneschaucie, & icelles faites tenir, garder & accomplir de point en point selon leur fourme & teneur, & avecques ce faites *crier & deffendre* à touz, sur peine de *corps & d'avoir*, que nulz *ne porte*, *ne mette*, *ne* face porter, ou mener *hors du Royaume* nulle monnoie, d'or, blanches & noires, ne en la terre de noz anemis. *Exceptées* celles que Nous faisons faire à present, ne lesdiz *Florins* & monnoyes mettre pour plus *hault prix*, que Nous ne leur avons donné. Et si de en avant trouvez aucun faisant le contraire, punissez-le en telle maniere que les autres y preignent exemple. *Mandons & commandons* à touz que à vous, & aux deputez de par vous, obeissent & entendent diligeaument, en faisant les choses dessusdictes. *Donné en noz Tentes devant Aiguillon le vingt-sept jour d'Avril, l'an de grace mil trois cens quarante-six, sous le Seel de nostre Secret.* Par Monsieur le Duc. *HAYES.*

JEAN, fils aîné du Roy Philippe de Valois, comme Lieutenant General pour le Roy, en ses tentes devant Aiguillon, le 27. Avril 1346.

PHILIPPE VI. dit DE VALOIS, à Poissy, le 5. May 1346.

(a) Letres par lesquelles le Roy confirme son Ordonance du mois d'Octobre 1334. touchant les Regales.

PHILIPPES par la grace de Dieu, Roys de France: à nos amez, & feauls les Genz de nostre Parlement à Paris, *Salut & dilection.*

Comme Plait pend pardevant vous, en nostredit Parlement, entre Maistre *Estienne Rogier* d'une part, *& Guillaume de Saint Germain* Prestre, d'autre part, pour cause de la *Prouvende de Chartres*, auquel *Maistre Estienne Rogier*, *Nous* par nos autres Lettres avons donné ja pieça ladite *Prouvende*, appartenante à nostre Collation, à cause de *Regale*. Et ledit *Guillaume* se dit avoir droit, à cause de la Collation de Nostre Saint Pere le Pape, & ledit Maistre *Estienne Rogier* se veüille aidier pardevant Vous de une *certaine Ordenance*, qui est enregistrée ja pieça en nostredit *Parlement*, de laquelle Ordonnance la teneur s'ensuit.

PHILIPPE par la grace de Dieu, Roys de France, Sçavoir faisons, &c. *Donné à Vincennes en mois d'Octobre, l'an de grace mil trois cens trente-quatre.* Voyez cy-dessus, page 102.

Si vous Mandons, que nostredite Ordonnance dessus encorporée, de laquelle il vous apparera dûment, vous enteriniez & accomplissiez de point en point, selon sa fourme & teneur, par telle maniere que ledit Maistre *Estienne Rogier* n'ayt cause de

NOTES.

(a) Ces Letres sont au Registre A. du Parlement, feüillet 14.

en retourner plaintif *pardevers Nous. Donné à Poissy le cinq May. L'an de grace mil trois cens quarante-six, sous le Seel de nostre secret.* Par le Roy à la relation de Messieurs J. RICHARD, ET PHILIPPES DE THOISMONT, ROUGEMONT.

PHILIPPE VI. dit DE VALOIS, à Brunay, le 29. May 1346.

(a) Ordonance touchant les Eaux & Forests.

SOMMAIRES.

(1) Il n'y aura plus que dix Maistres, & tous les autres Maistres & Gruiers sont supprimez.

(2) Bertaut *sera chargé de faire venir les poissons des estangs, pour les Hostels du Roy, de la Reine, & des Princes leurs enfans; & il recevra l'argent de ceux qu'il faudra vendre.*

(3) Tout l'argent, qui proviendra des Forests & des Bois, sera reçû par Poillevillain, *pour l'employer aux viandes & vollailles de l'Hostel du Roy.*

(4) Les Maistres nommez au premier Article, visiteront les Forests, & ils en feront les ventes.

(5) Les Maistres n'auront que leurs gages de dix sols *par jour, & de* cent livres *par an; & par jour quarante sols tournois, lorsqu'ils iront pour le fait des Eaux & Forests.*

(6) Aucun Maistre ne pourra prendre aucun merien pour bastir, ni aucun bois pour brûler, si ce n'est seulement pour se chauffer, lorsqu'il sera près de quelque Forest.

(7) Aucun Maistre, ni autre Officier des Eaux & Forests, ne poura prendre doresenavant, robbes, ni pensions, d'aucunes personnes, ni aucunes maisons à ferme, ou à vie, d'Abbez, de Prieurs, ou d'autres.

(8) Aucun Gruier ne se meslera du fait des Forests.

(9) Les Verdiers, Chastellains, ou Maistres Sergens, ne pourront faire à l'avenir aucunes ventes, si ce n'est du commandement des Maistres. Ils n'auront la connoissance que des prises faites par eux, ou par les Sergens inferieurs, *jusques à* soixante sols, *& il y aura appel de leurs jugemens aux Maistres, &c.*

(10) Les Verdiers, Chastelains & Maistres Sergens, ne pourront avoir de Lieutenans, si ce n'est pour recevoir l'argent de leur recepte, dû au Roy pour les Forests, &c.

(11) Les Maistres pourront destituer les Sergens inutiles, & qui ne seront pas au fait des Eaux & Forests.

(12) Les Officiers servans en l'Hostel du Roy, & des Princes ses enfans, repondront du fait de leurs Lieutenans.

(13) Aucun Maistre, dans les cas dont la connoissance luy appartiendra, n'inquietera aucune personne, sans estre bien informé.

(14) Les Maistres écouteront les bonnes raisons, qui leur seront alleguées pour deffenses. Ils ne pourront traire personne hors de sa Chastellenie, Et de leurs jugemens il n'y aura appel, qu'au Roy.

(15) Les Maistres ne pourront vendre les couppes de bois à aucun de leur lignage, à des Gentilshommes, à des Officiers du Roy, à aucun Avocat, ni Clerc de benefice.

(16) Les Verdiers, les Chastellains, & les Maistres Sergens, rendront compte aux Maistres de leur administration, deux fois l'année. Et les Maistres seront tenus d'envoyer aux Seneschaux, Baillifs & Receveurs, les ventes nouvelles, avec les rentes, les panages, les herbages, & les exploits ordinaires des Forests, afin que les Baillifs, les Seneschaux & les Receveurs, les employent dans leurs comptes.

(17) Les Marchands de bois se pourront faire payer de ce qui leur sera dû pour cause desdits bois par les Maistres.

(18) Les Maistres rendront, chacun an, leurs comptes en la Chambre des Comptes, tant du fait de leurs Enquestes, *que de tout autre fait des Eaux & Forests.*

(19) Le Roy n'accordera à l'avenir aucun usage dans ses Forests.

(20) Les Maistres n'accompliront, ni ne délivreront aucunes Letres de Don à heritage ou à vie, à volonté, ou à une fois, si elles ne sont passées à la Chambre des Comptes.

(21) Nul ne pourra chasser dans les Forests du Roy, si ceux à qui le Don en est accordé, n'y sont presens, & que la chasse soit pour eux, & en leurs noms.

(22) Les Baillis, Vicomtes, Receveurs, Verdiers, Sergens, & autres, qui s'entremeslent des Forests, n'auront à l'avenir aucuns émolumens, pour quelque cause que ce soit, à l'exception neanmoins des maîtres Verdiers & maîtres Sergens, qui auront leurs Droits accoustumez sur les prises qu'ils feront.

(23) Les Maîtres ne pourront faire des Sergens à tendre penneaux, filets, ni autres harnois, dans les garennes, si ce n'est ceux du Roy.

(24) S'il y a des Sergens surnumeraires, ou si quelques-uns ont des gages trop forts, les surnumeraires seront ostez, & les gages excessifs retranchez.

(25) Les marchands des Forests, s'il convient qu'ils s'obligent par Letres de tabellion, ne payeront que trois sols tant pour Seel, que pour l'écriture de chaque Letre.

(26) S'ils manquoient de payer, le Sergent qui les executeroit, ne prendroit que trois sols.

(27) Les Clercs des Baillis, Receveurs &

PHILIPPE VI. dit DE VALOIS, à Brunay, le 29. May 1346.

Vicomtes ne prendront pour Letre, ou Cedule de quittance, que douze deniers.

(28) Les principaux marchands pourront faire voiturer leurs bois par tout, sans payer ni travers, ni peage.

(29) Dans les forfaitures & amendes qui échoiront, le Roy aura une moitié, & les Marchands l'autre.

(30) Nul Verdier, ni nul maître Sergent ne pourra s'entremettre du fait de marchandise, dans les mettes & les gardes de leurs offices.

(31) Aucuns Baillis, Seneschaux, Receveurs, Prevosts, Vicomtes, ou autres Officiers, ne s'entremettront, en aucune maniere, du fait des Forests, Fleuves, Rivieres & Garennes. Et s'il y a eû quelque chose commancé, ils la renvoyeront pardevant les Maistres.

(32) Les deniers qui sont dûs à des termes à venir, pour vente de Bois, pour exploit de Justice, ou pour autre cause, seront mis entre les mains des Receveurs des lieux, &c.

(33) Les Maistres feront peupler les Etangs des pays qui leur sont baillez. Et s'il leur faut de l'argent, ils le prendront sur leurs exploits. Si cela ne suffit, il le prendront sur les ventes des Bois du Roy.

(34) Les Maistres des Forests visiteront les Estangs. Ils les feront peupler & mettre en estat. Ils les feront pescher en saison & en temps, &c.

(35) A l'égard des Rivieres, on suivra les anciennes Ordonnances, que les Maistres auront soin de faire publier.

(36) Aucun des Maistres ne pourra faire commettre des Sergens, que dans les lieux, où ils sont eux-mesmes commis.

(37) Les Maistres pourront bailler à ferme les petits *estangs, & les* petits buissons, *qui sont d'un petit revenu & qui coustent à garder. Et ils appelleront à cet effet le Bailly, le Procureur du Roy, ou leurs Lieutenans.*

(38) Nul Bailly & nul Chastellain n'aura à l'avenir l'usage de pescher, ni de se chauffer, si ce n'est pour eschauffer les cheminées des Chasteaux du Roy. Et il recevront des Maistres ce qu'il leur faudra de Bois à cet effet.

(39) Si les Grenetiers ont besoin de Bois pour les reparations des Chasteaux du Roy, ils ne le pourront prendre en ses Forests, que par la main desdits Maistres.

(40) Les Maistres, comme il a esté dit cy-dessus, auront le gouvernement des estangs: & tous autres gouverneurs seront ostez.

(41) Pendant une année, à compter de la date des presentes, il ne sera fait aucun Sergent des Eaues & Forests. Les Sergens compteront à la Chambre de tout ce qu'ils ont reçû, si quelqu'un se plaint d'eux, les Maistres en feront Justice, &c.

(42) La presente Ordonnance sera observée de point en point.

PHILIPPE par la grace de Dieu, Roys de France, à tous ceulz qui ces presentes Lettres verront. *Salut.* Sçavoir faisons que Nous, par deliberation de nostre grant Conseil, avons faites Ordenances sur le fet de noz *Forez & des Eaus*, & de noz chers filz les Dux de Normendie & d'Orliens, en la fourme & maniere qui s'ensient.

Premierement. Il y a *dix* Mestres des Forez & des Eaues, dont les noms sont cy-dessouz, lesquelz feront le fet desdites Forez & Eaues, és lieux cy-dessous nommez. Et selon ce que euls sont ordenez, & en la maniere que cy-aprés est dit. Et seront tous *autres Mestres* & *Gruyers ostez* par cette Ordenance. Et ne pourra nul autre faire le fait desdites Forez & Eaues és lieux dont mencion est faite cy-dessouz, exceptez lesdiz Mestres. Et est assavoir que yceuls Mestres selonc ce que il sont ordenez feront ledit fait és lieux où il sont ordenez, sans ce que eulx puissent entreprenre les uns sus les autres. *C'est assavoir* que Nous *ordenons & voulons*, que en *Normandie* soient par especial Mestres & Enquesteurs, noz amez & feaulz Jean *Dufour*, Hugues *Daulisy*. Jehan *Poillevillain*, en la *Vicomté de Paris*. En *Yveline*, *Senlis*, *Valois*, *Vermendois*, *Aminois*, Regnaut *de Giry*, Chevalier, & Regnaut de *Saint Maard*. En *Orlenois*, *Senz*, *Champaigne*, *Mascon*, Symon le *Porchier* Chevalier, & Jacques de *Coiffy*. En *Touraine*, *Anjou & le Maine*, *Poictou*, *Xainctonge*, *Berry*, *Auvergne*, Pierre *du Port*, *Thomas* du Quenin, Bertaut, *Bardilly*, Chevaliers.

(2) Item. Nous *Voulons* & *Ordenons* que ledit *Bertaut* soit chargiez & face venir les poissons des Estangs des lieux dessusdiz pour nostre Hostel, & les Hostiex de nostre tres chiere compaigne la Royne, & de noz enfans. Et que des poissons qui seront profitables à vendre, dont profit ne seroit pas de les faire venir esdiz hostiex, ledit *Bertaut* recevra les deniers des poissons ainsi venduz, & les convertira en poisson de

NOTES.

(a) Cette Ordonance est au Memorial C. de la Chambre des Comptes de Paris, fol. 10.

PHILIPPE VI. dit DE VALOIS, à Brunay, le 29. May 1346.

mer, qui vendront esdiz hostiex. Et ceste Ordenance se fera au miex & au plus proffitablement qu'il pourra estre fait pour Nous, par nos amez & feauls gens de nos Comptes à Paris.

(3) Item. Tout l'argent qui sera levé desdites Forez & Bois, sera baillié & delivré à *Jehan Poillevillain*, pour tourner & convertir és *chars & poulailles* desdits hostiex, & és autres choses à luy commises, par l'Ordenance de nosdits Genz.

(4) Item. Les Mestres des Forez dessusdiz, selon ce qu'il sont ordenez, enquerront & visiteront toutes les Forez & Bois qui y sont, & feront les ventes, qui y sont à faire, eû regart à ce que lesdittes Forez & Bois se puissent perpetuellement soustenir en bon estat.

(5) Item. Aucun desdiz Mestres, pour cause desdites Forez & Bois, ou d'Enquestes, ou de rentes, ou d'autres causes quelles que elles soient, ne pourront prendre droiz, ou proffiz aucuns, exceptez *leurs gages de dix sols* par jour, & *cent livres* par an, fors tant seulement quand euls yront hors pour faire le fait desdites Forez & Eaues, que eulx prendront par jour *quarante sols* tournois. Et de ce leur seront deduiz & rabatuz leurs gages dessusdiz & pensions, selon ce qu'il a esté accoustumé où temps passé, sus peine de perdre leurs services ou offices.

(6) Item. Aucun desdiz Mestres ne pourra penre *Merrien*, ne *busche* pour *édiffier* ou *ardoir*, excepté quant il sera prés d'aucune Forest, pour faire son fait, que il en pourra prenre pour son *chauffer*, ou lieu, où il sera prés d'icelle tant seulement.

(7) Item. Aucun desdiz Mestres, ou autres Officiers des Forez & des Eaues, ne pourront penre dores-en-avant *Robes*, ne *Pensions* d'aucuns Seigneurs, ou Dames, ne aucunes maisons à ferme, ne à vie, de *Abbez*, *Prieurs*, ou d'autres quiex qu'il soient.

(8) Item. Aucun Gruier ne fera dores-en-avant aucun fait de Forez. Quar euls sont tous ostez, comme dessus est dit.

(9) Item. Verdiers, ou *Chastellains*, ou *Mestres Sergenz* de Forez, ne pourront faire dores-en-avant aucune vente, se ce n'est du commandement desdiz Mestres, qui y sont ordenez, és lieux de là où il seront. Se euls n'auront cognoissance de cause, fors que des prises faites par euls, & par les Sergenz qui seront *dessous euls*, jusques à la somme de *soixante sols*, tant seulement. Et se aucun se veult douloir desdiz *Verdiers, Chastellains, Mestres Sergenz*, ou autres *simples Sergenz*, du fait desdites Forez, il en pourra *appeller* devant *les Mestres* desdiz lieux, qui li en feront raison. Et se il avenoit aucun cas dont il sembleroit que l'amende deust monter plus de *soixante sols* & que lesdiz *Verdiers, Chastelains* ou *Mestres Sergenz* ne voussissent avoir mis que à *soixante sols*, quant les Mestres des lieux vendront pour visiter & enquerir, euls pourront icelles amendes mettre au neant, ou les retauxer à plus grant somme, pour le prouffit du Seigneur, selon ce que le cas le requerra, & que par raison bon leur semblera.

(10) Item. Aucun desdiz *Verdiers, Chastellains & Mestres Sergenz* ne pourront dores-en-avant avoir *Lieutenant*, se ce n'est tant seulement pour recevoir *l'argent de* leur recepte, ou de leur fait, qui sera deû à Nous *pour cause desdites Forez*. Et se il font le contraire, lesdiz Mestres les pourront *oster*, & *punir*, selon ce que il verront qu'il sera à faire, excepté toutesvoyes *ceuls qui sont demourant en nos hostiex, & de nosdiz Enfans.*

(11) Item. Se esdites Forez, ou Bois, avoit aucuns *Sergens*, qui ne se congneussent ou fait, ou ne fussent profitables, ou ne se portassent à point, lesdiz Mestres les pourront oster, & punir selon l'article precedent.

(12) Item. Les Officiers qui servent en *nosdits hostiex*, & de nosdiz *Enfans* seront tenus de respondre du fait de leurs *Lieuxtenans*, se il y avenoient aucune mesprison, tout aussy comme se eulz meismes avoient fait le meffait en leurs personnes.

(13) Item. Aucun desdiz Mestres ne pourra aucune personne *(b) approchier* de ce dont la congnoissance li appartiendra jusques à tant qu'il en soit bien enfourmé.

NOTES.

(b) Approchier.] C'est la mesme chose qu'*Atteindre*. Terme encore usité dans les Arrests & les Sentences renduës au Criminel, où le condamné est declaré *atteint* & convaincu.

(14) Item. Quant il voudra aucun *approchier*, il l'orra en ses bonnes raisons & deffences, & ne le pourra traire hors de sa *Chastellenie.* Et des Sentences que donront lesdiz Mestres, l'en ne pourra appeller fors devant Nous.

(15) Item. Aucun desdiz Mestres desdiz Forez ne pourra vendre, ne bailler aucunes ventes des Forez à aucun de son lignage, conjoint par mariage, ne à gentilhomme, ou nostre officier, advocat, ou clerc beneficié.

(16) Item. Les *Verdiers*, *Chastellains* ou *Mestres Sergenz* seront tenuz à rendre *compte* de leurs fais des Forez *deux fois l'an,* pardevers lesdiz Mestres. C'est assavoir en *Normandie*, cinq semaines ou un mois avant *Pâques*, & cinq semaines ou un mois avant la Saint *Michiel*, & és autres pays semblablement, avant *l'Ascension* & avant la *Toussains.* Et lesdiz Mestres seront semblablement tenuz de envoyer pardevers les *Seneschaux*, *Bailliz* & *Receveurs*, par les temps que dessus est dit, les ventes nouvelles que il auront faites, les *rentes*, *pasnages*, *herbages* & exploiz des forez ordinaires qui sont accoustumez à rendre par comptes des Seneschaux & Bailliz, afin que avant les termes de compter, les Baillis & Receveurs les puissent mettre en leurs comptes. Et seront lesdiz Mestres aux Comptes, quant les Bailliz & Receveurs rendront compte du fait desdittes Forez, afin que eulx rendent bien tout ce que il devront rendre.

(17) Item. Les marchandz des Boiz & Forez se pourront faire payer de ce qui deû leur sera, à cause desdiz Bois, par lesdiz Mestres, ou par quelconques autres Justiciers que bon leur semblera des Chastellenies, où seront leursdiz Bois.

(18) Item. Lesdiz Mestres seront tenus de chascun an, rendre compte en la Chambre des Comptes, tant du fait de leurs *Enquestes,* comme d'autres choses dont il s'entremettront touchant le fait des Forez & des Eaues, excepté de ce qui sera rendu par compte de Seneschaussée, ou de Baillie.

(19) Item. Nous ne donrons dores-en-avant *aucuns usages en noz Forez,* quar de tant comme de Nous donnons de usages, se demeurent noz Forez, où Nous sommes grandement dommagiez.

(20) Item. Que lesdiz Mestres ne accomplissent, ne delivrent aucunes Lettres *de Don à heritage, à vie ou à voulenté, ou à une foiz*, se euls ne sont passez par la Chambre des Comptes.

(21) Item. Pour ce que Nous avons donné à plusieurs personnes *la chace* d'aucunes de noz Forez, pour *chacier à toutes bestes,* lesquelles personnes ont donné & donnent à autres leursdites *chaces* en icelles, *Ordené* est que nulz ne pourra *chacier,* si ceulx à qui il sont donnez n'y sont, ou leurs gens, & que ce soit pour euls & en leurs noms.

(22) Item. Ainsi comme Nous avons *ordené* que les Mestres de noz Forez ne prendront nuls droiz, fors que *leurs gages & pensions* dessusdiz, ainsi *Voulons* nous que nulz de noz *Bailliz*, *Vicontes*, *Recéveurs*, *Verdiers*, *Sergenz*, ne autres, qui s'entremettent des Forez, *ne preignent* dores-en-avant nulz droiz, ne émolumens pour cause desdites Forez, ou ventes, en quelque maniere que ce soit, excepté tant seulement, que lesdiz *Mestres Verdiers, Mestres Sergens* & autres prendront leurs droiz qu'il ont accoustumé à *prendre, des prises* qu'il feront en leurs personnes tant seulement.

(23) Item. Dores-en-avant nulz desdiz *Mestres* ne pourront faire *Sergenz* à tenre penneaux, filez, ne autres hernois touchanz garennes, se ne sont les *Sergenz de noz Forez, ou autres de noz Sergenz.* Et se aucuns en sont faiz, Nous voulons qu'il soient ostez.

(24) Item. Que s'il avoit aucuns Sergenz instituez, oultre l'Ordenance des Forez, où il seroient establiz, ou qu'il preignent plus granz gaiges qu'il ne souloient avoir, ou qu'il y eût plus de Sergens qu'il ne soit necessaire, Nous *voulons* qu'il soient ostez, & les gages retranchez & ramenez aux gages anciens.

(25) Item. Pour ce que noz *Marchanz des Forez* ne soient grevez, *Nous voulons* que quant il yront devant les Receveurs, pour applegier leurs marchiez, & il convenist qu'il s'obligassent en lettres de tabellion, il ne pairont pour seel & pour l'escripture de la Lettre, que *trois sols.*

PHILIPPE VI. dit DE VALOIS, à Brunay, le 29. May 1346.

(26) *Item.* Li *Sergent* qui les executeront, s'il deffailloient *de payer,* ne prendront par jour que *trois sols.*

(27) *Item.* Li *Clercs des Bailliz, Receveurs & Vicontes* ne prendront pour Lettre, ou cedule de quittance de chascun payement que douze deniers.

(28) *Item.* Les principaux marchans de noz Forez pourront faire mener & charroyer leurs denrées des Bois par tout païs, sans en payer travers, ne peage.

(29) *Item.* Combien que les marchanz qui prennent les *paissons* & *pasnages* de nozdittes Forez, ayent accoustumez à avoir toutes les *forfaictures & amandes,* qui eschient pour ceste cause, *Nous voulons* que dores-en-avant, Nous y aions *la moitié,* & ledit marchant l'autre, afin que nostre droit & le droit desdiz marchanz soient mieux gardé, & afin que nulz ne s'en puisse exempter souz l'ombre de ce dores-en-avant.

(30) *Item.* Que nul *Verdier, Mestre Sergent,* ou aucun *autre Sergent* des Forez ne puisse *marchander* és poins, ne és mectes, ne és gardes de leurs Offices.

(31) *Item.* Que aucuns Bailliz, Seneschaux, Receveurs, Prevoz, Vicontes ou autres Officiers quelzconques dores-en-avant ne congnoissent ne s'entremettent en aucune maniere, du *fait des Forez, Fleuves, Rivieres, & Garennes, ne de chose* qui en dépende, mais se aucune chose en ont encommencié, qu'il renvoyent la cause, ou causes, en l'estat où elle est, pardevant les *Mestres des Forez,* commis au païs dont il seront, pour en jugier & determiner, si comme de raison sera.

(32) *Item.* Nous *Voulons* & *Ordenons,* que tous les *deniers* qui sont deuz pour *vente de bois,* pour exploit de Justice, ou par autre cause, de termes à venir, lesquiex les *Mestres des Forez particulier,* & *li Gruyer de Champaigne* devoient recevoir, & dont ilz fussent chargez de compter, lesquiex Nous avons ostez par ceste presente Ordenance, que les *Receveurs* des lieux les reçoivent, & que lesdiz *Maistres & Gruyer* en baillent les escrips ausdiz Receveurs, & que lidit marchand & ceuls qui les devront en entrent és mains desdiz Receveurs dés maintenant : Et se aucun estoit contredisant de faire les choses dessusdittes, que lesdiz Mestres les contraignent à le faire.

(33) *Item.* Chascun desdiz Mestres fera *puepler les Estangs des païs* qui leur sont baillez, & se il leur faut argent pour ce faire, il le prenront sur leurs exploiz, se tant en ont, & se deffaut y a, il les prenront sur les ventes de nos bois, ou il vendront Bois à argent comptant au moins de dommage que il pourront pour Nous.

Visis per Dominum Laudunensem Episcopum, Die vigesima nona Maii Anno millesimo trecentesimo quadragesimo sexto.

(34) *Item.* Pour le fait des Eaues & des Forez est ordené en la maniere qui s'ensuit. Les Mestres des Forez dessusdiz *visiteront les Estangs* des lieux, où il sont ordenez, & iceuls feront mettre en estat & puplier, & mettre de lieu en autre, & les feront *peschier* en saison & en temps, & ceux qui seront profitables pour noz hostiex de nostre tres chiere *Compaigne* & de nozdiz *Enfans,* delivreront à *Bertaut Bardilly,* & les autres proffitables pour estre vendus, vendront, & les deniers desdiz poissons venduz, baudront & delivreront audit *Bertaut Bardilly,* pour payer le poisson de mer desdiz hostiex.

(35) *Item.* Quant aux Rivieres, l'en tendra les vieilles Ordenances, lesquelles les Mestres dessusdiz feront publier par les lieux & bonnes Villes là où il sont ordenez, ainsi que nulz ne les puisse ignorer.

(36) *Item.* Aucuns desdiz Mestres ne pourront faire commettre Sergenz en autres lieux que és lieux là où il sont commis.

(37) *Item.* Des petiz estangs qui sont à Nous & à nosdiz Fils, de *petite valuë,* & semblablement des *petiz buissons* qui coustent à garder, lesdiz Mestres les pourront bailler à ferme, si comme bon leur semblera, appellé avecques euls, le Bailly, le Procureur des lieux où il seront, ou leurs Lieuxtenans, ou l'un d'euls, & des bonnes gens & mieux notables, sans les bailler à nulz Gentilzhommes, ne à autres noz Officiers, ne de nozdiz Enfans.

(38) *Item.* Nulz Baillis, ne Chastellains n'auront dores-en-avant nul usage de pescher,

pescher, ne de chauffer, se ce n'est pour *eschauffer les cheminées* de noz chastiaux. Et ce qu'il leur en faudra, il prendront par les mains des Mestres de noz Forez.

PHILIPPE VI. dit DE VALOIS, à Brunay, le 29. May 1346.

(39) Item. Se noz *Grenetiers* ont besoing de Bois, pour les reparacions de noz Chastiaux, il ne le pourront prenre en noz Forez, fors que par la main desdiz Mestres.

(40) Item. Lesdiz Mestres gouverneront noz Estans, comme dit est, & touz autres gouverneurs, tant ceulz de noz Estans de Moret, comme autres, Nous voulons qu'ilz soient ostez.

(41) Item. Pour ce que nostre peuple a esté moult grevé par les *Sergenz des Eaües*, & que plusieurs grans clameurs en sont venus des grans excés qu'il ont fait, *Nous voulons & ordenons*, que de cy à un an, nulz Sergenz de Eaüe ne soient faiz, en rappellant du tout ceulz qui faiz ont esté, Et *voulons* que de tout ce qu'il ont receu, il *viengnent compter* en la Chambre de noz Comptes à Paris, & ainsi chascun desdiz Mestres és pays où il sont ordenez, s'enformeront le plus loyalment qu'il pourront, *des deniers* qu'il ont reçû, & tout ce qu'il trouveront qu'il auront levé pour ceste cause, il envoyeront à nozdittes gens des Comptes, pour faire contraindre ceuls qui les auront levez où cas qu'il n'en monstreront leur paye, & comment il les auront baillez pardevers Nous, ou noz Tresoriers: Et avecques ce se aucun se veut douloir *desdiz Sergenz*, lesdiz Mestres, chascun ou lieu où il est ordené, en feront bon droit. Et ne pourra nulz desdiz Mestres *faire Sergenz* desdites Eaües l'année passée, en *nul païs*, fors *chascun au lieu où il est ordonné*. Et y fera l'en le *moins de Sergenz* que l'en pourra bonnement, afin que nostre peuple ne soit grevez. Et chascun Sergent qui sera fait, donra *caution*, avant toute euvre, de *deux cent livres tournois*, de loyalment faire son office. Et chascun desdiz Mestres qui lesdiz Sergenz feront, respondra pour lesdiz Sergenz des excés qu'il feront, jusques à ladite somme, ou cas que lesdiz pleges qu'il prendront ne seroient solvables.

(42) Item. Toutes les choses dessusdites, & chascune d'icelles, *Nous Voulons* estre gardées & tenuës sans corrompre en aucune maniere. *Mandons & Commandons* estroitement à noz amez & feauls les *Mestres de noz Forez*, & à chascun d'eulx, & à tous nos *Seneschaux*, *Baillis*, *Receveurs*, *Vicontes*, *Prevoz*, *Chastellains*, *Verdiers & Sergenz*, que les choses dessusdittes, & chascunes d'icelles, tiennent & gardent, facent tenir & garder, chascun en droit soy, sans corrompre en aucune maniere. Et *Deffendons* aus Mestres de noz Forez, & à chascun d'eulx, que dores-en-avant, à Lettres qui leur vieignent au contraire, il n'obéïssent en aucune maniere, se elles ne sont commandées de Nous, signées par l'un de noz Secretaires, seellées de nostre Seel, & passées par nosdites Genz des Comptes. En tesmoing de laquelle chose Nous avons fait mettre nostre Seel à ces presentes Lettres. *Données à Brunay, le vingt-neufviéme jour de May, l'an de grace mil trois cens quarante-six.* Par le Roy à la relacion des Gens des Comptes. MATH.

Visis per Dominum Episcopum Laudunensem.

PHILIPPE VI. dit DE VALOIS, le 13. Juin 1346.

(a) Ordonance touchant les Monoies.

C'EST l'Ordenance qui fu faite sur les Monnoyes, le *treiziéme jour de Juing trois cent quarante-six.*

Le *Denier d'or à l'Escu* doit courir, pour treize sols quatre deniers.

Le *Flourin de Florence*, pour dix sols.

La *Chaiere*, pour vingt sols.

NOTES.

(a) Cette Ordonance qui n'est pas en forme est au memorial C. fol. 8. de la Chambre des Comptes de Paris.

PHILIPPE VI. dit DE VALOIS, le 13. Juin 1346.

Le *Parisis d'or*, pour vingt sols.
Le *Mouton*, pour douze sols.
Le *Royal*, pour douze sols trois deniers.
Le *Lion*, pour quatorze sols.
Le *Pavillon*, pour quatorze sols huit deniers.
La *Couronne*, pour quinze sols six deniers.
Le *Double d'or*, pour dix-neuf sols six deniers.
Le premier *Denier à l'Ange*, pour vingt sols dix deniers.
Le *second Ange*, pour dix-huit sols quatre deniers.
Le *derrein Ange*, pour seize sols neuf deniers.
Le *Gros tournois*, pour douze deniers parisis.
Et les parisis petis.
Et petis tournois.

Et touz ceulz qui les trouveront metant & prenant pour plus greigneur pris que dessus est dit, il en auront le *(b) quint denier, & le Roy le remenant :* Et touz les Prevos & Baillis doivent mettre bonnes personnes qui seront commis sur ce, afin que l'en ne face le contraire sur les paines dessusdittes.

NOTES.

(b) Quint denier.] Voyez cy-aprés page 255. ligne 44. & le Blanc sous *Philippe de Valois.*

PHILIPPE VI. dit DE VALOIS, à Brunay, le 21. Juin 1346.

(a) Mandement adressé au Prevost de Paris, par lequel le Roy ayant égard aux plaintes des Marchands de Poisson pour Paris, réïtere les deffenses qui avoient esté faites de prendre leurs Chevaux & leurs Harnois.

NOTES.

(a) Voyez l'Ordonance du 15. Fevrier 1345. & la Note sur celle du 22. Novembre 1345.

PHILIPPE VI. dit DE VALOIS, au Moncel lez Pont-Ste-Maixance, le 2. Octobre 1346.

(a) Letres adressées au Seneschal de Beaucaire, par lesquelles le Roy ordonne, que tous les Deniers d'Or de quelques Coings qu'ils soient, n'auront à l'avenir aucun cours, à l'exception néamoins des Deniers d'Or fin à la Chaise *qu'il faisoit fabriquer alors, pour le prix* de vingt sols Tournois.

PHILIPPES par la grace de Dieu, Roys de France : au Seneschal de Beaucaire, ou son Lieutenant, *Salut.*

Vous sçavez comment & par quantes fois Nous avons *ordené* sur le fait & le cours de noz monnoies, afin de mettre & renfourmer nostre Royaume à son droit estat, de bonne monnoie, & que nulz ne preist, ne meist monnoie deffenduë, ne faite hors de nostre Royaume, ne les *mette* à *greigneur priz*, que donné leur avons. *Neantmoins* convient que noz Ordenances soient bonnes & proufitables à tout nostre commun pueple, & lesquelles ont esté en partie à leur requeste & faveur, pour leur grand & évident proufit, & en delaissant le nostre en pluseurs manieres, pour faire & accomplir

NOTES.

(a) Ces Letres ont esté prises sur l'original qui est au Tresor des Chartes du Roy.

en ce leurs voulentés & desirs. *Toutesfois* Nous avons entendu & souffisamment sommes enformez que nostredit pueple, de voulenté, *prent & met en cours, paiemenz & autrement noz monnoies d'Or faites en nos coings*, pour autre & *greigneur priz* que donné ne leur avons par noz dites Ordenances : Et aussi *mettent en cours* les autres faites *hors de noz coings*, deffendues par noz dites Ordenances, en grand domage & de-cepcion de Nous & de nostre pueple, dont moult Nous desplaist, pour ce que se plus le souffrions *(b) noz Deniers d'Or fin à la chaiere, que Nous faisons faire à present, & noz autres bonnes monoies pourroient avoir, & penre tel & si grand cours, de la volonté de nostredit pueple, que pour cause de ce, elles pourroient estre & devenir foibles, & en tel estat, que fort chose seroit à les ramener & mettre en leur droit cours.* POURQUOY Nous qui ne voulons tels griefs & domages estre faiz à Nous, ne à nostredit pueple, y avons *pourveu & ordené* par deliberation de nostre conseil, & de pluseurs sages à ce cognoissanz en ceste maniere; *C'est à sçavoir* que touz *Deniers d'Or* quiex, & de *quelques coings que il soient*, n'auront *nul cours*, ne ne *seront dores en avant prins, ne mis pour nul prix quelque il soit*, fors au marc pour billon; *exceptez* tant seulement *noz Deniers d'Or fin à la chaiere*, que Nous faisons faire à present.

PHILIPPE VI. dit DE VALOIS, au Moncel lez Pont-Ste-Maixance, le 2. Octobre 1346.

Si *vous Mandons* que tantost ces *Lettres* vûës, vous faciez crier & publier *nostre presente Ordenance*, en toutes les villes & lieux accoustumez de vostre dicte Seneschaucie & au ressort d'icelle: *Et deffendons* que nulz ne soit si hardiz, sur peine de perdre toute la monoie d'Or qui seroit trouvée sur luy, se elle n'estoit point perciée, ou coppée, de faire en riens le contraire, & d'autre grieve punicion à nostre voulenté; Et que nulz ne soit aussi si hardiz, sur les dictes peines, de penre, ne mettre en cours, payemens, ne autrement que ce soit, *les susdicts Deniers d'Or pour nul priz*, quel que il soit, mais *tant seulement* noz *Deniers d'Or fin à la chaiere*, que Nous faisons faire à present, pour *le prix de vingt sols Tournois*, que donné leur avons par noz *dites Ordenances. Donné au Moncel le Pont Sainte Maixance, le second jour d'Octobre, l'an de grace mil trois cens quarante-six.*

Par le Roy en son Conseil. *J. P. DAUNOY.*

NOTES.

(b) Noz deniers d'Or fin à la chaiere.] Voyez le Blanc dans son Traité des Monoies, sous le regne de *Philippe de Valois*, page 214. de l'édition de Hollande, & cy-aprés les Letres du 24. Fevrier 1346. page 256.

PHILIPPE VI. dit DE VALOIS, à Maubuisson, le 14. Decembre 1346.

(a) Ordonance touchant la Chambre des Comptes de Paris.

DE PAR LE ROY.

CHANCELIER Nous avons ordené qu'en la Chambre de noz Comptes à Paris, aura *trois Clercs*, & quatre *Laiz*, Maistres de noz Comptes, & *douze Clercs* sous eux, pour veoir & corrigier nosdits Comptes, & *un Clerc en nostre Tresor*. C'est assavoir Maistre *Jehan Laigle*, Maistre *Jehan de Maisieres* & Maistre *Ligier Morieux* CLERCS Maistres de nosditz Comptes, & *Pierre Bel-agent* Chevalier, *Jehan de Milon, Jehan de Saint Quentin* & *Jehan de Hangest*, LAIS Maistres de nosdiz Comptes,

NOTES.

(a) Cette Ordonance est au Memorial C. fol. 1. de la Chambre des Comptes de Paris.

Il paroist par une piece qui est au Registre B. de la Chambre des Comptes, feüillet 124. *Que ceux de la Chambre des Comptes nostre Seigneur le Roy n'estoient pas residens à Paris, si comme ils ont esté depuis Monseigneur S.t Loüis. Ainçois tous les Maîtres & les Clercs grands & petits suivoient la Cour des Rois, recevoient & oyoient en ladite Cour, & corrigeoient tous les comptes, tant ordinaires qu'extraordinaires. Et quand mestier estoit, lesdits Clercs faisoient & signoient comme Notaires, letres qui mestier avoient d'estre scellées du grand Sceau du Roy,*

PHILIPPE VI. dit DE VALOIS, à Maubuisson, le 14. Decembre 1346.

Maistre *Jehan de Noyers*, Maistre *Hue de Roche*, Maistre *Robillart de Brionne*, Maistre *Jehan de Donchery*, Maistre *Jehan Dachieres*, Maistre *Jehan Joye*, Maistre *Jehan Sardygnon*, Maistre *Jehan Baubigny*, Maistre *Mathelin Rogier*, Maistre *Regnaut Delaistre*, Maistre *Jehan de Cauvegny*, Maistre *Jehan de la Charmoye* CLERCS de nosdiz Comptes *souz lesdiz Maistres*, & Maistre *Dart Leurier* CLERC de nostredit Tresor. *Si vous mandons* que iceux vous instituez en nostreditte Chambre & nostredit Tresor en la maniere dessusdite, aux gaiges, prouffiz & émolumens accoustumez, ostez tous autres Maistres & Clercs qui paravant y estoient instituez, auxquelx ostez Nous entendons à pourveoir de bons & convenables Estats, selon leur bon port & service du temps passé. *Donné à Maubuisson-les-Pontoise le quatorziéme jour de Decembre, l'an de grace mil trois cens quarante-six.* Par le Roy P. BLANCHET.

Collatio hujus transcripti cum originali signato sic. Par le Roy P. BLANCHET. *Facta fuit in Camera Compotorum Parisius decima sexta die Decembris, anno Domini millesimo trecentesimo quadragesimo sexto. Per me J.* DE CAUVEGNY *& me J.* DE CHARMOYA.

NOTES.

& partageoient à la grosse & menuë Chancellerie, jusques à tant que Guillaume *de Crespy fut Chancelier, qui suspendit ausdits Clercs leur part de la Chancellerie, pour ce qu'ils ne suivoient plus la Cour. Ainçois pour la multitude des Comptes & autres besoignes tous les Maîtres & Clercs demeuroient du tout à Paris.* Voyez l'Histoire de *Philippes de Valois*, par l'Abbé de Choisy, livre 2. à la fin, pages 137. 138.

Le nombre des Officiers de la Chambre estant devenu excessif & à charge à l'Estat, Philippe le reduisit par cette Ordonance, mais dans la suite il ne laissa pas que de l'augmenter, comme l'on void par la Letre qui suit du Chancelier Flotte aux Gens des Comptes.

Chers amis.

Le Roy a voulu & ordené que Guillaume Barbet, *soit en la Chambre des Comptes avec vous, si comme vous apperra par ces Letres, si vous mande de par luy & vous prie affectueusement de par moy, que ledit Guillaume vous receviez en la maniere que il appartient. Nostre Seigneur vous garde.* Ecrit à S.t Mandé le deuxiéme jour d'Avril.

GUILLAUME FLOTTE Seigneur de Revel. Voyez l'Histoire de *Philippes de Valois* par l'Abbé de Choisy, livre 3. page 179. 180. 197. 198, & cy-dessus l'Ordonance du 11. Mars 1344. page 220. 221.

PHILIPPE VI. dit DE VALOIS, à Paris le 17. Decembre 1346.

(a) Ordonance portant que nulles monoies d'Or blanches n'auront cours, à l'exception du Denier d'or *fin à la chaise, pour vingt sols tournois, du* Double parisis noir *pour deux deniers parisis, des* gros Tournois d'argent *pour douze deniers, &* des Tournois petis, *au pris fixé par les Ordonnances.*

PHILIPPE par la Grace de Dieu, Roy de France : Au Prevost de Paris ou à son Lieutenant. *Salut.*

Pieça vous avons mandé les Ordenances par Nous, en nostre grand Conseil, faites sur le fait & le cours des monoyes *d'or, d'argent & noires*, de noz coings, ne d'autres, *n'eussent aucun cours*, ne fussent prises, ne mises, pour quelque prix que ce fust, excepté aucunes expresséement nommées en icelles. Et depuis avons *ordonné que le Denier d'or à l'escu* n'aura cours, ne *ne sera pris ne mis pour aucun pris*, ne nulles autres monoyes *d'or & d'argent, ne noires, excepté* tant seulement le *Denier d'or fin* à la *chaiere,* que Nous faisons faire . present, pour vingt *sols tournois* la piece,

NOTES.

(a) Cette Ordonance est au Registre E. feüillet 2. de la Cour des Monoies. Elle est aussi en original au Tresor des Chartes, où elle est adressée au Seneschal de Beaucaire. Voyez les Letres du 2. Octobre 1346. page 250. & cy-aprés page 255. à la fin.

le *Double Parisis noir* pour deux *Deniers parisis* la piece, & les gros *Tournois d'argent* de bon poids pour *douze deniers parisis, & Tournois petiz* pour le pris que par nozdites Ordenances leur avons donné, & toutes les autres *au Marc pour billon.* Et par plusieurs fois vous avons mandé, que en aucune maniere ne souffrissiez faire le contraire, & tous ceuls que vous trouveriez le contraire faisant, vous pugnissiez si griefment que tous y prissent exemple. Desquelles choses dument faire & diligemment accomplir vous avez esté negligent, si comme par la relation de plusieurs gens dignes de foy, Nous sommes souffisament informé & certain, que rien, ou peu en avez fait, Et bien apert que le *Denier d'Or à l'escu,* qui ne deust avoir point de cours, comme dit est, est communément pris & mis en vostre *Prevosté* en cours, payemens & autrement, *pour vingt-deux sols tournois,* depuis que Nous li avons osté le cours du tout, & tout autre Or au pris, & tout par vostre negligence & mauvaise diligence, en contemnant & mesprisant nozdites Ordonnances & Mandemens, & en trés grand domage de Nous & de nostre pueple, dont trés fortement Nous déplaist que vous ainsi l'ayez fait. *Pourquoy* Nous encores de rechef, vous *Mandons* & estroitement *Enjoignons & Commandons* sur les foy & loyauté que vous avez à Nous, que dores-en-avant lesdictes Ordennances derrenierement envoyées, faites tenir & garder fermement, & entierement selon la teneur d'icelles, & sans les enfraindre en aucune maniere. Et avec ce, tous ceuls que vous trouverez qui auront pris, ou mis, prendront, ou mettront, pour aucun pris quelques monoies *d'or, d'argent, ou noires* de Nous, noz coings, ne d'autres, exceptées celles ausquelles *Nous*, par noz susdites Ordonnances avons donné cours, & pour le prix que donné leur avons, pugnissez-lez, ou faites pugnir de si griefve pugnition & par telle maniere, que Nous vous en doirons sçavoir gré, & que ce soit exemple à tous autres, ou autrement Nous vous montrerons qu'il Nous en deplaira. Cil est faites tant à ceste fois, qu'il ne vous en conviegne plus escrire, ne mander, car s'il le convenoit faire, ce seroit à vostre villainnie & domage. *Donné à Paris le dix-septiéme jour de Decembre, l'an de grace mil trois cens quarante-six,* sous nostre Scel nouvel.

Collation faite à l'original signé du Scel nouvel.

PHILIPPE VI. dit DE VALOIS, à Paris, le 17. Decembre 1346.

PHILIPPE VI. dit DE VALOIS, à Vincennes, le 15. Janvier 1346.

(a) *Ordonance par laquelle le Roy regle les differens salaires & les honoraires des differentes personnes qui seront* envoyées en Commission, *Et des Generauls députez sur le fait du Sel.*

PHILIPPE par la Grace de Dieu, Roys de France: à noz amez & feaulz genz de noz Comptes à Paris. *Salut & dilection.*

Nous avons entendu que plusieurs *Commissaires* envoyez en plusieurs & diverses parties pour noz *besongnes*, tant deputez sur le fait *du Sel* comme autres, se sont efforciez & efforcent de prendre sur Nous en dépense, plusieurs *gaiges & despens* oultrageux & excessis, *oultre les gaiges* & despens accoustumez, ou temps de noz predecesseurs Roys de France, & certenement en affirmant & disant que ainsi l'ont accoustumé à prendre, tant par *l'Ordenance de Nous,* comme *de ladite Chambre* du temps passé; Et pour cause de ce, Nous avons eu plusieurs *grans dommages*, & auriens encore *plus grans*, se sur ce n'estoit pourvû de remede convenable. Pourquoy *Nous* de certaine science, *avons Ordené & Ordenons* que toutes & quantes foiz Commissaires auront esté, ou seront envoyez par nostre Royaume, il prendront *sur Nous chascun jour,* selonc *l'estat de la personne*, se elle est *honneste, six souls tournois,* ou *parisis* selonc le pays où il seront envoyez, & autres personnes communes prendront *cinq soulz Tournois*, ou *Parisis, Tournois* à *Tournois* & *Parisis* à *Parisis.* Et quant aux *Prelaz* &

NOTES.

(a) Cette Ordonance est au Registre C. de la Chambre des Comptes de Paris, feüillet 18.

PHILIPPE VI. dit DE VALOIS, à Vincennes, le 15. Janvier 1346.

autres plus honnestes personnes. Nous *voulons* que noz Ordenances anciennes de noz-diz predecesseurs, soient gardées. Et les Generauls deputez sur le fait *dudit Sel* prendront, demourans à Paris, depuis que *la Gabelle dudit Sel commença,* jusques *au premier jour de Novembre mil trois cens quarante-trois, vint souls tournois* par jour, & tant comme il auront entendu au fait du Sel, & par le temps qu'il auront esté hors pour la besongne, *cinquante soulz tournoiz par jour,* & depuis la Feste de la Toussains *mil trois cens quarante-trois jusques à present,* il prendront du temps qu'il auront *demouré à Paris* pour ledit fait *à dix soulz tournois* par jour, & par dehors *trente soulz* tournois pour quatre chevaux, & du moins moins. Et quant aux autres particuliers sur ledit fait *du Sel,* cinq soulz *tournoiz* pour chascun cheval, pour chascun jour qu'il auront entendu à ladite besogne, & semblablement quant à touz *autres Commissaires* & deputez. *Voulons* que ceste Ordenance soit gardée dores-en-avant, & se aucune chose a esté comptée ou prise sur Nous, contre l'Ordenance dessusdite, *Nous voulons & mandons* que il soit ramené à l'estat de ladite Ordenance presente, & recouvré sanz delay. *Donné au Bois de Vincennes le quinzième jour de Janvier, l'an de grace mil trois cent quarante-six.* Et estoit signée par le Roy. *J. MARIE.*

PHILIPPE VI. dit DE VALOIS, le 16. Janvier 1346. à Paris.

(a) Letres adressées au Seneschal de Beaucaire, & au Receveur, ou son Lieutenant, touchant le cours des Monoyes.

PHILIPPE par la Grace de Dieu, Roys de France. Au *Seneschal* & *Receveur* de Beaucaire, ou à leurs Lieutenans, *Salut.*

Nous ne povons croire que aucun puisse ne doit faire doute, que *à Nous & à nostre Majesté* royal n'appartiengne seulement & pour le tout, en nostre Royaume, le *mestier,* le *fait,* la *provision* & toute *l'Ordenance de monoie, & de faire monnoier teles monnoyes, & donner tel cours, pour tel prix comme il Nous plaist, & bon Nous semble pour le bien & proufit de Nous, de nostre Royaume & de noz subgiez, & en usant de nostre droit.* Et pour ce que il Nous avoit esté rapporté que en nostredict Royaume, tout communement se mettoient & prenoient toutes *monnoies d'or & d'argent* de quelques coings que il fussent, tant du nostre, comme d'autrui, & mettoit chascun sur lesdites monoies, tant d'or comme d'argent, tel pris comme il li plaisoit, & à la volenté, dont l'un decevoit & defraudoit moult souvent l'autre. *Nous* avons fait naguerres faire & monoier, & faisons encore *Deniers d'or à la chaiere,* auxquiex Nous avons donné cours, tant seulement pour le pris de *seize sols Parisis,* & *Doubles* noirs, auxquiex Nous avons donné cours pour *deux Parisis petiz,* & à toutes autres monnoyes, tant d'or comme d'argent, tant de nostre coing, comme de quelsconques autres, avons osté tout cours, & avons ordené & deffendu par cry solemnel, par tout nostredit Royaume, que aucun ne fust si osé, ne si hardiz, sur tout ce que il se povoit meffaire envers Nous, de prendre, ne de mettre, pour quelsconques pris que ce fust, aucune autre monoie d'or ne d'argent, fors tant seulement lesdiz *Deniers d'or à la chaiere,* pour ledit prix de *seize sols* Parisis, & les dessusdiz *Doubles noirs* chascun pour *deux deniers petits* Parisis, ainçois fussent toutes autres monnoyes *mises & portées au Marc pour billon.* NEANTMOINS par grant clameur des marchanz & d'autre pueple de nostredit Royaume & d'ailleurs, est venuz à nostre cognoissance, que plusieurs malicieuses genz & cauteleus, en venant presomptueusement contre nostredit cry & deffense, & pour decevoir & defrauder les bons marchanz & les autres bonnes genz, qui ladite fraude pas ne cognoissent, prennent encore & mettent toutes monnoyes d'or

NOTES.

(a) L'Original de ces Letres est au Tresor des Chartes du Roy à Paris, d'où elles ont esté prises, & au Regiſtre E. de la Cour des Monoies, feüillet 4.

PHILIPPE VI. dit DE VALOIS, le 16. Janvier 1346. à Paris.

& d'argent, en leur donnant tel prix comme il leur plaist, & greigneur que il ne vallent, ne ne puissent valoir, de chascun jour croissent & montent le prix à leur volonté, & meismement esdiz *Denier d'or à la chaiere,* en tele maniere que par leurdicte fraude & malice, noz monnoies *ne puevent avoir ferme priz,* ne estable, dont il advient chascun jour que quant li bon marchanz vendent leurs denrées à certain priz, selon la valuë de la monnoie qui court au jour de la vente, & iceux marchanz donnent aucun terme de leur payement, le priz desdictes monoies est si creu par les voies dessusdites, avant ledit payement, que lesdiz marchanz perdent une grande partie de leur debte, & toy *Receveurs* meismes, prins & mis, si comme Nous attendons lesdites monnoyes deffenduës. *Si avons* grant merveille comment aucun ose prenre, si fol hardement ne si grand outrage, car il n'est pas doubte qu'en ce faisant, il ont forfait & encourru envers Nous les corps & les biens, à nostre volenté, & avons juste cause de les en faire punir toutesfois que il Nous plaira. Et combien que Nous en doions avoir trés grand deplaisance, & qu'à l'égard de ladite punition peussiens dûment proceder dés maintenant, toutesfoiz par les griez que il ont souffert *(b)* pour cause *de noz guerres,* Nous n'avons pas voullu encore garder rigueur en cest cas contre eulx, ainçois les *Voullons* plus sommer & aviser de leurs defautes. *Pourquoy Nous vous Mandons,* que vous faciez encores *crier & deffendre* solemnelment par touz les lieux notables de vostre Jurisdiction, que aucun, sur peine de forfaire les corps & les biens à nostre volenté, comme autrefoiz, ne soit si hardiz que il prengne, ne mette aucune monnoie d'or, ou d'argent quelle que elle soit, de nostre coing, ou de quelque autre, pour aucun priz, *exceptez lesdiz Deniers d'or à la chaiere, pour le priz de seize sols Parisis sanz plus, & les Doubles noirs pour deux petiz Parisis,* ainçois soient toutes les autres *mises au marc pour billon.* Et faites bien exposer & exprimer par *ledit cry,* toutes les choses dessusdictes, & especialement que si aucun de quelsconques estat que il soit, en est dores-en-avant trouvé coupables, *Nous n'en entendons faire aucune grace, ne remission,* ne aussi du temps passé. Et de nostre autorité & povoir royal, Nous *Ordenons & Establissons* par ces presentes Letres, que *touz les meubles de touz ceuls* qui pourront estre attainz, ou convaincuz, que aucunes desdictes monnoyes deffenduës ayent mis, ou pris depuiz ledit criz, *soient dés lors acquis & confisquez à Nous, & levez & exploitiez pour Nous, & apportez à nostre Tresor.* Et en *outre-plus retenons à les punir autrement à nostre volenté. Et à toi* Receveur, *deffendons & enjoignons sur les peines dessusdictes, que aucun n'en reçoive & mette pour aucun priz.* Et dés maintenanz pour ce que Nous puissiens miex sçavoir les coupables, Nous *Voulons* que vous deputez par touz les lieux de vostre dicte Jurisdiction, où vous verrez que bon sera, *bonnes personnes & loiaux,* dont vous ayez cognoissance, & puissiez respondre, tant comme vous semblera, lesquiex puissent penre toutes lesdites monnoyes deffenduës, que il trouveront mettant & prenant, & lesquels soient tenuz à vous rapporter les monnoyes que il aront prises, & les noms des personnes, sur qui il les aront ainsi prises, afin que Nous puissions penre *lesdiz muebles,* & que vous Nous en puissiez certifier, pour pourvoier en oultre sur la punicion d'iceuls, si comme bon Nous semblera : Et pour ce que lesdictes personnes qui ainsi seront par vous deputées, en soient & doient estre plus diligenz, Nous *voulons* que toutes les monnoies que il aront prises, & à vous rapportées, vous leur bailliez & delivrez *la (c) quinte partie,* & que les autres *quatre parties,* avec lesdiz *muebles,* & le rapport que il vous aront fait, vous envoyez tantost en nostre Tresor à Paris, en signifiant à nos amez feaulx Conseilliers *les Abbez de Saint Denis & de Mairmoutier* & de *Corbie,* Generaulx deputez de par Nous sur nos besoingnes à Paris, & à nostre Tresorier, *les sommes,* & les pieces des monnoies, que vous arez envoiées, avec la copie dudit rapport des deputez

NOTES.

(b) Pour cause de noz guerres.] Voyez la note sur les Letres du 27. Avril 1346. page 242. & la note sur le Mandement du 13. May 1347.

(c) Quinte partie.] Voyez l'Ordonance du 13. Juin 1346. page 250.

de par vous, comme dessus est dit. Et gardez bien, chascun en droit soy, que vous soyez si diligenz de toutes les choses dessusdictes, que dores-en-avant *si grant outrage ne soit fait* contre nostre dessense, car Nous nous en prenrions à vous, & vous en punirions en tele maniere, que touz autres y devroient prenre exemple. Et soyez certainz que Nous y avons mis & mettons tele provision que Nous en pourrons toûjours sçavoir la verité. *Donné à Paris le seize jour de Janvier, l'an de grace mil trois cens quarante-six.*

Par le Roy à la relation du Conseil. *VISTREBET.*

PHILIPPE VI. dit DE VALOIS, à Vincennes, le 20. Janvier 1346.

(a) Letres portant qu'aux Hostels des monoyes du Roy, on donnera pour marc d'argent en billon, cent sols, au lieu de quatre livres dix sols, qu'on donnoit auparavant.

PHILIPPES PAR LA GRACE DE DIEU : Aux Maîtres Generaux de nos Monnoyes. *Salut.*

Comme Nous eussions ordonné que sur le fait & cours de noz monoies, que Nous faisons faire à present, *Nous* donrions pour *Marc d'argent en billon,* apporté à noz monoyes, *Quatre livres* dix sols tournois. *Sçavoir* vous faisons que par deliberation de nôtre Conseil, Nous avons *Ordonné* & *Ordonnons* par ces Lettres, que on face *creue de dix sols* tournois, *pour Marc d'argent* apporté en noz monnoyes, & que on donne *cent sols* tournois *pour ledit Marc,* selon l'Ordonnance de nos monnoyes. Et vous mandons & à chascun de vous, que ladite *creue* de dix sols tournois pour marc d'argent, vous fassiez faire, & publier ces Lettres vûës, par tout où il appartiendra, si comme il est accoustumé à faire en tel cas. Et gardez bien & un chascun de vous, que en ce n'ait delay, ne deffault. *Donné au Bois de Vincennes le vingt de Janvier, l'an mil trois cens quarante-six,* sous le Seel de nostre Secret.

Collation faite à l'Original, scellé.

NOTES.

(a) Ces letres sont au Registre E. de la Cour des Monoies, feüillet 8.

PHILIPPE VI. dit DE VALOIS, à Vincennes, le 24. Fevrier 1346.

(a) Letres par lesquelles le Roy ordonne que tous les Deniers *d'or n'auront plus de cours, à l'exception seulement des* Deniers d'or *à la chaise qui seront pris & mis pour* vingt-quatre sols *Parisis.*

PHILIPPES par la Grace de Dieu : Au Seneschal de *Beaucaire,* ou son Lieutenant. *Salut.*

Il est venu à nostre cognoissance que aucuns du pueple de nostre Royaume, de leur voulenté & contre les Ordenances par Nous faites sur le cours de noz monnoies, ont donné cours au *Denier d'or à la chaiere,* pour si hault prix, & si desordené & à *tout autre Or à l'advenant, combien* qu'aucun *Denier d'or* n'eust cours, excepté ledit *Denier d'or à la chaiere* que Nous faisons faire à present, Et pour le hault pris que il ont donné à l'or, les malicieux de nostre Royaume, & dehors *(b)* en ont porté

NOTES.

(a) Ces Letres sont en Original au Tresor des Chartes du Roy à Paris, d'où elles ont esté prises.

(b) En ont porté & portent le billon, &c.] Billon selon quelques-uns est toute sorte d'argent au-dessous de *dix deniers de fin*; quoy qu'à proprement parler, toutes les especes de monoies, qui ne sont qu'à *cinq ou six deniers*

& portent

& portent *le billon*, duquel noz monnoies deussent abondamment ouvrer, & dont nostre pueple deust estre rempliz de monnoye, & avoir son gouvernement, laquelle chose est en tres grant domage de Nous & de nostre pueple. Et seur ce aions eû conseil & deliberation à plusieurs Prelas, Barons & autres de nostre Royaume, pour obvier & contrester aux domages & malices dessusdiz, & convertir tout autre Or, en *Denier d'or fin à la chaiere*, que Nous avons fait faire & faisons faire à present, qui aura cours pour *vint-quatre sols Parisis, & non pour plus*. Et tout autre Or n'aura cours, fors *au Marc* pour billon. Lesquelles Ordennances Nous *Voulons* sur toutes choses, estre tenuës & gardées, sans enfraindre en aucune maniere, sur peine de *confiscation* de biens. Et *Voulons* & vous *Mandons*, que d'icy en avant, vous *ordonnez* par toutes les Villes notables de vostre Seneschaucie, *deux personnes* saiges & convenables, qui facent espier ceuls qui feront le contraire, & leur donnez povoir, que *il puissent penre* les *biens* d'iceulz, & les contraingnent à *amender* à Nous, des peines & en la maniere dessusdicte, sans nul espargnier. *Si vous Mandons* & estroitement enjoignons sur la foy, serment & loyauté que vous avez à Nous, que les choses dessusdites & chascune d'icelles, vous enteriniez, & accomplissiez de point en point, selon leur teneur, sur peine de perdre vostre estat, & de encourre nostre indignation à tousjours. *Donné à Vincennes le vint-quatriéme jour de Fevrier, l'an de grace mil trois cens quarante-six.* Par le Roy à la relation de son Conseil. *G. VERBER.*

PHILIPPE VI. dit DE VALOIS, à Vincennes, le 24. Fevrier 1346.

NOTES.

de fin & au-dessous, soient appellées *Especes de billon*, parce qu'elles tiennent moins, & ont plus de cuivre que d'argent. On entend aussi par *Billon*, des *Especes decriées*, que l'on ordonne estre portées par les particuliers à la Monoie & aux Changeurs, pour estre fonduës & converties en Especes courantes. Et tel décry & commandement s'appelle *envoyer la monoie au billon*. Voyez *Poullain* dans son Traité des monoies, page 406. 407. *Bouteroüe* des monoies, page 142. 143. & *Boisard* dans son Traité des monoies, pages 16. & 19.

PHILIPPE VI. dit DE VALOIS, aux champs prés de Montdidier, au mois d'Avril 1347.

(a) Letres contenant plusieurs Reglemens utiles pour les Officiers Royaux de la Justice de Lyon.

PHILIPPUS *Dei gratia Francorum & Navarræ Rex &c. Notum facimus universis, tam præsentibus quam futuris, Nos duas literas sanas & integras sigillis propriis trium Commissariorum infrascriptorum, dudum ad partes Lugduni, pro Reformatione Patriæ, ex parte Regia destinatorum, prout prima facie apparebat, sigillatas Recepisse, formam quæ sequitur continentes.*

In Dei nomine Amen. NOTUM *sit omnibus præsentibus, & futuris, quod nos* Petrus Prior de Caritate, Joannes de Forgecio *archidiaconus Briæ, in Parisiensi Ecclesia, &* Thomas de Morfontanis *Domini nostri* Philippi *Dei gratia* Francorum & Navarræ *Regis* Miles, *ab eodem Domino dicto Rege ad partes Seneschalliæ Lugdunensis,* pro reformatione *Deputati, Recepimus quædam gravamina a dicto Domino Rege, sub suo contra sigillo nobis missa, pro* Civibus *Lugdunensibus, contra* Officiales Regios *in civitate Lugdunensi, super quibus ordinavimus in hunc modum.*

Primo. Ad . . . . quod est quod passim & indifferenter, Judex ordinarius

NOTES.

(a) Ces Letres sont au Tresor des Chartes du Roy, Registre de *Philippe de Valois*, cotté 76. pour les années 1345. 1346. 1347. piece 293. où elle est si mal écrite, & par un Copiste si ignorant qu'on a esté plusieurs fois sur le point de la laisser. Mais le Reverend Pere *Menestrier* Jesuite ayant donné une copie de cette Piece traduite en François, dans son Livre de l'*Histoire Consulaire de la Ville de Lyon*, pages 458. 459. on s'en est servi utilement, pour corriger icy un grand nombre de fautes que le copiste avoit faites dans le Registre. On n'y a pas mis de sommaires, parce qu'ils seroient aussi longs que le texte.

PHILIPPE VI. dit DE VALOIS, aux champs prés de Montdidier, au mois d'Avril 1347.

(b) inquirit de omnibus criminibus, fine accusatore, vel denuntiatore, *quæ persequitur legitimè, cum tamen consuetudo dictorum Civium sit, sicut asserunt, quod solum* in criminibus furti, homicidii, & proditionis inquisitio fieri *debeat & non aliter, nisi post denuntiationem & accusationem, ut supra.*

Ordinamus *inquam quod testes recipientur super consuetudine præmissa. Quibus receptis publicabimus eosdem. Et eorum attestationes debemus portare nobiscum ad Dominum Regem, ut faciat eas videri, decidi & determinari, vel provideri super dicta consuetudine, prout viderit expedire.*

(2) Item. Super Procuratore Regio *quem petunt removeri a civitate Lugdunensi Cives prædicti,* Ordinamus, *seu* providemus, *quod dispositio istius remotionis remittitur ad Regem. Interim tamen in civitate Lugdunensi dictus* Procurator *nullas inquestas premovebit fieri, nisi illas quæ sibi mandatæ fuerint a Seneschallo promoveri,* extra civitatem *Lugdunensem, nec aliquas causas* in dicta civitate, *nomine regio agitabit, nisi Primorum, & hereditates regis contingant.*

(3) Item. De gravamine quod dicunt inferri dicto Boileau, *cum Lugduni super quadam inquesta, facta, contra ipsum, ex officio, de qua* judex superior *ferre sententiam nolebat.* Præcipimus *dicto judici majori, quod instantiam decidi faciat.*

(4) Item. De quadam demanda, *quod condamnatus fuerit in quadam pecuniæ quantitate,* commutavimus *dictam pœnam pecuniariam, in faciendo* peregrinationem *ad sanctam Mariam de A.*

(5) Item. De Lanis, *de quibus conqueruntur Cives, quod gentes regiæ non permittunt eas extrahi de Lugduno, cum tamen sint Lanæ grossæ,* ad faciendum Burellos. Ordinamus *quod super hoc loquendum erit Regi.*

(6) Item. Super eo quod conqueruntur quod Seneschallus, & aliqui alii officiales Regii citant Parisiis *aliquotiens.* Inhibemus *ne hoc fiat, nisi de Mandato Regis, vel per suas literas.*

(7) Item. Conqueruntur quod per officiales Regis *male custodiuntur & deffenduntur ab injuriis quæ fiunt eis per extraneos.* Præcipimus *dicto Seneschallo, quod animosius & virilius solito deffendat eosdem.*

(9) Item. De homine qui fecit incendium *in Regno.* Providemus, *seu* Ordinamus *quod Seneschallus procedat in negotio.*

(10) Item. De quodam homine vocato Muans *& de* Johanne Bernardi, *quorum unus ligatus fuit ad quandam arborem versus* Miribellum, *per unum diem, & alius graviter verberatus.* Præcipimus *Seneschallo, quod inquirat & puniat prout videbitur expedire.*

(10) Item. Super quod conqueruntur, quod Seneschallus *& alii officiales regii faciant per certos nuntios scribi* apertiones testamentorum, & inventoria, tutelas, *vel alias scripturas.* Ordinamus *quod per quoscumque Notarios Regios, dum tamen fide dignos, & idoneos, dicti Cives scripturas prædictas possint facere scribi.*

(11) Item. Conqueruntur, quod licet aliquis paratus sit cavere stare *juri, ubi non capitur, pro crimine* homicidii, proditionis *&* furti, *seu aliquo alio gravatur, quod officiales Regii nolunt eum* recredere, *licet afferant, quod* de consuetudine dictæ civitatis in illis casibus recredi debeat. Ordinamus *&* Providemus, quod jus & *consuetudo Patriæ observetur.*

(12) Item. De gladio exorto super aliquo & non percusso. Ordinamus *idem quod in præmisso articulo jus servatum, nisi consuetudo contraria inveniatur.*

(13) Item. Super eo quod conqueruntur, quod Cancellarius, *seu* Præpositus, *& aliqui*

NOTES.

(b) Inquirit de omnibus criminibus sine accusatore, vel denuntiatore.] Ce desordre estoit dans ces temps-là trés commun en France, en sorte que les plus honnestes gens n'estoient pas souvent en seureté, contre leurs ennemis, *Philippe de Valois* se crût obligé d'abolir ces procedures injustes, & il les deffendit par son Ordonance de 1344. au mois de Decembre, article 7. pages 215. 216. de ce second Tome. *Vide Marquardum Freherum de occultis judiciis, olim in Westphalia aliisque Germaniæ partibus usitatis, postea abolitis.*

Officiales *Regii partem faciant aliquotiens in Curia Regia contra.* Inhibemus *ne de cætero illud faciat.*

(14) Item. Præcipimus *quod bona Civium Lugdunensium, ubicumque, & per quemcumque* captà fuerint injuste, *primo requirantur. Et si detentores reddere noluerint, ad recuperationem illorum ipsorum* Senefchallus *viriliter procedat.*

(15) Item. Si aliqui Cives Lugdunenses ad invicem se percufferint, *sine effusione sanguinis, vel alia gravi percussione, si clamor exinde coram* Curia Regia *habitus non fuerit, clamor, nec emenda leventur.*

(16) Item. Super eo quod conqueruntur, quod Præconizationes *fiunt, sub* majore pœna *quam fieri debeant, secundum consuetudinem civitatis.* Inhibemus *ne fiat, nisi quatenus fuit hactenus observatum.*

(17) Item. Providemus *seu* Ordinamus, *quod quando* pignora vendentur ad cridam factam, *legitima* fubhaftatione, *pecunia deponatur ubi partes voluerint* concordare. *Quod si concordare nequiverint, deponatur.*

(18) Item. Conqueruntur quod pro Sigillo Senefcalliæ *accipiuntur* quatuor Denarii, *&* alii quatuor *pro scriptura.* Loquetur *de hoc cum Domino Rege.*

(19) Item. Conqueruntur quod Notarii Regii nimis exigunt *pro scriptura, dictos Cives supplicantes multipliciter aggravando.* Providemus & Præcipimus, *quod ordinationes Regiæ super hoc editæ inviolabiliter observabuntur.*

(20) Item. (b) Inhibemus *ne aliqui Cives Lugdunenses* in adulterio *deprehendantur, nam nudus cum nuda* minarentur, *vel alias in ipso facto . . . . capientur.*

(21) Item. Super cognitione figilli Regii, *ubi aliquis se sub* figillo Regio *lugdunensi obligavit.* Comes Forenfis *& Dominus* Belli-joci, *cognitionem super hoc nituntur habere, & aliquod dicunt* privilegium a Rege *super hoc habere. Quod scilicet est in grande præjudicium dicti sigilli.* Loquetur *de hoc cum Domino nostro Rege.*

(22) Item. Inhibemus *ne contra Literas Regias exceptiones aliæ admittantur, nisi* falfitatis, quittationis, *quàm aliæ de consuetudine, quæ consueverunt admitti, contra sigillum prædictum.*

(23) Item. Inhibuimus *ne Officiales Regis compellant aliquos heredes, testamentorum recipere quittationes aliquas, nisi velint.*

(24) Item. Teneatur Taxa *eis scripta, quantum* Notarii debent recipere, *facta per Seneschallum tantummodo quantum ad Cives Lugdunenses.*

(25) Item. Conqueruntur dicti Cives, quod Cuftos *sigilli Regii, seu* Cancellarius *de* apertionibus Teftamentorum nimiam exigit pecuniæ quantitatem. *Super qua* informati *fuimus,* & invenimus *per fide dignos, quod ad voluntatem & moderate tamen consueverit recipi de prædictis.* Unde providemus, *quod sicut hactenus factum extitit ita fiat, dum tamen non fiat excessus.* Procurabimus *tamen pro posse, penes dictum Dominum Regem, quod prædicta receptio moderetur.*

(26) Item. Providemus *&* præcipimus, *quod ubi* Matifcone denarius *accipitur, pro sigillo, in* civitate Lugdunenfi *solus* obolus *à Civibus capietur. Et tamen in contractibus debitorum, in venditionibus & possessionibus rerum immobilium,* denarius *integre capietur pro libra.*

(27) Item. Ordinamus *&* præcipimus *dicto Seneschallo, & aliis officialibus Regiis, quod alias consuetudines, seu libertates & franchisias hactenus observatas inviolabiliter observent, ac custodiant. Et hæc omnia superius posita, per Seneschallum & alios officiales Regios* Præcipimus *inviolabiliter observari.*

In cujus rei testimonium sigilla nostra literis præsentibus duximus apponenda. Data in domo Domini fancti Anthonii Lugdunenfis, ultima die menfis Julii, anno Domini millefimo trecentefimo decimo nono.

(28) Item. Universis præsentes literas inspecturis. Petrus Prior *de charitate,* Joan-

NOTES.

(c) Cet article n'eft point dans la traduction Françoife du Pere Meneftrier. *Vide Cangium in glossario in Trottari.*

PHILIPPE VI. dit DE VALOIS, aux champs prés de Montdidier, au mois d'Avril 1347.

nes de Forgecio *archidiaconus Briæ in ecclesia Parisiensi*, & Thomas de Morfontanis *Miles Domini nostri Regis, ad partes Seneschalliæ Lugdunensis, per eundem Dominum nostrum Regem, pro reformatione præsenti deputati salutem & dilectionem.*

Noveritis *quod nos* inhibuimus *Seneschallo Lugdunensi, quod nullas (d)* inquestas super aliquibus criminibus, nisi super homicidio, furto, vel proditione faciat, *vel fieri permittat, ex mero officio, in civitate Lugdunensi, quousque Dominus Noster Rex de præmissis duxerit aliter ordinandum,* Notoriis criminibus, *apertis forefactis, cum præmissis superius criminibus duntaxat exceptis.*

(29) Item. Procurator requirens nullas *procurabit fieri contra Cives ejusdem civitatis, quousque Dominus Rex ordinaverit de prædictis, nisi prout, in aliis ordinationibus eis per nos editis, continetur.*

(30) Item. (e) Lumenta *non fient, nisi in terminalibus. Et tunc nisi ubi debent fieri de consuetudine, vel de jure.*

Datum sub sigillis nostris apud Lugdunum. Die ultima Julii. Anno Domini millesimo trecentesimo decimo nono.

Nos *autem omnia & singula in suprascriptis literis, per præfatos* Commissarios regios ordinata ac declarata, *ea volumus, laudamus, approbamus, & auctoritate nostra ac plenitudine* Regia, *de certa scientia & speciali,* Confirmamus. *Nostro in aliis jure salvo, & in omnibus alieno.*

Quod (f) ut firmum & stabile permaneat in futurum, præsentibus literis fecimus

NOTES.

(d) Inquestas.] Voyez cy-dessus l'article premier, & la note qu'on y a faite.

(e) Lumenta.] Sont des verres. Ainsi le sens de cet article est, ce semble, qu'on ne pourra fabriquer des verres que dans des fournaises, & dans les lieux où il y en a eû d'ancienneté.

(f) Ce Reglement fut fait avec grande connoissance de cause. Et comme la Commission, qui est de *Philippes le Long,* ne se trouve pas dans le Registre du Tresor, on en donnera icy la traduction, tirée de l'Histoire Consulaire de la Ville de Lyon, du Pere Menestrier, page 457.

PHILIPPES par la grace de Dieu, Roy de France & de Navarre : à nos amez & feaux *Pierre Prieur* de la Charité *Maistre Jean de Forgece* Archidiacre de Brie dans l'Eglise de Paris, & Thomas de Marfontaine. *Salut & dilection.*

Nous avons reçû souvent de si grandes & diverses plaintes de nos amez & feaux les Citoyens & habitans de la Ville de Lyon, que quelques-uns de nos *Officiers, Ministres & Sergens,* ont commis plusieurs & divers excez intolerables dans l'exercice de leurs Charges & Offices, en leur faisant plusieurs dommages & injustices, par des extorsions illicites, contre leurs libertez & franchises, les usages & les coûtumes du Pays, ou permettant que d'autres leur fissent de semblables torts, sans craindre de violer nos Ordonnances & deffenses, & d'encourir les peines portées par les Ordonnances, contre ceux qui les enfraignent. *C'est pourquoy* desirans y mettre un remede qui serve de châtiment aux uns, & donne aux autres de la terreur; comme il est de nostre devoir, *Nous vous Commettons & Mandons* à vous dont la fidelité, & l'adresse Nous sont connuës, de vous transporter en personne sur les lieux, pour *informer secretement,* & avec toute la diligence que vous trouverez à propos, *de tous, & un chacun de ces excez, dommages, injures, torts & extorsions,* en vertu de ces Letres, qu'on vous remettra seellées de nostre Contre-Seel, afin qu'ayant appellé les personnes à qui cela touche, vous recherchiez plainement la verité de ces faits, & que selon la qualité & condition des personnes, vous *corrigiez* ces abus & les punissiez, que vous *reformiez* toutes choses pour le bien de la justice, & que vous *pourvoyiez* à la seureté *des anciennes coûtumes, libertez & franchises,* que par vostre exacte diligence à promptement effectuer ce que *Nous* vous *commandons,* vous vous en fassiez un merite auprès de Nous.

Pendant les *informations* & *enquestes* que vous ferez, Nous *voulons* que nos Officiers & Sergens soient *suspendus* de l'exercice de leurs Charges, & que si par les informations, vous trouvez qu'ils meritent d'estre privez de leurs Charges, que *vous les en priviez,* & leur en substituez d'autres, comme vous jugerez à propos; Enfin Nous vous donnons par les Presentes *plain pouvoir* de faire toutes les autres choses susdites, & tout ce qui peut les toucher : Et Nous *ordonnons* en mesme temps à tous ceux à qui il appartient, de vous obeïr à tous *trois,* ou à *deux,* ou à *l'un* de vous solidairement. *Fait à Paris le vingt-six de Juin mil trois cens dix-neuf.*

apponi sigillum. Datum super Campos, inter Montem desiderium & *Daven* & Curiam, anno Domini millesimo trecentesimo quadragesimo septimo. Mense Aprilis.

PHILIPPE VI. dit DE VALOIS, à Montdidier, le premier May 1347.

(a) Mandement au Seneschal de Beaucaire, portant que les simples Soldats, *ou Sergens, estant en garnison dans les Chasteaux, seront* justiciables, *en premiere Instance des* Chastelains, *en seconde Instance des* Seneschaux, *& en troisiéme* du Roy, ou de ses Députez.

PHILIPE par la grace de Dieu, Roy de France: au Seneschal de Beaucaire, ou à son Lieutenant, *Salut.* Nos *Chastelains* de nos Chasteaux de *Beaucaire*, d'*Aigues-mortes*, de la *Tour d'Avignon*, de *Rochemore*, & d'*autres Chasteaux* assis en vostre Senechaucie, sur les *frontieres* de nostre Royaume, Nous ont monstré, en complaignant, que comme Nous leur avons donné *la garde desdits Chasteaux*, avec *certain nombre de Sergens* en chacun Châtel, & il soit ainsi que quand aucun, ou aucuns desdits Sergens se *meffont* par aucune maniere, lesdits *Chastelains*, & chacun d'eux, si comme il leur appartient, ayent *la premiere cognoissance desdits Sergens*, & vous *Seneschal* dessusdit en ayés *la seconde, en cause d'apel*, & *Nous*, ou nostre *Deputé* de par Nous, en ayons *la tierce, en cause de second apel*, & aussi lesdits *Sergens* ayent leurs *Juges ordinaires* tels comme il leur appartient pour eux corriger; Neantmoins *aucuns Juges*, ou autres *Justiciers de ladite Seneschaucie* s'efforcent d'avoir cognoissance de cause sur lesdits *Sergens*, ou sur aucun d'iceux en leur grand grief, préjudice & dommage, si comme ils dient, *suplians* que sur ce leur vüeillions pourvoir de remede convenable : Pourquoy *Nous vous mandons*, eüe consideration aux choses dessusdites, s'il est ainsi, que vous ne laissiez molester, ne constraindre lesdits *Sergens*, ne aucuns d'eux à répondre d'aucun cas, devant autres *Juges*, ou *Justiciers* temporels, que pardevant lesdits *Chastelains*, suivant l'usage, & coûtume approuvée, & par la maniere accoûtumée : Mais si aucune chose estoit au contraire, si la remettés, ou faites remettre, sans delay, au premier estat & deub, nonobstant Lettres subreptices impetrées, ou à impetrer au contraire. *Donné à Mondidier le premier jour de May, l'an de grace mil trois cens quarante-sept.*

NOTES.

(a) Ce Mandement est en la Chambre de Montpellier, armoire A. n. 13. feüillet 17.

Depuis l'establissement des *Communes* les Bourgeois des Villes se gardérent eux-mesmes pendant la paix. Ils n'avoient des *garnisons*, qu'en guerre, & lorsqu'ils estoient menacez de Sieges. Cependant lorsqu'il y avoit des *Chasteaux* dans les Villes frontieres, nos Rois, comme on le void par ce *Mandement*, y mettoient des *Chastelains* pour y commander, lesquels avoient sous eux un petit nombre *de Sergens*, ou de Soldats, qui estoient à la solde du Roy, mesme en temps de paix.

Charles VII. ayant institué *quinze Compagnies d'Ordonnances*, il en envoya *en garnison* dans les Villes, des *Brigades* de *vingt*, ou de *trente* gendarmes. Et depuis l'establissement des *Sergens d'armes*, qui fut fait par le Roy *Philippe Auguste*, les *Chastellains* envoyez dans ces Chasteaux, furent pris de ce corps, comme on le voit dans l'Ordonnance du 8. Avril 1342. rapportée cy-dessus, au feüillet 173. Tome 2. art. premier.

Loüis XI. engagé dans de longues & fâcheuses guerres, fut obligé de mettre dans ses Villes, de plus fortes garnisons, *Loüis XII. François I.er* & *Henry II.* les augmenterent. Et enfin sous *Henry IV.* les habitans *d'Amiens*, qui avoient offert de se garder eux-mesmes, s'estant laissez surprendre par *Porto Carrero* Gouverneur Espagnol, Nos Rois pour le bien de l'Estat, ont mis depuis dans leurs Villes des garnisons aussi nombreuses qu'ils l'ont jugé à propos, & ils n'en ont plus voulu laisser la deffense aux Bourgeois. Voyez le Pere *Daniel* dans son Histoire de la Milice Françoise, *Tome premier*, Livre 5. chapitre 5. page 375. où il traite au long & exactement des *garnisons*.

PHILIPPE VI. dit DE VALOIS, à Lucheu, le 13. May 1347.

(a) Mandement adressé à l'Evesque de Laon, à l'Abbé de Saint Denys, à celuy de Mairmoustier, à Simon de Bucy, & Jacques la Vache, Chevaliers, &c. par lequel le Roy, qui avoit reçû le payement d'une Ayde, *ordonne que les* Clergies *de ses Bailliages & ses* Prevostez *soient baillées* en garde, *& les Clergies des Prevostez adjoustées aux Prevostez & delaissées aux Prevosts,* en diminution de leurs gages, &c.

PHILIPPES par la grace de Dieu, Roy de France : à nos amez & féaux Conseillers l'*Evesque de Laon*, les *Abbez de Sainct Denys* & de *Mairmoustier, Simon de Bucy, Jacques La Vache* Chevaliers, & Maistre *Pierre de Demeuille, Salut & dilection.* Comme par nostre grand Conseil, Nous ayons pieça *ordené*, que tous les *Habitans non nobles* de nostre Royaume, de quelque estat & condition qu'ils soient, selon leur facultez, Nous feront *certaine Ayde* de Gens d'Armes, pour la deffence de nostre Royaume, selon certaines instructions, qui par grand deliberation de nostre Conseil ont esté faites, & baillées sur ce : Et pour ces choses faire & accomplir, ayons envoyé certains Commissaires en plusieurs Seneschaussies & Bailliages de nostre Royaume, lesquels ont trouvé les *Habitans* desdits lieux bien obéissans, & courtoisement condescendans aux requestes, qui sur ce leur ont esté faites de par Nous, & Nous ont octroyé *certain Ayde de Gens d'Armes,* par certains accords & convenances, qui leur ont esté octroyées de par Nous par vertu de nos Lettres, & selon lesdites instructions, ès quelles entre autres choses est contenu, que les *Clergies des Bailliages, & nos Prevostez soient baillées en Garde, & les Clergies des Prevostez adjoustées aux Prevostez, & baillées & laissées aux Prevotz, en diminution de leurs gages.* Et avec ce, que le nombre de *nos Sergens seroit restrainct,* & que toutes *Prises cessent, excepté pour Nous,* pour la *Royne,* pour nos *Enfans,* & pour la *necessité de nos* Guerres, & que tous de quelque estat qu'ils soient, contribueront *à ladite Ayde,* si comme plus à plein est contenu és Lettres & instructions dessusdites : Et depuis par importunité de requerans, Nous ayons faict plusieurs *graces & octroys,* qui sont contre la forme desdites Ordonnances, & contre les promesses & octroys, ou aucuns d'iceux faits par Nous, ou par nos Gens de nostre Commandement, aux personnes qui Nous ont fait *ladite Ayde,* si comme Nous entendons: *Nous qui voulons les Ordenances, promesses & octroys dessusdits estre tenus, accomplis & gardez sans enfraindre,* & tout ce qui aura esté fait au contraire estre tenu & ramené au premier estát & deub. *Vous Mandons & commettons,* ou à deux de vous, sur le serment que vous avez à Nous, que vous les *faites accomplir, tenir & garder de point en point,* & que tout ce qui a

NOTES.

(a) Ce Mandement est au Registre A. du Parlement feüillet 20. *verso* & 21. *Edoüard* Roy d'Angleterre qui avoit renoncé à ses prétentions chimeriques sur le Royaume de France, quand il fit hommage à *Philippe de Valois* pour le Duché de Guienne & le Comté de Ponthieu . . ne laissa pas en l'année 1339. de prendre le titre & les armes de Roy de France au grand estonnement de toute l'Europe. La guerre ayant ainsi commencé entre le Seigneur & le vassal, *Jeanne de Valois* sœur du Roy, mere du Comte de Haynault, & belle-mere du Roy d'Angleterre, leur ayant offert sa mediation, elle fit conclure une *treve* entr'eux, qui devoit durer jusqu'à la Saint Jean-Baptiste de l'année suivante. Elle obtint ensuite qu'on tiendroit incessamment des Conferences à Arras, en presence des Legats du Pape. Et elle fit promettre aux deux Rois qu'ils donneroient leur consentement à ce qui y seroit decidé. Il ne pût y avoir de Paix, mais la Treve fut seulement confirmée le 21. de Septembre, & le Pape *Benoist XII.* zelé pour la *Paix,* la fit negocier le plus vivement qu'il put par ses Nonces. *Clement VI.* successeur de *Benoist* fit aussi tout ce qu'il put pour concilier les deux Rois, mais inutilement. La Treve dont on vient de parler, ne fut pas de longue durée, & fut mêmes mal executée, sur tout en Bretagne & en Guienne, où il y eût des hostilitez continuelles.

esté fait au contraire, remettez en l'estat que nosdits Commissaires l'avoient *mis, fait, ou ordené* à mettre, nonobstant quelconques lettres que Nous ayons octroyé à quelconques personnes, sous quelconques formes de paroles qu'elles soient, soit de grace speciale, par dons à vie, ou autrement, comment & pour quelconque cause, ou causes que ce soit; lesquelles lettres, & tout ce qui s'en est ensuivy, Nous *rappellons*, & *mettons du tout au néant*, par la teneur de ces presentes: Et se il advenoit que doresnavant Nous octroyssions à aucuns *lettres contraires* à ces présentes, Nous voulons *qu'elles soient de nulle valeur*, & que vous n'y obeïssiez en aucune maniere, mais les reputez & tenez pour nulles & de nulle valeur; car dés maintenant, pour lors Nous les decernons & declarons estre *nulles* & de nulle valeur. *Et voulons* que vous *punissiez* tous ceux qui aucune chose impetreront contre la teneur de ces presentes lettres, selon ce que vous verrez qu'il sera à faire de raison, & que vous bailliez & passez lettres sous nostre Seel, sur toutes les choses dessusdites, & sur chacune d'icelles, à tous ceux qui les voudront; lesquelles lettres Nous *voulons* estre d'autelle & semblable valeur, comme si Nous les avions données: De ce faire vous donnons pouvoir & authorité. *Mandons & commandons* à tous nos Subjets & Justiciables, prions & requerons tous autres, qu'à vous en ce faisant, obéïssent, & entendent diligemment. En tesmoing de ce Nous avons fait mettre nostre *Seel nouvel* à ces Lettres. Donné à Lucheu le treiziéme jour de May, l'an de grace mil trois cens quarente-sept. *Collatio facta est cum originali signato*, par le Roy P. BLANCHET.

PHILIPPE VI. dit DE VALOIS, à Lucheu, le 13. May 1347.

NOTES.

Quand *Edoüard* eût declaré la guerre il envoya en Guienne le Comte de *Derby*, avec un Corps d'armée, & *Jean* Duc de Normandie estant entré avec une puissante armée dans cette Province, y forma le siege *d'Aiguillon*, comme on l'a dit cy-dessus, Tome 2. page 242. En l'année 1346. la France perdit la bataille de Crecy. Le Siege *d'Aiguillon* fut levé. *Jean* vint au secours du Roy son pere, & en 1347. Philippes fut obligé de lever *cette ayde*. Mais comme alors la *peste* causoit de grands ravages dans l'Europe, il y eut ensuite une autre *Treve*.

PHILIPPE VI. dit DE VALOIS, à Paris, le 21. Juillet 1347.

Letres touchant la valeur, le prix & le cours des Monoies, contenant quelques autres Reglemens.

SOMMAIRES.

(1) Nul à l'avenir ne pourra s'entremettre du fait de Change, *à l'exception des Changeurs seuls, commis pour l'exercer aux lieux commis & ordonnez.*

(2) Nul sur la même peine ne s'entremettra du courretage *de Monoie.*

(3) Nul pareillement ne s'entremettra de billonner *en Hostel, ou au dehors, ni d'acheter billon à la piece, ou au Marc, ni de porter Tablette par tout le Royaume.*

(4) Nul marchand, ni autre negociant ne fera aucun Contract au Marc d'argent, à Reaulx, & Florins, mais seulement à sols & à livres. *Et à l'avenir on ne pourra demander que* vingt quatre sols *en argent de la monoie courante, pour le* Denier à la Chaize.

(5) Aucune monoie d'Or & d'Argent blanche, ou noire n'aura cours à l'avenir, à l'exception du Denier d'Or à la Chaize *pour* vingt-quatre sols Parisis, *& les* Doubles *que l'on fabrique à present, &c.*

(6) Les Changeurs *jureront, que dés qu'ils auront acheté aucuns* Florins, *exceptez ceux à* la Chaize, *ils les* couperont *& les* porteront *aux Monoies, &c.*

(7) Nul Changeur, *sous les peines ordonnées, ne pourra vendre la piece du* Florin *à la* Chaize, *pour plus de* vingt-quatre sols Parisis.

(8) Nul Orfevre sous les mêmes peines, ne payera le marc d'Argent, *ni ne le vendra plus cher que ce qu'on en donne aux monoies.*

(9) Nul Orfevre *ne pourra faire* vaisselle d'argent, *que d'un marc & au-dessouz, à moins que ce ne soient des vases pour les Eglises. Et dans chaque bonne Ville, il y aura* trois, ou quatre personnes *de chaque métier, preposées pour faire observer les Ordonances des monoies, qui empescheront qu'on ne mette & ne prenne dans le commerce aucuns* Florins, *à l'exception des seuls* Florins à la Chaise, pour vingt-quatre sols.

(10) Les personnes ainsi establies *par l'Article precedent, jureront sur les Evangiles, que sans aucun* déport, *ou délay, & sans rien receler, elles executeront ce qui leur est enjoint, & apporteront aux Deputez de par le Roy, ce*

PHILIPPE VI. dit DE VALOIS, à Paris, le 21. Juillet 1347.

qu'elles auront ainsi pris. Et elles auront le Quint denier *du profit.*

(11) Tous marchands Forains, Genevois, Lucois, Italiens, Hosteliers, Courretiers, Drapiers & autres jureront qu'ils observeront les anciennes Ordonances.

(12) Tous les Mestres des Villes de la Seneschaussée de Beaucaire auront copie des presentes Ordonances, afin qu'ils ne se puissent excuser d'ignorance.

(13) Nul sous la mesme peine, ne pourra porter, ou faire porter hors du Royaume, du billon, ni d'autres monoies deffenduës, *mais seulement celle qui a cours, suivant les presentes Ordonances.*

PHILIPPE *(a)* par la grace de Dieu, Roy de France au Seneschal de *Beaucaire*, ou à son Lieutenant, *Salut*.

Comme pour le bien évident, & commun profit de *Nous, de nostre peuple & de tout nostre Royaume*, Nous à la requeste, & de l'assensement & volonté d'aucunes bonnes Villes de nostre Royaume, & par la deliberation de plusieurs Prelas, Barons, Clercs & autres de nostre Conseil, *ayons fait n'aguerres certaines Ordenances sur le fait de nos Monoyes*, & par lesquelles *Nous*, entre les autres choses en icelles contenuës, *avons donné cours*, & prix certain & determiné, *aux Florins d'Or à la Chaiere*, c'est à sçavoir *vingt-quatre sols Parisis* pour chacune piece, en suspendant le cours de tous autres *Florins*, selon, & que en icelle Ordonnance est plus à plain contenu; Et Nous ayons entendu, & est assés notoire & manifeste chose, que pour ce que icelles Ordonnances *n'ont esté, & ne sont gardées aucunement de point en point, & sans enfraindre*, & que plusieurs personnes par leurs fraudes & malices, & en venant expressement, & de certaine science, contre icelles, se sont efforcées, & encore s'efforcent de jour en jour, au comptemnement & vitupere de Nous, & d'icelles Ordonnances, *prendre & mettre*, & de fait *ont pris, & prenent & mettent en marchandise*, & autrement en vostre Senechaucie de *Beaucaire*, & ailleurs, *Florins à la Chaiere* pour plus de *vingt-quatre sols Parisis* : *Nous*, & nostre peuple & nostredit Royaume avons esté, & sommes grandement deceus & dommagés. *Nous* qui de tout nostre cœur desirons le bien & profit, & d'icellui peuple & de nostredit Royaume, & les garder & relever de toute deception & dommage, à nostre pouvoir, *Voulans* nosdites Ordonnances estre tenuës & gardées de point en point, *vous Mandons & Enjoignons estroitement* que icelles par toute vostre Senechaucie & Jurisdiction, vous fassiez tenir, & garder entierement de point en point, & sans defaut en aucune maniere: Et vrayement Nous nous merveillons, & devons fortement merveiller, que vous de tous ceux qui en vostredite Senechaucie & Jurisdiction, ont ainsi presomptivement, & notoirement fait & accepté contre icelle Ordenance, & dont vous avez & devez avoir eu certaine, vraye & plaine cognoissance, n'ayés fait punition, telle comme il appartient. Car vous sçavez que par ce ils sont cheuz en nostre volonté *de corps & des biens* : Et pour certain vostre negligence en cette partie, consideré ce que dessus est dit, est & doit estre à Nous & à nostredit peuple trés desagreable, & vrayement Nous déplait fortement. Si pensés & soyés doresnavant curieux & diligens de pourvoir sur ce, & de faire ce que en tel cas appartient. Et pour certain si ainsi ne le faites, Nous vous en punirons tellement que les autres y prendront exemple. Avec ce Nous vous faisons sçavoir que pour le bien & profit aussi de Nous, & de nostredit peuple & de nostre Royaume *Nous*, à la requeste d'aucunes bonnes Villes de nostredit Royaume, & euë sur ce plaine & grande deliberation avec plusieurs *Prelas, Barons, Clercs, Bourgeois*, & autres de nostre Conseil, avons *Ordonné, Voulons & Ordonnons* par ces Presentes, les choses qui s'ensuivent.

Premierement. Que nul, sur quanques il se peut messaire envers Nous, ne face dores-en-avant en vostre Senechaucie, ne aucunes autres Villes de nostredit Royaume,

NOTES.

(a) Ces Letres sont en la Seneschaussée de Nîmes en general, armoire A. liasse 17. des Actes ramassez, n. 3. feüillet 27. & en Languedoc, armoire A. du second cayer, n. 66.

Voyez cy-aprés l'article 4. de l'Ordonance du 6. Janvier 1347.

fait de

PHILIPPE VI. dit DE VALOIS, à Paris, le 21. Juillet 1347.

fait de *Change*, excepté les *Changeurs* commis, à ce faire ordonnés, & és lieux accoustumés.

(2) *Item.* Que nul, sur ladite peine, de quelque estat & condition qu'il soit, ne soit si hardy, qu'il s'entremette, ne face fait de *Courraterie* de *Monoye*.

(3) *Item.* Que nul *Billonneur*, sur ladite peine, ne s'entremette de *billonner* en hostel ne dehors, ne d'acheter *Billon* quelconque à la piece, au marc, ne à la livre, ni de porter *tablete* par tout nostredit Royaume.

(4) *Item.* Que nul Marchand, ne autre quelqu'il soit, ne face fait de *marchandises*, ne *contraut*, au *marc* d'argent, *Reaux*, *Florins* quelqu'ils soient, ni autrement, fors à *sols* & à *livres;* Et quiconque de cy en avant prestera, ou faira prester *Florins à la Chaiere*, il ne pourra demander pour *Florin à la Chaiere*, (b) que *vingt-quatre sols*, argent de la monoye qui court à present, nonobstant quelconques conventions, contracts, ou obligations faites au contraire.

(5) *Item. Nous avons ordonné*, *Voulons & Ordonnons*, que nulle monoye d'or & d'argent, soit *blanche*, ou *noire*, n'ait cours aucun, excepté le *Denier* d'or à la *Chaiere*, pour *vingt-quatre sols Parisis*, & les *Doubles* que Nous faisons faire à present, pour *deux Parisis*, & que toute autre monoye soit portée, & mise au marc au billon; Et quiconque fera le contraire, soit bailleur, ou offreur, *perdra la monoye*, & le *preneur* payera *autant d'amende*, comme la monoye vaudra.

(6) *Item.* Nous avons *ordonné* & *Ordonnons*, que les *Changeurs* jureront aux *Saints Evangiles de Dieu*, que sitot come ils acheteront aucuns *Florins*, quelqu'ils soient, excepté *Florins à la Chaiere*, ils les *couperont*, & *porteront* à nostre monoye, sur peine de perdre *les Florins;* Et qui les trouvera devers eux, se ils ne sont *coupés*, ils seront acquits à Nous, & qui les trouvera, en aura le *Quint*.

(7) *Item.* Que *nul Changeur*, ne autre, sur la peine dessusdite, ne puisse *vendre Florins à la Chaiere* la piece, pour plus *de ving-quatre sols Parisis*.

(8) *Item.* Que nul, quelqu'il soit, *Orfevre*, ou autre, sur la peine dessusdite, ne soit si hardy de donner *du marc d'argent*, ny de le vendre plus que Nous n'en donnons en nos monoyes.

(9) *Item.* Que nul *Orfevre* ne puisse faire *Vaissellе d'Argent* que d'un *marc* & au dessous, si n'estoit pour *Eglises*. Et pour ce que nos presentes Ordonnances soient fermement tenuës & gardées, *Nous Voulons* que en vostredite *Senechaucie*, & en toutes nos autres *bonnes Villes* de nostredit Royaume, soient establies *de chascun mestier, trois ou quatre personnes, ou plus*, si mestier est, qui chacun en son mestier, *face garder & tenir nosdites Ordonnances* de point en point, sans enfraindre, & qui bien & diligemment prennent garde que l'on *prenne*, ne *mette Florins* aucuns, excepté ceux de la *Chaiere*, *& pour le prix de vingt-quatre sols Parisis*. Et si aucuns faisoient le contraire, *Nous Voulons* que lesdites personnes ainsi establies que dit est, puissent prendre le preneur vendeur & offreur, selon la forme & maniere dessusdite.

(10) *Item.* Icelles personnes à ce faire establies, *jureront* aux Saints Evangiles de Dieu, que sans aucun déport & sans rien receler, ils fairont ce que dit est. Et tout ce qu'ils trouveront, ils *prenront* & *apporteront* pardevers les deputez sur ce de par Nous. Et pour cause de leur paine, & afin qu'ils soient plus diligens de ce faire, *Nous Voulons* qu'ils ayent le *Quint denier* de ce qu'ils prenront.

(11) *Item. Nous Voulons* que tous Marchands *Forains*, *Genevois*, *Lucois*, *Italiens*

NOTES.

Voyez cy-aprés l'article 5. de l'Ordonance du 6. Janvier 1347.

Voyez l'article 6. de l'Ordonance du 6. Janvier 1347.

Voyez l'article 7. de l'Ordonance du 6. Janvier 1347.

(b) *Que vingt-quatre sols d'argent, &c.]* Voyez l'article 7. à la fin de l'Ordonance du 6. Janvier 1347.

Voyez l'Ordonance du 6. Janvier 1347. article 13.

Voyez l'article 4. de l'Ordonance du 6. Janvier 1347. à la fin.

Voyez l'article 8. de l'Ordonance du 6. Janvier 1343.

PHILIPPE VI. dit DE VALOIS, à Paris, le 21. Juillet 1347.

& autres, & les Marchands, Hosteliés, & tous les *Courratiers* de pays, de Drats & autres Marchandises de vostredite Seneschaucie, & des autres bonnes Villes de nostredit Royaume, soient constraints à jurer és saints Evangiles de Dieu, que ces presentes Ordonnances ils tenront, garderont, & sur les peines dessusdites.

(12) Item. Nous Voulons que tous les Mestres des Villes de vostredite Senechaucie soient constraints à prendre & avoir la *Copie* d'icelles *Ordonnances*, afin que en cette partie ils ne se puissent en aucune maniere excuser *de ignorance*, & qu'ils ne soient tenus de les garder, & sur lesdites peines.

(13) Item. Nous avons *Ordonné, Voulons & Ordonnons* que nul, aussi sur ladite peine, de quelque estat, ou condition qu'il soit, ne puisse porter, ou faire porter hors de nostredit Royaume, *Billon, ni autre monnoye deffenduë*, fors tant seulement la monoye qui selon nos Ordonnances court à present.

Si vous *Mandons, Commettons, & Enjoignons* estroitement, que nosdites Ordonnances, lesquelles & chascune d'icelles, Nous, pour le bien & proufit de Nous, de nostredit peuple, & de nostre Royaume, Nous *Voulons* & *desirons* estre tenuës & gardées entierement, vous fassiez tenir & garder de point en point, sans enfraindre, & icelles tantost ces lettres veües, faites *crier, signifier,* & *publier* solemnellement en vostredite Seneschaucie, & en tous les lieux notables & accoustumez d'icelle, si & en telle maniere que nul ne doive, ne puisse avoir cause de les ignorer. Et si icelles signifiées & publiées dûëment, ainsi que dit est, vous trouvez aucun qui face, ou veüille faire, & attempter aucune chose au contraire, si le *punissez*, ou faites punir, sans en aucun espargner, & deporter, si & en telle maniere *civilement* toutesvoyes, que les autres y prenent exemple. Nous aussi *Mandons & Commettons & Enjoignons estroitement au Receveur de Beaucaire*, que nosdites Ordonnances & chacune d'icelles, il tienne & face garder entierement de point en point, & sans enfraindre, en la forme & maniere que dit est, & sur les peines dessusdites. Et de ce faire *donnons* povoir, autorité & mandement special à vous *Seneschal* dessusdit, & à luy. Mandons à tous noz Justiciers, Officiers & Subjets, que à vous & à luy en cette partie obéïssent & entendent diligemment. *Donné à Paris le vingt-uniéme jour de Juillet, l'an de grace mil trois cens quarante-sept sous nostre Seel nouvel.*

Par le Conseil. JOURRIENT, *pour le Roy.*

NOTES.

Voyez l'article 12. de l'Ordonance du 6. Janvier 1347.

PHILIPPE VI. dit DE VALOIS, au Parlement, aprés la Saint Martin d'hyvert en 1347.

(a) Ordonance portant que les Sergens *ramenans la Complainċte sur le lieu*, feront resaisir réellement & de faiċt le *Demandeur*, avant que recevoir le *Deffendeur* à opposition, suivant l'ancien usage.

PHILIPPUS Dei gratia &c. Omnibus Justiciariis nostris salutem. Ex relatione dilectorum & fidelium Gentium, nostrum præsens Parlamentum tenentium, intelleximus quod licet de stilo & usu ab antiquo approbatis, cum literæ nostræ in causâ Novitatis, *vobis, seu vestrum alicui, per aliquem* conquerentem, *seu dicentem se turbatum in sua possessione, seu saisina de re aliqua* indebite, *& de novo, committuntur, aut etiam diriguntur, deberent diċtas literas exequendas alicui vestro* Servienti *tradere, & eidem committere*

NOTES.

(a) C'est ainsi que cette Ordonance est intitulée au volume de la Bibliotheque du Roy, cotté 9829. fol. 57. parmi les MSS. de Bethune, dont M.r de *Targny* m'a donné Copie. Elle est entiere, selon Charondas, au Chastelet dans le Livre blanc. Voyez cet Auteur sur les art. 95. & 97. de la Coutume de Paris. *Et Chopinus De moribus Parisiorum lib. 3. capite primo.*

per vestras literas sententiales, ut partes ipsas super locum contenciosum, *si casus sit talis, quod sit (b) opus* inspectione, *seu* Veuta *convocaret, seu adjornaret, ut ipsis ibidem exequentibus*, Actor *qui ipsas literas impetravit, suam Querimoniam, secundum dictarum seriem literarum, facere contra ipsum* Reum, *seu* Deffensorem; *qua facta* Reus *ipse deberet statim* se opponere, *vel cedere, & oppositione facta, ipse Serviens deberet ipsum Reum compellere ad loca ressaisianda, si aliquid inde fuerit levatum, seu ablatum, aut alias explectatum*, antequam ipsum ad oppositionem reciperet, *locis vero* ressaisitis *deberet idem Serviens capere* debatum, *seu rem* contenciosam, *in manu nostra tanquam* superiori, *& per eandem manum factâ recredentiâ, si & ubi esset facienda, diem certum coram judice competente assignare, & hæc omnia deberet facere idem* Serviens uno *die, imo una hora, sine aliquâ* figurâ judicii, *cum ipse in prædictis, non* Judicis, *sed fere* meri executoris *fungatur officio*. Vos nihilhominus, *seu plures vestrûm, dictos* stilum, usum, *& observanciam licet utilem, justam & racionabilem temere* contempnentes, *seu negligentes, lites ipsas protelando, cum vobis dictæ literæ per ipsum* Impetratorem *offeruntur, ut est dictum, ipsum* Reum *coram vobis in judicio ad diem certum, & interdum nimis longum, facitis adjornare, visurum dictas literas executioni demandari, qui* Reus *fugere cupiens, ut est moris, diem petit consilii, quem cum habuit, diem petit* Veutæ *in aliâ dilacione, & nonnunquam ipse* Reus *calumpniosius volens fugere, non solum petit* dilaciones *prædictas, imo contra dictas literas, seu Procuratorem* Actoris, *surrepciones & alias dilaciones, seu exceptiones dilatorias, declinatorias, loci, vel temporis, aut alias frivolas & derisorias; ex quibus lites, quæ in* casu Novitatis *maxime deberent* esse breves, *efficiuntur* immortales, *imo vix potest usque ad litis-contestacionem deveniri, in magnum gravamen & dispendium subditorum. Hinc est quod vobis, & vestrum cuilibet, prout ad ipsum pertinuerit*, Præcipimus *& districte (c)* Injungimus *quatenus* dilaciones *prædictas*

PHILIPPE VI. dit DE VALOIS, au Parlement, aprés la Saint Martin d'hyvert en 1347.

NOTES.

(b) Quod sit opus inspectione, seu Veuta.] Veuta & inspectio, sont donc icy la mesme chose, & signifient ce qu'on nommoit dans l'anciene pratique, *Veüe & Montrée*, qui ont esté abolies par l'article 5. du Titre 9. de l'Ordonance de 1667. Ainsi dans le chapitre 11. de l'ancien stile du Parlement il y a mal, *De dilatione Ventæ*, au lieu de *Veutæ*. Masuer ancien Praticien François s'est servi de ce terme, dans le Titre de *Dilationibus*, nombres 15. & 16. *Item. Hæc dilatio* Veutæ, *non datur, cum agitur universaliter, aut generaliter pro hereditate aut loco cum pertinentiis, quia Declaratio veniet in executione, juxta notata in capitulo 2.* De libelli oblatione, *&c. Item qui agit in petitorio, pro parte divisa certarum rerum immobilium, ille tenetur illam partem demonstrare oculatim, secus si petatur si pro indivisa, sed totius rei fiet Veuta, &c.* Voyez l'Autheur du grand Coutumier de France, livre 3. chapitre 13. & 14. pages 370. 371. 372. la note de Charondas en cet endroit, Bouteiller dans sa Somme, & les titres de l'ancien stile. *De Dilatione Veutæ & dilatione garendi, Legem* Si irruptione *Digestis finium Regundorum & ibi Doctores.*

(c) Injungimus quatenus dilaciones prædictas, & alias superfluas & frivolas penitus rescantes, dictos observantiam & stilum antiquitus observatas faciatis observari, &c.] Anciennement l'Huissier, ou le Sergent, qui estoit executeur d'un *mandement*, ou *complainte* en cas de *saisine & de nouvelleté*, devoit appeller les parties pardevant luy sur le lieu. Et la complainte faite par le complaignant, si l'autre partie en parlant, *se confessoit dessaisie*, ou *confessoit avoir mis l'empeschement, ou qu'elle ne s'opposast point*, l'executeur ressaisissoit le complaignant, & en le restablissant, ostoit l'empeschement, & assignoit jour pour voir confirmer son exploit, & depuis la partie n'estoit plus reçûë à opposition. Mais si la partie disoit *que ce qu'elle avoit fait*, avoit esté en usant de son Droit, & qu'elle *contendoit posseder ladite chose, alors* pour raison du debat, la chose estoit mise en la main du Roy. Voyez l'Auteur du Grand Coutumier, Livre 2. chapitre 22. page 146. l'ancien stile du Parlement, partie premiere, chapitre 18. §. 4. & le chapitre 11. La Coutume de Lille, l'Ordonance de *François I.er* de l'an 1539. articles 61. 62. 63. & celle de *Loüis XII.* de l'an 1512. articles 51. 52. 53. &c.

Quand la chose contentieuse estoit mise en la main du Roy, on examinoit laquelle des deux parties avoit joüi *par an & jour*. Et celle des deux qui prouvoit sa derniere joüissance d'an & de jour, estoit *maintenuë* dans sa *possession & saisine*. Et si aucune ne prouvoit clairement qu'elle avoit joüi pendant l'espace d'un an & d'un jour, ou si le cas estoit *douteux*, on donnoit *la joüissance par provision* à celle des deux qui avoit le droit le plus apparent. Ce qui est très bien expliqué par M.r Antoine *Loisel* dans ses Institutes Coutumieres, Livre 5. Titre 4. Regles 9. 10. 11. 12. &c.

Selon le Droit Romain, quand quelqu'un avoit esté expulsé, par *Force*, ou par *Violence* de

PHILIPPE VI. dit DE VALOIS, au Parlement, aprés la Saint Martin d'hyvert en 1347.

& alias superfluas & frivolas penitus rescantes, dictos observanciam, stilum & usum antiquitus observatos, & meritò, ut est dictum, approbatos, teneatis & teneri faciatis, & inviolabiliter observetis & observari faciatis, nonobstantibus quibuscumque

NOTES.

son heritage, le Preteur luy donnoit dans l'année l'interdict *Unde vi*, pour *recouvrer* la possession qu'il avoit perduë. Et aprés l'année il ne luy donnoit plus que l'action, *in factum, de eo quod ad adversarium pervenerat. Lege prima in fine Digestis* Unde vi. *Lege 15. De obligationibus & actionibus.* Ce qui estoit conforme à l'Edit, de ce magistrat, dont les paroles estoient. *Unde tu illum vi dejecisti, aut familia tua dejecit, de eo quodque tunc ibi habuit, tantummodo intra annum, post annum, de eo, quod ad eum, qui vi dejecit, pervenerit, judicium dabo.*

A l'exemple de cet interdit, dont il est parlé dans quelques interpretations de Loix du Code Theodosien. On établit ancienement en *France*, que celuy qui avoit usurpé par *violence* un heritage, n'en devenoit le possesseur, que quand celuy qui avoit esté spolié, laissoit passer un an & un jour, sans faire aucune poursuite.

Et de là vient que par la *Loy Salique* il est decidé, que *Si quis migraverit in villam alienam, & ei aliquid infra duodecim menses, secundum legem, contestatum non fuerit, securus ibidem consistit, sicut & alii vicini.* Voyez les interpretations du Code Theodosien, au Titre *Unde vi*, & le Titre 47. de la *Loy Salique*, art. dernier.

Il n'y a donc constamment nul doute, que cette disposition de la *Loy Salique* n'ait esté pratiquée en France sous la premiere & la seconde Race de nos Roys. Mais sous nos Roys de la troisiéme, on establit un Droit nouveau, & l'on distingua les possessions, en les divisant en *Possessions de fait, ou naturelles*, & en *Possessions de Droit, ou Civiles*. Voyez l'Auteur du Grand Coutumier, page 140. ligne 24.

Par la possession *de fait, ou naturelle*, on entendit la simple *Détention* d'un Immeuble.

Et par la *possession de Droit, ou Civile*, on entendit d'abord *toute possession continuée par an & jour*, quand bien mesme elle auroit esté acquise, par force, ou violence.

Mais dans la suite, on entendit par la *possession de Droit, ou Civile, une possession continuée* pendant une *année & un jour*, & acquise NON VI, NON CLAM, NON PRECARIO, ce qui fut pris de l'interdit *Uti possidetis* du droit Romain. Voyez *Beaumanoir* dans ses Coutumes du Beauvoisis, chapitre 32. page 168. ligne 13. & l'*Auteur du Grand Coutumier* de France, livre 2. chapitre 21. au commencement.

Ces deux possessions differoient.

En ce que la *simple possession*, ou la *Détention de fait*, n'estoit pas toûjours reputée juste, ce qui n'estoit pas sans raison.

Au lieu que *la Saisine* estoit toûjours reputée *juste*, selon l'Auteur du Grand Coutumier, Praticien excellent, & duquel on peut tirer beaucoup de notions, pour l'intelligence de la Coutume de Paris, ainsi que des Coutumes toutes notoires du Chastelet & des décisions de Messire *Jean des Mares*, ou des *Marés. Saisine*, dit cet Auteur, livre 2. chapitre 21. p. 159. ligne 15. *est reputée juste de soy*, propter adminiculum temporis, *mais possession non*, quia temporis adminiculum non requirit.

Et elles differoient encore en ce que celuy qui avoit esté expulsé par force de l'heritage qu'il *détenoit*, ou possedoit *naturellement*, en perdoit la possession suivant la loy 3. § *Si quis nunciet* 8. la loy 7. Digestis *De acquirenda possessione*, & le chapitre 9. *De appellationibus in tertia compilatione.*

Au lieu que celuy qui avoit esté spolié par force & violence de l'heritage qu'il possedoit civilement, en conservoit toûjours la *possession* de droit, ou la *saisine*, jusques à ce qu'un autre l'eust acquise, par une autre possession posterieure d'an & de jour.

Et puisque celuy qui avoit esté expulsé par force & violence du fonds qu'il possedoit civilement, en conservoit ainsi la *possession civile, ou la saisine*. On introduisit dans la pratique, qu'il n'agiroit pas contre le spoliateur, pour estre *ressaisi*, parce qu'il n'avoit pas esté *dessaisi*, mais qu'il agiroit *pour estre maintenu* sans *trouble dans la saisine qu'il avoit*. Ou si l'on veut, on ne luy donna plus, pendant l'année & le jour, à compter de la violence, suivant les loix Romaines, l'interdict *Unde vi, recuperandæ possessionis*, mais on luy donna l'interdit *Uti possidetis, retinendæ possessionis*. Ensorte que c'estoit une précaution à celuy qui vouloit user de ce dernier interdict, *de se dire toûjours saisi, & de demander d'estre conservé dans sa saisine*. Voyez sur ce sujet l'*Auteur du Grand Coutumier de France*, chapitre 2. page 151. & l'ancien stile du Parlement, chapitre 18. §. 3.

Quelques-uns se sont imaginez, sur l'autorité de *Guy Pape*, ou *De la Pape*, dans sa décision 552. que *Saint Loüis* avoit introduit ce Droit en France, & d'autres en font Autheur, *Messire Simon de Bucy* Premier President du Parlement de Paris, sous ce regne cy, comme l'on peut voir à la page 222. de ce second volume. Et quoyque l'*Auteur du Grand Coutumier de France*, qui vivoit à peu prés dans le temps de ce Magistrat, écrive positivement, que c'est luy qui a le premier *mis sus*, le cas de nouvelleté, il n'y a presque personne qui ne croye que cet Auteur Nous en a imposé, parce que *Saint Loüis* a fait un chapitre de *Saisine*, dans ses *Establissemens*, & que *Philippe de Beaumanoir*, qui écrivoit en 1283. en a traité dans le

usibus, vel abusibus, quibus, ut dictum est, usi, imo abusi fuerunt temporibus retroactis. Actum in nostro Parlamento, anno quadragesimo septimo, post festum Beati Martini Yemalis.

PHILIPPE VI. dit DE VALOIS, au Parlement, aprés la Saint Martin d'hyvert en 1347.

NOTES.

chapitre 32. de ses Coutumes du Beauvoisis.

Mais il faut sçavoir, ce qui n'a pas encore esté remarqué, que sous le Regne de *Saint Loüis*, & du temps de *Beaumanoir*, il y avoit trois cas où l'on se pouvoit complaindre en matiere possessoire. *Le cas de Force*, le *cas de Dessaisine*, & le *cas de Trouble*.

Ainsi il y avoit alors trois *Complaintes* en France, ou dans nos Pays Coutumiers, sçavoir la *Complainte de force*, la *Complainte* de *dessaisine*, *&* la *Complainte de nouveau trouble*.

Voicy comme *Philippe de Beaumanoir* bon Jurisconsulte François, & dont on ne peut se passer pour entendre plusieurs dispositions de nos Coutumes, s'explique à ce sujet.

Cy meffets dont Nous voulons traitier, sont divisez en trois manieres, che est à sçavoir Force, nouvelle Dessaisine, & nouveau Trouble.

Nouvelle dessaisine *est se aucuns emporte la chose de laquelle j'aurois esté en saisine an & jour paisiblement.*

Si l'on me vient oster ma chose à grand planté de gens, ou à armes. En tel cas ay bonne action de moy plaindre, de Force, ou de nouvelle Dessaisine, *ainsi vous pouvez voir que nulle* tele force n'est sans nouvelle Dessaisine, *mais* nouvelle dessaisine est bien sans Force.

Nouveaux Troubles, *est si j'ay esté en saisine, an & jour, d'une chose paisiblement*, & l'en m'empesche, si que je n'en puis pas joüir en autele maniere, comme *je faisois devant. Et me puis plaindre, si que la chose soit mise arriere* en paisible estat.

Dans les deux premiers cas. C'est-à-dire dans celuy *de Force & de Dessaisine*, *le complaignant se disoit dessaisi* & il agissoit pour *Recouvrer la possession, ou la saisine, qu'il avoit perduë.*

Mais dans le dernier cas, qui estoit *celuy de Trouble, ou de complainte en cas de saisine & de nouvelleté, il se disoit saisi*, parce qu'il l'estoit en effect, & il demandoit seulement que *le trouble fust osté.*

Comme on s'appliquoit alors au Droit Romain, sans l'entendre parfaitement, parce que le renouvellement des Lettres ne commença que sous *François premier*, on corrompit en cette matiere, nostre Droit François, en le voulant reformer, quoyqu'il eust esté jusques-là conforme aux Loix Romaines. Et parce qu'il y a dans la loy *Si quis* nunciet *De acquirenda possessione*, que la *volonté* suffit pour retenir la possession, Simon de *Bucy* reduisit ces trois cas en un, en introduisant, que la *Dessaisine* & la *Force* pourroient estre regardées comme nouveaux troubles, & que dans un cas comme dans l'autre, *la Complainte* en cas *de saisine & de nouvelleté* auroit lieu, ce qui avoit esté auparavant ainsi décidé par *Dynus. Vide Joannem Fabrum. Institutionibus, De interdictis §. Retinendæ, numero 5.* Mais depuis on a suivi le Droit Romain, & *la Reintegrande*, qui a lieu, dans le cas de force & de violence, a esté distinguée de la *Complainte* en cas *de saisine. Vide Cujacium* lib. 19. Observationum capite 16. le Tit. 18. des *Complaintes* de l'Ordonnance de 1667. *& doctores ad titulum, De restitutione spoliatarum.*

PHILIPPE VI. dit DE VALOIS, à Paris, le 3. Janvier 1347.

(a) Mandement aux Generaux Maîtres des monoyes, de faire faire des Deniers *doubles, qui auront cours pour deux Deniers tournois la piece.*

PHILIPPES par la grace de Dieu, Roy de France, à nos amez & feaulx les Generaux Maistres de nos monoies. Nous vous *mandons* que tantost, & sans delay, vous faciez faire par toutes nos monoies, *Deniers doubles*, qui auront cours pour *deux deniers* tournois la piece, *petiz tournois & mailles tournoises*, sur le pied de XXII. Et faites donner en tout *marc d'argent en billon*, *quatre livres seize sols tournois*. De ce faire vous donnons pouvoir & especial mandement par la teneur de ces Letres. *Donné à Paris le tiers jour de Janvier mil trois cens quarante-sept.* Ainsi signé par le Roy en son Conseil. *DAMIRON.*

NOTES.

(a) Ce Mandement est au Registre E. de la Cour des Monoies de Paris, feüillet 22. *recto & verso.*

PHILIPPE VI. dit DE VALOIS, à Paris, le 5. Janvier 1347.

(a) *Mandement aux Generaux Maîtres des monoyes, de faire faire des* Deniers d'or *à l'Escu, qui auront cours pour* quinze sols, *& qui seront de cinquante-quatre au Marc de Paris.*

PHILIPPES par la Grace de Dieu, Roy de France, à nos amez & feaulx *les Generaux Maistres des Monoies.* Salut.

Nous vous *mandons*, que tantost & sans delay vous faciez faire par toutes les monoies de nostre Royaume, là ou bon & proufitable vous semblera, *Deniers d'or à l'escu*, qui auront cours pour *quinze sols* Parisis la piece de 54. de poids au marc de Paris, & à 23. Caraz de Loy. Et faites donner en *tout marc d'or fin, cinquante & une livres dix sols tournois*, en payant lesdiz deniers d'or à l'escu, chascun pour le pris dessusdit. De ce faire vous donnons pouvoir & especial mandement par la teneur de ces presentes. *Donné à Paris le cinquiéme jour de Janvier, l'an de grace mil trois cens quarante-sept.* Ainsi signé par le Roy à la relation du Conseil, où quel estoient Messieurs l'Arcevesque de Roüen, l'Evesque de Laon & l'Abbé de Saint Denis. *TOURNEUR.*

NOTES.

(a) Ce Mandement est au Registre E. de la Cour des Monoies de Paris, feüillet 22. *verso.*

PHILIPPE VI. dit DE VALOIS, à Paris, le 6. Janvier 1347.

Ordonance portant Reglement pour les payemens, & que les monoies seront mises à leur juste valeur, par les trois differens décris qui y sont indiquez.

SOMMAIRES.

(1) Les Cens, les Rentes & les Croix de Cens, seront payez à la monoye courante.

(2) Les arrerages échus seront payez à la monoye qui couroit à l'écheance, pourvû que ladite monoye ait cours au temps du payement. Et si la monoye, qui avoit cours au temps de l'écheance, estoit plus foible, on payera à la monoye courante au temps du payement.

(3) Les Emprunts seront payez à la monoye qui couroit dans le temps de l'emprunt, pourvû qu'elle ait encore cours au temps du payement, sinon ils seront payez à la monoye qui aura cours au temps du payement.

(4) Les sommes dûës pour retraits d'heritages seront payées comme les emprunts.

(5) Tout ce qui est dû jusques au jour des presentes, pour cause d'achat d'heritages, ou de Rentes à heritage, ou à vie, sera payé à la monoye qui avoit cours au temps du contract, pourvû qu'elle ait encore cours au temps du payement, sinon à la monoye coursable, selon la valuë du marc d'argent.

(6) Quiconques achetera à l'avenir Heritage ou Rente, s'il y a changement de monoye entre le temps de l'achat *& le temps du* payement, *l'acheteur payera la somme dûë au vendeur, à la monoye qui avoit cours au temps du contract, si elle a cours au temps du payement, sinon à la monoye coursable, selon la valeur du marc d'argent.*

(7) Ce qui est decidé dans l'Article precedent, aura lieu, & sera suivi dans le cas de celuy-cy.

(8) Toutes les sommes dont il y aura contract, ou qui seront dûës, à cause de mariages, seront payées à la monoye qui avoit cours au temps du contract, sinon au prix du marc d'argent, &c.

(9) Les loyers des maisons, les arrerages des Cens & des Croix de Cens, dûs pour les termes passez, & échûs depuis le 8. Mars 1340. que la foible monoye commença d'avoir cours, seront payez à la foible monoye, & pour les termes à venir à la monoye qui courrera.

(10) Les loyers des Fermes muables, prises depuis la foible monoye, seront payez à l'avenir à la monoye courante, s'il plaist au Fermier: Et s'il ne plaist pas au bailleur, le Fermier pourra renoncer au contract dans quinze jours, à compter de la publication des presentes, en rendant compte de ce qu'il aura levé.

(11) Les loyers à venir des Fermes muables, prises & baillées avant la foible monoye, seront payez à la monoye qui courra aux termes, & pour le prix qu'elle aura, sans que le Fermier puisse renoncer.

(12) Lorsqu'une Ferme muable aura esté

PHILIPPE VI. dit DE VALOIS, à Paris, le 6. Janvier 1347.

baillée au temps de la bonne monoye, & qu'il en sera dû des loyers échûs depuis la foible monoye derniere, si le Fermier a pris la Ferme simplement, *sans marquer precisément la monoye, ni le prix, il payera à la monoye courante au temps du payement, à moins que la monoye courante alors, ne fût plus forte qu'au temps du Bail à Ferme, auquel cas il payeroit à la monoye courante. Et si le Fermier s'est obligé par son Bail de payer à la monoye courante aux termes, ou au temps du payement, une monoye sera évaluée à l'autre, suivant le marc d'argent.*

(13) Le prix des ventes de Bois faites depuis la derniere foible monoye, si les Bois sont enlevez, sera payé à la foible monoye, eû égard au cours qu'elle avoit au temps du Bail, ou à la nouvelle monoye, selon le prix du marc d'argent.

(14) Quant aux mêmes ventes de Bois dont les termes de payemens sont passez, mais dont le marchand doit partie du prix au vendeur, & dont partie du Bois est encore sur pied, elles seront payées à la monoye courante; mais si le marchand veult, il pourra renoncer à la coupe du Bois qui restera, dont il luy sera tenu compte, selon le prix du marché, & la qualité du Bois coupé & à couper. S'il doit plus, que ce qui reste de Bois à couper ne vault, il payera le restant à la foible monoye, & si le reste du Bois à couper vaut mieux, le vendeur payera le surplus au marchand, en foible monoye.

(15) Quant aux ventes de Bois dont partie est à couper, & dont les termes de payement sont à venir, si l'acheteur veut payer à la foible monoye qui couroit au temps du marché, & que le vendeur n'en soit pas content, le vendeur pourra reprendre son Bois, en recevant du marchand ce qu'il luy pourra devoir en foible monoye.

(16) Si dans ces ventes le Bois est tout coupé, si les termes des payemens sont passez, & s'il en est dû quelque somme au vendeur pour des termes échûs au temps de la foible monoye, on le distinguera, car si l'acheteur a promis de payer aux termes & à la monoye qui y aura cours, il en sera quitte en payant ce qu'il devra aux termes échûs, à la monoye qui courrera alors, ou à la valuë du marc d'argent. Et s'il a seulement promis de payer certaine somme d'argent à chacuns de certains termes, il sera tenu dans ce cas, de payer en bonne monoye, c'est à sçavoir celle qui aura cours au temps qu'il payera, &c.

(17) Pour les ventes de Bois faites avant la foible monoye, dont tout le Bois est coupé, & dont les payemens sont à venir, le prix en sera payé à la monoye, qui aura cours au temps des payemens.

(18) A l'égard de ces mêmes ventes dont tout le Bois n'est pas coupé, dont les termes des payemens sont passez, & dont le marchand doit partie de l'argent, pour des termes échûs au temps de ladite foible monoye, il sera payé à la monoye qui aura cours au temps du payement. Et si le vendeur n'en est pas content, il pourra reprendre son Bois, comme il a esté dit cy-dessus aux articles 14. & 17.

(19) Si les ventes de Bois ont esté faites avant la foible monoye, dont il doit échoir des payemens, & dont le bois, ou partie du bois est à couper. Ces payemens seront faits à la monoie qui aura cours aux termes, sans que l'acheteur y puisse renoncer.

(20) S'il est question d'ouvrages entrepris, l'ouvrier pourra les continuer & parfaire en recevant son payement en la monoie courante au temps du marché, ou en nouvelle monoie, selon le prix du marc d'argent, sinon il pourra renoncer à son marché dedans huitaine, à compter de la publication de ces ordonnances, en rendant au bailleur ce qu'il auroit reçû de luy.

(21) Tous les autres Contracts passez dans le temps de la foible monoie, seront acquittez, ou en foible monoie, ou en la nouvelle courante, à la valuë & selon le marc d'argent.

(22) Les Contracts passez avant la foible monoie seront acquittez en la monoie courante. Mais si cependant la monoie courante estoit plus forte que celle qui avoit cours au temps du Contract, on payeroit à la monoie courante selon la valuë du marc d'argent.

(23) Si dans les Contracts il y a terme de payer, & s'il est dû quelque chose pour les termes à venir, le debiteur sera tenu de payer tous les termes à venir en la monoie qui courera, & pour le prix qu'elle aura. Et s'il estoit dû pour les termes échûs au temps que la bonne monoie avoit cours, le debiteur payera à la monoie, qui court à present, si ce n'estoit que dans le temps qu'il payera, la monoie fût plus forte, auquel cas il payeroit à la valüe du marc d'argent, &c.

(24) Quant aux autres Contracts, exceptez les emprunts, & les promesses par Contracts de mariage, si le debiteur s'est obligé de payer à une fois, ou à plusieurs, en certaine monoie, pour un certain prix qui avoit cours alors, il payera à la monoie exprimée au Contract, si elle a cours au temps du payement; sinon il payera à la monoie coursable, selon la valuë du marc d'argent.

(25) Et si le debiteur avoit promis de payer en monoie qui n'eût pas cours au temps du Contract, ou en monoie coursable, pour moindre prix que elle n'avoit alors cours, on n'auroit pas égard à la clause de la promesse, mais au temps du Contract, ou au temps des termes, &c.

ORDONNANCES *(a)* faites en Janvier 1347. sur la maniere des payemens, pour cause de la mutation de la monoye faite derrenierement, de foible à fort.

NOTES.

(a) Cette Ordonnance est au Registre A. du Parlement, feüillet 33. où elle est datée sans jour. Dans la Table Chronologique elle est mal datée

PHILIPPE VI. dit DE VALOIS, à Paris, le 6. Janvier 1347.

(1) *Premierement.* Toutes *Rentes,* Cens & *(b) Croix de Cens,* tant à heritage comme à vie & à volonté, ou certain temps, se poieront pour le temps à venir, à tele monoie coume il courra, & pour le prix que elle courra, aux termes que l'en les devra.

(2) Item. Toutes dettes dûës pour cause des arrerages & termes passez desdites Rentes, se payeront à telle monoie, comme *il corroit aux termes,* & pour le prix que elle couroit, se ladite monoye est coursable au temps du payement, & se non, au cas que la monoie courante au temps du terme deu, feroit plus foible que celle courant au temps du payement, l'en payera la monoye coursable audit temps du payement, au fuer de la valuë du marc d'argent, de l'un temps à l'autre. Et se la monoie courante au terme de la debte, estoit aussi forte, ou plus forte par avanture, que celle qui court, ou courra au temps que l'on payera, l'en sera quitte par poyant ladite somme, en la monoie qui courra, & pour le prix que elle courra, audit temps que l'on payera.

(3) Item. Tous *empruns* vieux faiz, sans toute fraude & cautele, en *deniers,* se payeront en tele monoie comme l'en ara emprunté, se elle a cours au temps du payement, & sinon il se payeront en monoie coursable lors, selon le pris du marc d'or, ou la valuë du marc d'argent, qui aura reçû argent, nonobstant quelconque maniere de promesse, ou obligation faite sur ce.

(4) Item. Tous *Deniers* qui sont, ou seront dûs à cause de *retraite* d'heritage, se payeront semblablement comme lesdiz *empruns.*

(5) Item. Tout ce qui est dû de tout le temps passé, jusques aujourd'huy, pour cause *d'achaz d'heritage,* ou *vente à heritage, ou à vie,* se payera à la monoie courante au *temps du Contract,* se elle a cours. Et sinon à la monoie coursable à present, selon la valuë du marc d'argent, comme dessus, jasoit ce que il y eust eû termes de poyer, escheuz ou temps que il a couru plus foible monoie, que au temps du contraut.

(6) Item. Nous *Ordonnons* pour tout le temps present & à venir, & *Declarons* expressement, que quiconques achatera dores-en-avant *heritage,* ou *Rente à vie,* ou à *heritage,* partie à autre, cuer à cuer, à poyer une foiz, ou à plusieurs, sanz terme, ou à termes, un, ou plusieurs, se il advenoit que *mutation de monoie fust entre le temps de l'achat & le temps du poiement real* & de fait, l'achateur sera tenuz poier au vendeur la somme que il *devra à la monoye courante ou temps du contraut, si elle a cours au temps dudit poyement,* & sinon à la monoye lors coursable, selon la valuë du marc d'argent, comme dessus, nonobstant que la monoye courante aux termes soit plus foible, ou plus fort que celle qui courroit au temps du contraut, ou que la monoie courrante au temps du payement, soit plus forte, ou plus foible que celle qui courroit au temps du contraut ou achat.

(7) Item. Nous *Ordenons* semblablement, & *Declarons* que des *heritages* ou *Rentes à vie ou à heritage,* qui seront venduz par voye de execution, à criz & subhastations, à quoy aucuns, un, ou plusieurs mettront une, ou plusieurs offres, se il advenoit que entre le temps de la *premiere offre,* ou avant la délivrance du decret d'iceluy achat, monoye se muast, l'en aura regard à la monoye courante, au temps de la premiere, & payera l'en par la maniere, que où precedent article est contenu.

(8) Item. Toutes sommes mises en contraut, & pour cause de mariage, se payeront en la monoye courante ou temps dou contraut, se elle a cours, comme dessus,

NOTES.

du 8. Septembre 1347. & au Tresor, où elle est en forme, elle est datée du 6. Janvier. Voyez cy-dessus l'Ordonance du 22. Aoust 1343. page 183. Les Ordonances de *Philippe le Bel,* du 8. Juin 1306. du 30. Juin de la même année, du 4. Octobre suivant, du 13. Janvier de la même année, du 16. Fevrier suivant, & du Lundy aussi suivant, avant Pâques Fleuries, Tome premier, depuis la page 441. jusques à 449.

(b) Croix de Cens.] Augmentum ou *incrementum census.* C'estoit un surcens, un second cens, ou une Rente fonciere. Voyez Brodeau dans son Commentaire sur le *Titre des Censives* de la Coustume de Paris, n. 23. page 539. & le Glossaire du Droit François, Tome 2. pages 306. 307. Ce que j'ay remarqué sur l'Ordonance de *Philippe le Bel,* du mois de Novembre 1303. Tome premier, pages 387. 388. &c.

& se

PHILIPPE VI. dit DE VALOIS, à Paris, le 6. Janvier 1347.

& se non au prix du marc d'argent, comme dessus, se ainsi n'estoit, que en ladite promesse eust euë expresse *convenance de certaine monoye* d'or, ou d'argent, ou pour certain & exprimé prix; lesquelles convenances en ce cas seront tenuës & gardées en leurs propres termes, nonobstant que la monoye promise & specifiée n'ait, ou n'eust point de cours, ou ait, ou eust cours, pour autre prix ou temps de la promesse, que promis n'auroit esté, par tele maniere toutevoye que si ou temps dou payement, la *monoye* promise d'or, ou d'argent, *n'avoit cours*, l'en payera pour la monoïe *d'or non coursable, monoye d'or coursable*, selon le prix *du marc d'argent*, & pour la monoye d'or non coursable, selon le prix *du marc d'or*, & pour la monoye d'argent non coursable, selon le prix du *marc d'argent*, tout ainsi comme des *Empruins* & *retraiz d'heritages*.

(9) Item. Les loyers des maisons, & aussi tous *Cens* & *(c) Crois de cens* dûs pour les termes passez, échûs depuis le *huitiéme jour de Mars, qui fut l'an mil trois cens quarante-six, que la derniere foible monoye commença* à avoir cours, c'est à sçavoir le terme *de Noel dernier passé*, & ce qui est dit pour les *trois autres termes precedens* eschuz *en ceste presente année, se payeront* à ladite *foible monoye* qui aura courru derenierement, & pour le prix que elle a couru, nonobstant que le cours & la publication de nostre presente *forte* monoye ayent esté publiées avant le temps que l'en seult payer ledit terme *de Noel*: Et pour les termes à venir l'en payera la monoye qui courra aux termes, & pour le prix que elle courra : Et si pour aucuns termes escheuz avant le cours de ladite dereniere foible monoye, en est dû aucune chose, l'en payera à la monoye qui court, & pour le prix que elle court, se ainsi n'estoit que au terme deu, eust courru plus foible monoye que celle qui court, ouquel cas l'en payera selonc la valuë du marc d'argent.

(10) Item. Les *Fermes muables* prises & affermées, puisque ladite *foible monoye* fust preste à avoir cours, dont les termes, ou aucuns des termes des payemens sont à venir, se payeront pour iceux termes à venir en la monoie courant, & pour le prix que elle courra ausdits termes, *se il plaist au Fermier*, & senon, & li *Bailleur* ne veult estre content de la monoye courante, ou temps du contract, *le Fermier pourra renoncier à sa Ferme* dedans quinze jours aprés la publication de ces presentes Ordonnances, *en rendant* au *Bailleur* bon & loyal *compte* de tout ce que il en aura levé & mis, à cause de sadite Ferme; lequel Fermier en ce cas, sera tenuz baillier & délivrer audit *Bailleur* tout ce que il aura levé de ladite Ferme, & le Bailleur sera tenu de rendre & payer audit Fermier, touz couz, fraiz, mises & depens, qu'iceluy Fermier aura mis & faiz pour cause de ladite Ferme.

(11) Item. Les *Fermes muables* prises & affermées *avant* le cours de ladite *foible monoye*, dont les *termes*, ou aucun des *termes* des *payemens* sont à *venir*, se payeront à la monoye qui courra aux termes, pour le prix qu'elle courra à iceuls termes, sans que le Fermier puisse renuncier aucunement à sa Ferme.

(12) Item. Se aucune *Ferme muable* fut bailliée au temps qu'il courroit aussi *bonne monoye*, ou plus *forte* que celle qui court à present, de laquelle Ferme aucuns termes, ou terme sont escheuz à *ceste derniere foible monoye*, & n'a pas payé ledit Fermier iceluy terme, mais le doit encore, ou partie d'iceluy, se iceluy Fermier a pris ladite Ferme *simplement, sans exprimer à poyer telle monoye* & pour tel *prix*, tel *comme il courra, aux termes*, il payera telle monoye & pour tel prix comme il court, ou courra *au temps que il payera, se ainsi n'estoit qu'il courrut lors plus forte monoye*, que il ne faisoit au temps que il prist ladite Ferme, ouquel cas il payera la monoye coursable au prix du marc d'argent, come dessus. Et si en prenant ladite Ferme, le Fermier a

NOTES.

(c) Tout Cens, crois de Cens, &c.] Cecy prouve ce qui a esté dit cy-dessus, sur la letre *b*, à la page precedente, que le *Cens* est la premiere charge imposée sur un heritage, & le *Surcens* *Croist de cens*, ou la *Rente fonciere*, la seconde. D'où il resulte que Du Molin sur le §. 51. glose 1. n. 17. de l'ancienne Coutume de Paris s'est trompé, en disant que le *Croist de cens* estoit ainsi nommé parce que la monoie dont on payoit les cens estoit marquée d'une *Croix*.

PHILIPPE VI. dit DE VALOIS, à Paris, le 6. Janvier 1347.

promis, ou s'est obligié par exprés à poyer la *monoye courante* aux termes, il sera quitte en poyant ladite monoye courante aux termes, ou la monoye courante au temps du payement, advaluée à l'autre, suivant le prix du marc d'argent.

(13) Item. Les *Ventes de Bois* prises, depuis que la *derreniere foible monoye* eust cours, à payer à une fois, ou à termes, un ou plusieurs, soient les termes passez, ou à venir, mais le *Bois est tout levé*, se payeront à ladite *foible monoye*, & pour le prix que elle avoit cours ou temps de la prise, ou à la nouvelle monoye, selonc le pris du marc d'argent.

(14) Item. Les *Ventes de Bois* prises, comme dit est, de quoy les termes des payemens sont tous passez, mais le *Bois n'est pas tout coupé*, & si en doit encore le *Marchand au Vendeur* certaine somme d'argent, pour *anciens termes passez*, se payeront en la *monoye qui court*, & pour le prix que elle a cours. *C'est à sçavoir*, ce qui en est dû pour tant de portions de bois, comme il y aura à couper, ou si ledit *Marchand* de bois veult, *il pourra renoncier* à la coupe dudit demeurant de bois, & li en sera descompté de sa dette, à la valuë, & selon le prix du marchié, & la qualité & valuë du bois coupé & à couper, & se *il doit plus* que ladite portion de bois à couper ne monte, il payera le demourant à ladite foible monoye, & si *li bois à couper monte* plus que la somme d'argent dûë, le *Vendeur* sera tenuz de poyer le seurplus à son *Marchanz* en ladite foible monoye.

(15) Item. Les *Ventes des bois* prises, comme dit est, de quoy partie du bois est *à couper*, & les termes des payemens sont aussi *à venir*, ou cas *que l'Achateur voudra tenir son marchié*, pour payer tele monoye, & pour tel prix comme il courra aus termes, faire le pourra sans contredit du *Vendeur:* Et ou cas que il ne voudra le faire, se li *Vendeur ne veult estre* content de la *foible monoye* qui courroit, & pour le prix que elle courroit *au temps du marchié*, pour les termes à venir, il pourra son bois *& sa vente reprendre* pardevers soy, ou point où elle est se il li plaist, en recevant de *l'Achateur* au prix que *ladite vente li cousta*, & que il li pourra devoir en ladite *foible monoye*, comme dessus. C'est à sçavoir de, & pourtant comme ledit *Achateur* aura esploitié dudit bois, & sera regardé l'aforciment, ou empirement de la vente, ou si le meilleur bois, ou le pire est coupé, ou esploitié, ou à couper, ou esploitier, & de ce sera faite competente estimation.

(16) Item. Des *Ventes des bois* prises avant le cours de nostre *foible monoye*, de quoy le bois est *tout coupé*, & les termes des *payemens sont passez*, mais l'en en doit encore au Vendeur certaine somme d'argent, pour terme eschu *au temps de ladite foible monoye*, si l'Acheteur *a promis payer à termes & à tele monoye*, & *pour le prix* que elle auroit cours aux termes, il sera quitte pour poyant ce que il doit, pour les termes écheuz à tele monoye comme il courroit aux termes, & pour le prix que elle auroit cours, ou à la monoye nouvelle, à la valuë du marc d'argent: Et si l'*Achateur* au contract de son marchié ne fit point mention à poyer à la monoye courante aux termes & pour le prix que elle courroit, mais promist, ou se obligea simplement à payer certaine somme d'argent, à chascun de certains termes, il sera tenuz en ce cas à poyer bone monoye, c'est à sçavoir celle qui court, ou courra au temps que il payera, & pour le prix qu'elle court, ou courra lors, se ainsi n'estoit que au temps du marchié, il eust courru plus foible monoye que celle qui court, ou courra, ou temps du poyement, ouquel cas l'on poyera selonc la valuë du marc d'argent, si comme cy-dessus est dit des fermes muables.

(17) Item. Les *Ventes des bois* prises avant le cours de ladite *foible monoye*, de quoy le bois est tout coupé, & aucuns des termes des poyemens sont à venir, se poyeront à la monoye courante, aux termes des poyemens.

(18) Item. Ventes de bois prises, comme dit est, de quoy le bois *n'est pas tout coupé*, & les termes des poyemens sont passez, mais *l'Achateur* en doit encore *partie de l'argent*, pour terme escheuz ou *temps de la foible monoye*, se poye tout à tele monoye coume il court, ou courra, quant l'*Achateur* poyera, se & li plaist, & sinon, & le *Vendeur* ne veult estre content de la monoye qui courroit au terme du poyement, il

pourra reprendre sa vente & son bois, ou point que il est, par la maniere que il est divisé cy-dessus des ventes semblables, prises depuis le cours de la *foible monoye.*

(19) Item. Les *Ventés de bois* prises *avant le cours* de ladite *foible monoye*, de quoy aucuns termes de poyemens *sont à venir*, & aussi le *bois*, ou partie du bois *est à couper*, se poyeront pour les *termes à venir*, à la *monoye qui courra* aux termes, sans ce que l'*Achateur* y puisse renuncier.

(20) Item. Se aucun a pris ou temps que ladite foible monoye avoit cours, aucuns *labourages* à faire, pour aucune *somme d'argent*, aussi comme terres, vignes, ou autres semblables *labourages*, ou aussi aucuns *ouvrages*, comme maisons, murailles, cloisons, ou autres ouvrages quelsconques, à estre *poyez à une fois*, ou à *plusieurs*, sans *terme, ou à terme*, un ou plusieurs, le laboureur, ou ouvrier pourra faire, ou parfaire son ouvrage, en recevant ce qui luy en est, ou sera dû, à la *monoye courant*, & pour le prix que elle courroit *au temps du marchié*, ou à la *nouvelle monoye*, selonc le prix *du marc d'argent* se il li plaist, ou se il veult, il *pourra renuncier* dedans *huit jours, aprés la publication de ces presentes* Ordonnances à sondit *labourage, ouvrage*, ou *tasche*, ou au demourant qui à faire en est, ou sera, en rendant, ou poyant toutesfois ou *Bailleur* dedans ledit temps, tout ce que il en aroit reçû oultre le labourage, ou ouvrage que il aroit fait, & autrement non.

(21) Item. Tous autres *Contraus* communs faiz, en *denrées accruës* ou temps que ladite *foible monoye avoit son cours*, à poyer sans terme, ou à terme passé ou à venir, *sans faire mention d'aucune monoye* en general, ou en especial, se poyeront à ladite *foible monoye*, ou à la *nouvelle courant* à present, à la valuë d'icelle, selon le prix du marc d'argent, nonobstant que ou contraut eust esté dit, ou feust obligié le debteur, à poyer *telle monoye comme il courra aux termes*, & pour le prix que *elle y courra.*

(22) Item. Si lesdiz *contraus faiz en denrées* accruës avant que ladite foible monoye eust cours, à poyer sans terme, & en est encore dû tout, ou partie, se poyeront *à la monoye qui court* à present, & pour le prix que elle court, se ainsi n'estoit toute voye, que ceste monoye qui court fust plus forte que celle qui avoit cours ou temps du contraut, ouquel cas l'on payeroit la monoye qui court, selon la valuë du marc d'argent, comme dessus.

(23) Item. Si lesdiz *contraus* faiz, ou les *denrées* furent accruës, comme dit est, en baillant toutes voyes terme, ou termes de poyer la somme d'argent dou contraut, se aucune chose en est dûë pour les termes à venir, *le Debteur sera tenuz de poyer pour les termes à venir la monoye qui courra* aux termes, & pour le prix que elle courra. Et se il en est dû pour terme ou termes escheuz ou temps que il courroit aussi bonne monoye, ou meilleur que ceste qui court, *le Debteur poyera* la monoye courante *à present*, & pour le pris que elle court, se ainsi n'estoit que au temps que il poyera, il courrut *plus forte monoye* que ou temps dou contraut, ouquel cas l'en payeroit à la *valuë du marc d'argent*, comme dessus. Et aussi se il en est deu aucune chose, pour aucuns termes escheuz ou temps que il courroit foible monoye, ou mains forte que ceste qui court à present, ou aussi mains forte que celle qui courroit ou temps du contraut, le *Debteur* sera tenuz poyer ce qu'il en doit encore, à la bonne monoye qui court, pour le pris que elle court en la maniere que cy-dessus est dit.

(24) Item. Des *Denrées accruës*, & tous autres *Contraus*, soient *fermes muables, ventes de bois*, ou autres quelsconques, exceptez *Empruns & Promesses en mariage*, dont cy-dessus est declaré, suffisament faiz & accreuz en quelque temps que ce soit, soit ou temps de *forte monoye, ou de foible*, si le *Debteur* a promis, ou il se est obligié à poyer à une fois, ou en plusieurs, certaine somme d'argent, certaine & expresse monoye pour certain & exprés prix de la monoye contenuë en la promesse, ou obligation qui avoit cours ou temps du contraut, ou de l'obligation, & aussi cours pour tel prix comme il est ou contraut, ou contenu en l'obligation, le *Debteur*, nonobstant chose qui soit dite cy-dessus, est, ou sera tenuz *poyer au Creancier* ladite somme d'argent, *en la monoye, & pour le prix contenuz* ou contraut, ou *obligation*, se icelle monoye est coursable ou temps que le *Debteur* poyera, & sinon il poyera à la *monoye coursable*,

PHILIPPE VI. dit DE VALOIS, à Paris, le 6. Janvier 1347.

adonc selon la valuë du marc d'argent, come dessuz.

(25) Et si le *Debteur* esdiz cas avoit promis, ou se estoit obligié à poyer ladite somme d'argent *en monoye qui n'eust point de cours* ou temps du contraut, ou *en monoye coursable*, pour maindre prix *que elle n'auroit* lors cours, l'en n'aroit pas regard à la maniere de la promesse, ou obligation, *mais au temps du contraut, ou des termes*, selonc le cas cy-dessus devisez. Et neanmoins ceuls qui auroient faiz tels *contraus*, le Nous amenderont l'une partie & l'autre, car tels *contraus* sont dessendus de piéça par plusieurs Ordonnances Royaux. Et pour ce que cy-dessus est faite mention en plusieurs lieux, *de poyer* à la valuë *du marc d'argent, que l'en en donne à noz monoyes, ou donnoit ou temps de la debte, contraut, ou terme, & non pas à la valuë de la traite*, neanmoins se en aucun des cas dessusdiz, ou en autres quelsconques, avoit aucun trouble, ou aucun doubte, *Nous reservons* la declaration pardevers nos amez & feaux *les Genz de noz (d) Comptes à Paris.*

(e) Si vous *mandons & commandons* estroitement que nozdictes Ordenances, en la maniere que pardessus elles sont faites, divisées & declairées, vous faites *crier & publier* sollesmnelment par touz les lieux & Villes de vostre Seneschaucie & du Ressort acoustumez à ce, & dont bon vous semblera, & icelles tenez & gardez, & faites tenir & garder, & accomplir enterinement selon leur teneur, senz faire ni venir encontre, comment que ce soit, & aussi faites ou faites faire, en toutes manieres, que toutes *marchandises & denrées* qu'elles que elles soient, & les journées des *ouvriers de braz* & de touz autres, soient *ramenées & avaluées* à juste & raisonable pris, eû regard & consideration à *la forte monoye qui court à present.* En tesmoing de laquelle chose, Nous avons fait mettre nostre Seel à ces Letres. *Donné à Paris le sixiéme jour de Janvier, l'an de grace mil trois cens quarante-sept.*

Sur le reply, il y a, Par le Roy à la relation du secret Conseil. *P. BRIARRE.* Collation est faite. *Pro Rege.*

NOTES.

(d) DECLARATIONS faites par la Chambre des Comptes, en execution de l'Ordonance precedente du 26. Octobre 1343. imprimée cy-dessus, page 193.

PRemierement. Pource que les dictes deux dernieres Ordenances parlent tant seulement, si comme il semble, *de Bois*, & des *fermes muables* du Roy, prinses à la S.t Jehan, & depuis. *Sçavoir* mon se les dictes Ordenances auront lieu aux marchiez de *bois & fermes* des autres Seigneurs du Royaume de France?

Oyl.

(2) *Item.* Pour ce que les dictes Ordenances dient que ceuls, qui ont pris marchiez *de bois*, & *fermes muables* à la S.t Jehan, & depuis les peuvent laissier. Sçavoir mon, se les dites Ordenances auront lieu, *en ceuls qui paravant avoient pris les diz marchiez, & fermes*, & depuis les premieres Ordenances, les avoient *repris & retenuz* simplement, sans aucune nouvelle Ordenance?

Oyl.

(3) *Item.* Supposé que elles n'eussent pas lieu, és dessusdiz, qui auroient repris, & retenu simplement. *Sçavoir* mon si elles auront lieu en ceuls, qui ont *repris & retenu, par convenances nouvelles*, en adjoutant, ou deminuant à leur marchiez, que il avoient avant faiz?

Se il n'y a obligation, ne convenant, elles tenront, si le bailleur en veult estre content, en poyant telle moneie, comme il est contenu au marchié du Contract.

(4) *Item.* Pource que lesdites derrainieres Ordenances dient en leur commancement, que ceuls qui ont pris marchiez de *bois & fermes muables* à la S.t Jehan, & depuis, les pueent laissier, & aprés dient que ceuls qui ont pris telles fermes muables, les pourront laissier *dans quinze jours* aprés la publication. *Sçavoir* mon si ladite *quinzaine* sera gardée és *ventes de bois*, aussi comme aux *fermes muables*, car le texte ne le dit mie.

Oyl.

(5) *Item.* Si ceuls qui pourront *laissier leurs termes* dedans *quinzaines*, & leurs *marchiez de bois*, dedans le temps que par iceuls sera declairié, ne les delaissent. *Sçavoir* mon si pour les termes à venir, ils seront tenuz de poier forte monoie, car les Ordenances n'en font nulle mention.

Oyl.

(6) *Item.* Pour ce que à la S.t Jehan, depuis, & meimement puis les premieres Ordenances publiées, plusieurs *marcheans de bois ont pris ventes* à poier à *forte monoie*, és termes de

PHILIPPE VI. dit DE VALOIS, à Paris, le 6. Janvier 1347.

NOTES.

Noel, l'an 1344. & aprés, ausquels termes ladite *forte monoie devoit courre*, par lesdites premieres Ordenances, & bien le povoient prevoir lesdiz marcheanz. *Sçavoir* mon si par les dernieres Ordenances il porront delaissier, laquelle chose sembleroit enconvenient aux *Bailleurs*, parce que pour l'avancement du cours de la *forte monoie*, les *Preneurs* n'ont de *domage*, ainçois *profit*, pour ce que ils recevront desoresmais forte monoie des exploits de leurs marchiez.

Ils ne le peuvent laissier.

(7) Item. Pour ce que plusieurs *marcheanz* ont pris depuis la St Jehan, *fermes, & marchiez de bois*, à plusieurs années, à poier à termes, dont aucuns devoient estre à poier, de la monoie de *nuef tournois*, & de *six tournois*, selon la *premiere Ordenance*, & les autres à *forte monoie*, pour le temps que elle auroit son cours. *Sçavoir mon* ou cas que tels *marcheanz* voudroient delaissier, par la derreniere Ordenance, si les baillëurs les pourroient contraindre à tenir leurs marchiez, en voulans estre contens de la monoie de *nuef* & de *six tournois*, pour ses termes que il les devoient poier, par les premieres Ordenances.

Oyl.

(8) Item. Pour ce que plusieurs marcheanz *avant la St Jehan* avoient pris *fermes & marchiez de bois*, à poier à plusieurs années, qui selon les premieres Ordenances, ne delaissèrent point, en intention de poier monoie de *nuef & de six tournois*, jusques au temps qui estoit pris pour le cours *de la forte monoie*, lesquelles par les dernieres Ordenances ne povoient delaissier. *Sçavoir mon* à quelle *monoie* il se acquitteront, pour les termes, qui escheurent avant le temps que la forte monoie devoit courre par les *premieres Ordenances* mesmement, car si elles se povoient acquitter *en la monoie* de *nuef & de six tournois* pour les diz termes, les Bailleurs seroient trop endomagiez, & les Preneurs auroient trop *grand gaaing*, consideré ce que desoresmais ils recevront forte monoie des exploiz de leurs marchiez.

Ils le pueent laissier, si le Bailleur n'est content de telle monoie, comme il devoit courre par la premiere Ordenance.

(9) Item. Si l'intention du Roy estoit que lesdites *Ordenances* derrenierement faites, sur les debtes de *ventes de bois* & de *fermes muables*, prises *à la Saint Jehan, & depuis*, n'eussent point de lieu, que en ses marchiez, & non pas entre ses subgiez, *Sçavoir mon* si les *Bailleurs*, qui avoient pris convenance de estre poyez, *de nuef & de six Tournois*, pour ce que il entendoient, que cette monoye d'eust courre, seront tenuz de garder telles convenances aux *Preneurs*, de quoy il seroient trop endomagiez, & les *Preneurs* auroient trop grand proufit, si comme dit est en l'article precedent.

Les Ordenances ont lieu aussi bien entre les subgiez, comme ès marchiez du Roy, & peut delaissier comme dessus.

(10) Item. Pour ce que ès premieres Ordenances, qui parlent que ceuls qui ont pris *marchié de bois* puis Pâques, l'an 1340. les peuvent delaissier, en icelles n'est point contenu de temps de faire ledit delais. Sçavoir si par lesdites Ordenances premieres, il porront desoresmais delaissier.

Il y a quarante *jours de delaissier en la premiere Ordenance, &* quinze *en la derreniere.*

(11) Item. Pour ce que les *premieres Ordenances* dient que ceuls, qui avoient *pris fermes muables*, les peuvent laissier dedanz les *quarante jours*, mais que ils satisfiassent dedenz *quarante jours* de ce que il devoient du temps passé, desquels aucuns *delaissierent de paroles*, & rien n'en payerent du temps passé. *Sçavoir mon* si leur delaiz est pour nul, & se il porroient estre contrainz à tenir lesdites Fermes, & poyer forte monoye.

Puisque il n'ont payé de fait, il ne peuvent delaissier.

(12) Item. Si la *vente des Bois* qui a esté faite *puis Pâques*, l'an 1340. estoit toute vuide, ou la plus grande partie, & aucun terme, ou aucune chose en fust encore dû, l'*Achateur* sera tenu à poyer telle monoye comme il courroit ou temps du contract, & si seront ces termes de poyer *tenuz & gardez*.

(13) Item. Le seizième jour de Septembre, sur ce que plusieurs personnes *depuis Pâques* derrenier passé, l'an 1343. ont baillé à Ferme leurs grosses *Fermes de Bled* & d'autres grains *de cest Aoust*, ou partie d'iceluy avant leur *messon* ou *cuillette*, à poyer à certains termes, ou aux termes *accoustumez*, ès pays où elles sont, sans *deviser à qu'elle* monoye, *considerée la chierté du Bled*, & des autres *grainz*, qui depuis sont encheris, & aussi que les Fermiers, ou Acheteurs desdites Fermes les vendront & en recevront la monoye qui courra pour le temps à venir.

(14) Fu *conseillé & déliberé*, que les *Fermiers*, ou *Acheteurs* qui les veulent, ou voudront retenir, seront tenuz à poyer tele monoye, & pour tel prix, comme il courra aux termes; Et se il les veullent delaissier, il seront tenus à bailler la dépoüille & à rendre bon compte, & loyal aux *Bailleurs* de tout ce que il auront cueilli, ou levé, ou autrement ordené. Et les *Bailleurs* seront tenus à leur poyer ou rendre justement & loyalment, ce que par raison lesdites Fermes leur aura cousté à cueillir, porter, charier & mettre en grange, &

PHILIPPE VI. dit DE VALOIS, à Paris, le 6. Janvier 1347.

NOTES.

tous autres couz, justes & loyaux.

(15) Item. Les *marcheanz de Bois,* qui selon les Ordenances ont renoncié, ont vendu au temps de la foible monoye leurs bois, pour aucun pris à poyer, à *la Feste de Noël,* & à donc doivent semblablement poyer partie de l'argent deu à ceuls de qui ils ont acheté les Bois, sans faire expresse mention en obligation *de monoye courante* au terme, ou d'autre certaine monoye. Si est à sçavoir quelle monoye il recevront & payeront.

> *Ils prendront, & paieront la monoie qui courroit au temps du Contract, selon les Ordenances.*

(16) Item. Suppose que il doive poier tele monoie que il *courra au Noel,* sans autre adjection faire en obligation de certaine monoie, ni à certain prix. Se il pairont en *monoie forte,* qui *courra au Noel,* ou *à la foible* qui *courroit* ou temps du Contract, car és *Ordenances premieres* est contenu, que le marcheand, qui laissera son marchié, paiera ce que il aura exploitié du bois, à la monoie qui aura couru. *Ut supra.*

(17) Item. Les *Censiers* qui puis *la S.t Jehan* dereniere passée, ont *accensé,* ou fait marchié à plusieurs années, des choses qui se reçoivent en deniers, & promis par leurs *Foyz de leurs corps,* à poyer chascun an *certaine somme d'argent,* à tenir la cense pour le terme, nonobstant toutes Ordenances faites, ou à faire, auquel ils ont *renoncie dans quinze jours* contenuz aux derrenieres Ordenances faites sur ce, *ont pu renoncier,* nonobstant les renonciations & seremenz dessusdiz.

> *Selon la Declaration qui en a esté faite depuis, il les ont pu laissier.*

(18) Item. Comment se poyeront *loyers de maisons,* pour les termes de la *Toussaints* passée, & pour les termes à venir, jusques *à la S.t Jehan,* ne à quelle monoye.

> *Les loyers se poyeront selon les premieres Ordenances. C'est à sçavoir à la S.t Remy,* foible monoye. Le Noel *un gros* pour trois sols Parisis. *Pasques un gros pour deux sols Parisis.*

(19) Item. Comment se poyeront *gages; fiez & aumosnes, Rentes à vie dües par journées,* ou à une fois l'an, dés l'an 1342. jusques à la *Toussaints* de l'an 1343. & qui sont accoustumées de poyer à ladite feste *de Toussaints,* ou au *Noel* prochain venant.

> *L'en poyera ces choses ainsi.* C'est à sçavoir *jusques au vingt-deuxiéme jour de Septembre,* en foible monoye.
>
> *Item.* Dudit vingt-deuxiéme jour de Septembre, jusques au Lundy devant *la Toussaint,* monoye *moyenne.*
>
> Et depuis ledit Lundy *forte monoye,* selon les Declarations *qui en sont faites sur ce.*

Ces Declarations sont au Registre A. du Parlement, feüillet 28. *verso.* Et quoyqu'elles soient imprimées cy-dessus, page 193. aprés l'Ordonance du 26. Octobre 1343. on a crû les devoir remettre encore en cet endroit pour la commodité des Lecteurs, parce qu'elles sont utiles pour l'intelligence de celle-cy.

(e) Si vous Mandons, &c.] Tout ce qui suit a esté pris de l'Original qui est au Tresor des Chartes du Roy, adressé au Seneschal de Beaucaire, ou à son Lieutenant, auquel le Sceau est encore pendant.

PHILIPPE VI. dit DE VALOIS, à Paris, le 6. Janvier 1347.

Ordonance touchant le prix, la valeur & le cours des Monoies, contenant quelques autres Reglemens.

SOMMAIRES.

(1) De toutes les monoyes blanches, ou noires, il n'y aura que les Parisis doubles noirs, *qui auront cours pour un denier parisis, les* Doubles tournois *pour deux* deniers petiz. *Le* petit tournois *pour un petit tournois, & la* Maille tournoise *pour une maille tournoise, & toutes les autres monoyes sont deffenduës.*

(2) Le Denier d'or fin à la chaise *n'aura plus cours que pour* seize sols de Parisis *& pour* dix sols *de bons Doubles tournois, pour* vingt sols *de bons tournois petits, & pour quarante sols de mailles tournoises que le Roy fait faire. Et les* Deniers d'or fin à l'escu, pour quinze sols *desdites monoyes.*

(3) Personne qu'elle que elle soit ne pourra porter, or, argent, ni billon hors du Royaume, mais seulement aux plus prochaines monoyes royales, sous les peines portées par les Ordonnances.

(4) Nul ne pourra se mesler du fait de change, *à l'exception de ceux qui auront esté commis à cet effet par les generaux Maistres. Et le* Denier d'or *ne sera acheté ni vendu qu'un* denier *la piece & au-dessous.*

(5) Nul sous les mêmes peines, ne s'entremetra de courretage de monoye.

PHILIPPE VI. dit DE VALOIS, à Paris, le 6. Janvier 1347.

(6) Nul Billonneur, sous les mêmes peines, ne billonera chez luy, ou ailleurs, & ne pourra acheter billon à la piece, au marc, ou à l'once.

(7) Aucun marché ni aucun contract ne se fera qu'à sols, ou à livres. *Et ceux qui à l'avenir presteront un Denier d'or à la chaise, ou à l'escu, ne pourront demander pour le* Florin *à* l'escu, *que* quinze sols *Parisis de cette monoye, nonobstant toutes convenances contraires.*

(8) Nul Changeur, *sous les mêmes peines, ne pourra fabriquer de la* vaissellc d'argent, *ni vendre de l'argent à aucun* Orfevre, *mais sera tenu de le porter aux plus prochaines monoies royales.*

(9) Nul Changeur, Orfevre *&* Affineur, *sous les mesmes peines, ne pourra rachasser, ne affiner, que par la permission des generaux Maîtres des monoies.*

(10) Ceux qui seront commis par les generaux maîtres pour le fait de Change, *n'auront besoin d'aucunes autres* Letres.

(11) Nul Orfevre *ne pourra faire* vaisselle d'argent, *que d'un* marc *& au-dessous, si ce n'est pour les Églises.*

(12) Les Changeurs *dans chaque Bailliage, jureront que dés qu'ils auront acheté aucuns* Florins *d'or quels qu'ils* soient, *à* l'exception *de ceux à la* Chaise *& à l'Escu, ils les couperont & les porteront aux monoies Royales.*

(13) Tous Marchands *François, ou forains, & tous* Hostelicrs, *jureront qu'ils observeront ces Ordonances, &c.*

(14) Tous les Ouvriers des monoies viendront *y ouvrer dans huitaine, à compter de la publication des presentes, sous peine de perdre leurs Offices & leurs privileges.*

(15) Tous Ouvriers & Monoiers *absens reviendront travailler aux monoies du Roy, à peine de perdre leurs Offices & leurs privileges.*

PHILIPPES *(a)* par la Grace de Dieu, Roy de France, au Seneschal de Beaucaire ou à son Lieutenant. *Salut.*

Il est venu à nostre congnoissance que pour le trés grant & excessif *cours*, que nostre peuple de nostre Royaume, de volenté contre les *Ordenances* de noz monoyes, *Mandemens & Deffenses* plusieurs, *a donné* aux *Deniers d'or fin (b)* à la *chaiere*, & à touz autres *Deniers d'or* à l'advenant, combien que *aucun Denier d'or n'eust cours*, excepté le *Denier d'or fin à la Chaiere*, que Nous avons fait faire, & faisons à present, toutes *marchandises* & especiaument *touz vivres* sont *renchieris*, & feussent ou temps à venir *si chers*, que nostredict peuple ne se *peust vivre*, ne avoir son gouvernement, sanz trop grant grief & domage. *Nous*, qui avons souverain desir & especiale affection de mettre & reformer nostre Royaume en son droit estat, *de bonne monnoye*, pour le bien évident & commun profit, de Nous & de nostredict peuple. Eû conseil & déliberation à ce, avons *Ordené & Ordenons* par ces presentes, que nul de quelque condition que il soit, sur *peine de corps & d'avoir*, ne preigne, ne mette en marchandises, payemens, ou autrement *monnoyes d'or, blanches, ne noires*, de noz *coings*, ne d'autres faites ça en arriere, exceptez les *Parisis doubles noirs*, qui ont derrenierement corru *pour Deux deniers Parisis*, auxquels Nous donnons cours *pour un Parisis seulement*, puis la publication de ces Letres en avant, & aux *Deniers doubles Tournois*. Aux *Tournois petiz*, & *aux mailles tournois*, que Nous faisons faire à present. C'est à sçavoir lesdiz *Doubles* courront pour deux *Deniers petiz* la piece, *le Tournois* petiz, pour *un petit Tournois* la piece, *& la maille tournoise pour une maille tournoise la piece.*

(2) Item. Nous avons *Ordonné* que noz *Deniers d'or* fin à la *chaiere*, & à *l'escu*, que Nous avons fait faire, & faisons à present, ne soient prins, ne mis en marchandises, cours payement, ne autrement. C'est à sçavoir ledit *Denier d'or fin à la chaiere pour seize sols Parisis*, des *Parisis noirs* dessusdiz, & pour *vint sols tournois desdiz bons tournois petiz* dessusdiz, & pour *quarante sols des mailles tournoises* dessusdictes que Nous faisons faire à present, & ledit *Denier d'or fin* à l'escu, pour *quinze sols Parisis* des monnoyes dessusdictes.

(3) Item. Que nulz ne soit si hardiz de porter, ne faire porter, *Or, Argent*, ne *Billon* hors de nostre Royaume, ne en aucunes monnoyes, mais tant seulement en la

NOTES.

(a) Cette Ordonance est en original au Tresor des Chartes du Roy, d'où elle a esté prise. Voyez cy-dessus l'Ordonance du 22. Aoust 1343. page 187. celle du 26. Octobre 1343. page 191. & celle du 6. Janvier 1346. pages 254. 455. 256.

(b) A la chaiere.] C'est-à-dire, à la chaire, ou la chaise, parce que le Roy y estoit representé assis.

PHILIPPE VI. dit DE VALOIS, à Paris, le 6. Janvier 1347.

plus prochaine des nostres du lieu, d'où il sera, sur lesdictes peines, & de perdre tout *l'Or, l'Argent & le Billon* que il portera, dont *le Quint* sera à celuy qui l'aura pris, se *élargissement, congié & licence* ne l'y a esté donné par les Generauls Maistres de noz monoyes, de le porter en aucunes de noz monoyes.

(4) Item. Que nulz, sur quanque il se puist meffaire envers Nous, ne face dores-en-avant és Villes, ne és lieux de vostre Seneschaucie, ne en aucunes autres Villes de nostre Royaume, *fait de change*, exceptez les *Changeurs* commis & ordenez à ce faire, & és lieux publiques & accoustumez en nostre Royaume, Ne acheter nulz *Deniers d'or,* que un *Denier* Parisis la piece & au-dessouz.

(5) Item. Que nulz sur ladite peine, de quelque condition, ou estat que il soit, ne soit si hardiz que il s'entremette, ne face fait *de corretage de monnoye.*

(6) Item. Que nul *Billonneur,* sur ladite peine, ne s'entremette de *billonner* en l'hostel, ne dehors, ne d'acheter *Billon* à la piece, à *Marc, ne à livre,* ne de porter *Tablette* par nostredit Royaume.

(7) Item. Que nulz *marchanz,* ne autre quelque il soit, ne face fait de *marchandise,* ne *contract à marc d'Or, ne d'Argent, à Fleurins* quelxque il soient, ne *à gros Tournois* d'argent, ne autrement, fors que *à livres & à sols* de noz monnoyes dessusdictes, ausquelles Nous donnons cours, par ces Ordonnances. Et quiconques, de cy en avant, marchandera, fera contract, prestera, ou fera prester *Deniers d'or à la chaiere, ne Deniers d'or à l'escu* à qui que ce soit, il ne *pourra* au temps à venir, pour le *Fleurin à la chaiere, que seize sols Parisis* de la monnoye dessusdite, ne pour le *Fleurin à l'escu, que quinze sols Parisis* d'icelle monoye, non contrestant quelsconques convenances contraire, ne obligations faites au contraire.

(8) Item. Que nulz *Changeurs, Orfévres,* ne autres sur lesdictes peines, ne soit si hardiz de acheter, ne de donner *greigneur prix,* en or, ne en argent que Nous faizons en noz monoyes.

(9) Item. Que nulz *Changeurs,* sur lesdictes peines, ne soient si hardiz de faire faire *Vaisselle,* ne *ouvrage d'argent,* ne de *vendre argent* à nul *Orfevre,* mais le porte à la plus prochaine de noz monoyes, du lieu, où il l'aura cüeilli, ou levé, & ne puisse *garder* aucune monoye deffenduë, fausse, ou contrefaite, se elle n'est perciée, ne aucun billon plus *de quinze* jours.

(10) Item. Que nulz *Changeurs, Orfévres,* ne *Affineurs,* ou autres, sur lesdictes paines, ne soient si hardiz de *rechassier,* ne *affiner,* sans le congié des *Generaux Maistres* de noz monoyes.

(11) Item. Que touz *Changeurs* qui auront congié & licence, par Letres desdiz *Generauls Maistres,* de *changer* & faire *fait de change,* puissent faire tout fait de change, par tous les lieux du congié qui leur en aura esté donné desdiz Maistres. Et ne voulons que iceuls soient contrains à avoir nulles autres *Letres,* ou *mandemens* de aucuns Justiciers de nostre Royaume, pour faire ledit fait *de Change.*

(12) Item. Que nulz *Orfevres* ne soient si hardiz de faire *vaissélement d'argent,* fors *d'un marc,* & au-dessouz, se ne sont *Calices,* ou *Vaissiaux à Sainctuaires,* pour Dieu servir.

(13) Item. Nous avons *Ordené* & *Ordenons,* que les *Changeurs* de vostre Seneschaucie *jureront aux Saints Evangiles de Dieu,* que sitost comme il auront acheté aucuns *Fleurins,* quelz que il soient, exceptez *noz Florins d'or* à la *chaiere, & à l'escu,* ausquels Nous *donnons cours,* comme dict est, il les *couperont* & *porteront* en la plus prochaine de noz monoyes du lieu où il seront, sur paine de perdre lesdiz *Fleurins, & du corps* à nostre volenté.

(14) Item. Il Nous plaist & *Voulons* que touz Marchanz *d'avoir de poidz,* de *Drapz,* de *Pelleterie* d'autres marchandises & *Hostelliers* de toutes les bonnes Villes de vostre Seneschaucie & ressorts d'icelle, *& Marchans Forains.* C'est assavoir *Genevois, Lucois, Ytaliens, & touz Courratiers,* soient contrainz à jurer aux Saintz Evangiles de Dieu, que ces presentes *Ordonnances* il tendront, garderont, sur les paines dessusdictes.

(15) Item.

(15) *Item.* Que tous *Ouvriers & Monoyers* viengnent ouvrer en noz monoyes dedanz huict jours aprés la publication de ceste Ordenance, sur paine d'estre privez de leurs *Offices*, & de perdre leurs *Privileges*.

Si vous mandons que tantost, & en l'eure, ces Letres vûës, vous faciez publier en vostredicte Seneschaucie, & en touz les lieux & ressort d'icelle accoustumez à faire criz, nostre presente *Ordenance.* Que nulz sur les paines dessusdictes, ne face, ou face faire en rien le contraire. Et touz ceuls que vous trouverez, ou sçaurez, par quelque voye ou maniere que ce soit, faisanz ou avoir fait le contraire, *Nous* dés maintenant les *condamnons* à perdre tout ce qui leur aura esté trouvé, prenant ou mettant. Et en oultre, *Voulons* que vous, sanz aucun *déport,* ou *délay,* detenez leurs corps & personnes jusques à tant, que *Nous* en ayens eû la cognoissance, pour les punir à nostre volonté. Et vous faisons à sçavoir, que si Nous vous povons sçavoir aucunement negligenz de tenir, & faire tenir & garder nostre presente Ordenance. *Nous vous en punirons* si griefment, que il sera exemple à tous autres. *Donné à Paris le sixiéme jour de Janvier mil trois cens quarante-sept.*

PHILIPPE VI. dit DE VALOIS, à Paris, le 6. Janvier 1347.

PHILIPPE VI. dit DE VALOIS, à l'Hôpital de Lisy, le 28. Janvier 1347.

(a) Ordonance contre les Tresoriers & les Receveurs du Roy.

SOMMAIRES.

(1) Tous Receveurs seront suspendus & ostez de leurs Offices, jusqu'à ce que le Roy en ait ordonné. Ceux qui auront fait fidellement leur devoir seront establis en d'autres recettes, où ils n'auront pas esté.

(2) Aucun Italien, ni autre estranger, n'aura aucune recette du Roy.

(3) Aucun Receveur du Roy ne pourra prendre des gages, des Robes ni des pensions d'aucuns Prelats ni Barons, sous peine de privation de leurs Offices & d'amendes arbitraires.

(4) Les Receveurs que le Roy establira, se presenteront aux termes accoustumez sous les peines portées par les Ordonances precedentes. Et ils jureront en la Chambre des Comptes qu'ils observeront ces Ordonances & celles qui leur y seront montrées, que le Roy veut estre observées.

PHILIPPES par la Grace de Dieu, Roys de France, à nos amez & feaulz les Gens de nostre *Conseil secret*, les *Gens de noz Comptes*, & noz *Tresoriers* à Paris. *Salut & dilection.*

Sçavoir faisons, comme Nous oy plusieurs *complaintes & clameurs* à Nous rapportez, par plusieurs dignes de foy, tant *nobles comme non nobles, d'aucuns de noz Receveurs* de nostre Royaulme, de plusieurs malefices & deffaus qu'ils ont faiz & perpetué en nozdittes Recettes, tant en noz *Fermes baillées*, & en ce qu'il ont reçû pour Nous, comme és payemens des *Assignez* sur lesdites *Recettes*, & aussi qu'il ont reçû plus *fortes monoyes* qu'il n'ont payé ausdits *Assignez*, de quoy il ont tourné & appliqué à leur prouffit la mendre vaillance desdites *monoyes*, sanz ce que il Nous en ayent pou, ou rient rendu; & ont delayé & delayent à venir compter & rendre compte, & eulx affiner devers vous les *gens de noz Comptes*, afin que leur estat & la verité ne soient sceuz, combien que chascun ait, où il ayent esté mandé aux termes accoustumez, & mesmement par noz autres Ordenances, pour venir rendre compte à raison des *recettes & mises* qu'ils ont faictes pour Nous & de plusieurs *subsides, impositions, finances & prestz* que il ont levé de nostre peuple, de quoy il ont encore à compter, laquelle chose est & seroit en grant dommage de Nous, de nostre peuple, & desdiz Assignez, se par Nous n'y estoit pourvû de remede; *Nous* qui toûjours *Voulons* &

NOTES.

(a) Cette Ordonance est au Memorial C. fol. 21. *verso* de la Chambre des Comptes de Paris.

Anciennement les Baillis & les Seneschaux recevoient les deniers du Roy. Voyez l'Ordonance du 20. Avril 1309. articles 13. & 15. page 464. Tome premier.

Philippe V. dit le Long créa des Offices de *Receveurs* par son Ordonance du 27. May 1320. Voyez au Tome premier, page 712.

PHILIPPE VI. dit DE VALOIS, à l'Hôpital de Lisy, le 28. Janvier 1347.

desirons pourveoir au bon gouvernement de nostre Royaulme & de noz offices, pour le prouffit de Nous, & de nostredit peuple.

Premierement. Avons *Ordené* & *Ordenons* que tous lesdiz *Receveurs* de nozdittes receptes seront *souspenduz* & *ostez* de leurs *offices*, jusques Nous en ayons autrement ordené. Et ceulz qui bien & loyaulment se seront portez en leursdiz offices, desquelz Nous, ou noz genz aront bon raport, seront *miz & establiz* nos *Receveurs en noz autres receptes*, esquelles ilz n'auront pas esté noz Receveurs, ou autrement pourveuz, selon ce que bon Nous semblera.

(2) Item. Nous avons *Ordené* & *Ordenons* que aucun *(b) Ythalien* dores-en-avant, ne homme *né hors de nostre Royaulme*, ne sera *Receveur* d'aucunes de noz Receptes; & dés maintenant se aucun en y a, Nous lez en ostons, & deboutons du tout.

(3) Item. Nous avons *Ordené* & *Ordenons* que dores-en-avant aucun de nozdiz *Receveurs*, ne preigne, ne ait *robbes*, *gaiges*, *ne pensions de Prelaz*, de *Barons*, ne d'*autres nobles*, ou *non nobles* quel qu'il soit, sur peine d'estre privé dores-en-avant de tous noz Offices, & d'encheoir en amende arbitraire.

(4) Item. Nous avons *Ordené & Ordenons* que les *Receveurs* que Nous *establirons* en nosdittes receptes, viengnent chascun an auz *termes accoustumez*, en la maniere, & sur les peines contenues en noz autres Ordenances : Et *Voulons* que dores-en-avant chascun Receveur, sitost comme il sera establi Receveur, *viengne en la Chambre de nozdiz Comptes* pardevers *nosdites genz*, & qu'il *jure* à tenir & garder sanz enfraindre, les *Ordenances* dessusdittes, ensemble noz autres Ordenances qui par nosdittes genz leur seront monstrées, lesquelles Ordenances, Nous *voulons* estre tenuës & gardées dores-en-avant.

Si vous mandons que nosdittes Ordenances, vous faciez tenir & garder de poinct en poinct selon leur teneur, sanz enfraindre en aucune maniere, & selon la teneur d'iceiles, punissiez tous ceulx qui feront le contraire. *Donné à l'Hospital de Lisy le vingt-huictiéme jour de Janvier, l'an de grace mil trois cens quarante-sept.* Signé ainsi par le Roy. *P. DAUNOY.*

NOTES.

(b) Que aucun Italien dores-en-avant, ne home né hors de nostre Royaume ne sera Receveur.] Voyez l'art. 22. à la fin de l'Ordonance de 1319. publiée en la Chambre des Comptes le 17. Avril 1320. Tome premier, p. 706. & 778. art. 30. Cette disposition estoit sage & juste à l'égard de tous les estrangers ausquels on ne pouvoit se fier, mais principalement à l'égard des *Italiens*, ou *Lombards*, pour lesquels on n'avoit aucune estime en France, dont ils avoient esté chassez par l'Ordonance du Roy *Philippes le Bel*, du 19. Septembre 1311. que l'on trouve dans le premier Tome, page 489. 490. 491. Dans la suite on n'a plus voulu que les estrangers pussent posseder des *offices ni des benefices*, & qu'ils pussent estre *Fermiers ni Banquiers*. Voyez Bacquet du *Droit d'Aubaine*, chapitre 15. page 889.

PHILIPPE VI. dit DE VALOIS, à l'Hôpital de Lisy, le 22. Fevrier 1347.

(a) Ordonance contre les blasphemateurs, ou ceux qui jurent le vilain serment.

PHILIPPE par la grace de Dieu, Roy de France, au Prevost de Paris, *Salut.* Pour ce que pieça il est venu à nostre cognoissance, que plusieurs de nostre Royaume, ou autres conversans & habitans en iceluy, & non ayant Dieu avec euls, mais

NOTES.

(a) Cette Ordonance est rapportée par Fontanon, Tome 4. titre 6. page 235. & par l'Auteur du grand Coutumier, Livre premier, chapitre 9. Elle est dans le Livre *vert vieil du Chastelet*, feüillet 152. & dans le *Livre rouge vieil*, feüillet 71. Dans le stile du Parlement, partie 3. titre 41. & dans le Decret de Bouchel page 1207. il y en a quelques fragmens. Elle est citée par Chopin, *De Domanio, lib. 2. tit. 7. n. 20.* page 189. Voyez l'Ordonance *de S.t Loüis* de l'an 1268. ou 1269. tome premier, pages 99. & 105. l'Ordonance de *Philippe III.* de 1272. page 296.

esmeuz de mauvais courage & comme mescognoissans leur Createur & ses œuvres, ont dit par plusieurs foiz & dient par chascun jour plusieurs paroles injurieuses & blasphemes de Dieu nostre Createur, & de la glorieuse Vierge Marie sa mere, & de tous Saints & Saintes, *& jurent vilains sermens* en trés grande déplaisance de *Nous*, & ainsi doit estre de tous bons Chrestiens. *Et combien* que par plusieurs foiz, Nous vous avons *mandé & commandé* moult estroitement, que punicion fust faite de tous tels mauvais Chrestiens mescognoissans nostredict Createur. Et en certaine maniere vous avez esté remis & negligens, & encores estes de ladite punicion faire, dont *Nous* vous reprenons de negligence, Nous qui de tout *nostre* cuer desirons que grande punicion & vengeance soit faite de tous ceux, qui ainsi feront, *Voulons* & *Ordonons* ladite punicion en estre faite en ceste maniere.

PHILIPPE VI. dit DE VALOIS; à l'Hôpital de Lisy, le 22. Fevrier 1347.

C'est à sçavoir, que celuy, ou celle qui de *Dieu*, ou de la Vierge Marie, *dira* ou mal *jurera* le *vilain serment*, sera mis pour la premiere fois qu'il luy adviendra, *au Pillory*, & y *demeurera depuis l'heure de Prime*, jusques *à l'heure de Nonne*, & luy pourra-t-on jetter aux yeux bouë, ou autre ordure, sans pierre, ou autres choses qui le blessent, & aprés ce demeurera au pain & à l'eau, sans autre chose.

A la *seconde fois*, si par adventure, il luy advenoit qu'il rechust, *Nous Voulons*, qu'il soit *audit Pillory, au jour de Marché solemnel, & qu'on luy fende la levre de dessus d'un fer chaud*, & que les dens luy apparoissent.

A la *tierce fois*, la levre de dessous, & à la quarte *toute la bas-levre.*

Et si par meschance, il luy advenoit *la quinte foiz*, *Nous Voulons* & avons *Ordonné & Ordonnons* qu'on luy *coupe la langue*, tout outre, si que des lors en avant, il ne puisse dire mal de Dieu, ne d'autre.

Et en outre avons *Ordonné* & *Ordenons* que si aucun oyt dire, lesdictes mauvaises paroles, & il ne les venoit dire incontinent, qu'on luy puisse lever amende sur luy jusques à la somme de *soixante livres*, & s'il estoit si pauvre, qu'il ne la *pust payer pecuniaire*, qu'il demeure en prison au pain & à l'eau, jusque à temps que il ait souffert penitence en ladite prison, qui doit *suffire*, satisfaire & *valoir* ladite amende.

Si vous *mandons* & *enjoignons* estroitement que nostre presente Ordonnance, vous faciez crier & publier sollenellement par tous les lieux où on a accoustumé faire cris en vostre jurisdiction & ressort; Et *qu'aucun* ne soit si hardis, *aprés ledit cry, de dire, ou proferer* les mauvaises paroles dessusdites, ou aucunes d'icelles, & que chascun incontinent, qu'il les aura à aucun oüy jurer, le revele à justice, sur les peines dessus divisées: Et tous ceuls qui aprés ledit cry feront trouvez faisant le contraire, punissez-les sans déport, & toute faveur ostée, par la maniere cy-dessus éclaircie, & avec ce le faites sçavoir à tous les *hauts Justiciers* de vostre Prevosté, afin qu'ainsi le facent crier & publier en leur Jurisdiction. *Sachant* si defaut y a par vous, ne par culs aussi, nous en *prendrons* si grande vengeance, que les autres y prendront exemple. Si gardez qu'il n'y ait faute. *Donné à l'Hospital de Lisy, l'an de grace mil trois cens quarante-sept, le vingt-deux Fevrier.*

PHILIPPE VI. dit DE VALOIS, à Fontaine-bleau, le 4. Mars 1347.

(a) Mandement aux Gens des Comptes, portant que tous les Receveurs s'applegeront pour une année de leur recepte, & feront serment sur les Evangiles qu'ils ne prendront robes, ni gages de personne.

PHILIPPES par la Grace de Dieu, Roys de France, à nos amez & feaulx *Pierre de Becourt* nostre Chevalier & Conseillier, & les gens de noz Comptes, *Salut & dilection.*

NOTES.

(a) Ce Mandement est au Memorial C. fol. 44. de la Chambre des Comptes de Paris.

PHILIPPE VI. dit DE VALOIS, à Fontainebleau, le 4. Mars 1347.

Comme Nous avons de pieça Ordené que noz *Receveurs* se *applegassent* en la Chambre de noz Comptes par certaine maniere, & que il ne preissent *Robbes* ne *Pensions* d'aucun Seigneur, ni ne *prestassent* aucune chose à quelque personne que ce *feust*, eulx estans en nostre service, lesquelles choses *par negligence* ont esté mal tenuës & gardées, en quoy Nous avons grant dommage, & aurions encore plus se remede n'y estoit mis. *Nous* voulans sur ce pourveoir a nostre indempnité, Nous *mandons, commandons & enjoignons* estroitement sur les serremens à quoy vous estes astraint & tenu à Nous, que toutes faveurs cessanz, vous faciez *tous noz Receveurs*, qui *applegié* ne se sont souffisamment, *applegier* chascun d'autant comme monte *sa recepte d'un an*, ou de ce que vous verrez qu'il devra souffire, & ainsi le faites dores-en-avant de *chascun Receveur* quant il sera establi en aucune recepte sanz nul déport. Et aveuc ce faites *jurer* aus Sains Euvangiles lesdiz Receveurs & noz Tresoriers presens & à venir que il ne prendront *(b) Robbes*, ne *mesnages* d'aucun Seigneur, & que il ne presteront à aucun de quelque condition, ou estat que il soit, d'or ne d'argent ou monnoye noire, tant comme il seront en nostre service, sur peine d'encoure vice & diffame de parjure & de perdre le prest, & de autant à Nous payer pour l'amende. Et de ces choses faire & accomplir ores & toutesfois que mestiers en sera, soyez si curieux & diligenz que par vos deffautes ou negligences, Nous n'y ayons dommage, quar sçachiez Nous en prendrions à vous & à vos biens. *Donné à Fontainebliaut le quatriéme jour de Mars, l'an de grace mil trois cent quarante-sept.* Ainsi signé par le Roy. *R.* DE *MOULINS*.

NOTES.

(b) Robes.] Voyez cy-dessus l'Ordonance du 28. Janvier 1347. article 2. & au Tome premier l'Ordonance du 27. May 1320. page 712.

PHILIPPE VI. dit DE VALOIS, à Paris le 27. Mars 1347.

(a) Letres touchant le cours des monoies, & principalement pour le Denier d'or fin à la Chaise, *& le* Denier d'or fin à l'escu.

PHILIPPE par la Grace de Dieu, Roys de France, au Seneschal de Beaucaire & de Nymes, ou son Lieutenant, *Salut.*

Comme en noz derrenieres Ordenances *faites sur le fait & cours de noz monnoyes*, soit expressement commandé & deffendu que nulz ne soit si hardiz sur certaines & grieves peines, contenuës en ycelles, de prendre, ne mettre en cours, payement ne autrement que ce soit, *aucunes monnoyes* d'or, blanches, ne noires, mais tant seulement le *Denier d'or fin à la chaiere,* pour *seize sols Parisis*, le *Denier d'or à l'escu,* pour *quinze sols Parisis*, & les *Doubles tournois*, *Parisis* & *tournois* petiz, & mailles petites tournoises que Nous faisons faire à present, pour le priz que Nous leur avons donné par nozdictes Ordenances : Et comment que Nous eussions lors voulu & souffert que les *Doubles Parisis* paravant faiz par Nous, eussent, cours pour *un Denier Parisis*, jusques à tant que nostre pueple feust rempli de petite monoye, pour la subsistance & gouvernement, & toutes autres monnoyes *d'or, blanches & noires,* tant de nostre Royaume comme dehors du tout abatuës, *& mises au marc pour billon.* NEANTMOINS il est venu à nostre cognoissance, & en sommes souffisament enfourmez, que pluseurs se sont efforciez, & de jour en jour s'efforcent de prendre & mettre *noz monnoyes d'or* dessusdictes, pour plus *greigneur priz* que dessus est dict, *& aussi prengnent & mettent en cours les monoyes deffenduës,* & les autres *faites hors de nostre*

NOTES.

(a) Ces letres sont en original au Tresor des Chartes du Roy à Paris, d'où elles ont esté prises.

Royaume; Et d'abondant en enfraignant nozdictes Ordenances, & en trés grant acception de nostre pueple, *Deniers faux & contrefaiz*, nostre commun pueple prennent & mettent *soubs l'ombre* des nostres, pour la non cognoissance que il y ont, en leur grant grief, decevance & domage, & en prejudice de nostre Royal Majesté, dont trés forment Nous desplest, & ne le voulons plus souffrir. Ainçois pour contrester à yceulz inconvenienz & domages, *avons Ordonné & Ordenons*, par la deliberation de nostre Conseil, que le dessusdit *Double Parisi* fait en *noz coingz*, auquel Nous avons laissée cours pour *un denier Parisi*, ne sera pris ne mis dores-en-avant, que pour un *petit Tournois* tant seulement, afin d'estrangier le cours, & oster aux autres, & contrefaiz hors de nostre Royaume, & aussi pour ce que nostre peuple ayt complement de petite monoye pour leur necessitez, jusques à ce que Nous ayons plus largement fait de quoy ils se puissent gouverner. *Pourquoy* Nous vous *Mandons & expressément Enjoignons*, & *Commandons*, que tantost aprés ces Letres vûës, vous faites *crier & publier* solemnelment nostre *presente Ordenance*, par toutes les Villes & lieux accoustumez de vostre Seneschaucie, & deffendre que nulz sus peine de corps & d'avoir, ne soit si hardiz de faire en aucune maniere le contraire, ne prengne, ne mette en cours payement, ne autrement *noz monnoyes d'or dessusdictes, pour autre*, ne *greigneur priz* que dessus est dict, ne nulles monnoyes *d'or, blanches ne noires*, faites *hors de nostre Royaume*, pour nul priz quelque il soit, ne les *nostres*, excepté celles dessusdictes, fors tant seulement *au marc* pour billon. Et pour miez & plus diligeaument entendre à vostre dicte *garde*, Nous *Voulons* qu'en toutes les Villes & lieux de vostre Seneschauchie où vous verrez qu'il sera à faire, vous *commettez* & establissez par voz Letres, *certaines & loyaux personnes*, tant comme vous verrez que bon sera, qui se prendront garde que aucuns ne face en riens le contraire des choses dessusdictes. Et touz ceuls que vous pourrez trouver & sçavoir par ycelles *gardes*, ou autrement, qui en aucune maniere feront le contraire, punissez-les sans aucun déport, ou delay, en telle maniere que touz y prennent exemple. C'est à *sçavoir* que toutes les monoyes qu'il trouveront pregnant ou mettant, pour *greigneur priz* que dessus est diz, Nous sont *acquises*, & des amendes à nostre *volenté*.

Et pour miex & plus curieusement entendre à leurs *dites gardes*, Nous Voullons que pour leurs peines & travaux, il ayent le *Quint denier* de toutes les prises que il feront, en la maniere dessusdites, & qui charront en forfaiture. *Donné à Paris le vingt-septiéme jour de Mars, l'an de grace mil trois cens quarante-sept.*

PHILIPPE VI. dit DE VALOIS, à Paris, le 27. Mars 1347.

PHILIPPE VI. dit DE VALOIS, à Paris, le 27. Mars 1347. Dans la Table Chronologique elle a esté mal datée du 28. Aoust 1347.

(a) Ordonance portant que les Doubles Parisis *faits au Coin du Roy, ausquels il avoit donné cours pour un* Denier Parisis, *ne vaudront plus* qu'un petit tournois. *Que conformément aux dernieres Ordonances le* Denier d'or fin *ne sera pris que pour* seize sols Parisis, *& le* Denier *d'or à l'escu*, pour quinze sols Parisis.

PHILIPPES par la grace de Dieu, Roy de France, au Prevost de Paris, ou son Lieutenant, *Salut.*

Comme en noz Ordenances derrenierement faites sur le fait & cours de noz monoies, soit expressement *commandé & deffendu* que nul ne soit si hardy, sur certaines & griefves peines, contenuës en icelles Ordenances, de prendre, ne mettre en cours & payement, ne autrement que soit, aucunes monoies *d'or, blanches*, ni noires, mais tant seulement le *Denier d'or fin à la Chayre*, pour *seize sols Parisis*, & le *Denier*

NOTES.

(a) Cette Ordonance est au Registre C. feüillet 30. *verso*, de la Cour des monoies, & feüillet 31.

PHILIPPE VI. dit DE VALOIS, à Paris, le 27. Mars 1347. Dans la Table Chronologique elle a esté mal datée du 28. Aoust 1347.

d'or à l'escu fin pour quinze sols Parisis, & les doubles *tournois Parisis*, *& tournois petiz*, & *mailles Tournoises petites*, que nous faisons faire à present pour le prix que Nous leur avons donné par noz dites Ordenances. Et combien que Nous eussions lors voullu & souffert que les *Doubles Parisis*, paravant faiz par Nous, eussent cours pour *un Denier Parisis*, jusques à tant que nostre peuple fut rempli de petites monoies pour la substentation & gouvernement d'iceluy, & toutes autres monoies d'or blanches & noires, tant de nostre Royaume, comme dehors, du tout abatuës & mises au marc pour billon. *Neamoins* il est venu à nostre cognoissance, & sommes souffisament enformez, que plusеurs se sont efforcez, & de jour en jour s'efforcent de *prendre* & *mettre* noz monnoyes d'or dessusdites, pour *graingneur prix* que dessus est dit, & ainsi prengnent & mettent en cours les *monoyes deffenduës*, & les *contrefaites* hors de nostre Royaume, & d'abondant enfreignant nozdites Ordenances, & en tres grant deception de nostre peuple, *Deniers noirs*, faux & contrefaiz, & semblables en façon à noz *Parisis doubles* dessusdiz, ausquels, comme dit est, Nous avons donné cours pour *un denier* Parisis, pour la cause dessusdite; lesquels Deniers faulx & contrefaiz, nostre commun peuple prent & met soubs l'ombre des nostres, pour la non cognoissance qu'ils y ont, en leur grant grief & domage, & en préjudice de nostre Royal Majesté, dont trés fortement Nous deplaist, & ne le *Voulons* plus souffrir, ainçois pour contrester à tels inconveniens & dommages, avons *Ordonné* & *Ordenons* par deliberation de nostre Conseil, que les dessusdiz *Doubles* Parisis faiz en noz Coings, aux quels Nous avons laissé cours pour *ung Denier Parisis*, ne sera prins ne mis dores-en-avant que pour un *petit Tournois*, tant seulement, afin d'estranger le cours, & oster aux autres faulx & contrefaiz hors de nostre Royaume; Et ainsi pour ce que nostre peuple ayent complement de petites monoyes pour leur necessitez, jusques Nous en ayons fait plus largement de quoy il se puisse gouverner.

Pourquoy Nous vous *Mandons* & expressement *Enjoignons* & *Commandons*, que tantost ces Letres vûës, vous faciez crier & publier solemnelment nostre presente Ordonnance, par toutes les Villes & lieux accoustumez de la Prevosté & Vicomté de Paris, & deffendre que nul sur peine de corps & d'avoir, ne soit si hardis de faire en aucune maniere le contraire, ne preigne, ne mette en cours payement, ne autrement nos monoyes d'or dessus dites, pour autre ne plus greignieur prix que dessus est dict, ne nulles monoyes *d'or, blanches, ne noires faites hors de nostre Royaume*, pour nul prix quelque il soit, ne les nostres, excepté celles dessusdictes, fors tant seulement au *Marc pour billon*. Et pour mieulx & diligemment entendre à vostre dicte *garde, Nous Voulons* qu'en toutes les Villes & lieux de vostre dicte *Prevosté* où vous verrez qu'il sera à faire, vous commettez & establissez par vos Letres *certaines & loyaux personnes*, tant comme vous verrez que bon sera, qui se prendront *garde* que aucun ne face en riens le contraire des choses dessusdictes.

Et touz ceulx que vous pourrez trouver & sçavoir par icelles *gardes*, ou autrement, qui en aucune maniere feront le contraire, pugnissez-les sans aucun *deport ou delay*, en telle maniere que touz autres y prengnent exemple; *C'est à sçavoir* que toutes les *monoyes* qu'ilz trouveront prenant, ou mettant, pour *grengneur prix que* dessus est dict, *Nous seront acquises*, & des amendes à nostre volonté. Et pour mieux & plus curieusement entendre à *leursdites gardes*, Nous Voulons que pour leurs peines & travaulx ils ayent le QUINT DENIER de toutes les prises qu'ils feront, en la maniere dessusdite, qui cherront en forfaiture. *Donné à Paris le vingt-septiéme jour de Mars, l'an de grace mil trois cens quarante-sept*. Par le Roy à la Relation de son Conseil secret, ouquel estoient Messieurs de Mairemoutier, de Courbie & de Meullant.

MATHIEU.

PHILIPPE VI. dit DE VALOIS, à Vincennes, le 15. Janvier 1346. & le dernier Mars 1347.

(a) C'est la Declaration des gages & dépens de tous Commissaires.

PHILIPES par la grace de Dieu, Roys de France, à nos amez & feaulx Gens de nos Comptes à Paris, *Salut & dilection.* Nous avons veu nos Lettres contenant la fourme qui s'ensuit.

PHILIPES par la grace de Dieu, Roys de France, à nos amez & feaulx Gens de nos Comptes, *Salut & dilection.* Nous avons entendu que plusieurs Commissaires envoyez en plusieurs & diverses parties pour nos besoignes, tant deputez sur le fait *du Sel* comme autres, se sont efforciez & efforcent de prendre sur Nous en despence plusieurs gages & despens outrageux & excessis, outre lez gages & despens accoustumez ou temps de noz Predecesseurs Roys de France, & indeuement en affermant & disant que ainsi l'ont accoustumé à prendre, tant par l'Ordenance de Nous comme de ladite Chambre du temps passé; & pour cause de ce Nous avons eu plusieurs grands dommages, & auriens encore plus grands, se seur ce n'estoit pourveu de remede convenable. Pourquoy Nous de certaine science avons *ordené & ordenons* que toutes & quantes fois Commissaires auront esté, ou seront envoyez par nostre Royaume, il prendront sur Nous chascun jour selon l'estat de la personne, se elle est honeste, *six souls tournois* ou *Parisis*, selon le Pays où il seront envoyez, & autres personnes communes prendront *cinq souls* tournois ou *Parisis*, tournois à tournois, & *Parisis* à *Parisis;* Et quant aux Prelats & autres plus honestes personnes, Nous voulons que nos Ordenances anciennes de noz diz Predecesseurs soient gardées, & les Generaux deputez sur le fait du Sel prendront demourance à Paris depuis que la Gabelle du Sel commença, jusques au premier jour de Novembre mil trois cens quarante-trois, *vint souls tournois* par jour, & tant comme il aront entendu ou fait dudit Sel, & pour le temps qu'il auront esté hors pour la besoigne l. s. tournois par jour; & depuis la feste de la Toussainz mil trois cens quarante-trois jusqu'à present, ils prendront du temps qu'ils auront demouré à Paris pour ledit fait, *dix sols* tournois par jour, & par dehors *trente souls* tournois pour quatre chevaux & du moins moins; Et quant aux autres particuliers sur ledit fait du Sel, *cinq soulz* tournois pour chacun cheval, pour chacun jour qu'il auront entendu à ladite besoigne; Et semblablement quant aux autres Commissaires & Deputez, voulons que cette Ordenance soit gardée dores-en-avant, & se aucune chose a esté comptée ou prinse sur Nous contre l'Ordenance dessusditte, Nous *voulons & mandons* que il soit ramené à l'état de l'Ordonnance presente, & recouvré sans delay. *Donné au Bois de Vincennes le quinziéme jour de Janvier, l'an de grace mil trois cens quarante-six.*

Nous 'nommé voulans que aucuns soit grevez pour nous servir, & pour ce que plus de cuer il vacquent en noz besoignes qui leur sont ou seront commises. Voulons, vous mandons & declarons que considerez les estaz des personnes, & les Païs où il sont & seront envoyez, temps de guerre & de non guerre, cours de monnoyes fors ou foibles, sterilitez de biens, chiertez de denrées, & les prouffiz & émolumens qui nous seront venuz ou pourront venir pour cause d'eulx, vous leur tauxez & comptez salaire convenable pour journées pour toutes choses, tel comme bon vous semblera, ou despens convenables si comme votre discretion verra qu'il sera à faire, & qu'il est accoustumé ou temps passé au plus prouffitablement pour Nous, & au moins de griefs desdiz Messagiers ou Commissaires, comme vous porrez: Et au surplus desdites Ordenances contenuës esdittes Lettres, Nous voulons que elles tiegnent jusques vous ayez sur ce autre Mandement de Nous. *Donné au Bois de Vincennes le darrenier jour de Mars, l'an de grace mil trois cens quarante-sept.*

NOTES.

(a) Voyez cy-dessus au 15. Janvier 1346. feüillet 353.

PHILIPPE VI. dit DE VALOIS, à Paris, le 3. Juin 1348.

(a) *Edit par lequel le Roy oste le cours aux* Parisis doubles *qu'il leur avoit donné par son Ordonance du 28. Mars.*

PHILIPES par la grace de Dieu, Roy de France, à tous Seneschaulx, Baillis & autres Justiciers de nostre Royaume, *Salut.*

Nous par deliberation de nostre Conseil pour reformer & multiplier nos *monoies noires* de deux *Tournois* & *Parisis* que Nous faisons faire à present, pour le bien & prousit commun de nostre Royaume, *avons* du tout *osté* & *ostons* par nos Ordonnances & par *Edit,* le cours des *Parisis doubles,* que Nous aurions n'agueres ordenez estre prins chascun pour *un Tournois,* & de toutes autres *monoies noires,* tant de *nostre Coing,* que d'aultruy, exceptées celles que Nous faisons faire à present, comme dessus est dit : Si vous *Mandons* & à chascun de vous, comme à lui appartiendra que nosdites *Ordenances* & *Edit* vous faciez publiquement & solemnellement *crier* par tout ou mestier sera, & que nul ne face au contraire, ne pregne ou mette en payement les dits *Parisis doubles* pour quelque prix que ce soit, ne autres *monoies noires*, que celles que Nous faisons faire à present, *fors au marc pour billon*, sur ce que chacun se peut messaire, & icelle *Ordenance* faites fermement tenir & garder: Et comme Nous avons pieça ordené, que *nule monoie d'or* n'eust cours en nostre Royaume, fors tant seulement les *Deniers d'or à la chaiere de nostre coing, pour seize sols Parisis* la piece, & les *Deniers d'or à l'escu* pour *quinze sols Parisiz*, & plusieurs s'efforcent de les mettre pour plus haut prix, *en vitupere de notre deffense,* & en grant *dommage du bien* commun, si comme Nous entendons, dont moult Nous deplait. *Nous* vous *Mandons* & etroitement *Commandons*, que lez Letres veuës, faciez crier en la maniere dessus dite, & deffendre à tous, que aucun ne pregne les dits *Deniers d'or* pour plus haut prix que Nous leur avons donné, comme dessus est dit, ni autre *monoie d'or*, pour quelque prix que ce soit, fors au marc pour billon, sur tout ce que chascun se peut messaire, & de les perdre, comme confisquées à Nous. Et s'aucun est trouvé dores-en-avant faisant le contraire, punissiez les cruellement, en telle maniere que autres y pregnent exemple; & si faites si diligemment que vous n'en doiez estre reprins de negligence. *Donné à Paris le trois jour de Juing, l'an de grace mil trois cens quarante-huit.* Ainsi signé par le Roy, à la relation de son Conseil secret à Paris, ou quel estoient Messire de Laon, de Saint Denis, de Corbie, Messieurs de Renel & de Charry. *MATHIEU.*

NOTES.

(a) Cet Edit est au Registre C. de la Cour des monoies de Paris, feüillet 32. *verso* & 33.

PHILIPPE VI. dit DE VALOIS, à Paris, le 3. Juin 1348.

(a) *Letres par lesquelles le Roy deffend à tous Juges, & à tous Receveurs de contraindre les Changeurs à payer aucune imposition, pour raison du* Billon *d'Or ou d'Argent qu'ils auront vendu.*

PHILIPES par la grace de Dieu, à tous nos Justiciers, Seneschaulx, Baillis, Receveurs, Fermiers, Collecteurs de Impositions & autres à qui ces presentes Letres viendront. *Salut.*

Nous vous mandons & deffendons estroitement, & à chascun de vous, que vous

NOTES.

(a) Ces Letres sont au Registre E. de la Cour des monoies de Paris, feüillet 34. *recto* & *verso*.

ne contraigniez,

ne contraingniez, ne faciez, ou souffriez estre contraint aucun Changeur à payer Imposition du *billon d'or*, ou *d'argent*, qu'ils auront vendu, ou acheté, dores-en-avant, pour porter en noz monnoies. *Donné à Paris le troisiéme jour de Juing, l'an de grace mil trois cens quarante-huit.*

PHILIPPE VI. dit DE VALOIS, à Paris, le 18. Juin 1348.

(a) *Mandement au Prevost de Paris de faire publier les Ordonances des monoies.*

PHILIPPES par la grace Dieu, au Prevost de Paris, ou son Lieutenant, *Salut.* Il est notoire chose comment pour le bien évident, & le commun proufit de nostre Royaume, Nous avons fait nouvellement certaines Ordonnances *sur le cours* de *noz monoies*, & mandé que icelles Ordonnances *fussent gardées* fermement, criées & publiées ez Villes & Lieux notables de vostre Prevosté, où mestier seroit, si comme en noz autres Lettres sur ce faites est plus plainement contenu. Et depuis avons entendu, que en *vostre Prevosté* les dictes *Ordonnances* sont non curieusement gardées, & sont enfraintes de jour en jour; mesmement entre les Marchans, & au fait des marchandises *(b) du Lendit:* Pour raison dequoy *Nous* & nostre peuple somes fraudiez & dommagiez grossement, & encore serions plus, si brief remede n'y estoit mis. *Pour ce est* que Nous vous *Mandons* & commettons, que tantost ces Letres veuës, & sans prendre aucun delay, vous en propre personne, ou par convenables deputez *faites crier* & *publier* derechef nos dites Ordonnances tant *à Paris*, comme *audit Lendit, à S.t Denis* & ailleurs par tout où mestier sera en *vostre dite Prevosté*, en commendant de par Nous estroitement que chascun tiengne & garde les dictez *Ordonnances* en droit soy, & en default sur les peines ordonnées, sur tout ce que chascun se pourra meffaire envers Nous; que nul ne soit si hardy de les enfraindre, ne faire riens au contraire. Et si vous pouvez trouver que aucuns, ou aucun le facent, ou l'ayent fait, pugnissez-les, selon la teneur de noz Letres; desquelles il vous apperra, par telle maniere que ce soit exemple aux autres, & pour nous: que les dites Ordonnances soient tenuës & gardées dores-en-avant, si qu'il n'y ayt point default, duquel il Nous deplairoit. *Donné à Paris le dix-huit jour de Juing, l'an de grace mil trois cens quarante-huit.*

NOTES.

(a) Ce Mandement est au Registre E. de la Cour des monoies, feüillet 35.

(b) Du Lendit.] Indictum. C'est la Foire de S.t Denys dont parle au long Doublet dans les antiquitez de cette Ville & de l'Abbaye. Voyez *Dom Felibien* dans son Histoire de la Ville & de l'Abbaye de S.t Denys, pages 97. 166. 216. 217. 267. 278. 280. &c.

PHILIPPE VI. dit DE VALOIS, à Vincennes, le 23. Aoust 1348.

(a) *Mandement aux Generaux Maîtres de faire fabriquer des* Deniers d'Or à l'escu, *qui auront cours pour seize sols Parisis la piece, de cinquante-quatre de poids au marc de Paris, & des* Deniers doubles Tournois, & des Parisis petits, &c.

PHILIPPES par la grace de Dieu, Roy de France, à nos amez les Generaulx Maistres de nos Monoies, *Salut.*

Nous vous *mandons* que tantost, & sanz delay vous faciez faire par toutes noz Monoies, là où bon & proufitable vous semblera, *Deniers d'or à l'escu*, qui auront cours pour

NOTES.

(a) Ce Mandement est au Registre E. de la Cour des monoies de Paris, feüillet 38. *recto.*

PHILIPPE VI. dit DE VALOIS, à Vincennes, le 23. Aoust 1348.

seize sols la piece & de *cinquante-quatre* de poids *au marc de Paris*, *(b)* à *vingt-deux Caratz*, & *trois quarts de Loy*. Et faites donner, en tout *marc d'or fin cinquante & une livres* dix sols tournois, en payant lesdiz *Deniers dor à l'escu*, chascun pour le prix de *quinze sols Parisis*. Et faites faire par toutes noz Monoies *Deniers doubles tournois & Parisis petiz*, sur le pied de monoie *vingt-troisiéme*, en donnant en tout marc d'argent *en billon, cent sols tournois*. Neamoins de tout le *billon* qui sera en noz dictes Monoies, faites payer aux Marchands la creüe; De ce faire vous *donnons* plain pouvoir & especial *mandement* par la teneur de ces Letres.

Donné au Bois de Vincennes le vingt-troisiéme jour d'Aoust, l'an de grace mil trois cens quarante-huit. Ainsi signé par le Roy en son Conseil. *TOURNEUR.*

NOTES.

(b) A vingt-deux Caratz, & trois quarts de Loy.] Touchant ces termes & autres qui concernent les monoies. Voyez *Poullain* dans son Traité des monoies de l'édition de 1709. *Boizard* dans son Traité des monoies, chapitre 3. & 4. & *Bouterüe* dans son Traité des monoies, page 145. colomne 2.

Au *verso* du mesme feüillet du Registre de la Cour des monoies, il y a les ordres donnez par les Generauls Maîtres pour l'execution de ce Mandement.

PHILIPPE VI. dit DE VALOIS, à Paris, le 27. Aoust 1348.

(a) Ordonance contenant plusieurs dispositions sur le fait des monoies.

SOMMAIRES.

(1) Nul Denier d'Or *n'aura cours, à l'exception* du Denier à l'escu, *qui aura cours pour* seize sols Parisis *la piece, nulle monoie* blanche & noire *n'aura plus cours aussi, à l'exception des* Deniers doubles de deux Tournois la piece, *& des* petits Parisis *&* Tournois *que l'on fait à present, &c.*

(2) Personne ne pourra faire porter, ou ne portera hors du Royaume, Or, Argent, ni Billon, *& ceux qui en auront seront tenus de le porter, ou faire porter aux plus proches monoies royales, sous peine de perdre l'Or, l'Argent & le Billon.*

(3) Personne ne pourra à l'avenir s'entremettre du fait de Change, à l'exception de ceux qui sont commis à cet effect dans les lieux publics. Et le Denier d'or à l'escu *ne pourra estre acheté plus de seize sols, &c.*

(4) Tout Courretage *de monoie est deffendu sous les mesmes peines.*

(5) Nul sous les mesmes peines ne pourra billonner *chez luy, ni ailleurs, ni acheter* billon *à marc, ni à once, ni porter* tablettes *par le Royaume.*

(6) Nul Contract & nul marché ne sera fait qu'à sols & à livres. *Et qui fera prester* Deniers d'or à l'escu *ne pourra à l'avenir demander pour le* Florin à l'escu que seize sols Parisis.

(7) Nul Changeur *& nul* Orfevre *ne payera l'Or & l'Argent plus cher que le Roy ne les paye à ses monoies.*

(8) Nul Changeur *ne pourra faire de la vaisselle d'argent, ni vendre de l'argent à aucun* Orfevre, *mais celuy qui en aura sera tenu de le porter à la plus prochaine des monoies Royales, où il l'aura cüeilli & levé, &c.*

(9) Nul Changeur, *ni* Orfevre *ne pourra* rechacier, *ni* affiner *sans le congié des Maîtres Generaux des monoies.*

(10) Tous Changeurs *establis par les Maîtres Generaux des monoies, pourront exercer le fait de Change dans les lieux publics, qui leur auront esté designez, sans autres Letres d'aucun Justicier.*

(11) Nul Orfevre *ne pourra faire de la Vaisselle d'argent, que du poids d'un marc & au dessous.*

(12) Tous les Changeurs *de la Prevosté de Paris* jureront, *que dés qu'ils auront acheté aucuns* Florins, *à l'exception de ceux d'Or à* l'escu, *ils les couperont & les feront porter aux monoies du Roy les plus prochaines.*

(13) Tous Marchands *de poids, de Drap, de Pelleterie, & autres, & les* Hostelliers *de toutes les bonnes Villes de la Prevosté & Vicomté de Paris, tous marchands Forains,* Genevois, Lucois, Italiens, *le Receveur de Paris, les* Changeurs & les Courratiers *jureront qu'ils observeront ces Ordonances.*

PHILIPPES par la Grace de Dieu, Roy de France, au Prevost de Paris, ou à son Lieutenant.

Il est venu à nostre cognoissance, que combien que par nostre Ordonnance derrenierement faite par deliberation de nostre grand Conseil sur le fait & cours de noz

PHILIPPE VI. dit DE VALOIS, à Paris, le 27. Aoust 1348.

monoyes, Nous avons donné cours aux *Deniers d'or à la chaiere*, & à *l'escu* tant seulement & pour certain prix, si comme vous sçavez, c'est assavoir aux *Deniers d'or à la chaiere pour seize sols Parisis, & aux Deniers d'or à l'escu pour quinze sols Parisis*. Et par icelle *Ordonnance*, & par *deffence* expressement & sollempnellement faite, & sur certaines & grosses peines, par toutes les Seneschauscies, Baillages & Prevostez de nostre Royaume, *avons suspendu, osté & abatu du tout, le cours de touz autres Deniers d'or, & de toutes autres monoyes, blanches & noires*, excepté *de Doubles noirs*, qui ont cours pour deux *deniers tournois la piece, & de petiz Tournois & Parisis*, que Nous faisons *faire à present*. Neamoins aucuns & plusieurs de nostredict Royaume, de volonté & par leur convoitise, en venant expressément, sottement, & presomptueusement contre nozdictes *Ordonnances & deffenses*, se sont efforcez, & encore s'efforcent de jour en jour, de prendre & mettre en cours, payemens & pour tel & si haut prix, qu'ils vueillent, *autres Deniers d'or*, que ceuls à la *chaiere* & à *l'escu*, pour plus *grant & grengneur prix*, assez que ils ne valent, selon nostredicte Ordonnance, dont Nous & nostre peuple, avons esté & sommes excessivement fraudez, d'iceuz & dommagiez.

Et pour ce Nous desirans de tout nostre cüer sur ce pourvoir hastivement, au proufit de Nous, & de nostredit peuple à Nous, & icelluy garder & relever à nostre povoir de tels domages & frauldes, & deceptions, *considerans* aussi que soubs ombre de ce, & pour ce que *Deniers* d'or de plusieurs & diverses formes, ont eû cours jusques à present en nostredict Royaume, lesdictes fraulldes & deceptions ont esté commises, & faictes ainsi manifestement, au domage de Nous & de nostredit peuple, *avons Ordonné & Ordonnons* par ces presentes, pour le bien, & commun proufit de Nous & de nostredict peuple, eüe sur ce deliberation en nostre grand Conseil, que *nul Denier d'or n'aura cours, excepté celuy à l'escu*, qui aura cours pour *seize sols parisis* la piece, & que nulle monoye *blanche*, ne *noire* n'aura aussi cours, exceptez lesdits *Deniers doubles* de *deux tournois* la piece, & les *petiz Parisis* & *Tournois* dessusdiz que Nous faisons faire à present, comme dessus est dit. Et deffendons par ces presentes, que nul sur quanques il peut meffaire envers *Nous*, ne prengne, ne mette en marchandise, ou autrement autres *Deniers d'or que ceux à l'escu*, & pour le prix que dit est, ne autre monoye *blanche* ne *noire* que celle dessusdite.

(2) Item. Nous avons *ordomé & ordonnons*, que nul ne soit si hardy, de porter, ne faire porter or, argent ne billon, hors de notre Royaume, ne en aucunes monoies, mais tant seulement à la plus prochaine des nostres du lieu où il sera, sur ladite peine de perdre tout l'argent & le billon qu'ilz porteront, se eslargissement, congié, ou licence ne luy en a esté donné par les Generaulx Maitres de nos Monoyes.

(3) Item. Que nul *sur ladite peine*, ne face dores-en-avant ez Villes, ne ez Lieux de vostre Prevosté, ne en aucunes autres Villes de nostre Royaume, fait de Change, exceptez les *Changeurs commis* & *ordonnez* à ce faire, & ez lieux publics & acoustumez de nostre Royaume, ne de achapter nulz *Deniers d'or à l'escu* plus de *seize sols Parisis*; mais bien *voulons* que il en prengne le meilleur marché qu'il en pourra avoir au dessouz.

(4) Item. Que nul ne soit si hardy, sur *ladite peine*, de quelque condition, ou estat qu'il soit, qu'il s'entremette, ne face fait de *courretaige de monoie*.

(5) Item. Que nul *Billonneur*, sur ladite peine, ne s'entremette de billonner en hostel ne dehors, ne de achapter *billon* à la *piece*, à *marc*, ne à *l'once*, ne de porter tablettes par nostredit Royaume.

(6) Item. Que nul *Marchand*, ne autre, quel qu'il soit, ne face fait de marchandises, ne *Contract au marc d'or, ne d'argent, à florins* quels que ils soient, ne à *gros tournois d'argent*, ne autrement, fors que *à livres & à sols*, & de nos monoies dessusdites,

NOTES.

(a) Cette Ordonance est au Registre E. de la Cour des monoies de Paris, feüillet 36. *verso*, & est presque la mesme que celle du 6. Janvier 1347. imprimée cy-dessus, pages 270. 271.

PHILIPPE VI. dit DE VALOIS, à Paris, le 27. Aoust 1348.

auxquels Nous donnons cours par cette Ordonnance. Et quiconques dores-en-avant marchandera, fera contract, prestera, ou fera prester *Deniers d'or à l'escu* à qui que ce soit, il ne pourra, au temps à venir, demander pour *le florin à l'escu,* que *seize sols Parisis,* de la monoie dessusdite, non contrestant quellesconques convenances au contraire.

(7) Item. Que nul *Changeur, Orfevre,* ne autres, sur ladite peine, ne soient si hardys de *achapter,* ne de *donner greigneur prix en or, ne en argent* que Nous faisons en nos Monoies.

(8) Item. Que nul *Changeur,* sur ladite peine, ne soit si hardy de faire *Vaisselle,* ne ouvrage d'argent, ne vendre argent à nul Orfevre, mais le portera en la plus prochaine de noz monoies du *lieu, où il l'aura cueilly, ou levé,* & ne puisse garder aucune monoie deffenduë, faulce, ou contrefaite, se elle n'est *percée,* ne aucun *billon* plus de quinze jours.

(9) Item. Que nulz *Changeurs , Orfevres ,* ne autre , sur ladite peine , ne soit si hardy de *rachacier,* ne *affiner* sans le congié des Generaulx Maitres de nos Monoies.

(10) Item. Que touz *Changeurs* qui auront congié & licence par Letres desdiz Generaulx Maistres de *changer* & faire *fait de change,* puissent faire tout fait de change par tous les lieux où congié leur en aura esté donné desdiz *Maistres :* Et ne voulons que iceux soient contraingz, à avoir nulles autres *Letres* ou *Mandemens* d'aucuns Justiciers de *nostredit Royaume* , pour faire ledit fait de change.

(11) Item. Que nulz *Orfevres* ne soient si hardys de faire *Vaissellement d'argent, fors d'un marc & au dessoubs* , si ce ne sont *Calices* ou vaisseaux à *Sanctuaires* pour Dieu servir.

(12) Item. Nous avons *Ordonné* & *Ordonnons* que les *Changeurs* de vostre *Prevosté* & Ressort, *jureront* aux Saintes *Evangiles* de Dieu, que sitost comme il auront *acheté aucuns florins* quels que ils soient, exceptez noz *Florins d'or à l'escu* , auxquels Nous avons donné cours, comme dit est, ils les *couperont, & feront porter dans nostre plus prochaine Monoie* du lieu où ils seront, sur peine de perdre lesdiz *florins.*

(13) Item. Il Nous *plaist & Voulons* que touz *Marchanz d'avoir de poids,* de *Draps* , de *Pelleterie*, d'autres marchandises , & *Hostelliers* de toutes les bonnes Villes de vostredicte Prevosté & Ressort, & tous Marchands forains : c'est à sçavoir, *Genevois,* Lucois, Italiens & autres, nostre Receveur de Paris, & tous les *Bourgeois notables,* & les *Changeurs* de vostre Prevosté , & touz *Courratiers* soient contrainctz *de jurer* aux saintes Evangiles de Dieu, que ces presentes Ordonnances ils tiengdront & garderont sur la peine dessusdite.

Si vous *mandons, commettons* & *enjoignons* estroitement, que noz dites Ordonnances, lesquelles & chascunes d'icelles, Nous pour le bien & proufit de nostre peuple & de nostre Royaume, *Voulons* & *Desirons* estre tenuës & gardées entierement, vous faciez tenir & garder de point en point en vostre dicte Prevosté & Ressort , & icelles tantost ces Letres vuës , signifier & publier en toutes les Villes & Lieux notables & accoustumez d'icelle Prevosté & Ressort, si & en telle maniere que nul ne doie, ne ne puisse avoir cause de les ignorer, en faisant crier par les Villes & Lieux dessus diz; que nul sur la dicte peine , ne face , ne attempte aucune chose contre noz presentes *Ordonnances* en aucune maniere. Et tous ceux que vous trouverez, ou sçaurez faire le contraire, ou avoir fait le contraire depuis la publication de la presente Ordonnance, par quelque maniere que ce soit , Nous les *condamnons* à perdre tout ce qui aura esté trouvé, qu'ils auront pris ou mis, ou qu'ils prendront , comme dit est ; Et *voulons* afin que vous soyez plus curieux & diligent de faire tenir & garder noz dictes Ordonnances, que de tout ce que vous trouverez prenant, ou mettant, contre la teneur & forme des dictes *Ordonnances,* ou qui auront pris, ou mis, prendront, ou mettront, comme dict est, vous ayez *(b)* le *Tiers,* outre les gages que vous avez, pour cause de votre Office, & que le remanant soit baillé & delivré à nostre dict Receveur de Paris. Et se il advenoit

NOTES.

(b) Le Tiers.] Dans les Ordonances precedentes ce n'estoit que le *Quint.* Voyez cy-dessus l'Ordonance du 21. Juillet 1347. page 265.

que Nous en fissions *grace, ou remission* aucune, Nous *voulons* que ledict *Tiers* nonobstant vous ayez, comme dessus est dict, sans ce que vous soyez tenuz, ne contraintz dores-en-avant à le rendre comment que ce soit. *Donné à Paris le vingt-septiéme jour d'Aoust, l'an de grace mil trois cens quarante-huit.* Ainsi signé par le Roy, à la relation de son Conseil. *TOURNEUR.*

NOTES.

Cette Ordonance fut criée & publiée à Paris le penultiéme jour d'Aoust l'an 1348.

PHILIPPE VI. dit DE VALOIS, à Paris, le 6. Decembre 1348.

(a) Mandement du Roy aux Generaux des monoies, d'augmenter le prix du Marc d'Argent de cinq sols, & d'en donner à l'avenir cent cinq sols, au lieu de cent.

PHILIPPES par la grace de Dieu, Roy de France, à noz amis les Generaulx, Maitres de noz monoies, *Salut.*

Nous vous *mandons* que tantost ces Letres veuës vous donniez *cinq sols tournois du Marc d'argent,* plus que vous ne faisiez avant la date de ces Presentes. C'est à sçavoir que vous faciez donner *cent cinq sols tournois du Marc d'argent*, duquel vous ne faisiez donner au present que *cent sols tournois.* Et neamoins faitez donner aux marchans ladite *cruë* du billon qu'ils ont presentement en nozdites monnoyes; Et de ce faire vous donnons pouvoir & mandement especial, par la teneur de ces presentes. *Donné à Paris le sixiéme jour de Decembre, l'an de grace mil trois cens quarante-huit.* Ainsi signé par le Roy à la relation de vous Monf. de *Renel,* M.r P. de *Becond* & de *Enguerran du petit cellier,* qui le m'ont mandé par une cedule scellée de leurs seaux.

P. PRIARE.

NOTES.

(a) Ce Mandement est au Registre E. de la Cour des monoies de Paris, feüillet 40. *verso.*

Il y a ensuite les Letres de Generaux Maîtres qui furent expediées par l'execution de ce Mandement.

PHILIPPE VI. dit DE VALOIS, à Anguerre en Brie, le 18. Decembre 1348.

(a) Mandement du Roy aux Generaulx Maîtres, de faire fabriquer des Doubles *de deux deniers la piece, sur le pied de* monoie trente-deuxiéme.

PHILIPPES par la Grace de Dieu, Roy de France, à noz amez les Generaulx Maistres, *Salut.*

Euë consideration à ce que Nous pourons avoir à faire, *pour cause de noz guerres,* & pour la *defension de nostre Royaume.* Euë deliberation de nostre Conseil, vous *Mandons* que tantost, & sanz delay, vous faciez *ouvrer* & *monoyer* par toutes noz monoyes, *Doubles de deux Tournois la piece sur le coing & forme que ceulx que Nous faisons faire à present, & sur le pied de monoye trante-deuxiéme,* de tel prix, de telle loy & à telle difference, comme bon vous semblera, au profit de Nous & de nostre peuple, & à l'advencement de nostredicte monoye. Et *Voulons* que vous donniez à touz ouvriers & monoyers ouvrans en noz monoyes, *salaire & creüe d'ouvrage,* comme bon vous semblera, selon le privilege, stile & Ordonnances de noz monoyes. Et faites donner en tout *marc d'argent* en billon, *six livres tournoises* à ceulx qui feront leur loy.

NOTES.

(a) Ce Mandement est au Registre E. de la Cour des monoies de Paris, feüillet 41. *verso,* où il y a qu'il fut apporté aux Generaux en la monoie, le 30. Decembre suivant.

De ce faire vous donnons pouvoir & autorité. *Donné à Anguerre en Brie, le dix-huitiéme jour de Decembre, l'an de grace mil trois cens quarante-huict, sous nostre Seel grant.* Ainsi signé par le Roy. *BLANCHET.*

PHILIPPE VI. dit DE VALOIS, à Melun, le 27. Decembre 1348.

(a) *Mandement du Roy aux Maîtres Generaulx des monoies, de faire fabriquer des* Doubles *de deux Deniers Tournois la piece & de la* monoie blanche, *sur le pied de* monoie trante & uniéme, *de tel poids & de tel loy, comme bon leur semblera.*

PHILIPPES par la Grace de Dieu, Roy de France, à noz amez les Generaulx Maîtres de noz Monoyes, *Salut.*

Eüë consideration à ce que Nous povons avoir à faire, & *pour cause de noz Guerres,* & pour la defension de nostre Royaume, euë deliberation en nostre Conseil, *vous Mandons* que tantost & sanz delay, vous faciez *ouvrer & monoyer* par toutes noz monnoyes, *Doubles de deux deniers tournois la piece,* sur le coing & forme que ceulx que Nous faisons faire à present, *& aussi monoye blanche,* telle comme bon vous semblera, sur le pied de *monoye trante & uniéme, de tel poids & de telle loy & en telle forme,* comme bon vous semblera au proufit de Nous & de nostre peuple, & à l'admeurement de nozdites monoyes: Et *Voulons* que vous donnez à touz les *ouvriers & monoyers* ouvrans en noz monoyes, tel ouvrage & monoyage, *salaire courrant d'ouvrage,* comme bon vous semblera, selon le privilege, stile & Ordonnance de noz monoyes: Et faitez donner en tout marc d'argent en billon, tel prix, comme il semblera bon à noz amez & feaulx *Conseilliers,* nostre Chancellier *le sieur de Renel,* Mathieu de *Trie,* Seigneur de Monty, Pierre *Becond* Chevalier Enguerran *du Petit Creusy,* & *Bernout* Fermant noz Tresoriers ou deux d'iceuls. De ce faire vous donnons pouvoir, & commettons par la teneur de ces Letres. *Donné à Melun le vingt-septiéme jour de Decembre, l'an de grace mil trois cens quarante-huict.* Ainsi signé par le Roy en son Conseil, ouquel estoit *Monseigneur le Duc de Normandie* & de Guyenne. *LE TORTU.*

NOTES.

(a) Ce Mandement est au Registre E. de la Cour des monoies de Paris, feüillet 44. *verso.*

PHILIPPE VI. dit DE VALOIS, en l'Abbaye du Lis prés de Melun, le 30. Decembre 1348.

(a) *Letres par lesquelles le Roy ordonne que le profit qu'il retirera des monoies, sera apporté à Paris.*

PHILIPPES par la Grace de Dieu, Roy de France, à touz les Lieuxtenans, touz Prelatz, Seneschaux, Capitaines, Bailliz, Prevoz, Maires, Eschevins & autres Justiciers & Officiers de nôtre Royaume, à leurs Lieuxtenanz, *Salut.*

Sçavoir vous faisons, que par grand deliberation & avis de nostre *grant Conseil,* Nous avons *Ordonné* pour le trés grand prouffit de nostre Royaume, & de nostre commun peuple, & pour la defension & tuition d'iceulx, & aussi pour que Nous puissions mieux & plus seurement obvier, & contrester à la *malle volenté & puissance de noz ennemis,* ou temps à venir, *que tout le prouffit, & émolument du monoyage qui Nous appartiendra, & sera dores-en-avant deu* en toutes les monoyes de nostre Royaume, *soit gardé & admené à Paris,* bien & seurement, *& mis en depost pour la defension*

NOTES.

(a) Ces Letres sont au Registre E. de la Cour des monoies de Paris, feüillet 44.

dessusdite, & que n'en soit baillé, ne osté desdiz proufiz & emolumenz pour quelconques *assignations,* ou *mandemens* faiz, ou à faire, par Nous, ou noz gens, à quelconque personne, & pour quelque chose que ce soit; les quelles assignations se faites estoient sur lesdiz proufiz & emolumenz, Nous *rappellons* dès-maintenant, & *voulons* estre de nulle valuë. Si vous *mandons* & *commandons* & *enjoignons* estroitement à chascun de vous que sur toute la foy, loyauté & amour que vous avez à Nous & nostre Royaume, & sur peine d'estre reputez & tenus pour non loyaux à Nous & la Couronne de France, que vous ne metiez, ne souffriez que autre mettre aucun empeschement ez dessusdiz *prouffiz & emolumens,* pour quelconque pouvoir & autorité que vous ayez, ou pourriez avoir seur ce, *Nous les laissez venir* & passer chacun en droit soy, franchement & paisiblement, par vos Jurisdictions, passages & destroiz, & les faites conduire & seurement chascun en sa Jurisdiction, toutes fois que mestier sera, & que vous en serez requis, en telle maniere qu'il Nous en doit estre agreable.

PHILIPPE VI. dit DE VALOIS, en l'Abbaye du Lis, près de Melun, le 30. Decembre 1348.

Donné en l'Abbaie du Lis près de Melun, le trente jour de Decembre, l'an de grace mil trois cens quarante-huit, sous nostre scel du Chastellet de Paris, en l'absence du grand scel. Ainsi signé par le Roy en son Conseil ou quel estoit Monsieur le Duc de Normandie. *PRIETRE.*

PHILIPPE VI. dit DE VALOIS, à Corbeil, le 15. Janvier 1348.

(a) *Mandement du Roy aux Maîtres Generaulx de faire fabriquer de* gros Tournois à six deniers de Loy, & de six sols de poids; *Et que l'on donnera à l'avenir du marc d'argent le Roy,* six livres *six sols tournois, aux monoies du Roy.*

PHILIPPES par la grace de Dieu, Roy de France, à nos amez & feaulx les Generaulx Maistres de nos Monoies, *Salut.*

Euë consideration à ce que Nous povons sçavoir à faire *pour cause de nos guerres,* & pour la defension de nostre Royaume, euë deliberation à nostre Conseil, vous *Mandons* que tantost & sans delay vous faciez *ouvrer* & *monoyer* par toutes nos monoies *gros tournois à six deniers de loy, & de six sols de poids.* Et faites donner à tous ceux qui feront leur loy dessusdite, pour chacun marc d'argent le Roy, *six livres six sols tournois* : De ce faire vous *donnons* povoir & authorité par la teneur de ces Letres.

Donné à Courbeil le quinziéme jour de Janvier, l'an mil trois cens quarante-huit, sous nostre scel secret, en l'absence du grand. Ainsi signé par le Roy *D. DAUROY.* presens les Tresoriers.

NOTES.

(a) Ce Mandement est au Registre E. de la Cour des monoies de Paris, feüillet 45.

PHILIPPE VI. dit DE VALOIS, à Paris le 25. Janvier 1348.

(a) *Letres du Roy adressées au Prevost de Paris, ou à son Lieutenant, portant que les* gros Tournois *d'argent auront cours, pour* quinze Deniers *tournois la piece.*

PHILIPPES par la grace de Dieu, Roy de France, au *Prevost de Paris,* ou à son Lieutenant, *Salut.*

Euë consideration de ce que Nous povons avoir à faire à cause de *nos guerres,* pour la defension de nostre Royaume & pour le bien & prouffit commun de Nous & de

NOTES.

(a) Ces Letres sont au Registre E. de la Cour des monoies de Paris, feüillet 47. *verso.*

PHILIPPE VI. dit DE VALOIS, à Paris, le 25. Janvier 1348.

nostre peuple. Euë deliberation en *nostre Grand Conseil*, avons *ordonné*, *que les gros Tournois d'argent* que Nous faisons faire à present, auront cours & seront pris & mis par tout nostre Royaume, pour *quinze deniers tournois la piece*, & non pour plus. Si vous *mandons* que tantost & en l'heure, ces Letres vûës, vous faciez *crier & publier* par toutes les Villes & lieux de vostre Prevosté accoutumez *à faire criz*, nostre presente *Ordonnance*: Que nul sur quenque il se pust meffaire envers Nous, ne soit si hardy de faire en aucune maniere le contraire, ne prendre, ne mettre en cours, paiement, ne autrementnoz *gros Tournois d'argent* dessusdiz, pour autre, ne greigneur prix que donné leur avons par nostre presente & dessusdite *Ordonnance*.

Donné à Paris le vingt-cinquiéme jour de Janvier, l'an de grace mil trois cens quarante-huit, sous nostre scel du Chastelet de Paris en l'absence du grand. Ainsi signé par le Roy en son Conseil, à la relation de M.r de *Begoud*, de *Enguerran* du *Petit Cellier*, & *Bernard Fermant* Tresoriers. *J. CORDIER.*

PHILIPPE VI. dit DE VALOIS, à Paris, le 11. Mars 1348.

(a) Mandement du Roy aux Generaulx Maîtres de ses monoies, de faire fabriquer des Deniers *d'Or à l'Escu, qui auront cours pour* quinze sols *Parisis la piece.*

PHILIPPES par la Grace de Dieu, Roy de France, à noz amez les *Generaulx Maistres* des Monoyes, *Salut.*

Nous vous *mandons* que tantost & sans delay vous faiciez faire par toutes noz monoyes là où bon & proufitable vous semblera, *Deniers d'or à l'escu, qui auront cours pour quinze sols Parisis la piece. Et cinquante-quatre de poids au marc de Paris (b) à vingt-deux caratz* de loy, & faites donner *en tout marc d'or fin, cinquante-une livres quinze sols trois deniers tournois*, en payant lesdiz *deniers à l'escu*, chascun pour *quinze* sols Parisis, si comme vous faisiez paravant. *Donné à Paris le onziéme jour de Mars, l'an de grace mil trois cens quarante-huict, sous le Seel de nostre Chastelet, en l'absence* de nostre grand Seel. Ainsi signé par le Roy à la relation de Becond & de Bernard Fermant Tresoriers presens, lesdits Maistres des monoyes disans que c'est le prouffit du Roy, De RUPPE pour le Roy, presens J. *Poillevillain de l'Escurse & François expedit.*

NOTES.

(a) Ce Mandement est au Registre E. de la Cour des monoies de Paris, feüillet 44.

(b) A vingt-deux Caratz.] Voyez *Bouteroüe*, dans son Traité des monoies, page 143. *Poullain* dans son Traité des monoies, page 400. & *Boisard* dans son Traité des monoies, chapitres 3. & 4.

Il y a ensuite au Registre les Letres des Generaux Maîtres pour faire executer ce Mandement.

PHILIPPE VI. dit DE VALOIS, à l'Abbaye du Lis prés de Melun, le 23. Mars 1348.

(a) Mandement par lequel le Roy enjoint *au Prevost de Paris, de faire crier, publier & observer sa nouvelle Ordonance*, touchant les monoies, laquelle porte entre autres choses, que les *Deniers d'Or* à l'Escu seront pris & mis, pour quinze sols Parisis la piece, &c.

SOMMAIRES.

(1) Les Deniers d'Or à l'Escu n'auront plus cours à l'avenir, & ne seront plus mis & pris que pour quinze sols parisis la piece. Toutes autres monoies blanches & noires du Coing du Roy ou d'autre, sont hors de cours & abatuës, à l'exception des gros Tournois *d'argent & desdits Deniers d'Or, des doubles Tournois & des monoies blanches & noires que l'on fait à present.*

(2) Que nul ne soit si hardi, de porter, ni faire

PHILIPPE VI. dit DE VALOIS, à l'Abbaye du Lis prés de Melun, le 23. Mars 1348.

faire porter Or, Argent, ni Billon *hors du Royaume, ni en aucune Monoie, si ce n'est en la plus prochaine Royale du lieu où il sera, sous peine de corps & d'avoir.*

(3) Nul sous la mesme peine, ne pourra s'entremettre du fait de Change, *au préjudice des personnes commises, pour l'exercer dans les Villes & lieux publics, s'il n'en a le congé & la licence des Generaulx Maîtres. Nul ne pourra aussi* acheter *le* Denier d'Or à l'escu *plus de vingt sols parisis la piece.*

(4) Nul sous la mesme peine, ne pourra faire le Courretage des monoies, *s'il n'en a Letres des Generaulx Maîtres.*

(5) Nul sous la mesme peine, ne s'entremettra de Billonner, *ni n'achetera Billon à la piece, ou au marc, ni ne portera Tablette par le Royaume.*

(6) Nul marchand, ou quelqu'autre que ce soit, ne pourra vendre, *ni faire* Contract, *au Marc d'or & d'argent, ni à* Florins, *à nombre de* deniers d'or, *à gros* Tournois *d'argent, ni autrement, mais seulement à* sols & à livres, *&c.*

(7) Nul Changeur *& nul* Orfevre, *sous la mesme peine, ne pourra faire, ou faire faire* Vaisselle *d'or, d'argent, si ce n'est* d'un marc *pesant & au-dessous, à moins que ce ne soit pour des Eglises & pour le service de Dieu. Personne ne pourra aussi acheter or, ni argent en billon, pour plus qu'on en donne aux Monoyes du Roy.*

(8) Aucun Changeur, *sous la même peine, ne pourra vendre à aucun* Orfevre, or, argent *ni* vaisselle, *mais il sera tenu de les porter aux plus prochaines Monoyes royales du lieu, où on l'aura ramassé: Et personne ne pourra* afiner, *sans le congé des Generaulx Maistres.*

(9) Ceux-là seuls, qui auront congé & licence des Generaux Maîtres, pourront s'entremettre du fait de Change *dans les Villes & lieux publics, suivant les Ordonnances.*

(10) Tous Changeurs *jureront que dés qu'ils auront acheté aucuns* Florins, *ils les* couperont *& les feront porter à la plus prochaine Monoye royale du lieu où ils seront, sous peine de perdre* les Florins, *avec amende à la volonté du Roy.*

(11) Nul Changeur *& nul* Orfevre *ne pourra acheter* Billon blanc ni noir, *à Florins ni autrement, mais seulement* à livres & à sols, *en monoyes courantes.*

(12) Tous Bourgeois, Changeurs, Orfevres, marchands de chevaux, Hosteliers, &c. jureront *qu'ils observeront les presentes Ordonances.*

(13) Le Roy enjoint à tous ses Officiers de faire observer exactement ces Ordonances *de point en point, & de les faire* crier *&* publier *solemnellement.*

(14) Ceux qui seront trouvez contrevenir *ausdites* Ordonances, *sont par elles-mesmes condamnez à perdre tout ce qui aura esté trouvé, & ce qui aura esté pris & mis induëment, avec amende.*

(15) Tous ceux qui seront trouvez saisis de Florins, *ou de quelque autre monoie deffenduë, non* coupée, *ni* percée, *sont dés l'instant condamnez à les perdre, avec amende à la volonté du Roy.*

(16) De tout ce qui aura esté confisqué en vertu de la presente Ordonance, le Prevost de Paris, les Baillis & les Seneschaux dans les Provinces en auront le Tiers, *qu'ils pourront retenir, quand mesme le Roy feroit grace de la confiscation.*

PHILIPPES par la grace de Dieu, Roy de France, au Prevost de Paris, ou son Lieutenant, *Salut.*

Comme en plusieurs nos *Ordonnances* faites ou temps passé, par *Nous,* ou nostre Conseil *sur le fait & estat de nos monoies,* à vous *envoyées* & à nos autres Justiciers, pour le prouffit de Nous & de nostre commun peuple, soit expressement enjoint, commandé & deffendu sur certaines peines, que nul ne fust si hardy de *prendre, mettre* ni *recevoir* en *leurs payemens, garde, dépost,* ne autrement que ce soit ou fust, *noz monoies d'or blanches & noires* que Nous avons fait faire, & faisons faire à present pour autre, ne *greigneur prix* qu'il estoit, & est declairé en noz dites *Ordenances.* Et especialement que nul ne fust si hardy, sur *peine de corps, & d'avoir,* de *porter,* ne *mettre en cours* en nostredit Royaume, aucunes *monoies deffenduës* par noz dites *Ordonnanees,* & faites *hors de nos coings,* pour nul prix quel qu'il soit ou fust, ne *porter,* ne faire *traire or, argent* ne *billon hors d'icelui,* mais tant seulement *en nos Monoies* en la plus prochaine d'icelles, du lieu où ledit billon seroit: *Neamoins* en grand prejudice de nostre Royale Majesté, domage & deception de nostre commun peuple, noz dites *Ordonnances* faites, comme dit est, n'ont *en riens* esté tenuës ne gardées, tant par vostre mauvaise *garde & negligence,* comme par les mauvaises, cauteleuses & malitieuses gens, qui de jour en jour se sont efforcez à corrompre & impugner icelles, en plusieurs manieres, ainsi

NOTES.

(a) Ce Mandement est au Registre C. de la Cour des monoies de Paris, feüillet 48.

PHILIPPE VI. dit DE VALOIS, à l'Abbaye du Lis prés de Melun, le 23. Mars 1348.

comme par moult de fois clairement & évidemment *Nous* est apparu. Desquelles peines & desobeïssances, en quoy iceulx & autres sont ainsi encourruz, aucune *pugnition* n'auroit esté faite; ainçois de nostre grace avons toujours remis & pardonné ces meffaits & desobéïssance dessusdite, afin de garder en paix & en tranquillité iceux malfaiteurs & tous nos Sujets, & que de leurs propres *volontez* & *obeïssances* ils se cessassent de leurs maux & inconveniens dessusdiz, lesquels de volenté & encontre noz dites deffences & Ordonnances, se sont efforcez & s'efforcent de prendre & mettre, & communement prengnent & mettent en *cours & payemens, garde & depost*, noz dix *Deniers à l'escu* faits *en nos coings*, pour plus haut prix que donné ne leur avons par noz dites *dernieres* Ordonnances faites sur le fait & prix de noz dites monoies, & en continuant en leurs mauvaises *volentez* & *desobéïssances*, s'efforcent de les *haucer*, & encore plus feroient, se Nous le souffrions, & remede n'y estoit mis, si que tout l'estat & l'effet de noz dites monoies en seroit briévement destruit & gasté, en grant domage de *Nous* & de nostre peuple, si que à grant peine se *pourroient* recouvrer & mettre à son droit estat.

(1) Nous voulans sur ce pourvoir, afin de contrester à iceuz inconveniens & domages, *Voulons*, & par deliberation de nostre Conseil avons *Ordonné* & *Ordonnons*, afin que les dessus diz *Deniers d'or à lescu* n'ayent plus cause de *hauscier*, par la mauvaise volenté & convoitise des malfaicteurs dessusdiz, que dores-en-avant *ayent cours & soient pris & mis* pour QUINZE SOLS parisis la piece, des *monoies blanches & noires*, que *Nous faisons faire à present* & non pour plus, & toutes autres monoies *blanches* soient de nostre coing, ou d'autres quelque elles soient, soient *abatuës & ostées* de tous leur cours, excepté lesdits *Deniers d'or à l'escu* pour le prix dessus dit, & les *gros Tournois d'argent* & *Doubles tournois que Nous faisons faire à present, pour le prix que donné leur avons.*

(2) Et que nul ne soit si hardy de porter ne faire porter *or, argent* ne *billon* hors de nostre Royaume, ne en aucune Monoie, mais tant seulement à la plus prochaine des nostres du lieu où il sera, sur peine de *corps & d'avoir*, & de *perdre tout l'or, l'Argent & le Billon* que il portera, se congié & licence ne luy en a esté donné des Generaulx Maistres de noz Monoies, de porter en aucunes de noz dites Monoies, & non autres.

(3) Item. Que nul, sur ladite peine, ne face dores-en-avant és lieux & Villes de vostre Prevosté & ressort d'icelle, ne en aucune autre Ville de nostre Royaume, *fait de Change*, exceptez les *Changeurs* commis & deputez à ce faire, & ez lieux publics & accoustumez en nostre Royaume & *tenans tables ez Villes* où ils changeront, ne de *acheter* nul *Denier d'or à l'escu*, plus de *vingt sols* parisis la piece.

(4) Item. Que nul sur ladite peine de quelque condition & estat qu'il soit, ne soit si hardy qu'il s'entremette de faire *fait*, ne *courretaige de monoies*, se il n'a Lettres des *Maitres des Monoies* données depuis ceste Ordonnance.

(5) Item. Que nul *Billonneur*, sur ladite peine, ne s'entremette de *billonner* en hostel ne dehors, ne d'acheter *billon à la piece*, ou marc, ne à *livre*, ne de porter tablette par nostre dit Royaume.

(6) Item. Que nul *Marchand*, ne autre quelque il soit, ne face *fait de marchandise*, ne *contract* au *marc d'or*, ne *d'argent*, à *Florins* quels que ils soient, ne à *nombre de deniers d'or*, ne à *gros tournois* d'argent, ne autrement, fors que à SOLZ & A LIVRES, & des monoies dessusdites auxquelles Nous donnons cours par cette Ordonnance: Et quiconques d'icy-en-avant marchandera, ou fera contractz à *Deniers d'or à l'escu*, à qui que ce soit, il ne pourra au temps à venir, demander pour le *Florin à l'escu*, que *vingt sols parisis* de la monoie dessusdite, nonobstant quelzconques contraulx, convenances ne obligations faiz au contraire.

(7) Item. Que nul *Changeur, Orfevre* ne autres, sur ladite peine, ne soit si hardy de faire, ne ouvrer, ne de faire faire ou ouvrer *Vaisselle*, ne *Vaisseaux* d'argent, *hanaps* ne *joyaux* d'or ne d'argent, soit d'un *marc* & au dessoubz, si ce ne sont *Calices* & *Vaisseaux* à Sanctuaires pour Dieu servir; ne de *achepter or* ne *argent, à greigneur prix* que Nous en donnons en noz monoies, sur peine de *perdre tout l'or, l'argent* & la *vaisselle;* lequel or

& argent quant il leur faudra, il l'achepteront de certaines personnes qui commises y seront, & deputées de par Nous, & non d'autres.

PHILIPPE VI. dit DE VALOIS, à l'Abbaye du Lis prés de Melun, le 23. Mars 1348.

(8) Item. Que nul *Changeur* ne autre, sur ladite peine, ne *vende* à nul *Orfevre* or, argent ou *vaisselle,* mais le porte à la plus prochaine de nos Monoies du lieu où il sera cuillys, & ne puisse *garder,* ne *affiner* sans le *congié* des Generaulx Maitres de noz Monoies.

(9) Item. Que tous *Changeurs,* & non autres, qui auront congié & licence des *Generaulx Maitres* de noz monnoies, données depuis ceste Ordonnance, puissent faire tout fait de *Change* selon le contenu d'icelles, par touz les lieux où congié leur en aura esté donné desdiz Generaulx Maitres, & que iceux ne soient contrainz à avoir *nulles autres Lettres,* ou mandemens d'aucun de noz *Justiciers* de nostre Royaume, pour faire ledit fait de change.

(10) Item. Que touz *Changeurs* jureront aux saintes Evangiles de Dieu, que si-tost comme ils auront *achepté* aucuns *Florins* quels que ils soient, exceptez noz diz *Deniers d'or à l'escu, auxquels Nous donnons cours*, comme dessus est dit, ils les *couperont* & porteront en notre plus prochaine Monoie du lieu où ils seront, sur peine de perdre lesdiz Florins, & de *l'amende à volenté* de *Nous,* & nostre Conseil.

(11) Item. Que nuls *Changeurs,* ou *Orfevres* ne soient si hardys de *achepter Billon blanc ne noir,* à *Florins,* ne autrement, mais que à *livres & à sols*, & en baillant en payement les monoies *blanches & noires* que Nous faisons faire à present, & non autres.

(12) Item. Et afin que nostre *presente Ordonnance* soit entierement gardée & tenuë sans enfraindre, Nous *Voulons* que tous *Bourgeois*, *Changeurs*, *Orfevres*, *Marchanz de chevaux*, *Hostelliers*, & tous autres *gros Marchanz & Maitres*, & toutes personnes notables, & tous *Marchanz forains*, c'est à sçavoir, *Genevois*, *Lucois*, *Italiens* & autres, nostre *Receveur de Paris,* & tous *Couratiers* jureront aux saintes Evangiles de Dieu, touchanz corporellement en vos mains, chascun en sa propre & singuliere personne, l'une aprés l'autre, qu'ilz ne prendront ne mettront, ne préndre ne mettre feront, par eulx, leurs femmes, enfanz, *varletz*, *facteurs*, ne par autres quelz qu'ils soient, en payement, garde, depost ne autrement, nos *Deniers d'or à l'escu* pour plus de *vingt sols Parisis* la piece, si comme dit est dessus, ne nulles autres monoies *d'or blanches ne noires*, faites hors de nostre Royaume, ne de nostre coing ne d'autres, pour nul pris quelque il soit, mais tant seulement au *Marc pour Billon,* excepté celles dessusdites que Nous faisons faire à present, & auxquelles Nous donnons cours par nostre presente Ordonnance.

(13) Si vous *Mandons, Commandons, Enjoignons* estroitement, que noz *dictes Ordonnances*, lesquelles & chacunes d'icelles, *Nous* pour le bien & prouffit de Nouz, de nostre peuple & de nostre dict Royaume *Voulons* & *Desirons* estre tenuës & *gardées* entierement, vous faciez tenir & garder de point en point en vostre *Prevosté* & Ressort sans enfraindre. Et d'icelles tantost ces Lettres veuës faites signifier en toutes les Villes & lieux notables & accoustumez d'icelle Prevosté & Ressort, si & en telle maniere que nul ne doie, ne puisse avoir cause de les ignorer, en faisant *crier* par les Villes & lieux dessusdiz, que nul sur les dites peines, ne face, ne attempte aulcune chose en aulcune maniere contre *noz presentes Ordonnances.*

(14) Et touz ceulx *que vous trouverez, ou sçaurez* le faisans, ou avoir fait le contraire depuis la publication d'icelles, par quelque maniere que ce soit, *Nous dés maintenant les Condampnons* à perdre tout ce qui aura esté *trouvé,* qu'ilz auront *prins* ou *mis,* ou qu'ilz *prendront,* ou *mettront,* comme dit est, & de l'amende à la voulenté de *Nouz & de nostre Conseil.*

(15). Et touz ceulx qui porteront *aucuns Florins*, s'ils ne sont *coupez*, ou quelzconques autres monoyes deffenduës, soit de noz coings, ou d'autres, si elle n'est *coupée, ou percée,* en esloignant la plus prochaine de noz monoyes, Nous *les Condamnons à perdre touz iceulz Florins*, & icelles monoyes deffenduës, & de *l'amende* en la *voulenté* de Nouz & de nostre Conseil.

(16) Et *Voulons* afin que vous soyez plus curieux & diligens de faire tenir, &

PHILIPPE VI. dit DE VALOIS, à l'Abbaye du Lis prés de Melun, le 23. Mars 1348.

garder nozdites Ordonnances, que de tout ce que vous trouverez *prenant & mettant* contre la teneur & forme d'icelles Ordonnances, ou qui auront pris ou mis, ou qui prendront ou mettront, comme dict est, vous AYEZ LE TIERS, *outre les gages que vous avez*, pour cause de vostre *Prevosté*, & que le *remanant soit laissé & delivré à nostre* Receveur de Paris. Et s'il advenoit que Nous en fissions grace & remission aulcune, *Nous Voulons* que ledit *Tiers* ce nonobstant, vous ayez, comme dessus est dict, sans ce que vous soyez tenuz ne contrainz à le rendre, comment que ce soit. *Donné en l'Abbaye du Lys, emprés Melun, le vingt-troisiéme jour de Mars, l'an de grace mil trois cens quarante-huict.* Sous le Scel *de nostre Chastelet de Paris, en l'absense du grant.* Ainsi signé par le Roy *VERRIERE*. Au secret Conseil. *Scellé* à la Requeste de *Enguetran du petit cellier* & Bernart *Fremaint* Tresorier.

PHILIPPE VI. dit DE VALOIS, à Paris, le 27. Mars 1348.

(a) *Mandement du Roy à la Chambre des Comptes, portant que les* aumosnes *seront payées avant les* assignations.

PHILIPPES par la Grace de Dieu, Roy de France, à noz amez & feaulx les Gens de noz Comptes à Paris, *Salut & dilection.*

Sçavoir vous faisons que pour ce que les *gens d'Eglise, Religieux, Chapelains*, & autres personnes, soient *Clergiez*, ou *Lais*, de quelconque estat, qui *prennent en noz Tresor*, & receptes, deniers, ou autres choses, pour raison des *Aumosnes*, à eulx faites *à vie*, ou *voulenté de Nous*, ou de noz *devanciers Roys*, puissent mieux & plus diligemment, *desservir leurs benefices*, avoir leurs *soustenances* & plus devotement *prier Dieu* pour Nous & le bon estat de nostre Royaume, *Nous Voulons & avons Ordené (b)* o grant deliberation, que de tout ce qu'il apparoistra, loyaument à eux, estre deu du temps passé, & aussi dores-en-avant pour celuy à venir, à cause desdites *Aumosnes*, il soient entierement payez *avant toutes autres assignations & rentes* qui soient assignées sur nosdiz Tresor & receptes : Pourquoy Nous vous *Mandons, Commandons* estoitement, & *Enjoignons* que nostre presente Ordenance vous tenez & gardez, & faites tenir & garder fermement sans enfraindre. Et faites jurer aus Sains Evangiles noz Tresoriers & Receveurs quant il vendront compter, qu'il la tendront & garderont, & *payeront* les dessusdiz, selon nostredite Ordenance. Et ce leur mandez faire par noz Lettres ou les vostres, si comme vous verrez que mieux & plus diligemment pourra estre fait, afin que en ce nostre voulenté soit accomplie, non contrestant quelconques mandemens, Letres, deffences & Ordenances faites ou à faire à ce contraires. Si le faites en telle maniere, que pour deffaute de payement les dessusdiz ne Nous poursuivent plus. *Donné à Paris le vingt-septiéme jour de Mars, l'an de grace mil trois cens quarante & huit. Sous le seel de nostre Chastelet de Paris, en absence du nostre grant.*

Par le Roy à la relation du secret Conseil. *P. BRIAIRE.*

NOTES.

(a) Ce Mandement est au Memorial C. fol. 3. *verso*, & fol. 43. *verso* de la Chambre des Comptes de Paris.

Aux vérifications faites en la Chambre des Comptes des *Dons faits* par le Roy, *dans les baux à main ferme*, faits du Domaine, aux *Appanages* baillez aux *enfans masles* puisnez de la maison Royale, & aux *assignations* des Doüaires & des conventions matrimoniales des Reynes, & des filles de France, il y a toûjours la clause, que les *Fiefs & Aumosnes, rentes à heritages, gages d'Officiers & autres charges ordinaires seront préalablement payées & acquitées.*

Selon *Bacquet*, par *Fiefs*, il faut entendre *les rentes feodales*, ou *les rentes en Fief assignées* sur *le Domaine du Roy*, & sur lequel elles doivent estre payées & acquitées. Et les *Aumosnes* sont les *Dons* & les *Legs pitoiales* faits par noz Roys par *fondations*. Voyez *Bacquet* dans son Traité des *Francs-fiefs*, chap. 7. nombre 30. page 872. 873.

(b) O grant deliberation.] C'est-à-dire, *avec* grande deliberation. *O intimation*, avec Intimation; ce mot est frequent dans nos Coutumes & dans la pratique. Voyez le Glossaire du Droit François, sous la letre O.

PHILIPPE VI. dit DE VALOIS, à Souvigny le Temple, le 15. Avril 1349.

(a) *Mandement aux Generaux Maîtres des monoies, par lequel le Roy ordonne une* Creuë *de huit sols tournois par marc d'argent, en Billon blanc & noir.*

PHILIPPES par la grace de Dieu, Roy de France, à tous nos amez les Generaulx Maistres des Monoies, *Salut & dilection.*

Nous avons oy que nostre amé & feal Tresorier *Bernard Fermant* Nous a rapporté sur la deliberation euë entre les Genz de noz Comptes à Paris, & *Vous* de nostre commandement, s'il feroit nostre proufit de faire *Creuë* en *argent* & en *Billon blanc & noir,* pour plus ouvrer en noz monoies. Lequel Nous a rapporté pour nostre proufit, & pour avancer l'ouvrage de nozdites monoies, que vous estiez touz à accord *de faire Creuë de huit sols tournois par Marc d'argent en Billon, tant en blanc comme en noir.* Et vous faisons à sçavoir que votre deliberation Nous est agreable. Et vous *Mandons* que vous *le faciez faire* & sçavoir *par touz* les lieux, où il appartiendra. *Donné à Souvigny-le-Temple. Le quinziéme jour d'Avril. L'an de grace mil trois cens quarante-neuf.*

NOTES.

(a) Ce Mandement est au Registre E. de la Cour des monoies de Paris, feüillet 52. *verso.*

Il y a ensuite au mesme Registre la Letre du 6. May 1349. des Generaux Maîtres, adressée aux *Gardes* & *Maîtres* de la monoie de Paris, pour l'execution de ce Mandement.

PHILIPPE VI. dit DE VALOIS, à Joy l'Abbaye, le 6. May 1349.

(a) *Mandement du Roy aux Generaux Maîtres, portant qu'ils feront fabriquer dans ses monoies, des* Deniers d'Or *à l'escu, pour vingt sols Parisis la piece, de soixante-quatre de poids au marc de Paris, à vingt-un Caraz de Loy.*

PHILIPPES par la Grace de Dieu, Roy de France, à noz amez les Generaulx Maîtres de noz monoyes, *Salut.*

Nous vous *Mandons* & *Commandons* que tantost & sans délay, vous faciez faire par toutes noz monoyes, là où bon & proufitable vous semblera, *Deniers d'or à l'escu,* qui auront cours pour *vingt sols Parisis* la piece, & de *soixante-quatre de* poix au marc de Paris, *(b)* à *vingt & un caratz de loy.* Et faites donner *en tout Marc d'or fin, cinquante-deux livres & un sol six deniers tournois*, en payant chascun *Denier d'or à l'escu, pour quinze sols Parisis,* si comme vous faisiez paravant. De ce faire vous donnons plain povoir & mandement especial par ces presentes. *Donné à Joy-l'Abbaye. Le sixiéme jour de May, l'an de grace mil trois cens quarante-neuf.* Soubs le Seel de nostre secret en l'absence du grant. Ainsi signé par le Roy. *BLANCHET.*

NOTES.

(a) Ce Mandement est au Registre E. de la Cour des monoies de Paris, feüillet 55.

La Letre des Generaulx Maîtres pour l'execution de ce Mandement est ensuite.

(b) A vingt & un caratz de Loy.] Ces termes, & les autres qui concernent les monoies, sont, comme on l'a plusieurs fois remarqué, expliquez par *Bouteroüe* dans son Traité des monoies, page 145. par *Boisard* dans son Traité des monoies chapitre 3. & 4. & par *Poullain* des monoies, pages 399. 400. 402. 406. 428. 431.

PHILIPPE VI. dit DE VALOIS, à la Celle Sarobiez, le 19. May 1349.

(a) *Mandement du Roy aux Generaux Maîtres de ses monoies, de faire fabriquer des* Deniers d'Or *à l'escu à vingt-un Caraz, & avec Creüe de six sols trois deniers Tournois, pour chaque Marc fin au Marc de Paris.*

PHILIPPES par la Grace de Dieu, Roy de France, à noz amez les Generaulx Maistres de noz monoyes, *Salut.*

Comme Nous avons *Ordonné* & avons *Mandé* par noz autres Letres, que vous fissiez faire en noz monoyes *Deniers d'or à l'escu à vingt & un Caratz de loy, sanz mouvoir le prix & doner pour chascun Marc fin, au Marc de Paris, Creüe de six solz trois deniers* tournois, & depuis, vous & noz amez & feaulx Tresoriers, *Nous* ayez certifié souffisemment, que c'est le meillieur & moins apercevable pour icelle *Ordonnance* & nouvel pié, que Nous facions ouvrer les *diz Deniers d'or à ce pié, de vingt & un Caratz*, en donnant ladite *creüe*, jusques à *l'espace de six ou sept jours*, tant seulement : Et passé celuy temps à *vingt & deux caratz à la creüe dessusdite*, si comme en noz dites Letres est contenu. *Nous vous mandons* & *Commandons* que durant lesdiz *six ou sept jours*, vous faciez ouvrer auxdiz *vingt-deux caratz & creüe*, & iceulx passez comme dit est, faites ouvrer auxdtz *vingt & un caratz & creüe*, en accomplissant ladite *Ordonnance* & *Mandement* de noz autres dites Letres. Si *vous donnons* en mandement & à noz amez & feaulx les gens de noz Comptes à Paris, que ladite creüe ils *alloüent* és Comptes des Maîtres particuliers de noz monoyes, ou de qui il appartiendra. *Donné à la Celle-Sarobiez le dix-neufviéme jour de May, l'an de grace mil trois cens quarante-neuf.* Ainsi signé par le Roy present *Enguerran du petit cellier.* BLANCHET.

NOTES.

(a) Ce Mandement est au Regîstre E. de la Cour des monoies de Paris, feüillet 54. *recto.* La Letre des Generaulx Maîtres pour l'execution de ce Mandement est ensuite.

PHILIPPE VI. dit DE VALOIS, à Poorcourt, le 16. Juin 1349.

(a) *Letres du Roy à la Chambre des Comptes, portant que nul n'aura* gages, *sinon pour les jours qu'il sera occupé à Paris au service de Sa Majesté.*

PHILIPPES par la Grace de Dieu, Roys de France, à nos amez & feaulx *Gens de noz Comptes* & noz *Tresoriers* & *Notaires* & tous autres Officiers à Paris, *Salut & dilection.*

Savoir vous faisons que il est nostre entente, & ce vous baillons par declaration, que nuls de vous, soit *Clerc, ou Lay, ne preigne Gaiges sur Nous, fors pour le temps, & les jours que il entendra, ou sera à Paris pour noz besoignes, se il n'avoit loyal essoyne de maladie, qui li preist, ou li venist, luy estant en nosdites besoignes.* Et pour tous ceulx qui ont esté & sont hors, senz nostre especial congié, *Nous Voulons* & vous *Mandons* seur les serremens que vous avez à Nous, que vous *Tresoriers*, ne leur payez, ne vous noz *Gens des Comptes*, ne leur comptez aucuns *Gaiges* pour le temps que il auront esté hors, nonobstant quelconques coustume & Ordenance, & toutes Letres à ce contraires. Et ce *Voulons* estre tenu & gardé, seur voz serremenz, senz rien faire au contraire, pour quelconques prieres que ce soit, ne par Letres, se *nostre petit signet, que Nous portons, n'y estoit plaquié* & apparant. *Donné à Poorcourt le seiziéme*

NOTES.

(a) Ces Letres sont au Memorial C. de la Chambre des Comptes de Paris, fol. 48.

jour de Juing, sous le Seel de nostre secret. L'an de grace mil trois cens quarante-neuf
Par le Roy, *R. De Moulins.*
Collatio facta est per me J. de Moncellis & me J. Aquile.

PHILIPPE VI. dit DE VALOIS, à Paris, le 22. Juin 1349.

(a) *Ordonance portant que les Prevostez, les Escritures & les Clergies des Bailliages & des Prevostez, seront à l'avenir baillées à ferme par cris & subhastations.*

PHILIPES par la grace de Dieu, Roys de France, au *Bailly* & au *Receveur* d'Orliens, ou à leurs Lieuxtenans, *Salut.* Comme pour la bonne affection que Nous avons tousjours de tenir & garder nostre peuple en *pais* & en *tranquilité*, & le deffendre de *griefs* & *oppressions*, & aussi justice faire & garder; par deliberation de nostre Conseil *eussiens Ordonné, que nos Prevostez seroient baillées en Garde*, & aussi *nos Seaux & Escriptures, à personnes souffisans & convenables, qui paisiblement tendroient nostredit peuple*, le *garderoient d'oppressions, garderoient nos droits, visiteroient nos Ressorts*, & feroient justice sans faveur : *Nientmoins* par la clameur & rapport de plusieurs bonnes personnes de nos bonnes Villes & des Ressorts de nos *Chastelleries*, soit venus à nos oreilles, que lesdits Gardes par leur deffaulte & negligence pour ce qu'il n'ont point visité, ne chevauchié nosdiz Ressors, esquiez les grands *désobëissances* se font, par quoy noz *gardes* sont enfraintes & nostre menu peuple oppressié : Et aussi que ceux qui sous nostre *garde* par *appeaux*, ou autrement, doivent estre sauvement & seurement gardez, en sont plus excessivement endommagiez & grevez par plusieurs & diverses manieres; & aussi nos droiz & domaines *deperiz*, nostre justice & souveraineté mal gardez, & les *malfaicteurs* non poursuiz. Et avecques ce que quant aucuns de nos Subjetz sont cheuz en amandes pardevant lesdiz *Prevoz en garde*, aucunes graces, ne remission ne leur ont peu faire, combien que le cas requeist grace, que faite l'eussienz, s'ils feussent venuz pardevers Nous, ce que faire ne povoient pour ce qu'il leur eust plus cousté que les amandes ne montent; & par ainsi ont esté icelles amandes plus excessivement levées qu'elles n'estoient paravant, par les *Prevoz, Fermiers* qui en faisoient & povoient faire remission selon ce que bon leur sembloit : Et par ainsi s'en ensuiroit plusieurs inconvenians & dommages à Nous & à nostredit peuple, se par Nous n'y estoit pourveu : Et pour ce que raisonnable chose est muer son propos en meilleur, avons fait assembler grant quantité de nostre Conseil, qui sur ce ont eu aviz & consultacion. Pourquoy Nous oy sur ce leur meure deliberation, & eu consideration és . . . . choses dessusdites : & aus inconveniens, qui s'en pouroient ensuire, *avons Ordené & Ordenons* que nosdites *Prevostez, Seaux* & *Escriptures*, & aussi les *Seeaux* & *Clergies* des Baillies & Prevostez, seront *bailliées à Ferme* doresen-avant par *cris & subastations* accoustumées, pourveu toutesvoyes que ja soit ce que plusieurs veuillent *prendre* nosdiz Offices *à ferme*, & que plusieurs encherisseurs soient sus une ferme; que icelle ferme ne soit *mie baillée* au plus offrant, s'il n'est à ce convenable, souffisant & de bonne renommée; appellé à ce des bonnes personnes & sages és lieux, où nosdites fermes seront : Quar pour dommage que Nous ayons en les baillant à mendre prix, Nous ne voulons mie que l'on y ait regard, mais à la paix & sûreté de noz Subgiez, au bon gouvernemeut *de justice*, & a la conservacion de nos *Ressors* & *souveraineté;* Et ainsi le *Voulons* estre fait dors-en-avant. Si vous *Mandons* & estroitement *Enjoignons* & *Commandons*, que les choses dessusdites vous executez bien & diligeaument, ce que dessus est dit; Et *nostredite Ordonnance* faites publier és lieux de vostre Bailliage à ce accoustumé, de ce faire vous donnons povoir. *Mandons* &

NOTES.

(a) Cette Ordonance est au Memorial C. fol. 49. de la Chambre des Comptes de Paris.

Commandons à tous que à vous en ce faisant obéïssent & entendent diligeaument; Et à vous Bailly *Enjoignons* expressement, que de ceulz qui ainsi prendront nosdites *fermes*, vous doigniez diligeaument garde, & tellement qu'il ne viegne plainte pardevers Nous. *Donné à Paris, le vingt-deuxiéme jour de Juing. L'an de grace mil trois cens quarante-neuf.*

PHILIPPE VI. dit DE VALOIS, en l'Abbaye de Pontigny, le dernier Juin 1349.

(a) Mandement du Roy aux Generaux Maîtres de ses monoies de faire donner une Creuë *de sept sols Tournois pour marc d'argent, tant en blanc qu'en noir.*

PHILIPPES par la grace de Dieu, Roy de France, aux Generaulx Maistres de nos monoies, *Salut.*

Nous pour certaines causes *Voulons,* & vous *Mandons* & à chascun de vous, que tantost ces Letres veuës, vous par toutes noz monoies, faites donner *Creuë de sept sols Tournois* pour Marc d'argent, tant en *blanc* comme en *noir;* Et se faites si diligemment que par vous n'y ait aucun deffault; appellez toutes voyes à ce faire deux des Genz de nos Comptes, & nos deux Tresoriers à Paris, ou l'un d'iceulx. *Donné en l'abbaye de Pontigny, soubs nostre petit Seel, le derrenier jour de Juing. L'an de grace mil trois cens quarante-neuf.* Ainsi signé par le Roy, ROUGEUROT.

NOTES.

(a) Ce Mandement est en la Cour des Monoies de Paris, feüillet 56. *verso* & 57. *recto.*

PHILIPPE VI. dit DE VALOIS, à Remilly en Champagne le 14. Juillet 1349.

(a) Mandement du Roy, portant deffenses à M. le Chancelier, & aux Gens des Comptes qu'ils ne commettent aucunes personnes, pour les recettes de Sa Majesté.

CHANCELIER & vous nos Gens des Comptes Nous vous *deffendons* ceste fois pour toutes que *en nos receptes vous ne faites*, ou *mectez dores-en-avant aucuns Receveurs; car quant il sont fait par vous Gens de nos Comptes,* il ne comptent point, mais s'aident de nos deniers & en demeurent riches, & achептent terres & font grans maisonnemens & autres choses; Et si en aisent ceulz qui les y mectent, aussi comme a fait & fait le Receveur de Chartres, qui par vous Genz de nozdis Comptes a esté fait, dont Nous avons eu & pourions avoir ou temps à venir grans dommages. Et gardez vous sur ce tant que vous povez mefaire envers Nous, que par quelconque voye, ou maniere que ce soit, vous ne faites ou temps à venir le contraire: Car vous *Genz de nozdis Comptes,* savez que seulement Nous vous avons ordenez & establiz, *pour nos Comptes oir & recevoir, & Nous faire payer de ce qui deu Nous est,* sanz ce que d'autres choses vous vous entremectiez en riens, se Nous ne le vous commectons par especial : Et sachiez que lesdiz *Receveurs* Nous *voulons* dores-en-avant estre faiz par *election,* aussi comme Nous avons ordené de nos *Seneschalz & Bailliz.* Si ayez avis sur ces choses, & en faites tant qu'il Nous doie estre agreable; car se vous plus faites le contraire Nous vous monstrerons de fait qu'il Nous en desplaist. Et vous *Chancelier* gardez que letres que nozdis Genz de noz Comptes passent sur *l'office desdites receptes,* vous ne seelliez, car il n'est pas de nostre entente que elles soient seellées, se elles ne sont passées par Nous, sanz relacion d'autruy. *Donné à Remilly en Champaigne le quatorziéme jour de Juillet mil trois cens quarante-neuf.*

NOTES.

(a) Ce Mandement est au Memorial C. fol. 49. *verso* de la Chambre des Comptes de Paris.

(a) Ordonnance

PHILIPPE VI. dit DE VALOIS, à Marigny en Champagne, le 19. Juillet 1349.

(a) Ordonance faite à la Requeste des habitans de Troyes, portant que personne ne pourra nourrir des Porcs *dans cette Ville.*

PHILIPPES par la grace de Dieu, Roy de France, sçavoir faisons à tous presens & à venir, que comme d'ancienneté ont eust accoustumé de faire Seulz à *Porceaux*, & de les nourrir & engresser dedans *les portes de la Ville & Cité de Troyes*, tant en plusieurs *maisons d'Eglise*, comme en autres, & avecques ce de faire au milieu des ruës, touchans de nostre pavement desdites *Villes & Cité*, grans fosses où chieent les fiens & ordures desdiz *Porceaux*. Et pour ce que à cette cause, ladite Ville, & lieux d'icelle sont moult corrompus, & que ladite corruption est moult perilleuse, mesmement pour cause de la mortalité, qui à present *(b) quenet*, aux bourgeois & habitans desdites villes *(c)* & Cité, & à ceux qui y conversent. Iceux Bourgeois & habitans Nous ayent humblement supplié, que seur ce Nous leur veullions porveoir de gracieux remede ; *Nous* pour consideration des choses dessusdites, ausdits Supplians avons octroié & octroïons par ces Letres, de grace especial & de nos plains pooir & autorité royaux, que aucuns *Porceaux* ne soient doresmais en avant engressiez, ou nourriz dedans les portes desdites Ville & Cité, par quelconques personnes, ne en quelconques maisons que ce soient, d'Eglise, nobles, ou autres. Si *donnons* en Mandement à nos Bailly *(d)* & *Boieur* de Troyes, qui ores sont & seront ou temps à venir, ou à leurs Lieutenans, & à chascun d'euls, que de nostre presente grace il facent & laissent lesdiz *Borgois* & habitans & leurs successeurs paisiblement & perpetuelment joir & user, & que ce soit ferme chose & estable à tousjours-mais, Nous avons fait mettre nostre grant Seel à ces presentes Letres. Sauf en autres choses nostre droit, & en toutes l'autruy. *Ce fut fait à Marigny en Champagne le dix-neufviéme jour de Juillet, l'an de grace mil trois cens quarante-neuf.* Par le Roy. ROUGEMONT.

NOTES.

(a) Cette Ordonance est au Tresor des Chartes, Registre coté 68. piece 375.

(b) Quenet.] C'est-à-dire, qui *queurt*, ou qui a cours parmi les habitans & *Bourgeois*.

(c) Et Cité.] C'est le nom que l'on donnoit anciennement aux Villes où il y avoit Siege Episcopal.

(d) Et Boieur.] Vide Cangium in Glossaris in verbo Boca, Boga, page 578. *linea 51.*

PHILIPPE VI. dit DE VALOIS, au bois de Vincennes, le 6. Aoust 1349.

(a) Ordonance touchant les Foires de Champagne & de Brie.

SOMMAIRES.

(1) Les Foires de Champagne & de Brie seront remises à leur ancien estat. Les bons & anciens usages, les franchises & les Coutumes qui y furent establis, y seront observez, & toutes les servitudes & les charges induës, qui y ont esté introduites depuis quarante années, seront ostées & mises au neant.

(2) Le Roy, ses successeurs, ou leurs gens n'accorderont aucunes graces, ou respits au préjudice des Marchands, contre les libertez & les Coutumes des Foires. Et si quelqu'un, par importunité ou autrement obtenoit de telles graces, les Gardes des Foires les regarderont comme nulles, & n'y auront aucun égard.

(3) Les compagnies de marchans, ou ceux qui ne feront pas compagnie, soit Italiens, Ultramontains, Florentins, Milanois, Lucois, Genevois, Venitiens, Allemans, Provenceaux, *qui ne sont pas du Royaume, s'ils veulent y negocier & joüir du privilege des Foires, ils y auront leur demeure par eux, ou leurs facteurs. Ils viendront, demeureront & retourneront seurement avec leurs marchandises sous le sauf-conduit des Foires, auquel le Roy les prend & les reçoit, avec leurs marchandises, ensorte qu'ils ne pourront estre empeschez, ni arrestez que pour meffect present, lequel sera puni par les Gardes des Foires.*

(4) Aucuns Marchands des pays nommez cy-dessus, ou autres Estrangers, ne pourront, sous peine de confiscation, conduire par eux ni par autres, aucunes marchandises, ou denrées, par les détroits du Royaume, si ce n'est pour les

PHILIPPE VI. dit DE VALOIS, au Bois de Vincennes, le 6. Aoust 1349.

amener *aux Foires, où de-là les emporter, au cas qu'elles ayent esté venduës & debitées, ou que n'ayant pas esté debitées, elles soient restées aux Foires.*

(5) Le transport des Laines *hors du Royaume estant cause de l'empirement, ou de la diminution des* Foires *& de toutes les autres Marchandises du Royaume, au préjudice de l'Estat & du peuple.* Aucunes Laines, *soit du Royaume ou d'ailleurs, n'en seront tirées à l'avenir, pour les porter dans les pays estrangers, sous peine de confiscation tant des Laines, que de corps & de biens.*

(6) Les Drapiers *& les Marchands des dix-sept Villes, qui sont tenus de venir aux* Foires, *y feront conduire leurs Draps comme auparavant. Ils ne les pourront vendre en gros, ni en detail pour les transporter hors du Royaume, avant qu'ils ayent esté amenez aux* Foires, *& ce sous peine de confiscation.*

(7) Tous les Marchans *d'avoir de poids, ou en detail, exposeront aux* Foires *leurs marchandises, pendant le temps ordinaire, sçavoir, depuis le* premier des trois jours des Draps, jusqu'au sixiéme; *Et au cas que dans ce temps ils n'ayent pas tout vendu, ils pourront disposer du reste de leurs marchandises, comme il leur plaira.*

(8) Les estrangers Marchands de Chevaux *auront des estables aux* Foires, dés les trois jours des Draps, *jusques aux Changes abatus.*

(9) Les Marchans de Cuirs *exposeront leurs marchandises aux lieux des* Foires *accoutumez, dés le premier & les trois jours des* Cuirs, *comme à l'ordinaire, sans pouvoir les vendre autre part.*

(10) Aucuns Marchans allans aux Foires ou en revenans, . . . ni leurs Marchandises, ne pourront estre arrestées en vertu de deffenses desdites Foires, données au temps passé, à compter de la date des presentes, jusques à cinq années consecutives. Pendant ce temps les parties pourront s'accorder, & ceux qui auront des deffenses, pourront sans se prejudicier, poursuivre les principaux obligez.

(11) Les Gens du Roy, Baillis, Seneschaux, &c. ne feront à l'avenir aucunes prises des Chevaux *qui appartiendront aux Marchands frequentans les Foires, à moins que ce ne soit par le commandement des Gardes, parce qu'au moyen de ces prises, les Marchands manquent de chevaucheurs, pour le fait de leur negoce, &c.*

(12) Toutes les Compagnies *& les* Changeurs *des Foires, seront en leurs Changes, dans des lieux apparens, avec des Tapis à leurs* fenestres, *ou* Estaux, *comme à l'ordinaire.*

(13) Afin que les Marchands *ne perdent pas, ou ne soient pas dans la crainte de perdre sur l'argent, qui leur proviendra de la vente de leurs marchandises, par le* changement des monoies, *il leur sera permis, en passant leurs Contracts, de stipuler, que les payemens seront faits* à la valeur de l'or & de l'argent, qui aura lieu dans le temps du Contract; *lesquelles stipulations seront executées nonobstant toutes Ordonances contraires.* Cet article n'est pas dans l'Ordonance de 1344.

(14) On n'expediera à l'avenir aucunes commissions *sur le fait des* monoies deffenduës, *pour estre exercées aux Foires, ou aux environs, si ce n'est seulement au* Chancelier *& aux* Gardes des Foires, *ou leurs* Lieutenans, *lesquels deputeront à cet effect de bonnes & suffisantes personnes.* Cet article n'est point encore dans l'Ordonance de 1344.

(15) Le Chancelier *& les* Gardes *des Foires feront venir pardevant eux les* Epiciers *& les* Drapiers, *tant ceux qui demeurent dans les Villes, où sont les Foires, que ceux qui les frequentent, ausquels ils feront faire serment, qu'ils éliront une, ou deux bonnes & loyales personnes experimentées dans les deux mestiers, lesquelles auront pouvoir de visiter les* poudres, les ouvrages de cire, les confitures & autres Denrées: *Et s'il s'en trouvoit de mauvaises aprés avoir esté vûës, par quatre, cinq, ou six Epiciers, ou Drapiers appellez par ces* Eslûs, *ils en feront leur rapport aux* Gardes *& au* Chancelier, *qui condamneront les coupables en l'amende envers le Roy, selon la qualité du meffect. Ce qui sera observé à l'égard des autres mestiers qui seront exercez aux Foires.* Cet article n'est pas encore dans l'Ordonance de 1343.

(16) Les bons Marchands *non suspects* d'usure, *& frequentans les Foires, pourront seuls faire passer des obligations pour raison des sommes qu'ils y presteront, à cause de leurs marchandises, & ils pourront faire des transports de ces obligations, sous le Seel royal desdites Foires, en la maniere accoustumée.* Voyez l'article 22. de l'Ordonance du mois de Juillet 1344.

(17) Aucuns Italiens, Ultramontains, Provenceaux, *ni autres estrangers, ne pourront user des obligations passées sous le Seel des Foires, s'ils n'y ont fait residence, à l'exception néamoins du sauf-conduit, à l'égard des denrées qu'ils ameneront aux Foires, ou qu'ils en emporteront.* Voyez l'article 14. de l'Ordonance du mois de Juillet 1344.

(18) Toutes Letres *qui concerneront le fait & l'action des Foires, seront de nul effet, si elles ne sont seellées du Seel des Foires.*

(19) Aucuns Marchans frequentans les Foires, sous peine de confiscation de corps & de biens, ne pourront prester *par an, à plus* de quinze livres pour cent. *Sçavoir, pour chacune des six Foires qui se tiennent par an,* cinquante sols, *ce qui doit estre entendu du gain qui se prend de Foire en Foire, pour prest, ou pour change.* Voyez l'article 18. de l'Ordonance de 1344.

(20) Tous Contracts feints *&* simulez, *dont la dette, contre verité, est causée pour marchandise venduë, ou tous autres Contracts faits pour pallier les* usures, *sont prohibez & deffendus, sous la peine dessusdite, de confiscation de corps & de biens.* Voyez l'art. 17. de l'Ordonance de 1344.

(21) *Nul* creancier, *en faisant* renouveller ses Letres *de creances, ne pourra y faire entrer l'interest pour le convertir en principal, sous peine de confiscation de corps & de biens.*

(22) *Nul* creancier, *ne pourra, contre la verité, en passant des Contracts hors des Foires, y faire écrire qu'ils ont* esté faits & redigez en Cour de Foires, *pour en avoir les privileges. Ceux qui* feront *à l'avenir de tels Contracts, & ceux qui les* écriront, *encourront la peine* de faux; *laquelle néamoins ne sera mise à execution, qu'après que le transgresseur aura esté convaincu à la poursuite de ses adversaires, par office de justice, par confession, ou preuve suffisante, &c.* Cet article n'est pas dans l'Ordonance du mois de Juillet 1344.

(23) *On n'aura aucun égard à la Cour des Foires, aux exceptions* declinatoires, *ni* dilatoires *qui y seront proposées. On n'y admettra que les* peremptoires seulement. *On procedera d'abord au principal. Et si les parties se pourvoyent* par appel *en la Cour, les Gardes des Foires n'y auront aucun égard.* Voyez l'article 20. de l'Ordonance du mois de Juillet 1344.

(24) *Tous* Deffendeurs *pourront plaider leurs causes par* Procureurs, sans grace, *en la Cour, à moins qu'il ne soit question de detention de corps. Et s'il survient quelque doute, l'interpretation en sera faite par les Gardes des Foires, en prenant le conseil de la Cour des Foires.* C'est l'article 19. de l'Ordonance du mois de Juillet 1344.

(25) *Tous Marchands frequentans les Foires seront justiciables des* Gardes, *qui seuls connoîtront des cas & des Contracts advenus ou passez aux Foires, avec leurs appartenances & dépendances, à l'exception des Cours à qui la connoissance en doit appartenir en cas* d'appel. *Deffenses sont faites à tous Justiciers & sujets d'en prendre connoissance, sous peine d'en estre punis severement par les* Gardes. Voyez l'art. 13. de l'Ordonance du mois de Juillet 1344.

(26) *Les Officiers de Champagne, Baillis, ou autres seront soumis aux Gardes des Foires pour l'execution des Mandemens adressez aux Officiers, &c.* Voyez l'article 16. de l'Ordonance du mois de Juillet 1344.

(27) *Le nombre des* Sergens des Foires, *sera réduit à* Cent tant seulement. *Les Gardes osteront les plus nouveaux & moins suffisans, & ils conserveront les anciens. Et ceux qui auront esté conservez, renouvelleront leurs* cautions, *en cas que celles qu'ils ont données ne fussent pas bonnes, ni suffisamment enregistrées. Et quand il y aura quelque place vacante, elle sera remplie par les Gardes & le Chancelier des Foires.* Voyez l'article 24. de l'Ordonance du mois de Juillet 1344.

(28) *Les* Sergens des Foires, *s'ils ne sont en voyage, seront tenus de se presenter aux* Gardes, *&* au Chancelier *une fois à chaque Foire. Et ils y seront jusqu'à la fin, pour executer les ordres du Chancelier & des Gardes.* Voyez l'article 26. de l'Ordonance du mois de Juillet 1344.

(29) *Il n'y aura aux Foires que* quarante Notaires *comme auparavant. Lorsqu'il y aura quelque place vacante, elle sera remplie par les Gardes & le Chancelier, s'ils sont d'accord. Et des premiers* Notaires *qui seront establis, il y en aura quatre bons* Clercs *capables de rediger tous* Actes *en* Latin *& en* François. Voyez l'article 25. de l'Ordonance du mois de Juillet 1344.

(30) *Les* Notaires *& les* Sergens *des Foires feront les fonctions de leurs Offices en personnes, & ils ne pourront les faire exercer par d'autres, que du consentement des* Gardes.

(31) *Les Gardes des Foires, ou du moins l'un d'eux, y seront dés la veille des trois jours, & l'un d'eux y sera continuellement, jusques à ce que les plaidoiries soient finies. Et si pendant le vague, ou le cours de la Foire ils sont l'un & l'autre obligez de s'absenter, le Lieutenant y restera jusques à ce que les Gardes, ou l'un d'eux soit de retour pour le payement. Sitost que la Foire sera livrée l'un des* Gardes *& le* Lieutenant *visiteront les* Halles & les Marchandises. *Et le* Chancelier, *ou* Garde-Seel *s'y rendra aussi dés la veille des trois jours, & en retournant il laissera son Lieutenant pour recevoir les octrois.* Voyez l'article 23. de l'Ordonance du mois de Juillet 1344.

(32) *Les* Gardes *& le* Chancelier *des Foires ne seront pas payez de leurs gages, s'ils ne font residence aux Foires. Les gardes ne pourront exercer la jurisdiction des Foires, à moins qu'ils ne soient tous deux presens. En cas d'absence de l'un, celuy qui sera present fera appeller le* Chancelier, *& au defaut du Chancelier, une bonne personne suffisante & non suspecte, &c.* Cet article n'est pas dans l'Ordonance du mois de Juillet 1344.

(33) *S'il y avoit quelque doute dans la presente Ordonance, elle sera interpretée par les* Gens du secret Conseil, *qui en decideront comme bon leur semblera.* Voyez l'article 29. de l'Ordonance du mois de Juillet 1344.

(34) *Ceux qui contreviendront à la presente Ordonance seront punis duëment. Et il est enjoint aux* Gardes, *au* Chancelier *& à chacun d'eux, qu'ils fassent leur rapport chacun an au* secret Conseil, *ou à la* Chambre des Comptes, *de l'estat des Foires.*

(35) *Les* Gardes des Foires *qui sont & seront, feront serment en la* Chambre des Comptes, *d'observer & de faire observer, la presente Ordonance de point en point.* Voyez l'article 30. de l'Ordonance du mois de Juillet 1344.

(36) *Toute autorité est donnée aux* Gardes *pour l'execution des presentes, & à cet égard tous les Officiers du Royaume leur doivent obéir.* Voyez l'article 31. de l'Ordonance du mois de Juillet 1344.

(37) *Injonction est faite à tous Justiciers & Officiers de faire observer les presentes Ordonances.*

PHILIPPE VI. dit DE VALOIS, au Bois de Vincennes, le 6. Aoust 1349.

PHILIPPE VI. dit DE VALOIS, au Bois de Vincennes, le 6. Aoust 1349.

PHILIPES, &c. Sçavoir faisons à tous presens & à venir, que comme notoire chose soit, & de ce soyons suffisamment informez, que nos *Foires de Champagne* & de *Brie* furent fondées & créées pour le *bien & profit commun* de tous Pays, tant de nostre Royaume comme *dehors*, & furent assises & establies ès *Marches communes*, pour tous les Pays remplir, & garnir de denrées & marchandises necessaires. Et pour ce s'accorderent & consentirent à la fondation, creation, & aux Ordonnances & coustumes d'icelles Foires, *Prelats*, *Barons*, *Chrestiens* & *Mescreans*, en eux soumettant à la Jurisdiction d'icelles, & donnant obéïssance. Pour lesquelles choses furent establis & donnez privileges, franchises & libertez aux Marchands & *frequentans* icelles, & *retournans* jusques en leurs pays; & aussi à tous leurs biens, & *conduisans* de leurs denrées & marchandises, afin qu'abondamment & sauvement lesdits Marchands & marchandises y puissent venir de tous pays, demeurer, & semblablement retourner seurement. Et pour ce que par la fondation d'icelles, Nous est euë & donnée *obéïssance* par tous pays, *deça mer & de-là mer*, sans contredit; Et consideré que c'est le bien, honneur & profit de nostre Royaume, & du commun de tout pays, comme dit est, avons par le grand plaisir & affection voulu, que lesdites Foires soient & demeurent en bon estat: Et suffisamment avons fait à sçavoir & enquerir l'estat d'icelles Foires esquelles ont esté trouvez plusieurs *grands deffaux*, tant par les *fraudes* & *malices* d'aucuns repairans en icelles, & aucunes *nouvelletez* induës qui ont esté faites au temps passé, comme parce que les *privileges*, *libertez*, anciennes *coustumes* & bons *usages* ont esté *mal gardez*, & *maintenus negligemment*, si comme il est de nouvel venu à nostre cognoissance, dont plusieurs bons & loyaux Marchans repairans en icelles, les ont *desvoyées* & *delaissées* pour ces causes, au grand grief, préjudice & dommages de Nous & de nostre Royaume, & de tout le commun profit de tout le pays, & Marchans frequentans & repairans esdites Foires. Parquoy Nous qui *Voulons* bons & convenables remedes estre mis en l'estat & reformation desdites Foires, & qui entendons *maintenir* & *garder les privileges*, & les bons & *anciens usages* d'icelles, afin que le peuple & tous les Marchands esdites Foires, & repairans & frequentans icelles ne soient doresnavant grevez, dommagez, ou molestez indeuëment, ains puissent sauvement & seurement aller & venir en icelles *Foires*, & semblabement *retourner* souz nostre *conduite, protection* & *sauvegarde*. De nostre authorité Royal & de nostre certaine science, ayans eu sur ce déliberation avec nostre *Grand Conseil* pour tout le commun profit, avons sur ce *Ordonné* & *Ordonnons* en la maniere qui s'ensuit.

Premierement. Il Nous *plaist* & *Voulons* que nosdites Foires de Champagne & de Brie soient mises en leur droict estat ancien, & *Ordonnons* que les bons & anciens usages, franchises, coustumes, libertez d'icelles soient gardées entierement, sans enfraindre, & que toutes *servitudes* & *charges induës* (si aucunes en y a mises, ou introduites depuis quarante ans en ça) soient rappellées, & mises à neant.

(2) Item. Ordonnons que par Nous, nos Successeurs, ou nos Gens, ne feront aucunes graces, ou repits octroyez contre les Marchans frequentans lesdites Foires, ne contre les *libertez* & *coustumes* devantdites. Et si par l'importunité des impetrans, ou autrement, estoient octroyées, les *Gardes* d'icelles Foires ne seront tenus d'y obéir; & ne *Voulons* qu'ils, en aucune maniere, y obéïssent.

NOTES.

(a) Cette Ordonance est au Registre C. de la Chambre des Comptes de Paris. Il y paroist par une Letre du 16. Juillet precedent, écrite au Roy par les Officiers de la Chambre, qu'elle fut dressée par les *Gens du Conseil* & *des Comptes*, qui la presenterent à Sa Majesté, comme un projet, qui devint Ordonance, parce que le Roy qui l'approuva, y apposa son Sceau.

Elle est aussi rapportée par *Fontanon*, Tome premier, Livre 5. page 1075. Voyez *Joly* aux Additions à *Girard*, Tome premier, page 170. & Chopin sur la Coutume d'Anjou, livre premier, chapitre 43. page 409.

Cette Ordonance est presque en tout la même que celle de *Chasteau-Thierry*, *du mois de Juillet 1344.* imprimée cy-dessus, pages 201. 202. 203. 204. 205. &c. à l'exception de quelques additions qui sont dans celle-cy, & qui sont indiquées aux Sommaires.

(3) Toutes les Compagnies des Marchans, & aussi les Marchans singuliers *Italiens, Outremontans, Florentins, Milanois, Lucquois, Genevois, Venitiens, Allemans, Provençals & d'autres Pays*, qui ne sont de nostre Royaume, si marchander veulent en iceluy, & joüir des privileges & bons usages desdites Foires, auront *demeurances, par eux, ou leurs facteurs, honnestes, esdites Foires, sans avoir mansion principale autre part* en nostre Royaume. Et seurement viendront, demeureront & retourneront, eux, leurs marchandises, & les conduiseurs d'icelles, au saufconduit d'icelles Foires, auquel Nous les *prenons & recevons* dès maintenant, ensemble les *marchandises & biens*, sans ce que par autres que par les *Gardes d'icelles* Foires soient *prins, arrestez, ou empeschez*, si ce n'est pour *meffait present*. Et si aucun vient, ou fait contre ce, il en sera puny par lesdits Gardes.

PHILIPPE VI. dit DE VALOIS, au Bois de Vincennes, le 6. Aoust 1349.

(4) Aucuns Marchans des Pays dessusdits, ou autres dehors nostre Royaume, de quelque estat & condition qu'ils soient, ne pourront mener par eux ne par autres, aucunes *marchandises, ou denrées* par les *destroits dudit Royaume*, si ce n'est pour les mener ausdites Foires, ou que d'icelles Foires soient parties ou alienées, par vendition, eschange ou autre contract, ou que par deffaut de vendre ayent demeuré esdites Foires, *par les jours ordonnez, selon l'ancienne coustume & observance, de la venduë ou delivrance de chacunes denrées, ou marchandises*, sur peine les marchandises estre à Nous acquises.

(5) Et parce que Nous sommes suffisamment informez, que les *traites & passages* de toutes *Laines* de nostre Royaume, & dehors, ont esté & sont à cause de *l'amoindrissement & empirement* de nosdites Foires & de toutes autres marchandises de nostre Royaume: Et aussi que pour cause d'iceux *traites & passages*, grande partie de nostre Royaume & nostre peuple est grandement endommagé, *Nous Ordonnons & Deffendons* que aucunes *Laines* de nostre Royaume, ne *d'ailleurs*, ne soient *traites*, ne *passées* doresen-avant hors dudit Royaume; *Et rappellons* dès maintenant tous Commissaires & Députez sur le fait des traites & passages dessusdits. Et ce Nous *Deffendons*, sur peine d'icelles *Laines estre acquises à Nous*, & des *corps & des biens* de tous ceux qui seront trouvez faisant le contraire de nostre presente Ordonnance.

(6) Les *Drapiers* & *Marchans* des *dix-sept Villes*, lesquels sont tenus d'aller esdites Foires, meneront leurs *Draps* en icelles, si comme ils souloient & estoient tenus anciennement, & ne les pourront *vendre* en *gros*, ne *menu*, autre part, pour mener *hors nostre Royaume*, sur peine *d'iceux* estre à Nous *acquis*, jusques à tant qu'ils les ayent premierement *envoyez en une desdites Foires*, nonobstant graces quelconques, si aucunes avons fait, ou octroyé au contraire à aucunes *desdites Villes*; lesquelles Nous *rappellons* dès maintenant, & mettons du tout à neant.

(7) Tous les *Marchans d'avoir de poix*, tiendront & *monstreront publiquement esdites Foires* toutes leurs marchandises, par le *temps accoustumé*. C'est à sçavoir dès le premier des *trois jours des Draps*, jusques au *sixiéme* après. Et après ce, au cas qu'ils n'auroient vendu, ils pourroient *mener* & en *ordonner* ainsi qu'il leur plaira.

(8) Tous *Marchans de chevaux* des Pays dessus nommez, ou autres *dehors de nostre Royaume*, tiendront *Estables* de leurs chevaux esdites Foires, dès *les trois jours des Draps jusqu'aux changes abbattus*. Et ne seront prins, ou empeschez par *Nous*, ne par *autres*, si ce n'est par les *Gardes desdites Foires*. Et au cas que à la requeste de nos Gens (b) *Estimeurs, Courratiers* & autres seroient par lesdits *Gardes* arrestez, ils ne pourroient estre tenus en *arrest plus de trois jours*, mais incontinent les trois jours passez, les Marchands à qui ils seront (c) *les pourront prendre, envoyer*, & *faire leurs profits* sans amende.

(9) Les Marchans de (d) *Cordoüen* meneront & iront esdites Foires aux lieux &

NOTES.

(b) *Estimeurs.*] Dans l'article 8. de l'Ordonance du mois de Juillet 1344. il y a mieux, *Escuiers*.

(c) *Les pourront prendre.*] Sçavoir les chevaux en arrest.

(d) *Cordoüen.*] Voyez ce qu'on a remarqué sur le mesme article de l'Ordonance du mois de Juillet 1344. letre E. page 203.

PHILIPPE VI. dit DE VALOIS, au Bois de Vincennes, le 6. Aoust 1349.

aux trois jours accoustumez, & publiquement monstreront toutes leurs denrées dès le premier jour, & par les trois jours de *Cordoüen*, selon & ainsi que anciennement le faisoient, & en autres lieux, ne autrement ne les pourront vendre en ladite Foire.

(10) Aucuns *Marchans*, en allant *demeurer* esdites Foires, & *retournans* d'icelles, ensemble leurs *marchandises*, ne seront point *arrestez, ou empeschez* par occasion de quelconques deffenses desdites Foires, données de tout *temps passé* de la *date des Presentes*, jusques *à cinq ans continuellement ensuivans*. Cependant les parties pourront accorder, & les autres qui auront les deffenses pourront faire contraindre les personnes principalement obligées, sans préjudicier aux deffenses.

(11) Pour ce que Nous sommes suffisamment informez, que par les *prises desordonnées*, qui faites ont esté au temps passé *(e)* par nos Gens, *des chevaux* des *Marchans* & frequentans *lesdites Foires (f)* pour *doute* desquelles prises ils seront tenus à petites chevaucheures, pour exercer le fait de leurs marchandises, afin que desormais ils se tiennent garnis de bons chevaux esdites Foires, Nous *Deffendons* expressement à tous *Baillifs, Prevosts, Sergens, Commissaires*, ou *Officiers* quelconques de nostre Royaume, & aussi à nos *chevaucheurs*, qui pour Nous, nostre chere & aymée compagne *la Royne* & de nos enfans, ou pour autre de par Nous, de quelconque estat qu'ils soient, ne *prennent, ou arrestent aucuns chevaux desdits Marchans*, ou frequentans, ou les venans ou demeurans esdites Foires, ou retournans d'icelles, si ce n'est par commandement desdites Gardes, ou de l'un d'eux; Et au cas que aucuns s'efforceroient de faire le contraire, Nous *Voulons* qu'on n'obéisse à eux. Et si aucuns en avoient prins ou arrestez, Nous *ordonnons* que par les *Gardes*, l'un d'eux, le *Chancelier*, ou leurs Lieutenans, soient delivrez lesdits chevaux, & les premiers empescheurs *punissent deuëment*.

(12) Toutes les Compagnies & Changeurs desdites Foires seront en leurs *changes & lieux apparens*, & auront tapis à leurs *fenestres*, ou *estaux*, en la maniere qui souloit estre faite anciennement.

(13) Pour ce que les *bons Marchans* & frequentans lesdites Foires ne puissent, ou *doutent* d'estre *perdans* ès payemens des vuidanges de leurs denrées qu'ils feront esdites Foires, par aucunes *mutations des monnoyes* que *Nous* facions; Nous en faveur d'eux & de nosdites Foires, *Voulons & Octroyons* à tous lesdits Marchans & frequentans tant de nostre Royaume comme dehors, qu'il leur loise, s'il leur plaist, (en faisant leurs contracts de toutes & loyales marchandises, de leurs denrées venduës & livrées en icelles Foires) faire & passer convenance & promesses de faire lesdits *payemens, à la valeur d'icelle monnoye, comme il courra d'or, ou d'argent au temps de leursdits contracts*. Et que lesdites convenances sur ce faites, soient tenuës & gardées nonobstant Ordonnances faites de Nous, ou à faire au contraire.

(14) Item. Pour ce que Nous avons entendu que plusieurs *Marchans estrangers, venans & frequentans esdites Foires*, sont & ont esté par plusieurs fois pris, arrestez & molestez indeuëment par nos Commissaires *deputez sur la coppe & prise des monnoyes deffenduës*, & par iceux *Commissaires* renversées leurs *malettes* par les Villes & passages où ils venoient, pour faire leurs achepts & marchandises esdites Foires, dont plusieurs Marchands, si comme on dit, *ont esté robbez & depoüillez, & perdu leurs chevances*, par aucuns, qui faussement & contre verité, se disoient estre sur ce nos *Commissaires*: Nous *Voulons & Ordonnons* que ausdites Foires, ny environ icelles, aucunes *Commissions ne soient ordonnées sur le fait de nos monnoyes deffenduës*, fors tant seulement ez *Gardes & Chancelier* dessusdits, ou à leurs *Lieutenans*, lesquels ils députeront à ce

NOTES.

(e) Par noz gens.] Ces mots ont esté suppléez, par l'Ordonance du mois de Juillet 1344. au mesme article.

(f) Pour Doute desquelles prises ils seront tenus à petites chevaucheures, pour exercer le fait de leur marchandise.] Il y a ainsi dans *Fontanon*. Dans l'Ordonance du mois de Juillet 1344. faite à Chasteau-Thierry, article 11. Il y a mieux. *Parquoy il ont grand defaut de chevaucheurs necessaires, pour exercer le fait de leur marchandise.* Afin, &c.

Doute, icy, signifie *Crainte*, comme dans l'article 13. cy-après.

faire *bonnes personnes & suffisans.* Et si aucuns *Commissaires*, ou *Sergens* faisoient, ou souffroient de faire le contraire, que lesdits Marchans & frequentans les puissent *recouvrer* sans amende.

(15) Pour ce qu'au mestier des *Espiciers* & des *Drappiers* demeurans & frequentans ez Villes, où lesdites foires séent, se font & peuvent faire tous les jours plusieurs fraudes & malices couvertement, tant en *poudres, ouvrages de cire & confitures*, comme ez autres choses, en decevant les Marchans & frequentans lesdites Foires, & en diffame desdits mestiers & marchandises, pour ce qu'en icelles Foires ne sont establis *aucuns Maistres, qui de leurs mestiers & marchandises* se prennent garde: Nous avons *Ordonné & Ordonnons* que les *Gardes* des Foires & *Chancelier* facent venir pardevant eux les *Espiciers & Drappiers*, tant demeurans esdites Villes où séent lesdites Foires, comme frequentans icelles, & iceux *feront jurer*, que bien & loyaument *ils esliront un, ou deux bons & loyaux personnages cognoissans esdits mestiers*, qui auront povoir de visiter lesdites denrées. Et s'ils en trouvent aucunes soupçonnées de malice couverte, ou autrement, contre raison & l'ancien usage desdites Foires, iceux *Esleus* pourront prendre & arrester lesdites denrées *sans Sergens*, & ce fait par le *Conseil de six, cinq, ou quatre Espiciers, ou Drappiers* plus notables esdits mestiers appellez avec eux, si ils trouvent lesdites denrées estre mal faites, comme dit est, ils le rapporteront aux *Gardes & Chancelier* pour *les condamner* à Nous en *amende arbitraire*, selon la qualité du meffait; laquelle sera levée à nostre profit: Et semblablement Nous *Voulons & Ordonnons*, qu'il soit fait ez autres mestiers estans & frequentans esdites Foires.

(16) Nous *Voulons & Ordonnons* que tous *bons Marchans, sans usure & frequentans nosdites Foires*, & non autres, puissent faire & passer *obligations, pour creance des denrées qu'ils presteront* & *croiront en Foire*, pour cause *de leurs marchandises*, & que d'icelles *obligations* puissent faire *transports & partages souz nostre Seel desdites Foires*, tant seulement, en la maniere accoustumée d'ancien temps.

(17) Aucuns *Italiens, Outremontans, Provençaux*, ou autres, *hors de nostre Royaume* ne pourront user des *obligations, ou Seels desdites Foires*, pour eux aider des privileges, franchises & libertez d'icelles, s'ils ausdites Foires n'ont residence, fors sauf-conduit, au cas qu'aucunes denrées meneront ausdites Foires, ou rameneront d'icelles, si comme dessus est dit.

(18) Nous *Voulons & Ordonnons* que toutes les Lettres, touchant le *faict & action* des Foires, qui ne seront scellées *du Seel* desdites Foires, exceptez les *memoriaux* & actes des Procez des parties tant seulement, soient de nul effect, ny à icelles Lettres aucune foy soit adjoustée.

(19) Pour ce qu'ausdites Foires de necessité se font *prest* de grande quantité, *& creance de Foire en Foire*, pour la delivrance d'icelles Foires, qui *sont six fois en l'an*, jaçoit que Nous deffendons toutes *manieres d'usures deffenduës de Dieu & de Sainte Eglise, & de nos Predecesseurs Roys de France:* Nous *Deffendons* par special, en faveur desdites Foires & des Marchans & frequentans icelles, *sur peine de corps & de biens* à encourir pour celles fois, *que nuls Marchans ne prestent point un an, plus haut de quinze livres pour cent.* C'est à sçavoir pour chacunes Foires *cinquante sols*, & pour menuë quantité, ou *mineur, ou greigneur temps à l'advenant.* Et ce Nous entendons de gain qui se prend de *Foire en Foire*, pour *prest*, ou pour *change*, ou pour *autre maniere* de contract semblable, souz quelque couleur que ce soit.

(20) Item. Pour ce que plusieurs prestent aucunes fois Deniers, souz *couleur d'autres contracts feints*, en disant & faisant escrire contre, verité, que le debte est deu *pour marchandise* venduë, ou font autres contracts en fraude de *griefves usures*, qui sont encore plus griefs que ne sont *prest à usure*, & surmontent le gain, outre la quantité dessusdite, toutes manieres de telles contracts & telles fraudes avons tenus & tenons *usuraires*, & les *deffendons*; Et *Voulons* tous estre punis de la peine dessusdite, qui feront contre nostre presente deffense.

(21) Nous *Deffendons* encores que nul *creancier* ne face *renouveller Lettres de creance & obligations* de sa debte, & semblables deuës souz lettres, par quoy le gain *se*

PHILIPPE VI. dit DE VALOIS, au Bois de Vincennes, le 6. Aoust 1349.

convertisse en sort, ni en autre maniere *d'usure* ou *interest*, ou en *debte principale* : Et qui fera le contraire, encourra pour ce fait la peine dessusdite.

(22) Pour ce que plusieurs *Creanciers* ont aucunes fois leurs *debtes & contracts faits dehors nosdites Foires*, par telle maniere escrire & passer, comme s'ils fussent faits, ou octroyez *en cour de Foire*, & ce ils *font pour avoir les privileges de nosdites Foires*, & pour mieux *recouvrer leurs debtes ;* laquelle chose est (qui bien verité regarderoit) au grand dommage de nosdictes Foires, grand lesion de ceux qui les doivent, & des autres creanciers à qui lesdicts debiteurs sont obligez, au grand prejudice aussi & moleste des *autres Justiciers*, en quelle Jurisdiction lesdits contracts sont faits en verité. Et pour ce que c'est clairement *fausseté manifeste*, Nous voulans remedier à ce, *Deffendons* telles fraudes, & *Voulons*, & *Commandons* que tels creanciers, qui telles choses feront, & ceux qui telles lettres escriront à escient, encourent pour ce fait la peine dessusdite, & neantmoins peine de faux : Et est à entendre qu'ez cas dessusdicts esquels les transgresseurs de nos deffenses encourent ladite peine, elle ne sera pas mise *à execution*, jusques à tant que le *transgresseur soit convaincu* de plein, par la poursuite de celuy à qui touchera la besongne, ou par *office de Justice*, par *confession*, ou par *preuve suffisante*, *consideré* le cas *de renommée*, la *condition de la personne*, *presomption* & autres choses, qui par raison doivent estre considerées & gardées en tel cas.

(23) Pour *abbreger les payemens desdites Foires*, & pour oster les Parties de long procez en plaidoiries, *Nous Ordonnons* que de quelconques *accessoires*, qui seront proposez en la *Cour desdites Foires*, soyent *declinatoires*, *dilatoires*, ou *autres*, exceptez les *peremptoires* tant seulement, les Gardes d'icelles Foires pourront faire delaisser les Parties, sans icelles recevoir en jugement, selon ce que leur semblera en loyauté que bon soit, mesmement là où il semblera ausdicts Gardes en leurs consciences, & par le conseil de *six*, *ou huit des plus suffisans de la Foire*, *Notaires*, ou *autres sages*, accordans à ce qu'il soit bien de le faire, & *d'aller avant sur le principal*, sans *icelles Parties recevoir en droict*, *ny en jugement interlocutoire :* Et si les Parties en *appellent*, ou font *pourchas* sur ce, par devers *Nous*, ou *nostre Cour*, Nous ne *Voulons* que à ce desferent, obéissent *les Gardes d'icelles Foires*, mais *Voulons* que ce nonobstant ils *facent les Parties proceder sur ce au principal*, & aller avant en outre, tant à fin comme s'il n'en estoit, ou fust *onques appellé*, ni fait aucuns *pourchas*, ou *interlocutoire* au contraire.

(24) Nous *Ordonnons* que *(g)* tous *Deffendeurs* soyent receuz à plaider leurs causes par *procuration sans grace*, en la Cour des Foires, si les cas ne desirent *detention de corps*, nonobstant Coustumes à ce contraires : Et que si aucune chose estoit douteuse, ou avoit mestier d'interpretation en ce cas pour le gouvernement desdites Foires, *les Gardes* qui y sont & qui seront, puissent interpreter par le Conseil de la Cour desdites Foires, selon les anciens usages & coustumes. Et soyent la declaration & interpretation qui faites en seront par la maniere devant dite, tenuës & gardées sans enfraindre.

(25) Nous *Voulons & Entendons* que tous *Marchanz frequentans lesdites Foires*, soient subjets & Justiciables desdites Gardes, auxquels appartienne la *cour*, *cognoissance & jurisdiction d'iceux Marchans & frequentans*, *des cas & contracts faits & advenus esdites Foires*, & appartenances & dependances d'iceux & non autres, *si ce n'est à nos Gens tenans nos Cours*, octroyées en cas *d'appeaux* tant seulement. Et *Deffendons* estroitement à nos *Justiciers sujets*, & tous autres, qu'ils ne facent autrement, par fraude, voye ou *cavillations* quelconques, contre cette Ordonnance, sur peine d'en estre *punis par lesdits Gardes griefvement*.

(26) Tous *Officiers* de Champagne, tant *Baillif*, comme autres, sont & seront *subjets ausdits Gardes desdites Foires*, pour *accomplir la teneur des Mandemens* addressez esdits Officiers, & leur *manderont* & *commanderont* lesdits Gardes, sur *peine d'amande*,

NOTES.

(g) Tous deffendeurs, &c.] Voyez mes Notes sur les Institutes de Loisel liv. 3. tit. 2. regle 4.

à appliquer

à appliquer à Nous, & feront contraindre les *rebelles & desobëissans* lesdits Gardes, par leurs *Commissaires*.

Philippe VI. dit de Valois, au Bois de Vincennes, le 6. Aoust 1349.

(27) Nous *Voulons & Ordonnons* que le nombre de tous *les Sergens desdites Foires* soit remis & ramené au *nombre de cent tant seulement*: Et *Commandons* ausdits *Gardes & Chancelier* qu'ils *ostent & demettent* les plus *nouveaux & moins suffisans*, & qu'ils eslisent & gardent l'estat des *anciens*, sans aucune faveur, ou support, & le plus suffisant, ou honneste, pour exercer & demeurer audit Office de Sergenterie: Desquels *Esleuz* à demeurer audit Office, *Nous Voulons leurs cautions & seuretez estre renouvellées* avant tout œuvre, en la maniere accoustumée, en cas qu'elles ne seroient *bonnes* & suffisamment *enregistrées*. Et outre Nous *Voulons*, quand il en deffaudra, ou *vacquera* aucun par *mort*, ou autrement, que lesdits *Gardes & Chancelier conjointement* & d'accord & non autrement, les y mettent *bons, suffisans & honestes* pour ledit Office exercer, & que dores-en-avant ne soient mis aucuns *Transmontains*, ne autres qui ne soyent de *nostre Royaume*.

(28) Item. Lesdits *Sergens desdites Foires*, qui ne seront *occupez desdits voyages se presenteront aux Gardes & Chancelier* une fois *à chacune desdites Foires*, & demeureront en ladite Foire jusques à tant qu'ils ayent besongné, prins & receu congé d'iceux *Gardes & Chancelier*, pour obéir à leur commandement, sur peine de perdre leurs Offices.

(29) Dores-en-avant le nombre de *Quarante Notaires* qui y sont, se trouvera, sans estre *creuz*, ny *appetissez*. Et quand lieu d'aucuns d'iceux sera vacquant, lesdits *Gardes & Chancelier*, conjointement & d'accord, & non autrement, en auront le don, & y mettront bonne & suffisante personne, en leur loyauté & serment, sans nul profit avoir, par obligation & par serment: Et des *premiers Notaires* qui y seront establis, Nous *Commandons & Ordonnons* qu'ils facent *quatre bons Clercs & bons Notaires* suffisans pour escrire & dicter & en *François* & en *Latin*, par tous Pays. Et si lesdits *Gardes & Chancelier* mettoient, ou recevoient quelques personnes de par Nous & par nos Lettres moins suffisans, Nous *Voulons* le don & reception estre de nulle valeur; & obéïront lesdits Notaires ausdits *Gardes & Chancelier*, & à chascun d'eux qui sont & seront en la maniere accoustumée.

(30) Lesdits *Notaires & Sergens* desdites Foires seront tenus d'exercer ledit Office en leurs *personnes*, & ne les pourront faire exercer par autres: Et au cas qu'ils ne le feront suffisamment souz lesdictes *Gardes & Chancelier*, pourront lesdicts Offices à autres personnes suffisans pourvoir, en la maniere dessusdite.

(31) Item. Lesdits Gardes, ou l'un d'eux seront à la Foire *(h)* dès la *veille des trois jours*, & y demeureront l'un d'eux continuellement jusques les plaidoiries soient faites, & deuëment delivrées & finies. Et quand il se partira *(i)* ou *vague* de la Foire, leur *Lieutenant* y demeurera, jusques lesdits Gardes, ou l'un d'eux, y sera retourné pour le payement. Et si-tost comme la *Foire sera livrée* en l'une desdites Foires, l'un *desdits Gardes*, ou leur *Lieutenant* en ladite Foire, fera visiter les *Hales, Marchans & marchandises, pour establir veuës suffisamment, afin que tous Marchans ayent tout le bien & la seureté qu'on leur pourroit faire*. Et aussi *le Chancelier desdites Foires ira* en chacune Foire *dès la veille desdits trois jours*; Et quand il partira, ou viendra de ladite Foire, il laissera son *Lieutenant* bon personnage & loyal, *(k)* pour percevoir les octrois en la maniere accoustumée.

(32) Nous *Voulons & Ordonnons* que au cas que les *Gardes & Chancelier desdites Foires ne feroient residence suffisante en icelles*, en la maniere dessusdite, (car si ainsi

NOTES.

(h) Dès la veille des trois jours.] C'est ainsi qu'il faut lire, suivant l'Ordonance du mois de Juillet 1344. Dans l'édition de Fontanon il y a mal, *Ville*, ce qui n'a aucun sens.

(i) Au vague.] C'est ainsi qu'il faut lire comme dans l'Ordonance du mois de Juillet 1344. & non pas *viendra*, selon Fontanon.

(k) Pour percevoir les octrois.] Dans Fontanon il y a mal, pour *pourveoir les accords*. Voyez cy-dessus l'article 23. de l'Ordonance du mois de Juillet 1344. page 205.

PHILIPPE VI. dit DE VALOIS, au Bois de Vincennes, le 6. Aoust 1349.

n'estoit, Justice en pourroit deperir, & la jurisdiction d'icelle en pourroit appetisser & amoindrir; & aussi que plusieurs personnes frequentans lesdites Foires en pourroient estre *coustangez* & *endommagez*) ils ne soyent payez de leurs gages de la Foire, ou Foires esquelles ils ne feront la residence dessusdite. Et avec ce en faveur du grand bien & de bonne Justice, *Voulons & Ordonnons* que lesdits *Gardes ne puissent exercer la jurisdiction d'icelles, si tous deux ne sont presens.* Et toutes fois, pour ce que par l'absence de l'un d'eux, aucunes personnes attendans justice & jugement esdites Foires, ne *fussent endommagez* pour le fait de *leur absence*, Nous y *pourvoyons* ainsi, qu'au cas de *l'absence* de l'un desdites Foires, *celuy qui sera prins par justice en jugenent*, soit tenu appeller avec soy pour celle cause, au lieu de l'autre Garde absent, le *Chancelier* desdictes Foires s'il est au lieu present, ou en l'absence dudict *Chancelier*, une autre *bonne personne suffisante & non suspecte*, & qu'autrement ne puisse exercer les jurisdictions: Et si autrement ils faisoient, *Nous Voulons* ce qui sera fait ainsi estre de nulle valeur. Et *Ordonnons* que toutes personnes qui pourroient encourir & soustenir dommages par le fait d'un *desdits Gardes*, qui autrement que dit est procederoit, iceux *Gardes soyent tenus* rendre & *payer les despens & dommages* qu'ils auroient soustenus pour celle cause.

(33) Si aucunes declarations & interpretations estoient à faire pour le temps à venir ès choses dessusdites, ou en aucunes d'icelles, Nous *Voulons & Ordonnons* que nos amez & feaux *les Gens (l) de nostre secret Conseil à Paris*, à la *Requeste desdits Gardes & Chancelier*, les puissent faire & declarer, par toutes les voyes & manieres que bon leur semblera à faire Et au cas qu'ils n'y pourroient vacquer & entendre bonnement, il Nous plaist & *Voulons* que par nos feaux & amez *les Gens de nos Comptes à Paris*, soit declaré & ordonné en la maniere dessusdite.

(34) Voulons & Ordonnons que si aucuns venoient en aucune maniere contre nos presentes Ordonnances, ou faisoient aucunes fraudes, qu'ils soient *punis* deuëment en telle maniere que ce soit signe de bonne & vraye justice & exemple à tous autres; Avec ce Nous *Voulons*, *Ordonnons* & *Enjoignons* estroitement ausdites Gardes & Chancelier, & à chascun d'eux, *qu'ils facent leur rapport, chascun an une fois à nosdits Gens de nostre secret Conseil, ou de la Chambre de nos Comptes, de tout l'estat de nosdictes Foires*, pour mieux sçavoir si elles seroient en aucunes manieres *empirées, ou amoindries*: Et aussi de tous ceux qui *viendront, & feront contre nosdites Ordonnances,* tant de *Presteurs excessivement, comme de tous autres personnes quelconques*, à fin *de les punir* & *corriger* en la maniere dessusdite, & aussi que nosdites Foires, selon nosdites Ordonnances soyent & demeurent tousjours en leur bon estat, sans enfraindre.

(35) Item Nous *Voulons* & *Ordonnons* que lesdits *Gardes & Chancelier* des Foires, qui à present sont, *facent serment devant les Gens de nos Compres à Paris, de faire de garder & faire garder & tenir les choses dessusdites* & chacune d'icelles, sans enfraindre en aucune maniere; & aussi *tous autres à venir*, quand ils seront de nouvel establis au *gouvernement*, & *Chancelleries d'icelles Foires.*

(36) Nous *donnons pouvoir* & authorité aux *Gardes* & *Chancelier* desdites Foires, qui sont & seront, de faire tenir & garder lesdites Ordonnances, & contraindre à ce tous les rebelles, & cette puissance Nous annexons perpetuellement en leur Office, & *Voulons* que tous les *Officiers de nostre Royaume leur obéissent* sur toutes les choses dessus dites & dependances d'icelles. Et afin que les choses dessusdites soyent plus fermement tenuës & gardées sans corrompre, Nous *ne Voulons* que coustumes, usages, ou aucuns establissemens quelconques, graces données, ou à donner, Lettres, ou Commissions impetrées, ou à impetrer de Nous, ou de nostre Cour, contraires, ou préjudiciables aux dites Ordonnances, & aux coustumes, franchises & libertez desdites Foires, souz quelconques formes de paroles qu'elles soyent, ou comment on en aye usé, *soyent*

NOTES.

(l) Du secret Conseil.] Par l'Ordonance du mois de Juillet 1344. l'interpretation estoit donnée aux Gens des Comptes. Voyez l'article 29. au lieu que par celle-cy les Gens des Comptes n'ont cette interpretation, qu'au defaut du Conseil secret.

d'aucun effet, mais entant qu'elles feroient *contraires, ou prejudiciables aufdites Ordonnances*, & aux *couftumes, ufages, libertez, ou privileges defdites Foires, Nous les irritons, caffons, annullons, & les declarons eftre nulles & de nulle valeur.* Et avec ce *Decernons* de pleine puiffance *& authorité Royal*, & de noftre grace fpecial, que nofdites Ordonnances foyent & demeurent perpetuellement en force & vertu, nonobftant quelconques Lettres, graces données, ou à donner au contraire. Et eft noftre intention que par les chofes cy-deffus efcrites, aucun prejudice ne foit fait aux graces & privileges que Nous avons fait par nos autres Lettres, aux *Marchans frequentans noftre Ville de (m) Herfleur*, mais demeurent en leur force & vertu.

PHILIPPE VI. dit DE VALOIS, au Bois de Vincennes, le 6. Aouft 1349.

(37) Donnons en mandement & *Commandons* à tous nos Jufticiers, & à tous autres Officiers de noftre Royaume, *requerons* à tous autres, qu'aux *Gardes & Chancelier* defdictes Foires, & à leur mandement, *entendent & obeïffent* diligemment d'huy en avant, ny ne prefument aucune chofe eftre faites contre nofdites Ordonnances, ny les couftumes, ufages & libertez defdictes Foires par eux ny leurs fubjets ou jufticiables, fur peine d'encourir noftre indignation. Et à fin que chacun fçache nofdictes Ordonnances, & que Nous avons defir de reformer lefdictes Foires, Nous *Voulons & Commandons* à tous les Jufticiers de noftre Royaume à qui feront prefentées les copies de nofdictes Ordonnances, fouz le Seel defdictes Foires, (aufquelles copies Nous *Voulons* que foy foit ajouftée comme aux originaux;) que tantoft fans delay ils les facent crier & publier folemnellement & diligemment, par tous les lieux notables de leurs Jurifdictions en la maniere qu'elles feront efcrites, fi-toft qu'il feront requis par le porteur de ces Prefentes, ou defdictes copies; parquoy d'huy en avant Marchans ou marchandifes de tous Pays viennent & abordent plus fauvement en nofdictes Foires. Et afin que ce foit ferme & ftable à tousjours, Nous avons fait mettre noftre Scel à ces Prefentes. *Donné au Bois de Vincennes le fixiéme jour d'Aouft, l'an de grace mil trois cens quarante-neuf. (n)*

NOTES.

(m) Harfleur.] Voyez cy-deffus page 135.

(n) 1349.] Dans la note qui eft au commencement de cette Ordonance, à la marge, elle eft fufdatée de 1375.

PHILIPPE VI. dit DE VALOIS, à Vincennes, le 2. Octobre 1349.

(a) Letres portant revocation des Domaines alienez dans la Prevofté & la Vicomté de Paris.

PHILIPPES par la grace de Dieu, Roy de France, à nos amez & feauls Trefforiers à Paris, *Salut & dilection.* Pource que Nous avons entendu que plufieurs *perfonnes* ont appliquié pardevers euls, & encore tiennent occupées plufieurs chofes de *noftre Domaine* & de noz *devanciers* en la Ville *&* Vicomté de Paris, foubz umbre de aucunes *graces, ou dons* qu'il dient à euls avoir efté faites & octroiées, tant de noftre temps, comme de celuy de noz diz devanciers. *Nous qui Voulons* favoir les caufes & occafions pour lefquelles *ledit Domaine eft ainfi occupé.* Vous *Mandons, Commandons* & à chafcun de vous, que toutes telles chofes, qui vous apperront avoir efté de noftre *Domaine*, ou de celuy de noz diz devanciers, & qui fouz umbre defdiz dons, ou graces, ou autrement, aient efté ou foient occupez en ladite Ville & Vicomté, comme dit eft, vous tantoft & fanz delay mectez en noftre main, & en icelle les tenez & faites tenir, jufques à tant que feur ce ayez efpecial mandement de nous, & gardez que en ce n'ait aucun deffaut. *Donné au Bois de Vincennes le fecond jour d'Octobre, l'an de grace mil trois cens quarante-neuf, fouz noftre grant Scel.*

Collatio facta ex per me J. de Moncellis & me J. de Baubigny octava die Octobris trecentefimo quadragefimo nono.

NOTES.

(a) Ces Letres font au Memorial C. de la Chambre des Comptes de Paris, fol. 54. *Voyez* cy-deffus tome 1. pages 650. 665. 762.

PHILIPPE VI. dit DE VALOIS, au Bois de Vincennes, le 4. Octobre 1349.

(a) Mandement du Roy au Prevost de Paris & à tous les Justiciers du Royaume, de faire crier *en leurs Jurisdictions, que tous* Ouvriers *des* monoies, *&* Monoiers *du serment de France se rendent pour ouvrer & monoier, aux monoies du Roy les plus prochaines, dans quinze jours.*

PHILIPPES par la grace de Dieu, Roy de France, au Prevost de Paris, & à tous autres Justiciers, *Salut.*

Nous vous *Mandons* & à chacun de vous, comme à luy *apartiendra*, que sur tout ce que vous pouvez meffaire envers Nous, vous faciez *crier* en vos Jurisdictionz, & ez lieux accoustumez, que touz *Ouvriers* de Monoies, & *Monoiers du serment de France*, soient pour *ouvrer*, & *monoier* en noz *Monoies*, desquelles ilz seront plus prochains, dedans *quinze jours* aprés le *cris* que vous aurez fait faire, sur peine d'estre privez de touz leurs *privileges & franchises*, & d'encourre envers Nous *amende arbitraire.* Et desdiz *privileges & franchises*, vous ne les laissez & souffrez aucuns des *Ouvriers* & *Monoiers* joyr aprés ledit *cry*, jusques à tant que il vous appere de la residence que ils auront faite, depuis ledit *cry* en noz Monoies, par Letres des *Generaulx Maistres* d'icelles, ou des *Gardes* de noz Monoies, esquelles ils auront ouvré & continué l'ouvraige d'icelles. *Donné au Bois de Vincennes, le quatriéme jour d'Octobre l'an de grace mil trois cens quarante-neuf.* Ainsi signé par le Roy à la relation du Sire *de Moucy*, & de Mons. *Pierre de Becond.* Et y estoit *Enguerran du petit cellier* Tresorier. *MATHIEU.*

NOTES.

(a) Ce Mandement est à la Cour des monoies de Paris, Registre C. feüillet 60. *recto.*

PHILIPPE VI. dit DE VALOIS, au Bois de Vincennes, le 4. Octobre 1349.

(a) Mandement du Roy aux Generaulx Maîtres de ses Monoies, portant que le nombre des Ouvriers *&* Monoiers *estant considerablement diminué par mort, ils reçoivent à* Ouvriers *&* Monoiers, *tant du* serment *de France que d'autres* sermens, *des personnes convenables.*

PHILIPPES par la grace de Dieu, Roy de France, à noz amez les Generaulx Maîtres de noz Monoies. *Salut.*

Comme il soit venu à nostre cognoissance qu'il est allé de vie à trepassement si grand nombre *d'Ouvriers & de Monoiers*, tant *du serment de France*, comme *d'autres sermens*, que l'ouvraige de noz monoies est grandement amoindry & desavancé, par quoy *Nous* & nostre peuple sommes encourruz en tres grant domaige, & pourrions encore ou temps à venir, se pourvû n'y estoit. Nous vous *Commettons* & *Mandons* que pour *l'avancement* & *accroissement* de l'ouvraige de noz dites monoies, vous *recevez à Ouvriers & Monnoiers*, tant dudit *serment* de *France*, comme d'autres *(b) personnes convenables à ce*, tel nombre & si grant quantité, comme bon & proufitable vous semblera, & qu'il doit souffire, à ce que noz dites monoies soient souffisamment remplies & garnies *d'Ouvriers & Monoiers*, parquoy nous, &

NOTES.

(a) Ce Mandement est au Registre C. de la Cour des monoies de Paris, feüillet 59. *recto.*

(b) Personnes convenables.] Voyez cy-dessus l'Ordonance touchant les *Monoiers*, du 22. Mars 1339. avec la note à la page 140. le Mandement au Seneschal de Beaucaire, du 14. Novembre 1340. avec la note, à la page 152.

nostre peuple n'ayons, ne soutenions si grant domaige. Et neamoins *Voullons & octroions* que lesdiz *(c) Ouvriers & Monoiers* par vous reçuz au *serment de France*, si-tost comme ils auront fait leur épreuve en la maniere accoustumée, usent & joüissent des franchises & privileges, desquels usent les *Ouvriers & Monoiers du serment de France*, & que les autres *Ouvriers & Monoiers*, qui *ne seront pas du serment de France*, joüissent des privileges & *graces qui octroiées* leur sont, desquelles il aperra.

PHILIPPE VI. dit DE VALOIS, au Bois de Vincennes, le 4. Octobre 1349.

Donné au Bois de Vincennes, le quatriéme jour d'Octobre, l'an de grace mil trois cens quarante-neuf. Ainsi signé par le Roy à la relation du Sire de *Monty* & de Mr Pierre P. de *Becond.* Et y estoit *Enguerran* du petit *Cellier* Tresorier. *MATHIEU.*

NOTES.

(c) Ouvriers & monoiers.) Les *Ouvriers* & les *Monoiers* avoient des fonctions differentes. *L'Ouvrier* étoit celuy qui donnoit les façons aux especes de monoies, avant qu'elles fussent *marquées*, ou *monoiées*. C'estoit luy qui *tailloit les quarreaux*, c'est-à-dire, qui coupoit, avec de grandes *cizoires*, un petit *morceau en quarré* d'un *lingot d'or ou d'argent*, plus pesant de deux, ou trois grains que ne devoit estre *l'espece* que l'on devoit ouvrer. C'estoit luy qui ajustoit ces petits *quarreaux*, c'est-à-dire qui faisoit approcher le *quarreau* plus pesant de deux ou trois grains, à la justice de son *Deneral*, qui estoit un petit *Estalon* du poids que l'Espece que l'on fabriquoit devoit avoir au juste, sur lequel les *Ouvriers* ajustoient leurs *quarreaux*. C'estoit aussi un *Ouvrier* qui *recuisoit*, c'est-à-dire qui faisoit chauffer dans une poëlle les Especes *d'or*, ou *d'argent* - jusques à devenir *rouges*. C'estoit un des *Ouvriers* qui *Rechauffoit*, c'est-à-dire qui *rabatoit* les *pointes des quarreaux*, & qui les arrondissoit. C'estoit un d'entr'eux qui *Flatissoit*, c'est-à-dire qui *battoit, estendoit & dressoit* le *Flan*, sur le tas, ou l'enclume, à grands coups de marteau, pour donner à peu prés à *l'Espece*, le volume, ou l'estenduë qu'elle devoit avoir. C'estoit un d'eux qui *Estaizoit*, ce qui estoit presque la mesme chose que *flastir*, à l'exception qu'on ne penetroit pas tant l'Espece en essaizant. C'estoit l'un d'eux qui *Boüoit*, en faisant un bloc de *demi marc* de deniers, ou environ, & ensuite avec un pesant marteau qu'il tenoit à deux mains, frapant sur le *bloc*, & l'affaissant, ce qui faisoit *joindre*, *coupler & toucher d'assiete* les deniers l'un à l'autre, ensorte qu'ils se serroient & couloient plus aisément à la main. *Voyez* Poullain des *Monoies*, pages 412. 413. 414. 415. Et enfin c'estoit un d'eux qui *Blanchissoit*, c'est-à-dire qui donnoit la *couleur* aux metaux, selon leur differente nature, ce qui se faisoit à l'égard des Especes *d'or & d'argent*, avec de *l'eau* & de la *bouterre*, qui estoit une drogue composée de *lie de vin* seiche & esmiée avec du *sel* & de *l'alun*, que l'on mettoit *boüillir* dans un *pot sur le feu*, avec les Deniers, ou les Especes que l'on vouloit blanchir.

Le blanchiment des *Doubles* & des petits *Deniers* de Cuivre, se faisoit, selon *Poullain*, sur un brasier de charbon, en mettant ces Especes dans un vaisseau de cuivre, fait en façon d'une *poële* à confiture, & percée comme une couloire à pois, que l'on tenoit sur le brasier, en les remuant, tournant & frottant avec un linge, contre le vaisseau.

Le *Monoier* estoit celuy qui formoit la *monoie*, qui marquoit, ou *monoioit* les Especes de leur Coing ou caractere; & il ne leur donnoit, autre façon que celle-la seule, ce qu'il faisoit par le moyen d'une *Pile* & d'un *Trousseau*.

La Pile estoit un fer, ou un *coing* long de sept à huit pouces, qui avoit au milieu un gros *debord*, ou *talon*, & par bas une queuë en forme d'un gros cloud carré, que l'on fichoit & enfonçoit jusques à ce *debord*, ou *talon*, dans un tronc, ou souche de bois, que les anciennes Ordonnances appelloient *Cippiau*, du Latin *Cippus*, lequel *Cippiau* estoit au bout du siege du *Monoier*. Dans cette *Pile* les Armes du Roy estoient gravées, ou du Prince qui faisoit battre la monoie.

Le Trousseau, estoit un autre fer, ou un autre *Coing* long de quatre, ou cinq pouces que le *Monoyer* tenoit à la main, pour marquer & *monoier* l'espece fabriquée. Il posoit d'abord le *Denier* sur la *Pile*, & serrant de ses doigts, l'un des *fers* contre l'autre, il couvroit la *Pile* de son *Trousseau*, & ensuite avec le maillet de fer, qu'il tenoit de l'autre main, il frapoit trois ou quatre coups sur le *Trousseau*, & *marquoit & monoioit* ainsi l'Espece. C'estoit ordinairement sur le *Trousseau*, que l'image du Prince estoit gravée. Celuy qui *monoioit* ainsi, estoit dit *Engrainer*, & comme il manquoit quelques fois, delà est resté parmi nous le proverbe encore usité, *Il a mal engrainé*: Mais depuis on a trouvé l'invention des *Ballanciers*, qui est beaucoup plus belle, plus seure, & plus expeditive, dont Boisard donne la description dans son Traité des *Monoies*, p 144. 145. Depuis cette découverte, il y a eu ensuite, quelque changement dans les fonctions des *Ouvriers & Monoiers*, sur lesquelles voyez *Boisard des Monoies*, pages 379. 380. 144. 402. 384.

PHILIPPE VI. dit DE VALOIS, à Paris, le 3. Decembre 1349.

(a) Mandement aux Generaux Maîtres des Monoies, de donner une Creüe de sept sols Tournois pour marc d'Argent, *outre le prix present,* & de dix-huit sols Tournois pour le Marc d'Or fin, *outre le prix de cinquante-deux livres un sols six deniers Tournois.*

PHILIPPES par la grace de Dieu, Roy de France, à noz amez les Generaulx Maistres de noz Monoyes, *Salut.*

Nous pour certaine cause vous *Mandons* que tantost ces Lettres vûës, vous par toutes noz Monoyes faictes donner *Creuë* de *sept sols tournois, pour marc d'argent* tant en *blanc* comme en *noir,* oultre le prix de present. Et semblablement faictes donner *Creuë de dix sols six deniers tournois en tout marc d'or fin, outre le prix de cinquante-deux livres un sols six deniers tournois*; & faictes si diligemment que par vous n'y ait deffaut.

Donné à Paris le trois jour de Decembre, l'an de grace mil trois cens quarante-neuf, sous le Seel de nostre secret. Ainsi signé *par le Roy*, present le Seigneur de Moucy.

MATHIEU.

NOTES.

(a) Ce Mandement est au Registre C. de la Cour des monoies de Paris, feüillet 61.

PHILIPPE VI. dit DE VALOIS, à Paris, le 16. Janvier 1349.

(a) Mandement aux Generaux Maîtres des Monoies, de donner une Creüe *de huit sols Tournois pour* marc d'Argent, *tant en* blanc *qu'en* noir, *outre le prix present.*

PHILIPPES par la Grace de Dieu, Roy de France, à noz amez les Generaulx Maistres de noz Monoyes, *Salut.*

Nous pour certaine cause vous *mandons* que tantost ces Lettres vûës, vous par toutes noz Monoyes faites donner *Creuë* de *huit sols tournois pour marc d'argent*, tant en *blanc* comme en *noir,* oultre le prix de present; & le faites si diligemment que par vous n'y ayt deffaut. *Donné à Paris le seiziéme jour de Janvier, l'an de grace mil trois cens quarante-neuf.*

NOTES.

(a) Ce Mandement est en la Cour des Monoies à Paris, Registre C. feüillet 63.

PHILIPPE VI. dit DE VALOIS, à Vincennes, le 17. Fevrier 1349.

(a) Letres portant qu'il sera levé pendant une année, une imposition sur toutes les marchandises & les denrées qui seront venduës dans la Ville & les Fauxbourgs de Paris.

PHILIPPES par la Grace de Dieu, Roys de France, à tous ceulz qui ces presentes Lettres verront, *Salut.* Comme Nous ayens fait monstrer & exposer à noz amez les Bourgeois & Habitans de nostre bonne Ville de Paris, les grans & innumerables

NOTES.

(a) Ces Letres sont au Memorial C. fol. 64. *verso* de la Chambre des Comptes de Paris.

On n'y a pas mis de sommaires, parce qu'il n'est pas possible de les faire plus courts que le texte.

fraiz, mises & despens que il Nous a convenu faire & soustenir, & convient encores de jour en jour, pour le *fait des guerres* que Nous *avons euës & avons*, pour la *deffension* de nostre Royaume & de *tout le peuple* d'iceluy, contre le Roy d'Engleterre & plusieurs autres qui se sont assamblez & aliez comme noz ennemis, pour soy efforcier à envair, & meffaire à nostredit *Royaume* & audit *peuple*, à tort & sans aucune cause raisonnable, si comme à chascun est & puet estre notoire chose & manifeste; Et eussiens requis & fait requerre à noz diz Bourgeois & Habitans Nous faire subside & aide pour les fraiz, mises & despens dessusdiz supporter. *Sçavoir faisons* que euls considerans & attendanz les choses dessusdites pour & en nom de subside, ont liberalement *voulu & accordé* pour toute leur communité, entant comme il leur touche & appartient & puet toucher & appartenir: Euë sur ce premierement bonne deliberation & advis, que par l'espace *d'un an entierement accomply*, soit levée & à Nous payée une *imposition*, ou *assise* sur toutes les *marchandises & denrées*, qui seront *venduës en nostredite Ville de Paris* & ez Forbours, en la fourme & maniere, & sur les conditions qui s'ensuient.

PHILIPPE VI. dit DE VALOIS, à Vincennes, le 17. Fevrier 1349.

Premierement chascun tonnel de Vin François qui sera vendu en ladite Ville de Paris & ez Forbours, le vendeur payera dix-huit deniers, & celuy qui l'achatera pour revendre, autant.

(2) Item. Le *tonnel de Vin de Bourgoigne*, le vendeur payera deux soulz, & l'achateur pour le revendre, autant.

(3) Item. La *queuë de Vin de Saint Pourcain*, & de *Souveigny* payera deux soulz, & l'achateur pour revendre, autant.

(4) Item. Le *tonnel de Vin de Beaune*, de *S.t Jean d'Angely*, de *S.t Jangon*, & de Givry, payera six soulz, & l'achateur pour revendre, autant.

(5) Item. Le *tonnel de Vin d'Espaigne* sept soulz six deniers, & l'achateur pour revendre, autant.

(6) Item. Le *tonnel de Vin de la riviere de Loire* payera trois soulz neuf deniers, & celuy qui l'achatera pour revendre, autant.

(7) Item. La *queuë de Garnache* payera trente soulz, & l'acheteur pour revendre, autant.

(8) Item. La *queuë de Vin Grek* payera vingt soulz, & l'acheteur pour revendre, autant.

(9) Item. Vin aigre & *Verjus* payeront comme Vin François, en la maniere dessusdite.

(10) Item. Blez & autres grains aussi en la maniere qui s'ensuit.

C'est assavoir le *Sextier de Froment* & de *pois*, chascun Sextier quatre deniers, & l'acheteur pour revendre quatre deniers.

(11) Item. Tout autre grain chascun Sextier payera trois deniers, & l'acheteur pour revendre, trois deniers.

Et est assavoir que dessors que lesdiz Vins & Grains entreront en ladite Ville de Paris tant par terre, comme par cauë s'acquitteront: Et ce fait, celuy, ou ceuls qui les auront ainsy acquittiez, pourront vendre & faire leur prouffit de leursdiz Vins & grains sans en riens plus payer.

(12) Item. Harenc sor, le vendeur payera du millier douze deniers, & l'acheteur pour revendre, autant.

(13) Item. Semblablement le *Pignon de Harenc* douze deniers, le tonnel de *quaque* douze deniers en la maniere dessusdite.

(14) Item. Chascun *pannier de Poisson*, le vendeur payera quatre deniers, & l'acheteur pour revendre, autant.

(15) Item. Moruës, Saumons fraiz & salez, Seches, Ales de mer, Moules, Oistres, Hauons, Pourpoir & Grapois payeront quatre deniers par livre, & ne seront tenus ceuls qui vendront Poisson & Harenc à detail pour fournir la Ville de Paris, de riens payer de ce que il vendront à detail, se il ne vendent cinq cent de Harenc & au dessus.

Item. L'Espicerie sera payée en la maniere qui s'ensuit.

PHILIPPE VI. dit DE VALOIS, à Vincennes, le 17. Fevrier 1349.

Premierement la *bale de Poivre* six soulz, la bale de *Cucre brisié*, trois souls, la bale de *Cucre de Chipre*, trois souls, la bale de *Gingembre*, six souls, la bale de *Canelle*, siz souls, la bale de *Cucre entier*, siz souls, la bale de *Coton filé*, trois souls, la bale de *Coton en laine*, deux souls, le *pain de Cire de Poulaine*, trois souls, la bale de *Cire*, trois souls, la bale *d'Amendes*, dix & huit deniers, la bale de *Riz*, dix & huit deniers, la bale *d'Alun de glace*, seize deniers, la bale *de Cumin*, seize deniers, la bale *d'Anis vert*, seize deniers, la bale de *Garence*, dix huit deniers, la bale de *graine d'Escarlate*, quarante souls.

(2) Item. La bale de *Bresil*, seize souls, la bale de *Safren*, dix huit souls, la bale de *Girosle*, trente souls, *Estain* le cent, douze deniers, le cent de *Plont*, quatre deniers, le cent de *Cuivre*, deux souls, le baril de *Miel de Montpellier*, dix & huit deniers, la *queuë* de *Miel* de Oest six souls, la *chievre de Huile d'Olive* dix huit deniers, le *tonnel d'Huile d'Olive*, douze souls, le cent de *Pois noire & blanche*, six deniers.

(3) Item. Sebestes, Maciz, Graine de Paradis, Poivre long, Nois, Muguettes, Espié, Fleur de Canelle, Citonal, Garingal, Gales, Gome, Orpin, Vert de Gris, Vernis en glace, Vif-argent, Vermeillon, Encenz, Azur, Laque, & Mastic blanc, Mine, Borrois, Inde de Baudas, Yvoire, Figues de Melite, Dates, Festus, Pignons, Boistes vuides, Recolice, Fustée, Sasfleur, Savon, Souffre, Couperose, toutes ces menuës choses & les semblables payeront au fuer de quatre deniers pour livre.

(4) Item. Toutes *Confitures* & toutes *Dragées* payeront quatre deniers pour livre.

(5) Item. Que tous Brasseurs, qui brasseront *Cervoise* à Paris & ez Forsbours, pourront faire *Cervoise* à seize deniers le sextier & non à plus, & payeront de chascun sextier deux deniers, & seront tenus de payer chascune sepmaine.

(6) Item. Sus le *Bestail* comme *Bueufs*, *Vaches*, *Moutons*, *Pourceaux* & tout autre Bestail, le vendeur payera quatre deniers pour livre, & l'acheteur pour revendre deux deniers.

(7) Item. Sus touz *Draps*, *Pelleterie*, *Chevaux*, & toutes autres marchandises venduës en ladite Ville & ez Forsbours dessusdiz, payeront quatre deniers pour livre, comme les autrez marchandises.

(8) Item. Les *Orfevres* payeront pour chascun marc d'*Argent* blanc & *Vere* deux deniers pour marc, & pour *Vesselle dorée*, esmaillée, *Couronnes*, *Chapeaux*, *anneaux*, *Pelles* & *Pierres*, payeront quatre deniers pour livre, comme les autres marchandises.

(9) Item. Changeurs, pour chascun marc d'argent que il vendront, payeront deux deniers, & ceux qui vendront *Vessélles* dorées, esmaillées, *Couronnes*, *Chapeaux*, *Pelles* & *Pierres*, payeront quatre deniers pour livre, comme les autres marchandises.

(10) Item. De chascun marc d'argent qu'il porteront à la Monnoye de Paris, ou à autre, ou vendu à Paris, payeront un denier tournois, & pour marc d'or six deniers tournois.

(11) Item. Menuz Fenestriers, *petiz Comporteurs* à val la Ville de Paris, ne seront tenuz de riens payer de ladite Imposition, se il ne vendent en un jour dix soulz de denrées, & se il les vendent, il seront tenuz de payer, & se il vendent au dessouz, il ne seront tenuz de riens payer.

(12) Item. Que pendant ladite année que ycelle Imposition sera levée, Nous *Voulons* de certaine science, & de grace especial, que toutes *prises*, tant de *Nous*, comme de nostre trés chiere Compaigne *la Royne*, de nostre trés chier *Filz le Duc de Normandie*, & de noz autres *enfans*, cessent sur lesdiz Bourgois, & Habitans de ladite Ville de Paris, tant en ycelle Ville & Vicomté de Paris, comme dehors, & ailleurs quelque part qu'il ayent leurs hostiex, manoirs, biens & marchandises, selon le contenu de noz autres Lettres, que il en ont de Nous sur ce.

(13) Item. Que pour ceste *aide*, lesdiz Bourgois & Habitans de ladite Ville, durant ladite année, ne seront tenuz d'aller, ou envoyer en *l'ost*, pour *arrereban*, ou autrement, se ce n'est en cas de évident necessité.

(14) Item. Et que touz *Empruns*, tant en nostre nom, comme ez noms dessusdiz, cessent.

(15) Item

(15) Item. Et avec ce *Voulons* & *Octroyons* de nostredite grace ausdiz Bourgois & Habitans, que il ne soient tenuz de Nous faire aide, ou service, pour cause de noz guerres durant ladite année, que dessus est dit, pour cause de Fiez, ou de teneure de Fiez.

PHILIPPE VI. dit DE VALOIS, à Vincennes, le 17. Fevrier 1349.

(16) Item. Que lesdiz Bourgois & Habitans, durant ladite Imposition, pour cause de leurs heritages, quelque part, & en quelconque Jurisdiction, ou Bailliage que il soient assiz, ne soient tenuz de Nous en faire autre aide, ou subvention.

(17) Item. Que se il avenoit que *Pais* feust: Nous *Voulons* que ladite Imposition cesse. Et on cas que *trieves* seroient, que ce que levé, ou à lever en seroit pour ladite année, soit mis en depost de par Nous, & de par lesdiz Bourgois & Habitanz, afin que l'en le tenisse plustost, toutesfois que besoing en sera, pour cause de . . . guerres.

(18) Item. Voulons & Nous plest que se il avenoit que aucuns debas, ou discussion feussent entre les Collecteurs deputez à lever ladite Imposition, & les bonnes genz de ladite Ville de Paris, pour cause de ladite Imposition, que les *Prevos* & *Eschevins* dessusdiz en puissent ordener, & en ayent la *court* & la *cognoissance*, pour faire raison à ycelles: Et ou cas ou il ne les pourroient accorder, Nous *Voulons* que noz Genz des Comptes en puissent cognoistre, & non autres.

(19) Item. Et que tous ceuls de ladite Ville seront *creuz par leurs seremenz* des denrées que il vendront, & ou cas où il seroit trouvé qu'il auroient plus vendu que il n'auroient juré, il payeront ladite Imposition; & à ce seront contrainz deuëment, sans Nous en payer aucune amende, laquelle Imposition dessusdite, laquelle Nous avons agreable, Nous *Voulons & Commandons* estre levée, *par l'espace d'un an tant seulement* en la fourme & maniere, & sus les condicions dessus escriptes, & non autrement. Lesquelles condicions Nous *Voulons & Commandons* à touz noz Justiciers & Subgez estre gardées, & accomplies de point en point, selon sa teneur, sans faire, ou attempter aucune chose au contraire. Si *Voulons* aussi, & avons *octroyé* & *octroyons* par ces Presentes, de nostre grace especial, ausdiz Bourgois & Habitans de ladite Ville de Paris, que ceste aide ou octroy que fait Nous ont de ladite Imposition, ne porte ou puisse porter, ou temps à venir, aucun prejudice à euls, & aux mestiers de ladite Ville, ne à leurs privileges, libertez & franchises, ne que par ce aucun nouvel droit Nous soit acquis contre euls, ne aussi à euls contre Nous, mais le tenons à subside gracieux: En tesmoing de laquelle chose Nous avons fait mettre nostre Seel en ces Presentes Letres. *Donné au Bois de Vincennes le dix-septiéme jour de Fevrier, l'an de grace mil trois cent quarante & neuf.* Ainsi signée par le Conseil, ouquel vous estiez. *Y. Symon.* Collation est faite à l'original *per me J. de Moncellis. Facta est collatio cum litteris originalibus per me* Adam.

PHILIPPE VI. dit DE VALOIS, au Montil-les-Pont-S.te-Maixence, le 12. Avril, l'an 1350.

(a) Mandement aux Generaux des Monoies de faire fabriquer une monoie vingt-quatriéme, *en faisant des Doubles Parisis, qui auront cours pour deux deniers, & des Deniers d'Or à l'escu de* cinquante-quatre *au* marc *de Paris, & de* vingt-un Caraz, *qui auront cours pour quinze sols.*

PHILIPPES par la Grace de Dieu, Roy de France, aux Generaulx Maistres de noz Monoies, *Salut.*

Nous vous *mandons* que par toutes noz Monoies vous faciez faire monoie *vingt-quatriéme*, du plus convenable *prix* & *loy* que vous verrez que mieux sera à faire au prouffit de Nous, & de nostre peuple, en faisant *Doubles Parisis*, qui auront cours

NOTES.

(a) Ce Mandement est au Registre C. de la Cour des Monoies de Paris, feüillet 65.

PHILIPPE VI. dit DE VALOIS, au Montil-les-Pont-S.te-Maixence, le 12. Avril, l'an 1350.

pour *deux Deniers Parisis la piece*. Et faites donner en chacunes de noz Monoies, de chascun *marc d'argent en billon*, *(b) à cinq deniers dix-huit grains de Loy*, *(c) argent le Roy*, *quatre livres quinze sols tournois*. Et faites faire *Deniers d'or à l'escu*, *de cinquante-quatre au marc de Paris*, & de *(d) vingt & un Caratz*, qui auront cours pour *quinze sols Parisis* la piece. Et faites donner en *tout marc d'or fin*, *cinquante-trois livres tournoises*, en payant chascun desdiz *Deniers d'or à l'escu*, pour *quinze sols Parisis*. De ce faire soyez curieux & diligens. *Donné au Montil lez Ponz Sainte Maxance le douziéme jour d'Avril l'an de grace mil trois cens cinquante*, sous nostre grant Seel. Ainsi signé par le Roy en son Conseil. *P. BLANCHET*.

NOTES.

(b) A cinq deniers dix-huit grains de Loy, &c.] Les Deniers de Loy sont les degrez de bonté de l'argent, qui sont fixez & arrestez communément au nombre de douze, comme l'or fin à celuy de *vingt & quatre*. Ce *vingt-quatriéme* degré en or, & le *douziéme* en argent, sont le plus supreme & le plus haut degré auquel on les puisse affiner & épurer. Poullain page 416.

(c) Argent le Roy] C'est un argent qui n'est qu'à *onze deniers, douze grains* de fin seulement, c'est-à-dire qu'il tient une vingt-quatriéme partie d'empirence. Cet argent est nommé *Argent le Roy*, parce que nos Roys de temps immemorial, & avant *Philippe le Bel*, se sont servi de cet argent, pour le *pied* & la fabrication de leurs Especes d'argent, afin de compenser les traites, qui sont toujours plus grandes par rapport à la quantité des marcs d'argent en œuvre, qu'ils mettent, & font courir par Ordonnance, que sur un marc d'or aussi en œuvre.

D'autres disent que *l'Argent le Roy* a esté ainsi nommé, parce qu'anciennement les Barons & les Prelats du Royaume, qui avoient Droit de faire batre monoies, estoient obligez de fabriquer leurs Especes d'argent à *douze deniers de fin*, le Roy ne faisant ouvrer les siennes qu'à *onze deniers douze grains fin* seulement; lesquelles neamoins avoient cours pour le mesme prix que celles des Barons & des Prelats. Voyez dans le mesme Livre la reponse du Sieur *Poullain* au Sieur *Godefroy* Procureur, pages 221. 222. 223. & *Boisard* dans son Traité des *Monoies*, pages 12. & 13.

(d) A vingt & un Karatz] Le Karat, comme on l'a deja dit, est un terme employé, pour exprimer les degrez de la bonté interieure de l'or, laquelle est fixée & arrestée à *vingt-quatre degrez*, dont chacun est nommé *Karat*. Comme on dit qu'un lingot d'or qui aura une vingt-quatriéme partie de cuivre, est à *vingt-trois Karats* d'or fin, parce que de vingt-quatre parties, il n'en a que vingt-trois de degrez de bonté interieure, la vingt-quatriéme partie de ce lingot n'estant que de cuivre. Ce mot vient du Grec Κεράτιον, que Pline nomme *Scrupulum*. *Voyez Poullain* pages 401. 402. *Boisard* pages 11. 12. 94. 95. 255. de son Traité *des Monoies*, & *Cang. in glossario*.

PHILIPPE VI. dit DE VALOIS, à Paris, le 3. May 1350. & apportées le 15. de ce mois.

(a) Ordenances faites par le Grant Conseil du Roy, au mois de May, *l'an mil trois cens cinquante*, *parfaites le troisiéme jour de ce mois*, sur la maniere *des payemens*, par cause de la mutation de la monoye faite nouvellement, de *foible à forte*.

SOMMAIRES.

(1) Toutes debtes escheuës *au terme de* l'Ascension derniere, *à cause de* rentes à heritage à vie, ou volenté. *Comme alors la* mutation *de* la monoie *n'estoit pas encore publiée par tout le Royaume, & qu'en plusieurs lieux la publication en avoit esté faite prés du terme, elles seront payées à la* foible monoie, *qui a eu cours dernierement, & pour le prix que elle a couru. Et pour les termes à venir, elles seront payées à la monoie qui courrera, & pour le prix qu'elle aura aux termes que l'on devra, à moins que quand on payera, il ne courust plus* forte monnoie *qu'au temps des termes; auquel cas on payera selon la valuë, & au prix du* marc d'argent, *eu égard d'un temps à l'autre.*

(2) Toutes detes pour cause d'arrerages de rentes *des termes passez, seront payées à la monnoie qui courroit aux termes, & pour le prix qu'elle avoit, si la monnoye avoit encore cours au temps du payement, & si la monnoie courante au temps du terme eschû, estoit plus foible, que celle qui auroit cours au temps du payement, on payera à la*

PHILIPPE VI. dit DE VALOIS, à Paris, le 3. May 1350.

monnoie qui aura cours alors, au fuer de la valuë du marc d'argent, *d'un temps à l'autre. Et si la monoie, au terme de la dette, estoit aussi forte, ou plus forte que celle qui court, ou courera au temps du payement, on sera quitte en payant en la monnoye qui aura cours au temps du payement.*

(3) Les Emprunts *vrais & non simulez seront payez en la mesme monnoie que le prest aura esté fait, si elle a cours au temps du payement, sinon à la monnoie qui courrera selon* la valuë, *& le prix du* marc d'or, *quand le prest aura esté fait en or, ou selon la valuë du* marc d'argent, *quand le prest aura esté fait en argent.*

(4) Les deniers *eus pour cause de* Retrait *seront payez comme les* Emprunts.

(5) Et pareillement ce qui sera deu pour achapt d'heritages, *ou de* rentes *à heritages, ou à vie.*

(6) Les sommes promises en mariage *seront payées à la monoie courante au temps du contract, si elle a cours, sinon au prix du* marc d'argent, *à moins qu'il n'y ait des conventions contraires, lesquelles en ce cas seront gardées, &c.*

(7) Les Loyers des maisons, *les* Cens, *& les* Crois de cens, *dûs pour les termes passez, escheus depuis le premier de Janvier 1348. que la* derniere foible monnoie *commença d'avoir cours, jusques à ce que la* presente forte monnoye *a commencé, sçavoir aux termes* de Pasques, *de la* Saint Jehan, *de la* Saint Remy, *& de* Noel 1349. *&* Pasques 1350. *seront payés à la* foible monnoie, *qui a couru dernierement, & pour les termes à venir, à la monnoie qui courera alors, &c.*

(8) Les Fermes muables *à payer* en deniers, *depuis que la* foible monnoie *a eu cours, dont le terme, ou aucuns des termes sont escheus à* l'Ascension derniere, *seront payez pour le terme à la* foible monnoie *derniere qui a couru, & pour les termes à venir, à la monnoie qui courera, s'il plaist au* Fermier. *Et si le* Bailleur *n'est pas content de la monnoie qui avoit cours au temps du contract, le* Fermier *pourra renoncer à sa Ferme, dans quinze jours, aprés la publication des Presentes, en rendant compte au* Bailleur *de tout ce qu'il aura levé, &c.*

(9) Les Fermes muables *prises avant le cours de la* foible monnoie *seront payées pour le terme de* l'Ascension derniere, *à la foible monnoie, & pour les termes à venir, à la nouvelle qui courera aux termes, sans que le* Fermier *puisse renoncer.*

(10) Si quelque Ferme muable *a esté baillée au temps de la* bonne monnoie, *ou plus forte que la courante à present, de laquelle Ferme aucuns termes soient escheus à la* derniere foible monnoie, *dont le dernier, ou partie est duë par le* Fermier, *s'il a pris la Ferme sans exprimer à payer en telle monnoie, & pour tel prix comme il courera aux termes, il payera à la monnoie courante au temps de l'échéance, & des payemens, à moins que la monnoie ne fust* plus forte *que celle qui couroit lorsqu'il prit la Ferme, auquel cas il payeroit à la monnoie coursable au prix du* marc. *Et si en prenant la Ferme, il s'est obligé de payer à la monnoie courante aux termes, il en sera quitte en payant ainsi, ou à la monnoie qui aura cours au temps des payemens, selon le prix du* marc d'argent.

(11) Les Ventes de Bois *seront payées, pour le terme de* l'Ascension derniere, *à la* foible monnoie, *comme les rentes & les* Fermes muables.

(12) Les Ventes de Bois *prises depuis la* foible monnoie, *à payer à une fois, ou à un terme, ou plusieurs, soit qu'ils soient passez, ou à venir, si tout le bois est enlevé, elles seront payées à la* foible monnoie, *ou à la* nouvelle, *selon le prix du* marc d'argent.

(13) Si dans le cas marqué cy-dessus, tous les termes des payemens sont passez, sans que tout le bois soit coupé, si le Marchant *doit au* Vendeur *quelques termes, ils seront payez à la* monnoie *courante, & pour le prix que elle a cours, sçavoir ce qui est dû pour les portions de bois qui sont à couper. Et si le* Marchand *veult, il pourra renoncer à la coupe de ce qui restera du bois, lequel luy sera deduit sur sa dette, à la valuë du prix du marché, & selon la qualité du bois couppé & à coupper.*

(14) Les Ventes de Bois *prises, comme cy-dessus, dont partie du bois est à couper, & dont les termes des payemens sont à venir. Si* l'acheteur *veult tenir son marché, pour payer à la monnoie & au prix qui courera aux termes, il le pourra sans contredit du* Vendeur. *Et s'il ne le veut pas, ou si le* Vendeur *n'est pas content de la* foible monnoie *qui courroit, & pour le prix qu'elle avoit au temps du marché pour les termes à venir, il pourra son bois & sa vente reprendre, en recevant de l'acheteur sur le pied de la vente, ce qu'il luy pourra devoir à la* foible monnoie, &c.

(15) Quant aux Ventes de Bois *faites avant le cours de la derniere* foible monnoie, *dont tout le bois est coupé, & dont les termes des payemens sont passez, & pour raison desquels, ou de quelques-uns escheus pendant la* foible monnoie, *il est dû au* Vendeur quelque argent, *si* l'acheteur *a promis de payer à termes, en telle monnoie, & pour le prix qu'elle auroit aux termes, il sera quitte, en payant ce qu'il doit pour les termes escheus à la* monnoie courante, *& pour le prix de la* monnoie nouvelle, *à la valuë du* marc d'argent. *Et si* l'acheteur *n'avoit point fait mention de payer à la* monnoie courante *aux termes, & pour le prix qu'elle y auroit, mais avoit promis simplement de payer certaine somme d'argent à chacun de certains termes, il sera tenu dans ce cas de payer en* bonne monnoie, &c.

(16) Des Ventes des Bois *prises avant le cours de la* foible monoie, *si tout le bois est coupé, & si aucuns termes des payemens sont à venir, ces termes seront payez à la monnoie*

PHILIPPE VI. dit DE VALOIS, à Paris, le 3. May 1350.

qui courera au temps des payemens.

(17) Si tout le bois n'est pas coupé, & si les termes des payemens sont passez, dont l'acheteur doit encore de l'argent, qui est exigible au temps de la foible monnoie, *ces ventes seront payées à la monnoie qui a cours, ou courera, quand* l'Acheteur *payera. Et si le* Vendeur *n'en est pas content, il pourra reprendre sa vente & son bois.*

(18) Les Ventes de Bois *prises avant le cours de la* foible monnoie, *dont aucuns termes des payemens sont à venir, & dont partie du bois est à couper, seront payées pour le temps à venir à la monnoie qui courera, & pour le prix qu'elle aura aux termes, sans que* l'acheteur *y puisse renoncer.*

(19) Si quelques-uns ont entrepris quelques ouvrages *pour quelque somme d'argent, au temps de la* foible monnoie, l'Entrepreneur, *ou* l'Ouvrier *pourra faire son ouvrage, en recevant ce qui luy en est, ou sera dû, à la* monnoie courante, *& pour le prix qu'elle avoit, au temps du marché, ou à la* nouvelle monnoie, *selon le prix du* marc d'argent, *sinon il pourra renoncer dans huit jours après la publication des presentes.*

(20) De tous Contracts faits, & de toutes denrées accruës au temps de la foible monoie, si les Parties en traitent ensemble, & n'ont exprimé aucune monoie, les payemens seront faits à la foible monoie, ou à la nouvelle monoie courante, selon le prix du marc d'argent, quand mesme par le contract le débiteur auroit promis de payer à la monoie qui coureroit, aux termes, &c.

(21) Si les Contracts ont esté faits en denrées accruës avant la foible monoie, à payer sans terme, dont il est dû, ou tout, ou partie, les payemens seront faits à la monoie qui court à present, & pour le prix qu'elle a, à moins que la monoie qui court ne soit plus forte que celle qui avoit cours au temps du Contract.

(22) Si ces Contracts ont esté faits, & les denrées ont esté accruës, en baillant termes de payer une somme, dont il reste dû quelque chose pour les termes à venir, le débiteur payera les termes à venir à la monoie qui courrera aux termes, & pour le prix qu'elle aura, à moins que la monoie courante au temps du payement ne soit plus forte que celle qui avoit cours au temps du Contract, auquel cas on payera selon le marc d'argent. Et si la somme estoit dûë pour des termes échûs au temps de la bonne monoie, ou meilleure que la courante, le payement sera fait à la monoie qui court à present, à moins qu'au temps du payement la monoie ne soit plus forte qu'au temps du contract, &c.

(23) Ce qui sera dû pour raison de quelque Contract que ce soit, Fermes, Ventes, de bois, &c. à l'exception des emprunts & promesses *en mariage faits en quelque temps que ce soit, si le débiteur a promis de payer à une fois, ou a plusieurs, certaine somme d'argent en monoie exprimée pour certain prix, si la monoie contenuë en la promesse, ou obligation qui avoit cours au temps du contract, & de l'obligation, a encore cours pour le prix marqué au Contract, il sera tenu nonobstant ce qui a esté dit cy-dessus, de payer au créancier ladite somme d'argent à la monoie, & pour le prix contenu au contract, pourvû que la monoie ayt cours au temps du payement, sinon il payera à la monoie coursable au temps du payement, selon la valuë du marc d'argent. Et si le débiteur s'estoit obligé de payer en monoie qui n'avoit point cours au temps du contract, ou en monoie coursable au temps du Contract, ou en monoie coursable pour moindre prix qu'elle n'avoit alors cours, on n'auroit pas d'égard à la promesse, mais au temps du Contract, &c.*

(24) Tous Marchands Vendeurs évalueront *selon la monoie toutes marchandises, & tous Ouvriers leurs ouvrages & leurs journées; à quoy les Baillis, Prevosts, & autres Substituts tiendront la main.*

(25) Pour la valuë du marc d'argent *dont il est parlé cy-dessus, on aura égard à la valuë du marc d'argent, & en ce que l'on en donne, ou donnoit aux Monoies du Roy au temps de la datte du* Contract, *ou du terme, &c.*

(1) TOUTES *debtes* deües pour le *terme* de *l'Ascension nostre Seigneur* dernier passé, à cause de *rentes à heritages, à vie,* ou *à volenté,* consideré que audit terme la *mutation* de ladite monnoie n'estoit pas *publiée* par tout le Royaume, & que ce qui en estoit publié, avoit esté fait *moult prés dudit terme.* Et aussi que les rentes de ce terme sont pour cause des choses levées à ladite foible monnoie, ou ont regard au temps precedent, que couroit ladite foible monnoye, *se payeront à icelle foible monoie qui derrenier a eu cours,* & pour le *pris que elle a couru.* Et pour les autres termes à venir, elles se payeront à *telle monoie comme il courra,* & pour le prix *que elle courra, aux termes que l'en les devra,* se ainsi n'estoit que ou temps que l'en payera, ce que l'en devera pour causes d'icelles rentes, il coureust plus *forte monnoie,* qu'il n'aura fait au temps *des termes* d'icelles *rentes,* ou quel cas l'en sera quitte par payant, *selon la valuë & au prix du marc d'argent,* euë consideration de l'un temps à l'autre.

NOTES.

(a) Ces Ordonances sont au Memorial C. fol. 69. de la Chambre des Comptes de Paris.

PHILIPPE VI. dit DE VALOIS, à Paris, le 3. May 1350.

(2) *Item.* Toutes debtes deuës pour cause *des arrerages*, & termes passez desdites rentes *se payeront à telle monoie qu'il couroit aux termes*, & pour *le prix que elle couroit*, se ladite monoie est coursable au *temps du payement*, & se non, ou cas que la monoie courant au temps *deu*, ou seroit plus foible que celle courant *au temps du payement*, l'on payera à la monnoie coursable audit temps du payement, *au fuer de la valuë du marc d'argent* de l'un temps à l'autre. Et se la monnoie courant *au terme de la debte estoit aussi forte, ou plus forte* par aventure que celle *qui court, ou courra* au temps que l'en payera, *l'en sera quitte* par payant ladite somme en la monnoie qui courra, & pour le prix que elle courra au temps que l'en payera.

(3) *Item.* Tous *empruns* vrais, faits sans toute *fraude & cautelle*, en *deniers*, se payeront en telle monoie comme l'en aura emprunté, se elle a cours au temps du payement, & se non il se payeront en *monoie coursable* lors selon la valuë & le prix du marc d'or, ou d'argent, c'est assavoir selon la valuë du marc d'or, qui aura receu or, ou selon la valuë du marc d'argent, qui aura receu argent, nonobstant quelconque maniere de promesse ou obligation faite sur ce.

(4) *Item.* Tous deniers qui sont, ou seront deus, à cause de *retraicte d'heritage*, se payeront semblablement comme lesdiz empruns.

(5) *Item.* Semblablement sera fait de ce qui est & sera deu, pour cause *d'achas de heritages*, ou de *rentes à heritages, ou à vie*, si comme en nos autres Ordenances faites *l'an quarante-sept, est contenu & declaré.*

(6) *Item.* Toutes *soumes promises en Contrauts de mariage*, & pour cause de *Mariage*, se payeront en la monnoye courant au *temps du Contraut*, se elle a cours, comme dessus, & se non au prix *du marc d'argent*, comme dessus, se ainsi n'estoit que en ladite promesse, ait euë expresse *convenance* de certaine monoie d'or, ou d'argent sans prix, ou pour certain & exprimé prix, lesquelles *convenances* en ce cas seront *tenuës & gardées* en leurs *propres termes*, nonobstant que la monnoie promise, ou specifiée n'ait ou n'eust point de cours, ou ait, ou eust cours pour autre prix, au temps de la promesse, que promis n'avoit esté, par telle maniere toute voie, que se ou temps du payement la *monnoie promise d'or ou d'argent* n'avoit cours, l'en payera pour la *monnoie d'or* non coursable, *monoie d'or coursable*, selon le prix du *marc d'or*, & pour la *monnoie d'argent non coursable, la monnoie d'argent coursable*, selon le prix du marc d'argent, tout aussi comme des *empruns*, ou *retrais de heritages.*

(7) *Item.* Les *Loiers des maisons*, & aussi tous *Cens* & *Crois de cens* deus pour les termes passez, & escheuz depuis *le premier jour de Janvier* l'an mil trois cent quarante huit, que la *derreniere foible monnoie* commença à avoir cours, jusques au commencement du cours de ceste presente *forte monnoie*, c'est assavoir les termes *de Pasques*, de la *Sainct Jehan*, la *Saint Remy*, & *Noel*, *trois cent quarante-neuf*, & *Pasques trois cent cinquante*, se payeront à ladite *foible monnoie*, qui a *couru derrenierement*, & pour le prix qu'elle a couru; Et pour *les termes à venir*, *l'en payera la monnoie qui courra aux termes*, & pour le prix que elle courra. Et se pour aucuns termes escheuz avant le cours de ladite *derreniere foible monnoie*, en est deu aucune chose, l'en payera à la monnoie qui court, & pour le prix que elle court, se ainsi n'estoit que au terme deu, eust couru plus foible monnoie que celle qui court, ouquel cas l'en payera selonc la valuë du *marc d'argent.*

(8) *Item.* Les *Fermes muables à payer en deniers*, prises & affermées depuis que ladite *foible monnoie* prist à avoir cours, dont le terme, où aucuns des termes est escheu à ceste Feste de *l'Ascension nostre Seigneur derrenier passé*, se payeront *pour ledit terme* à ladite foible monnoie qui derrenierement a couru, & pour le prix que elle a couru, non obstant que la forte monnoie presente ait esté publiée en aucun lieu du Royaume, là où ailleurs, avant le jour de ladite Feste de l'Ascension, *& pour les termes à venir*, elles se payeront en la monnoie qui courra, & pour le prix que elle courra ausdiz termes, *se il plaist au Fermier.* Et se non, & le *bailleur* ne veult estre content de la monnoie courant au temps du contract, *le Fermier pourra renoncier à sa Ferme dedans quinze jours* aprés la publication *de ces presentes Ordenances*, en rendant toutes voies

PHILIPPE VI. dit DE VALOIS, à Paris, le 3. May 1350.

au *Bailleur* bon & loyal *compte* de tout ce *qu'il aura levé*, & mis à cause de sadite Ferme, & en ce cas iceluy Fermier sera tenu *de bailler*, & *delivrer*, & *payer audit Bailleur* tout ce qu'il aura levé de ladite Ferme, ou que il en devra *dedans un mois* aprés la publication de ces presentes Ordenances, & le *Bailleur* ou cas que l'en li rendra les levées, sera tenuz de rendre & payer audit Fermier, *tous cenz, fraiz, mises, & despens raisonnables*, que iceluy Fermier aura mis & faits, pour cause de ladite Ferme. Et se *ledit Fermier* avoit renoncié dedans les *quinze jours*, aprés la publication de ces Presentes, & *il estoit defaillant* de rendre *ce que il en auroit levé*, ou payer ce que il en devroit au *Bailleur*, dedens le mois dessusdit, *sadite renonciation seroit reputée & tenuë de nulle valuë*, & par ainsi, se le Fermier veut detenir sa Ferme, par payant pour les termes à venir, *la forte monnoie qui courra*, & pour le prix *que elle courra à iceuls termes à venir*, il le porra faire, sans ce que le *Bailleur* le puisse refuser, ne retroictier ladite Ferme, comment que ce soit, *sauf tant que se ez Fermes baillées, & à bailler des imposicions, ou subsides octroiées au Roy pour ses guerres, & pour la deffension de tout le Royaume, & qui touchent & regardent tout le commun pueple, avoit euë deception notable*, ou que les sollemnitez deuës & accoustumées, comme sont temps souffisans des *enchieres*, le *Bailleur* de comparoir aux lieux, & aux heures deuës, à oïr & recevoir les offrans convenables, & les autres choses semblables, n'avoient esté *souffisamment gardées*, en baillant & delivrant lesdites Fermes, l'en pourra en ces cas, ou en l'un d'iceuls, *lesdites Fermes retraictier*, & les lever en la main du Roy, ou les rebailler à ferme de nouvel, non obstant que le temps de l'enchiere soit passée.

(9) Item. Lesdites *Fermes muables*, prises & affermées avant le cours de ladite *foible monnoie*, se payeront pour le terme de *l'Ascension derreniere passée à ladite foible monnoie*, & pour les termes à venir, *à la nouvelle*, qui *courra aux termes*, & pour le prix que elle courra à iceuls termes, sans ce que ledit Fermier *puisse renoncier aucunement à sadite Ferme.*

(10) Item. Se *aucune Ferme muable* fust baillée, ou temps que il couroit aussi *bonne monnoie*, ou plus fort que celle qui court à present, de laquelle Ferme aucuns termes, ou terme soient escheuz à ceste *derreniere foible monnoie*, & n'a pas payé *ledit Fermier* iceluy terme, mais *le doit encore*, ou *partie d'iceluy*, se iceluy Fermier a pris ladite Ferme simplement, sans exprimer à payer *telle monnoie*, & pour *tel prix* comme il courra aux termes, il payera telle monnoie, & pour tel prix comme il court, ou courra ou temps que il payera, se ainsi n'estoit que il courust lors *plus forte monnoie*, que il ne faisoit au temps que il prist ladite Ferme, ouquel cas ils payeront la *monnoie coursable*, au prix du *marc d'argent*, comme dessus. Et se en prenant ladite Ferme, le Fermier a promis, ou se *est obligié* par exprés à payer la *monnoie courant* aux termes, il sera quitte *en payant ladite monnoie courant* aux termes, ou la monnoie courant au temps des payemens, avaluée à l'autre, selon le prix du *marc d'argent.*

(11 Item Toutes *Ventes de Bois* se payeront pour le terme de *l'Ascension derreniere passée* à la *foible monoie*, aussi comme les *rentes*, & autres *Fermes muables.*

(12) Item. Les *Ventes de bois* prises, depuis que ladite *foible monnoie* ot cours, à payer *à une fois ou à termes*, un ou plusieurs, soient les termes passez ou à venir, mais le bois *est tout levé*, se payeront *à ladite foible monnoye*, & pour le prix que elle avoit cours ou temps de la prise, ou à la *nouvelle monnoie*, selonc le prix du *marc d'argent.*

(13) Item. Les *Ventes de bois* prises, comme dit est, dequoy les termes des payemens *sont tous passez*, mais le bois n'est pas tout coppé, & si en doit encore le Marchant au Vendeur, certaine somme d'argent pour aucuns termes passez, se payeront à la monnoie qui court, pour le prix que elle a cours. *C'est à sçavoir* ce qui en est deu pour tant de porcion de bois, comme il y a à copper, ou se ledit Marchant de bois veult, il pourra renoncier *à la coupe du demeurant de bois*, & li sera descompté de sa debte à la valuë, & *selon le prix du marchié*, & la qualité & la valuë du bois coppé & à copper. Et se il doit plus que ladite porcion de bois à copper ne monte, il payera le demourant à ladite *foible monnoie*, & se le bois à copper monte plus qu'à la somme d'argent deuë, le Vendeur sera tenus de payer le surplus à son Marchant, à ladite *foible monnoie.*

PHILIPPE VI. dit DE VALOIS, à Paris, le 3. May 1350.

(14) *Item.* Les *Ventes de bois* prises, comme dit est, dequoy partie du bois *est à copper*, & les *termes des payemens* sont aussi à venir, ou cas que l'acheteur voudra tenir son marchié, pour payer telle monnoie, & pour tel prix comme il courra aux termes, faire ce le pourra sans contredit dudit *Vendeur.* Et ou cas que il ne voudra ce faire, se *le Vendeur* ne veult estre content de la *feble monnoie* qui couroit, & pour le prix que elle couroit au *temps du marchié*, pour les *termes à venir*, il pourra son *bois* & sa *vente* reprendre par devers soy ou point où elle est, se il li plaist; en recevant de *l'Acheteur* au prix que ladite vente li cousta, ce que il li pourra devoir, en ladite *foible monnoie*, comme dessus, c'est assavoir de & pour tant comme ledit *Acheteur* aura exploité dudit bois, & sera regardé l'aforement, ou l'empirement de la vente, ou se le meilleur bois, ou le pire est coppé, ou exploictié, ou à copper, ou à exploictier, & de ce sera fait competent estimation.

(15) *Item.* Des *Ventes de Bois*, prises avant le cours de ceste derreniere *foible monnoie*, de quoy le bois est *tout coppé*, & les termes des *payemens sont passez*, mais l'on en doit encore au *Vendeur* certaine *somme d'argent*, pour terme escheu au temps de ladite *foible monnoie*, , se *l'Acheteur* a promis à payer à termes, & de *telle monnoie*, & pour le prix comme elle auroit cours aux termes, il *sera quitte* par payant ce que il doit pour les termes escheus à *telle monnoie*, comme il couroit aux termes, & pour le prix que elle avoit cours, ou la *monnoie nouvelle*, à la valuë du *marc d'argent*, & se *l'Acheteur* ou *Contraut* de son marchié ne fist point mencion à payer à la *monnoie courante* aux termes, & pour le prix que elle y courroit, mais promist, ou se obligea simplement à payer certaine somme d'argent, à chascun de certainz termes, il sera tenuz en ce cas à payer *bonne monnoie*, c'est assavoir celle qui court, ou courra au temps que il payera, & pour le prix que elle court, ou courra lors, se ainsi n'estoit que au temps du marchié, il eust courru plus foible monnoie que celle qui court, ou courra au temps du payement, ouquel cas l'en payera selonc la valuë du *marc d'argent*, si comme cy-dessus est dit des *Fermes muables.*

(16) *Item.* Les *Ventes de Bois* prises avant le cours de ladite *foible monnoie*, *dequoy le bois est tout coppé*, & aucuns des termes des payemens sont à venir, se payeront à la *monnoie courante* aux termes des payemens.

(17) *Item. Ventes de bois* prises, comme dit est, *dequoy le bois n'est pas tout coppé*, & les termes des payemens sont passez, mais *l'Acheteur en doit encore partie de l'argent*, pour termes escheuz au temps de la *foible monnoie*, se payeront à *telle monnoie* comme il court, ou courra, quand l'*Acheteur* payera, se il li plaist. Et se non & le *Vendeur* ne veult estre content de la monnoie qui couroit au terme du payement, il pourra reprendre *sa Vente & son bois*, ou point que il est par la maniere que il est devisé cy-dessus des *ventes semblables*, prises depuis le cours de la *foible monnoie.*

(18) *Item.* Les *Ventes de Bois* prises devant le cours de ladite *foible monnoie*, dequoy aucuns termes des payemens sont à venir, & aussi le bois, ou partie du bois est à copper, se payeront pour les termes à venir, à la monnoie qui courra, & pour le prix que elle courra aux termes, sans ce que *l'Acheteur* y puisse renoncier.

(19) *Item.* Se aucuns a pris ou temps que ladite *foible monnoie* avoit cours, aucuns *labourages* à faire, pour aucune somme d'argent, aussi comme *Terres*, *Vignes*, & autres semblables *Labourages*, ou aussi aucuns *Ouvrages*, comme *Maisons*, *Murailles*, *Cloisons*, ou autres ouvrages quelconques, à estre payez à une fois, ou à plusieurs, sans terme, ou à terme, un ou plusieurs, le *Laboureur*, ou *Ouvrier* pourra faire ou parfaire son *Labourage*, ou *Ouvrage*, en recevant ce qui li en est ou sera deu à la *monnoie courant*, & pour le prix que elle couroit ou temps *du marchié*, ou à la *nouvelle monnoie*, selonc le prix du *marc d'argent*, se il li plaist, ou se il veut il pourra renoncier dedens huit jours, aprés la publication de ces presentes Ordenances, à son dit *Labourage*, *Ouvrage*, ou *Tache*, ou au demourant qui à faire en est ou sera, en rendant & payant toutesvoies au *Bailleur*, dedans ledit temps, tout ce que il en auroit receu, oultre le *Labourage*, ou *Ouvrage* que il auroit fait, & autrement non.

(20) *Item.* Tous autres *Contrauts* communs fais, ou *denrées* accreuës ou temps

PHILIPPE VI. dit DE VALOIS, à Paris, le 3. May 1350.

que ladite *foible monoie* avoit son cours, à payer sans terme, ou à terme passé, ou à venir, sans faire mencion d'aucune monoie exprimée par especial, se payeront à ladite *foible monnoie*, ou à la *nouvelle* courant à present, à la valuë d'icelle selonc le prix du *marc d'argent*, non obstant que ou *Contraut* eust esté dit, ou feust obligié le debteur à payer *telle monoie*, comme il courra aux termes, & pour le prix que elle y courra.

(21) Item. Se lesdiz *Contraus* fais en denrées accreuës avant que ladite *foible monoie* eust cours, à payer sans terme, & en est encore deu tout ou partie, se payeront à la *monoie* qui court à present, & pour le prix que elle court, se ainsi n'estoit toutesvoyes que ceste *monoie* qui court fust plus *forte* que celle qui avoit cours ou temps du *Contraut*, ouquel cas l'en payeroit la monoie qui court, selonc la valuë du *marc d'argent* comme dessus.

(22) Item. Se lesdiz *Contraus* furent fais, ou les *Denrées* furent accreuës, comme dit est, en baillant toutesvoyes *terme*, ou *termes* de payer la somme d'argent du *Contraut*, se aucune chose en est deuë pour les termes à venir, le *Debteur* sera tenuz de payer pour les termes à venir, la *monoie* qui courra aux termes, & pour le prix que elle courra, se ainsi n'estoit que la monoie courant au temps du payement feust plus forte que celle du *Contraut*, ouquel cas l'en payera selonc le *marc d'argent*, comme dessus; Et se il en est deu pour terme, ou termes escheuz ou temps que il couroit aussi *bonne monoie*, ou meilleure que ceste qui court, le *Debteur* payera la monoie courant à present, & pour le prix que elle court, se ainsi n'estoit que ou temps que il payera, il courust *plus forte monoie* que ou temps du *Contraut*, ouquel cas l'en payeroit à la valuë du *marc d'argent*, comme dessus; Et aussi se il en est deu aucune chose pour aucuns termes escheuz ou temps qu'il couroit *foible monoie*, ou *moins forte* que ceste qui court à present, ou aussi *moins forte* que celle qui couroit au temps du *Contraut*, le *Debteur* sera tenus payer pour ce que il en doit encore à la *bonne monoie* qui court, & pour le prix que elle court, en la maniere que cy-dessus est dit, c'est assavoir la *monoie* qui courra au temps du payement, & pour le prix que elle courra, se ainsi n'estoit que la *monoie* courant ou temps du *Contraut* fust plus foible que celle du payement, ouquel cas l'en payera selonc le *marc d'argent*.

(23) Item. Des *Denrées accreuës*, & tous autres *Contraus à deniers*, soient *Fermes muables*, *Ventes de Bois*, & autres quelconques, exceptez *Emprums* & *Promesses en mariage*, dont cy-dessus est declairié souffisamment, fais & accreuës en quelconques temps que ce soit, soit ou temps de *forte monoie*, ou de *foible*, se le *Debteur* a promis ou il s'est obligié à payer une fois, ou à plusieurs, certaine somme d'argent, en *certaine & expresse monoie*, pour certain & exprés prix, se la *monoie* contenuë en la *Promesse*, ou *Obligation* qui avoit cours ou temps du *Contraut*, ou de *l'Obligation*. Et aussi cours pour tel prix comme il est dit ou *Contraut*, ou contenu en *l'Obligation*, le *Debteur* non obstant chose qui soit dite cy-dessus, est, ou sera tenus payer au *Creancier*, ladite *somme d'argent en la monoie, & pour le prix contenus ou Contraut, ou Obligation, se icelle monoie est coursable* au temps que le *Debteur* payera, & se non il payera à la *monoie coursable* adonc, selon la valuë du *marc d'argent*, comme dessus; Et se le *Debteur* esdiz cas avoit promis, ou s'estoit obligié à payer ladite *somme d'argent en monoie* qui n'eust point de cours au temps du *Contraut*, ou en *monoie coursable*, pour mendre prix que elle n'avoit lors cours, l'en n'auroit pas regart à la maniere de la *Promesse*, ou *Obligacion*, mais au temps du *Contraut*, ou des termes, selonc les cas cy-dessus devisez. Et neantmoins ceuls qui auroient fait *tiex Contraus*, l'amenderoient au Roy l'une partie & l'autre, car *tiex Contraus* sont deffendus de pieça par plusieurs Ordenances Royauls.

(24) Item. Est ordené que tous *Marchans* & tous *Vendeurs* quelconques *(b)* avenablent selonc la *monoie*, toutes manieres de *Vivres*, *Vestemens*, *Chaussemenies*, & toutes autres choses necessaires à vie, & à sustentacion, & gouvernement de corps humain,

NOTES.

(b) Avenablement.] Il faut ce semble *avalueront*.

& aussi

& auſſi tous *Laboureurs* & *Ouvriers* facent de leurs *Labours*, *Ouvrages* & *Journées*. Et que en ces choſes ſoit pourveu par les *Seneſchaus*, *Baillis*, *Prevoſts*, & autres *Juſticiers* & *Commiſſaires* des lieux, par toutes les manieres, & ſoubs toutes les paines, qu'il pourra eſtre fait.

PHILIPPE VI. dit DE VALOIS, à Paris, le 3. May 1350. & apportées le 15. de ce mois.

(25) Et pour ce que cy-deſſus eſt faite mention en pluſieurs lieux de payer *à la valuë du Marc d'argent*, *Nous declairons* que l'en aura regart à la valuë du *Marc d'argent*, que l'en en donne en noz Monoies, ou donnoit au temps de la *Debte*, *Contraut*, ou *Terme*, & non pas à la valuë de la *Traite*; Et neantmoins ſe en aucuns des cas deſſuſdiz, ou en autres quelconques, avoit aucun trouble, ou aucun doubte, Nous reſervons la Declaration par devers noz amez & feaux les *Gens de noz Comptes* à Paris. *O.* LEVRIER.

Ces Ordenances ont eſté apportées par Meſſ. Pierre Belagent Chevalier & Conſeiller du Roy, & le Prevoſt, *Samedy veille de la Penthecouſte, quinze jour de May, l'an mil trois cent & cinquante* : Et ce jour furent publiées à Paris.

PHILIPPE VI. dit DE VALOIS, à Paris, le 24. May 1350.

(a) Mandement aux Generaux Maîtres, par lequel le Roy accorde pour Braſſage *aux Ouvriers des Monoies,* ſix deniers & obole tournois, *pour* marc d'œuvre, *& aux Monoiers* neuf doubles Pariſis, *&* trois doubles, pour déchet. *Et de plus, qu'outre ce Droit, les Ouvriers ayent pour* chaque marc d'œuvre, une obole tournoiſe, *& les Monoiers pour chaque* Breve de dix livres *de Doubles,* un double Pariſis.

PHILIPPES par la grace de Dieu, Roy de France, aux Generaux Maiſtres de noz Monoies, *Salut.*

Comme en l'ouvraige de noſtre Monoie *vingt-quatriéme*, que Nous faiſons faire à preſent, Nous euſſions ordonné *(b)* pour *Braſſaige*, *aux Ouvriers* & *Monoiers* ouvrans & monoyans en noz *Monoies*, c'eſt à ſçavoir aux *Ouvriers ſix deniers & obole tournois*, pour *marc d'œuvre*, & aux *Monoiers neuf doubles Pariſis*, & *trois doubles* pour déchet. Et leſdiz *Ouvriers & Monoiers* ſe ſoient doluz, diſanz que conſideré la chereté qui eſt à preſent de vivres, de charbon, & d'autres neceſſitez audit ouvrage *appartenans*, ils ne pourroient bonnement joüir dudit *Braſſaige* par *Nous* ordonné, comme deſſus eſt. *Nous* vous *Mandons* qu'outre le *Braſſaige* deſſuz dict, vous faites payer auxdiz *Ouvriers*, pour *chaſcun marc d'œuvre*, *obole tournoiſe*, & aux *Monoiers*, pour chaſcune *Breve (c)* de *dix livres* de *Doubles*, un *Double Pariſis*, tant comme il Nous plaira, *ce Pié (d) durant* tant ſeulement, car ſe leur avons Nous *octroié* & *octroions*, de grace

NOTES.

(a) Ce Mandement eſt en la Cour des Monoies de Paris, feüillet 69. *verſo.* du Regiſtre C.

(b) Pour Braſſage] *Brazeagium.* Ce n'eſt autre choſe que le pouvoir accordé par le Roy aux *Maitres*, de prendre ſur chaque Marc *d'or*, *d'argent*, ou de *billon*, ouvré en eſpeces, une certaine ſomme modique, dont le Maiſtre de chaque *Monoie* retient environ la moitié, pour le déchet de la *fonte*, pour le *charbon*, & les autres *frais ordinaires*, & l'autre moitié eſt diſtribuée aux *Officiers* & *Ouvriers*, qui ont travaillé à la fabrication. Voyez *Boiſard* pages 58. 59. *Poullain* page 125.

(c) Breve] Selon *Poullain* dans ſon Traité des *Monoies* page 331. C'eſt la quantité de *marcs en deniers*, qui ſont donnez aux *Monoiers* pour les *marquer*, ce qui ſe faiſoit, ſelon cet Autheur, par les *Monoyers*, qui mettoient ces deniers ſur un *Rabotier*, de la moitié plus petit que celuy des *Ouvriers*, & les portoient aux *Monoiries* pour les *marquer*, ou *monoier* ſur *leurs bancs*. *Voyez le reſte de cette operation au lieu de* Poullain *marqué cy-deſſus.*

(d) Ce Pié durant] Le Pied de *Monoie* eſt la *taille*, le *titre*, & le *prix* du marc *d'or*, ou du marc *d'argent*, ſur lequel eſt dreſſé le cours, & la traite de l'eſpece. Ainſi au temps de *Poullain*, que la taille des écus eſtoit de ſoixante-douze & demi au marc, au remede de deux *Felins* de poids, leur titre eſtoit à vingt-trois Karats, au remede d'un quart de Karat. Et le prix du marc *d'or fin*, ſuivant l'Ordonnance de 1614. eſtoit de *deux cens ſoixante & dix-huit livres*, *ſix ſols ſix deniers*, ſur lequel

PHILIPPE VI. dit DE VALOIS, à Paris, le 24. May 1350.

especial à ceste fois, par la teneur de ces Presentes, en telle maniere toutefois qu'il ne Nous tourne, ne ne peust tourner à *prejudice*, ne à *accoustumance* aulcune, pour le temps à venir. Et Nous *Donnons en Mandement* à noz amez & feaulx les *Gens de noz Comptes* à Paris, que ledit *Brassaige* ils allouent ez comptes de celuy, ou ceux à qui il appartiendra, sans aulcune deffaulte, & sans autre mandement attendre. *Donné à Paris le vingt-quatre jour de May l'an de grace mil trois cent cinquante.*

NOTES.

estoit dressé le cours desdits escus, qui estoit de *soixante & quinze sols* la piece, & leur traite aussi qui estoit sur chaque marc en œuvre, de *cent deux sols onze deniers* plus, non compris les remedes de poids & de Loy.

Or cette *Taille*, *titre* & *prix* du marc *d'or fin* sur lesquels le cours & la traite des écus estoient dressez, sont appellez & sont le *pied* de ces mesmes écus, prescrit & ordonné par le Prince aux Officiers des *Monoies*, lequel ils n'osent exceder, sous peine de tomber dans le crime de fausse monoie. *Pes Monetariorum*, dit *Budelius* de Re nummaria, *est meta Monetariis præscripta cudendis nummis, quam omninò observare tenentur.* Vide Budelium lib. 18. p. 75. & *Poullain* des Monoies pages 423. 424.

PHILIPPE VI. dit DE VALOIS, à Paris, le 25. May 1350.

(a) Mandement par lequel le Roy reduit le nombre des Maistres de ses Eaux & Forests, *à deux seulement.*

PHILIPES par la grace de Dieu, Roys de France, à nos amez & feaulx Gens de nos Comptes à Paris, *Salut & dilection.* Sçavoir faisons que Nous avons *Ordené* que à present il n'y aura *Maistres de noz Eaux & Forests*, se non seulement *Berthaut de Bardilly* Chevalier, & *Colart Dandresel*. *Si vous Mandons* que tous les autres vous faciez, ou faites oster & rabatre de vos Registres & Comptes. *Donné à Paris le vingt-cinquiéme jour de May, l'an de grace mil trois cent cinquante.* Et estoient ainsi signées par le Roy, à la relation du *secret (b) Conseil*, ouquel estoient Vous mes autres Seigneur de Laon, & l'Abbé de Saint Denis. *CHAPELLE pro Rege. Præsentata in Camera, ultima Maii* mil trois cent cinquante.

NOTES.

(a) Ce Mandement est au Memorial C. fol. 74. de la Chambre des Comptes de Paris.

(b) Du secret Conseil.] Lequel comme nous l'apprenons du Registre C. de la Chambre des Comptes de Paris, estoit alors composé de *Guillaume Flotte, Seigneur de Revel*, Chancelier, de *Mathieu de Trie*, Seigneur de Moucy, & de *Pierre de Beaucou*, Chevaliers, d'*Enguerand du petit Cellier*, & de *Bernart Fermant* Tresoriers. Chaque Conseiller d'Estat avoit mille livres de gages, & le Roy ne faisoit rien que par leurs avis.

OBSERVATION.

DANS les Registres des Parlemens, des Chambres des Comptes, & des autres Cours du Royaume, il y a tant de Letres de Grace, de Justice, & d'autres Pieces meslées, & ces Registres sont en si grand nombre, que ceux qui y cherchent avec exactitude des Ordonnances, sont excusables s'ils en obmettent quelques-unes.

La Table Chronologique qui fut imprimée au Louvre en l'année 1706. fut faite avec tout le soin possible, & cependant quand Monsieur le Chancelier de Pontchartrain l'eut envoyée aux premiers Magistrats dans les Provinces, pour examiner s'il n'y avoit rien à y ajouster, on trouva qu'il y avoit des Ordonnances obmises, dont M.r le Chancelier fit venir des copies, qui perfectionerent cet Ouvrage.

Quant aux *Originaux* des Ordonnances, qui devroient estre tous au Tresor des Chartes du Roy, les Curieux & les Sçavans en possedent cependant quelques-uns; & chez Monsieur Baluze, à son deceds, il s'en trouva un assez grand sac tout rempli, qui en contenoit un grand nombre.

Comme cet Autheur celebre avoit une grande quantité de Manuscrits rares &

curieux, feu Monsieur le Regent jugea à propos de les acquerir pour le Roy. Et comme tous ces Originaux d'Ordonnances convenoient mieux au Tresor des Chartes qu'à la Bibliotheque Royale, ils furent mis au Tresor, & Monsieur le Procureur General, qui a inspection sur cet Ouvrage, & qui a une attention particuliere pour le bien public, a eu la bonté d'en donner communication.

D'abord on craignit qu'on ne pust employer plusieurs de ces Ordonnances; comme on n'avoit pû le faire en travaillant à la *Table Chronologique*, parce que Monsieur Baluze ne les ayant pas alors offertes, on ne pouvoit les connoistre.

Mais quand on les eut examinées, on trouva que c'estoit un bon nombre de Loix de *Philippes de Valois, du Roy Jean, & de Charles V.* qui estoient fournies à temps pour la perfection de ce Tome: Et l'on s'est determiné de les faire toutes promptement transcrire, avec les autres Ordonnances que l'on avoit encore nouvellement découvertes dans les Registres du Parlement, du Tresor des Chartes du Roy, & de la Cour des Monnoies, pour les mettre dans l'ordre *de leur datte*. De sorte que par les soins que l'on a pris, il y aura dans ce second volume des augmentations considerables, ausquelles d'abord on ne s'attendoit pas.

Le Lecteur s'appercevra peut-estre que dans la *Table Chronologique*, il y a sous ces trois Regnes quelques Pieces indiquées, qui n'ont pas esté imprimées; mais on n'en a usé ainsi, que parce qu'aprés les avoir examinées, on a trouvé qu'elles ne meritoient pas d'entrer dans ce Recueil, & qu'elles n'estoient pas des Ordonnances.

Il y en a aussi quelques-unes qu'on n'a pas données, parce qu'elles ont esté mal indiquées. Et telles sont, par exemple, plusieurs de celles qui ont esté tirées des Notes du Sieur Hautin sur un Livre des Monnoies.

L'Abbé Choisy dans son Histoire de *Philippe de Valois*, rapporte un Extrait de la Chambre des Comptes de Paris, qu'il dit estre au registre C. feüillet 4. où il est marqué que *Philippe* par une Ordonnance du 8. Septembre 1347. octroya aux Habitans de Calais *de toutes les forfaitures, biens de meubles & d'heritages, qui échoiroient à Sa Majesté pour quelque cause que ce fust, comme aussi tous les Offices vacans*, pour reconnoistre leur fidelité; Mais cette pretenduë Ordonnance ne s'est pas trouvée.

Voicy cependant deux Lettres que l'on n'a pû mettre en leur place, parce qu'on ne les a pas euës, ni connuës assez tost.

(a) Letres par lesquelles le Roy confirme en trois cas la Jurisdiction des Echevins de l'Isle.

PHILIPPE VI. dit DE VALOIS, à Vincennes, l'an 1346. au mois de Mars.

PHILIPPES par la Grace de Dieu, Roy de France, *Salut*. Sçavoir faisons à tous presens & à venir, que comme nos amez *les Eschevins & Bourgeois* de nostre Ville de *l'Isle*, Nous ayent signifiez qu'ils ont *tele franchise & liberté*, que à tous *Bourgeois*, ou fils de *Bourgeois*, traits en cause pour quelconque *action personnelle, civile*, ou *criminelle*, en ladite Ville de *l'Isle*, & en la *Chastellenie d'icelle* doivent estre *données, traites, & renvoyées en l'examen desdits Eschevins*, au *(b) Conjurement* de nostre *Bailly*, ou *Prevost* de ladite Ville; Neantmoins nostre *Souverain Bailly* de ladite Ville de *l'Isle*, ou son *Lieutenant* souventefois ont donné & baillé, & encore donnent & baillent *Commissions* pour *attraire en cause* pardevant luy, *lesdiz Bourgeois*, ou aucuns d'eux, se on leur veut faire demande de *Convent*, de *Mariages*, de *Dons, d'Aumosnes*, ou de *Assenemens*. Et quand lesdiz *Eschevins* requierent que la cour & connoissance de leurs *Bourgeois* ainsi adjournez, comme dit est, leur soit

NOTES.

(a) Ces Lettres sont au Tresor des Chartes du Roy, au Registre de *Philippe de Valois*, pour les années 1342. 1343. 1344. piece 103.

(b) Conjurement.] Voyez mon Glossaire du Droit François sur les mots *Conjure*, *Conjurement*, le chapitre 213. des Assises de Jerusalem, & *du Cange* dans son Glossaire de la moyenne & basse Latinité sur le mot *Conjurare*.

PHILIPPE VI. dit DE VALOIS, à Vincennes, l'an 1346. au mois de Mars.

renvoyée pour les cas dessusdits, qui sont *purement personnels*, nostredit *Procureur* de ladite *souveraine Baillye* contredit, affin que la cour & connoissance ne soit pas renvoyée *ausdits Eschevins*, sous l'ombre de ce qu'il dit que les *cas dessusdits* regardent nostre *Royale Majesté*, ou au moins sont cas à *Nous reservez*, lesquelles choses sont au grand grief & préjudice *desdits Eschevins*, & *Bourgeois*, & de leursdites *franchises & libertez*, si comme eux le disent. *Si Nous ont humblement supplié* que sur ce leur soit par Nous pourvû de remede convenable & gracieux. *Nous* en consideration aux choses dessusdites, & aux bons & agreables services qu'ils Nous ont faits, & que Nous esperons qu'ils Nous feront au temps à venir, oye leur *Supplication*, avons *Voulu*, *Declaré* & *Octroyé*, & par ces presentes letres, *Voulons*, *Declarons* & leur *Octroyons* de grace especiale, pour Nous & nos Successeurs Roys de France, que *lesdiz Eschevins* qui ores sont, & qui pour le temps à venir seront, ayent *la cour* & *connoissance* dores-en-avant *des cas dessusdits*, au *Conjurement* desdits *Bailly & Prevost* de ladite Ville, & que dores-en-avant ils en usent & jouissent paisiblement. *Si Donnons en Mandement*, par ces presentes Lettres, & estroitement *Deffendons* à nostredit *souverain Bailly*, & à nostredit *Procureur*, qui à present sont, & qui pour le temps à venir seront, & à tous nos autres *Justiciers*, & *Officiers*, & à leurs *Lieutenans*, & à chacun d'eux, que desdits cas ne tiennent *court & connoissance*, ne ne s'entremettent en aucune maniere dores-en-avant, entant qu'il touche les *Bourgeois* de ladite Ville, mais en laissent & facent jouïr & user *lesdits Echevins* paisiblement, selon le contenu de nostre presente Grace, sauf en autre chose nostre Droit, & en tout l'autruy ; Et pour ce que ce soit chose ferme & stable à toujours ainsi, *Nous* avons fait mettre nostre Seel à ces presentes Lettres. *Et ce fut fait au Bois de Vincennes l'an de grace treize cens quarante-six au mois de Mars.*

PHILIPPE VI. dit DE VALOIS, à Vincennes, l'an 1346. au mois de Mars.

(a) Ordonance de Jean Comte d'Armagnac Lieutenant en Languedoc pour le Roy, & de Jean Duc de Normandie & de Guyenne, & Fils aisné du Roy.

JOANNES *Dei gratiâ, Comes Armaniaci & Ruthenæ, Vice-Comesque Leoman. & Altivillaris, Locum-tenens in Occitanis partibus Dominorum* Regis Franciæ, ac Ducis Normaniæ, & Aquitaniæ, *Seneschallo Bellicadri, vel ejus Locum-tenenti.*

Querelam dilecti & fidelis nostri Petri Beralli *Magistri Generalis Monetarum dicti Domini nostri Regis, ac plurium fide dignorum suscepimus uniformiter, continentem, quòd licet dictus* Dominus Dux Normaniæ & Aquitaniæ, *præfati Domini Regis* Primogenitus, *&* Locum-tenens, *pro bono publico, & cum maxima & matura deliberatione Consilii, superfacto &* cursu monetarum, *certas* Ordinationes *fecit & condidit, inter cætera, continentes clausulam quæ sequitur.*

JEHAN ainsné Fils, & Lieutenant du Roy de France, Duc de Normandie & de Guyenne, Comte de Poitou & du Maine, au Seneschal de Toulouse, ou à son Lieutenant, *Salut.*

Nous avons entendu par le rapport de plusieurs *Prelatz*, *Barons*, *Bourgeois* & autres *Subgiez* & *Habitans* du Royaume de France. Disanz que comme par l'Ordonnance darrenierement faite, par nostredit Seigneur en son Conseil, sur le fait de *ses monoies*, il eust ordenné que *nulles monoies d'or, blanches ne noires*, quelles que elles soient, tant du Royaume, ou dehors, n'auroient cours en son Royaume, pour quelque prix que ce fust, exceptez tant seulement *les Deniers d'or à l'escu, pour seze sols huit deniers*,

NOTES.

(a) Cette Ordonnance a esté prise au Tresor des Chartes du Roy, où elle est en original. *Voyez* cy-aprés sous le Regne du Roy *Jean*, deux Lettres du mesme Comte, du 8. May 1353. & du 19. Mars 1356. & cy-dessus page 242. Selon M. du Fourny, & le Pere Daniel, ce Comte estoit fils de Philippe de Valois, & frere naturel du Roy Jean. Voyez cy-aprés les deux letres que l'on vient de marquer.

le Gros Tournois d'argent, pour quinze deniers tournois, & les Parisis tournois, pour leur prix, si comme & contenu est esdites Ordenances. Et plusieurs sont à present qui par leur grand malice, se sont efforciez & efforcent de jour en jour de mettre pour autre & graigneur prix les *Deniers d'or à l'escu*, que ordené n'avoit esté par nostredit Seigneur, ainsi donnent *cours aux autres monoies d'or*, & par ce trayant la *bonne monoie blanche & noire* par devers eulz, icelle portent hors du Royaume de France, & par ainsi ne puist estre le pueble bien gouverné, ne soustenu de *monoie*, laquelle chose est au contemnement & desobéïssance dudit Seigneur, & de sesdictes Ordenances, grief & dommage dudit pueble; Et Nous ont requis que seur ce leur veuillons pourvoir de remede convenable. *Sçavoir faisons* que Nous, oye leur supplication, euë grant deliberation d'avis avec nostre Conseil, *Desiranz* tenir & garder le pueble en bonne paix & tranquillité, & obvier aux malices des mauvais, *avons Ordonné & Ordonnons* par ces Presentes, du pouvoir & authorité Royal à *Nous donné & octroyé de nostredit Seigneur*, que *nulles monoies d'or, blanches & noires* n'auront cours au Royaume, ne seront mises pour quelque prix que ce soit, exceptez tant seulement *bons deniers d'or fin*, appellez *Florins de Saint Jourge*, que Nous faisons faire à present, lesquels auront cours pour *vingt sols tournois* la piece, & *Deniers d'or à l'escu*, pour *seize sols huit deniers tournois*, & *bons gros tournois d'argent* du poids, qui auront cours pour *quinze deniers tournois*, & bons *doubles noirs* que Nous faisons faire à present qui auront cours pour *deux deniers & maille tournois*, & *bons Parisis* pour un petit *Parasin & Tournois*, qui à present courent pour un *petit tournois*. Et n'auront cours *nulles autres monoies* quelles que elles soient, exceptez celles qui dessus sont nommées.

PHILIPPE VI. dit DE VALOIS, à Vincennes, l'an 1346. au mois de Mars.

Quæ Ordinationes sæpè & sæpiùs de dicti Domini Ducis, & nuper etiam de Nostri mandato, palàm & publicè per loca insignia Seneschaliæ vestræ publicatæ, & intimatæ fuerunt, ad tollendam ignorantiam de eisdem; Nihilominus plures Campsores, Mercatores pannorum laneorum, Apothecarii, Paratores, Textores, & plures alii Mecanici, & diversorum ministeriorum, *non verentes ipsas Ordinationes, suo ausu temerario, dant cursum* monetis aureis & argenteis *reprobatis & prohibitis, & ipsas, quemadmodum si cursum haberent, de facto ponunt, & recipiunt indifferenter, pro libito voluntatis, aliasque* monetas cursum habentes, *pro majore pretio, quàm in dictis contineatur Ordinationibus*, ponere & recipere *non formidant, veniendo de facto contra ipsas Ordinationes, & eas enervando & infringendo. Ex quibus inobedientiâ, & contemptu, & Ordinationum prædictarum transgressione*, Monetæ argenti albæ & nigræ, quæ ad marcham pro bilbono *ad Monetagia dicti Domini Regis adportari deberent*, extrahuntur *de Regno Franciæ, & in aliis Regnis extraneis vehuntur & transferuntur. In tantum quòd plurima Monetagia dicti Regni, præmissâ occasione, facta sunt quasi vacantia, & per consequens ipsum Regnum remanet vacuatum, & exhaustum dictis* monetis argenti, *quibus copiosè abundaret, si Ordinationes prædictæ ad unguem servarentur, in dicti Domini Regis, ac subditorum Regni prædicti irreparabile prejudicium, atque damnum. Quocircà* Nos attendentes *commodum & utilitatem, quâ dictus Dominus noster Rex ex suis Monetagiis consequitur, Vobis* districtè Præcipimus & Mandamus, *quatenùs juratis, per vos & alios Officiales Seneschaliæ vestræ* Ordinationibus supradictis ac regiis, *de quibus in eisdem fit mentio, quas per vos & alios Officiales prædictos intimari* Volumus, *palàm & in publico ac cum effectu servare, omni excusatione & allegatione cessantibus, easdem* Ordinationes *à quibuscumque subditis dictæ vestræ Seneschaliæ, & ejus ressorti, de quibus vobis expediens videbitur*, jurari, ac teneri, & servari *inviolabiliter faciatis, & aliis viis, modis, remediis & cauthelis melioribus quibus poteritis, cum solerti diligentia provideatis, quod dictæ* monetæ de billono, *à Monetagiis regiis non prolongentur, seu distrahantur, nec extra Regnum prædictum, clam vel occultè, vel aliàs quomodolibet transferantur, injungendo insuper quibuscumque* Campsoribus & Factoribus *eorumdem, ut quascumque* monetas auri *prohibitas & reprobatas, quam citò* eas acquisierint, *& penes se habuerint*, scindant *seu* perforent, *per talem modum*, quod de cætero *cursum non habeant, sub pœna* confiscationis *ipsarum monetarum, quas à contrafacientibus tanquam confiscatas, & in* incursum deventas, *dicto Domino nostro Regi capi faciatis, & usibus dicti*

PHILIPPE VI. dit DE VALOIS, à Vincennes, l'an 1346. au mois de Mars.

Domini Regis applicari, omni favore & diffugio postpositis & semotis. Et ut prædicta omnia & singula meliùs & firmiùs teneantur & observentur; Volumus & *vobis districtè* Mandamus, *quatenus per loca vestræ Seneschaliæ, de quibus vobis expediens videbitur*, Deputetis & instituatis, Idoneas & sufficientes personas, quæ dictas Ordinationes *teneri, & custodiri inviolabiliter faciant, & dictas* monetas aureas *prohibitas & reprobatas, ubicumque & penes quoscumque* recipiant, scindant, & perforent, *ac scindere & perforare habeant, atque possint, & ad propinqua Monetagia Regia adportare vel mittere sub fida custodia, ad emolumenta, seu salaria in dictis* Ordinationibus Regiis expressata, *seu per vos statuenda, cum consilio proborum in talibus expertorum, quæ ipsis Deputatis tradi & exsolvi* Volumus, *per* Magistros particulares Monetarum Regiarum, *absque difficultate quacumque. Et hæc omnia & singula supradicta prout superius sunt expressa,* teneatis & observetis, & teneri & observari *faciatis, sub pœnâ in ipsis Ordinationibus contenta, & aliâ quam possitis incurrere erga dictum Dominum Regem, super præmissis & ex eis dependentibus, talem & sic exactam diligentiam adhibendo, quòd ob vestri culpam, defectum, seu negligentiam dictus Dominus Rex, nullum pati valeat detrimentum. Quòd si fecerit, quòd absit, contra vos & bona vestra, pro prædictis habebit recursus, & de negligentia, seu inobedientia fiet talis punitio, quòd cæteris transeat in exemplum, ac etiam incommodum & indemnitatem, quam sustineret & pateretur, ex dictarum ordinationum infirmatarum transgressione, nisi aliter provideretur, potissimè habitâ consideratione ad evidentem & urgentem necessitatem pecuniæ, pro* sustentatione præsentis guerræ, *Volentesque ex causis præmissis remedium adhibere.* Datum Agenni sub sigillo nostro, die nona mensis Octobris. Anno Domini millesimo trecentesimo quadragesimo sexto. Per Dominum Locum-tenentem.

JOHANNES DE PEYRALI.

JEAN I.er & selon d'autres, Jean II. à S.t Denis, l'an 1350. le 28. Aoust.

JEAN PREMIER, OU SELON D'AUTRES, JEAN SECOND.

(a) Ordonnance par laquelle le Roy crée en la Chambre des Comptes de Paris, quatre *Maistres Clercs*, & quatre *Maistres Laïques*.

JOHANNES *Dei gratiâ, Francorum Rex. Notum facimus universis, quod Nos attentâ utilitate, bonoque regimine Regni nostri, deliberatione prehabitâ,* Ordinavimus, & *tenore præsentium* Ordinamus, *Cameram Compotorum nostrorum Parif.* Instituentes *in ea dilectos & fideles Consiliarios nostros Magistros Reginaldum* Chauvelli *primum & præcipuum, Johannem* Aquile, *Leodeg.* Moriend. & *Odardum* Leporarium *Magistros Clericos dictæ Cameræ, Jacobum* de Paciaco. *Johannem* de Maiseriis, *Johannem* de Hangesto, & *Johannem* Pisdoe, *Magistros Laycos, in eadem, ad vadia, jura & emolumenta consueta, quorum solita* juramenta *recipi fecimus in nostra præsentia, per dilectum & fidelem* Cancellarium nostrum. *In cujus rei testimonium, nostrum, quo ante susceptum regimen Regni nostri utebamur, fecimus apponi sigillum.* Datum in Abbatia Regali Sancti Dionisii in Francia, vigesima nona die Augusti. Anno Domini millesimo trecentesimo quinquagesimo. Signatum per Regem *P. BLANCHET.* Ad relationem vestram.

Collatio facta fuit cum originali, decima sexta Julii, anno millesimo trecentesimo quinquagesimo uno, per me J. de Acheriis, & *me* Matin.

NOTES.

(a) Cette Ordonnance est au Memorial C. fol. cotté 3. & 9. fol. *verso.* de la Chambre des Comptes de Paris.

JEAN I.er & selon d'autres, Jean II. à Vincennes, le 30. Aoust 1350.

(a) Letres par lesquelles le Roy ordonne que les quinze personnes qu'il nomme, seront *petits Clercs* de la Chambre des Comptes.

JOHANNES *Dei gratiâ, Francorum Rex, dilectis & fidelibus gentibus nostris Compotorum Parisiis*, Salutem & dilectionem.

Notum facimus, quòd Nos retinuimus *&* retinemus *per Præsentes, in* parvos Clericos *dictæ Cameræ nostræ, videlicet Magistros Guillelmum* de Pinu, *Hugonem* de Rupe, *Johannem* de Acheriis, *Johannem* de Doncheriaco, *Robillardum* de Briona, *Reginaldum* de Acrio, *Johannem* Sardignon, *Johannem* de Charmaya, *Robertum* de Acheriis, *Jehannem* de Aubigny, *Stephanum* Blancheti, *Adam* Alberici, *Johannem* Trochelle, *Simonem* Mercatoris & *Johannem* de Bisoncio. *Quare* Mandamus *vobis quatenus ipsos in* parvos Clericos *dictæ Cameræ nostræ, & ab ipsis juramentum in talibus consuetum recipiatis.* Datum apud Nemus Vicennarum trigesima die mensis Augusti. Anno millesimo trecentesimo quinquagesimo, sub sigillo quo ante susceptum Regni regimen utebamur. Per Dominum Regem in Consilio suo ad relationem vestram.

Y. SIMON.

Dicti Clerici die penultima Augusti juraverunt, exceptis *Adam Aubi.* & *Joannem de Bisuncio* tunc absentibus.

NOTES.

(a) Ces Letres sont au Memorial C. cotté fol. 3. & 9. de la Chambre des Comptes de Paris.

JEAN I.er & selon d'autres, Jean II. à Vincennes, le 30. Aoust 1350.

(a) Letres par lesquelles le Roy ordonne que les *Maistres des Comptes* & les *petits Clercs*, jouïssent des gages qu'ils avoient sous le regne de Philippes de Valois.

JOHANNES *Dei gratiâ, Francorum Rex, dilectis & fidelibus gentibus Cameræ Compotorum nostrorum Parisiis*, Salutem & dilectionem.

Notum facimus quod Nobis placet *&* Volumus, *quatinus*, vadia commoda *&* emolumenta, *qualia* vos *&* parvi Clerici *dictæ Cameræ nostræ percipiebatis & percipiebant tempore inclytæ memoriæ* carissimi Domini & Progenitoris nostri, vos *&* *iidem* parvi Clerici nostri percipiatis & habeatis, *quousque super hoc aliud duxerimus ordinandum, Volentes etiam & Mandantes dilectis & fidelibus* Thesaurariis nostris *Paris. quod in quantum eisdem pertinebit, eadem* vadia, commoda, & emolumenta *vobis & antedictis* parvis Clericis nostris, *modo consueto tradant, deliberent, sive solvant, aut faciant tradi, deliberari, seu solvi, prout superius continetur.* Datum apud Nemus Vicennarum, sub sigillo quo ante susceptum Regni regimen utebamur, die trigesima mensis Augusti. Anno Domini millesimo trecentesimo quinquagesimo. Per Dominum Regem in consilio suo ad relationem vestram. *Y. SIMON.*

Vigesima secunda die Septembris millesimo trecentesimo quinquagesimo, prædictus Adam Albi *fecit juramentum, ut prædicti alii Clerici.*

Quarta die Octobris millesimo trecentesimo quinquagesimo Robillardus de Brionia *præstitit solitum juramentum, ut alii suprà.*

Tertia Novembris anno quo suprà, Johannes de Bisuntio *juravit ut suprà.*

NOTES.

(a) Ces Lettres sont au Memorial C. fol. cotté 3. & 9. de la Chambre des Comptes de Paris.

JEAN I.er & ſelon d'autres, Jean II. au Bois de Vincennes, le dernier jour d'Aouſt 1350.

(a) Mandement aux Generaux Maiſtres, de donner à l'Hoſtel de la monoie de Tournay, *pour le* marc d'or fin *qui y ſera apporté, une* Creuë *de trente-un ſols trois deniers tournois, & aux autres Monoies dix-huit ſols neuf deniers tournois, outre la ſomme de* cinquante livres, *que l'on donnoit avant cette* Creuë.

JEHAN par la grace de Dieu, à noz amez & feaux les Generaulx Maiſtres de noz Monoies, *Salut.*

Nous vous *Mandons* que de tout *marc d'or fin*, qui ſera apporté en noſtre Monoie de *Tournay*, vous faites donner de *Creuë trente & un ſols trois deniers tournois*, outre la ſomme de *Cinquante trois livres tournois*, que Nous donnons à preſent, & de tout *marc d'or fin* qui ſera apporté en *noz autres Monoies, dix-huit ſols neuf deniers tournois*, oultre la ſomme de *cinquante-trois livres tournois*, que Nous donnons à preſent. De ce faire vous *Donnons* pouvoir & mandement eſpecial, par la teneur de ces Preſentes. *Donné au Bois de Vincennes le dernier jour d'Aouſt, l'an de grace mil trois cens cinquante*, ſoubs noſtre grand Seel, duquel Nous uſions avant que Nous vinſſions au gouvernement de noſtre Royaume. Ainſi ſigné par le Roy en ſon Conſeil, auquel vous eſtiez, *VERRIER.*

NOTES.

(a) Ce Mandement eſt au Regiſtre C. de la Cour des Monoies de Paris, feüillet 74.

JEAN I.er & ſelon d'autres Jean II. à Paris en l'Hoſtel de Neſle, le 25. Octobre 1350.

(a) Mandement du Roy aux Generaux Maiſtres de ſes Monoies, de faire bailler une *Creuë* de ſept ſols tournois, par *marc de Billon blanc* ou *noir*, outre le prix ordinaire.

JOHANNES *Dei gratiâ, Francorum* Rex, *dilectis & fidelibus Magiſtris Generalibus Monetarum noſtrarum*, Salutem & dilectionem.

Mandamus *vobis ex cauſa, quatenus, viſis præſentibus Literis*, faciatis dare & ſolvi in *omnibus & ſingulis Monetagiis*, ultra pretium *quod datur ad præſens*, ſeptem ſolidos turonenſes DE CREUTA, pro qualibet marcha Billoni, tam albi, quam nigri; *taliter id facturi, & adeo diligenter exequi facientes, quod per vos non reperiatur deffectus.* Datum Pariſius in Hoſpitio de Nigella, ſub ſigno quo ante ſuſceptum regni noſtri regimen utebamur, die vigeſima quinta Octobris. Anno Domini milleſimo trecenteſimo quinquageſimo. *Ainſi ſigné*, Per Dominum Regem in Conſilio ſuo.

MATHIEU.

NOTES.

(a) Ce Mandement eſt au Regiſtre C. de la Cour des Monoies de Paris, feüillet 76.

(a) Confirmation

JEAN I.er & selon d'autres, Jean II. à Arras, le lundy aprés S.t Jacques & S.t Christophe 1282.

A Paris en Mars 1302. A Paris en Decembre 1318. A Poissy en May 1323. A Paris en Juillet 1328. & à Paris en Octobre 1350.

(a) Confirmation d'une Charte de Robert Comte d'Arthois, accordée aux *Habitans de Saint Omer*, portant que nuls Marchands ne pourront vendre leurs Denrées, qu'aux Halles de cette Ville, à l'exception des *Vivres ordinaires*, entre lesquels les *Chairs* ne sont pas comprises.

JOHANNES *Dei gratiâ, Francorum Rex. Notum facimus universis, tam præsentibus quàm futuris, Nos infrascriptas vidisse literas, formam quæ sequitur continentes.*

PHILIPPUS *Dei gratiâ, Francorum Rex. Notum facimus universis, tam præsentibus quàm futuris, Nos infrascriptas vidisse literas, formam quæ sequitur continentes.*

KAROLUS *Dei gratiâ, Francorum & Navarræ Rex. Notum facimus universis, tam præsentibus quàm futuris, Nos infrascriptas vidisse literas, formam quæ sequitur continentes.*

PHILIPPUS *Dei gratiâ, Francorum & Navarræ Rex. Notum facimus universis, tam præsentibus quàm futuris, Nos literas infrascriptas vidisse, formam quæ sequitur continentes.*

PHILIPPUS *Dei gratiâ Francorum Rex. Notum facimus universis, tam præsentibus quàm futuris, Nos literas infrascriptas vidisse, formam quæ sequitur continentes.*

Universis præsentes literas inspecturis, Nos OTHO Comes Attrebatensis (b) & Burgundiæ Palatinus, ac Dominus de Salinis, *&* Mathildia ejus uxor, Comitissa Attrebatensis & Burgundiæ Palatina, ac Domina de Salinis, Salutem. *Noveritis Nos literas bonæ memoriæ carissimi Patris nostri* Roberti *quondam Comitis Attrebatensis illustris vidisse & inspexisse, in hæc verba.*

ROBERTUS Comes Attrebatensis, *Universis præsentes literas inspecturis,* Salutem. *Noveritis quod Nos* concedimus *dilectis & fidelibus nostris Majoribus & Scabinis Villæ nostræ* Sancti Audomari, *quod nullus* Negociator, *seu* Mercator *in Villa prædicta de cætero* merces suas, seu venalia venditioni *exponat, aut veneat, nisi in* Hallis communibus *Villæ prædictæ, & quod omnes* Negociatores, *seu* Mercatores *causa emendi vel vendendi, seu contractus faciendi, ad* eorum Hallas communes, *& non alibi debeant convenire,* victualibus quotidianis, *præter carnes, exceptis. Et hæc præmissa in perpetuum observari præcipimus, salvo jure nostro in aliis, & etiam alieno. In cujus rei testimonium præsentes literas sigilli nostri munimine duximus roborandas.* Datum apud Attrebatum, anno Domini millesimo ducentesimo octogesimo secundo, feria secunda, post Festum beatorum Jacobi & Christofori.

Nos autem omnia & singula superscripta, prout superius sunt expressa, volumus, laudamus, *& tenore Præsentium* confirmamus, *salvo in aliis jure nostro, & in omnibus alieno. Quod ut firmum & stabile perpetuò perseveret, præsentibus literis nostrum fecimus apponi Sigillum.* Actum Parisius anno Domini millesimo trecentesimo secundo, mense Martis.

Nos autem *omnia & singula supradicta, prout superius sunt expressa,* volumus, laudamus, *& tenore præsentium* confirmamus, *salvo in aliis jure nostro, & in omnibus alieno. Quod ut firmum & stabile perpetuò perseveret, præsentibus Literis nostrum fecimus apponi Sigillum.* Actum Parisius anno Domini millesimo trecentesimo decimo octavo, mense Decembri.

NOTES.

(a) Cette Confirmation est au Registre du Tresor des Chartes du Roy Jean, coté 80. piece 86.

(b) *Burgundiæ Palatinus.*] Voyez du *Cange* dans sa dissertation sur *Joinville*.

Nos autem *omnia & singula supradicta, prout superius sunt expressa*, volumus, laudamus, *& tenore præsentium* confirmamus, *salvo in aliis jure nostro & in omnibus alieno. Quod ut firmum & stabile perpetuò perseveret, præsentibus literis nostrum fecimus apponi sigillum.* Actum apud Poissiacum anno Domini millesimo trecentesimo vigesimo tertio, mense Maii.

Nos autem *omnia & singula supradicta, prout superius sunt expressa*, volumus, laudamus, *& tenore præsentium* confirmamus, *salvo in aliis jure nostro, & in omnibus alieno. Quod ut firmum & stabile perpetuò perseveret, præsentibus literis nostrum fecimus apponi sigillum.* Actum Paris. anno Domini millesimo trecentesimo vigesimo octavo, mense Julio.

Nos autem *omnia singula supradicta, prout superius sunt expressa, rata habentes & grata, ea* volumus, laudamus, approbamus, *& tenore præsentium* confirmamus, *salvo in omnibus jure nostro, & quolibet alieno. Quod ut firmum & stabile perpetuò perseveret, sigillum nostrum, quo ante susceptum Regni nostri regimen utebamur, præsentibus est appensum.* Actum Parisius anno Domini millesimo trecentesimo quinquagesimo, mense Octobri. Per Dominum Regem in Requestis suis. Collatio facta est, &c. *CLAVEL.*

JEAN I.er & selon quelques-uns, Jean II. à Paris, au mois d'Octobre 1350.

(a) Letres par lesquelles le Roy approuve, & confirme l'abrogation d'une mauvaise Coustume, dans la Ville de Saint Omer.

JOHANNES *Dei gratiâ, Francorum Rex. Notum facimus universis tam præsentibus quàm futuris, Nos infrascriptas vidisse literas, formam quæ sequitur continentes.*

Philippes le Bel, à Paris, au mois de Decemb. 1318.

PHILIPPUS Dei gratiâ, Francorum Rex. Notum facimus, tam præsentibus quàm futuris, Nos infrascriptas vidisse literas, formam quæ sequitur continentes.

Charles le Bel, à Poissy, au mois de May 1323.

KAROLUS Dei gratiâ, Francorum & Navarræ Rex. Notum facimus universis, tam præsentibus quàm futuris, Nos infrascriptas vidisse literas, formam quæ sequitur continentes.

Philippe de Valois, à Paris, au mois de Juillet 1328.

PHILIPPUS Dei gratiâ, Francorum & Navarræ Rex. Notum facimus universis tam præsentibus quàm futuris, Nos infrascriptas vidisse literas, formam quæ sequitur continentes.

M. Commitissa Attrebatensis & Burgundiæ Palatina, ac Domina Salinensis, *universis præsentes literas inspecturis*, Salutem in Domino.

Cùm ex relatione Majorum, Scabinorum, *&* Communitatis Villæ Sancti Audomari *intellexerimus, quòd quædam consuetudo vulgariter dicta* Ensoine, *quæ potius abusus & corruptela meruit appellari,* licet *in Villa prædicta, contra bonos mores à tempore retroacto, diutius observata. Tale statum importans, ut videlicet si aliquis quantumcumque purus, ignocens, immunis in remotis partibus, peregrinationis, mercationum aliave necessaria & honesta causa consistens, super* aliquo crimine, *vel* quæstione *in Halla Villæ prædicta*, in judicio vocaretur, nisi in eodem instanti responderetur publicè pro eodem, *NON EST IN VILLA,* reus & convictus *super sibi impositis*, per judicium habebatur. *Ex quo contra inculpabiles, excogitatas malitias pluries contigit exerceri. Dicti* Major, Scabini, *&* Communitas, *Nobis cum instantia duxerint supplicandum, ut super his remedium congruum apponere, pietatis intuitu dignaremur.* Nos *eorum supplicationem rationi consonam attendentes, ad obviandum malitiis hujusmodi, dictam consuetudinem, quin potius corruptelam,* Decernimus & Pronunciamus *esse nullam, eamque de cætero carere omnino* Volumus *robore firmitatis. In cujus rei testimonium præsentes literas confici fecimus*

NOTES.

(a) Ces Letres sont au Tresor des Chartes Registre cotté 80. pour les années 1350. 1351. piece 37.

nostri sigilli appensione munitas. Datum & actum in Castro nostro Airensi, vigilia Ascensionis Domini. Anno ejusdem Domini millesimo trecentesimo sexto.

Nos autem *omnia & singula suprascripta, prout superius sunt expressa*, Volumus, laudamus, approbamus, *& tenore præsentium* confirmamus, *salvo in omnibus jure nostro, etiam alieno. Quod ut firmum & stabile perpetuò perseveret, præsentibus literis nostrum fecimus apponi sigillum.* Actum Parisius. Anno Domini millesimo trecentesimo decimo octavo, mense Decembri.

Nos autem *omnia & singula supradicta, prout superius sunt expressa*, Volumus, laudamus, approbamus, *& tenore præsentium* Confirmamus, *salvo in omnibus jure nostro, & etiam alieno. Quod ut firmum & stabile perpetuò perseveret, præsentibus Literis nostrum fecimus apponi sigillum.* Actum apud Poissiacum. Anno Domini millesimo trecentesimo vicesimo tertio, mense Maio.

Nos autem *omnia & singula supradicta, prout superius sunt expressa*, Volumus, laudamus, approbamus, *salvo in omnibus jure nostro, & in omnibus alieno. Quod ut firmum & stabile perpetuò perseveret, præsentibus Literis nostrum fecimus apponi sigillum.* Actum Parisius anno Domini millesimo trecentesimo vicesimo octavo, mense Julio.

Nos autem *omnia, prout superius sunt expressa, rata habentes & grata, ea* Volumus, laudamus, approbamus, *& tenore præsentium* confirmamus, *salvo in omnibus jure nostro, & quolibet alieno. Quod ut firmum & stabile perpetuò perseveret, sigillum nostrum, quo ante susceptum regni nostri regimen utebamur, præsentibus est appensum.* Actum Parisius anno Domini millesimo trecentesimo quinquagesimo, mense Octobri.

JEAN I.er & selon quelques-uns, Jean II. à Paris en sa maison de Nelle, au mois de Novembre 1350.

(a) Confirmation des Privileges que le feu Roy Philippes de Valois avoit accordez au mois d'Avril 1337. aux *Generaux Maistres des Monoies*, & aux *Ouvriers* du serment de France.

JOANNES *Dei gratiâ, Francorum Rex, universis præsentes Literas inspecturis,* Salutem.

Literas recordationis inclitæ carissimi Domini & Progenitoris nostri, per nostrum Consilium videre fecimus. Quarum Literarum tenor sequitur.

PHILIPPES par la grace de Dieu, Roy de France, à tous ceuls qui ces presentes Lettres verront & orront, *Salut.*

Sachent tuit cil qui sont, & qui à venir seront, que comme pour les bons & agreables services que les *Ouvriers & Monoiers* du serement de France, ont faits à nos trés-chiers Seigneurs, & Predecesseurs Roys de France, que Dieu absoille, ayent lesdits *Ouvriers & Monoiers* dudit serment de France, esté exempts de toute jurisdiction de nostre Royaume, & de repondre devant aucun Juge, quel qu'il soit, pour aucuns cas, quel que il soit, se ce n'est devant les *Maistres de nos Monoies*, excepté de *trois cas* tant seulement; c'est assavoir de *Meurtre, Arsin*, & de *Rapt*, & avec ce lesdiz *Maistres*, & nosdiz *Ouvriers & Monoiers*, francs & quittes, & delivrez, par nostredit Royaume, de toutes *Tailles*, de toutes *Coustumes*, de tous *Peages, Passages, Centiémes, Cinquantiémes, Chauciés, Ots, Chevauchiées*, & generalement de toutes *Subventions, Exactions, Impositions*, quelles que elles soient, OUVRANS ET NON OUVRANS, nonobstant privileges donnez, ou à donner, si comme Nous est apparu par certains privileges, que eux ont sur ce de nos devanciers Roys de France, & specialement de nostre trés chier Seigneur & Cousin *Charles*, que Dieu absoille; lequel considerant & regardant, comme lesdiz *Ouvriers & Monoiers* estoient ordonnez, pour le commun proufit de tout le peuple,

NOTES.

(a) Cette Confirmation est rapportée par *Constans* dans son *Traité des Monoies* aux Preuves page 9.

JEAN I.er & selon quelques-uns, Jean II. à Paris en sa maison de Nelle, au mois de Novembre 1350.

car sans monoie ne pourroit le monde bonnement estre gouverné, ne faire droite égaulté à chascun de ce qui est sien; Et aussi comme iceux *Ouvriers & Monoiers* sont si abstrains & obligez à ce faire, que à nul autre *mestier, Office*, ne *Estat* ne se peuvent *Ordonner*, & ainsi sont SERFS à y chose faire, *Octroya & Confirma* à toujours, perpetuellement ausdits *Maistres de ses Monoies*, & ausdits *Ouvriers & Monoiers* dudit serment, tous les *Privileges, Libertez, & Franchises* cy-dessus designées, que lesdits Predecesseurs Roys de France leur avoient données, & octroyées au temps passé. Et de nouvel soient les *Ouvriers & Monoiers* du serment de France, qui à present sont, venus devers Nous, en Nous supplians que pour ce que plusieurs *Peaigers, Collecteurs de Coustumes, de Travers, de Malletoltes & Commissaires* aucuns de par Nous deputez, qui sur plusieurs autres choses leur ont fait & font de jour en jour plusieurs grands *griefs, dommages, extorsions, & molestes* contre les privileges dessusdits, & le vray entendement d'iceux, & de nostre Seigneur & Cousin, qui n'eut, ni retint, ni reserva pour ly, ne pour autres, autrement que dessus est dit, tant seulement quand il leur octroya, & especialement quant à eux, qui *nul autre mestier* ne sçavent, & lesquels convient trouver leur vivre en aucune maniere, se apposent aucune fois à aucunes marchandises, de laquelle ly aucuns dient, qu'ils doivent *Coustume, Peaige, ou Traicte*, jaçoit ce que par nostre trés cher Seigneur & Oncle le Roy *Philippes le Bel*, que Dieu absoille, & par *Arrest de nostre Parlement*, & par certaine *Declaration* faite en nostre *Chambre des Comptes* en nostre temps, leur ayent esté declarez, si comme Nous avons veu par lesdites Letres, & Arrests faits sur ce, les privileges dessusdits, leur voulsissions *confermer* selon la teneur d'iceux privileges, Declarations & Arrests dessusdits. Pourquoy eu égard aux choses dessusdites, inclinans à leur supplication, & considerans la bonne obéyssance à ce qu'ils sont venus à nostre *Mandement*, & ont garny *nos Monoies*, & les sçavons estre abstrains & obligez à ce, laquelle abstriction, & obligation tourne & redonde au prouffit de toute l'université du peuple, & de tous les Habitans & repaisans en nostre Royaume, de quelque estat ou condition qu'ils soient: Et aussi pour ce que Nous avons veu par les *Privileges* à eux donnez de nos Predecesseurs Roys de France, tant de nostredit Oncle le Roy *Philippe le Bel*, comme de nostredit Cousin le Roy *Charles*, & mesmement par ladite Declaration faite par nostredit Oncle, sur lesdites *Franchises & Libertez*, & par Arrest donné en nostre Parlement pour eux, & par les Letres de Declaration faites en nostre Chambre des Comptes, iceux non estre tenus à payer aucune *Coustume*, pour quelque cause qu'ils vendent ou achetent, ou fassent vendre & acheter, par leurs femmes, ou leurs familles, soit en cas de marchandise, ou autrement: *Nous* de nostre authorité & pouvoir Royal, de certaine science, & grace especialle, par la teneur de ces presentes Letres, tous les *Privileges, Franchises & Libertez, & Declarations* dessusdites aux *Maistres & Clercs de nos Monoies*, & à nos *Ouvriers & Monoiers* d'icelles, du serment de France, *Confermons, Donnons & Octroyons* à tousjours perpetuellement, en la maniere que contenu est ès *Privileges, Declarations*, & *Arrests* dessusdits. C'est assavoir que nosdits *Ouvriers & Monoiers* du serement de France, leurs femmes, leurs familles ne soient tenus de repondre d'aucuns cas, quel que il soit, pardevant quelque Juge que ce soit de nostre Royaume, se ce n'est devant les *Maistres des Monoies*, excepté des *trois cas* tant seulement, de *Meurtre*, *de Arsin*, & de *Rapt*, & lesdits *Maistres & Clercs*, & nosdits *Ouvriers & Monoiers*, leurs femmes & leurs familles, francs, quittes, & delivrez par tout nostre Royaume, de toutes *Tailles*, de toutes *Coustumes*, de tous *Peaiges, Passages*, soit pour raison de marchandise ou autrement, *Centiéme, Cinquantiéme, Chaussées, Subsides, Osts, & Chevauchées*, & generalement de toutes *Subventions exactions, Malletoltes, Impositions*, & de toutes autres *Servitudes & Nouvelletez* quelles qu'elles soient, comme qu'elles soient nommées & appellées, eux, & leurs biens, & marchandises, OUVRANS ET NON OUVRANS, Marchands & non Marchands, nonobstant *Privileges* donnez, ou à donner. Et prenons derechef, & mettons lesdits *Maistres & Clercs*, nosdits *Ouvriers & Monoiers*, leursdites femmes & familles, leurs corps & leurs biens, & chacun d'eux, en nostre sauve & especial garde: Et *Voulons & Octroyons*, que contre celuy ou ceux qui *grief, moleste, destourbier*, ou aucun *dommage* leur feroit, ou à aucuns d'eux, sommairement & de plein, sans ordre de plais, ne figure de Jugement, soit procedé, condamnez & contraints à rendre tous *cousts, despens, & dommages*, en quoy ils seroient encourus pour le faict des empeschemens, & à amender à Nous, & à Partie, selon la qualité & quantité du meffait ou meffaits: Et *Mandons & Commandons*, & estroitement *Enjoignons* à tous nos *Seneschaux, Baillifs, Prevosts*, & à tous nos autres *Justiciers & Sujets*, que cil en quelque destroit, Jurisdiction ou Ressort *que grief, moleste, destourbier*, ou aucun *dommage* sera fait aux dessusdits, ou à aucun d'eux, sommairement & de plein, facent tout *rendre, adrecier, & amender*, comme dessus est dit, tant à Partie, comme à Nous, & que à ce faire ly aucun d'eux ne attende l'autre; Et pour ce qu'il est nostre intention que cesdites *Franchises & Libertez, leurs droicts, anciennes & bonnes Coustumes & usaiges*, ils les facent maintenir & garder par tout nostre Royaume. Nous *Enjoignons* & estroitement *Commandons* à tous nos *Seneschaux, Baillifs, Prevosts*, & à tous nos autres *Justiciers & Sujets* de nostre Royaume, & à chacun d'eux, que lesdites *Libertez, Privileges & Franchises* ils tiennent, & gardent, facent maintenir & garder par tout nostredit Royaume, & aux dessusdits *Maistres, Clercs*, à nosdits *Ouvriers & Monoiers* du serment de France, à leursdites femmes & familles, & à chacun d'eux, par la presentation faite à eux ou à aucun d'eux de la copie de ce present original, soubs le Scel de nostre Chastelet de Paris, ou de nos autres Sceaux Royaux authentiques, à laquelle copie Nous *Voulons* & leur *Octroyons* que pleine foy soit ajoustée, & execution faite, si comme par ledit original mesme. Et pour que ce soit ferme chose & estable à tousjours perpetuellement, Nous avons fait mettre nostre Scel à ces presentes Letres. *Ce fut fait l'an de grace mil trois cens trente-sept, au mois d'Avril.*

JEAN I.er & selon quelques-uns, Jean II. à Paris en sa maison de Nelle, au mois de Novembre 1350.

Quibus visis, & auditâ super hoc supplicatione Operariorum & Monetariorum *de juramento Franciæ prædictorum, ipsas Literas & omnia singula contenta, in iisdem rata & grata habentes* laudamus & approbamus, ratificamus, *& de nostra speciali gratia per Præsentes* renovamus, *ac ex certa scientia, auctoritate Regia* confirmamus: *omnibus* Seneschallis, Ballivis, Præpositis, Officiariis, Justiciariis, Subditis *Regni nostri, & eorum cuilibet tenore prædictarum præcipiendo Mandantes, ut omnia & singula prædicta* Privilegia, Libertatesque & Franchisias *antedictas teneant, inviolabiliter & conservent, faciantque ab omnibus* observari, *firmiter & teneri. Quod ut firmum sit, & stabile permaneat in futurum, nostrum sigillum, quo ante suceptum Regni nostri regimen utebamur, literis præsentibus duximus apponendum.* Actum & datum Parisiis in domo nostra de Nigella, anno Domini millesimo trecentesimo quinquagesimo, mense Novembris. *Sic signatum per Dominum Regem ad relationem sui secreti Consilii* BRESSEL.

Collatio facta est cum originali per me *BRESSEL.*

JEAN I.er & selon quelques-uns, Jean II. à Paris, au mois de Novembre 1350.

(a) Letres par lesquelles le Roy confirme les libertez & les franchises accordées par *Guy de Lesignen* à la Ville de Coignac.

JOHANNES Dei gratiâ, Francorum Rex. Notum facimus universis tam præsentibus quàm futuris, Nos quasdam literas sigillo defuncti Guidonis de Lezingnen, quondam Domini de Coignaco, de Mespuis, & d'Archeat, prout prima facie apparebat, sigillatas vidisse, formam quæ sequitur continentes.

Guy de Lezingnen Sire de Coignac *(b)* & de Mespuis, & d'Archeat. A tous ceans qui ceste presente Charte verront & orront, *Salut & Paiz.*

Saichent tuit cil qui sont & qui seront, que cum li Chevalier, & li Varlet, & li

NOTES.

(a) Ces lettres sont au Tresor des Chartes, Registre de Philippes de Valois, cotté 80. pour les années 1350. 1351. piece 405.

(b) *Coignac* est une petite Ville située sur la Charante dans l'Angoumois, vers la Xaintonge, entre Jarnac & Xaintes. Elle est celebre par la naissance qu'elle a donnée à François I.

JEAN I.er & selon quelques-uns, Jean II. à Paris, au mois de Novembre 1350.

Clerc, & li Bourgois *de Coignat* & l'autre prodegent de la Ville se deissent & clamassent estre gregié de ceu que Nous avons fait estant, & feissum de vin & de blé en la Ville de Coignat, & sur ce feurrent venu à Nous, requerant cum à Seigneur, que Nous ostessum celuy grief. Et nous disiom encontre que nostre pere & nostre ancessor li aveent ogu & fait por lou dreiture, laquelle dreiture ledit Chevalier, Clerc, Borgeis, & toute l'autre gent de la Ville dedisant, & deffendant, & affermant encontre, que si lidit nostre pere li avent fait, il li avent fait à force, cum nul de nostres autres ancessors ne li ont fait, ne ogu, sur lesquelles choses il requeissent estre enquis. A la parsin cum ne voussissom, ne non deussiom, ni encores vel voujou, ni ne deiom gregié noz hommes ne toute l'autre gent de la Ville, si cum dessus est dite, ne tenir ne mettre coustumes à tort en la Vile, Noz enqueismes & feismes enquerre debonnairement ob les plus anciens dau Pays, prodes hommes & leaux hommes, & dignes de feiz, sur lesdites chouses, & entenduë la pure verité, Nous troyasmes tout ainsi comme ledit Chevalier, & lidit Clerc, & lidit Borgeis & toute l'autre gent de la Vile ou diseent, ou affermeent, dont Nous per Nous & per noz hers, & per noz successeurs quiptasmes & quiptom lesdits Chevaliers, Clercs & Borgeis, & l'autre gent de la Ville, meisme de toute maniere de estant, per Nous, per noz hers & per noz successors. Et que de cy en avant Nous, ni noz hers, ni nos successors nul estant, ne pinchon, ne autre per nom de nos, ni ne feront estant, ni ne souffreron en nulle maniere que autres li facent, ne que il seit faiz. Et si estoit aventure que Nous, ou noz hers, ou noz successors, ou nos Baillys, ou li lor dés ores en avant asseyaent, ou asseyavant à faire estant de vin, ou de blé, ou en autre maniere, que non per ceu toute la gente de la Ville chascuns en per sey, ne laissast que ne peust vendre & acheter delivrement, sans mesere & sans mesprendre, ne par ce ne peussent estre contraint en nulle maniere à gaige, ne à *reençon*, ne à receure encore aucun autre dommage: Encorre cum li Chevaliers, & li Borgeis, & toute l'autre gent de la Ville de Coignat venguissent, requerant & plaintis à noz, de ceu que nostre Prevost & nostre Bailly de Coignat preneent la gent de Coignat, & les en menoient pris, puis que il poeent faire dreit: Nos à bonne fey apreymes & feimes aprendre, & avons apris, que de ceu que il prenecnt la gent de la Ville, ne esteit dreiz ne coustume, ains esteit encontre dreiz & encontre raison, dont nous vouguimes, & volom, & octroyon, & commandon, & donom per noz, & per noz hers, & per noz successors, que nostre Prevost, ne nostre Bailly, ne nostre commandemenz ne prenget, ne ne puichet prendre, ne faire prendre nul homme, ne nulle femme de la Ville de Coignat, si dont n'estoit par raison dans querre dreiz, par lequel il ou elle, oguist deservi à perdre vie ou membre, qui fust manifez ou appareissanz; en tau maniere que si & Nous, ou noz hers, ou noz successors, ou li Bailly de la Ville, ou nostre Commandement quiconques feit, ou fut asseyonant, ou asseoient sur ceu à prendre, ou prenoient aucun ou aucune de la Ville qui peust fere droit dudit de dons ou de tiers, lequel dreit il feroit tenu à fere devant Nous, ou devant nostre commandement, il deit estre delivrez; ou se il ne puet feire dreit, que il se puechet delivrer per plaige. Encore cum lidit Chevalier, Clerc & Borgeis, & toute l'autre gent de la Ville deist, ou dissent que la Ville de Coignat avoit ça y en arriere esté franche d'iceu, que nus estagiers de la Ville de Coignat ne feust atermez fors d'au cors de la Ville, dont il Nous requeroient comme à Seignor, à reavoir la franchise: Nous, enquise sur ceu la pure verité, ausi cum sur les autres *artigles* dessusdits, trovasmes estre aussi enterinement & purement cum lidit Chevaliers, Clert, & Borgeis, & l'autre gent de la Ville, ou afermoient & ou diseient, dont Nous per Nous & per nos hers & per noz successors lor rendismes & lor donasmes, & lor ottreasmes à eaux, à lor hers & à lor successors: Et encore la lor donon & la lor ottreyon la davant dite franchise perpetuaument & durablement, en tau maniere qui si Nous, ou noz hers, ou noz successors, ou noz Bailliz, ou li Bailly de la Ville atermoient, ou pouseent terme à aucun estagier de la Ville, fors d'au cors de la Ville, que nus ne fust tenu de segre nul terme qu les termes, ne noz successors, ne noz Bailliz de la Ville ne puichant lor ceu aucun contraindre, ne de gagier, ne en autre maniere domagier, si ne estoit devant nostre personne, ou devant nostre certain commandement que Nous laissessom en nostre laiet mayor sour le Prevost. Encores est assaver que Nous volom le creissement & l'amendement de la Ville de Coigniat, à la requeste d'ausdiz Chevaliers, & d'ausdiz Clercs, & d'ausdiz Borgeis & de toute l'autre gent de la Ville de Coignat, Nous per Nous, & per nos hers & per nos successors lor donasmes & lor ottreasmes, & leur ottreyom per Nous & per noz heritiers & per noz successors de nostre liberalité, que il puechant per eos eslire & poser dous prodes hommes de la Ville à recevre la *Mantouste* de Coignat ores & dés ores en avant tant que la *Mantouste* y sera, & qu'elle seit mise au profit de la Ville; Et quand la *Mantouste* nous sera mestier à la Ville, li prodome de la Ville s'en puechent oster & mettre & torner, quant sera mestier à la Ville, & que le Prevost de la Ville soit appellé au conte de la recette & de la mise. Et si le Prevost ne voleit venir audit conte, que li prodhomme de la Ville de ladite recepte & de ladite mise puechent conter & bailler & finer sus ledit Prevost, au profit de la Ville. Et quant ladite *Mantouste* Nous sera mestier à la Ville, Nous volom que y soit mise ne tenuë, & touz lesdiz de ceste Charte chascun en per sey: Nous aux devans diz Chevaliers, & ausdits Clercs, & auxdits Borgeis, & à toute l'autre gent de la Ville, per Nous, & per noz hers, & per nos successors à caus & à lor hers & à lor successors, avons promis à bone fey à tenir, & garder ben & leaument, & que encontre ne vendront, ne autre per Nous, ne per nom de Nous, en nul temps, & en icest nostre fait Nous en avons renuncié & renonciom per Nous, & per noz hers, & per noz successors, à chascun per sey & à tous ensemble, à toute excepcion de fait & de tricherie, à toute excepcion, & à toute condicion, & à tout establissement, & à toutes costumes, & à touz privileges de Croiz prise ou à prendre, & à tout benefice, & à toute *aye* qui Nous puet *ayer* contre lesdits, ne contre la teneur de ceste Chartre, en cort ou fors cort, per nulle raison. Et per ceu que ceste presente Chartre en touz ses artigles, & en chascun per sey ait durable fermeté; Nous per Nous & per noz hers, & per noz successors en avont donné auxdiz Chevaliers, & auxdiz Clercs, & auxdiz Borgeis, & à toute l'autre gent de la Ville dessusdiz, & à lor hers & à lor successors durablement ceste presente Chartre, scellée de nostre Sceau en testimoine de verité. Ceu fut fait l'an de l'Incarnation de Jesus-Christ mil deux cens & seissante & dous, ou mois de May.

Nos autem dictas literas, & contenta in eisdem rata & grata habentes, ipsa in quantum de hiis hactenus usi sunt habitantes dictæ villæ Volumus, Laudamus, Approbamus, & tenore præsentium, auctoritate Regia, & nostræ plenitudine potestatis, & speciali gratiâ Confirmamus *Quod ut firmum & stabile perpetuò perseveret, præsentes literas, nostri quo ante susceptum Regni regimen utebamur, Sigilli fecimus appensione muniri, nostro in aliis, & alieno in omnibus jure salvo.* Datum Parisiis. Anno Domini millesimo trecentesimo quinquagesimo, mense Novembris.

JEAN I.er & selon quelques-uns, Jean II. à Paris, au mois de Novembre 1350.

JEAN I.er au Chastel d'Aigre-Sainctes, le 21. Janvier 1350.

(a) *Mandement du Roy aux* Generaux Maistres *de ses Monoies, de faire bailler aux* Marchands *&* Changeurs *qui apporteront du billon en ses Hostels, pour Marc d'argent blanc & noir,* huit sols tournois, *outre le prix ordinaire de* cent douze sols.

JEHAN par la grace de Dieu, Roy de France, aux Generaux Maistres de noz Monoies, *Salut*

Comme les *Changeurs* & *Marchands*, qui souloient apporter le *Billon* en noz

NOTES

(a) Ce Mandement est au Registre C. de la Cour des Monoies de Paris, feüillet 79.

Monoies, ayent cessé, & cessent de jour en jour de le faire, tellement que noz Monoies sont grandement *gastées & empirées*, & sont en peril de choir du tout, en trés-grand prejudice & domage de Nous, & de nostre peuple, si comme Nous attendons, si remede n'y est mis : Nous vous *Mandons*, que pour chacun *Marc d'argent*, tant en *blanc*, comme en *noir*, qui seront apportez en noz Monoies, vous faciez bailler & donner *huit sols tournois*, outre les *cent douze sols tournois* que vous en donnez à present. *Donné en nostre Chastel* d'Aigres-Sainctes, *le vingt & uniéme jour de Janvier, l'an de grace mil trois cens cinquante, soubs le Scel duquel nous usions avant que le gouvernement de nostre Royaume Nous advenist.*

JEAN I.er & selon quelques-uns, Jean II. à Paris, le 25. Janv. 1350.

(a) *Mandement du Roy aux* Generaux Maistres *de ses Monoies, de faire bailler par Marc d'argent blanc ou noir, une* Creuë *de sept sols tournois, outre le prix ordinaire.*

JEHAN par la grace de Dieu, Roy de France, à noz amez les Generaulx de noz Monoies, *Salut.*

Nous pour certaine cause vous *Mandons* que tantost ces Letres veuës, vous, par toutes noz Monoies, faites donner *Creuë de sept sols tournois* pour *Marc d'argent*, tant en *blanc* comme en *noir*, outre le prix de present ; Et ce faites si diligemment que par vous n'y ait deffault. *Donné à Paris soubs le Scel de nostre Chastelet, en l'absence de nostre grand Scel, le vingt-cinquiéme jour de Janvier, l'an mil trois cens cinquante.*

NOTES.

(a) Ce Mandement est au Regiſtre C. de la Cour des Monoies de Paris, feüillet 78.

JEAN I.er & selon quelques-uns, Jean II. à Paris, l'an 1350 au mois de Janvier.

(a) Letres par lesquelles le Roy deffend de fabriquer dans la Ville de Troyes des Toilles appellées *Couvrechefs.*

JOHANNES Dei gratiâ Francorum Rex. Notum facimus universis, tam præsentibus quàm futuris, nos vidisse quasdam literas formam quæ sequitur continentes.

A tous ceulz qui ces presentes Letres verront. *Jean de Boy*, Garde de par le Roy nostre Sire, de la Prevosté de Troyes, *Salut.*

Comme les *Marchands de Toilles* de la Ville de Troyes, & autres lieux environ, se fussent traits pardevers Nous, & Nous eussent signifié, en complaignant griefment, que en ladite Ville de Troyes avoit plusieurs *Tisserans*, qui à Requeste de un, ou de plusieurs Marchands faisans *Cuëvrechiefs*, estoient plus estroites assez, que n'estoient *lesdites Toilles*, requerans à Nous à grant instance, que ledit ouvrage de *Cuëvrechiefs*, voulsissiens deffendre en ladite Ville, & faire cesser de plus y faire, ne exercer là, comme ledit ouvraige n'eust oncques esté accoustumé d'y faire, soit notoirement, ne apertement ; avec ce que se ledit ouvraige se continuoit, & estoit souffert de plus y estre fait, ce seroit au grand dommage du Roy nostre Sire, de la *Ville de Troyes*, du *Pays d'environ*, & des *hommes d'illüeques*, pour ce que il conviendroit la marchandise *desdites Toilles*, en tout, ou la plus grande partie, cesser *en ladite Ville*, laquelle marchandise est l'une des *plus grosses & plus prouffitables marchandises, qui courre en ladite*

NOTES.

(a) Ces Letres sont au Tresor des Chartes, Registre cotté 80. pour les années 1350. 1351. piece 199.

Ville.

Ville, ne au Pays environ, tant au *Roy nostre Sire*, que de chascune Toille achetée illuec par les *Genevois*, le Roy nostre Sire a *quinze deniers pour livre*, avant qu'ils les passent és lieuz, où ils vont revendre, qui vaut audit *Messire le Roy*, par an *deux mille livres, ou environ*, car l'en porroit vendre les pieces desdiz *Cuëvrechiefs*, pour Toilles, dont ladite Marchandise de Toilles, & lesdiz Marchans qui accoustumé ont de vendre en gros *lesdites Toilles*, en estrange Pays, & contrées, seroient ou porroient estre si diffamez, que l'en ne voudroit plus acheter à eulx, & aussi lesdiz Marchans de *Cuëvrechiefs*, de la marchandise desquels le *Roy nostre Sire* ne avoit aucun proufit, & se aulcun en avoit, c'estoit trop petit au regard de celuy qu'il avoit *desdites Toiles*: *queüilloient & acheptoient* tous les fils que l'on exposoit en vente en ladite Ville, & en Pays, & retenoient tous les *Ouvriers Tisserans*, en donnant aux Ouvriers autant ou plus pour faire une piece de *Cuëvrechiefs*, où il a moins à faire, pour ce que elle est plus estroite, comme dit est, que une Toille, comme l'en avoit accoustumé à donner pour la façon d'une Toille, dont lesdiz Marchans de Toilles ne povoient avoir ne finer de aucuns, ou aucunes de molt petites pieces. Et pour plusieurs autres causes à ladite Requeste eussiens fait sçavoir audit Marchant qui lesdiz *Cuëvrechiefs* faisoient faire, pour ce que il avoit aucune bonne cause au contraire, il la Nous deist, lequel Nous eust dist que il estoit *Bourgeois dudit Royaume*, & que l'en devoit bien à coustume de faire l'ouvrage desdits *Cuëvrechiefs en ladite Ville de Troyes*, & que les bonnes gens *de la Ville, ne du Pays*, n'y avoient aucun dommage, mais proufit; Aprés lesquelles choses, *Nous eussiens dit* auxdites parties, que si elles vouloient Nous enformer chascune partie, de ce qu'elle avoit maintenu, Nous nous *Enformeriens* volontiers, afin de povoir faire & ordener, selon ce que de raison appartiendroit, lesquelles parties Nous amenerent plusieurs & grant quantité de personnes, tant Bourgeois de ladite *Ville de Troyes*, comme *Tixerans de Toilles*, & autres bonnes gens, lesqueux personnes Nous fismes jurer aux saintes Evangiles de Dieu, que sur les choses dont dessus est parlé, ils Nous diroient verité, & les examenasmes chascune par soy diligemment. Et pour ce que par la disposition desdites personnes, amenées pardevant Nous en cette besoigne, tant de l'une partie, comme de l'autre, avons trouvé que l'ouvrage desdiz *Cuëvrechiefs* est prejudiciable en grant chouse, *au Roy nostre Sire*, & aux bonnes gens de *ladite Ville de Troyes, & d'environ*, & que ledit ouvrage n'a pas esté accoustumé d'estre fait *en ladite Ville*, mais l'a deffendu autrefois, si-tost que l'en sçavoit que l'en le faisoit. *Nous* par le conseil de plusieurs Sages, ledit ouvrage de *Cuëvrechiefs* avons deffendu à faire *en ladite Ville de Troyes*, jusques à tant que *le Roy nostredit Seigneur*, ou *par ses Gens* en soit aucunement ordonné, veu *l'information* par Nous faite, comme dit est, & de laquelle Nous avons offert de bailler copie enclose sous nostre Seel; audit Marchant se il luy plaist. *En temoing de ce* Nous avons seellé ces Lettres de nostre Seel, qui furent *faites & données à Troyes, l'an de grace mil trois cens quarante-neuf, le Vendredy aprés le Dimanche où l'on chante en Sainte Eglise*, Reminiscere.

JEAN I.er & selon quelques-uns, Jean II. à Paris l'an 1350. au mois de Janvier.

Item. *Quasdam alias Literas quarum tenor sequitur in hæc verba.*

A tous ceulx qui ces presentes Letres verront, *Mainez Cousin*, Garde du Seel de la Prevosté de Troyes, *Salut.* Sachent fait que en la presence de Jean *de Villebon*, Tabellion, & Pierre *Potage*, Clair jurez establis à ce faire à Troyes, de par *Messire le Roy* personnellement establis, Jean *Boville*, Sergent le Roy nostre Sire en la Prevosté de Troyes, & Jean de *Dienville*, Clers de la Prevosté de Troyes, affermerent & temoignerent par leurs veritez, & sermens, que les Letres seellées *en queuë double de cire vert*, parmi lesquelles ces Presentes sont seellées du Seel *Jean de Roy*, Garde de par le Roy de ladite Prevosté de Troyes, duquel il usa communement, ou fait & en l'Office de sadite Garde. *En temoing* de quoy j'ay seellé ces Letres du Seel de ladite *Prevosté de Troyes*, avec ces signetz, & par le rapport desdiz Jurez. *Ce fut fait l'an de grace mil trois cens cinquante, le premier jour du mois d'Avril.*

Insuper dicti Mercatores *Nos humiliter supplicarunt*, *quod cum à dicta* Sententia *non fuerit aliquatenus* appellatum, *nec etiam* reclamatum, *sed in rem transierit judicatam*, *ut dicta sententia eisdem futuris temporibus possit prodesse*, Vellemus *de nostra gratia eamdem ſententiam* confirmare. *Quare Nos eorumdem ſupplicationi inclinantes*, dictas Literas ſententiæ, *& contenta in eiſdem, eo modo & forma, quibus ſuperiùs ſunt expreſſa, rata & grata habentes, illa* Volumus, Laudamus, Ratificamus, & Approbamus, *& autoritate Regiâ, & gratiâ ſpeciali noſtris, tenore præſentium in caſu prædicto* Confirmamus. *Quod ut firmum & ſtabile permaneat in futurum*, Sigilli noſtri Caſtelleti Pariſius *in abſentia magni, has Præſentes fecimus munimine roborari, ſalvo in aliis jure noſtro & in omnibus quolibet alieno.* Datum Pariſius anno Domini milleſimo trecenteſimo quinquageſimo, menſe Januarii. *Per conſilium* G. VILLAINE. *Collatio facta eſt per me* G. DE VILLAINE.

JEAN I.er & ſelon quelques-uns, Jean II. à Compiegne le 5. Fevrier 1350. Et Philippe de Valois, à Mondidier le premier jour de May 1347.

(a) Letres par leſquelles le Roy confirme d'autres precédentes du Roy *Philippes de Valois* ſon Pere, concernant la Juriſdiction des *Chaſtelains*, ou *Gouverneurs* des Chaſteaux aſſis ſur les frontieres du Royaume.

JOHANNES *Dei gratiâ Francorum Rex, Seneſcallo Bellicadri, vel ejus Locumtenenti*, Salutem.

Literas inclitæ recordationis præcariſſimi Domini & Genitoris noſtri *Nos vidiſſe noveritis, formam quæ ſequitur continentes.*

PHILIPPES par la grace de Dieu, Roy de France, ou Seneſchal de Beaucaire ou à ſon Lieutenant, *Salut.* Nos amez les *Chaſtelains* de nos Chaſteaux de Beaucaire, d'Aygues-mortes, de la Tour d'Avignon, de Rochemaure, & d'autres Chaſteaux aſſis en voſtre Seneſchaucié, ſur les frontieres de noſtre Royaume, Nous ont monſtré en complaignant, que comme Nous leur avons donné *la garde deſdits Chaſteaux*, avec *certain nombre de Sergens* en chacun Chaſtel. Et il ſoit ainſi que quand aucun, ou aucuns deſdits Sergens ſe meffont, par aucune maniere, leſdits *Chaſtelains*, & chaſcuns d'eulx, ſi comme il leur appartient, ayent la *premiere cognoiſſance* deſdits Sergens; Et vous Seneſchal deſſuſdit en ayez la *ſeconde* en cauſe d'appel, & Nous, ou noſtre Deputé de par Nous, en ayons la *tierce*, en cauſe de *ſecond appel*; Et auſſi leſdits Sergens ayent leurs Juges ordinaires, tels comme il leur appartient, pour eulz corrigier; Nientmoins aucuns Juges, ou autres Juſticiers de ladite Seneſchaucié s'efforcent d'avoir cognoiſſance de cauſe ſur leſdits *Sergens*, ou ſur aucun d'iceulx, en leur grand grief, prejudice & domaige, ſi come il dient, ſupplians, que ſur ce leur veuillions pourveoir de remede convenable; Pourquoy Nous vous Mandons, euë conſideration aux choſes deſſuſdites, s'il eſt ainſi, que vous ne laiſſiez moleſter, ne contraindre leſdits *Sergens*, ne aucuns d'eulx, à reſpondre d'aucuns cas devant autres Juges, ou autres Juſticiers temporels, que pardevant leſdits *Chaſtelains*, ſelon l'uſage & couſtume approuvée, & par leur maniere accouſtumée: Mais ſe aucune choſe eſtoit au contraire, ſi la remetes, & faites remettre ſans delay au premier eſtat; & ce non contreſtans Lettres ſubreptices empruntées, ou à emprunter. Donné à Mondidier le premier May, l'an de Grace mil trois cens quarante-ſept.

Quas ſiquidem literas roboris firmitatem habere volentes, Mandamus *vobis quatenus ipſas & omnia contenta in eis, juxta earum tenorem & formam, de quibus vobis liquebit, vocatis evocandis, executioni debitæ celeriter demandetis, vel faciatis demandari; literis ſubreptitiis in contrarium impetratis, vel impetrandis, non obſtantibus quibuſcunque.* Datum apud Compendium, die quintâ Februarii. Anno Domini milleſimo trecenteſimo quinquageſimo, ſub ſigillo quo ante ſuſceptum regimen Regni noſtri utebamur, in Requeſtis Hoſpitii Franciæ.

NOTES.

(a) Ces Letres ſont en la Seneſchauſſée de Nîmes, *au Royaume en general*, armoire A. liaſſe 17. des Actes ramaſſez, N.° 6. *fol.* 17. Voyez cy-deſſus au premier jour de May 1347. page 261. où celles de Philippes de Valois ſont imprimées.

JEAN I.er & selon d'autres, Jean II. au mois de Fevr. 1350.

Et Philippe de Valois, à Vincennes, au mois de Fevr. 1346.

(a) Letres par lesquelles le Roy confirme les Privileges, les Droits & les Franchises accordez aux Habitans de *Mâcon* par *Philippes de Valois* en 1346.

SOMMAIRES.

(1) Quiconque veut venir s'establir à Mascon, il le peut, & il doit estre maintenu par Roy.

(2) Le Roy, ni ses gens ne prendront homme à Mascon, qui sera appareillé de faire droit.

(3) Personne, sous peine d'amende, ne pourra empescher les chemins publics. Et le Roy conservera, & sera le gardien des Pasquis *& des choses communes.*

(4) Les Larrons *& les* Meurtriers, &c. *seront jugez par les Citoyens: & il n'y aura pas de confiscations, sinon au cas où le Roy les doit avoir.*

(5) Le Roy ni quelque personne que ce soit, ne pourront prendre des denrées qu'en les payant.

(6) Le Prevost *a trois sols par plainte. Celuy qui frape de la* Paume *de la main, ou du* poing, *de* verge, *ou de* baston leger, *ne doit que trois sols, s'il y a plainte, & s'il n'y en a pas il ne doit rien.*

(7) S'il y a coup mortel, fait avec glaive, il y a amende. Et le Roy a de celuy qui a frapé soixante sols, s'il y a plainte, & rien s'il n'y a plainte. Et si celuy qui a receu le coup en meurt, le Roy en fait sa volonté au jugement des Citoyens.

(8) Si un homme, ou une femme de bonnes mœurs, frappent un homme ou une femme de mauvaises mœurs, il n'est rien dû au Seigneur, de la clameur.

(9) Chacun peut vendre son vin nouveau à tel prix qu'il luy plaist jusqu'à la Saint Michel. Après ce temps le prix en doit estre fixé par les Citoyens; Et si ensuite quelqu'un le vend plus, il franchit tous les autres jusqu'à ce prix.

(10) Celuy qui veut avoir mesure, la peut prendre du Roy; & celuy qui est trouvé avoir fausse mesure, doit au Seigneur soixante sols *d'amende.*

(11) Chacun peut retenir du vin pour sa boisson, jusqu'à ce que le ban soit fini, *& pendant que le* ban dure, *chacun peut vendre quatre sextiers de vin sans amende.*

(12) Tout homme qui a feu & lieu à Mascon, quoiqu'il n'y ait pas de maison, s'il paye au Roy un demi sextier de vin, au mois d'Aoust, il est quitte de tous peages, & doit user des franchises de la Ville, aprés y avoir demeuré an & jour.

(13) Les Habitans de Mascon ne doivent peages à Mascon, ni aux lieux nommez, ni ceux qui payent vin d'ost.

(14) Celui qui a maison dans Mascon ou plastre, *par estage, par mariage, ou échoite, est quitte de toutes Coustumes.*

(15) Tout Forain *qui prend maison à Mascon par Mariage de filles de la Ville, ou par succession, est quitte de peages & de Coustumes.*

(16) Celuy qui achete une maison à Mascon, ou plastre, il y doit demeurer par an & jour, & aprés l'an & le jour, s'il n'y veut plus demeurer, il doit venir en personne aux trois Festes annuelles accoustumées, & par ce moyen il est quitte de toutes choses comme citoyen, &c.

(17) Les citoyens ont la troisiéme partie des coupons des bleds *qu'ils vendent, & sont quittes de toutes ventes.*

(18) Les Citoyens & Habitans ne doivent ni tailles, *ni* toltes, *ni autres exactions.*

(19) Ils doivent suivre le Roy seulement à leurs despens, & en quelque lieu que ce soit, pourvû qu'ils puissent le soir retourner chez eux, & si le Roy va plus loin, ils le suivront à ses despens.

(20) On ne peut gager aucun homme de Mascon.

(21) Les choses mises en paix à Mascon sont en seureté, & quittes de toutes exactions.

(22) Si celuy dont le gage *a esté vendu au marché, prétend que ce n'a pas esté loyalement, il doit appeller dans quarante jours celuy qui l'a vendu.*

(23) Si aucun donne des arrhes *pour quelque gage qui se vend au marché, il doit le prendre, & le payer quand il vaudroit moins que le prix qu'il en donne.*

(24) A Mascon il n'y a que deux amendes, celle du Seigneur, & celle de la partie.

(25) Pour les Contracts *passez à Mascon, les Citoyens ne peuvent estre poursuivis qu'à Mascon.*

(26) Nulle Enqueste *ne doit estre faite contre les Citoyens de Mascon.*

(27) De tous Actes *qui se font, il doit y avoir copie.*

(28) La Cité & le Comté de Mascon ne peuvent estre demembrés de la Couronne.

(29) On ne peut prendre Bechet *dans la riviere de Sonne avant la Saint Laurent, sous peine de soixante sols.*

(30) De dette au dessous de six deniers, il n'y a point de clain *à Mascon.*

JEAN I.er & selon quelques-uns Jean II. au mois de Fevrier 1350. & Philippes de Valois, à Vincennes, l'an 1346. au mois de Fevrier.

JOHANNES Dei gratia Francorum Rex. Notum facimus universis, tam præsentibus quàm futuris, nos infra scriptas inclitæ recordationis Domini & genitoris nostri carissimi vidisse Literas, formam quæ sequitur continentes.

PHILIPPE par la grace de Dieu, Roy de France. Sçavoir faisons à tous presens & à venir, Nous avoir vu les *Franchises, Libertez, Uz & Coustumes* de la Ville de *Mascon*, desquelles les citoiens & habitans d'icelle Ville usoient au temps des Comtes, & usent, & ont usé, depuis que la terre de ladite Comté fust annexée à la Couronne de France, & advenuë à nostre Domaine, & de noz Successeurs Roys de France, contenant cette forme.

Premierement. Quiconque homs Frans venir veüille à Mascon appareillez droit faire, se il veult illec demourer, le Roy le doit maintenir contre chascun, sauf le droit-le-Roy, en faisant droit à partie.

(2) Item. Le Roy & ses gens ne doivent prendre homme à Mascon dont il soit *appareillez de faire droit*, & qu'il puisse *applegier*. Et se aucun s'efforce de faire en contre, l'en n'est tenu d'obeir, se n'est en cas criminel.

(3) Item. Se auscun fait empeschement en voye, ou en chemins, chascun s'en puet plaindre, & doit estre cette chose amendée au Conseil & l'arbitrage de preud'hommes: Et le Roy doit garder les Pasquis, & les choses communes au profit des citoiens & des habitans.

(4) Item. Li *Larron*, & li *Murtriers*, & tout malfaiteur doivent estre jugiez par li citoiens. Et li *bien* des malfaiteurs demeurent à leurs *prochiens homs*, & li Sires n'a rien es biens, exceptez les cas qui sont en droit, par quoy le Roy doit avoir les biens.

(5) Item. Li Sires, ne autres quel qu'il soit, ne doit penre *les denrées* des Bourgeois, se n'est en payant le juste prix, & de la volonté de celui qui les denrées sont. Et se aucuns s'efforçoient de faire encontre, l'en n'est tenu d'obeir.

(6) Item. Le *Prevost* doit avoir *trois sols* pour plainte simple. Et qui fiert de *paume*, ou de *poing*, de *verge*, ou de *legier baston*, & sanc issoit volages, le *Ferour* ne doit que *trois sols*, & *se plainte* n'y est, il ne doit rien.

(7) Se aucuns a esté feru de *glaive mortel*, se il ne muert du cop, doit estre faite amende à celuy, & le Roy a du Ferreur *soixante sols*, se cil qui est feriez s'en plaint, & s'il ne s'en plaint, il n'y a rien. Et s'il *muert*, le Roy doit faire sa voulenté du *Ferour*, à Jugement de li citoiens.

(8) Item. Se aucuns garçons, ou femme de folle vie, & de *mauvaise*, feroient ou laidoient aucun *bon homme*, ou *bonne femme*, & s'il bon home, ou bonne femme feroit le *Lecheour*, ou la folle femme, rien n'appartient au Seigneur de clamour.

(9) Item. Li vin *nouveau* se puent vendre, à tel prix que l'on veult, jusques à la saint Michiel, & disiques en çà, li citoiens le doivent *jugier*; Et quant il est jugiez, le premier qui le monte à plus grant prix, que il n'est jugiez; franchoit tous les autres tant qu'à tel prix.

(10) Item. Chascun qui veult avoir mesure, quelle que elle soit, la puet penre en avant à la *Mesure-le-Roy* franchement. Et se aucun est trouvé avoir fausse mesure, il doit au Seigneur soixante sols, & non plus.

(11) Item. Un chascun peut retenir vin pour son boire jusques li banc fault, & prendre pour son boire *à Poz sans mesure*, mais que il soit retenuz devant *le banc*. Et si *banc durant* puet vendre chascun *quatre sextiers* de vin, ou plus, sans amende au Seigneur.

NOTES.

(a) Ces Lettres sont au Trésor des Chartres, Registre 80. pour les années 1358. & 1351. piece 306.

JEAN I.er & selon quelques-uns, Jean II. au mois de Février 1350.

(12) *Item.* Tout homs qui n'a maison à Mascon, & demeure à Mascon, & tient feu & lieu, & veult paier vin *d'Ost* au Roy, c'est assavoir *comme demy sextier* de vin vault en Aoust, compté ni du plus haut, ni du plus bas, il est quitte de touz paages, en paiant la valeur du *demi sextier* de vin, & doit user de toutes les franchises que ont li citoiens, tantost qu'i y a demouré an & jour.

(13) *Item.* Les citoiens de Mascon ne doivent *paages* à *Mascon*, ne à *Montbelet*, ne à *la Salle*, ne à *Saint Trouvain*, ne à *Mauzec*, ne à *Charnel*, ne à *la Briere*, ne cil qui paient *vin d'ost.*

(14) *Item.* Quiconques a maison à Mascon, *ou à Plastre* par estage, ou par *mariage*, ou par *eschoite*, il est quitte de *toutes Coutumes*, comme citoiens.

(15) *Item.* Quiconque *Forens* prent & a maison à Mascon, par *mariage de filles des citoiens*, & par *eschoite* des citoiens, il est quitte du peage & de toutes coutumes comme citoien, quelque part qu'il demoure, il & tuit li hoirs *(b)* qui porceront cette maison.

(16) Se aucuns Forens achate maison à Mascon, ou *à plastre*, il doit à Mascon demourer un an & un jour, & doit les paages & usages l'année durant, & l'an & le jour passez, s'il ne veut plus demeurer, il doit venir en personne à trois Festes annuelles & accoutumées. C'est assavoir la *Penthecoste*, la *Toussaintz*, & la *Nativité de nostre Seigneur*, & le faisant, il est quitte de toutes choses, comme citoiens. Et s'il failloit à l'une des trois Festes, il perd sa franchise, fors en certains cas; c'est à sçavoir, se il est *malades*, se il est *appellez devant le Roy*, ou se il est en *prison*, *(c)* ou en *chemin* de Rome, d'outremer, ou de saint Jacques, ou *(d)* par *Ravate d'ague* empeschiez, & se doit envoier excuser, & envoier excuseur qui jurroit que le piez ne puent porter le corps.

(17) *Item.* Li tierce part, des *Coupons*, doit estre laissée aux citoiens de Mascon, du bled que il vendent. Et sont quittes de toutes ventes.

(18) Les citoiens & habitans de Mascon ne doivent tailles, ne complaintes, ne toultes, ne chevalerie, ne aides de mariage, ne de prisons, ne de *Conguises*, ne autres exactions, ne subventions, ne nouvelletez quelles qu'elles soient. Et ne puevent estre contraints à prester, se ce n'est de leur volenté.

(19) *Item.* Li citoien & habitans de Mascon doivent *segre* le Roy tant seulement à voyage à leurs depens, tant loing que ils puissent retourner le soir en leurs hostels. Et desiqui en ça li Rois leur doit bailler dépens, ou il ne sont tenuz de plus *segre*, ne d'aller avant.

(20) *Item.* L'on ne puet, ne doit *gagier* homme de Mascon, par le Roy, ne par autre Seigneur.

(21) *Item.* Toutes choses qui sont mises par pais en toute la cité de Mascon, doivent estre sauves & quittes de toultes.

(22) Se aucuns gaiges est venduz à Mascon ou marchié, si ceulx qui le gaige est, veut dire qu'il ne soit bien venduz loyalement, & il n'appelloit celuy qui l'a vendu en jugement devant *quarante jours*, que droit li en fasse, desiqui en avant ne l'en puet appeller, & quittes en doit estre cil qui l'a vendu, sauf tant que cil qui le vend en doit faire sçavoir à celuy qui le gaige est, si il est en la cité de Mascon.

(23) *Item.* Se aucun met ses *Erres* en aucun gaige, qui se vend au marchié, gardoir soy bien se li gaige vault; car puis qu'il a mis ses *Erres*, prendre le doit, & paier.

NOTES.

(b) Que porceront.] C'est-à-dire qui feront *Porchon*, parchon, ou division, & partage de cette maison.

(c) Ou chemin de Rome.] Voyez mon Glossaire du Droit François sur *Perager*, *Voyage*.

(d) Par ravate d'ague empeschez.] C'est-à-dire retenus & empêchés par le débordement des eaux. Du mot Latin *Aqua*, on a fait *Ague*, *Aigue*, & ensuite *Aiguere*, pour signifier un vase à mettre de l'eau. *Vide L. 2. ff. Si quis cautionibus in judicio sistendi causa factis, v. 6. 7. 8.*

JEAN I.er & selon quelques-uns, Jean II. au mois de Fevrier 1350.

(24) *Item.* En la cité de Mascon il n'a que deux amendes, l'une du Seigneur, l'autre de partie. Celle du *Seigneur* ne se doit lever, tant que partie à le sien.

(25) *Item.* Que des contraux faitz à Mascon, li citoiens ne puent, ne ne doivent estre convenus, sinon que à Mascon.

(26) *Item.* Nulle enqueste ne se puet faire contre citoien, ne habitant de Mascon; se il ne se met en enqueste; se ce n'est en cas que droit commande.

(27) *Item.* Que de tous actes qui se font, cil qui appartient doit avoir la copie, soit pour le Roy, ou contre autre.

(28) *Item.* La cité de Mascon, ne la Comté ne se puet, ne doit départir de la Couronne de France, par convenance faite, *quand le Roy Saint Louis* acquit la Comté, & doit toujours estre annexée, sans départir.

(29) *Item.* Que nulz ne preigne *Bechet* en la Rivierre de Sonne, ne en celle .... davant la feste de Saint Laurent, & s'il le fait, il doit soixante sols.

(30) *Item.* Len ne doit *Clain* à Mascon, de dette qui ne passe *six deniers.*

Nous adcertes toutes lesdites *Franchises, Libertez, & Coustumes*, & chascunes d'icelles, ainsi comme dessus sont escriptes, ayant agreables icelles, *Loons, Greons, Approuvons, Ratifions*, & de nostre autorité Royale, de grace especiale, par la teneur de ces presentes Letres, en tant comme iceulx estoient, & habitans en ont usé paisiblement jusques à maintenant, *Confermons, Mandons, & Commandons* aux Baillif & Prevost dudit lieu de Mascon, & à tous autres Justiciers, & à leurs Lieutenans, qui à present sont, & qui pour le temps à venir seront, que les choses dessusdites & chascunes d'icelles tiengnent & facent tenir & garder sans enfraindre, ne contre la teneur de nostre confirmation, iceulx citoiens & habitans de Mascon, n'empeschent, ou souffrent estre empeschiez, ou molestez en maniere que ce soit. Ainçois des dites franchises, libertez & coustumes, & chascunes d'icelles les facent user & joüir tout à plain en la maniere que dessus, sauf nostre droit en autres choses, & l'autruy en toutes. Et pour que ce soit chose ferme & stable à touzjours, nous avons fait metre nostre Seel à ces presentes letres. *Donné au Bois de Vincenne, l'an de grace mil trois cent quarante-six, ou mois de Fevrier.*

Nos autem præfati Domini & genitoris nostri vestigiis inherentes, insuper volentes cives & habitatores Matisconenses prædictos persequi, suis exigentibus meritis, speciali favore, omnia & singula in suprascriptis literis contenta, quatenùs eisdem hactenùs cives & habitatores ipsi pacificè usi sunt, rata *habentes &* grata, *ea* volumus, laudamus, ratificamus, approbamus, *& nostra autoritate regia* confirmamus. *Quod ut perpetuò firmitatis robur obtineat in futurum, præsentibus literis nostrum fecimus apponi sigillum.* Datum Parisius in Palatio nostro. Anno Domini millesimo trecentesimo quinquagesimo, mense Februario.

JEAN I.er & selon d'autres Jean II. le penultiéme du mois de Fevr. 1350.

(a) Ordonnance concernant la Police du Royaume.

Sommaires des Titres.

(1) *Des pauvres mendians dans la Ville, dans la Prevosté & la Vicomté de Paris*, articles 1. 2. 3. 4.

(2) *Du Pain, des Boulangers, & des Meuniers de la Ville de Paris*, articles 5. 6. 7. & 8.

(3) *Du poids des pastes, du pain cuit, suivant le feur, ou l'estimation qui en fut faite aprés une seconde épreuve, le Vendredy avant la Pentecoste 1316. en la presence de Nicolas de la Haye, de Jean Aymery, de Bertrand d'Arthois, & de Pierre François Talmelier.* Articles 10. 11. 12. 13. 14. 15. 16. 17. 18. 19. 20. 21. 22. 23. 24. 25. 26. 27. 28. 29. 30. 31. 32. 33. 34. 35 36. 37.

(4) *Des Talmeliers, & des Pastissiers, qui cuisent pour autruy.* Articles 38. 39.

(5) *Des vingt-quatre mesureurs des Halles & des autres places de la Ville de Paris.* Articles 40. 41. 42. 43. 44. 45. 46. 47. 48. 49. 50. 51.

(6) *Des Meuniers de la Ville de Paris & d'ailleurs.* Articles 55. 56.

(7) *Des Marchands de Vin, des Taver-*

riers, des Vendeurs & des Courratiers de Paris. Articles 46. 47. 48. 49. 50. 51. 52. 53. 54. 55. 56. 57. 58. 59. 60. 61. 62. 63. 64. 65. 66. 67. 68. 69. 70. 71. 72. 73.

(8) Des Déchargeurs de Vin. Articles 74. 75. 76. 77. 78. 79.

(9) Du Poisson de mer qui sera vendu dans la Ville de Paris. Articles 80. 81. 82. 83. 84. 85. 86. 87. 88. 89. 90. 91. 92. 93. 94. 95. 96. 97. 98. 99. 100. 101. 102. 103. 104. 105. 106. 107. 108. 109. 110. 111. 112. 113. 114. 115. 116. 117.

(10) Du Poisson d'eau douce. Art. 118. 119. 120. 121. 122. 123.

(11) Des Bouchers & des Chandeliers. Articles 125. 126. 127. 128. 129. 130. 131. 132. 133.

(12) Des Poulailliers. Articles 134. 135. 136. 137. 138.

(13) Des marchands de Draps, & de leurs Courratiers. Articles 139. 140.

(14) Des Courroyeurs, Baudroyeurs, Tanneurs, Cordonniers & Savetiers.. Articles 141. 142. 143. 144. 145. 146. 147. 148.

(15) Des Forains qui apporteront & ameneront leurs marchandises à Paris, pour les y vendre, article 149.

(16) Des Vignerons, article 150.

(17) Des Joyeurs de Bleds, article 151.

(18) Des Vignerons & autres manouvriers, articles 152. 153. 154. 155. 156.

(19) Des Tonneliers & des Charpentiers, article 157.

(20) Des Laboureurs, article 158.

(21) Des femmes qui travaillent aux vignes, article 159.

(22) Des Laboureurs, article 160.

(23) Des Faucheurs, articles 161. 162.

(24) Du salaire de ceux qui menent & gardent des bestes, article 163.

(25) Du salaire des Buscherons, article 164.

(26) Du salaire des batteurs de grange, article 165.

(27) Du salaire des Charretiers, des Vachers, des Bergers & des Porchers, articles 166. 167. 168. 169. & 170.

(28) Du salaire des Chambrieres, articles 171. 172.

(29) Du salaire des Nourrices & des Recommanderesses, 173. 174.

(30) Des Charrons, articles 175.

(31) Des Ferrons, & des Vendeurs de fer, articles 176. 177.

(32) Des Fevres & des Mareschaux, articles 178. & 179.

(33) Des Bourreliers, article 180.

(34) Des Couturiers, articles 181. 182.

(35) Des Pelletiers & des Foureurs de robes, article 183.

(36) Des Chaussetiers, articles 184. 185.

(37) Des Tondeurs de draps, article 186.

(38) Des Maçons & des Couvreurs, article 187.

(39) Des Plastriers, articles 188. 189.

(40) Des Marchands de sel à Paris, articles 190. 191. 192. 193.

(41) Des Marchands de foin, articles 194. 195.

(42) Les Marchandises seront venduës au prix des Foires, article 196.

(43) De la vente du charbon, articles 197. 198.

(44) Des Marchands de bois & de charbon, des Mouleurs de bois, & des Mesureurs de charbon, articles 199. 200. 201. 202. 203. 204. 205. 206, 207.

(45) De l'eschange de l'estain vieux avec le neuf, article 208.

(46) Personne ne peut acheter des tuilles & des carreaux pour les revendre, article 209.

(47) Des tueurs & des saleurs de pourceaux, articles 210. 211.

(48) Des porteurs d'eau, de grains, de bois, & de vivres, article 212.

(49) Du salaire des Porteurs de charbon, article 213.

(50) Nul Maistre de mestier, en donnant plus à des Valets, ne les peut tirer de chez un autre Maistre, article 214.

(51) Celuy qui est Marchand pourra encore faire un autre negoce, s'il en est capable ; & ceux qui ne seront pas Marchands auront la même liberté, article 215.

(52) Chacun dans son mestier peut avoir le nombre d'apprentis qui luy sera necessaire, articles 216. 217. 218.

(53) Les Marchands qui ne sont pas ouvriers, ne prendront que deux sols pour livre des marchandises qu'ils debiteront, articles 219. 220.

(34) De l'estat des Vuidangeurs, appellez Maistres Fifi, article 221.

(55) De tous les Marchands en general, articles 222. 223. 224. 225. 226. 227. & 228.

(56) Nul ne peut estre Courretier, s'il n'en a la qualité, article 229.

(57) Du salaire des Hostelliers pour les chevaux, & des Lavandieres, articles 230. 231.

(58) Du salaire de gens de quelques mestiers, article 232.

(59) En toutes sortes de marchandises & en tous mestiers, il y aura visite, article 233.

(60) Les terres & les gravoirs seront d'abord posez sur la Voirie du Roy, & de là transportez sur le champ aux lieux accoustumez, article 234.

(61) Nul ne pourra nourrir des Porcs dans la Ville de Paris, article 235.

(62) Pendant l'hiver nul ne pourra faire ballayer devant sa porte, qu'après que la pluie sera finie, article 236.

(63) Des Boüeurs, article 237.

(64) Du restablissement des chaussées, article 238.

(65) S'il y a à corriger à cette Ordonnance, les personnes que le Roy commettra à cet effet auront soin de le faire, article 239.

JEAN I.er & selon d'autres, Jean II. le penultiéme du mois de Fevrier de l'an 1350.

JEAN I.er & selon d'autres, Jean II. le penultiéme du mois de Fevrier de l'an 1350.

JEAN par la grace de Dieu, Roy de France, &c. *(a)*

TITRE PREMIER.

(b) DES MANDIANS.

POUR ce que plusieurs personnes, tant hommes que femmes, se tiennent oiseux parmi la Ville de *Paris*, & es autres Villes de la *Prevosté* & *Vicomté* d'icelle, & ne veulent exposer leurs corps à faire aucunes besongnes, ains truandent les aucuns, & les autres se tiennent en tavernes & en bordeaux; est *ordonné* que toute maniere de telles gens *oiseux*, ou *joüeurs de dez*, ou *enchanteurs* és ruës, ou *truandans*, ou *mandians*, de quelque estat, ou condition qu'ils soient, ayans mestier ou non, soient hommes, ou femmes, qui soient sains de corps & de membre, s'exposent à faire aucunes besongnes de labeur, en quoy ils puissent gaigner leur vie, ou *vuident la Ville de Paris*, & les autres *Villes de ladite Prevosté & Vicomté*, dedans *trois jours aprés ce cry*. Et si aprés lesdits trois jours ils y sont trouvez oiseux, ou joüans aux dez, ou mandians, ils seront *prins & menez en prison au pain*, & ainsi tenuz par l'espace de *quatre jours;* Et quand ils auront esté délivrez de ladite prison, s'ils sont trouvez oiseux, ou s'ils n'ont biens dont ils puissent avoir leur vie; ou s'ils n'ont aveu de personnes suffisans, sans fraude, à qui ils facent besongne, ou qu'ils servent, ils seront mis *au Pillory;* & la tierce fois ils seront *signez au front d'un fer chaud*, & *bannis desdits lieux.*

(2) Item. On pourchassera avec l'*Evesque*, ou *Official de Paris*, & avec les *Religieux Jacobins*, *Cordeliers*, *Augustins*, *Carmelites*, & autres, qu'ils disent aux Freres de leur Ordre, que quand ils sermoneront és Paroisses & ailleurs, & aussi les *Curez* en leurs propres personnes, ils dient en leurs sermons que ceux qui voudront donner aumosnes, *n'en donnent à nuls gens (c) sains* de corps & de membres, n'a gens qui puissent besongne faire, dont ils puissent gaigner leur vie; mais les donnent à *gens aveugles*, *mehaignez*, & autres *miserables personnes.*

(3) Item. Qu'on dise à ceux qui gardent & gouvernent *les Hopitaux*, ou *Maisons-*

NOTES.

(a) Cette Ordonnance est rapportée toute entiere par *Fontanon* tome premier, livre 5. tit. 8. pag. 852. Dans un Registre de Monsieur le Premier President *Portail*, touchant la Police, dont on eut communication dans le temps qu'on travailloit à la Table des Ordonnances, il est dit qu'elle a esté tirée du Livre *vert* du Chastelet de Paris; Mais on ne l'a trouvée, ni dans le *Livre vert*, ni dans le Livre *vert* vieil. Voyez le Traité de la Police du Commissaire de la Marre, tome premier, page 14.

(b) Des Mendians. *Vide Novellam Justiniani 80. cap. 5. & Julianum Antecessorem cap. 271. Codicem Theodosianum lib. 14. tit. 18. & ibi J. Gothofred. & Codicem Justinianœum lib. 8. tit. 25.*

(c) Ne donner à nuls sains de corps. Ceci est conforme au sentiment des Saints Peres. *Ambrosius lib. 4. Officiorum cap. 16.*

Liquet igitur debere esse liberalitatis modum, ne fiat inutilis largitas, cujus sobrietas tenenda est, maximè Sacerdotibus, ut non pro instantiâ, sed pro justitia dispensent. Nusquam enim major aviditas petitionis: veniunt VALIDI, *veniunt nullam causam nisi* VAGANDI *habentes, & volunt subsidia vacuare pauperum, exinanire sumptum; nec exiguo contenti, majora quærunt, ambitu vestium captantes petitionis suffragium, & natalium simulatione licitantes incrementa quæstuum. His si quis facilè deferat fidem, citò exinaniet pauperum alimoniis profutura compendia. Modus adsit largiendi, nec illi inanes recedant, neque transcribatur vita pauperum, in spolia fraudulentorum. Ea ergo mensura sit, ut neque deseratur humanitas, nec destituatur necessitas. Plerique simulant debita, sit veri examen; exutos se per latrocinia deplorant, aut injuria fidem faciat, aut cognitio personæ, quo propensiùs juventur, &c.*

Dieu par sa Loy dans l'ancien Testament avoit donné de si bons ordres pour le secours des pauvres, qu'il ne devoit y avoir de mandians parmi son peuple. *Et omninò indigens & mendicus non erit inter vos. Deuter. c. 15. v. 4.* Voyez Vatable & les autres Commentateurs en cet endroit, *Misnam* de Angulo *art. 8. & 9. & ibi Barteneram & Maimonidem tom. 1. pag. 74. 75.*

Dieu

Dieu, qu'ils ne hebergent tels truans, ou telles personnes oiseuses, s'ils ne sont *mehaignez*, ou *malades*, ou pauvres passans, *une nuict seulement*.

(4) Item. Les Prelaz, Barons, Chevaliers, Bourgeois, & autres, disent à leurs Aumosniers, qu'ils ne donnent nulles aumosnes à tels *truans, sains de corps & de membres.*

JEAN I.er & selon d'autres, Jean II. le penultiéme du mois de Fevrier 1350.

TITRE II.

Du Pain des Boulangers & des Meuniers de Paris.

(5) SUR le fait du pain qu'on fait à Paris & aux fauxbourgs d'icelle pour vendre, seront esleus chacun an par le Prevost de Paris, ou l'un des Auditeurs du Chastelet, à ce appellé le Prevost des Marchans, quatre Prud'hommes, lesquels ne seront pas Tallemelliers, qui jureront les Ordonnances faites pour le pain ci-dessous escrites, toutes haines, faveur, ou gain mis hors, faire tenir & garder, sans enfraindre icelles. Et visiteront iceux preud'hommes toutes les semaines deux fois le pain és hostels des Boulangers de ladite Ville & Fauxbourgs de Paris. Lequel pain, s'il est suffisant selon le poix qu'il doit estre par l'Ordonnance, creu & cuit, blanc & bis, d'un denier, ou deux deniers, ils le laisseront en en iceluy estat; & s'ils le trouvent de moindre poix, qu'il ne doit estre par ladite Ordonnance, ils donneront pour Dieu toute la fournée dudit pain, soit blanc, ou bis, sans nul y y espargner: c'est à sçavoir, la moitié aux pauvres de *l'Hostel-Dieu*, & l'autre moitié aux pauvres *Aveugles des Quinze-Vingtz*, ou là où ils verront qu'il sera le mieux employé. Et avec ce le Boulanger, ou Tallemellier qui sera trouvé avoir fait plus petit pain, & de moindre poix, comme dit est, pour tant de fois comme il y sera trouvé, il perdra ledit pain, & sera condamné en *soixante sols* d'amende. De laquelle amende le Roy nostre Sire aura la moitié, & le Prevost des Marchands, & les Preud'hommes dessusdits l'autre moitié.

(6) Item Les quatre Preud'hommes dessusdits appelleront avec eux le Maire du Pannetier de France, & feront l'essay du pois deux fois l'an, ou plus, parmi la Ville de Paris (si mestier est) sauf en autres choses les droits dudit Pannetier, & que ce ne luy tourne à préjudice, n'à autres, n'à leurs droicts. Et ainsi est-il ordonné, tout pour le proufit du commun.

(7) Item. Et par semblable maniere par les Villes & Chastellenies de la Vicomté de Paris, esquelles Villes & Chastellenies on fait pain pour vendre, & esquelles les *Haut-Justiciers* des lieux mettront Preud'hommes, pour visiter le pain.

(8) Nuls Boulangers, ou Tallemelliers venans, ou amenans pain dans Paris pour vendre, ne pourront mettre pain en un sac de deux paires de bleds, mais tout d'un grain & d'un grand, autel dessus comme dessous. Et quiconque sera trouvé le contraire faisant, il perdra les deniers, & l'amandera à volonté.

(9) Les quatre Preud'hommes dessusdits qui visiteront le pain, tant de Paris, comme des autres Villes, ne seront mie Tallemelliers, & seront commis chacun an par le *Prevost de Paris*, ou l'un des *Auditeurs* de Chastelet, & le *Prevost des Marchans* à Paris, & hors par lesdits *Haut-Justiciers*, & au muer, en demeurera tousjours deux des vieils.

TITRE III.

Du poids de la Paste, & du Pain cuit, suivant l'estimation qui en fut faite en 1311.

(10) BLED de *quarente sols* le septier, sur lequel prix ladite espreuve fut faite.

JEAN I.er & selon d'autres, Jean II, le penultiéme du mois de Fevrier 1350.

La paste du pain de chailly d'un denier pese cinq onces, & cuit quatre onces cinq estellins. La paste du pain de deux deniers pese dix onces, & cuit huit onces & demie.

(11) Item. La paste du pain d'un denier coquillé pese six onces cinq estellins; & cuit cinq onces & demie. La paste du pain de deux deniers pese douze onces & demie; & le pain cuit onze onces.

(12) Item. La paste du pain bis d'un denier, pese neuf onces & demie; & le pain cuit huit onces. La paste du pain de deux deniers pese dix-neuf onces, & le pain cuit seize onces.

(13) Bled couste *trente-huit sols le septier.* La paste du pain d'un denier de chailly pese cinq onces & demie; & le pain cuit quatre onces treize estellins. La paste du pain de deux deniers doit peser onze onces, & le pain cuit neuf onces six estellins.

(14) Item. La paste du pain d'un denier coquillé doit peser six onces dix-sept estellins & obole, & le cuit six onces. La paste du pain de deux denier coquillé doit peser treize onces quinze estellins, & le cuit douze onces.

(15) Item. La paste du pain bis d'un denier doit peser dix onces cinq estellins, & le cuit huit onces & demie. La paste du pain de deux deniers doit peser vingt onces & demie, & le pain cuit dix-sept onces.

(16) Bled couste *trente-six sols le septier.* La paste du pain d'un denier de chailly doit peser six onces, & le pain cuit cinq onces. La paste du pain de deux deniers doit peser douze onces, & le pain cuit dix onces.

(17) Item. La paste du pain coquillé d'un denier doit peser sept onces & demie, & le pain cuit six onces & demie. La paste du pain de deux deniers doit peser quinze onces, & le pain cuit treize onces.

(18) Item. La paste du pain bis d'un denier doit peser onze onces, & le pain cuit neuf onces. La paste du pain bis de deux deniers doit peser vingt-deux onces, & le pain cuit dix-huit onces.

(19) Bled coute *trente-quatre sols le septier.* La paste du pain de chailly d'un denier doit peser six onces & demie, & le pain cuit cinq onces sept estellins obole. La paste du pain de deux deniers doit peser treize onces, & le pain cuit dix onces quinze estellins.

(20) Item. La paste du pain coquillé d'un denier doit peser huit onces deux estellins & obole, & le pain cuit sept onces. La paste du pain de deux deniers doit peser seize onces cinq estellins, & le pain cuit quatorze onces.

(21) Item. La paste du pain bis d'un denier doit peser onze onces quinze estellins, & le pain cuit neuf onces quatorze estellins. La paste de deux deniers doit peser vingt-trois onces & demie, & le pain cuit dix-neuf onces cinq estellins.

(22) Bled couste *trente-deux sols le septier.* La paste du pain de chailly d'un denier doit peser sept onces, & le pain cuit six onces. La paste du pain de deux deniers doit peser quatorze onces, & le cuit douze onces.

(23) Item. La paste du pain coquillé d'un denier doit peser huit onces quinze estellins, & le cuit huit onces & demie. La paste du pain de deux deniers doit peser dix-sept onces & demie, & le cuit quinze onces.

(24) Item. La paste du pain bis d'un denier doit peser douze onces & demie, & le cuit dix onces cinq estellins. La paste du pain de deux deniers doit peser vingt-cinq onces, & le cuit vingt onces & demie.

(25) Bled couste *trente sols le septier.* La paste du pain d'un denier de chailly poit peser sept onces & demie, & le cuit six onces sept estellins obole. La paste du pain de deux deniers doit peser quinze onces, & le cuit douze onces quinze estellins.

(26) Item. La paste du pain coquillé d'un denier doit peser neuf onces sept estellins obole, & le cuit huit onces. La paste du pain de deux deniers doit peser dix-huit onces quinze estellins, & le pain cuit seize onces.

(27) Item. La paste du pain bis d'un denier, doit peser treize onces cinq estellins, & le pain cuit onze onces cinq estellins. La paste du pain de deux deniers doit peser vingt-six onces & demie, & le cuit vingt-deux onces & demie.

(28) Bled couste *vingt-huit sols le septier.* La paste du pain de chailly d'un denier doit peser huit onces, & le cuit six onces dix-sept eschellins, obole. La paste du pain de deux deniers doit peser seize onces, & le cuit treize onces quinze estellins.

JEAN I.er & selon d'autres, Jean II. le penultiéme jour du mois de Fevrier 1350.

(29) *Item.* La paste du pain coquillé d'un denier doit peser dix onces, & le cuit huit onces dix estellins. La paste du pain de deux deniers doit peser dix-huit onces, & le cuit dix-sept onces.

(30) *Item.* La paste du pain bis d'un denier doit pezer quatorze onces, & le pain cuit douze onces. La paste du pain de deux deniers doit peser vingt-huit onces, & le cuit vingt-quatre onces.

(31) Bled couste *vingt-six sols le septier.* La paste du pain d'un denier de chailly doit peser huit onces & demie, & le cuit sept onces deux estellins obole. La paste du pain de deux deniers doit peser dix-sept onces, & le cuit quatorze onces cinq estellins.

(32) *Item.* La paste du pain coquillé d'un denier doit peser dix onces dix estellins, obole, & le cuit neuf onces. La paste du pain de deux deniers doit peser vingt-une onces cinq estellins, & le cuit dix-huit onces.

(33) *Item.* La paste du pain bis d'un denier doit peser quatorze onces quinze estellins, & le cuit douze onces dix estellins. La paste du pain de deux deniers doit peser vingt-neuf onces & demie, & le cuit vingt-cinq onces.

(34) Bled couste *vingt-quatre sols le septier.* La paste du pain de chailly d'un denier doit peser neuf onces, & le cuit sept onces quinze estellins. La paste du pain de chailly de deux deniers doit peser dix-huit onces, & le cuit quinze onces & demie.

(35) *Item.* La paste du pain coquillé d'un denier doit peser douze onces cinq estellins, & le cuit neuf onces & demie. La paste du pain de deux deniers, doit peser vingt-deux onces & demie, & le cuit dix-neuf onces.

(36) *Item.* La paste du pain bis d'un denier doit peser quinze onces & demie, & le cuit treize onces. La paste du pain de deux deniers doit peser trente & une onces, & le pain cuit vingt-six onces.

TITRE IV.

Des Tallemelliers & Patissiers.

(37) TOUTE maniere de Tallemelliers, Fourniers & Patissiers, qui ont accoustumé à cuire pain à Bourgeois, & autres gens quelconques, seront tenus de passer, bulleter, pestrir & tourner les farines qui leur seront baillées és maisons & domiciles desdits Bourgeois & autres gents, & l'apporter & cuire en leurs maisons. Et seront payez de leur salaire le tiers plus qu'ils n'avoient avant la mortalité de l'épidemie. Et au cas où aucun en seroit refusant, ou faisant le contraire, il sera à soixante sols d'amende: & par semblable maniere se payeront les Patissiers de toute œuvre de patisserie.

(38) *Item.* Lesdits Patissiers ne pourront garder leurs pastez qu'un jour en la chair de quoy ils feront iceux pastez, sur peine de vingt sols parisis d'amende.

TITRE V.

Des vingt-quatre Mesureurs des Halles, & autres Places de Paris.

(39) LA place au marché où on a accoustumé de vendre bleds, farines, & autres grains *és Halles* en champeaux par toute ladite Place, servir & faire l'office de Mesureur, aura vingt-quatre Mesureurs tant seulement, & non plns.

JEAN I.er & selon d'autres, Jean II. le penultiéme jour du mois de Fevrier 1350.

(40) En la place au marché là où on a accoustumé de vendre les bleds, farines, & autres grains *en Greve*, aura dix-huit Mesureurs, & non plus.

(41) En la place au Marché là où on a accoustumé de vendre bleds, farines, & autres grains en *la Juisverie*, aura douze Mesureurs, & non plus.

(42) En la Place & au Marché *des Halles*, en la place & au Marché *de Greve*, en la place & au *(d) Marché de la Juisverie*, esquels on a accoustumé de vendre bleds, farines, & autres grains, en chacune desdites Places & marchez, seront ordonnez certains *Signets*, & certaine personne qu'iceluy signet monstrera, ou sonnera aux heures cy-après escrites, avant que nul puisse délier, ne vendre.

(43) *Item.* Que nul qui se porte Clerc, ne nulle femme, n'ayent, ne puissent avoir l'Office de Mesurage.

(44) Nul Mesureur ne pourra estre Marchand de farines, bleds & autres grains, pour revendre pour luy, ne pour autrui.

(45) Nul Mesureur ne pourra porter clef d'autruy grenier, ne heberger en son grenier pour autruy, bleds, farines & autres grains.

(46) Nul Mesureur, ou autres ne pourront mesurer esdites Places & Marchez, jusques à tant que ledit *Signet* establi en chaque Place sera sonné, ou monstré par celuy qui establi y sera.

(47) Quiconque Mesureur fera, ou vendra encontre les Ordonnances cy-escrites, ou aucunes d'icelles, il perdra l'Office de Mesurage, & payera soixante sols d'amende.

(48) Quiconque sera Mesureur de grain, il baillera & donnera caution & seureté de dix livres parisis, pardevers le Prevost des Marchands.

(49) Nul, ne nulle, de quelque condition, ou estat qu'ils soient, Marchands ou autres, ne pourront aller à l'encontre d'aucuns bleds, farines, ou autres grains venans esdites Places & Marchez pour vendre, pour iceux acheter par témoins, ni en autre maniere, fors qu'esdites Places & Marchez de Paris dessus escrits : Et qui fera le contraire, le vendeur perdra la marchandise, & l'acheteur le prix de l'achet; tout acquis au Roy.

(50) Nul qui amene bled, farines, ou autres grains, à charroy, ou à dos, ne pourra iceux deslier, ou vendre, fors quesdites places ou marchez, & à heure déterminée, & que lesdits *Signets* à ce establis seront monstrez, ou signez par celuy qui à ce sera establi; lesquels signets ordonnez & establis seront és *Halles* entre tierce & midy : en *Greve* à heure que prime à Nostre-Dame sera toute sonnée; & à *la Juifverie* entre prime & tierce : Et qui fera le contraire avant l'heure, il perdra la marchandise. Et puis qu'ils auront amené & déchargé, ou desleié les bleds, farines, ou autres grains, ils ne les pourront cette journée mener, ne transporter de Marché en autre pour vendre; & s'ils ne l'y peuvent vendre celle journée, ils les porteront heberger, pour revendre quand il leur plaira. Et qui fera le contraire, il perdra la marchandise.

(51) Quiconque amenera esdites Places & Marchez, bleds, farines, ou autres grains où il y ait emboucheure; c'est à sçavoir, qui ne soient aussi suffisans & aussi bons dessous comme en la monstre, il perdra les denrées. Et le Mesureur qui les mesurera, & ladite malefaçon ne diroit, ou accuseroit à l'acheteur, à la garde du Marché pour le Roy, perdra son Office, & payera soixante sols d'amende.

(52) Nul revendeur, qui revend bleds, farines, ou autres grains, ne pourra iceux mesurer, outre un septier le jour; & si plus en revend, il conviendra qu'il soit mesuré par un Mesureur Juré autre que luy. Et quiconque fera le contraire, il perdra les denrées, & seront forfaites.

(53) *Item.* Avec les autres peines dessusdites, & sans celles à menuiser, quiconque

NOTES.

(d) Marché de la Juifverie.] Ce Marché étoit anciennement dans la Cité, devant l'Eglise de la *Magdelaine*, dans la ruë de la *Juiverie*. Il a été depuis réüni aux grandes *Halles*, dont il fait à present partie. Voyez *Sauval* dans ses Antiquitez de Paris, Tome premier, pag. 653. 654. & du *Breüil* dans ses Antiquitez de Paris de l'édition de 1612. pag. 112. 113.

sera trouvé trespassant l'Ordonnance & Establissemens dessusdits, ou aura fait au contraire, par fraude en aucune maniere, le vendeur perdra les denrées, l'acheteur le prix de l'achet.

JEAN I.er & selon d'autres, Jean II. le penultiéme jour du mois de Février 1350.

TITRE VI.

DES MEUNIERS.

(54) POURCEQUE mout de fois est advenu souvent, que ceux qui font moudre bled és moulins de Paris & ailleurs, ne trouvent pas bien leur compte de la farine, quand le bled est moulu, & s'en sont plusieurs dolus & deulent de jour en jour; est *Ordonné* pour le prouffit commun, qu'en certains lieux de ladite Ville de Paris sera fait & *establi poids*, auquel on pesera le bled, quand on le portera au Moulin, qui aller & porter le voudra, & à celuy mesme poids sera pesée la farine qui issera dudit bled, afin que si deffaut y a, le Musnier rende iceluy deffaut. Et seront certaines personnes ordonnées en *chacun desdits Poids*, pour peser, & escrire le poids du bled, & de la farine, & recevront pour l'émolument de peser, c'est à sçavoir un denier, ou trois oboles, ou deux deniers pour septier, au moins.

(55) Les *Musniers* auront & prendront à Paris, pour moudre un septier de bled, *douze deniers Parisis*, & non plus, ou un *boissel reze de bled* qu'ils moudront: & s'ils font le contraire, ils l'amenderont, & rendront le dommage à partie.

TITRE VII.

Des Marchands de vin, des Taverniers, des Vendeurs & des Courratiers.

(56) IL est *Ordonné* que nuls Marchands de vin en gros, ne pourront faire messer de deux vins ensemble, sur peine de perdre le vin, & de l'amende.

(57) Nul Marchand de Vins ne pourra acheter aux Ports à Paris, vins en gros pour revendre audit Port, à la peine dessusdite; ne ils ne pourront, ne feront vendre leurs vins, si ce n'est par eux-mesmes, ou par l'un des vendeurs, à la peine dessus dite.

(58) Nul desdits Marchands ne pourra reschier en l'eau leur refus d'une navée, ou de plusieurs de vin, & mettre en une autre nef, sur ladite peine.

(59) Les Taverniers ne pourront vendre tout le meilleur vin *vermeil* creu au Royaume, que *dix deniers la pinte*; de tout le meilleur *blanc six deniers Parisis*, & non plus, & les autres au-dessous. Et s'ils font le contraire, ils perdront le vin, & l'amenderont.

(60) Iceux Taverniers ne pourront donner, ne nommer nom à vin d'aucun Pays, que celuy dont il sera creu, sur peine de perdre le vin, & de l'amende.

(61) Iceux Taverniers ne pourront faire aucune *mixtion de vins à autres*, pour vendre à taverne, sur les peines dessus dites.

(62) Item. Iceux Taverniers ne pourront refuser à ceux qui iront querre vins, & boire en leurs tavernes, & pour porter hors, qu'ils ne le puissent voir traire, s'il leur plaist, & aller en leur celier, sur ladite peine.

(63) Iceux Taverniers ne pourront recevoir, ne receler aucun *joüeurs de dez*, n'autres *gens diffamez* en leurs tavernes, sur peine d'amende de soixante sols chaque fois qu'ils en seront atteints.

(64) Item. Iceux Taverniers depuis que *(e) Couvre-feu* sera sonné en l'Eglise Paris, ne pourront assoire, ne traire vins en leurs maisons à beuveurs, sur peine de l'amende de soixante sols.

(65) Les Taverniers demeurans hors de Paris, és Villes de la Vicomté de Paris, vendront & pourront vendre vins, selon le *feur* mis, & ordonné en la Ville de Paris, comme dit est: c'est à sçavoir, ceux des Villes qui ont semblable mesure à la mesure

NOTES.

(e) Couvrefeu.] Voyez *Sauval* dans ses Antiquitez de Paris, tom. 2. liv. XI. pag. 633. 635.

JEAN I.er & selon d'autres, Jean II. le penultieme jour du mois de Fevrier 1350.

de Paris, *six sols huit deniers le septier* du meilleur vin *vermeil*, creu au Royaume; & le meilleur *blanc* à *quatre sols* Parisis le septier, & les autres vins selon la bonté & valeur qu'ils auront, au-dessous desdits prix, & non plus. Et ceux qui en ladite Ville, Prevosté & Vicomté usent de la mesure *Saint Denis*, laquelle est justement la *tierce partie plus grande que de Paris*, vendront & pourront vendre chacun septier du meilleur vin vermeil de Saint Pourcenin, de Beaune, de Saint Jean, le *tiers plus* du prix de Paris dessus dit: c'est à sçavoir *dix sols le septier*; & vin blanc le meilleur de Bourgongne, ou autres, *six sols Parisis* le septier, & tous vins François & autres au-dessous d'iceux prix, selon leur bonté & valeur; & en tous les autres lieux & Villes de la Prevosté & Vicomté, où on use d'autres mesures que les dessus dites, ils pourront vendre selon le prix de ladite Ville de Paris, eu regard de leurs mesures à celle de Paris, l'une mesure équipolée à l'autre, sans ce qui les puissent vendre à plus grand prix que les prix dessusdits, à peine, & sur peine de perdre & forfaire les denrées, & icelles estre acquises, les deux parts au Roy, la tierce à celuy qui les accusera, & l'autre aux Justiciers des lieux qui cesdites Ordonnances mettront à execution, & de soixante sols d'amende au Roy.

(66) Au cas qu'aucun de ladite Prevosté & Vicomté demeurant en aucun Village, où il y auroit Tavernier ou deux seulement, s'efforcera de vendre aucuns vins qui ne soient pas convenables, selon le prix dessus dit, ils seront punis d'amende, & sera le vin *affeuré* par la Justice, appellez à ce quatre des plus preud'hommes du lieu, lesquels, sans faveur & sans haine, mettront le *vin à feur* convenable, sans prendre aucun salaire du Tavernier.

(67) Item. En la Ville de Paris aura *quatre-vingt Vendeurs de vin* tant seulement, bons & suffisans, qui vendront les vins des bonnes gens au Port de Paris, ou à terre, au cas où ceux à qui les vins seroient ne les voudroient vendre en leurs propres personnes, ou par leurs gens & propres mesures de leurs hostels, & à leurs dépens, sans fraude: Et seront dores-en-avant lesdits Vendeurs esleus par le Prevost des Marchands & Eschevins de la Ville de Paris, qui par le temps seront, & chacun Vendeur baillera bons pleges de cent livres parisis.

(68) Ne pourra chacun Vendeur prendre à une fois qu'une nasselle de vin, excepté qu'au cas où il y auroit aucun Marchant qui auroit plusieurs nasselles de vin à une fois, un Vendeur les pourra vendre sans fraude; & un Vendeur ne pourra retenir, n'entreprendre, ne faire marché de vendre autre vin que celuy qu'il aura commencé à vendre, & qu'il soit tout vendu; si ce n'est par licence & congé de celuy à qui les vins seront qu'il aura encommencez à vendre; & dessérvira chacun Vendeur l'Office en sa personne, sans ce qu'il le puisse faire desservir par autruy. Et ne prendront de vendre un tonnel de vin que deux sols, de la queuë douze deniers tant seulement, sur peine de vingt livres parisis d'amende, moitié au Roy, & moitié au Prevost des Marchans, pour la marchandise.

(69) Nul desdits Vendeurs ne pourra acheter par luy, ne par autre, ne prendre en payement nuls vins du Marchant duquel il sera Vendeur, ne d'autre, sur ladite peine.

(70) Item. Et s'il y avoit aucun desdits Vendeurs qui eust vins creus en ses heritages, il pourra iceux vendre, & en faire son profit en gros, ou à détail, sans fraude.

(71) En la Ville de Paris, pour acheter vins en Greve, ou autre Port, *aura soixante Courratiers* tant seulement.

(72) Nul ne pourra estre reçû en l'Office de *Courraterie*, s'il ne baille plege, ou asseurement suffisant de *trente livres Parisis* pardevers le Prevost des Marchans: Et quiconque se meslera de *Courraterie de vins*, qui ne sera reçeu, & n'aura assuré, si comme dessus est dit, il sera banni de la Vicomté de Paris par an & jour.

(73) Nul Courratier ne pourra estre Marchant, acheteur pour luy, de la marchandise dont il sera Courratier, sur ladite peine.

(74) Nul qui se porte pour *Clerc* ne sera receu à Courratier.

(75) Nul Courratier de quelque estat, ou condition qu'il soit, ne pourra prendre

pour courratage d'un tonnel de vin, ou de deux queuës de quatre muids pour un tonnel, que *douze deniers*. Et qui fera le contraire, il perdra le mestier de courraterie, & sera à *soixante sols d'amende*, & l'acheteur & chacun des Vendeurs qui plus en payeront ou promettront, seront à dix livres d'amende.

JEAN I.er & selon d'autres Jean II. le penultieme jour du mois de Fevrier 1350.

TITRE VIII.

Des Déchargeurs de vin.

(76) LES Déchargeurs de vin ne pourront avoir & prendre pour un tonnel de vin déchargé en celier, en terre, & à degrez, que *neuf deniers*, & de la queuë que *six deniers*, & non plus; & de tonnel en cave six deniers, & de la queuë quatre deniers au plus, & en cellier sous terre à l'advenant, & ce à peine de soixante sols d'amende, qui plus en prendra, ou donnera.

(77) Lesdits Déchargeurs ne pourront prendre, ni avoir d'un tonnel de vin, ou de deux queuës pour un tonnel, labourer, oster des nefs, & mener à l'hostel de celuy à qui il sera, du grand Port de Greve par tout dedans les portes de Paris, pardeçà le grand Pont, & par toute la Cité, que *quatre sols* au plus haut, & non plus. Et outre lesdites portes, deçà le grand*Pont; & outre petit Pont dedans les portes, que *six sols*, & non plus. Et des lieux qui seront plus près, au-dessous desdits prix; & qui meilleur marché en pourra avoir, si le prenne.

(78) *Item*. Ils ne prendront & n'auront d'un tonnel de vin, ou de deux queuës pour un tonnel, labourer, oster des nefs, mener à l'hostel du petit Port de Greve, par tout deçà Petit-Pont, dedans les portes de Paris, que *deux sols six deniers* au plus loin, & de plus près à l'advenant: & hors des portes, de delà Petit-Pont, soit dedans, soit dehors, trois sols au plus haut, & non plus, & qui meilleur marché en pourra avoir, si le prenne; & le Déchargeur qui fera le contraire, sera à *soixante sols* d'amende, & le Marchant qui plus en donnera, à vingt sols d'amende.

(79) Ils n'auront & ne prendront d'un tonnel de vin deschargé & chargé, que douze deniers au petit port; & de celuy qui sera mis en nasselle au grand Port, que deux sols au plus, & non plus, sans mener: & au cas où ils ne feroient fors que charger & descharger seulement, sans mettre en nasselle, ils auront *douze deniers*.

(80) Si aucun desdits mestiers refusoit par fraude les mestiers dessus dits, ou aucun d'eux à faire & labourer pour le prix dessus dit au plus, puis qu'il en sera requis, il perdra le mestier, & sera banni de Paris & de la banlieuë un an, & payera soixante sols d'amende.

(81) Nul en la Ville de Paris ne pourra vendre *cervoise* plus haut de *huit deniers* le septier; c'est à sçavoir *un denier la pinte*, & qui fera le contraire, il perdra le brasser, & sera à soixante sols d'amende.

TITRE IX.

Du Poisson de Mer.

(82) QUICONQUE voudra estre Poissonnier de *Poisson de mer*, il convient qu'il achete le Mestier, s'il se vend de par le Roy à l'un plus, à l'autre moins, tels qu'il le baille, & en ce qu'il voit que bien est.

(83) Tout le Poisson frais de mer qui sera apporté à Paris depuis *Pasques* jusques à la *Saint Remy*, sera vendu le *jour qu'il vient*, soit en gros, soit en détail; & qui fera le contraire, il perdra le poisson, & l'amendera de dix sols parisis.

(84) *Item*. Le Saumon où le pourpris on ne gardera que deux jours, à compter du jour qu'il sera arrivé à Paris, de la *saint Remy* jusques à Pasques; & de Pasques jusques à la saint Remy, il sera vendu le jour qu'il sera arrivé à Paris: & qui autrement le fera, il payera vingt sols d'amende au Roy, toutes fois qu'il en sera atteint. Et le poisson de mer qui sera vendu dans Paris, de la *saint Remy* jusques à *Pasques*, n'aura que deux jours de vente tant seulement, de celuy qui le vendra en gros; & celuy qui le vendra en détail, ce jour mesme le doit vendre; & qui plus le *gardera* en ces deux

JEAN I.er & selon d'autres, Jean II. le penultieme jour du mois de Fevrier 1350.

saisons, si comme il est divisé ci-dessus, le poisson sera perdu & acquis, & en sera l'amende de vingt sols.

(85) Nul Poissonnier de mer, ni autres quelconques, Nobles, Religieux, ou autres, ne pourra aller encontre le poisson pour l'acheter, si ce n'est par-delà *la Riviere d'Oise*, ou en la Ville où il courre marché, auquel le poisson seroit descendu pour vendre. Et qui autrement le fera, il perdra tout le poisson qu'il achetera, toutes les fois qu'il en sera attaint, & payera cent sols d'amende au Roy.

(86) Tout le poisson doit estre mis au panier, aussi bon dessus, comme dessous, & au milieu. Et qui fera le contraire, il perdra le poisson.

(87) Nul Poissonnier de mer ne pourra mettre Rayes en paniers sur autre poisson, & qui autrement le fera, il perdra le poisson.

(88) Quiconque amenera poisson à Paris meslé ensemble en un panier, de deux marées, il perdra le poisson toutes les fois qu'il en sera atteint.

(89) Tous les Maquereaux & les Harangs qui seront apportez à Paris, seront vendus à compte. Et si le Marchand qui l'achetera ne le veut compter, il aura le serment de celuy qui l'amenera, s'il luy plaist, ou l'Estalier qui le luy vendra se fera croyable par foy, de tel compte comme il y trouvera.

(90) Tous ceux qui ameneront poisson de mer à Paris, pour vendre à charrette, ou à somme, ils le descendront dedans les Halles à Paris, sans *entrer en maisons*, ni ailleurs. Et s'ils le descendoient ailleurs, ils perderoient les denrées, & l'amenderoient de soixante sols, & celuy chez qui il seroit descendu, d'autant.

(91) Les Poissonniers de Paris délivreront les Marchans *Estrangers* du prix qu'ils leur devront pour leur poisson, dedans le *lendemain vespres*, qu'ils auront acheté le poisson; & s'ils y faillent, ils payeront cinq sols d'amende au Roy, toutes fois qu'ils en seront attaints. Et si le Marchant de dehors gist le lendemain qu'il viendra à Paris, par deffaut du payement à l'Estallier, l'Estallier est tenu à luy rendre les dépens de la nuict, ou de plus, si plus demeure, & cinq sols d'amende au Roy.

(92) Quiconque amenera Haran à Paris, pour vendre en charrettes, ou en sommes, il convient que le Haran soit d'une sieute à tel tesmoin, comme les Marchands l'auront monstré. Et si le Vendeur & l'acheteur s'accordent que Haran soit compté, le vendeur prendra une *mose*, & l'acheteur une autre, par main estrange, & à la revenuë que ces deux reviendront, doit revenir tout le remanant du Haran.

(93) Quiconque achete Haran de Fronclaye, & Moruës baconnées, & Maquereaux salez de Marchant Estrange, il convient qu'ils soient ouverts dedans tierce, & clos dedans vespres sonnans: Et ce est ordonné, pour ce que les Marchands s'en alloient trop tard. Et qui ainsi ne le fera, tout le poisson sera en la volonté du Roy, toutes les fois qu'il en sera attaint, & l'amandera de soixante sols parisis.

(94) Les Cueilleurs du lieu des Halles n'en pourront rien loüer hors des couvertures des Halles au poisson: & s'ils font le contraire, ils doivent payer cinq sols d'amende toutes les fois qu'ils en seront atteints.

(95) Les Vendeurs de poisson donneront chacun plege de *soixante livres parisis* aux Maistres qui gardent le Mestier, pardevant le *Prevost de Paris*, avant qu'ils s'entremeslent de vendre, ne d'acheter pour nully. & l'ont ordonné les preud'hommes, pour amender les meffaits que les autres pourroient faire. Et si nul d'eux le vend avant la plegerie, il sera à soixante sols d'amende. Et c'est establi pour les Vendeurs en gros.

(96) Quiconque est Vendeur de poisson de mer à Paris, il ne peut, ni ne doit partir, ni avoir part ne compagnie à poisson qu'il vende, ou achete, ne luy, ne sa femme, ou mesgnie; & s'il le fait, il est en la mercy du Roy de tout son avoir; toutes les fois qu'il en seroit atteint.

(97) Nul Vendeur ne pourra envoyer hors en son nom, n'avoir compagnie à Marchant de dehors: Et si aucun est trouvé faisant le contraire, il perdra l'Office, & payera vingt livres d'amende au Roy, dont l'accuseur aura le quart.

(98) Audit Mestier n'aura que *dix Vendeurs* tant seulement, lesquels vendront lesdits poissons en *leurs personnes*, sans ce qui le puissent faire vendre par leurs femmes, par

par leurs Clercs mesmes, ne par aucune autre personne que par eux. Et qui sera trouvé faisant le contraire; il payera soixante sols d'amende: Mais ceux à qui les poissons seront, ou ceux qui pour eux les auront amenez, les pourront vendre en leurs personnes, s'il leur plaist.

JEAN I.er & selon quelques-uns, Jean II. au mois de Février 1350.

(99) Toutes fois qu'aucun desdits Vendeurs iroit de vie à trespas, il faudra qu'aucun y soit mis. Et celuy qui mis y sera, sera esleu par les Commissaires, appellez à ce les plus suffisans & convenables dudit Mestier de Harangiers & Poissonniers; afin qu'il soit le plus convenable, & expert pour y estre.

(100) Lesdits Vendeurs auront & prendront de chacun panier de poisson qu'ils vendront, *six deniers parisis*, & du millier de Harans, *douze deniers*, & non plus. Et si plus ils en prennent, ils payeront dix livres d'amende, par la maniere que dit est.

(101) Nul desdits Vendeurs ne sera *preneur* de poisson pour le *Roy,* pour Madame la *Royne,* pour Nosseigneurs leurs *Enfans,* ne pour autres de nos *Seigneurs* quelconques, n'ayans droit, ne pouvoir de faire prise de poissons; ni ne prendront *robbes*, ou bienfaits d'aucuns. Et quiconque sera le contraire, il sera privé dudit mestier, & payera vingt livres d'amende, dont l'accusateur, s'il est autre que des Jurez, aura le quart.

(102) Lesdits Vendeurs, ne les quatre Jurez dont mention est faite cy-dessuz, ne aussi celuy qui a gages du Roy, pour cause des petits paniers, ne pourront, ne ne devront vendre, ne faire vendre poisson à destail, & estal, n'autrement, à peine de perdre leur Office, & de dix livres parisis d'amende, comme dit est.

(103) Nul Poissonnier de Paris ne peut, ne doit broüiller, ou gascher poisson, comme Moruë salée, Maquereaux salez, ou aucun Haran blanc salé. Et s'il le fait, il perdra le poisson toutes les fois qu'il en sera atteint, dont l'accusateur aura le quart.

(104) Les *Compteurs* ne pourront avoir de chascun millier de Haran à compter, *qu'un denier*: c'est à sçavoir du vendeur *maille*, & de l'acheteur *maille*, excepté du Haran en grenier, dont parlé est cy-dessus. Et qui plus en prendra, il l'amendera de cinq sols parisis, toutes les fois qu'il en sera atteint.

(105) Quiconque amenera poissons en panier à Paris, il convient que ses paniers soient emplis loyaument, ou à comble, ou sans comble, en la maniere qui est dessé par dessus. S'il advient que les Vendeurs trouvent dans un panier trente Harans moins qu'il ne nommera la somme, il sera en cinq sols parisis d'amende, & restituera partie.

(106) Nul Marchant de poisson de mer ne soit si hardi, qu'il amene paniers à Paris moindres du patron qu'il est ordonné, & signez au seing du Roy à la Fleur de Lys. Et si il les amene, il perdra les denrées comme forfaites, & acquises au Roy nostre Sire; & sur ce sera l'Estalier dédommagé par celuy qui les cüeille pour le Roy: au cas toutesfois où il ne l'auroit aperceu estre petit en l'achetant, auquel cas il ne leur seroit rien abbatu, mais l'amenderoient de cinq sols toutes les fois qu'ils en seroient attaints.

(107) Que les poissons soient mis dans les paniers, sans fraude bien & loyaument; & si fraude y estoit trouvée, le poisson sera perdu, & celuy de qui il sera, l'amendera de cinq sols toutes les fois qu'il le fera.

(108) Nul ne soit si hardi qu'il mesle les Rayes, ne Chiens de mer avec autre poisson, en un mesme panier: Et pource que les Marchans de la mer en ont esté, & sont encore trop coustumiers, qui le fera, tous les paniers & le poisson seront forfaits au Roy nostre Sire, en nom d'amende.

(109) Pource que les *Voituriers* qui amenent le poisson de la mer, sçavent bien lesquels paniers sont petits, & pource qu'ils ont esté & sont coustumiers d'amener petits paniers, ils en seront punis trop plus griefvement, qu'ils n'ont esté au temps passé, au regard des Jurez.

(110) Nuls *Vendeurs*, n'*Estalliers* ne pourront vendre, n'acheter poisson de mer, ne Haran mis en panier, ou en charrettes, ne autres poissons, sans response d'amender les deffauts, ou fraudes qui y seroient trouvées, ne ne pourra, ne devra le Vendeur laisser

JEAN I.er & selon quelques-uns Jean II. au mois de Fevrier 1350.

partir le poisson de devant luy, sans sçavoir, & avoir prix loyal sur la vente d'iceluy, sur peine de perdre les denrées, & d'amende volontaire.

(111) Tous les *Marchans & Voituriers* de la mer, qui ameneront Saumons, ou autre poisson de mer quels qu'ils soient, Harans de Garnisi, ou autres Harans, les ameneront tout droit sans fraude és Halles, au lieu accoustumé, sans aucun d'iceux descendre en nul hostel, ni ailleurs. Et qui fera le contraire, il perdra les denrées. Et si ainsi estoit que lesdits Saumons, ou autres poissons, ou Harans ne puissent estre vendus en la journée qu'il seroit venu, qu'il soit mis en la garde des Halles, & non ailleurs, sur la peine dessus dite.

(112) Nul ne soit si hardi qu'il achete, ou vende poisson qu'és Halles, ou és lieux accoustumez, soit de Paris, ou dehors. Et qui fera le contraire, il perdra les denrées, & cinq sols d'amende.

(113) Tout *Selerin* sera vendu à compte, ainsi que le Haran & Maquereaux, si comme il est dit cy-dessus.

(114) En un panier de Maquereaux doit avoir *soixante* Maquereaux frais. Et si le Maquereau est goulsi, si en doit avoir au panier *cinquante* Maquereaux du moins, par droit compte.

(115) En un panier de Truittes doit avoir *douze* Truites de moison, du moins. Et doit avoir chacune Truite *pied & demi entre queuë & teste*, du moins; & si elles sont trop menuës, on en doit compter deux pour une en la douzaine.

(116) Tout le Haran, *le Selerin*, les Moruës, & les Marlans salez qui seront amenez en broüettes & en manne, seront vendus à broüettes, ou à mannes, ou en *tressounel*.

(117) *Item.* Nul Marchant ne pourra remuer poisson de paniers en autres, puis qu'ils seront empanerez en la mer, ne ne pourra faire de deux paniers trois, sur peine de perdre toutes les denrées.

(118) Nul, ne nulle ne pourra *sorer* Haran, si ce n'est Haran frais, ou Haran de Garnisi, & que le Haran soit veu par deux des Jurez dudit mestier, sçavoir s'il est bon & suffisant pour sorer, sur peine de perdre le Haran, & de soixante sols d'amende.

(119) Nul ne pourra gacher le Haran pour vendre, qu'au jour la journée, sur peine de perdre le Haran.

(120) Tous Marchans qui amenent poisson à Paris, viennent dedans *heure de prime de saint Magloire*, ou leurs denrées ne seront venduës jusqu'au lendemain, & seront mises en la garde des Halles, si les poissons ne viennent de chasse de jour à autre, ou s'ils ne peuvent monstrer loyal exoine.

(121) Nul, ne nulle ne face, ne dise vilanie, ne despit aux Jurez du mestier, n'à aucun d'eux, en gardant les droits du Roy, les forfaitures, les droictures & Ordonnances dudit mestier, sur peine d'estre encheus en grosses amendes devers le Roy, toutes fois que l'on s'en plaindra, & ils en seront attaints.

(122) Nuls garsons, n'autres personnes desormais ne voisent, n'allent contre les marées hors des Halles de Paris, ne ne prennent aucuns poissons en panier, s'ils ne l'achetent, sur peine d'estre tournez au Pillory, & d'estre privez de la marchandise, & bannis de la Ville de Paris, jusques au rappel du Prevost de Paris.

(123) Toutes manieres de gens vendans poisson en estail, auront & prendront gain convenable pour leur peine, selon l'Ordonnance du poisson, cy-dessus escrite.

(124) Nuls Poissonniers, ou Marchans venans de la mer à Paris, & apportans poisson de la mer, ne pourront mettre, n'apporter en leurs paniers à poisson frais, *foin, feurre*, ni autres choses quelconques, que poisson, sur peine de perdre les poissons, & estre acquis au Roy.

(125) Nul ne soit si hardi de vendre caque de Haran à détailleur en gros, que si-tost comme il sera mis en vente, il ne die à son Marchand si ledit Haran est de la *presente année*, ou de *l'année precedente*. Et ceux qui desdits Grossiers auront acheté celuy qui sera *suranné*, ils ne le pourront vendre, qu'ils ne le disent estre tel qu'il sera,

& non pas avec le nouvel. Mais sera le *suranné* vendu devant la *Croix des Halles*, & non ailleurs: Et qui sera trouvé faisant le contraire, il perdra les denrées, & l'amendera de dix sols, toutes fois qu'il fera le contraire, & l'accusateur aura le tiers.

JEAN I.er & selon d'autres Jean II. le penultiéme du mois de Fevr. 1350.

(126) Toutes manieres de gens vendans poisson de mer à destail en la Ville de Paris, seront tenus d'acheter les poissons par telle quantité, qu'ils puissent vendre les poissons qu'ils achepteront *le jour mesme*. Et au cas où ils se chargeront d'en achepter plus que raison, ou qu'ils s'efforceroient de le plus vendre que juste prix, pourquoy il leur en demeureroit à vendre jusqu'à l'heure de *couvre-feu sonnant*, en toutes saisons, (nonobstant ce que de la sainte Croix en Septembre, jusques à la sainte Croix en May, ils ayent deux jours de vente) *l'Estalier* à qui il en demeurera, l'heure sonnée, sera tenu de *porter, & faire porter en la garde*, où on a accoustumé mettre les *poissons en garde*, & pourra monstrer ce qu'il y portera à la Garde du mestier, qui à peine de cinq sols d'amende, sera tenu de rendre tout ce qui par telle maniere luy sera baillé. Et qui sera trouvé le portant *en sa maison*, ou autrement faisant le contraire, il perdra les denrées, & payera dix sols d'amende, toutes fois qu'il en sera attaint, dont l'accusateur aura le tiers.

(127) Celuy qui demeurera à *Petit-Pont*, & à *(f)* la porte *Baudoyer*, comme dit est cy-dessus, sera en semblable maniere, & sur les peines dessus dites, mis en garde.

(128) Il est ordonné que quatre Preud'hommes seront esleus chacun an doresnavant par le Prevost de Paris, ou l'un des Auditeurs du Chastelet, appellez à ce le Procureur du Roy, le Prevost des Marchans, & plusieurs des plus loyaux & suffisans, bonne gens de la Ville de Paris, estans & demeurans és Halles, & environ, tant Jurez, Vendeurs, Estaliers, comme autres. Lesquels quatre Preud'hommes ainsi establis, jureront par leurs sermens, leurs mains mises, tenuës, & touchées aux saintes Evangiles de Dieu, que lesdites Ordonnances, & tous les poincts dudit Mestier cy-dessus nommez & esclaircis, ils tiendront, & feront tenir pleinement, sans enfraindre, ne le lairront, pour raison de déport, de faveur, de frere, de cousin, de parent, ni autrement, en quelque maniere que ce soit. Et au cas qu'il seroit trouvé que sçachamment fissent le contraire, ils seroient privez dudit mestier, reputez pour parjures, & punis d'amende volontaire.

(129) Lesdits Jurez seront tenus par leurs sermens, toutes fois qu'aucun encourera en aucune peine, ou fera contre aucun des poincts dudit mestier, de le *raporter* pardevers le *Prevost de Paris*, ou l'un des *Auditeurs*, & le *Procureur du Roy*, pour les punir en la maniere que dessus est dit, & autrement si mestier est, & le cas le desire. Et chacun an quatre fois, & à quatre termes, se presenteront pardevers lesdits Establisseurs, ou l'un d'eux, pour sçavoir si aucune correction sera à faire audit Mestier.

(130) Quand ce viendra au bout de l'an qu'iceux Jurez establis auront ainsi servi, & gardé ledit mestier, comme dit est, ils seront tenus de retourner, & eux traire pardevers lesdits *Establisseurs*, & leur presenteront leurdite Commission, & lesdits Establisseurs seront tenus de sçavoir comment lesdits Jurez establis se seront portez en leurdit temps. Et par la maniere dessus dite seront, & establiront, & instituëront deux d'eux, & autres nouveaux Preud'hommes qu'ils prendront en iceluy mestier, ou d'autres, s'il semble que bon soit, pour ledit mestier garder, comme dit est. Et ceste authorisation fait-on, de peur que lesdits Jurez ne soient accointez de trop de gens, ne qu'ils ne prennent faveur avec lesdits Poissonniers, ou autres, ainsi comme a fait au temps passé.

(131) Afin que les quatre Jurez dont parlé est cy-dessus, n'ayent cause d'eux douloir, pour leur labeur & service, pour lequel ils ont laissé toute marchandise de poisson, ils auront la moitié des amendes qui par eux viendront à clerté.

NOTES.

(f) La Porte Baudoyer.] Voyez *Sauval*, dans ses Recherches des Antiquitez de Paris, tome premier page 29. à la fin, & page 35. vers le commencement. Il y avoit à cette porte un Marché qui a été transferé au Cimetiere saint Jean. Voyez *Sauval* tom. 1. pag. 614. Et celuy du *Petit-Pont* a été transferé à la Place Maubert.

JEAN I.er & selon d'autres, Jean II. le penultiéme du mois de Fevrier de l'an 1350.

TITRE X.

Du Poisson d'eau douce.

(132) SUR le fait & marchandise du poisson d'eau douce, il est ordonné que nul, ne nulle, ne peut, ne ne doit aller en contre le poisson d'eau douce qu'on apporte à Paris pour vendre, ne l'acheter pour revendre à Paris, n'ailleurs, de deux lieues en tous sens: mais tant seulement à Paris aux Boutiques en *(g) la Saunerie*, ou *(h) és Pierres-le-Roy* d'entour Chastelet, & le Petit-pont. Et qui fera le contraire, il perdra la marchandise, & l'amendera de soixante sols parisis.

(133) Si aucun estoit trouvé pour vendre leur poisson en repost, ou autrement, il perdra les poissons, & l'amendera à volonté, & aussi celuy chez qui il sera mussé, luy sçachant, ou ses gens.

(134) Nul, ne nulle ne pourra son poisson musser, ne rapporter çà ne là, puis qu'il est mené de son hostel pour l'apporter à Paris pour vendre; ains le doit apporter aux *Pierres-le-Roy* à Paris, & non ailleurs. Et s'ils le font autrement, ils perdront le poisson, & l'amenderont au Roy. Et illec vendront leurs poissons à toutes manieres de gens qui en auront affaire pour leurs vivres, jusques à l'heure de midy sonnée, ou sceuë à Nostre-Dame de Paris, sans ce que Marchands, ou autres quelconques en puissent acheter pour revendre en la Ville de Paris, n'ailleurs, jusques après ladite heure sonnée, ou sceuë.

(135) Nul n'ira contre les Marchans de Lemproyes, achepter pour revendre, Et qui autrement le fera, il l'amendera à volonté.

(136) Toutes manieres de Marchands de Lemproyes, dés ce qu'ils seront partis de leurs hostels pour venir à Paris, feront apporter leurs denrées, & descendre aux Boutiques, ou aux *Pierres-le-Roy*, & ne pourront entrer en la Ville de Paris, si ce n'est en plein jour, sur peine de perdre le poisson, & d'amende volontaire.

(137) Nuls Poissonniers de *Saint Denis* n'achepteront nuls poissons d'eau douce venans à Paris, pour revendre en la Ville de Paris, à peine de forfaire le poisson, & d'amende volontaire.

(138) Pour garder lesdites Ordonnances en leur forme & teneur, sans enfraindre, seront establis par le *Prevost de Paris*, ou un des *Auditeurs* du Chastelet, appellé à ce le *Procureur du Roy*, & le *Prevost des Marchans*, deux *Preud'hommes* qui seront esleus par le commun du Mestier, & d'autres bonnes gens anciens du mestier, si mestier est, lesquels jureront par leurs sermens de leurs mains nuës touchées aux saincts Evangiles de Dieu, tenir & garder fermement lesdites Ordonnances, sans enfraindre. Et aussi leur sera enjoint de le faire, sur peine de leurs biens perdre, & eux estre confisquez & appliquez au Roy à sa volonté, ou ses Establissans; & auront la moitié des amendes pour le salaire desdits Jurez.

TITRE XI.

Des Bouchers.

(139) NULS Bouchers, n'autres personnes, puis que le bestail sera esmeu amener au marché, ne pourront aller au-devant des denrées meuës à venir au marché vendre, achepter aux estables, n'en autres lieux, se ce n'est aux lieux à ce accoustumez, & ordonnez par toute la Vicomté de Paris. Et aussi ne les pourra l'on vendre n'achepter

NOTES.

(g) En la Saunerie.] C'est ce qu'on appelle à present la ruë de la *Sonnerie*, à costé du grand Chastelet, vers le Quay de la Megisserie.

(h) Les Pierres-le-Roy.] Elles étoient encore auprès du grand Chastelet, dans une petite ruelle nommée par cette raison *la Ruelle aux Poissons & Pierres Poissons*. Voyez *Sauval* tome premier, pages 157. & 162.

à Paris, n'és Fauxbourgs d'icelle, si ce n'est en la Place que l'on dit la Place *aux Pourceaux*, excepté tant seulement bestail & lard, & aprés heure de midy: excepté Bouchers & détailleurs, qui les pourront achepter dedans ladite heure, pour vendre à destail & estal, & non autrement, sur peine de perdre les denrées, & d'amende volontaire.

(140) Nuls Valets à Bouchers ne pourront aller, n'achepter denrées, en quelque lieu que ce soit, s'il n'est *tailleur* & expert, ayant sçavoir & pouvoir d'acheter & payer. Et quiconque fera le contraire, il perdra les denrées, & l'amendera.

(141) Si aucun veut partir à aucun Marchand, il y peut & pourra partir, & payer sa portion du prix de telle partie comme il en devra avoir, & sans ce qu'il y ait nul encherissement, outre le premier marché.

(142) Toutes manieres de Bouchers de la Ville, Prevosté & Vicomté de Paris, jureront & affirmeront par leurs sermens, que loyaument & & veritablement ils mettront en somme tout ce que les bestes qu'ils tueront & vendront à estal *leur auront cousté*, & que de chacun vingt sols, rabbatu tout le profit qui desdites bestes leur demeurera, ils prendront pour leur acquest tant seulement *deux sols parisis pour livre*, & non plus. Et qui sera trouvé faisant le contraire, il forfera le mestier, & sera puni d'amende volontaire, & aura l'accusateur la quarte partie de l'amende. Et au cas où les Bouchers de la Ville de Paris seroient de ce refusans, & ne le voudroient faire, ils seront privez du mestier, & donneroit l'on *congé* à toutes *manieres de gens* de faire & eslever Boucherie, en quelque lieu qu'il leur plairoit en la Ville de Paris, mais qu'ils vendent chairs bonnes, loyaux & suffisans.

(143) Nuls *Chandeliers* de suif ne pourront mettre saing, n'oingt, ne flambeaux, n'autres graisses en leur suif, ne nuls Bouchers aussi Et y aura *Visiteurs* qui visiteront les denrées pardevers les Bouchers & les Chandeliers, qui auront la quarte partie des forfaitures qu'ils trouveront.

(144) Quiconque aura plus de trois milliers de suif, qu'il se cesse d'en achepter plus, tant qu'il ait vendu les deux parts. Et quiconque fera le contraire, il perdra les denrées, & si l'amendera.

(145) Nul Boucher ne vendra chair *sursemée*, ne aussi ne gardera chair tuée plus de *deux jours* en hyver, & en esté jour & demi au plus. Et au cas où il fera le contraire, il l'amendera chacune fois de vingt sols.

(146) Pour *visiter* ledit mestier de Bouchers, & celuy des Chandeliers, seront establis quatre *Prud'hommes*, qui jureront par leurs sermens, que loyaument & justement, sans déport d'aucun, ils visiteront & verront és hostels, celiers & maisons, & autres lieux desdits Bouchers & Chandeliers, & que toutes les deffautes qu'ils trouveront, sans deport, aucun ce jour mesme que trouvé l'auront, ils rapporteront pardevers le Prevost de Paris, ou l'un des Auditeurs, le Procureur du Roy, & le Receveur de Paris, qui en ordonneront ainsi comme raison sera. Et seront lesdits *Jurez* renouvellez chacun an de leurs sermens par ledit Prevost de Paris, ou l'un des Auditeurs, le Procureur du Roy, & le Prevost des Marchans; & auront lesdits Jurez pour leur salaire, le tiers des amendes & forfaitures qui en issiront.

(147) Lesdits Chandeliers jureront par leurs sermens, & aussi les *Moustardiers* & les *Huilliers*, qu'ils prendront sur chacun vingt solidées de denrées qu'ils vendront, *deux sols parisis* de pur acquest tant seulement. Et qui sera trouvé plus en prenant, il perdra les denrées, & l'amendera, sans ce qu'ils puissent compter aucuns autres depens, ou salaires, que le pur principal que suif & lumignon leur coustera, & le labeur de ceux qui feront les Chandelles.

TITRE XII.

Des Poulailliers.

(148) NUL quel qu'il soit, ne pourra acheter pour revendre Poulailles, œufs, Fromages, Perdrix, Connils, Agneaux, Veaux, Sauvagines, n'autres vivres quelconques en la Ville de Paris, s'ils ne les achetent és Places publiques, & lieux où les marchez

JEAN I.er & selon quelques-uns, Jean II. le penultiéme jour du mois du Fevrier 1350.

sont, & ont accoustumé d'estre, & en plein marché ; & ne les pourront les *Poulailliers*, ou *Regratiers* acheter pour revendre en la Ville de Paris, si ce n'est après *l'heure de midy sonnée à Nostre-Dame de Paris*. Et seront tenus toutes manieres de gens & Marchans apporter leurs denrées quelconques, sans descharger, n'aller aux Marchans, ne Regratiers aucuns, se ce n'est és places & marchez publics & accoustumez, afin que chascun s'en puisse garnir, & en avoir pour en vivre dedans ladite heure, & avant que les Marchands les acheptent pour revendre, sur peine de perdre & forfaire les denrées, & punis de peine & d'amende volontaire : & aura l'accusateur de la deffaute la quarte partie du profit des amendes. Et au cas qu'aucun apporteroit à Paris aucunes des denrées & marchandises dessus dites, & les baillast & jurast à Marchant, en feignant & taisant verité, qu'ils fussent dudit marché, & sans les mener és places dessus dites, ils perdront la marchandise, & l'un & l'autre l'amenderoient. Et sont les places à vendre poulailles, & les dependances du mestier, en *ruë Neuve Nostre-Dame*, devant *Chastelet* à la *Porte de Paris*, & és *Halles* en la Cossonnerie; & les œufs & fromages devant *saint Christofle*, & au *Cimetiere saint Jean*, & non ailleurs, sur lesdites peines.

(149) Et si aucuns des Marchans des denrées & marchandises dessus dites, alloient, ou envoyoient par les Villes où il y a marché, achepter aucunes des marchandises dessus dites, ils ne les pourront achepter, ne faire achepter en jour de marché, devant l'heure de *prime sonnée* & sceuë és Villes où le marché est. Et s'ils faisoient le contraire, ils perdront la marchandise, & l'amenderont d'amende volontaire.

(150) Au cas qu'aucun Marchand de poulailles, d'œufs, & de fromages, s'arresteroit depuis qu'il seroit parti de sa maison, ou du lieu, où il auroit prins les denrées, par faveur desdits *Regratiers*, en attendant que ladite heure fust passée, il perdroit les denrées, & l'amenderoit.

(151) Afin que les mestiers des *Poulailliers* & *Coquatiers* de la Ville de Paris puissent estre mieux & loyaument gardez, nous avons *Ordonné* que deux *Preud'hommes* dudit mestier, ou autres, seront esleus : lesquels jureront par leurs sermens, que ledit mestier, & les Ordonnances faites sur iceluy ils garderont, & feront garder bien & loyaument sans enfraindre, & que tantost, & incontinent qu'aucun dudit mestier, ou autres s'efforceroient de faire & aller contre les Ordonnances, ils les contraindront & feront contraindre à amender, selon les peines dedans les Ordonnances, ou les ameneront devant le premier Juge qu'ils trouveront, pour les en punir, ainsi comme raison donnera.

(152) Lesdits Jurez toutes les semaines, trois ou quatre fois, verront & visiteront par ouvroüers & hostels desdits Poulailliers, tous les Connils, Lievres, Perdrix, Videcoqs, & autres bestes & oiseaux sauvages, que l'on a accoustumé vendre morts à Paris. Et au cas où ils trouveront que lesdits Poulailliers, ou aucuns d'eux, ayent tenu, & gardé pardevers eux aucunes des choses dessus dites sans vendre, tant qu'il appaire icelles estre *rompuës*, ils seront tenus par leurs sermens, à peine d'estre reputez pour parjures, & d'amende volontaire, de les prendre, & les faire ardoir, partie devant l'hostel de celuy sur qui elles seront trouvées, & l'autre partie jettée en la riviere, ou portée aux champs. Et au cas que celuy sur qui elles seront trouvées, voudroit maintenir qu'elles fussent bonnes, que tantost sans nul delay ils portent lesdites denrées devant *le premier Juge* qu'ils trouveront au Chastelet, & illec appellez avec lesdits Jurez des autres Marchands dudit Mestier, en sera ordonné en la maniere que dit est.

TITRE XIII.

Des Marchands de Draps, & de leurs Courratiers.

(153) LES Drappiers en gros, ou en destail, les *Espiciers*, *Tapissiers*, *Fripiers*, *Cordiers*, *Vendeurs de hanaps*, & tous autres Marchands d'avoir de prix, pourront

prendre de leurs marchandises, & en leurs marchandises *deux sols parisis* pour livre d'acquest, en Pays de Parisis, & Tournois en Pays de Tournois, & de la marchandise de Tournois, & non plus, eu égard à ce que la marchandise leur couste renduë à Paris, tant seulement, sans y mettre, ne convertir autres cousts, ne frais. Et jureront lesdits Maistres & Marchands par leurs sermens, à ce tenir & garder, & eu esgard au temps qu'ils achepteront les Marchandises, & à la Monnoye. Et s'ils font le contraire, ils l'amenderont à volonté, & si perdront la marchandise, & aura l'accusateur le quart de l'amende.

JEAN I.er & selon quelques-uns, Jean II. le penultiéme jour de mois de Fevrier 1350.

(154) Nul Courratier de Draps, de Pelleterie, d'Espicerie, de Chevaux, de Mercerie, de foin, ne d'autre marchandise quelle qu'elle soit, ne pourra marchander, n'estre marchand par luy, ne par autre, ne estre Compagnon de la marchandise dont il sera Courratier. Et tous les Courratiers donneront bons pleiges, sur peine de perdre leur mestier, & l'amende de dix livres parisis, toutesfois qu'ils feront le contraire, dont l'accusateur aura la quarte partie de l'amende.

TITRE XIV.

Des Courroyeurs, Baudroyers, Tanneurs, Cordonniers, & Savetiers.

(155) LES *Courroyeurs* de Cordoën ne pourront estre Marchands de Cordoën, & Corroyeurs tout ensemble, mais Corroyeur par soy, ou Marchand par soy, sur peine d'amende arbitraire; & avoir tant d'apprentifs comme ils voudront, lesquels apprentifs pourront avoir leur mestier, quand ils auront esté apprentifs deux ans. Et lesdits Corroyeurs sur ladite peine, ne pourront prendre de la douzaine du plus grand & du plus fort Cordouën, que *douze sols* de corroyer, & de l'autre Cordouën plus petit, à la valuë. Et qui fera le contraire, il l'amendera à volonté, & sera privé du mestier.

(156) Les *Baudroyers* pourront ouvrer de nuit depuis la Toussaint jusques à la mi-Mars, & pourront avoir tant d'apprentifs comme ils voudront; lesquels apprentifs, quand ils auront esté apprentifs deux ans, pourront avoir leur mestier, & gagner là où ils voudront. Et ne pourront prendre de corroyer *un dos* de la taille de Paris & de Pontoise, que *deux sols six deniers,* & de tout autre cuir de quelque taille que ce soit, à la valuë. Et qui fera le contraire, il perdra le mestier, & l'amendera à volonté.

(157) Les *Cordonniers* pourront avoir & prendre pour *souliers* de Cordoën, à Clerc, ou à Bourgeois, des meilleurs, *deux sols quatre deniers,* & non plus, & des autres moins forts à l'advenant : & ceux de femme à *vingt deniers,* & les plus forts à femme *deux sols,* & ceux des autres gens à la valuë, & ceux à gens de Ville *trois sols six deniers.* Et ne pourront vendre les plus forts & les meilleurs de *Cordoën,* ou de Vache, que *quatre sols,* & non plus; & ne pourront vendre en leurs maisons nuls souliers, n'estiveaux, que ceux qui seront en ouvroir : & s'ils vendent autre ouvrage que celuy qu'ils feront en leurs ouvroirs, ils le pourront vendre en la *Halle & Place ordonnée,* & non ailleurs. Et ne prendront les Valets desdits Cordonniers, de coudre & de tailler une douzaine de souliers rendus prests, que *quatre sols* parisis, & non plus. Et qui fera le contraire, il sera en amende volontaire. Et ne pourront les Cordonniers estre Marchans de Cordoën ensemble; mais Marchans par soy, & Cordonniers par soy; ne les Marchands par soy de Cordoën, ne Cordonniers, mais Cordonniers, ou Marchans par soy. Et s'ils font le contraire, ils perdront les denrées, & payeront dix sols d'amende, dont l'accusateur aura le quart, toutes les fois qu'ils en seront atteints.

(158) Les *Tanneurs de cuirs* tanneront les cuirs en la guise, & en la maniere, & aussi-bien comme l'on souloit tanner anciennement, sur peine de l'amende.

(159) Nuls Ouvriers & faiseurs de *souliers de bazanne* à Paris, ou ès Fauxbourgs, ou en autres Villes de la Prevosté, Vicomté & ressort d'icelle, ne pourra mettre en œuvre, ne faire souliers de *peaux de mouton,* ou de *brebis,* ou de *chien tanné,* ne

JEAN I.er & selon d'autres, Jean II. le penultiéme jour du mois de Fevrier 1350.

les vendre; mais tant seulement de *bazanne d'Auvergne*, & de *Provence*, bonne & fine. Et qui fera le contraire, il perdra la marchandise, & sera privé du mestier, & l'amendera de dix sols, pour chacune fois qu'il fera le contraire, & celuy qui l'accusera aura le quart. Et seront visitez par lesdits *Bazanniers* par certaines personnes qui seront à ce ordonnez.

(160) Nul faiseur de *souliers*, ou de *houzeaux* de *Cordoën*, ou de *vache*, ne pourra faire souliers, ne *houzeaux de veau*, ne *vendre en son hostel*, mais en la *Halle* cy-dessus ordonnée; & lors il les vendra *comme de veau* : Et s'il fait le contraire, il perdra la marchandise, & sera en amende de dix sols pour chacune fois qu'il le fera. Et seront ordonnez certains Preud'hommes, qui visiteront souvent le mestier desdits Cordonniers, & aura l'accusateur le quart de l'amende.

(161) Le *Savetier* ne pourra avoir, ne prendre & mettre souliers de son cuir, de chacune hante, que *deux deniers*, & non plus; & de coudre d'autruy, *de chacune hante*, un denier; & d'y mettre quatre carreaux de son cuir, les meilleurs douze deniers, & non plus, & d'autres à l'advenant; & de coudre d'autruy cuir, *deux deniers*, & non plus, & de mettre un *rivet* en un soulier, *une maille*. Et qui fera le contraire, il l'amendera de six sols, dont l'accusateur aura la moitié : & *rapareiller* en autre maniere, à l'advenant.

(162) Combien qu'en aucun temps, pour ce qu'en la Ville de Paris avoit grande abondance de *Cordoën d'Espagne*, qui est le meilleur courroy des autres, eust esté ordonné que nul *Cordoën de Flandre* n'y fust vendu, pour ce que ceux de Flandres estoient partie courroyez en tan : & l'on a trouvé par le serment des Marchans de Cordoën en gros, demeurans à Paris, des Tanneurs, Baudroyeurs, Courroyeurs, & Cordonniers, que lesdits cuirs *de Flandres sont bons, loyaux & profitables*, pour en user en la Ville de Paris, & ailleurs, & qu'icelle Ordonnance ne fut faite, fors seulement pour la grande abondance de *Cordoën d'Espagne* qui lors estoit & venoit à Paris: *Ordonné* est que toutes manieres de cuirs de Cordoën suffisans, seront doresnavant vendus, & acheptez, & mis en œuvre par les Cordonniers de la Ville, Prevosté & Vicomté de Paris, nonobstant toutes Ordonnances, & Statuts à ce contraires.

TITRE XV.

Des Forains qui apportent leurs marchandises pour vendre à Paris.

(163) Il est ordonné que tous *Marchans Forains* qui apporteront en la Ville de Paris aucunes marchandises & denrées pour vendre, les porteront pour vendre ès Halles, & ès Marchez publics & accoustumez, & ailleurs ne les pourront descendre, n'ailleurs vendre, sur peine de perdre les denrées, & d'estre en amende à volonté. Et pour ce qu'aucuns Marchans, tant *Brabançons* comme autres, apportent souvent, & ont accoustumé à apporter en la Ville de Paris *souliers*, *estiveaux*, *(i) chapeaux de bievre* & de feutre, selles, brides, galoches, chandelles de suif, & autres, patins, esperons, toilles, armures, & autres denrées pour vendre : ceux qui telles choses achepteront pour revendre en la Ville de Paris, ne les pourront porter en leurs maisons pour revendre, fors qu'esdits Marchez & Places publiques, sur les peines dessus dites. Et au cas que l'on rappelleroit en doute qu'aucune des denrées & marchandises ne soient loyaux & suffisans, les Maistres des mestiers n'en pourront connoistre, sans appeller le *Prevost de Paris*, un des *Auditeurs* de Chastelet, le *Procureur* du Roy, & le *Prevost des Marchans*. Et se aucuns faisoient le contraire, ou y commettoient aucune fraude, ils perdroient la marchandise, & l'amenderoient à volonté. Et celuy qui les accusera aura la quarte partie de l'amende. Et pour ce que chacun sçache où il doit descendre, & vendre ses marchandises, il est *ordonné* qu'ils les descendront &

NOTES.

(i) Chapeaux de bievre.] C'est-à-dire de poil de Castor. *Vide Cangium in Gloss.*

vendront

vendront en la *Halle neuve* par terre, devant la Halle au bled. Et si aucuns des Marchans de Paris alloient, ou envoyoient en aucun Pays estrange, achepter aucunes marchandises, ils ne les pourront porter, descendre, vendre, ne faire vendre en la Ville de Paris, fors qu'en la *Halle* & *Places* dessus dites, ou en celles qui à la marchandise sont piéçà ordonnées, & ce sur peine de l'amende dessus dite : & aussi le pourront faire tous Marchans Forains & autres, & non autrement. Et tous Marchans de dehors qui marchandise voudront faire ainsi, ils pourront venir seurement sans aucun doute, en la Ville de Paris.

JEAN I.er & selon d'autres, Jean II. le penultiéme du mois de Fevrier 1350.

TITRE XVI.

Des Vignerons.

(164) Il est ordonné que les Laboureurs de vignes auront & prendront des vendanges passées & accomplies, jusques à la mi-Fevrier ensuivant, pour ouvrer és vignes des façons accoustumées en icelles, c'est à sçavoir les *Tailleurs* dix-huit deniers par jour, sans despens ; les *Foüeurs* seize deniers par jour sans despens : ceux qui font les autres labeurs desdites vignes, douze deniers par jour, & au-dessous, sans despens, & non plus, & de la mi-Fevrier jusques à la fin du mois d'Avril, deux sols six deniers parisis par jour, les meilleurs *Tailleurs* ; & les *Foüeurs* deux sols, & les autres au-dessous sans despens, & non plus ; és lieux toutefois où ils ont accoustumé de faire leur journée loyaument, du soleil levant jusques au soleil couchant, & és lieux où ils ont heure accoustumée d'ancienneté, au-dessoubs desdits prix, sans despens, & non plus ; & és lieux où ils usent desdites heures, au-dessoubs selon lesdits prix, & lesdites heures de-là.

TITRE XVII.

Des Soyeurs de Grains.

(165) Les meilleurs Ouvriers Soyeurs de bleds, & autres gaignages, durant les moissons, ne pourront prendre n'avoir que deux sols six deniers, & les autres au-dessous, en pays de Parisis, Parisis, & de Tournois, Tournois.

TITRE XVIII.

Des Vignerons, & autres Manouvriers.

(166) Ceux qui puis vendanges dernieres passées ont prins à faire vignes en tasche, auront & prendront pour icelles le tiers plus que l'on souloit donner devant la mortalité, & non plus, nonobstant que plus grandes sommes leur en ayent esté promises, ou convenuës ; & ce qu'ils en auront eu tiendra lieu aux bailleurs. Et ne pourront lesdits preneurs laisser lesdites tasches le temps durant que prises les auront ; ains seront contraints à les tenir, & pourront ouvrer les vignes qu'ils auront ainsi prises, & en celles qu'ils prendront, & en leurs propres vignes, trois jours de la semaine tant seulement, c'est à sçavoir le Lundy, Mardy, & le Samedy, ou veille de Feste, si elle escheoit en la semaine ; & les trois jours ouvrables de la semaine, ils seront tenus d'ouvrer és autres vignes. Et qui plus leur en donnera que dit est par journée, & aussi qui plus en prendra, ne en ce commettra aucune fraude souz ombre de courtoisies, ou autrement, le preneur & le donneur l'amendera chacun de *soixante sols* parisis, dont l'accusateur aura la quinte partie. Et si les aucuns n'ont de quoy payer l'amende pecuniaire, ils seront en prison au pain & à l'eau par quatre jours, & la seconde payeront lesdits *soixante sols*, s'ils ont de quoy, ou seront mis au *Pillory*, & marquez de la *Fleur de Lys*, ou de graigneur punition, si le cas y eschet.

(167) Les trois jours qu'ouvreront en leurs tasches toutes manieres d'ouvriers, qui n'auront tasches, ou propres vignes qui leur soient à ouvrer par la maniere que dit est cy-dessus, seront tenus les jours ouvrables d'eux aller alloüer és lieux & és places accoustumez, ne se devront ou pourront alloüer hors desdites places ; & demeureront esdites

JEAN I.er & selon d'autres, Jean II. le penultiéme jour du mois de Fevrier 1350.

places, tant qu'ils seront alloüez, sans eux partir d'icelles. Et au cas où ils seroient trouvez oiseux lesdites heures passées, & les gens & ouvriers partis d'icelles places, ils seront pris & emprisonnez, & punis en la maniere dessus dite. Et si aucun par aucune fraude s'avoüoit, ou disoit estre alloüé à aucun dont il seroit desavoüé, ou en commettroit aucune fraude, il seroit puni par la maniere que dessus est dit; & pourra chacun estre Sergent pour les prendre, au cas où ils seroient refusans d'aller ouvrer, & les bailler à la Justice du lieu, où ils seront prins.

(168) Nul ne pourra alloüer, ne retenir lesdits ouvriers, si ce n'est és places accoustumées, aux peines dessus dites.

(169) Et si ainsi estoit qu'aucun, ou plusieurs ouvriers de vignes, ou d'autre labeur quel qu'il soit, se feignissent de faire leurs journées telles & si convenables qu'on a accoustumé d'ancienneté, & avant le temps de la mortalité, il leur seroit rabatu de leur salaire, & seroient punis par la maniere que dit est dessus.

TITRE XIX.

Des Tonneliers & des Charpentiers.

(170) TOUTES manieres de Tonneliers & Charpentiers de tonneaux, auront & prendront pour chacun tonnel relier, & mettre à poinct, és *Villages* seize deniers, *à Paris* dix-huit deniers, & trois queuës pour deux tonneaux la valuë; & de faire aucun autre repareillement à l'advenant, & non plus. Et qui fera le contraire, il l'amendera de dix sols parisis, soit au preneur, ou donneur.

TITRE XX.

Des Laboureurs.

(171) NULS Laboureurs de houë ne pourront labourer de houë, ou de besche qu'en vignes, excepté és terres où les chevaux ne pourroient labourer, & aussi les terres à *(k)* guesdes & cortillages.

TITRE XXI.

Des Femmes qui travaillent aux vignes.

(172) LES femmes ne pourront prendre pour journée entiere des vendanges jusques à la Chandeleur, pour les meilleures, que huit deniers, sans despens, & les autres au-dessous: & de la Chandeleur jusques à l'entrée d'Aoust, que douze deniers, & non plus.

TITRE XXII.

Des Charretiers Laboureurs.

(173) LES Charretiers qui ont prins, & prendront terres à faire en tasche, ne pourront avoir, ne prendront pour la façon d'un arpent de terre à bled de quatre façons, que vingt-quatre sols, & non plus, des plus forts à faire, & des autres à l'advenant: & pour faire Mars en fortes terres, d'une bonne façon, que huit sols; & en garennée & és lieux sabloneux, que six sols pour arpent, & non plus. Et qui meilleur marché en pourra avoir, si le prenne; & qui plus en donnera & prendra, & fera le contraire, le preneur & le donneur l'amenderont chacun de *soixante sols*, dont l'accusateur aura dix sols.

NOTES.

(k) Guesdes & Cortillages.] La Guesde est une plante appellée en Latin *Isatis domestica, Sativa*, seu *Glastum Sativum*, que l'on cultive dans les pays chauds, & principalement dans le Languedoc. Quant au mot *Cortillages*, il signifie *des Jardins*, & vient du Latin barbare *Cortile*, & *Curtillum*, qui ont donné le nom au lieu qu'on appelle à Paris *la Courtille*.

JEAN I.er & selon d'autres Jean II. le penultiéme jour du mois de Fevrier 1350.

TITRE XXIII.

Des Faucheurs.

(174) FAUCHEURS de prez ne pourront prendre de l'arpent en tasche des meilleurs, que quatre sols, & non plus : & des autres à la valuë, ou à journée à l'advenant. Et qui plus en prendra & donnera, le preneur & le donneur l'amenderont.

(175) *Item.* Faucheurs des avoines de chacun arpent à la grandeur, mesure de vingt-deux perches, & au-dessous, dix-huit deniers; & des autres mesures au-dessous, selon le prix, & non plus. Et qui plus en prendra, & donnera, il l'amendera.

TITRE XXIV.

Du salaire de ceux qui menent & gardent des bestes.

(176) NUL quel qu'il soit, qui ait prins, ou tienne chevaux, brebis, & autres bestes *à garder & mener à provender*, pour certaine somme d'argent & de grains, ne pourront prendre & avoir pour leur salaire, tant grain comme argent, que le tiers plus seulement de ce qu'ils prenoient avant la mortalité de *(l)* l'épidemie: & ne pourront laisser leurs Maistres à qui ils seront alloüiez ; mais seront leurs loüages ramenez ausdits prix, & tiendra au bailleur lieu tout ce qu'il auront en avant, par ces presentes Ordonnances.

TITRE XXV.

Du salaire des Boscherons, & des ouvriers des bois.

(177) TOUTES manieres de Boscherons & ouvriers és bois, saussayes, & aunois quelconques, ne pourront prendre & avoir pour leurs labeurs & journées que le tiers plus outre ce qu'on en souloit donner avant la mortalité, tant en tasche comme en journée, & non plus. Et qui fera le contraire, le preneur & le donneur l'amenderont, comme dessus.

TITRE XXVI.

Du salaire des Batteurs de grange.

(178) BATTEURS en grange ne pourront prendre de la saint Remy jusques à Pasques, que dix-huit deniers par jour, sans despens, & non plus ; & s'ils battent en tasche d'argent, douze sols du muid de bled, & huit sols du muid d'avoine, & d'autres Mars à la mesure de Paris, & non plus. Et s'ils battent du bled, ils auront & prendront au vingt, & non au-dessous, & non plus. Et qui fera le contraire, le preneur & le donneur l'amenderont, comme dessus. Et seront tous marchez faits avant ces presentes Ordonnances ramenez audit prix.

TITRE XXVII.

Du salaire des Charretiers, des Vachers, des Bergers, & des Porchers.

(179) CEUX qui meneront fiens és terres, ou és vignes, ne prendront pour journée à deux chevaux à charrette, ou à tomberel, que huit sols par jour, sans despens, & non plus. Et qui fera le contraire, il l'amendera comme dessus.

(180) Ceux qui meneront charroy, vins, grains, fruicts, feurres, ou autres choses, n'auront, ou prendront pour deux chevaux que douze sols par jour, & à

NOTES.

(l) Epidemie.] Ἐπιδήμιος. Maladie populaire.

JEAN I.er & selon d'autres, Jean II. le penultiéme du mois de Fevrier 1350.

trois chevaux, quinze sols, sans despens, & non plus, & de moins de journée à l'advenant, & à un cheval à l'advenant, & un tomberel à un cheval quatre sols, de la Toussaints jusques au premier jour de Mars; & de Mars jusques à la Toussaint cinq sols, & non plus. Et qui fera le contraire, il l'amendera, comme dessus. Qui meilleur marché en pourra avoir, si le prenne.

(181) Un Vacher qui gardera trente vaches ou plus, n'aura, ou gagnera que cinquante sols l'an, & non plus. Et qui moins en gardera, à la valuë; avec tels despens comme on a accoustumé donner à Vacher avant la mortalité. Et qui fera le contraire, il l'amendera, comme dessus.

(182) Vachers, Porchers, & Bergers de commun, auront & prendront ce qu'ils souloient prendre anciennement avant la mortalité, pour la garde des bestes qu'ils garderont: & Bergers qui seront à Maistres speciaux, septante sols l'an, & non plus. Et qui pour moins les pourra avoir, si le prenne. Et qui fera le contraire, il l'amendera, comme dessus.

(183) Un Charretier aura de la saint Martin d'hiver jusques à la saint Jean, soixante sols, & non plus; & de la saint Jean jusques à la saint Martin, quatre livres, & non plus, les meilleurs, & les autres au-dessous, avec leurs despens de boire & de manger, tels comme l'on a accoustumé donner à Charretiers avant la mortalité; & nul ne leur en pourra donner plus grand loyer. Et ceux qui ja sont alloüez, reviendront audit prix, & ne pourront laisser leurs Maistres, ains seront contraints à parfaire leur temps, & tiendra lieu au bailleur ce qu'il aura baillé outre le prix dessus dit, & les Charretiers qui ont accoustumé aller à journée à l'hyver, six deniers, & l'esté huit deniers, & leurs despens jusques au souper. Et si aucun en y avoit qui plus en donnast, ou fist à aucun courtoisie par maniere de salaire, le donneur & le preneur l'amenderont, comme dessus.

TITRE XXVIII.

Du salaire des Chambrieres.

(184) LES Chambrieres qui servent en houbillant les vaches, & font le service des Villes, gagneront, & auront de la saint Martin jusques à la saint Jean, vingt sols; & de la saint Jean jusques à la saint Martin d'hyver, trente sols, le plus fort, & non plus; & les autres à la valuë, avec leur chaussement: & celles qui à present sont en service, ne le pourront laisser, jusques à la fin de leur terme. Si elles sont plus alloüées, si n'auront-elles plus. Et qui fera le contraire, il l'amendera, comme dessus.

(185) Chambrieres qui servent aux Bourgeois de Paris, & autres quelconques, prendront & gagneront trente sols l'an, le plus fort, & non plus; & les autres à la valuë, avec leur chaussement. Et *Nourrices* cinquante sols, & non plus: & si elles sont en service ne le pourront laisser jusques à la fin de leur terme. Et qui fera le contraire, il l'amendera.

TITRE XXIX.

Du salaire (m) *des Nourrices, & des Recommanderesses.*

(186) NOURRICES nourrissans enfans hors de la maison du pere & de la mere des enfans, gaigneront & prendront cent sols l'an, & non plus; & celles qui ja sont alloüées, reviendront audit prix, & seront contraintes faire leur temps. Et qui fera le contraire, il sera à soixante sols d'amende, tant le donneur comme le preneur.

(187) Les Recommanderesses qui ont accoustumé à loüer Chambrieres, & les Nourrices, auront pour commander, ou loüer une Chambriere, dix-huit deniers tant seulement, & d'une Nourrice deux sols, tant d'une partie, comme d'autre. Et ne les pourront loüer ne commander qu'une fois l'an. Et qui plus en donnera & en

NOTES.

(m) Des Nourrices & Recommanderesses.] Voyez la nouvelle Declaration du Roy du premier Mars 1727.

prendra, il l'amendera de dix sols: & la Commanderesse qui deux fois en un an louëra Chambriere, ou Nourrice, sera punie par prinse de corps au Pillory.

JEAN I.er & selon d'autres, Jean II. le penultiéme jour du mois de Février 1350.

TITRE XXX.

Des Charrons.

(188) CHARRONS auront & prendront d'une rouë neuve de bon bois seize sols, d'un aissel vingt deniers, d'une herse deux sols, d'un chartin neuf garni huit sols, & du meilleur dix sols, & des choses du mestier, à la valuë, & d'une charruë neuve dix sols, & non plus; & de ce qu'ils rappareilleront, le tiers plus de ce qu'ils avoient avant la mortalité. Et si plus prennent des choses dessus dites, ils l'amenderont.

TITRE XXXI.

Des Ferrons, & Marchands de fer.

(189) TOUTES manieres de Ferrons, & vendeurs de fer en gros, & à destail, auront & prendront deux sols parisis d'acquest pour livre, & non plus; & ce jureront tenir & garder, à peine de forfaire la marchandise, & d'amende volontaire.

(190) Ceux qui ferreront les charrettes, ne prendront, n'auront pour ferrer de neuf une charrette, que six sols, & des autres cinq sols, & non plus.

TITRE XXXII.

Des Fevres, & des Mareschaux.

(191) LES Fevres, & les Mareschaux qui font houës, picqs, scies, clefs, ferrures, & autres œuvres de fer, ne prendront, ou auront que le tiers plus outre ce qu'ils en prenoient avant la mortalité. Et s'ils font le contraire, ils l'amenderont comme dessus.

(192) Les Mareschaux qui ferrent les chevaux, ne pourront prendre n'avoir d'un fer neuf à palefroy, ou à roussin, de *fer d'Espagne*, que dix deniers, & de *fer de Bourgongne* neuf deniers; & pour chevaux de harnois des plus grands sept deniers, & des autres six deniers, & au-dessous, & non plus: & feront les tasches prises pardevant ramenées à la valeur. Et s'ils font le contraire, ils l'amenderont comme dessus.

TITRE XXXIII

Des Bourreliers.

(193) TOUTES manieres de *Bourreliers* n'auront, ne prendront d'une selle de limons que douze sols de la meilleure, & au-dessous: du collier de limons garni de brasseures, d'astellets, douze sols, du collier de traiz garni d'astelets & de billots, huit sols: d'une avaloüere garnie de merliers de cuir la meilleure huit sols, & les autres au-dessous: d'une dossiere la meilleure huit sols, & au-dessous: de foureaux de traiz à tout la dossiere & la ventriere les meilleurs sept sols, & pour charruë cinq sols, & autres choses dépendans du mestier, à la valuë. Et prendront d'appareiller aucunes des choses dessus dites, le tiers plus qu'ils ne prenoient avant la mortalité. Et si plus en prennent, ils l'amenderont, comme dessus.

TITRE XXXIV.

Des Couturiers.

(194) LES *Tailleurs* & *Cousturiers* de robbes ne prendront & n'auront pour

JEAN I.er & selon d'autres, Jean II. le penultiéme jour du mois de Fevrier 1350.

faire & tailler robbes de la commune & ancienne guise, de *surcot*, cotte & chaperon, que cinq sols, & non plus, & si le chaperon est double, six sols: & pour la façon d'une cloche double trois sols, & la sangle à l'advenant. Et pour la façon d'une housse deux sols; & de la façon d'une housse longue & à chaperon, trois sols, & non plus: & des robbes à femme, si comme elles seront. Et qui voudra avoir robbes *déguisées*, autres que la commune & ancienne guise, il en prendra le meilleur marché qu'il pourra. Et s'ils font le contraire, ils l'amenderont, comme dessus.

(195) Les *Cousturiers* qui feront les robbes-linges, prendront & auront de la façon d'une robbe-linge à homme, d'œuvre commune, huit deniers; & de la chemise à femme, d'œuvre commune, quatre deniers, & non plus, & des autres œuvres de linge à la valuë. Et qui fera le contraire, il l'amendera, & de rappeller comme dessus.

TITRE XXXV.

Des Pelletiers, & Foureurs de robbes.

(196) LES *Pelletiers* pour *fourrer robbes* de neuf *(n)* de *Vaïr*, ou d'agneau, prendront & auront pour fourer *(o) Surcot* & chapperons, de robbes faites à la commune & ancienne guise, deux sols. Et pour fourer une *Housse*, ou *Cloche*, & *Chaperon*, trois sols, & non plus: & des robes à femme à la valuë, si comme elles seront. Et qui voudra fourer sa robbe autrement qu'à la commune & ancienne guise, comme de trop longues manches, ou de les faire *(p) herminer*, prenne le marché meilleur qu'avoir il en pourra. Et qui fera le contraire, il l'amendera.

TITRE XXXVI.

Des Chaussetiers.

(197) LES *Chaussetiers* ne prendront, n'auront pour la façon d'une paire de chausses à homme, que six deniers, & à femmes & enfans, quatre deniers, & non plus.

(198) Ceux qui les appareillent, ne prendront pour mettre un avant-pied en une chausse, que deux deniers, & s'ils sont neufs, que trois deniers, & s'ils sont de leur drap, que quatre deniers, & non plus: & pour mettre une piece és avant-pieds, ou de coudre la chausse, deux deniers. Et s'ils font le contraire, ils l'amenderont.

TITRE XXXVII.

Des Tondeurs de draps.

(199) LES *Tondeurs* de draps ne prendront, n'auront pour retondre une aune de Roy, que quatre deniers, & d'un marbre, ou d'autres draps de vingt aunes, que quatre deniers pour aune: & d'un drap de vingt-quatre aunes, que cinq deniers pour aune: d'une escarlate, que douze deniers de l'aune; & si elle est tonduë à l'envers, que dix-huit deniers de l'aune, & non plus, & des gros draps pour valets & laboureurs, trois deniers de l'aulne. Et si plus ils en prennent, ils l'amenderont, comme dessus.

NOTES.

(n) De Vair.] Variis pellibus. Voyez du Cange dans la premiere Dissertation sur Joinville pag. 133. Fauchet des Chevaleries, ch. 2.

(o) Surcot.] Voyez du Cange sur Joinville *& in Glossario columna 902. 1027. 1028.*

(p) Herminer.] C'est-à-dire fourer d'*Hermine*, qui est une espece de Rat, dont parle *Pline* liv. 8. ch. 37. & *Ælian* liv. 6. ch. 40. 41. liv. 1. chap. 11. Comme ces peaux venoient d'*Armenie*, qu'on nommoit anciennement *Hermenie*, elles ont esté nommées *Hermines.* Voyez du Cange dans sa premiere Dissertation sur Joinville, pag. 130. 131.

TITRE XXXVIII.

JEAN I.er & selon d'autres, Jean II. le penultiéme jour du mois de Fevrier 1350.

Des Maçons, & des Couvreurs.

(200) LES *Maçons* & les *Recouvreurs* de maisons ne prendront, ni n'auront de la sainct Martin d'hyver jusques à Pasques, que vingt-six deniers pour journée, & leur aide que seize deniers, & non plus: & de Pasques jusques à la sainct Martin, que trente-deux deniers, & l'aide que vingt deniers. Et semblablement *Tailleurs* de pierres & *Charpentiers*, & leurs aides non plus. Et si plus en prennent, ils l'amenderont; & aux Villages au-dessous, selon le feur.

TITRE XXXIX.

Des Plastriers.

(201) NUL Plastrier ne pourra vendre plastre cuit le muid, depuis la sainct Martin d'hyver jusques à Pasques, outre petit pont, que vingt-quatre sols, rendu dedans les portes, & non plus, & outre le grand pont, rendu dedans les portes, que vingt sols, & non plus: & depuis Pasques jusques à la Toussaincts, le muid outre petit pont rendu dedans les portes, ne sera vendu que dix-huit sols, & dehors à l'advenant, & non plus; & outre le grand pont dedans les portes, que quinze sols, & non plus, & dehors à l'advenant, & qui meilleur marché en pourra avoir, si le prenne. Et qui plus le vendra ou donnera, il sera en amende de soixante sols chacune fois qu'il le fera, en laquelle celuy qui l'accusera aura le quint: Et sera cette Ordonnance chacun an une fois, ou deux remuée, si mestier est.

(202) *Batteurs de plastre* auront & prendront pour journée, du muid, le tiers plus qu'ils n'avoient avant la mortalité, & aussi en tasche. Et qui plus en donnera & prendra, il l'amendera.

TITRE XL.

Des Marchands de Sel à Paris.

(203) *Item.* TOUS Marchans qui ameneront sel pour vendre à la Saulnerie à Paris, depuis qu'ils l'auront entamé, & mis à feur, ou à prix, ils ne le pourront encherir, ne mettre à plus haut prix en la nef, que celuy qui mis y sera. Et si ainsi estoit que pour cause, ou pour la volonté du Marchand, ou vendeur, ils le voulissent lever & mettre en grenier, faire le pourront. Mais ils pourront estre contraints par le Prevost de Paris, ou l'un des Auditeurs du Chastelet, appellé le Procureur du Roy, & le Prevost des Marchands, après quarante jours, mettre leur sel à taverne, si mestier est, & à prix convenable, eu regard au prix qu'ils l'achepteront, & au temps qu'ils le vendent, & à la monnoye, & par leur serment. Et leur sera ordonné sur ce prix convenable par les dessus nommez, eu regard au temps dessus dit: & ne le pourront encherir puisque le grenier sera ouvert, & mis à feur. Et seront aussi contraints à le faire lesdits Marchands qui auront sel en grenier par les dessus dits, ou par l'un d'eux. Et s'ils font le contraire, ils l'amenderont à volonté, & perdront la marchandise.

(204) *Item.* Que depuis que le sel sera meu d'aucuns lieux pour venir à Paris, nul ne le pourra, ne devra acheter, par terre ne par riviere, pour revendre à Paris, si ce n'est par la maniere dessus dite, n'au port aussi. Et quiconque fera le contraire, il perdra la marchandise, & l'amendera.

(205) Nul Marchand de Paris qui achetera sel en la nef, ou en grenier, pour revendre à Paris, ne pourra acheter à une fois, ne tenir en son hostel, ni ailleurs, qu'un *muid de sel*; mais en pourra chacun acheter hors de Paris, & le mettre en

JEAN I.er & selon d'autres, Jean II. le penultiéme jour du mois de Fevrier 1350.

grenier pour revendre, en la maniere que dessus est dit. Et s'ils font le contraire, ils perdront la marchandise, & l'amendera.

(206) Les *Honoüars* porteur de sel, auront & prendront en la maniere qu'ils ont accoustumé de long-temps, selon le registre de la marchandise, & non plus, sur peine d'amende, & de perdre leur Office.

TITRE XLI.

Des Marchands de foin.

(207) NUL Marchand de foin, n'autre, ne pourra aller contre le foin qui vient à Paris, par terre, ou par eau, pour acheter, ne marchander avant que ledit foin soit venu au port à Paris, ne quand il sera venu au port, pour le revendre en gros au port, sur peine d'amende. Et auront les *lieurs* de foin pour lier un millier de foin de *l'œuvre de Paris*, à deux liens, deux sols, & à trois liens deux sols six deniers: & de *l'œuvre de Roüen*, trois sols, & non plus n'en pourront prendre. Et qui plus en prendra & donnera, il l'amendera à volonté.

(208) Nul ne pourra descharger nef, ou charrette à charge de foin, que l'on portera pour vendre à Paris, puisque la premiere fois sera chargée, jusques à tant que ladite nef, ou charrette chargée soit venuë en la Ville, ou au Port de Paris, si ce n'est en cas de necessité: ne n'osera aussi nul mesler foin avec celuy qui sera en la nef, sur peine de perdre le foin, & de l'amende. Et ne pourront pigner, deslier, n'estancher le foin de *Roüen* pour appetisser ; mais le vendront tel comme il sera venu, à la peine dessus dite.

TITRE XLII.

Toutes les marchandises, à l'exception du sel, ne seront venduës plus cher qu'aux Foires.

(209) NULS Marchands, puisque les choses dont ils marchanderont seront asseurées, ne les pourront mettre en greigneur prix, excepté marchandise de sel, dont il est ordonné autrement cy dessus, sur peine de perdre les denrées, & de l'amende.

TITRE XLIII.

De la vente du charbon.

(210) SI-TOST comme le charbon sera chargé en la nef dedans l'eau, qu'il n'ait que deux jours de séjour, & ceux qui l'ameneront le mettront à la voye de l'amener, ou à la Ville, ou ils voudront venir, si par necessité de temps ne demeure. Et quand ils seront arrivez au port à Paris, ils l'auront asseuré, & mis à taverne dedans le tiers jour au plus tard. Est deffendu & crié de par le Roy, que nul n'achete en riviere, n'en Ville, charbon pour revendre à Paris, entre Pasques & la Toussainćts, sur peine de perdre le charbon, & de l'amender au Roy.

(211) Quiconque voudra amener charbon à Paris, à charroy, ou à sommage, faire le pourra, si en telle maniere, que dès qu'il sera parti du lieu où il sera pris pour venir à Paris, & sera entré en la Ville de Paris, il sera tenu de mener le charbon parmi ladite Ville, & le vendre s'il peut sans descharger, ne mettre en sa maison, ou grange, ne muer de sac en autre: & au cas qu'ils ne le pourront vendre icelle journée, ils seront tenus de le mener, porter, & faire descendre en la place de Greve à Paris, devant la maison en *la Tournelle, qui est le droićt lieu accoustumé* à Paris à vendre charbon. Et qui fera le contraire perdra ses denrées, & l'amendera chacune fois qu'il en sera reprins.

JEAN I.er & selon quelques-uns, Jean II. le penultiéme jour du mois de Fevrier 1350.

TITRE XLIV.

Des Mouleurs de bois, des Mesureurs de charbon, & des Marchands qui les vendent.

(212) EN la Ville de Paris n'aura que *cinquante Mesureurs* de busches tant seulement: & ne pourront prendre de compter un cent de busches, ne mouler busches, plus que par Ordonnance faite anciennement, au parloüer aux Bourgeois, a esté ordonné.

(213) Si-tost que la busche & le charbon seront arrivez au Port, lesdits Mesureurs viendront pardevers le Prevost des Marchans, & aux Eschevins de la Ville de Paris, pour asseurer la busche & le charbon près le tiers jour, sur peine de perdre leur Office, & de soixante sols d'amende.

(214) Si-tost que la busche & le charbon seront arrivez au Port en Greve, & en la place aux Marchans, celuy à qui la busche, & le charbon sera, ne le pourra vendre, si ce n'est par luy, ou sa femme, ou sa mesgnie, couchans & levans en son hostel, sur peine de perdre la marchandise. Et qui en ce commettra aucune fraude, il sera puni, comme dessus.

(215) Nul ne soit si hardy de vendre charbon ailleurs qu'en la nef, & sera tenu le Juré de la nef de bailler minot & demi minot, boissel & demi boissel, au prix du sac de charbon. Et qui trouvera à vendre charbon ailleurs qu'en la nef, il perdra le charbon, & l'amendera de soixante sols parisis, si ce n'est braise, ou charbon venant à somme.

(216) Nul Buscher, vendeur de busches, ou de charbon, puisque sa busche, ou charbon aura esté une fois à prix, ou affuré, ne le pourra rencherir, ne mettre à plus haut prix; mais chacun en ait pour le prix, qui prendre en voudra. Et qui fera le contraire, il perdra les denrées.

(217) *Item.* Que toutes fois qu'aucunes denrées seront baillées par compte à quelconques voiturer, tant par terre comme par eau, les Voituriers seront tenus de les rendre par compte. Et quiconque fera le contraire, il sera en amende volontaire, & rendra le dommage.

(218) Puisque busche est chargée en la nef, qu'elle soit amenée à Paris, là où ils voudront vendre, sans séjourner, ainsi comme charbon: & quand elle sera arrivée au port, elle sera asseurée hors feste dedans le tiers jour, & mise en vente, & qu'elle soit en la nef, ou en la place aux Marchands, ou en Greve, & soit vendu dedans le tiers jours après, & que toutes manieres de gens ayent de la busche les trois jours, & sera asseurée par le Prevost des Marchans, si comme bon luy semblera.

(219) Que depuis qu'elle sera chargée en la nef, & mise à chemin pour venir à Paris, & qu'elle sera arrivée à Paris, que nul ne la puisse acheter pour revendre audit lieu, sur peine de perdre les denrées, & d'amende volontaire.

(220) Nul Marchand depuis qu'il aura les choses dessus dites asseurées hors grenier, ne les puisse mettre en grenier; mais qu'il les vende, si comme dessus est dit. Et qui fera le contraire, il perdra la busche, & l'amendera au Roy.

TITRE XLV.

De l'eschange de l'estain neuf avec le vieil.

(221) NUL faiseur de pots & d'escuelles d'estain, ne pourra prendre, ne changer le marc vieil avec le neuf, à l'œuvre de Paris, que le tiers plus qu'ils souloient avant la mortalité, & denrées d'autres Pays à l'advenant: & de ce qu'ils vendront neuf, sans changer, ils prendront gain à l'advenant du prix de change: & ne pourront

JEAN I.er & selon quelques-uns, Jean II. le penultiéme jour du mois de Fevrier 1350.

vendre nul œuvre d'estain, si elle n'est faite à Paris: & les Marchands qui les apportent à Paris, les porteront pour vendre à la Halle ordonnée dessus dite, & non ailleurs. Et ne pourra nul acheter à Paris œuvre d'estain ouvré audit lieu, pour y revendre, sur peine de perdre le mestier, & d'amende volontaire.

TITRE XLVI.

Personne ne pourra acheter des tuilles & des carreaux pour les revendre.

(222) NUL ne pourra acheter à Paris pour revendre, tuilles ne carreaux, sur peine de perdre tuilles & carreaux, & d'amende arbitraire.

TITRE XLVII.

Des Tueurs & Saleurs de pourceaux, & des faiseurs de boudins & d'andoüilles.

(223) LES Bouchers qui tueront les pourceaux, ne pourront prendre pour tuer un pourceau, & saler, que dix-huit deniers, & non plus, & de langayer trois deniers.

(224) Les femmes qui laveront le ventre d'un pourceau, ne pourront prendre pour le laver que quatre deniers: & si l'on veut qu'elles facent andoüilles & boudins, elles auront dix deniers pour tout, & non plus.

TITRE XLVIII.

Des Porteurs d'eau, de grains, de bois, & de vivres.

(225) TOUS Porteurs d'eau, & tous autres Porteurs de grains, de busches & de vivres, & des autres choses, ne pourront prendre pour leur salaire & portage, que le tiers plus, outre le prix qu'ils prenoient avant la mortalité, eu regard aux lieux où ils porteront. Et qui plus leur donnera, il l'amendera, & celuy aussi qui le prendra sera puni de prison, & autrement, si mestier est, qui le refusera.

TITRE XLIX.

Du salaire des Porteurs de charbon.

(226) CEUX qui *portent le charbon*, ne pourront prendre pour porter un sac de charbon, dedans les portes de Paris, que quatre deniers, & hors les portes, que six deniers, & non plus; car il est ainsi ordonné d'ancienneté. Et qui fera le contraire, il perdra le mestier, & l'amendera à volonté.

TITRE L.

Nul Maistre en donnant plus à des Valets, ne les pourra tirer de chez un autre Maistre.

(227) NUL Maistre de mestier, quel qu'il soit, n'encherisse sur l'autre Maistre des valets du mestier, sur peine d'amende arbitraire.

TITRE LI.

JEAN I.er & selon quelques-uns Jean II. le penultiéme jour du mois de Fevrier 1350.

Celuy qui est Marchand, pourra encore faire un autre negoce, & celuy qui n'est pas Marchand aura la mesme liberté.

(228) TOUTES manieres de gens quelconques, qui sçauront eux mesler, & entremettre de faire mestier, œuvre, labeur, ou marchandise quelconque, le puissent faire, & venir faire: mais que l'œuvre & marchandise soit bonne & loyale, excepté ceux dont il est par special ordonné en ces presentes Ordonnances, & leur marchandise apporter & vendre à Paris, en la maniere que dessus est ordonné.

TITRE LII.

Que chacun peut avoir autant d'Apprentifs qu'il en aura besoin.

(229) TOUTES manieres de mestiers, Laboureurs, & ouvriers, de quelque mestier qu'ils se meslent, ou entremettent, pourront avoir, prendre & tenir en leurs hostels, tant d'apprentifs comme ils voudront, à temps convenable, & à prix raisonnable.

(230) Toutes manieres de valets servans à année, de quelque mestier ou service qu'ils soient, & s'entremettent, desquels expresse mention est faite cy-dessus en special, ne pourront prendre selon ce qu'ils feront, & sçauront faire, que le tiers de ce qu'eux, & autres semblables de leur mestier faisoient & prenoient, avant la mortalité de l'épidemie. Et quiconque s'efforcera, soit bailleur, ou preneur, de faire le contraire, il sera en amende volontaire.

(231) Item. Nulle personne qui prenne argent pour son salaire, pour journée, ou pour ses œuvres, ou pour marchandise qu'il face de sa main, ou face faire en son hostel pour vendre, & desquels il n'est ordonné en ces presentes Ordonnances, ne pourra pour sa journée, salaire, ou deniers, prendre que le tiers plus de ce qu'il prenoit avant la mortalité, sur les peines dessus contenuës.

TITRE LIII.

Les Marchands qui ne sont pas ouvriers, ne prendront que deux sols de profit par livre des marchandises qu'ils débiteront.

(232) NULS Marchands, vendeurs de denrées qui vendent en leur hostel pour regaigner, & ne les font pas, desquels il n'est ordonné par special dans ces presentes Ordonnances, ne pourront prendre de *vingt sols* que deux sols d'acquest seulement, & le jureront.

(233) Item. Les femmes qui se loüeront pour aucune besongnes faire en la Ville de Paris, ne pourront prendre par jour que *douze deniers*, sans despens, & si elles ont despens, six deniers, & non plus.

TITRE LIV.

De l'estat des Vuidangeurs, appellez Maistres Fifi.

(234) POURCEQUE grande necessité est d'avoir plus d'ouvriers és chambres basses (que l'on dit courtoises) qu'il n'a à present en la Ville de Paris, & ailleurs, toutes manieres de gens, Maçons, ou autres ouvriers, de quelque mestier que ce soit, pourront faire ledit mestier, & retourner à leur mestier, sans que pour cause de ce

JEAN I.er & selon quelques-uns, Jean II. le penultiéme jour du mois de Fevrier 1350.

ils puissent estre contraints par les ouvriers & Jurez du mestier, qu'ils ne puissent, & ne doivent ouvrer du mestier dont ils seront paravant, & qu'ils ne puissent ouvrer avec eux, sans ce qu'ils les en puissent, ou doivent débouter. Et qui fera le contraire, il l'amendera, & sera privé du mestier. Et quiconque leur dira vilenie, il l'amendera d'amende volontaire, autres qu'amendes accoustumées en cas d'injures, & à volonté, selon les persones.

TITRE LV.

De tous les Marchands en general.

(235) TOUS Marchands de soye, d'armure, toilles, suifs & gresses, laines, de draps d'or, de tout avoir & poids, & de joyaux d'or, ou d'argent, ceintures, couronnes, & paremens petits, de toute mercerie, & de toutes autres marchandises & denrées, quelles qu'elles soient, lesquels ceux qui les vendent ne les font mie, mais les vendent pour regaigner, & desquels marchandises il n'est ordonné en ces presentes Ordonnances par special, ceux qui les vendront ne pourront prendre que deux sols pour livre d'acquest, eu esgard à ce qu'elle leur avoit cousté renduë en leur hostel à Paris tant seulement: & ce jureront tenir lesdits Marchands. Et s'il est trouvé le contraire, ils l'amenderont, & perdront la marchandise, & celuy qui les accusera aura le quint de l'amende.

(236) Tous Tisserans de draps, Teinturiers, faiseurs de toiles, Foulons, Fileresses, Pigneresses, ne pourront prendre pour leur salaire que le tiers plus outre de ce qu'ils prenoient avant la mortalité. Et s'ils font le contraire, ils l'amenderont.

(237) Tous vendeurs d'huile, qui l'acheteront des Marchands de dehors pour revendre, ne pourront prendre que *deux sols* d'acquest pour livre, & autant de celle qui est en leur maison, comme de celle de dehors; & ce jureront. Et s'ils font le contraire, ils l'amenderont à volonté.

(238) Lanterniers & Soufflétiers ne prendront pour leur marchandise que le tiers plus qu'ils faisoient avant la mortalité. Et s'ils font le contraire, ils l'amenderont.

(239) Toutes manieres de Marchands de *parchemin* en gros, ou autres, ne pourront prendre pour acquest de revendre leur parchemin, que *deux sols* Parisis pour livre; & toutes manieres de Regratiers de parchemin auront acquest, selon le feur dessus dit.

(240) Toutes manieres de Ratureurs de parchemin ne pourront prendre de la plus grande douzaine de parchemin raire d'une part & d'autre, & pour ce, que *huit deniers parisis*, de la moyenne après, *six deniers*, & de l'autre *quatre deniers*, & non plus.

(241) Toutes manieres de Marchans, Espiciers, Drappiers, Pelletiers, Lingiers, Ferrons, Armuriers, & Selliers, jureront par leurs sermens, eux, leurs femmes, & leur mesgnies, & valets, que lesdites Ordonnances ils tiendront & garderont fermement, & prendront tel acquest en leurs denrées, comme par icelles leur est ordonné & enjoint; sans ce qu'ils s'efforcent de demander, n'avoir par eux, par leurs femmes, mesures, ou autres, plus grand n'autre salaire que celuy qui leur est enjoint. Et qui sera trouvé faisant le contraire, il sera à la volonté du Roy, en corps & en biens.

TITRE LVI.

Nul hostelier, ou autre, ne peut estre Courretier, *s'il n'en a la qualité.*

(242) Item. NUL quel qu'il soit, Hostelier, ou autre, ne se puisse entremettre de faire courraterie aucune, s'il n'est ordonné à ce. Et au cas où il fera le contraire, il en sera puni d'amende volontaire.

JEAN I.er & selon d'autres Jean II. le penultiéme du mois de Fevr. 1350.

TITRE LVII.

Du salaire des Hosteliers *pour les chevaux, & des* Lavandieres.

(243) Item. LES *Hostelliers* de Paris ne pourront prendre pour chacun cheval qui sera hebergé en leurs hostels, ou maisons, pour foin & avoine le jour jusques au soir, que *seize deniers parisis*, & pour jour & nuict *trois sols*, & pour dinée & matinée, selon le prix.

(244) Toutes manieres de *Lavandieres* ne pourront prendre de chacune piece de linge lavé l'un parmi l'autre, qu'un tournois, en toutes saisons, & non plus. Et qui fera le contraire, il l'amendera à volonté.

TITRE LVIII.

Du salaire des gens de mestier.

(245) TOUTES manieres de Voiriers, Charpentiers de huches, Gantiers, Boursiers, Taxetiers, Tombiers, & Imagers, faiseurs de doubles, & Voituriers d'eau, ne pourront prendre pour leurs peines, labeurs & salaires, que le tiers plus de ce qu'ils prenoient avant la mortalité. Et qui fera le contraire, il sera en soixante sols d'amende au Roy, toutes fois qu'il en sera reprins, & en aura l'accusateur la quinte partie.

TITRE LIX.

En toutes sortes de marchandises, & en tous mestiers, il y aura visite.

(246) EN tous les mestiers, & toutes les marchandises qui sont & se vendent à Paris, aura Visiteurs, Regardeurs & Maistres, qui regarderont par lesdits mestiers & marchandises, & les visiteront, regarderont, & rapporteront les deffauts qu'ils y trouveront, aux Commissaires, & au Prevost de Paris, & aux Auditeurs du Chastelet.

TITRE LX.

Les gravois, les terres, &c. seront d'abord portez sur la voirie du Roy, & sur le champ transportez aux lieux accoustumez.

(247) QUICONQUE fera maçonner, ou faire aucuns édifices en la Ville de Paris, parquoy il luy sera mestier de mettre aucuns terreaux, pierres, merrein, gravois, ou autres choses sur la voirie du Roy nostre Sire, faire le pourra, par si & en telle maniere, que si-tost comme il commencera à mettre lesdits terreaux, pierres, merrein, gravoirs, & autres choses sur ladite Voirie, il ait les tombereaux, hotteurs & porteurs tout prests pour porter lesdits gravoirs, pierres, merrein, ou autres choses aux lieux accoustumez, en la maniere, & selon qu'ils seront ostez, & mis hors dudit hostel dont ils seront issus. Et quiconque sera trouvé faisant le contraire, il sera tenu de payer au Roy nostre Sire dix sols d'amende.

TITRE LXI.

Personne ne pourra nourrir des porcs dans la Ville de Paris.

(248) NUL ne soit si hardy d'avoir, tenir, nourrir, ne soustenir dedans les murs

JEAN I.er & selon quelques-uns, Jean II. le penultiéme jour du mois du Fevrier 1350.

de la Ville de Paris, en repos, n'en part aucuns pourceaux. Et qui sera trouvé faisant le contraire, il payera dix sols d'amende: Et seront les pourceaux tuez par les Sergens, ou autres qui les trouveront dans ladite Ville, & aura le tuant la teste; & sera le corps porté aux Hostel-Dieu de Paris, qui payeront les porteurs d'iceux.

TITRE LXII.

Pendant l'hyver personne ne doit ballayer devant sa porte, jusques à ce que la pluye soit passée.

(249) POUR quelconques *pluyes*, ou autres choses descendant des Cieux, nuls ne soient si hardis de *curer*, *ballayer*, *ou nettoyer devant son huys*, jusques à ce que *la pluye soit passée*, & esgoutée; mais laissera-t-on l'eau avoir son cours, si comme elle peut avoir de raison: Mais *l'eau passée*, quiconque voudra bouter, ballayer, ou nettoyer devant son huys, faire le pourra & devra, par tel si, que tantost ladite cureure, ou nettoyeure sera ostée, & portée aux lieux accoustumez. Et qui sera trouvé faisant le contraire, il sera tenu en ladite amende.

TITRE LXIII.

Des Boüeurs.

(250) NULS qui portent boüe, ou menent terreaux, gravoirs, ou autres choses, de nuict, ou de jour, ne soient si hardis de les laisser choir, espandre, ne mettre en ruës, mais les portent & meinent entierement aux lieux accoustumez. Et au cas où aucuns seront trouvez faisant le contraire, ils seront arrestez, & contraints à les oster à leurs despens, & seront tenus de payer amende au Roy nostre Sire.

TITRE LXIV.

Du restablissement des chaussées.

(251) CHACUNS en droit soy facent refaire *les chaussées*, quand elles ne seront *suffisantes*, tantost & sans delay, en la maniere, & selon ce qu'il est accoustumé à faire d'ancienneté des ruës, *dont le Prevost des Marchands est tenu de faire.*

TITRE LXV.

S'il y a quelque chose à changer à cette Ordonnance, le Roy députera à cet effet des Commissaires.

(252) Item. NOUS voulons & ordonnons que si en nos presentes Ordonnances, ou en aucunes d'icelles, avoit aucune correction, ou aucune chose à adjouster, ou à oster, muer, interpreter, ou de nouvel faire, tant pour le temps present, comme pour celuy à venir, que *les Commissaires* qui sur ce de par Nous sont députez, le puissent faire, ou la greigneur partie d'iceux, & sur ces choses déliberent, & conseillent avec les gens de nostre Parlement.

Ces presentes Ordonnances *furent faites par le Roy Jean l'an mil trois cent cinquante, le penultiéme jour de Janvier, & publiées au mois de Fevrier suivant, l'an premier de son Regne.*

NOTES.

Fontanon après cette Ordonnance a mis des *Letres* du Roy Loüis VI. de l'an 1115. & de Jean de Saint Leonard Prevost de Paris, qui suivent, & que l'on ne met en Notes, que parce qu'elles ne sont pas des Ordonnances.

JEAN I.er & selon d'autres, Jean II. le penultiéme jour du mois de Fevrier 1350.

NOTES.

Des Mesureurs & Arpenteurs.

A tous ceux qui ces presentes Lettres verront. Jean de *Saint Leonard* Garde de la Prevosté de Paris, *Salut.*

Sachent tous que le jourd'huy nous ont esté presentées les *Letres* du Roy nostre Sire contenant la forme qui s'ensuit.

In nomine sanctæ & individuæ Trinitatis, amen. LUDOVICUS Dei gratiâ Francorum Rex. *Notum facimus universis præsentibus pariter & futuris, quòd ad requestam Amedæi* Leiguesin *Parisiensis Burgensis utentis* Geometrica arte, *ipsum* Commisimus *&* committimus *ad* statuendum, arpentandum, *&* mensurandum terras *ubicumque fuerit in Regno Franciæ nostro, ad gagia, jura & emolumenta ad istud officium pertinentia. Propter hoc damus in mandatum Præposito nostro Parisiensi, & omnibus Seneschallis, Baillivis, Vicecomitibus, & aliis Justitiariis nostris subditis, sibi in hoc pareri, & obediri volumus, &* ipsum *post juramentum ab ipso præstitum in manibus vestris*, instituatis, *& prædicto instituto, & mandato nostro, & cujuslibet vestrûm obediatur. Quod ne cujusque usurpatoris temeritate* infirmari *valeat, Literarum memoriæ commendari, & nominis nostri caractere, sigillo sigillari, & corroborari fecimus Parisius.* Anno Incarnationis Verbi millesimo centesimo decimo quinto, *Regni verò nostri septimo. Adstantibus in Palatio, quorum nomina subtitulata sunt & signa.* SIGNUM *Ancilli Dapiferi,* SIGNUM *Guilberti fratris ipsius Cubicularii,* SIGNUM *Guidonis Constabularii,* SIGNUM *Guidonis Camerarii.* Data *per manum P. L. R. Stephani Cancellarii.*

Et le jourd'huy nous ait esté requis par *Antoine Perdrier* bien instruit en l'Art de Geometrie, & *Mesureur* Juré des terres en la Ville, Prevosté, & Vicomté de Paris, & ailleurs, que les coustumes & usages, qui anciennement avoient esté entretenus, & gardez par nos predecesseurs Prevosts de Paris, fussent entretenus & gardez, & de mieux augmentez, qui en la presence des gens & Officiers du Roy nous ont esté baillez par escript, sont en la forme qui s'ensuit.

Premierement que tous *Mesureurs, & Arpenteurs* de terres soient *francs de peages, ports, ponts, passages, barrages,* travers, & d'impositions de toutes choses *venans de leur creu,* ainsi que le Roy nostre Sire le veut & mande par ses *Lettres*, desquelles il a fait prompte foy, & pour les causes dedans *contenuës.*

2.° *Item.* Que nul ne pourra doresnavant estre receu au serment de *Mesureur de terres,* s'il n'est *tesmoigné* par gens de foy, bons, prud'hommes, sans aucun reproche, & connoissans & experts audit art & science, & non autrement. Pour ce que ce seroit inconvenient d'y commettre homme qui ne fust *expert* & de bonne conscience, pource qu'ils soient *creus* des rapports & tesmoignages qu'ils font à Justice & des partages & divisions de terres entre les parties.

3.° Celuy qui voudra estre reçû Juré *Mesureur*, doit sçavoir toutes Ordonnances & coustumes de Bailliage, ou Prevosté, où il sera demourant, sur le fait des *partages* & divisions des terres & des *bornes divisées, & assietes* qui y sont, & qui signifient, pource que les coustumes & usaiges sont differens en plusieurs lieux.

4.° Nul *Mesureur* en faisant sondit Office, ne pourra entreprendre sur les *Voiries*, sur peine *de dix sols*, mais les garder toujours en largeur; c'est assavoir les Voiries du Roy de *seize à dix-huit pieds* du moins, & les autres selon l'ancien usage, & pareillement les *sentiers* à pied & à cheval, ainsi que d'ancienneté auront esté entretenus, au dict des plus anciens, qui de ce seront assermentez.

4.° *Item.* Doit *ledit Mesureur* faire serment de mesurer & assoir bien justement & loyaulment, sur ladite peine, & d'estre *privé* & banni. Lesquelles choses ont esté advisées estre justes & raisonnables, & luy ont esté accordées, ainsi que nostredit Seigneur le commande par ses letres, ausquelles ces presentes sont annexées. En tesmoin de ce Nous avons mis à ces Letres le Seel de la Prevosté & Vicomté de Paris. *L'an douze cens quatre-vingt-seize*, le Jeudy aprés la saint Lucas. Ainsi signé P. DE CLERMONT.

*Il y a ensuite dans Fontanon une Ordonnance d'*Hugues Aubriot *Prevost de Paris, & qu'on ne met icy qu'en Notes par cette raison.*

Des Courratiers de chevaux.

A tous ceux qui ces presentes Letres verront. *Hugues Aubriot* Chevalier, Garde de la Prevosté de Paris, *Salut.*

Sçavoir faisons que pour obvier aux fraudes, deceptions, mauvaisetez, qui ont esté faites au temps passé, & qu'on fait de jour en jour, & pourroit-on en faire au temps à venir, au fait de marchandise de chevaux vendus à Paris, *Nous* pour le bien & utilité du commun peuple, desirant de tout nostre pouvoir y pourvoir de remede, par bonne deliberation de conseil, & appellez à ce les Marchans, & autres gens à ce connoissans, avons fait *certaines Constitutions* & Ordonnances sur ledit fait des *Courratiers de chevaux* de ladite Ville, en la maniere qui s'ensuit.

Et *Premierement* quiconque voudra estre *Courratier de chevaux* à Paris, estre le pourra, pourveu qu'avant toute œuvre, il soit *tesmoigné* estre à ce suffisant & convenable, par six, ou quatre notables Marchands de chevaux de ladite Ville, non favorables ausdits *Courratiers*, & à ce receus & instituez pardevers *le Clerc* de la Prevosté de Paris, & qu'il baillent chascun caution *de trente livres* parisis, pour restituer les dommages & interests qu'ils pourroient avoir fait par leur coulpe ou deffaut, laquelle caution sera enregistrée devers ledit *Clerc.*

JEAN I.er & selon quelques-uns, Jean II. le penultiéme jour du mois de Fevrier 1350.

NOTES.

2.° *Item.* Que nul ne puisse avoir salaire aucun, s'il n'est appellé par *l'acheteur.* Et si-tost comme l'acheteur le refusera, ou luy donnera congé de s'en aller, qu'il soit tenu de soy en aller, & de partir.

3.° *Item.* Que nul *Courratier* ne puisse prendre, ni avoir salaire de *marché de chevaux* qui facent vendre, fors que des vendeurs seulement.

4.° Nul *Courratier* ne peut demander, avoir, ne prendre pour son salaire de chevaux dont il sera *Courratier*, que *six deniers pour livre* de tant que le marché montera.

5.° Ne aucun Marchand ne puisse, ou doive donner, ne prometre en appert, ne en couvert, plus grand salaire que six deniers pour livre.

6.° A un marché, ou Foire, ne peut avoir que *deux Courratiers* au plus.

7.° *Item.* Si il avenoit qu'à un marché, ou Foire y eust *deux Courratiers*, toutesfois ne pourront-ils demander, avoir, ne prendre *pour deux* que lesdits *salaires de six deniers parisis* pour livre.

8.° Les *Courratiers* seront tenus de dire & dénoncer à l'acheteur *tous les vices apparens*, ou *latens*, qu'ils pourroient sçavoir bonnement sur les chevaux, sur peine de rendre l'interest de perte, jusques à ladite somme de *trente livres*, & d'estre privez de leurs Offices, si le cas le requiert, à *l'Ordonnance* de Nous, ou *nos successeurs Prevosts de Paris.*

9.° Quiconque mesprendra és choses dessus dites, ou en aucunes d'icelles, il sera puni *d'amende volontaire* par Nous, ou nos successeurs *Prevosts de Paris.* Lesquelles Ordonnances Nous avons fait publier au *Chastelet* de Paris, en la presence de plusieurs desdits Marchands & *Courratiers* de chevaux, & de la greigneure partie, & les leur avons commandé de *garder* & accomplir chacun en droit soy: Et neamoins pour icelles Ordenances faire plus notoirement, & afin qu'aucun n'en puisse pretendre juste cause d'ignorance, *Nous avons ordonné & ordonnons* qu'elles seront publiées és *Carrefours* de la Ville de Paris, & autres lieux accoustumez à faire cris notables à Paris, & mesmement au marché aux chevaux de la Ville de Paris, & autres lieux accoustumez par *le Crieur*, &c. En tesmoing de ce Nous avons fait mettre à ces Letres le Sel de la Prevosté de Paris. Ce *fut fait & passé le Mercredy dix-huitiéme jour de Juillet, l'an de grace mil trois cent soixante-quinze*, par *Jacques Aubril* lors Prevost.

Autres anciennes Ordonnances du Prevost de Paris touchant les Courratiers de chevaux.

IL est establi par *la Cour au Prevost de Paris*, & par les *Preud'hommes*, que nul *Courratier* de chevaux ne peut prendre d'un vendeur d'un *cheval*, que *six deniers* au plus de la livre, moins s'il veult; & que les *Courratiers* conseilleront *l'acheteur* de bonne foy; & que nul *hostelier* ne peut estre *Courratier de son hoste*, ne partir au *Courratier* son *hoste*; & que les Marchands qui les chevaux vendront, n'en pourront donner que *six deniers* au plus de la *livre.* Et s'il avenoit que le *Marchand & Courratier* allassent contre cet *establissement*, ils le feront sçavoir au *Prevost de Paris*, & de toutes ces choses doivent-ils faire serment, &c.

Ordonnances faites par la Chambre ordonnée par François I. en 1553. au temps des Vacations, concernant la Police de la Ville & Fauxbourgs de Paris, pour obvier au danger de la peste, &c.

LA Chambre *ordonnée par le Roy* au temps des Vacations, aprés recit fait en icelle, de l'avis & deliberation fait en la Chambre du Conseil, pour mettre provision, & obvier au danger de peste à present regnant en cette Ville de Paris & Fauxbourgs d'icelle, & oüy sur ce les Procureur General du Roy, Lieutenant Criminel de la Prevosté de Paris, Prevost des Marchands & Eschevins de cette Ville de Paris, pour ce mandez en ladite Chambre, *Commande & enjoint*, pour obvier audit danger de peste, à tous proprietaires & locatifs des maisons estant en cettedite Ville de Paris, esquelles depuis deux mois en çà ont esté malades aucunes personnes de peste, ou allé de vie à trespas, & qui aprés la publication de cette presente Ordonnance pourront estre malades, qu'ils ayent à mettre és fenestres desdites maisons, ou autres lieux plus apparens *une Croix de bois*, & au milieu de la principale porte, huis & entrée d'icelles maisons, *une autre Croix de bois* eslevée & affichée contre lesdites portes & huis, à ce que chacun en puisse avoir cognoissance, & s'abstenir d'y entrer. Et leur deffend oster, ou faire oster lesdites Croix, directement, ou indirectement, jusques à deux mois aprés qu'elles y auront esté mises, sur peine d'amende arbitraire.

2.° Aussi commande & enjoint à toutes personnes qui ont esté malades, & qui cy-aprés seront malades de ladite maladie de peste, & à tous ceux de la maison & famille, où auront esté & seront malades lesdites personnes, qu'ils ayent à porter en leur main, en allant & venant, par cette dite Ville, *une verge blanche*, ou *baston blanc*, sur ladite peine.

3.° Pareillement deffend ladite Chambre à toutes personnes de quelque estat, qualité ou condition qu'elles soient, *apporter*, ou *faire apporter* en *cette Ville & Fauxbourgs d'icelle*, des autres Villes, & Villages, & autres lieux, & aussi de transporter, ou faire transporter d'une maison, chambre, ne autre hostel, ou logis où on se seroit mort, ou qu'il y eust danger de peste, en autres hostels, chambres,

NOTES.

JEAN I.er & selon quelques-uns, Jean II. le penultiéme jour du mois de Fevrier 1350.

NOTES.

greniers, ne autres logis de cette dite Ville, aucuns *lits*, *couvertures*, *loudiers*, *couftes-pointes*, *draps de laine*, *farges*, *auflades*, *couftes-fimples*, ne autres biens où *la pefte fe peut retenir*, foit que lefdits biens leur appartiennent par fucceffion, ou autrement en quelque maniere que ce foit. Mais leur enjoint qu'ils delaiffent lefdits biens és lieux, où on fe feroit mort, ou aura eu *danger de pefte*, jufques à ce qu'il leur foit permis les tranfporter par ladite Chambre, ou Prevoft de Paris, ou fondit Lieutenant Criminel, fur peine de *confifcation de corps & de biens*.

4.° Et outre deffend ladite Chambre à tous *Fripiers*, *Prifeurs* de biens d'inventaire, Coûturiers, Rhabilleurs d'habillemens, Colporteurs, Colporteresses, Revendeurs d'habillemens, & à toutes autres perfonnes de quelque eftat qu'elles foient, auffi à tous Sergens de Roy, & de toutes autres terres & Seigneuries, eftant en cette dite Ville & Fauxbourgs d'icelle, de vendre, & expofer en vente en cettedite Ville & Fauxbourgs d'icelle, fouz couleur de vendre biens par Juftice, & autrement, aucuns defdits *licts*, *couvertures*, *loudiers*, *couftes-pointes*, *farges*, *auflades*, *habillemens*, *robbes*, *fayons*, *draps de laine*, *ne de linge*, *& generalement* tous autres biens, où *la pefte & mauvais aër* fe peut retenir, fur ladite peine de confifcation de corps & de biens.

5.° Semblablement deffend icelle Chambre à toutes perfonnes quelconques, d'aller aux eftuves, aux proprietaires & locatifs d'icelles eftuves les chaufer, jufques après le jour & Feftes de Noël prochainement venant, fur peine de punition corporelle.

6.° Au furplus deffend ladite Chambre à tous *Chirurgiens* & *Barbiers*, qu'ils ne foient fi ofez, ne fi hardis, *de porter & jetter, ou faire porter & jetter les fangs des perfonnes malades*, de quelque maladie que ce foit, foit par eux, ou aucun d'eux faignez, en la Riviere de Seine, ne ailleurs en cettedite Ville de Paris. Mais leur enjoint les porter, ou envoyer hors cettedite Ville, fçavoir eft en ladite riviere *de Seine*, au-deffouz de *l'écorcherie aux chevaux*, fur peine de prifon, & amende arbitraire.

8.° Auffi deffend ladite Chambre à tous lefdits *Chirurgiens & Barbiers*, qui auront fait les faignées de maladie *de pefte*, eux entremettre de *leur art & pratique*, ou *meftier*, *fur le corps des perfonnes faines*, jufques à ce que par Juftice, eu efgard au temps qu'ils auront faites lefdites faignées, leur foit permis, fur peine de la hart.

8.° Au furplus commande & enjoint icelle Chambre à tous Marefchaux, *faire les faignées des chevaux qu'ils faigneront* en un vaiffeau, & porter le fang d'iceux aux voiries hors de cette dite Ville & Fauxbourgs d'icelle, leur deffendant ufer de charbon de pierre, ou terre, fur ladite peine de prifon & amende arbitraire.

9.° Outre commande & enjoint ladite Chambre à toutes perfonnes quelconques, de quelque eftat qu'ils foient, que doresnavant ils facent paver & refaire le pavé rompu & enfondré à l'endroit de leurs maifons, & tiennent ledit pavé en bon eftat, & les ruës nettes, chacun en droit foy, en jettant eau en tout temps, foir & matin devant leur huis, mefmement devant les ruiffeaux, & facent en forte que les ruiffeaux & efgouts ayent leur cours, & ne foient empefchez à l'endroit de leurs dites maifons, à ce que les immondices ne s'y puiffent arrefter: Et que nulle perfonne pour quelque pluye, ou autre chofe defcendant du ciel, foit fi hardie de curer, balayer, ou nettoyer devant fon huis, jufques à ce que la pluye foit paffée & efgoutée, afin que l'eau aye fon cours tel qu'elle pourra avoir; & l'eau paffée, permet icelle Chambre à tous ceux qui voudront balayer & nettoyer devant leur huis, le pouvoir faire, leur enjoignant incontinent ofter & porter ladite *curure & nettoyeure* au lieu accouftumé, fans qu'aucuns, foit en temps de pluye, ou autrement, puiffent avaler les uns fur les autres.

10.° Auffi leur deffend icelle Chambre, jetter de leurs maifons par les feneftres *ordures*, *urines*, *charrées*, *infections*, & autres chofes quelconques, & de retenir en leurs dites maifons lefdites *eaux croupies*, *corrompuës*, *& autres infections*: mais leur enjoint incontinent les porter au ruiffeau, & après jetter un feau d'eau nette; en deffendant à toutes perfonnes quelles qu'elles foient portant *urine aux Medecins*, de les jetter parmi les ruës, ains leur enjoint les rapporter en leurs maifons, & les jetter devant l'huis de leurs dites maifons dedans le ruiffeau, & trois feaux d'eau pour le moins après, le tout fur peine de punition corporelle & d'amende arbitraire, felon l'exigence du cas.

11.° Semblablement deffend très-expreffement ladite Chambre à toutes perfonnes quelconques, de quelque eftat qu'elles foient, de vuider & mettre en pleine ruë aucunes *feurres*, *charrées*, *fiens*, *boües*, & autres immondices, icelles bruller és ruës; ains leur enjoint incontinent les porter, ou faire porter aux champs és lieux à ce ordonnez, leur permettant, fi promptement ils n'ont tombereaux, charrettes, Voituriers, ou hacqueticrs pour ce faire, les ferrer & mettre cependant le long de leurs maifons dedans des panniers & manequins, pour pluftoft que faire fe pourra les porter, ou faire porter efdits lieux.

12.° Auffi deffend icelle Chambre aux *Tailleurs de pierres*, *Maçons*, *Couvreurs*, & autres qu'il appartiendra, de *vuider*, ou *faire vuider* des maifons *graviers*, & autres chofes dont infection & empefchement fe peuvent enfuivir, fi promptement ils n'ont tombereaux, charrettes, Voituriers, ou Hacquetiers prefts pour

JEAN I.er & selon quelques-uns, Jean II. le penultième jour du mois de Fevrier 1350.

NOTES.

incontinent charger lesdites *vuidanges, graviers, fiens, charrées & immondices*, & iceux porter, ou faire porter aux champs esdits lieux à ce ordonnez. à mesure qu'ils seront ostez & mis hors de l'hostel dont ils seront issus, le tout sur peine de prison, & d'estre rigoureusement punis à volonté de Justice. Et neantmoins ordonne ladite Chambre que les *Maistres & Maistresses* respondront pour leurs valets, serviteurs & chambrieres, du fait du present article, & de l'article precedent, outre la punition qui s'en pourra ensuivir d'iceux valets, serviteurs & chambrieres.

13.° Pareillement icelle Chambre commande & enjoint *aux Commis* par Justice sur le fait des *boües*, & autres gens qui en ont eu la charge, que toutes excusations cessant, ils s'appliquent, & facent *curer & nettoyer* les ruës de cette dite Ville de Paris, & mener & porter les *boüës* & immondices és lieux à ce ordonnez, sur peine de prison & amende arbitraire; & aussi aux tombereaux incontinent estre prests avec leurs chevaux & tombereaux bien clos & serrez, en sorte qu'il ne puisse sortir aucune chose; & que la piece estoupant le cul d'iceux tombereaux soit aussi haute, ou plus, que le devant d'iceux tombereaux, pour faire ladite *vuidange*, sur peine de *prison*, de *confiscation de leurs chevaux & tombereaux*, & amende arbitraire: Et pareillement à tous Sergens & Bourgeois de Paris, où ils verront & trouveront lesdits tombereaux n'estre *clos*, comme dit est, les *prendre*, ou *faire prendre*, & mener en *Chastelet*, pour *en ordonner* ainsi que de raison.

14.° Outre ladite Chambre deffend à tous *Bouchers, Chercutiers, Rotisseurs, Boulengiers, Regratiers, Revendeurs de volailles & poulailles, Taverniers, Laboureurs, Mesnagers*, gens de *mestiers*, à toutes autres personnes de quelque estat ou condition qu'ils soient, de *tenir*, ou *faire tenir, & nourrir* en quelques lieux que ce soit, en nostredite Ville & Fauxbourgs d'icelle, aucuns *pourceaux, truies, cochons, connils, oisons, ne pigeons*, soit pour leur vivre, ou vendre, ou autre cause, occasion, ou couleur que ce soit, leur enjoignant si aucuns en ont, que le jour de la publication de cette presente Ordonnance passé, incontinent toutes excusations cessant, ils meinent & portent, ou facent mener & porter pour les nourrir ailleurs aux champs hors cettedite Ville, & Fauxbourgs d'icelle, sur peine de prison, & d'estre griefvement punis à la discretion de Justice, aussi *de confiscation desdits pourceaux, truies, cochons, connils, oisons, & pigeons*.

15.° Pareillement enjoint ladite Chambre à tous ceux qui sçauront aucuns contrevenans à cette presente Ordonnance, de les reveler à Justice, le plus diligemment que faire se pourra, pour en faire telle punition qu'elle verra estre à faire, sur peine de prison & amende arbitraire.

16.° Semblablement enjoint ladite Chambre à tous proprietaires de maisons & hostels, esquelles n'a fosses à retraits, qu'à toute diligence & sans delay ils en facent faire, *alias*, à faute de ce faire promptement, ordonne icelle Chambre les loüages d'icelles maisons estre saisis & arrestez, pour estre employez à faire lesdites fosses à retraits, en deffendant à tous Cureurs de retraits de ne les curer & nettoyer doresnavant, sans permission de Justice, sur peine de prison, & d'amende arbitraire.

17.° Aussi deffend icelle Chambre par maniere de provision, & jusques à ce qu'autrement en soit ordonné, à tous les manans & habitans de cettedite Ville de Paris, de quelque, estat ou condition qu'ils soient, de mettre, ou faire mettre doresnavant aucuns draps tendus sur perches de fenestres, ou à l'endroit de leurs hostels, sur peine d'amende arbitraire.

18.° Outre commande & enjoint ladite Chambre *aux Commissaires & Examinateurs* du Chastelet de Paris, de faire garder & observer inviolablement cette presente Ordonnance, leur permettant emprisonner, ou faire emprisonner ceux qui contreviendront à icelle, pour estre punis selon l'exigence du cas.

Et enjoint *aux Quarteniers, Dixainiers, & Cinquanteniers*, de bailler ausdits Commissaires confort & aide, & les avertir des transgressions & fautes qui viendront à leur cognoissance: Et à ce que lesdits Commissaires soient plus enclins à faire garder cette Ordonnance, & faire lesdites captions & emprisonnemens, & lesdits Quarteniers, Dixainiers & Cinquanteniers faire les denonciations, ordonne ladite Chambre qu'ils auront le *tiers des amendes* qui pour ce seront adjugées.

19.° Et au surplus ordonne ladite Chambre, que *la Faculté de Medecine* députera quatre Medecins Docteurs Regens en icelle, de qualité tant en theorique que praticque, pour *visiter & medicamenter* les malades de peste en cettedite Ville & Fauxbourgs d'icelle; & pour ce faire auront chacuns d'eux *trois cens livres parisis*, pour cette presente année. dont leur sera avancé un quartier, & en ce faisant seront contraints à la charge dessus dite.

20.° Aussi que le *College des Chirurgiens* de cettedite Ville eslira *deux d'entre eux* Maistres Chirurgiens Jurez, pour visiter, medicamenter & panser lesdits malades pestiferez, & auront chacuns d'eux des gages pour cette presente année *six vingt livres parisis*, dont pareillement leur sera avancé un quartier, & en ce faisant seront contrains à la charge dessus dite.

21.° Semblablement *la Congregation & Assemblée des Barbiers Jurez* de cettedite Ville seront tenus eslire *six d'entr'eux* Maistres Jurez Barbiers, pour visiter, solliciter, medicamenter & panser lesdits malades de peste, & auront

NOTES.

chacun d'eux de gages, pour cette presente année *quatre-vingt livres parisis*, & en ce faisant seront contraints à la charge dessus dite.

22.° Aussi ordonne icelle Chambre, que lesdits quatre Medecins, deux Chirurgiens, six Barbiers qui seront esleuz & commis à ce que dit est, pendant le temps dessus dit, & quarante jours après, & jusques à ce que par ladite Chambre autrement en soit ordonné, s'abstiendront de voir, visiter & medicamenter autres personnes non pestiferez; en enjoignant auxdits Chirurgiens & Barbiers tenir leurs ouvroirs fermez durant le temps dessus dit, le tout sur peine de punition corporelle, privation de leurs estats, & amende arbitraire.

23.° Pareillement ordonne ladite Chambre que pour enlever les corps pestiferez des maisons, iceux inhumer, remuer & déplacer les meubles, & iceux transporter, où il sera ordonné, nettoyer les lieux, tenir les fenestres d'iceux lieux bées & ouvertes, fermer les huis, & attacher les *Croix* qui pour ce seront baillées, seront deputez gens en chacune Parroisse par le Commissaire du quartier, appellez avec luy deux Marguilliers d'icelle Parroisse, qui seront estipendiez de chacun dix livres parisis pour mois.

24.° Aussi en chacun quartier seront pris par le Commissaire d'iceluy *quatre Sergens à verge*, qui seront tenus contraindre lesdits deputez par lesdits Commissaires & Marguilliers, à faire & attacher lesdites *croix*, enlever les corps, faire lesdits nettoyemens & ouvertures des fenestres, & generalement le contenu en l'article precedent concernant iceux deputez; & seront lesdits Sergens stipendiez & salariez à l'Ordonnance & taxe du Prevost de Paris, ou sondit Lieutenant Criminel; & pour ce faire seront mises *deux cens livres parisis* és mains de telles personnes que par ledit Prevost, ou sondit Lieutenant sera ordonné.

25.° Et pour subvenir à la necessité urgente de ce que dit est, lesdits Prevost des Marchands & Eschevins de ladite Ville seront tenus avancer le premier quartier.

26.° Et deffend ladite Chambre à tous *Medecins, Chirurgiens, Barbiers, Apothicaires, Gardes de malades & autres*, qui auront visité, gardé, pansé, servi, ou sollicité aucuns desdits pestiferez, de communiquer avec autres auparavant lesdits quarante jours passez, à compter du jour qu'ils auront visité, gardé, pansé & sollicité lesdits pestiferez, ou aucuns d'eux. En cet article non compris lesdits Medecins, Chirurgiens & Barbiers députez, ou à députer pour lesdits pestiferez, la prohibition desquelles demeure selon les articles qui les concernent.

27.° Premierement deffend icelle Chambre pendant le danger de peste, & jusques à ce qu'autrement en soit ordonné, à tous *Baudroyeurs, Corroyeurs & Tanneurs de cuirs* de cettedite Ville de Paris, de besogner en ouvroir ouvert, ou autrement, de leursdits mestiers dedans ladite Ville & Fauxbourgs d'icelle, leur permettant eux retirer, si bon leur semble, hors de cettedite Ville & Fauxbourgs d'icelle, sur la riviere de Seine, au-dessous de cettedite Ville du costé de *Saint Germain des Prez*, tirant aux *Minimes de Nijon*, à distance de cettedite Ville & Fauxbourgs d'icelle de deux jets d'arc & plus, sur peine de bannissement de ce Royaume, & confiscation de leurs biens & marchandises. Et n'entend ladite Chambre prohiber, ne deffendre ausdits *Baudroyeurs, Corroyeurs & Tanneurs de cuirs*, la vente desdites marchandises, quand elles seront hors de leurs infections & senteurs, au-dedans de la Ville & Fauxbourgs d'icelle.

28.° Aussi ladite Chambre deffend pendant ledit danger de peste, & jusques à ce qu'autrement en soit ordonné, à tous *Pelletiers, Megissiers, Teinturiers de toille, Barbaudiers*, & autres de semblable estat, de faire leurs *confis, megis, & barbaudes* au-dedans leurs maisons estant en cettedite Ville & Fauxbourgs d'icelle, & de porter, ou faire porter leurs *laines*, & icelles *tremper, ou laver* en ladite riviere de Seine, au-dessus des *Tuilleries*, aussi de vuider par leurs conduits aucuns desdits *(q) megis, confis*, ne autres semblables infections en ladite riviere, & de faire sescher aucunes laines, ou peaux au-dedans de ladite limite, leur permettant le pouvoir faire, si bon leur semble, sur ladite riviere de Seine, au-dessous de cettedite Ville & Fauxbourgs d'iceludit costé de Saint Germain des Prez, tirant ausdits *Minimes de Nijon*, à distance d'icelle Ville, Tuilleries & Fauxbourgs de deux jets d'arc & plus, sur peine de bannissement de ce Royaume, & confiscation de leurs biens & marchandises. Toutesfois n'entend icelle Chambre prohiber & deffendre ausdits *Pelletiers, Megissiers, Teinturiers* de toiles, & autres la

JEAN I.er & selon quelques-uns, Jean II. le penultiéme jour du mois de Fevrier 1350.

NOTES.

(q) Megis.] Selon Bourdelot c'estoit une composition *d'eau*, de *cendre*, & *d'alun* bruslé, dont les Megissiers se servoient pour préparer leurs peaux. Voyez Menage dans son Dictionnaire étymologique sur le mot *Megissier*. Anciennement les Megissiers demeuroient sur le bord de la riviere de Seine, & donnerent leur nom au Quay qui est du costé de saint Germain l'Auxerois, qu'on appelloit le Quay de la Saulnerie. Mais l'eau des *Gobelins* s'étant trouvée beaucoup meilleure pour les gens de ce mestier, ils ont été s'établir au Fauxbourg saint Marceau. *Joignez* Savary dans son Parfait Négociant liv. 1. chap. 6. pag. 427. de la derniere édition.

JEAN I.er & selon d'autres, Jean II. le penultiéme du mois de Fevrier de l'an 1350.

NOTES.

vente d'icelles marchandises, quand elles seront hors de leurs infections & senteurs, au-dedans de ladite Ville de Paris & Fauxbourgs d'icelle.

29.° Et outre deffend ladite Chambre, pendant ledit danger de peste, & jusques qu'autrement en soit ordonné, à tous *Bouchers*, *Chercutiers*, & autres de semblable estat, de faire *abastires*, *ou tüeries*, *lavement de trippes*, *& fonte de graisses*, au-dedans de cettedite Ville & Fauxbourgs d'icelle, fors & excepté és lieux anciens, & destinez de tous temps pour *les Boucheries Royales*, sur ladite peine de bannissement de ce Royaume, & confiscation de leurs biens & marchandises.

30.° Aussi deffend icelle Chambre, pendant ledit danger de peste, jusques à ce qu'autrement en soit ordonné, à tous *Vendeurs & Tailleurs de poisson de mer*, & autres de semblable estat, de faire aucuns *trempis*, ou lavemens au-dedans de cettedite Ville, & Fauxbourgs d'icelle, sur ladite peine de bannissement de ce Royaume, & confiscation de leursdits biens & marchandises.

31.° Pareillement ladite Chambre deffend, par provision comme dessus, à tous *Crieurs de corps & de vins*, & autres de quelque estat ou condition qu'ils soient, de tendre, ou faire tendre és Eglises, maisons, *portes & huis* de cette Ville & Fauxbourgs d'icelle, aucuns *(r)* draps *pers*, ne autres accoutumez estre tendus *és mortuaires* & bout de l'an, sur peine de privation de leurs offices & estats, & confiscation de leurs biens & desdits draps.

32. Semblablement ladite Chambre deffend par provision comme dessus, à tous manans & habitans de cettedite Ville, & autres qu'il appartiendra, de jetter, ou faire jetter en ladite riviere de Seine, sur le quay au bord d'icelle, d'autant qu'en icelle Ville & Fauxbourgs s'estendent aucunes ordures, ou immondices, & de y faire voirie, sur peine de bannissement de ce Royaume, & amende arbitraire pour la premiere fois, & de confiscation de corps & de biens pour la seconde fois.

33. Et outre enjoint ladite Chambre par maniere de provision, comme dit est, à tous manans & habitans de cettedite Ville & Fauxbourg d'icelle, que s'ils trouvent cy-aprés aucun entaché, ou soupçonné de peste, de le reveler incontinent *au Dixainier, Quartenier, ou Cinquantenier*, sans aucunes personnes excuser, n'exempter, fussent *mari, femme, serviteurs, Maistres, ou Maistresses*, pour en advertir le *Commissaire* du quartier, pour y pourvoir selon l'Ordonnance, ausquelles ladite Chambre enjoint y pourvoir incontinent & sans delay, & sur peine de privation de leursdits Offices, & amende arbitraire.

34. Et finalement enjoint ladite Chambre audit Prevost de Paris, ou sondit Lieutenant Criminel, faire lire & publier cette presente Ordonnance par les carrefours de cette dite Ville, à ce qu'aucun n'en puisse pretendre cause d'ignorance, & la garder, & faire garder & observer inviolablement sans l'enfraindre, sur peine d'amende arbitraire. *Fait en la Chambre ordonnée par le Roy au temps de vacations, le treiziéme jour de Septembre mil cinq cens trente-trois.* Signé DE VIGNOLLES.

NOTES.

(r) Draps Pers, ne autres.] Le drap *pers* est un drap de couleur bleuë tirant vers le noir. *Vide Cangium in Glossario, verbo* PERSUS. Menage dans son Dictionnaire étymologique sur *Pers*. Il y avoit aussi du pers clair, comme nous l'apprenons de ce vers de la Farce de Pathelin page 16. où le Drapier dit à Pathelin:

Voulez-vous de ce Pers clair cy.

JEAN I.er & selon quelques-uns, Jean II. à Paris en Fevrier 1350.

(a) Ordonnance faite en faveur des *Notaires* du Chastelet de Paris, dont le nombre est réduit à soixante.

JOHANNES *Dei gratiâ, Francorum Rex, Notum facimus universis, tam præsentibus quàm futuris, Nos literas inclitæ recordationis carissimi Domini & Genitoris* nostri, *ejus magno sigillo, sub cera viridi & laqueo de serico sigillatas vidisse, formam quæ sequitur continentes.*

A Taverny le 5. Juin 1317.

PHILIPPES par la grace de Dieu, Roy de France. Sçavoir faisons à tous presens & à venir, que Nous avons vû les lettres de nostre trés cher Seigneur & *Cousin Philippes jadis Roy de France & de Navarre*, contenant la fourme qui s'ensuit.

NOTES.

(a) Cette Ordonnance est au Tresor de Chartes, Registre cotté 80. pour les années 1350. & 1351. piece 295.

JEAN I.er & selon quelques-uns, Jean II. à Paris en Fevrier 1350.

A Marisy S.t Maart, en Septembre 1330.

PHILIPPUS Dei gratiâ, Francorum & Navarræ Rex. Præposito ac sigillifero Castelleti nostri Paris. Salutem.

Cùm ex tenore Ordinationis & Confirmationis, per inclitæ recordationis Regem Philippum charissimum Genitorem, & Dominum nostrum, factâ deliberatione & informatione præcedentibus, appareat evidenter, quod pro vitandis malis quampluribus, atque periculis, quæ ex confusa Notariorum dicti Castelleti multitudine provenire dicebantur, dicti Notarii ad certum numerum, videlicet sexaginta, quos ad dicti Castelleti gerenda negocia compertum fuit sufficere, redacti fuerunt, exclusis aliis quibuscumque, inter quos sexaginta, in dicta Ordinatione expressos, nonnulli tam Præpositi quàm Auditores qui tunc erant, ac etiam Examinatores, & alii non existentes Notarii nominati fuerunt, & retenti in Ordinatione prædicta, prout ad auditum nostrum Notariorum ipsorum Castelleti prædicti insinuatio querulosa perduxit, mandaveritque postmodum dictus Genitor & Dominus noster, per suas literas, Præposito tunc Parisiensi, ut omnibus aliis in dicta Ordinatione non expressis, ab officio Notariæ Castelleti prædicti prorsus amotis, supradictos in dicta Ordinatione contentos, qui ad sexagentium duntaxat numerum ascendebant, absque hujusmodi augmentatione numeri permitteret officium ipsum exequi, & liberè exercere, prout hæc & alia in ipsius Domini & Genitoris nostri literis plenius vidimus contineri. Quamquidem Ordinationem claræ memoriæ Rex Ludovicus carissimus Germanus & Dominus noster per suas subsequentes, & Nos postmodum per nostras duximus literas confirmandam. Nichilominus sicut ex Notariorum ipsorum querulosa insinuatione audivimus, quanquam per supradictum Genitorem nostrum, & Dominum, Præposito, & Sigillifero, qui pro tempore fuerunt firmiter & districtè præcipiendo, datum fuerit in mandatis, ac etiam inhibitum expressè sub juramentis suis, ne quasvis literas, instrumenta, commissiones, inventaria, seu alia quælibet Acta Judicialia, vel processus scripta, per quosvis alios, qui de dicto numero & jurati non essent, ipse Præpositus & Notarii signare, ipseque sigillifer sigillare auderent; sed potius Ordinationem hujusmodi tenerent & servarent, tenerique firmiter facerent & servari, absque augmentatione numeri prætaxati. Quique Præpositi & Auditores, Clerici, & Examinatores ejusdem Castelleti, & quidam alii Notarii, processus, causas & negotia quæ in Castelleto ipso aguntur, lucri cupiditate accensi, præoccupant, amplectuntur, & hauriunt impudenter, ad quorum scripturas propriis manibus sufficere non valentes, ea per quosdam Clericulos & Scriptores non juratos, nec de dicto existentes numero, in domibus suis, & Cameris, ac alibi scribi faciunt & transcribi, in ipsorum Notariorum conquerentium, Ordinationisque prædictæ & confirmationis ejusdem præjudicium, elusionem, contemptum & gravamen. Qui quidem Scriptores & Clericuli, non intelligentes quæ scribunt, secreta causarum plerumque partibus revelasse dicuntur, ex quibus producuntur lites, convalescit falsitas, & Justitia suffocatur. Quod etiam existit deterius, quidam ex ipsis præoccupationibus dum à dicto Castelleto absentantur, suos habent Clericos in suis locis residentes, qui literas, instrumenta, & acta conficiunt, & ea sub nominibus Magistrorum suorum signant, ac in præsentia eorumdem temerariè prout fertur, ex quo acta & instrumenta hujusmodi, ac signantes meritò possunt argui falsitatis, cæteri verò Notarii jurati de dicto existentes numero, in suis sedent sedibus quotidiè otiosi, nemo enim eos conducit, & ipsorum reliquias præoccupatorum mendicare coguntur. Quod nihil aliud esse censemus, nisi quod ipsi Præoccupatores, & Clerici, Notarios creent & faciant, statumque numerum augeant, pro suæ libito voluntatis.

Præmissa igitur debitè corrigi cupientes, nolentesque Ordinationem & Confirmationem numeri ipsorum Notariorum infringere, sed potius facere inviolabiliter observari & teneri, nec etiam totum emolumentum sic ad partem converti, quod pars altera sit mendicans. Mandamus vobis insuper, & vestrum cuilibet districtè præcipiendo, & sub juramentis vestris, quibus nobis astricti tenemini, quatenus, non obstantibus quibuscumque literis à nobis, seu gentibus nostris quomodolibet in contrarium impetratis, à quibuscumque personis, omnibus & singulis Auditoribus & Examinatoribus prædictis, ex parte nostra sub juramentis suis & officiorum suorum amissione firmiter inhibeatis, ne quis eorum literas quaslibet, Memorialia, Commissiones, testium Depositiones, Inventaria, seu Acta quælibet, vel Processus, quæ manu Notarii jurati, & de dicto existentis numero

JEAN I.er & selon d'autres, Jean II. au mois de Fevrier de l'an 1350.

scripta non fuerint, *quomodolibet* signare præsumant. *Quæ etiam per te* Præposite signari, *& per te* sigillifer *sigillari, sub juramentis vestris specialiter* prohibemus. *Omnibus etiam & singulis ejusdem* Castelleti Notariis, *&* Examinatoribus, *visis præsentibus, & postmodum anno quolibet facias ex parte nostra, sub* juramentis suis, *& sub* officiorum suorum amissione, *quibus si contra præsentem* inhibitionem & sequentem fecerint, *ipso facto* volumus esse privatos, *in plena audientia, & per* proclamationem publicam districtius inhiberi, *ne quis eorum* literas *quascumque*, Instrumenta, Commissiones, Depositiones, Inventaria, Acta judicialia, *vel* Processus, *aut scripturam quamcumque quæ per signa, vel sigilla Castelleti transire, vel eisdem signari, aut sigillari debeat, per alios quam per* Notarium juratum *de dicto numero existentem, scribi facere, vel scripta signare audeat, vel permittat, quacumque de causa. Ut tamen ipsi si eis abundent negotia de Connotariis suis juratis sumere debeant adjutores. Quod si contra fieret, illud ex nunc prout ex tunc, præsentium auctoritate ex certa scientia* cassari *penitus* volumus, *& etiam* annullari; *Sic igitur faciatis* observari *præmissa, quod ad Nos super contrario non referatur querela: Sciturì quòd si contra feceritis, præter perjurii notam, nostram pariter incurretis offensam* Datum apud Taverniacum, quinta die Junii, anno Domini millesimo trecentesimo decimo septimo.

Et Nous les choses devantdites & chascune d'icelles, si comme elles sont cy-dessus devisées, avons *agreables*, & les *loons*, *rateffions*, *approuvons* & *confermons* de nostre auctorité royal, sauf nostre droit en autres choses, & en toutes le droit d'autruy. Et que ce soit ferme & estable par tous temps, Nous avons fait mettre nostre Seel en ces presentes Lettres. *Donné à Marisy Saint Maart, l'an de grace mil trois cens trente, ou mois de Septembre.*

Quas quidem literas ac omnia & singula in eis contenta, rata habentes & grata, prout & quemadmodum superius sunt expressa, ea volumus, laudamus, approbamus, ratificamus, *& de speciali gratia, auctoritateque nostra regia, tenore præsentium* confirmamus. *Et quòd istud firmum & stabile perpetuò perseveret, sigillum nostrum, quo ante susceptum regimen regni nostri utebamur, præsentibus duximus apponendum, salvo jure nostro in aliis, & in omnibus quolibet alieno.* Actum & datum Parisius, anno Domini millesimo trecentesimo quinquagesimo, mense Februarii.

Collatio Literarum superius transcriptarum facta est cum originali, per me PELLICER.

JEAN I.er & selon d'autres Jean II. à Paris le 4. Mars 1350.

(a) Mandement du Roy aux Generaux Maistres de ses Monnoyes, pour faire payer une *creuë* de huit sols tournois, pour marc d'argent, outre le prix ordinaire de six livres tournois qu'on en donnoit aux Hostels des Monnoyes.

JEHAN par la grace de Dieu, Roy de France. A nos amez & feaulx les Generaux Maistres de noz Monoyes. *Salut.*

Nous pour certaine cause vous mandons, que tantost ces Lettres veuës, vous par toutes noz Monnoyes faites *donner creuë de huit sols tournois* par marc d'argent, tant en *blanc* comme en *noir*, oultre *le prix du present*, lequel est *de six livres tournois.* Et faites si diligemment, & en telle maniere, que par vous n'y ait default.

Donné à Paris le quatriéme jour de Mars, l'an de grace mil trois cent cinquante, soubs nostre grant Seel, duquel nous usions avant que le gouvernement de nostre Royaume nous advenist.

Ainsi signé par le Roy à vostre relation, OGIER.

NOTES.

(a) Ce Mandement est au Registre de la Cour des Monnoyes de Paris, page 80.

JEAN I.er & selon d'autres Jean II. à Paris le 18. Mars 1350.

(a) Mandement du Roy aux Generaux Maistres de ses Monnoyes, de faire ouvrer des *Doubles de deux deniers tournois* la piece, de faire donner de chaque marc d'argent, qui sera porté aux Hostels des Monnoyes, *six livres huit sols tournois*, en payant le *double* pour deux deniers tournois: & que le nom du Roy sera mis, tant aux *doubles*, qu'aux *escus d'or* que l'on fabrique.

JEHAN par la grace de Dieu. A nos amez & feaulx les Maistres Generaux de nos Monnoyes. *Salut.*

Euë consideration à ce que Nous pouvons avoir à faire à present pour cause *de noz guerres*, & pour la deffension de nostre Royaume, & euë sur ce déliberation de nostre Conseil, vous *Mandons* que tantost; & sans delay ces Letres veuës, faites ouvrer & *monoyer* par toutes noz Monnoyes *Doubles de deux deniers tournois la piece*, sur le coing & forme de ceux que nous faisons faire à present, & sur le pié de monoie *trente-sixiéme*, à tel *poids*, & telle *loy*, & telle *difference* comme bon vous semblera, au profit de Nous & de nostre peuple, en ouvrant sur ledit pié monoye *trente-sixiéme*. Et voulons que vous donnez à tous les *Ouvriers*, & *Monoiers* ouvrans en noz dites Monoyes, tel *ouvrage* & *monoyage*, *salaire & creuë* d'ouvrage, comme bon vous semblera. Et faites donner de chascun *marc d'argent*, qui sera porté en noz dites Monoies, *six livres huit sols tournois*, en payant *ledit double*, pour *deux deniers tournois* la piece. Et faites mettre és *Escus d'or*, que nous faisons faire à present, & és *Doubles* dessus diz, *nostre nom.* Et de ce faire vous donnons pouvoir, autorité, & mandement especial, par la teneur de ces presentes Letres. *Donné à Paris le dix-huitiéme jour de Mars. L'an de grace mil trois cent cinquante, soubs nostre Scel nouveau.* Ainsi signé. Par le Roy en son Conseil VISTABIT.

NOTES.

(a) Ce Mandement est au Registre C de la Cour des Monnoyes de Paris, feüillet 421.

JEAN I.er & selon d'autres Jean II. à Paris le 19. Mars 1350.

(b) Ordonnance touchant les Monnoies.

SOMMAIRES.

(1) Les Parisis doubles fabriquez, sous le Regne precedent, pour deux deniers parisis la piece, & que l'on fabrique à present au même prix, n'auront cours doresnavant, que pour deux deniers tournois; & les doubles tournois faits sous le Regne precedent avant les doubles parisis, qui ont eu cours, pour un denier tournois la piece, n'auront plus cours, que pour une maille parisis.

(2) Les Fleurins d'or à l'escu faits sous le Regne precedent, & que l'on fait à present, n'auront cours que pour vingt-cinq sols tournois, & toutes autres monnoies d'or, d'argent, blanches *& noires, sont deffenduës.*

(3) Qu'aucun de quelque qualité qu'il soit, ne s'entremette du fait du change, s'il n'a lettres du Roy, ou des Generaux Maistres, & que le Change soit fait dans les Villes, & les lieux publics & accoustumez.

JEAN par la grace de Dieu, Roy de France: Au Seneschal de Beaucaire & de Nismes, *Salut.*

Comme Nous nous sommes records que nostre trés-cher Seigneur & Pere que

NOTES.

(b) Ces Lettres ont été tirées du Tresor des Chartres, où elles sont en original.

Le feu Roy par une Ordonnance faite en faveur des peuples, avoit promis de remettre les monnoies à leur juste valeur: mais son Regne fut si traversé, qu'il ne put mettre à execution ses bonnes intentions. Quant au Roy Jean

JEAN I.er & selon d'autres Jean II. à Paris le 19. Mars 1350.

Dieu absoille, au temps qu'il vivoit, mist & fist mettre par son Conseil par plusieurs fois & par plusieurs déliberations moult grant cure, & moult grant diligence, a ce que ses monnoies eussent ferme & juste prix, & qu'elles ne pussent avoir autre cours, que celuy qu'il leur donnoit, ni pour autre *prix* qu'il leur donnoit; Et aussi qu'aucune monnoye faite hors de son Royaume, & autres que celles ausquelles il avoit donné cours, ne fussent prises, ni mises en iceluy: Et pour ce fist *plusieurs Ordonnances* & Estatuts contenant *grandes & griefves peines*, contre tous ceux qui feroient le contraire, & fist *lesdites Ordonnances & Estatuts* sur lesdites peines *puplier*, par moult de fois, & crier, en tous les lieux notables de sondit Royaume. Et semblablement *Nous* depuis que nous venismes au gouvernement dudit Royaume, avons tant fait par Nous comme par nostre Conseil, tout nostre pouvoir à ce que lesdites monnoyes eussent cours, & fussent prises & mises pour le prix, qui par nostredit Seigneur & par Nous leur a esté donné. Et avons fait deffendre & crier sur lesdites peines, qu'acun ne fist le contraire. Mais neantmoins il est venu à nostre cognoissance, que plusieurs monoies faites hors de nostre Royaume, & aussi faites en iceluy, auxquelles *tout cours est osté, & deffendu* par lesdites Ordonnances & par ledit cry, sont prises & mises dans nostre Royaume aussi communalement, ou plus, comme celles auxquelles Nous avons donné cours. Et especialement mettent *en deniers d'or & d'argent & autres tel prix comme à chacun plaist*, en l'un jour un prix, & en l'autre autre, en telle maniere qu'ils ne s'y arrestent en aucun prix, ni n'ont aucune fermeté. Et sçavons par vraye experience de fait, que le commun de nostredit Royaume est admené & deceu à ce faire *par les monnoies qui sont faites és frontieres* des lieux voisins de nostre Royaume, si comme *en Bretagne, en Flandre, en Cambresis, & Comté de Bar & de Namur*, & en plusieurs autres parties, lesquelles monoyes sont faites si près de la forme des nostres, qu'à peine y peuvent estre cognuë, ou veuë aucune difference, & sont de moult moindre valeur que les nostres, parquoy *malicieux Changeurs, & faux Marchands*, qui d'icelle ont assez plus grand nombre *pour billon d'argent, ou d'or*, que les nostres monnoyes, y portent & trayent tout le billon, ou la grande partie, de nostredit Royaume, & en iceluy rapportent lesdites monoyes, qui mises y sont, & prises du peuple simple & ignorant en lieu des nostres, & cuidans que ce soient les nostres, de quoy les nostres sont si laidiées & diffamées, que le peuple ne les desire pas avoir, ainçois desirent plus les *deniers d'or & d'argent*, pour greigneur prix assez, que ils ne les puent valoir, laquelle chose (n'est pas doubte) donne occasion de monter les *deniers d'or & d'argent*, & faire leur prix remuer, ains souvent, ainsi n'est pas doubte, redonder en grand vitupere de Nous, ou de noz Ordonnances & deffenses, en grand dommage & lesion de tout le peuple de nostredit Royaume; & mesmement les doubles qui sont faiz hors de nostre Royaume, ne sont faiz, ne baillez par ceulx qui les font, que pour deux deniers tournois la piece, lesquels sont faits du coing des nostres, que lesdits malicieux baillent à nostredit peuple ignorant pour deux parisis la piece, laquelle chose est très-grande deception, & dommage à Nous & à nostredit peuple.

(1) Pourquoy Nous voulons à ce obvier & pourvoir de telle remede, que les monoies auxquelles Nous avons donné & donnons cours, ayent si ferme, & si certain,

NOTES.

son successeur, ayant été dans la necessité d'affoiblir ses monoies, ce qu'il fit plusieurs fois, le dernier affoiblissement fut toûjours plus grand que les précedens, & le prix des monoies, selon le Blanc, changeoit, comme celuy du marc d'argent, presque toutes les semaines.

Au commencement de ce Regne *le marc d'argent* valoit *cinq livres cinq sols*, & sur la fin de l'année 1351. il valoit *onze livres*. Cet affoiblissement fut réparé au mois de Fevrier de la mesme année, & *le marc d'argent* ne valut alors que *quatre livres cinq sols*. Mais peu après il y eut d'autres affoiblissemens, ce qui fut cause, comme il étoit arrivé au Regne précedent, que le peuple donna aux monoies tel prix qu'il luy plut. Et comme ce mal n'étoit ni moins grand, ni moins dangereux que les affoiblissemens, le Roy, comme on le verra cy-après, fit ce qu'il put pour y remedier. Voyez cy-après l'Ordonnance du 3. Fevrier 1352. & le Blanc des monoies sous le Roy Jean, pag. 217. 218. 219. de l'Edition de Hollande

&

& si certain estat & prix, que doresnavant ne soient mûës, & que les monoyes faite hors de nostredit Royaume pour *deux deniers tournois* la piece, ne soient par ignorance de nostredit peuple, plus pris pour *deux deniers parisis*, ni pour nul autre prix de Nous ordonné & restabli: *Ordonnons, restablissons* par la teneur de ces presentes Lettres, que tous les parisis doubles que nostredit Seigneur fit faire pour le prix de deux deniers parisis la piece, & que Nous faisons faire à present pour iceluy mesme prix, ne soient pris, ni mis, ni n'ayent cours doresnavant que pour *deux deniers tournois*, tant seulement; & *les doubles tournois*, que nostredit Seigneur fit faire avant lesdits *doubles parisis*, lesquels ont cours pour un denier tournois, n'ayent doresnavant cours que pour une maille parisis tant seulement.

JEAN I.er & selon d'autres, Jean II. à Paris le 19. Mars 1350.

(2) *Item.* Que *les Fleurins d'or à l'escu* que nostredit Seigneur fit faire, & que nous faisons faire à present, n'ayent cours doresnavant que pour *vingt-cinq sols tournois* la piece, tant seulement. Et par nostredite Ordonnance & Estatut *ostons* dès maintenant à toutes autres monoyes *tant d'or comme d'argent, tant blanches comme noires, tant du coing de nostredit Seigneur comme du nostre, & de tous autres quelles qu'elles soient, & comment elles soient appellées:* Et *deffendons* à tous universellement, qu'aucun de quelque qualité, condition, ou estat qu'il soit, ne soit si hardy qu'il prenne, ou mette en aucun payement quel qu'il soit, aucunes monoyes autres que celles auxquelles nous avons presentement donné cours, d'or ni d'argent, blanches ou noires, *sur peine de perdre à forfait le corps, & les biens* à nostre volonté, ainçois soient toutes mises & sans aucun prix *au marc pour billon.*

(3) Et qu'aucun de quelque condition, ou estat qu'il soit, *Changeur*, ou *autres*, ne puisse, ou doive faire fait de Change, s'il n'a *Lettres de Nous*, ou *des Generaux Maistres de nos Monoyes*, & que ledit fait & marchandise soit fait és Villes, places, & lieux notables anciennement accoustumez. Et avec ce sur la susdite peine, que tous *Changeurs* doresnavant *coupent*, si tost comme ils les auront en leurs mains, *tous deniers d'or*, auxquels le cours ait esté deffendu.

Si vous mandons, enjoignons estroitement, sur tout ce que vous pouvez messaire envers Nous, que vous appelliez devant vous des plus souffiss & notables personnes de vostredite Senechaussée, tous Bourgeois, Changeurs, Marchands & gens de mestier, & autres; & nostredite Ordonnance & Estatuts leur exposez de mot à mot, & aussi *les deffences & peines* dessus dites, & leur signifiez bien de par Nous, qu'à personne qui en soit trouvé coupable, & qui esdites peines enchiee nous n'entendons faire grace, ou remission, ni passer sous dissimulation, ainsi comme autrefois a esté fait. Et ces choses ainsi exposées & signifiées, faites les *crier & publier toutes*, & sans delay en tous les lieux notables & accoustumez en vostredite Seneschaussée, si solemnellement & en telle maniere, que chacun le puisse sçavoir, & qu'aucun ne s'en puisse, ou doive excuser d'ignorance; & les faire tenir & garder de poinct en poinct, si & en telle maniere, que vous ne deviez estre repris de negligence. Et soyez certain que si aucun fait le contraire, & vous ne le punissiez griefvement sans delay, Nous nous en prendrons du tout à vous, & vous en punirons griefvement, & tous autres que nous pourrons trouver, & sçavoir faisans le contraire. *Donné à Paris le dix-neufviéme jour de Mars, l'an de grace mil trois cens cinquante.*

JEAN I.er & selon d'autres, Jean II. à Paris le penultiéme jour de Mars 1350.

Ordonance contenant plusieurs Reglemens pour le Pays, le Bailliage, & les Villes de Vermandois, à cause d'une Imposition de six Deniers pour livre, que les habitans avoient accordée au Roy.

SOMMAIRES.

(1) Il sera levé pour ayde au profit du Roy, sur chaque tonneau de vin vendu en gros & en détail, & de toutes autres marchandises, sous quelque Seigneur que ce soit, &c. six deniers *pour livre, à payer par le* Vendeur *durant le temps de ladite Imposition, qui*

JEAN I.er & selon d'autres, Jean II. à Paris, le penultiéme jour de Mars 1350.

commencera, ou aura cours depuis le premier jour de May 1350. jusqu'à un an entier révolu & accompli. Pour une chose venduë en un jour, dont le prix ne sera que de cinq sols *seulement, il en sera rien dû. Les* premiers *Marchands qui acheteront des Seigneurs Particuliers des Bois, des Estangs & des Viviers, ne payeront rien pareillement: Mais les autres Marchands qui acheteront d'eux pour revendre payeront. Quant aux Hostelliers ils ne payeront rien des vivres, qu'ils vendront en leurs Hostels, à l'exception du vin.*

(2) Si dans l'espace de cette année, pendant laquelle cette Imposition sera levée, il y avoit Paix, *l'Imposition cesseroit; mais s'il n'y avoit que* Treves, *elle ne cesseroit pas, & elle seroit levée par deux Prud'hommes, qui seroient esslûs par le Conseil des Nobles & des bonnes Villes: Et ce qui proviendroit de cette recette seroit mis en dépost pour la deffense du Pays, sans pouvoir estre employé à d'autres usages.*

(3) Le Receveur de Vermandois, & autres commis à vendre lesdites Impositions, ne pourront appliquer à leur profit, les vins des Marchez, & des encheres de la vente, mais les vins seront bûs en commun, & ceux qui acheteront lesdites Impositions ne payeront au Receveur, ou à son député, pour les lettres de l'achat du Marché, *que* douze deniers, *& que six deniers pour la quittance du payement. Les* Sergens *ne pourront prendre aucune chose pour la* premiere contrainte; *Mais quant aux autres elles seront payées par ceux qui les auront souffertes. Et si c'est dans la Ville, où le Sergent & le Fermier demeureront, il ne sera dû que deux sols par jour seulement.*

(4) Il sera mandé & deffendu à ceux qui tiendront les Fermes de cette Imposition, que des Denrées qui seront traites, *ou menées hors du Royaume, ils ne prennent d'une* Lettre de caution, *que quatre deniers, d'une Lettre de* délivrance de la caution, *que quatre* deniers, *& que s'ils prennent plus, ou s'ils forcent les Marchands & les Voituriers à prendre de telles Lettres, les cousts, frais & interests, qui par leur extorsion auront esté faits, seront par eux restituez sans délay, &c.*

(5) Pendant que la presente Imposition durera, aucun Officier quel qu'il soit, ne pourra prendre pour le Roy, la Reine, les Enfans de France, pour le Connestable & les Mareschaux, aucuns Vivres *quels qu'ils soient, ni chevaux, ni voitures d'aucuns de ceux qui contribuëront à l'Imposition; à moins qu'ils ne payent comptant le juste prix.*

(6) Si dans le temps des Presentes il y avoit quelques prises faites, ou arrestées pour l'Hostel du Roy, de la Reyne, ou de Messieurs les Enfans de France, elles ne seront enlevées qu'en payant.

(7) Les Habitans des Villes de Vermandois, & les Sujets des Nobles ne seront contraints d'aller servir en l'ost du Roy pendant que l'Imposition durera, à moins que ce ne soit pour l'arriere-ban fait à juste titre.

(8) Si dans le Bailliage de Vermandois il y a des Sergens surnumeraires, *ils seront ostez; & deffenses seront faites aux Baillifs, & aux Prevosts d'en commettre d'autres.*

(9) Les Sergens Royaux auront pour leur salaire huit sols parisis *seulement. Ils ne pourront prendre davantage, sous prétexte des differentes personnes pour qui ils seront employez, & ils seront tenus de laisser copie de leurs Commissions, dans les lieux où ils exploiteront.*

(10) De trois années en trois années on fera des enquestes contre ceux qui tiennent des Prévostez à Ferme, *& on n'y recevra plus à l'avenir que des personnes sages & dignes de foy, &c.*

(11) Toutes les nouvelles Garennes establies au Bailliage de Vermandois, seront abatuës.

(12) Ceux qui presteront par an une livre parisis à deux deniers d'interest par semaine, ne pourront estre inquietez; mais s'ils exigent plus, ils restituëront, & seront punis.

(13) Toutes nouvelletez, *c'est-à-dire tous* nouveaux troubles *seront rétablis sans avoir aucun égard, ni aux Lettres d'Estat, ni à quelques graces qui soient accordées, ni à quelques appellations qui soient interjettées.*

(14) Le Roy fera sçavoir le prix ancien des Escriptures des Sceaux des Baillis & des Prévosts, en Commissions, *Ajournemens, Sentences & Arrests. Et si l'on a trop levé, les droits seront remis à juste & raisonnable prix.*

(15) Lorsque les Nobles du Bailliage de Vermandois auront les uns contre les autres des Guerres *privées, ils ne pourront proceder à aucun Acte d'hostilité, s'ils sont* Chefs de Guerre, *qu'après* quinze jours *accomplis, à compter de celui des* défits, *ou de la declaration de la Guerre, & qu'après quarante jours, s'ils ne sont engagez dans la Guerre que comme amis.*

(16) Et quand ils seront en Guerre, ils ne pourront abatre, ni faire abatre Maisons, Moulins, *ni faire rompre d'estangs, tuer chevaux, ou autres bestes, ni commettre telles hostilitez semblables. Ceux qui feront le contraire seront punis, & seront tenus de reparer les dégasts qu'ils auront commis, avec amende au Roy & à Partie.*

(17) Aucuns non Nobles *ne pourront entrer en Guerre contre les Nobles, ni les Nobles contre les* non Nobles.

(18) Le Bailly de Vermandois ne pourra connoistre des causes des Sujets des Seigneurs, ni les tirer hors de leurs Chastellenies; *mais il leur sera fait droit par les* Hommes jugeans.

(19) Les Hommes jugeans *refusans de rendre leurs Sentences, dans la crainte de payer chacun separément une* amende arbitraire, *le* Bailly de Vermandois *appellera des personnes suffisantes de sa Jurisdiction,* Chevaliers, Nobles, & Bourgeois, *pour convenir du remede que l'on pourra apporter à un tel desordre, &*

ils envoyeront leurs memoires, afin que le Roy y puisse statuer.

(20) Le Roy consent qu'au moyen de cette Imposition, il ne luy soit acquis aucun Droit nouveau.

JEAN I.er & selon d'autres, Jean II. à Paris, le penultiéme jour de Mars 1350.

(a) JEHAN par la grace de Dieu, Roys de France, Sçavoir faisons à tous presens & à venir, que comme Nous *considerans* les trés-grands inconveniens, qui pour cause *de nos guerres* sont venuz en moult de manieres, & püent venir chascun jour; & *desirans* de tout nostre cuer bon & brief fin mettre a icelles, si que le peuple à *Nous commis* puisse vivre *en paix* dessouz Nous, laquelle chose ne pourroit estre faite, sans trés-grands & innumerables missions & despens, lesquiex Nous ne porriens souffrir, ne soustenir *sans l'aide de nos subgiez*, ayons pour ce fait, requerir par nostre *amé & feal Conseiller l'Evesque de Laon*, nos bien amez *les Nobles, Communes, Eschevinages*, & autres Gens des *Villes de nostre Bailliage de Vermendois*, que à ce Nous voulsissent *faire aide* convenable; & de leur bonne volenté, ils Nous ayent graticusement *ottroié & accordé* en aide, pour le fait de *nosdites guerres*, une imposition de *six deniers* pour livre, en la maniere, sous les modifications, & conditions qui s'ensuivent.

(1) C'est assavoir de chascun *tonnel de vin*, vendu en gros & à detail, & de toutes *autres Marchandises* qui seront faites en toutes les bonnes Villes, & autres du plat Pays, dessouz quelconques *Seigneurs d'Eglise, Nobles*, & autres, & aussi de toutes autres Marchandises quelconques venduës en quelque Ville que ce soit *audit Bailliage, six deniers pour livre*, à payer du Vendeur tant seulement, durant le temps de *ladite Imposition*, qui commencera & courra le premier jour de May prochain venant, & durera continuellement jusques à *un an entier & accompli*, sauf que se aucune chose estoit venduë par une fois, & à un jour, dont le prix ne vaulsist *plus de cinq sols*, riens n'en sera pris, ne levé; Et aussi ne payeront riens les *premiers Marchans achapteurs des Bois, Viviers, & Estangs des Seigneurs;* mais *l'autre Marchand*, qui achaptera desdits premiers Marchands *pour revendre*, payera de ce qui par luy sera revendu. Et aussi ne payeront rien *les Hostelliers*, des vivres qu'ils vendront en leurs maisons, & hostels à leurs hostes, exceptez *le Vin* que il payeront, en la maniere que dessus est dit.

(2) Item. Se dedans ledit temps il avenoit que *Paix* feust entre *Nous*, & le *Roy d'Angleterre* nostre ennemy, *ladite Imposition* cesseroit, & devroit cesser sitost comme *Paix* seroit, mais se *Trieves* estoient seulement, *ladite Imposition* ne cesseroit mie, mais sera, & devra estre levée durant ledit an, par *deux Preud'homes* qui par noz Gens seront à ce elleus par le conseil *desdits Nobles*, & des *gens desdites bonnes Villes*; Et par ces deux ainsi esleus devra estre mise, & sera ladite recepte en garde, & en depost pour la deffense de nostre Royaume, & du Pays, se besoing est, sans estre prise, ne levée par Nous, ne par nos Gens, pour traire, ne convertir en autre usage que en l'usage dessusdit.

(3) Item. Que le *Receveur de Vermandois*, ne autres commis à vendre *lesdites Impositions*, ne puist, ne doit embourser, ne appliquer à soy *les vins des marchiez, & renchieres* de la venduë qui se fera *desdites Impositions*, mais sera *beu en commun*, en la maniere que fait estoit au commencement que *les Impositions* Nous furent ottroyées; Et ne seront tenuz les achapteurs *desdites Impositions* payer audit Receveur, ou à son Deputé pour les lettres de l'achat du marchié, que *douze deniers*, & pour la quittance

NOTES.

(a) Cette Ordonnance est au Tresor des Chartes, Registre cotté 80. piece 302.

Philippes de Valois mourut en 1350. à *Nogent-le-Roy*, le vingt-deuxiéme Aoust, dans la cinquante-septiéme de son âge, aprés vingt-deux ans cinq mois & vingt & un jours de Regne. Il eut plusieurs enfans, dont quelques-uns moururent avant luy, & d'autres luy survécurent, sçavoir *Jean premier, ou second* son fils aisné, & son Successeur, âgé d'environ quarante ans, & *Philippes de France*, l'un & l'autre enfans du premier lict de ce Prince & de *Jeanne de Bourgogne*. Il laissa sa seconde femme *Blanche de Navarre* enceinte, qui eut une fille nommée *Jeanne*. Et enfin il laissa encore un fils naturel nommé *Jean*, dont parle *Vaslingham* Historien Anglois. Ce *Jean* fut homme de merite, & qui eut des emplois considerables, comme on le voira par ses Lettres, qui seront imprimées cy-aprés.

JEAN I.er & selon d'autres Jean II. à Paris le penultiéme jour de Mars 1350.

du payement, que *six deniers*, & ne pourront prendre les *Sergens dudit Receveur*, & de ses Commis pour la premiere contrainte, sur les fermiers, aucune chose, mais pour la seconde contrainte, & les autres ensuivant seront payés de celuy qui aura souffert ladite premiere contrainte, dont le *Sergent* pour son salaire de la contrainte, se faite est dedans la Ville, là où le *Sergent* & le *Fermier* seront demourans, ou residens, ne aura, ne devra avoir que *deux sols* pour jour seulement.

(4) Item. Sera *mandé & deffendu* à ceux qui tiennent, ou tendront *les Fermes de l'Imposition*, que des denrées traites, ou menées hors du Royaume, ils ne prengnent ou peussent prendre d'une *Lettre de caution, que quatre deniers*, & d'une *Lettre de delivrance de ladite caution que quatre deniers*, & que se plus en prenoient, ou *(b)* detensoient les *Marchands*, ou *Voituriers* à delivrer lesdites lettres, tous *cousts, frais, & interests*, qui par leurs detensemens seroient faits, ils seront tenuz *de rendre, & contrainz à ce sans delay.* Et se *plusieurs Marchands* sont, qui à un trait ensemble, facent amener leurs denrées, que par *une seule Lettre* il se puissent passer, s'il leur plaist.

(5) Item. Que pour *Nous*, & pour *nostre Hostel*, ne pour *les Hostels* de nostre trés-chiere Compaigne *la Royne*, ou pour *noz Enfans*, ne pour *Connestables, Mareschaux*, ou autres nos *Officiers*, pour les *Maistres des Garnisons, Baillis, Receveurs, Commissaires*, ou autres personnes quelconques, ne seront, ou pouront estre pris durant ledit an ouquel courra *ladite Imposition*, *Vivres*, quelques ils soient, ne *Chevaux, Chars, Charettes* d'aucuns *Nobles*, *Bourgeois*, ou *Souzmanans* d'aucunes desdites *bonnes Villes*, ne d'aucune autre qui contribue *à ladite Imposition*, se ce n'est *par juste prix*, & en *payant l'argent*; Et se aucun par vertu de Commission de *Nous*, du *Connestable*, des *Mareschaux*, ou d'aucuns autres *Officiers*, faisoient, ou s'efforçoient de faire le contraire que en riens ne soit obeï, & pour la desobeïssance, se faite estoit, *amende* ne soit, ou ne puisse estre prise, ne levée pour ce.

(6) Item. Que des *choses*, qui sont *ja prises*, ou *arrestées* des gens desdites Villes, ou des subgiez desdits *Nobles*, pour les garnisons *de nostre Hostel*, ou *de l'Hostel* de nostre trés-chere Compaigne *la Royne*, ou de *nos Enfans*, ne soit riens levé sans en payer le juste prix.

(7) Item. Que les *gens desdites Villes*, ne les *subgiez desdits Nobles*, ne seront contrainz à aller *en nostre Ost* durant le temps de *nostredite Imposition*, se ce n'est à cause *(c) d'arriereban*, fait à bonne & juste cause, sans faintise.

(8) Item. Se ou *Bailliages*, ou és *Prevostez du Bailliage de Vermendois*, sont aucuns *Sergenz*, outre le nombre ordené, sur lesdits *Sergenz*, ils seront ostez, & de ce *seront faits mandemens* au *Baillis*, & *Prevosts dudit Bailliage*, & leur sera deffendu qu'il n'y en mettent plus nuls.

(9) Item. Que nos *Sergens* auront pour leur salaire par jour *huit sols Parisis* seulement; Et que plus n'ayent, ou doient prendre pour quelconque nombre *de personnes qu'il besoignent*, ne pour quelconques *Exploits qu'ils facent* en un jour, combien qu'il en facent *plusieurs*, & pour *plusieurs & diverses personnes.* Et bailleront & seront tenus bailler coppie de *leurs Commissions*, ou lieu où il feront leur Exploit, & aussi coppie de *leurs rescriptions*, s'il en sont requis.

(10) Item. Que sur les *Prevosts* qui ont tenu, & tiennent *(d) Prevostez à ferme*, seront faites *Enquestes*, de trois ans en trois ans; Et dores-en-avant n'y seront receuës

NOTES.

(b) Detensoient.] C'est-à-dire *forçoient* & *contraignoient* injustement & avec violence les *Marchands* & les *Voituriers* à prendre de *telles Lettres;* On ne s'arrestera pas icy à expliquer ce mot, par ce qu'il l'est suffisamment par *Nicolt, & Monet* dans leurs Dictionnaires, & par *Menage* & *Caseneuve* dans leurs Dictionnaires étymologiques. *Vide Vossium de vitiis sermonis*, sur le mot *Tendere.*

(c) A cause de l'Arriereban, à bonne & juste cause & sans faintise.] Voyez mon Glossaire du Droit François, sur ce mot, & *de la Lande* Professeur à Orleans, dans la Dissertation qu'il a donnée sur cette matiere.

(d) Prevostez à ferme.] Voyez au tome premier, pages 360. 462. 483. cy-dessus pag. 239. 262. & 303.

JEAN I.er & selon d'autres Jean II. à Paris le penultiéme jour de Mars 1350.

que *Personnes sages*, & dignes de foy, qui saichent faire justice, *&* *appointier* les parties & les causes en jugement & dehors.

(11) Item. Que toutes *(e) Nouvelles Garennes* cesseront, oudit Bailliage.

(12) Item. Se aucuns *Marchans* dudit Bailliage veulent *prester vingt sols Parisis*, pour *deux deniers* la sepmaine, il n'en seront par Nous, ne par nos Gens traits à aucune *amende*, & ceulz qui pour plus *presteront*, en seront *punis*, & rendront le surplus à ceulz de qui ils l'auront.

(13) Item. Que toutes *(f) Nouvelletez* seront *reparées*, *mises* & *ramenées* au premier & *deu estat*, non contrestant *Lettres d'Estat*, ou autres *Graces*, & *Appellations* quelconques, sauves les *Oppositions*, selon l'Ordenance de nostre Parlement.

(14) Item. Que Nous ferons savoir le prix ancien des *Escriptures*, & *Sceaux des Baillis & Prevosts, en Commissions*, *Adjornemens*, *&* *Sentences*, & autres *Arrests* quelconques. Et se par l'information est trouvé que l'en en lieve excessivement, Nous le feront ramener à juste & raisonnable prix.

(15) Item. Combien que *(g) les Nobles du Bailliage de Vermendois*, aient *guerre* les uns aux autres, aient usé ou accoustumé depuis un peu de temps, que sitost que li un avoit *deffié*, ou fait *deffier* l'autre, ils s'entreportoient tantost *dommage*, sans attendre *jour*, ne *terme*, il ne pourront dores-en-avant *porter dommage* les uns aux autres; c'est assavoir *les principaux Chiefs de la guerre, jusques à quinze jours enterins & accomplis aprés les deffiemens*, & les amis d'iceulz jusques à *quarante jours*, aprés *lesdites deffiences*.

(16) Item. Ou cas que ils voudroient faire, ou feroient *guerre* les uns aux autres, il ne pourront abatre, ne faire abatre *Maisons*, *ne Moulins*, rompre, ne faire rompre *Estangs*, *tuer Chevaux*, *ne Bestes*, rompre *Guerniers*, *Huches*, *Huchiauz*, *Lettres*, *Vaissélles*, effondrer *Vins*, ne autre semblable *gast* faire, & s'il ont fait, ou faisoient le contraire, il en *soient punis*, & seroit reparé & mis *au premier estat* le *gast* qu'il auront fait, comme dit est, aux cousts des faisans, & rendront tous *frais & dommages*, & si en feront *amende à Nous*, *& à Partie*.

(17) Item. Que aucuns *non Nobles* ne pourront guerroyer, & aussi ne pourront estre guerroyez par *Nobles*, ou autres quelconques.

(18) Item. Que le *Baillif de Vermendois* ne pourra *traire*, *ne traittier nulz subgiez de ladite Baillie*, hors de *sa Chastellenie*, mais li sera fait droit *(h)* par les hommes *jugeans en icelle*.

(19) Item. Pour ce que *les Gens de nostre Parlement à Paris*, maintiennent que és Appellations que extoit en nostre Parlement de Paris *des hommes jugeans* audit Bailliage, se il est dit mal jugié *par lesdits Hommes*, *chascun doit payer une amende arbitraire*, *& pour doubte de payer ladite amende*, *plusieurs Jugemens sont retardez à faire par lesdits Hommes*, ou dommage de ceulz qui sont en jugement, & aussi pour cause *desdits Hommes jugeans* qu'ils ne veulent juger, & se il en jugent aucun, en sont *à discort pour la contradiction d'aucuns*, tout le *jugement des autres* est empesché, nostredit *Bailli* appellé des personnes souffisans de sondit Bailliage, tant *Chevaliers*, *Nobles*, & *Bourgeois*, comme autres, s'enfourmeront comment *bon remede* y pourra estre mis, parquoy *Justice* y puist mieux estre faite au proffit de nostre peuple, & les plus

NOTES.

(e) Nouvelles Garennes, &c.] Voyez l'Auteur du grand Coustumier, livre premier, page 40.

(f) Toutes Nouvelletez.] C'est-à-dire *tous nouveaux troubles*. Voyez mon Glossaire du Droit François, sur ce mot.

(g) Les Nobles du Bailliage de Vermendois ayent guerre les uns contre les autres.] Voyez cy-aprés l'Article 27. *des Lettres* données à Poissy le 5. Avril 1350. en faveur des Habitans de Normandie.

(h) Par les Hommes jugeans.] Voyez ce qu'on a remarqué sur *Loisel* dans ses *Institutes Coutumieres*, livre 4. tit. 3. regle 14. pages 120. 121. &c.

Dans un autre Registre il y a à la fin de cet article : *Se n'est dans les cas contenus és Ordonnances faites de nos Predecesseurs, tant seulement, pour juste cause & évident.*

Pour entendre la procedure dont il est parlé dans cet Article, il faut lire avec attention ce que *Philippes de Beaumanoir* a écrit sur cette matiere, dans ses Coustumes de Beauvoisis, au Chapitre 67. *Des Jugemens*, pages 336. 337. 338. &c.

JEAN I.er & selon d'autres Jean II. à Paris le penultiéme jour de Mars 1350.

convenables remedes que il y trouvera par leur conseil Nous rescripra, afin que vuë sa rescription, Nous y pourveons de bon remede.

(20) *Item.* Que pour cause *dudit Ottroi* à Nous fait de *ladite Imposition*, & des autres *Ottrois* faits à nostre trés-cher *Seigneur & Pere*, *(que Dieu absolle)* des Impositions de *six deniers*, *& de quatre deniers pour livre* par lesdits *Nobles*, *bonnes Villes*, & autres *dudit Bailliage*, conjointement, ou divisément, ne soit, ou doie estre acquis à Nous, ou à nos Successeurs, aucun *nouviau Droit*, ou prejudice *d'iceulz*, ou *d'aucuns d'eulz*, en corps, ne en biens, si comme toutes les choses dessusdites, *(i) nostredit Conseiller* Nous a rapporté, en *Nous suppliant* de par lesdits *Nobles*, & *Villes*, que Nous icelles voulsissions *Octroyer* : Nous par *deliberation de nostre Conseil*, enclinans favorablement à leur supplication, de certaine science, de nostre authorité Royale, & de grace especial, toutes les choses dessusdites, & chascune dicelles *avons Ottroyé & Ottroyons* par ces Presentes. *Si Mandons & commandons* au *Baillif de Vernendois*, & à tous nos autres *Justiciers* & *Officiers* presens & à venir, & à chascun *d'iceulz* qu'ils *tiengnent*, *gardent*, *& accomplissent*, chascun en droit soy, & les facent *tenir*, *garder*, *& accomplir* sans contredit, & sans autre *Mandement* de Nous attendre, en la forme & maniere que dessus est divisé, & esclairci : Et que ce soit ferme & estable à toujours, Nous avons fait mettre à *ces Lettres* nostre grant Seel, sauf en autres choses nostre droit, & en toutes l'autruy. *Donné à Paris le penultiéme jour de Mars*, *l'an mil trois cens cinquante. In Gallico de gratia multiplicata contra stilum Cancellariæ. P.* BLANCHET. Par le Roy en son Conseil, ouquel estoient Vous, & Mess. les Evesques de Laon & de Chalon.

NOTES.

(i) Nostredit & feal Conseiller.] Sçavoir l'Evesque de Laon, dont il parle cy-dessus.

JEAN I.er & selon quelques-uns Jean II. à Paris en Mars 1350. & à Roüen le 4. Juillet 1350

(a) Ordonnance contenant Reglement entre les Ouvriers *de Drap plein* & de *Drap rayé*, en Normandie.

JOHANNES Dei gratiâ Francorum Rex. Notum facimus universis, tam præsentibus quàm futuris, Nos vidisse Literas infrascriptas, sigillatas sigillo pro nostro Scacario, instituto antequàm ad Regni gubernacula venissemus, *quarum tenor sequitur in hæc verba.*

JEHAN ainsné Fils du Roy de France, Duc de Normandie, & de Guyenne, Comte de Poitou, d'Anjou & du Maine:. A tous ceux qui ces presentes Lettres verront, *Salut.*

Comme les Maistres & ouvriers du mestier de la *grant Draperie de Roüen*, nostre *Eschiquier* de Pasque dernierement passé, seant en icelle Ville, eussent fait *complaincte* à nos amez & feaulz *les gens de nostre Conseil*, qui ledit *Eschiquier* tenoient, en disant que *Robert le Maistre* adonc *Maire de Roüen*, *au pourchaz & à la requeste des gens du mestier de œuvre rayée en ladite Ville*, avoit fait indeuement & de nouvel, & contre les usages anciens de ladite Ville, *deux Ordenances sur l'estat de ladite Draperie*, & par procès & voies indeuës, & contre coustumes; sur lequel cas lesdites gens *de grant Draperie* tendoient à eux estre pourveu, & icelles *Ordenances estre rappellées* & mises au neant, & requeroient la chose estre tenuë en estat, & eulx estre sur ce mis, selon raison, & la coustume du Pays, maintenant lesdites gens *& Ouvriers de grant Draperie*, entre plusieurs autres leurs raisons, que par les *Ordenances* de leur mestier, *nul ne puet faire grant draps en ladite Ville de Roüen, s'il n'a premier appris, & servi depuis certain temps que ils declaroient en leurdit mestier de grant Draperie en ladite Ville de Roüen, combien que celuy qui le voudroit faire sceut bien ouvrer.*

NOTES.

(a) Cette Ordonnance est au Tresor des Chartes Registre 80. piece 278.

JEAN I.er & selon quelques-uns Jean II. à Paris en Mars 1350.

Ausquelles choses se feussent presentez devant nosdites gens, *lesdites gens de œuvre rayée*, disant que sans autre procès, ou adjornement, ils estoient prests de respondre sommairement, & de plain sur ladite complainte, & de maintenir & soustenir le fait dudit *Maire*, comme deuement fait & à leur entente, & ladite *Ordenance soustenir.* Proposoient entre leurs autres raisons, que leur mestier *d'œuvre rayée* estoit plus *(b) soutif*, que le mestier de *lamire planive*, & que celuy qui bien savoit *faire rayez*, savoit bien faire *draps pleins ;* & ainsi l'avoient fait eulz & leurs predecesseurs de leur mestier, de tous temps, & plusieurs autres raisons.

Sur lequel cas, sans prejudice de la Jurisdiction *dudit Maire*, nosdits gens eussent les parties oüyes, en leurs raisons, & sans *amende*, pour le bien & transquilité desdites gens: Et après eussent nosdites gens fait bailler aux parties leurs faiz & raisons par *escrit*, par maniere *de memoire.* Et pource que esdites raisons, outre ce qui y estoit de droit, avoit plusieurs faits contraires, divers & discordables, selon l'entente desdites parties; *nosdites gens* ne eussent pu le cas & la besogne déterminer sans estre informez sur aucuns des faits desdites parties: mais pour aller avant sur ce, selon raison, eussent nosdites gens *assigné jour aux parties à Roüen* aux octaves de la Feste de saint Jean-Baptiste prochain après ensuivant, & *ordené que entre tant*, la copie des raisons, lettres & articles bailliez desdites parties, nosdits gens *porteroient à Paris*, & sur iceulx feroient faire *information*, & aroient *avis au mieulx que ils pourroient avec nostre Conseil*, & aussi avec *les Drapiers, & autres de plusieurs bonnes Villes du Royaume.* Et outre que cependant sur lesdits faits, en ce qu'ils verroient estre pertinent & convenable, à enquerir & savoir verité, nostre amé & feal Conseiller *Maistre Giles de Maudestour Maistre des Requestes de nostre Hostel*, & *Henry d'Estouteville Chanoine de Roüen, qui à ce furent acceptées desdites parties, enquerroient ou se enfourmeroient par bons tesmoings & convenables, sans (c) saon, & sans suspeçon*; qui sur ce feroient pris & esleuz par eux par voie d'office, si comme ils regarderoient qu'il seroit à faire, sans ce qu'ils venissent par amenée de aucune desdites parties: Et ce fait ce qui par eulx, ou l'un d'eulx seroit *apporté, ou envoyé* feablement audit jour, & aussi ce qui aroit esté trouvé par *information* à Paris ou environ, pour par noz gens, ou ceux que nous y commettrions estre ordené en la besongne, si comme ils verroient qu'il appartiendroit à faire.

Et depuis en approuvant & loant tout ce qui avoit esté *fait & ordené*, ainsi comme dit est, par *nosdites gens tenans nostredit Eschiquier*, eussions par nos *autres Lettres données sous le Scel de nostre secret*, mandez & commis à nos amez & feaulx *l'Arcevesque de Roüen nostre Chancelier*, Maistre *Regnaut Chauveau*, Giles *de Maudestour*, Guy *de saint Sepulcre*, Pierre *de la Charité*, Gervais *du Bust*, Robert *le Coq*, Guillaume *Durant*, Jehan *Germain le Doyen de Noyon*, & Estienne *de Paris* Clercs, le *Chambellant de Tanquerville*, *Amaulry de Meullent*, Gaucher *de Chastillon* Seigneur de la Ferté, le Seigneur *de Traynel*, le Seigneur *de Preaux*, Simon *de Bucy*, Jacques *la Vache*, Fauveau *de Vaudencourt*, & Jehan *Hauniere*, Chevaliers, & Pierre *d'Orgemont* noz Conseillers, ou à deux d'iceulx, qu'il tenissent ladite journée des Octaves de la Feste de saint Jehan, & receussent lesdites *enquestes*, ou *informations*, avecques *les raisons, lettres*, ou *escriptures* autrefois *baillées* par lesdites parties en *nostre Court de l'Eschiquier*, comme dit est, *procedassent, feissent & ordenassent en ladite cause, si comme bon leur sembleroit*, en donnant à iceux pooir & auctorité, que tout ce que iceulx, ou deux d'iceulx par le conseil que ils verroient que bon seroit à prendre & à avoir, sur ce auroient fait, vaulsist & tenist aussi comme *s'il estoit fait par Nous-mesmes, ou par nostre Eschiquier*, tant en procedant, continuant, ou déterminant en ladite cause, circonstances & dépendances d'icelle, comme en toutes autres choses.

A laquelle journée desdites Octaves, & aux jours ensuivans, pardevant noz amez & feaulx

NOTES.

(b) Soutif.] Subtil, difficile.

(c) Sans Saon.] C'est-à-dire, sans reproche.

JEAN I.er & selon quelques-uns Jean II. à Paris en Mars 1350.

Maistre Giles *de Maudestour* Clerc, Simon *de Bucy*, & Jehan *(d) Hennere*, Chevalier, & Pierre *d'Orgemont*, noz Conseillers dessus nommez, lors estant à *Roüen*, se feussent comparus Robert *Haguet*, Richard *Doucin*, Michiel *Lambert*, & Guillaume *Neveu*, & Jehan *Martin*, *(e) attorné* des autres *Procureurs* de tout le commun de *la grant Draperie*, d'une part; & Robert *de Guilloz*, Geffroy *Pate*, Thomas *Havart*, & Colin *d'Ivetot* Procureur, & *Osmont, attorné des autres Procureurs* du commun de ladite *œuvre rayée*, d'autre part: Desquels nosdites gens & Conseillers, c'est assavoir Gilles *de Maudestour*, Simon *de Bucy*, Jehan *Henniere*, & Pierre *d'Orgemont*, veuës lesdites Ordenances dudit *Maire*, les faits, raisons, lettres & escriptures de chascune desdites parties, les *enquestes*, ou *informations* faites par lesdits Commissaires & par autres, qui par vertu de certaine commission à eulx faites de Nous, s'estoient enfourmez par *Drapiers* de *Gant*, de *Malines*, de *Saint Omer*, de *Dourlens*, de *Chaalons*, de *Theroane*, de *Beauvez*, de *Louviers*, de *Saint Denis*, de *Laigny*, de *Provins*, & de plusieurs autres bonnes Villes, & de tout ce qui faisoit à veoir & à considerer, & qui de raison les pooit & devoit mouvoir par vertu de nosdites Lettres, eussent dit, pronuncié, & ordené, didrent, pronuncierent, & ordenerent *par Arrest* sur les debats dessus dits, en mettant au neant lesdites *Ordenances* faites par *le Maire de Roüen*, & sans préjudice de sa Jurisdiction, comme autrefois li avoit esté accordé, en la maniere qui s'ensuit.

C'est assavoir que doresnavant chascun *du mestier d'œuvre rayée*, mais que en la Ville de Roüen, ou autre Ville *(f) de lay* il ait appris & servi entierement, par tant de temps qu'il a esté *ordené & accoustumé* de servir audit mestier *d'œuvre rayée* en la Ville de Roüen, *pour acquerir par servir la franchise d'icelli, & aussi qu'il ait appris & servi la moitié du temps, qui est ordené & accoustumé de servir, oudit mestier de grant Draperie & d'œuvre pleine, pour acquerir par servir la franchise d'icelli, & non autrement, soit fils de Maistre, ou autre*; & en payant aussi la moitié seulement de ce qui est accoustumé à payer, pour avoir la franchise dudit mestier *de plaine œuvre*, pourra faire *plains draps* en sa maison, en compte de la Ville, & ouvrer sur iceux en sa personne, & avoir pour son argent à li aidier des Ouvriers *de grant Drapperie*, & non autres, & vendre lesdits *pleins draps* ainsi faits *en pille ou autrement*, *en la Halle de grant Drapperie*, par payant sa portion *du Hallage*, aussi que un autre grant Drapier.

Et semblablement chascun *grant Drappier*, qui entierement ara appris & servi, & ara acquis la franchise du mestier *de grant Draperie, & œuvre plaine*, par le temps deu & accoustumé, & aussi ara appris & servi la moitié du temps deu & accoustumé ou mestier *d'œuvre rayée*, & en payant aussi seulement la moitié de ce qui est accoustumé à payer pour avoir la franchise dudit mestier *d'œuvre rayée*, pourra faire *rayer* en sa personne, & avoir Ouvrier *d'œuvre rayée* pour son argent, à li aidier, & vendre *les rayez* ainsi faiz *en pille, ou autrement, en la Halle des rayez*, par payant sa portion *du Hallage*, ainsi que le vendeur de rayez. Et se aucun, ou aucuns dudit mestier *d'œuvre rayée*, a, ou ont à present aucuns *pleins draps* encommenciez, ils les pourront faire apprester par *ouvriers de grant Draperie*, & les vendre en la Halle des *pleins draps*, se ils sont bons & suffisans. Et aussi si aucuns des ouvriers *d'œuvre pleine* ont à present aucuns *draps rayez* encommenciez, ils les pourront faire apprester *par ouvriers d'œuvre rayée*, & iceulx quand ils seront faits & apprestez *vendre en la Halle aux rayez*; mais qu'ils soient bons & suffisans, ainsi que pardessus est dit; mais que paravant il les ayent monstré aux *Bougonneurs* desdites Draperies, pour avoir cognoissance du nombre & du compte d'iceux. Ainsi toutes voies que touz ceulx que ils ne monstreront à present ausdits *Bougonneurs*, & les vouldroient garder pour vendre, ou apporter hors ou temps à venir, sans avoir fait les services dessus dits, *iceulx seront forfaits & acquits la moitié à Nous, & moitié à la Ville*, selon la coustume d'icelle.

Et ne pourront *les Maistres & Ouvriers* du mestier *de la grant Drapperie* refuser à apprendre *les Ouvriers de l'œuvre rayée*, ne ceulx de *l'œuvre rayée* ne pourront refuser à

NOTES.

(d) *Hennere.*] Il y a cy dessus *Hauniere.*

(e) *Attorné des Procureurs.*] C'est un des Procureurs qui represente les autres. Voyez mon Glossaire sur ce mot.

(f) *De lay.*] C'est-à-dire vers Roüen.

apprendre

apprendre ceulx de la *grant Drapperie*, par le temps & maniere que dessus est dit.

Et quand aucun, ou aucuns auront premierement appris pour servir, comme dit est, le mestier *d'œuvre rayée*, & depuis aura, ou auront fait la moitié du service de la *grant Drapperie*, ils pourront joüir & user paisiblement de toutes les libertez & franchises, qui se pueent & doivent acquerre par avoir appris le mestier de la grant Drapperie, jouxte les Ordenances du mestier. Et semblablement quand aucun, ou aucuns auront premierement appris pour servir le mestier de *l'œuvre pleine*, & depuis ce auront fait la moitié du service de *l'œuvre rayée*, il pourra, ou pourront joüir & user paisiblement de toutes les libertez & franchises, qui se doivent & pueent acquerir pour avoir appris le mestier de *l'œuvre rayée*, jouxte les Ordenances du mestier.

JEAN I.er & selon quelques-uns, Jean II. à Paris au mois de Mars 1350.

Et avec ce outre prononcierent & ordonnerent nosdites gens, que dores en avant tous les *draps pleins & rayez* pris par les *Bougonneurs* de chascun desdits mestiers, pour cause de soupeçon & de forfaiture, seront veus, visitez, & jugiez bons, ou mauvais, *absols*, ou *condempnez* au plutost que lesdits *Bougonneurs* le pourront faire bonnement, & au plus tart dedans *vint & huit jours*, à compter le jour de la date d'iceulx, & sur les peines & pugnicions accoustumées à faire par *(g)* le Maire & Pers de ladite Ville.

Et aussi ordennerent nosdites gens, que combien que *les Bougonneurs desdites Drapperies* ayent accoustumé eulx assembler tant seulement aux *Dimanches*, pour *absoudre*, ou *condamner* les drap pris, que eulx assemblent & puissent assembler aux autres jours, & par tant de fois que dedans lesdits *vint & huit jours* les draps pris, comme dit est, soient *absoulz, ou condampnez*.

Lesquieux *Arrests*, *Sentences*, *prononciation & Ordenances* dessus dits *Nous ayant fermes & agreables*, iceulx *Loons*, *Approuvons*, & de nostre autorité *Confirmons*, & iceulx *Volons* estre *tenuz & gardez* ou temps à venir, & avoir perdurable fermeté, par la teneur de ces presentes, sauf nostre droit & l'autruy en toutes choses. En tesmoing de ce nous avons fait mettre à ces Lettres le Scel *establi pour nostre Eschiquier*, & *Volons* qu'ils soient scellés *de nostre grant Scel* toutes fois que lesdites parties, ou aucuns d'icelles le requerront. *Donné à Roüen le quatriéme jour de Juillet lan de grace mil trois cent & cinquante.*

(h) Nos *autem omnia & singula suprascripta rata habentes & grata, ea* Volumus, Laudamus, Approbamus, Ratificamus, *& ex certa scientia, & autoritate nostra Regia tenore præsentium* Confirmamus. *Quod ut perpetuæ stabilitatis robur obtineat, præsentibus Literis nostrum fecimus apponi sigillum, salvo in omnibus jure nostro & quolibet alieno.* Datum Parisius. Anno Domini millesimo trecentesimo quinquagesimo, mense Martii.

Facta est collatio per me J. DE SABAUDIA.

NOTES.

(g) Maire & Pers.] Voyez Loysel dans son histoire de Beauvais, ch. 5. pag. 146. 147.

(h) Nos autem,] Cecy ne paroît qu'un Arrest, mais comme il est confirmé par nos Rois, pour faire un Droit perpetuel en Normandie, on a crû luy devoir donner place dans ce Recüeil.

JEAN I.er & selon d'autres, Jean II. à Paris, en Mars 1350.

(a) Ordonnance portant que dans les procès pendans pardevant les Maire & Eschevins de la Ville de Lille, les Parties feront leurs sermens, comme au Parlement de Paris, & tous les Tribunaux du Royaume: Et toutes les formalitez qui avoient esté introduites à ce sujet contre raison, sont abolies à perpetuité.

JOHANNES Dei gratiâ Francorum Rex, *ad perpetuam rei memoriam. Clarissima virtutum Justitia, quâ* redditur unicuique quod suum est, *si judiciali quandoque indigeat auctoritate fulciri, non frivolis, aut inanibus tractari, mediis ratione carentibus, & quibus à recto possit diverti tramite, sed in via* veritatis *suæ fidelis ministræ*, *debet*

NOTES.

(a) Cette Ordonnance est au Tresor des Chartes Registre cotté 80. piece 563.

JEAN I.er & selon d'autres, Jean II. à Paris au mois de Mars 1350.

fideliter exhiberi. Si verò contrarium quodvis antiquitas, *aut* consuetudo *tenuerit*, Regalis potentia corrigere, seu reformare tenetur; *quod si fecerit, inde meretur gloriam & honorem. Ea propter* notum facimus *universis, tam præsentibus, quàm futuris, quòd cum ex parte dilectorum nostrorum* Scabinorum, Burgensium, Communitatis, & Habitatorum Villæ nostræ Insulensis, *nobis fuerit declaratum, quòd in dicta Villa singulariter ab antiquo viguit* observantia, *seu* consuetudo *talis, quòd si quis* clamorem exposuerit, *seu* legem petierit dictæ Villæ, *contra* personam quamcunque super debito, *vel* aliàs de mobili quæ denegetur eidem, *dicti Scabini ad excitationem* Baillivi, *vel* Præpositi *nostri Insulensis, per Judicium juxta prædictam legem antiquam pronunciant, quòd* actor & reus *procedant* ad Sancta, *quod affirmationem, vel litis contestationem significat, proferendo verba quæ sequuntur, vel consimilia in effectu:* Nescimus aliquid propter quod non procedant. *ad Sancta*, si sint ausi. Et ordinatio, seu modus procedendi ad dicta Sancta, quod est dictu facile, juramentum fieri solet ab utraque partium, sub certis formulis, ac in idiomate extraneis, & insuetis, ac difficillimis observari. Super quibus utraque, vel altera partium si quoquomodo defecerit in idiomate, vel in forma, sive fragilitate linguæ jurantis sermo labatur, sive manum solito plus elevet, aut in palma pollicem firmiter non teneat, & alia plura frivola & inania, circa dictum juramentum tàm verbo, quàm facto juxta Villæ prædictæ legem convenientia non observet, *causam suam penitùs amittit & perdit*, nec ulteriùs admittitur super hoc ad clamorem vel *querimoniam*, si sit actor, nec ad *defensionem*, si sit reus; quamvis *actor* justam petitionis, aut reus *justam* defensionis causam haberet in prædictis, prout nobis humiliter exponi fecerunt, *supplicantes ut super hoc ex officii nostri debito vellemus salubriter ordinare.*

Nos considerantes quòd talis observantia, *seu* consuetudo, *quæ veriùs error, aut corruptela dici meruit, nullâ potest ratificari temporum successione longævâ, sed quantò diutiùs justitiæ paravit insidias, tantò debet attentiùs, radicitùs extirpari*, Constituimus & Ordinavimus *auctoritate nostra Regia, ex certa scientia, de gratia speciali prædictam consuetudinem, vel observantiam* aboleri *penitùs &* omitti; *ipsamque perpetuò & penitùs* abolemus & movemus, *volentes & ordinantes, quòd in talibus* clamoribus & casibus *actores & rei de cetero* ad excitationem, seu mandatum Baillivi, aut Præpositi nostri Insulensis, *ad faciendum* ad sancta Dei Evangelia *juramentum solenne*, modo & formâ quibus in Parlamento nostro Parisius, & aliis Regni nostri Curiis *est fieri consuetum, in ceteris omnibus lege dictæ Villæ servatâ*, per dictos Scabinos admittantur. *Et est intentionis nostræ quòd cæteris legibus & consuetudinibus dictæ Villæ, aut libertatibus, franchisiis & privilegiis ejusdem nullum per hoc in futurum præjudicium generetur. Quod ut firmum & stabile perpetuò perseveret, præsentibus Literis nostrum fecimus apponi Sigillum; salvo tamen in aliis jure nostro, in omnibus jure quolibet alieno.* Acta fuerunt hæc Parisius in Palatio nostro Regali. Anno Domini millesimo trecentesimo quinquagesimo, mense Martii.

Per Regem ad relationem Consilii, in quo eratis vos & Domini Episcopi Laudunensis & Cabilonensis. ROUGEMONT.

JEAN I.er & selon d'autres Jean II. à Paris le 5. Avril 1350.

Ordonnance contenant plusieurs Reglemens en faveur des Seigneurs & des Habitans de Normandie, à cause d'une Imposition accordée au Roy.

SOMMAIRES.

(1) *Il sera levé en Normandie au profit du Roy, pour parvenir à la Paix, une Imposition de six deniers pour* livre, *de* quinze sols *quatre deniers, & de* maille de dix sols *trois deniers, de* cinq sols *trois mailles, & rien au-dessous de cinq sols. Les Détailleurs qui ne feront que cinq sols par jour, ne payeront rien, & le Vendeur seul payera; & cette Imposition ne durera qu'un an, à commencer au premier May 1350. pour finir l'an revolu; & en cas de Paix elle cessera.*

JEAN I.er & selon d'autres, Jean II. à Paris le 5. Avril 1350.

&c. *Elle sera baillée à Ferme par criées & subhastations au plustost.*

(2) Chaque Preneur ou Fermier, outre le prix de sa Ferme qu'il payera au Roy, payera de plus deux deniers pour livre au Receveur.

(3) Les Fermiers de l'Imposition se feront payer des Denrées venduës pendant l'année, & trois mois après ils n'auront plus d'action, à moins que dans le temps marqué ils n'eussent intenté leur demande.

(4) Les Taverniers payeront l'Imposition au prix qu'ils auront vendu leur breuvage.

(5) Tous autres Vendeurs de Denrées en détail payeront au prest & proportion de ce qu'ils vendront chaque jour.

(6) Pour heritage vendu, ou baillé à ferme il ne sera rien dû.

(7) Tous les Vendeurs seront crûs à leur serment touchant ce qu'ils auront vendu, à moins que les sermens ne soient pris de prouver le contraire par témoins.

(8) S'il survenoit à ce sujet quelque débat, les Sergens, *tant du Maire de Roüen, que des autres Justiciers du Pays, au commandement des Juges Royaux, feront les Ajournemens & Executions, & les Juges auront la connoissance de ces contestations.*

(9) Les Fermiers payeront de trois mois en trois mois, par portions égales le prix de leur Ferme.

(10) Les Vicomtes des lieux seront Baillieurs & Receveurs.

(11) Le Roy ordonnera des monoies en la meilleure maniere, pour le profit de son Peuple.

(12) Aucuns soient du lignage du Roy, les Lieutenans, Connestable, Mareschaux, Maître des Arbalestriers, Maîtres de Parlement de ses Eschiquiers. Requestes de son Hostel, ou de la Reyne, des Princes Enfans de France, ou de quelsconques leurs Estats ou Officiers, Princes, Barons, Chevaliers, ne pourront faire aucunes prises *dans toute l'étenduë du Duché de Normandie ; & à cet égard il ne leur sera en rien obéy, à moins qu'ils ne payent argent* comptant *au prix que les choses vaudront, &c.*

(13) Quant aux Sergens mercenaires & generaux, selon la Charte aux Normands, nul de quelque condition qu'il soit ne pourra doresnavant loüer son Office ou Service à luy octroyé, sous quelque couleur que ce soit : Ceux qui contreviendront à ces deffenses perdront leurs Offices. Mais s'ils ne pouvoient en faire les fonctions par empeschement de maladie ou autre necessité, ils les feroient desservir par de bonnes personnes approuvées par les Juges, lesquelles qui exerceront aux cousts & despens de ceux qui les auront commis, &c.

(14) Selon les anciennes Ordonnances, qui seront exactement observées, il n'y aura plus en Normandie de Sergenteries *generales. Si on obtient par surprise du Roy quelques Lettres contraires, elles seront nulles, & il est enjoint à tous Baillis & Vicomtes de destituer tous les Sergens generaux, sans leur permettre, ou à leurs Substituts, de Sergenter en quelque maniere que ce soit.*

(15) Personne ne sera pourvû d'Office sans information suffisante faite par autorité de Justice, avant que le Procureur commence sa poursuite, & qu'il s'y joigne à partie ; l'information sera vûë & conseillée par le Bailly. Tant que celuy qui sera poursuivi voudra citer ce droit & donner Caution, on ne pourra saisir ses biens, ni envoyer chez luy des Mangeurs, à moins qu'il ne fût coupable de quelque crime ; *& quant aux causes du Roy, elles seront conduites à ses despens, & non des Parties.*

(16) Personne à l'avenir ne pourra estre trait ou tiré de son ressort, en cause d'Office, ou autrement, à peine de nullité du procès ; à moins qu'il n'y ait néantmoins cause raisonnable, comme dans l'exemple rapporté.

(17) Les Maîtres des Requestes de l'Hostel du Roy, suivant les anciennes Ordonnances, ne pourront faire adjourner personne devant eux, ni avoir Cour ; ou connoissance, si ce n'est pour cause d'Offices donnez par le Roy, dont il y ait contestation, ou qu'il soit question d'actions *pures* personnelles.

(18) Les Maîtres des Requestes du Roy, de la Reyne, & de Messieurs les Enfans de France, n'auront pareillement aucune connoissance de cause, si ce n'est des Officiers des Hostels du Roy, au cas de meffect en la fonction de leurs Offices, ou qu'ils ayent les uns contre les autres des actions pures personelles à exercer.

(19) Nulle amende ne sera taxée par les Maistres des Requestes du Roy, si ce n'est en la presence de Sa Majesté, quand elle oira & tiendra ses Requestes.

(20) Les Maistres des Eaux & Forests, *n'auront point de* Lieutenans, *& connoistront personnellement des* délits *commis aux Forests & aux Eaux; & s'ils font adjourner quelqu'un par devant eux, ce sera à jour certain, en certain lieu, & en la Chastellenie dont l'adjourné sera, ou au lieu dans lequel il aura meffect, ou en lieu notable où l'adjourné puisse avoir conseil.*

(21) Des Sentences renduës par les Maîtres des Eaux & Forests *de Normandie, il y aura Appel* en l'Eschiquier. *Et si les* Maistres *obtenoient des Lettres contraires, on n'y auroit aucun égard.*

(22) On se pourveira pareillement en l'Eschiquier, *contre les Sentences renduës par* l'Amiral *& ses* Lieutenans.

(23) Ils ne pourront traier personne en jugement, si ce n'est pour des choses qui leur appartiennent, & dans les Chastellenies ou jurisdictions où les adjournez seront domiciliez.

(24) Les Amendes *adjugées & taxées par les* Baillis, *les* Vicomtes, *les* Maistres des Eaux & Forests, *& par* l'Amiral, *seront levées & exploitées par les Sergens ordinaires des lieux.*

JEAN I.er & selon d'autres, Jean II. à Paris le 5. Avril 1350.

(25) Les Baillis, *les* Vicomtes, *les* Prevosts de Normandie, *ne souffriront pas que leur Jurisdiction ordinaire soit empeschée ni usurpée par* l'Amiral. *Les* Maistres des Eaux & Forests, *les* Verdiers, *&* Sergens des Eaux: *& s'il y avoit quelque contestation entr'eux au sujet de la Jurisdiction, elles seront reglées au prochain* Eschiquier.

(26) Quant aux excez que commettent les Procureurs d'Eglise, *les* Baillis, *& les* Vicomtes *requereront les* Prelats, *de la part du Roy, qu'ils y mettent remede; sinon les* Baillis, *& les* Vicomtes *prendront l'avis des gens du Pays, & l'envoieront au Roy, & à son Conseil, pour y pourvoir de remede.*

(27) Toutes guerres *privées entre* Nobles *sont deffenduës. Les* Baillis, *&* Vicomtes *auront soin de les empescher en Normandie, & s'ils trouvent quelques Gentilshommes engagez dans de telles guerres, ils les prendront au corps, & saisiront leurs biens, & toutes manieres de gens pourront mesme les prendre, & les mener és prisons du Roy; Et s'il arrivoit qu'ils enlevassent hors du Royaume quelque* Roturier, *ou* personne de Pooste, *les preneurs & recepteurs seroient punis en corps & en biens, & envoyez prisonniers à* Roüen.

(28) Pendant que cette imposition durera, tous Emprunts *&* exactions *cesseront.*

(29) Cette Imposition *sera levée dans les Terres des Seigneurs du* lignage du Roy, *comme dans celles qui sont tenuës du Roy immediatement en Normandie.*

(30) Les Impositions *accordées pour les* Clostures des Villes *de Normandie, seront levées comme auparavant, lorsque l'année que doit durer la presente* Imposition, *sera finie.*

(31) La presente Imposition *ne portera aucun prejudice aux Habitans de Normandie, à leurs privileges, & à leurs Chartes.*

(32) Et leurs Coustumes *escrites, leurs* privileges, libertez, *&* franchises *ne recevront aucune atteinte sous ce pretexte, mais demeureront dans toute leur force & vertu.*

(33) Toutes les choses dessusdites seront confirmées par le Roy, qui accordera aux Normans ses Lettres gratuitement en cire verte.

(34) Consentement des Seigneurs *&* Habitans *de Normandie, pour la levée de la* presente Imposition, *au moyen de laquelle le Roy deputera des Capitaines au Pays de Normandie des* Nobles *de la Province, avec un certain nombre de Gens d'armes, & de gens de pied pour sa deffense.*

(35) Soumission de la part du Comte de Beaumont, du Roy de Navarre, & du Comte de Longueville *à la levée de la* presente Imposition.

(36) Confirmation du Roy.

(a) JOHANNES *Dei gratiâ, Francorum Rex. Notum facimus universis, tam præsentibus quàm futuris, Nos vidisse quasdam Patentes Literas sanas & integras, sigillis dilectorum & fidelium* Roberti *Episcopi Ebroicensis, &* Simonis de Bussiaco *Militis, Consiliariorum & Commissariorum nostrorum sigillatas, prout primâ facie apparebat, formam quæ sequitur continentes.*

A tous ceux qui ces presentes Lettres verront. *Robert* par la permission divine, Evesque d'Evreux, & *Simon de Bussy* Chevalier, Conseillers & Commissaires du Roy nostre Sire, en cette partie, *Salut.* Nous avons reçeu les Lettres dudit Seigneur, contenant cette forme.

JOANNES *Dei gratiâ, Francorum Rex, dilectis & fidelibus Consiliariis nostris* Episcopo Ebroicensi, *&* Simoni de Bussiaco *Militi,* Salutem & dilectionem.

Cupientes desideratis affectibus, & assiduè curâ solerti intendentes Regni nostri, à pia Omnipotentis providentia & disposita gratia, suscepta gubernacula *ad ipsius gloriam & honorem,* nostramque salutem, *& utilitatem subjectorum prospicere,* guerræ finem optatum, devictis hostibus, *imponendo, & feliciter regere, reparatis subjectorum oppressionibus, cuilibet justitiam administrando, sicque submissus ditioni nostræ, plus nostro tempore pace plenâ, & tranquillitate perfectâ frui valeat & gaudere, quæ absque ejusdem populi consilio, & speciali auxilio ad desideratum produci non possunt effectum.*

Ea propter *convocatis nuper sextâ-decimâ die mensis Februarii coram Nobis Parisius,* Prælatis, Baronibus, *& aliis* Nobilibus, *&* Communitatibus bonarum Villarum *nostri Ducatûs* Normaniæ, *& pluribus aliis* Regni nostri, *& præhabitâ diligenti & maturâ deliberatione, cum eisdem in præmissis* tractavimus, *cum tunc præsentibus, tàm pro se, quàm aliis* dicti Ducatûs *subjectis, certum* adjutorium, *seu* subsidium, *pro dictis complendis Nobis faciendis per eosdem: quòd* præfati Prælati *Nobis gratiosè concesserunt,*

NOTES.

(a) Cette Ordonnance est au Tresor des Chartes Registre cotté 80. piece 313.

JEAN I.er & selon d'autres, Jean II. à Paris le 5. Avril 1350.

& plenè responderunt, & ipsos Nobiles, *&* Communitates *ad partes suas remisimus* dictum tractatum *cum aliis suæ* conditionis *sanius* firmaturos; *Et ne ulterius ad nos redeundo pro præmissis laboribus & expensis gravarentur*, Ordinavimus quòd certi de Consilio nostro ad dictum Ducatum mittentur, plenè de nostra intentione super hiis instructi, & cum sufficienti potestate, *pro supra scriptis perficiendis & complendis. Quocirca de vestris legalitate & industria pleniùs confidentes, vobis & vestrûm cuilibet, vocato secum uno probo viro, in casu in quo ambo simul vacare non poteritis*, Committimus *præcipiendo, &* Mandamus *quatenùs ad* Pontem-Audomari *vos personaliter transferentes*, Baronibus, *& aliis* Nobilibus, *&* Communitatibus *bonarum Villarum totius Ducatûs prædicti, & ejus ressorti coram vobis convocatis, intentionem & propositum nostrum super omnibus præmissis, seriosiùs juxta tenorem instructionis vobis super nostro contrasigillo traditæ explicetis, & cum ipsis & dictum tractatum* adjutorii, *seu* subsidii *prædicti perficiatis*, compleatis, *&* firmetis, *& receptionem ejusdem & levationem* ordinetis, *super hoc literas vestras necessarias & opportunas concedendo, quas per litteras nostras cum requisiti fuerimus, promittimus confirmare; Et nichilominus oppressiones & gravamina, & quascumque alieni usurpationes & extortiones quas indebitas per Officiarios nostros, aut quosvis alios summariè repereritis factas & illatas fuisse quibuscumque subditis dicti Ducatûs, omissis omnibus appellationibus, & frivolis allegationibus, absque morosa dilatione* reparetis, reformetis, *& ad statum debitum* reducatis *&* reponatis, *damna passa resarciri & reddi, nobisque condignam emendam præstari faciatis, & alia in dicto Ducatu reformanda*, reformetis, *aut si casus exigat Nobis reportetis juxta dictæ institutionis tenorem, prout vobis visum fuerit expedire, ut super hoc de salubri remedio providere valeamus, restrinctionem numeri servientum juxta Ordinationes alias factas, aut prout aliter pro utilitate subjectorum vobis visum fuerit expedire, & teneri, & servari faciatis, & alia contenta in dicta instructione compleatis, & exequamini diligenter. Super omnibus enim, & singulis suprascriptis vobis, & vestrûm cuilibet, vocato secum uno probo viro, faciendis & complendis* Damus *authoritatem & potestatem per Præsentes, parerique* Volumus *per omnes & singulos Justiciarios & Subditos nostros, & efficaciter intendi volumus & jubemus.* Datum Parisius secundâ die Martii. Anno Domini millesimo trecentesimo quinquagesimo. *Ainsi signées.* Per Regem ad relationem Consilii in quo eratis. *ADAM.*

Par vertu desquelles Letres Nous nous transportasmes au *Pontaudemer*, le Dimanche vingt-deuxiéme jour de Mars, auquel jour & heure se representerent pardevant Nous, & par le Mandement dudit Seigneur, grant quantité de gens de la Ville de Rouen, & des autres bonnes Villes de Normandie: C'est assavoir *Jacques Bares, Vincent du Val Richier, Pierre de la Ferriere, Robert Haguet & Estienne de Cramaire*, pour & au nom des Habitans de ladite Ville de Rouen; *Guillaume Benoite, Thomas Paris, Guillaume Bunral*, pour les Habitans de la Ville de Pontaudemer; *Nicolas Fleuraut & Jean de Barbere, Pierre le Mercier*, pour Honnefleur; *Thomas de la Caudée*, pour Manneville; *Philipot le Mercier, Pierre Andelin*, pour Bourchassart; *Richard Doute & Michel Mailet*, pour Montfort sur Rulle; *Richard Caillonnel, Geffroy de la Cuisine & Robert Queloquet*, pour Preaux; *Richart le Groux*, pour Bezeville; *Jean de Maneville, Colin Crieul*, pour Pont l'Evesque; *Richart le Parrastre, Jean le Begue*, pour Gonneville; *Guillaume le François*, pour Quilebœuf; *Guillaume de Toof*, pour Herbetot; *Jehan Saffret & Colin Auquetin*, pour Formeville; *Jehan Figeur, Guillaume d'Aubenoie, Regnaut Cabot*, pour le Bethellouin; *Denis Huart, Jehan le Herengier*, pour Briones; *Olivier le Fevre*, pour la Communauté de Lisieux; *Jehan le Bouchier, Sansonet de la Villiere*, pour la Ville de Saint Sauveur de Dive; *Raoul du Mont, Jehan Manianala*, pour la Ville de Tangue; *Robert du Taq, Guillaume Gras-Bonnel*, pour Saint Georges de Bouire; *Perrin Mortemer, Geffroy le Vilain*, pour le Pont Saint Pierre; *Estienne Boursel, Robert le Gaangneur*, pour la Neufville-Champdoisel; *Jehan de Sauchey, Raoul Cousin*, pour Parnilly, *Estienne Alain & Raoul d'Orgeval*, pour les Habitans de Louvieres: tous du Bailliage de Rouen.

Du *Bailliage de Caen, Pierre Auzere & Pierre de Paris*, pour les Habitans de la

JEAN I.er & selon d'autres, Jean II. à Paris le 5. Avril 1350.

Ville de Caen; *Denis de Perres*, pour Faleze; *Raoul Diveraude*, *Robert le Reux*, pour Chasteau de Vire; *Geffroy de Bouffel*, pour Thorigny; *Richart Ernoul*, *Pierre de Bourguel*, pour la Ville de Bayeux.

Du *Bailliage de Costentin*, *Guillaume de Beaumont*, pour les Habitans de Coustances; *Richart le Barrot*, pour la Ville de Saint Lou; *Guiot Richart de Lanieur*, pour tous les Habitans de la Ville d'Avranches, tant Subgiez & Justiciables du Roy nostre Sire, comme pour les Subgiez & Justiciables du Roy de Navarre; *Jehan le Gros*, *Ragier le Bel*, pour Chirebourt; *Jehan le Breton*, pour Valongnes; *Jehan Blonville* & *Thomas du Sarcui*, pour Karentam.

Du *Bailliage de Caux*, *Jehan de Clermont*, *Jean le Lonc*, pour Aumarle; *Pierre de Vanteul* & *Mathieu le Mire*, pour Dieppe; *Guillaume Nicole*, pour la Ville d'Eu; *Mahiet le Gaangneur*, *Jehan* dit *le Prestre*, pour Caudebec; *Jehan Grenet*, *Pierre le François*, & *Guillaume Happe*, pour Monstervillier, tant des Justiciables & Subgiez du Roy, comme du Roy de Navarre; *Jehan Berengier*, & *Robert le Courtois*, *Rogier Halot*, pour Harefleu *Philippe Froimont*, *Pierre de Neelle*, pour le Neufchastel de Lincourt; *Geffroy de Pacy*, pour Gaillefond; *Pierre Neveu*, pour le Bourc-Dun; *Regnaut le Clerc*, pour Saint Pierre le Vieil; *Guillaume Lucus*, *At. Puniront*, pour la Gaillarde; *Jehan Hedouin*, *Guillaume le Grant*, pour les Fontenes; *Geffroy* dit *Chevalier*, pour Loceville; & *Yqueron*, *Regnaut*, *Barize*, pour Bœules; *Guillaume Tiercy*, pour Soteville & Espinueule; *Guillaume de Loncheles*, pour Auraimaisnil; *Angerran Dagoue*, pour Gournay; *Jehan Ymanie*, *Guillaume le Clerc*, pour Arches; *Helie du Bust*, pour la Ville de Fecant; *Jehan Gaubert & Colart le Fevre*, pour la Ville & les Habitans d'Auffay; *Guillaume Porsol*, pour les Habitans de Longueville.

Du *Bailliage de Gisors*, *Michaut Berengié*, *Henry Nervet*, pour les Habitans de Sutreux, tant les Justiciers & Subgiez du Roy de Navarre, comme d'autres; *Richart Croquet*, pour la Ville d'Andely; *Simon le Noir*, pour Estrepagny; *Robert Preudome* pour tous les Habitans de la Ville de Dreux; *Hebert Juliane*, *Robert Fouques*, pour les Habitans de Gisors; *Euden Godart*, & *Guillaume Amaury*, pour les Habitans de Vernon; & plusieurs autres Habitans du Pays de Normandie, pour Nous dire & desclarier la volenté & entention des gens des bonnes Villes dudit Pays, à parfaire & accorder un *Traitié d'aide & Subside*, duquel mention est faite en nostredite *Commission* cy-dessus transcripte, ausquels Nous exposames & deismes l'entention & la trés bonne volenté de nostredit Seigneur, & comment il a trés grant affection de gouverner son dit Royaume, à l'oneur de Dieu, & au proffit & utilité de ses Subgiez, en ostant toutes oppressions de sesdiz Subgiez, & comment il entent toutes *ses guerres*, à la grace de Dieu mettre à bonne & briefve fin, en telle maniere que le peuple soumis à luy, en son temps, puisse demourer en plaine pais & parfaite tranquillité; lesquelles choses il ne puet faire sanz le conseil & aide de sondit peuple: Et comment pour ces choses nostredit Seigneur, le seziesme jour de Fevrier derrenierement passé, eust fait appeller devers luy à Paris, *les Prelaz*, *Barons*, & autres *Nobles*, & les *Communautez* des bonnes Villes dudit Pays, avec *plusieurs autres* dudit Royaume, & eust eu entre eulx bonne & meure deliberation, & *certain Traitié* sur les choses dessusdites, de faire *certain aide ou subside*, *pour mettre bonne & briefve fin à ses guerres devant dites*; *lequel aide* li fut gracieusement octroyé & accordé par *lesdiz Prelaz*, tant pour eulz, comme pour leurs Subgiez.

Mais pour ce que *lesdites Communautez* n'estoient pas fondées pour *ledit aide* accorder ou nom desdites Villes, il furent renvoyées ausdites Villes, pour avoir collation, deliberation & avis aux gens d'icelles, & *pooir dudit aide & subside accorder & ottroyer*, & leur eust esté assignée certaine journée de retourner au vingtiesme jour dessusdit au *Pontaudemer*, tous instruits & fondez pour lesdites Villes, pour *ledit subside ou aide ottroyer & accorder* Et en aprés ces choses, leur requeismes que sur ce Nous feissent response convenable, lesquels Nous requidrent temps & deliberation jusques au mardy ensuivant, pour avoir plus plenier avis & deliberation ensemble; laquelle chose Nous leur ottroyames.

JEAN I.er & selon d'autres, Jean II. à Paris le 5. Avril 1350.

Auquel jour les dessus nommez se representerent pardevant Nous, & Nous firent dire & exposer *l'obeïssance, amour, & ferme loyalté* que eulz & ledit Pays ont à nostre dit Seigneur, & que pour luy voldroient il exposer & mettre corps & biens, & avecques luy vouldroient vivre & mourir: Et que combien que eulz par les guerres devant dites, par la *mortalité* & autres charges, plusieurs ayent esté grevez & dommagiez grandement, tant en destruction & arsure de Villes & de Pays, des gens d'icellui murdris & tuez, femmes ravies, & par excessives rançons de prisons, & les biens dudit Pays pris, gastez, & perilliez, & toutes marchandises dont ledit Pays estoit gouvernez; aussi comme perduë & deserte durant lesdites guerres pour le fait d'icelles, en *mutations de monnoie*, & en prise de leurs biens, & aussi par *Sergens mercenaires*, & par autres Sergens qui se disoient *generaulx*, & par multiplication d'iceulx; & parce que sans information deuë, plusieurs par les Officiers dudit Seigneur ont esté, & sont de jour en jour travaillez, & indeuëment mis en cause, & de ce que ils sont traits hors de leur ressort, tant és causes d'office, comme en autres de personnes privées, & specialement tant devant les *Maistres des Requestes* & *des Hostels* de nostredit Seigneur, & de Madame *la Royne*, de Nosseigneurs *leurs Enfans*, & des *Maistres des yaux & des Forests*, de *l'Amiral* de la Mer, & ses *Lieutenans*, & devant autres *Juges*, & par semonces de *Cour d'Eglise*, faites de l'authorité des Ordinaires, & des semonces qui se font par privileges & autentiques *de Cour de Rome;* Et que durant les guerres plusieurs *impositions* & autres *subsides* ont esté oudit, & encores y en sont aucuns en aucunes Villes singulieres, comme Rouen, pour les *clostures & forteresses*, & que il ont plusieurs privileges, tant generaulx pour tout le pays, comme especiaux pour aucunes Villes singulieres, comme Rouen, & plusieurs autres, par lesquels ils ne sont tenus à faire *aide, ou subside* aucun, se ce n'est ou cas où il conviendroit de necessité *l'Arriereban* estre crié, & que pour occasion des choses dessusdites il se peussent souffisamment excuser de faire aides.

Toutesvoyes parmi ce que il vouloient premierement que quelque aide que il accordassent, ne quelconques choses s'en ensuivist, que ce ne feust prejudice à eux, à leurs privileges generaulz & especialz, mais demourassent en leur pleine vertu, anz ce que ou temps advenir, par nouvel *advenement d'autre Roy* successeur de nostredit Seigneur, ne autrement, il puissent estre trait à consequence, & que de ce leurs donnissions *Lettres* souz noz Seaulz, lesquelles jouxte la teneur de nostredite *Commission*, leur feussent confirmées par nostredit Seigneur en *laz de soye & en cire vert*, liberalement, de pleine volenté.

Et de commun assentement eulz desirans de tout leur cuer estre & demourer perpetuelment en la bonne grace & volenté de nostredit Seigneur, en exposant pour luy corps & biens, esperans que ou temps à venir, par nostredit Seigneur soient traitié & mené favorablement & gracieusement, & que par luy *lesdites guerres puissent prendre bonne & briefve fin*, donnerent & ottroyerent à nostredit Seigneur *une imposition de six deniers* pour livre, de *quinze sols quatre deniers & maille*, de *dix sols trois deniers*, de *cinq sols trois mailles*, & au dessouz de *cinq sols*, *neant*, & des sommes entremoyennes, au prix que dessus est dit. Et est à entendre que pour les *detailleurs*, que se il ne font *cinq sols en un jour*, il ne payeront aucune chose, que le vendeur seulement payera, laquelle durera un an entierement tant seulement, & commencera *le premier jour de May* prochainement venant, & finira *l'an revolu*: Et au cas que *Paix* seroit, cessera du tout *ladite imposition;* & le plus brief que estre pourra, sera baillée à ferme par *criées* & *subhastations* deuës & accoustumées, & delivré au plus offrant par Villes, & par membres; le plus proffitablement que il pourra estre fait, & finira le temps des *enchieres* le dernier jour d'Avril prochainement venant, à jour faillant.

(2) Item. Chascun *Preneur*, ou *Fermier*, pardessus, & oultre la somme que il rendra à nostredit Seigneur, & sans riens rabattre d'icelle, payera deux deniers pour livre, pour le salaire du *Receveur* d'icelle.

(3) Item. Les *Fermiers de ladite imposition* se pourront faire payer des denrées venduës *l'an durant*, & *trois mois aprés* passés, leur droit, & toutes actions qui en pourroient naistre, seront estaintes, & expirées du tout, se dedans le temps dessusdit,

JEAN I.er & selon d'autres, Jean II. à Paris le 5. Avril 1350.

demande n'en avoit esté faite devant Juge du Roy; car *en tel cas*, l'action seroit perpetuelle.

(4) Item. Toutes manieres de *Taverniers* de tous breuvages, payeront imposition, au prix qu'ils vendront, ou auront vendu *lesdits breuvages*.

(5) Item. Tous *Vendeurs* de autres denrées à detail, payeront au prix, & selon ce que il vendront, ou auront vendu, au jour la journée.

(6) Item. De *Heritage* vendu, ou baillé à ferme, ne sera rien payé de imposition.

(7) Item. Toutes manieres de *Vendeurs*, seront creuz par leurs seremens, de ce que il aront vendu, se les *Fermiers* n'offrent à prouver, & sans delay promptement le contraire, par temoings bons & loyaux, sans ordre de plait.

(8) Item. Se aucun debat naist sur ce, les *Sergens*, tant du *Maire de Rouen*, que des autres *Justiciers du Pays*, au commandement des *Juges du Roy*, pourront sur ce faire adjornemens, & executions; & les *Juges du Roy* auront la cognoissance & decision des debats.

(9) Item. Les *Fermiers desdites impositions*, payeront de trois mois en trois mois, par portion égaux, tout le prix de leur Ferme.

(10) Item. Pour obvier à multiplication *d'Officiers* requis par les dessusdits, ordené fut par Nous, *à leur priere, & grant instance*, que les *Vicomtes* des lieux en seront *Bailleurs, & Receveurs;* car par eulz pourra mieux estre fait au plaisir, & proffit du pays, & à mains de grief du peuple, que par quelconques autres: Et Nous ouye leur bonne, & agreable reponse sur les faits dessusdits, dont il se doloient, & sur les requestes par vertu du pooir à Nous donné dudit Seigneur, traittasmes & ordenasmes pour & ou nom dudit Seigneur, és fourmes, & manieres qui s'ensuivent.

(11) Sur l'estat *des Monoies*, traittié & accordé est que le Roy nostre Sire en ordenera, en la meilleur maniere qu'il pourra bonnement, au proffit de li & de son peuple.

(12) Item. Des *Prises des Chevaux & des Charettes*, des *chevaux* pour chevauchier, des *Blés*, *Avainnes*, *Grains*, *Vins*, *Bestes*, & autres *Vivres*, & de toutes autres choses, est traittié selon ce que contenu est és Ordenances Royaulx, autrefois faites, & ordené en la maniere qui s'ensuit.

C'est assavoir, que aucuns, soit du lignage *du Roy nostredit Seigneur*, ses *Lieuxtenans*, *Connestable*, *Mareschaulx*, *Maistres des Arbalestriers*, *Maistres du Parlement*, de ses *Eschiquiers*, *Requestes de son Hostel*, ou de Madame *la Royne*, ou de *leurs Enfans*, ou de quelconques leurs *Estats*, ou *Officiers*, *Princes*, *Barons*, *Chevaliers*, *ne facent prises quelconques* en toute la Duchié, & que à eulx ne soit obéi en ce cas, se il ne payent *deniers comptans*, au prix que les choses vauldront par commun cours, & qu'elles seront exposées en vente; Et se aucun s'efforce de faire aucune prise contre la volenté des gens dudit Pays, ou d'aulcun d'eux, que nuls n'y soit tenus à obéir, & en ce cas les *Preneurs* soient pris par la *Justice des lieux* où ils feront lesdites prises, & que tous *Justiciers* les puissent prendre & mettre en prison, sans les rendre. Et quant à ce, chascun Juge, ou autres, aura *auctorité de faire office de Sergent*, pour les prendre, & mettre en prison, sans encourir offense en aucune maniere. Et sur les peines dessusdites, les *prises des Chevaux* pour chevauchier sont deffenduës; & aussi nul *Chevaucheur* ne pourra aucun prendre, se ce n'estoit ou cas que nostredit Seigneur envoyeroit *ses Chevaucheurs* en ses propres besongnes hastives, & qu'ils n'en peussent trouver aucun à louier, ouquel cas il ne prendront pas *de leur autorité*, mais *par les Juges* sous qui les *chevaux* seront, & ne seront les chevaux des *Cheminans* & des *Trepassans* par les lieux bailliez, ne livrez ausdits *Chevaucheurs* par quelque maniere, ne pour quelconques cas que ce soit, mais y pourra chascun de fait *desobéir*, comme dessus est dit: Et toutesvoies pour la necessité de *l'Hostel du Roy*, *de la Royne*, *& de leurs Enfans*, ne pourront estre pris *Chevaux*, *Harnois*, ne *Charettes*, se les *preneurs* n'ont commission de prendre, par *Lettres passées par nostredit Seigneur*, & signées par *Secretaire, sans relation d'aucune*, & autrement, que nul n'y obéisse: Et sera par le Roy nostredit Seigneur mis tel arroy, & pourveance ou gouvernement de *son Hostel*, de de Madame *la Royne*, & de *leurs Enfans*, & de leurs *Guerres*, que par iceluy *arroy & pourveances*, toutes prises de *Grains*, *Foins*, *Vins*, & de tous autres *Vivres*, pour luy, pour nostredite Dame la Royne, pour Nosseigneurs les Enfans, *cesseront* du tout, & *Ordenera* gens qui feront leurs provisions & garnisons, par telle maniere que son peuple n'en sera pas grevé; Et se le cas avenoit que necessairement convenist *faire telle prise*, si ne pourroit estre fait, se ce n'est par personne *ayant à ce povoir especial*, par Lettres signées du Secretaire, sans relation d'autruy, & appellées *les Justices des lieux*, à ce faire, pour obvier à toutes fraudes, & par juste & loyal prix, duquel payement ou satisfaction convenable seront faits sans delay.

JEAN I.er & selon d'autres, Jean II. à Poissy le 5. Avril 1350.

(13) *Item.* Quant au fait des *Sergens mercenaires, & generaux*, Ordené est que selon ce que contenu est en *la Charte des Normans*, nuls *Sergens d'épée*, ou autre *Officier*, de quelconque condition que il soit, ne puisse dores-en-avant loüer *son Office*, ou *Service* à luy octroyé, par quelque couleur. Et se autrement fait, que il perde son *Office*, & encore & oultre ce que se il ne pooient leurs *Offices* desservir, par empeschement de maladie, de aage, ou de sexe, ou d'autre empeschement necessaire, que il le facent faire & desservir par bonne personne, & souffisant, & qui par le Juge du lieu soit approuvée, & à leurs perils, couts, & despens, & sans bailler à ferme, ou à loage.

(14) *Item.* Si comme és Ordenances Royaulx, autrefois faites, est contenu, que *toutes Sergenteries generaulx* soient, & dés-maintenant sont ostées par *toute Normandie*, & que dores-en-avant n'y ait aucun *Sergent general*, & se Lettres estoient données de nostredit Seigneur au contraire, que elles ne soient d'aucune valuë, ou effet, est *Commandé & Enjoint* estroitement par ces Presentes, à tous *Baillis, & Vicomtes* que il ostent lesdits *Sergens generaux, & leurs Substituts*, & ne leur souffrent sergenter comment que ce soit.

(15) *Item.* Que aucuns ne soit approchiez *d'Office*, sans information souffisant, & faite du commandement de *Justice*, par personne non suspecte. Et avant que le Procureur encommence poursuite, ne que il se adjoigne à partie, ladite *information* soit veuë & conseilliée par le *Baillif*, ou autre souffisant personne de son commandement: Et tant *que celuy qui sera poursuivi voulra ester à droit*, & donner bonne caution là où elle sera, il ne sera empeschiez en ses biens, ne *Mengeurs* envoyez sur luy, se ainsi n'est que le cas soit criminel. *Et seront menées les causes du Roy* à ses despens, soient d'Offices, ou d'autres, & non pas aux despens de partie.

(16) *Item.* Aucun ne pourra estre trait de cy en avant hors *de son ressort*, soit en cause *d'Office*, ou autrement, & s'il y est trait, le Procez *sera nul, & de nulle valeur*, se il n'y a cause raisonnable; pour quoy il conviaingne faire, comme seroit d'une personne qui pour la puissance de luy, ou de ses amis, ne pourroit estre seurement & convenablement *puniz*, ou *justicez* en son ressort, ou pour autre cause raisonnable.

(17) *Item.* Quant à ce qu'il se plaignent des *Maistres des Requestes des Hostels du Roy, de la Royne, & de leurs Enfans*, & des *Maistres des yaux & des forests*, de *l'Amirail*, ou de ses *Lieuxtenans*, & d'autres *Officiers du Roy*, qui les travaillent, & traient *hors de leurs ressorts, Ordené est*, si comme par les Ordenances Royaulx a esté *ordené* que (b) lesdits *Maistres des Requestes* de l'Hostel du Roy n'ayent *pooir de faire aucuns adjorner* pardevant eulx, ne en tenir *court*, ne *cognoissance*, se n'est pour cause d'aucun *Office*, donné par ledit Seigneur, duquel soit debat entre partie, ou que l'en fist aucunes demandes pures personnelles contre aucun dudit Hostel.

(18) *Item.* Par autele maniere, *Ordené est* que les *Maistres de l'Hostel du Roy, de la Royne, des Enfans, n'ayent aucune connoissance de cause*, se ce n'est d'aucun des *Officiers des Hostels dessusdits*, dont la cognoissance & pugnition de ce qu'il auroit en *leurs Offices*, leur appartient, ou s'il avoient affaire ensemble en cas pur personnel, ou de ceux qui leur auroient meffait en faisant leur Office.

NOTES.

(b) Lesdits *Maistres des Requestes* n'ayent pouvoir de faire *aucuns adjourner*. *Voyez* l'Ordonnance du 15. Fevrier 1345. art. 6. & 7. cy-dessus pages 238. 239.

JEAN I.er & selon d'autres, Jean II. à Poissy le 5. Avril 1350.

(19) Item. Pource que *(c)* plusieurs se deullent desdits Maistres de *l'Hostel* du Roy, de ce qu'ils *taxent* plusieurs *amendes* excessivement, & prennent grans proffiz, *Ordené est*, selon ce qu'il est contenu esdites *Ordenances Royaulx* autrefois faites, que nulle amende ne soit taxée par eulx, se ce n'est *en la presence du Roy*, quand il orra & tendra ses Requestes.

(20) Item. Si comme contenu est esdites Ordonnances Royaulx, lesdits *Maistres des Yaux & Forés* n'aront aucuns *Lieutenans*, & que en leurs personnes tant seulement ils cognoissent, & cognoistront des excès & delits commis és yaux & forests tant seulement; & ou cas qu'ils feront aucun *adjorner* pardevant eulx, que ce soit à certain jour, & à certain lieu, & en la *Chastellerie* dont l'adjorné sera, ou là où il aura *messait*, & en lieu notable, où l'adjourné, ou approchié puisse avoir conseil, & leurs autres necessitez.

(21) Item. Avecques ce *des Sentences, prononciations, & d'amendes excessives desdits Maistres des Yaux & des Forests*, l'en pourra appeller *en Normandie à l'Eschiquier*: Et ou cas qu'il avenroit que lesdits Maistres des Forests, ou autres, feroient aucune impetration au contraire, qu'il n'y soit en rien obéi à telles Lettres, ou impetrations, comme subreptices, & de nul valeur à cet effet.

(22) Item. Semblablement que des Jugemens, & Sentences, & autres faits judiciaires de l'*Admiral* dudit Seigneur, & de ses Lieutenans, ou Députez en Normandie, l'en pourra appeller à *l'Eschiquier.*

(23) Item. Semblable qu'ils ne puissent traire aucuns en Jugement, fors pour des choses appartenant à eulx, & en lieu & Chastellerie dont lesdits *approchiez* sont, ou seroient.

(24) Item. Toutes *amendes* taxées par les *Baillis, Vicomtes, Maistres des Yaux & des Forests*, par *l'Admiral de la mer*, ou de leur autorité, ou aucun d'eulz, soient levées & exploitées tant seulement par *Sergens ordinaires* des lieux, & non par autres.

(25) Item. Ordonné est & commandé à tous Baillis, Vicomtes, à Prevosts de Normandie, qu'ils ne souffrent leur Jurisdiction ordinaire estre empeschiée, occupée, usurpée, ne soustraite par l'Admiral de la mer, les Maistres des Yaux & des Forez, Verdiers, ou Sergens d'yaux, & autres quelconques de l'autorité d'eulz, & d'aucun d'eulz; Et ou cas que debat naistroit entre eux, ou aucun d'eulz sur ladite Jurisdiction, ou dépendance d'icelle, *Ordené est de l'auctorité du Roy*, & commis par ces presentes au Sergent ordinaire où le debat meu sera enclavé, que à la requeste des debateurs, ou de l'un d'eulx, il les adjorne *au prochain Eschiquier* ensemble, pour veoir, declarier & déterminer ledit debat, & que le Sergent qui l'adjournement aura fait, en face relation souffisant par bouche, ou par escrit, aus *Maistres* qui tendront le prochain *Eschiquier*, ensemble ledit debat, & que pleine foy soit adjoustée à sa relation, & que lesdits Maistres de l'Eschiquier souverainement & de plain, & sans longue figure de Jugement, déterminent dudit debat; & tendra ledit *Sergent* ledit debat en la *main du Roy* comme *Souveraine*, & sans prejudice, jusques à tant que ordonné soit, ou declarié en soit autrement par ledit Eschiquier.

(26) Item. Et quant aux *excès & griefs* faits par les *Procureurs des Cours d'Eglise*, & des *semonces* qui se font de privileges & d'autentiques, *Ordené est & commandé*, & par ces presentes *commandons & commettons*, se mestier est, aus *Baillis & Vicomtes*, que il requierent de par ledit *Seigneur*, aus *Prelaz* & aux Juges *delegalz*, que en ce mettent bon & brief remede: Et s'ils ne l'y mettent, lesdits *Baillis & Vicomtes* auront avis avecques les bonnes gens du Pays, quel remede y pourra & devra estre mis. & sur ce certifieront ledit *Seigneur* & son *Conseil*, afin qu'il y pourvoye de remede brief & convenable.

(27) Item. Quant à ce que plusieurs se complaignent *des Guerres* que aucuns

NOTES

(b) Plusieurs se deullent.] *Dolent*, c'est-à-dire *se plaignent.*

Nobles font entre eulz, & fous l'ombre *(d)* desdites guerres *dommagent les bonnes gens*, & prennent le leur, & aucune fois les *prennent* & *translatent* hors du Royaulme, les Baillis & Vicomtes deffendront toutes telles *guerres*; car auffi de tout temps font deffenduës à toutes manieres de gens, & ne loift à aucun, de quelque eftat & condition qu'il foit, guerroyer en Normandie. Et eft enjoint eftroitement aufdits *Baillis* & *Vicomtes*, & à leurs Lieutenans, que fe ils trouvent *telles guerres*, ils prennent les corps & les biens des guerroyeurs, & les corps envoyent en prifon à Roüen. Et pourront toutes *manieres de gens les prendre*, & mener és *prifons du Roy*, Et s'il advient que aucune perfonne de *poofte*, ou autre, foit prife, ou tranflatée hors du Royaume, que les *preneurs* & *recepteurs*, quelque part que on les pourra trouver, foient puniz en corps & en biens, & leurs corps envoyez en ladite prifon à Roüen.

(28) Item. Que par cette dite impofition tous *emprunts* & autres *fubfides* & *exactions* quelconques durant icelle, cefferont du tout.

(29) Item. Que ladite *impofition* aura cours és terres tenuës tant des *Seigneurs du lignage du Roy*, & d'autres, comme en celles qui font tenuës du Roy fans moyen, ou Pays de Normandie.

(30) Item Que *les impofitions accordées* pour les *cloftures des Villes* de Normandie, l'an revolu couront, & feront levées en la maniere que paravant eftoient, & par autant de temps comme elles auroient ceffé, pour occafion de cette *prefente impofition*.

(31) Item. Cette impofition ne *portera préjudice* aux gens du pays de Normandie, ne à leurs privileges, ou Chartes en aucune maniere, ou temps prefent, ne à venir, & ne fera trait à confequence.

(32) Item. Que par ce *leurs Couftumes efcriptes*, leurs *Privileges*, *Chartes*, & *Libertez*, & *Franchifes* ne feront en aucune chofe cancelées, caffées, ne amendries, mais demourront en toute leur plaine vertu, tant les *generaulz* par tout ledit Pays, comme les *efpeciaulz* de certaines Villes & lieux.

(33) Item. Que toutes les *chofes deffus dites* leur feront *confermées* par le Roy noftredit Seigneur, par fes Lettres en laz de foye & en cire vert, & leur feront baillées franchement & fans payer Seel, ou finance aucune, & fi-toft que confermées feront, les Baillis & Vicomtes les feront publier en leurs plaiz, & par tout où bon leur femblera de faire.

(34) Item. Le Jeudy enfuivant comparurent pardevant nous aufdit Ville & lieu de Pontaudemer le Comte de *de Harcourt*, le Seigneur de *Briquebec*, le Seigneur de *Preaux*, le Seigneur de *Ferrieres*, Meff. Jehan *Malet*, de Planes, Jehan *Malet* de Guerrarville, *Raoul* de Fontenille, *Raoul* de Neufbourc, Jehan *Recuchons*, Thomas de *Crafmenil*, le Seigneur de *Manerbe*, Jehan *de Caux*, Guillaume *de Preaux*, Guillaume *de Bailleul*, Jehan *le Baire* du Hertroy, Nicolas *le Maçon*, Gillebert de *Prulay*, Robert *de Salmeles*, Mahieu de la *Paterie*: le Seigneur *de Manneville*, Guillaume *du Mefnil*, Jehan *de Pontaudemer*, Macy *Champion*, Guillaume *de Beaumoncel*, Nicolas *de Guieuceville*, Jehan le *Bihot*, Henry *de Tilly*, Guillaume *de*

NOTES.

(c) Defdites guerres.] *Voyez* l'article 15. de l'Ordonnance du penultiéme Mars 1350. faite en faveur des peuples de Vermandois, page 398.

Le Roy par fon Ordonnance du penultiéme Mars 1350. qu'il fit en faveur de ces Peuples, dans les Articles 14. & 15. confentit aux *guerres privées* entre les Nobles de ce Pays, mais à condition que les Chefs de la guerre ne fe pourroient faire aucun dommage, que quinze jours après *les défits*, & les amis des uns & des autres, qu'après *quarante jours*; & que de part & d'autre on ne pourroit rompre les *étangs*, tuer les *chevaux* & les *beftiaux*, rompre les *grainiers*, ni effondrer les *vins*, auquel cas les coupables feroient punis feverement, & condamnez à réparer le dommage. ce qu'il corrigea, en quelque forte, par une Declaration du 19. Septembre 1351. Mais par une Ordonnance du mois d'Avril 1353. ce Prince confirmant celle de *S. Loüis*, du mois d'Octobre 1245. imprimée en la page 56. du premier Volume, ces guerres furent entierement deffenduës. Voyez cy-après fous ces dates.

JEAN I.er & selon d'autres Jean II. à Poissy le 5. Avril 1350.

Beaumont le Juesne, Robert *Landry*, Guillaume *Servin*, Guillaume *de Fontenes*, Escuyers, *ausquels nous leusmes & exposames nostredite Commission, & ce que enchargié nous avoit esté de par le Roy à leur dire & exposer, & comment lesdiz Habitans desdites Villes de Normandie avoient benignement & liberalement ottroyé & accordé ladite imposition*, par la maniere dessus dite. Lesquels Nobles prirent *déliberation* & délay jusqu'à demain, qui fut Vendredy, & nous *respondirent* à iceluy Vendredy, que eulz Guy *Buchart*, & Nicolas *Barate* Chevaliers, & plusieurs autres nobles Chevaliers *ils offroient leurs corps, leurs biens, & tout ce qu'ils pourroient faire, au service du Roy nostre Sire.* Et parmi les conditions & manieres dessus escriptes, *octroyerent & accorderent* que ladite imposition par la maniere que dit est, courust & fust levée sur leurs hommes, justiciables & subgiez, & en leurs terres & Villes. Parmy ce toutes voyes que elle courust aussi & fust levée generalement par tout *le Pays de Normandie, & sur tous les hommes, subgiez & justiciables de tous les Nobles dudit Pays*, especialement du *Duc d'Orleans*, en sa Comté de *Beaumont-le-Rogier*, en ses terres de *Pontorson* & de *Bretheul*, & de tous autres qu'il a & puet avoir en Normandie: Et aussi és Comtez *d'Evreux* & de *Longueville* appartenans au Roy de Navarre, & és autres terres qu'il a & puet avoir audit Pays de Normandie: & aussi en la terre de *Gaillefontaine* appartenant à Madame *de Valois*, & és autres qu'elle a, & puet avoir audit Pays de Normandie: Et parmi ce aussi, que lesdits *Nobles*, ne plus que les *Beneficiers* en sainte Eglise, oudit Pays de Normandie, ne soient tenuz de payer, *& ne payent imposition de ce qu'ils vendront de leur creu & autres biens qu'ils n'auroient achatez pour revendre, & gangnier par maniere de marchandise, ouquel cas ils payeront ladite imposition*; & la consentirent à payer, comme autres Marchands feroient. Et parmi ce aussi, que le Roy *ordonnera & députera Capitaines ou Pays de Normandie, des Nobles d'iceluy*, tant & ceulz que bon li semblera, & aussi certain nombre de *gens d'armes & de gens de pié* pour la deffense d'iceluy, lesquels seront payez *de leurs gaiges premierement*, & avant *toute euvre sur ladite imposition*; & après du remanant face & ordene le Roy à sa volenté, à l'honneur & au profit de soy & de son Royaume.

Et pource que le Roy sans délay face *ladite Ordenance de Capitaines, de gens d'armes & de gens de pié* audit Pays, comme dit est, *lesdiz Nobles desputerent & esleurent certains Nobles d'entre eulz, pour comparoir devant le Roy au Dimanche de Pasques flories* prochainement venant, & jours ensuivans.

(35) Item. Aussi pardevant Nous comparurent audit Vendredy & lieu de Pontaudemer *Jehan Pucelot* Vicomte de Beaumont-le-Rogier, Goulpice *le Gorm*, & Jehan *Hoüet* Habitans d'icelle Ville, pour ledit *Comte de Beaumont*, & pour ladite Ville; & aussi *les Vicomtes & Procureurs du Roy de Navarre* en sa terre & Comté *de Longueville*, & nous respondirent qu'ils n'entendoient mie *à desobeir* au commandement & Ordenance que le Roy, ou nous pour luy, vouldrions faire à eulx esdites terres; mais aussi ne l'oseroient-ils expressement consentir, pource qu'ils n'avoient mie mandement especial de leurdit Seigneur. Et tantost aprés ces choses ainsi faites & accordées, comme dit est cy-dessus, *nous ordenasmes & mandasmes ladite imposition estre criée & encherie par la maniere accoustumée* par tout le Pays de Normandie, & icelle faire commancier à courir *ledit premier jour de May*, & estre cueillie & levée par la maniere dessus devisée. *Donné au Pontaudemer sous noz Seaulz, le Vendredy vint & cinquiesme jour de Mars dessusdit, l'an de grace mil trois cent & cinquante.*

NOS *autem Literas supradictas, & omnia & singula in eis contenta rata habentes & grata, ea* volumus, laudamus, approbamus, ratificamus, *ac auctoritate nostra Regia, ex certa scientia, & de gratia speciali tenore præsentium* Confirmamus, *salvo in aliis jure nostro & in omnibus quolibet alieno. Quod ut firmum & stabile perpetuò perseveret, præsentes Literas sigilli nostri munimine fecimus roborari.* Datum Pissiaci quinta die mensis Aprilis. Anno Domini millesimo trecentesimo quinquagesimo. *Collatio facta est cum Originali.* BUCY.

JEAN I.er & selon d'autres, Jean II. à Paris le 15. Avril 1350.

Lettres par lesquelles le Roy en confirme d'autres precedentes de *Philippe Auguste* de l'an 1207. de *Loüis VIII.* de l'an 1223. de *Loüis IX.* de l'an 1226. de *Philippe le Hardy* de l'an 1272. & de *Philippes le Bel* en 1304. au mois de Decembre, en faveur de la Commune & des Bourgeois de la Ville *de Roüen.*

SOMMAIRES.

(1) Les Habitans de Roüen joüiront de leurs anciennes libertez, & le Roy les quitte de ce qu'ils luy doivent, pour raison de leurs marchandises, dans tout le Pays que tenoient les Rois d'Angleterre, à l'exception du Comté d'Evreux, du Vexin Normand, de la Terre d'Hugues de Gournay, & du Pont de l'Arche vers la France.

(2) Ils joüiront du droit de Commune, tant dans leur Ville, que dans la Banlieuë, suivant la concession des Rois d'Angleterre, & ils auront justice, sauf le droit des Seigneurs.

(3) Les Records *se feront dans la Commune, & des choses qui appartiennent à la Commune, sauf au Roy le plaist de l'épée, &c.*

(4) Le Roy ne contraindra pas les Bourgeois à garder ses prisonniers.

(5) Personne ne sera contraint de payer Taille par coustume. Nul à Roüen ne sera aussi contraint par le Vicomte de payer le droit dû aux barrieres; & si le Bourgeois affirme qu'il ne doit rien, il ne payera rien, s'il ne veut, aux Commis.

(6) Le vin qui sera pris en taverne pour le Roy, sera payé au prix courant, & celuy qui ne sera pas en taverne, sera estimé par quatre notables Bourgeois.

(7) Nul ne pourra passer à Roüen sur la Seine, en montant, ou descendant, avec ses marchandises, que par les Bourgeois de Roüen. *Et aucun, s'il n'est de Roüen, ne pourra y décharger son vin pour l'y revendre.*

(8) Les Bourgeois pourront envoyer paistre leurs bestes & leurs Porcs dans les Forests & les Domaines du Roy en Normandie, pour leur propre usage, à l'exception des lieux qui ont esté marquez cy dessus.

(9) Ils pourront avec leurs vaisseaux remonter & descendre la Seine, & réparer les ponts, sans permission de personne.

(10) On n'équipera tous les ans en Normandie, qu'un seul vaisseau pour l'Ibernie, *à* Cherbourg; *& quand le vaisseau sera de retour à Roüen, il y sera levé au profit du Roy une certaine quantité de marchandises, ou il luy sera payé* dix livres.

(11) Si les Marchands affirment qu'ils n'ont pas trouvé de marchandises à acheter dans les ports où ils ont esté, le Vicomte de Roüen & le Chambellan de Tancarville leveront un Ostoure *sur chaque vaisseau, ou ils auront* six sols.

(12) Nul Estranger ne pourra acheter à Roüen pour revendre, si ce n'est par les Bourgeois; *& s'il le fait, moitié de la marchandise sera confisquée au Roy, & l'autre aux Bourgeois.*

(13) Aucune marchandise ne pourra estre chargée en vaisseau à Roüen, pour estre transportée en France, à moins qu'il n'y ait societé avec les Bourgeois de Roüen. Et ceux qui feront le contraire confisqueront la marchandise, dont une moitié sera acquise au Roy, & l'autre aux Bourgeois.

(14) Le Roy ne contraindra aucuns des Habitans de Roüen de se marier contre leur volonté.

(15) Aucun Bourgeois de Roüen ne sera sujet au droit de Foüage.

(16) Les Bourgeois auront les plaids & la connoissance des querelles, dans Roüen & la Banlieuë, pourvû qu'il n'y ait pas de blessure, ou mehaing, *& que l'offense ne doive pas estre décidée par le* plaist de l'épée, *sauf le droit des Seigneurs.*

(17) Si quelqu'un est pour crime dans les prisons du Roy, ou s'il est absent, ou retiré dans un Monastere, le Maire pourra saisir ses meubles, & les avoir en sa garde, à la charge d'en faire inventaire, dont il retiendra une copie, & donnera l'autre au Bailly.

(18) Le Maire pourra semondre les hommes de sa Baillie pour leur faire droit. Et personne ne pourra mettre la main sur eux, que par luy, ou son Sergent, à moins qu'il ne s'agisse du plaist de l'épée.

(19) On ne pourra refuser l'hospitalité aux Estrangers, que par le ministere du Mareschal, *à moins qu'ils n'ayent commis quelque forfait, ou qu'il n'y ait quelqu'autre juste cause.*

(a) JOHANNES *Dei gratiâ Francorum Rex. Notum facimus universis præsentibus pariter & futuris, Nos quasdam vidisse literas sigillo claræ memoriæ carissimi Domini & avunculi nostri* Philippi Pulcri *Regis Francorum sigillatas, hujus serie ac tenore.*

NOTES.

(a) Ces Lettres sont au Tresor des Chartes Registre cotté 80. pour les années 1350. 1351. piece 750. Voyez au Tome premier les Lettres de Loüis Hutin du 19. Mars 1314. pag. 551. & celles du 22. Juillet de la même année, p. 587.

JEAN I.er & selon d'autres, Jean II. à Paris le 15. Avril 1350.

(b) PHILIPPUS *Dei gratiâ Francorum Rex. Notum facimus universis, tàm præsentibus, quàm futuris, quòd nos infra scriptas vidimus literas formam quæ sequitur continentes.*

(c) PHILIPPUS *Dei gratiâ Francorum Rex. Notum facimus universis, tàm præsentibus quàm futuris, quòd nos literas inclitæ recordationis præcarissimi Domini & Genitoris nostri* Ludovici *Francorum Regis, vidimus, in hæc verba.*

IN NOMINE sanctæ & individuæ Trinitatis. Amen. LUDOVICUS *Dei gratiâ Francorum Rex. Noverint universi præsentes pariter & futuri, Nos vidisse Chartam felicis memoriæ* Ludovici Genitoris *nostri, quondam Regis Francorum* illustris, *in hæc verba.*

IN NOMINE sanctæ & individuæ Trinitatis. Amen. (d) LUDOVICUS *Dei gratiâ Francorum Rex. Noverint universi, præsentes pariter & futuri, Nos vidisse Chartam piæ recordationis* Philippi Genitoris *nostri, quondam Regis Francorum* illustris, *sub hac formâ.*

IN NOMINE sanctæ & individuæ Trinitatis. Amen. (f) PHILIPPUS *Dei gratiâ Francorum Rex. Noverint universi præsentes pariter & futuri, quòd Nos dilectis & fidelibus nostris* Civibus Rothomagensibus *consuetudines & libertates suas concedimus, sicut inferiùs continentur.*

(1) Concedimus siquidem eis quietanciam de hiis quæ ad nos pertinent de propriis mercaturis suis, *per totam terram, quam* Henricus *quondam Angliæ Rex tenuit, præterquam in Comitatu* Ebroicensi, *& in* Vulcassino *Normano, & apud* Paciacum, *& in terra* Hugonis de Gornaco, *& præterquam à Ponte-Arche superiùs versùs Franciam.* Modiationem *tamen nostram de vino Rothomagensi reddant nobis, præterquam de vino quod eis datum fuerit ad potum suum, quod nullo modo vendere poterunt, quin inde reddant modiationem.*

(2) Concedimus insuper, quòd ipsi habeant Communiam *&* Baulcucam *suam ad metas quas* Richardus *quondam Rex Angliæ eis concessit, & Justitiam suam infra metas, salvo tamen jure Dominorum, qui ibi terras habuerint. Et habeant placita de hæreditatibus & catallis suis, & conventionibus Rothomagi factis, & infra baulcucam, salvis Curiis Dominorum, qui ibi terras habuerint, qui Domini habent curiam hominum suorum in villa tenendam, usque ad* Recognitionem.

(3) Recognitio autem fiet in Communia. Recordationem *quoque tenebunt de hiis quæ pertinent ad Communiam suam, videlicet de hiis quæ facta fuerunt inter eos, salvo nobis* placito ensis *super* debitis mutuatis *apud Rothomagum, si debitorem apud Rothomagum invenitunt, ex quo de equo descenderit, carcallum, vel harnisium suum per Majorem propter debitum arrestare poterit, quousque illud cognoverit, vel negaverit; nisi tamem ita sit, quòd per submonitionem nostram illuc venerit, vel in exercitum eat. Quod debitum si* cognoverit, *in Communia jus de eo fiet ad diem; si verò illud* negaverit, *jus inde faciet coram* Baillivo *nostro apud Rothomagum, &* Baillivus *noster de eo securitatem accipiet ad diem veniendi, & jus debiti coram ipso faciendi. Et si debitor, vel ille qui conventionem Rothomagi fecerit, Rothomagum non venerit, si in justitia & potestate nostra esset, ipsum compelleremus ut Rothomagum veniret, & super hoc juri pareret coram Ballivo nostto Rothomagensi.*

NOTES.

(b) Philippus Dei gratiâ, &c.] C'est le commencement des Lettres de *Philippe le Bel,* qui approuvoit celles de ses predecesseurs.

(c) Philippus.] C'est le commencement d'un *Vidimus* de l'année 1272. au mois de Mars, & qui ne peut estre que de *Philippe le Hardy* fils de Saint Loüis.

(d) Ludovicus, &c.] Les Lettres qui commencent ainsi estant de l'an 1226. elles ne peuvent estre que de *Saint Loüis* neuviéme du nom.

(e) Ludovicus, &c.] Ce second *Loüis,* dont parle Saint Loüis, qui avoit pour pere le Roy Philippe, ne pouvoit estre que *Loüis VIII.* son pere.

(f) Philippus.] Ce sont les Lettres de *Philippe Auguste,* de l'an 1207. données à Pacy l'an 28. de son *Regne.*

Et enfin toutes ces Lettres sont confirmées par celles-cy du Roy Jean du 15. Avril 1350.

(g) Recognitio.] Voyez les chapitres 102. 103. 104. 105. 106. 107. 100. de l'ancienne Coustume de Normandie, & *Cangium in Glossario, in verbo* Recognitio.

JEAN I.er & selon d'autres, Jean II. à Paris le 15. Avril 1350.

Nullus civium potest appellari ab aliquo latrone confesso, vel aliquo crimine convicto, vel deprehenso, vel falsario, nec etiam ab aliquo qui legem non habeat, Contra omnes legitimos homines & legales testes respondebunt, sicut alii de Normanis.

(4) Præterea cives Rothomagi cogere non poterimus ad custodiendum prisones nostros, nec in carcere, nec alibi, nisi tantummodò quousque illos tradiderint Ballivo nostro, *si eos ceperint. Nullum insuper ipsorum cogere poterimus ad custodiendum Monetam, vel Vicecomitatum, vel aliud ministerium nostrum; nec eos cogemus ad reddendum nobis* Talliam *per consuetudinem, nisi sponte suâ nobis dare voluerint. Nullus Rothomagi debet accipere* intersignia *à Vicecomite ad* Barrarium, *sed (h) affidet* Barrario *quòd consuetudinem non debet, si aliter ei non crediderit, & nihil dabit Barrario, si non voluerit.*

(5) Præterea vinum quod apud Rothomagum in taberna *capietur ad opus nostrum, ad* forum *capietur, quo aliis vendetur, illud autem quod non erit in taberna per quatuor legitimos homines civitatis per fidem, vel per sacramentum illorum appretiabitur, & pretium inde reddetur.*

(6) Præterea prædicti cives cum mercaturis suis quocumque fuerint venientes, in Domaniis nostris poterunt eas licitè vendere ad detallum, vel alio modo, sicut voluerint, pacificè & quietè, & eas chargiare & dechargiare, portare & reportare ubicumque voluerint, præterquàm in illis terris quas superiùs excepimus.

(7) Nullus Mercator cum mercatura sua poterit transire Rothomagum per Secanam, ascendendo, vel avalando, nisi per cives Rothomagi. *Nullus nisi manens fuerit apud Rothomagum poterit* dechargiare *vinum in celario, vel in domo apud Rothomagum,* propter illud revendendum.

(8) Præterea concedimus eis pasnagium *&* pasturagium *porcorum & animalium suorum ad proprium usum suum in forestis & demaniis nostris in Normania, præterquàm ubi aliis gentibus faciemus prohibitionem, exceptis tamen terris quas supra excepimus.*

(9) Naves quoque & homines ipsorum cum averiis *& pecuniis suis poterunt ascendere & avalare per aquam Secanæ in quamcumque partem voluerint, & pontes, perchias, si eis necesse fuit, levare & reficere, sine licentia alicujus, præterquàm in illis terris, quas superiùs excepimus.*

(10) Nulla navis de tota Normania, præterquàm de Rothomago, poterit esquipari ad Imberniam, exceptâ unâ solâ, *cui semel in anno de Cæsaris Burgo licitum erit esquipare; & quæcumque navis de Imbernia venerit, ex quo caput de* Guernes *transierit, Rothomagum venire, unde nos de unaquaque navi habebimus unum* Cimber *mercaturarum, vel decem libras.*

(11) Si mercatores navis jurare potuerint quòd mercaturas non invenerint emendas ad portum in quo chargiaverint, vel id non fecerint pro consuetudine nobis auferenda, Vicecomes Rothomagi de qualibet navi habebit viginti solidos, & Cambellanus Tancarvillæ *unum Ostorium, vel* sexdecim solidos, *si nullum (i)* Ostorium *habuerint de mercaturis, quæ de ultra mare venerint Rothomagum.*

(12) Nullus extraneus poterit emere ad revendendum, nisi per cives Rothomagi, *quod si quis fecerit, medietas mercaturarum erit nostra, & altera civium Rothomagensium, pro forefacto.*

(13) Nulla mercatura potest chargiari apud Rothomagum in navi, ad ascendendum sursùm versùs Franciam, sine societate civium Rothomagensium, *quin inde in forefactum nostrum incidat. Et nos pro forefacto medietatem illius mercaturæ habebimus, & cives Rothomagenses alteram, salvis consuetudinibus & societatibus quibus villæ de terra nostra usæ sunt erga Rothomagum, & Rothomagus erga eas temporibus* Henrici & Richardi *quondam Regum Angliæ.*

(14) Item *nullum de civibus Rothomagensibus cogere poterimus* de eis maritandis,

NOTES.

(h) Affidet.] Il y a ainsi dans les Letres de Philippe Auguste rapportées par Duchesne dans son Histoire des Normans. Au Tresor des Chartes il y a moins bien *accidet.*

(i) Ostorium.] Vide Cangium in Glossario mediæ & infimæ Latinitatis. Verbo Austorius.

JEAN I.er & selon d'autres Jean II. à Paris le 15. Avril 1350.

nisi de voluntate sua. Volumus *etiam quòd nullus eorum possit reputari de usura, vel jurea fiat super aliquem, vel hæredes ejus post mortem suam.*

(15) Item. Nullus manens infra muros Rothomagi debet (k) Foagium.

(16) Concedimus quoque quòd ipsi teneant per libertatem Rhotomagi omnia placita, mesleias *infra Rothomagum, & infra Baulucam Rothomagi, in quibus mors, vel* mehaignies, *vel* placitum ensis *non appendet, etsi placita illa non fuerint* secuta per vadium, *salvo, sicut dictum est, jure Dominorum, qui ibidem terras habuerint.*

(17) Præterea si quis de Baillia majori fuit in prisonia nostra, vel in Monasterio, *vel se absentavit pro aliquo delicto, volumus quòd Major custodiat catalla ejus in manu sua,* & *Baillivus noster inde habeat quoddam scriptum, & Major aliud, donec judicetur, & si condemnatus fuit, catalla ejus nostra sunt.*

(18) Item Major habebit submonitiones hominum Balliæ suæ, & illos habebit ad rectum, nec aliquis in illos manum apponet *sine ipso, vel Serviente suo, nisi sit de* placito ensis, *& ad hoc Baillivus noster tenetur Majori auxilium impendere, ad justitiam de sua Baillia faciendam.*

(19) Item. Non nisi per Marescallum nostrum poterunt vetare advenientes ad hospitandum, *nisi ipsi eis forefecerint, vel nisi cives causam rationabilem ostenderint quare id facere non possint.*

Quod ut perpetuum robur obtineat, Nos ea, sicut superiùs continentur, salvo jure meo & Ecclesiarum nostrarum, sigilli nostri autoritate Regiâ, & nominis nostri caractere inferius annotati Confirmamus. *Datum apud Paciacum.* Anno Incarnationis Dominicæ millesimo ducentesimo septimo, Regni verò nostri vicesimo octavo. *Astantibus in Palatio nostro quorum nomina supposita sunt & signa. Dapifero nullo.* Signum *Guidonis Buticularii.* Signum *Mathæi Camerarii.* Signum *Droconis Constabularii. Datum vacante Cancellaria per manum Fratris Garini.*

Nos igitur dicti Genitoris nostri vestigiis inhærentes, quæ præmissa sunt Concedimus; *& volumus inviolabiliter observari, ac sigilli nostri autoritate ;& Regio nominis nostri caractere inferiùs annotato, salvo jure nostro & Ecclesiarum nostrarum,* Confirmamus. Actum apud Rothomagum. Anno Dominicæ Incarnationis millesimo ducentesimo vicesimo tertio, Regni verò nostri primo. *Astantibus in Palatio nostro quorum nomina supposita sunt & signa. Dapifero nullo.* Signum *Roberti Buticularii.* Signum *Bartholomæi Camerarii.* Signum *Mathæi Constabularii. Datum per manum Garini Silvalectensis Episcopi, Cancellarii.*

Nos autem omnia quæ à præfato Genitore confirmata sunt & concessa, volentes in sua firmitate persistere, quæ præmissa sunt Concedimus *&* Volumus *inviolabiliter observari, ac sigilli* P. T. *nostri autoritate Regia, & nominis nostri caractere inferiùs annotato, salvo jure nostro, & Ecclesiarum nostrarum,* Confirmamus. Datum apud Valem Re O. H. U. H. S. Dolii. Anno Dominicæ Incarnationis millesimo vicesimo sexto, mense Decembris, Regni verò nostri anno primo. *Astantibus in Palatio nostro quorum* h. h. *nomina supposita sunt & signa dapifero nullo.* Signum. *Roberti Buticularii.* Signum *Bartholomæi Camerarii.* Signum *Mathæi Constabularii. Data Parisiis per manum Garini* P. L. *Silvalectensis Episcopi.*

Nos autem ea quæ à præfato Domino & Genitore nostro confirmata sunt & concessa, volentes in firmitate sua persistere, quæ præmissa sunt Concedimus, *&* Volumus *inviola* O. — & — S. *biliter observari, & eadem salvo jure nostro & Ecclesiarum autoritate Regia* Confirmamus. *Quod ut ratum & stabile permaneat in futurum, præsentibus*

NOTES.

(m) Foagium.] Voyez le chap. 15. de l'ancienne Coustume de Normandie; du Cange dans son Glossaire de la moyenne & basse Latinité, sur ce mot. Et au tome premier les Lettres de *Loüis Hutin* du 19. Mars 1314. art. 2. pag. 551. & les Lettres du 22. Juillet 1315. tome premier, pag. 586. art. 2.

Literis

Literis nostrum fecimus apponi sigillum. Datum L. L. apud Archas. Anno Domini millesimo ducentesimo septuagesimo secundo, mense Martio.

JEAN I.er & selon quelques-uns, Jean II. à Paris le 15. Avril 1350.

Nos autem prædecessorum nostrorum prædictorum vestigiis inhærentes, omnia & singula supra dicta, prout in prædictis Literis exprimuntur, rata habentes & grata, ea Volumus, Concedimus, Approbamus, *& tenore præsentium* Confirmamus, *salvo in aliis jure nostro & quolibet alieno. Quæ ut firma & stabilia perseverent, præsentes Literas sigilli nostri fecimus appensione muniri.* Datum Parisiis anno Incarnationis Dominicæ millesimo trecentesimo nono, mense Decembris.

Quas quidem Literas, ac omnia & singula in eisdem Literis contenta, modo & forma quibus superiùs sunt expressa, attendentes dignum esse, ac juri & rationi & consonum benemeritos congruis honoribus attollere, & favore prosequi benevolo, rata habentes & grata, ea Volumus, Approbamus, *ac etiam ex certa scientia nostraque auctoritate Regia de speciali gratia tenore præsentium* Confirmamus ; *Baillivo nostro Rothomagensi cæterisque Justitiariis nostris qui nunc sunt, & qui pro tempore fuerint, & eorum loca tenentibus dantes tenore præsentium in mandatum, ut cives Rothomagenses prædictis* consuetudinibus, franchisiis & libertatibus suprascriptis *uti & gaudere pacificè faciant, & etiam liberè permittant, ipsos, aut eorum alterum nullatenùs impedientes in eisdem, aut aliquo præmissorum; quinimò si forsan ipsi, aut aliqui eorumdem quicquid in contrarium repererint factum, seu etiam quodlibet attemptatum, illud visis præsentibus revocent, & ad statum pristinum reducant, vel reduci faciant indilatè. Quod ut robur obtineat perpetuæ firmitatis, hiis præsentibus Literis nostrum sigillum imprimi fecimus & appendi, salvo in aliis jure nostro, & in hiis & aliis alieno.* Actum & datum in Palatio nostro Regali die Veneris sancta, quinta decima die mensis Aprilis, anno Domini millesimo trecentesimo quinquagesimo.

Per Regem ad relationem Consilii, in quo vos & Dominus Simon de Buciaco eratis.
Collatio facta est cum Originali.

JEAN I.er & selon quelques-uns, Jean II. à Paris au mois d'Avril 1350.

(a) Lettres contenant Reglement dans la Ville & la Banlieuë de Roüen, touchant la Justice Royale & celle du Maire.

JOHANNES *Dei gratiâ Francorum Rex. Noverint universi, præsentes pariter & futuri, Nos quasdam carissimi Domini &* avunculi nostri Philippi Pulchri *Regis Francorum vidisse Literas, quarum tenor sequitur sub his verbis.*

PHILIPPUS *Dei gratiâ Francorum Rex. Notum facimus universis, tàm præsentibus quàm futuris, quòd Nos infra scriptas vidimus Literas, formam quæ sequitur continentes.*

PHILIPPUS *Dei gratiâ Francorum Rex. Notum facimus universis, tàm præsentibus quàm futuris, quòd cùm per Baillivum nostrum Rothomagi, dilectis & fidelibus nostris Majori & Civibus Rothomagi imponeretur ex parte nostra, quòd dicti* Major *& illi* de Communia *abusi fuerant aliquibus Justitiis*, ad placitum ensis spectantibus, *contra mentem inclitæ recordationis* Philippi *quondam Franciæ Regis patrui nostri, quam dicti Major & illi de Communia in deffensione sua ostendebant, asserentes pluribus rationibus, se posse bene uti* Justiciis *quibus utebantur, & dicentes quòd de punctis, sive articulis dictæ Cartæ, poterant usus eorum trahi veraciter, cum longissima & pacifica tenura, quam*

NOTES.

(a) Ces Lettres sont au Tresor des Chartes Registre cotté 80. pour les années 1350. & 1351. piece 322.

JEAN I.er & selon quelques-uns, Jean II. à Paris au mois d'Avril 1350

habuerant in prædictis. Tandem nos, habito super hoc consilio, Volumus & Concedimus *ut dicti* Major *& illi* de Communia *& eorum successores habeant, teneant, & exerceant omnimodam Jurisdictionem ad nos pertinentem, tàm* de Placitis spatæ, *quàm de aliis quæ accident, & amodò accidere poterunt,* in Civitate & Banleuca Rothomagi, *in placitis, Jurisdictionibus & Justiciis quibuscumque, retenta nobis* mortis, mehagnii, & vadiorum belli, *quando sequta fuerunt. Itaque malefactores qui in Civitate & Banleuca Rothomagi capientur,* in prisione Majorum & Juratorum *tenebuntur, quousque de morte vel* mehagnio *clarum fuerit, per dictum Cirurgicorum ad hoc nobis & dictis Majori & civibus juratorum. Et tunc ducentur* ad Gentes nostras, *& liberabuntur eisdem, ita tamen quòd delinquentes in casibus in quibus Justitiam retinemus per Servientes nostros possint* capi, *si primò eos invenerint, aut per Servientes Majorum, si eos invenerint; ita quòd in prisione Majorum & Juratorum tenebuntur, nobis reddendi eo modo quo superiùs est expressum.* Latrones *verò &* murtrarii, *& alii capti pro crimine capitali, capientur per* gentes nostras, *si primò eos invenerint, vel per* gentes Majorum *& civium, si primò eos invenerint: sed si gentes nostræ primò eos invenerint & ceperint, ducent eos, ob pericula evitanda, ad* Majorem, *vel* locum suum tenentem, *qui Major, vel locum suum tenens eos vel agentibus nostris, vel suis sic captos ducent, & liberabunt gentibus nostris quàm citò, absque omni fraude fieri poterit, bono nostro. Et debent dicti Major & cives gentes nostras juvare ad capiendos malefactores hujusmodi, cùm ab ipsis fuerint requisiti, proximiores tamen loco in quo invenientur malefactores, cùm super hoc primitùs requirentur. Ita & quòd bona ipsorum per Majorem custodiantur, de quibus* Baillivus *noster habebit quoddam scriptum, &* Major *aliud, quousque dampnati fuerint, & tunc bona mobilia* erunt nostra, *& immobilia* secundùm consuetudinem *patriæ, retentâ etiam nobis* emendâ monetæ, *pro qua emenda Major justitiabit in Civitate & Banleuca Rothomagi nomine nostro, venientes contra* deffensum monetæ; *retentâ etiam nobis cognitione de* debitis negatis, *coram Majore, ab illis qui non sunt de* Communia Rothomagi, *eo modo quo declaratum est in Carta dicti Regis* Philippi, *& usque nunc extitit usitatum; necnon* medietate forestorum, pannorum, vinorum, falsi argenti, auri, & aliarum falsarum mercaturarum quarumcumque, *eo modo quo extitit usitatum; quæ forefacturæ cùm acciderint, judicabuntur per Majorem & cives Rothomagi, & pars nostra dictorum* forefacturarum *per manum ipsorum nobis reddetur.* Consuetudines, franchisias, libertates *à prædicto* Rege Philippo, *& ab aliis Prædecessoribus nostris dictis Majori & civibus concessas, & alia* dicta Carta *contenta, non etiam minuentes, nec in aliquo retrahentes, retento tamen nobis* ressorto judicii, *&* deffensione *juris, &* justitia *excessuum, quorum* punitio, *vel vindicta ad nos pertinet tantummodò, ratione Regiæ dignitatis, videlicet in his excessibus, quorum justitia non transit in aliquem, nec transire potest* concessione generali.

Quæ ut perpetuæ stabilitatis robur obtineant, præsentes Literas sigilli nostri fecimus impressione muniri. Actum Parisiis, anno Domini millesimo ducentesimo septuagesimo octavo, mense Mayo.

NOS *autem omnia & singula supradicta, prout in eisdem Literis exprimuntur,* Volumus, Concedimus, Approbamus, *& tenore præsentium* Confirmamus, *salvo in aliis jure nostro, & quolibet alieno. Quæ ut rata & stabilia permaneant in futurum, præsentibus Literis nostrum fecimus apponi sigillum.* Actum Parisiis anno Incarnationis Dominicæ millesimo trecentesimo nono, mense Decembris.

Quas quidem Literas, ac omnia & singula in eisdem Literis contenta, modo & formâ quibus superiùs sunt expressa, Nos attentis gratiis, & acceptis servitiis nobis & prædecessoribus nostris Franciæ Regibus, per Majorem & Cives Rothomagi ab omni tempore fideliter impensis, prout didicimus ab eorum parte, rata habentes & grata, ea Volumus, Laudamus, Approbamus, *ac ex certa scientia nostra, atque auctoritate Regiâ, de speciali gratia tenore præsentium* Confirmamus, *Baillivo nostro Rothomagi, cæterisque Justitiariis & Officiariis nostris, qui nunc sunt, & pro tempore fuerunt, & eorum* loca tenentibus *dantes tenore præsentium in mandatis, ut Majorem & Cives Rothomagi prædictis Justitiis & aliis gratiis in supradictis Literis contentis, uti & gaudere faciant, & liberè permittant, ipsos, aut eorum alterum nullatenùs impedientes in eisdem, aut aliquo præmissorum. Quinimò si forsan ipsi, aut aliqui eorumdem quicquam in contrarium repererint factum, seu etiam quomodolibet attemptatum, illud visis præsentibus* revocent, *& ad statum pristinum reducant, seu reduci faciant indilatè. Quod ut firmum & stabile perpetuò maneat in futurum, & ab omnibus observetur, has præsentes Literas caracteris sigilli nostri fecimus impressione muniri, nostro in alio jure salvo, & in omnibus quolibet alieno.* Actum & Datum in Palatio nostro Regali, die Veneris sancta. Anno Domini millesimo trecentesimo quinquagesimo, mense Aprilis.

Per Regem ad relationem Consilii, in quo vos & Dominus Simon de Buciaco *eratis.* Collatio facta est. G. DORLY.

(a) Confirmation des Privileges des Ouvriers & des Monoiers du Serment de *l'Empire*.

JEAN I.er & selon d'autres, Jean II. à Paris au mois d'Avril 1350. Et Philippe de Valois, au mois d'Avril 1350.

JOHANNES *Dei gratiâ Francorum Rex. Notum facimus universis, tàm præsentibus quàm futuris, quòd cùm ex parte Operariorum & Monetariorum* de Sacramento Imperii, *tàm de terra inclitæ recordationis* Regis Roberti, *quàm aliorum Principum & Baronum dicti Imperii in Regno nostro commorantium, humiliter fuerit supplicatum, ut præfatis Operariis & Monetariis* Imperii *privilegia consimilia, quibus* Operarii & Monetarii *Regni nostri utuntur & gaudent, seu uti & gaudere hactenus consueverunt, & quæ per* Nos, *post obitum felicis recordationis carissimi Domini &* Genitoris nostri *eisdem Operariis & Monetariis Regni nostri fuerant confirmata, de nostra speciali gratia concedere dignaremur. Quocirca attendentes gratuita per eos dicto* Genitori nostro *& Nobis impensa servitia, & ipsi quanto majori fuerint auctoritate muniti, tantò ferventiùs & fideliùs vacabunt ad eorum officia exercenda, eorum* supplicationi *inclinati, eisdem* Operariis & Monetariis ipsius Imperii, *in dicto Regno morantibus & residentibus, eadem privilegia per Nos, seu per* Prædecessores nostros *dictis* Operariis & Monetariis ipsius Regni nostri *concessa, & de quibus ipsi utuntur & gaudent, sive uti & gaudere consueverunt,* Concedimus & Ordinavimus *de nostra auctoritate Regia, ex certa scientia, ex gratia speciali. Ut autem dicti* Operarii & Monetarii ipsius Imperii, *quotiescumque opus erit, de indultis sibi per Nos* Privilegiis & Libertatibus *valeant facere promptam fidem, ipsorum seriem & tenorem his præsentibus annotari de verbo ad verbum fecimus, in hunc modum.*

JOHANNES *Dei gratiâ Francorum Rex: Universis præsentes Literas inspecturis* Salutem.

Literas inclitæ recordationis carissimi Domini & Genitoris nostri, per nostrum Secretum Consilium *videre fecimus; quarum Literarum tenor sequitur, in hæc verba.*

PHILIPPE par la grace de Dieu Roy de France. A tous ceuls, qui ces presentes Letres verront & orront. *Salut.*

Sachent tuit cilz qui sont, & qui à l'avenir seront, que comme pour les bons& agreables services que *les Ouvriers & Monoiers du Serrement de France* ont fait à nos trés chiers Seigneurs & Predecesseurs Rois de France, que Dieu absoille, ayent lesdits *Ouvriers & Monoiers* dudit *Serment de France* esté exempts de toute Jurisdiction de nostre Royaume, & de respondre devant aucun Juge, quel qu'il soit, se ce n'est devant les *Maistres de noz Monoies*, excepté de trois cas seulement, c'est à sçavoir de *murtre*, de *larrecin*, & de *rapt*, & avec ce lesdits Maistres & nosdits *Ouvriers &*

NOTES.

(a) Cette Confirmation est au Tresor des Chartes du Roy Registre 80. pour les années 1350. 1351. piece 356. & elle est rapportée par *Constant*, dans son Traité des Monoies, entre les preuves du premier Traité des Generaux Maistres, page 9.

JEAN I.er & selon d'autres Jean II. à Paris au mois d'Avril 1350.

Monoiers frans, quittes & delivrez par tout nostredit Royaume de toutes *Tailles*, de toutes *Coustumes*, de tous *Peages*, *Passages*, *Centisme*, *Cinquantisme*, *Chauciées*, & *Chevauchiées*, & generaument de toutes subventions, exactions & impositions, quelles qu'elles soient, *(b)* OUVRANS *&* NON OUVRANS, nonobstant Privileges donnez, ou à donner, si comme nous est apparu, &c. *(c)*

Privatis autem privilegiis, libertatibus & franchisiis, & omnibus & singulis supradictis, dictos Operarios, Monetarios, *eorumdem uxores & liberos, ac familiares, præsentes pariter & futuros, in dicto Regno nostro commorantes & residentes, ac (d) de ipso* euntes & redeuntes, *uti & gaudere* Volumus *&* Jubemus. *Dando tenore præsentium in mandatis omnibus & singulis Senescallis, Baillivis, Præpositis, Officiariis, Justiciariis & subditis ipsius Regni nostri, & eorum cuilibet, ut omnia & singula privilegia, libertates & franchisias supradictas teneant inviolabiliter & conservent, & faciant ab omnibus observari, & transcripto præsentium, aliquo sigillo Curiarum nostrarum autentico sigillato, ut Originalibus adhibeant plenam fidem. Quod ut firmum & stabile permaneat in futurum, nostrum præsentibus fecimus apponi sigillum.* Actum Parisius, anno Domini millesimo trecentesimo quinquagesimo, mense Aprilis.

Per Regem ad relationem Consilii, in quo erat Dominus de Revello Consiliarius, B. Fermandi *Thesaurarius & Magister* Monetarum Franciæ.

NOTES.

(b) Ouvrans & non ouvrans, &c.] Voyez cy après la Note sur la Letre *(d)*

(c) Voyez cy-dessus les Letres datées de la Maison de Nelle, au mois de Novembre 1350. pag. 339. 340. 341. où celles-cy sont toutes entieres. Et Dom Martenne *dans ses Anecdotes, colomne 281. 282. tome premier.*

(d) Ac de ipso (Regno) *in Imperium euntes & redeuntes.]* Au mois de May suivant les Ouvriers & les Monoiers *du Serment de l'Empire* renoncerent à ce Privilege, & consentirent de n'en joüir, que quand ils seroient presens, & qu'ils travailleroient. Ce qui paroist par la piece suivante, que l'on a extraite du Memorial C de la Chambre des Comptes de Paris, feüillet 98.

Die IX. Mayi M. CCC. LI. præsentibus ad Burellum Magistris de S. Justo, *Johanne de* Mazeriis, *Johanne de* Hangesto, *Johanne* Pizdooe, *Nicolao* Bracq *Thezaurario, & me* J. Aquile, *Amalrico de Gray, Johanne* Lamberti, *Jacobo* Fermant, *Johanne* Flammingi, *& Galchero de* Veranes Magistris Monetarum, *Johannes* Chaboth Præpositus Operariorum *Monetæ*, de Juramento Imperii, *Petrus* de Antissiodoro Præpositus Monetariorum *ejusdem Juramenti, &* Guerrenon Pierre *Socius dicti Juramenti, petentes privilegium sibi à Rege concessum, sibi reddi nomine suo & aliorum Monetariorum* de Juramento Imperii, *dixerunt*, & confessi fuerunt, *& promiserunt, quòd licèt in dicto privilegio sit clausula expressa, quòd dicti operarii debeant gaudere dicto privilegio*, tàm operando, quàm non operando, *& tàm* eundo, quàm redeundo; *nichilominus eorum, tàm nomine suo, quàm aliorum omnium & singulorum, intentio erat, & est, quòd nullus eorum* gaudeat *dicto privilegio, nisi* operetur, *& quòd nullus eorum recedat, sine licentia petita à Magistris Regni. Item quòd continuè debeant* operari, *etiam prosequendo privilegia, & alia jure sua. Et quia ipsi & alii ab* operando, *sine licentia cessaverunt auctoritate propriâ & voluntariâ, ipsi gagiaverunt emendam in manu Almarici* de Gray *Magistri Monetarum.*

JEAN I.er & selon d'autres, Jean II. à Paris, au mois d'Avril 1350. Et Philippe de Valois le 28. Decembre 1347.

(a) Mandement adressé à *Gibaut d'Estresi* Abbé de Saint Pierre d'Auxerre, Commissaire député sur le fait des Lombards & Italiens usuriers, portant que leurs debiteurs seront quittes tant du principal que des usures, en portant le sort principal au Tresor Royal.

JOHANNES Dei gratiâ Francorum Rex. Notum facimus universis, tàm præsentibus quàm futuris, nos vidisse literas dilecti & fidelis nostri Gibaudi Destresiaco *Abbatis* Monasterii Sancti Petri Antissiodorensis, Commissarioque super facto Lombardorum

NOTES.

(a) Ce Mandement est au Tresor des Chartes Registre cotté 80. piece 406. Il le faut joindre avec le Mandement de *Philippe de Valois* du 2. Juin 1340. contre les Italiens, imprimé cy-dessus à la page 143.

in Bailliagiis Senonensi & Antissidiorensi, *& in ressortis ipsorum, per Literas inclitæ recordationis carissimi Domini* Genitoris nostri *deputati, formam quæ sequitur continentes.*

JEAN I.er & selon d'autres, Jean II. à Paris, au mois d'Avril 1350.

Gibaut d'Estresi Abbé de Saint Pierre d'Auceure, & Commissaire du Roy nostre Sire sur *le fait des Lombards usuriers*, ou Bailliages de Sens & d'Auceurre, & ou ressorts d'iceuls, *aux Gardes des Foires de Champagne & de Brie*, tous *Justiciers du Roy* nostre Sire, & à tous autres, *Salut & dilection.* Nous avons reçû les Lettres du Roy nostredit Seigneur contenant la fourme qui s'ensuit.

Philippe par la grace de Dieu, Roy de France. A nostre Amé frere *Gibaut d'Estresi Abbé de Saint Piere d'Auceurre, Salut & dilection.* Comme par les *oppressions* & *griefs* que plusieurs de nostre peuple ont longtemps soustenu, & soustenoient encore par les *grans & excessives, usures que les Lombards usuriers & les Italiens* prestans à usure prenoient & levoient, & par les fraudeux contraux que ils faisoient sur nos Subgez, en diverses parties de nostre Royaume; Nous qui de ce *avons oy plusieurs clamours*, ayens eu grant compassion de nosdits Subgez, & pour ce *ayens ordonné,* par déliberation de nostre grant Conseil, que *des usures* qui sont encore à payer ausdits usuriers, *les deteurs soient quittes & delivrez plainnement & à tousjours, en payant le pur sort tant seulement*, lequel pur sort Nous pour certaine cause & à plus brief, & plus pleine delivrance des debteurs *ayens ordené estre mis en nostre main, & levé par icelle*, & non pas par les mains desdits *usuriers*, Nous pour relever encore miex nosdits Subgez de travaux & de despens, *Nous vous mandons & commettons*, que ces Lettres vûës, *vous vous transportez personnellement à Sens, à Auxeurre, & en toutes les Villes du Bailliage & du ressort d'iceux*, là où bon vous semblera, & faites assavoir *par cri solennel* nostredite Ordenance, & que nully *paye, fine, ne compose avec lesdits usuriers*, contre nostredite Ordenance, & que tous lesdits debteurs viengnent *pardevers Nous* pour reveler & dire *par leurs seremens*, lesquiez Nous voulons que *ils soient creus*, ce que à vostre discretion semblera, consideré les conditions de eulx & l'instruction à vous enchargiée, toutes les dettes en quoy chascun d'eulz sera tenu ausdits *usuriers* & à chascun d'eulz, tant *en usures comme en pur sort*, & en payant *le pur sort* tant seulement *à nostre Receveur du lieu*, Nous les *absolons & quittons plenierement* à tousjous de toutes les usures & de tous les mandemens, despens & interests qui s'en sont ensuiz en quelque maniere, *& voulons* que de ce leur donniez vos Letres *en bonne fourme*, contenans la teneur de cestes, lesquelles, se d'icelles ne sont contens, leur seront par Nous confermées, les noms desdits debteurs & des usuriers & les sommes, singulierement adreçanz *à tous les Justiciers* de nostre Royaume, lesquels & chascuns d'eulz *Nous voulons & commandons* estre obeissans à vosdites Lettres. *Et ce qui sera payé dudit sort faites mettre & recevoir par maniere de dépost en la main du Receveur du lieu, pour apporter, ou envoyer sans delay à nostre Tresor à Paris.* Et nous mandons & commandons par ces presentes à tous nos Justiciers & Subgiez, que à vous obeissent & entendent sur les choses dessusdites, & sur tout ce qui y peut appartenir. *Donné à Paris le vingthuitiéme jour de Decembre, l'an de grace mil trois cens quarante & sept.*

Par vertu desquelles Letres cy-dessus transcriptes noble homs Messire *Guillaume de Rabeurre* Chevalier est venuz par devers Nous, & nous a fait serement de verité aux saintes Evangiles de Dieu, que de la somme de *sept cens & cinquante Florins,* en quoy li diz Chevalier estoit tenu & obligé par Letres, à Couraust & Senos, & autres usuriers, il n'estoit tenus ausdits Lombars que en la somme de *soixante Florins à l'escu*, & nous monstra lettres faisant mention de payement de *quatre cens quatre-vingt & sept Florins*, par quoy ledit Chevalier *avons quitté & quittons*, ses hoirs, & ceulz qui de de par luy auront cause, de par le Roy nostre Sire, & des dessusdits *soissante escus, despens & interests*, qui pour cause desdits Florins insin-que les dessusdits *soissante Florins* à l'escu, payez au Roy nostre Sire.

Si *mandons* de par le Roy nostre Sire à tous Justiciers dudit Seigneur, & à tous

JEAN I.er & selon d'autres, Jean II. à Paris au mois d'Avril 1350.

autres, que de ci en avant ne molestent, ne contraignent ledit Chevalier, ses homs, ne ses pleiges par vertu des Letres quelconques, lesquelles nous mettons au neant, & les prononçons quassées & vaines. Et se aucunes en sont trouvées, si les faites rendre audit Chevalier, ou à ceulz qui de luy auront cause. Et se aucuns de ses biens, ou de ses pleiges sont prins & arrestez pour cette cause, si les faites rendre & restablir audit Chevalier, ou à ses pleges, de par le Roy. Et de ce faire vous donnons povoir. *Mandons & commandons* à tous les Justiciers du Roy nostre Sire, & *prions & requerons* tous autres, que à vous obeissent en ce faisant diligemment, contraindre les detenteurs des letres obligatoires par prise de corps, se mestier est. *Donné l'an de grace mil trois cent cinquante, le Dimenche devant la feste de saint Jehan Baptiste.*

Nos autem prædictas Literas & omnia & singula contenta in eisdem rata habentes & grata, ea Laudamus, Approbamus, Ratificamus, *& autoritate nostra Regia tenore præsentium* Confirmamus. *Mandantes omnibus Justitiariis & subditis nostris, & eorum loca tenentibus, quatenùs dictum militem, hæredes & successores ipsius, aut ab ipso causam habentes, quos de & super præmissis in dictis Literis contentis, juxta tenorem ipsarum Literarum, absolvimus penitùs & quittamus, pacificè & liberos teneant, & teneri faciant perpetuò contra omnes, nec ipsos contra compositionis & quittationis prædictarum tenorem molestent, aut permittant de cætero molestari. Quod ut firmum & stabile perpetuò perseveret, nostrum præsentibus Literis apponi fecimus sigillum, salvo in aliis jure nostro, & in omnibus quolibet alieno.* Datum Parisiis anno Domini millesimo trecentesimo quinquagesimo, mense Aprilis.

Collatio facta est cum Literis originalibus per me CAMBRILL.

JEAN I.er & selon d'autres, Jean II. à Chartres, au mois d'Avril 1351.

(a) Lettres par lesquelles le Roy octroye aux Habitans *d'Orchies*, qu'ils soient regis par les coustumes & les usages de *la Ville de Doüay.*

JOHANNES *Dei gratiâ Francorum Rex. Notum facimus universis, tàm præsentibus quàm futuris, Nos vidisse Literas inclitæ recordationis Domini genitoris nostri vidisse, formam quæ sequitur continentes.*

PHILIPPUS *Dei gratiâ Francorum Rex. Notum facimus universis, tàm præsentibus quàm futuris, Nos carissimi Domini Consanguinei nostri* Karoli *quondam Franciæ & Navarræ Regis vidisse, formam quæ sequitur continentes.*

KAROLUS *Dei gratiâ Francorum & Navarræ Rex. Notum facimus universis, tàm præsentibus quàm futuris, Nos Literas carissimi Domini Fratris nostri* Philippi *quondam dictorum Regnorum Regis vidisse, formam quæ sequitur continentes.*

PHILIPPUS *Dei gratiâ Franciæ & Navarræ Rex. Notum facimus universis, tàm præsentibus quàm futuris, Nos carissimi Domini Germani nostri* Ludovici, *quondam dictorum Regnorum Regis infra scriptas vidisse Literas, formam quæ sequitur continentes.*

LUDOVICUS *Dei gratiâ Franciæ & Navarræ Rex. Notum facimus universis, tàm præsentibus quàm futuris, Nos infra scriptas vidisse Literas, formam quæ sequitur continentes.*

PHILIPPUS *Dei gratiâ Francorum Rex. Notum facimus universis, tàm præsentibus quàm futuris, quòd nos Literas infra scriptas sigillo* Guidonis de Dampna Petra *Comitis quondam Flandrensis sigillatas vidimus, formam quæ sequitur continentes.*

NOTES.

(a) Ces Lettres sont au Registre 80. pour les années 1350. 1351. piece 332.

JEAN I.er & selon d'autres Jean II. à Chartres au mois d'Avril 1351.

Nos GUIDO *Comes Flandrensis & Marchio Namurcensis. Notum facimus universis quòd nos Literas illustris Principis quondam* Philippi Flandriæ & Viromanduorum *Comitis vidimus, in hæc verba.*

Ego PHILIPPUS *Flandriæ & Viromanduorum Comes, notum fieri in perpetuum volo, quòd hominibus* de Orchies *liberè concessi libertatem & legem Oppidi* Duacensis, *& ut nusquam debeant stare juri infra* Peulam, *nisi inter Villam de* Orchies, *adhuc ut quicumque in Villa de* Orchies *diem unum & annum unum, sine contradictione & calumnia manserit, liber erit. Concessi & eis, ut liceat illis in perpetuum* furnos & *(b)* Cambas *facere, & etiam molendina & cabellaria, salvo jure meo. Hoc autem factum est assensu illustris consortis meæ* Machildis Reginæ, *ad cujus dotalitium dicta Villa pertinere noscebatur. Ut igitur id ratum inconcussumque maneat, tàm præsentis scripti paginæ, quàm mei impressione sigilli primò, & subscriptarum personarum testimonio muuire decrevi. S. inclitæ Reginæ consortis nostræ. S.....* De Mesan.... *Præpositi Insulensis. S..... Jacobi* de Avesnes. *S. D. Senescalli. S. P. de Mesnellio. S. Castellani de Rassia. S. P. de Duaco.* Actum Duaci anno Domini millesimo centesimo octogesimo octavo, mense Maio.

Item. *Literas bonæ memoriæ* Villerini *Domini de* Dampetra *genitoris nostri quondam, & carissimæ Dominæ matris nostræ* Margaretæ *Flandriæ & Hannoniæ Comitissæ vidimus, similiter in hæc verba.*

Ego Villerinus de Dampetra, *Et ego* Johanneta *soror Johannæ Comitissæ Flandrensis, & Hannoniæ, notum volumus fieri omnibus præsentem paginam inspecturis & audituris, quòd in perpetuum dedimus omnibus hominibus Villæ* de Orchies *liberè libertatem & legem* Oppidi Duacensis, *& ut nusquam debeant juri stare infra* Peulam, *nisi infra Villam* de Orchies. *Adhuc etiam, ut quicumque in Villa* de Orchies *diem unum & annum unum sine contradictione & calumnia manserit, liber sit. Concessimus etiam eis ut liceat illis in perpetuum furnos &* cambas *& molendina facere, salvo jure nostro. Hoc autem totum factum est* communi *assensu nostro, videlicet mei* Vellerini Domini de Dampetra, *& Nobilis mulieris* Margaritæ *uxoris meæ, sororis nobilissimæ* Johannæ *Comitissæ Flandriæ & Hanoniæ, & juramento interposito. Ut autem istud ratum inconcussumque permaneat, præsens scriptum sigillis nostris fecimus affirmari.* Actum anno Verbi Incarnationis millesimo ducentesimo vicesimo quinto, mense Julii.

Nos verò Guido *Comes Flandriæ & Marchio Namurcensis prædictus, concessiones libertatum prædictarum, prout in præmissis Literis continentur, ratas & gratas habemus, & eas etiam* Approbamus; *Promittentes sacramento interposito, nos liberaliter prædicta dictis hominibus Villæ nostræ* de Orchies *servaturos bona fide, prout à prædecessoribus nostris est hactenus consuetum.* In cujus rei testimonium *& munimen, præsentibus Literis sigillum nostrum duximus apponendum.* Actum & datum Duaci anno Domini millesimo ducentesimo nonagesimo nono, mense Mayo.

NOTES.

(b) Cambas facere.] C'est-à-dire faire des Brasseries. Ce mot vient selon *Kilianus*, dans son Dictionnaire étymologique, du Flamand *Cam*, ou du vieux François *Came*, qui signifient de *la Bierre*. Et *Cam*, ou *Came* viennent constamment du mot Latin *Camum*, employé par le Jurisconsulte *Ulpien* dans la Loy troisiéme aux Dig. *De tritico, vino, & oleo legato;* car cette boisson n'estoit pas inconnuë aux Romains, comme il se voit par ces paroles d'Isidore de Seville liv. 20. ch. 3.

Sicera est omnis potio, quæ extra vinum inebriare potest; cujus licèt nomen Hebræum sit, tamen Latium sonat, pro eo quòd ex succo frumenti, vel pomorum conficiebatur, aut palmarum fructus in liquorem exprimatur, coctisque frugibus aqua pinguior quasi succus colatur, & ipsa potio Sicera *nuncupatur.*

Cerevisia *à* Cerere, *id est* fruge, *vocata; est enim potio ex seminibus frumenti vario modo confecta. Vide Cujacium lib. 11. Observationum, cap. 30. & lib. 24. cap. 39. Colerum in Parergis. cap. 10. Evangel. secundùm Lucam c. 1. vers. 15. & ibi Bezam, Grotium, &c.* Joignez l'Article 46. de la Coustume du Boullenois, & le troisiéme de celle d'Horly.

JEAN I.er & selon d'autres, Jean II. à Chartres au mois d'Avril 1351.

Nos *igitur attendentes grata devocionis & fidelitatis obsequia, quibus homines dictæ Villæ de* Orchies *nobis se exhibuere devotos, utque nobis in posterum devotiores efficiantur sperantes, omnes & singulas libertates & privilegia supra scripta, prout superiùs exprimuntur*, Volumus, Concedimus, Approbamus, *& tenore præsentium* Confirmamus, *salvo in aliis jure nostro, & quolibet alieno. Quod ut ratum & stabile permaneat in futurum, præsentibus Literis nostrum fecimus apponi sigillum.* Actum obsidione Insulæ, anno Incarnationis Dominicæ millesimo ducentesimo nonagesimo septimo, mense Junio.

Nos autem carissimi Domini & Genitoris *nostri in hac parte vestigiis inhærentes, omnes & singulas libertates & privilegia supradicta, prout superiùs sunt expressa*, Volumus, Concedimus, Approbamus, & *tenore præsentium* Confirmamus, *salvo in aliis jure nostro, & quolibet alieno. Quod ut ratum & stabile permaneat in futurum, præsentibus Literis nostrum fecimus apponi sigillum.* Actum apud montem sancti Quintini propè Peronam, anno Domini millesimo trecentesimo quinto decimo, mense Septembris.

Nos *igitur prædicta omnia & singula, prout superiùs sunt expressa, rata & grata habentes, ea* Volumus, Laudamus, Approbamus, *& ex certa scientia & auctoritate nostra Regia, tenore præsentium* Confirmamus, *salvo in aliis jure nostro, & in omnibus quolibet alieno. Quod ut firmum & stabile perpetuò perseveret, præsentibus nostrum fecimus apponi sigillum.* Actum Parisius, anno Domini millesimo trecentesimo decimo septimo, mense Februarii.

Nos *igitur ad instar carissimorum Dominorum* Genitoris & Fratrum *nostrorum prædictorum, omnia & singula in præscriptis Literis contenta* Laudamus, Volumus, Approbamus, *& tenore præsentium* Confirmamus, *nostro in aliis & alieno quolibet jure salvo. Quod ut firmum & stabile permaneat in futurum, præsentibus Literis nostrum fecimus apponi sigillum.* Actum apud Sanctum Christophorum in Halata, mense Maii, anno Domini millesimo trecentesimo vicesimo tertio.

Nos autem prædicta omnia, prout superiùs sunt expressa, rata habentes & grata, ea Volumus, Ratificamus, Approbamus, *& tenore præsentium auctoritate nostra Regiâ* Confirmamus, *salvo in aliis jure nostro, & in omnibus quolibet alieno. Quod ut firmum & stabile permaneat in futurum, præsentibus Literis nostrum fecimus apponi sigillum.* Actum anno Domini millesimo trecentesimo vicesimo octavo, mense Novembris.

Nos *autem jura, usus & consuetudines prædicta, & omnia & singula in suprascriptis Literis contenta, in quantum prænominati* de Orchies *eisdem hactenus legitimè usi sunt, rata habentes & grata, ea* Volumus, Ratificamus, *& auctoritate nostra Regia, de speciali gratiâ tenore præsentium* Confirmamus, *salvo in aliis jure nostro, & in omnibus quolibet alieno. Quod ut firmum & stabile perpetuò perseveret, præsentes Literas sigilli nostri munimine fecimus roborari.* Actum & datum Carnoti, anno Domini millesimo trecentesimo quinquagesimo primo, mense Aprilis.

Per Regem ad Relationem vestram.

JEAN I.er & selon quelques-uns, Jean II. à Paris le 3. May 1351.

Lettres concernant la levée d'une Ayde, ou imposition accordée au Roy par la Ville de Paris.

SOMMAIRES.

(1) Il sera payé de chaque tonneau de vin François venu à Paris & aux Fauxbourgs, vingt-sept deniers Parisis par le vendeur, & autant par celuy qui l'aura acheté pour le revendre.

(2) De chaque tonneau de vin de Bourgogne, il sera payé trois sols parisis.

(3) De la queuë de vin de saint Pourçain & de Souvigny, il sera payé trois sols.

(4) Du tonneau de vin de Beaune, de S. Jean d'Angely, de S. Jangon & de Givry, neuf sols.

(5) Du

JEAN I.er & selon d'autres Jean II. à Paris le 3. May 1351.

(5) Du tonneau de vin d'Espagne, onze sols trois deniers.

(6) De la piece de vin de la riviere de Loire, trente-trois deniers obole.

(7) De la queuë de Garnache, quarante-cinq sols.

(8) De la queuë de vin Grec, trente sols.

(9) Pour le vinaigre & le verjus, on payera comme pour le vin François.

(10) De chacun sextier de froment il sera payé six deniers.

(11) De tout autre grain il sera payé par sextier, quatre deniers.

(12) Du millier d'Harang sor, dix-huit deniers.

(13) Du pignon de haranc, dix-huit deniers, & autant du tonneau de caque.

(14) De chaque panier de poisson, six deniers.

(15) Des Moruës & Saumons frais & sechez, &c. il sera payé six deniers pour livre, & rien par ceux qui revendront en détail, s'ils ne vendent que cinq cens Harancs, & au-dessous.

(16) De la balle de poivre il sera payé neuf sols. *De la balle de sucre* quatre sols *six deniers.*

(17) Des Cubebes, Massis, graine de Paradis, poivre long, &c. six deniers pour livre.

(18) De toutes confitures & dragées, six deniers pour livre.

(19) Du sextier de bierre, trois deniers par semaine.

(20) Des bœufs, vaches, moutons, pourceaux, six deniers pour livre.

(21) De tous draps, pelleteries, chevaux, six deniers pour livre.

(22) De chaque marc d'argent blanc & vere, il sera payé par les Orfevres trois deniers, & de la vaisselle d'or & émaillée, couronnes, perles, &c. six deniers pour livre.

(23) Les Changeurs payeront trois deniers pour chaque marc d'argent qu'ils vendront, & six deniers pour les vaisselles émaillées, couronnes, chapeaux, &c.

(24) De chaque marc d'argent porté à la Monnoye, trois oboles.

(25) Les Fenestriers, Colporteurs, & autres telles gens, ne payeront rien, à moins que par jour ils ne vendent pour dix sols de denrées.

(26) Pendant la presente imposition les Habitans de Paris ne seront tenus d'aller en l'ost du Roy, ni à l'arriere-Ban, si ce n'estoit en cas de grande necessité.

(27) Il n'y aura plus d'emprunts.

(28) Les Bourgeois de Paris pendant la presente imposition ne seront pas tenus aux services militaires à cause de leurs Fiefs.

(29) Et ils ne seront tenus d'aucune autre imposition, pour les heritages qu'ils posséderont, en quelques Bailliages qu'ils soient.

(30) S'il y avoit paix, l'imposition cesseroit; & s'il n'y avoit que treves, ce qui en seroit levé seroit mis en dépost.

(31) S'il y avoit quelque contestation au sujet de la presente imposition, elle sera décidée par le Prevost des Marchands.

(32) Les Bourgeois de la Ville de Paris seront crûs à leurs sermens, des denrées qu'ils auront venduës; & s'ils ont plus vendu qu'ils n'auront affirmé, ils payeront l'imposition.

(a) JEHANS par la grace de Dieu Roy de France. A tous ceuls qui ces presentes Lettres verront, *Salut.* Comme Nous ayens fait montrer & exposer à nos amez les Bourgoiz & Habitans de nostre bonne Ville *de Paris*, les grans & & innumerables fraiz, mises & despens que il nous a convenu faire & soustenir, & convient encore de jour en jour, pour le fait des guerres que Nous avons euës, & avons pour la deffension de nostre Royaume, & de tout le pueple d'iceluy, *contre le Roy d'Engleterre* & plusieurs autres, qui se sont assemblez & aliez, comme noz ennemis, pour efforcier, envahir & meffaire à nostredit Royaume & audit pueple, à tort & sans aucune cause raisonnable, si comme à chascun est & puet estre notoire chose & manifeste; Et eussiens requis & fait requerre à noz diz Bourgoiz & Habitans faire nous *Subside & Aide*, pour les frais mises & despens dessusdiz suporter. *Sçavoir faisons* que euls considerans & attendant les choses dessusdites, pour & au nom de *Subside*, ont liberalment volu & accordé, pour tout leur communiée, en tant comme il leur touche & appartient, & puet touchier & appartenir; euë sur ce premierement bonne déliberation & avis, que par l'espace *d'un an* entierement accompli, soit levé, & à nous payée une imposition, ou assise, sur toutes les marchandises & denrées qui seront venduës en nostredite *Ville de Paris*, & és fors-bours, en la fourme & maniere, & sur les conditions qui s'ensuivent.

Premierement. Chascun tonnel de *vin François* qui sera vendu en *la Ville de Paris* & és fors-bours, le vendeur payera *vingt-sept deniers* parisis, & celuy qui l'achetera pour revendre, autant.

NOTES.

(a) Ces Letres sont au Memorial C. fol. 96. de la Chambre des Comptes de Paris.

JEAN I.er & selon d'autres, Jean II. à Paris le 3. May 1351.

(2) Item. Le tonnel de vin *de Bourgongne*, le vendeur payera *trois souls* parisis, & l'achateur pour le revendre autant.

(3) Item. La queuë de vin de *Saint Pourcain*, & de *Souvigny* payera *trois souls*, & l'acheteur pour revendre autant.

(4) Item. le tonnel de vin *de Beaune*, de *Saint Jehan d'Angely*, de *Saint Jangon*, & de *Givry*, payera *neuf souls*, & l'acheteur, pour revendre autant.

(5) Item. Le tonnel de vin *d'Espaigne*, *onze souls trois deniers*, & l'acheteur pour revendre autant.

(6) Item. La piece de vin *de la riviere de Loire*, qui fait environ une *queuë* de Paris, payera *trente-trois deniers obole* poite, & l'acheteur pour revendre autant.

(7) Item. La queuë de *Garnache* payera *quarante-cinq souls*, & l'acheteur pour revendre autant.

(8) Item. La queuë de *vin Grec* payera *trente souls*, & l'acheteur pour revendre autant.

(9) Item. Le *vinaigre* & *vertjus* payeront comme *vin François*, en la maniere dessusdite.

(10) Item. Blez & autres *grains* payeront en la maniere qui s'ensuit. C'est assavoir le sextier *de froment* & de *pois*, chascun sextier *six deniers*, & de l'acheteur qui l'achetera pour revendre, autant.

(11) Item. tout *autre grain* chascun sextier payera *quatre deniers obolle*, & l'acheteur pour revendre autant; Et est assavoir que lorsque lesdits vins & grains entreront dans ladite Ville de Paris & les fors-bours, tant par terre comme par eau, se acquitteront, & ce fait celuy, ou ceuls qui les auront ainsi acquittez, pourront vendre & faire leur profit de leurs diz vins & grains, sans rien plus payer.

(12) Item. Harenc sor le vendeur payera *du millier* dix & huit deniers, & l'acheteur pour revendre autant.

(13) Item. Semblable *le pignon de Harenc* dix-huit deniers, *le tonnel de caque* dix & huit deniers, en la maniere dessus dite.

(14) Item. Chascun *panier de poisson*, le vendeur payera *six deniers*, & l'acheteur pour revendre autant.

(15) Item. Moruës, *Salmons*, fraiz & salez, *Seches*, *Ales* de mer, *Moulles*, *oistres*, *Hanons*, *Pourpois*, *Crapois*, payeront *six deniers pour livre*. Et ne seront tenus ceuls qui vendront Harenc & poisson à détail, pour fournir ladite Ville de Paris, de riens payer de ce qu'ils *vendront à detail*, se ils ne vendent *cinq cens* de Harenc, & au-dessus.

(16) Item. L'Espicerie sera payé en la maniere qui s'ensuit.

Premierement la balle *de poivre*, *neuf souls*, la balle *de sucre* brisié *quatre souls six deniers*, la balle *de sucre de Chipre quatre souls six deniers*, la balle *de gingembre neuf sols*, la balle *de canelle neuf souls*, la balle *de sucre entier neuf souls*, la balle *de cotton filé quatre sols six deniers*, la bale *de cotton à laine trois souls*, le pain *de cire* de poulaine *quatre souls six deniers*, la bale *de cire quatre souls six deniers*, la bale *d'amandes vingt-sept deniers*, la balle *de riz vingt-sept deniers*, la balle *d'alun de glace deux sols*, la balle de *commun deux sols*, la balle *d'aniz vert deux souls*, la balle *de garance vingt-sept deniers*, la balle *de graine d'escarlate soixante sols*, la bale *de brezil vingt-quatre souls*, la balle *de saffren vingt & sept souls*, la balle *de giroffle quarante-cinq souls. Estain* le cent *dix & huit deniers*, le cent *de plomb six deniers*, le cent *de cuivre trois souls*, le baril *de miel* de Montpellier *vingt-sept deniers*, la queuë *de miel* de cest pays *neuf sols*, la chievre *d'uyle d'olive vingt-sept deniers*, le tonnel *d'uyle d'olive dix & huit souls*, le cent *de pois* noire & blanche, *neuf deniers*.

(17) Item. Cubebes, *(b)* Massiz, graine de paradiz, poivre lonc, noix muguettes, espic, fleur de canelle, garnigal, citonal, gales, gome, orpin, vert de grise, verniz

NOTES.

(b) Massiz.] Ou pour mieux dire, *Macis*. C'est de la fleur de Muscade. Ce mot est Indien.

en glace, vif argent, vermeillon, encens, adurlaque, emastique blanc, myne, borroiz, Inde de Baudoiz, yvoire, figues de Meligne, dates, festuz, pignons, boiſtes vuides, recolice, fuſtet, ſaſſeur, ſavon, ſouffre, coperoze, toutes telles menuës choſes & les ſemblables, payeront au feur *de ſix deniers pour livre.*

JEAN I.er & ſelon d'autres, Jean II. à Paris le 3. May 1351.

(18) Item. Toutes confitures & toutes dragées payeront ſix deniers pour livre.

(19) Item. Que tous *Braſſeurs* qui braſſent cervoiſe en la Ville de Paris, & les fors-bours, pourront faire *cervoiſe* à ſeize deniers le ſextier, & non plus; & payeront de chacun ſextier *trois deniers.* Et ſeront tenuz de payer chaſcune ſemaine.

(20) Item. Sur le beſtail, comme *bœufs, vaches, moutons, pourceaux,* & tout autre beſtail, le vendeur payera *ſix deniers* pour livre, & l'acheteur pour revendre, *trois deniers.*

(21) Item. Sur tous *Draps, pelleteries, chevaux,* & autres marchandiſes venduës en ladite Ville & fors-bours, payeront *ſix deniers* pour livre, comme les autres marchandiſes.

(22) Item. Les *Orfevres* payeront pour chaſcun *marc d'argent blanc & vere trois deniers* pour marc. Et pour *vaiſſelle dorée, émaillée, couronnes, chapeaux, anneaux, perles & pierres,* payeront ſix deniers pour livre, comme les autres marchandiſes.

(23) Item Changeurs pour chaſcun marc d'argent que il vendront, payeront *trois deniers;* Et ceux qui vendront vaiſſelles dorées & émaillées, couronnes, chapeaux, perles & pierres, payeront ſix deniers pour livre, comme les autres Marchands.

(24) Item. De chaſcun *marc d'argent* qu'il porteront en Monnoie de Paris, ou autre, ou vendu à Paris, payeront *trois oboles* tournois, & de *marc d'or, neuf deniers.*

(25) Item. Menuz *Feneſtriers,* petiz *Composteurs* aval la Ville de Paris, ne ſeront tenuz de nous payer de ladite Impoſition, ſe ils ne vendent en un jour *dix ſols* de denrées; & ſe il les vendent il ſeront tenus de payer, & ſe il vendent au-deſſous, il ne ſeront tenuz de riens payer.

(26) Item. Que parmy ceſt aide leſdiz Bourgois & Habitans de ladite Ville de Paris durant ladite année, ne ſeront tenuz de aler en *l'oſt,* ou envoyer par *arriere-ban,* ſe ce n'eſt en cas d'évident neceſſité.

(27) Item. Que tous emprunts ceſſent.

(28) Item. Que il ne ſoient tenuz de nous faire autre *Ayde,* ou *Service,* pour cauſe de noz guerres durant ladite année que deſſus eſt dit, pour cauſe *de fié* ou de *tenemens de fiez.*

(29) Item. Que leſdiz Borgoiz & Habitans durant ladite impoſition, pour cauſe de leurs *heritages* quelque part, & en quelconques *Juriſdictions,* ou *Bailliage* que il ſoient aſſis, ne ſoient tenuz de nous en faire autre *Ayde* ou *Subvention.*

(30) Item, Que ſe il avenoit que *Paix feuſt, Nous voulons* que ladite impoſition ceſſe. Et ou cas que *Treves* ſeroient, que ce que levé, ou à lever en ſeroit pour ladite année, ſoit mis en *dépoſt* de par Nous, & de par leſdits Bourgoiz & Habitans, afin que l'en le teniſſe plus toſt toutefoiz que meſtier en ſera, pour cauſe de guerres.

(31) Item. Voulons & Nous *pleſt,* que ſe il avenoit que aucuns *debas,* ou diſcenſion feuſſent entre les *Collecteurs* deputez à lever ladite impoſition, & les *bonnes gens* de noſtredite Ville, pour cauſe de ladite impoſition, que *les Prevoſt des Marchanz & Eſchevinz* deſſuſdiz en puiſſent *ordener,* & en ayent *la Court* & la *cognoiſſance,* pour faire raiſon à icelles. Et ou cas où il ne les pourroient accorder, Nous *voulons* que *noz gens des Comptes* en puiſſent cognoiſtre, & non autres.

(32) Item. Que touz ceuls de noſtre Ville de Paris ſeront creuz *par leurs ſeremens,* des denrées qu'il venderont; & ou cas où il ſeront trouvé *que il auront plus vendu,* que il n'auroient juré, il payeront ladite impoſition, & à ce ſeront contraints deuëment. Laquelle *impoſition* deſſuſdite, laquelle Nous avons agréable, Nous *voulons* & *commandons* eſtre levée par l'eſpace *d'un an* tant ſeulement, en la fourme & maniere & ſur les conditions deſſus eſcriptes, & non autrement. Leſquelles conditions Nous *voulons* & *commandons* à touz noz Juſticiers & Subgez eſtre gardées & accomplies de point en point ſelon leur teneur, ſanz faire, ou attempter quelque choſe au

contraire. Et *voulons* aussi, & avons octroyé & *octroyons* par ces presentes de nostre grace especial ausdits Bourgois & Habitans de ladite Ville de Paris, que cette *Ayde* & *Octroy*, qui fait nous ont de ladite imposition, ne porte, ou puist porter, ou temps à venir aucun préjudice à euls, aus mestiers de ladite Ville, ne à leurs privileges, libertez & franchises, ne que par ce aucun nouvel droit nous soit acquis contre euls, ne aussi à euls contre Nous, mais le tenons à *Subside gracieux*. En tesmoing de ce Nous avons fait mettre nostre Seel en ces Lettres. *Donné à Paris l'an de grace mil trois cens cinquante & un, le troisiéme jour de May.* Et estoient ainsi signées. Par le Roy à la relation de son Conseil, vous present. Y. SYMON.

JEAN I.er & selon d'autres, Jean II. à Paris le 4. May 1351.

(a) Lettres par lesquelles le Roy confirme les Privileges & les franchises des Habitans de Montesquiou.

JOHANNES *Dei gratiâ Francorum Rex. Notum facimus universis, tam præsentibus quàm futuris, Nos infra scriptas vidisse Literas, formam quæ sequitur continentes.*

GUILLELMUS *permissione divinâ Archiepiscopus Auxitanus, locum tenens Domini nostri Francorum Regis in tota Lingua Occitana. Notum facimus universis tam præsentibus quàm futuris, nos vidisse & tenuisse quoddam instrumentum receptum, scriptum & signatum, ut in eo videbatur, per* Raymundum de Aula *publicum Tholosæ Notarium, non vitiatum, non cancellatum, nec in aliqua sui parte abolitum, cujus tenor talis est.*

Noverint *universi præsentes pariter & futuri, quòd in præsentia mei Notarii & testium infra scriptorum ibidem* Raymundo Raynerii *&* Petro Donati *Consulibus (b)* loci de Montesquino *in Lauranesio; qui quidem Consules pro se & universitate dicti loci volentes & cupientes, in quantum possunt, utilitatem Domini nostri Regis procurare, obtulerunt venerabili & discreto viro Domino* Lemsin *Procuratori Regio generali Senescalliæ Tholozæ, & Abb..... se daturos Domino nostro Regi, dicto Domino Procuratore stipulante & recipiente, sub retentionibus infra scriptis, pro Domino nostro Rege, & soluturos* trecentas libras turonensium parvorum *monetæ nunc currentis, de quibus & cum quibus ematur* duodecima pars Jurisdicionis altæ & bassæ meri & Imperii dicti loci de Montesquino, *ad utilitatem Domini nostri Regis, & pro ipso & nomine ejusdem, à nobili viro Domino* de Sanna *Domicello* Condomino *dicti loci de Montesquino, salvo & retento per eosdem, quòd occasione præmissorum locus de Montesquino, dicti Consules, universitas & singulares dicti loci, & eorum posteritas, ponantur in salvam* gardam Regiam *specialem, & quòd ipsis positis in dicta salva gardia Regia speciali perpetuò remaneant in eadem.*

Item. *Quòd perpetuò dictus locus & gentes quæ nunc sunt in dicto loco, & qui pro tempore fuerint, perpetuò remaneant in & sub dominio Domini nostri Regis, & quòd non possint in alium, seu alios, ipsi nec locus prædictus transportari, nisi duntaxat qui esset Dominus Tholozæ.*

Item. *Quòd non possint trahi coram aliquo Judice,* nisi duntaxat coram eorum Judice ordinario, *vel Domino* Senescallo Tholosano *& Albiensi, vel Domino Judice appellationum Senescalliæ Tholosæ & Albien... nisi ad hoc specialiter & expressè essent obligati.*

NOTES.

(a) Ces Lettres sont au Trésor des Chartres Registre 80. pour les années 1350. 1351. piece 548.

(b) Loci de Montesquino.] Cette petite Ville fut brulée en 1586. le Parlement fit deffenses d'y rebâtir; & les Estats de la Province transfererent à Mongeard, autre petite Ville du voisinage, le droit d'entrée que Montesquiou y avoit, comme Ville Diocesaine de Toulouse. *Montesquiou* a été depuis rebâtie; mais cette Ville n'est pas aujourd'huy si grande qu'elle étoit auparavant. Voyez le tome 2. des Annales de la Faille page 396.

Item. *Quòd eorum* consuetudines, libertates & franchisiæ *eisdem perpetuò teneantur & observentur, juxta formam & tenorem consuetudinum & libertatum eisdem antiquitùs concessarum.*

Item. *Quòd in creatione Consulum intersit Judex* Lauranesii, *seu ejus locum tenens, qui nomine dicti Regis habeat Consules creare, & juramenta recipere, pro parte duodecimâ prout* condomini *dicti loci aliàs facere consueverunt.*

Item. *Quòd prædicta confirmentur per Dominum nostrum Regem. Qui quidem Procurator dicti Domini Regis promisit facere ratifficare per Dominum nostrum Regem.*

Item. *Retinuerunt dicti Consules in dicta oblatione dictarum* trecentarum librarum *Domino nostro Regi oblatarum & promissarum per Consules prædictos & ante, & in ipsa, ut in casu in quo prædicta non concederentur & confirmarentur per Dominum nostrum Regem, quòd dicta oblatio & promissio esset nulla & invalida, & quòd contra Consules nulla executio possit fieri pro prædictis. Quam oblationem & promissionem, nisi in casibus præmissis, ex nunc, ut ex tunc, & ex tunc ut ex nunc, dicti Consules revocant, & pro non facta haberi volunt, in quibus dictus Dominus Procurator consensit. Quas quidem trecentas libras turonenses monetæ nunc currentis, prædictis concessionibus & confirmatione factis, prout in instrumento oblationis factæ per dictos Consules Domino nostro Regi de dictis trecentis libris continetur, completis & perfectis, & non ante, promiserunt dicto* Domicello *stipulanti & recipienti, solvere. Fuit tamen retentum per dictum Domicellum & Consules in dicta venditione, & ante, de voluntate dicti Domini Procuratoris Regis, quòd in casu in quo prædicta per dictos Consules retenta non sortirentur effectum, quòd dicta venditio habeatur pro non facta, &* oblatio *Consulum &* promissio *dictarum* trecentarum librarum *essent* nullæ *& inanes, ex tunc ut ex nunc, & ex nunc ut ex tunc. Dicti Domicellus & Consules de voluntate dicti Domini Procuratoris, nisi in casibus præmissis, dictam oblationem & venditionem revocarunt, & pro non factis haberi voluerunt. Et ibidem existens nobilis vir* Guillelmus de Sanna *Domicellus & condominus de Montesquino* vendidit, *& titulo perfectæ & irrevocabilis venditionis* tradididit Domino nostro Regi, *dicto Domino Procuratore Regio, pro dicto Domino nostro Rege stipulanti & recipienti,* medietatem duodecimæ partis *Jurisdicionis altæ & bassæ, meri & dicti Imperii dicti loci* de Montesquino *& ejus pertinentiarum in pretio & nomine pretii* centum & decem librarum *turonensium parvorum. Et cùm dictus Domicellus aliàs vendidisset aliam medietatem dictæ Jurisdictionis altæ & bassæ meri & mixti Imperii dicti loci* de Montesquino, Raymundo *&* Guillelmo de Villelha, *in & sub pretio* ducentarum librarum *turonensium parvorum, de quibus nullam satisfactionem habuisse dicitur, nec possessio dictæ medietatis fuit translata in emptores prædictos, dictus Domicellus totum jus quod habet in dicta* medietate, *vel in pretio dictæ* medietatis, *transfert in Dominum nostrum Regem. Acta sunt hæc Tholosæ, die decima septima Julii, regnante* Domino Philippo Francorum Rege, *& Domino* Raimundo Archiepiscopo Tholosano. *Anno ab Incarnatione Domini* millesimo trecentesimo quadragesimo nono. *Cujus rei sunt testes Dominus Armandus* de Faya *Legum Doctor, Dominus Gailliardus* de Venta *Judex Pontis Tholosæ, & Dominus Armandus* Guillermi *de Beuca Monacus Ordinis Moysiaci. Et ego* Raimundus de aula *publicus Tholosæ Notarius, qui ipsam recepi, scripsi, & signo meo consueto signavi.*

Nos autem prædicta omnia & singula in dicto instrumento contenta, nomine Regio acceptamus, & grata & rata habentes, ea omnia & singula, ex potestate Regia nobis in hac parte attributa, de certa scientia & gratia speciali, Laudamus, Approbamus, Ratificamus, *& tenore præsentium* Confirmamus, *salvo in aliis jure Regio & quolibet alieno. Quod ut firmum & stabile perpetuò perseveret, præsentes Literas nostri fecimus sigilli appensione muniri.* Actum & datum Tholosæ die vigesima septima Julii. Anno Domini millesimo trecentesimo quadragesimo nono.

Nos *autem prædictas Literas supra scriptas, & omnia & singula in eis contenta, rata & grata habentes, ea* Volumus, Laudamus, Approbamus, *& auctoritate nostra Regia de gratia speciali, & ex certa scientia* Confirmamus. *Per hoc autem non intendimus*

JEAN I.er & selon d'autres, Jean II. à Paris le 4. May 1351.

dictas eorum consuetudines, libertates, franchisias & privilegia *confirmare, nec ratificare*, nisi quatenus eis usi sunt laudabiliter, *& approbatas. Mandantes insuper Senescallo Tholosæ, Judici* Lauranesii, *nostris, seu eorum loca tenentibus, & eorum cuilibet qui nunc sunt, seu qui pro tempore fuerint, quatenùs omnia & singula in præscriptis contenta Literis teneant & observent, tenerique & observari inviolabiliter faciant de puncto ad punctum, juxta ipsarum seriem & tenorem, neque permittant ipsos, seu eorum quemlibet à quoque, contra tenorem prædictarum & præsentium Literarum aliqualiter molestari; imò eosdem de prædictis & eorum quemlibet gaudere pacificè faciant & permittant. Quod ut firmum & stabile perpetuò perseveret, nostrum præsentibus Literis fecimus apponi sigillum, nostro in aliis & alieno in omnibus jure salvo.* Datum & actum Parisiis die quarta Maii. Anno Domini millesimo trecentesimo quinquagesimo primo.

JEAN I.er & selon d'autres, Jean II. à Paris le 14. May 1351.

(a) Mandement aux Generaux Maistres de faire fabriquer dans toutes les Monnoyes du Roy, des monnoyes quarante-huitiémes.

JEHAN par la grace de Dieu Roy de France: A noz amez & feaulx les Generaulx Maistres de noz Monnoyes, *Salut.* Euë consideration à ce que Nous pouvons avoir affaire à present pour cause de nos guerres, & pour la deffencion de nostre Royaume. Et euë sur ce déliberation à nostre Conseil, *Vous mandons* que tantost & sans delay vous faictes faire, ouvrer & monnoyer par toutes noz Monnoyes, *monnoye quarante-huit;* C'est assavoir *doubles de deux deniers tournois la piece*, sur le coing & forme de ceulx que Nous faisons faire à present, à tel prix, de telle loy, & à telle difference comme bon vous semblera, aux proffis & à l'avancement de nosdites Monnoyes. Et aussi *deniers blancs* à *quatre deniers douze grains de loy*, & de *douze sols de poix*, en ouvrant sur ledit pié monnoye quarante-huit. Et par ces presentes *Nous voulons & ordonnons* que les Maistres particuliers, & chacun d'eux qui entiendront nosdites Monnoyes, ou aucune d'icelles, sur peine de perdre chacun par soy la somme de cinq cens livres à Nous appliquée, ne puisse faire l'euvre de noz *doubles* dessusdits, plus *(b)* escharcée d'un grain de la loy que vous leur deviserez: Et ou cas que eulx, ou aucun d'eulx feront l'euvre desdits *doubles & deniers blancs* escharcée oultre deux grains, *les corps d'eulx & chascun d'eux avec tous leurs biens*, meubles quelconques & heritages, seront *en nostre mercy & volenté*, par la forme & maniere anciennement accoustumée en noz Monnoyes. Et *voulons & vous mandons*, que vous faictes donner par toutes noz Monnoyes à tous Changeurs & Marchans, de chacun marc d'argent, en tout billon noir, *six livres huit sols* tournois; & en chacun marc d'argent qu'ils apporteront allant à quatre deniers *douze grains* & au-dessus, *six livres dix-huit sols tournois*, & à tous autres les Ouvriers & Monnoyers ouvrans en nozdites monnoyes, donnez tel ouvraige & monnoyage, salaire & creuë d'ouvraige, comme bon vous semblera, de toutes les choses dessusdites & chacune d'icelle faire & accomplir vous donnons pouvoir, aucthorité & mandement especial par la teneur de ces presentes. *Donné à Paris le quatorziéme jour de May, l'an de grace mil trois cent cinquante & ung.* Ainsi signé par le Roy à la relation du Conseil, presens les Tresoriers & les Maistres des Monnoyes Y. SIMON.

NOTES.

(a) Ce Mandement est au Registre C. de la Cour des Monnoyes de Paris, feüillet 83.

(b) Escharcée.] L'escharceté de Loy est la quotité du remede de loy, ou la bonté interieure, que le Maistre en allayant son métail, a pris sur chaque marc d'argent en œuvre; la valeur de laquelle escharceté de loy le Maître est tenu de rendre & de payer au Roy, suivant le Jugement de la Cour des Monnoyes, à raison de la quantité des marcs d'œuvre, certifiez & arrêtez par le Papier des délivrances. *Poullain* des Monnoyes, pages 432. 433. *Boisard* des Monnoyes, pages 24. & 27.

JEAN I.er & ſelon d'autres, Jean II. à Paris le 24. May 1351.

(a) Lettres adreſſées au Seneſchal de Beaucaire, ou à ſon Lieutenant, touchant les Monnoyes.

JEHAN par la grace de Dieu Roy de France: Au Seneſchal de Beaucaire, ou à ſon Lieutenant, *Salut.* Comme par nos Ordonnances derrenierement faites ſur le fait de *nos Monnoyes*, Nous par deliberation de noſtre Conſeil, & pour eſchiver la contrefaçon deſdites monnoyes, que les malicieux fauſſaires ont faites au temps paſſé en coings ſemblables aux noſtres, Noz ayens ordonné que toutes monnoyes quelles qu'elles ſoient, tant de nos coings comme d'autres, fuſſent du tout abatuës, & n'euſſent nul cours en noſtre Royaume, ne ne fuſſent priſes ne miſes, pour quelque prix que ce fuſt, fors au marc pour billon tant ſeulement, *excepté les deniers d'or à l'eſcu faits à nos coings, auxquels nous avons donné cours, & ordonné eſtre pris & alloiiez pour vingt-cinq ſols tournois la piece; & les deniers noirs que Nous faiſons faire à preſent pour deux deniers tournois la piece.* Nous conſiderans le deffaut & ſouffrette que noſtre peuple pourroit avoir de monnoye courſable, & meſmement *blanche monnoye*, & pource que noſtredit peuple en puiſſe eſtre plus abondamment & plentureuſement rempli, *avons ordonné & ordonnons* de nouvel, par déliberation de noſtre Conſeil, pour le bien commun & en faveur de noſtredit peuple, & pour pourvoir à la neceſſité d'iceluy, que *mailles blanches d'argent ſeront faites*, & les faiſons faire dés maintenant, auxquelles *Nous avons donné & donnons cours, pour ſix deniers pariſis la piece.* Et vous *mandons* que tantoſt ces Lettres veuës, vous faſſiez crier & publier derechef *nos Ordonnances* deſſuſdites avec cette preſente, en commandant expreſſement à toutes manieres de gens, ſur peine *de corps & d'avoir*, que nul ne ſoit ſi hardy de faire aucune choſe au contraire, & que noſdites monnoyes, auxquelles nous avons donné cours, chacun pregne & alloüe pour le prix qu'il leur eſt ordonné; c'eſt à ſçavoir, le *Denier d'or* à l'eſcu pour *vingt-cinq ſols tournois*, le *Double noir* pour *deux deniers tournois*, & la *Maille blanche* pour *ſix deniers pariſis*, & non plus; ne leſdites autres monnoyes, fors que ſeulement au marc pour billon, comme dit eſt. Et au cas qu'aucun, ou aucuns feroient & s'efforceroient de faire le contraire, depuis le cry & la publication deſdites Ordonnances, puniſſez les en ſans tout deport, & en telle maniere que ſoit exemple aux autres. *Donné à Paris le vingt-quatriéme jour de May, l'an de grace mil trois cent cinquante & un.*

Par le Roy à la relation de ſon Conſeil. ADAM.

NOTES.

(a) Ces Letres ſont au Tréſor des Chartres en original, d'où elles ont été priſes.

JEAN I.er & ſelon d'autres, Jean II. à Paris au mois de May 1351.

(a) Letres portant Reglement pour la Boullengerie de la Ville d'Angers.

JOHANNES Dei gratiâ Francorum Rex. Regis æterni providentia, per quam vivimus & regnamus, noſtræ mentis aciem inducit, ut Progenitorum noſtrorum veſtigiis inhærentes, qui fide præclari, caritate ferventes, devotione ſinceri, ſibi & ſubditis proficientes verbo & exemplo, ſubditos ſuos multis libertatibus & privilegiis munierunt, multarumque largitionum liberalitate ditarunt, eorum conceſſiones, illas potiſſimè, quas rationis

NOTES.

(a) Ces Letres ſont au Tréſor des Chartres, Regiſtre cotté 80. pour les années 1350. 1351. piece 18. 20. 12. ou 372.

JEAN I.er & selon d'autres, Jean II. à Paris au mois de May 1351.

decor accingit, insequamur. Ea propter per præsens privilegium pandimus universis, tàm præsentibus quàm futuris, quòd privilegium quoddam per avum nostrum Karolum *quondam Comitem Andegavensem, dilectis nostris habitatoribus Villæ Andegavensis concessum per suas Literas, sub his verbis.*

De par le Comte d'Anjou: A nostre Bailly d'icelle Comté, *Salut.* Pource que les gens de par Nous envoyez sur la reformation de nostre Pays d'Anjou, trouverent en nostre Ville d'Angiers aucune fraude & decevement estre au prejudice de nostre commun peuple, en l'Office, ou *mestier de Boulangers* en ladite Ville, si comme nous entendons, & lesquiex nos Commissaires, par la déliberation de bon Conseil euë sur ce pour le commun proffit, *ordenassent* pour ledit office & mestier estre plus sequurement & proffitablement gardé & gouverné, que deux preudes hommes Bourgois, ou deux Boulangers les plus souffisans de ladite Ville seront ordonnez & jurez à visiter le *pain* & le *mestier* de ladite Ville; lesquelx Jurez visiteront le pain toutes les fois qu'il leur plaira. Et se il le treuvent non souffisant & desavenant, il le donront pour Dieu aus povres, si comme par leur sermens le voudront ordener. Lequel establissement & ordenance nous plest bien, & *le voulons, loons & approuvons*, en tant comme à Nous est. Pour ce Nous *voulons, mandons & commettons*, que si, comme dit est pardessus, vous le faciez tenir & garder de point en point, en telle maniere que deffaut n'y soit. *Donné à Paris par les gens de nos Comptes sous nostre grant Seel, l'an mil trois cens vingt & un, le lundy après la sainte Luce Vierge.*

Quod quidem privilegium pro bono justitiæ, & utilitate rei publicæ laudabiliter institutum, ac omnia in Literis supra scriptis contenta, rata habentes & grata, ea Volumus, Laudamus, Ratificamus, Approbamus, *auctoritate nostra Regia, ac ex certa scientia de gratia speciali, tenore præsentis* Decreti Confirmamus. *Mandantes Senescallo Andegavensi præsenti, vel qui pro tempore fuerit, & ejus locum tenenti, quatenus præfatos habitatores Andegavenses nostrâ præsenti gratiâ, ac dicto privilegio, prout de eo pacificè sunt usi, uti & gaudere pacificè & quietè de certo permittat, nec quicquam in contrarium fieri patiatur. Quod ut firmum & stabile perpetuò perseveret, sigillum nostrum præsentibus Literis fecimus appendi, jure nostro in aliis & in omnibus alieno semper salvo.* Datum Parisiis anno Domini millesimo trecentesimo quinquagesimo primo, mense Maii.

JEAN I.er & selon d'autres, Jean II. à Paris le 4. Juin 1351.

(a) Mandement aux Generaux Maistres de donner une creuë de dix-huit sols neuf deniers tournois, pour chaque marc d'or fin, outre le prix ordinaire.

JEHAN par la grace de Dieu Roy de France: A noz amez & feaulx les *Generaulx Maistres* de noz Monnoyes, *Salut & dilection.* Nous pour certaine cause vous *mandons*, que tantost & sans delay vous faites donner creuë *en marc d'or fin*, qui sera apporté en noz Monnoyes, *de dix-huit sols neuf deniers tournois*, oultre le prix que nous en donnons à present, lequel est de *cinquante-trois livres dix-huit sols neuf deniers tournois* pour marc. De ce faire avons donné & à chascun de vous donnons pouvoir & mandement especial, par la teneur de ces Presentes. *Donné à Paris le quatriéme jour de Juing, l'an de grace mil trois cens cinquante & ung.* Ainsi signé. Par le Roy Y. SYMON.

NOTES.

(a) Ce Mandement est au Registre C. de la Cour des Monnoyes de Paris, feüillet *verso* 85. à la fin, & au feüillet 86. du même Registre. Il y en a un pareil pour Tournay, en date du 13. Juin suivant.

Mandement

JEAN I.er & selon d'autres, Jean II. à Paris le 6. Juin 1351.

(a) Mandement aux Generaux Maistres d'augmenter les salaires des *Ouvriers* & des *Monoiers*, à cause de la cherté des vivres.

JEHAN par la grace de Dieu Roy de France: A noz amez & feaulx les Generaulx Maistres de noz Monnoyes, *Salut & dilection.* Euë consideration à ce que puis que nous feismes derrenierement muer le pié de noz Monnoyes, & faire celles que nous faisons faire à present, *vivres, vestures*, & autres choses qui sont necessaires pour le fait de noz Monnoyes, *a la substentation des Ouvriers & Monnoyers* de nozdites Monnoyes, *sont plus chiers* qu'ils n'estoient paravant, nos amez & feaulz Gens de nos Comptes à Paris, par le Conseil & déliberation euë avec nosditz *Generaulx*, ont *assis ausdits Ouvriers & Monnoyers* leur ouvraige, *brassaige & monnoyage* de nosdites monnoyes que nous faisons faire à present, en la maniere qui s'ensuit. C'est assavoir que depuis que nous commençasmes faire faire lesdictes monnoyes, & tout comme nous les ferons faire telles & sur tel pié, lesdits *Ouvriers* auront *pour ouvrer chacun Marc de Mailles blanches, douze deniers tournois;* & pour *ouvrer chascun Marc de Doubles tournois noirs, douze deniers tournois.* Et lesdits *Monnoyers* auront pour monnoyer chacune livre, c'est assavoir *vingt sols desdites mailles blanches, huit deniers tournois;* & pour monnoyer chascune *(b) Breve de dix livres desditz doubles tournois noirs*, pour *brassaige*, pour *dechié*, & pour tout, *vingt-trois doubles* des dessus ditz. Pourquoy nous vous *mandons* & à chascun de vous, que ausdits *Ouvriers* & *Monnoyers* vous faciez compter & payer leurdit *ouvraige, brassaige* & *monnoyage* en la maniere dessusdite, *dés le jour que ladite monnoye commencera*, & pour le temps que elle durera. *Donné à Paris le sixiéme jour de Juing, l'an de grace mil trois cens cinquante & ung.* Ainsi signé par les gens des Comptes & Tresoriers.

NOTES.

(a) Ce Mandement est au Registre C. de la Cour des Monnoyes de Paris, feüillet 85. *verso.*

(b) Breve.] C'est, comme on l'a déja dit, la quantité de marcs en deniers qu'on donne pour monnoyer.

JEAN I.er & selon d'autres Jean II. à Paris le 13. Juin 1351.

(a) Mandement aux Generaux Maistres des Monnoyes de faire donner, pour cette fois seulement, sept livres huit sols tournois du marc d'argent en billon, tant blanc que noir.

JEHAN par la grace de Dieu Roy de France: A nos amez & feaulz les Generaulx Maistres de noz Monnoyes, *Salut & dilection.* Nous pour certaine cause vous *Mandons* que tantost & sans delay, ces Letres veuës, pour *une fois tant seulement*, vous faites donner *par toutes noz Monnoyes en tout marc d'argent, en billon, tant blanc comme noir*, qui sera apporté en icelles, *sept livres huit sols tournois.* Et avec ce *Voulons* & vous *Mandons*, que en nosdites Monnoyes, ou en aucunes d'icelles, là où vous verrez mieux & plus prouffitablement estre fait, vous faciez *affiner* quand bon vous semblera jusques à *neuf mille marcs d'argent* à noz fraiz & despens; lesquelz fraiz & despens nous *Voulons* estre alloüez par noz amez & feaulx les gens de *noz Comptes* à Paris, és comptes du Maistre, ou Maistres particuliers, ou de ceulx qui payé les auront, sans aucun contredit, nonobstant Ordonnances, ou deffenses à ce contraires. De ce faire, à vous & à chascun de vous *donnons* pouvoir, auctorité & mandement

NOTES.

(a) Ce Mandement est au Registre C. de la Cour des Monnoyes, feüillet 85.

especial par la teneur de ces Presentes. *Donné à Paris le treizième jour de Juing, l'an de grace mil trois cent cinquante & ung.* Ainsi signé par le Roy en son Conseil, vous present, Y. SYMON.

JEAN I.er & selon d'autres, Jean II. à Paris le 13, Juin 1351.

(a) Mandement aux Generaux Maistres de donner une crûë de dix-huit sols neuf deniers en tout marc d'or fin.

JEHAN par la grace de Dieu, Roy de France: A nos amez & feaulx *les Generaulx Maistres* de noz Monnoyes, *Salut & dilection.* Comme Nous vous avons *ordonné*, avons *mandé* par noz Lettres ouvertes, que vous faciez donner creuë, par toutes noz Monnoyes de *dix-huit sols neuf deniers tournois, en tout marc d'or fin* qui sera apporté en icelles, oultre le prix que nous y donnons à present; Et depuis noz amez & feaulx *Tresoriers* nous ont certifié, que pour plus habundamment ouvrer en noz Monnoyes, afin que plus grande quantité de billon d'or soit apporté en icelles, *la loy de noz deniers d'or à l'escu,* que nous faisons faire à present soit abbaissée, & avallée d'un *Carat de loy*; Nous, en consideration à ce que nous povons avoir affaire pour cause de noz guerres, & pour la deffencion de nostre Royaume, vous *Mandons & Commandons* & à chascun de vous, que *la loy* à laquelle vous faites faire nosdits *deniers d'or à l'escu,* vous faciez à present *baisser & avaller d'un demi Carat de loy;* Et quand vous verrez que bon & prouffitable vous semblera de plus *icelle loy abaisser & avaller*, & la faictes, sans autre Mandement attendre, baisser & avaller d'un *autre demi Carat de loy.* De ce faire à vous & à chascun de vous donnons povoir, autorité & mandement especial par la teneur de ces presentes. *Donné à Paris le treizième jour de Juing l'an de grace mil trois cent cinquante & ung.* Ainsi signé par le Roy en son Conseil. Y. SIMON.

NOTES.

(a) Ce Mandement est au Registre C. de la Cour des Monnoyes de Paris, feüillet 88. *verso.*

JEAN I.er & selon d'autres, Jean II. à Paris au mois de Juin 1351.
Loüis le Jeune, à Paris l'an 1170.
Loüis Hutin, à Roüen, au mois de Fevrier 1315.
Et Philippe de Valois, à Vincennes, au mois de Mars 1345.

(a) Lettres par lesquelles le Roy confirme les anciennes coustumes des Bourgeois de Paris, negotians sur la Seine.

JOHANNES Dei gratiâ Francorum Rex. Notum facimus universis, tam præsentibus quàm futuris, Nos infra scriptas vidisse Literas, formam quæ sequitur continentes.

PHILIPPUS Dei gratiâ, Francorum Rex. Notum facimus universis, tàm præsentibus quàm futuris, Nos carissimi Domini & Consanguinei nostri Literas infra scriptas, sanas & integras vidisse, in cera viridi sigillatas, tenorem qui sequitur continentes.

LUDOVICUS Dei gratiâ francorum & Navarræ Rex. Notum facimus universis, tam præsentibus quàm futuris, Nos infra scriptas Beati Ludovici *Confessoris, quondam Regis Franciæ, Prædecessoris nostri Literas vidisse, formam quæ sequitur continentes.*

LUDOVICUS Dei gratiâ Francorum Rex. Notum facimus universis, tam præsentibus quàm futuris, quòd Nos Literas inclitæ recordationis Ludovici *Francorum Regis vidimus, in hæc verba.*

NOTES.

(a) Ces Lettres sont au Tresor des Chartres, Registre cotté 80. pour les années 1350. 1351. piece 667.

JEAN I.er & selon d'autres, Jean II. à Paris au mois de Juin 1351.

In nomine sanctæ & individuæ Trinitatis, amen. Ego LUDOVICUS *Dei gratiâ Francorum Rex. Notum facimus universis, tam præsentibus, quàm futuris, quòd Cives nostri* Parisienses, qui mercatores sunt per aquam, *nos adierint, rogantes ut* consuetudines *suas, quas tempore Patris nostri* Ludovici *Regis habuerant, eis* concederemus & confirmaremus, *quorum petitionem benigno favore amplectentes, precibus eorum benignum præbuimus assensum.* Consuetudines *autem eorum tales sunt ab antiquo. Nemini licet aliquam mercatoriam Parisius* per aquam *adducere, vel reducere, à ponte Meduntæ usque ad pontes Parisius, nisi ille sit Parisiensis aquæ mercator, vel nisi aliquem Parisiensem* aquæ mercatorem *socium in ipsa mercatoria habuerit. Si quis verò aliter facere præsumpserit, totum amittet, & totius medietatem Rex habebit pro forefacto, & alteram medietatem nostri Parisienses* aquæ *mercatores.* Rothomagensibus *autem* aquæ mercatoribus *licebit vacuas naves adducere usque ad* rivulum Alpeti, *& non ultra, & ibi onerare, & omissas reducere, sine societate mercatorum aquæ Parisiensium. Si quis verò sine socio Parisiensi ultra processerit, totum similiter amittet, & sicut prædictum est, Regi & mercatoribus distribuetur. Præterea si aliquis* famulus prædictorum aquæ mercatorum aliquid forefecerit, *pro nullo nisi pro domino suo in cujus servitio erit, justitiam exequetur, nisi in ipso forefacto fuerit deprehensus. Quod ut ratum sit in perpetuum, scripto commendari, & sigilli nostri auctoritate communiri præcepimus, (b) addito* caractere *Nominis nostri.* Actum Parisius anno Verbi incarnati millesimo centesimo septuagesimo. *Astantibus in Palatio nostro quorum scripta sunt nomina & signa.* Signum *Comitis Theobaldi Dapiferi nostri.* Signum *Mathei Camerarii.* Signum *Guidonis Buticularii.* Signum *Radulphi Constabularii. Data per manum* Hugonis *Cancellarii, & Episcopi Suessionensis.*

In cujus rei testimonium præsentibus Literis nostrum fecimus apponi sigillum. Datum Senonibus, anno Domini millesimo ducentesimo sexagesimo nono, mense Martio.

NOS *autem præmissa omnia & singula, prout subscripta sunt, grata habentes, ea* Volumus, Approbamus, *& tenore præsentium* Confirmamus. *Quod ut perpetuæ stabilitatis robur obtineat, præsentibus Literis nostrum fecimus apponi sigillum.* Datum Rothomagi. Anno Domini millesimo trecentesimo quinto decimo, mense Februario. *Et erant sic signatæ per Dominum Regem ad relationem Archiepiscopi Rothomagensis.* JA. DEVERTUS.

NOS *autem præmissa omnia & singula in supra scriptis Literis contenta, prout superiùs sunt expressa, rata habentes & grata, ea* Volumus, Laudamus, Approbamus, *& tenore præsentium auctoritate Regia & ex certa scientia* Confirmamus, *salvo in aliis jure nostro, & in omnibus quolibet alieno. Quod ut firmum & stabile perpetuò perseveret, præsentibus Literis nostrum fecimus apponi sigillum.* Datum apud Nemus Vincennarum, anno Domini millesimo trecentesimo quadragesimo quinto, mense Martio.

NOS *autem omnia & singula in prædictis contenta Literis rata habentes & grata, ea* Volumus, Laudamus, Approbamus, Ratificamus, *ac tenore præsentium auctoritate Regia, & ex certa scientia* Confirmamus, *salvo in aliis jure nostro, & in omnibus quolibet alieno. Quod ut firmum & stabile permaneat in futurum, nostrum præsentibus Literis fecimus apponi sigillum.* Actum Parisiis mense Junii, anno Domini millesimo trecentesimo quinquagesimo primo.

Per Consilium in quo vos eratis Y. Simon. *Collatio facta est per me* Y. SIMON.

NOTES.

(b) Addito caractere nominis nostri.] Ce caractere étoit le monogramme du Roy, où les lettres de son nom étoient entrelassées. Voyez Dom Mabillon dans sa Diplomatique liv. 2. ch. 22. page 166. art. 7. 8. & Monsieur du Cange dans son Glossaire de la moyenne & de la basse Latinité, sur *Monogramma.*

JEAN I.er & selon d'autres, Jean II. à Paris au mois de Juin 1351.
Loüis IX. à Paris, l'an 1265.
Louis Hutin à Roüen, au mois de Fevrier 1315.
Philippe de Valois à Vincennes, au mois de Mars 1345.

(a) Lettres par lesquelles le Roy deffend que ses gens n'emportent les matelas, & les coussins des maisons de Paris, où il ira loger.

JOHANNES *Dei gratiâ Francorum Rex. Notum facimus universis, tam præsentibus quàm futuris, Nos infra scriptas vidisse Literas, formam quæ sequitur continentes.*

PHILIPPUS *Dei gratiâ Francorum Rex. Notum facimus universis, tam præsentibus quàm futuris, Nos carissimi Domini & Consanguinei* Ludovici *Literas infra scriptas, sanas & integras vidisse, in serico & cerâ viridi sigillatas, tenorem qui sequitur continentes.*

LUDOVICUS *Dei gratiâ Francorum & Navarræ Rex. Notum facimus universis, tam præsentibus quàm futuris, Nos infra scriptas vidisse Literas, tenorem qui sequitur continentes.*

In nomine sanctæ & individuæ Trinitatis. Amen.

Ego LUDOVICUS *Dei gratiâ Francorum Rex. Opus bonum & Regiâ magnificentiâ dignum facimus, quociens* illicitas exactiones extinguimus, & pravas consuetudines abolemus. *Notum itaque facimus universis, tàm præsentibus, quàm futuris, quòd quando* veniebamus Parisius *in domibus quibusdam, capiebant ad opus nostrum Servientes* culcitras *&* plumaria. *Considerantes tamen rem istam pauperibus hominibus nostris dampnosam, nec nobis multum utilem, amore Dei, & pro successorum nostrorum animabus, & nostrâ,* consuetudinem ex toto condonavimus, *statuentes in perpetuum, ne quis Servientium nostrorum, sive alias homo ad opus nostrum, Parisiorum* culcitras *aut* plumaria *deposcat, nostris, aut successorum nostrorum temporibus; sed homines nostri Parisius ab hac consuetudine, in quantum ad nos pertinet, penitùs liberi sint & immunes.*

Quod ut ratum sit, & inconcussum scribi, & sigilli nostri auctoritate communiri præcipimus, addito Caractere *nostri nominis.* Actum publicè Parisius. Anno Verbi incarnati millesimo ducentesimo sexagesimo quinto. *Astantibus in Palatio nostro quorum subscripta sunt nomina & signa. S. Comitis* Theobaldi *Dapiferi nostri. S.* Radulphi *Constabularii. S.* Guidonis *Butticularii. S.* Mathei *Camerarii. Data per manum* Hugonis *Cancellarii.*

NOS *autem præmissa omnia & singula rata habentes & grata, ea* Volumus, Laudamus, Approbamus, *& tenore præsentium autoritate nostra Regia, & ex certa scientiâ* Confirmamus, *salvo in aliis jure nostro, & quolibet alieno. Quod ut perpetuæ stabilitatis robur obtineat, præsentibus Literis nostrum fecimus apponi sigillum.* Actum Rothomagi, anno Domini millesimo trecentesimo quintodecimo, mense Februario. *Erant sic sic. Signatum per Dominum Regem ad relationem Archiepiscopi Rothomagensis.* JA. DE VERTUS.

NOS *præmissa omnia & singula in supra scriptis Literis contenta, prout superiùs sunt expressa, rata habentes & grata, ea* Volumus, Laudamus, Approbamus, *ac tenore præsentium auctoritate Regia & ex certa scientia* Confirmamus, *salvo in aliis jure nostro, & in omnibus quolibet alieno. Quod ut firmum & stabile perpetuò perseveret, præsentibus Literis nostrum fecimus apponi sigillum.* Actum apud nemus Vincennarum, anno Domini millesimo trecentesimo quadragesimo quinto, mense Martio.

NOS *hujusmodi Antecessorum nostrorum laudabile propositum, libertatem & immutationem*

NOTES.

(a) Ces Letres sont au Tresor des Chartres, Registre cotté 80. pour les années 1350. 1351. piece 700. En l'année 1228. S. Louis fit la même justice aux habitans de Saint Germain en Laye. Les Lettres en sont rapportées par Dom Martenne *in veterum monumentorum amplissima Collectione, tomo primo, col.* 221.

approbantes, omnia in præscriptis Literis, rata habentes & grata, & ea de speciali gratiâ, auctoritate Regia, & ex certa scientia Confirmamus, *perpetuò valituris, prohibentes expressè, ne quis ullo tempore in futurum in contrarium quicquam attemptare præsumat*

Quod ut firmum & stabile remaneat in futurum, præsentibus Literis nostrum fecimus apponi sigillum. Datum Parisius mense Junii, anno Domini millesimo trecentesimo quinquagesimo primo.

Per Consilium in quo vos eratis. Y. SYMON.

(a) Letres par lesquelles le Roy confirme le Droit du Prevost des Marchans & des Eschevins, de lever *quatre deniers* sur les Cabaretiers de Paris.

JEAN I.er & selon d'autres, Jean II. à Paris au mois de Juin 1351.

Philippe le Hardy à Paris au mois de Mars 1274.

Loüis Hutin, à Roüen au mois de Fevrier 1315.

Philippe de Valois à Vincennes, au mois de Mars 1345.

JOHANNES *Dei gratiâ Francorum Rex. Notum facimus universis, tam præsentibus quàm futuris, Nos infrascriptas vidisse Literas, formam quæ sequitur continentes.*

PHILIPPUS *Dei gratiâ Francorum Rex. Notum facimus universis, tam præsentibus quàm futuris, Nos carissimi Domini & Consanguinei nostri* Ludovici *Literas infra scriptas, sanas & integras, vidisse, in serico & cera viridi sigillatas, tenorem qui sequitur continentes.*

LUDOVICUS *Dei gratiâ Francorum & Navarræ Rex. Notum facimus universis, tam præsentibus quàm futuris, Nos infra scriptas recolendæ memoriæ* Philippi *Regis Franciæ quondam avi nostri Literas vidisse, formam quæ sequitur continentes.*

PHILIPPUS *Dei gratiâ Francorum Rex. Notum facimus universis, tam præsentibus quàm futuris, quòd cùm* Tabernarii *Parisius dicerent contra* Præpositum & Scabinos mercatorum Parisiensium, *eos non habere jus compellendi ipsos Tabernarios solvere* clamatori *vini, tabernam ad clamandum non habenti, & clamanti* invito Tabernario, *habente alium clamatorem in taberna sua,* quatuor denarios *(b)* pro dieta sua. *Dicerent etiam eos jus non habere exigendi à Tabernariis denarios, qui* Finationes celariorum *nuncupantur. Dictis Præposito & Scabinis ex adverso dicentibus, quòd* Crieriam & Mansuras *à nobis tenebant, & à nobis hanc causam utendi modo prædicto, & usi fuerant, tanto tempore quòd sufficere debebat in hac parte. Visis & auditis attestationibus testium ex parte dictorum* Præpositi & Scabinorum *prædictorum, & confessione Procuratoris dictorum* Tabernariorum *intellectâ; Cartâ etiam inclitæ recordationis* Philippi *quondam Regis Franciæ, proavi nostri, quam dicti Præpositus & Scabini habent, inspectâ,* pronunciatum fuit *priùs in Curia nostra, dictos Præpositum & Scabinos* jus habere compellendi Tabernarium non habentem clamatorem *in taberna sua apertè, solvere* clamatori clamanti *horâ debitâ in taberna,* quatuor denarios pro sua dieta; *nisi Tabernarius velit jurare coram* Præposito *Mercatorum, se nichil de vino sic clamato ipsa die vendidisse.*

Item. *Quòd hoc jus percipiendi & habendi à dictis* Tabernariis *dictos* denarios, *qui vocantur* Finationes celariorum, *secundùm quod Præpositus & Scabini Mercatorum viderent æquum esse. Ita tamen quòd si eorum æstimatio immoderata fuerit, eam reduci* volumus *ad arbitrium boni viri, scilicet* Præpositi nostri *Parisiensis.*

Quod ut ratum & stabile permaneat in futurum, præsentibus Literis nostrum fecimus apponi sigillum. Actum Parisiis anno Domini millesimo ducentesimo septuagesimo quarto, mense Martio.

NOTES.

(a) Ces Letres sont au Tresor des Chartres Registre cotté 80. pour les années 1350. 1351. piece 700.

(b) Pro dieta sua] Vide Cangium in Glossario, in Dieta.

JEAN I.er & selon d'autres, Jean II. à Paris au mois de Juin 1351.

Nos autem præmissa omnia & & singula rata habentes & grata, ea Volumus, *&* *tenore præsentium* Confirmamus. *Quod ut firmum perpetuò perseveret, nostrum præsentibus Literis fecimus apponi sigillum.* Actum Rothomagi. Anno Domini millesimo trecentesimo quintodecimo, mense Februario. *Et erant sic signatæ per Dominum Regem, ad relationem Archiepiscopi Rothomagensis. JA. DE VERTUS.*

NOS *& præmissa omnia & singula in suprascriptis Literis contenta, prout superiùs sunt expressa, rata & grata habentes, ea* Volumus, Laudamus, Approbamus, *ac tenore præsentium autoritate Regia & ex certa scientia* Confirmamus, *salvo in aliis jure nostro, & in omnibus quolibet alieno. Quod ut firmum & stabile permaneat in futurum, præsentibus Literis nostrum fecimus apponi sigillum.* Actum apud Nemus Vincennarum. Anno Domini millesimo trecentesimo quadragesimo quinto, mense Martio.

NOS *autem omnia & singula in suprascriptis Literis contenta rata habentes & grata, ea* Laudamus, Approbamus, Ratificamus, *& tenore præsentium de speciali gratia, autoritate Regiâ, & ex certa scientia* Confirmamus., *salvo in aliis jure nostro, & in omnibus alieno. Quod ut firmum & stabile permaneat in futurum, præsentibus Literis nostrum fecimus apponi sigillum.* Actum Parisiis, mense Junio. Anno Domini millesimo trecentesimo quinquagesimo primo.

Per Consilium in quo vos eratis. Y. Simon. *Collatio facta est per me Y. SIMON.*

JEAN I.er & selon d'autres, Jean II. à Paris au mois de Juin 1351.

(a) Lettres par lesquelles le Roy deffend toutes prises de vivres & de chevaux à Paris.

JOHANNES Dei gratiâ Francorum Rex. Notum facimus universis, tam præsentibus quàm futuris, Nos infra scriptas vidisse Literas, formam quæ sequitur continentes.

Philippe de Valois à Vincennes, au mois de Juin 1342.

PHILIPPE par la grace de Dieu Roy de France. Sçavoir faisons à tous presens & à venir, que comme nos amez *le Prevost des Marchans, les Eschevins* & les Habitans de nostre Ville de Paris, & autres bonnes gens frequentans & repairans en icelle Ville, nous ayent monstrés, en eux griefvement complaignant, disans que pour les *Prises* qui sont faites de jour en jour en ladite Ville, pour *Nous,* pour nostre trés chiere compaigne la *Royne*, pour noz *Enfans,* & pour ceux qui se dient avoir *Prise* en icelle Ville, de leurs chevaux & chevaucheurs, ils sont moult grevez & dommagez, & pource nous ayent supplié à grant instance, que sur ce leur veullions pourvoir de gracieux remede. Pourquoy Nous considerans la bonne affection que ledit *Prevost des Marchands, les Eschevins, & les Habitans de ladite Ville de Paris* ont touzjours eu à Nous & à la Couronne de France, & ont encore; *avons Voulu, Ordené & Decerné, Voulons, Ordenons & Decernons*, par la teneur de ces Lettres, de certaine science, de grace especiale, & de nostre authorité Royale, pour Nous & pour noz Successeurs Roys de France, que pour quelque cause, besoing, ou necessité que ce soit, noz gens, pour *Nous,* ne pour noz *Successeurs,* ne les gens de nostredite Compaigne *la Royne*, pour elle, ne de *noz Enfanz*, pour eulx, ne autres de quelque estat, ou condition qu'ils soient, soit *de nostre lignage*, ou autre, puissent en ladite Ville, ne és fors bours, penre, arrester, ne mener les chevaux & chevaucheurs de noz Bourgoiz, Habitans & Marchans frequentanz ladite Ville de Paris, de quelque Pays qu'il soient. Et aussi ne *Voulons*-nous que les chevaucheurs desdits Bourgoiz, fussent en ladite Ville, ou dehors, soient pris, ne arrestez par quelconques chevaucheurs, preneurs, ou Commissaires que ce soit. Et au cas que aucun se vouldroit efforcier de

NOTES.

(a) Ces Lettres sont au Tresor des Chartres, Registre cotté 80. pour les années 1350. 1351. piece 665.

faire le contraire, Nous *deffendons* qu'on n'obeïsse à eulz en aucune maniere; mais establissons lesdiz Bourgoiz & chascun d'eulz *noz Sergens* à penre & mener en nostre Chastelet à Paris tous chevaucheurs & preneurs, qui en quelque maniere s'efforceroient de faire, ou venir contre cette presente grace & octroy, ores, ne en temps à venir, de quelque estat, ne à qui qu'il feussent, sans ce que iceulz Bourgoiz, ne aucun d'eulz en payast pour ce aucune amende à Nous, ne à autres, en aucun temps. Et *Deffendons* estroitement à touz noz Procureurs, Pourveeurs & Chevaucheurs, tant de *nostre Hostel*, comme ceux de nostredicte *Compaigne*, & de nozdiz *Enfans*, & à touz autres, de quelque estat ou condition qu'il soient, que sur quant que il se pueent meffaire envers nous, & sur peine de encourre nostre indignation, il ne *preignent* lesdiz *chevaux*, ne *chevaucheurs*, pour quelque cause, necessité, ou besoing que soit, contre la teneur des presentes.

JEAN I.er & selon d'autres, Jean II. à Paris au mois de Juin 1351.

Et aussi donnons en mandement à nostre *Prevost*, à nostre *Chevalier du Guet*, & à noz *Sergenz de Paris*, presens & à venir, & à touz noz autres Officiers, Commissaires deputez, ou à deputer, & à touz noz autres *Justiciers*, ou à leurs *Lieuxtenanz*, & à chascun d'eulz, que contre la teneur de nostredicte grace, ilz ne souffrent estre contrainz ne molestez nozdiz Bourgoiz, Habitans & Marchanz frequentanz ladicte Ville, ne aucun d'eulz, comment & en quelque maniere que ce soit, mais les en facent & laissent joüir, & user paisiblement, sans faire, ne venir en contre au temps à venir; ains leur prestent aide, conseil & confort, en celuy cas, toutes fois que mestier en auront, & il en soient requis; & que à l'aide desdiz Bourgoiz, Habitans & Marchans frequentans, lesdiz *Chevalier du Guet*, *Prevost & Sergens* punissent tous preneurs & chevaucheurs, de quelque estat & à qui qu'il feussent, qui iroient & feroient contre les choses dessus dictes; ou aucunes d'icelles, & les menassent, ou feissent mener en prison audit Chastelet, sanz en faire delivrance, se ce n'estoit de nostre especial commandement. Toutes lesquelles choses & chascune d'icelles Nous *Voulons* & expressement *Commandons* estre tenuës & gardées sanz enfraindre, non contrestant Ordenance faicte, ou à faire au contraire. Et que ce soit ferme & estable à touzjours, Nous avons fait mettre nostre Scel à ces Letres. *Donné au Bois de Vincennes, l'an de grace mil trois cens quarante-deux, au mois de Juing.*

NOS *autem Ordinationem & Statutum prædicta, & omnia alia & singula in præscriptis contenta Literis, rata habentes & grata, ea* Volumus Laudamus, Approbamus, *& auctoritate Regia tenore præsentium, de speciali gratia, & ex certa scientia* Confirmamus, *perpetuò; præcipientes Edicto omnibus ad quos potest. & in futurum poterit pertinere, ut præmissa omnia teneant, & faciant inviolabiliter observari, nec in contrarium aliquid attemptare præsumant.*

Quod ut firmum & stabile perpetuò perseveret, nostrum præsentibus Literis apponi fecimus sigillum, nostro in aliis, & alieno in omnibus jure salvo. Datum Parisius. Anno Domini millesimo trecentesimo quinquagesimo primo, mense Junii.

Per Consilium in quo vos eratis. Y. SIMON. Collatio facta est per me Y. SIMON.

JEAN I.er & selon d'autres, Jean II. à Paris au mois de Juin 1351.

(a) Lettres par lesquelles le Roy confirme le Privilege, ou *Droit d'Arrest* accordé aux Bourgeois de Paris, par les Roys ses Predecesseurs.

JOHANNES Dei gratiâ Francorum Rex. Notum facimus universis, tàm præsentibus quàm futuris, Nos infra scriptas vidisse Literas, formam quæ sequitur continentes.

NOTES.

(a) Ces Letres sont au Tresor des Chartres Registre cotté 80. piece 701. Elles sont aussi au Greffe de l'Hostel de Ville de Paris, dont on m'a délivré une copie en forme. Voyez l'article 173. de la Coustume de Paris.

JEAN I.er & selon d'autres, Jean II. à Paris au mois de Juin 1351.

Loüis le Gros à Paris en 1304. Loüis Hutin à Roüen en Fevr. 1315. Philippe de Valois au Bois de Vincennes, en Mars 1345.

PHILIPPUS Dei gratiâ Francorum Rex. Notum facimus universis, tam præsentibus quàm futuris, Nos carissimi Domini & Consanguinei nostri Ludovici *Literas infrascriptas, sanas & integras vidisse, in serico & cerâ viridi sigillatas, tenorem qui sequitur continentes.*

LUDOVICUS Deì gratiâ Francorum & Navarræ Rex. Notum facimus universis, tàm præsentibus quàm futuris, Nos infra scriptas vidisse Literas, formam quæ sequitur continentes.

In nomine sanctæ & individuæ Trinitatis. Amen. Ego LUDOVICUS Dei gratiâ Francorum Rex, notum fieri volumus universis, tam præsentibus quàm futuris, quòd Burgensibus nostris Parisiensibus *universis præcipimus &* concedimus, *si debitores sui, quibus sua crediderint debita, quæ si negata fuerint legitimè probari potuerint, terminis sibi a Burgensibus datis non solverint, Burgenses de rebus debitorum, aut hominum suorum,* qui de Justitia nostra sint, *ubicumque & quocumque modo potuerint, tantum* capiant, *unde* pecuniam sibi debitam *integrè & plenariè* habeant, *& inde sibi adjutores invicem existant. Et si aliquando de rebus quorumlibet ceperint, & illi se aliquid eis debere non cognoverint, si legitimè inde convinci à Burgensibus non potuerint, Burgenses nullum erga Nos forefactum incurrent, sed expensam & dampnum, quæ illi propter hoc facient & habebunt, illis cum lege quâ vivunt reddent & emendabunt.* Volumus & *præcipimus, ut* Præpositus *noster Parisiensis, & omnes* Famuli *nostri Parisienses, futuri, præsentes, ad hoc sint in perpetuum Burgensium adjutores. Quod ne valeat oblivione deleri, scripto commendari præcipimus, & ne possit à posteris infirmari, sigilli nostri autoritate, & nominis nostri Karactere subterfirmavimus.* Actum Parisius publicè. Anno incarnati Verbi millesimo centesimo trigesimo quarto, Regni vigesimo septimo. *Annuente* Ludovico *nostro filio in Regem sublimato, anno tertio. Astantibus in Palatio nostro quorum nomina subtitulata sunt & signa..* Signum *Radulphi Dapiferi, Viromanduorum Comitis.* Signum *Hugonis Constabularii.* Signum *Hugonis Camerarii. Datum per manum Stephani Cancellarii.*

NOS *autem ad humilem devotorum nostrorum Burgensium Parisiensium supplicationem, quos nobis peculiares præ cœteris reputamus, & ipsos gratiis & privilegiis amplioribus intendimus decorare, & ab adversitate quacumque pro posse defendere, omnia & singula in suprascriptis contenta Literis rata & grata habentes, ea* Volumus, Renovamus & Concedimus, *& tenore præsentium auctoritate nostra Regiâ, ex certa scientia* Confirmamus. *Quod ut perpetuæ stabilitatis robur obtineat, & ne possit in futurum oblivione deleri, præsentibus Literis nostrum fecimus apponi sigillum.* Actum apud Rothomagum, anno Domini millesimo trecentesimo quintodecimo, mense Februario. *Et erant signatæ per Dominum Regem ad relationem Archidiaconi Rothomagensis JA. DE VERTUS. Collatio facta est cum Archidiacono Rothomagensi per me.*

NOS *etiam præmissa omnia & singula in suprascriptis Literis contenta, prout superiùs sunt expressa, rata & grata habentes, ea* Volumus, Laudamus, Approbamus, *ac tenore præsentium, auctoritate Regiâ, & ex certa scientia* Confirmamus, *salvo in aliis jure nostro, & in omnibus quolibet alieno. Quod ut firmum & stabile perpetuò perseveret, præsentibus Literis nostrum fecimus apponi sigillum.* Actum apud Nemus Vincennarum, anno Domini millesimo trecentesimo quadragesimo quinto, mense Martio.

NOS *autem considerantes quòd ad dictam Villam Parisiensem, tanquam ad caput & insigniorem locum totius Regni nostri, Mercatores & alii abundantiùs & frequentiùs confluunt, quàm in aliis Villis dicti Regni, & propterea dignum & rationi congruum reputantes, ut ejus habitatores inter cetera dicti Regni speciali gaudeant prærogativâ favoris, prædictum privilegium & contenta in eo renovantes, ea* Laudamus, Approbamus, Ratificamus, *& de speciali gratia, autoritate Regia, & ex certa scientia tenore præsentium* Confirmamus. *Declarantes, ut Burgenses ipsi non propria, sed vocatis nostris*

Servientibus

Servientibus debitores suos prædictos possint in prædictis casibus & faciant arrestare, salvo in aliis jure nostro, & in omnibus alieno. Quod ut firmum & stabile permaneat in futurum, nostrum præsentibus Literis fecimus apponi sigillum. Actum Parisius, anno Domini millesimo trecentesimo quinquagesimo primo, mense Junii.

Per Consilium in quo vos eratis. Y. Simon. *Collatio facta est cum originali per me* Y. Simon.

JEAN I.er & selon d'autres, Jean II. à Paris au mois de Juin 1351.

(a) Letres touchant la levée d'une Ayde, dans le Bailliage d'Amiens.

JOHANNES Dei gratiâ Francorum Rex. Notum facimus universis, tam præsentibus quàm futuris, Nos infra scriptas vidisse Literas, formam quæ sequitur continentes.

Philippe Esleu Conformé de Lectoure, *Jehan de Laudes*, & *Fauvel de Vaudencourt* Chevaliers, Conseillers du Roy nostre Sire, Commissaires députez de par icely Seigneur, *sur le fait du Subside* par luy requis *és parties de Picardie*, ou Bailliage d'Amiens, pour le fait des guerres. A tous ceuls qui ces presentes Letres verront, *Salut.* Sçachent tous que nous avons receu les Letres du Roy nostredit Seigneur, contenant la forme qui s'ensuit.

JOHANNES Dei gratiâ Francorum Rex. Dilectis & fidelibus Consiliariis nostris (b) Electo confirmato Lectorensi, Johanni de Laudas, *& Fauvello de* Vaudencurte, Salutem & dilectionem. *Cupientes desideratis affectibus, ut assiduè curâ solerti intendentes Regni nostri à piâ Omnipotentis Providentiâ, & dispensatâ gratiâ, gubernacula, ad ipsius gloriam & honorem, nostramque salutem & utilitatem subjectorum, prosperè regere, finem optatum devictis hostibus, guerris nostris imponendo, & fideliter gerere, reparatis subjectorum oppressionibus, cuivislibet justiciam ministrando, sic ut submissus ditioni nostræ populus, nostro tempore, pace plena & tranquillitate perfecta frui valeat & gaudere, quæ absque ejusdem populi consilio & speciali auxilio ad desideratum perduci non possunt effectum. Ea propter convocatis nuper,* sextodecimo die mensis Februarii, *coram nobis Parisius Prelatis, Baronibus, & aliis Nobilibus & civibus bonarum villarum nostræ Bailliviæ Ambianensis, & pluribus aliis Regni nostri, & prehabitâ diligenti & maturâ cum eisdem deliberatione, in præmissis,* tractavimus *cum tunc præsentibus, tam pro se quàm aliis* dictæ Bailliviæ *subjectis*, certum adjutorium, *seu* subsidium, *pro prædictis complendis faciendum per eosdem; quod præfati Prælati nobis gratiosè consenserunt, & plenè responderunt; & ipsos Nobiles & Communitates ad partes suas remisimus, dictum tractatum, ut cum aliis suæ conditionis saniùs firmarent. Et ne ulteriùs ad nos redeundo pro præmissis, laboribus & expensis gravarentur,* Ordinavimus quòd certi de Consilio nostro ad dictam Bailliviam mittentur, *plenè de nostra intentione super hiis instructi, & cum sufficienti potestate,* pro supra scriptis perficiendis & complendis. *Quocirca de vestris legalitate & industriâ pleniùs confidentes, vobis tribus, duobus, & vestrûm cuilibet, vocato secum uno probo viro, in casu in quo omnes, aut duo simul vocare non poteritis,* Committimus, *præcipiendo, &* Mandamus *quatenùs ad civitatem* Ambianensem *vos personaliter transferentes,* Baronibus *aliisque Nobilibus & Communitatibus bonarum villarum dictæ Bailliviæ & ejus ressorti coram vobis convocatis, intentionem & propositum nostrum super omnibus præmissis seriosiùs, juxta tenorem instructionis vobis sub nostro contra-sigillo traditæ, explicetis, & cum ipsis prædictum tractatum* adjutorii, *seu* subsidii *prædicti* perficiatis, compleatis & firmetis, *& ejusdem receptionem & levationem ordinetis, super his* vestras Literas necessarias opportunas concedendo, *quas per nostras Literas, cùm requisiti fuerimus,* promittimus confirmare. *Et nihilominus* oppressiones *& gravamina, & quascumque usurpationes &*

NOTES.

(a) Ces Lettres sont au Tresor des Chartres, Registre cotté 80. pour les années 1350. 1351. piece 519.

(b) Electo confirmato Lectorensi.] C'est-à-dire élû & confirmé à l'Evesché de Lectoure dans l'Armagnac, sur le Gers, entre Ausch & Agen.

JEAN I.er & selon d'autres, Jean II. à Paris au mois de Juin 1351.

extorsiones quas indebitè per Officiarios nostros, aut quosvis alios summariè & de plano repereritis factas & illatas fuisse, quibuscumque subditis dictæ Baillivia, omissis omnibus appellationibus & frivolis allegationibus, absque morosa dilatione reparetis, reformetis, & ad statum debitum reducatis & reponatis, dampna passis resarciri & reddi, nobisque condignam emendam præstari faciatis, & alia in dicta Baillivia reformanda reformetis, aut si casus exigat, nobis reportetis, juxta prædictæ instructionis tenorem, prout visum fuerit expedire, ut super hoc de salubri remedio providere valeamus. Restrictionem numeri Servientium, *juxta* Ordinationes alias factas, *aut prout aliter pro utilitate subjectorum vobis visum fuerit expedire, teneri & servari faciatis, & alia contenta in dicta instructione compleatis & exequamini diligenter: super omnibus enim & singulis suprascriptis vobis, tribus, duobus, & cuilibet, vocato secum uno probo viro, faciendi & complendi* Damus *autoritatem & potestatem per præsentes, parerique per omnes & singulos Justitiarios & subditos nostros, & efficaciter intendi volumus & jubemus.* Datum Parisiis secunda die Martii, anno Domini millesimo trecentesimo quinquagesimo.

Par vertu desquelles Lettres nous avons appellé pardevant Nous les *Maire & Eschevins de la Ville d'Amiens*, & leur avons leu les Lettres dessus transcriptes, & exposé l'intention *& principes du Roy* nostredit Seigneur, selon l'instruction à nous envoyée & leur avons requis ledit *Subside & Ayde* pour cause desdites guerres. Et après plusieurs paroles, *traitiez* entre lesdits *Maire & Eschevins* & nous, *accordé est* en la maniere qui s'ensuit.

C'est à sçavoir, que semblable *imposition*, ou *assis*, que li Roy *Philippe* que Dieu absoille, avoit octroyé par ses Lettres données *le dixhuitiéme jour de Janvier l'an mil trois cens & quarante* à ladite Ville, tant sur le vin & autres vivres, denrées & marchandises, tant sur les Habitans de ladite Ville & banlieuë, comme sur les forains, a esté octroyé au Roy nostredit Seigneur pour l'aide de sesdites guerres, par l'espace *d'un an* continuel, du jour que l'en commencera à lever.

C'est assavoir à lever & cueillir de chascun tonnel de vin vendu à détail, ou dépensé dans ladite Ville, *trente sols parisis*.

D'un tonnel de vin vendu en gros, *cinq sols parisis*.

D'un *lest* de cuirs vendu en ladite Ville, ou mesme hors pour vendre, *quarante sols parisis*.

D'un *fiael* de garde dessous cent livres, *trente sols parisis*, & dessus cent livres, *cinquante-un sols parisis*.

Chacun *Cambier* pour chacun jour que il *brassera*, *deux sols parisis*.

Pour chacun *brassin* de chacun drap fait à *Amiens*, *deux sols parisis*.

D'un *demi-drap*, *douze deniers*, & du plus & du moins à l'avenant.

De chascun drap fait hors de ladicte Ville, amené en icelle, & vendu par lesdits Habitans, *trois sols*.

Des draps *de Bretaigne* & de *Nogent* pour chacun, *douze deniers parisis*.

Et de toutes autres denrées, vivres & marchandises quelles que elles soient, venduës en ladite Ville *d'Amiens*, tant par lesdits habitans, comme par les Forains *quatre deniers* la livre, en la maniere & selon la teneur desdites Lettres dudit octroy, & la valeur & au profit duquel *Assis*, ou *Imposition*, ledit Seigneur aura à son profit *la moitié* tant seulement, à prendre & lever du jour de la Nativité de saint Jehan-Baptiste prochain venant, jusqu'à un an continuel après ensement, & lesdits *Maire & Eschevins* de la Ville *l'autre moitié*, pour tourner & convertir és pressantes necessitez d'icelle, par telle condition que fini ledit an, pendant lequel leurdit *Assis* cessera, pour cest present *octroy*, iceuls *Maire & Eschevins* pour ladite Ville auront & prendront ledit *Assis*, & ledit leveront à leur profit, par autant de temps que surcis auront, selon la teneur desdites Lettres, en accomplissant le temps que par icelles leur avoit esté octroyé.

Item. Que l'*Assis*, ou *Imposition* que lesdits Maire & Eschevins lievent à present, & lieveront sur les habitans de ladicte Ville, pour cause des *Forteresses* des fors-bours d'icelles, par autres Lettres dudit *Roy Philippe,* données *le onziéme jour de Decembre l'an mil trois cens quarante-huit*, est & demeure tout entierement à iceux, pour estre tourné & converti ce qui en sera levé, selon la teneur & en la maniere en icelles Lettres contenus. Et parmi cest present octroy, avons promis auxdits *Maire & Eschevins* de euls quitter envers le Roy nostredit Seigneur de tous *Subsides* & de toutes prises, & de aller en ses guerres, se n'estoit en cas *d'Arriere-Ban*, auquel cas se ils y alloient par *Arriere-ban*, ledit Seigneur leur fera telle grace comme il li plaira, & comme bon li semblera. Et avec ce leur avons accordé que cest present octroy ne face aucun préjudice à ladite Ville, à la Jurisdiction, franchises & libertez d'icelle, ou temps present & à venir, comment que ce soit: Et que ces presentes Lettres nous leur feront confermer par le Roy nostre Sire & par ses Lettres, avant que on cueille ledit *Assis* au profit du Roy. En tesmoings de ce nous avons mis nos Seeaux à ces presentes Lettres. *Donné à Amiens le vingt-troisiéme jour de Mars mil trois cent cinquante.*

JEAN I.er & selon d'autres, Jean II. à Paris au mois de Juin 1351.

Nos *autem facta dictorum Commissariorum supra nominatorum roboris firmitatem in præmissis habere volentes, dictas Literas eorum subscriptas, & omnia contenta in eisdem, ea* Volumus, Laudamus, Approbamus, Ratificamus, *& de autoritate nostra Regia, certâ scientiâ, & speciali gratia tenore præsentium* Confirmamus, *salvo in aliis jure nostro, & in omnibus quolibet alieno. Quod ut firmum & stabile perseveret in futurum, nostrum* sigillum Castelleti nostri *Parisius in absentia magni, præsentibus Literis duximus apponendum.* Datum Parisiis anno Domini millesimo trecentesimo quinquagesimo primo, mense Junii.

JEAN I.er & selon d'autres, Jean II. à Paris au mois de Juin 1351.

(a) Lettres par lesquelles le Roy confirme un Mandement de Philippe de Valois, *portant deffenses de payer aux Lombards & aux Juifs usuriers, les sommes qui leur sont dûës; sous peine de payer deux fois.*

* Comme ces Lettres par lesquelles le Roy confirme & approuve l'execution d'un precedent Mandement, ne sont pas une Ordonnance, on ne les donne icy qu'en Notes, pour estre jointes à ce Mandement qui est de Philippe de Valois, imprimé cy-dessus sous le 2. Juin 1340. page 143.

NOTES.

JOHANNES *Dei gratiâ Francorum Rex. Notum facimus universis tàm præsentibus quàm futuris, quòd carissimus Dominus & Genitor noster, pro sui deliberatione Consilii, justis rationibus & causis præcedentibus* ordinasset *pro tempore quo vivebat, quòd omnia bona & hereditates* Lombardorum, *Ytalicorum usurariorum, in quibuscumque Jurisdictionibus in Regno Franciæ existentium, ad manum Regiam ponerentur, omnesque eorum debitores ratione usurarum, aut aliàs quâcumque causâ, seu ratione ad solvendum eisdem dicta debita sua minimè tenerentur, sed solvendo dicto Domino Genitori nostro, aut gentibus suis per puram sortem duntaxat, de quibus per eorum juramentum eisdem credere voluit, deberent esse de dictis debitis quitti penitùs & immune. Pretextu cujus ordinationis dilectus & fidelis noster* Petrus de Castelleto *miles dicit, quòd licèt ipse & ejus uxor tenerentur pluribus Lombardis inferiùs expressatis, in certis pecuniarum summis, tam de sorte quam de usura, tamen pura sors non ascendebat ultra summam ducentarum viginti novem librarum quatuordecim solidorum Parisiensium, prout in certis Literis dilecti & fidelis Clerici nostri Magistri Gauffridi* Flammingi *Commissarii in hac parte, latiùs continentur, quarum tenor sequitur, sub his verbis.*

Je *Geoffroy le Flament* Clerc du Roy nostre Sire, commis à recevoir les deniers dus audit Seigneur du *pur sort* des dettes deuës aux *Lombards usuriers*; Fais sçavoir que par vertu d'un Mandement du Roy nostredit Seigneur, j'ay fait déduction à Monsieur *Pierre du Chastelet* Chevalier, & à Madame *Jeanne d'Abesnes* sa famme, jadis famme de feu Monsieur Florent de *Hangest* Chevalier, *de cent livres parisis huit sols tournois* monnoie courant, l'an trente-cinq, que marc d'argent valoit *cinquante-cinq sols six deniers tournois*, avaluées à la somme de *deux cens trente-neuf livres quatorze sols Parisis*, monnoye courant à present, qu'ils devoient de pur sort, pour *huit cens cinquante-quatre livres parisis*, en quoy ledit Chevalier & ladite Dame sa femme estoient tenus & obligez, tant pour eulx, comme pour les hoirs

NOTES

(a) Ces Lettres sont au Tresor des Chartres, Registre cotté 80. pour les années 1350. & 1351. piece 546.

JEAN I.er & selon d'autres, Jean II. à Paris au mois de Juin 1351.

NOTES.

dudit feu *Monsieur Florent*, envers Jean *Jaique & Mache Staranges* & leurs compagnons Lombards usuriers. C'est assavoir icelle somme ay déduite à semblable somme de *deux cens trente neuf livres*, en quoy le Roy nostredit Seigneur estoit tenu à Monsieur *Pierre du Chastelet*, pour cedule de Jean de *Lospitail* Clerc des Arbalestriers dudit Seigneur, & pour la cause contenuë en icelle cedule, laquelle somme de *deux cens vingt-neuf livres quatorze sols Parisis*, je Geoffroy dessus nommé rendrai en recette, & par ainsi doit ledit Chevalier & ladite Dame au nom comme dessus, eulz & leurs hoirs, avoir Lettre du Roy nostredit Seigneur comment eulz doivent estre quittez à tousjours. *Donné à Paris le huitiéme jour de May mil trois cens cinquante-un.*

Item. Sequitur quædam anneza, cujus tenor talis est.

A tous ceux qui ces presentes Lettres verront, Alexandre de *Crivecuer* Garde de la Prevosté de Paris, *Salut*. Sçavoir faisons, que les Lettres parmi lesquelles ces presentes sont annexées, sont seellées du seel de honorable homme & sage *Maistre Geoffroy le Flament* Clerc du Roy nostre Sire, commis à recevoir les deniers deus audit Seigneur, du pur sort des dettes deuës aux *Lombards usuriers*. Et ce certiffions à tous par ces presentes Lettres, esquelles nous en tesmoing de ce avons fait mettre le Seel de la Prevosté de Paris. *L'an de grace mil trois cens cinquante-un, le Mardy vingt-quatriéme jour de May.*

Item. Sequitur tenor cujusdam Literæ, quæ talis est.

PHILIPPE par la grace de Dieu Roy de France. A nos amez & feaux Clerc & Conseillers Archidiacre de Beaugensy, & Maistre Estienne Barrois, commis & députez de par Nous à Paris, pour recevoir les finances sur le fait des Lombards usuriers, *Salut & dilection*. Signifié Nous à Pierre Sire *du Chastelet* Chevalier, comme à cause de sa femme jadis femme de feu *Florent de Hangest* Chevalier, il fust tenu & obligé envers aucuns Lombards usuriers des Foires de Champaigne & de Brie en certaine somme d'argent, de laquelle il n'a encore fait aucune finance, ne composition pardevers Nous, pource que pour les pertes & dommages, que il, qui est demourant sur les frontieres de Flandres, & qu'il a eu & soustenu à cause de nos guerres, ne nous eust peu payer, ne encore ne feroit bonnement icelle somme, se déduction ne luy en estoit faite, de ce en quoy nous li sommes tenuz, à cause des gages de lui & de ceux de sa Compaignie des services en nos guerres, si comme il dit, *suppliant* que sur ce, luy veillons pourveoir de remede graticux. *Nous* inclinant à sa supplication, vous *mandons*, & à chacun de vous, que ledit Chevalier vous recevez à composition, pour le pur sort de ladite somme, duquel pur sort vous le creez par son serment, & luy bailliez vos Lettres de la somme d'iceluy pur sort. Et nous donnons en mandement à noz amez & feaux Tresoriers à Paris, que ladite somme de pur sort, dont il leur appaira par vosdites Lettres, ils déduisent & rabatent audit Chevalier de ce en quoy pour cedules ou *escroes* il leur appaira Nous estre tenus à luy, pour cause desdits gaiges, & li baillent lettre de quittance de par Nous de toute laditte somme, en retenant pardevers eux lesdictes Lettres, & desdites cedules, ou *escroes*, & Lettres de quittance dudit Chevalier, jusques à ladite somme de pur sort, avec ces presentes, pour lesquelles rapportant Nous *Voulons & Mandons* icelle somme de pur sort estre alloüée és comptes de celuy ou ceulx à qui il appartiendra, & rabatu de sa recette, sans aucun contredit, par nos amez & feaux les Gens de nos Comptes à Paris. Laquelle chose Nous *voulons* estre ainsi faicte, & l'avons octroyé & octroyons audit Chevalier de grace effective. *Donné à Esgreguenil le vingt-quatriéme jour de Janvier, l'an de grace mil trois cens quarante-neuf.* Par le Roy en ses Requestes. VERRIERE.

Item. Sequitur tenor cujusdam Literæ sub his verbis.

JOHANNES Dei gratiâ Francorum Rex. Dilectis & fidelibus Thesaurariis nostris Parisius, Salutem & dilectionem. *Ad supplicantem Petri Domini* de Castelleto *militis dicentis, aliàs vobis mandatum fuisse, per Literas carissimi Domini & Genitoris nostri bonæ memoriæ, ut summam pecuniæ, in qua per Literas Commissariorum deputatorum ad recipiendas financias debitorum Lombardorum usurariorum, vobis constaret, dictum Militem, de & pro sorte dictis Lombardis teneri, deductionem eidem Militi faceretis de summa quam per cedulas de vadiis suis in guerris deserviens, eidem militi deberi constaret, prout per Litteras ipsas potest pleniùs apparere*, Mandamus *vobis quòd dictam deductionem, juxta tenorem dictarum Literarum de quibus liquebit, dicto Militi faciatis, easdem Literas exequendo, taliterque ex parte ipsius ad Nos super hoc non sit ultimè recurrendum.* Datum Parisiis duodecima die Martii, anno Domini millesimo trecentesimo quinquagesimo. *Propter Regem in Requestis suis.* P. QUESNOT.

Item. *Sequitur tenor alicujus Literæ, qui talis est.*

JOHANNES Dei gratiâ Francorum Rex. Dilectis & fidelibus Thesaurariis nostris, Salutem & dilectionem. *Auditâ quærimoniâ dilecti & fidelis nostri Petri S.* de Castelleto *Militis dicentis, quòd deductionem vobis nuper mandatam fieri sibi, tam per inclitæ memoriæ carissimum Dominum & Genitorem nostrum, quam*

JEAN I.er & selon d'autres, Jean II. à Paris au mois de Juin 1351.

NOTES.

nostras Literas super financia Lombardorum, facere recusastis, & adhuc recusatis, duas allegationes in contrarium proponentes: Unam videlicet, quòd in nostræ deductionis impetratione falsum dederat ... quòd nisi per ipsam deductionem nobis non poterat commodè de debito nostro satisfacere, & in obligatione Lombardorum juraverat contra obligationem non venire, propter quod dictæ deductionis effectus impediretur, in dicti conquirentis grave dampnum. Mandamus *vobis & vestrûm cuilibet, quatenùs visis Literis dictæ deductionis, eam, visis præsentibus, sine dilatione qualibet fieri faciatis, prædictis allegationibus non obstantibus, nisi alia causa legitima fuerit, quæ obsistat, quam nobis referre, vel rescribere non tardetis. Quicquid autem sibi in hac parte deduceritis, vobis volumus & mandamus compositiones allocari.* Datum Parisiis die ultima mensis Martii, anno Domini millesimo trecentesimo quinquagesimo. *Per Regem præsente Domino Duce Borbon Comite Armaniaci.*

Item. *Sequitur tenor alterius Literæ in modum qui sequitur.*

Les Tresoriers du Roy nostre Sire à Paris: A Maistre *Geoffroy le Flamant* Clerc du Seigneur Receveur general des deniers *du pur sort* aux Lombards usuriers, *Salut.* Comme le Roy *Philippe* que Dieu absoille, au temps qu'il vivoit, nous eust mandé par ces Lettres desquelles il vous appaira, que sur la somme de *six cens soixante & onze livres treize sols*, en quoy ledit Seigneur estoit tenu à Monsieur Pierre *du Chastelet* Chevalier, si comme il appert par une *escroë* de Jean de *Lospitail* Clerc des Arbalestriers de nostredit Seigneur, nous li rabatissions la somme de *quatre-vingt dix-neuf livres douze sols parisis*, ou environ, en laquelle il estoit aussi tenus audit Seigneur, par *composition faite aux Generaulx députez à prendre les compositions & finances des Lombards usuriers*, pour le pur sort de certaine somme de deniers, qu'il devoit à *Jehan Mache & à Jacquet les Staramps* freres Lombards usuriers & à leurs compaignons, si comme par la composition par luy faite ausdits Generaulx députez vous pourra apparoir; laquelle déduction le Roy nostre Sire, qui à present est, a depuis *confermé & mandé*, que ses Lettres que *nous vous envoyons cousuës avec ces presentes*, sur l'un de nos signez, que icelle nous li fassions selon le conte desdites premieres Lettres. Par vertu desquelles Lettres du Roy nostre Sire; Nous *vous Mandons & Commandons estroitement, que ladite somme de quatre-vingt dix-neuf livres douze sols parisis*, en quoy il vous apparera luy avoir composé, vous li déduisiez & rabatiez sur la somme *desdites six cens soixante & onze livres treize sols tournois*, en quoy il vous apparera ledit Seigneur estre tenu à luy, comme dit est. Et de ce li bailliez vos *Letres de quittance*, comme de recette, & du contenu en ces Lettres sous vostre seel, afin qu'il en soit payé ou temps à venir. Et en prenant aussi Lettres de quittance de ce qu'il paye, ou déduit luy aurez, en accomplissant les mandemens du Roy selon leur teneur, lesquelles avec lesdites cedules de Jehan de *Lospitail* vous rendrez, afin que pour les rapportant, ladite somme de *quatre-vingt dix-neuf livres douze sols* sera tenuë faite; & sera allouée en vos comptes sans contredit. Et gardez que par vostre deffaut ledit Chevalier ne retourne plus pour ce devers Nous. *Donné à Paris le quatorze jour d'Avril mil trois cens quarante.*

Et avoit ainsi escript au dos d'icelles dernieres Lettres.

Je Jean *Bailleaune* Clerc du Roy nostre Sire, député de par *Madame la Royne Blanche* à faire lever & exploiter *les dettes des Lombards usuriers, à elle appartenant du don du Roy Philippe* derrenierement trespassé, me cesse du tout de lever & faire exploiter *la composition* dont mention est faite plus plainement au blanc de ces Lettres. *Par vertu des Letres du Roy*, & du *Mandement de madite Dame la Royne*, sur ledit Seigneur du Chastelet, dont mention est faite esdites Lettres. *Donné à Paris sous mon signet le quatriéme jour de May l'an mil trois cens cinquante-un.* JA. BART.

Nos autem omnia & singula, prout superiùs sunt expressa, rata habentes & grata, ea Volentes, Ratificantes & Confirmantes, quitavimus & quittamus *de gratia speciali, auctoritate nostra Regia & plenitudine potestatis, de dictis pecuniarum summis, tam de sorte, quàm de usuris, præfatum Dominum, & ejus uxorem, ac heredes tam defuncti* Florentini de Hangesto, *quàm dictorum conjugum, & dominium habentes & habituros ab eisdem, promittentes ipsos quittare & deffendere erga dictos* Lombardos, *& eorum socios & Factores, aut omnes alios quoscumque.* Mandantes Custodibus Nundinarum Campaniæ & Briæ, *ceterisque* Justitiariis & Commissariis deputatis super hoc & deputandis, & omnibus eorumdem, aut eorum loca tenentibus, *presentibus & futuris, quòd eosdem conjuges & eorum successores, aut supradictorum causam habentes & habituros, eorumque fidejussores, & alios quomodolibet, pro ipsis obligatos nullatenùs compellant, aut molestent de cetero, occasione dictarum pecuniæ summarum* contra tenorem præsentium Literarum, *sed omnes Literas obligatorum in quibus supradicti, aut alii nomine ipsorum, & pro ipsis sunt obligati, ac eorum bona, si quæ occasione sunt detenta, reddi & restitui faciant ad plenum, sine dilatione quacunque; non obstante quod* Ordinatio *per dictum Dominum genitorem super præmissis facta non sit superiùs*, inserta, *vel* contenta *de verbo ad verbum, & non obstantibus Literis obligatoriis super his factis, quas*

NOTES.

revocamus, & volumus *fore nullius efficaciæ & valoris. Quod ut firmum & stabile permaneat in futurum, præsentibus Literis nostrum fecimus* *apponi sigillum, salvo in aliis jure nostro, & in omnibus quolibet alieno.* Datum Parisiis anno Domini millesimo trecentesimo quinquagesimo primo, mense Junii.

JEAN I.er & selon d'autres, Jean II. à Paris au mois de Juin 1351.

(a) *Mandement aux Generaux Maistres de faire ouvrer* des Deniers d'or fin, *appellez* aux Fleurs de Lys, *qui auront cours pour quarante sols la piece, &c.*

JEHAN par la grace de Dieu Roy de France. A nos amez & feaulx les Generaulx Maistres de noz Monnoyes, *Salut & dilection.* Nous par déliberation de nostre grant Conseil, & pour le prouffit de Nous & de nostre peuple, avons ordonné faire *Deniers d'or fin*, appellez *Deniers d'or aux Fleurs de Lys*, qui auront cours pour *quarente sols tournois* la piece, & seront *de cinquante de poix au marc* de Paris. Si vous *Mandons* que vous les faciez faire par *toutes noz Monnoyes*, là où bon & prouffitable vous semblera. Et faictes donner *de chacun Marc d'or fin*, qui sera apporté en noz Monnoyes, *quatre-vingt seize livres tournois*, en payant *le Denier d'or* dessusdit pour *quarente sols tournois*, comme dit est. Et avec ce vous *Mandons* que vous faciez donner par toutes nos Monnoyes, *de chacun marc d'argent* qui sera apporté en icelles, allayé à quatre deniers douze grains & au dessus, *huit livres quinze sols tournois*; & de tout autre Marc d'argent allayé au dessous de quatre deniers douze grains, *huit livres cinq sols tournois*: en faisant les *Mailles blanches* & *Doubles tournois* que Nous faisons faire à present. Et de ce faire à vous & à chacun donnons pouvoir, auctorité & mandement especial par la teneur de ces presentes. *Domé à Paris le seizième jour d'Aoust l'an de grace mil trois cens cinquante & ung.* Ainsi signé par le Roy en son Conseil.

NOTES.

(a) Ce Mandement est au Registre C. de la Cour des Monnoyes de Paris, feüillet 89. *verso.*

JEAN I.er & selon d'autres, Jean II. à Paris au mois d'Août 1351.

(a) Lettres par lesquelles le Roy en confirme de precedentes de *Philippe de Valois* son pere, portant suppression des *Appeaux volages* dans le Laonnois, moyennant un *foüage* de deux sols par an.

JOHANNES Dei gratiâ Francorum Rex. Notum facimus universis, tam præsentibus quàm futuris, Nos infra scriptas vidisse Literas, formam quæ sequitur continentes.

A tous ceulz qui ces presentes Lettres verront, *Nicolas de Chalione* Archidiacre de Laon, & *Pierre le Courant* Prevost de ladite Cité, Commissaires députez par le Roy nostre Sire sur le fait des *Appiaux volaiges* en la Prevosté & ressort de Laon, *Salut.* Nous avons reçû les Lettres du Roy nostre Sire, contenant la forme qui s'ensuit.

PHILIPPE par la grace de Dieu Roy de France. A nos amez & feaulx Maistre *Nicolas de Chaillone* Archidiacre de la Cité de Laon, au Baillif de Vermandois, & à

NOTES.

(a) Ces Lettres sont au Tresor des Chartres, Registre cotté 81. pour les annés 1351. 1352. & 1353. piece 154.

Pierre *le Couraut* Prevost de ladite Cité, *Salut & dilection.* Plusieurs habitans de la Prevosté & ressort de Laon nous ont fait signifier que les *(b) Appiaux voulages* dont l'en use audit Pays, sont moult préjudicieux & dommageux à tout le commun pueple, & que plusieurs par yciaux *Appiaux* sont continuellement faits audit pueple *moult grants griefs*, excès, fraudes & malices, requerans que sur ce leur veillions pourvoir de remedes convenables, & nous ont offert à donner & assigner *sur chacun* Feu *certaine rente*, pour compensation du pourfit qui nous vient desdits *Appiaux*. Pourquoy Nous qui tousjours voulons obvier à toutes fraudes & malices, & nos subjets garder & norrir en paix & tranquillité, à nostre povoir, *vous Mandons & Commettons* par la teneur de ces presentes Lettres, que vous trois, ou deux de vous, dont toutes voyes vous *Archidiacre* soyez si un, vous transportez en ladite Prevosté & ressort, & tous ceulx, qui par *rente perpetuelle souffisant* vorront composer à vous en nostre nom, *pour estre exempts desdits Appiaux*, recevez en ladite composition, ainsi comme il vous semblera qu'il soit à faire, & de ladite composition que vous ferez avec iceux, & de l'exemption que vous leur donrez de par Nous, leur *bailliez vos Lettres* scellées de vos Sceaux, ou de deux de vous, comme dit est, lesquelles nous ferons *confermer sous le nostre en cire vert & en las de soye. Mandons & Commandons* à tous nos Justiciers subgets, que à vous, ou à deux de vous, comme dit est, obeïssent és choses, & entendent diligemment. *Donné à Paris le vingt-septiéme jour de Novembre l'an de grace mil trois cens trente-deux.*

JEAN I.er & selon d'autres, Jean II. à Paris au mois d'Aoust 1351.

Par la vertu desquelles Lettres Nous avons oüi les Procureurs souffisamment fondez par la plus grande & la plus saine partie des habitans des Villes de *Tannieres* & de Ponstivicour en T..... & leur procuration retenuë pardevers nous, qui nous ont monstré & exposé les grans dommages, griefs & injures & travaux en plusieurs manieres, que lesdits habitans ont de jour en jour par lesdits *Appiaux volages*, & nous ont requis que lesdits *Appiaux* de par le Roy voulsissions oster, faire cesser, & mettre au neant des-ores-en-avant à tousjours, & que pour ce faire, *ils donront au Roy nostre Sire chascun an, par chascun chief de* Feu *d'ostel, deux sols parisis*. Nous considerant leurdite Requeste juste & raisonnable, selon l'Ordonnance faite du Roy sur lesdits *Appiaux voulages*, avons fait composition ausdits Procureurs pour lesdits habitans, & dés maintenant *avons osté & abbatu, ostons & abbatons du tout à tousjours* perpetuellement *lesdits Appiaux* fais & à faire, & *adjornemens volaiges*, & tous autres Appiaux & *adjornemens frivoles* quels qu'ils soient, fais en Jugement, ou hors Jugement, devant clain, ou après clain, *excepté Appiaux & adjornement pour deffaut de droit, ou pour faux*, & *mauvais Jugemens*, & iceuls habitans pour euls & pour leurs successeurs, *affranchissons & délivrons desdits Appiaux voulages & frivoles*, à tousjours, & de tous

NOTES.

(b) Appiaux voulages.] Nous apprenons de *Bouteiller* ce que c'étoit que ces appeaux, ou appellations, dans sa Pratique livre 2. tit. 14. pag. 773. au commencement.

Sachez, dit-il, que sont quatre manieres d'appiaux, qui se peuvent faire en la cause pendante devant le Juge.

Le premier est *Appel volage*, & de celuy est communément usé en Laonnois plus qu'ailleurs. Et cecy se fait si-tost qu'aucun est adjourné devant Juge à certain jour, il peut venir au Juge au jour, ou devant, ou soit que la cause soit commencée, ou non, & dire: *Sire Juge, vous m'avez fait adjorner pardevant vous à la Requeste de tel, si qu'on me dit que j'ay cause d'appeller de vous & de vostre Jurisdiction, & pour ce en appelle-je d'appel volage.* Et le doit aussi nommer à l'appel faire. *Et pour soustenir dès maintenant mondit appel volage, je vous adjourne pardevant Monseigneur le Baillif de Vermandois, au premier Siege à Laon, au jour de la prochaine Assise, contre moy, à voir soustenir mondit volage appel. Et si vous cuidez que bon soit, soyez-y. Dès maintenant, intime ma partie averse qu'elle y soit, si bon luy semble, pour voir par moy soustenir mondit appel volage.* Et n'y faut adjournement. Ne puet aussi le Juge appeller, ni oseroit proceder en outre, sous peine de attempter. Et si le Juge ne compare au jour, l'Appellant qui auroit comparu, auroit commission pour faire adjourner & interiner. Et si l'appellant avoit lors prouvé que le Juge eust ainsi appellé & adjourné, lors seroit à l'appellant donné deffaut en cas d'appel. Et est cette coutume fort observée en Laonnois, &c. Joignez ce qui a esté marqué cy-dessus sur les Lettres du mois d'Aoust 1332. pages 81. 82.

JEAN I.er & selon d'autres, Jean II. à Paris au mois d'Août 1351.

adjornemens, qui pour raison *d'Appiaux voulages*, & pour fait sur l'appel se porroient, ou povoient, ou souloient faire, avant nostredit affranchissement, parmy & sur les conditions qui s'ensuivent.

C'est à sçavoir que tous les habitans & leurs successeurs, excepté les personnes qui n'estoient pas subgettes ausdits Appiaux, *seront tenus de payer* au Roy *par chascun Chief de* Feu *d'ostel* desdites Villes, *chascun an*, le jour de la *saint Martin d'Ivert* en la Ville de Laon, *deux sols parisis*, lesquiez il payeront au Receveur de Vermandois pour le Roy, ou à ceux qui de par le Roy, ou par ses Successeurs seront deputez à recevoir, sans servitude que on y puist dire, ne proposer, ne demander sur eulx pour cette redevance. Et se il y avoit aucun desdits habitans qui fussent *non payables, les bien payables les feront payables*, en telle maniere que le Roy & ses Successeurs auront entierement *les deux sols dessusdits*, par chascun Chief de feu d'ostel desdites Villes, en la maniere que dit est. Et se il advenoit qu'aucun des *submanens* desdites Villes voisent demeurer hors d'icelles Villes, en lieu qui *soit subget ausdits Appiaux volages*, ils ne joüiront pas de cette franchise, *tant comme ils demeurent hors desdites Villes en lieu subget desdits Appiaux.* Et se il advient que lesdits habitans appellent aucuns autres subgets ausdits *Appiaux voulages*, qui n'ayent semblable franchise, les appellans pourront poursuivre leurs Appiaux, se il leur plaist; & en cas où ils ne les poursuivroient, ceux qu'ils auroient appellé les pourroient poursuir, se il leur plaisoit, de leur interest pardevant les gens du Roy, *& en seroient tenus de respondre par voie de adjornement.* Et s'ils en estoient condampnez, ils payeroient l'admende, pour la court demourée tant seulement, & les deffauts, se en deffaut se mettoient après ledit adjornement. Et en cas là où la partie appellée ne feroit demande de son interest, les Gens du Roy ne pourroient lesdits appellez poursuir, ne traire à amende pour cause des appiaux, ne de la deffaute de poursuite. Et en cas que personnes estranges appelleroient les *Majeurs*, ou les *Eschevins* desdites Villes, pour quelconques causes qui touchent lesdits habitans, ou aucuns d'iceuls, les *Majeurs*, ou les *Eschevins* ne seront tenus en ce cas de venir, ne de obéir auxdits *Appiaux volages.* Et n'est pas nostre entente que se il y a aucuns *Clercs* habitans desdites Villes, qui ayent personnes laïcs demeurans en leurs hostex, que lesdites personnes *laies* puissent joüir de ladite franchise, se ils ne payent *les deux sols dessusdits*, comme les autres habitans desdites Villes, *reservé au Roy les appellations de deffaute de droit, & de mauvais & faux Jugemens, & les adjornemens, & tous autres cas au Roy appartenans, pour cause de sa Souveraineté, & en autres faits & en autres causes esquelles lesdits habitans seront tenus de venir & d'obéir, si comme ils faisoient avant l'octroy de cette franchise.* Et pource que les habitans desdites Villes ne soient contrains par le Receveur dessusdit, ou par les Gens du Roy, à payer chascun an ponctuellement plus de *feux*, que il ne aura esdites Villes, *Nous avons Ordonné* pour paix, & pour oster toute fraude, que chascun an les *feux* desdites Villes *seront comptez à la Saint Remy, par le Receveur de Vermandois*, ou par son député, sans prendre despens, ou salaire pour ce faire sur lesdites Villes, pour sçavoir justement combien les habitans desdites Villes devront chascun au Roy. Et sera la moitié sur lesdites Villes levé & payé par les Justices des lieux, ou par ses deputez, chacun an, *en ladite Ville de Laon audit Receveur, ou à son député, la Saint Martin d'Ivert*, si comme devant est dit, sans demander, ne *lever amende, se ils estoient en deffaute de payer* au jour dessusdit. Et avons accordé aux habitans desdites Villes, que les feux des Clercs & de povres mendians, qui pourchassent leur pain communement parmi les Villes, sans fraude, ne soient comptez ne tenus à payer, aussi comme les autres. *Mandons* & *Commandons* de par le Roy nostre Sire à tous ses Justiciers & subgets, requerans à tous autres que à ces choses dessusdites, & à chascune d'icelles obeissent & entendent diligemment. Et pour que ce soit chose ferme & stable à tousjours, Nous avons ces presentes Lettres scellées de nos Sceaux desquiez nous usons, sauf en autres choses le droit du Roy & d'autruy, lesquelles furent faites *vingt-trois jours, en Mars, l'an de grace mil trois cens trente-quatre.*

Nos

Nos *autem omnia & singula in superscriptis Literis contenta rata habentes & grata, ea* Volumus, Laudamus, Approbamus, *& auctoritate Regiâ tenore præsentium* Confirmamus, *salvo in aliis jure nostro, & in omnibus quolibet alieno. Quod ut firmum & stabile perpetuò perseveret, præsentibus Literis nostrum fecimus apponi sigillum.* Datum Parisius. Anno Domini millesimo trecentesimo quinquagesimo primo, mense Augusti.

JEAN I.er & selon d'autres, Jean II. à Paris le 7. Septembre 1351.

(a) *Mandement aux Generaux Maistres de faire fabriquer des* Deniers d'or à l'escu, *de cinquante-quatre de poids au marc, à vingt Karats de loy: de donner du* marc d'argent *allayé à quatre deniers douze grains,* dix livres tournois; *& du marc d'argent allayé au-dessous de quatre deniers douze grains,* neuf livres dix sols tournois.

JEHAN par la grace de Dieu, Roy de France: A noz amez & feaulx les Generaulx Maistres de noz Monnoies, *Salut & dilection.* Comme Nous par déliberation de nostre grant Conseil, pour le prouffit de Nous & de nostre peuple, eussions n'agueres *Ordonné* & à vous *Mandé* par nos Lettres, que vous feissiez faire par toutes noz Monnoyes, où bon & prouffitable vous sembleroit, *Deniers d'or fin aux Fleurs de Lys, & de cinquante au marc*: Et nous ayons entendu que aucuns malicieux les prengnent & gardent; parquoy ils n'ont, ne ne puent avoir cours si habondamment, comme mestier seroit à Nous & à nostredit peuple, laquelle chose est ou trés grant dommaige de Nous & de nostredit peuple. Pourquoy Nous, euë consideration à ce que nous povons avoir à faire pour cause de noz guerres, & pour la deffencion de nostre Royaume, *par déliberation de nostre grant Conseil, vous Mandons* que tantost & sans delay ces Lettres veuës, vous faictes faire par toutes noz Monnoyes où l'en euvre or, *Deniers d'or à l'escu, de cinquante-quatre de poix au marc, & à vingts Karats de loy.* Et faictes donner aux Changeurs & Marchans en tout *marc d'or fin* qu'ils apporteront en nosdites Monnoyes, *soixante d'iceulx Deniers d'or à l'escu,* Et ou cas que lesdits Marchands, ou Changeurs auroient aussi chers les *Deniers d'or aux Fleurs de Lys* dessusdits, comme les *Deniers d'or à l'escu,* si leur en faites donner pour chascun marc d'or fin, quarente-huit des deniers d'or aux Fleurs de Lys. Et avec ce vous *Mandons* que sans delay vous faciez donner par toutes nos monnoyes, en tout *marc d'argent* allayé à *quatre deniers douze grains* & au-dessus, *dix livres tournois*; & de tout autre *marc d'argent* allayé au dessous desdits *quatre deniers douze grains, neuf livres dix sols tournois.* De toutes les choses dessusdites faire & accomplir, à vous & à chascun de vous donnons plein pouvoir, auctorité & mandement especial par la teneur de ces presentes. *Donné à Paris le septiéme jour de Septembre, l'an de grace mil trois cens cinquante & ung.*

Ainsi signé par le Roy à la relation du Conseil. CHAPELLI.

NOTES.

(a) Ce Mandement est au Registre C. de la Chambre des Comptes de Paris, feuillet 92.

JEAN I.er & selon d'autres, Jean II. à Paris le 19. Septembre 1351.

(a) *Declaration par laquelle le Roy fait quelques changemens aux articles 15. & 16. de ses Lettres du penultiéme Mars 1350. touchant les guerres privées.*

JEHAN par la grace de Dieu Roy de France. Sçavoir faisons à tous presens & à venir, que comme en certaines Lettres scellées de cire verte, en lacs de soye, par Nous n'aguerres envoyées à noz amez & feaux les *Nobles* des pays de *Vermandois*

NOTES.

(a) Ces Lettres sont au Tresor des Chartres, Registre cotté 81. pour les années 1351. 1352. & 1353. pieces 31. & 915.

JEAN I.er & selon d'autres, Jean II. à Paris le 19. Septembre 1351.

& de *Beauvoisin*, feussent, & soient contenus entre les autres *deux articles* faisant mention des *(b) guerres* que ils ont, ou peuvent avoir les uns aux autres, lesquels articles contiennent ceste fourme.

Item *(c) Combien que les Nobles des pays de Vermandois & de Beauvoisin, ayans guerres les uns aux autres, ayent usé, ou accoustumé depuis un peu de temps, que si-tost comme li uns avoit deffié l'autre, ils s'entreportoient tantost dommage, sans attendre jour, ne terme, ilz ne porront dores en avant porter dommage les uns aux autres; c'est à sçavoir les principaux Chiefs de la guerre, jusques à* quinze jours *entiers & accomplis, aprés les deffiences, & les amis d'iceux, jusques à* quarante jours *aprés icelles deffiences.*

Item. *Ou cas que ils voulroient faire, ou feroient guerre les uns aux autres, ilz ne peuvent abattre, ne faire abattre maisons, ne moulins rompre, ne faire rompre estangs, tuer chevaux, ne bestes, rompre guerniers, huches, hucheaux, leurs vaissèlles, effondrer vins, ne autres semblables gasts faire. Et se ils ont fait, ou faisoient faire le contraire, ilz en seront puniz, & sera reparé & mis au premier estat le gast qu'il auront fait, comme dit est, aux couz des faisanz, & rendront cousts, frais & dommages. Et si en feront amende à Nous & à partie.*

NOUS depuis en corrigeant ce qui est au premier des Articles dessusdits, à la supplication desdits Nobles, & pour certaines & justes causes, *avons Ordené & Ordonnons* de nostre autorité Royale, euë sur ce bonne déliberation avecques nostre Conseil, que nonobstant ce que contenu est audit *premier Article*, les Nobles desdits pays ayans guerre les uns aux autres, c'est à sçavoir les principaulx *Chiefs de la guerre*, porront porter dommage les uns aux autres aprés *huit jours entiers* & accomplis, depuis *defiences*, & les amis d'iceux ne pourront porter dommage les uns aux autres, ne aussi les principaux *Chiefs de la guerre* ausdits amis, jusques à *quarente jours* aprés lesdites defiences escheuës; c'est à sçavoir quarante & *huit jours* aprés les premieres defiences. Et le *secont* des deux articles dessusdiz demeurra de point en point en sa vertu. *Si donnons* en mandement par ces presentes Lettres *au Baillif de Vermandois*, & à tous nos autres Justiciers à qui il appartiendra, tant esdits pays, comme ailleurs, ou à leurs Lieuxtenans presens & à venir, & à chascun d'eux, que *nostre presente Ordonnance*, avec les choses contenuës audit secont article, facent crier & publier solempnellement *en leurs Assises*, & en tous *les lieux notables* desdiz pays, & chascun d'eulz, & icelles tenir de point en point, sans enfraindre, en punissant tellement ceulx qui feront le contraire, que ce soit exemple aux autres. Et pour que ce soit chose ferme & stable à touzjours, Nous avons fait mettre nostre Seel à ces presentes Lettres, sauf nostre droit, & en autres choses & en toutes l'autruy. *Donné à Paris le dix-neufviéme jour de Septembre, l'an de grace mil trois cent cinquante & ung.*

NOTES.

(b) Ces guerres furent enfin abolies en 1353. par une Ordonnance du mois d'Avril, qui sera imprimée cy-aprés.

(c) Voyez cy-dessus, page 395.

JEAN I.er & selon d'autres, Jean II. à Paris le 22. Septembre 1351.

(a) Mandement par lequel le Roy Ordonne qu'il sera fabriqué dans toutes ses Monnoyes des Deniers d'or à l'Escu, *du poids de cinquante-quatre au marc, & à dix-huit Karats de loy, &c.*

JEHAN par la grace de Dieu Roy de France: A nos bien amez les Generaulx Maistres de noz Monnoyes, *Salut & dilection.* Nous vous *mandons* que par toutes noz Monnoyes vous faciez ouvrer & monnoyer *en blanc & en noir*, sur le pié de

NOTES.

(a) Ce Mandement est au Registre C de la Chambre des Comptes de Paris, feuillet 93. *verso.*

monnoye *cinquante-quatriéme*, & sur le *coing & poix que l'on fait à present*, en donnant aux Marchans le prix que derrenierement avons ordonné, du marc d'argent, tant en billon allayé à *quatre deniers obole*, comme au dessoubs. Et voulons payer tout le *cuivre* qui entrera, ou billon qui sera apporté en noz Monnoyes, allayé à *ung denier dix-huit grains*, jusques à la loy d'un denier treize grains & ung tiers de grain. Et avec ce *Voulons* & vous *Mandons*, que par noz Monnoyes, où bon vous semblera, *vous faciez faire Deniers d'or à l'Escu* de poiz de *cinquante-quatre* au marc, & *à dix-huits Karats* de loy. Et faites donner en chascun *marc d'or fin* qui sera apporté en noz Monnoyes, *deux deniers d'or à l'Escu*, oultre le prix que nous y donnons à present. *Donné à Paris le vingt-deuxiéme jour de Septembre, l'an de grace mil trois cent cinquante-ung.* Signé par le Roy. Y. SIMON.

(a) Ordonnance par laquelle le Roy ordonne qu'il sera sursis jusques à la fin de la Treve, au payement de toutes ses dettes, soit qu'elles soient de son chef, ou de ses Prédécesseurs, à l'exception *des Fiefs & Aumônes.*

JEAN I.er & selon d'autres Jean II. à Paris le 26. Septembre 1351.

JOHANNES *Dei gratiâ Francorum Rex. Dilectis & fidelibus Gentibus nostris Compotorum nostrorum, & Thezaurariis, ac Clerico & Cambiatori Thesauri nostri Parisius, & universis & singulis Receptoribus*, Salutem & dilectionem. *Cum nuper* Nos treugas concesserimus Regi Angliæ, *per* unum annum *continuè duratoras, Nos urgente necessitate, & evidenti utilitate reipublicæ Regni nostri, & ut meliùs & commodiùs possimus necessitatibus nostris & deffensioni subditorum nostrorum, cessantibus treugis supra dictis, deliberatione* in nostro grandi Consilio *præhabitâ diligenti*, duximus Ordinandum, quòd solutio debitorum quorumcumque, in quibus tam ex causâ carissimi Domini & *genitoris* nostri, & aliorum *Prædecessorum* nostrorum, seu nostro nomine teneremur, aut teneri possumus, tam ex mutuo, quàm ex donis, in perpetuum vel ad vitam, *seu ad voluntatem, vel alio quovis modo,* differretur usque ad finem dictarum treugarum, exceptis *feodis antiquis & eleemosinis* perpetuis ab antiquo fundatis, *etiam si terminus solutionis debitæ sit elapsus, vel cadere debeat, durantibus treugis supra dictis.* Mandamus *vobis & vestrûm cuilibet, præcipiendo districtè quatenùs* Ordinationem *nostram prædictam inviolabiliter observantes, nichil in contrarium faciatis, aut fieri permittatis, vel solvatis, aut scribatis, vel in solutionum compotis allocetis; quinimo super solventes, si qui essent, sic soluta recuperare curetis, non obstantibus Literis, vel mandatis nostris, vel gentium nostrarum contrariis, si qui eas per importunitatem, vel aliter forsitan impetrarent; aliquas tamen personas nobis in Consiliis & obsequiis continuè assistentes, vobis per nostras Literas declarandas, in hac Ordinatione non intendimus comprehendi.* Datum Parisius vigesima sexta die Septembris, anno Domini millesimo trecentesimo quinquagesimo primo.

NOTES.

(a) Cette Ordonance est au Memorial C. fol. 107. *verso* de la Chambre des Comptes de Paris.

(a) Mandement aux Generaux Maistres de faire ouvrer des *Mailles blanches*, & de donner aux Marchans & Changeurs, du marc d'argent allayé à quatre deniers; *dix livres dix sols*, & au-dessous de quatre deniers, *neuf livres dix sols.*

JEAN I.er & selon d'autres, Jean II. à S.t Denys le 11. Octobre 1351.

JEHAN par la grace de Dieu Roy de France & de Navarre: A noz amez & feaulx les Generaulx Maistres de noz Monnoyes, *Salut & dilection.* Comme Nous par déliberation de nostre Conseil avons n'agueres *Ordonné*, & avons *Mandé* par noz

NOTES.

(a) Ce Mandement est au Registre C. de la Cour des Monnoyes de Paris, feuillet 95.

JEAN I.er & selon d'autres Jean II. à S.t Denys le 11. Octobre 1351.

Lettres ouvertes, que vous fassiez ouvrer & monnoyer *en blanc & en noir* sur le pié de Monnoye cinquante-quatriéme; C'est à sçavoir les *Mailles blanches à quatre deniers de loy, & les Doubles à un denier treize grains & le tiers d'un grain de loy, du coing & poix que l'on faisoit paravant de nos Lettres*, en donnant aux Changeurs & Marchands tel prix en *blanc* & en *noir*, comme il estoit *Ordonné* paravant icelles, & en payant du nostre *le Cuivre de tout le billon* qui seroit allayé à la loy des Doubles dessusdits, en venant d'un Denier dix-huit grains, jusqu'à ung Denier treize grains, & le tiers d'un grain, afin qu'ils ne peussent apparcevoir de nostredite Ordonnance, & que icelle peust estre plus secretement & diligemment gardée & accomplie; *Nous*, euë sur ce depuis grant deliberation avec nostre Conseil, desirans pour le profit de Nous & de nostre commun peuple estre fait par toutes nos Monnoyes *Mailles blanches*, le plus grand ouvrage que l'en pourra bonnement, & pour certaine cause vous *Mandons*, que doresnavant vous faciez donner aux *Changeurs*, en tout *Marc d'argent allayé à quatre deniers*, comme dit est, *Dix livres dix sols tournois*, & de chascun Marc d'argent, *allayé au-dessous de quatre deniers*, *Neuf livres dix sols tournois*, en faisant payer à iceux *tout le cuivre qui sera mis à la loy des Doubles dessusdits*. Et avec ce vous *Mandons* que vous faciez donner aux Ouvriers de faire chascun marc d'œuvre des *Deniers d'or à l'Escu*, que nous faisons faire à present, *Quatre deniers tournois*, *oultre le prix qu'ils avoient paravant*: & aux Monnoyeurs pour monnoyer, chascun cent d'iceulx Deniers d'or à l'Escu, *quatre deniers tournois*, *oultre le prix*, & de tel payement comme ils avoient paravant. De ce faire à vous, & à chascun de vous, donnons pouvoir & mandement especial, par la teneur de ces Presentes. *Donné à Saint Denis en France le unziéme jour d'Octobre, l'an de grace mil trois cens cinquante & ung* Ainsi signé par le Roy, present *l'Evesque de Chalons*, & N. *Braque* Tresorier, Secretaire.

JEAN I.er & selon d'autres, Jean II. au mois d'Octobre 1351.

(a) Ordonnance par laquelle le Roy confirme celle de *Philippe le Bel* du 23. Mars 1302. pour le bien, l'utilité & la réformation du Royaume.

SOMMAIRES.

(1) L'intention du Roy est que les Eglises, les Monasteres, les Prelats, & toutes les personnes Ecclesiastiques, soient sous sa protection Royale, &c.

(2) Les Eglises joüiront des libertez, des franchises & des immunitez qu'elles avoient sous le Regne de Saint Loüis *Ayeul du Roy. Et deffenses sont faites aux Officiers Royaux de les y troubler, ainsi que dans l'exercice de leur Jurisdiction spirituelle, ou temporelle, &c.*

(3) S'il y avoit ordre de la part du Roy de saisir, ou de confisquer les biens des Eglises, ou des personnes Ecclesiastiques, le Bailly auquel un tel ordre sera adressé, ne le mettra à execution, qu'après s'estre informé si ce qui a esté mandé au Roy est veritable, ou à moins que la cause exprimée dans le Mandement ne soit notoire.

(4) Cette disposition d'Ordonnance aura son execution dans les Terres des Ducs, des Comtes & des Barons; Et le Roy envoyera des personnes sages & habiles dans les Seneschaussées & Bailliages du Royaume, pour s'informer des anciennes coustûmes, *& pour sçavoir comment on les pratiquoit du temps de* Saint Loüis, *afin de restablir les bonnes, & supprimer les mauvaises.*

(5) Si le Roy ordonnoit de saisir les biens de quelque Prelat, ou d'autres personnes Ecclesiastiques, on ne pourra, en execution du premier Mandement, mettre leurs meubles en la main du Roy, ni découvrir, ou détruire leurs maisons,

NOTES.

(a) Cette Ordonnance est au Tresor des Chartes, Registre cotté 81. pour les années 1351. 1352. 1353. piece 673.

Elle est imprimée dans le premier tome de cette Collection, page 234. sous la date du 3. Mars 1320. Mais on a jugé à propos de la donner encore icy, parce que le Roy *Jean* en la confirmant, & y adjoutant quelques nouvelles dispositions, par ses Lettres, a voulu qu'elle y fust transcrite toute entiere, afin que la Copie tînt lieu de l'Original, qui sans doute manquoit alors. Au mois de May 1355. le Roy confirma encore cette même Ordonnance, qui fut publiée au Parlement le 5. Janvier de cette année, comme on le verra cy-après. Quant aux notes qui sont au premier tome, on n'a pas jugé à propos de les donner icy une seconde fois.

JEAN I.er & selon d'autres, Jean II. au mois d'Octobre 1351.

& l'on ne saisira de leurs biens, que jusques à concurrence de l'amende qu'ils devront.

(6) Quand les Prelats, & les autres personnes Ecclesiastiques seront obligées de venir au Parlement, leurs affaires y seront promptement expediées, aux jours de leurs Bailliages, ou Seneschaussées. Ils seront traitez avec honnesteté, & expediez promptement, à raison de leur rang & de l'importance de leurs affaires; ce qui sera observé pareillement à l'égard des Barons.

(7) Si les Prelats, ou les Barons ne peuvent estre expediés, à cause de la multitude des affaires, la Cour leur donnera un jour certain, auquel ils seront entendus.

(8) Le Roy n'acquerera rien à l'avenir dans leurs Fiefs, ni leurs arriere-Fiefs, sans leur consentement. Il ne recevra point de nouvelles avoüeries à leur préjudice; & toutes celles qui luy ont esté faites, ou à ses Predecesseurs, seront revoquées, à moins qu'il n'y ait prescription.

(9) S'il arrive que par forfaiture, quelques biens soient acquis au Roy dans les terres des Prelats & des Barons, Sa Majesté les mettra hors de Sa main dans l'an, & les remettra à des personnes, qui pourront s'acquiter des devoirs feodaux, ou elle en indemnisera les Seigneurs.

(10) Les Commissaires, ou Gardiens veilleront à la conservation des biens en Regale. *Ils en percevront les fruits sans dégast, ils n'abbatront pas les bois de haute-futaye, ils ne couperont pas les bois taillis avant le temps, & ils ne détruiront pas les étangs, ni les viviers, &c.*

(11) Les Gardiens des Regales, *qui ont esté commis au temps passé, seront condamnez sommairement à payer tous les dommages qu'ils ont faits, & seront punis selon la qualité du délit.*

(12) Les Arrests rendus par la Cour seront executez sans appel; & s'il y a quelque ambiguité, ou erreur, la correction en appartiendra au Roy, ou à la Cour, &c.

(13) Les causes portées à la Cour, seront expediées, & jugées dans deux années au moins.

(14) Les Baillis, les Seneschaux, & autres Officiers Royaux, les Juges & Gardes des Foires de Champagne, les Maistres & Gardes des Eaux & Forests, seront élûs & instituez *par le* grand Conseil *du Roy, &c.*

(15) Les Officiers & les Procureurs du Roy feront le Serment suivant, dans les Assises qui seront tenuës immediatement après la publication de cette Ordonnance.

(16) Les Seneschaux *& les Baillis ne pourront estre du* Conseil du Roy, *tant qu'ils seront Seneschaux & Baillis. Et s'ils ont esté du Conseil auparavant, ils s'abstiendront d'y aller, tant que leur Office durera.*

(17) Aucun Conseiller du Roy ne pourra recevoir pension d'aucune personne Ecclesiastique & seculiere, ni d'aucune Ville, ou Communauté.

(18) Nul Seneschal, ni Bailli ne pourra avoir pour Prevost, Lieutenant, ou Juge, aucun qui luy soit parent, ni avec qui il ait affinité, ou liaison par la nourriture, de crainte qu'ils soient hors d'estat de rendre des Jugemens justes, *dans les appellations interjettées de ces sortes de personnes.*

(19) Les Prevostez du Roy ne seront venduës, ni données à ferme, *qu'à des personnes fideles, capables, de bonne renommée, non Clercs, ni usuriers, &c. Les Prevosts* à ferme *ne pourront juger, ni taxer les amendes; & dans chaque Prevosté il n'y aura qu'un Prevost, ou deux au plus.*

(20) Lorsque les Procureurs du Roy *poursuivront quelque cause, ils feront, comme les autres, le Serment appellé en Droit* Calumniæ; *& ils n'occuperont pas pour des Particuliers, à moins qu'ils ne leur soient parens.*

(21) Les Baillis, les Seneschaux, les Prevosts, &c. executeront les Mandemens du Roy, à moins qu'ils n'ayent de justes raisons pour ne le pas faire, qu'ils expliqueront au Roy par leurs Lettres scellées de leurs Sceaux, &c.

(22) Les Seneschaux, les Baillis, les Viguiers, les Vicomtes, les Juges, & autres Officiers de Justice, exerceront leurs Offices en personne, *& ne pourront commettre en leurs places des* Substituts, *ou des* Lieutenans, *qu'en cas de necessité; Et s'ils sont obligez de s'absenter, ils ne mettront pour* Substituts *que des personnes du Pays, sages & éclairées, qui ne seront pas* Avocats, *ou surchargez d'affaires; & ces* Substituts *jureront qu'ils feront leur devoir.*

(23) Les Prevosts n'exigeront rien de leurs Justiciables, & quand même leurs Justiciables leur offriroient quelque chose, ils ne pourront la prendre. Ils ne vexeront pas les Eglises, sous le prétexte de Subventions *& d'*Aydes, *ils n'exigeront pas des personnes d'Eglise des* repas ne des gîtes, *& ne traiteront pas avec elles de leurs amendes.*

(24) L'Ordonnance faite par le Roy touchant les Bourgeoisies, *sera executée, & exactement observée. S'il y a contestation pour quelque Bourgeois, entre les Officiers du Roy & des Seigneurs, la* récréance *en sera faite par celuy qui y sera obligé; & après qu'on aura enquis de la verité, l'affaire sera terminée suivant le Droit & les Coustumes.*

(25) Les Officiers Royaux n'attireront pas à eux les causes meuës entre les Justiciables *des* Prelats & des Barons, *au préjudice de leurs Justices, & ils ne connoistront de ces causes qu'en cas de ressort.*

(26) Les Seneschaux & les Baillis tiendront leurs Assises *dans le circuit de leur territoire, de* deux mois en deux mois, *au moins; à la fin de chaque Assise ils indiqueront le commencement de la suivante, & ils ne pourront en tenir aucune dans les Terres des Prelats & des Barons, &c.*

(27) Aucun ne sera Seneschal, Bailli, Prevost, Juge, ou Viguier dans le lieu de sa naissance.

JEAN I.er & selon d'autres, Jean II. au mois d'Octobre 1351.

(28) *Les Sergens ne feront aucuns ajournemens que par l'ordre des Seneschaux & des Baillis, &c. Et si le* Prevost *faisoit faire quelque ajournement injuste, ou faux, il en dédommageroit la partie.*

(29) *Les Sergens Royaux ne pourront exercer leurs Offices dans les terres où les* Prelats *& les* Barons *ont* toute Justice, *si ce n'est en cas de ressort, &c.*

(30) *Les* Sergens Royaux *ne pourront demeurer dans les terres où les* Prelats *& les* Barons *ont toute Justice, à moins qu'ils n'y soient nez, ou mariez; & dans ces deux cas ils n'y pourront faire aucunes fonctions de leurs Offices, même en cas de ressort.*

(31) *Les Sergens qui demeureront en ces deux cas dans les terres des Seigneurs, seront soumis à leur Jurisdiction, tant spirituelle que temporelle, excepté en ce qui concernera la fonction de leurs Offices.*

(32) *L'Ordonnance touchant la* réduction *du nombre* excessif des Sergens, *sera executée.*

(33) *Les Sergens qui seront élûs & reservez, donneront de bonnes & suffisantes Cautions, qui seront reçûës par les Seneschaux, les Baillis, &c.*

(34) *Les* Sergens à cheval *ne prendront que* trois sols par jour, *& les* Sergens à pied, dix-huit deniers *de monnoye courante, quand ils sortiront des Villes, quelques ajournemens qu'ils fassent pour differentes affaires, & pour des personnes differentes. Et où la coustume sera de donner moins, elle sera suivie.*

(35) *S'il y a contestation pour des terres, & si les Officiers du Roy les saisissent, & en accordent la possession à l'une des parties, les fruits intermediaires luy en seront restituez.*

(36) *Les Seneschaux, les Baillis, & autres Officiers de Justice, ne pourront créer & instituer des* Notaires; *le Roy s'en reservant le Droit, & à ses Successeurs, sans préjudicier aux droits des Seigneurs, qui sont en possession d'en créer dans leurs terres.*

(37) *Les* Notaires *auront de salaire, pour trois lignes un denier, depuis quatre lignes jusqu'à six, deux deniers de monnoye courante; & si leurs écritures excedent six lignes, ils n'auront qu'un denier pour trois lignes, &c.*

(38) *Les Seneschaux, les Baillis, les Viguiers, &c.* jureront *qu'ils feront justice aux Grands & aux Petits, & à toutes personnes de quelque condition qu'elles soient, sans acceptation.*

(39) *Qu'ils conserveront les Droits du Roy, sans faire préjudice à personne.*

(40) *Qu'ils ne recevront or, ni argent, ni autre don quel qu'il soit, si ce n'est des choses à manger, ou à boire.*

(41) *Qu'ils ne souffriront pas que l'on fasse aucun present à leurs* femmes, *leurs* enfans, *leurs* freres, *leurs* neveux, *leurs* niéces, *ni qu'on leur donne aucun benefice.*

(42) *S'ils reçoivent du* vin *en present, ce ne sera qu'en barils, ou en bouteilles.*

(43) *Ils ne pourront rien recevoir à titre de* prest *des personnes de leur Bailliage, ni de ceux qui auront, ou seront sur le point d'avoir des causes devant eux.*

(44) *Ils* jureront *qu'ils ne feront aucun present à ceux qui seront du* Conseil du Roy, *à leurs femmes, ni à leurs enfans, &c.*

(45) *Qu'ils n'auront pas de part dans les ventes des Bailliages, des Prevostez, des revenus du Roy, ni dans les monoyes.*

(46) *Qu'ils ne soustiendront pas les fautes, les injures, les vexations, les usures & les vices des Officiers qui leur seront soûmis, mais qu'ils les puniront.*

(47) *Les Prevosts, les Viguiers, les Baillis, & les Officiers qui leur seront soûmis,* jureront *qu'ils ne donneront rien à leurs* Superieurs, *à leurs* femmes, *leurs* enfans, *leurs* domestiques, *leurs* parens, *leurs* amis, *ni qu'ils ne seront pas à leur service.*

(48) *Les Seneschaux & les Baillis* jureront *qu'ils ne recevront des Baillis inferieurs, des Vicomtes, &c. aucuns gistes, ni aucuns repas, &c.*

(49) *Qu'ils ne recevront aucun present de personnes Religieuses, qui seront domiciliées dans le lieu de leur administration, pas même des choses à* boire, *ou à* manger, *si ce n'est des personnes riches, & une fois ou deux l'année, au plus.*

(50) *Qu'ils ne feront aucune acquisition d'immeubles dans leurs Bailliages, tant que leur Office durera.*

(51) *Qu'ils ne contracteront pas mariage dans le lieu de leur administration, & qu'ils ne permettront pas que leurs* enfans, *leurs* sœurs, *leurs* niéces, *leurs* neveux, *&c. s'y marient.*

(52) *Qu'ils ne mettront, ou ne tiendront aucun en* prison *pour* dettes, *à moins qu'il ne soit obligé par corps, par Lettres passées sous le Seel Royal.*

(53) *Qu'ils ne confieront, ou ne donneront* à ferme *les Prevostez du Roy, ni ses autres Offices & revenus, qu'à des personnes capables.*

(54) *Il en sera de même des écritures des Sergenteries & des Vigueries, &c.*

(55) *Qu'ils ne feront rien en fraude de tout ce qui est marqué cy-dessus.*

(56) *Les* Seeaux des Seneschaussées, *des Bailliages & des Prevostez, &c. ne seront plus donnez* à ferme *qu'à des personnes de bonne renommée, &c.*

(57) *Les Lettres expediées pour crime ne passeront pas au* grand Seeau, *si elles ne sont auparavant approuvées & signées de deux personnes du Conseil du Roy, ou d'une seule personne, que le Roy commettra à cet effet.*

(58) *Les Prelats & les Barons qui ont haute Justice, auront la connoissance de l'execution des Lettres que leurs* Justiciables *auront passées sous le* Seel Royal.

(59) *Si des personnes domiciliées dans les*

Provinces qui sont regies par le Droit commun, *ont des causes qui doivent estre décidées par* le Droit Civil, *c'est par le Droit civil que ces causes seront jugées.*

(60) Aucun Seneschal, Bailly, Prevost, Viguier, Vicomte, &c. ne pourra tirer un homme d'une Chastellenie, d'un Bailliage, ou d'une Prevosté, pour le faire plaider dans une autre Chastellenie, une autre Prevosté, ou un autre Bailliage.

(61) Les sujets des Prelats & des Barons se pourvoiront par appel pardevant les Barons & les Prelats, suivant l'ancien usage.

(62) Pour l'expedition des causes, l'on tiendra tous les ans deux Parlemens à Paris, deux Eschiquiers à Roüen, & deux fois l'an les Jours de Troyes. *Et il y aura un Parlement à Toulouse, si les gens de cette Province consentent, qu'il n'y ait point d'appel des Jugemens de ce Parlement.*

Ordonnance Latine touchant les Bourgeoisies.

(1) Comment la Bourgeoisie d'un lieu doit estre demandée, & à qui il faut s'adresser pour la requerir.

(2) Nul ne sera reputé Bourgeois, à moins que les choses icy prescrites n'ayent esté observées, & que l'aveu de Bourgeoisie n'ait esté notifié au Seigneur du lieu que l'on quitte.

(3) Le Bourgeois ainsi reçû & avoüé, s'il a femme, doit, ou sa femme, demeurer actuellement en la Bourgeoisie, depuis la veille de la Saint Jean, jusques à la Toussaints, s'il n'y a maladie, &c.

(4) Chaque Bourgeois & sa femme peuvent aller ensemble où il leur plaist, pour leur moisson, fenoisson, & pour leurs vendanges, &c. depuis la Saint Jean, jusques à la Toussaints.

(5) Celuy qui n'a point de femme, ou celle qui n'a point de mary, doit avoir des domestiques qui resident en la Bourgeoisie, depuis la veille de la Toussaints, jusques à la veille de la Saint Jean.

(6) Celuy qui se retirera de la Bourgeoisie, payera la Taille à laquelle il y aura esté imposé.

(7) Le Bourgeois & la Bourgeoise seront justiciables de corps & de meubles *du Seigneur, auquel ils auront fait nouvel aveu.*

(8) Quant aux heritages, *les Bourgeois & les Bourgeoises seront justiciables des Seigneurs où les heritages sont situez.*

(9) Cette Ordonnance ne donnera aucune atteinte aux Chartes accordées par les Rois, & n'empeschera pas que les Seigneurs ne puissent suivre leurs serfs *dans les lieux de franchise.*

(10) La presente Ordonnance sera lüe & publiée en la premiere Assise, en la maniere accoustumée.

JEAN I.er & selon d'autres, Jean II. au mois d'Octobre 1351.

JOHANNES *Dei gratiâ Francorum Rex. Dum nuper Regnum nostrum, divinâ disponente clementiâ, suscepimus gubernandum.* Nos *fervore devotionis succensi divinitùs, ad sacro-sanctas Ecclesias, Ecclesiasticas personas Regni nostri, ad Dei laudem, gloriam ac honorem, ac orthodoxæ Fidei exaltationem,* duximus *conceptum & intuitum mentis nostræ, sperantes firmiterque tenentes nos & Regnum nostrum ex eo posse, & semper in melius prosperari, si Deo omnipotenti complacere primitùs studeamus. Affectantes itaque Dei Ecclesiam, cujus prompti* Deffensores & Pugiles *existere gloriamur, in pacis & tranquillitatis sede, nostris temporibus propagari.* Libertates, Franchisias, Gratias & Ordinationes *per inclitæ recordationis Regem* Philippum Pulchrum *patruum nostrum, Ecclesiis, Ecclesiasticisque personis, & ceteris incolis Regni nostri factas & concessas, firmas, validas, & inviolabiliter persistere volentes, eas ac Literas, seu Cartas super earum concessiones factas, sicut in* originalibus Registris nostris scriptæ sunt, *extrahi, &* præsentibus inseri integraliter fecimus, *in hæc verba.*

NOS PHILIPPUS *Dei gratiâ Francorum Rex. Notum facimus universis, quod pro reformatione Regni nostri, quod retroactis temporibus gravatum exstitit adversitatibus temporum & guerrarum, ac pluribus aliis contrariosis eventibus, ex deliberatione provida, fecimus aliquas* ordinationes præsentes, *& Statuta utilia & salubria, pro gubernatione & bono statu Regni prædicti, pro pace etiam & tranquillitate subjectorum nostrorum, sicut inferiùs continetur. Ut autem, Deo nobis propitio, reformationem prædictam faciliùs impetremus, & circa eam auxilium & gratiam omnipotentis Dei misericorditer habeamus, cujus solius ditioni, manui & protectioni prædictum Regnum nostrum subjectum semper extitit, & nunc esse volumus, & à quo nobis omnia bona proveniunt.*

Primò. *Intentionis nostræ est sacrosanctas Ecclesias, Monasteria, Prælatos, & quascumque personas Ecclesiasticas, cujuscumque statûs & conditionis existant, & quibuscumque nominibus censeantur, ob Dei reverentiam & amorem tenere, custodire, & servare, in favore, gratia & auxilio condecenti, quibus Prædecessores nostri retroactis temporibus tenuerunt, foverunt, & etiam servaverunt.*

JEAN I.er & selon d'autres, Jean II. au mois d'Octobre 1351.

(2) Volumus *autem quòd privilegia, libertates, franchisiæ, consuetudines, seu immunitates dictarum Ecclesiarum, Monasteriorum & personarum Ecclesiasticarum integrè & illæsè serventur, teneantur & custodiantur, eisdem sicut temporibus felicis recordationis* Beati Ludovici *avi nostri, inviolabiliter servatæ fuerunt;* inhibentes *districtiùs omnibus Justiciariis, Officiariis, Ministris fidelibus, subditis nostris, & quibuscumque aliis personis, ne prædictas immunitates, privilegia, aut libertates eisdem Ecclesiis, seu personis Ecclesiasticis infringere, aut violare quoquo modo præsumant, nec impediant, aut molestent, in eorum Jurisdictionibus spiritualibus & temporalibus, quas de jure, vel antiqua & approbata consuetudine obtinere noscuntur, nec in aliis juribus earum, quæcumque sint, impedimentum præstent, nec jura, seu Jurisdictiones dictarum Ecclesiarum, seu personarum Ecclesiasticarum fraude vel dolo occupent, vel usurpent. Et si aliqua de prædictis occupata vel usurpata per ipsos fuerint indebitè & injustè,* Volumus *quòd sine dilatione aliqua secundùm justitiam ad statum debitum reducantur, & qui sic fecerint, graviter puniantur. Si verò de cætero per aliquem, vel aliquos, contra prædicta fuerit attemptatum, ut dictum est, graviter punientur: attemptata, damnaque restaurabuntur, si quæ fieri contigerit minùs justè, ad esgardum Consilii nostri, & ista mandabuntur executioni debitæ breviter & (b)* de plano *sine strepitu judicii. Et per istum modum facient hoc fieri, & executioni demandari Senescalli & Baillivi per Præpositos, Servientes, & alios Justiciarios sibi subjectos.*

(3) *Et si contingeret quod mandaremus bona aliquarum Ecclesiarum, seu personarum Ecclesiasticarum, aliquibus causis vel rationibus saisiri, vel etiam confiscari, sub conditione videlicet, si quæ nobis significata sunt veritate nitantur.* Volumus *quòd Senescallus, vel Baillivus, cui tale mandatum ex parte nostra dirigetur, non procedat ad saisiendum, vel confiscandum prædicta bona, donec supra hiis quæ nobis significata fuerint (nisi aliàs notoria fuerint) plenè fuerit informatus, vocatis priùs omnibus qui de jure fuerint evocandi.*

(4) *Et istud, seu istam* Ordinationem *quantum ad* Duces, Comites *&* Barones, *& alios quosvis subditos nostros,* Volumus *observari. Et mittemus bonas personas & sufficientes, per Senescallias & Baillivias Regni nostri, ad sciendum (c) de* Consuetudinibus *antiquis* Regni nostri, *& quomodo tempore* Beati Ludovici *utebatur eisdem:* Volentes *quod si à dicto tempore citra, aliquas bonas & approbatas* consuetudines *abolitas invenerint, & aliquas iniquas invenerint introductas, eas revocabunt, & facient revocari, & ad prædictum antiquum statum reduci, & ad futuram memoriam registrari.*

(5) *Item.* Volumus *quod si nos mandaverimus, aut præceperimus bona alicujus Prælati, seu alterius personæ Ecclesiasticæ, vel Clerici clericaliter tamen viventis, capi, seu ad manum nostram poni; quod virtute prædicti mandati, seu præcepti nostri, bona eorum rectè mobilia non capiantur, saisiantur, seu ad manum nostram ponantur, neque domus eorum* discoperiantur, *seu etiam* destruantur; *nec* Volumus *quod in casu isto gentes nostræ de bonis ipsorum capiant, saisiant & arrestent, ultra quantitatem* emendæ, *pro qua dicta bona mandabimus capi, saisiri, vel aliter arrestari.*

(6) *Item.* Volumus *ad hoc, ut Prælati, aliæque Ecclesiasticæ personæ meliùs & liberiùs possint vacare divinis obsequiis, quibus sunt specialiter deputati, quod quandocumque contigerit eos* venire ad Curiam nostram, seu Parlamentum, celeriter audiantur, *& eorum negocia ordinatè tractentur,* secundùm dies Senescalliarum & Bailliviarum suarum, *sine prorogatione, nisi aliquâ justâ de causâ, de speciali nostro Mandato circa id*

NOTES.

(b) De plano.] Vide Jacob. *Curtium* Brugensem lib. 3. conjecturalium ad Fratrem cap. 41. Anast. *Germonium* De immunitatibus, lib. 1. cap. 19. Augustinum *Campianum,* ad legem 9. Digestis De officio consulis cap. 102. pagin. 323. & 326. *Calvinum* & *Brisson.* in Lex. *Cujacium* ad leg. 71. De Regulis Juris. *Bartolum* ad legem 9. D. de officio Consulis & *Baldum* ad legem 7. penultimam. *Dig. De feriis,* &c.

(c) De consuetudinibus.] Ce mot ne signifie pas icy des tributs, ou des imposts que les Seigneurs levoient autrefois sur leurs sujets roturiers, nommez par cette raison, *Coustumiers;* mais il signifie les *usages,* que nous nommons *anciennes Coustumes,* qui estoient alors d'un grand poids, & qui le devroient encore estre, parce que sans elles, il est difficile de penetrer le veritable *sens des Coustumes nouvelles.*

negocium

negocium faceremus prorogationem fieri condecentem. Et volumus *quod in* Parlamento *& extra, per Curiales nostros tractentur condecenter & honestè, & ut celeriùs fieri poterit, juxta qualitatem negocii, & conditionis personarum eos volumus expediri. Et hoc idem* Volumus *&* statuimus *fieri & teneri de nostris* Baronibus *& subjectis.*

JEAN I.er & selon d'autres, Jean II. au mois d'Octobre 1351.

(7) Si verò contigerit quod aliquis Prælatus, vel Baro, propter magna onera negociorum non poterit celeriter expediri, certa dies assignetur eidem, quâ audietur & expedietur, & tunc audiatur & expediatur de die in diem, celeriùs quàm Curia poterit.

(8) Item. *In eorum* Feudis, *vel* Retro-feudis *nihil de cetero* acquiremus, *nisi de eorum procedat* assensu, *nisi in causa pertinente ad jus nostrum Regium; nec recipiemus* novas advocationes *vassallorum, seu hominum Ecclesiarum, nec non & nostris Baronibus subjectorum; & eas quas recepimus* revocamus, *nisi eas tanto tempore tenuerimus pacificè, quod de consuetudine patriæ nobis fuerint acquisitæ.*

(9) Si verò contingat quod in terris ipsorum, aut aliorum subjectorum nostrorum, aliquæ forefacturæ nobis obveniant *jure nostro Regio,* infra annum & diem extra manum nostram ponemus, *& ponemus in manu sufficientis hominis ad deserviendum feudis, vel Dominis feudorum* recompensationes *sufficientes & rationabiles faciemus.*

(10) Item. *Quantùm ad* Regalias *quas Nos & Prædecessores nostri consuevimus percipere & habere* in aliquibus Ecclesiis Regni nostri, *quando eas vacare contingit, de quibus plures ad nos querimoniæ devenerunt, eo quod* Gardiatores & Regaliatores *amputabant & secabant nemora dictarum Ecclesiarum, antequàm tempus amputationis, seu secationis eorum, aut debitæ venditionis advenisset, & evacuabant stagna & vivaria ad dictas Ecclesias pertinentia, pluraque alia faciebant & committebant, quæ in gravia dictarum Ecclesiarum dispendia & prajudicia redundabant. Nos circa eas cautiùs præcavere volentes, debito temperamento, & opportuno interjecto medio,* Volumus, Præcipimus, *& etiam* Ordinavimus, *quod res bona, maneria, & jura* dictarum Regaliarum manu teneantur, custodiantur & explettentur, *absque aliquo detrimento & devastatione, ac si propria nostra essent:* Inhibentes *de cetero ne nemora* dictarum Regaliarum *ante tempus debitæ sibi resecationis amputentur, nec arbores, quæ ab antiquo servatæ & (b)* fotæ *fuerunt, propter* decorem *& amenitatem maneriorum, (c) &* Forestæ *antiquæ, quæ numquam causâ vendendi fuerunt amputatæ, aliquo tempore scindantur, aut quocumque modo vendantur. Nemora autem quæ exponuntur sectioni non devastentur, aut vendantur, nisi pro modo & tempore consuetis. Vivaria insuper, stagna & piscariæ, nisi piscium nutritura & fomentatione servatis pro captura piscium non graventur:* Præcipientes *insuper, quod in omnibus istis casibus, & circa prædicta & singula prædictorum caveatur ab omni vastatione, abusu, destructione & excessu; & quòd circa præmissa talis moderatio adhibeatur, talis æquitas, & tale temperamentum, qualia consueverunt à quolibet legitimo administratore, & provido dispensatore circa talia ratione præviâ adhiberi. Et quia tantò meliùs singula præmissa servabuntur, quantò meliores & fideliores executores in eis & circa ea ponentur, quasdam personas de quibus gerimus fiduciam pleniorem, elegimus, per quas prædicta cum advenient, servabuntur.*

(11) Volumusque *quod* Custodes, *seu Gardiatores* Regaliarum *prædictarum, & Ecclesiarum vacantium, qui fuerunt temporibus retroactis, compellantur ex nunc summariè & de plano, ad restituendum & resarciendum dampna & gravamina, quæ eos fecisse constiterit, propter excessum, vel abusum, fraudem, aut dolum in prædictis adhibitos, & circa prædicta Ecclesiis quas sic gravaverunt indebitè & injustè, & cum hoc etiam puniantur, secundùm quod ratio suadebit. Hoc idem* Volumus *quantùm ad Barones, & alios subditos nostros observari, quando terras suas propter deffectus hominum, aut aliàs ad nos devenire continget in questu.*

(12) Item. Volumus, Sancimus & Ordinamus, *quod Judicata, Arresta &*

NOTES.

(b) Fotæ.] Dans l'Ordonnance de Philippe le Bel, qui est au premier tome feüillet 339. n. 11, il y a moins bien *forte.*

(c) Et forestæ, &c.] Cela manque dans l'Ordonnance de Philippe le Bel, qui est au premier Volume article 11.

JEAN I.er & selon d'autres, Jean II. au mois d'Octobre 1351.

Sententiæ, quæ de nostra Curia, *seu de nostro* communi Consilio *processerunt, teneantur, & sine appellatione aliqua executioni demandentur. Et si quid ambiguitatis, vel erroris continere viderentur, ex quibus meritò suspicio induceretur, correctio, interpretatio, revocatio, vel declaratio eorumdem* ad Nos, *vel* ad nostrum commune Consilium *spectare noscantur, vel majorem partem Consilii nostri, vel providam deliberationem mandati nostri specialis, & de licentia nostra speciali super omnia antea requisita servetur.*

(13) Et Volumus *quod inquestæ & probationes, postquam fuerint transmissæ ad nostram Curiam, judicentur infra* biennium *ad tardiùs, postquam ad Curiam nostram fuerint, ut præmittitur, transportatæ.*

(14) Item. *Quia ad reformationem prædictam opus est quod per sapientes & fideles personas, Senescallos, Baillivos, & nostros alios Officiarios communes in Regno nostro, Justitia nostris temporibus servetur illæsa,* Volumus & Ordinamus, *quod Senescalli, Baillivi, Judices & Custodes Nundinarum Campaniæ, Magistri & Custodes forestarum & aquarum, de cetero* eligantur & instituantur *ex deliberatione* nostri magni Consilii. *Et si aliquis ante hoc salubre Statutum electus fuerit ad aliquam Præfecturam, vel administrationem nostram, qui minùs sufficiens, aut imperitus existat, Regiæ Majestati significetur apertè, ita quod circa hoc salubre* valeamus *remedium adhibere.*

(15) Volumus *insuper quod ipsi, &* Procuratores nostri *jurent secundùm formam infra scriptam. Et ut prædictum* Juramentum *validiùs & firmiùs teneatur,* Volumus *quod in qualibet Assisia dictarum Senescalliarum & Bailliviarum nostrarum, quæ primò tenebuntur, post publicationem hujusmodi saluberrimi Statuti, apertè & in communi, coram Clericis & laïcis prædictum faciant Juramentum, quamvis aliàs in præsentia nostra fecerint illud idem, ut si timor Dei à malo revocare non posset, saltem indignationis nostræ formidine, & temporalis confusione roboris, à malis agendis in suis administrationibus arceantur.*

(16) Item. Nolumus *quod aliquis* Senescallus, *vel* Baillivus *de nostro sit* Consilio, *quamdiù suæ præerit præfecturæ. Et si antea receptus fuerit de Consilio nostro,* Nolumus *quod suo durante officio, se de eo aliquatenùs intromittat.*

(17) Item Nolumus *quod aliquis Consiliarius noster habeat de cætero, vel recipiat* pensionem *aliquam, ab aliquâ personâ Ecclesiastica, vel seculari, nec ab aliqua etiam villa, vel communitate, etsi aliqui habeant,* volumus *ut ex nunc dimittant eamdem.*

(18) Item. Volumus & ordinamus, *quod nullus Senescallus,* Baillivus, *aut alius judex quicumque sub se habeat* Præpositum, Vicarium, *seu* judicem, *qui eisdem* consanguinitatis, affinitatis, *vel* nutrituræ *vinculo teneatur, ne personæ prædictæ in causis quæ ad ipsas per* appellationes *perveniunt, debeant minus fideliter judicare, & si sint aliqui* volumus *eos a dictis officiis amoveri.*

(19) Volumus *etiam quod si contingat quod aliqua de Præposituris nostris* vendatur *vel* tradatur ad firmam, *quod talibus* commendetur *personis, quæ fideles & idoneæ reputentur, & bonæ famæ & quod sint bene solvendo, non clerici, non usurarii, non infames, nec suspecti circa oppressiones subjectorum, nec* volumus *quod præfatæ personæ ad prædictas præposituras nostras, seu administrationes quantumcumquè plus aliis offerant, admittantur. Inhibentes de cætero, ne Præpositi præposituras ad firmam tenentes, taxare, vel judicare præsumant* emendas, *sed tantummodo Senescalli & Baillivi, homines, aut Scabini duntaxat, secundum quod locorum consuetudines suadebunt. Injungentes quod in una præpositura, ponatur* unus Præpositus, *aut* duo *tantummodo & non plures & quod uni personæ non tradatur nisi unica Baillivia, Senescallia, vel Præpositura, Vicaria seu judicatura. Et tales* jurabunt *sicut Senescalli & Baillivi.*

(20) Cæterum volumus *quod* Procuratores nostri, *in causis quas nomine nostro ducent, contra quascumque personas,* jurent de calumpnia, *sicut prædictæ personæ. Et si contingat eos facere substitutos, ipsis substitutis satisfacient, & non partes adversæ. Nolentes, immo prohibentes expressè, ne prædicti Procuratores nostri de causis alienis se intromittere, aut literas impetrare præsumant, nisi pro personis conjunctis ipsos contingerit facere prædicta.*

(21) Item. Præcipimus *quod omnes Senescalli, Baillivi, Præpositi, & quicumque*

alii Justitiarii, in Regno nostro constituti, mandata nostra Regia, cum reverentia suscipiant *& diligenter executioni debitæ demandent, nisi aliqua vera justa & legitima causa obsistat, quominus juxta juramentum suum ea facere, aut exequi minime teneantur quam nobis referant, aut rescribant, & nobis remittant per literas apertas, eorum sigillis sigillatas, per eos qui mandata impetrabunt supradicta, causas propter quas dicta mandata non tenentur executioni demandare, reddant, quas literas impetratoribus earumdem, aut transcripta earum sub sigillis propriis nobis clausa transmittant.* Volentes *quod si circa prædicta negligentes extiterint, vel remissi, vel maliciam, seu fraudem aliquam vel deffectum commisisse noscantur, dampna, gravamina & expensas earum impetratoribus reddere compellantur, si quas, vel quæ dictos impetratores fecisse contingerit, ob deffectum, negligenciam, fraudem, vel maliciam prædictorum, & quod aliter, prout justum fuerit puniantur.*

JEAN I.er & selon d'autres, Jean II. au mois d'Octobre 1351.

(22) Item. *Hac irrefragabili constitutione* sanximus, *quod omnes nostri Senescalli, Baillivi, Vicecomites, Vigerii judices & alii justiciarii nostri, quibuscumque nominibus censeantur, & ubicumque in dicto Regno nostro fuerint constituti, officia sibi commissa per se ipsos &* personaliter *exerceant, nec sibi* substitutos, *aut locum tenentes facere præsumant, nisi in casu necessitatis, utpote valetudinis, vel consimili, in quo, etiam cessante causa necessitatis, ad commissa sibi officia redeant exequenda, sine fraude & sub debito juramento. Cum autem eos contingerit in prædicto casu absentari*, substituant *sibi aliquem virum ydoneum & honestum, de patria, seu provincia, cui præesse noscuntur, usque ad suum reditum, quem cito accelerent, qui siquidem substitutus non sit advocatus, nec aliis arduis negociis impeditus, nec amicorum multitudine oneratus, caventes sibi sic substitutos, quod pro administratione, pacto seu gestione substitutorum suorum, si quid in eis commiserint, tenebuntur, prout de jure fuerit, respondere. Et jurabunt prædicti substituti quod quamdiu præerunt in officio sic prædicto, illud bene & fideliter exequentur. Inhibentes districtius ne prædicti, Senescalli, Baillivi, officiarii, Commissarii nostri quicumque sint, sub pœna amissionis officii sibi commissi, accipiant aliquid pro* sigillis *suis, nec recipi faciant, aut patientiam præstent, ut pecunia, argentum, servitium, vel utilitas aliqua quæcumque sit illa, vel illud, pro eis exigatur.*

(23) Item. *Quod Præfati Præpositi nostri nihil penitus exigant à subditis suis, aut si offeratur non recipiant ab eisdem, nec Ecclesias gravare præsumant, ratione subventionis, aut auxilii eisdem impendendi, nec ad easdem accedere debeant, pro* comedendo *aut* jacendo *ibidem, sine magna causa, nec cum personis dictarum Ecclesiarum, aut aliis quibuscumque subjectis suis conventiones, pacta, seu mercata faciant de danda certa summa pecuniæ, pro omnibus* emendis, *quas incurrerent, seu incurrere possent in toto tempore, quo eorum officium perduraret, quia per hunc modum daretur prædictis subditis & aliis personis occasio delinquendi. Contra hoc autem salubre statutum venientes* volumus *animadversione condigna puniri.*

(24) Item. *Volumus quod ordinatio* Burgesiæ per nos, *ac nostrum consilium facta diu est supra Burgenses, custodiatur & firmiter teneatur. Et si contingeret quod emergeret quæstio, quod si gentes nostræ requirant aliquem tanquam burgensem nostrum, quem aliquis prælatus, sive baro, aut quivis alius nobis subjectus, dicerent esse hominem, aut justiciabilem suum, aut quid in eorum jurisdictione commisisset, negantes ipsum esse Burgensem nostrum,* recredentia *fiat de illo, per illum qui eum tenet, si ita sit quod in casu* recredentiæ *teneatur, & inquisita veritate supra negocio, vocatis qui fuerint evocandi, negocium executioni demandetur, secundum quod jus & bona consuetudo patrie postulabunt, servatâ tamen* ordinatione Burgensium, *per* consilium nostrum edita, *de qua copiam habebit, qui eam voluerit perlegere & habere. Et ita observari* volumus *de novis bastidis.*

(25) Item. Hoc perpetuo prohibemus *Edicto, ne subditi, seu justiciabiles prælatorum & baronum, aut aliorum subditorum nostrorum, trahantur in causam coram nostris officiariis, nec eorum causæ, nisi in casu* ressorti, *in nostris Curiis audiantur, vel nisi in casu alio ad nostrum jus Regium pertinente, nec* volumus *quod eis nostræ litteræ concedantur, præterquam in casibus memoratis.*

(26) Item. Præcipimus *quod Senescalli, & Baillivi nostri teneant* Assisias suas *in*

JEAN I.er & selon d'autres, Jean II. au mois d'Octobre 1351.

circuitu Senescalliarum, Bailliviarum suarum de duobus mensibus, in duos menses ad minus, *& quod in fine cujuslibet Assisiæ suæ, significari faciant diem alterius assisiæ. Inhibentes ne prædictas* Assisias *teneant in terris, villis, aut locis Prælatorum, Baronum, Vassallorum, aut aliorum quorumlibet subjectorum nostrorum aut in quibus nos non habemus justiciam, dominium aut* Gardiam*, nisi sit in locis in quibus aliàs dicte assisie consueverunt teneri, a triginta annis citra; nec teneant eas in locis in quibus non est villa, aut habitatio gentium populosa. Et si a quocumque in contrarium aliquid contingerit attemptari,* nolumus *quod redundet, quantum ad possessionem, vel proprietatem in eorum præjudicium ad quos dicta possessio, vel proprietas pertinere noscatur.*

(27) Item. Nolumus *quod aliquis præficiatur in Senescallum, Baillivum, vel Præpositum, Judicem seu Vicarium, vel Bajulum in loco unde dicitur* oriundus.

(28) Item. Inhibemus, *ne* servientes *faciant* adjornamenta, *seu citationes, sine* præcepto *Senescalli, Baillivi, Præpositi, Vicarii, Vicecomitis, aut Judicis. Et si Præpositus forte faceret, seu fieri præciperet falsum, aut injuriosum adjornamentum, dampna gravamina parti quam sic gravaverit, ressarciret & cum hoc pœna decente cognosceret quod graviter delinquisset.*

(29) Item. *Interdicimus* servientibus nostris *ne justicient, aut officium suum exerceant, in* terris Prælatorum, *Baronum, aut aliorum Vassallorum, seu subditorum nostrorum, in quibus habent justiciam, altam & bassam, seu merum & mixtum imperium, nisi in casu ressorti, aut alio ad nos de jure spectante, neque tunc, nisi* de præcepto *Senescalli, Baillivi, aut Propositi, Vicecomitis, Vicarii seu judicis, & continebit tunc mandatum, seu præceptum ipsorum, casum ad nos, ut præmittitur pertinentem.*

(30) Inhibemus *insuper, ne morentur, seu larem foveant in dictis terris & locis, vel in locis vicinis, in fraudem, absque voluntate Dominorum, nisi sint* oriundi *de loco, aut ibidem* matrimonium *contraxerint. Et in hiis duobus casibus non poterunt* servientes *officium exercere in locis illis, & si casus ressorti, aut alius ad nos spectans in eisdem terris evenerit,* volumus, *quod de illic se nullathenus intromittant, imo casus ille executioni mandabitur per alios servientes.*

(31) Prælati vero, Barones, & alii fideles nostri poterunt prædictos servientes *nostros Justiciare, & contra eos uti jurisdictione sua spirituali & temporali, prout justum fuerit, sine fraude, sicut contra alias privatas personas, in hiis quæ ad eorum officium non spectabunt, poteruntque eos punire de excessibus & commissis quæ fecerint, non tamen nostrum regium officium exequendo.*

(32) Item. Volumus *quod* ordinatio *facta diu est per nos, super removanda superfluitate* servientum, *& de reducendo eos* ad certum numerum, *servetur, compleatur & etiam firmiter executioni demandetur. Videlicet quod ubi consuetum erat habere* viginti *servientes, remotis omnibus,* quatuor *tantum restent, & sic per consequens de majori numero, major subtrahatur & de minori minor, volentes quod* servientes *illi qui nostras antea habebant literas, & qui aliàs sufficientes extiterint, inter remanentes deputentur, servato numero supradicto; & illi qui taliter remanebunt obedient Senescallis nostris & Baillivis, qui poterunt* prædictos servientes *nostros corrigere & punire, pro suis* excessibus *& commissis, & si eorum excessus exigerint de officio eorum, quamvis nostras super hoc habuerint literas, totaliter amovere.*

(33) Item. Præcipimus, *quod tales, qui in* servientes *eliguntur præstent ydoneam cautionem, in manibus dictorum Senescallorum & Baillivorum nostrorum, ut benè & fideliter faciant, & exequantur officia sibi commissa, & quod debeant respondere, aut juri stare, supra hiis omnibus, quæ ab eisdem peti poterunt, ratione dicti officii exercui. Et si contingat aliquem dictorum servientium mori, aut officium sponte, vel suis excessibus dimittere; Senescalli, aut Baillivi loco eorum poterunt alios, suo tamen periculo, sufficientes, subrogare, & habebunt respondere de hiis quæ gesserint suum officium exercendo, nec poterunt dictorum servientum numerum augmentare.*

(34) Item. Volumus *quod dicti* servientes *nostri* moderatum *salarium accipiant videlicet* serviens eques, *tres solidos in die,* & pedes *decem & octo denarios, monetæ currentis, quando exibit villam, & plus non accipiant in die pro salario suo, quotcumque*

adjornamenta, executiones, aut proceſſus alios, *ad eorum officium pertinentes faciant pro pluribus negociis, pluribuſve perſonis. Et ſi ſit in aliquibus locis conſuetum, quod minus debeant habere, illa conſuetudo ſervetur.*

(35) Item. Statuimus *quod ſi aliqui de officiis noſtris ſaiſierint aliquas terras, vel poſſeſſiones, pro debato partium, dictis terris, vel poſſeſſionibus alteri parti cognitione judiciaria præmiſſâ, adjudicatis, fructus etiam medio tempore percepti eidem parti, fideliter & plenarie reddantur, deductis miſſionibus & expenſis.*

(36) Inhibemus *præterea*, & interdicimus *omnibus Seneſcallis & Baillivis Juſtitiariis, fidelibus, & ſubjectis noſtris quibuſcumque, poteſtatem faciendi, ſeu inſtituendi* Notarios, *vel Notarium publicum, vel publicos, auctoritate noſtra Regiâ, quoniam* intelleximus, *quod retroactis temporibus, inordinata, ſeu effrenata multitudo* Notariorum *multa intulit diſpendia & præjudicia noſtris fidelibus & ſubjectis: quam ſi quidem poteſtatem nobis & ſucceſſoribus noſtris Franciæ regibus ſpecialiter, & perpetuo* reſervamus. *Et ex nunc pro utilitate publica, de conſilio & provida deliberatione conſilii noſtri, in eos* intendimus, *qui cum inordinata* Notariorum *publicorum multitudine ſunt creati, circa eos proponentes apponere remedium opportunum.* Nolumus *tamen quod Prælatis, Baronibus aut aliis ſubditis noſtris, qui de antiqua & approbata conſuetudine, in terris ſuis poſſunt* Notarios *facere, per hoc præjudicium generetur.*

(37) Item. Volumus *quod præfati* Notarii, *ſeu* Clerici *noſtri, vel* Clerici, *ſeu* Notarii, *Seneſcallorum, Baillivorum & Præpoſitorum prædictorum, & alii* Notarii, *ſeu* ſcriptores *in noſtris officiis conſtitui, accipiant* ſalarium moderatum, *videlicet* de tribus lineis, unum denarium, & de quatuor lineis uſque ad ſex, duos denarios *uſualis monete, & non amplius. Et ſi ſcriptura excedat ſex lineas, recipiant pro tribus lineis unum denarium, ſicut dictum eſt. Et debet* eſſe linea in longitudine unius palmæ, & continere ſexaginta decem literas ad minus, & ſi plus protendatur linea plus poterit Notarius recipere, *ſecundùm longitudinem cartæ, vel inſtrumenti, vendicionem, aut alios contractus perpetuos continentis, videlicet* de duabus lineis, *unum* denarium, *hoc idem teneri & ſervari* volumus in inſtrumentis publicorum Tabellionum. *Etſi in aliquibus locis prædictæ ſcripturæ, minori pretio, olim taxate fuerint.* Nolumus *quod per hanc* conſtitutionem *noſtram, in eis aliquid immutetur, immo illi taxacioni ſtetur, noſtra noviter edita nonobſtante.*

Sequitur forma juramenti, per quam debent jurare Seneſcalli, Baillivi, Judices, Viguerii, Vicarii, Vicecomites, Præpoſiti, & alii Officiarii noſtri Juriſdictionem habentes.

(38) J*Urabunt enim in primis, quod quamdiu erunt in officio, ſeu in adminiſtratione eis commiſſa, facient juſtum judicium omnibus perſonis parvis & magnis, extraneis & privatis, cujuſcumque conditionis exiſtant, & ſubjectis quibuſlibet, ſine acceptione perſonarum, & nationum, ſervando & cuſtodiendo diligenter uſagia locorum, & conſuetudines approbatas.*

(39) Item. *Jurabunt bona fide cuſtodire & ſervare jus noſtrum, ſine diminutione & impedimento, ſine juris præjudicio alieni.*

(40) Item. *Jurabunt quod per ſe, nec per alios recipient, nec recipi facient, aurum, argentum, aut aliquod aliud mobile, vel immobile, nomine ſervicii, obſequii, ſive doni, aut beneficium aliquod perpetuum, ſeu etiam* perſonale, *exceptis* eſculento & poculento *& aliis ad comedendum & bibendum ordinatis, & de talibus cum moderamine inculpato, ſecundum condicionem cujuſlibet & in tali quantitate ea recipient, quod infra* unum *diem poſſint, abſque devaſtatione illicita conſumi.*

(41) Item. *Ut ſupra* jurabunt, *quod ipſi non procurabunt, quod* Dona, *munera, ſervicia, aut beneficia eccleſiaſtica dentur, ſeu conferantur eorum* uxoribus, natis, fratribus, ſororibus, nepotibus, neptibus, conſanguineis, auxiliariis *aut* privatis ſuis, *immo diligentiam quam poterunt adhibebunt, quod uxores, aut perſonæ prædictæ non recipient talia dona, aut munera ſuperius nominata, quod ſi contrarium fecerint contradicent & compellent*

JEAN I.er & selon d'autres, Jean II. au mois d'Octobre 1351.

personas prædictas, ad reddendum sic per sordem recepta, quam cito ad eorum notitiam devenerint.

(42) Item. *Non poterunt recipere vinum, nisi in* Barrillis, Boteillis, *seu potis, sine fraude & sorde qualibet, & quod superexit vendere non debebunt.*

(43) Item. Interdicimus *eis, quod ab hominibus suorum Bailliviarum, aut administrationum suarum, aut ab aliis coram eis causam habentibus, vel ab eis quos sciverint proxime habituros, non recipiant* mutuum *per se ipsos, vel per alias interpositas personas, parvum, aut magnum, ab aliis vero qui causam non habeant, nec speratur quod habeant proximo, coram ipsis, non recipient* mutuum *quod excedat* quinquaginta libras *turonenses, quas infra* duos menses, *à tempore receptionis dicti* mutui *reddere tenebuntur, licet eas dicti creditores per ampliùs spatium credere vellent eis, nec aliud* mutuum *recipere poterunt, quousque fuerit prioribus creditoribus satisfactum.*

(44) Item. *Jurabunt ut suprà, quod non dabunt, aut mittent* munus, *vel* fervicium *illis qui sunt de* consilio *nostro, nec eorum* uxoribus, liberis, *aut* privatis *suis, nec illis qui* missi *fuerint ex parte nostra, ad visitandum, seu inquirendum de* factis, *& super commissis eorumdem, exceptis, ut superiùs expressum est,* esculento & poculento *in tali quantitate, quæ infra* unum *diem consumi possint.*

(45) Item. *Quod non habebunt partem in* venditionibus Baillivarum, præpositurarum, *aut aliorum redditnum, ad jus Regium spectantium, vel etiam in* moneta.

(46) Item. *Non sustinebunt in errore suo Præpositos, & officiarios nostros alios, qui suberunt eis, qui erunt injuriosi, exactores aut suspecti usurarii, aut aliam vitam inhonestam ducentes aperte, ymmo corrigent eos, ab eorum excessibus prout justum fuerit, bona fide.*

(47) Item. *Jurabunt Præpositi, Baillivi, Vicarii, Ballivi, Bajuli Vicecomites, Majores villarum, & forestarum Custodes, & alii qui sunt sub eis in officiis, quod non dabunt, aut servient in aliquo, majoribus suis, nec eorum uxoribus, familiaribus, liberis, aut propinquis privatis.*

(48) Item. *Jurabunt Senescballi & Ballivi, quod a Bajulis, Vicecomitibus, Præpositis, aut ab aliis subditis, officiariis suis, sive sint in* firma, *sive in* Baillivia *non recipient* gistum, pastum procurationem, aut aliquod aliud donum *quodcumque sit illud.*

(49) Item. *Jurabunt quod à* Religiosis *personis suæ administrationis non recipient, ea quæ in superioribus sunt expressa, nec recipient* esculentum, *aut* poculentum, *ut supra dictum est, nisi ab illis, qui in divitiis sufficienter habundant,* semel in anno, *vel* bis, *& non amplius cùm magna instancia requisiti, videlicet à* Militibus, Domicellis, *Burgensibus divitibus, aut ab aliis magnis viris.*

(50) Item. Non ement *in Baillivia sua, seu administratione quocumque & quantumcumque duret, nec in alia, possessiones aliquas, dolosa, vel fraudulenta impressione. Quod si fecerint, contractus eo ipso reputabitur nullus, & possessiones applicabuntur nobis in dominio nostro, & Prælatis, Baronibus & aliis subditis nostris applicabuntur si prædicti Senescalli, Baillivi, & alii prædictos contractus faciant in terris suis, contrà nostram prohibitionem prædictam, nisi de nostra processerit voluntate.*

(51) Item. *Jurabunt quod durante administratione sua, contra prohibitionem prædictam, nisi de nostra processerit voluntate, non contrahent in personis suis, nec contrahi, quantumcumque in eis erit, permittent* filiis, *aut* filiabus *suis,* fratribus, sororibus, nepotibus, *aut* nepotibus, *aut* consanguineis matrimonium, *cum aliquo vel aliqua, sub administratione sua supradicta, administratione durante, nec ponent in* monasteriis *religiosorum, vel religiosarum, aliquas de personis, prædictis, nec acquirent eis beneficia ecclesiastica, seu possessiones, nisi de nostra processerit gratia, seu licentia speciali, personis duntaxat exceptis quæ habent officia, seu administrationes in locis undè traxerint* originem, *vel in quibus* mansionem *habent, vel* larem *forent, quibus liceat* matrimonium *contrahere, parentes, seu amicos in religione ponere, & possessiones emere, dum tamen id sine fraude, & cupiditate faciant, jure regio in omnibus, & per omnia observato penitus & illæso.*

(52) Item. *Quod non ponent, nec tenebunt aliquem in* prisione, *seu* carcere, *pro*

debito, *nisi per literas nostras regias, ad hoc fuerit* specialiter obligatus.

(53) Item. *Jurabunt, secundum quod consuetum est, concedere ad* firmam, *vel committere præposituras, & alia officia, redditus & proventus nostros personis* sufficientibus, *& non aliter.*

(54) Item. *De sigillis, scripturis, Sergenteriis, vicariis, aliis que sub eis officiis censemus esse tenendum.*

(55) Item. *Jurabunt quod per se, vel per alios dolo, vel fraude contra prædicta, vel aliquod de prædictis non venient, seu venire facient, vel permittent.*

(56) Item. Volumus *& tenore præsentium* sancimus, *quod* sigilla *Senescalliarum, Baillivarum, Præposituratum, Vicariarum & judicaturarum regni nostri de cetero non* vendantur ad firmam, *seu* in custodia tradantur, *nisi personis* Legalibus, *ac etiam bonæ famæ. Hoc idem de officiis* recognitionum *recipiendis* volumus *observari. Ceterum quia multæ novitates, contra approbatas & antiquas* consuetudines nundinarum campaniæ & appellationum Lauduni, *in nostrorum præjudicium subjectorum introductæ dicuntur,* proponimus *&* ordinamus *personas mittere ydoneas, ad inquirendum de antiquis consuetudinibus* nundinarum, & appellationum ipsarum, *& prædictas antiquas & approbatas consuetudines facient observari, & si quas invenerint infractas, vel abolitas facient ad antiquum statum reduci. Quia vero multæ magnæ causæ in nostro Parlamento inter notabiles personas & magnas aguntur:* Ordinamus & Volumus, *quod duo Prælati & duæ aliæ bonæ & personæ sufficientes laycæ de nostro consilio, vel saltem unus Prælatus, & una persona layca, causa audiendi & deliberandi dictas causas, continue in nostris Parlamentis existant.*

(57) Item. Volumus *quod literæ super factis criminalibus confectæ, ad nostrum magnum* sigillum nullatenus recipiantur, *donec signatæ & correctæ fuerint per duos fideles homines nostri consilii, vel saltem per unum, quem ad hoc duxerimus deputandum.*

(58) Si verò contingat aliquos de subjectis Prælatorum, Baronum, aut aliorum subjectorum nostrorum, altam justiciam habentium, per nostras literas obligari, dicti Prælati & Barones habebunt executionem ipsarum literarum.

(59) Ordinamus *etiam quod si aliquæ personæ provinciarum, quæ* jure communi reguntur, *in nostro Parlamento, habeant causas quæ* jure scripto *debeant terminari, sententia diffinitiva ipsarum secundum* jus scriptum *feratur*

(60) Volentes *insuper, & etiam* ordinantes, *quod nullus Senescallus, Baillivius Præpositus, Vicarius, Vicecomites, vel judex hominem unius Castellaniæ Bailliviæ, prepositura Vicariæ, vel judicaturæ ad aliam valeant trahere, aut etiam adjornare.*

(61) Item. Volumus *quod subdicti Prælatorum, Baronum & aliorum altam justitiam habentium, de cetero* appellent *ad ipsos, secundùm quod ab antiquo consueverunt appellare ad ipsos.*

(62) Præterea *propter comodum subjectorum nostrorum & expeditionem causarum* proponimus ordinare, *quod* duo Parlamenta Parisius, *&* duo Scacaria Rothomagi, *&* dies Trecenses bis in anno tenebuntur *& quod (d) Parlamentum* apud Tholosam *tenebitur, si gentes terræ prædictæ consentiant, quod non* appelletur a præsidentibus in Parlamento prædicto.

Hæc est est ordinatio facta, per nos & consilium nostrum de mandato nostro, super modo tenendi & faciendi *Burgesias* regni nostri, ad removendum & tollendum fraudes & malitias, quæ in eis olim fiebant, occasione, seu causa dictarum Burgesiarum, ratione quarum aliquotiens subditi nostri graviter opprimebantur & gravabantur, ad nos sæpe suas querimonias deferentes.

PRimo. *Statutum & ordinatum est, quod si aliquis voluerit intrare noviter aliquam*

NOTES.

(d) Parlamentum apud Tholosam.] Ce Parlement ne fut creé qu'au mois d'Octobre 1443.

JEAN I.er & selon d'autres, Jean II. au mois d'Octobre 1351.

de Burgesiis nostris, debet venire ad locum, unde proponit, seu requirit esse Burgensem & adire Præpositum illius loci, vel ejus locum tenentem, vel majorem illius loci, qui recepit, seu recipere consuevit, absque Præposito, Burgensem. Et debet dicere tali modo Domine requiro a vobis mihi concedi Burgesiam illius villæ, paratusque sum facere, quod incumbit faciendum. *Et tunc Præpositus, vel Major in loco prædicto, vel eorum Locatenentes, ut suprà dictum est, in præsentia* duorum, *vel trium Burgensiorum ejusdem villæ, recipient securitatem, seu cautionem de introitu Burgesiæ præfatæ, & quod ipse faciet, vel emet ratione & nomine dictæ Burgesiæ* domum *infrà unum annum & diem, de valore* sexaginta solidorum Parisium *ad minus, & de hoc fiet instrumentum & registretur. Et tunc Præpositus, vel Major in loco concedet sibi unum servientem, cum quo debet adire Dominum, sub quo antea fuerat, & a cujus districtu, seu jurisdictione se voluit amovere, vel ejus Locatenentem, & eos vel eorum alterum certificare, quod ipse Burgensis factus est noster in tali villa, designando eis diem & annum, sicut in litera Burgesiæ sibi data continetur, in qua nomina contineantur Burgensium, qui in præmissis affuerunt quando intravit Burgesiam supradictam.*

(2) Ordinatumque fuit quod ipse non habebitur, aut deffendetur, ut Burgensis noster, antequam præmissa & quodlibet de præmissis per eum facta fuerint, & data securitas de complendo, sicut superius est expressum, donec fuerit advocatus ut Burgensis *noster, coram* Domino *à cujus jurisdictione se substraxit.*

(3) Item. Statutum est, *quod quilibet Burgensis noster sic receptus, & advocatus, ut præmissum est, & in quocunque tempore sit, sive ante festum beati Johannis Baptistæ sive post, sive ante festum omnium sanctorum, sive post, debet continuare Burgesiam suam per eum modum qui sequitur.* Videlicet *quod ipse & uxor sua vel sponsa si quam habet, debent personaliter residere in dicta Burgesia, à vigilia* omnium sanctorum, *usque ad* vigiliam beati Johannis Baptistæ, *nisi alias infirmitate fuerit impeditus proprii sui corporis, aut uxoris suæ, aut aliorum propinquorum suorum, vel in casu matrimonii, vel peregrinationis, vel casuum similium, sine fraude eos contingeret absentare. Præterea post recessum eorum à loco Burgesiæ suæ, impedimento cessante, non morentur ultra tres dies, vel quatuor ad plus.*

(4) Item. Concedimus & Volumus *quod præfatus una cum uxore sua in simul vel divisim, si eis expediens videatur, possint se absentare a dicta Burgesia, a festo* beati Johannis Baptistæ *usque ad festum* omnium sanctorum, *pro fœnis suis, messibus, & vindemiis faciendis, aut aliis negociis suis peragendis.* Volumusque *quod præfatus Burgensis & uxor sua, vel alter eorum sint in loco dictæ Burgesiæ, si comode fieri poterit si fuerint in patriâ in quolibet* magno festo annuali.

(5) Item. *Scire* volumus *universos, quod si vir, qui non est uxoratus, aut mulier quæ non habet virum, voluerit intrare aliquam de Burgesiis nostris, sub modo & formâ prædictis, oportet eum, vel eam habere proprium* valletum, *vel* famulum, *aut* ancillam, *qui deservient prædictis personis, in dicta Burgesia, a vigiliâ* omnium sanctorum, *usque ad* vigiliam Sancti Joannis Baptistæ *& ipso modo deserviendo dicti Burgenses, per se, vel per substitutas personas, poterunt suis negociis intendere quandocumque voluerint. Ita tamen quod in quolibet festo celebri annuali, si in patria fuerint, in dictis locis suarum debent facere præsentiam personarum.*

(6) Item. Statutum & ordinatum *est, quod si aliquis, vel aliqua receptus vel recepta in Burgensem, per modum qui dictus est, vel recipiendus sub forma prædicta se substraxerit, vel de cætero subtrahat, seu subtrahere voluerit ab aliquo loco, vel communitate,* solvat tallias & onera sibi imposita in villa in quâ fuerit talliatus, *vel* oneratus, *antequam esset receptus in Burgensem, vel advocatus, tanquam Burgensis in alia villa, in quâ requisivit esse Burgensis, vel partem debitorum pro exitu villæ. Ab alia vero parte solvet* omnes tallias, *jura & onera illius ville, in qua receptus est Burgensis, ab illa die quâ receptus fuerit, vel receptus erit, usque ad diem, qua se subtrahere voluerit publice à loco Burgesiæ. Est etiam* Ordinatum *quod nullus, vel nulla Burgensis recipietur, aut deffendetur in aliquâ Burgesiâ, quamdiu tenebit primam in quâ receptus fuerat, & etiam advocatus.*

(7) Item.

(7) Item. *Ordinatum est, & statutum, quod ille Dominus de sub cujus jurisdictione Burgensis hujusmodi se subtrahet, omnino habebit cognitionem & executionem omnium causarum, quæstionum, & querelarum motarum contra ipsum, & occasione ipsius, omniumque excessuum per eum Commissorum,* a tribus mensibus, *antequam receptus esset & advocatus in Burgensem, ut superius est expressum. Quod intelligendum de* querelis & excessibus, *de quibus notorie, aut ordine judiciario cognitum extat, vel extitit, vel quæ Dominus prædictus per sufficientes testes probare poterit coram Justiciario dictæ Burgesiæ* infra tres menses, *postquam receptus, ut prædictum est, vel advocatus fuerit, in Burgensem.*

(8) Item. *Statutum est, quod nullus prædictorum Burgensium sustinebitur, aut deffendetur, quominus in* causa hæreditatis, *contra eos, vel ab eis, mota seu movenda, debeat parere juri, coram Domino, seu Dominis sub quo, vel quibus est* hereditas *memorata. Idem etiam est censendum circa debita, quæ subditi prædictorum Dominorum debent prædictis Burgensibus, aut debebunt.*

(9) Item. *Sciendum est quod per hujusmodi* statuta, *seu* ordinationes, *Nos aut nostrum consilium non* intendimus *in aliquo variare, vel mutare privilegia, seu puncta literarum, quæ Nos aut prædecessores nostri* concessimus, *quibus juste, sine malitia, usum fuerit, & etiam sine fraude. Nec est intentionis nostræ, quin subjecti nostri possint requirere, aut de præfatis Burgesiis extrahere* homines suos de corpore adscriptitios, seu glebæ affixos, *aut alterius servilis conditionis, modo debito, seu etiam consueto.*

(10) Publicabitur *autem hæc* Ordinatio *per quemlibet Senescallum, aut Baillivum in prima assisia, quam tenebunt. Et dicetur sub hoc modo, quod omnes, qui voluerint gaudere prædictis Burgesiis, venient infrà mensem, à tempore publicationis hujusmodi, pro renovandis dictis Burgesiis sub modo & forma superius expressis: Et nisi infrà præfixum terminum venerint, vel si se non excusaverint, non deffendentur ab illa hora inantea, nec habebuntur ut Burgenses. Intentionis que curiæ nostræ, seu consilii nostri existit, quod hujusmodi* Statuta & Ordinationes *firmiter teneantur, contrariâ consuetudine qualibet non obstante, nisi specialiter aliquæ personæ puncto literæ regiæ, aut privilegio eis concesso quo bene & legitime fuerint usæ, extiterint præmunitæ. Omnes autem istas* Ordinationes *subscriptas,* statuta *que salubria* fecimus, promulgamus & sancimus, *teneri que firmiter, & inviolabiliter* præcipimus observari, *pro bono regimine regni nostri, & utilitate reipublicæ, Requirentes Prælatos, Barones & alios fideles, & subditos nostros, quatenus eas, vel ea faciant a subditis suis teneri, & firmiter observari, in terris & jurisdictionibus suis, præcipiantque fieri officiariis suis, modo quo injungimus, & Nos nostris. In cujus rei testimonium præsentibus literis, seu ordinationibus, nostrum fecimus apponi sigillum.* Actum Parisius die Lunæ post mediam quadragesimam, anno Domini millesimo trecentesimo secundo.

Nos autem habita super hoc nostri maturâ deliberatione consilii, prædictas Ordinationes, libertates, statuta, franchisias *& gratias, ratas & gratas habentes, literas suprascriptas, vim, auctoritatem & efficaciam* originalium literarum *habere* volumus, & decernimus *per præsentes, statuentes & districte præcipiendo mandantes, dictas franchisias, libertates, statuta, gratias, Ordinationes, & literas bona fide inviolabiliter teneri in posterum & absque calumpnia, ab omnibus justiciariis & aliis subditis nostris integraliter & imperpetuum observari, ac executioni debitæ demandari, præscriptione temporis, & usu contrario, à tempore* dictarum Ordinationum, *seu literarum citra, seu literis à curia nostra impetratis, aut impetrandis, & quibusvis aliis, per quoscumque officiarios nostros, aut quamcumque aliam personam hactenus attemptatis, vel imposterum quomodolibet attemptandis, in contrarium nonobstantibus quibuscumque: Quæ omnia & singula, in quantum prædictis franchisiis, libertatibus statutis, gratiis, & ordinationibus, in toto, vel in parte possent, vel viderentur obesse,* revocamus, cassamus & annullamus, *ea que* cassa, irrita, *ac* nullius existere firmitatis, *ipso facto, auctoritate nostra Regia, ex certa scientia, & de speciali gratia tenore præsentium* Declaramus, *salvis tamen modificationibus infrascriptis, quas propter varietates negociorum, locorum, & temporum, utilitatem subjectorum & declarationem*

JEAN I.er & selon d'autres, Jean II. au mois d'Octobre 1351.

occurrentium dubiorum, quibusdam articulis suprascriptarum Ordinationum, vel literarum quarum, addere decrevimus opportunum. Videlicet tres dictarum literarum articuli sunt quorum primus sic incipit.

(1) (e) Item. *Volumus, quod* Ordinatio *facta diu est per Nos super removenda superfluitate Servientum, &c.*

(2) (f) Item. *Volumus quod Servientes nostri prædicti moderatum salarium accipiant, &c.*

(3) Item. *Volumus quod præfati* Notarii nostri, *seu* Clerici, *vel* Clerici, *seu* Notarii *Senescallorum facientes mansionem de restrictione numeri Servientum ac taxacione salariorum ipsorum & etiam scripturarum, quantum ad dictos Clericos, vel Notarios* intelligantur, & serventur *hoc modo, non aliter, quod prædicta numeri restrictio, & dictorum salariorum & scripturarum taxatio, quotiens opus fuerit, & ad nos quærimonia deferetur, fiet per commissarios, seu reformatores, quos ad partes duxerimus destinandos, prout cum consilio Prælatorum, Cleri, Baronum & aliorum nobilium & civium, secundum locorum, temporum, personarum & negociorum exigentiam, utilitati Regni & subjectorum nostrorum viderint expedire.*

Item. *Articulo incipienti.* Item quod non possent, *&c. addatur, (g)* exceptis debitis regiis.

Item. *Articulus qui sic incipit. (h)* Si vero contingat aliquos de subjectis Prælatorum, Baronum, *&c. faciens mentionem quod Prælati, Barones & alii Justiciarii executionem habeant literarum regiarum, per quas eorum subdicti fuerint obligati, sic servetur, &* quivis eorum utatur, prout hactenus uti consueverunt : *Insuper nos progenitorum & prædecessorum nostrorum, qui Ecclesiarum, Ecclesiasticarumque personarum, & aliorum subjectorum suorum paci, quieti & tranquillitati suis temporibus studuerunt, laudabilibus, & invitoriis, ac exemplaribus vestigiis inhærentes, cupientesque omnes & singulos subditos nostros ab injustis vexacionibus & molestiis & indebitis præservare, eis & eorum singulis, ex amplioris dono gracie,* duximus concedendum : *ut si quemcumque ipsorum contra prædictas* Ordinaciones, *aut aliquem articulum earundem, per aliquem officiarium, vel servientem nostrum contingerit indebitè & per fraudem, seu per culpam dampnabilem & notabilem molestari, officiarius, vel serviens sic molestans dampna & expensas molestato reddere & restituere teneatur. Nec aliquis* Procurator noster, *causam, seu deffensionem, cujusvis officiarii nostri, vel servientis, qui dicatur per fraudem, seu per culpam dampnabilem & notabilem, ut prædictum est, cuique molestiam intulisse in se suscipiat, nisi dictus* Officiarius, *vel* Serviens *cum dicto* Procuratore *causam persequatur, seu deffendat propter quam convenitur & in casu quo succubuerit dictus serviens, vel officiarius ad restitutionem dictarum expensarum & dampnorum condampnetur & alius civiliter puniatur, justicia mediante.*

Damus *siquidem prædictis omnibus & singulis Senescallis, Baillivis & aliis, officiariisque nostris, tenore præsentium in mandatis, eisdem & eorum cuilibet, sub indignationis nostræ pœna, & privationis ab suis officiis, firmiter injungentes, quatenus omnia & singula* juramenta *in prædictis Ordinacionibus contenta & juxta earum tenorem facere non differant, aut præstare, dictasque* Ordinationes *in suis assisiis & aliis locis publicis, si & quando fuerint super hoc debite requisiti, faciant publicari : Quod ut ratum & stabile permaneat in futurum præsentes literas nostri sigilli fecimus appensione muniri.* Datum anno Domini millesimo trecentesimo quinquagesimo primo, mense Octobris.

Per Regem in Consilio suo.

NOTES.

(e) Item volumus, &c.] C'est l'article 32. de l'Ordonance de *Philippe le Bel,* inserée dans celle-cy, & confirmée par le Roy.

(f) Item volumus quod servientes nostri prædicti, &c.] C'est l'article 34. de l'Ordonance de *Philippe le Bel,* inserée dans celle-cy. Voyez les articles 35. 36. & 37. 365. 399. & l'Ordonance du 3. Fevrier 1350. tome 2. pages 386. 387.

(g) Exceptis debitis Regiis.] Voyez au tome premier pages 72. 80. 272.

(h) Si vero contingat aliquos, &c.] C'est l'article 38. de l'Ordonance de *Philippe le Bel* inserée dans celle-cy. Voyez l'Ordonance de *Loüis Hutin* du 15. May 1315. article 5. page 563. tome premier.

JEAN I.er & selon d'autres, Jean II. à S.t Christophle en Halate le 6. Novemb. 1351.

(a) *Institution de l'Ordre de l'*Etoile, *ou des Chevaliers de la Noble Maison.*

DE PAR LE ROY.

Biau Cousin, nous à l'onneur de Dieu, de Nostre-Dame, & en essaucement de Chevalerie & accroissement d'onneur, avons ordené de faire une *Compaignie de Chevaliers,* qui seront appellez *les Chevaliers de Nostre-Dame de la noble maison,* qui porteront la *robe cy-aprés devisée.* C'est assavoir une *Cote blanche,* un *Sercot* & un *Chaperon vermeil:* quant ils seront *sans mantel,* & quant ils *vestiront mantel,* qui sera fait à guise de Chevalier nouvel, à entrer & demourer *en l'Eglise de la noble maison,* il sera *vermeil,* & *fourrez de (b) vair,* non pas *d'Ermines,* de *Cendail,* ou *Sanit* blanc; & faudra qu'il aient dessouz ledit mantel *Sercot blanc,* ou *Cote hardie blanche,* chauces noires, & soulers dorez, & porteront continuelment un *annel* entour la verge au quel sera escrit *leur nom* & *surnom,* ou quel annel aura un esmail plat vermeil, en l'esmail *une estoille blanche,* ou milieu de l'estoille une rondete d'azur, ou milieu d'icelle rondete d'azur, un petit *Soleil d'or,* & ou mantel sus l'espaule, ou devant en leur chaperon un *fremail,* ouquel aura une *estoille,* toute telle comme en l'annel est devisé.

Et tous les Samedis quelque part qu'il seront, il porteront *vermeil* & *blanc* en *Cote* & en *Sercot,* & *Chaperon* comme dessus se faire le puent bonnement. Et se il veulent porter *mantel,* il sera *vermeil* & *fenduz à l'un des costez,* & touz les jours blanc dessouz. Et se touz les jours de la sepmaine, il veulent porter le *fremail,* faire le pourront & sur quelque *robe* que il leur plaira, & en l'armeure *pour guerre,* il porteront ledit *fremail* en leur *camail,* ou en leur *cote à armer,* où là où il leur plaira apparemment.

Et seront tenuz de *jeuner touz les Samedis,* se il peuvent bonnement, & se bonnement ne peuvent jeuner, ou ne veulent, il donront ce jour *quinze deniers pour Dieu,* en l'onneur des *quinze joyes Nostre-Dame.* Jureront que à leur povoir, il donront loyal Conseil au Prince, de ce que il leur demandera, soit d'armes, ou d'autres choses. Et se il y a aucuns qui avant ceste compaignie ayent *emprise* aucun Ordre, il la devront lessier, se il pevent bonnement; & se bonnement ne la pevent lessier, si sera ceste compaignie devant, & de cy en avant n'en pourront aucune autre emprendre, sanz le congié du Prince. Et seront tenuz de venir touz les ans *à la Noble Maison, assise entre Paris & Saint Denis en France, à la veille de la Feste Nostre-Dame demi-Aoust, dedens Prime,* & y demourer tout le jour, & lendemain jour de la Feste jusques aprés Vespres, & se bonnement n'y peuvent venir; il en seront creu par leur simple parole. Et en touz les liex où il se trouveront *cinq ensemble* ou plus à la veille & au jour de ladite mi-Aoust, & que bonnement il n'auront peu venir à ce jour,

NOTES.

(a) Cette Institution est rapportée par Dom *Luc Dachery* dans son Spicilege, entre les Mélanges d'Epîtres & de Chartes, Tome troisiéme de la derniere Edition, p. 730. 731.

L'Ordre de l'*Estoile* fut institué en 1022. par le Roy *Robert,* dit *le Pieux.*

Cet Ordre dura jusqu'au regne de *Philippe de Valois,* qu'il fut intermis par les guerres que ce Prince eust à soustenir contre les Anglois.

En cette année, le Roy *Jean* le restablit. Cet Ordre dura peu. Quelques-uns croyent qu'il fut aboli par *Charles V.* fils du Roy *Jean* & son successeur, & d'autres par *Charles VII.* Voyez *Favin* dans son Theatre d'Honneur & de Chevalerie, livre 3. pages 574. 575. 576. 577.

(b) *Vair, Ermines, Samit blanc, &c.*] Ces mots & plusieurs autres, qui concernoient les habillemens des gens de Guerre sont expliquez par M. Du *Cange* dans sa premiere Dissertation sur Joinville, par le Pere *Daniel* dans son Traité de la Milice Françoise, & le Pere de *Sainte Marie,* dans ses Dissertations sur les Chevaleries, page 415.

JEAN I.er & selon d'autres, Jean II. à S.t Christophle en Halate le 6. Novemb. 1351.

au lieu de la Noble Maison, il porteront lesdites *robes*, & orront Vespres & Messe ensemble, se il pevent bonnement.

Et pourront lesdiz cinq Chevaliers, se il leur plaist, *lever une banniere vermeille,* semée des *estoilles ordenées,* & une *image de Nostre-Dame blanche,* especialement sur les ennemis de la foy, ou pour la guerre de leur droiturier Seigneur.

Et au jour de leur *trespassement, il envoiront à la Noble Maison* se il pevent *bonnement,* leur *annel* & leur *fremail,* les meilleurs que il auront faitz pour ladite Compaignie, pour en ordener au proufit de leurs *ames,* & à l'onneur de l'*Eglise de la Noble Maison,* en laquelle sera fait leur service solemnelment. Et sera tenuz chascun de faire dire une Messe pour le *trespassé,* au plustost que il pourront bonnement, depuis que il l'auront sceu.

Et est ordenné que les *armes* & *timbres* de touz les *Seigneurs* & *Chevaliers de la Noble Maison,* seront *paints en la Sale* d'icelle, au-dessus d'un chacun là où il sera.

Et se il y a aucun qui honteusement, que Diex, ne *Nostre-Dame* ne veillent, se parte de *bataille,* ou de *besoigne ordenée,* il sera souspendus de la Compagnie, & ne pourra porter *tel habit,* & li *tournera* l'en en la *Noble Maison ses armes & son timbre ce dessus dessouz* sans deffacier, jusques à tant que il sait *restituez par le Prince* & son Conseil, & tenuz pour relevez par son bienfait.

Et est encore ordené que en la *Noble Maison,* aura une *Table appellée la Table d'Oneur,* en laquelle seront assiz la veille & le jour de la premiere feste, les *trois plus souffisanz Princes, trois plus souffisanz Bannerez,* & *(c) trois plus souffisanz Bachelers,* qui seront à ladite feste, de ceuls qui seront receus en ladite Compaignie: & en chascune Ville & Feste de la mi-Aoust, chacun an aprés ensuivant, seront assis à ladite Table d'Oneur les *trois Princes, trois Bannerez, & trois Bachelers,* qui l'année auront plus fait en armes de guerres, car nul fait d'armes de pais n'y sera mis en compte.

Et est encore ordenée que nuls de ceuls de ladite Compaignie ne devra *emprendre à aller en aucun voyage lointain,* sanz le dire, ou faire sçavoir au *Prince;* lesquiex Chevaliers *seront* en nombre *cinq cens,* & desquiex, Nous, comme inventeur & fondeur d'icelle Compaignie, serons Prince, & ainsi l'en devront estre noz successeurs Roys. Et vous avons esliu a estre du nombre de ladite Compaignie, & pensons à faire se Diex plest, la premiere feste & entrée de ladite Compaignie *(d) à Saint Oüin,* la veille & le jour de l'apparition prouchene. Si soyez *ausdix jours* & lieu, se vous povez bonnement, à *tout vôtre habit, annel & fremail.* Et adoncques sera à vous & aus autres plus à plain parlé sur cette matiere.

Et est encores ordené que chascun apporte *ses armes* & *son timbre pains,* en un feüillet de papier, ou de parchemin, afin que les *paintres* les puissent mettre plustost & plus proprement là où il devront estre mis en *la Noble Maison.* Donné *à Saint Christophle en Halate le sixiéme jour de Novembre, l'an de grace mil trois cens cinquante-un.* Signé au bas. *SERIZ.*

NOTES.

(c) Trois plus souffisanz Bachelers.] Cecy prouve évidemment que les *Bacheliers* n'estoient pas des *bas Chevaliers,* comme quelques-uns se le sont imaginez, mais qu'ils n'estoient nommez *Bacheliers* que parce que n'ayant pas un nombre de *Bachelles* de terre suffisant, ils n'estoient pas assez riches pour lever *Baniere.* Ce qui n'empeschoit pas qu'ils ne fussent tous également *Chevaliers* & du même Ordre, sans autre distinction que de leurs biens, les uns estant plus puissants & plus riches, & les autres moins. Touchant les *Chevaliers Bannerets,* & les *Bacehliers.* Voyez du *Cange* dans sa Dissertation sur Joinville. Le Pere *Menestrier* dans son Traité de la Chevalerie ancienne & moderne, chap. 5. p. 155. Du *Cange,* dans son Glossaire, le Glossaire du Droit François sur ces mots, & le Pere *Honoré de Sainte Marie,* Carme Déchaussé, dans ses Dissertations historiques & critiques sur la Chevalerie ancienne & moderne, seculiere & reguliere, livre premier, art. 2. pag. 6. & 7.

(d) A Saint Oüen.] Favin dans son Theatre d'Honneur, Tome premier, p. 573. & 574. dit que le *Roy Jean* establit dans cette Maison le siege de cet Ordre aprés l'avoir acquise le 8. Juin 1356. de Dame *Marie d'Espagne* Comtesse d'Alençon, & de *Charles d'Alençon* son fils, ce qui semble contredit par cette piece de 1351.

JEAN I.er & selon d'autres, Jean II. à S.t Christophle en Halate le 9. Novemb. 1351.

(a) *Mandement aux Generaux-Maîtres des Monoies, de donner une creuë en tout marc d'Or fin, de* deux deniers d'or à l'escu, *outre le prix ordinaire.*

JEHAN par la grace de Dieu Roy de France: A noz amez & fealux les Generaulx Maistres de noz Monnoyes, *Salut & dilection*, Nous pour certaine cause vous *Mandons*, que tantost & sans délay vous faciez *donner creüe, en tout marc d'or fin qui sera apporté en noz monnoyes, de deux deniers d'or à l'escu, outre le pris que nous en donnons à present, lequel est de soixante & deux deniers d'or à l'escu, pour marc.* De ce faire à vous & à chascun de vous donnons plain pouvoir, auctorité & mandement especial, par la teneur de ces presentes. *Donné à Saint Christophle en Halatte, le neufviéme jour de Novembre, l'an de grace mil trois cens cinquante & ung.* Ainsi signé par le Roy à la relation du Conseil. Y. SIMON.

NOTES.

(a) Ce Mandement est au Registre C. de la Cour des Monnoyes de Paris, feüillet 96.

JEAN I.er & selon d'autres Jean II. à Paris le 14. Decembre 1351.

(a) *Mandement aux Generaux Maîtres de faire donner de creuë en tout marc d'argent, tant* blanc que noir, *dix sols tournois, outre le prix ordinaire.*

JEHAN par la grace de Dieu, Roy de France, à nos amez & feaulx les Generaulx-Maistres de noz Monnoyes. *Salut & dilection.* Nous pour certaine cause, Vous *Mandons*, que tantost ces Letres vuës, vous faciez donner par toutes nos monnoyes *en tout marc d'argent*, tant *blanc, comme noir, dix sols tournois de creüe*, oultre le pris que Nous y donnons à present. De ce faire à vous & à chascun de vous donnons povoir, auctorité & mandement especial par la teneur de ces presentes. *Donné à Paris le quatorziéme jour de Decembre, l'an de grace mil trois cens cinquante & ung.* Ainsi signé par le Roy. Y. SIMON.

NOTES.

(a) Ce Mandement est au Registre C. de la Cour des Monnoyes de Paris, feüillet 97. *verso.*

JEAN I.er & selon d'autres, Jean II. le 13. Janvier 1351.

(a) *Mandement aux Generaux Maîtres de donner de* creuë *en tout marc d'argent blanc ou noir*, vingt sols, *outre le prix ordinaire.*

JEAN par la grace de Dieu, Roy de France. A nos amez & feaulx les Generaulx Maistres de noz monnoyes, *Salut & dilection.* Nous pour certaine cause vous *Mandons* que tantost ces Letres vüës, vous faciez donner par toutes monoyes *en tout marc d'argent, tant blanc comme noir*, vingt sols de *creüe*, oultre le prix que Nous y donnons à present. De ce faire à vous & à chascun de vous, donnons povoir autorité & mandement especial par la teneur de ces presentes. *Donné à Paris le treize jour de Janvier, l'an de grace mil trois cens cinquante-ung.* Ainsi signé par le Roy. Y. BLANCHET.

NOTES.

(a) Ce Mandement est au Registre C. de la Cour des Monnoyes de Paris, feüillet 99.

JEAN I.er & selon d'autres, Jean II. à Paris le 22. Janv. 1351.

(a) *Mandement aux Generaux-Maîtres des Monnoyes, de faire ouvrer des* Doubles tournois, *qui auront cours pour* deux Deniers tournois la piece, *des* gros Deniers tournois, *qui auront cours pour huict Deniers, & des* Deniers d'or à l'escu, *suivant les Mandemens precedens.*

JEHAN par la Grace de Dieu, Roy de France, à noz amez & feaulx les Generaulx-Maîtres de noz Monnoyes. *Salut & dilection.* Nous pour certaine cause, vous *Mandons* que tantost & sans delay, ces Letres vûës, vous faictes faire par toutes noz monnoyes, *Monoyë trentiéme,* par telle maniere comme vous verrez & saurez que mieulx sera à faire, au prouffit de Nous & de nostre Peuple, en faisant faire des *Doubles tournois,* qui auront cours *pour deux deniers* tournois la piece, lesquels seront à *deux Deniers huit grains de loy, & de quatorze sols sept Deniers de prix au marc de Paris, & gros Deniers tournois,* qui auront cours pour *huit Deniers tournois* la piece, *à quatre Deniers huit grains de loy,* & de *six sols neuf Deniers,* & le quart d'un *gros Denier tournois de poix audit marc.* Et faictes donner en chascune de noz Monnoyes, en *tout marc d'argent allayé à quatre Deniers huit grains* & au-dessus, *quatre livres douze sols tournois,* & en tout marc d'argent allayé *à deux Deniers huit grains, quatre livres cinq sols tournois.* Et avec ce vous *Mandons* que par toutes noz monnoyes esquelles l'en œuvre or, vous faictes faire *Deniers d'or à l'escu, semblables en coings pris & loyx, à ceulx que nous faisons faire à present,* & faictes en chacune de noz Monnoyes, en tout *marc d'or fin,* le pris de present, lequel est de soixante & quatre d'iceulx deniers d'or à l'escu, & aux ouvriers & monnoyers assetz, pour ouvraige & monnoyage, tel salaire comme bon vous semblera. De ce faire, vous & à chascun de vous, donnons povoir, authorité & mandement especial par la teneur de ces presentes. *Donné à Paris le vingt-deuxiéme jour de Janvier, l'an mil trois cens cinquante & ung.* Ainsi signé *per Regem in Consilio suo, præsentibus Thesaurariis & ROYER.*

NOTES.

(a) Ce Mandement est au Registre C. de la Cour des Monnoyes de Paris, feüillet 100. *verso.*

JEAN I.er & selon d'autres, Jean II. à Aigues-mortes le 22. Janv. 1351.

Lettres par lesquelles le Roy approuve & confirme les Statuts des *Tailleurs* de Montpellier.

SOMMAIRES.

(1) Celuy qui se mettra en apprentissage pour apprendre le mestier de Tailleur, payera d'entrée un tournois d'argent.

(2) Celuy qui sçaura le mestier, & qui commencera à gaigner des gages, payera à la Communauté deux tournois d'argent.

(3) Quand ils auront des Droits plus forts ils payeront trois tournois.

(4) Quand ils feront en chef le mestier, ils payeront quatre tournois.

(5) Nul des nommez cy-dessus ne fera rien en fraude de son maître, sous peine de quatre tournois, applicables à la Communauté.

(6) Chacun des maîtres aura dans son ouvroir un coffre, où par semaine chaque maître mettra un denier, & chacun des ouvriers une obole, pour la Communauté.

(7) Personne ne travaillera du mestier pendant les quatre festes de la Vierge, le jour des Dimanches, ni aux Festes des Apostres, à moins que ce ne fust à des habits de deüil, de Prestres, de Religieux & de Religieuses, &c.

(8) Lorsque le deceds de l'un des maîtres arrivera, ou de sa femme, de son pere, &c. tous ceux qui auront des ouvroirs y feront cesser l'ouvrage, jusqu'à ce que le corps ait esté mis en terre, sous peine de douze deniers, applicables à la Communauté.

(9) Si quelqu'un du mestier estoit un larron, un yvrogne, ou un joüeur de dez, le Maître ne le gardera pas, mais il sera tenu d'en avertir les Consuls, sous peine de dix sols de petits tournois.

(10) Les Consuls du mestier rendront com-

tous les ans, aux Consuls, qui entreront en leur place.

(11) Si quelque maître ne faisoit pas justice à ses ouvriers, en leur refusant leur salaire, il sera tenu de les satisfaire à l'arbitrage des Maîtres, &c.

(12) Si quelque ouvrier obligé envers quelqu'un des Maistres, ne vouloit s'acquiter à l'arbitrage des autres Maîtres, nul des maîtres ne luy donnera plus d'employ.

(13) Aucuns ouvriers ne travailleront aux Draps qui seront portez aux ouvriers des Maîtres, &c.

(14) Les Consuls & les Conseillers qui sont & seront, pourront ajoûter à ces conventions, ou les diminuer, comme ils jugeront à propos.

(15) Les Maîtres & les ouvriers assisteront aux funerailles des peres, des meres, & des enfans des maîtres defunts.

JEAN I.er & selon d'autres, Jean II. à Aiguesmortes le 22. Janv. 1351.

(a) JOHANNES *Dei Gratia Francorum Rex: Notum facimus universis presentibus & futuris, Nos instrumentum, seu literas vidisse, formam quæ sequitur continentes:* In Christi *nomine. Anno ejusdem incarnationis,* millesimo trecentesimo vicesimo tertio, *scilicet* secundà die mensis Junii, *Domino* Karolo *Franciæ & Navarræ* Rege *regnante, existentes, in domo Consulatus-Villæ* Montispessulani, *coram venerabilibus & discretis viris Dominis Consulibus, infrà scriptas.* Sartores *infra scripti dixerunt & protestati fuerunt ibidem, quod per infrà scriptas* ordinationes *&* conventiones, *non intendunt facere* Crassam, rassam, *seu monopolium, nec easdem facere in prejudicium juris, seu honoris aliquorum Juridictionem habentium, sed tantùm modo* ad honorem Dei, *& beatæ* Mariæ Virginis, *&* omnium Sanctorum, *& ad utilitatem Caritatis, artificii, seu misterii* sartorie, *quæ fit singulis annis, in Montepessulano. Nec non, & ad* correctionem *& emendationem, vitæ, ac morum aliquorum de artificio, seu misterio supradicto.*

(1) Qua protestatione prima, & in omnibus dicendis semper salva, dixerunt se ordinasse, *quod ab inde inantea, quicumque, qui se collocet cum Magistro, ad discendum misterium* sartoriæ, *solvat ad opus dicte Caritatis, pro sua intrada, unum Turonensem argenti.*

(2) Item. *Qui cùm instructi fuerint & incipient recipere salarium à dicto Magistro, quod solvat ex tunc ad opus dictæ Caritatis,* duos Turonenses *argenti.*

(3) Item. *Illi qui incipient recipere* medias carduras, *solvant ex tunc, ad opus dicte Caritatis, tres Turonenses argenti.*

(4) Item. *Quando per se incipient tenere operatorium prædicti misterii, solvant ad opus dicte Caritatis, quatuor Turonenses argenti.*

(5) Item. *Ordinaverunt & convenerunt, quod nullus prænominatorum Magistro suo,* parias, *seu* lucrum auferat, *nec in fraudem prædictorum aliquid faciat, & si hoc faceret, quod solvat dicte Caritati quatuor Turonenses argenti.*

(6) Item. *Ordinaverunt & convenerunt, quod quilibet ex Magistris operatoria tenentibus, de dicto misterio, teneat in suo* operatorio *unam* brustiam, *in qua ponat quilibet, ex dictis Magistris, in qualibet septimania,* unum denarium, *& quilibet ex operariis dicti* operatorii unum obolum *ad opus* Caritatis *prædictæ, & quod dictus Magister teneatur pro operariis, si dicti operatorii defficerent in solutione obolorum prædictorum.*

(7) Item. *Ordinaverunt & convenerunt inter se, quod nullus* operetur *de dicto misterio, in quatuor* festivitatibus *Beatæ* Virginis Mariæ, *nec in diebus Dominicis, nec in festivitatibus Apostolorum, nisi essent* vestes Lugubres, *vel* vestes Sacerdotum novorum, *vel etiam vestes Nonnanium, nec etiàm in diebus* Sabbatinis *cum lumine. Et qui contra prædicta fecerit, quod det & solvat ad opus prædictæ Caritatis quinque solidos Turonensium parvorum.*

(8) Item. *Ordinaverunt & convenerunt inter se, quod quando* morietur *aliquis ex dictis* Magistris, *vel uxor, vel mater, vel pater, vel filius, vel filia puberes ejusdem, quod illa die quâ sepelietur, omnes tenentes operatoria de dicto misterio, debeant* levare suas perticas, *& tenere medias perticas operariorum clausas, quousque* corpus *sit* traditum

NOTES.

(a) Ces Lettres sont au Tresor des Chartes, Registre 80. pour les années 1350.1351. piece 463.

JEAN I.er & selon d'autres, Jean II. à Aigues-mortes le 22. Janv. 1351.

ecclesiasticæ sepulturæ. *Et nisi hoc facerent, quod solvant duodecim denarios Turonensium parvorum, in adjutorium Caritatis prædictæ.*

(9) Item. Ordinaverunt *&* convenerunt *inter se, quod si aliquis de dicto misterio inveniretur in latrocinio, vel frequentans tabernas, vel* post-buta, *vel ludos taxillorum, quod Magister illorum, talia frequentantium prædicta non sustineat, ymo ipsa significet* Consulibus *caritatis prædictæ, & nisi hoc faceret, quod solvat ille Magister caritati prædictæ decem solidos Turonensium parvorum.*

(10) Item. Ordinaverunt *&* convenerunt *inter se, quod* Consules *dicti misterii, ab inde inantea,* singulis *annis reddant* Compotum, *seu rationem & reddere teneantur eorum successoribus Consulibus in misterio supradicto.*

(11) Item. Ordinaverunt *&* convenerunt *inter se, quod si aliquis ex dictis Magistris faceret injuriam* operariis suis, *de* salario sibi debito, *quod ille Magister debeat & teneatur satisfacere dicto operario de suo* salario, *arbitrio aliorum magistrorum, & nisi hoc facerent quod ab inde inantea aliquis operarius cum illo operare non debeat, donec satisfecerit prædicto operario, cui tenebatur de suo salario & labore, ut dictum est & si hoc non faceret, quod det & solvat dictæ caritati duodecim denarios.*

(12) Item. Ordinaverunt *&* convenerunt, *quod si* aliquis operarius teneretur *alicui ex* Magistris, *& nollet ipsi* Magistro *satisfacere, arbitrio aliorum magistrorum, quod ab inde inantea nullus ex* aliis magistris *det operam illi* operario, *donec illi Magistro, cui tenebatur ille operarius satisfecerit, ut dictum est, & qui contra prædicta faceret, quod solvat dictæ caritati duodecim denarios Turonens.*

(13) Item. Ordinaverunt *&* convenerunt, *inter se, quod aliquis operarius non suidat aliquos pannos, qui portantur* acau *per aliquos, ad operatoria dictorum magistrorum, & si hoc faceret quod det & solvat dictæ Caritati totum emolumentum quod inde haberet, seu consequeretur ex opere prædicto.*

Prædictas siquidem ordinationes & conventiones dicti Sartores, *fecerunt, inhierunt & celebraverunt ad invicem, per se & suos successores Sartores, in dicta villa, & se ad prædicta invicem adstrinxerunt & obligaverunt & compelli voluerunt, per quamcumque curiam competentem, sub suæ fidei plevimento, & omnis juris, & facti renunciatione & cautela, salvis sibi cum effectu protestationibus supradictis :* Protestantes *etiam quod si dictæ* ordinationes *&* conventiones, *seu aliquæ ex eis reperirentur factæ in præjudicium juris vel honoris alicujus, seu aliquorum jurisdictionem habentium, vel quod saperent* ad rassam, Crassam, seu monopolam, *quod non pro factis habeantur :* supplicantes *humiliter* dictis Dominis Consulibus, *quod prædictas ordinationes, seu conventiones admittant : & dicti Domini Consules dictas* ordinationes *&* conventiones admiserunt, *salvis tamen semper protestationibus supradictis : Nomina vero dictorum Sartorum sunt hæc. Arnaudus* Marias, *Petrus* Estaphani, *Guirandus* Gauberti, *Petrus* de Vesenso *Consules dictæ Caritatis, Bernardus* Poiola, *Bernardus* Burani, *Guillermus* Anglici, *Jacobus* Rouveric, *Johannes* de Petra, *Johannes de* Malavalle, *Estephanus* Andreæ, *Arnols* Brachet, *Arnaudus* Coropertus *de* Prochis, *Johannes* Jevenosii, *Jacobus* de Roita, *Durantus* Velfort, *Raymundus* Riga, *Johannes de* S. Germano, *Johannes* Bossclli de Podio, *Johannes* Lagorsa, *Poncius* Tibaudi, *Laurentius* Catayre, *Bartholomæus* Roveric, *Gauterius* Amberti, *Guillelmus* Roysèrie, *Magister* Robertus, *Johannes* Chaphandi, *Johannes* Deodati : *Nomina vero dictorum dominorum Consulum sunt hæc. Dominus Petrus* Causiti, *Johannes* Bomanuti, *Bernardus de* Cavenatho, *Johannes* Faverii, *Petrus* Martialis, *Johannes* Massellimi, *& Johannes* Buffi : *Acta sunt hæc* in domo Consulatus Montispessulani, *in præsentia & testimonio Domini* Raymundi *de Minolano legum doctorie. Johannis Deodati Notarii, Petri Durandi, & Magistri* Symonis de Turnafforti *Notarii Regi, qui de prædictis (b)* Notam sumpsit : *Anno quo supra, scilicet* nona die mensis Junii.

Infrascripti *Magistri & operarii, addendo suprascriptis conventionibus, inter se concorditer*

NOTES.

(b) Notam sumpsit.] Voyez cy-aprés ce qui sera remarqué à ce sujet.

convenerunt,

JEAN I.er & selon d'autres, Jean II. à Aigues-mortes le 22. Janv. 1351.

convenerunt, salvis cum effectu protestationibus suprascriptis, quod singulis annis, ab inde inantea eligantur, per Consules dictæ Caritatis, duo magistri & duo operarii & quod omnes quatuor sint Consiliarii, & qui omnes illi quatuor intersint & interesse debeant quando brustiæ, *in quibus reponi debent pecuniæ in operatoriis magistrorum apponentur, & numerationi dictæ pecuniæ, seu recognitioni intersint & interesse debeant necnon intersint & interesse debeant quando* bladum, *vel* farina *& alie res ementur de pecunia supradicta, intersint etiam & interesse debeant, quando Consules, qui pro tempore sunt, reddent computum, novis Consulibus de sua administratione, & qui possint examinare prout voluerint computum supradictum.*

(14) Item. *Convenerunt & voluerunt quod dicti* Consules *&* Consiliarii *qui pro tempore sunt, possint augere & diminuere supra scriptis conventionibus, prout eis visum fuit expedire.*

(15) Item. *Convenerunt inter se quod omnes & singuli* Magistri, *& operarii prædicti artificii debeant* interesse exequiis, *patris & matris & liberorum puberum dictorum Magistrorum, & operariorum defunctorum, & levare* perticas, *& tenere mediam partem operariorum suorum clausam, donec corpus sit sepultum, nisi nostram excusationem haberent remanendi, & si dictis exequiis non interessent, quod illi qui defficerent solvent, & solvere teneantur tres denarios ad* opus Caritatis prædictum. *Contentis verò in aliis supra scriptis capitulis remanentibus in sua perpetua firmitate. Supra scriptas vero conventiones, salvis tamen supra protestationibus, se tenere, complere & observare, & non venire re, jure, vel de facto promiserunt sibi ad invicem, per se & suos successores solempni & valida stipulatione, inter ipsos interveniente, dicti Magistri & operarii juraverunt, per sancta Dei quatuor Evangelia, ab ipsis & ipsorum quolibet corporaliter sponte tacta, sub omni juris & facti renunciatione & cautela, ad quæ omnia voluerunt compelli, per quamcumque curiam Ecclesiasticam, sæcularem, & prædicta exequi contra eos, & eorum bona, obligantes se ad invicem & omnia bona sua pro premissis, per eos tenendis, & inviolabiliter observandis, Quibus sic paratis. Bernardus* Banum, *& Johannes de* Foysace *Magistri, & Berengarius* Biga *& Bernardus* Bevola *operarii electi consiliarii, per alios de dicto misterio, ut dicebant promiserunt, sub* dicto juramento, *se in promissis, & promissa tangentibus bene & fideliter habituros, sub omni juris, & facti renunciatione & cautela.* Nomina *vero dictorum Magistrorum sunt hæc Bernardus,* Vairam *Raymundus,* Biga, *Arnaudus* Marial. *Guillelmus de* Cardona, *Guirandus* Gauberti, *Guillelmus* Anglicus; *Nomina vero dictorum operariorum sunt quæ sequitur. Alleur de* Saul, *Johannes* de Castellii, *Augerius de* Matrino, *Alvernis* Bonifacii, *Johannes* Lepignart, *Petrus* Gauthorii, *Henricus de* Sayso, *Johannes* Boni filii, *& Claudius de* Pausio.

Acta sunt hæc in domo Consulatus Montispessulani, in præsentiâ & testimonio Johannis Barnerii, *Petri* Barnerii *pergamenariorum, Johannis* Deodati *Notarii, & dicti Magistri* Symonis, *(c) qui de prædictis Notam sumpsit vice cujus & mandato, ego Petrus* Durandi *Clericus juratus & substitutus ejusdem,* de prædicta ejus Nota *hoc* presens instrumentum sumpsi *scripsi fideliter & extraxi. Et ego dictus* Symon de Tornaforti *notarius Regius hic subscribo, & signum meum appono, in testimonium præmissorum. In testimonium verò omnium prædicti Consules sigillum cereum pendens dicti Consulatus fecerunt apponi, huic publico instrumento, sub anno quo suprà, scilicet* vicesimâ octava *die Junii,*

NOTES.

(c) Qui de prædictis notam sumpsit.] Lorsqu'un Contract estoit parfait & redigé, le Notaire en retenoit la minute, ou la *Note,* qu'il inseroit dans son protocolle; & ensuite on en tiroit les Grosses, comme il se voit par ce qui suit de ces Letres. *Ego Petrus Durandi clericus Juratus & substitutus, de prædicta* Nota *hac præsens instrumentum sumpsi, scripsi fideliter & extraxi.* Et de-là vient que dans le serment des Notaires prescrit par les Letres de *Philippe le Bel* de l'an 1328. imprimées dans le tome 3. *in folio* du Spicilege, feüillet 716. le Notaire, que le juge reçoit, doit dire. *Protocolla, seu libros Notularum & registra, ad cautelam, & securitatem reipublicæ & memoriam futurorum, fidelitate sollicita, conservabo, &c.* Voyez Dom Mabillon dans sa Diplomatique, liv. 2. ch. 13. page 124. *Paridem de Puteo in quæstionibus aureis, de confectione instrumentorum & protocollorum. Quæst. 18. & Quæst. 20.*

JEAN I.er & selon d'autres, Jean II. à Aigues-mortes le 22. Janv. 1351.

Et nos Poncius Salvatoris Custos sigilli *Regii Montispesullani, in testimonium quod dictus* Symon, *sit Notarius Regius & quod ad ipsum tanquam ad* Notarium publicum *recursus habeatur*, ipsum sigillum *huic præsenti instrumento duximus apponendum. In testimonium vero, quod dictus Magister* Simon de Tornaforti, *prout suprà se subscripsit, sit Notarius Regius & ad ipsum tanquam ad publicam personam publice recurratur, pro instrumentis conficiendis, & instrumentis per eum confectis, plena fides adhibeatur in judicio & extrà: Nos* Guirus Genesii *Bajulus curiæ ordinariæ Montispesulani illustris Domini Regis majori earum & Domini Montispesulani, sigillum auctenticum dictæ Curiæ, huic præsenti publico instrumento duximus apponendum. Kalend. Julii, Anno Domini* millesimo trecentesimo vigesimo tertio. *Et ad majorem omnem firmitatem, videlicet per dictus Magister* Simon de Tornaforti *sit notarius publicus Regius, pro ut superius se subscripsit, & instrumentis per eum confectis plena fides adhibeatur in judicio & extra, & ad ipsum recurratur, pro conficiendis publicis instrumentis, tamquam ad personam publicam. Nos* Hugo Augerii *juris utriusque Professor Officialis Magalonensis, sigillum autenticum nostri Officialitatis huic instrumento publico duximus apponendum.* Anno Domini millesimo trecentesimo vigesimo tertio & quarto nonas Augusti.

Quas quidem literas subscriptas, ordinationes & conventiones *universaque alia & singula in eis contenta, pro ut hactenus eis usi sunt*, Sartores *memorati, rata & grata habentes*, ea volumus, laudamus, *& de nostris gratiâ speciali &* auctoritate Regia, *ac plenitudine potestatis*, tenore præsentium confirmamus. *Quod ut firmum & stabile perpetuo perseveret nostrum sigillum, quo antè susceptum Regni nostri Regimen utebamur, præsentibus literis duximus apponendum, salvo in aliis jure nostro, & in omnibus quolibet alieno. Datum apud Aquas mortuas*, die vigesimâ mensis Januarii anno Domini millesimo trecentesimo quinquagesimo.

JEAN I.er & selon d'autres, Jean II. à Paris le 23. Janv. 1351.

(a) Ordonance touchant les Monoies.

SOMMAIRES.

(1) Les Deniers d'or *à l'escu qui courent à present, n'auront plus cours depuis la publication des presentes, que pour* quinze sols tournois *la piece*, les mailles blanches *& les* doubles Tournois *qui courent seront pris & mis, sçavoir les* mailles blanches, *pour deux deniers parisis, & les* doubles tournois *pour une obole parisis la piece, & les bons doubles Tournois noirs que l'on fabrique pour deux deniers tournois, & les* bons gros Tournois *pour* huit *deniers tournois la piece, & toutes les autres monoyes quelles qu'elles soient sont abatuës.*

(2) Il est deffendu à quelque personne que ce soit, de porter, ou faire porter or, argent, billon hors du Royaume, & il est enjoint de les porter ou faire porter aux plus prochaines monoyes du Roy.

(3) Personne ne pourra s'entremettre du fait de Change, à l'exception des personnes qui y seront commises par les generaux maîtres des monoyes.

(4) Personne ne pourra pareillement s'entremettre du fait de courretage de monoye, *sans la permission des maîtres generaux.*

(5) Nul billonneur ne billonnera en maison ou ailleurs, ni n'achetera du billon à marc, ou à livre.

(6) Aucun Contract ne sera fait à marc d'or & d'argent, à florins, à nombre de deniers d'or, à gros tournois *d'argent, mais seulement* à livres & à sols, *&c.*

(7) Nul Changeur, Orfevre, Orbateur ni autres ne pourront faire ouvrer des vases d'argent, que d'un marc *& au dessous*, &c.

(8) Aucun changeur ne pourra vendre à des Orfevres, or ou argent, mais sera tenu de le faire porter aux monoyes les plus prochaines, &c.

(9) Aucun Changeur, ni aucun Orfevre ne pourra rechacier, ni affiner *sans le consentement des generaux maîtres.*

(10) Les Commis par les maîtres generaux pourront faire le change dans les lieux qui leur seront marquez, sans autres Letres, ou Mandemens.

(11) Les Changeurs jureront, que dès qu'ils auront acheté des Florins, *ils les couperont & les feront porter aux plus prochaines monoyes, &c.*

(12) Nuls Changeurs Orfévres n'acheteront Billon blanc ni noir, à florins, mais à livres & sols.

(13) Tous Bourgeois, Changeurs, Orfévres, Marchands, Drappiers, Pelletiers, Merciers, Marchans de Chevaux, Hosteliers, toutes personnes notables, tous Marchands Forains,

Genois, Lucois, Italiens, &c. & tous Courretiers jureront qu'ils ne prendront, ni mettront les deniers d'or à l'escu *pour* plus de quinze sols tournois la piece, &c.

JEAN I.er & selon d'autres, Jean II. à Paris le 23. Janv. 1351.

JEAN par la Grace de Dieu, Roy de France, au Seneschal de Beaucaire & de Nismes. *Salut.* Il est venu à nostre connoissance, que pour cause des mutations de nos monnoyes, lesquelles ont esté faites du temps de nostre très cher Seigneur & Pere, que Dieu absoille, & de Nous, pour cause de la deffension de nostre Royaume, moult de grands inconveniens sont ensuiz, & moult de domages venus & viennent de jour en jour, à Nous & à nostre Peuple, car pour cause d'icelles mutations toutes manieres de vivres, vestures, chaucementes, ouvrages & autres choses necessaires pour les Gouvernement & sustentation de nostre Peuple, ont esté & sont si chers, qu'à grande peine peuvent s'offire chose, que les gens ayent à trouver ce qu'il leur faut pour leurs vivres & autres necessitez, & pour faire leurs heritages & pour la chereté des vivres les gens d'armes & de pied qu'il nous convient avoir continuellement, tant de nostre Royaume comme dehors, pour la garde & deffence de nostre Royaume, ne peuvent vivre de leurs guaings accoustumez, & outre ce pour ladite mutation de nos monnoyes, plusieurs dehors nostre Royaume, par leur malice, font fausse & mauvaise monnoye contrefaites aux nôtres, lesquelles sont prises & mises en nôtre Royaume parmi les nôtres, parquoy Nous & nôtre Peuple sont grandement deceus & domagiez, pour lesquelles choses dessusdictes & plusieurs autres, Nous par grant déliberation de nostre grand Conseil, & pour l'évident profit de Nous & de nostre pueple, *avons Ordonné & Ordonnons* de nos monnoyes en la maniere que s'ensuit.

(1) C'est à sçavoir que *les Deniers d'or à l'Escu* qui courent à present, ayent cours & soient pris & mis depuis *la publication de ces presentes, pour quinze sols tournois* la piece, & non pour plus, & les *Mailles blanches & Doubles tournois qui courent à present,* aussi ayent cours & soient pris & mis; c'est à sçavoir lesdites *Mailles blanches* pour deux *Deniers parisis* la piece, & *les Doubles tournois* pour *une obole* la piece, & non pour plus, & *nos bons doubles tournois* noirs que nous faisons faire à present, ayent cours, & soient pris & mis chacun *pour deux Deniers* tournois la piece, & *nos bons gros Tournois* que Nous faisons faire aussi à present, ayent cours & soient pris & mis chacun pour *huit Deniers tournois* la piece, & non pour plus, & toutes autres monnoyes blanches & noires & d'or quelconques elles soient, tant de nostre coing comme d'autre, soient *abbatuës* & leur soit osté leur cours du tout en tout, & soient mis au marc pour bilion, *excepté les dessusdictes, lesquelles auront cours pour le prix que Nous leur avons donné & donnons,* comme dit est, & non pour plus.

(2) Et que nuls ne soient si hardis de porter, ou faire porter *or, argent, ne* billon hors de nostre Royaume, ne en aucunes monnoyes, fors és nostres, c'est à sçavoir en la plus proche des nostres du lieu où il sera, sur peine de corps & d'avoir, & de perdre tout l'or & l'argent & le billon qu'il portera, se congié ou licence ne l'y a esté donnée des Generaux-Maîtres de nos Monnoyes, de le porter en aucunes desdites Monnoyes, & non en autres.

(3) Item. Que nuls sur ladite peine, ne fasse doresenavant és Villes & és lieux de vostre Seneschaussée & ressort d'icelle, ne en aucune Ville de nostre Royaume, fait de change, excepté *les Changeurs* commis *& ordonnez* par lesdits *Generaux Maitres,* és lieux publiques & accoustumez, à ce faire en nostre Royaume & tenans tables és Villes où ils changeront, ne de acheter, ou vendre nul denier d'or à l'escu plus de quinze sols tournois la piece.

(4) Item. Que nuls sur ladite peine, de quelque condition ou estat qu'il soit, ne soit si hardis, qu'il s'entremette de faire fait de *courretage de monnoye,* se il n'a lettres desdits Generaux Maistres, données depuis cette Ordonnance.

NOTES.

(a) Cette Ordonance est en original au Tresor des Chartes.

JEAN Ier & selon d'autres, Jean II. à Paris le 23. Janv. 1351.

(5) Item. Que nul *Billonneur*, sur ladite peine, ne s'entremette de billonner, en Hostel ne dehors, ne de acheter billon à la piece, à marc, ne à livre, ne porter tablette par nostre Royaume.

(6) Item. Que nul *Marchand*, ou autre quelqu'il soit, ne fasse faire marchandise, ne contraux *à marc d'or, ne d'argent*, à *florins* quiex qu'ils soient, ne à nombre de *deniers d'or*, ne de *gros tournois* d'argent, ne autrement fors *que à livres & à souls*, & des monnoyes dessusdictes ausquelles nous donnons cours par ceste Ordonnance. Et quiconques de cy en avant, marchandera, ou fera contrats deniers d'or à l'escu, à qui que ce soit, il ne pourra au temps à venir demander *pour le florin d'or à l'escu, que quinze sols tournois* de la monnoye dessusdite, nonobstant quelconques contraux, conventions ou obligations faites au contraire.

(7) Item. Que *nuls Changeurs, Orfévres, Orbateurs*, ne autres sur ladite peine, ne soit si hardi de faire, ne ouvrer, ne faire faire *orbaterie, vaissselle, ne vaissseaux d'argent, hanaps, ne joyaux* d'or ne d'argent, fors d'un marc & au-dessous, se ne sont calices & vaisseaux à Saintuaire, pour Dieu servir, ne d'acheter or ne argent à greigneur pris que nous donnons en nos monnoyes, sur peine de perdre tout l'or, l'argent & la vaisselle, lequel or, ou argent, quant il leur faudra, ils l'acheteront par le congié des Generaux Maîtres de nos monnoyes, ou de certaines personnes qui commis y seront & députées.

(8) Item. Que nuls *Changeurs*, ne autre sur la même peine, ne *vendent* à nul *Orfévre, or, argent, ne vaissselle*, mais le porte à la plus prochaine monoye du lieu où il l'aura cüeilli, & ne puisse garder aucune monnoye deffenduë, fausse, ne contrefaite, se elle n'est perciée, ne icelle ne aucun billon plus de quinze jours.

(9) Item. Que nuls *Changeurs*, ne autres sur ladite peine, ne nuls *Orfévres* ne soient si hardis de *rachacier, ne affiner* sans le congié desdits Generaux Maîtres.

(10) Item. Que tous *Changeurs*, qui auront congié & licence, par lettres desdits *Generaux-Maîtres*, pussent faire tout fait de Change, selon le contenu des Ordonnances, en tous les lieux où Congié leur en aura esté donné, & que yceux ne soient contraints à avoir nulle autres lettres, ou mandemens d'aucuns instituez de nostre Royaume pour faire ledit fait de Change.

(11) Item. Que tous *Changeurs jureront* au St Evangile de Dieu, que sitost comme ils auront *acheté aucun Florin* quiex qu'ils soient, *excepté nosdits Deniers d'or à l'escu*, ausquels nous donnons cours, comme dit est, ils les *copperont* & *porteront* en nostre plus prochaine monnoye du lieu où ils seront, & *sur peine de perdre lesdits Florins & de l'amende*, à la volonté de Nous ou de nostre Conseil.

(12) Et que nuls *Changeurs*, Orfévres, ne autres, ne soient si hardis de acheter *billon blanc* ne *noir* à florins, ne autrement, mais que *à livre & sols*, & en baillant en payement les monnoyes *blanches & noires*, ausquelles Nous donnons cours & que Nous faisons faire à present.

(13) Et afin que nostredite Ordonnance soit entierement gardée & tenuë sans enfraindre, Nous *Voulons* que *tous Bourgeois, Changeurs, Orfévres, Marchands*, d'avoir de poids, *Drappiers, Peletiers, Merciers, Epiciers, Marchands de Chevaux, Hosteliers* & tous autres gros Marchands & métiers, & toutes *personnes* notables & tous Marchands forains, c'est-à-dire, *Genois, Lucois, Italiens* & autres nostre Receveur en vostredite Seneschaussée, & tous *Courratiers*, jurent aux Sts Evangiles de Dieu, tâchez corporellement en vos mains, chacun en sa particuliere & singuliere personne, l'un aprés l'autre, qu'ils ne prendront ne mettront, ne ne feront prendre, ne mettre par eulx, leurs femmes, enfans, valets, facteurs, ne par autres, quiex qu'ils soient, en payement, garde, depost, ne autrement nosdits *Deniers d'or à l'escu, pour plus de quinze sols tournois la piece*, comme dit est dessus, ne nulles autres monnoyes d'*or, blanches, ne noires*, faites *hors de nostre Royaume*, ne de *nostre coing*, ne d'autres pour nulle pris qu'elles quelles soient, mait tant seulement *au marc pour billon*, exceptez celles dessusdites, ausquelles Nous donnons cours par nostre presente Ordonnance.

Si *vous mandons, commettons & enjoignons* estroitement que nosdites Ordonnances, lesquelles & chacune d'icelles, Nous pour le bien & profit de Nous, de nostre Peuple & de nostre Royaume, *Voulons & desirons* estre tenuës & gardées entierement, vous fezez tenir & garder de poinct en poinct en vostre Seneschaussée & ressort, sans enfraindre, & icelles tantost ces Lettres vûës, faites signifier & publier en toutes les Villes & lieux notables & accoustumez d'icelle Seneschaussée & ressort, si & en telle maniere que chacun ne puisses les ignorer, en faisant crier par les Villes & lieux dessusdits, que nuls sur lesdites peines ne fasse, ne attempte aucune chose en aucune maniere, contre nos presentes Ordonnances. Et tous ceux que vous trouverez ou faisant, ou avoir fait le contraire depuis la publication d'icelle, par quelque maniere que ce soit, Nous dés maintenans les condemnons à perdre tout ce qui aura esté trouvé, qu'ils auront pris ou mis, ou qu'ils prendront ou mettront, comme dit est, & en l'amende à la volonté de Nous ou de nostre Conseil, comme dit est, & tous ceux qui porterons aucuns florins deffendus, se ils ne sont coppez, ou quelconques autres monnoyes deffenduës, soit de nos coingts, ou d'autres secle, n'est couppée ou perciée, en éloignant la plus prochaine de nos monnoyes, Nous les *condempnons* à perdre tous iceux florins & icelles monnoyes deffenduës, & en amende à la volonté de Nous ou de nostre Conseil, comme dit est. Et *voulons* afin que vous soyez plus curieux & diligent de faire tenir & garder nosdites Ordonnances, que de tout ce que vous trouverez prenant ou mettant, contre la teneur & forme d'icelle Ordonnance, & qui auront pris & mis, prendront ou mettront, comme dit est, vous ayez le tiers, oultre les gaiges que vous avez pour cause de vostre office, & que le remenant soit baillé & délivré à nostredit Receveur de Beaucaire & de Nismes. Et se il avenoit que Nous en feissions grace ou remission aucune, Nous *voulons* que ledit tiers ce nonobstant, vous ayez comme dessus est dit, sans que vous soyez tenus ne contraint à le rendre comment que ce soit. *Donné à Paris le vingt-troisiéme jour de Janvier, l'an de grace mil trois cens cinquante & un.*

Par le Roy en son Conseil. BLANCHET.

JEAN I.er & selon d'autres, Jean II. à Paris le 23. Fev. 1351.

JEAN I.er & selon d'autres, Jean II. à Paris au mois de Janvier 1351.

(a) Letres par lesquelles le Roy accorde des privileges aux Consuls & aux Habitans des Villes de *Isle* & de *Ravesteins*.

JOHANNES Dei gratiâ Francorum Rex: Notum facimus, tàm præsentibus, quàm futuris, Nos infra scriptas vidisse literas formam quæ sequitur continentes.

Universis præsentes litteras inspecturis Bertrandus, *Prior Sancti Martini de Campis, Consiliarius Domini nostri Franciæ Regis, & ab eodem in* totâ linguâ occitana Reffor-mator generalis *destinatus: Et* Girardus de Monte Falconis, *Senescallus Tholosanus & Albiensis, Capitaneusque generalis, auctoritate Regiâ in totâ* linguâ occitana *deputatus salutem & præsentem dare fidem. Cum Consules de* Insula *& de* Rappistangno *Albig. nobis Priori prædicto diù est, supplicassent, ut concederemus eis, quod dicta loca, cum suis membris, & pertinentiis, remanerent perpetuò sub Jurisdictione & dominio Domini nostri Franciæ Regis; Nosque eis prædicta* Concessimus, *dum tamen pro præmissis competentem financiam facerent: Ideò constituti coram nobis Priore, & Senescallo prædictis die datæ præsentium* Jordanus de Albigesio, *Consul de Rappistangno, & Magister* Guillelmus de la Costa, *Clericus Regius & procurator & nomine procuratorio Consulum de* Insulâ *supplicaverint iterato eis concedi, Capitula infrà scripta, contenta in quadam papyri cedula per eos tradita, cujus tenor talis est.*

Vobis Reverendo in Christo Patri, Domino Bertrando *Priori Sancti Martini de Campis*

NOTES.

(a) Ces Letres sont au Tresor des Chartes, Registre cotté 81. pour les années 1351. 1352. & 1353. piece 77.

JEAN I.er & selon d'autres Jean II. à Paris, au mois de Janvier 1351.

Reffformatori Generali in totâ linguâ occitanâ, per Regiam Majestatem deputato. Et Domino Gerardo *de Monte Falconis, Militi, Seneschallo Tolose & Albiensis, & Capitaneo in linguâ occitana, auctoritate Regia deputato:* Supplicant *Consules de* Insula *& de* Rappistangno, *Albig. ut concedatis eis contenta in articulis infrà scriptis, pro bono publico.*

Primo quod cùm universitates dictorum duorum locorum sint, & fuerint in solidum & immediate subditi Domini nostri Franciæ Regis, & habeant bonam, devotam & fidelem affectionem, ad Dominum nostrum Regem, & sub ejus umbrâ, & Juridictione, velint ipsi & successores sui vivere & mori. Ideo supplicant *eis* concedi, *quod locus de* Rapistangno, *cum parochiis, seu villis de* Mesenchis, *de* Sancto Jorio, *& aliis quæ sunt & fuerunt, de Consulatu, Bajulia & Juridictione dicti Loci; Et locus seu villa etiam de* Insula, *& hospitium Regium de* Bello-videre, *cum loco de* Monte-Acuto, *& aliis mansis parochiis, qui sunt & fuerunt de* Bajulia, *Consulatu, districtu, & Juridictione dicti Loci de* Insula, *remaneant in solidum, in perpetuum sicut convenerunt, sub dominio, & Juridictione immediata Domini nostri Franciæ Regis, & ejus successorum, & quod dicta loca, seu redditus, quos Dominus noster Rex habet in eis, universaliter & particulariter, non transferantur in Capite, seu membris, ad* vitam, *seu ad* hereditatem *per dominum nostrum Regem, seu per ejus successores, in aliquem, nisi in illum, qui esset* Dominus Tholose *& quod regantur sicut consueverunt per* Judicem Albigensem, *& per* Seneschallum Tholose, *&* Albiensis, *sub cujus Seneschallia habeant in perpetuum remanere. Et quod dictum Castrum de* Bello-videre, *stet sub regimine Domini* Seneschalli Tholosani, *sicut hactenus est consuetum, & si quæ concessio facta sit, vel fuerit, de transferendo, in quamcumque personam cujuscumque conditionis existat,* dicta loca *superius expressata, seu partem seu Castrum de* Bello-videre, *& locum de* Mesenchis, *seu aliqua membra eorum, per quemcumque, quod sit cassa, irrita & nulla, cum nundum sit executa.*

(2) Item. *Quia frequenter aliqui Commissarii deputati super fabricis Ecclesiarum, pontium, & super facto novarum bastidarum, & ad faciendum exolui debita aliquibus creditoribus, faciunt citare habitatores ipsorum locorum, & compelli faciunt ad Litigandum alibi, extrà dicta loca,* pro contractibus *in ipsis* locis *initis, seu pro rebus in ipsis locis situatis. Ideo* supplicant *eis* concedi, *quod non Compellantur alibi litigare, nec* citentur extra *dicta loca,* pro contactibus *in ipsis locis initis, seu pro* rebus *in ipsis locis* scituatis *nisi aliter possent, alibi de jure conveniri, sed in ipsis locis fiat eis jus, & quod judex Albigesii, teneatur in ipsis locis sufficientes* Assizias *tenere, ut possit justitiam administrare de causis ad ipsum pertinentibus.*

(3) Item. *Quod Consules ipsorum locorum non impediantur quominus possint, sicut consueverunt, cognoscere de causis criminalibus emergentibus in ipsis locis, & eorum pertinentiis de Stillicidiis de Loguer. Hominum & feminarum demorum de Bosulis, & de Regimine macellorum, & aliis de quibus cognoscere consueverunt, nomine Regio, quin immo teneantur & deffendantur in possessione prædictorum & aliorum, de quibus usi fuerunt, & sunt, usque ad diem præsentem, & quod eorum privilegia & libertates concesse per Regiam Majestatem eis teneantur & observentur.*

(4) Item. *Quod Bajuli dictorum locorum non compellant aliquam in persona, seu bonis pro debito suo, in casu contradictionis, nisi per judicem Albigiensem, seu per ejus locum tenentem, aut alium judicem competentem, prius esset cognitum.*

(5) Item. *Quod sint* liberi, *&* quitti *à quacumque pœna, quæ posset eis peti, usque ad diem præsentem, de* transgressione monetarum. *Et pro præmissis, si eis concedantur, & per Regiam Majestatem confirmentur, & literæ Regiæ super confirmatione hujusmodi reddantur, eis* sigillatæ cum cera viridi, *& ex integro prædicta eis serventur & quod nihil in contrarium attemptetur.* Offerunt dare *Domino nostro Regi, prius habita dicta confirmatione Regia, omnium premissorum,* mille quingentas libras Turonenses *monetæ nunc currentis,* terminis *per nos Dominos Priorem, & Seneschallum prædictos ordinandis, cum protestatione, & retentione quam faciunt, antè oblationem hujusmodi, & in ipsa & postquàm, nisi ex integro prædicta* confirmentur per Dominum nostrum Regem *& si literas confirmationis non haberent, quod* hanc oblationem non intendunt facere.

immo pro non facta, eo casu volunt haberi, nec intendunt eo casu se, nec universitates eorum in aliquo obligare, sed habita dicta confirmatione, ut prædictum est, solvent dictam summam, terminis competentibus sibi assignandis per Nos Dominos Priorem, *&* Seneschallum *prædictos. Et hanc protestationem, & retensionem supplicant per Nos Dominos* Reformatores, *& Seneschallum prædictos, eis concedi & literas nostras sigillatas super hoc eis dare, pro memoriâ, si esset necesse in futurum habenda. Et pro premissis, sub protestationibus, conditionibus & retentionibus, in Cedula superius inserta contentis, promiserunt dare, & solvere Domino nostro Regi*, dictas mille quingentas libras Turonenses de moneta nunc currente semel solvendas *Thesaurario Tholose, Regio nomine Domini nostri Regis, ad nostri prioris voluntatem & ordinationem, supplicantes se ad prædicta admitti, cum* protestationibus, conditionibus *&* retentionibus suprà dictis; Nos *autem* attendentes *eorum bonam & fidelem affectionem, quam habent ad Dominum nostrum Franciæ Regem. Et* attenta *etiam* utilitate rei publicæ, *& habitatorum dictorum locorum, ut valeant vivere absque oppressionibus, eis* concessimus, *& tenore præsentium* concedimus, auctoritate Regiâ, *omnia & singula capitula contenta, & expressata in* Cedulâ suprà scripta, *&* promittimus *eisdem nomine Regis, quod prædicta omnia in ipsa* Cedulâ *contenta superiùs expressata eis* observabuntur *&* tenebuntur *ex integro*, firma & valida *per* Dominum nostrum Regem, *ejusque successores & ejus officiarios & quod non* in fringentur *in aliquo. Retenta tamen voluntate Domini nostri Regis, hoc acto expresse, quod nisi prædicta, sic per nos concessa eis ex integro confirmarentur per Dominum nostrum Regem, & ad effectum perducerentur integraliter, quod hujusmodi*, oblatio sit cassa & nulla, *& pro non facta habita nec quod ipsa valeant, eo casu in quietari seu molestari.*

Actum & Datam Tholose, die decimo Novembris, *anno Domini* millesimo trecentesimo quinquagesimo primo: *In quorum omnium premissorum testimonium sigilla nostra videlicet*, nos Prior *prædictus, sigillum nostrum. Et nos* Seneschallus Tholose *prædictus sigillum nostrum proprium præsentibus literis præsentibus duximus apponendum.*

Nos *autem omnia & singula in literis suprà scriptis contenta*, rata grata *&* firma *habentes ea* volumus, laudamus *sic & quatenus uti sint ac de speciali gratia auctoritate nostra Regiâ per præsentes* Confirmamus: *Quod ut firmum & stabile perpetuo perseveret. Literis præsentibus nostrum fecimus apponi sigillum: salvo tamen in aliis jure nostro, & in omnibus quolibet alieno.* Datum parisiis anno Domini millesimo trecentesimo quinquagesimo, primo mense Januarii.

Per Regem, *in Consilio suo in quo vos eratis* collatio facta est cum originali, *de verbo ad verbum per me.* J. ROYER.

JEAN I.er & selon d'autres, Jean II. à Paris au mois de Janvier 1351.

JEAN I.er & selon d'autres, Jean II. à Paris au mois de Janvier 1351.

(a) Letres par lesquelles le Roy crée & establit des Consuls en la Ville de *Guiole*, & fixe & regle leur Jurisdiction & leurs fonctions.

JOHANNES *Dei gratia Francorum Rex: Notum facimus universis, tàm præsentibus, quàm futuris*, Nos *vidisse quoddam publicum instrumentum manu* Johannis Bursæ Clerici, *Nivern. Diœcesis dicti publici, auctoritate Regiâ* notarii *signatum, cujus tenor talis est.*

Universis præsentes literas inspecturis: Nos Bertrandus Prior Sancti Martini *de Campis, juxta Parisius Consiliarius Domini nostri Franciæ Regis, & ab eodem super certis negotiis in tota* Lingua occitana *Commissarius deputatus, ut de nostrâ commissione constat, per Literas patentes Regias, quarum tenor inferiùs est descriptus, facimus esse notum.*

NOTES.

(a) Ces Letres sont au Tresor des Chartes, Registre cotté 81. pour les années 1351. 1352. & 1353. piece 124.

JEAN I.er & selon d'autres, Jean II. à Paris au mois de Janvier 1351.

Quod existente coram nobis Commissario prædicto, Petro Galandrini, Stephano Constancii *&* Raimundo Carporelli Sindicis *universitatum hominum Castri de* (b) Gleola *& ejus pertinentiarum, dicentium se ad dictam universitatem, licet Sindicos haberent & habere consueverint, carere* Consulatu *&* consulibus *& de eisdem indigere, ad dictam universitatem, & jura ejusdem gubernandum, regendum, & deffendendum, qui dixerunt valdè esse prejudicabile dicto Domino nostro Regi, & universitati prædictæ, eo cùm sint homines de* alto & basso, *& absquè aliquo* medio *dicti domini nostri Regis, &* sint in finibus Senescalliæ Ruthenensis, in montanis altissimis, *de* Alto-braco, *distantes à sede Senescalli, dictæ Senescalliæ per* tresdecim Leucas, *& ultra, ubi Senescallus dictæ Senescalliæ, seu ejus locum tenens, vel Procurator Regis ejusdem Senescalliæ venire non consueverunt nisi* bis, *vel ter in anno, habeant quæ* Magnates *& potentes viros ararivicinos, cum quibus eosdem pro juribus Regiis, & dictæ eorum universitatis deffendendis, oporteat sæpius litigare, & si* Consulatum *haberent, fortius, jura domini nostri Regis & dictæ eorum univertsitatis persequerentur, & etiam deffenderent, ut dixerunt. Quo circà* supplicaverunt *nobis, ut auctoritate Regia, nobis, ut superiùs dictum est, attributa, eisdem & dictæ universitati* dictum Consulatum concedere dignaremur *afferentes se nomine dictæ universitatis, Daturos domino nostro Regi,* Centum libras Turonenses *monetæ nunc currentis si præmissa eis, & dictæ universitati concedantur, modo & forma, & cùm* articulis & clausulis franchisis, & libertatibus *quæ sequuntur.*

Primò. Quod habitatores & populares, seu habitantes in dicto castro, & pertinentiis & ejus mandamento, habeant très Consules *videlicet,* duos habitatores *dicti* castri, *& unum de extra villam, qui creentur & creari possint per* Consulem *&* Consiliarios veteres, *anno quolibet, à tempore administrationis eorumdem, & quod per judicem ordinarium* dicti castri, *ab eis recipiatur juramentum, in talibus præstari consuetum, quo recepto, uti valeant,* pagere, *& exercere suum officium* Consulatus. *Si verò Judex, vel ut ejus locum tenens prædicti, legitimè requisiti, recusent dictum recipere juramentum, quod appareat per publicum instrumentum, quod eorum prædecessores possint uti dicto* Consulatu, *donec alii novi sint creati & recepti, absque pena.*

(2) Item. *Quod dicti* Consules *habeant, & habere teneantur,* duodecim Consiliarios, *sex de villâ, & sex de* extrà villam, *quos Consules eligere habeant* per semet, *& quod dicti* Consules *possint ab eisdem juramentum recipere sine pœna, & sine requisitione alicujus superioris de bene & fideliter* consulendo, *& alias ut in talibus est fieri consuetum.*

(3) Item. *Quod quolibet anno, in* festo omnium Sanctorum *dicti* Consules *habeant creari & institui, per alios* Consules *præcedentes, & per eorum consiliarios, & in casu in quo non essent creati & recepti in dicto termino, quod prædecessores eorum possint uti dicto* Consulatu, *quousque alii novi fuerint creati & recepti.*

(4) Item. *Quod* veteres Consules, novis Consulibus, *& eorum* Consiliariis per dictos *novos* Consules *eligendis, facta creatione & receptione dictorum* Consulum, infrà mensem, *de administratis per eosdem, bonum computum & legale reddere, & reliqua præstare, ad cognitionem novorum* Consulum *&* Consiliarium *perpetuo teneantur, & ad hoc possint compelli, ad mandatum, & per unicum dictorum* Consulum, *captis pignoribus, &* clausura eorum hospitiorum.

(5) Item. *Quod dicti* Consules *& universitas prædicta habeant, habere & acquirere possint* archam & domum communem, & sigillum Consulatus, *& quod possint se*

NOTES.

(b) *De Gleola,* seu *Gleiolla.*] C'est la Ville de *Guiole*, qui est une des quatre Chastellenies du Pays de *Roüergue*. Le Consulat accordé par ces Letres & les Reglemens qu'elles contiennent subsistent encore, & il y a un Siege de *Justice Royale* qui ressortit à la Seneschaussée de Rhodez. Elle est située dans ce qu'on appelle le *Comté de Rhodez*, qui fait une troisiéme partie du Roüergue, & elle est bastie dans les montagnes, vers les frontieres de l'Auvergne & du Gevaudan, à la droite de la petite riviere *de Selve*, à douze, ou treize lieuës de France, au *Nord-Est* de Rodez, & à trois lieuës au *Nord-Oüest* de la fameuse *Dommerie* d'*Aubrac*. Cette Ville contient environ mille habitans, ce que j'ay appris de Dom *Vaissette* Religieux de la Congregation de Saint Maur, qui travaille à l'histoire de Languedoc.

congregare

congregare omnes, vel major pars prædictæ universitatis, ad sonitum Campanæ, vel aliter; & congregationem pro suis causis, negociis, quæstionibus, & contravertiis, pertractandis, facere, licentiâ alicujus superioris minime obtenta, absque aliqua financia, seu præstanda. JEAN I.er & selon d'autres, Jean II. à Paris au mois de Janvier 1351.

(6) Item. Quod dicti Consules possint cognoscere summarie & de plano & jure, & sine quindena, & clamore quocumque, de jornalibus hominum conductitiorum, & quod possint compelli facere per suos Nuncios tales debentes jornalia, sive mercedem, conductitiis prædictis sine aliquâ requisitione facienda.

(7) Item. Quod possint Consules, qui pro tempore fuerint, Syndicos, Actorem, vel Procuratorem unum, vel plures semel, & pluries sufficienter constituere & creare, & quotiens eis visum fuerit revocare, dicta universitate, vel majori, seu minori parte ejusdem minime requisita.

(8) Item. Quod dicti Consules & Consiliarii, qui pro tempore fuerint, in dicto castro, & ejus Mandamento, possint indicere, & imponere talliam, seu tallias, vel collectas omnibus habitatoribus & habitaturis, & terras, possessiones, bona & res tenere, infrà pertinentias dicti Castri, cujuscumque conditionis sint, seu existent, pro reparationibus pontium itinerum, viarum, ecclesiarum, & aliis necessitatibus, causis, actibus & utilitatibus dicti Castri, Mandamenti & pertinentiarum ejusdem, & Universitatis prædictæ, exigere, levare, ac facere indicem, & imponere totiens quotiens necessarium, seu utilis fuerit & die Consulibus, Consiliariis quod videbitur faciendum, per suos Nuncios, sine licentia & mandato alicujus superioris.

(9) Item. Quod dicti Consules possint, anno quolibet, seu quovis, creare unum Nuncium Forestarium, seu Bannerium, qui habeat jurare, in manibus dictorum Consulum, de bene & fideliter habendo, in regimine dicti banni, seu forestarii, qui etiam executiones ad instantiam, & requestam dictorum Consulum faciat, & compellendo ad solvendum talliam, seu tallias indictas, seu indicendas compellat, & forestas, devesias, seu nemora dictæ Universitatis deffendat, & custodiat. Cui Forestario, seu Bannerio, ac Nuncio in officio forestarii, seu bannerii, & executione & compulsione prædictis, obediant & obtemperent, sub pæna quinque solidorum Turonensium, Domino nostro Regi dandâ, aut per amissionem portarum hospitiorum suorum, per inobedientes omnes de universitate prædicta, & alii qui infrà fines, pertinentias, & (c) mandamentum dicti castri reperirentur inobedientes, seu rebelles, in solvendis talliis, & aliis juribus dictæ Universitatis, & dampnum darent in pascuis (d) devesis, nemoribus & aliis bonis, & rebus communibus Universitatis prædictæ, pignorare, & bannum exigere & levare, & de pignoribus, & bannis dicti Consulatus valeant ordinare, sine requisitione, & licentia alicujus superioris, pæna & ejus cognitione remanente, dicto Domino Regi, seu ejus Curialibus dicti loci.

(10) Item. Quod dicti Consules possint, & valeant metas, seu bolas plantare in devisus, & terris dictæ universitatis, & metas seu, bolas plantatas in terra dictæ universitatis laxare, & restringere, prout eis visum fuerit faciendum, sine prejudicio alieno, & vocatis qui consueverint vocari.

(11) Item. Quod dicti Consules possint cognoscere de bannis sive detis, si debeantur, aut committantur per aliquas personas, antequàm fiat executio pro detis & bannis prædictis si controversia oriatur, nisi ressenter reperirentur facientes (e) talas, & in illo casu caperentur qui reperirentur faciendo talas prædictas.

(12) Item. Quod Bajuli qui pro tempore fuerunt de Gleiolla habeant quolibet anno, instituere Bannerium seu Bannerios, vocatis Consulibus prædictis, & cùm consilio eorumdem, & quod ille Bannerius, seu Bannerii habeant præstare juramentum, præstari per Bannerios consuetum dicto Bajulo, vocatis Consulibus prædictis.

(13) Item. Quod dicti Consules habeant potestatem cognoscendi, & ordinandi de

NOTES.

(c) *Mandamentum.*] C'est le territoire.

(d) *Devesiis.*] Ce sont selon Du Cange des lieux en deffens. Voyez son Glossaire sur ce mot, le Glossaire des Coutumes. Et cy-aprés l'article 20.

(e) *Talas.*] Ce mot vient de *Talare*, qui signifie, *voler, piller*. Vide *Cangium in Glossario mediæ & infimæ Latinitatis.*

JEAN I.er & selon d'autres, Jean II. à Paris au mois de Janvier 1351.

mensuris bladorum, vini & olei, & aliis ponderibus, *& de absis, seu* cannis, *cum quibus panni lanei, & caprini & aliæ merces* mensurantur, cannantur, ac venduntur, *si sint justæ & sufficientes, vocato* Bajulo *dicti loci, vel ejus* locum *tenente. Penâ & ejus cognitione remanente Domino nostro Regi, seu ejus Curialibus Dicti Loci.*

(14) Item. *Quod dicti Consules habeant potestatem* afforandi textores, sutores, sartores *& alios* menestralios, *& providendi, taxandi, statuendi, & ordinandi, quod blada, vina, carnes Comestibiles, oleum, candelæ, sal & aliæ merces, seu denariatæ vendibiles secundum quod justum fuerit, & non immoderate vendantur, temporum, & rerum qualitate, conditione, ubertate, sterilitate, copia & penuria attentis, vocato etiam* Bajulo *prædicto seu ejus locum tenente, & aliis qui in talibus consueverunt evocari.*

(15) Item. *Quod Bajuli, seu alii* Curiales, *dicti Castri, & ejus* Mandamenti, *non possint, nec debeant procedere, contra aliquam personam* dicti Mandamenti, *ad inquestam nisi priùs, factâ (f) legitima informatione. Et quod aliqui ipsius* Mandamenti *non debeant, incarcerari, seu arrestari pro levibus excessibus, & injuriis, si possint & velint cavere ydonee de judicato solvendo, & se representando, si casus hoc exigat, & requirat.*

(16) Item. *Quod (g)* Incantator *publicus dicti Castri valeat & debeat facere* proclamationes *de his que pertinent ad officium dictorum Consulum, ex parte Domini nostri Regis, & Consulum prædictorum, ad requisitionem eorumdem, sine licentia superioris.*

(17) Item. *Quod dicti* Consules, *cum suis* Consiliariis, *habeant potestatem* cognoscendi de viis publicis *&* itineribus reparandis, *(h)* de Clertis, Doblis, Acaralhis senioralibus, edificiis & tabulariis Bescalinis, *in dicto Castro, & ejus pertinentiis, factis, constructis, faciendis, seu construendis pontibus, & de malis passibus conservandis, & reparandis, & si ab eorum ordinationibus contingeret appellari, quod appelletur* ad judicem ordinarium *dicti castri primo, & secundo ad Dominum Senescallum* Ruthenensem, *vel ad ejus locum tenentem.*

(18) Item. *Quod nullus de dicto Castro, & ejus pertinentiis, pro aliquo delicto commisso, seu committendo puniendus, seu incarcerandus, extrahatur, sine causâ rationabili, extra dictum Castrum, per officiarios dicti Castri, sed secundum demerita detineatur, puniatur, seu absolvatur, infra dictum castrum, & ejus pertinentias, vocatis, ut supra dictum est, dictis Consulibus, & aliis evocandis, justitia mediante.*

(19) Item. *Quod nullus* Serviens, *seu* Executor, *pro quacumque executione facienda, aliqua* pignora, *per ipsos, seu ipsorum alterum, ab aliquo, seu aliquibus de dicto Castro, seu ejus pertinentiis, capta, seu capienda, sit ausus à dicto castro extrahere, sed ea in dicto Castro* vendantur *plus offerenti, ad (i)* inquantum *dicti castri, per* Incantatorem *castri prædicti qui tenebitur facere lievrare, juxta, & secundùm stilum loci prædicti, prout in talibus est fieri consuetum.*

(20) Item. *Quod dicti Consules possint facere per semet in nemoribus, & pascuis dictæ universitatis, & communibus* Devesiam, *seu* Devesias *herbatgiorum, seu nemorum ad utilitatem dictæ Universitatis, & ad conversationem ejusdem, per eorum libita voluntatis, totiens quotiens eis visum fuerit faciendum, sine prejudicio alieno, sine requisitione & licentia alicujus superioris.*

(21) Item. *Quod dicti Consules possint & debeant* limitare, *& dare terram* animalibus morbosis, *sine requisitione & licentiâ Curie, seu alterius superioris, totiens quotiens casus evenerit, infrà terram &* Mandamentum *dicti castri & ejus pertinentiarum, sub pœnis solitis in talibus apponi, Domino nostro Regi applicandis. Et cum dicta animalia,* sanata *fuerint, ea de dicta terra* licentiare, *&* relaxare, *dùm & quando eis visum fuerit faciendum.*

NOTES.

(f) Legitima informatione.] Voyez cy-dessus les reglemens pour les Officiers Royaux de la Justice de Lyon, article 1. page 258. & page 260. au commencement.

(g) Incantator.] C'est celuy qui vend à l'encant.

(h) De Clertis, Doblis, Acaralhis senioralibus.] Ce sont des mots du pays latinisez, dont on ne trouve pas l'application.

(i) Inquantum.] L'encant.

(22) Item. *Quod* Unicus *dicti Consulatus possit & valeat deferre* baculum depictum foribus lilii, *&* arnesium *suum, sicut* Servientibus *in talibus deferri consuetum. Et quod dictus (k)* Unicus *pro negotiis, & causis supradictis ad dictum Consulatum pertinentibus, possit & valeat imponere penam quinque solidorum Turonensium Domino nostro Regi applicandorum, ex parte dictorum Consulum.*

(23) Item. *Quod dicti Consules possint unum* Clericum tenere, *seu* Tabellionem *ad scribendum (l)* tallias, *& alias* assisas *ad dictum Consulatum necessarias, & opportunas.*

(24) Item. *Quod dicti Consules possint, in dicto Castro, instituere* Corratorium, *seu* Corratios, *qui habeant in eorum manibus jurare de se habere, & fideliter habendum in dicto officio* Corratii, *& eorum salarium taxare.*

(25) Item. *Quod non obstante præsenti concessione dicti Consulatus, ipsi Consules, & tota Universitas dicti castri, possint uti & valeant gaudere de eorum aliis antiquis franchisiis, usaticis, & libertatibus suis, ut ante concessionem præsentis dicti Consulatus faciebant, & ipsis in eorum robore firmitatis in perpetuum remanentibus.*

(26) Item. *Quod* novi Consules, *unà cum eorum Consiliariis, possint & valeant solvere & quittare* antiquos *Consules, & alias personas de administrando & levando* per ipsos, *nomine dicti Consulatus, sub sigillo eorum, Consulatus, & alio sufficienti.*

(27) Item. *Quod* Sindici *superius nominati, qui nunc sunt & pro tempore fuerint, antè eorum primam electionem de dictis Consulibus faciendam, uti possint & valeant officio Consulatus, & Consules & eligere Consules modo, & forma superius expressatis.*

(28) Item. *Quod Consules & eorum Consiliarii, unà cum eorum officialibus, sint & maneant, in & sub protectione & salva gardia speciali Domini nostri Regis. Nosque Prior & Commissarius prædictus attendentes quod omnes Consules Senescalliæ Ruthenensis locorum immediatorum Domini nostri Regis, libenter jura Regia deffendere consueverunt, se, & sua, ad eadem custodienda, & deffendenda exponendo. Et facta diligenti informatione, cum officialibus Regis & aliis personis idoneis, facti experientia nos edocuit quod dicti homines de* Gleolla, *licet sint homines* rurales & pauperes, *tamen semper sunt reperti bonæ voluntatis erga Dominum nostrum Regem, & in subsidiis, & aliis sibi necessariis, se promptos obtulerunt, & quod cum* Syndicos solum haberent, *jura Regia, cum multis laboribus, & expensis propriis deffensarunt, temporibus retroactis, dictum* Consulatum, *&* libertates, ac dicta jura Regia, *& eorum universitates prædictas* pagenda, deffendenda, *&* conservanda, *mediante* oblatione *dictarum* centum librarum *semel solvendarum, eisdem* concessimus, *&* concedimus *per præsentes, cum omnibus clausulis, libertatibus, franchisiis, & aliis articulis superius expressatis eisdem perpetuo valituris, modo, & forma supradictis, absque aliqua alia financia, occasione premissorum ulterius facienda. Et hoc vigore autoritate* Commissionis nostræ *prædictæ, cujusquidem Commissionis tenor sequitur sub hiis verbis.*

JOHANNES *Dei gratiâ Francorum Rex: Dilecto & fideli Consiliario nostro* Priori Sancti Martini de Campis, salutem *& dilectionem. Cum in agendis & exequendis negotiis per inclite recordationis Dominum, & progenitorem nostrum in partibus occitanis vobis hactenus Commissis, fideliter & prudenter vos habueritis, prout per facti experientiam, & plurimorum fide dignorum relatu percepimus, & sumus plenarie informati. Ea propter de vestris fidelitate, discretione, & industria plenius confidentes, vobis tenore præsentium* committimus *&* mandamus, *quatenus ad partes* Senescalliæ Tholose, *& loca alia terrarum, Senescalliarum* Linguæ occitanæ, *de quibus vobis videbitur opportunum, Vos, visis præsentibus, personaliter transferentes, nostro populo, ex parte nostra exponatis, qualiter hostes & inimici nostri, treugis juramento vallatis non obstantibus, de die in diem, regnum nostrum contra fidem promissam, & proprium juramentum nituntur invadere, castra que, villas &*

NOTES.

(k) Unicus.] Il y a ainsi dans le Registre, mais il semble qu'il y a faute, & qu'au lieu d'*Unicus*, le copiste qui a mal lû auroit dû mettre *Nuncius*, comme dans l'article 5. cy-dessus.

(l) Tallias.] Voyez cy-dessus, art. 7.

JEAN I.er & ſelon d'autres, Jean II. à Paris au mois de Janvier 1351.

loca alia fraudulenter occupare, & noſtris ſubditis inferre plura dampna, diſpendia, & multa nephanda committere, & niſi eorum perverſis conſectibus, per nos, & noſtros fideles & ſubjectos reſiſtatur, pejora committere attemptarent. Et ideo pro reſiſtendo dictis noſtris inimicis, ac deffenſione, conſervatione regni noſtri, ſubditorum noſtrorumque in diverſis regni noſtri partibus, magnas & innumerabiles expenſas Nos ſubire opporteat, quæ abſque fidelium noſtrorum ſubditorum juvamine, ſuſtinere non poſſimus. Quo circa ſubſidium competens, attentis expenſis, & oneribus ſupradictis, à dictis noſtris ſubditis, requiratis & indicetis *eiſdem, prout veſtræ prudentiæ videbitur faciendum. Et in ſuper tàm à Prelatis, & perſonis Eccleſiaſticis, quàm à noſtris Officialibus & perſonis aliis, de quibus vobis videbitur expedire*, mutua *nomine noſtro requiratis, &* mutuantibus aſſignationes *utiles faciatis, quas Nos ſtatuendis terminis perſolvi faciemus & realiter adimpleri. Cæterum ut facilius & melius & cum minori gravamine noſtri populi, quæ vobis commiſſa ſunt, & injuncta exequi valeatis,* recipiendi *financias, pro, & de* ſalvis gardiis *noſtris, in* fruitionibus, portationibus armorum, invaſionibus *jurium noſtrorum, uſurpatione, & recelatione uſurpatâ & recelatâ, ad ſtatum priſtinum & debitum reducendo, nec non & de perſonis & mercatoribus regni noſtri, qui* Burdegalæ, *& in locis aliis* obedientiæ Regis *Angliæ morantur, & morati fuerunt, ſi ad noſtram obedientiam redire voluerint, cum ſuis bonis, infrà competentem terminum per vos ſtatuendum eiſdem, & generaliter de omnibus* exceſſibus & criminibus *per quaſcumque perſonas commiſſis, & perpetratis, in quantum jus noſtrum tangere poſſunt* proditionis & leſæ majeſtatis caſibus *duntaxat exceptis, & creandi notarios, recipiendi que financias de rebus per innobiles, à nobilibus acquiſitis.*

Item. *Univerſitatibus locorum* dandi & concedendi Conſulatus, *&* Sindicatus, Nundinas mercata *& illa habentibus mutandi ad diem, aliàs ſi de eorum proceſſerit voluntate, abſque tamen prejudicio alieno.*

Item. Compellendi realiter *& de facto, omnes & ſingulos* Receptores *noſtros, tam ordinarios quam extraordinarios,* Collectores; *&* Subcollectores *decimarum, Magiſtros, & gardiatores monetarum, &* commiſſarios *quoſcumque, ad tradendum, & reddendum clare & ſpecifice omnes partes receptarum & miſſionum ſuarum & ex cauſa.*

Item. *Querendi,* procurandi & habendi *generaliter, modis, & viis quibus licite fieri poterit,* financias *&* compoſitiones, *quæ pro quibuſcumque rationabilibus cauſis haberi poterunt, & ſupra hiis & dependentibus ex eiſdem,* inquirendi *contra quaſcumque perſonas de* criminibus, *& exceſſibus quibuſcumque, eaſque* puniendi, *ſecundum quod fuerit faciendum, mediante juſtitia.*

Item. *Indempnitati noſtri populi providere volentes, & ipſius paupertatibus compatientes* Volumus, *quod ſuper reformatione &* reparatione locorum, *de* quibus *multipliciter conqueritur idem populus, provideatur, vocatis vobiſcum Seneſcallo in cujus, Seneſcallia erunt Villæ reformandæ, prout veſtræ diſcretioni videbitur faciendum,* ſuper quibus omnibus & ſingulis, ac eorum circonſtanciis & dependentibus ex iiſdem, *vobis plenam, tenore preſentium,* concedimus poteſtatem, *promittentes omnia & ſingula, quæ per vos ſuper prædictis acta fuerint, vel conceſſa, rata & grata habere, & illa confirmare, ſi & cum fuerimus requiſiti.*

Item. Volumus, præcipimus & ordinamus, *quod* omnes monetæ totius *Linguæ occitanæ & partium in quibus eſtis* deputatus, *tam receptorum ordinariarum, quam extraordinariarum decimarum, quam &* monetarum *Figiaci, de Agen. Tholoſæ, & Montepeſſullani ad nos ſpectantes,* recipientur per dilectum noſtrum Nicholaum Odonis, *Receptorem noſtrum in partibus ſupradictis, vel per ejus Locum tenentem, pro diſtribuendo per ipſum, aut alterum de* theſaurariis *guerræ noſtræ, ſeu eorum loca tenentibus, gentibus armorum & peditum deputatorum in dictis partibus & etiam deputandorum, & aliis noſtris negotiis, juxta & ſecundum arbitrium & ordinationem veſtram & non aliter. Et* Volumus *quod ad tradendum & deliberandum dicto* Nicholao, *vel ejus locum tenenti, pecunias ſupradictas, vos compellatis, & poſſitis compellere, viis & modis de quibus vobis meliùs videbitur expedire, omnes & ſingulos* Receptores, Collectores, Subcollectores *decimarum,* Magiſtros, *&* Gardiatores *monetarum, ac* Commiſſarios *quoſcumque &* Conſervatores, *& procurare omnibus & per omnia, in premiſſis & ea tangentibus jura noſtra.*

Item. Revocamus *tenore præsentium, omnes & singulas* assignationes, *per quoscumque factas, usque in diem datæ presentium literarum; inhibendo* Magistro Arbalestariorum; *omnibusque singulis Capitaneis, Senescalliæ, & aliis personis, per nos deputatis, vel deputandis, in illis partibus, ne de pecuniis nostris, prout & contra ordinationem nostram, capere presumant, aut compellere aliquem de. nostris receptoribus ad tradendum eisdem contra ordinationem nostram prædictam. Et* Damus *tenorum præsentium in mandatis, omnibus Justiciariis, & subditis nostris, alios requirentes, ut vobis, & deputandis à vobis, hiis pareant efficaciter, & intendant. In quorum fidem, & testimonium, nostrum sigillum, in quo ante susceptum regni nostri Regimen utebamur, duximus apponendum.* Datum Parisiis ultima die Novembris. Anno Domino millesimo trecentesimo quinquagesimo.

JEAN I.er & selon d'autres, Jean II. à Paris au mois de Janvier 1351.

IN *cujus rei testimonium* nos Prior & Commissarius *ante dictus, sigillum nostrum proprium duximus præsentibus apponendum.* Datum Naiaci, die decimâ Januarii. Anno Domini millesimo trecentesimo quinquagesimo. *Quæ omnia supradicta per Notarium infra scriptum in publicam formam redigi, mandavi, ad perpetuam rei memoriam habendam, & ejus signo muniri. Acta fuerint hæc* Naiaci decima *die Januarii.* Anno Domini millesimo trecentesimo quinquagesimo, *Domino* Johanne Dei gratia Francorum Rege. *In præsentia, ac testimonio venerab. virorum Johannis de* Probolone *Valleti Domini nostri Regis, Gol* Hardi de Saumante *legum doctore, Rigaldi de* Budorio, *Procuratore Regis Senescalliæ Ruthenensis, Domini Bertrandi* de Malesage *Militis, Guiscardi* de Ruppe forti *Domicelli. Et ego Johannes* Burse *Clericus Nivernensis Diœcesis publicus, auctoritate Regiâ Notarius, qui in premissis omnibus una cum testibus supra scripitis interfui*, & signo meo signavi.

NOS *autem dictum Consulatum, ac omnia alia & singula in dictis contenta literis, rata habentes & grata, ea,* volumus, laudamus, ratificamus, approbamus *& auctoritate nostra Regia, de certa scientiâ & speciali gratia, tenore præsentium* confirmamus. *Quod ut firmum & stabile permaneat in futurum.* Sigillum nostrum *præsentibus literis duximus apponendum, salvo & alio jure nostro & in omnibus quolibet alieno.* Datum Parisiis, anno Domini millesimo trecentesimo quinquagesimo primo, mense Januarii.

JEAN I.er & selon d'autres, Jean II. à Paris le 4. Fev. 1351.

(a) Letres par lesquelles le Roy fait deffenses à ses Tresoriers des Guerres, de faire aucun prest aux gens d'armes, que pour un mois seulement.

JEHAN par la grace de Dieu Roy de France: A nos amez & feaulz les Gens *de nos Comptes* à Paris, *Salut & dilection* Nous avons *Ordonné & Deffendu* par noz autres Lettres aux Tresoriers de noz Guerres, qu'il ne facent *prest à aucunes gens d'armes* sur leurs gaiges, *que pour un mois* tant seulement, jusques à tant qui leur apaire de leurs *monstres* faites pardevant noz *Mareschaulx*, ou leurs *Lieuxtenans* establiz par Nous, ou par eux, & non par autres, se il n'y a causes bien necessaires pourquoy il le conviegne faire, & par mandement qu'ils en aient de Nous, ou de noz Lieuxtenans & Capitaines, ouquel lesdites causes soient exprimées; & aussi *qu'il ne comptent ausdites gens d'armes* de leursdiz *gaiges* pour monstres quelconques qu'ils aient, se ce n'a esté pardevant nozdiz Marechaulx, ou leurs Lieux-tenans establiz comme dessus est dit, jusques à tant qu'il leur appaire que leursdiz gaiges soient cassez. SI VOUS MANDONS que ce qu'il feront au contraire des choses dessusdittes, vous rayez en leurs comptes, sans le leur alloüer en aucune maniere, nonobstant quelconques Mandemens, ou Lettres que ils vous baillent sur ce. *Donné à Paris le quatriéme jour de Fevrier l'an de grace mil trois cens cinquante & un.* Ainsi signées par le Roy en son Conseil. P. BLANCHET.

NOTES.

(a) Ces Letres sont en la Chambre des Comptes de Paris, & au Memorial C. fol. 110.

JEAN I.er & selon d'autres, Jean II. à Paris le 10. Fev. 1351.

(a) Ordonance concernant la maniere des payemens, à cause du changement des monoyes.

SOMMAIRES.

(1) Les dettes pour cause de rentes à heritages, ou à vie, les loyers des maisons, les cens, ou crois de cens, escheus depuis le dernier jour de Juin, jusqu'au jour de la publication des presentes, seront payez à la foible monnoye, *tant qu'elle aura cours, ou à la monnoye courante, selon la valuë du marc d'argent.*

(2) Ce qui en est, ou sera dû depuis la publication de la foible monnoye, *sera payé à la* monnoye courante, *aux termes des payemens.*

(3) Ce qui est dû pour les termes échûs avant le dernier Juin *precedent, que la* foible monnoye *commença d'avoir cours, sera payé au feur du marc d'argent, à moins qu'alors la monnoye courante n'eust esté plus forte que celle qui court à present; auquel cas on sera quitte en payant à la monnoye qui court à present.*

(4) Les emprunts *faits en* deniers, *seront payez en la monnoye qui couroit alors, pourvû qu'elle ait encore cours au temps du payement; sinon ils seront payez en la monnoye coursable au temps du payement, selon la valuë du marc d'or, ou d'argent.*

(5) Les deniers *d'or, ou d'argent mis* en garde, ou depost, *seront payez comme les* emprunts, *selon l'article precedent.*

(6) Les deniers dûs pour retrait *d'heritages, seront payez comme les emprunts, selon l'article 4.*

(7) Et pareillement ce qui sera dû pour cause d'achat d'heritages, ou de rentes *perpetuelles, ou à vie.*

(8) Les sommes promises par contracts de mariage seront payées en la monnoye qui couroit au temps du contract, si elle a cours, sinon au prix du marc d'argent.

(9) Les fermes muables *payables en deniers, & prises avant le dernier jour* du mois de Juin *1350. dont les termes sont échûs avant la* publication *des presentes, seront payées à la* foible monnoye, *& pour les termes à venir à la monnoye qui aura cours.*

(10) Les fermes muables *prises avant le cours de la* foible monnoye, *qui commença le dernier de* Juin *1350. si les termes sont échus avant ce jour, elles seront payées au feur du marc d'argent.*

(11) Les ventes de bois *faites depuis le dernier* Juin *1350. que la* foible monnoye *a eu cours, si tout le bois a esté enlevé, seront payées à la* foible monnoye, *si elle a cours, ou à la* nouvelle monnoye, *selon le prix du marc d'argent.*

(12) Les ventes de bois *prises depuis le cours de la* foible monnoye, *dont les termes des payemens sont passez, desquelles tout le bois n'est pas coupé, & dont le Marchand doit encore quelque chose du prix, seront payées à la monnoye courante.*

(13) Les ventes de bois *faites avant la* foible monnoye, *desquelles il reste des bois à couper, & dont les termes des payemens ne sont pas échûs, si* l'acheteur *veut tenir son marché, pour payer à la monnoye qui aura cours aux termes, il le pourra; mais s'il ne le veut, & si le vendeur ne veut pas recevoir son payement en la* foible monnoye *qui couroit au temps du contract, il pourra reprendre son bois, en recevant* en foible monnoye, *ce que l'acheteur luy pourra devoir.*

(14) Les ventes de bois faites *avant le* plein cours *de la* foible monnoye, *dont* tout le bois est coupé, *& les termes des payemens sont passez, mais dont il reste dû quelque somme, pour des termes échûs avant la* foible monnoye, si l'acheteur a promis de payer à termes, & à telle monnoye, *& pour tel prix que elle auroit lieu aux termes, il en sera quitte en payant en la monnoye qui avoit cours alors, ou en monnoye nouvelle, à la valuë du marc d'argent.*

(15) Les ventes de bois faites avant le cours de la foible monnoye, *dont tout le bois est* en coupe, *mais dont quelques termes de payement ne sont pas échûs, seront payées à la monnoye courante aux termes* des payemens.

(16) Les ventes de bois *prises avant le cours de* la foible monnoye, *dont tout le bois n'est pas coupé, & dont l'acheteur doit une partie du prix, pour termes échûs avant la* foible monnoye, *seront payées en la monnoye courante, ou qui aura cours quand l'acheteur payera.*

(17) Les ventes de bois *faites avant le cours de la* foible monnoye, *dont il y a des payemens qui ne sont pas échûs, & dont il y a une partie du bois à couper, seront payées pour les termes à venir à la monnoye qui aura cours.*

(18) Si des ouvrages *& des* labourages *ont esté pris avant la* foible monnoye, *le Laboureur & l'ouvrier pourra finir ce qu'il a entrepris, en recevant ce qui luy sera dû à la monnoye courante* au temps du marché, *ou à* la nouvelle, *selon la valuë du marc d'argent.*

(19) Tous autres contrats communs; ou pour denrées accruës, au temps que la foible monnoye avoit cours, seront payez à la foible monnoye, ou à la nouvelle, *selon la valuë du marc d'argent.*

(20) Si les contrats ont esté faits, & les denrées ont accruës, avant que la foible monnoye

JEAN I.er & selon d'autres, Jean II. à Paris le 10. Fev. 1351.

eust cours, ils seront payez à la monnoye courante, *pourvû que la courante soit plus forte que celle qui avoit cours au temps du contract.*

(21) Si les contrats ont esté faits, & les denrées accruës, avec terme pour les payemens, & s'il en est dû quelque chose pour les termes à venir, ce qui en sera dû sera payé en la monnoye qui aura cours à l'échéance des termes.

(22) S'il est dû quelque chose pour les termes échûs dans le temps que la monnoye estoit aussi forte que celle qui a cours, le payement en sera fait en monnoie courante.

(23) A l'égard de tous les contracts & accruës de denrées, à l'exception des emprunts, des achats d'heritages, & des promesses de mariage, si le debiteur s'est obligé de payer en certaine monnoye, & pour un certain prix, qui avoient cours alors, le payement sera fait en la monnoye, & pour le prix qu'elle avoit au temps des contracts.

(24) Tous Marchands & tous vendeurs, tous Laboureurs & ouvriers se feront payer selon le prix des monnoyes; à quoy il sera pourvû par les Baillifs, Seneschaux, & autres Justiciers.

(25) Pour la valuë du marc d'argent *on aura égard au prix que l'on en donne, ou à ce que l'on en donnoit aux monnoyes du Roy au temps de la date du contrat, ou du terme.*

(26) Et par le plein cours *on entend le prix que la monnoye a, quand on la met dans le commerce, pour le prix qu'elle a esté faite.*

JOHANNES Dei gratiâ Francorum Rex. Præposito Parisiensi, vel ejus locum tenenti, Salutem. *Ordinationes Regias* super modo solvendi debita, *&* firmas retinendi, *per* magnum nostrum Consilium *editas, vidimus, formam quæ sequitur continentes.*

ORDENANCES faites par le grant Conseil du Roy, *le dixiéme jour de Fevrier, l'an mil trois cent cinquante-un, sur la maniere des payemens*, pour cause de la *mutation* de la monnoye novellement faite, *de feble à fort.*

Premierement toutes *dettes* duës pour cause *de rentes à heritage, à vie*, ou à *voulenté*, de *loyers* de maisons, de *cens*, ou *crois de cens*, & de toutes semblables choses duës pour les termes escheuz depuis *le darrenier jour de Juingnet* darrenierement passé que la *feble monnoye* courant n'agaires commença à *avoir* notoirement *plain cours*, jusqu'au jour de la publication de cette presente *forte monnoye*, se payeront à ladite *feble monnoye*, tant comme elle aura aucun cours, & pour le prix que *elle couroit ausdiz termes*, ou à la monnoye presente, selon la valuë du *marc d'argent.*

(2) Item. Ce qui en est, ou sera deu pour les termes escheuz, ou à escheoir, depuis ladite publication de *la forte monnoye*, se payera à la *monnoye courante*, aux *termes*, ou *au temps du payement.*

(3) Item. Ce qui en est deu pour les *termes precedens* ledit *darrenier jour de Juingnet* darrenier passé, que la feble monnoye dessusdite commença à avoir cours, se payera *au feur du marc d'argent*, se ainsi n'estoit, que ou temps pour lequel l'en devoit, *eust couru plus forte monnoye* que celle qui court à present, ouquel cas l'en seroit quitte pour payer la monnoye *qui court presentement.*

(4) Item. Touz *emprunz* vraiz, faiz senz toutes fraude & cautelle *en deniers*, se payeront en telle monnoye comme *l'en aura emprunté*, se elle a plain cours *au temps du payement*, & se non, ils se payeront *en monnoye coursable* lors, selon la valuë & le pris *du marc d'or, ou d'argent.* C'est assavoir selon la valuë du *marc d'or*, qui aura receu *or*, ou du *marc d'argent*, qui aura receu *argent*, nonobstant quelconque maniere de promesse, ou obligation faite sur ce.

(5) Item. Tous *deniers d'or*, ou *d'argent mis en garde, ou en depost*, de quoy la garde se sera, ou pourra estre aidiez à son besoing, ou en marchandises, ou autrement, se payeront & rendront par la maniere que les *emprunts* dessusdiz,

(6) Item. Tous *deniers dûs* à cause de *retraite d'heritages*, se payeront semblablement, *comme lesdiz emprunz.*

(7) Item. Semblablement sera fait de ce qui est dû pour cause *d'achats d'heritage*, ou de *rente* à heritage, ou à vie, ou à temps.

NOTES.

(a) Cette Ordonance est en original au Tresor des Chartes du Roy, où elle est adressée aux Seneschaux de Beaucaire & de Nîmes: & elle est au Memorial C. fol. 112. de la Chambre des Comptes de Paris.

JEAN I.er & selon d'autres, Jean II. à Paris le 10. Fev. 1351.

(8) *Item.* Toutes sommes *promises en contraucts de mariage*, & pour cause de mariage, *se payeront* en la *monnoie courante* au temps du contraut, si elle a *plain cours*, comme dessus, & se non *au prix* du *marc d'argent*, comme dessus; se ainsi n'estoit que en ladite promesse ait eu *convenance* de certaine *monnoye d'or* ou *d'argent*, senz prix, ou pour certain, ou exprimé prix, lesquelles *convenances* en ce cas seront tenuës & *gardées en leurs propres termes*, nonobstant que la monnoye *promise*, ou specifiée n'ait, ou n'eust point de cours, ou ait, ou eust cours pour autre prix au temps de la promesse, que promis n'avoit esté. Par telle maniere toutes voies, que se au temps du payement la monnoye promise d'or ou d'argent n'avoit cours, l'en payera pour la monnoye *non coursable*, la monnoye qui *sera coursable*, selon le prix *du marc d'or*, ou *d'argent*, aussi comme *des emprunts*, ou *retrais des heritages*.

(9) *Item.* Les *Fermes muables* à payer en deniers, prises & affermées, depuis le *derrenier jour de Juignet* darrenier passé que ladite *feble monnoye* prist à avoir *plain cours*, dont les rermes, ou aucun des termes sont écheuz avant *la publication de ceste forte monnoye*, se payeront pour lesdits termes à ladite *feble monnoye*, qui darreniere a *couru*, & pour le prix que elle a couru. Et pour les *termes à venir*, elles se payeront en la monnoye qui *courra*, & pour le prix que elle *courra ausdiz termes*, se il plaist *au Fermier*, & se non, & le *Bailleur* ne veult estre content de la *monnoye courante*, au temps du contrauct, le *Fermier* pourra *renoncier* à sa Ferme, dedanz *quinze jours* aprés la publication de ces *presentes Ordonnances*, en *rendant* toutesvoyes, & *payant* au *bailleur* dedenz *huit jours*, aprés sa *renonciation*, tout ce que loyalment, & senz fraude, il pourra lors devoir pour cause de sadite Ferme. Et se ledit *Fermier* avoit *renoncié* dedenz les *quinze jours* aprés la publication de ces presentes, & il estoit deffaillant de rendre ce qu'il en devroit justement & loyalment *payer au bailleur*, dedens les *huit jours aprés sa renonciation*, sadite renonciation seroit reputée & tenuë de nulle valuë.

Et se le *Bailleur* & le *Fermier* ne pevent estre d'accort, de ce que ledit *Fermier* pourroit loyalment devoir pour la Ferme, le Juge du lieu appellé & à ce *bonnes personnes* non suspectes en autres Fermes que és Fermes du Roy, enquerra la *verité*, de la valuë de ladite Ferme, de ce qui en sera levé, & ce qui en sera à lever, de la *melioration*, ou mendre valuë, de temps à temps. Et parmi ce, le *Fermier* sera tenuz payer au *Bailleur* du prix de sa Ferme, ce qui, par l'*arbitrage* du Juge, selon la portion du temps & la proportion du meilleur ou mendre temps, sera dit, ou prononcié.

Et és *Fermes du Roy*, les Juges des lieux, appellez à ce le Receveur & le Procureur du Roy audis lieux, ou leurs Lieuxtenans, feront *informations, bonnes & dûës*, sur les choses dessusdites, & icelles informations, envoyeront aux gens *des Comptes du Roy* à Paris, qui eüe consideration aux choses dessusdittes, détermineront ce qui en devra estre fait.

(10) *Item.* Les *Fermes muables* prises & affermées avant le *plain cours* de la *feble monnoye* dessusdite, se payeront pour les *termes escheuz*, ou temps precedent, le commencement dudit cours d'icelle *feble monnoye*, au *feur du marc d'argent*, se ainsi n'estoit que au terme deu, eust couru plus *forte monnoye* que celle qui court à present, ouquel cas l'en seroit quittes, par payant ceste presente monnoye.

Et pour les termes à venir, l'en payera la *monnoye courante* aux termes, & pour le prix que elle courra, sanz ce que le *Fermier* y puist *renoncier*.

Et se aucune chose en est deue pour termes escheus, ou temps du *plain cours* de ladite *feble monnoye*, se iceluy *Fermier* a pris la Ferme simplement, sans exprimer à *payer telle monnoye*, & pour *tel prix* comme il courra aux termes, il payera telle monnoye & pour tel prix, comme il court, ou courra au *temps que il payera*, se ainsi n'estoit que il courust lors *plus forte* monnoye, que il *ne faisoit ou temps que il prist ladite Ferme*, ouquel cas il payeroit la *monnoye coursable au prix du marc d'argent*, comme dessus.

Et se en prenant *ladite Ferme*, le *Fermier* a promis, ou se est *obligez* par exprés à payer *la monnoye courant aux termes*, il sera quitte en payant ladite monnoye courant

courant aux termes, où la monoye courant au temps des payemens, advaluée à l'autre ſelon le *prix du marc d'argent.*

JEAN I.er & ſelon d'autres, Jean II. à Paris le 10. Fev. 1351.

(11) Item. Les *ventes des bois,* priſes depuis *que ladite feble monnoye* ot *plain cours,* à payer à une fois, ou à termes, un ou pluſieurs, ſoient les termes paſſez, ou à venir, mais le bois eſt tout levé, *ſe payeront à ladite feble monnoye,* & pour le prix que elle avoit cours, au temps *de la priſe,* tant comme elle aura cours, ou à la *nouvelle monnoye,* ſelon le prix du marc d'argent.

(12) Item. Les *ventes des bois priſes* comme dit eſt, de quoy les termes des payemens ſont tous paſſez; mais *le bois n'eſt pas tout couppez,* & ſe en doit encore le marchant au vendeur *certaine ſomme d'argent,* pour aucuns termes paſſez, *ſe payeront à la monnoye qui court, & pour le* prix que elle a cours. *C'eſt aſſavoir* ce qui en eſt deu pour tant de porcion de bois, comme il y a à couper, ou, ſe ledit Marchant de bois veult, il pourra *renoncier* à la couppe du demourant de bois, & li ſera *deſcompté* de *ſa debte,* à la *value,* & ſelon le prix *du marchié,* & la *qualité,* & *value* du bois *couppé,* & à *coupper.* Et ſe il doit plus que ladite portion de bois à coupper ne monte, il payera le demourant à ladite *feble monnoye.* Et ſe le bois à *coupper* monte plus que la ſomme d'argent deue, le vendeur ſera tenuz de payer le ſurplus à ſon marchant en *ladite feble monnoye.*

(13) Item. Les *ventes de bois* priſes, comme dit eſt, de quoy *partie du bois eſt à coupper,* & les termes des *payemens ſont auſſi à venir,* ou cas que *l'acheteur voudra tenir ſon marchié,* pour payer telle monnoye, & pour tel prix, comme *il courra aux termes,* faire le pourra ſans *contredit dudit vendeur.* Et ou cas que il ne voukdra ce faire, *ſe le vendeur ne* veult eſtre content pour *les termes* à venir, de la feble monnoye, qui couroit, & pour le prix que elle courroit, au temps du *marchié,* il pourra ſon bois & ſa vente *reprendre,* par devers ſoy, ou point où elle eſt, ſe il li plaiſt, en recevant de *l'acheteur,* au prix que ladite vente li couſta, ce que il li pourra devoir, en *ladite feble monnoye,* comme deſſus, *c'eſt aſſavoir* de ce pour tant comme ledit acheteur aura *exploiƐté* dudit bois, & ſera regardé *l'afforement* ou *empirement* de la vente, ou ſe le *meilleur* bois, ou le *pire eſt* couppé, ou *ExploiƐtié,* ou à coupper, ou à *ExploiƐtier,* & de ce ſera faiƐte *competent eſtimation.*

(14) Item. Des *ventes de bois,* priſes avant le plain cours de ceſte darreniere *feble monnoye,* de quoy le bois eſt *tout couppé,* & les termes des *payemens ſont paſſez,* mais l'en en doit encore au *vendeur* certaine *ſomme d'argent,* pour terme échû au temps de la *feble monnoye,* ſe *l'acheteur* a promis à payer *à termes* & à *telle monnoye,* & pour *tel prix,* comme elle auroit cours *aux termes, il ſera quittes* par payant ce que il doit pour les *termes écheuz,* à telle monnoye, comme *il couroit aux termes,* & pour le prix que *elle avoit* cours, ou à la *monnoye nouvelle,* à la *value du marc d'argent.* Et ſe l'acheteur, ou contrauƐt de ſon marchié, ne fiſt point de *mention à payer à la monnoye courant aux termes,* & pour le prix que elle *y couroit;* mais promiſt, ou ſe obligea ſimplement à payer *certaine* ſomme d'argent *à chacun de certains* termes, il ſera tenuz en ce cas à payer *bonne monnoye,* c'eſt aſſavoir celle qui *court, ou courra* au temps *que il payera,* & pour le prix que *elle court, ou courra lors,* ſe ainſi n'eſtoit que au temps du marchié *il euſt couru plus forte monnoye que celle qui court,* ou courra *au temps du payement,* ouquel cas l'en payera, ſelon la value *du marc d'argent,* ſi comme cy-deſſus eſt dit des *fermes muables.*

(15) Item. Les *ventes de bois, priſes* avant le plain cours de ladite *feble monnoye,* de quoy le *bois eſt tout couppé,* & aucun des termes des payemens *ſont avenir,* ſe payeront *à la monnoye courant aux termes des payemens.*

(16) Item. Ventes de bois, priſes, comme dit eſt, de quoy le *bois n'eſt pas tout couppé,* & les termes des *payemens ſont paſſez,* mais *l'acheteur en doit encore partie de l'argent,* pour termes écheuz au temps de la *feble monnoye,* ſe payeront *à telle monnoye, comme il court, ou courra,* quant *l'acheteur* payera, ſe il li plaiſt Et ſe non, & le *vendeur* ne veult eſtre content de la monnoye *qui couroit au terme du payement deu,* il pourra *reprendre ſa vente & ſon bois,* ou point, qu'il eſt, par la maniere que il eſt *deviſé* cy-deſſus *des ventes ſemblables,* priſes depuis le cours de la *feble monnoye.*

JEAN I.er & selon d'autres, Jean II. à Paris le 10. Fev. 1351.

(17) *Item.* Les *ventes de bois prises* avant le cours de ladite *feble monnoye*, de quoy aucuns termes des payemens sont à venir, & aussi le *bois*, ou partie du *bois est à coupper*, se payeront, pour les termes à venir, à la *monnoye qui courra*, & pour le prix que *elle courra* aux termes, senz ce *que l'acheteur* y puisse renoncier.

(18) *Item.* Se aucun *a pris*, ou temps que la *feble monnoye* avoit plain cours, aucuns *labourages* à faire pour aucune *somme d'argent*, aussi comme *terres*, *vignes*, ou autres semblables *labourages*, ou aussi aucuns *ouvrages*, comme *maisons*, *murailles*, *cloisons*, ou autres ouvrages quelconques, à estre payé à une foiz, ou à plusieurs, senz terme, ou à termes, un ou plusieurs, le *laboureur*, ou ouvrier pourra faire, ou parfaire son *labourage*, ou ouvrage, en *recevant* ce qui ly en est, ou sera dû, à la *monnoye courant*, & pour le prix, que elle couroit au *temps du marchié*, ou *à la nouvelle monnoye*, selon le prix *du marc d'argent*, se il li plaist. Ou se il veult, il poura *renoncier dedenz huit jours*, après la publication de ces présentes ordenances, à sondit *labourage*, ou *ouvrage* ou *tâche*, ou au demeurant qui à faire en est, ou sera, *en rendant* & payant toutes voyes *au bailleur* dedenz ledit temps, tout ce qu'il en auroit reçû, outre le *labourage*, ou *ouvrage*, que il en auroit fait, & autrement non.

(19) *Item.* Tous *autres contraux communs* faiz, ou *denrées accreues*, ou temps que ladite *feble monnoye* avoit son *plain cours*, à payer sanz terme, ou à terme, passé, ou à venir, senz faire *mention d'aucune monnoye* exprimée par especial, *se payeront* à ladite *feble monnoye*, ou à la *nouvelle courant à present*, à la *value d'icelle* selon le *prix du marc d'argent* nonobstant que ou contrauct eust esté dist, ou fust obligié le *debteur*, à payer telle monnoye, comme il *courra aux termes*, & pour le *prix que elle y courra*.

(20) *Item.* Se lesdiz *Contraux faiz*, ou *denrées accreues*, avant que ladite *feble monnoye* eust cours, à payer sans terme, & en est encore deu tout, ou partie, *se payeront* à la monnoye qui *court à present*, & pour *le prix que elle court*, se ainsi n'estoit toutes voye, que ceste *monnoye qui court*, feust *plus forte* que celle qui *avoit cours au temps du Contrauct*, ou quel cas l'en payeroit à la monnoye *qui court*, selon la *value du marc d'argent* comme dessus.

(21) *Item.* Se lesdiz *Contraux* furent faiz, ou les *denrées furent accreues* comme dit est, *en baillant* toutes voyes *terme*, ou *termes* de payer la *somme d'argent du Contrauct*, se aucune chose en *est deue* pour les termes à venir, le *debteur* sera tenuz de payer pour les *termes à venir*, à la monnoye *qui courra aux termes*, & pour le prix que *elle courra*, se ainsi n'estoit que la *monnoye courant* au *temps du payement*, feust plus *forte* que celle du *Contrauct*, ou quel cas l'en payera *selon le marc d'argent* comme dessus.

(22) *Item.* Se il en est deu, pour *terme*, ou *pour termes*, *escheuz*, au temps que il *courroit* aussi bonne monnoye, ou meilleure que *ceste qui court*, le *debteur* payera à la *monnoye courant à present*, & pour le prix que elle court, se ainsi n'estoit que ou temps que il payera, il *courust plus forte monnoye*, que ou *temps du Contrauct*, ou quel cas l'en payeroit à la *value du marc d'argent*, comme dessus.

Et aussi se il en est dû aucune chose pour *aucuns termes*, *écheuz* au temps que il *couroit feble monnoye*, ou *moins forte*, que ceste qui *court à present*, ou aussi *moins forte*, que celle qui *couroit au temps du Contrauct*, le *debteur* sera *tenu de payer pour* ce que il *en doibt* encore, à la *bonne qui court*, & pour le *prix que elle court*, en la maniere que cy-dessus est dit, *c'est assavoir la* monnoye *qui courra* au *temps du payement*, & pour le prix que elle courra, se ainsi *n'estoit*, que la monnoye courant, au temps du Contrauct fust *plus feble* que celle du payement ouquel cas l'en payera selon *le marc d'argent*.

(23) *Item.* Des *Denrées accreues*, & tous autres *Contraux*, *à deniers*, soient *fermes muables*, *ventes de bois*, & autres quelconques, exceptez *emprunts*, *achaz d'heritages*, & *promesses en mariage*, dont cy-dessus est declairié souffisament, *faiz*, *ou accreues* en *quelconques temps que ce* soit, ou temps de *forte monnoye*, ou *de feble*, se le *debteur a promis*, ou il se est *obligié* à payer à une foiz, ou à plusieurs *certaine somme d'argent*, en certaine & *expresse monnoye*, pour *certain & exprès* prix, se la monnoye contenue en la promesse, ou obligation avoit cours *au temps du Contrauct*, ou de *l'obligation*, & aussi

cours pour tel prix, comme il est dit au contract, ou contenu en l'obligation, *le debteur*, nonobstant chose qui soit dite cy-dessus, est, *ou sera tenu payer*, au créancier *ladite somme d'argent en la monnoye, & pour le prix contenu, au Contrauct, ou obligation*, se icelle monnoye est *coursable* au temps que le *debteur payera*, & se non il payera à la monnoye *coursable* a donc, selon *la value du Marc d'argent* comme dessus.

JEAN I.er & selon d'autres, Jean II. à Paris le 10. Fev. 1351.

Et se le *debteur* esdiz cas, avoit *promis*, ou se estoit *obligiez à* payer ladite *somme d'argent*, en monnoye *qui n'eust point de cours au temps du contract*, ou en monnoye *coursable*, pour mendre prix que celle n'auroit eu cours lors; en ce cas l'en auroit pas regard à la maniere de la *promesse*, ou *obligation*, mais au *temps du Contrauct*, ou des *termes*, selon les cas cy-dessus devisiez. Et néanmoins ceulx qui auroient fait tiex Contraux *l'amenderoient au Roy*, l'une partie, & l'autre, car tiex Contraux *sont deffenduz* de pieça par plusieurs ordenances Royaulx.

(24) *Item* Est *Ordené*, que touz *Marchans* & touz *Vendeurs* quelconques (vendent) avenablement, selon la monnoye, toutes manieres de denrées, vivres, vestemens, chaussemens, & autres choses quelconques necessaires à la vie & sustentation & gouvernement de corps humain, & aussi facent touz *Laboureurs & Ouvriers* de leurs *labours, ouvrages & journées*, & que en ces choses soit *pourveu* par les *Baillifs, Seneschaux, Prevosts*, & autres *Justiciers & Commissaires* des lieux, par toutes les manieres, & soubz toutes les peines qu'il pourra estre fait.

(25) Et pour ce que cy-dessus estre faite mention en plusieurs lieux de payer *à la value du Marc d'argent*, la *Declaration en est*, que l'en aura regart à la *value du marc d'argent que l'en en donne ès monnoyes du Roy*, ou *donoit au temps de la debte, Contrauct, ou terme*, & non *pas à la value de la traite*.

(26) Et aussi pour ce que dessus est *faite mention de plain cours* de monnoye, *la Declaration* en est, que la monnoye *a plain cours, quant elle court*, & *est mise pour le prix que elle fut premierement faite*.

Quare tibi præcipientes districte mandamus *quatenus supra dictas* Ordinationes *nostras, modo & forma, quibus superius exprimuntur, in locis omnibus* tuæ prepositure *& ejus* ressorti *consuetis, in talibus, & de quibus videbitur expediens* proclamari *facias, & solempniter* publicari. *Easque, teneas & per omnes juxta formam earum & tenorem omnimodo* teneri *&* custodiri facias, *ac etiam* adimpleri. *Nichilominus si in premisso, aut aliquo premissorum, vel alias aliquæ dubitationes emineant, eas dilectis & fidelibus gentibus compotorum nostrorum Parisiis reservavimus, ac etiam per presentes reservamus declarandas. In quorum testimonium nostrum presentibus Literis, fecimus apponi sigillum.* Datum Parisiis die decima mensis Februarii anno Domini millesimo trecentesimo quinquagesimo primo.

JEAN I.er & selon d'autres, Jean II. à Paris le 14. Fev. 1351.

(a) *Letres adressées au Seneschal de Beaucaire, par lesquelles le Roy luy enjoint de mettre à juste prix dans son ressort & par cry public, tous Grains, Chairs, Volailles, Poissons, Draps, Vins, & autres vivres & denrées, ainsi que les salaires des Laboureurs & des Ouvriers, eû égard au cours & à la valeur des monoies.*

JEAN par la grace de Dieu, Roy de France, Au Seneschal de Beaucaire, ou à son Lieutenant. *Salut.* Comme aprés certaines Ordonnances faites par Nous, de nouvel sur le cours de nos Monnoyes, lesquelles vous sont, ou seront briefvement envoyées : Nous ayons fait faire certain *cry en nostre Ville de Paris*, sur toutes marchandises, denrées & vivres, afin qu'ils soient *mis à juste & convenable prix*, selon le

NOTES.

(a) Ces Letres sont au Tresor des Chartes en original, d'où elles ont esté prises.

JEAN I.er & selon d'autres, Jean II. à Paris le 14. Fev. 1351.

cours de nosdites monnoyes, & que le Peuple en pust avoir soffisance, selon la forme contenuë en *un rolle*, lequel *Nous vous envoions, enclous sous nostre contre-scel.* Nous vous *Mandons* que tantost & sans délay, vous fassiez faire ledit *cry* une fois & plusieurs chacune sepmaine, *par tous les lieux* & Villes notables de vostredite Seneschaussée à ce accoustumez, & especialement *és Marchiez & Foires de vostredite Seneschaussée*, & pour lesdites choses faire, *enteriner & accomplir*, selon nostredite Ordonnance, vous députez & commettez par toutes les *Vigeries* de vostre Seneschaussée, *trois bonnes personnes, gens d'Eglise, nobles & autres de autorité*, & qui en ces choses se cognoissent, avecque *le Vigier de ladite Vigerie*, à gaiges convenables, lesquiex ayent pouvoir de par Nous de *contraindre & faire contraindre* sans espargne tous *Marchands, Hostelliers, Mareschaux*, & autres personnes de quelqu'estat, office, ou condition qu'ils soient, *de mettre en vente pour prix convenable, Bled, Vins, Foins, Avoines & tous grains, Chars, Poulailles, Poissons, tant de mer comme d'yaue douce, Draps, Gistes de gens* de chevaux, & toutes *autres Denrées & Marchandises quelles qu'elles soient, à juste & loyal prix, selon le cours & valeur de nosdites* Monnoyes, & aussi tous *Labouveurs & Ouvriers*, *à salaires* & loüages *competans*, selon ladite monnoye, & au cas que aucuns sera contredisant de ce faire, qu'ils *les pugnissent*, ou puissent *punir* de par Nous & en nôtre nom, de teles & si grans peines & amendes, comme il sera à faire & appartiendra en tel cas, si & par tele maniere qu'il en soit exemple aux autres. Et aussi deputez & establissez aucune bonne personne, pour recevoir les amendes qui en isseront, sur lesquelles les gaiges desdits Commis seront payés en la forme & maniere qu'il sera par vous ordonné, & le demourant desdites amendes soit gardé pardevers ledit Receveur, pour convertir en tel usage, comme il sera ordonné par Nous ou par les gens de nôtre Conseil, deputez & commis sur ces choses. Et Nous *Voulons & Commandons* par ces presentes à tous nos Justiciers & subgiez, que à vous, & à ceux qui seront par vous deputez sur ces choses, ils obéïssent & entendent diligemment sans contredit, & sur peine de encorre en nostre indignation. *Donné à Paris le quatorziéme jour de Fevrier, l'an de grace mil trois cens cinquante-un.*

Par le Roy à la relation du Conseil. *PELISSIER.*

JEAN I.er & selon d'autres Jean II. à Paris le 3. Mars 1351.

(a) Mandement aux generaux Maîtres des monoies, par lequel le Roy leur ordonne de faire payer aux Ouvriers *par grace, & sans tirer à consequence, à cause de la cherté des vivres & des denrées, un* Denier *tournois* de Crüe, *pour chaque marc d'argent, &* aux Monnoïers *à proportion.*

JEHAN, par la grace de Dieu, Roy de France. A nos amez & feaulx les Generaulx Maistres de noz Monnoyes. Salut & dilection. Comme Nous par Deliberation de nostre grant Conseil, pour le proufit de Nous & de nostre Peuple, avons n'aguerres ordonné & à vous mandé, par noz Lettres, que par toutes noz Monnoyes vous faciez faire ouvrer & monnoyer *Doubles tournoys*, pour *deux Deniers tournoys la piece*, & *gros Tournois*, pour *huit Deniers tournois la piece*, sur le pié de monnoye *trente*, en donnant & payant par droicte assiette, aux *Ouvriers & Monnoyers* tel salaire, pour ouvraige & monnoyaige comme bon vous sembleroit, ausquels ouvriers vous avez assis, & ordonné estre payé de chascun marc de deniers, tant en *blanc* comme en *noir, neuf Deniers tournois*, & aux *Monnoyers* pour chacune *Breve (b)* de dix livres, *seize doubles*

NOTES.

(a) Ce Mandement est au Registre E. de la Cour des Monoies de Paris, feüillets 103. & 104.

(b) *Breve.*] C'est comme on l'a déja remarqué plusieurs fois, la quantité de marcs en deniers donnez pour monoier. Voyez *Poullain des monoies*, page 331.

tournois, laquelle affiette, & ordonnance Nous avons eue trés agreable. Et depuis nosdits *Ouvriers* Nous ayent monstré & fait monstrer, en eulx griefvement complaignant, à Nous, & en disant, que pour cause de ce que *Vivres, fers, marteaulx, Charbon*, & toutes autres choses necessaires pour ledit *ouvraige* faire, sont si *chers* que ladite *assiette* ne pourroit pas souffrire, à ce que bonnement ne nous pourroient servir en nosdites Monnoyes: *Pourquoy* Nous desirans le proufit & avancement de nosdites Monnoyes, afin que plus bon & grant ouvrage soit fait en icelles, & nosdits *Ouvriers* & *Monnoyers* plus diligens & *curieux* de nous servir, à yceulx *nos Ouvriers* avons octroyé de *grace especial*, & non pas *par droite assiette, ung Denier tournois de Creue* pour *chacun marc d'Euvre*, tant en *blanc* comme en *noir*, oultre le prix, de *neuf Deniers tournois dessusdits*: & aux *Monnoyers*, oultre ce que dessus est dit, ce que bon vous semblera estre fait, *selon la qualité dudit denier tournois* de *Creue*, octroyé *de grace ausdits Ouvriers*, comme dit est. Et n'est pas nostre entente, ne ne *Voulons* que cette grace à eulz ainsi faicte, pour l'avancement de nosdites Monnoyes nous soit en riens prejudiciable ou temps advenir, ne tenue pour *droicte assiette*: Si vous *Mandons* & à chascun de vous que sans délay, par les *Maistres particuliers* de nosdites Monnoyes, vous faciez payer ausdits *Ouvriers* pour chascun Marc d'Euvre, tant en blanc comme en noir, dès le commencement de cest *Ouvraige*, & tant comme il durera, *dix deniers tournois*, & aux *Monnoyers* ce que bon vous semblera comme dit est. *Donnons en mandement* par ces presentes à nos amez & feaulx les Gens de nos Comptes à Paris, que tout ce qui pour la cause dessusdite aura esté payé, soit alloüé es Comptes de ceux à qui il appartiendra sans contredict. De toutes les choses dessus faire à Vous & à chacun de vous donnons povoir, auctorité & mandement especial par la teneur de ces presentes. *Donné à Paris le troisiéme jour de Mars l'an de grace mil trois cens cinquante & ung*, ainsi signé par le Conseil ou quel vous estiez seant.

JEAN I.er & selon d'autres, Jean II. à Paris le 3. Mars 1351.

JEAN I.er & selon d'autres, Jean II. à Paris le 6. Mars 1351.

Declaration sur l'Ordonance du 10. Fevrier 1351. concernant la maniere des payemens, à cause du changement des monoies.

SOMMAIRES.

(1) Les fermes de l'imposition octroyée au Roy pour la presente année, & les crües du tiers denier, seront payées pour le temps d'avant le cours de la forte monoie, à la foible monoie qui a couru, & depuis le cours de la forte monoie, elles seront payées à la monoie qui court, & qui courera au temps des payemens, s'il plaist au fermier, sinon à la monoie qui courroit au temps de la cruë, *si cette monoie a cours, & si elle n'avoit plus cours, elles seront payées au prix du marc d'argent, s'il plaist à ceux qui auront baillé les fermes, &c.*

(2) Les fermes de l'imposition, prises depuis le dernier Juin precedent 1350. seront payées de la mesme maniere.

(3) Les fermes prises avant le dernier jour de Juin 1350. seront payées, pour ce qui est dû du temps precedent, au feur que le marc d'argent valoit auparavant, & depuis ce jour que la foible monoie a eu cours, jusqu'au jour de la publication de la forte monoie elles seront payées à la foible monoie, au cas qu'elle ait cours au temps du payement, sinon au marc d'argent, & pour les termes échûs depuis la publication de la forte monoie, elles seront payées selon la valuë du marc d'argent, au temps qu'elles furent premierement mises à prix, &c.

(4) Les Fermiers de l'imposition qui se leve sur les vivres & les denrées seront payés pour la presente année *à la* foible monoie, *pour ce qui en est échû pendant le cours de la* foible monoie, *& à la* forte monoie, *pour ce qui en est échû depuis que la forte monoie a eu cours.*

(5) Les Fermes muables autres que celles de l'imposition, telles que sont celles des travers, peages, seaulx, &c. *qui n'augmentent ni ne diminuënt, seront payées comme il est dit dans l'article precedent, par portion de temps. Et quant aux autres fermes muables dont le prix peut augmenter, ou diminuer, si elles ont esté prises depuis le dernier jour de Juin 1350. elles seront payées selon les articles 9. & 10. de l'Ordonance precedente du 10. de Fevrier 1351. & si elles ont esté prises avant le 5.* Fevrier 1350. *ce qui en sera échû avant le cours de la derniere* foible monoie, *sera payé au prix du* marc d'argent, &c. *Et s'il en est dû quelque*

JEAN I.er & selon d'autres, Jean II. à Paris le 6. Mars 1351.

chose du temps que la foible monoie a couru, elle sera payée suivant la disposition de l'article 10. de l'Ordonance precedente du 10. Fevrier 1351.

(6) Si les mesmes Fermes ont esté prises depuis le 5. Fevrier 1350. avant le dernier Juin suivant de la mesme année, elles seront payées comme il est ordonné cy-dessus dans l'article 3.

(7) A l'égard des ouvrages & des labourages entrepris au temps que la foible monoye avoit plein cours, le preneur pourra tenir son marché, en recevant ce qui luy sera dû de son payement, à la monoye qui avoit cours au temps de son marché, & s'il a fourni de l'ouvrage pour ce qu'il a reçû d'argent comptant, il pourra renoncer au surplus, &c.

JOHANNES (a) Dei gratiâ Francorum Rex Tali Senescal. &c. vel ejus locum tenenti salutem. (b) Declarationes & moderationes *super modo* solvendi & gubernandi *firmas mutabiles,* per nostrum magnum Consilium *editas, Vidimus,* formam quæ sequitur continentes.

DEclarations & moderations faites *par le grant Conseil du Roy*, le sixiéme jour de Mars, *l'an mil trois cent cinquante un, sur la maniere des payemens des Fermes muables, desquelles mention est faite es* Ordenances darrenieres faites pour cause de la mutation de la monnoye nouvellement muée de feble à fort.

Premierement. Les *fermes* de l'imposition octroyée au Roy, pour ceste presente année, à payer certaine somme d'argent pour livre, lesquelles *fermes*, le temps des enchieres ordenées tout passé, furent *creües* du tiers denier, *c'est assavoir de deux deniers à trois deniers*, se payeront pour le temps précedent le cours de cette *forte monnoye, à la feble monnoye* qui a couru, & pour le prix que elle a couru, & pour le temps, ou termes écheu, ou escheuz, & aussi à eschoir *depuis le cours de cette presente forte monnoye*, elles se *payeront* à la monnoye qui *court*, ou *courra au temps du payement*, se il plaist au Fermier, & se non il payera à la monnoye qui courroit au temps de ladite *creüe*, & pour le prix que elle couroit, au cas que icelle monnoye auroit lors aucun cours, par ordenance royal. Et se elle n'avoit ainsi cours, elles se *payeront* au fuer *du marc d'argent*, se il plaist à ceux qui auront baillez lesdites fermes, & se il ne leur plaist, en ce cas le *Fermier* sera & devra estre receu à *renoncier* à sa ferme, par payant au Bailleur dedenz *huit jours* après sa *renonciation*, tout ce que loyalement & sanz fraude, il pourra lors devoir, pour cause de sadite ferme, & se ainsi ne le faisoit sadite *renonciation* seroit reputée & tenue de *nulle value*. Et se le *Bailleur* & *Fermier* ne peuvent estre à accort de ce que ledit Fermier pourroit loyalement devoir, pour sadite ferme, les Juges des lieux, appellez à ce le Receveur & le Procureur du Roy auxdiz lieux, ou leurs Lieux-tenans, feront informations bonnes & deues sur la *value de ladite imposition*, de ce qui en aura esté levé, avant la *publication de la nouvelle forte monnoye*, & de ce qui en sera levé & à lever, ou temps d'icelle *forte monnoye*, & aussi de la *melioration* ou *mendre value* de l'un temps, ou de l'autre, & icelles informations envoyeront aux gens des Comptes du Roy à Paris, qui eue consideration aux choses dessusdites en détermineront ce qui en devra estre fait.

(2) Item. Les *fermes de l'imposition* dessusdites, prises, c'est-à-dire, commenciez à estre bailliées, prises & affermées depuis le *derrenier* jour de *Juing* darrenier passé, se payeront en icelle, & semblable maniere que cy-dessus est dit.

(3) Item. Les *fermes de ladite imposition* bailliées prises & affermées, premierement avant ledit *darrenier jour de Juing*, soient les enchieres passées, ou darreniers

NOTES.

(a) Cette Declaration est au Tresor des Chartes du Roy en original, adressée aux Seneschaux & Receveurs des Seneschaussées de Beaucaire & de Nismes. Et elle est au Memorial C. fol. 112. de la Chambre des Comptes de Paris. *Voyez* cy-dessus l'Ordonnance du 10. Fevrier precedent, pages 486. 487. 488. & 489.

(b) Dans l'original qui est au Tresor des Chartes du Roy, ce titre latin n'est pas, & il n'y a que le François lequel est immédiatement après le mot *salutem*.

JEAN I.er & selon d'autres, Jean II. à Paris le 6. Mars 1351.

deniers Dieu bailliez avant ledit *darrenier jour de Juing*, ou après soient demourées au premier ouffrant, ou à autre, *se payeront*, pour ce qui en est deu du temps precedent ledit *darrenier jour de Juing*, au feur que *marc d'argent valoit*, devant ledit darrenier *jour de Juing*, & pour ce qui en est deu du temps que ladite *feble monnoye* a eu plain cours, c'est assavoir depuis ledit derrenier *jour de Juing*, jusques au jour de la publication de ceste presente forte monnoye, *se payeront* à ladite *feble monnoye* qui a couru, & pour le prix que elle a couru, se ainsi est que elle, ou temps du payement ait aucun cours par ordenance Royal, & se non au *marc d'argent* comme dessus, & pour le temps & termes escheuz, ou à venir depuis *la publication de ladite forte* monnoye, elles se payeront selon le prix que *marc d'argent* valoit au temps que lesdites fermes furent *premierement mises à feur* & *à prix*, senz ce que les Fermiers doivent estre receuz à renonciation.

(4) Item. Les *Fermiers de l'imposition* octroyée, comme dit est, qui se lieve *sur les* vivres & denrées, autrement que les dessusdites, aussi comme certain prix sur un *tonneau de vin*, ou sur *un sextier de blé*, & en autres choses semblables, & autant à *forte* monnoye comme à *feble*, se payeront pour ceste *presente année*, par *portion de temps*; c'est assavoir à *feble monnoye* pour tant de temps qu'il est écheu à feble monnoye, & à forte monnoye, pour le temps qu'il est echeu, & eschera à forte monnoye, sanz ce que les Fermiers y puissent renoncier.

(5) Item. Les *fermes muables* autres que les impositions dessusdites, qui se lievent sur choses, qui payent semblablement en tout temps également, c'est assavoir autant à une monnoye comme à une autre, comme *travers*, *paages*, *seaulx communs*, & *escriptures ordenées*, & autres choses semblables, qui ne croissent, ne n'amenuisent, pour cause de plus forte, ou plus feble monnoye, *se payeront* pour ceste presente année, si comme dit est cy-devant, par portion de temps, c'est assavoir *à feble monnoye*, pour *tant de temps qu'il est escheu à feble monnoye & à forte monnoye*, pour le *temps* qui est *escheu, & eschera à forte* monnoye, sanz ce que le Fermier y puist renoncier, & les autres *fermes muables* prises en deniers, cuillies & levées sur choses & en choses dont *le prix puist croistre & amenuisier*, lesquelles fermes ont esté prises & affermées, depuis le *darrenier jour de Juing* darrenier passé, se payeront par la maniere qu'il est contenu *(b) és articles* des *darrenieres ordonnances* faisans à ce. Et se lesdites fermes furent prises avant le *cinquiéme jour de Fevrier mil trois cent cinquante*, & il en est deu aucune chose pour le *temps precedent* le commencement du cours de ceste *darreniere feble monnoye*, l'en le payera au prix du *marc d'argent*, se ainsi n'estoit que au terme de la debte, eust couru plus *forte monnoye*, que celle qui court, ou courra au temps du *payement*, ouquel cas l'en sera quittes pour payant la monnoye *du payement*, & pour le prix que elle courra. Et se il en deu aucune chose du temps que ladite *feble monnoye a couru*, l'en en payera, si comme il est contenu en *(c) l'article de l'Ordenance faisant à ce*, & pour les termes à venir l'en payera à la monnoye courant aux termes à venir, & pour le prix que elle courra au temps que l'en payera, sanz ce que le Fermier y puist renoncier.

(6) Item. Les *semblables fermes* prises & affermées depuis le *cinquiéme jour de Fevrier trois cent cinquante*, & avant le darrenier *jour de Juing* darrenier passé, se payeront pour les termes passez, & pour les termes à venir de cette presente année, par la maniere qu'il est dit *(d)* cy-dessus, *des Impositions prises & affermées*, premierement *avant ledit darrenier jour de Juing*. Et tout semblablement est à entendre des fermes marchiez de bois comme il est declairé des fermes muables autres que impositions.

(7) Item. Se aucuns ont pris, ou temps que *ladite feble monnoye* avoit plain cours, aucuns *labourages ou ouvrages* en tache pour *aucune somme d'argent*, *se le preneur* veut tenir son marchié, & parfaire son labour, ou ouvrage, en recevant le demourant de son

NOTES.

(b) E's articles.] Voyez les art. 9. & 10. de l'Ordonance precedente du 10. Fevrier 1351.

(c) En l'article de l'Ordonnance.] C'est le dixiéme de celle du 10. Fevrier 1351.

(d) Cy-dessus.] Dans l'article 3.

JEAN I.er & selon d'autres, Jean II. à Paris le 6. Mars 1351.

payement à telle monnoye comme il couroit ou temps qu'il prist la tasche, faire le pourra se il veult, & se non, & il a fait de *labourage*, ou *ouvrage*, autant *comme il a receu d'argent* sur ce, il pourra renoncier pleinement au demourant de sadite tâche, & se le *preneur* n'avoit labouré, ou ouvré, & fait de *labourages*, ou *ouvrages* selon ce qu'il auroit receu d'argent du bailleur, & en eust esté en coulpe & en deffaute, en ce cas il ne sera pas receu à *renoncier*, par payant l'argent qu'il en auroit plus receu, jusques à tant que il aura fait de sa tâche, autant comme il peust & deust avoir fait pour le temps à ce convenable. Et se il en avoit fait son devoir selon le temps & la saison, en cestuy cas il devra estre receuz à renoncier au demourant, par payant dedenz *huit jours* apres sa renonciation, ce qu'il en auroit plus receu que ouvré, ou labouré. Et semblablement se mettent à raison touz *laboureurs & ouvriers de bras servans*, & *servantes* à loyer, & autres mercenaires quelconques, de leurs labourages, ouvrages, salaires, journées, & peine de corps, par telle maniere que les bonnes gens qui ont à faire labourer & coultiver à grans fraiz les heritages, dont les ouvriers mercenaires, & l'autre peuple est soustenu, n'en soient grevez, & que par excès, oultrage, ou coulpe desdiz ouvriers, lesdiz heritages ne demeurent incultivez, & par consequent les fraiz & issues ne soient meindres, qui par raison, se ainsi estoit, engenderroient chierreté de vivres, & grant famine. Et ou cas que tiex genz ne se voudroient en ces choses mettre à raison, selon ce que dit est dessus; est *Ordené* pour bien de justice, mesmement que les denrées, tant de vivres, especialement de pain & de vin, comme de autres se sont assez souffisans avenables, que touz *Seneschaux, Bailliz, Prevoz, Commissaires*, & autres Justiciers du Royaume, selon ce que il *verront* en chascun de leurs lieux, pourter lesdites *denrées* especialement *lesdiz vivres, ilz facent mettre à raison* par bon aviz & conseil de bonnes genz desdiz lieux, lesdiz *ouvriers & mercenaires* de leurs *salaires & journées*, & à ce les contraignent vigueureusement & sanz delay. Et ou cas que obeir ne voudroient, ou que par malice, conspiration, barat, cavillations, ou autres fraudes, ne auroient fait & ne se porteroient loyalement, & ne feroient leur devoir, selon lesdittes Ordenances mises & à mettre, comme dit est, punition en soit faite si aspremement & publiquement, que ce soit exemple à touz autres. Et bien saichent lesdiz *Justiciers*, que se ils sont negligens, ou remis en aucune de ces choses qui leur touchent faire accomplir diligemment, l'en les en punira griefvement.

(e) Quare vobis & vestrum cuilibet in quantum eum contingit præcipientes districte Mandamus, *quatenus suprascriptas Declarationis nostras modo, & forma quibus superius exprimuntur, in locis omnibus dictæ Seneschalliæ & ejus ressorti, in talibus consuetis, & de quibus vobis videbitur expediens, proclamari, faciatis solenniter publicari. Easque teneatis, & per omnes juxta earum tenorem teneri & adimpleri faciatis. Nihilominus si adhuc in præmissis aut circa præmissa aliquæ dubitationes emergant, eas dilectis gentibus Compotorum nostrorum Parisius reservavimus, ac per præsentes reservamus declarandas. In quorum testimonium nostrum præsentibus literis fecimus apponi sigillum.* Datum Parisiis sexta die mensis Martii. Anno Domini millesimo quinquagesimo primo.

NOTES.

(e) Outre les Letres & les Ordonances citées cy-dessus à la fin de la page 492. aux notes, le Lecteur pourra voir au Tome premier *le Mandement adressé au Prevost de Paris touchant les Cours des monoies, & les payemens*, daté de Messy le 4. Octobre 1306. pages 443. 444. 445. Les *Letres touchant le payement des Marchands, qui avoient acheté des bois du Roy*, pages 445. 446. *L'Ordonance pour le payement des Fermes*, du Lundy avant Pâques fleuries 1306. pages 447. 448. *L'Ordonance par laquelle* Le Roy explique *en quelle monoie on fera les payemens*, du mois de Juin 1313. pages 525. 526. & aux Notes la publication qui est aux feüillets 528. 529. 530. 531.

(a) Mandement

JEAN I.er & selon d'autres, Jean II. au Val de Rucre le 24. Mars 1351.

(a) Mandement aux Generaux-Maîtres de faire donner à tous Changeurs & Marchans *du Marc d'argent allaié* à un Denier seize grains, *Quatre livres dix sols tournois,* du Marc allaié à deux Deniers huit grains, *Quatre livres seize sols* tournois, *du Marc* allaié à quatre Deniers huit grains *&* *au-dessus,* Cent six sols tournois. *Et de faire fabriquer des* Parisis petits, *qui auront cours pour un Denier* Parisis, & des Tournois petits, *qui auront cours pour un* Denier Tournois *sur le pied de monoye trentiéme.*

JEHAN par la grace de Dieu, Roy de France, à nos amez & feaulx les Generaux Maistres de nos Monnoyes, *Salut & dilection. Nous* pour certaine cause, & afin que plus grant ouvraige soit continuelement fait en noz monnoyes, & que icelles, ou aucunes ne chéent en *chomage,* vous *Mandons* & à chacun de vous, que sitost comme bon vous semblera estre fait, vous faciez *donner par toutes nos* monnoyes à tous *Changeurs* & *Marchans* frequentans icelles, en ouvrant & faisant la *monnoye trentiéme que Nous faisons faire à present,* les prix en tout marc d'argent, cy-aprés esclairciz & devisez : *C'est assavoir* en tout Marc d'argent, allayé à ung Deniers seize grains, *Quatre livres dix sols tournois,* & en tout *Marc allayé à* deux Deniers huit grains, *Quatre livres seize sols tournois,* & en tout *marc allayé à quatre deniers huit grains* & au-dessus, *cent six sols tournois.* Et avec ce, afin que nostre commun peuple puisse plus aisément avoir à payement pour querir ses necessitez, *Voulons* & vous *Mandons* par ces presentes, que en nozdites Monnoyes, ou en aucunes d'icelles, là où bon vous semblera, sitost comme vous verrez & saurez qu'il sera à faire, faites *faire Parisis petiz qui auront cours pour ung denier Parisis la piece, & Tournois petiz qui auront cours pour ung Denier tournois la piece,* de tel pris & loy, *sur le pié de monnoye trente,* que Nous faisons faire à present, comme bon vous semblera estre fait. De toutes les choses dessus, de faire à vous & à chascun de vous, donnons plein pouvoir, autorité & mandement especial par la teneur de ces presentes. *Donné au Val de Rucre le vingt-quatriéme jour de Mars, l'an de grace mil trois cens cinquante & ung.* Ainsi signé par le Roy.

NOTES.

(a) Ce Mandement est au Registre E. de la Cour des Monoies de Paris, feüillet 105.

JEAN I.er & selon d'autres, Jean II. à Paris le 20. Avril 1352.

(a) Mandement aux Generaux-Maîtres des Monoies de faire donner en tout marc d'Or fin qui sera apporté aux Hostels des Monoies, un Denier d'Or à l'Escu de *Creüe,* outre le prix ordinaire.

JEHAN par la grace de Dieu Roy de France : A nos amez & feaulx les Generaulx Maistres de nos Monnoyers, *Salut & dilection.* Nous, pour certaine cause vous *Mandons*, que tantost & sans delay, ces Letres veues, vous faictes donner par toutes noz Monnoyes, *en tout Marc d'or fin* qui sera apporté en icelles, *un Denier d'or à l'Escu de Creüe,* oultre le prix que Nous y donnons à present. De ce faire Nous à chascun de vous Donnons povoir, auctorité & mandement especial par la teneur de ces presentes. Donné à Paris le vingt jour d'Avril, l'an mil trois cens cinquante-deux, ainsi signé. *Per Regem ad relationem Consilii in quo vos eratis.*

NOTES.

(a) Ce Mandement est au Registre C. de la Cour des Monnoyes de Paris, feüillet 96.

JEAN I.er & selon d'autres Jean II. à Paris le 20. Avril 1352.

(a) Mandement par lequel le Roy ordonne qu'en toutes ses monoies, il sera payé de Creuë un Denier d'or à l'escu *pour chaque Marc d'Or fin qui y sera porté, outre le prix ordinaire.*

JEHAN, par la grace de Dieu, Roy de France à noz amez & feaulx les Generaulx-Maistres de nos Monnoyes, Salut & dilection. *Nous*, pour certaine cause, vous *Mandons*, que tantost & sans delay, ces Lettres veues, vous faitez donner par toutes noz Monnoyes, en tout *marc d'or fin* qui sera apporté en *icelles, ung Denier d'or à l'escu de Creue*, oultre le prix que nous y donnons à present. De ce faire à vous, & à chacun de vous donnons pouvoir, auctorité & mandement especial par la teneur de ces presentes. Donné à Paris le vingtiéme jour d'Avril, l'an mil trois cens cinquante-deux, ainsi signé. *Per Regem ad relationem Consilii in quo vos eratis Domini de* CORBIA. de J. ROYER.

NOTES.

(a) Ce Mandement est au Registre C. de la Cour des Monnoyes de Paris, feüillet 106. *verso.*

JEAN I.er & selon d'autres, Jean II. à Paris au mois d'Avril 1352.

(a) Ordonance portant deffenses à toutes personnes d'exercer à Paris, l'art de Chirurgie, sans avoir esté examinées.

JOHANNES Dei gratiâ Francorum Rex: Ex fide dignorum relatione ad nostrum pervenit auditum, non solum semel, sed pluries & frequenter; quod quamplures extranearum nationum, ministeriorum, & statuum diversorum; alii murtrarii, *alii* latrones, *nonnulli* monetarum falsatores, *& aliqui (b)* exloratores, & holerii, deceptores, arquemiste, *&* usurarii, *in villâ, & Vicecomitatu nostris, Parisiis artis* Cirurgicæ *practicam, & opus, ac si* examinati sufficienter *in scientiâ* prædicta, & jurati fuissent, *licet in ea minus provecti & penè inexperti existant*, exercere præsumunt, *& eidem publice se immiscent*, Bannerias *suas* fenestris suis apponentes, *velut veri Cirurgici & provecti, & plerumque contra* prohibitionem, *&* statutum nostrum, *in locis sacris, & privilegiatis ponunt, plusquam semel, & visitant* vulneratos, *quod sic imprudenter attemptare præsumunt alii, ut per eorum operationem & curam ineptam a patientibus fraudulenter possint extorquere pecunias, alii, ut suæ pravæ conversationis maculas & operationis perversæ nequitias, artis ejusdem pallio facilius valeant occultare, ex quibus contingit frequenter, &*

NOTES.

(a) Cette Ordonance est au Tresor des Chartes du Roy, Registre cotté 81. pour les années 1351. 1352. & 1353. piece 209. Elle est conforme à celle de *Philippe le Bel* du mois de Novembre 1311. imprimée dans le premier volume page 490.

Par l'art. 32. des Statuts des Chirurgiens de Paris, registrez en la Cour, il est deffendu à toutes personnes, de quelque qualité qu'elles soient d'exercer la Chirurgie dans la Ville & les Fauxbourgs de Paris, si elles ne sont membres de la Communauté des Chirurgiens, ou n'y sont agregées par le grand chef d'œuvre ou par les manieres autorisées per les Statuts, à peine de 3000. livres d'amende. Et deffenses sont pareillement faites par l'article 147. à tous Chirurgiens, Soldats, ou autres servans dans les Compagnies des Gardes Françoises, ou Suisses d'exercer la Chirurgie, si ce n'est pour les Soldats.

La Cour par Arrest du 27. Juin 1727. vient d'ordonner l'execution de ces Ordonances & de ces Statuts, qu'on ne peut faire observer avec trop de rigueur pour le bien public.

Il seroit encore à souhaiter qu'il y eût de pareils Reglemens dans les autres professions que tant de gens exercent tous les jours sans les sçavoir. Voyez cy-aprés l'Ordonance du mois d'Aoust 1353. touchant les Apothicaires.

(b) Exloratores & Holerii.] *Hulle* dans la basse latinité, sont des *Houilles*, c'est-à-dire,

sæpius, quod per talium imperitorum non juratorum malam pratticam, ignorantiamque boni regiminis, plures vulnerati non ad mortem, neque ad membrorum amissionem, seu mutilationem, alii mortem, *alii* mechaignia *diversa, & membrorum amissiones patiuntur, vulnerantes autem alii suspendium, & alii banniciones non immerito, proh dolor, incurrisse noscuntur, præfatorumque hominum reproborum* falsitas, *atque* nequicia, *eorumque* detestanda *opera, incognita & impunita remanent & manserunt.* Noscat *igitur præsentium universitas & subsecutiva successio futurorum, quod* Nos *præmissis attentis, hujusmodi periculis obviare volentes, ne in villa Parisiensi, quæ proprie locus est fluentissimi fontis scientiæ, quæ etiam* scientes parit, *& in utero recipiens,* ignorantes *tandem suæ fontis sapientiæ, germinosis rigatos rivulis diversarum facultatum reddit scientiis* insignitos, *talia de cætero perpetrentur, ad bonorum & provectorum honorem totiusque populi, villæ & Vicecomitatus Parisiensis securitatem, & pacem, ut ab eis perversorum secta radicitus extirpetur,* Edicto præsenti statuimus, *ut in villâ, vicecomitatu prædictis,* nullus Cirurgicus, *nullave* Cirurgica, *artem* Cirurgiæ, *seu opus quomodolibet exercere præsumat, seu se immiscere eidem publice vel occulte in quacumque Jurisdictione, seu terra, nisi per magistros* Cirurgicos juratos *morantes Parisiis, vocatos per dilectos magistros,* Petrum Fromondi & Robertum de Lingonis Cirurgicos nostros juratos Castelleti *nostri Parisiensis suo tempore, aut per eorum successores in officio, qui ex juramenti sui vinculo* Cirurgicos *alios prædictos vocare pro casu hujusmodi, quotiens opus fuerit, tenebuntur, priùs* examinati fuerint *diligenter, & approbati in ipsa arte, ac ab ipsis, vel eorum successoribus in officio, ut est dictum, juxta approbationem aliorum Cirurgicorum, vel majoris partis eorum ipsorum vocantium, vocibus inter alias numeratis, licentiam operandi in arte prædicta meruerint obtinere, ad quos ratione sui officii quod a nobis obtinent, & ad eorum successores in hujusmodi officio, hujusmodi licentiæ concessionem non ad alios volumus pertinere: Qui quidem per eos & eorum successores, modo præmisso, examinati, & approbati, antequam officii sui administrationem attinguant,* Juramentum præstare *teneantur, coram Præposito Parisiensi nostro, de hujusmodi officio fideliter exercendo, quod insuper* vulneratum quemcumque *non visitabunt, seu parabunt* in locis sacris, vel privilegiatis, *nisi* solummodo prima vice, *& quod statim facta illa prima visitatione, seu paratione vulnerationem illam præposito nostro Parisiensi, vel ejus locum tenenti, seu adjutoribus Castelleti prædicti revelabunt, vel etiam intimabunt.* Damus *itaque præposito nostro Parisiensi moderno, & aliis qui pro tempore fuerint, in mandatis quatenus sub virtute Juramenti, quo administrationis suæ ratione tenentur, hujusmodi nostrum præsens* statutum *faciant, nunc & aliàs, cum expediens fuerit, in villa & Vicecomitatu prædictis* publicari *solenniter & firmiter* observari, baneriasque *omnium Cirurgicorum & Cirurgicarum prædictorum, non approbatorum nec juratorum, ut præmittitur post publicationem hujusmodi* Edicti, domibus eorum *appositas, coram Domibus eisdem, publice* comburi, *personas etiam eorum capi, & in Castelletum nostrum Parisiense adduci, & tamdiù teneri quousque nobis fuerit legitime emendatum, eisdem districte & firmiter inhibende ne de cætero, in arte prædicta, praticare præsumant, nisi priùs per dictos magistros* Petrum & Robertum, *vel* successores suos *in dicto officio, ut præmissum est, examinati & approbati fuerint, &* Juramenta præstiterint *antedicta. Si quis vero ipsorum ipsa præstare recusarit,* Nos *eidem dictæ artis opus & exercitium penitus interdici* volumus, *& si contrà interdictum, & prohibitionem nostram dictæ artis pratticæ se immiscere præsumpserint, ipsos per* Præpositum *nostrum* prædictum, *prout facti qualitas proposuerit, & ad ipsum pertinuerit,* volumus *prævia ratione puniri: Quod ut Ratum & stabile permaneat in futurum, præsentes literas sigilli nostri fecimus appensione muniri:* Datum Parisiis anno Domini millesimo trecentesimo quinquagesimo secundo mense Aprilis. *Per Consilium in quo vos eratis.*

JEAN Ier & selon d'autres, Jean II. à Paris au mois d'Avril 1352.

NOTES.

des lieux d'où l'on tire le charbon de terre, ainsi nommez du Saxon *Hylle*, qui signifie *charbon*. Ceux qui estoient employez à ces sortes d'ouvrages, dont le nombre estoit grand à Liege, furent d'insignes voleurs, & parce qu'ils estoient appellez *Hullarii*, leur nom fut donné à tous les autres voleurs, gens débauchez & de mauvaise vie. D'*Hullarii*. Nous avons fait en françois *Houllier* & *Houlliere*, mots frequens dans la Somme de Bouteiller.

JEAN I.er & selon d'autres, Jean II. à Paris le 23. May 1352.

(a) Mandement aux Generaux-Maîtres des monoies de faire donner en tout marc d'argent, allayé à un denier seize grains, Quatre livres dix-huit sols tournois, *& en tout autre allayé à deux deniers huit grains,* Cent quatre sols tournois, &c.

JEHAN, par la grace de Dieu, Roy de France: A nos amez & feaulx les Generaulx-Maistres de nos Monnoyes, Salut & dilection. Nous pour certaine cause vous *Mandons* que tantost & sans délay, vous faciez donner par toutes nos Monnoyes, à tous *Changeurs* & *Marchans* frequentans icelles, en tout Marc d'argent, *huit sols tournois* de *Creüe,* oultre le prix que nous y donnons à present. C'est assavoir *en tout Marc* d'argent allayé à ung denier seize grains, *Quatre livres dix-huit sols tournois,* & en tout autre allayé à quatre deniers huit grains & audessous, *Cent quatorze sols tournois.* Et avec ce faites donner en tout marc d'or fin qui sera apporté en nosdits Monnoyes, ung denier d'or à l'Escu de *Creüe,* oultre le prix que Nous y donnons à present, lequel est de *soixante & cinq deniers d'or à l'Escu.* Ce faictes si diligemment & en tele maniere, que par vous n'y ait deffault. De ce faire à vous & à chacun de vous donnons pouvoir auctorité & mandement especial par la teneur de ces presentes. Donné à Paris le vingt-trois jour de May, l'an de grace mil trois cens cinquante & deux, ainsi signé. Par le Roy à la Relation du Conseil où vous estiez. *MATH.*

NOTES.

(a) Ce Mandement est au Registre C. de la Cour des Monnoyes de Paris, feüillet 108.

JEAN I.er & selon d'autres, Jean II. à Paris le 16. Juillet 1352.

(a) Mandement aux Generaux-Maîtres des Monoies de faire donner en tout marc d'argent allayé à un denier seize grains, *Cent six sols tournois, & en tout autre* allayé à quatre deniers huit grains *& au-dessus, Six livres deux sols tournois.*

JEHAN par la Grace de Dieu, Roy de France, A nos amez & feaux les Generaulx-Maistres de noz monnoyes, *Salut & dilection.* Nous pour certaine cause, vous *Mandons* que tantost & sans délay, vous faciez donner par toutes *nos monnoyes à tous Changeurs* & *Marchans* frequentans icelles, *en tout marc d'argent, Huit sols tournois de Creüe,* oultre les prix ou pris que Nous y donnons à present: C'est assavoir en *tout Marc d'argent* allayé, à ung denier seize grains, *Cent six sols tournois,* & en tout autre allayé à deux deniers huit grains, *Cent douze sols tournois,* & en tout autre allayé à *quatre deniers huit grains &* au-dessus, *Six livres deux sols tournois.* Ce faites si diligemment & en telle maniere, que par vous n'y ait deffault. De ce faire à vous & à chascun de vous, donnons pouvoir, auctorité & mandement especial par la teneur de ces presentes. *Donné à Paris le seiziéme jour de Juillet, l'an de grace mil trois cens cinquante & deux.* Ainsi signé par le Roy. Y. SIMON.

NOTES.

(a) Ce Mandement est au Registre C. de la Cour des Monnoyes de Paris, feuillet 109. v.°

JEAN I.er & selon d'autres, Jean II. à Paris le 22. Juillet 1352.

(a) *Mandement aux Generaux-Maîtres de faire fabriquer une monoie* Quarantiéme, *en faisant ouvrer de* grands tournois *& des* Doubles tournois *sur les mesmes Coings dont on usoit, &c.*

JEHAN par la grace de Dieu, Roy de France, à nos amez & feaulx les Generaulx-Maistres des Monnoyes, *Salut & dilection.* Nous par déliberation de nostre Conseil secret, eû consideration à ce que Nous nous povons avoir à faire à present & pour le temps advenire, tant pour le fait de noz guerres, comme pour la substentation & deffense de nostre Royaume & de tout le commun peuple d'iceluy au prouffit de Nous & de nostredit Peuple, *avons Ordonné & Ordonnons* par ces presentes, estre fait par toutes noz monnoyes, *monnoye Quarantiéme,* en faisant ouvrer & monnoyer *Grans Tournois, & Doubles tournois* sur les coings, tels & semblables comme nous avons fait faire, & faisons à present. Si vous *Mandons,* & à chascun de vous *enjoignons* estroitement, que tantost & sans delay, ces Lettres veües, par toutes & chascunes noz monnoyes, vous faciez muer le prix de nosdictes monoyes blanches & noires, en faisant ouvrer & monnoyer sur le pied de *Monnoye quarantiéme,* comme dit est. C'est assavoir *Gros tournois* qui ont & auront cours pour *huit deniers tournois* la piece, à quatre deniers de loy d'argent, nommé *argent le Roy, & de huit solz quatre deniers* de poix au *marc de Paris, & Doubles tournois,* qui semblablement ont & auront cours pour *deux deniers tournois* la piece, *à deux deniers de loy* d'iceluy argent, & de *seize sols huit deniers de poix* audit marc, de tel recours comme bon vous semblera, en donnant aux ouvriers & monnoyers tel salaire de *Creüe* pour ouvrage & monnoyage, comme vous verrez qu'il appartiendra estre fait, & en faisant donner à tous Changeurs & Marchans frequentans nosdites Monnoyes, les pris en tous marcs d'argent que nous y donnons à present. C'est assavoir en tout marc d'argent allayé à ung denier & seize grains, *Cent six sols tournois,* & en tout autre *allayé à deux deniers* huit grains, *Cent douze sols tournois,* & en tout autre allayé *à quatre deniers huit* grains, *Six livres deux sols tournois.* Et faictes si diligemment & en telle maniere que il n'y ait deffault de toutes les choses dessusdictes: faire à vous & à chascun de vous, donnons povoir, auctorité & mandement especial par la teneur de ces presentes. *Donné à Fontainebleau le vingt-deuxiéme jour de Juillet, l'an de grace mil trois cens cinquante-deux.* Signé par le Roy. Y. SIMON.

NOTES.

(a) Ce Mandement est au Registre C. de la Cour des Monnoyes de Paris, feüillet 111.

JEAN I.er & selon d'autres, Jean II. à Paris au mois de Juillet 1352.

(a) Letres par lesquelles le Roy ordonne que les sujets du Duc de Bretagne ne pourront estre distraits de sa Jurisdiction, sous pretexte des appellations interjettées de ses Juges, au Parlement.

JOHANNES Dei gratiâ Francorum Rex: Dilectis, & fidelibus gentibus Parlamenti nostri Parisius cæterisque justiciariis nostris, aut eorum locatenentibus, presentibus & futuris salutem. Litteras inclitæ recordationis Carissimi domini, & genitoris nostri,

NOTES.

(a) Ces Letres sont au Tresor des Chartes, Registre 81. pour les années 1351. 1352. & 1353. piece 689. Voyez au tome premier au 2. Mars 1316. page 633. & page 636.

in laqueis sericis *& cera viridi Vidimus, formam quæ sequitur continentes.*

JEAN I.er & felon d'autres, Jean II. à Paris au mois de Juillet 1352.

PHILIPPUS *Dei gratia Francorum Rex, dilectis & fidelibus gentibus nostri Parlamenti, cæterisque Justiciariis nostris, ad quos præsentes literæ pervenerint, salutem. Literas infra scriptas* Vidimus *in hæc verba.*

PHILIPPUS *Dei gratia Francorum Rex*, Turonensi, *&* Constantiensi *Baillivis salutem. Significavit nobis dilectus, & fidelis noster* Johannes Dux Britanniæ *conquerendo, quod nonnulli* sui subditi, *dum ab ipsius Curia* appellatur *ad nostram*, appellationibus pendentibus, *ab ipsius Jurisdictione, non solum* ratione causarum in quibus defendentes existunt, sed etiam agendo, *&* causas movendo, *coram nobis, seu gentibus nostris*, contra alios *dicti Ducis subditos ex nunc, se frequenter faciunt (b) per gentes nostras hujusmodi* exemptione defendi, *sic ipsius forum per diversa declinando diffugia, &* multimodo prejudicium *inferendo eidem. Quare* Mandamus *vobis & vestrum cuilibet, quatenus Appellantes ipsos, prout de his vobis constiterit, in casibus illis dumtaxat in quibus* Deffendentes existunt *legitime, pendentibus eorum appellationibus, hujusmodi exemptione gaudere sub protectione Regia permittatis & faciatis. In aliis vero videlicet, in quibus extra appellationum ipsarum causas, Actores sunt, ipsos non intelligimus à Juridictione dicti Ducis fore, virtute dictarum appellationum, exemptos, quin ipse, aut gentes suæ in eosdem, sicut in alios subditos suos, justitiam valeat exercere, ut fuerit rationis.* Datum Parisiis, die Martis *ante* Adnunciationem *Dominicam. Anno* Domini millesimo trecentesimo secundo.

Item. A tous ceulx qui ces Lettres verront: Henry Taperel, Garde de la Prevosté de Paris, Salut. Sçachent tuit que nous *l'an mil trois cens & seze*, le Mercredi avant la mi-Caresme, veimes une Lettre scellée du seel nostre Sire le Roy, contenant la fourme qui s'ensuit.

PHILIPPUS *Dei gratiâ Francorum & Navarræ Rex, Turonensi & Contantiensi Baillivis, vel eorum locatenentibus* salutem. *Significavit nobis dilectus & fidelis noster* Johannes Dux Britanniæ *conquerendo, quod nonnulli sui subditi, dum ab ipsius curia ad nostram appellant pendentibus hujusmodi appellationibus, ab ipsius Jurisdictione non solum ratione causarum in quibus Defendentes existunt, sed Agendo & causas movendo coram nobis, seu gentibus nostris, contra alios dicti Ducis subditos, ex nunc se frequenter, faciunt per gentes nostras hujusmodi exemptione defendi. Sic ipsius forum per diversa declinando diffugia, & multimode prejudicium inferendo eidem. Quare* Mandamus *vobis & vestrum cuilibet quatenus Appellationes ipsas, prout de hiis vobis constiterit, in casibus illis dumtaxat, in quibus deffendentes existunt, legitime pendentibus eorum Appellationibus hujusmodi, exemptione, gaudere, sub protectione Regiâ permittatis & faciatis. In aliis vero videlicet, in quibus* extra appellationum *ipsarum causas, Actores sunt, eos non intelligimus à Jurisdictione dicti Ducis fore, virtute dictarum Appellationum exemptos, quin ipsi Appellantes, in curia dicti Ducis, contra Ducis ejusdem subditos debeant deducere causas suas, dictusque Dux, aut ejus gentes eisdem appellantibus, & contra ipsos justitiam exhibere. Datum Parisiis die secunda* Martii, anno Domini millesimo trecentesimo decimo sexto.

NOTES.

(b) Per gentes nostras exceptione deffendi.] Ce que dit à ce sujet l'Auteur du grand Coutumier, livre 3. chapitre 27. Des Appellations page 475. merite d'estre icy rapporté.

Si la Sentence donnée par les hommes d'aucun Per de France ou d'eux, on appelle à la Cour de France, mais qu'iceulx hommes n'ayent autres hommes dessus eux en la Cour du Pair, l'appellant est exempt de luy & d'iceux hommes en toutes causes & querelles, jaçoit ce que la cause ne touche pas les *Pairs*, mais autres privées persónnes, ainsi fut-il dit en Parlement l'an 1325. pour Madame d'Artois contre Messire Loüis de Lucheu. *Mais si ceux de qui l'on l'on auroit appellé avoient autres hommes par dessus eux* en la Cour du Pair, l'appellant n'est point exempt fors de la jurisdiction de ceux de qui il auroit appellé. Quand aucun est exempt de la jurisdiction d'aucun *Pair de France par appellation fait d'aucune cause, & sur l'autre cause il procede devant luy suffisblement, il renonce, & ne sera exempt fors de sa cause, pour laquelle il aura appellé*, ainsi fut-il dit pour la Comtesse, pour Messire Loüis, &c.

Et nous en cest transcrit avons mis le seel de la Prevosté de Paris, l'an & Mercredi dessusdit.

& selon d'autres, Jean II. à Paris au mois de Juillet 1352.

Item. PHILIPPUS *Dei gratiâ Francorum & Navarræ Rex: Dilectis & fidelibus* nostris gentibus Parlamenti, cæterisque *Justiciariis nostris, aut eorum Locatenentibus*, Salutem. *Ad supplicationem dilecti & fidelis nostri* Ducis Britanniæ *dicentis, sibi per Dominum quondam* genitorem *nostrum, declaratum, & à nobis post modum approbatum fuisse, quod nullus Appellans ab ipso Duce, vel suis gentibus, occasione* Appellationum *hujusmodi sit exemptus ab* eorum Juridictione Agendo : Mandamus *vobis & vestrum cuilibet, ut ad eum pertinuerit, quatenus visis Literis, quas inde præfatus Dux asserit, sibi datas, ipsas inviolabiliter prout justum fuerit observeris. Datum Parisiis* vigesima quarta die Martii, anno Domini millesimo trecentesimo decimo octavo.

Item. PHILIPPUS *Dei gratiâ Francorum & Navarræ Rex, Turonensi & Constantiensi Baillivis, aut eorum Locatenentibus, cæterisque Justiciariis Regni nostri, ad quos præsentes Literæ pervenerint, salutem.* Mandamus *vobis & vestrum cuilibet, prout ad eum pertinuerit, quatenus visis nostris aliis Literis per nos dilecto & fideli nostro* Johanni *Duci Britanniæ graciose concessis, continentibus intentionis, & voluntatis nostrarum non esse, quod appellantes Ducatus Britanniæ,* Agendo *debeant exemptione gaudere, nisi in casibus in quibus existerent Appellantes, sed in aliis eorum causis remanere debeant* justiciabiles *dicti Ducis, prout erant ante Appellationes eorum, Literas ipsas juxta earumdem tenorem servetis, & faciatis firmiter observari, nihil contra eos attemptantes, vel fieri quomodolibet permittentes: si quid in contrarium attemtatum fuerit, sive factum ad statum pristinum, & debitum celeriter reducendo, vos super hoc taliter habituri quod ex parte ipsius Ducis ad nos non referatur querela. Datum Parisiis, die* duodecimo Maii, anno Domini millesimo trecentesimo decimo octavo.

NOS *autem ex certa scientia, & diligenti deliberatione prehabita in pleno nostro Consilio, etiam cum vobis gentibus nostri Parlamenti dictas Literas in suo Robore teneri, & observari* volumus, *ipsasque renovantes & confirmantes :* Mandamus *vobis quatenus pretextu quarumcumque* Appellationum *ad nostram Curiam interjectarum per dicti Ducis subditos* Appellantes, *hujusmodi exemptione prædicta, contra seriem & exigentiam dictarum Literarum nullatenus gaudere faciatis, quinimmo in hiis in quibus extra ipsarum appellationum causas,* Actores *fuerint,* Appellantes *prædicti, dictum Ducem, vel ejus gentes quin in eosdem sicut alios subditos suos justitiam exercere valeant, impedire minimine præsumatis, si autem dicti subditi dicere, vel proponere voluerint quod tale jus exemptionis* Agendo *eis competat, ex privilegio, prescriptione, vel patriæ consuetudine qualicumque, subditos ipsos audiri super his* Volumus *coram vobis, & vocato dicto Duce, fieri justitiæ complementum, cujusmodi pendente questione, Appellantes,* exemptione *prædicta,* Agendo, *exceptis causis appellationum, non gaudebunt, ymmo & petitionibus quas in nostrâ Curiâ contra alios dicti Ducis subditos, vel alios in prejudicium dicti Ducis facerent, seu vellent facere,* causis Appellationum exceptis, *ut præmittitur, super sederi.* Mandamus, *usquequo super dicta questione fuerit terminatum, Literis in contrarium obstentis non obstantibus, vel etiam obtinendis. In cujus rei testimonium præsentibus Literis nostrum fecimus apponi sigillum. Datum Parisiis*, anno Domini millesimo trecentesimo vicesimo octavo mense Junii.

NOS *verò supradictas Literas, & omnia & singula in eis contenta,* laudamus, ratificamus & approbamus, *ac de nostra certa scientia, & auctoritate Regiâ tenore præsentium* Confirmamus, Mandantes *vobis & vestrum cuilibet, ut ad eum pertinuerit, quatenus premissa omnia & singula firmiter observetis, & faciatis ab aliis inviolabiliter observari. Quod ut firmum & stabile perpetuo perseveret, præsentibus Literis nostrum fecimus apponi sigillum. Datum Parisiis anno* Domini millesimo trecentesimo quinquagesimo secundo mense Julii.

JEAN I.er & felon d'autres, Jean II. à Paris au mois de Juillet 1352.

(a) Letres touchant les appellations interjettées des jugemens rendus par les Commiffaires du Duc de Bretagne.

JOHANNES Dei gratiâ Francorum Rex : Dilectis & fidelibus Gentibus Parlamenti nostri Parisius, cæterisque Justiciariis nostris, aut eorum locatenentibus, præsentibus & futuris, Salutem. *Literas inclitæ recordacionis Cariffimi Domini & Genitoris nostri in laqueis* fericis, *& cera viridi* vidimus, *formam quæ sequitur continentes.*

PHILIPPUS *Dei gratiâ Francorum Rex : Dilectis & fidelibus gentibus Parlamenti nostri Parisiorum, cæterisque Justiciariis nostris ad quos præsentes literæ pervenerint,* Salutem. *Conquerente dilecto & fideli nostro* Duce Britanniæ *accepimus, quod cum ipse in suo Ducatu certos quandoque deputet* Commiffarios, *ad cognoscendum super* debatis, *seu causis aliquibus, quæ frequenter vertuntur ibidem inter partes, vos nihilominus* Appellaciones, *quæ a dictis* Commiffariis *ad Nos, seu curiam nostram, obmisso dicto Duce, sæpius emittuntur, retinere, de ipsis cognoscendo satagitis,* Appellantes *ipsos, prætextu* Appellationum *hujusmodi, exemptione gaudere facientes, contra Ducem præfatum, in ejus jurisdictionis grande præjudicium & jacturam, maxime cum ipsa* contra jus commune, *statum & nobilitatem dicti sui Ducatus noscantur existere, sicut dicit, cum instancia postulans, sibi super hoc provideri. Quapropter Nos qui jura ipsius servari cupimus, habita super hoc in nostris magno consilio & Parlamento deliberatione pleniori,* Volumus, *& ex certa scientiâ dicto Duci tenore præsentium* Concedimus, *ut quotienscumque a suis propriis & immediatis* Commiffariis appellabitur, *primæ Appellationes hujusmodi, ad eum sine impedimento quolibet devolvantur, ac super his cognoscat, aut cognosci, sine contradictione quacumque, faciat, ut fuerit rationis, proviso tamen, quod* fecundæ appellationes *ei quæ fuerint super causis eisdem, ad Nos, seu Curiam nostram specialiter reserventur, Mandantes vobis & vestrum cuilibet quatenus dictum Ducem, contra præsentis nostræ concessionis tenorem, quam firmiter præcipimus observari, non impediatis de cætero, vel impediri quomodolibet permittatis. In cujus rei testimonium sigillum nostrum fecimus præsentibus literis apponi.* Datum Parifiis anno Domini millefimo trecentefimo vicefimo octavo menfe Junii.

NOS *vero supradictas literas, ac omnia & singula in eis contenta* Laudamus, Ratificamus, Approbamus, *ac de nostra certa scientia & autoritate Regia, tenore præsentium* Confirmamus, Mandantes *vobis & vestrum cuilibet, ut ad eum pertinuerit, quatenus præmissa omnia, & singula firmiter observetis & faciatis ab aliis inviolabiliter observari. Quod ut firmum & stabile perpetuo perseveret præsentibus literis nostrum fecimus apponi sigillum.* Datum Parifiis anno Domini millefimo trecentefimo quinquagefimo fecundo menfe Julii.

Per Regem *ad Relationem Consilii in quo eratis.*

NOTES.

(a) Ces Letres font au Trefor des Chartes, Regiftre cotté 81. pour les années 1351. 1352. & 1353. piece 693. Voyez les Letres precedentes de la prefente année 1352. avec la note tirée de l'Auteur du grand Coutumier de France, livre 3. au chapitre des *Appellations* page 475. Et au tome premier voyez les Letres de *Philippe le Bel*, du 25. Mars 1302. page 369. celles de *Loüis X.* dit *Hutin*, de l'année 1315. page 620. celles de *Philippe le Long*, du 2. Mars 1316. page 633. & celles de *Philippe le Long*, du mois de Mars 1316. page 637.

(a) Mandement

JEAN I.er & selon d'autres, Jean II. à Poissy, le 6. Aoust 1352.

(a) Mandement aux Generaux-Maîtres des monoies, de donner une *Creüe de huit sols tournois, outre le prix ordinaire, &c.*

JEHAN par la Grace de Dieu, Roy de France, à nos amez & feaulx les Generaulx Maîtres de nos Monnoyes, *Salut & dilection.* Nous pour certaine cause, *vous mandons* que tantost & sans délay, ces Lettres veües, vous faciez donner par toutes nos monnoyes, à tous *Changeurs & Marchans* frequentans icelles, *en tout marc* d'argent qu'il apporteront en nosdites Monnoyes, *huit sols tournois de Creüe* oultre les pris ou pris que Nous y donnons à present. C'est assavoir en tout *marc d'argent allayé* à quatre *deniers* de loy, *six livres dix sols tournois*, & en tout autre allayé à deux deniers de loy *six livres tournois.* Et faites faire si diligemment & en tele maniere que il n'y ait deffault : de tout ce faire à vous & à chacun de vous donnons povoir auctorité & mandement especial, par la teneur de ces presentes. *Donné à Poissy le sixiéme jour d'Aoust, l'an de grace mil trois cens cinquante-deux.*

Par le Roy à la Relation du Conseil où quel vous estiez. ROYER.

NOTES.

(a) Ce Mandement est au Registre C. de la Cour des Monnoyes de Paris, feüillet 113.

JEAN I.er & selon d'autres Jean II. à Paris, au mois d'Aoust 1352.

(a) *Letres par lesquelles le Roy fait plusieurs Reglemens en faveur des habitans de* Vermandois & de Beauvoisis, *au moyen d'une imposition de six deniers pour livre.*

JEHANS par la grace de Dieu, Roy de France, Sçavoir faisons à tous presens & à venir, que comme Nous considerans les trés grans inconveniens, qui pour cause de nos *guerres* sont venus en moult de maniere, & peuvent venir chacun jour; desirans de tout nostre cuer, bon & brief fin mettre en icelles, si que le peuple à Nous commis puisse vivre en pais dessous Nous, laquelle chose ne porroit estre faite sans trés grans & innumerables missions & despens, lesquelz nous ne pourrions souffrir ne soustenir sans l'aide de nos subgiez, ayens pour ce fait requerir par noz amez & feaux Conseilliers, *Regné de Royecourt* Clerc, & *Guillaume d'Ambreville* Chevalier, noz bien amez les *Prelas, Chapitres* & autres gens d'Eglise, les *Nobles*, les *Communes*, Eschevinages, & autres gens des Villes de nôtre Baillage de *Vermandois* & de *Beauvoisis*, que à ce Nous vollissent faire *Aide convenable*, & de leur bone voulenté, il nous ayent gracieusement octroyé & accordé en *Aide* pour le fait de nosdites guerres, une imposition de *six deniers pour livre*, especialement lesdiz nobles en la maniere, & sous les modifications & condicions qui s'ensuient.

Premierement. C'est assavoir de chascun tonnel de vin vendu en gros & à détail, & de toutes autres marchandises qui seront faites en toutes les Villes desdiz pays de *Vermandois* & de *Beauvoisis*, dessous quelconques *Seigneurs, Nobles* ou *autres*, & aussi de toutes autres *Marchandises* quelconques venduës en quelque Ville que ce soit, esdiz pays & chascun d'eulz, *six deniers pour livre*, à payer *du vendeur* tant *seulement*, durant le temps de ladicte imposition, qui commencera & qui courra dedens

NOTES.

(a) Ces Letres sont au Tresor des Chartes, Registre 81. pour les années 1351. 1352. 1353. piece 330. Voyez cy-dessus aux pages 391. 392. de ce Tome. On n'a pas jugé à propos de mettre des Sommaires, parce que les articles sont en petit nombre, clairs & intelligibles.

JEAN I.er & selon d'autres, Jean II. à Paris au mois d'Aoust 1352.

huit jours, ou autre si lonc & si convenable temps, que le Baillif de Vermandois puisse avoir baillé & délivré au Seigneur de Canny ces présentes, huit jours avant le commencement de ladite imposition. Quant aus impositions qui sont finies, & quant aus autres qui durent encore dedens temps convenable, en consideracion, aus *huit jours* dessusdiz. Et durra ladicte imposition continuellement, *jusques à un an entier & accompli*, sauf que se aucune chose estoit venduë pour une fois & en un jour, dont le pris ne voulsist *plus de cinq soubz*, riens n'en sera prins, ne levé: Et aussi ne paieront riens les *premiers Marchans, Achateurs des Bois*, Viviers & Estans des Seigneurs, mais l'autre *Marchant* qui achatera desdiz *premiers* Marchans pour *revendre*, *paiera* de ce que par luy *sera revendu:* Et aussi ne paieront riens les *Hosteliers* des vivres qu'il vendront en leurs maisons & hostels à leurs *hostes*, excepté *le vin* qu'il paieront en la maniere que dessus est dit.

(2) Item. Se dedens ledit an, il avenoit que *pais* fust entre Nous & le Roy d'Angleterre nostre ennemi, ladicte *imposition cesseroit*, & devroit cesser, sitoust comme *pais* seroit. Mais se *trieves* estoient seullement, ladicte *imposition ne cesseroit* mie, mais sera & demoura estre levée *durant ledit an*, par deux preudes hommes, qui par noz gens seront à ce esleus par le *Conseil desdiz nobles* & des gens de leursdites Villes, & par ces deux ainsi esleus, devra estre mise, & sera ladicte recepte *en garde & en depost*, pour la deffense de nostre Royaume & du pais, se besoing est, sans estre pour ce, ne levée par Nous, ne par nos gens, pour traire, ne convertir en autre usaige que en l'usaige dessusdit.

(3) Item. Que le *Receveur de Vermandois*, ne autres Commis à vendre lesdictes impositions ne puist ne doit embourser ne appliquer à soy les *vins des marchiez & renchieres*, de la venduë qui se fera desdictes impositions, mais sera *beu* en commun, en la maniere que fait estoit au commencement, que lesdictes impositions nous furent octroiées: Et ne seront tenuz les *achateurs* desdictes impositions, paier audit *Receveur* ou à son Députe, pour les *lettres de l'achapt du marché* que *douze* deniers, & pour la *quittance du payement* que *six deniers parisis:* Et ne pourront prendre les *Sergens* dudit Receveur, & de ses Commis pour la premiere *contrainte* sur les fermiers aucune chose; mais pour *la seconde* contrainte, & les autres ensuivantes, seront paiez de celui, qui aura souffert ladicte premiere contrainte, dont le Sergent, pour le salaire de la contrainte, se faitte est dedens la Ville, là où le Sergent & le Fermier seront demourans, ou residans, ne aura, ne devra avoir que *deux soubz* pour jour seulement.

(4) Item. Sera mandé & deffendu à ceulx, qui tiennent, ou tenront les *fermes l'imposition* des denrées traites, & menées hors du Royaume, que il prengnent, ne puissent prenre d'une *letre de caution* que *quatre deniers*, & de la lettre de *delivrance*, de ladite caution que *quatre deniers*, & que se plus en prenoient, & en *destrioient* les Marchans, ou les Voituriers à délivrer lesdictes Lettres, touz couz fraiz & interez qui par leurs *destriemens* seroient faiz, ils seront tenuz de rendre & contraint à ce, sans delay. Et se plusieurs Marchans sont qui à un trait semblable, font amener leurs denrées, que pour une seule Lettre il se puisse passer se il leur plaist.

(5) Item. Que durant le temps de ceste imposition, pour nous & pour nostre Hostel, ne pour les Hostels de nostre très-chiere compaigne la *Royne*, ou de nous *Enfans*, ne pour *Conestables, Mareschaux*, ou autres noz Officiers, pour les Maistres des garnisons, Baillifs, Receveurs, Commissaires, ou autres personnes quelconques, ne seront, ou porront estre prins *vivres*, quelz que ils soient, ne *chevaux*, *chars*, ou *charetes* d'aucuns des *Nobles*, ne des *bourgeois*, ou *souz manans* d'iceulz Nobles, ou de leurs Villes, ne de aucun autre qui contribuë à ladicte imposition, se ce n'est pour juste prix, & en paiant l'argent. Et se aucun, par vertu de *commission*, de nous *Conestable*, des *Mareschaux*, ou d'aucuns autres Officiers *faisoient*, ou se *efforçoient* de faire le contraire, que en riens ne soit obéi; & pour la *désobéissance* se faicte estoit, amende ne soit ou puist estre prise, ne levée pour ce.

(6) Item. Que des choses qui ja sont prinses, ou arrestées des gens desdictes Villes, ou des subgiez desdits Nobles, pour les Garnisons de nostre très chiere Compagne

la *Royne*, ou de nos *Enfans* ne soit riens levé, sans en paier le juste prix.

(7) Item. Que aucuns des bourgeois sugez, ou souz manans desdiz Nobles ne seront *contrains* à aler en notre host, & aussi seront quittes de payer à nous toutes autres *charges* pour le fait de noz *guerres*, durant le temps *de ladicte imposicion*, se ce n'est à cause de arriere-ban fait à bonne & juste cause sans faintise.

JEAN I.er & selon d'autres, Jean II. à Paris au mois d'Aoust 1352.

(8) Item. Que pour cause dudit *octroy* à Nous fait de ladicte imposition, & des autres octroyez & faiz à notre tres chier Seigneur & Pere que Dieu *absoille*, des impositions de *six deniers*, & *quatre deniers pour livre*, & autres *Aides* par les diz Nobles, bonnes villes, & autres dudit Bailliage, conjoinctement, ou divisement ne soit, ou doie estre acquis à nous, ou à nos successeurs aucun *nouvel droit*, ou préjudice diceulz, ou de aucuns deulz, en corps ne en biens, mais les tenons estre octroyées de grace. Et ne voulons point lesdictes impositions estre enregistrées en la *Chambre de nos Comptes* à Paris, lesqueles, se par aventure y sont, ou estoient *enregistrées*, nous voulons que lesdits Registres ne leur puisse, ou doie *porter préjudice*, ou temps avenir, & nous plaist que ces presentes soient *doublées, & baillées* ausdiz Nobles en *las de soye, & en cire vert*, tant de foiz, & tant comme lesdiz Nobles en vouldront prendre, sans *coust & sans frais*, à notre seel, & que *li vidimus* de ces presentes, souz aucun de noz seeaulz Royaulz, valle & soit tenûz comme *originaulz*, si comme toutes les choses dessusdictes noz diz Conseillers nous ont rapporté, en nous *Suppliant* par les diz Nobles, & gens de leurs dictes Villes, que nous icelles voulsissions octroyer. *Nous* par déliberation de nostre Conseil, inclinans favourablement à leur supplication, de certaine science, pour maintenir les dessusdiz Nobles, bonnes Villes, & autres, en leurs bonnes Coustumes, & anciens usages, toutes les choses dessusdictes & chascune d'icelles avons *octroyé* & *octroyons* par ces presentes. Si *Mandons* & *Commandons* au Baillif de *Vermandois*, & à touz noz autres *Justiciers* & *Officiers* presens & avenir, & chascun d'eulz, à ce que il les tiegnent, gardent & accomplissent, chascun en droy soy, & les facent tenir & garder sans contredit sans autre mandement de nous attendre, en la fourme & maniere que dessus est divisé, & esclarci. Et que ce soit ferme chose & stable à tous jours-mais, nous avons fait mettre à ces lettres nostre seel sauf en autre chose nostre droit, & en toutes l'autruy. Donné à Paris, l'an de grace *mil trois cens cinquante-deux*, au mois d'Aoust. Par le Roy *à la relation* du Conseil où quel vous estiez.

JEAN I.er & selon d'autres, Jean II. à Paris au mois d'Aoust 1352.

(a) Letres par lesquelles le Roy, au moyen de l'imposition de six deniers pour livre, accorde aux habitans de Vermandois, *des Droits plus amples que ceux qu'il leur avoit octroyez & aux habitans de Beauvoisis, par ses Letres precedentes.*

JEHAN par la grace de Dieu, Roy de France, sçavoir faisons à tous presens & à venir, que comme nous considerans les tres grands inconveniens, qui pour cause de nos *guerres* sont venus en moult de manieres, & peuvent venir chascun jour, & desirans de tout nostre cœur, bon & brief fin mettre en icelle, si que le peuple à nous commis puisse vivre en paiz dessoubz nous; laquelle chose ne pourroit estre faite sanz tres grans & innumerables missions & despenz, lesquieux nous ne pourrions souffrir, ne soubstenir sans l'aide de nos subgiez, avons pour ce fait requerir par nos amez & feaulz Conseillers Maistre *Regné Royecoust*, & *Guillaume d'Ambreville* Chevalier, nos bien amez les Prelaz, Chappitres & Genz d'Eglise, les Nobles, Communes, Eschevinages,

NOTES.

(a) Ces Letres sont au Tresor des Chartes, Registre 81. pour les années 1351. 1352. & 1353. piece 352. Voyez cy-dessus sous l'an 1350. au mois de Mars, Tome 2. pages 391. 392. &c. On n'a point mis icy de Sommaires, parce que les articles sont courts & intelligibles.

JEAN I.er & selon d'autres, Jean II. à Paris au mois d'Aoust 1352.

& autres Gens des Villes de nostre Bailliage de *Vermandois*, que ad ce nous voulsissent faire aide convenable; Et de leur bonne volenté, il nous aient gracieusement octroyé & accordé en *aide* pour le fait de noz dictes guerres, une imposition de *six deniers*, especialement lesdictes Communes, Eschevinages, & Gens des Villes de notre Bailliage de *Vermandois*, en la maniere & sous les modifications & conditions qui s'ensuivent.

(1) C'est à sçavoir de chascun tonnel de vin *vendu en groux*, & à *détail*, & de toutes autres *Marchandises*, qui seront faictes en toutes les bonnes Villes, & autres dessoubz quelconques, Seigneurs d'Eglise, Nobles, & autres dudit Baillage de Vermandois, & aussi de toutes autres marchandises quelconques vendues en quelque Ville que ce soit, *audit Bailliage, Six deniers* pour livre, à payer du *Vendeur* tant seullement, & durant le tems de ladicte imposition, qui commencera & courra ès Villes dudit *Bailliage, (b)* esquelles elle est *finée*, de courir le huitiéme jour après ce que ces presentes Lettres leur seront bailliées, ou à autres en leur nom, seellées de nôtre grand séel en las de soye & cire vert, & es autres lieux, où elle court encore dedens temps convenables, eu regard aus *huit jours*, & temps dessus dis, & durra generalement jusques à *un an entier & accompli*. Sauf que s'aucune chose estoit vendue pour *une* foiz, & en un jour, dont le pris ne voulsist plus de *cinq soubz*, rien n'en sera prins, ne levé. Et ainsi, ne paieront riens les *premiers* marchanz *acheteurs des bois viviers*, & *estans* des Seigneurs, mais l'autre *marchant*, qui achetera desdiz *premiers* marchans pour *revendre*, *payera* de ce qui par lui *sera revendu*. Et aussi ne payeront riens les *Hostelliers* des vivres qu'il vendront en leurs maisons & hostelz à leurs hostes, excepté le vin qu'il payeront en la maniere que dessus est dit.

(2) Item Se dedens ledit an, il avenoit que *Pais* fust entre nous, & le Roy d'Angleterre notre ennemi, ladicte *imposition cesseroit*, & devroit cesser, sitoust, comme *pais* seroit; mais se *Treues* estoient seullement ladicte *imposition ne cesseroit* mie, mais sera & devra estre levée dans ledict temps *par deux prudes hommes*, qui par noz gens seront ad ce esleuz par le conseil des dis Nobles, & des gens des dictes bonnes Villes. Et par ces deux ainsi esleuz, devra estre mise, & sera ladicte recepte en *garde & en depost*, *pour* la deffense de notre Royaume & du Pais se besoing est, sans estre prinse, ne levée par nous, ou par nos gens pour *traire* ne convertir en autre usaige, que en l'usaige dessuz dit.

(3) Item. Que le *Receveur de Vermandois*, ne autres commis, à vendre lesdictes *impositions*, ne puist ne doie embourser, ne appliquier à soy *les vins des marchiez* & *renchieres* de la vendue qui se fera des dictes *impositions*, mais sera *beu* en commun, en la maniere que fait estoit au commencement que les *impositions* nous furent *octroiées*, Et ne seront tenuz les *achateurs* des dictes impositions paier audit Receveur, ou à son député pour les *lettres de l'achat du marchié* que *douze deniers*, & pour la *quittance du payement*, que *six deniers parisis*. Et ne pourront prendre les Sergens dudit Receveur & ses Commis pour la premiere *contrainte*, sur les fermiers, aucune chose, mais pour la segonde *contrainte*, & les autres ensuivantes, seront payez de celi, qui aura souffert ladicte *premiere contrainte*, dont le Sergent pour son salaire de la contrainte, se faite est dedens la ville, là où le Sergent & le Fermier seront demourans, ou residens, ne aura, ne devra avoir que *deux soubz* pour jour seullement.

(4) Item. Sera mandé & deffendu à ceulz qui tiennent, ou tendront les fermes de l'imposition des denrées traictes & menées hors du Royaume, qu'il ne prengnent, ne puissent prendre d'une *lettre de caution que quatre deniers*, & de la lettre de la *delivrance de ladicte caution que quatre deniers*, & que se plus en prenoient, & détrioient les Marchans, ou Voituriers à delivrer les dictes letres, touz, couts, fraiz, & autres que par leurs destriemens seroient fais, ils seront tenuz de rendre & contrainz, ad ce, senz delay. Et se plusieurs Marchans sont, qui a un trait ensamble facent amener leurs denrées, que par une seulle lettre il se puissent passer s'il leur plaist.

NOTES.

(b) Esquelles elle est finée.] C'est-à-dire dans lesquelles elle est payée.

JEAN I.er & selon d'autres, Jean II. à Paris au mois d'Aoust 1352.

(5) *Item.* Que pour nous & pour nostre Hostel, ne pour les Hostels de nostre très chiere compaigne la *Royne*, ou de noz *Enffanz*, ne pour *Conneftable, Marefchaux*, ou autres *noz Officiers*, por les Maistres des *Garnisons, Baillifs, Receveurs, Commissaires*, ou autres personnes quelconques, *(c)* ne seront ou porront estre *prins* durant ledit an, ou quel courra ladicte imposition, *vivres* quelques il soient, *ne chevaux, chars*, ou *charrettes* d'aucuns des dessusdiz, ne d'aucune autre, qui contribuë à ladicte imposition, se ce n'est par juste pris, & en paieront l'argent. Et s'aucun par vertu de commission de *Nous*, du *Conneftable*, des *Marefchaux*, ou d'aucuns autres Officiers, faisoient, ou s'efforçoient de faire le contraire, que en riens ny soit obéy, & pour la desobéïssance se faicte estoit, amende ne soit, ou puisse estre prinse, ny levée pour ce.

(6) *Item.* Que des choses qui sont ja prinses, ou arrestées des gens desdictes Villes, ou des subgies d'icelle pour les Garnisons de nostre Hostel, ou de l'Hostel de notre tres chiere compaigne la *Royne*, ou de nos *Enfans*, ne soit riens levé sanz en payer le juste pris.

(7) *Item.* Que les gens desdictes Villes, ne leurs dicts *subgiés*, ne seront contrains à aller en nostre *host* durant le temps de ladicte imposition, si ce n'est à cause d'arriereban, fait pour bonne, & juste cause sans faintise.

(8) *Item.* Se ou Bailliage, ou es Prevostez du *Bailliage de Vermandois* sont aucuns Sergens, oultre le nombre ordené *sur lesdits Sergens*, il seront ostez. Et de ce seront faiz *mandemens*, aus *Baillifs* & *Prevosts* dudit Bailliage, & leur sera deffendu qu'il ny en mettent plus nulz.

(9) *Item.* Que nos *Sergens*, auront pour leur salaire pour jour, *huit sols parisis*, & que plus n'aient, ou doivent prendre, pour quelconque nombre de personnes qu'il besoingnent, ne pour quelconques exploiz qu'il facent ou jour, combien qu'il en facent plusieurs, & pour plusieurs & diverses personnes. Et bailleront & seront tenuz de bailler copie de *leurs commissions*, ou lieu là, ou il feront leur exploit, & aussi copie de leurs *rescriptions*, se il en sont requis.

(10) *Item.* Que sur les Prevosts qui ont tenu & tiennent Prevostez *à ferme*, seront, faites enquestes de *trois ans en trois ans*. Et doresnavant ny seront receuz, que personnes saiges & dignes de foy qui sçachent faire justice, & appointer les parties, & les causes en jugement, & dehors.

(11) *Item.* Que toutes nouvelles *garennes*, cesseront audit Bailliage.

Item. Que toutes *nouvelletés* seront reparées, mises & ramenées au premier & deu estat, nonobstant *Letres d'estat*, ou autres *graces* & *appellations* quelconques, sauf *les oppositions* selon l'ordenance de nostre Parlement.

(12) *Item.* Que nous ferons sçavoir le prix ancien *de escriptures & seaulz* des Baillifs & Prevoz, en *commissions, adjournemens, sentences*, & autres actes quelconques: Et se par l'information est trouvé que l'en en lieve excessivement, nous le ferons ramener à juste & raisonnable pris.

(13) *Item.* Combien que les Nobles dudit Bailliage de *Vermandois aians guerre* les uns aux autres, aient usé, ou accoustumé depuis un peu de temps, que sitoust comme li uns avoit *deffié*, ou fait *deffier* l'autre, il s'entreportoient tantost dommage, sanz attendre *jour ne terme*, il ne pourront dorés-en-avant porter *dommaige* les uns aux autres; *c'est à sçavoir* les *principaux Chiefs* de la guerre, jusques à *quinze jours entiers & accomplis*, après les *deffiemens*, & les amis d'iceulz, jusques à *quarante jours* entiers & accomplis après les *deffiances*, & les amis d'iceux jusques à *quarante jours* après lesdictes *deffiances*.

NOTES.

(c) Ne pourront estre prins, &c.] Cet article est conforme à plusieurs autres Ordonnances anterieures. Voyez au Tome premier l'Ordonnance de *S.t Loüis* du mois de Decembre 1254. art. 30. & 31. page 75. Celle du Jeudy avant Pâques fleuries de l'an 1308. page 438. Celle du Mardy aprés la S.te Catherine 1312. pages 507. 508. Celle du 22. Juillet 1315. art. 8. page 590. Celle du 25. Fevrier 1318. art. 4. & 5. page 680. & au Tome 2. l'Ordonnance du 8. Avril 1342. art. 12. pages 173. 174. Celle du 15. Fevrier 1345. page 238. art. 4. & 5. Celle du penultiéme Mars 1350. art. 5. & 6. pages 391. 392. Celle du 5. Avril 1350. art. 12. pages 401. 402. & celle du mois de Juin 1351. page 436.

JEAN I.er & selon d'autres, Jean II. à Paris au mois d'Aoust 1352.

(14) *Item.* Ou cas qu'il voudroient faire, ou feroient guerre les uns aux autres, il ne porront abattre, ne faire abattre *maisons*, ne *molins*, rompre, ne faire rompre *estanz*, tuer *chevaux*, ne *bestes*, rompre *Greniers*, *huches*, *hucheaux*, *lettres*, *vaissélle*, *effondrer* vins, ne autre semblabe gast faire. Et se il ont fait, ou faisoient le contraire, il en seroient puniz, & sera reparé & mis au premier estat le gast qu'il auront fait, comme dit est, aux coutz des faisans, & rendront coulz, frais & dommages, & si en feront amende à nous & à partie.

(15) *Item.* Que aucuns *non Nobles* ne pourront *guerroier*, ne aussi ne pourront estre *guerroyé* par Nobles, ou autres quelconques.

(16) *Item.* Que le *Bailli de Vermandois* ne pourra *traire*, ne *traiter* nulz des subgiez de ladicte Baillie, hors *de sa Chastellenie*, mais li sera fait droit *par les hommes jugans* en icelle, se ce n'est pour juste cause & évident.

(17) *Item.* Pour ce que les gens de nostre Parlement maintiennent, que es appellations que l'en fait à nostre Parlement à Paris des *hommes jugans* audit Bailliage, se il est dit *mal jugié par lesdiz hommes*, chascun doit payer une *amende arbitraire*; Et pour doubte de payer ladicte amende, *plusieurs jugemens* sont retardés à faire par lesdiz hommes, ou dommaige de ceux qui sont en jugemens, & aussi pour cause desdiz *hommes jugans* qui ne veullent jugier, & se il jugent & aucun en son à descort pour la condamnation d'aucuns, tout le jugement des autres est empeschiez, nostredit Baillif de Vermandois, appellez des personnes suffisamment de son Bailliage, tant *Clercs*, *Nobles* & *Bourgeois*, comme autres, s'enfourment comment bon remede y pourra estre mis, pourquoi justice y puist mieux estre faite, au profit de notre peuple, & les plus convenables remedes qu'il y trouvera par leur Conseil, nous *rescripra*, afin que veue sa rescription, nous y pourvoirons de bon remede.

(18) *Item.* Que pour cause dudit *Octroi* à nous fait de ladicte imposition, & des autres octrois faiz à notre tres chier Seigneur & *Pere*, que Dieu *absoille*, des impositions *de six deniers*, & de *quatre deniers pour livre*, par lesdiz Nobles, Bonnes Villes, & autres dudit Bailliage conjointement, ou devisement ne soit, ou doie estre acquis à nous ou à nos successeurs, *aucun nouveau droit* ou préjudice d'iceulz, ou d'aucuns d'eulz, *en corps*, ni en biens, si comme toutes les choses dessusdictes nostredit Conseiller, nous rapporte, en nous Suppliant de par lesdiz Nobles, & Villes, que nous icelles leur voulsissions octroyer. *Nous*, par déliberation de nostre Conseil, inclinans favorablement à leur supplication, de certaine science, de notre auctorité Royal, & de grace especial, toutes les choses dessusdictes, & chascune d'icelles avons *octroyé* & *octroyons* par ces presentes, & accordé que le *vidimus* d'icelles, soubz aucuns de noz seaulz auctentiques, vaille l'original. Si *Mandons* & *Commandons* au Baillif de Vermandois, & à tous nos autres Justiciers & Officiers presens & avenir, à chascun d'iceulz, que ils les *teignent gardent*, & *accomplissent* chascun en droit soy, & les facent garder, tenir & accomplir, sans contredit & senz autre *mandement* de nous attendre, en la fourme & maniere que dessus est devisé, & esclarci. Et que ce soit ferme & estable à touz jours-mais, nous avons fait mettre en ces Letres notre grant seel, sauf en autres choses notre droit, & en toutes autres l'autrui. *Donné à Paris l'an de grace mil trois cinquante & deux, ou mois d'Aoust.*

Par le Roy, à la *relation* du Conseil où quel vous estiez.

JEAN I.er & selon d'autres, Jean II. à Paris le 19. Octobre 1352.

(a) *Mandement aux Generaux-Maîtres des Monnoyes de faire donner de tout Marc d'argent apporté aux Hostels du Roy, huit sols tournois de Creüe, outre le prix ordinaire.*

JEHAN par la Grace de Dieu, Roy de France, à nos amez & feaulx les Generaulx-Maistres de noz monnoyes, *Salut & dilection.* Nous pour certaine cause,

NOTES.

(a) Ce Mandement est au Registre C. de la Cour des Monnoyes de Paris, feüillet 115. *recto.*

vous *Mandons* que tantost & sans délay, ces Lettres veuës, vous faciez donner par toutes noz monnoyes, à tous *Changeurs* & *Marchans* frequentans icelles, en tout marc d'argent qu'ils apporteront en nosdites monnoyes, *huit sols tournois de creüe*, oultre le prix que Nous y donnons à present. C'est assavoir *en tout marc d'argent allayé à quatre deniers de loy, six livres dix-huit sols tournois*, & en tout autre allayé à deux deniers de loy, *six livres huit sols tournois*: Ce faictes & faictes faire si diligemment & en tele maniere que il n'y ait deffault. De ce faire à vous & à chascun de vous, donnons povoir, auctorité & mandement especial, par la teneur de ces presentes. *Donné à Paris le dix-neufviéme jour d'Octobre, l'an de grace mil trois cens cinquante-deux.*

Par le Conseil presens les Tresoriers. *Y. SIMON.*

JEAN I.er & selon d'autres, Jean II. à Paris le 22. Novembre 1352.

(a) *Mandement aux Generaux-Maîtres des Monnoyes de faire donner du Marc d'argent tant blanc que noir* vingt-deux sols *tournois de Creüe, outre le prix ordinaire.*

JEHAN par la Grace de Dieu, Roy de France: A nos amez & feaulx les Generaulx Maîtres de noz monnoyes, *Salut & dilection.* Nous pour certaine cause, vous *Mandons* que tantost & sans délay, ces lettres vûës, afin que noz monnoyes, ou aucunes d'icelles ne puissent, ou doyent demourer en chomaige, vous faciez donner par toutes nosdictes Monnoyes, à tous *Changeurs* & *Marchands frequentanz* icelles, de chascun marc d'argent qu'il apporteront en nosdites Monnoyes, *tant en blanc, comme en noir, vingt & deux solz tournois de Creüe*, oultre les pris que nous y donnons à present. C'est assavoir qu'il auront pour chacun marc d'argent *blanc, huit livres tournois*, & pour chacun marc d'argent *noir, sept livres dix sols tournois.* Ce faictes vous & chascun de vous si diligemment & en telle maniere que par vous n'y ait deffault, Et de ce faire, à vous & à chascun de vous, donnons povoir, autorité & mandement especial par la teneur de ces presentes. *Donné à Paris le vingt-deuxiéme jour de Novembre, l'an de grace mil trois cens cinquante-deux.* Ainsi signé par le Roy. *Y. SIMON.*

NOTES.

(a) Ce Mandement est au Registre C. de la Cour des Monnoyes de Paris, feüillet 116. *verso.*

JEAN I.er & selon d'autres, Jean II. à Paris le 24. Novembre 1352.

(a) *Mandement du Roy aux Generaux-Maîtres de faire fabriquer de* gros Tournois & des Doubles tournois *sur le pied de monoie quarante-huitiéme.*

JEHAN par la grace de Dieu, Roy de France, à noz amez & feaulx les Generaulx Maîtres de noz monnoyes, *Salut & dilection.* Nous pour certaines & vrayes causes, eû consideration à ce que Nous povons avoir à faire à present, pour cause de nos guerres, & autres choses touchans la deffension de nostre Royaume, pour le prouffit de Nous & du commun de nostre peuple, par trés grant & meure déliberation de nostre grant Conseil secret, avons *Ordonné & Voullons* estre fait par toutes nos Monnoyes, *Gros Tournois* & *Doubles Tournois*, tiels comme Nous faisons faire à present, lesquelz seront faiz & ouvrez sur le pié de monnoye *quarante-huitiéme.* Et seront iceulx gros, à *quatre deniers de loy, & de dix sols au poix, au marc de Paris*, & les Doubles

NOTES.

(a) Ce Mandement est au Registre C. de la Cour des Monnoyes de Paris, feüillet 117. *verso.*

tournois à *deux deniers de loy, & de vingt solz de poix* au marc. *Si vous mandons* & estroitement *enjoignons* à chascun de vous, que sans délay, par la meilleure maniere que vous pourrez & que vous verrez que sera à faire, vous faciez iceulx *Groz & Doubles tournois* ouvrer & monnoyer par toutes noz Monnoyes sur ledit pié de *monnoye quarante-huitiéme,* par la forme & maniere que dessus est dit, en donnant à tous Changeurs & Marchands frequentans icelles, les pris, en *tous marcs d'argent, tant blanc comme noir,* que Nous y donnons à present, & en iceulx *Gros & Doubles tournoys* dessusdits, faites faire cette difference comme bon vous semblera. De ce faire à vous, & à chascun de vous donnons povoir, autorité & mandement especial, par la teneur de ces presentes. *Donné à Paris le vingt-quatriéme jour de Novembre, l'an de grace mil trois cens cinquante-deux.* Ainsi signé par le Roy. *Y. SYMON.*

JEAN I.er & selon d'autres, Jean II. à Paris le 14. Decembre 1352.

(a) Mandement du Roy aux Generaux-Maîtres des Monoyes, par lequel il ordonne que les profits des ouvriers & monoiers seront augmentez.

JEHAN par la Grace de Dieu, Roy de France : A nos amez & feaulx les Generaux Maistres de nos monnoyes, *Salut & dilection.* Comme Nous par déliberation de nostre grant Conseil, eü consideration à ce que Nous pouvons avoir à faire à present, pour cause de noz Guerres & pour la deffension de nostre Royaume, au profit de Nous, & de tout nostre commun peuple, *avons n'agueres Ordonné estre fait par toutes noz Monnoyes, Doubles & Gros tournois* sur le pié de monnoye *Quarante-huit, du coingt* que Nous les faisions faire paravant; Et depuis les ouvriers & monnoyers estans en noz Monnoyes, se sont complains & dolus à Nous, disans que tant pour cause de ce que toutes les choses necessaires au fait de monnoye, *sont moult chiers,* comme pour les deniers qui sont de plus grant compte à la taille, que les autres deparavant n'estoient, il ne pourroient iceulx faire, ne ouvrer pour tel pris d'*ouvraige & monnoyaige,* comme il leur fust *Ordonné* au commencement de la monnoye *Trente deniers* faicte : Et avecques ce se dient Nous estre tenuz à eulx pour cause de l'ouvraige de la monnoye *Quarente :* requerans sur ce à eulx estre fait aucune grace, ou *Creuë* d'ouvraige, & monnoyaige, *Nous desirans* bel & bon ouvraige estre fait en nosdites Monnoyes, & que icelles, ou aucunes ne puissent, ou doibvent demourer en *chomaige,* avons *Ordonné* par déliberation de nostre Conseil, que iceulx *ouvriers* pour les *choses dessusdites,* & afin que ils soient curieulx & diligens de faire beaulx deniers, & Nous servir diligemment, *auront de chascun marc* d'euvre des *Doubles tournois,* faiz dés le commencement de ce pié de monnoye *Quarante-huit,* & tant comme il durera, & semblablement de chacun marc d'euvre *de Groz Deniers* tournois, *douze deniers tournois,* & les Monnoyers pour chascune *creüe, de dix livres de Doubles,* pour déchet & pour tout vingt doubles, & pour monnoyer, *vingt sols,* de gros neufs deniers tournois, si comme ils avoient paravant. *Si vous Mandons & Enjoignons* estroitement & à chacun de vous, que ce leur faites payer par les Maistres particuliers de noz monnoyes : *Donnons en mandement* par ces presentes, à nos amez & feaulx les gens de noz Comptes à Paris, que ce qui payé leur aura esté, & sera pour les causes dessusdites, il alloent és Comptes de celluy, ou ceulx à qui il appartiendra, sans contredit. *Donné à Paris le quatorziéme jour de Decembre, l'an mil trois cens cinquante-deux.* Ainsi signé par le Roy. *Y. SIMON.*

NOTES.

(a) Ce Mandement est au Registre C. de la Cour des Monnoyes de Paris, feüillet 119. *recto.*

(a) Letres

JEAN I.er & selon d'autres, Jean II. à Paris en Parlement le 17. Decembre 1352.

(a) Ordonance, ou Lettres par lesquelles le Roy deffend toutes *guerres privées* & tous *deffits*, pendant qu'il sera en guerre avec le Roy d'Angleterre.

JOANNES, &c. Præposito Parisiensi, aut ejus Locumtenenti, Salutem. *Cum de omni jure, ac etiam ratione, guerris Regiis & specialiter regni nostri existentibus & durantibus, omnes* guerræ *& diffidationes quæcumque inter cunctos dicti regni subditos, omnino cessare debeant; maxime cum dictæ guerræ nostræ, omnes regnicolas, tam universaliter, quam particulariter, tangant & concernant, ut unusquisque circa eas tamquam suas proprias debeat occupari. Quanquam defunctus inclitæ recordationis carissimus Dominus Genitor noster, dum vivebat, omnibus & singulis regnicolis cujuscumque status conditionis & loci, patriæ, aut provinciæ extiterit, inhibuisset expresse, ac etiam palam, & publice proclamari & inhiberi fecisset, ne quis sub pœna corporis & averii & bonorum, suis & dicti regni guerris durantibus, diffidationes quascumque, aut guerram facere præsumeret, seu auderet, ipsasque* diffidationes & guerras *penitus adnullasset ac damnasset, privilegiis, consuetudinibus & usibus, aut observantiis locorum, vel patriarum nonobstantibus quibuscumque. Nosque postmodum* in Parlamento nostro personaliter præsidentes, *inhibitiones & deffensiones prædictas, & sub pœnis prædictis fecerimus publice & solemniter, necnon per universas partes regni nostri Ordinaverimus, Mandaverimus fieri, ac etiam publicari:* nihilominus *ad nostrum pervenit auditum, quod nonobstantibus prædictis, imo potius scriptis, nonnulli regni nostri, tam Nobiles, quam Innobiles, sub colore privilegiorum, consuetudinum, usuum, aut observantiarum patriarum suarum, vel locorum. seu aliàs, de die in diem* guerras inter se adinvicem movere, & facere, *ac unus* alterum verbo tenus, *aut* literatorie *diffidare, dictis nostris ac regni nostri guerris durantibus, ausu suo temerario non verentur, seu formidant; quæ cedunt in maximum præjudicium, scandalum & periculum nostri ac totius regni, & Reipublicæ, omniumque subditorum & incolarum Regni nostri, mandatorum & inhibitionum dicti Genitoris nostri, ac nostrarum, prædictarumque contemptum & illusionem, nobis quamplurimum & non immerito displicent, easque sine punitione celeri exinde facienda,* Nolumus *sub dissimulatione pertransire.* Quare *tibi* Mandamus *districte præcipiendo & injungendo, quatenus in Assisiis tuis, & aliis locis insignibus consuetis dictæ tuæ Præpositura, defensiones & inhibitiones prædictas, ac sub pœna indignationis nostræ incurrendæ, & aliis pœnis prædictis, iterato fieri facias ac etiam publicari. Quod si secus per aliquem, vel aliquos in contrarium, in dicta tua* præpositura *factum esse, aut fuisse repereris, hujusmodi* guerras *moventes & facientes, ac* diffidationes *quascumque, ad desistendum ab eis, necnon ad revocandum ipsas guerras & diffidationes & omnino adnullandum, ac inter se* pacem & concordiam *faciendum & habendum, per corporum eorumdem captionem, detentionem & incarcerationem viriliter, visis præsentibus compellas, seu compelli facias indilate, privilegiis, consuetudinibus, usibus, aut observantiis locorum, vel patriarum nonobstantibus quibuscumque: bona sua quæcumque nihilominus ad manum nostram, propter hæc ponendo, &* detinendo, *ac in locis, domibus & bonis ipsorum (b)* Comestores & vastatores ponendo, *& de die in diem* multiplicando, *eorum (c) domos*

NOTES.

(a) Cette Ordonance est au Registre A. du Parlement, feüillet 67. & 68. & au Registre vert vieil du Chastelet, feüillets 5. & 6. Philippe le Bel en fit de semblables qui sont dans le premier tome aux feüillets 328. 329. & ensuite il les deffendit pour toûjours. Voyez aux pages 390. & 409. du mesme tome. Ce qu'on a remarqué cy-dessus sur les Letres accordées aux habitans de Vermandois page 298. & cy-aprés l'Ordonnance du 19. Avril 1353.

(b) Comestores & vastatores ponendo.] Voyez cy-aprés le Mandement du 29. Juin 1353. & *Cangium in Glossario in verbo* Comestor.

(c) Domos & hospitia discoperiendo.] Voyez le chapitre 26. du premier Livre des Establissemens avec les notes, tome premier page 127.

& hospitia discoperiendo, *necnon, si capi nequiverint,* ad bannum *provocando & nisi paruerint, a dicto regno nostro* banniendo, *eorumque bona omnia nobis* confiscando *&* applicando. *Si & prout in talibus casibus extitit fieri consuetum, præmissa* faciendo *&* exequendo, *donec* guerræ *& diffidationes hujusmodi fuerint totaliter adnullatæ & penitus revocatæ, ipsos propter hæc consuetudinibus generalibus, aut localibus usibus, saisinis, privilegiis, vel observantiis, si qui, vel quæ in contrarium, allegarentur, vel proponerentur, non admissis, sed penitus rejectis & prætermissis, taliter puniendo, quod cæteri, qui* guerram, *ac diffidationes de cætero,* dictis nostris guerris durantibus, *contra defensiones & prohibitiones nostras prædictas, movere seu facere præsumpserint, terreantur, & eis transeat in exemplum.* Datum Parisius in Parlamento nostro, decima-septima die Decembris. Anno millesimo trecentesimo quinquagesimo secundo. *Sic signata.*

JEAN I.er & selon d'autres, Jean II. à Paris le 20. Decembre 1352.

(a) *Mandement aux Generaux-Maîtres, par lequel le Roy leur ordonne de faire paier par marc d'argent blanc ou noir, une Creüe de vingt sols, outre le prix ordinaire.*

JEHAN par la grace de Dieu, Roy de France: A noz amez & feaulx les Generaulx-Maîtres de noz Monnoyes, *Salut & dilection.* Nous, pour plusieurs causes, vous *Mandons,* & à chacun de vous *Enjoignons* estroitement que tantost & sanz delay, ces Lettres veuës, vous faciez donner par toutes noz Monnoyes, à tous *Changeurs & Marchans* frequentanz icelles, de chascun marc d'argent, tant blanc comme noir, qu'ilz apporteront en nosdictes *Monnoyes, vingt solz tourneys de creüe,* oultre le pris que Nous y donnons à present; c'est assavoir qu'ilz auront de chacun marc d'argent allaié à deux deniers de loy, *huit livres dix solz tournoys.* Ce faictes vous & chacun de vous si diligemment & en telle maniere que par vous n'y ait deffault: Et de ce faire à vous & à chascun de vous donnons povoir, autorité & mandement especial par la teneur de ces presentes. *Donné à Paris le vingtiéme jour de Decembre, l'an de grace mil trois cens cinquante-deux.* Ainsi signé par le Conseil, presens vous les Tresoriers & les Maistres des Monnoyes. *Y. ROYER.*

NOTES.

(a) Ce Mandement est au Registre C. de la Cour des Monoies de Paris, feüillet 119. *verso.*

JEAN I.er & selon d'autres, Jean II. à Paris le 4. Janvier 1352.

(a) *Mandement du Roy aux Generaux-Maîtres, par lequel il ordonne que de tout marc d'Or fin apporté à l'Hostel de* Tournay, *il sera payé* un denier d'or à l'Escu & de demy de Creüe, *outre le prix ordinaire.*

JEHAN, par la grace de Dieu, Roy de France: A noz amez & feaulx les Generaulx-Maistres de nos Monnoyes, *Salut & dilection. Nous,* pour certaine cause, vous *Mandons* que tantost & sans délay, ces Lettres veuës, vous faciez donner à tous *Changeurs & Marchans* fréquentans *notre Monnoye d'or de Tournay, en tout marc d'or fin* qu'il apporteront en *icelle, ung denier d'or à l'Escu & demy de Creue,* oultre le prix que nous y donnons à present, lequel est de *soixante & cinq deniers d'or à l'Escu* au Marc. Ce faictes vous & chascun de vous si diligemment & en telle maniere, que par vous ny ait deffault: Et de ce faire à vous & à chascun de vous donnons povoir, auctorité &

NOTES.

(a) Ce Mandement est au Registre C. de la Cour des Monoies de Paris, feüillet 122. *verso.*

mandement especial par la teneur de ces presentes. *Donné à Paris le quatriéme jour de Janvier, l'an de grace mil trois cens cinquante & deux.* Ainsi signé Par le Roy à la relation du Conseil où quel vous estiez presens les Tresoriers. J. ROYER.

JEAN I.er & selon d'autres, Jean II. à Paris le 4. Janvier 1352.

(a) *Mandement aux Generaux-Maîtres des Monoies, par lequel le Roy leur ordonne de faire donner de tout marc d'Or fin apporté à ses Hostels, un* Denier d'or à l'Escu de Creüe, *outre le prix ordinaire.*

JEHAN, par la grace de Dieu, Roy de France: A noz amez & feaulx les Generaulx-Maistres *de noz Monnoyes, Salut & dilection.* Nous, pour certaine cause, vous *Mandons* que tantost & sans delay, ces Lettres veuës, vous faciez donner par toutes noz Monnoyes, là où bon & prouffitable vous semblera, en *tout Marc d'or fin,* qui sera apporté en icelles, ung *Denier d'or à l'Escu de Creuë,* oultre le prix que nous y donnons à present, lequel est de *soixante-cinq deniers d'or à l'Escu au Marc.* De ce faire à vous & à chascun de vous *donnons povoir,* auctorité & mandement especial par la teneur de ces presentes. Donné à Paris le quatriéme jour de Janvier, l'an de grace mil trois cens cinquante-deux. Ainsi signé, *per Consilium, præsentibus thesauribus, & Magistris monetarum ad relationem vestram.* BOYER.

NOTES.

(a) Ce Mandement est au Registre C. de la Cour des Monoies de Paris, feüillet 123. *verso.*

JEAN I.er & selon d'autres, Jean II. au mois de Janv. 1352. & à Montpellier au mois de Janvier 1350.

(a) Letres accordées à l'Université, aux Antecesseurs ou Professeurs de Droit, & aux Escholiers de Montpellier.

JOHANNES, Dei gratia, Francorum Rex: Notum facimus universis tàm præsentibus, quam futuris, Nos quasdam Literas de Registris nostris extrahi fecisse, *formam quæ sequitur continentes.*

JOHANNES, *Dei gratia, Francorum Rex: Notum facimus universis præsentibus & futuris quod Nos, ad supplicationem humilem* Universitatis, Collegii, Doctorum & Scolarium utriusque Juris Montispessulani, *qui in nostrâ gardia speciali & protectione existunt, cum veniunt ad studium, & ibidem morantur, vel ad suas partes redeunt, & quos ex habundantiâ in dicta nostra* gardiâ *& protectione, cum* familia, *& bonis* suis *propriis* suscipimus *per præsentes* asserentium, *sibi inimicitias & violentias, nedum in* Jurisdictione dicti Loci Montispessulani, *sed in* aliis locis *frequentes, inferri, in* prejudicium gardiæ nostræ; *quas prosequi nequeunt ultrà villam Montispessulani, quando à suo studio distrahuntur, graviterque vexantur laboribus & expensis, si extrà dictam Villam inimicitias hujusmodi prosequi oporteret, protectionem, custodiam ipsorum, cohercionem insuper eorum qui in protectionis, & gardiæ nostræ prejudicium,* Universitati, Collegio, Doctoribus, *seu* Magistris, *aut* Scolaribus *inferent inimicitias, vel violentiam manifestas sive infra Jurisdictionem, & districtum loci prædicti, sive in locis aliis dumtaxat Occitanis,* Judici *nostro* parvi sigilli Montispessulani, *præsenti & futuro, tenore præsentium* Committimus, *de gratiâ speciali, ut idem Judex, super inimicitias & violentiam manifestas, eisdem* Doctoribus, *seu*

NOTES.

(a) Ces Letres sont au Tresor des Chartes, Registre cotté 82. pour les années 1353. & 1354. piece 583. Il y a de semblables Letres pour l'Université de Paris, cy-dessus page 154. 155.

JEAN I.er & selon d'autres, Jean II. à Montpellier au mois de Janvier 1352.

Magistris, *aut* Scolaribus personis, *aut* propriis familiis, *eorumdem, seu in dictorum* Doctorum, Magistrorum, & Scolariorum, *propriis bonis, ad dictos* Doctores, Magistros, *seu* Scolares, *sine fraude, absque aliquâ fictione & absque cessionis, transporti, vel alio simulato contractu*, pertinent, *illatas, vel inferendas, dictam nostram* Gardiam *infringendo, nec non super dampnis, & interesse exinde secutis à quibuscumque personis, infrà fines, & limites dictæ linguæ*, summarie & de pleno *cognoscat infrà dictam Villam, & faciat justitiæ complementum, faciendo nobis, & parti debitæ emendari. Cui judici in hoc* Volumus *ab omnibus Justiciariis obediri, privilegiis, vel consuetudinibus in contrarium impetratis, vel impetrandis nonobstantibus quibuscumque. Cumque in dicta Universitate habeant esse & consueverint, hactenus plures* Bedelli, *videlicet Bedellus* generalis *& Bedellus* Universitatis, *necnon etiam* Bedellus Collegii, *& pro quolibet Doctore actu* legente in utroque *jure, prædictorum* unus Bedellus, *qui ibidem* Banquerii *communiter nuncupatur, in obsequiis dictorum studii Doctorum continue insistunt, Nos ad supplicationem prædictam*, Volumus *&* Concedimus *eisdem, ut hujusmodi* Bedelli, *seu* Banquerii, *quamdiu in dicto Officio insistent, & mercaturis communibus non vacabunt, nisi forte* venditores librorum *eidem* studio necessariorum *existerent, ad contribuendum exactionibus, talliis, vel subsidiis pro quacumque ratione, sive causa faciendis in dicta villa in futurum nullatenus compellantur. Cæterum Nos ipsos* universitatem, Collegium, Doctores, Magistros, & Scolares *in augmentatione jurium & libertatum fovere volentes*, Volumus *&* Concedimus *eisdem, ut Judex prædictus, presens & futurus*, domos *pro ipsis competentes quotiens casus evenerint, eisdem tradi & liberari faciat, ad taxationem condecentem, sine fraude, ad quam taxationem* Volumus *&* Ordinamus *personas in talibus expertas per dictum Judicem debere vocari, à quibus de fideli taxatione facienda, juramentum primitus exigatur: quæ omnia dictis universitati*, Collegio, Doctoribus, Magistris *&* Scolaribus Concessimus *&* Concedimus, *de nostris auctoritate Regiâ & gratia speciali. Quod ut firmum & stabile perpetuo perseveret, nostrum sigillum præsentibus Litteris est appensum, salvo in aliis jure nostro, & in omnibus quolibet alieno. Datum apud* Montempessulanum, *(b) anno Domini* millesimo trecentesimo quinquagesimo, *mense Januarii. Datum, anno Domini* millesimo trecentesimo quinquagesimo secundo. *Extractum de Registris Cancellariæ & erat sic signata. Per Regem.* MELLOU. J. ROYER.

Collatio facta est cum originali Registro, per me. J. ROYER.

NOTES.

(b) Anno 1350. mense Januarii.] Dans la mesme année le Roy accorda les Letres suivantes à la Ville & aux Consuls de Montpellier, que l'on ne donne icy par extrait que parce qu'elles sont entieres dans l'histoire des Evêques de Montpellier de Gariel, partie seconde page 38. *Joannes &c. Attendentes devotionem sinceram, ac veræ fidelitatis constantiam &c. quam in dilectis nostris Consulibus & Universitate Villæ nostræ Montispessulani retroactis temporibus jugiter, & inviolabiliter novimus ab experto ipsis consulibus, ac toti Universitati villæ hujusmodi affectantibus & cum magna instantia petentibus, sub nostro immediate successorumque nostrorum Franciæ Regum regimine perpetuo gubernari favorabiliter annuentes, ex nostri deliberatione Consilii concessimus, & tenore præsentium concedimus, de auctoritate Regia, nostræ plenitudine potestatis & gratia speciali, quod ipsi Consules & tota Universitas villæ & pertinentiarum ipsius, nostro & Francorum Regum prædictorum ac officialium nostrorum & successorum ipsorum Dominio, atque regimine gubernentur, &c. Quod ut firmum, &c. Datum in villa Monspelii an. 1350. mense Jan.* V. *Gariel*, p. 48.49.

JEAN I.er & selon d'autres, Jean II. à Beauvais, le 2. Fevrier 1352.

(a) Mandement aux Generaux-Maîtres des Monoies, par lequel le Roy ordonne que de chacun Marc d'Argent allaié à deux Deniers *de Loy il sera donné une Creüe de quatorze sols tournois, outre le prix ordinaire, &c.*

JEHAN par la grace de Dieu, Roy de France: A nos amez & feaulx les Generaulx-Maistres de noz Monnoyes, *Salut & dilection.* Nous par deliberation de notre Conseil secret, & pour certaine cause, *vous mandons*, & à chascun de vous *enjoignons*

NOTES.

(a) Ce Mandement est au Registre C. de la Cour des Monoies de Paris, feüillet 124. *verso.*

estroitement, que tantost & sans délay vous *faciez donner par toutes noz Monnoyes, à tous Changeurs & Marchans frequentans* icelle, en chascun *Marc d'argent* allayé à deux *Deniers de loy, Quatorze sols tournois de creüe*, oultre le pris que nous y donnons à *present;* c'est assavoir pour chacun Marc, *neuf livres quatre sols tournois*, & en tout autre Marc d'argent allayé à quatre deniers de loy, *vingt solz tournoys de creüe, oultre* le pris de presant, en donnant à tous Changeurs & Marchans *dix livres tournois pour Marc.* Et faites vous & chascun de vous si diligemment, & en telle maniere que par vous ny ait deffaut: Et de ce faire à vous & à chascun de vous donnons povoir, auctorité & mandement especial par la teneur de ces presentes. *Donné à Beauvais le deuxième jour de Fevrier l'an de grace, mil trois cens cinquante-deux.* Par le Roy present. M. l'Evêque de Chaalon. BLANCHET.

JEAN I.er & selon d'autres, Jean II. à Paris le 20. Avril 1353.

(a) *Mandement du Roy aux Generaux-Maîtres de ses Monoies de faire ouvrer de gros* Deniers blancs *& des* doubles tournois, *sur le pied de* monnoye Quarante-quatriéme.

JEHAN, par la grace de Dieu, Roy de France: A noz amez & feaulx les Generaulx-Maistres de noz Monnoyes, *Salut & dilection.* Nous par déliberation de nôtre Conseil secret, eu consideration à ce que Nous povons avoir à faire à present, & pour le temps à venir, tant pour le fait de noz *guerres*, comme pour la substentation & deffense de nôtre Royaume & de tout le commun peuple d'iceluy, au prouffit de Nous & de nostredit peuple, avons *Ordonné & Ordonnons* par ces presentes estre fait par toutes noz monnoyes, *monnoye Quarante-quatriéme*, en faisant ouvrer & monnoyer *Gros Deniers blans & Doubles tournoys*, sur les coings & tels semblables, comme Nous avons fait faire, & faisons à present. *Si vous Mandons*, & à chascun de vous *Enjoignons* estroitement, que tantost & sans délay, ces Lettres veuës, par toutes & chascunes noz monnoyes vous faciez muer le prix de nosdictes monnoyes blanches & noires, en faisant ouvrer & monnoyer sur le pié de *monnoye Quarante-quatriéme*, comme dit est; c'est assavoir *gros deniers blancs*, qui ont & auront cours pour *huit deniers tournoys* la piece, à trois *deniers douze grains de loy argent le Roy*, & de *onze sols huit deniers de poix au marc de Paris, & Doubles tournoys*, qui semblablement ont & auront cours pour *deux deniers tournoys la piece à ung denier seize grains de loy*, d'icellui argent le Roy, & de *vingt-deux solz deux deniers, & deux tiers d'un denier double tournoys audit marc*, à telle différence & tel recours comme bon vous semblera, en donnant aux *Ouvriers & Monnoyers* tel salaire de creüe, pour ouvrage & monnoyage, comme vous verrez qu'il appartiendra estre fait, & en faisant donner à tous *Changeurs & Marchans* frequentans nosdictes Monnoyes, en tout *marc d'argent* allayé à quatre deniers douze grains de loy, *douze livres tournoys*, & en tout autre allayé à ung denier seize grains de loy, *onze livres.* Ce faites vous & chascun de vous si diligemment & en telle maniere que il n'y ait deffault de toutes les choses dessusdictes: faire à vous & à ung chacun donnons povoir, auctorité & mandement especial par la teneur de ces presentes. *Donné à Paris le vingtiéme jour d'Avril, l'an de grace mil trois cens cinquante-trois.* Ainsi signé par le Roy. *MATHIEU.*

NOTES.

(a) Ce Mandement est au Registre C. de la Cour des Monnoyes de Paris, feüillet 126. La presente année 1353. commença le jour de Pâques 24. Mars, ensorte que tout le mois d'Avril qui suivit immédiatement fut de cette mesme année qui finit le douziéme jour de l'autre mois d'Avril suivant à la fin de l'année, parce que l'année 1354. commença le 13. de ce mesme mois, ce qui asseure la date de ce Mandement; lequel estant du 20. Avril 1353. ne peut estre que du premier de ces deux mois au commencement de l'année, & non du second mois d'Avril, auquel l'année 1353. finit le 12.e jour.

JEAN I.er & selon d'autres, Jean II. & Jean d'Armignat Lieutenant pour le Roy, le 8. May 1353. à Toulouse.

(a) Letres adressées au Seneschal de Nîmes & de Beaucaire, portant injonction de faire observer les Ordonances des Monoies.

JEHAN Conte d'Armignat de Fesensac & de Rodez, Visconte de Leon & d'Anvillar, Lieutenant du Roy nostre Sire és partie de la Languedoc, *au Seneschal de* Beaucaire *& de* Nismes, *ou à son Lieutenant,* Salut. *Nous pour le trés grant & évident proffit du Roy mondit Seigneur, par déliberation de nôtre Conseil, avons* Ordené *les choses cy-dessous en ce* mandement *contenuës. Si vous* mandons *que si chier comme vous avez l'onneur & proffit dudit Seigneur, Vous lesdites* Ordenances *faites chacun jour crier & publier és lieux accoustumez, & tenir & garder, sur paine* de corps & de biens, *& tous ceux de quelque condition que il soient, qui soyent trouvez enfraindre lesdites Ordenances,* punissez en corps & biens, *comme dit est, par tele manierre & si rigoureusement qu'il soit example aus autres.* Donné à Toulouse le huictiéme jour de May, l'an mil trois cens cinquante-trois, lesdites Ordenances sont telles.

Premierement. *Il est ordené que les Habitans de la Ville de Beaucaire jureront qu'il ne mettront, ne prendront le* Denier d'or *à l'escu nuef, lequel se fait à present, que pour* vingt sols tournois, *& toute autre monnoye d'or, au marc pour billon.*

(2) Item. *Que nul homme ne fémme ne oze* marchander, *se ce n'est à* sols & à livres.

(3) Item. *Que nul homme ne soit ausé de changier, ne s'entremeller de faire faire* Change, *se n'est* Changeur *public, & au lieu accoustumé.*

(4) Item. *Que tous les* Changeurs *jureront que tout le billon qu'il assembleront, ou feront assembler, & achateront, ou feront achater, que dedenz* quinze jours *aprés le porteront à la Monnoye* de Beaucaire, *ou le* vendront *à aucun des* Changeurs *de la carriere des Changes, qui recognoisse à son serment, combien il a apporté de billon à ladite monnoye.*

(5) Item. *Que les Officiers & Receveurs pour le Roy nostredit Seigneur, jureront tenir & accomplir, en la maniere que lesdits* habitans de Beaucaire.

(6) Item. *Que tous les* Juges jureront *à faire tenir, à leur pouvoir, par les gens de leurs* Jugeries, *les choses dessusdictes.*

(7) Item. *Que soyent mises* gardes souffisantes, *pour faire tenir & garder les choses dessusdites, en la maniere que dit est. C'est assavoir* douze Sergens *allans & venans parmi la Ville de* Beaucaire, *& tous ceuls qu'ils trouveront faisans desdites choses le contraire, qu'il les mettent en prison, & le facent sçavoir au Seneschal de Beaucaire, ou à son Lieutenant, pour faire en Justice, & que lesdits Sergens de tout ce qu'il en prendront, ayent* le quart denier.

(8) Item. *Que lesdits* Sergens *puissent prendre tout le* billon *qu'il trouveront* portant *hors de ladite Ville de* Beaucaire, *& le portent, ou facent porter à ladite Monnoye, & que incontinent il le denoncent audit Seneschal, ou à son Lieutenant; & pour ce, il auront* la quarte partie, *comme dessus est dit.*

(9) Item. *Soit mandé à tous les Officiers dudit Seigneur, que esdites choses dessusdictes, ils mettent bonne diligence à faire justice, de tous ceuls qui* enfraindront *lesdites* Ordenances, *par tele maniere que tous les autres y prengnent exemple en ladicte Seneschaucie.* Donné à Toulouse le huictiéme jour de May, l'an mil trois cens cinquante-trois. *Par Monsieur le Lieutenant en son Conseil.*

NOTES.

(a) Ces Letres de Jean *Comte d'Armignat* Lieutenant general pour le Roy en Languedoc, sont en original au Tresor des Chartes du Roy; ce qui est une preuve qu'elles furent approuvées par le Roy. Mais comme elles ne sont pas réellement du Roy, on a jugé à propos, pour marquer quelque difference, de les mettre en caracteres Italiques. Voyez cy-aprés l'Ordonance du 5. Octobre 1353. & Gariel dans son Histoire des Evêques de Montpellier, part. 2. p. 44.

JEAN I.er & selon d'autres, Jean II. à Paris le 1.er Juin 1353.

(a) *Ordonnance par laquelle le Roy confirme des Letres precedentes de* Philippe de Valois, *touchant les* Examinateurs *du Chastelet de Paris.*

JOHANNES, Dei gratiâ, Francorum Rex: Universis præsentes Litteras inspecturis, Salutem. *Notum facimus nos, litteras Charissimi Domini, & Genitoris nostri vidisse, quarum tenor sequitur sub his verbis.*

Philippe à Vincennes les 7. May 1338.

PHILIPPES par la grace de Dieu, Roy de France: Au Prevost de Paris, & à tous nos autres Justiciers ou leurs Lieutenans, *Salut.* Sur la restrinction du nombre *des Examinateurs* de nostredit Chastelet de Paris, Nous recordons pieça avoir fait par deliberation de Conseil, certaines Ordonnances, & donné nos Lettres sur icelles contenant la forme qui s'ensuit.

PHILIPPES par la grace de Dieu, Roy de France: A tous ceux qui ces Lettres verront, *Salut.* Comme pour l'*expedition des causes de notre Chastelet de Paris*, soient & ayent esté ordonnez, tant par Nous, comme par nos Predecesseurs Roys de France, *Examinateurs*, pour faire, & exercer tout ce qui appartient à l'Office d'*examination*, & jaçoit ce que par grande déliberation pour le profit commun, ait esté ordonné par plusieurs fois qu'il y auroit certain nombre d'*Examinateurs*, personnes esleus, sages & convenables pour faire ledit Office. Néantmoins plusieurs & si grand nombre de personnes, par lettres impetrées de Nous & de nos Predecesseurs, en excedent le nombre, & contre lesdites Ordonnances, se sont entremis & entremettent d'exercer ledit Office, au préjudice desdictes Ordonnances des anciens *Examinateurs* esleus & establis, & approuvez par ladite Ordonnance, & du peuple qui en est gasté par l'excessif nombre, & les causes des bonnes gens non seulement retardées, mais empirées par l'insuffisance d'aucuns, si comme à nostre congnoissance est venu, & pour ce Nous voulans à ce pourvoir de remede convenable, *Voulons & Ordonnons*, qu'à faire & exercer l'Office d'*Examination* devant dit, pour le temps present & advenir, aura *seize Examinateurs*, tant seulement; auquel Office faire & exercer, Nous *mettons & establissons* par ces presentes, Robert de Laon, Girard Piedeleu, & Robert Piedefer, Pierre de Thuillieres, Jean Gigot, Jean Coquart, Jean de Saint Germain, dit de la Cage, Jean Villaine, Jean de Laigny, Milles le Barbier, Jean de Crespy, Roger de Perrone, Simon de Baigneux, Denys de Grez, Pierre Hardy, & Pierre de Houpelines; lesquels par lesdites Ordonnances, ou par Lettres Royaux, sont establis audit Office & d'iceux bon & loüable témoignage nous a esté rapporté, qu'ils sont suffisans à ce. Et *Voulons* qu'iceux *seize* seulement facent & exercent ledit Office, & demeurent en iceluy, & du nombre dessusdits en la maniere, & aux esmolumens acccoustumez, nonobstant Ordonnances faictes, ou à faire, ne Lettres impetrées, ou à impetrer au contraire, sauf ce que pour le don qui faict a esté dudit office par Nous, ou par nos Predecesseurs à Jean *de Lestoille*, Jean *de Port*, Thomas *du Mesnil*, Gautier *de Baymont*, Pierre *Bouelle*, & Pierre *Bourre Cherron*, & Guilleaume de *Champeaux;* lequel nous *Voulons* qu'il leur soit profitable, & ne les en voulons estre privez.

Nous Ordonnons, & Voulons que sitost comme le lieu d'aucun desdits *seize Examinateurs* desnommez, vacquera par quelque maniere que ce soit, iceluy lieu soit baillé & delivré, sans autre mandement attendre, par notre Prevost de Paris, qui à present est, ou qui pour le temps sera, au plus ancien & suffisant des dessusnommez, selon la datte

NOTES.

(a) Cette Ordonnance est au troisiéme Livre des Edits de creation d'Offices titre XXIX. donné par Girard, tome 2. page 1468.

JEAN I.er & selon d'autres, Jean II. à Paris le 1.er Juin 1353.

des Lettres de son don dudit Office, & ainsi l'un après l'autre, jusqu'à tant qu'ils soient revenus & ramenez par telle voie audit nombre. Et entredeux il nous plaist, & *voulons* de grace especial, qu'ils usent de l'Office d'*Examination,* ès causes demenées pardevant notredit Prevost, ou son Lieutenant, sans ce qu'il porte, ne puisse porter prejudice aux *seize Examinateurs* dessusnommez: Et ne *voulons*, aincois se defendons estroictement par ces Lettres audit Prevost, que par aucun don que nous facions, ou ayons faict, à aucune personne, par quelque forme de paroles que ce soit, il ne recoive n'institue audit Office outre ledit nombre, ne outre notre presente Ordonnance, & toutes les *examinations* qui seront faictes doresnavant par autres personnes, que par nos *seize Examinateurs* dessusdits, & par les autres sept dessusnommez & establis pour lesdites causes d'embas, jusqu'à tant qu'ils soient instituez, en lieu d'aucun d'iceux *seize* pour la maniere dessusdite, voulons estre nulles, & dès maintenant les reputons de nulle valeur, en temoin de laquelle chose nous avons faict mettre notre scel à ces presentes Lettres. *Donné* à l'Abbaye de Notre-Dame lez Pontoise *le vingt-quatriéme jour d'Avril l'an de grace mil trois cens trente-sept.*

ET comme tant par les *seize Examinateurs,* comme les autres sept dessusnommez, nous ait n'agueres esté signifié, & monstré en complaignant, qu'enfraignant les Ordonnances, & vuidant l'effet d'icelles, Jean l'*Arbalestrier Clerc,* & Jean de *Chaumont,* & autres par vertu, & achoison des Lettres, que chascun deux se dient avoir impetrées de Nous, sur le don à eux faict de grace speciale, de certaine science, & pour cause, & nonobstant lesdites Ordonnances, de l'office de ladite *examination* que tenoit *Roger de Perronne,* un des seize Examinateurs dessusnommez, s'efforcent d'estre receus audit office, & d'en debouter celuy desdits sept, qui selon lesdites Ordonnances y doit estre institué & mis. *Sçavoir faisons,* que notre intention n'est & *ne voulons,* que par lesdits dons & graces, ou autres faicts, ou à faire, sous quelque forme de paroles tiennent ou vaillent, comment que ce soit, au prejudice d'icelles Ordonnances, lesquelles Nous, neantmoins en tout & par tout *voulons, decernons & declarons* de certaine science, demeurer en leur vertu, nonobstant Lettres impetrées, procez ou plaids commencez par lesdits l'*Arbalestrier,* & Jean *de Chaumont,* ou autres, pour cause ou occasion desdits offices, & depuis lesdites Ordonnances, lesquels dons, plaids, ou procez, & quoy qui s'en est ensuivi au prejudice desdites Ordonnances, Nous mettons du tout au néant. Pourquoy Nous vous *Mandons,* & à chascun de vous, que icelles Ordonnances faictes tenir, garder & entretenir fermement, de poinct en poinct, selon la teneur dessus transcrite, sans nuls ouyr au contraire, en tesmoin de laquelle chose nous avons fait mettre notre scel à ces presentes Lettres. *Donné* au Bois de Vinciennes, le *septiéme jour de May, l'an de grace mil trois cens trente-huit:* & estoient ainsi signez par le Roy, present Messire JEAN DANDREZEL, Chambellan.

Dilectique nostri Girardus Piedeleu, *Petrus de Tuillerius, Egidius de Plesenia, Petrus* Dehompelins, *Johannes* Garvan, *Enguerranius* Follon, *Petrus* Dirardy, *Hubertus de Mauvervella, Nicolaus Subtillus, Raulendus Decorum, Laurentius de Molineto, Hucinius* Dautreyr, *Joannes Fortis, Gobertus* de Lestre, *Joannes Pageti & Thomas* Damarville, *Examinatores moderni in dicto Castelleto, ex parte nostra instituri prius ex posita per eosdem suâ conquestione, de & super nonnullis gravaminibus sibi retroactis temporibus, circa exercitium dicti officii* examinationis *inflictis, & quæ de die in diem, quam pluraliter plus debito super hæc se ingerentes infliguntur, dictas Ordinationes temere excedendo, ac ipsas violando nobis humiliter supplicaverint, ut super his sibi remedium per Nos largiatur opportunum.* Nos *igitur factum Genitoris dicti nostri cupientes imitari, ac roboris habere firmitatem, omnia & singula in prædictis Literis ejusdem Genitoris nostri contenta, præfatis* Examinatoribus *modernis fieri, & teneri, ac in eorum personis extendi volentes, & impleri, ea* laudamus, *&* approbamus, *ac de gratiâ speciali, tenore præsentium con*firmamus, *Mandantes insuper Præposito nostro Parisiensi, qui nunc est, & qui pro tempore fuerit, cæterisque Justiciariis nostris, ad quos interest aut interesse poterit districtius injungendo,*

injungendo, quatenus prælibatos supplicantes, ac alios in dicto Examinatoris officio eo modo succedentes nostra & dicti nostri Genitoris gratia, uti & gaudere pacifice faciant, & quieti ipsamque de puncto in punctum juxta sui formam, & tenorem teneri, & ab omnibus inviolabiliter observari, non permittentes quicquam deinceps in ejus, & dictorum supplicantium aut eis in dicto officio succedentium quomodolibet attemptari, seu innovari. Sed si quid secus factum extiterit seu alias innovatum, illud ad statum pristinum & debitum reducant, seu reduci faciant. In cujus indilate testimonium, sigillum nostrum præsentibus Litteris duximus apponendum. Datum Parisiis, prima die Junii. Anno Domini millesimo trecentesimo quinquagesimo.

JEAN I.er & selon d'autres, Jean II. à Corbeil le 29. Juin 1353.

(a) Mandement au Seneschal de Beaucaire, de Nîmes & de Carcassone, contre le nombre excessif de Sergens & de mangeurs, & contre les rogneurs de monoies.

JOHANNES Dei gratia Francorum Rex, Senescallo Bellicadri, & Nemausi & Carcassonæ, & *eorum Locatenentibus,* Salutem. *Consules Universitatis & habitatorum bonarum Villarum, & locorum Senescalliarum vestrarum, nobis exponi fecerunt, graviter conquerendo, quod licet vos, & alii Officiales nostri ordinarii pro justitia ministranda & pro regimine patriæ & subditorum nostrorum, sitis per Nos & Prædecessores nostros principaliter (b) instructi, & ex debito vestri officii teneamini, ad ea quæ vestro incumbunt officio, vigilanter & solicite attendere, & studere. Nihilominus in illis partibus, & præsertim in vestris Senescalliis cotidie supervenit & concurrit* pluralitas diffusa Servientum & Comestorum taillatorum, *seu* sciforum monetarum, & *super transgressione ordinationum monetarum nostrarum asserentium se a nobis, seu Locatenentibus & Capitaneis nostris deputatorum, per quos conquerentes ipsi & alii nostri subditi expensis & salariis personarum hujusmodi diversimode consumuntur & per compulsiones hujusmodi, ad compositiones pro nobis, seu financias faciendas ipsis, non auditis in eorum rationibus & deffensionibus inducuntur, & etiam compelluntur, & alias multipliciter opprimuntur, & indebite molestantur, quodque ex hoc multa dampna & inconvenientia nobis & toti reipublicæ proveniunt eo maxime quod metu dictorum fractorum & taillatorum dictarum monetarum quamplures mercatores advenæ in regno nostro mercari formidant, & etiam habitare seu alias conversari, in nostri & subditorum nostrorum dispendium non modicum & jacturam, supplicantes per nos super hiis de salubri remedio provideri. Quocirca nos circa bonum regimen nostrorum fidelium subditorum, prout est nobis possibile, advertentes, & ipsos nostros subditos a talibus oppressionibus relevari cupientes,* Mandamus *vobis & vestrûm cuilibet committendo, quatenus unusquisque vestrûm circa bonam justitiam, præfatis nostris subditis reddendam & ministrandam, & ad cetera omnia, quæ vestro cujuslibet incumbunt officio, fideliter & attente vigiletis & etiam studeatis attendi, quod per alios officiales vestros vobis subditos faciatis, non permittentes tales* Servientes & Comestores *ac* fractores, *seu* copatores *monetarum, quos & eorum quemlibet, quo ad fractionem, seu captionem monetarum, Nos, habito super hiis maturo Consilio, de nostra certa scientia, tenore præsentium revocamus, talibus uti officiis in vestris districtibus, nec aliquid per eos, aut eorum alterum quomodolibet taliter attemptari, secus facta per eos, seu alias attemptata, quatenus ea facta indebite per vos reperti fuerint, revocando ad statum pristinum & debitum reducendo indilate. Nostræ insuper intentionis existit, quod deinceps præfati* fractores *seu* copatores *monetarum prædictarum hujusmodi officio nostro non possint uti, imo sint penitus revocati, nisi in casu quo monetæ*

NOTES.

(a) Ce Mandement est en la Seneschaussée de Nîmes en general, armoire A. liasse 17. des Actes ramassez, n.° 2. fol. 1.

(b) *Instructi.]* Dans une autre Copie il y a mieux, *instituti.*

prohibitæ extra regnum portarentur, litteris in contrarium impetratis subrepticiis, vel impetrandis nonobstantibus quibuscunque. Datum Corbelii die vigesima-nona Junii, anno Domini millesimo trecentesimo quinquagesimo-tertio. *Per Regem in Consilio suo* FRANCO.

JEAN I.er & selon d'autres, Jean II. à Paris au mois de Juin, l'an 1353.

(a) Letres par lesquelles le Roy augmente le nombre des *Consuls* & des Conseillers de la Ville de Nîmes.

JOHANNES Dei gratiâ Francorum Rex, notum facimus universis, tàm presentibus quam futuris, Nos infrà scriptas vidisse Literas, formam quæ sequitur continentes. Bertrandus, *miseratione divinâ Vabrensis Episcopus*, *Domini nostri Francorum Regis Consiliarius, &* Reformator generalis *&* Commissarius *super nonnullis negotiis, in* Lingua Occitana, *per Majestatem Regiam deputatus, universis præsentes Literas inspecturis*, salutem. Quoniam *omnis respublica, sub bonis regiminibus, ordine, administratoribus & auctoribus constituta maximum sentiat vigorem, per ampliùs honores, & Jura Regia procuranda, cum circa bonum subjecti à Deo populi oculos advertimus nostræ mentis. Sane* Nemausensis civitas, *sub Domino nostro Rege, omnimodo in maritanis partibus, ac Regni finibus, versus partes Provinciæ constituta, sic usque nunc, in eligendis Consulibus, quibus datum est regendum & gubernandum Jura civitatis, usa est, quod inter decem* scalas *ipsa civitas divisa, de una quæ platea vulgariter nuncupatur, in qua hactenus, antè communis mortalitatis proximè lapsæ tempora*, habundantes *præ aliis, divitiis, sapientia & honoribus* larem fovebant, *& quasi pro parte majori ipsius civitatis onera suportabant*, duo Consules *&* novem Consiliarii, *de aliis vero novem scalis omnibus*, Ministeriorum *&* Officiorum *alii* duo solum Consules, *&* duodecim Consiliarii *sunt electi, qui una cum aliis* quatuor Conulibus, *nobilibus tamen, qui in Castro Arenarum ipsius civitatis contiguo, eliguntur usque ad pauca tempora ipsam civitatem & Castrum rexerunt, & gubernarunt decenter & laudabiliter, voce communi testantium. Istis verò temporibus, novercante fortuna, taliter mortalitas usa est, quod in dicta* platea *non sunt, ut assolet, præ aliis* habundantes divitiis, *experientiis pariter atque* censu, *ob quod quia morem antiquum sequendo, de dicta* platea *situata*, duo Consules eliguntur, *&* numerus Consiliariorum prælibatus, *& de aliis qui de nunc fere majora & ampliora onera civitatis supportaverunt, solum* alii duo creantur, *& personis nobilibus defficientibus* in castro Arenarum, *non solum minores, quin imo* impuberes Consules eliguntur, *quibus civitatis Consules adjuvantur, sed ad nihilum, ipsorum ætate impedimenta præstante, ipsa civitas plena negotiis, & habitantes in ea minus bene regitur & multis oneribus agravatur, & verisimiliter in futurum multo ampliùs aggravabitur, & cressent pericula, nisi per providentiæ clipeum muniantur. Fuit igitur, pro parte aliarum novem* scalarum, *ministeriorum & officiorum sibi ipsis cupientibus provideri, nobis humiliter supplicatum, ut eisdem alios* duos Consules, *&* novem Consiliarios *de qualibet ipsarum* novem scalarum, *unum habitantem & amodo more aliorum eligendorum*, mediante financia quatuor centum scudatorum auri, *quam se daturos Domino nostro Regi* pro suis guerris *necessitantibus, ut petita assidiùs consequantur, obtulerunt, concedere dignaremus. Nos igitur* Episcopus *&* Reformator *prædictus, habita deliberatione plenaria, & consilio, cum nonnullis Officialibus & Consiliariis Regiis*, Bitterris *&* Tholosæ, *eorum præsentium propositum commendantes, attendentes, quod decens est, ibi esse honores, ubi sunt omnia, concessimus, & concedimus per præsentes*, quod ultra numerum consuetum duorum Consulum, *& prædictum* Consiliariorum, *alii* duo consules *&* novem Consiliarii *de* qualibet scala *ministeriorum, & officiorum*, unus de ipsis novem scalis, *modis, &*

NOTES.

(a) Ces Lettres sont au Tresor des Chartes, Registre cotté 81. pour les années 1351. 1352. & 1353. piece 797.

formis & solempnitatibus, quibus alii eligebantur, ex nunc in antea eligantur & creentur, qui eisdem honoribus, libertatibus, usibus & juribus, & aliis, quibus cæteri, uti & gaudere usi sunt, amodo habeant & lætentur, ut sic ipsa civitas dotata sex Consulibus, *bono regimine, gubernaculo & securitate lætetur. Et quia pluralitas negotiorum, & pericula sunt ad manum,* volumus, *&* concedimus *tenore præsentium, quod statim de dictis* novem Scalis, alii duo Consules, *&* novem Consiliarii *creentur & eligantur, qui una cum* aliis quatuor, & Consiliariis aliis sua exerceant officia, usque ad perfinitum tempus, *quo moris est creari* novos Consules *in civitate prædicta, & in antea* sex eligantur *&* prætaxatorum Consiliariorum numerus, *juxta morem antiquum, & præsentis nostræ concessionis tenorem,* Mandantes *Senescallo Bellicadri, Nemausensi Vicario, & Judici ordinario dicti loci, & eorum locatenentibus, & eorum* cuilibet, *cæterisque Justiciariis, qui nunc sunt, & erunt pro tempore, quatenus hanc nostram præsentem gratiam faciant, de puncto ad punctum observare, pacifice & quiete, absque contradictione quacumque. Præmissa enim* concessimus *& harum serie* concedimus, *mediante oblatione prædicta, quam nomine Regio, gratanter* acceptavimus, *ex certâ scientia & gratia speciali, auctoritate Regia nobis attributa, cum Patentibus Literis, nobis ut Priori* tunc Sancti Martini de Campis, *juxta Parisius, directis, quarum tenor inferius est descriptus. In quorum fidem & testimonium,* sigillum nostrum *hiis præsentibus apponi fecimus impendens.* Datum Bitterris, die undecimâ mensis Martii, anno Domini millesimo trecentesimo quinquagesimo-tertio. *Tenor vero dictarum Literarum talis est.*

JEAN I.er & selon d'autres, Jean II. à Paris au mois de Juin, l'an 1353.

(1) JOHANNES Dei gratia Francorum Rex, dilecto & fideli Consiliario nostro Bertrando *Priori Sancti Martini de Campis, juxta Parisius, Salutem. Cum in agendis negotiis, per Dominum quondam progenitorem nostrum, & à nobis vestræ discretioni commissis fideliter, prudenter & diligenter vos habueritis, prout per experientiam & multorum fide dignorum relatum didicimus & sumus plenarie informati. Ea propter de vestris fidelitate, diligentia, & industria plenius* confidimus, *vobisque* Committimus, Mandamus *quatenus, ad partes Senescalliarum* Tholosæ, Carcassonæ, Bellicadri Ruthenens. Caturcensis, *& Bigorræ, & alia loca* Linguæ-occitanæ, *de quibus vobis videbitur opportunum, visis præsentibus, vos personaliter transferatis, ubi ex parte nostra populo exponatis, qualiter hostes, in treugis juramento vallatis, nonobstantibus, de die in diem, contra* fidem *promissam &* juramentum proprium *nituntur regnum nostrum* invadere, *castra, villas & alia loca occupantes, & subditis nostris inferre dampnosa dispendia, & multa nefanda committere, nisi eorum perversis conatibus, per nos & fideles nostros subditos resistatur, & realiter obvietur. Et quia pro deffensione & conservatione Regni nostri, & subditorum nostrorum tranquillitate & pace, resistentia prædictis hostibus, & eorum fraudulosis machinationibus, facienda est in diversis Regni nostri partibus, tam per terram, quam per mare, Nos oportet subvenire & sustinere multiplicia, & innumerabilia onera expensarum, quæ non possumus absque juvamine nostri populi commode supportare. Quocirca subsidium & juvamen, à nostris subditis, prout vobis, attentis omnibus, & missionibus guerrarum prædictarum faciendum videbitur, requiratis, & imponatis, eademque levari, cum minoribus expensis quibus poteritis, faciatis & in super tam à Prælatis, & personis Ecclesiasticis, quam à nostris Officiariis, & personis aliis, de quibus vobis videbitur expedire,* mutua nostro *nomine requiratis, &* Mutuantibus *assignationes utiles faciatis, quas, statuendis terminis, observare & adimplere faciatis. Cæterum, ut melius & facilius, & cum minori gravamine nostri populi, quæ vobis commissa sunt & injuncta, exequi valeatis, recipiendi financias, pro & de salvarum gardiarum nostrarum infractione, portationibus armorum, invasionibus jurium nostrorum, usurpatione, & recelatione usurpata & recelata, ad statum pristinum & debitum reducendo, necnon & de personis & mercatoribus Regni nostri, qui Burdegalæ, & in locis aliis obedientiæ* Regis Angliæ *morantur, & morati fuerint, si ad nostram obedientiam redire voluerint, cum bonis suis infrà competentem terminum per vos statuendum, eisdem, & generaliter de omnibus* excessibus *& criminibus per quascumque personas commissis & perpetratis, in quantum jus nostrum tangere possint,* proditionis & lesæ-majestatis casibus dumtaxat *exceptis, cognoscendi, puniendi & remittendi, & pro prædictis* financias *recipiendi, creandique*

JEAN I.er & selon d'autres, Jean II. à Paris au mois de Juin, 1353.

notarios, recipiendique financias de rebus per innobiles à nobilibus, seu personis Ecclesiasticis à quibuscumque & quomodolibet, acquisitis.

(2) Item. *Universitatibus locorum* dandi, *&* concedendi privilegia, *&* libertates, *ne de manu nostrâ &* Corona Franciæ, *futuris temporibus* extrahantur, *necnon* Consulatus *& Syndicatus,* nundinas, *& mercata, & illa habentibus mutandi eis alios dies, si de eorum processerit voluntate, & alia privilegia eis utilia, absque nostro & alieno præjudicio concedendi.*

(3) Item. *Compellendi realiter & de facto omnes & singulos* Receptores *nostros, tam ordinarios, quam extraordinarios,* Collectores *& sub-Collectores Decimarum, magistros & gardiatores vectigalium & portuum, seu passagiorum, &* Commissarios *quoscumque ad tradendum, reddendum clare & specifice omnes partes receptarum & missionum suarum, & ex causa.*

(4) Item. *Procurandi & habendi generaliter, modis & viis quibus licite fieri poterit,* financias *&* compositiones, *quæ pro* quibuscumque causis ordinariis *&* extraordinariis *haberi poterunt, & super hiis & dependentibus ex eisdem, inquirendi contra quascumque personas de* criminibus *&* excessibus *quibuscumque, easque* puniendi *&* absolvendi, *secundum quod causarum merita exigent, & vobis videbitur faciendum, justitia mediante.*

(5) Item. *Nostri & populi indempnitatibus providere volentes, & ipsius paupertatibus compatientes* volumus, *quod super reformatione & reparatione* locorum, *de quibus multipliciter conqueritur idem populus, quia in multis locis illorum prætium, propter alia onera excessiva quibus terræ, possessiones, & aliæ res quæ à nobis tenentur, hactenus fuerunt oneratæ, inutiles nobis fiant, & incultæ remaneant,* provideatis, *super hiis, vocatis vobiscum,* Seneschallo *&* Procuratoribus *nostris Seneschalliarum, in quibus reparationes & provisiones hujusmodi fuerint faciendæ, prout vestræ discretioni videbitur faciendum, super quibus omnibus & singulis, ac eorum circumstantiis, & dependentibus ab eisdem, vobis tenore præsentium* concedimus *plenam & liberam potestatem,* promittentes *omnia & singula quæ per vos super prædictis acta fuerint vel concessa, rata habere, & grata & illa confirmare, si & quando fuerimus requisiti & ex nunc, absque alia confirmatione ea valere* volumus *& habere perpetui roboris firmitatem.*

(6) Item. *Volumus,* præcipimus *&* ordinamus, *quod omnia subsidia, decimæ, compositiones, financiæ & expleta quæcumque totius* linguæ Occitanæ *partium, in quibus estis deputati, recipiantur per dilectum nostum* Nicholaum Odonis, *Receptorem nostrum in partibus supra dictis, vel per ejus locumtenentem, pro distribuendo & tradendo per ipsum, aut alterum de* Thesaurariis *guerræ nostræ, seu eorum locatenentibus, gentibus armorum & per dictum deputatorum in dictis partibus & etiam deputandorum, & aliis nostris negotiis, juxta & secundum arbitrium &* ordinationem *vestram, & non aliter:* volumus quod ad tradendum *& deliberandum dicto Nicholao, vel ejus locumtenenti, pecunias supra dictas, vos compellatis, & possitis compellere viis & modis, quibus vobis melius videbitur expedire, omnes & singulos* Receptores, Collectores *decimarum, custodes portuum & passagiorum, &* Commissarios *quoscumque, & conservare & procurare, in omnibus & per omnia in præmissis & ea tangentibus, jura nostra, commissionibus per nos aliàs vobis factis in suo robore permanentibus.*

(7) Item. *Revocamus tenore præsentium, omnes & singulas assignationes, per quoscumque factas, usque in diem datæ præsentium Literarum. Inhibentes omnibus & singulis Capitaneis, Seneschallis, & aliis personis per nos deputatis, vel deputandis in illis partibus, ne de pecuniis nostris, contra & præter ordinationem vestram capere præsumant, aut compellere aliquem de nostris receptoribus ad tradendum eisdem,* contra ordinationem nostram præsentem, *nonobstantibus ordinationibus, aut mandatis factis in contrarium, vel etiam faciendis: Et Damus tenore præsentium in mandatis, omnibus Justiciariis, & subditis nostris, alios requirentes, ut vobis & deputandis à vobis, in hiis pareant efficaciter*

NOTES.

(b) Voyez cy-dessus les privileges de Ravesteins & de Guiolle.

& intendant. In quorum fidem & testimonium, sigillum nostrum præsentibus duximus apponendum. Datum Parisius die duodecima mense Januarii, anno Domini millesimo trecentesimo quinquagesimo-primo.

Per Regem in Consilio suo in quo vos eratis. J. ROYER.

NOS *autem dictam compositionem, & omnia & singula in dictis Literis contenta*, rata *habentes* & grata, ea volumus, laudamus, approbamus, *ac tenore præsentium de gratia speciali* confirmamus. *Quod ut firmum & stabile perpetuo perseveret, præsentibus Literis nostrum fecimus apponi sigillum, salvo in aliis jure nostro, & in omnibus quolibet alieno.* Datum Parisius anno Domini millesimo trecentesimo quinquagesimo-tertio, mense Junii.

Per Regem ad relationem Consilii, in quo vos Dominus Cabil. Episcopus eratis. J. ROYER.

JEAN I.er & selon d'autres, Jean II. à Chantecoq le 18. Juillet 1353.

(a) Ordonnance portant que les biens des *Usuriers Lombards* & des *Italiens Ultramontains*, seront mis en la main du Roy.

JOHANNES *Dei gratiâ Francorum Rex, dilectis & fidelibus* Gentibus Computorum *nostrorum Parisiis*, Salutem & dilectionem. *Quoniam nuper ad nostrum devenerat auditum, quod sumpta occasione, ex eo quod carissimus Dominus & Genitor noster dum viveret, advertens regnum suum, & ipsius subditos per Usurarum voragines, quas* Lombardi, Ytalici, Ultramontani, *& alii in eodem regno longis temporibus exercuerant & exercebant, contra prohibitiones & ordinationes regias fuisse, ac fore multipliciter depressos ac etiam depauperatos : Et propter hoc volens eosdem usurarios ab exercitio hujusmodi in ipso regno omnino repellere, ac indempnitati regni & subditorum in futurum obviare, societates* Scaramporum, Angoissollorum *ac* Falctorum, *& Thomam le* Bourguignon, *ac omnes alios forenses, tam societates, quam singulares personas* Lombardorum, Ytalicorum, Ultramontanorum, *& aliorum quorumcunque usurariorum & de usuraria pravitate publice diffamatorum, supradicto exercitio usurarum ipsarum, & transgressione prohibitionum & ordinationum regiarum denunciari fecerat & super hoc conveniri, omniaque bona tam mobilia quam immobilia, & debita pignora ac alia omnium ipsorum, ad manum suam apponi & teneri, quousque per ipsum super hoc fuisset ulterius* ordinatum, *contra quas quidem societates* Scaramporum, Angoissolorum *ac* Faletorum *& Thomam le* Bourguignon, *ac eorum socios & Favitores, adeo in Curia Parlamenti extitit processum, quod ipsos & eorum Favitores suo & Favitorio nomine, fore usurarios publicos & usurarum pravitate nocentes, culpabiles & convictos, prædicta Curia, per ipsius diffinitivam* Sententiam *pronunciavit, &* Arrestum *dedit, ac eorum omnia bona mobilia & immobilia, literas, debita & alia jura eorumdem in dicto regno existencia, patrimonio dicti genitoris nostri applicavit, ac etiam perpetuo confiscavit, pronunciando quod processus incepti contra omnes alios Forenses, tam societates, quam personas singulares, & eorum Favitores perficerentur, bonis eorum prædictis in manu regia interim existentibus & detentis, prout in dictis* Sententia *&* Arresto *plenius continetur. Quamplures & diversæ personæ sub umbra certarum donationum, quas de bonis prædictis applicatis & confiscatis ut præfertur, tam per importunitatem, quam aliter à dicto Domino Genitore nostro, & à nobis sibi fieri procurarunt summas pecuniarum infinitas, & alia bona tam mobilia quam immobilia de bonis dictorum Forensium, tam societatum quam personarum singularium, & Favitorum eorumdem, sic in manu regia positis & quæ in ipsa manu teneri debebant, dicto processu pendente, ut est dictum, antequam dicti processus perfecti existerent, præfatique Forenses & alii convicti, seu condempnati, levare & recipere, sed potius extorquere & sibi applicare indebite præsumpserunt, contra prolationem*

NOTES.

(a) Cette Ordon. est au Memorial C. fol. 107. *verso.* de la Chambre des Comptes de Paris.

JEAN I.er & selon d'autres, Jean II. à Chantecoq le 18. Juillet 1353.

dicti Arresti *tenorem veniendo, & aliter multipliciter in nostri præjudicium delinquendo. Nos talia sic transire nequeuntes, quinimo eis volentes justis & celeribus, ac etiam summariis remediis, sicut decet providere, ex nostri deliberatione consilii* duximus ordinandum, *quod omnia ipsa bona, quæ in manu regia teneri debebantur, ut dictum est, levata, recepta vel aliter occupata per quascumque personas, sub quocumque titulo seu modo, celeriter recuperentur & rehabeantur, ac in manu nostra apponantur realiter & de facto, in eadem manu teneantur, juxta tenorem prædictæ* Sententiæ & Arresti, *quousque processus prædicti finaliter sint perfecti, & ipsi Forenses & personæ singulares sententialiter condempnati, aut per Nos sit super hoc aliter ordinatum. Quare vobis tenore præsentium* committimus & mandamus *quatenus prædicta bona omnia & singula tam mobilia quam immobilia, & alia celeriter & sine dilatione recuperetis, & recuperari ab omnibus personis, quæ ea habuerunt faciatis, ac ea in manu nostra, prout antea erant, reponi realiter & de facto, prædictas personas & earum quamlibet ad hoc sicut pro nostris debitis fieri consuetum extitit viriliter compellentes. In quibus & ea tangentibus vobis ab omnibus justiciariis & subditis nostris pareri* volumus *efficaciter & intendi.* Datum apud Galli-Cantum, decima octava die Julii, anno Domini millesimo trecentesimo quinquagesimo-tertio. *Per Regem ad relationem Consilii.* VISTREBEC.

JEAN I.er & selon d'autres, Jean II. à S.t Oüin le 27. Juillet 1353.

(a) *Mandement du Roy aux Generaux-Maîtres des monoies de faire donner à tous Changeurs & Marchands, de chaque marc d'argent, tant blanc que noir, apporté aux Hôtels des monoyes une* Creuë, *de quinze sols tournois outre les prix ordinaires.*

JEHAN par la grace de Dieu, Roy de France, à nos amez & feaulx les Generaulx-Maîtres de noz monnoyes, *Salut & dilection. Nous* pour certaine cause, vous *Mandons,* que tantost & sanz aucun délay, ces Lettres veuës, vous faciez donner par toutes noz Monnoyes, à tous *Changeurs* & *Marchans* frequentans icelles, de *chascun marc d'argent* qui sera apporté en icelles, *tant en blanc comme en noir, quinze solz tournoys de Creüe,* oultre le pris que Nous y donnons à present : c'est assavoir de chascun *marc d'argent allayé à trois deniers douze grains, douze livres quinze solz tournois,* & de tout autre allayé à un denier *seize grains,* onze livres quinze sols tournoys. Ce faites vous & chascun de vous si diligemment, & par telle maniere que vous n'en puissiez estre reprins de negligence; Et de ce faire à vous & à chascun de vous, donnons povoir, autorité & mandement especial par la teneur de ces presentes. *Donné à Saint Oüyn le vingt-septiéme jour de Juillet, l'an de grace mil trois cens cinquante & trois.* Ainsi signé par le Roy à la Relation du Conseil, où quel vous estiez. *MATHIEU.*

NOTES.

(a) Ce Mandement est au Registre C. de la Cour des Monoies de Paris, feüillet 129. *recto.*

JEAN I.er & selon d'autres, Jean II. à Paris au mois de Juillet 1353.

(a) Letres par lesquelles le Roy accorde aux habitans du lieu appellé *Castrum de Ausicio,* de faire Corps, d'avoir un Consulat, & des Officiers Royaux.

JOHANNES *Dei gratia Francorum Rex, notum facimus universis tàm præsentibus quam futuris, nos infra scriptas vidisse Literas, formam quæ sequitur continentes.*

NOTES.

(a) Ces Lettres sont au Tresor des Chartres, Registre cotté 81. pour les années 1351. 1352. 1353. piece 772.

JEAN I.er & selon d'autres, Jean II. à Paris au mois de Juillet 1353.

BERTRANDUS Prior Sancti Martini de Campis juxtà Parisiis. Domini nostri Regis Franciæ Consiliarius, Reformator generalis *in totâ* Linguâ Occitana, *ac super nonnullis negociis per eum specialiter deputatus, universis præsentes literas inspecturis salutem.*

Notum facimus *quod pro parte popularium, & habitantium in loco seu (b) Castro* de Ausicio Senescalliæ Ruthenensis, *nobis fuit humiliter supplicatum, quod eisdem nullum* corpus *habentibus, qui eorum totis conatibus,* jura Regia, *& ejus* Juridictiones *hactenus conservaverunt,* gratuite subsidia, *& alia* servitia *Domino nostro Regi, seu ejus Gentibus dederunt & intulerunt, (c)* ut Corpus *habeant &* Consulatum, *ac* autoritatem *&* potestatem, *anno quolibet* creandi quatuor *(d)* Consules, *& totidem* Consiliarios, *ac habendi (e)* Archam *communem, & (f)* Sigillum, *auctoritate Regiâ eisdem concedere dignaremur.*

Nos *igitur* Prior Reformator prædictus, *prædictæ supplicationi gratiose annuere volentes, attentis* gratuitis servitiis, *per populares loci prædicti Domino nostro Regi impensis, & ut* Juridictiones, *&* Jura Regia *dicti loci imposterum melius deffensentur, eisdem popularibus, & habitatoribus dicti loci & ejus pertinentiarum,* faciendi unum Corpus & habendi unum Consulatum, & quolibet anno Creandi quatuor Consules & totidem Consiliarios, Archam communem, *Domum, Sigillum, sub modis & formis infrà scriptis, auctoritate Regia nobis in hac parte attributa, cum suis* Patentibus Literis, *quarum tenor inferius est insertus, impertimur, ita videlicet, quod anno quolibet in die* Ascensionis Domini, *populo, aut majori parte in ecclesia congregatis, octo* probi homines eligantur, *& qui jurent se bene & fideliter omni favore, amore & odio post-positis, &* eligere quatuor homines pro Consulibus *&* alios quatuor pro Consiliariis *illius anni, qui* Consules *&* Consiliarii *sic electi, in manibus Bajuli Regis dicti loci jurabunt, & jurare habeant,* Consules *se esse bonos & fideles Domino nostro Regi, & ejus Juridictiones & jura pro posse servare & jura eorum* Consulatus, *& eis subditos bene & juste pertractare, & non opprimere ullo modo, &* Consiliarii *bene consulere* Consules *sic electos, & quod ipsi* Consules *magna & ardua eorum negocia, sine suis* Consiliariis, *aut majori parte eorumdem,* non debeant pertractare. *Prædicta enim eis* concessimus, *& per præsentes* concedimus *auctoritate Regia de gratia speciali,* inhibentes *tenore præsentium, Senescallo, & quibuscumque Officiariis Regis* Senescalliæ Ruthenensis, *ne prædictos populares in præmissis impediant, aut perturbent, sed hæc nostra præsenti gratiâ gaudere permittant: In cujus rei testimonium sigillum nostrum præsentibus Literis duximus apponendum. Datum in* Noiaco, *die vigesima-prima* Aprilis. *Anno Domini* millesimo trecentesimo quinquagesimo-secundo. *Tenor vero dictarum Literarum Regiarum nostræ potestatis, de quibus ibi supra fit mentio, talis est.*

(1) JOHANNES Dei gratiâ Francorum Rex, dilecto & fideli Consiliario nostro Bertrando Priori *Sancti Martini de campis juxta Parisius,* salutem. *Cum in agendis negociis, per dictum quondam progenitorem nostrum, & Nos, vestræ discretioni commissis fideliter, prudenter & diligenter vos habueritis, prout per experientiam, & multorum fide*

NOTES.

(b) De Castro de Ausicio.] J'ay demandé aux Reverends Peres Benedictins, qui travaillent à l'Histoire de Languedoc, quel est aujourd'huy le nom de ce lieu, & ils m'ont fait réponse qu'ils ne connoissoient dans la Seneschaussée de Roüergue aucune Ville, ou Château dont le nom moderne revienne à celuy d'*Ausicio*, à moins peut-estre que ce ne soit *Iz*, situé à une lieuë de Rodez.

(c) Ut corpus habeant.] Ce qui ne se pouvoit sans le consentement du Roy, suivant les Loix Romaines, & nostre Droit. *Vide Legem primam Digestis, Quod cujuscumque Universitatis, Legem primam de Collegiis & corporibus,* & Beaumanoir, chap. 50. page 108. ligne 11.

(d) Consules.] Vide *Zahnium in Ichnographia municipali,* cap. 17. pag. 128. 129.

(e) Archam communem.] Id est *armarium.* Vide Legem 1. 5. *Quibus 1.* Digest. Quod cujuscumque Universitatis Plinium lib. 2. pag. 602. n. 12. pag. 510. n. 13. & Desiderium Heraldum cap. 43. observationum pag. 135.

(f) Sigillum.] Vide Hopingkium *de sigillis* capite 7. num. 70. pag. 170. 171.

JEAN I.er & selon d'autres Jean II. à Paris au mois de Juillet 1353.

dignorum relatum didicimus, & sumus plenarie informati, ea propter de vestris fidelitate, diligentiâ & industria plenius confidentes, vobis Committimus & Mandamus *quatenus ad partes Seneschalliarum* Tholosæ, Carcassonæ, *Bellicadri, Ruthenensis, Caturcensis & Bigorræ, & alia loca* Linguæ-occitanæ, *de quibus vobis videbitur opportunum, vos personaliter transferatis, ubi ex parte nostra populo exponatis, qualiter hostes nostri, treugis juramento vallatis nonobstantibus, de die in diem contra fidem promissam & juramentum proprium, nituntur Regnum nostrum invadere, Castra, Villas, & alia loca occupare, & subditis nostris inferre dampnosa dispendia, & multa nefanda committere, nisi eorum perversis conatibus, per Nos & nostros fideles subditos resistatur & realiter obvietur. Et quia pro deffensione, & conservatione Regni nostri, & subditorum nostrorum tranquillitate & pace resistentia prædictis hostibus & eorum fraudulosis machinationibus, facienda in diversis Regni nostri partibus, tam per terram quam per mare, Nos opportet subire & sustinere multiplicia & innumerabilia onera expensarum, quæ non possemus absque juvamine nostri populi commode supportare. Quocirca subsidium & juvamen à nostris subditis, prout vobis, attentis omnibus, & missionibus guerrarum prædictarum faciendum videbitur, requiratis, & imponatis eisdem, quod levai cum minoribus expensis, quibus poteritis, faciatis, & insuper tam à Prælatis & personis ecclesiasticis, quam à nostris Officiariis, & personis aliis, de quibus vobis videbitur expedire,* mutua nostro nomine requiratis, & mutuantibus assignationes utiles faciatis, quas statuendis *terminis observare, & adimplere faciatis. Cæterum ut melius, facilius, & ut cum minori gravamine nostri populi, quæ commissa vobis sunt & injuncta & exequi valeatis, recipiendi financias, pro & de salvarum gardiarum nostrarum infractionibus, portationibus armorum, invasionibus jurium nostrorum, usurpatione & recelatione usurpata, & recelata, ad statum pristinum & debitum reducendo, necnon de personis & mercatoribus Regni nostri, qui Burdegalæ, & in locis aliis obedientiæ Regis Angliæ morantur, & morati fuerunt, si ad nostram obedientiam redire voluerint cum bonis suis, infra competentem terminum per vos statuendum, eisdem & generaliter de omnibus* excessibus, & criminibus, *per quascumque personas commissis, & perpetratis, in quantum jus nostrum tangere possunt,* proditionis *lesæ* majestatis *casibus duntaxat exceptis,* cognoscendi, puniendi & remittendi, *& pro prædictis financias* recipiendi, creandique *notarios, recipiendique financias de rebus per innobiles à nobilibus, seu personis ecclesiasticis à quibuscumque & quomodolibet, acquisitis.*

(2) Item. *Universitatibus locorum dandi, & concedendi privilegia & libertates, ne de manu nostra & corona Franciæ futuris temporibus extrahantur, necnon* Consulatus *Syndicatus, nundinasque & mercata & illa habentibus mutandi ad alios dies, si de eorum processerit voluntate & alia privilegia eis utilia, absque nostro & alieno prejudicio concedendi.*

(3) Item. *Compellendi realiter & de facto, omnes & singulos Receptores nostros, tam ordinarios, quam extraordinarios, Collectores & sub-Collectores decimarum, & magistros & Gardiatores vectigalium & portuum, seu passagiorum, & commissarios quoscumque ad tradendum & reddendum clare & specifice omnes partes receptarum & missionum suarum, & ex causa.*

(4) Item. Procurandi & habendi *generaliter modis & viis quibus licite fieri poterit,* financias, & compositiones, *quæ pro quibuscumque causis ordinariis, & extraordinariis haberi poterunt, & super hiis & dependentibus ex eisdem, inquirendi contra quascumque, personas de criminibus & excessibus quibuscumque, easque* puniendi & absolvendi, *secundum quod causarum merita exigent, & vobis videbitur faciendum, justitia mediante.*

(5) Item. *Nostris & populi indempnitatibus providere* volentes, *& ipsius paupertatibus compatientes,* Volumus, *quod super reformatione & reparatione* focorum, *de quibus multipliciter conqueritur idem populus, & etiam quæ in multis locis illarum partium propter census, dominationes, positiones & alia onera excessiva, quibus terræ, possessiones & aliæ res, quæ à nobis tenentur, hactenus fuerunt oneratæ, inutiles nobis fiant, & incultæ remaneant, provideatis super hiis, vocatis vobiscum* Senescallo & Procuratore nostris *Senescalliæ, in quibus reparationes, & provisiones hujusmodi fuerint faciendæ, prout vestræ discretioni videbitur faciendum, super quibus omnibus & singulis, ac eorum circumstanciis &*

& dependentibus ab eisdem, vobis, tenore præsentium Concedimus plenam & liberam potestatem, promittentes omnia & singula, quæ per vos, super prædictis, acta fuerint, vel concessa, rata & grata habere, & illa confirmare, si & quando fuerimus requisiti, & ex nunc absque aliâ confirmatione, ea valere Volumus, & habere perpetui roboris firmitatem.

JEAN I.er & selon d'autres, Jean II. à Paris au mois de Juillet 1353.

(6) Item. Volumus, Præcipimus & Ordinamus, quod omnia subsidia, decimæ compositiones, financiæ & expletta quæcumque totius Linguæ occitanæ, & partium in quibus estis deputatus, recipiantur per dilectum nostrum Nicholaum Odonis receptorem nostrum, in partibus supradictis, vel per ejus Locum tenentem, pro distribuendo, & tradendo per ipsum, aut alterum de Thesaurariis guerræ nostræ, seu eorum loca tenentem, gentibus armorum, & prædictorum deputatorum in dictis partibus, & etiam deputandorum, in aliis nostris negotiis, juxta & secundùm arbitrium & ordinationem vestram & non aliter. Et Volumus, quod ad tradendum & deliberandum dicto Nicolao, vel ejus Locum tenenti, pecunias supradictas, vos compellatis, & possitis compellere omnes & singulos Receptores, Collectores, & Sub-collectores decimarum, & custodes portuum & passagiorum, ac Commissarios quoscunque & conservare & procurare in omnibus & per omnia, in præmissis & ea tangentibus jura nostra, Commissionibus, per nos aliter vobis factis in suo robore permanentibus.

(7) Item. Revocamus tenore præsentium, omnes & singulas assignationes, per quoscumque factas, usque in diem datæ præsentium literarum, Inhibentes omnibus & singulis Capitaneis Senescalliæ, & aliis personis, per Nos deputatis, vel deputandis in illis partibus, ne de pecuniis nostris, contrà & præter ordinationem vestram capere præsumant, aut compellere aliquem de nostris Receptoribus, ad tradendum eisdem, contra ordinationem nostram præsentem, nonobstantibus ordinationibus, aut mandatis factis in contrarium, vel etiam faciendis. Et damus tenore præsentium in mandatis, omnibus Justiciariis, & subdictis nostris, alios requirentes, ut vobis, & deputandis à vobis, in hiis pareant efficaciter & intendant. In quorum omnium testimonium & fidem, sigillum nostrum præsentibus duximus apponendum. Datum Parisiis, die duodecima Januarii anno Domini millesimo trecentesimo quinquagesimo-primo. Per Regem in Consilio suo, in quo vos eratis. J. ROYER.

NOs autem attentis & perpensis & consideratis, gratuitis serviitis, & aliis subsidiis, per dictos populares, nobis gratiose impensis, & quæ speramus, futuris temporibus, per eos nobis impendi, Volentes ipsos speciali prerogativa, & favore prosequi, Creationem, Concessionem Consulatus prædicti, ac omnia & singula in suprascriptis contenta literis, sub modo, forma & conditionibus in eisdem expressis & declaratis, rata habentes & grata, ea Volumus, Laudamus, Approbamus, Ratificamus, & auctoritate nostrâ Regiâ, & certa scientia, & de speciali gratiâ, tenore præsentium Confirmamus, mediantibus Centum & quinquaginta Denariis auri ad scutum, quos dicti Consules Thesaurariis nostris Parisius, una vice, pro financia reddere & solvere tenebuntur, ultra sexaginta libras Turonenses, quas ipsi pro financiâ aliâ, cum dicto Priore facta, de mandato ejusdem, Bernardo Valleta, olim Bajulo de Petrucia & de Villâ franchâ, cui dictus Prior dictas sexaginta libras consideratione gratuitorum servitiorum, per eum nobis impensorum donaverat, exsolverant, prout de prædictis, per literas dicti Prioris, ac etiam publica instrumenta, super quittatione dictarum sexaginta librarum, facta dilectis & fidelibus gentibus nostris Cameræ compotorum nostrorum Parisius, extitit facta fides, ad quam summam Centum & quinquaginta Denariorum ad scutum, procurator dictorum popularium & habitatorum, cum dictis gentibus nostris compotorum nostrorum, ac Thesaurario Paris. composuit, eo quod dicta financia dictarum sexaginta librarum videbatur minus sufficiens, gentibus nostris compotorum, ac Thesaurario antedictis, & quod in literis concessionis dicti Consulatus superiùs insertis, caveatur, expresse, quod dicti quatuor Consules & quatuor Consiliarii, per octo probos homines dicti loci de Ausicio, populo, aut majori parte in ecclesiâ congregato eligantur, anno quolibet videlicet in die festi assensionis Domini, quod quidem festum jam transiit & sic pro anno præsenti, in dicto festo dicti Consules, & Consiliarii eligi non possent, Volumus & eisdem

JEAN I.er & selon d'autres, Jean II. à Paris au mois de Juillet 1353.

popularibus Concedimus *de gratiâ speciali, quod per dictos octo probos viros, per dictos populares & habitatores eligendos,* dicti quatuor Consules & Consiliarii *eligantur* anno quolibet, *& jurent juxta seriem & formam concessionis prædictæ, in festo* Beati Michaelis, *Mandantes Bajulo de* Ausicio, *vel ejus Locum tenenti, quatenus receptis juramentis dictorum* quatuor Consulum *&* quatuor Consiliariorum *eligendorum, per modum superius in dictâ concessione declaratum, ipsos populares & habitatores,* Consules & Consiliarios, hujusmodi *concessione, ac nostra præsenti gratia,* uti & gaudere *faciat & permittat pacifice & quiete, nec contra tenorem earumdem, ipsos in aliquo inquietare, seu molestari permittat quinymmo populares & habitatores dicti loci de* Ausicio, *ac pertinentiis ejusdem, dictis* Consulibus *&* Consiliariis, *modo superius declarato,* creatis *&* electis, *in his quæ ad dictum* Consulatum *spectabunt pareri faciant & intendi. Inhibitionibus de non utendo dicto Consulatu, per quoscumque, in contrarium factis literis, de præsentibus specialem & expressam non facientibus mentionem, nonobstantibus quibuscumque. Quod ut firmum & stabile perpetuo perseveret, præsentes literas sigillo & muniminе fecimus roborari, salvo in aliis jure nostro, & in omnibus quolibet alieno.* Datum & actum Parisiis anno Domini, millesimo trecentesimo quinquagesimo-tertio, mense Julii.

Per Consilium in quo erant Dom. Belvacen, paris & Cabilonens. Episcopi & per gentes Compotorum. R. POTIN.

JEAN I.er & selon d'autres, Jean II. à Vernon le 23. Aoust 1353.

(a) *Mandement du Roy aux Generaux-Maîtres, de faire donner de chaque Marc d'Argent apporté en ses Hostels, tant* blanc que noir, *une* Creuë *de* vingt sols Tournois, *outre le prix ordinaire,* le tout, pour chaque *Marc d'argent* allaié *à trois Deniers douze grains, montant à* Treize livres *quinze sols tournois,* & de tout autre *Marc* allaié *à un denier seize grains,* Douze livres quinze sols tournois.

JEAN par la grace de Dieu, Roy de France : A nos amez & feaulx les Generaulx Maistres de noz Monnoyes, *Salut & dilection. Nous* vous *Mandons,* & à chascun de vous, que tantost & sans delay, ces Lettres veües, sans autre *Mandement* attendre, vous faciez donner par toutes noz monnoyes, en *chascun Marc d'argent,* qui sera apporté en icelles, *tant en blanc comme en noir,* Vingt solz tournoys *de Creüe,* oultre le pris que Nous y faisons donner à present. C'est assavoir que de chascun *Marc d'argent allayé à trois Deniers douze grains,* vous faciez donner *Treize livres quinze sols tournoys,* & de tout autre *Marc d'argent allayé à un denier seize grains, Douze livres quinze sols tournoys.* Ce faictes, & faictes faire, vous & chacun de vous si diligemment & en telle maniere que il n'y ait deffault, par vôtre negligence. De ce faire à vous & à chascun de vous donnons povoir, auctorité & mandement especial par la teneur de ces presentes. *Donné à Vernon le vingt-troisiéme jour d'Aoust, l'an de grace mil trois cens cinquante-trois.* Ainsi signé par le Roy. *Y. SIMON.*

NOTES.

(a) Ce Mandement est au Registre C. de la Cour des Monnoyes de Paris, feüillet 130. *verso. Le Blanc,* dans son *Traité des monoies,* sous le *Roy Jean,* pages 216. 217. à la fin & 218. de l'édition de Hollande, remarque qu'il y eut sous ce regne de *fâcheux affoiblissemens* dans les monoies, que le Roy ne pût éviter dans l'embarras où il se trouvoit par les hostilitez des *Anglois,* qui estoient dans le Royaume. Au commencement de ce regne le *marc d'argent* valoit *cinq livres cinq sols.* A la fin de 1351. il valut *onze livres.* Au mois de Fevrier de la mesme année il ne valut plus que *quatre livres cinq sols.* En 1353. le 26. Octobre, aprés avoir esté porté à *treize livres quinze sols* il fut fixé à *quatre livres quatre sols.* Le 23. Novembre 1354. de *douze livres,* il fut remis à *quatre livres quatre sols.* Et enfin le 15. Decembre 1355. il fut poussé à *dix-huit livres.* Ce qui est prouvé par tous les Mandemens adressez aux Generaux-Maîtres des monoies, imprimez cy-aprés.

JEAN I.er & selon d'autres, Jean II à Paris au mois d'Aoust l'an 1353.

(a) *Letres par lesquelles le Roy confirme les Droits & les Privileges des Habitans de Vermandois, au moyen d'une Ayde accordée pour la guerre contre le Roy d'Angleterre.*

JEHAN par la grace de Dieu, Roy de France : Sçavoir faisons à tous presens & à venir, que comme Nous considerans les trés grands inconveniens, qui pour cause de nos guerres, sont venus en moult de maniere, & peuvent venir chascun jour; Et desirans de tout nostre cœur, bon & brief fin mettre en icelles, si que le peuple à Nous commis, puisse vivre en pais dessous nous, laquelle chose ne pouvoit estre faite sans trés grandes & innumerables missions & despens, lesquels nous ne pourions souffrir, ne soustenir sans l'aide de nos subjets. Aions pour ce, fait requerir par nos amez & feaulz Conseillers l'*Evesque de Laon,* & le *Comte de Rousy* noz bien amez, les *Prelas, Chapitres* & *Gens d'Eglise,* les *Nobles, Communes, Eschevinages* & autres gens des Villes de nôtre Baillage de *Vermandois,* que à ce Nous voulsissent faire *Aide* convenable, & de leur bonne volenté il Nous ayent graticusement octroyé & accordé *en Ayde* pour le fait de nosdites guerres, une imposition *de six deniers pour livre,* especiamment lesdites *Communes, Eschevinages* & gens des Villes de nostredit Bailliage de Vermandois, en la maniere & sous la modification & condition, qui cy-aprés s'ensuivent.

Premierement. C'est à sçavoir de chascun tonnel de vin vendu en gros & à détail, & de toutes autres marchandises, qui seront faites en toutes les bonnes Villes, & autres, dessous quelconques Seigneurs d'*Eglises, Nobles* & autres dudit Bailliage de Vermandois, & aussi de toutes autres *marchandises quelconques, venduës* en quelque Ville que ce soit audit Bailliage, *six deniers pour livre,* à payer du *vendeur tant seulement,* & durant le temps de ladite imposition, qui commencera & courra és Villes dudit Bailliage, *depuis le premier jour du mois de Septembre prochain venant,* & durera *continuellement, jusques à un an entier* & accompli, ou dedens lequel premier jour de Septembre devant dit. Et ançois que ladite imposition commence, ne doie commencier avoir cours, ces presentes *Letres doivent* estre, & seront baillées sans coust aux gens *desdictes Villes,* ou à autres en leurs noms, scellées de nostre grand Seel, en las de soye & en cire verte, sauf que se aucune chose estoit venduë *pour une fois* & en jour, dont le pris ne voulsist *plus de cinq sols,* rien n'en sera pris, ne levé, & aussi ne payeront rien les *premiers Marcheans acheteurs des Bois, Viviers & Estans des Seigneurs, mais l'autre Marcheant* qui achetera desdits *premiers Marcheans* pour revendre, *payera de ce que par luy sera revendu.* Et aussi ne payeront rien les *Hostelliers,* des *Vivres* que ils vendront en leurs Maisons, & Hostelz à leurs hostes, exceptez le vin que il payeront en la maniere que dessus est dit.

(2) *Item.* Que le Receveur de Vermandois, ne autres Commis à vendre lesdites impositions, ne puist ne doye embourser, ne appliquier à soy les *Vins des marchiez,* & renchieres de la venduë, qui se fera desdites impositions, mais *sera beu en commun* en la maniere que fait estoit, au commencement que les impositions nous furent octroyées, & ne seront tenuz les *Acheteurs* desdites impositions, payer audit Receveur ou à son député, pour *les Lettres de l'achapt du marchié que douze deniers,* & pour la *quittance du payement, que six deniers parisis.* Et ne pourront penre les *Sergens* dudit Receveur & de ses Commis, pour la *premiere contrainte* sur les Fermiers, *aucune chose,*

NOTES.

(a) Ces Letres sont au Tresor des Chartes, Registre cotté 81. pour les années 1351. 1352. 1353. piece 816.

Les habitans de Vermandois accorderent une pareille *Aide* en 1350. dont les Lettres sont imprimées cy-dessus. Voyez pages 391. 392. &c. Et c'est par cette raison qu'on ne met point icy de sommaires.

JEAN I.er & selon d'autres, Jean II, à Paris au mois d'Aoust l'an 1353.

mais pour la *seconde contrainte* & les autres ensuivantes, seront *payées* de celuy qu *aura souffert* de ladite *premiere contrainte,* dont le Sergent pour son salaire de la contrainte, se faicte est dedens la Ville, là où li Sergent & Fermiers seront demeurans ou residens, ne aura ne devra avoir que *deux solz* par jour seulement.

(3) Item. Sera mandé & deffendu à ceulz qui tiennent & tenront les Fermes de l'imposition des *denrées, traites & menées* hors du Royaume, que il ne prengnent, ne puissent prendre d'une *Letre de caution, que quatre Deniers, & de la Letre de délivrance que quatre Deniers,* ou que se plus en prennent, ou detrient les Marchans ou les Voituriers à délivrer lesdites Letres, touz couz fraiz & interetz, qui par leur detriement seroient fais, il seront tenuz de rendre & contrainz à ce sans delay, & se plusieurs marcheans sont qui à un traitent ensemble, facent amener leur denrées qui par une seule Lettre il se puissent passer se il leur plaist.

(4) Item. Que pour Nous, ou pour nôtre *Hostel,* ne pour les Hostelz de nostre trés chiere Compaigne la *Royne* ou de nos *enfans*, ne pour *Connestable, Mareschaux,* ou autres *nos Officiers,* pour les Maistres des *Garnisons, Baillifs, Receveurs, Commissaires* ou autres personnes quelconques, ne seront ou pourront estre *pris* durant *ledit an,* auquel courra ladicte imposition, *Vivres* quelz que il soient, *Chevaux, Chars,* ne *Charettes* d'aucuns dessusdiz, ne d'autre qui contribuë à ladite imposition, ce n'est par *juste pris,* & en payant l'argent, & se aucuns par vertu de sa *Commission* de Nous, du *Connestable,* des *Marêchaux,* ou d'aucuns autres *Officiers,* faisoient, ou s'efforçoient de faire le contraire, que en riens on n'y obéist, & pour la desobeissance se faicte estoit, amende ne soit ou puist estre prise ne levée pour ce.

(5) Item. Que des choses qui sont ja prises & arrestées, des gens desdictes Villes ou des Sujets d'icelles, pour les garnisons de *nostre Hostel,* ou des *Hostelz* de nostre trés chiere Compaigne la *Royne* ou de noz *enfans,* ne soit rienz levé, *sanz en payer le juste pris.*

(6) Item. Que les gens desdites Villes ou de nosdiz subgiez ne seront contrains à aller *en nostre Ost,* durant le temps de ladicte imposition, se ce n'est à cause *de Arrebau* fait pour bonne & juste cause, sanz *feintize.*

(7) Item. Se au Bailliage ou és Prevostez du Baillage de *Vermandois,* sont aucuns *Sergens,* oultre le nombre ordoné sur lesdiz Sergens, ils seront ostez, & de ce seront faiz *mandemens* aux Baillifs, ou Prevosts dudit Bailliage, & leur sera deffendu qu'ils n'y en mettent plus nuls.

(8) Item. Que nos *Sergens* auront pour leur salaire par jour, *vingt sols* parisis seulement, & que plus n'ayent, ou doyent prendre pour quelconque nombre de personnes que il besoignent, ne pour quelconques esploiz qu'ils facent en un jour, combien que il en facent plusieurs, & pour plusieurs & diverses personnes. Et bailleront & seront tenus baillier *copie de leur commission* au lieu là où ils feront leurs exploits, & aussi copie de leur *rescription* se il en sont requis.

(9) Item. Que sur les *Prevoz* qui ont tenuz & tiennent *Prevostez à Ferme,* seront faites *enquestes de trois ans en trois ans;* Et dores-en-avant n'y seront receus que personnes sages & dignes de foy, qui sachent faire justice & appointier les parties & & les causes en jugement & dehors.

(10) Item. Que toutes *nouvelles garennes* cesseront audit Bailliage.

(11) Item. Que toutes *nouvelletez* seront reparées, mises & ramenées au premier & deû estat, non contrestant *lettres d'estat,* ou autres graces & appellations quelconques, sauves les oppositions, selon l'Ordenance de nôtre Parlement.

(12) Item. Que Nous ferons sçavoir le pris ancien des *Escriptures* & *Sceaulz des Baillifs & Prevoz, en Commissions, Adjournemens, Sentences, & autres Actes quelconques*, & si par l'information est trouvé que l'on en lieve excessivement, Nous le ferons *ramener de juste & raisonnable prix.*

(13) Item. Que combien que les *Nobles* dudit Bailliage de Vermandois *ayans guerres* les uns aus autres, *ayent usé, ou accoustumé à user* de pais, en peu de temps, qu'aussitost comme li un avoit *deffié* ou *fait deffier* l'autre, ils s'entreportoient tantost

dommage, ſanz attendre jour ne terme, il ne pourront dores-en-avant, *porter dommage* les uns *aux autres*. C'eſt aſſavoir les *principaux chiefs* de la guerre, juſques *à Quinze jours entiers & accomplis* aprés les *Deffianſes*, & les amis d'iceulz juſques à *Quarante jours* entiers & accomplis aprés *les deffianſes* deſſuſdites.

JEAN I.er & ſelon d'autres, Jean II. à Paris au mois d'Aouſt l'an 1353.

(14) Item. Au cas où il voudroient faire ou *feroient guerres* li uns aux autres, il ne pourront abattre, ne faire abattre *Maiſons* ne *Moulins*, rompre ne faire rompre *Eſtans*, tuer *Chevaux*, ne *Beſtes*, ne rompre greniers, huches & hucheaux, letres, vaiſſelle effondrer, vins ne autre ſemblable gaaſt faire. Et ſi aucuns font ou faiſoient le contraire, ils en ſeroient pugnis, & ſera reparé & mis au premier eſtat le gaaſt que ils auront fait aus cous des faiſans, & rendront tous frais & dommages, & ſi en feront *amende à Nous & à partie*.

(15) Item. Que aucuns *non Nobles* ne pourront *guerroyer*, & auſſi ne pourront eſtre *guerroyez* par Nobles, ou autres quelconques.

(16) Item. Que le *Baillif de Vermandois* ne pourra *traire*, ne *traiter* nulz de ſes Sujets de ladicte Baillie hors *de ſa Chaſtellenie*, mais li ſera fait droit par les hommes jugans en icelle, ſe ce n'eſt pour juſte cauſe & évident.

(17) Item. Pour ce que les gens *de noſtre Parlement* maintiennent que és appellations que l'en fait à nôtre Parlement à Paris, des hommes jugans audit Bailliage, s'il eſt dit *mal jugié par leſdits hommes*, chaſcun doit payer une *amende arbitraire*: Et pour *doute de payer ladite amende*, pluſieurs jugemens ſont retardez à faire par leſdits hommes, ou *dommaige d'iceuls qui ſont en jugement*, & auſſi pour cauſe deſdits hommes jugans, *qui ne veulent jugier*. Et ſe il jugent, & aucun en ſont à diſcort pour *la contradiction d'aucuns, tout le jugement des autres eſt empeſchié*. Noſtredit Baillif de Vermandois, appellé des perſonnes ſuffiſantes de ſon Baillage, tant *Clercs*, *Nobles* & *Bourgeois comme autres*, s'enfourmera comment bons remedes y pourront eſtre mis, par coy juſtice y puiſt miex eſtre faite, au profit de notre peuple, & les plus convenables remedes que il trouvera par leur Conſeil, Nous reſcriptra afin que veue ſa reſcription, Nous y pourverrons de bon remede.

(18) Item. Que pour cauſe dudit octroy à Nous fait de ladicte impoſition, & des autres octroys faits à *noſtre très chier Seigneur & pere* que Dieu abſoille, *des impoſitions de ſix Deniers & quatre Deniers pour livres* par leſdites Villes, ou autres dudit Bailliage, conjointement, ou diviſement, ne ſoit ou doye eſtre acquis à Nous ou à nos ſucceſſeurs *aucun nouvel droit, au prejudice d'eux, ou d'aucuns d'euls en corps ne en biens*, ſi comme toutes les choſes deſſuſdictes, notredit *Conſeillier* Nous a rapporté en Nous ſuppliant de par leſdictes Villes, que Nous icelles leur vouſiſſions octroyer.

(19) Nous par deliberation de noſtre Conſeil, enclinans favorablement à leur *ſupplication*, de certaine ſcience, de notre autorité Royale & de grace ſpeciale, toutes les choſes deſſuſdictes, & chaſcune d'icelles avons *octroyé* & *octroyons* par ces preſentes, & accordé que le *Vidimus* d'icelles, ſous aucun de noz Sceaulx autentique, vaille l'original: Et n'eſt pas nôtre entente que par l'octroy de ladite impoſition fait à Nous, une autre certaine impoſition octroyée *par nôtre tres chier Seigneur & Pere* dont Diex ait l'ame, & par Nous aus Villes de *Saint Quentin*, *de Peronne*, & de *Mondidier*, des *Vins*, *Goudailles* & *Cervoiſes*, vendus à broche, & diſpenſes eſdites Villes ceſſe, mais ſoit levée au prouſit deſdites Villes, ſelon la forme & teneur deſdites graces & octrois faiz à eulz ſur ce, & pour le temps contenu en iceulz octrois. C'eſt aſſavoir en la Ville de *Saint Quentin* pour deux octrois ſur chacun *Tonnel de Vin vendu à broche* & diſpenſes en ladite Ville, *trente ſols pariſis*, en ladite Ville de Peronne; de *chaſcun lot de Vin vendu à broche & diſpenſe* en ladite Ville, *un denier pariſis*, & de chaſcun lot de *Goudaillie* & de *Cervoiſe* vendu en icelle Ville, une *poitevine*. Et en ladite Ville de *Mondidier* de chaſcun lot de Vin vendu à broche en ladite Ville *à deux deniers* & deſſous, une maille pariſis.

(20) Item. De chaſcun lod de *Vin* y levé, vendu à broche au-deſſus, de deux deniers, *une poitevine*, & de chaſcun Tonnel de Vin dipenſé és hoſtieux des habitans de ladicte Ville, *dix ſols pariſis*, & des *Kevés* à la quantité, ſanz ce que Nous par

JEAN I.er & selon d'autres Jean II. à Paris au mois d'Aoust l'an 1353.

l'octroy dessusdit, fait à Nous de ladite imposition *de six deniers* pour livre, doyons aucune chose prendre ne avoir sur lesdits *Vins, goudaillie & cervoise vendus à broche & dispenses* esdites Villes, & aussi pour ce que certaine *autre imposition de quatre, & deux deniers pour livre à eulz octroyée,* doit surseoir durant l'imposition à Nous presentement octroyée, *Nous voulons* que ladicte imposition à Nous presentement octroyée faillie, ils puissent lever & cüeillir ladicte imposition *de quatre & de deux deniers* pour livre, selon la forme & teneur, des octroys faits à eulz sur ce, & pour le temps contenu en iceulz octroys. *Si Mandons & Commandons* audit Baillif de Vermandois & à tous nos autres Justiciers & Officiers presens & à venir, & à chascun d'eulz, que il les *tiegnent, gardent & accomplissent* chascuns en droit soy, & les facent tenir, garder & accomplir sans contredit, & sans autre Mandement de Nous attendre, en la fourme & maniere que dessus est devisé & éclairci. Et que ce soit ferme & estable à toûjours, Nous avons fait mettre à ces Lettres nostre *grand Scel,* sauf en autres choses nostre droit, & en toutes l'autruy. *Donné à Paris, l'an de grace mil trois cens cinquante-trois au mois d'Aoust.*

JEAN I.er & selon d'autres, Jean II. à Paris au mois d'Aoust l'an 1353.

(a) Ordonnance touchant les visites qui doivent estre faites chez les Apothicaires.

SOMMAIRES.

(1) Tous les ans les Maîtres d'Apothicairerie feront deux visites exactes chez tous ceux du mêtier, l'une à Pâques, l'autre à la Toussaints.

(2) Aucun ne pourra faire le mêtier d'Apothicaire s'il ne sçait lire les receptes, despenser & confire, ou s'il n'a avec luy des personnes qui le sçachent faire.

(3) Les garçons Apothicaires seront tenus de faire le même serment, que les Maîtres.

(4) Les Maîtres qui trouveront chez eux de mauvaises confections ne les pourront vendre, ni employer, & s'il y en a chez eux, ils en seront punis par le Prevost de Paris.

(5) Les Herbiers pourront faire des Clisteres, Emplastres & Jus, par l'ordonnance que le Medecin aura écrite.

(6) Si les Maistres du mêtier font quelque ordonnance utile, les Apothicaires feront serment de l'observer. Ils ne confiront que de bon sucre & de bon miel, & ne confiront pas à sucre ce qui devra estre confit à miel, ni à miel ce qui devra estre confit à sucre.

(7) Si les Medecins & les Apothicaires manquent à la visite, le Maître du mêtier ne laissera pas que de passer outre, en appellant d'autres Medecins ou Apothicaires.

JEHAN par la grace de Dieu, Roy de France; sçavoir faisons à tous presens & avenir, comme Nous ayans entendu par relation de plusieurs dignes de foy, que en nostre Ville de Paris, par pure convoitises & ignorance d'aucuns, aucunes médecines sont *administrées à la fois, maisconvenablement,* ou qui n'ont pas vertu, ou effet deus, aucunes fois pour ce que elles soit trop vieilles & autrement, dont plusieurs esclandres & grands inconveniens, s'en sont, & pourroient ensuir, se par Nous n'estoit sur ce pourvû de remede, si comme il appartient. Et pour ce, *Nous qui Desirons* la prosperité & santé de nos subgiez, Voulans obvier aux esclandres & perils dessusdiz, par le consentement *des sages,* & ayans en tele chose pleniere volonté, avons pourvû par nostre *Ordonnance* en la maniere qui s'ensuit.

Premierement. Avons *Ordonné & Ordenons* que desoremais, *chascun an, deux fois;* c'est à sçavoir environ la *feste de Pâques,* & environ la feste *de Toussainz,* sera faite

NOTES.

(a) Cette Ordonnance est au Registre A. du Parlement, feüillet 40. *verso,* où elle est intitulée *Ordinatio Physicorum & Surgicorum.* Elle est au Livre *vert vieil* premier du Chastelet, feüillet *bis.* Et elle est rapportée par Fontanon, Tome 4. page 448. Voyez cy-dessus l'Ordonnance du mois d'Avril 1352. portant deffenses à toutes personnes d'exercer *l'art de Chirurgie,* sans avoir esté examinez.

diligente visitation, par le Maistre du Mestier d'Apothicaire, qui pour le temps sera surtous les *apothicaires* de la Ville de Paris, & des *(b) suburbes*, laquelle visitation ne sera *delaissiée* à faire pour quelconque occasion que ce soit. Et visitera ledit Maistre dudit mestier d'Apothicairie, avec le conseil de deux *Maistres en Medecine*, lesquels le Doyen de la faculté de Medecine *nomera*, loyaux & experts à ce, selon sa conscience, & aussi de deux Apothicaires, lesquieux *nostre Prevost de Paris, ou son Lieutenant* eslira souffisament selon sa conscience, aux choses dessusdites. Lesquieux deux Medecins *jureront* en la main *dudit Doyen*, & ledit *Maistre dudit Mestier d'Apothicairie*, & les *deux Apothicaires* dessusdiz, en *la main dudit Prevost* de Paris, qui à present est, & qui pour le temps à venir sera, ou de son *Lieutenant* en chascune visitation à faire. C'est à sçavoir ledit Maistre du Mestier d'Apothicairie *jurera*, que bien & *loyalment*, toute *faveur desordonnée, haine, ou rencune*, arriere-mises, *fera & parfera* ladite visitation au profit commun, & de la chose publique, & par le Conseil de *quatre assistans* dessusdits, gardées nos presentes Ordenances. Et lesdits deux Medecins & Apothicaires jureront, que selon leur science & conscience, sans dépost, ou faveur d'aucun, gardées nos presentes *Ordenances*, comme dit est, assisteront & entendront bien & diligemment à ladite visitation, & que selon leur discretion *donront* Conseil & aide, tant comme ladite visitation se fera, & qu'elle soit parfaite, si comme il voiront que il expedient pour l'utilité publique, & des *corps humains*. Et sera ledit Maistre dudit mestier d'Apothicaire, deux fois tous les ans *tenus de requerre* ledit Prevost de Paris qui pour le temps sera, ou son *Lieutenant, sur la nomination desdits Medecins, & l'élection desdits Apothicaires, Voulons nous & Ordenons*, que tous les Apothicaires de ladite Ville de Paris, & des *suburbes d'icelle*, jureront en la main dudit Maistre, ou temps desdites visitations, & en la presense des *quatre Assistans* dessusdits, que de toutes medecines, & autres choses appartenantes audit mestier d'Apothiquaire; ils reveleront la verité des choses qui seront pardevers euls, tant *vieilles* comme *nouvelles*, ou en autre qualité quelles soient, & ny adjousteront de fait, ne de parole, par euls ne par autres menchonge, ou fraude, mais la plaine & pure verité en reveleront, & avec ce *jureront* lesdits Apothiquaires, que il feront loiaument le mestier de l'apothiquairie, & que il auront leur livre, qu'on appel *(c) Antidotaire Nicolas*, corrigé par les Maistres du Mestier, au Conseil des Medecins & Assistans, ou fait de ladite visitation dessusdite, & que il ne mettront en leurs receptes, aucunes medecines corrompues, ou dequoy la vertu soit exhalée, par cette maniere, que elle ne puist avoir son Droit effect, & qu'il n'oteront pas les *nouvelles* medecines, pour mettre les *vieilles*, & qu'il auront leur *poids* tous *vrays & advisés* loyaument, & seront vus par les dessusdits Visitans & Conseillans. Et aussi feront autres *sermens* se aucuns y en a, qui soient accoustumez à faire par euls, à cause dudit Mestier, & que quand ils dispenseront aucune recette dudit *Nicolas*, des medecines Laxatives, & des *Opiates*, il ne le confiront pas, jusqu'à tant qu'ils l'auront montrée au Maistre du mestier, & quand ils l'auront confite, ils écriront dessus le mois qu'elle fut faite, si que quand elle sera *(d) tresalée* l'en la jettera & desgastera comme cy-dessous sera dit. Et qu'il ne vendront, ne bailleront aucune medecine venimeuse perilleuse, ou qui puissent faire abortix, simples ou composées, à nulles gens, qui soient hors de la foy chrestienne, ni à aucunes gens avoir se il ne connoissent bien, que

JEAN I.er & selon d'autres, Jean II. mois d'Aoust l'an 1353.

NOTES.

(b) Suburbes.] Du Latin *Suburbia*. D'où l'on a fait peut-estre par corruption *Fauxbourgs*. Comme de *Boisviaux*, ou de vieux bois, *Baillivaux*. Voyez Menage sur ce mot dans son Dictionaire étymologique.

(c) Antidotaire Nicolas corrigé] L'Antidot, en Latin *Antidotus*, mot qui se trouve dans Aulugelle, Livre 17. chap. 16. & au neutre *Antidotum*, est un remede qu'on n'applique pas exterieurement, mais que l'on fait entrer dans le corps. Et l'antidotaire appellé en Grec ἀντιδοτάριον, & en Latin *Antidotarium* est la même chose que *Dispensatorium*, qui signifie un lieu, une Boutique, où l'on distribuë des remedes. Et souvent un Livre qui traite de la composition des remedes. Ainsi l'on a dit *Dispensatorium Nurebergense, Augustanum, Londinense, Romanum*, & icy *l'Antidotaire Nicolas* corrigé par les Maîtres du métier.

(d) Tresalée.] Passée, ou trés passée.

JEAN I.er & selon d'autres, Jean II. à Paris au mois d'Aoust l'an 1353.

il soit *Maistre* ou *Sciencier*, ou *expert* en la science de Medecine, & bien cognu, lequel il cuideront en leur conscience souffisant, que ce soit par exprès commandement de (e) *Physicien*, qui les eut envoyé querir, & se comme dessus est dit. Et que il ne souffriront pas la fraude, se aucuns *Phisiciens* voulloient vendre les medecines plus chier pour *partir au gaing*, & que il ne vendront plus chier, par hayne quelconque, que il ayent envers le malade. Et que si aucun des Maistres dispense en l'Apothiquairie, aucunes receptes de *syrops*, ou de *medecines* propres, pour aucun malade, telle recepte il ne fera une autre fois à la requeste de celuy, pourqui elle fut faite, ou donnée, sans le conseil de celuy qui la dispensa, ou d'autre *Phisicien* cogneu, comme dit est, & tel que il cuident souffisant de ouvrer selon leur conscience. Et aussi que les medecines (f) *Electuaires* ou *Opiates*, ou quelconques medecines de longue conservation, faites & mises en pots, ou autres vaisseaux convenables par eux, ils mettront sur le *pot, l'an & le mois de la confection*, & que il vendront à loial, juste & moderé pris, & loyal & juste regard à la mutation de la monoie. Et aussi que si les Grossiers Marchans, ou Apothiquaires venoient vendre à Paris aucunes medecines *simples*, ou *composées*, mauvaises, ou corrompues pour euls en délivrer, ils ne les acheteront, & ne soufferront estre achetées, mais le dénonceront au *Prevost de Paris*, ou à son Lieutenant, afin que sur ce il pourvoye comme de raison sera; Et qu'il ne soufferront, que les *Grossiers* facent aucune conspiration de trop vendre, ou garder leurs denrées en contre euls, & ne plus en contre l'un qu'en contre l'autre, & s'ils appercevoient que il soit fait, il le dénonceront au Prevost de Paris, & aussi que se aucun desdits Apothiquaires avoit acheté aucunes mauvaises & vieilles medecines, que l'en eust pas trouvées chez luy, qu'il ne les vendra à aucun *Apothiquaire de hors*, de quelque Cité, ou Chasteau, ne à quelconque *Herbier*, ou autre, de quelque condition. Et aussi que il peseront toutes leurs medecines, & ne les bailleront pas en tache, toutesfois que requis en seront.

(2) *Item.* Nous *Voulons* & *Ordonnons* que nuls de ceuls, qui maintenant sont *Apothiquaires*, ne tiengnent de cy en avant, le *mestier* d'Apothiquaire, se il ne *sçait lire* ses *receptes*, & *dispenser & confire*, où se il n'a entour luy personne qui le sache faire; & que nuls ne puisse confire à Paris, se il n'est sçû du mestier, & ceuls qui seront ordenez à ce, que il soit souffisant, & que il ayt *juré*, selon nos presentes Ordenances.

(3) *Item.* Pour ce que les (g) *Vallés* des Apothiquaires font souvent les medecines, & telle fois que les Maistres ne les voient point, que tous les *vallés* seront tenus de *jurer* aussi comme les *Maitres*.

(4) *Item.* Se le *Maitre* trouve aucunes *confections fausses*, ou *corrompues*, & *mauvaises*, & de mauvaises choses confites, qui ne soient pas, ne vrayes, ne bonnes, que il les prenne & *degaste*, si & en telle maniere, qu'elles ne puissent plus estre vendues, ne emploiées. Et néantmoins les Apothiquaires chieuz lesquels teles confections seront trouvées, seront punis selon la qualité du meffait, par le Prevost de Paris.

(5) *Item.* Les *Herbiers* de la Ville & *Suburbes* dessusdits jureront administrer bien & loyaument, & faire leurs *clistaires, emplastres, jus*, ou *herbers*, selon l'ordonnance du *Phisicien*, qui escrira.

(6) *Item.* Si le *Maistre du mestier*, au conseil des Assistans, ou fait de la visitation, pour aidier à garder le mestier, *ordenne* aucune chouse, qui soit pour le mestier miex faire, & miex garder, que lesdits Apothiquaires soient contrainz par leurs sermens *à tenir*, & *garder l'ordenance*, si elle n'est contre le commun profit; & que il confiront de

NOTES.

(e) *Physicien.*] Medecin.

(f) *Electuaires.*] Dans Fontanon il y a mal, *Elecinaires*. L'*Electuaire* est une composition liquide, ou solide de Pharmacie, dans laquelle il entre de differentes drogues choisies. Le mot Latin est *Electuarium, ab electione*. Et selon un Auteur moderne, *Electuarium*, ou *Electarium, est medicamentum Syrupo & Eclegmate crassius constans ex medicamentis durioribus pulveratis, melle, Syrupo, saccharo Syrupisato, vel alii alicui convenienti accurate liquori melligineo, id est mellis consistentiæ mixtis.* Vide Castellum in hoc verbo. *pag.* 29. *colum.* 2.

(g) *Vallés.*] Comme ce mot a aujourd'huy une autre signification, on s'est servi du terme *de garçons*.

bon

bon *miel* & de bon *sucre*. *(h) Cafetin*, ou sucre *blanc*, bon & convenant, & ce qui se devra confire à *sucre*, ils ne confiront pas à *miel*. Et seront leur decoctions completes & parfaites, sans mesler vieil avec le nouvel.

JEAN I.er & selon d'autres, Jean II. à Paris au mois d'Aoust l'an 1353.

(7) Item. Ou cas que les dessusdiz *Phisiciens* & *Apothiquaires*, ou si aucun d'euls ne comparrent à la visitation, pour conseiller le *Maitre du mestier* oudit fait, *ledit Maitre*, nonobstant leur absence, procedera au fait de ladite visitation, appellez avec luy autres *Phisiciens*, & *Apothiquaires*, tels comme en sa conscience bon li semblera. Et se en ladite visitation lesdits Apothiquaires sont trouvez en aucune maniere coupables, ils seront punis deument, selon la qualité de l'excez & du delict.

Si donnons en mandement audit Prevost de Paris qui à present est, & qui pour le temps avenir sera, ou à son Lieutenant, que pour le commun profit toutes les choses dessusdites & chascune d'icelles, il gardent & fassent tenir & garder entierement, sans enfraindre, de tous ceuls à qui il touche, & puet touchier, les *Ordenances Royaux* de noz Predecesseurs en toutes les autres chouses demourans en leur estat. Et pour que ce soit ferme & stable à toûjours, Nous avons fait metre nostre Seel à ces presentes Lettres, sauf en toutes choses nostre droit & le droit d'autruy. Donné à Paris, l'an de grace *mil trois cens cinquante-trois, au mois d'Aoust, ainsi signée par la Chambre.* G. BAUDRY.

NOTES.

(h) Cafetin.] Dans Fontanon il y a *Caferin*. Avant la découverte des Indes Occidentales, le Sucre qui estoit apporté du Levant estoit bien moins commun qu'il ne l'est. Et pour lors une partie des confitures estoient faites avec du miel, & les autres en petit nombre avec du sucre, comme on le void par cette Ordonnance.

JEAN I.er & selon d'autres, Jean II. à Paris le 5. Octobre 1353.

(a) Mandement du Roy aux Generaux-Maîtres des monoies de faire ouvrer une Monnoye Vingt-sixiéme.

JEHAN, par la grace de Dieu Roy de France: A nos amez & feaulx les Generaulx-Maistres de noz Monnoyes, *Salut & Dilection.* Nous pour certaine cause vous *Mandons*, que tantost & sans délay, ces Letres veues, vous faciez faire par toutes nos Monnoyes, *Monnoye vingt-sixiéme*, par telle maniere comme vous saurez & verrez que mieulx sera à faire au prouffit de Nous & de notre peuple, en faisant faire *Doubles tournoys*, qui auront cours pour *deux Deniers tournoys la piece*, lesquelles seront *à deux Deniers douze grains de loy*, & de treize *solz six Deniers obole de poix, au Marc de Paris.* Et aussi si vous voyez que bon soit, quant il vous plaira, faictes faire *Deniers blans*, telz en poix, en loy, & en façon, & en leur donnant *tel pris & cours comme bon vous semblera*, & qu'il soient sur ledit prix de *monnoye Vingt-sixiéme*, en faisant donner à tous Changeurs & Marchans frequentans nosdictes Monnoyes, en chascun *Marc d'argent en billon blanc* à quatre deniers de loy & audessus, qu'il apporteront en icelles, *Quatre livres quinze solz tournoys*, & en tout autre *Marc d'argent allaié à deux deniers douze grains*, *Quatre livres dix sols tournois*. Et avecques ce vous *Mandons* que par toutes nos Monnoyes esquelles len euvre, vous faciez faire *Deniers d'or à l'Escu* semblables en coing, poix & loy, à ceulx que nous faisons faire à present. En donnant en tout Marc d'or fin, ung *Denier d'or à l'Escu* de creüe, oultre le prix que nous y donnons à present, lequel est de *soixante-six escuz* d'iceulx Deniers d'or, par toutes nos Monnoyes, excepté en notre *Monnoye de Tournay*, en laquelle il est de *soixante-six escuz & demi*, & à noz Ouvriers & Monnoyers *asseez & ordonnez* pour ouvrage & monnoyage, tel salaire comme bon vous semblera. Et toutes les choses dessusdites faire, à vous & à chascun de vous

NOTES.

(a) Ce Mandement est au Registre C. de la Cour des Monnoyes de Paris, feüillet 132.

Donnons povoir, auctorité & mandement especial par la teneur de ces presentes. *Donné à Paris* le cinquiéme jour d'Octobre, l'an de grace mil trois cens cinquante-trois, ainsi signé par le Roy, *à la relation* du Conseil où vous estiez. ROYER.

JEAN I.er & selon d'autres, Jean II, à Paris le 5. Octobre 1353.

(a) Letres adressées au Seneschal de Beaucaire & de Nismes, portant injonction de faire observer les Ordonnances des monoies, *datées de ce jour, qui suivent immédiatement.*

DE PAR LE ROY.

SENESCHAL de Beaucaire & de *Nismes:* Nous par très grant deliberation de nostre Conseil, pour le proffit de Nous & de nostre peuple, avons faites *certaines ordenances* sur *le fait & cours de nos Monnoyes,* lesquelles Nous vous *envoyons,* pour icelles tenir & garder, & faire tenir & garder, d'un chascun sans enfraindre, selon leur teneur. Si vous *Mandons* & *Enjoignons* estroittement, que sur paine de perdre votre Office, & d'estre pugny en corps & en biens à notre volenté, tout ce que contenu en nosdites Ordenances, *vous tiengnez & gardez, & faites tenir & garder de poinct en poinct,* senz enfraindre, de toutes personnes quelles que elles soient en vostre Senechaussée & Ressort, mieux, & plus diligemment que autrefois n'a esté fait: Et faites senz grace, ou mercy, se elle ne vient de Nous, bonne & brieve pugnicion, ou execution, tele comme en nosdites Ordenances est contenue, de tous ceux quiex qu'il soyent, qui en aucune maniere seront trouvez faisans, ou avoir fait le contraire d'icelles, & par especial de tous ceux que l'en pourra savoir, qui auront prins ou mis, prendront ou mettront *autre monnoye d'or ou d'argent,* quelles qu'elles soient, excepté celles auxquelles Nous par nosdites Ordonnances avons donné cours, & qui achateront, prendront ou mettront *le Denier d'or à l'Escu pour plus grant pris que Nous luy avons ordené,* soient de nos gens ou autres. Et avec ce faites tenir & garder paisiblement en leur libertez & franchises tous nos *Ouvriers* & *Monnoyers*, & autres Officiers de *Monnoye*, ne n'en retenez aucune court & cognoissance, si ce n'est *des trois cas à vous appartenans;* Et aussi ne souffrez que par nulles personnes quelles que elles soient, tant nos Lieuxtenans comme Capitaines, ou autres, facent force en nos Monnoyes estans en vostre Senechaussée, ne prengnent Deniers aucuns, fors ceux qui leur seront assignez seulement, & par la volenté des Gardes & du Maistre de la Monnoye. Et sachez pour certain, que si ès choses dessusdites à aucun deffaut, comme autrefois a esté, dont il nous desplaist forment, Nous nous en prendront du tout à vous, & vous en pugnirons si griefvement, que ce sera exemple à tous. *Donné à Paris le cinquiéme jour d'Octobre mil trois cens cinquante-trois.*

NOTES.

(a) Ces Letres sont en original au Tresor des Chartes du Roy. Voyez cy-dessus l'Ordonance du 8. May 1353.

JEAN I.er & selon d'autres, Jean II, à Paris le 5. Octobre 1353.

(a) Ordonnance touchant les Monoies.

SOMMAIRES.

(1) Les Deniers d'Or *à l'escu depuis la publication des presentes, seront pris & mis pour* quinze sols; *les* Deniers blancs *& les* Doubles tournois noirs *seront pris, sçavoir les* Deniers blancs *pour* deux Deniers *tournois, & les* Doubles tournois noirs *pour Mailles tournoises;* & les *bons Doubles tournois pour deux deniers tournois; & toutes autres monnoyes sont abbatuës & deffenduës.*

(2) Personne, sous peine de corps & d'avoir

JEAN I.er & selon d'autres, Jean II. à Paris le 5. Octobre 1353.

ne pourra, deux mois après la publication des presentes, s'entremettre du fait de Change, *à l'exception de ceux qui seront* commis *par les Letres des* Generaux-Maitres, *faites depuis la presente Ordonnance.*

(3) Aucuns justiciers, ou Officiers du Roy ne pourront contraindre à prendre des Letres d'eux, les Changeurs qui en auront des Generaux-Maîtres.

(4) Personne quelle qu'elle soit, & pour quelque cause que ce soit, ne pourra contracter, ni faire marchez qu'à sols & à livres.

(5) Aucun Orbateur ne pourra mettre Or, ni Argent en œuvre, si ce n'est seulement ce qui leur en sera livré toutes les semaines, par les Generaux-Maîtres.

(6) Tout Tabellion & tout Notaire ne pourra passer Contract, que à sols & à livres, *sous la mesme peine.*

(7) Aucun Changeur, sous la mesme peine, ne pourra vendre aux Orfévres, ni à autres, Or, Argent ou Vaisselle, &c.

(8) Aucun Changeur, Orfevre, ou autre personne ne pourra encore, sous la mesme peine, affiner, ou rachacier *aucun argent ou billon, ni faire vaisselle d'Or, ou d'argent de plus d'un Marc, si ce n'est pour les Eglises, sans la permission des Generaux-Maîtres.*

(9) Nul Changeur, ni Orfévre n'achetera l'or & l'argent, pour un plus grand prix qu'on en donne aux monnoyes du Roy.

(10) Personne quelle que elle soit, sur la mesme peine, ne pourra directement ou indirectement acheter des Florins, *ni des Deniers d'Or à l'escu, pour plus qu'ils ne sont fixez par ces presentes.*

(11) Tous Comptables, sur ladite peine, feront mention dans toutes leurs Letres, quittances & Comptes, des Monoies qui leur auront esté données en payement.

(12) Personne de quelque estat, ou condition que ce soit, sous peine de confiscation de corps & de biens, ne pourra prendre ni mettre d'autres monoies que celles qui ont cours par ces presentes.

(13) Et afin que ces presentes soient entierement gardées, toutes les personnes nommées seront tenuës d'en promettre l'execution, par leur serment.

JEHAN par la grace de Dieu, Roy de France, au Senechal de Beaucaire & de Nismes, ou à son Lieutenant, *Salut.* Il est venû à notre cognoissance, que plusieurs malicieux noz voisins, Barons, Prelats, & autres Personnes *hors de notre Royaume,* ont *contrefait nos monnoyes*, en faisans *monnoyes fausses*, & pires que les nôtres, & si près du coing de nosdites monnoyes, que à très grant peine *les puet l'en cognoistre*, & qu'icelle mauvaise monnoye est messée parmy les nôtres, si largement que toutes icelles nos monnoyes en sont diffamées; par quoy le peuple tient petit compte de nosdites monnoyes, qui à present ont cours. Et pour cause de ce, *Gros Tournois* & plusieurs autres diverses *monnoyes deffendues*, ont pris & *prenent cours à plus grand pris* que elles ne puent valoir, laquelle chose est ou très grant domage, & deception de Nous & de notre peuple. Et pour les choses dessusdites, toute maniere de gens ont tenu & tiennent leurs *denrées si chieres*, & à *si haut pris*, que à peine se püet nul *chevir*, ne avoir chose, qui l'y soit necessaire; *Pourquoy* Nous qui touzjours sommes desirans de pourveoir au bon gouvernement de notre Royaume, & à la necessité de notre Peuple, *considerans que à Bonne monnoye, toutes denrées abondent & viennent à pris raisonnables,* parquoy chascun puet avoir aisiement sa necessité, *avons Ordené* par très grant deliberation de notre Conseil, de *faire Bonnes monnoyes*, lesquelles sont ordenées estre faites, tenus & gouvernées par la maniere qui s'ensuit.

(1) Item. C'est assavoir que les Deniers *d'or à l'Escu,* qui courent à present, aient cours & soient pris & mis, depuis la *publication* de ces presentes, *pour Quinze sols tournois la piece,* & non pour plus, & les *Deniers blanz & Doubles tournois noirs,* qui courent aussi à present, aient cours & soyent pris & mis, c'est assavoir *les Deniers blanz pour deux Deniers tournois la piece,* & les *Doubles tournois noirs* pour Mailles tournoises la piece, & non pour plus, *& nos bons Doubles tournois* que Nous faisons faire à present, aient cours & soient prins & mis chascun pour *deux Deniers tournois la piece*, & non pour plus, & toutes autres *monoyes blanches & noirs,* & *d'or* quelconques elles soient, tant de notre coingt comme d'autres, *soient abatues,* & leur soit osté leur cours du tout en

NOTES.

(a) Ces Ordonnances sont en original au Tresor des Chartes du Roy. Voyez cy-dessus l'Ordonnance du 8. May 1353. & cy-après celle du mois de Novembre 1353.

JEAN I.er & selon d'autres, Jean II. à Paris le 5. Octobre 1353.

tout, & soient mises *au Marc pour billon*, excepté les dessusdits, lesquelles auront cours pour le pris que Nous leur avons donné & donnons comme dit est, & non pour plus. Et que nuls ne soient si hardys de porter ou faire porter, or, argent, ni billon hors de nôtre Royaume, ne en aucune Monnoye, fors és nôtres, en la plus prochaine des nôtres du lieu où il sera, *sur peine de corps & d'avoir*, & de perdre tout l'or, argent, & billon qu'il portera, se congié ou licence ne l'y a esté donné des Generauls-Maistres de nos Monnoyes, ou de l'un d'eux, de le porter en aucune de nosdites Monnoyes, & non en autres, au prouffit de Nous & de notre Peuple.

(2) *Item.* Que nulz Changeurs, ou autres de quelconque condition, ou estat qu'il soient, sur *ladite peine*, ne facent dores-en-avant és Villes, ne és lieux de vôtredite Senechaussée & ressort d'icelle, ne en aucunes Villes de notre Royaume, *fait de Change* depuis deux mois passez après la publication de ceste presente Ordenance, excepté les *Changeurs* commis & ordenez par lettres de *Nous* à ce faire, & qu'ils soient approuvez de leur souffisance par *lettres des Generauls-Maistres de nos Monnoyes*, ou de l'un d'eux, faites depuis ceste *presente Ordenance*, & lesquielz feront ledit fait de Change és lieux publiques & accoustumez en notre Royaume, & tendront tables de Change és Villes, où il changeront.

(3) *Item.* Que nulz de nos Justiciers & Subgiez quielx qu'il soient, ne soient si hardis de contraindre, ou efforcier aucuns *Changeurs* qui auront nos lettres, & seront approuvez par lesdits *Generauls-Maistres de nos Monnoyes*, comme dit est, à *prendre d'euls*, ne de leurs *Lieuxtenans*, pour faire ledict fait de *Change* és lieux, où il seront ordenez par Lettres de Nous, & desdits Generaux-Maistres; mais leur laisse faire ledit fait senz aucun empeschement.

(4) *Item.* Que nul *Orbateur*, sur ladite peine de corps & d'avoir, ne soit si hardy d'ouvrer, ne faire ouvrer d'Orbaterie, ne metre en œuvre en icceluy mestier, *Or, ne Argent*, quel que il soit, mais seulement certaine quantité, qui chacune *semaine* leur sera ordenée à prendre par les Generaux-Maistres de nos Monnoyes.

(5) *Item.* Que nulz de quelconques condition, ou estat que il soient, tant és *Hostielx de Nous*, de la *Royne*, comme de nos *Enfans*, & d'autres quielx qu'il soient sur ladite *peine*, ne soient si hardys, pour garnisons, ou autres choses qui leur soient necessaires de faire contraut ne marchandise quelle que elle soit, *se ce n'est à sols & à livres*; & en prenant & mettant les Monnoyes d'or & d'argent, qui par lesdites Ordenances auront cours, & pour le pris qui leur est donné & non pour plus. Et quiconques doresenavant marchandera, ou fera contraut à *Denier d'or à l'Escu* à qui que ce soit, il ne poura demander ou temps à venir pour *le Denier d'or à l'Escu*, que *Quinze sols tournois* de la monnoye dessusdite, nonobstant quelconques contraux, ou obligations faictes au contraire, & avecques ce l'amendera à nostre volenté.

(6) *Item.* Que nulz *Tabellions*, ou *Notaires*, sur ladite peine, ne soient si hardiz de recevoir, ou passer lettres de contraut, ou marchié quel qu'il soit, pour quelque personne que ce soit, se il n'est fait à *sols & à livres*.

(7) *Item.* Que nul *Changeur*, sur ladite peine ne soit si hardy de vendre à aucuns Orphevres, ou autres personnes quelles que elles soient, *Or, ou Argent en vaisselle* ou autrement, mais le porte, sitost comme il l'aura cueilly, en la plus prochaine de nos Monnoyes, du lieu où il sera, senz le tenir & garder plus de quinze jours.

(8) *Item.* Que nulz *Changeurs*, *Orphevres*, ou autres personnes quielx qu'il soyent sur ladite peine, ne soient si hardiz *d'affiner* ou *rachachier* aucun argent ou billon quel qu'il soit, ne faire *vaisselle* quelle que elle soit, d'or ou d'argent, pesant plus d'un *marc*, pour quelconque Seigneur que ce soit, se ce ne sont Calices ou Vaisseaux à mettre *sanctuaires*, senz avoir congiez de Nous, ou des Generaux-Maistres de nos Monnoyes.

(9) *Item.* Que nulz *Changeurs* & *Orphevres* quielx qu'il soient, sur ladite peine ne soient si hardys de *prandre, ou acheter* aucune matiere *d'or, ou d'argent* quelle que elle soit, en vaisselle, joyaux, ou autrement pour plus grant pris que Nous en donnons en nos Monnoyes, se ce n'est vaisselle d'or & d'argent, en laquelle *ait grant façon*.

(10) *Item.* Que nulz *Changeurs* pour port qu'il aient des Seigneurs, & aussi nos

Tresoriers de France & les Tresoriers de nos Guerres, nos *Receveurs, Prevosts, Fermiers,* & toutes autres personnes quelles que elles soient, sur la peine dessusdite, ne soient si hardis, de achepter ou faire *acheter Florins* quielx qu'il soient, de nos *deniers d'or à l'Escu,* pour plus grant pris que par ces presentes Ordenances est ordonné.

JEAN I.er & selon d'autres, Jean II. à Paris le 5. Octobre 1353.

(11) Item. Que tous nos *Receveurs, Vicomtes, Collecteurs & Prevosts, Fermiers* de toutes les recettes qu'il feront, sur ladite peine feront mention en toutes leurs lettres, ou quittances, & en leurs comptes de ce qu'il auront receu, & aussy des payemens qu'il en feront: Ils feront escripre ces quittances, de ceux qui les recevront combien il auront receu, & en quelle monnoye, soit d'or ou d'argent, & pour quel prix.

(12) Item. Deffendons par ces presentes à tous *Prelats, Barons,* nos *Lieuxtenans, Capitaines, Senefchaus, Baillifs, Prevosts, Receveurs, Collecteurs,* & tous autres Personnes, de quelconques condition, ou estat qu'il soient, sur peine *de perdre leurs biens, meubles & heritages, & les corps de ceux de qui il appartiendra en notre mercy,* que il pregnent ou mettent *en garde* ou *depost,* en appert ou en couvert pour eux, pour leur famille, ou même pour necessité ou besoing, qu'il aient, *autres monnoyes d'or, ou d'argent quelles que elles soient, tant celles qui ont esté faites en nostredit* Royaume comme dehors, *se ce n'est au Marc pour billon,* excepté celles qui par ces presentes Ordenances ont, ou auront cours, & que icelles soient prises & mises pour le pris que nous leur avons ordené, & non pour plus. Et avecques ce & sur ladite peine, que nulz ne soit si hardys de prendre deniers, ou faire force en aucunes de nos Monnoyes.

(13) Et affin que notredite Ordenance soit entierement gardée, & tenue senz enfraindre, mieux & plus diligemment que celles que autrefois avons faites, *Nous voulons* que tous Bourgeois, Changeurs, Orphevres, Marchans de Chevaux, Hostelliers, & tous autres gros Marchans & gens de mestier, & tous autres Personnes Notables, & tous autres Marchans Foirains; cest assavoir Genevois, Luquois, Italiens, & autres, nôtre Receveur de Beaucaire & de Nismes, & tous Courretiers, *il jurront* aus sains *Evangiles de Dieu,* touchant corporellement en vos mains, chascun en sa propre & singuliere personne l'un après l'autre, qu'il ne prendront ne mettront, ne prendre ne mettre feront ne souffirront par eulx, leur femme, enfenz & valez, facteurs, ne pour autre quelx qu'ils soient, en payement, garde, depost, ou autrement, nosdits *Deniers d'or* à l'Escu, pour plus de *quinze sols tournois la piece,* si comme dit est dessus, nulles autres monnoyes d'or, blanches, noires, faites hors de nostre Royaume, ne de nostre coingt, ne d'autres, pour nul pris quel que il soit, mais tant seulement *au Marc* pour billon, excepté celles dessusdites, ausquelles Nous donnons cours par notre presente Ordenance, ni ne feront *contrauct,* ou marchandise quelle que ce soit, fors *à sols & à livres.*

Si vous *mandons, commettons & enjoignons* estroitement, que nosdites Ordenances, lesquelles & chascune d'icelle, *Nous* pour le bien & prouffit de Nous, de de notre Peuple, & de nostre Royaume, *Voulons & Desirons* estre tenues & gardées entierement, vous faciez tenir & garder de point en point en vostredite Senechaussée & ressort, senz enfraindre, & icelles tantost, ces lettres veues, faittes *signifier & publier* en toutes les Villes & lieux notables accoustumez d'icelle Senechaussée & ressort, si & en telle maniere qu'il ne poient avoir cause de les ignorer, en faisant *crier* par les Villes & lieux dessusdits, que nulz, sur lesdites peines, ne face ou accepte aucune chose en aucune maniere contre nos presentes Ordenances: Et tous ceux que vous trouverez ou saurez faisenz, ou avoir fait le contraire, depuis la publication d'icelles, par quelconque maniere que ce soit, *Nous* dès maintenant les *condempnons* à perdre tout ce qui aura esté trouvé, qu'il auront pris ou mis, ou qu'il prandront, ou mettront comme dit est, & de l'amende à la voulenté de *Nous,* ou de nostre Conseil comme dit est: Et aussy tous ceux qui seront trouvez portanz, ou avoir porté aucun billon d'or ou d'argent quel qu'il soit, en esloignant la plus prochaine de nos Monnoyes, Nous les *condempnons* à perdre tout iceluy billon, *& des corps & des biens à la volenté de Nous, ou de notre Conseil,* comme dit est. Et pour ce que elles soient mieux tenuës & gardées senz enfraindre ou corrompre, & que nul ne s'en puisse excuser de ignorance, *Nous Voulons que* vous les faciez copier & escripre, & icelles mettre & attachier en plusieurs Villes

& lieux notables de vôtre Senechaussée, afin que le Peuple les puisse veoir & lire; sachant que se des choses dessusdites & chascune d'icelles tenir & garder, & faire tenir & garder de point en point selon leur teneur, vous estes trouvez remis, ou negligent, Nous vous en punirons si griefvement, que ce sera exemple à tous. *Donné à Paris le cinquième jour d'Octobre l'an de grace mil trois cens cinquante-trois.* Par le Roy en son Conseil. DYONIS.

JEAN I.er & selon d'autres, Jean II. à Paris au Bois de Vincennes, le 9. Novembre 1353.

(a) Mandement du Roy aux Generaux-Maîtres, par lequel il leur ordonne de faire fabriquer une monoie Trente-deuxiéme & demie, &c. *& de faire donner du Marc d'argent apporté aux Hôtels des monoies, allaié* à deux deniers, Quatre livres dix sols tournois, *& de tout autre marc d'argent allaié* à quatre deniers & au-dessus, Quatre livres quinze sols tournois.

JEHAN par la Grace de Dieu, Roy de France: A nos amez & feaulx les Generaulx-Maîtres de noz Monnoyes, *Salut.* Comme derrenierement Nous eussions *Ordonné,* & avons *mandé* que par toutes noz Monnoyes vous faciez faire *(b)* monnoye *vingt-sixiéme blanche & noire,* & donner aux *Changeurs & Marchans* qui apporteront billon en icelles, de chascun *Marc d'argent* qu'il apporteront, *allaié à deux deniers douze grains, Quatre livres dix sols tournois;* & de tout autre Marc d'argent, *allaié à quatre deniers & au-dessus, Quatre livres quinze sols tournois:* Et il nous conviengne faire presentement prochainement plus tres grans & innumerables mises, pour la *tuition & deffense* de Nous, nos Subgets & de nostre Royaume, que nous ne esperions à faire, quant Nous feismes nostredicte Ordonnance. *Sçavoir vous* faisons que nous eue grant & bonne deliberation en notre grand Conseil sur les choses dessusdites, *avons Ordonné & Ordonnons* par ces presentes, que on face en toutes noz Monnoyes, *monnoye blanche & noire,* sur le pié *de monnoye trente-deuxiéme & demie, de laquelle l'en tirera de chacun marc d'argent, huit livres deux solz six deniers tournoys;* Et que l'en donne à tous *Changeurs & Marchans* qui apporteront billon en icelles, en chascun *Marc d'argent allaié à deux deniers, Quatre livres dix solz tournois,* comme dit est, & en tout autre *Marc d'argent allaié à quatre deniers & audessus, Quatre livres quinze solz tournoys.* Si vous *mandons* & estroitement *enjoignons* & à chascun de vous, que tantost & senz delay, ces Lettres veues, toutes excusacions cessant, vous faciez faire par toutes nosdites Monnoyes, *monnoye Trente-deuxiéme & demie,* comme dit est, de tel pris & de telle loy, comme vous verrez que mieulx sera affaire, au prouffit de Nous & de nôtre Peuple, en donnant aux *Changeurs & Marchans* les pris dessusdits, en la maniere que dessus est devisée. De ce faire à vous & à chascun de vous donnons povoir, auctorité & mandement especial par la teneur de ces presentes. *Donné au Bois de Vincennes, le neufviéme jour de Novembre l'an de grace mil trois cens cinquante-trois,* soubs le seel de nostre secret, en l'absence de nostre grand seel. *Ainsi signé* par le Roy en son Conseil. MATHIEU.

NOTES.

(a) Ce Mandement est au Registre C. de la Cour des Monoyes de Paris, feüillet 135. *recto.*

(b) Monoie vingt-sixiéme blanche.] Voyez cy-dessus le Mandement du 5. Octobre 1353. page 535.

JEAN I.er & selon d'autres, Jean II. le 16. Nov. 1353.

(a) Letres par lesquelles le Roy declare *les Conseillers du Parlement* affranchis de tous Peages, pour leurs vivres.

JOHANNES, &c. Universis Justitiariis Regni nostri, vel eorum Loca-tenentibus, necnon ad nostri provisiones hospitii, seu Reginæ, liberorumque nostrorum, vel aliorum quorumcumque faciendas, deputatis, vel etiam deputandis, salutem.

Cum dictante rationis judicio, nostris potissimum geramus in votis, quod nostri Consiliarii fideles & dilecti, nostrum Parlamentum tenentes, *ac onera justitiam ministrandi Nobis incumbentia jugiter, indefessis sollicitudinibus supportantes, quos quidem nostri favoris prærogativa continua potiri* Volumus, *& eis nostræ semper adesse præsidium gratiæ specialis, eo quod liberius, eoque commodius* victualia *sua quæcumque, tam* Ecclesiasticorum, *quam profanorum redituum suis teneant in domibus, aut alibi, veluti Parisius,* pro suis necessitatibus tollendis, navigio, *seu quovis alterius* vehiculi juvamine, *si potius id forsan elegerint, vehi faciant, ad arbitrium voluntatis, quarumcumque prisiarum, pro dictis hospitiis, aut aliter, necnon transversorum, seu passagiorum, quibus eximuntur, quibuslibet* arrestationibus & impedimentis cessantibus, *& omissis, quo fidelius obsequii Nobis intuentur, & ferventius laborare pro Republica contemplantur. Hinc vobis & vestrûm singulis,* sub pœna indignationis nostræ, *si secus feceritis, incurrendæ,* Mandamus injungentes, districtè, *quatenus omnia* bona, victualiaque *fidelis & dilecti* Consiliarii nostri, *in Parlamento prædicto, Magistri* Jacobi *de Andelaincuria, Decani Lingonensis Canonicique Parisiensis, de suis Ecclesiasticis redditibus, aut aliter provenientia, sivè suis sint domibus aut alibi, vel, ut est dictum, Parisius adducantur, quibuscumque prisiis, & arrestationibus prædictis, provisionibus pedagiorumque prestationibus, aut exactionibus aut transversorum libera deinceps, quietaque tenentis, & exempta, liberantes eidem Consiliario nostro præsentibus inspectis, quicquid fortasse, de suis bonis prætactis occasionibus foret captum. Vobis insuper expressius inhibentes, ne temerariis ausibus in hanc nostram jussionem attemptantes, manus nostras ad ipsius Consiliarii nostri bona, pro transversis, passagiis & provisionibus antedictis quomodolibet extendatis, nec etiam deinceps arrestetis, constanter scituri, quod si vestrûm quis in tantam raptus amentiam fuerit repertus, ut hujus* Mandati nostri *prevaricator fiat, aut etiam violator, eum ex officio suo penitus pellendum, cujusvis secluso præsidio suffragantis, & nihilominus pœnis trucibus noverit se plectendum.* Die decimâ-sextâ Novembris anno Domini millesimo quinquagesimo-tertio. *FOUVANZ.*

NOTES.

(a) Ces Letres sont au Registre A. du Parlement, feüillet 23.

Messire Simon de Bucy Conseiller & President au Parlement, & Messire Jean d'Andelaincourt Conseiller, qui avoient esté troublez dans la possession de leurs franchises, ayant intenté complainte, contre les Peagers de *Mante* & de *Meulant* ils obtinrent les Letres qui suivent, qui sont au Registre A. du Parlement, feüillet 23. *verso*, que l'on ne donne icy qu'en notes, parce qu'elles ne sont pas une Ordonance.

JOHANNES, *&c. Primo Parlamenti nostri hostiario, aut servienti nostro equiti Castelleti nostri Parisiensis, ad quem præsentes literæ pervenerint,* salutem. *Cum tàm de jure & ratione, quàm de usu & consuetudine notoriis, à tam diuturnis temporibus retroactis, quod hominum memoria in contrarium non existit notorie observatis* gentes nostræ *quæcumque, obsequiis nostris continuè insistentes, præsertim dilecti & fideles nostri* Cancellarius, *gentes* Camerarum *&* inquestarum *Parlamenti, Requestarum, hospicii & palacii, necnon gentes Compotorum nostrorum, thesaurarii notarii, Procurator noster generalis, atque Advocati nostri dicti Parlamenti, qui pro expeditione totius rei-publicæ, ac nostrorum & regni nostri negociorum sunt necessario constitutæ, ac etiam ordinatæ & in hoc personam nostrum repræsentant, pro* bladis, *alisque* granis, vinis, animalibus, lignis, aut aliis *munitionibus, sive garnisionibus suis quibuscumque, quas & quæ pro victu & necessariis earumdem, ipsis in servicio nostro existentibus, in* domibus *&* hospiciis, *per* terram, *sive* aquam *devehi & deferri faciunt, seu adduci, ad* pedagium, teloneum, *consuetam calceyam, transversum, exactionem,*

JEAN I.er & selon d'autres, Jean II. le 16. Nov. 1353.

NOTES.

seu quascumque alias redibencias solvendas, minime teneantur, sic quod hactenus & nuper pro quibusdam gentium nostrarum prædictarum, per plura arresta in dicto Parlamento prolata, & etiam per certas Ordinationes, & Declarationes per Nos & prædecessores nostros, super hoc factas *extiterit, partibus auditis, pluries pronunciatum*, declaratum, *ac etiam* ordinatum, *dictumque insuper fuerit aliter* per Arrestum, *quod Pedagiarii, aut redibenciarum prædictarum collatores seu domini ad aliquam* saisinam in contrarium *allegandam, vel proponendam minimè admitterentur. Hiisque nonobstantibus, pedagiarii de Medunta & de Meulento à gentibus dilecti & fidelis* Symonis de Buciaco *militis, & Consiliarii nostri, ac in Parlamento nostro* Præsidentis, *negociisque nostris continue insistentis, pro certis granis, videlicet pisis, & avenis qui pro victualibus & garnisionibus dicti Consiliarii nostri, per ripariam Secanæ Parisius adduci faciebant, certa pignora aut pecuniarum summas, occasione pedagii, seu transversi, ab anno citrà pluries ceperunt & habuerunt, præfatis gentibus ipsius Consiliarii nostri contradicentibus & invitis, in ejus grande præjudicium & gravamen, ac contra* Arresta, Ordinationes & Declarationes *prædictas* temere veniendo, *ac etiam* attemptando, *ipsumque Consiliarium nostrum, in* possessione *&* saisina *hujusmodi libertatis & franchisiæ, perturbando & impetrando indebite, & de novo sicut dicit.* Quo circa *vobis, & vestrûm cuilibet, tenore præsentium* Committimus & Mandamus *quatenus si hoc dictis pedagiariis super locis pedagiorum prædictorum, per confessionem ipsorum pedagiariorum, aut aliter legitime vobis sic esse constiterit*, impedimentum *&* novitatem *hujusmodi amoventes, pedagiarios memoratos ad* reddendum & restituendum *sæpedicto* Consiliario *nostro, aut ejus certo mandato, dicta* pignora, *aut* pecuniarum *summas, sic per eos ob causam prædictam captas, una cum dampnis & expensis propter hoc factis & habitis, necnon & ad cessandum à prædictis, celeriter* compellatis, *prænominatumque Consiliarium nostrum, in suis* possessione & saisina *prædictis* manu-teneatis, *&* conservetis, *& eis uti, & gaudere pacifice* faciatis. *Si vero Pedagiarii prædicti, aut aliqui ipsorum, seu alius quicumque, pro eisdem, vel eorum aliquo, in contrarium se opponere voluerint,* debato & rebus contentiosis ad manum nostram, tanquam superiorem *positis, factaque dicto Consiliario nostro de pignoribus, seu summis pecuniarum prædictis primitus recredentia, opponentes adjornetis ad certam & competentem diem, in nostro præsenti Parlamento, nonobstantibus, quod sedeat & ex causa procuratore nostro pro nobis & sæpedicto Consiliario nostro prout uniuscujusque intererit aut interesse poterit tam super attemptatis, quam opponentibus prædictis & aliis processuri, & alterius facturi & processuri, ut fuerit rationis, dilectas & fideles gentes nostras dictum Parlamentum tenentes de adjornamentis & aliis, quæ in præmissis feceritis* certifiando *competenter. Ab omnibus autem justiciariis & subditis nostris, vobis & vestrûm cuilibet in hac parte pareri volumus efficaciter & intendi.* Datum Parisius in Parlamento nostro decima-secunda die Januarii, anno millesimo trecentesimo quinquagesimo secundo. *DIONYSIUS.*

A peu près dans le même temps le Parlement fit le Reglement qui suit, touchant les *Dessaisines*, & où les *cas de nouvelletez*, auquel on ne peut donner aucune date certaine, & qui est au même Registre A. du Parlement, feuillet 24. *verso.*

Constitutio super casibus Novitatis in patria juris scripti.

QUERELÆ *super novis* Dessaisinis, *in Parlamento non veniant, sed quilibet Senescallus, Baillivus in Baillivia suâ, vocatis secum bonis viris,* adeat locum *& sine strepitu & figura, sciat & se informet, si sit* nova dessaisina, *seu impedimentum, seu perturbatio. Et si invenerit ita esse, faciat statim locum ressaisiri, & interim accipiat ad manum Regiam, &* faciat jus partibus coram se vocatis.

Cùm Matha de Lebreto, relicta defuncti Reginaldi Domini de Brageriaco *militis novissime defuncti, certas Literas* in casu novitatis *à nobis impetrasset contra dilectum & fidelem nostrum Comitem Petragoricensem & proposuisset contra ipsum in curiâ nostra, quod licet ipsa sit, & esset in possessione & saisina, & per tempus sufficiens ad possessionem acquirendam & retinendam juste, ac etiam suo jure, Villæ & Castri* Brageriaci *& pertinentiis ejusdem, nihilominus defunctus* Archembaudus *Comes Petragoricensis ipsam cum armis, per modum guerræ impediverat, eam turbando in suâ possessione & saisinâ indebite & de novo, ac etiam modernus Comes ipsam impediebat & impediverat in possessione & saisinâ prædictis, impedimentum dicti Comitis fratris sui cujus heres existit, continuando, ut dicebat. Quarè petebat dictum impedimentum amoveri, & quod etiam in suâ possessione manu-teneretur. Petebat etiam, ut cum prædictus Comes se prædictis in curiâ nostra opposuisset,* manus nostra *in dictis bonis contentiosis ante* omnia poneretur, *realiter & de facto & etiam teneretur, debato super prædictâ novitate durante, & quod hoc fieri debebat, attentis* Ordinationibus Regiis *super hoc factis & editis, necnon stilo curiæ Regis Franciæ in talibus observato, Dicendo etiam, quod apposita dicta manu in rebus prædictis, eidem fieri debebat recredentia de prædictis, per manum nostram prædictam, dicto durante debato. Prædicto Comite se in contrarium opponente, & dicente, se justis & pluribus causis, juste & legitime possidere res prædictas & esse in* possessione *&* saisina *de eisdem, & debere remanere in possessione prædictorum, quodque*

propter

NOTES.

propter dictam oppositionem, poni non debebant ad manum nostram res prædictæ, plures ad dictos fines, juris & facti proponendo rationes, protestando tamen in casu quo ad manum nostram ponerentur, propter oppositionem factam per eundem, de proponendo suas rationes, quare sibi fieri deberet recredentia de prædictis, dicto durante debato. Omnibus partibus hinc inde auditis, in hiis quæ dicere & proponere voluerunt. Dictum fuit per arrestum, *quod manus nostra, ut superior, in dictâ villâ & castro de* Bragariaco, *& ejus pertinentibus, propter oppositionem partium ad* manum nostram ponetur. *Et ea ad manum nostram posuit, & sub dicta manu tenebitur, dicta lite durante, facient dictæ partes, super* opposi-tione & debato *prædictis, facta sua, & super hiis inquiretur veritas & fiet jus.* Dictum *etiam fuit, quod super recredentia, quam quælibet dictarum partium petit sibi fieri, audientur, & fiet jus. Et quod dabitur certus Commissarius, qui dictas res contentiosas, propter debatum prædictum, sub* manu nostra tenebit *realiter & de facto, quousque super recredentia facienda ipsis partibus super hoc auditis, per Curiam nostram fuerit ordinatum.* Decima tertia die Julii anno trigesimo quinto.

JEAN I.er & selon d'autres, Jean II. à Paris le 18. Novembre 1353.

(a) Letres par lesquelles le Roy ordonne au Seneschal de Beaucaire & de Nismes, de faire crier & publier, que les gros Deniers blancs *que l'on fabriquoit alors, fussent pris pour* huit deniers tournois. *Les* Doubles tournois *& les* Deniers d'or à l'escu, *pour le prix fixé par les Ordonnances precedentes.*

JEHAN par la grace de Dieu Roy de France, au Seneschal de Beaucaire & de Nismes, ou à son Lieutenant, Salut. Comme par nos derrenieres Ordenances faictes sur le cours de nos Monnoyes. Nous avons *Ordenné & Deffendu* expressement à touz, que nulz de quelque condition, ou estat qu'il soient, sur peine de *corps & d'avoir,* ne soient si hardys de prendre, ou mettre aucune monnoye d'or ou d'argent quelle que elle soit, excepté les *Deniers d'or à l'Escu, & Doubles tournois, que nous faisons faire à present,* & pour *le pris que Nous leur avons Ordené & non pour plus.* Et depuis ce Nous avons entendu, & sommes plainement enfourmez, que le commun Peuple de nôtre Royaume, a très grant necessité de monnoye, & de payement, laquelle chose est & pourroit estre mouit grandement, ou domaige & préjudice de *Nous* & de *nôtre commun Peuple,* se sur ce n'estoit pourveu de remede. *Savoir faisons,* que Nous en consideration aux choses dessusdites, *par bonne & grant deliberation de notre Conseil,* avons *Ordené* estre fait par toutes nos Monnoyes, *gros Deniers blanz,* aux quiex nous avons donné & donnons *cours par ces presentes, pour Huit Deniers tournois* la piece, & non pour plus. Si vous *Mandons & Enjoignons* estroitement, que par tous les lieux notables & accoustumez en vôtredite Senechaussée & ressort d'icelle vous faciez *criér & publier* sollempnement, que *iceus gros Deniers blanz,* que Nous faisons à present, comme dit est, *soient prins & mis pour Huit Deniers tournois la piece,* & non pour plus; & aussi les *Doubles tournois,* & *Deniers d'or à l'Escu,* auxquiex par nosdites Ordennances, Nous avons donné cours, soient prins & mis pour le pris & cours, que *Nous avons Ordonné* & donné par nosdites Ordenances, & non pour plus, en faisant icelles publier derechief sollempnement, tenir & garder d'un chascun, sans enfraindre selon leur teneur, & en faisant punicion de tous ceus que vous pourrez savoir & trouver faisanz, ou avoir fait le contraire d'icelles nosdites Ordenances, par la maniere que contenu est en icelles, sachans pour certain que, se de ce faire, vous pouvez estre trouvez remis, ou negligens, Nous nous en prendrons du tout à vous. *Donné à Paris le dix-huitiéme jour de Novembre, l'an de grace mil trois cent cinquante-trois,* sous le seel de nôtre Chastelet de Paris en l'absence du grant. Par le Conseil, CHAPELLÉ.

NOTES.

(a) Ces Letres sont en original au Tresor des Chartes à Paris.

JEAN I.er & selon d'autres, Jean II. au mois de Novembre 1353.

(a) Ordonance portant reglement pour les payemens.

SOMMAIRES.

(1) Toutes dettes pour cause de loiers de maisons, rentes à heritage, à vie, ou à volonté, &c. échûës au terme de la Toussaints, & du jour des Morts, depuis le premier jour de May precedent, que la foible monoye eût cours, jusques au troisième jour du present mois, seront payées à la foible monoie, pour le prix qu'elle a couru avant la publication de la forte monoie, &c.

(2) Ce qui sera dû pour les termes échûs avant le troisiéme jour du present mois de Novembre, & ce qui eschera à l'avenir sera payé à la forte monoie.

(3) Ce qui est dû pour les termes precedens le premier jour de May de la presente année, sera payé à la nouvelle monoie, selon la valuë du marc d'argent, &c.

(4) Les fermes muables, *à payer en deniers, tant d'impositions que d'autres choses, qui se levent à l'une & l'autre monoie, seront payées pour le temps passé & à venir, comme les rentes, &c.*

(5) Des fermes muables, *baillées, prises & retenuës devant le quatriéme jour de Fevrier 1351. auquel l'autre mutation de monoie qui preceda la derniere de foible à fort, & de celles qui furent prises, depuis le quatriéme jour de Fevrier, jusques au premier jour de May, ce qui en a esté dû pour les termes échûs jusques au premier jour de May, sera payé à la* nouvelle monoie, *à la valeur de ce que le marc d'argent valoit aux termes échûs avant le premier May. Et ce qui est échû depuis le premier jour de May, jusques au 3. Novembre compris, sera payé à la foible monoie.*

(6) Ce qui en sera dû pour les termes échûs, ou à venir, depuis le 3. de Novembre, *sera payé pour les fermes prises devant le 4. de* Fevrier, *à la monoie qui aura couru, & qui aura cours aux termes échûs, ou à échoir depuis le 3. de* Novembre. *Et quant aux fermes prises depuis le 4.* Fevrier, *elles seront payées à la nouvelle monoie selon la valeur du marc d'argent, au temps de la prise & du payement, &c.*

(7) Les ventes de bois *prises depuis la foible monoie, soit à payer à une fois, ou à termes, & soit que les termes soient passez ou à venir, seront payées à la* foible monoie, *& pour le pris qu'elle avoit, au temps de la prise, tant qu'elle aura cours, ou à la nouvelle monoie selon le prix du marc d'argent.*

(8) Si les termes *des ventes des* bois *sont passez, & si le bois n'estant pas* coupé, *le marchand doit au vendeur quelque somme d'argent, ils seront payez à la monoie courante, &c.*

(9) Si une partie du bois reste encore à couper, & si les termes des payemens ne sont pas encore échûs, l'acheteur sera maître de tenir son marché, pour payer à la monoie qui aura cours. Mais si le vendeur n'est pas content pour les termes à venir, de la monoie qui couroit au temps du marché, au prix du marc d'argent. il pourra reprendre son bois, &c.

(10) Quant aux ventes de bois prises avant le cours de la derniere foible monoie, dont le bois est coupé, & les termes des payemens sont passez, & pour raison desquels il est dû quelque somme d'argent, avant le cours de la foible monoie, si l'acheteur a promis de payer à termes, à telle monoie, & pour tel prix qu'elle auroit cours aux termes, *il en sera quitte en payant ce qu'il doit pour les termes échûs, à la monoie qui avoit cours aux termes, ou à la monoie nouvelle, à la valuë du marc d'argent, &c.*

(11) Pour les ventes de bois prises avant le cours de la foible monoie, dont le bois est coupé, & dont il y a des termes de payemens à venir, ils seront faits à la monoie courante, aux termes des payemens.

(12) Si de ces ventes, le bois n'est pas tout coupé, & si les termes échûs au temps de la foible monoie estant passez, l'acheteur en doit encore quelque partie, le payement en sera fait à la monoie courante s'il luy plaist, sinon le vendeur, au cas qu'il ne soit pas content, pourra reprendre sa vente & son bois.

(13) Et si de ces mesmes ventes prises avant le cours de la foible monoie, dont il y a des termes de payemens à venir, & dont il reste une partie du bois à couper, les payemens *à échoir seront faits à la monoie qui aura cours, aux termes, sans que* l'acheteur *y puisse renoncer.*

(14) Les Fermiers, ou marchands qui ont pris des fermes muables d'impositions ou autres, depuis la publication de la forte monoie, & ceux qui auparavant avoient des fermes, & qui depuis la publication de la forte monoie *ont continué leurs fermes, sans parler, qui avoit cours avant la publication de la forte, pour le temps precedent le troisiéme du present mois de Novembre, ils payeront ce qu'ils doivent, à la monoie courante avant la* publication de la forte monoie. *Et pour le temps échû depuis le 3. de Novembre, à la monoie qui aura cours au temps des payemens.*

(15) Si dans les Contracts, ou marchez il y a des convenances pour les payemens, entre le vendeur & l'acheteur, elles seront observées à l'égard de ce qui sera dû pour les termes échûs & à venir depuis le 3. de Novembre, à moins qu'au temps du payement la monoie ne

fût plus forte qu'elle n'estoit au temps de l'écheance; auquel cas le debiteur seroit quitte en payant à la monoie courante denier pour denier, &c.

JEAN I.er & selon d'autres, Jean II. au mois de Novembre 1353.

ORdonnances faites par le grant Conseil du Roy, ou *mois de Novembre l'an mil trois cens cinquante-trois*, sur la maniere des payemens des rentes, gages, loyers de maisons, & fermes muables, pour cause de la mutation de la monnoye faite de foible à fort, *à Paris le vingt-sixiéme jour du mois d'Octobre, l'an dessusdit.*

(1) Que de toutes debtes deues à cause de loyers de *maisons, de rentes, & heritages à vie*, à *volenté*, ou *à temps, gages* à termes, ou par jours, & de toutes semblables choses de quelconque nature, ou especialité que elles soyent, pour le terme de ceste *Toussaint* nouvellement *passé*, & aussi du jour des *Mors* ensuivant, & de tous les termes *escheuz*, depuis le *premier jour de May* darrenier passé, que la darreniere *foible monnoye* eut son premier cours, jusques au tiers jour de cest present mois de Novembre exclus, *se payeront à ladite foible monnoye qui darrenierement* a couru, & pour le pris que elle a couru, avant le cry & publication de la nouvelle forte monnoye, *c'est assavoir* tant comme icelle foible monnoye aura aucun cours. Et se au tems que l'en les payera icelle foible monnoye n'avoit point de cours, l'en les payera en la monnoye nouvelle, selonc la value du *Marc d'argent*, de temps à temps, par tele maniere, que pour les termes echeuz depuis *le Vingt-sixiéme jour dudit mois d'Octobre*, jusques audit *tiers jour de ce present mois de Novembre*, l'en aura consideration au pris que *Marc d'argent* valoit, avant ledit *vingt-sixiéme jour d'Octobre*, & pour l'autre temps precedent, selon ce que *Marc d'argent* valut aux journées *des termes.*

(2) Item. Ce qui est deu, ou sera, pour les causes dessusdites, ou aucun d'icelles, pour les termes escheuz des ledit *Tiers* de ce present mois de Novembre enclos ençà, & qui d'oresnavant escherront, se payera à la presente *forte monnoye* qui court à present, ou qui courra aux temps des payemens.

(3) Item. Ce qui en est deu pour les termes precedens ledit *premier jour de May darrenier passé*, se payera à la nouvelle monnoye, selon la *value du Marc d'argent* de l'un temps à l'autre, se ainsy n'estoit que au temps du payement courust *plus foible monnoye*, que il n'avoit fait au terme deu; ouquel cas l'en seroit quitte par payant la monnoye courant au temps du payement, denier pour denier.

(4) Item. Les *fermes muables*, se tendront & payeront, par les manieres qui ensuivent.

Celles à payer en deniers, tant de impositions comme d'autres choses, qui se lievent autant à une monnoye comme à autre, si comme sont, peages, travers, émolumens de seauls, & de Escriptures ordennées, & semblables choses, *se payeront* pour les tems passez & avenir par la maniere *que dessus est dit des rentes*, sauf que se en aucunes de tels *fermes*, avoit aucuns autres *membres* d'autre nature; *C'est assavoir* des choses qui ensuivent la monnoye, & *croissent & descroissent*, ou valent plus, ou moins selon le cours de la monnoye foible, ou forte, les fermiers audit cas ne payeront fors que proportionellement selon la nature & qualité des *membres* d'icelles fermes. C'est assavoir des choses qui se lievent autant à une monnoye comme à autre, pour chascun temps, à la monnoye qui a couru, & courra, pour le tems. Et pour les *membres*, choses, ou partyes qui se lievent plus & moins, comme dit est, payeront pour ledit temps escheu, & à escheoir, depuis ledit tiers jour de Novembre, *au feur du pris du Marc d'argent*, de la premiere prise de la ferme, se ainsi n'estoit que les fermiers eussent accepté leurs fermes, & aultres souffermes, ou depuis la publication de ladite forte monnoye faitte en leurs lieux accoustumez, sans faire mention de la foible monnoye qui avoit couru par avant; ouquel cas, il payeront selon ce qui est dit dessus; c'est assavoir la monnoye & pour tel pris comme elle a couru, & courra aux termes depuis le tiers jour de Novembre.

NOTES.

(a) Cette Ordonance est au Tresor des Chartes du Roy en original. Voyez cy-dessus l'Ordonnance du 5. Octobre 1353.

JEAN I.er & selon d'autres, Jean II. au mois de Novembre 1353.

(5) *Item.* Desdites *fermes muables* baillées, prinses & retenues *devant le quart jour de Fevrier trois cens cinquante & un,* ouquel jour l'autre mutation de monnoye precedant ceste nouvelle mutation, *se fist de foible à fort,* & aussi qui furent *prises depuis ledit quart jour de Fevrier,* jusques audit *premier* jour de May, ce que dit en fut pour les termes escheuz, jusques audit premier jour de May, ce qui aucores en est deu, se payera à la *nouvelle monnoye* courant à present, à la valeur de ce que *Marc d'argent* valoit auxdits termes escheuz, devant *le premier jour de May,* par la maniere que dit est cy-dessus des *rentes:* & ce qui en est deu pour les termes escheuz dudit premier *jour de May* jusques audit *tiers jour de Novembre enclos,* se payera à ladite foible monnoye qui darrrenierement a couru, & pour le pris que elle a couru tant comme elle aura cours, & son cours failli à la *nouvelle monnoye* selon le pris du *Marc d'argent* par la maniere devant dite.

(6) *Item.* Ce qui en est, ou sera deu pour les temps & termes escheuz ou avenir, depuis ledit *tiers jour de Novembre,* se payera, c'est assavoir *des fermes prises* devant ledit quart *jour de Fevrier,* à telle monnoye *comme il a couru,* & courra aux termes desdites fermes, tant escheuz comme à *escheoir,* & à venir depuis ledit *tiers jour de Novembre,* Et des autres Fermes prises & retenuës, depuis ledit *quart jour de Fevrier,* se payera à ladite nouvelle monnoye selon la valeur du *Marc d'argent,* de la prise, & du payement. C'est assavoir en ayant regart au pris que *Marc d'argent* valoit le jour que la ferme fut premierement mise à pris, & que ledit *Marc d'argent* vaudra au jour que l'en payera par la maniere dessusdite; C'est assavoir se ainsi n'estoit que au temps du payement courust plus forte monnoye que il n'avoit fait au terme que on devoit, ouquel cas l'en seroit quitte, par payant la monnoye courant au temps du payement, denier pour denier, comme dessus; sauf tant au bailleur, que ou cas que il sentiroit ou diroit soi grevé en ladite modification ou ordonnance de la maniere des payemens desdites fermes prises depuis ledit *Quart jour de Fevrier,* & demanderoit, ou voudroit avoir tele monnoye comme il courroit aux termes de la ferme escheuz ou à eschoir comme dit est, le *Preneur* la l'y pouroit payer se il vouloit, & se il ne vouloit ainsi faire ne ne vousist payer fors que à la valeur du *Marc d'argent,* selon la maniere ordenée cy-dessus, le *Bailleur* en ce cas pourroit reprendre & oster si l'y plaisoit ladite ferme au *Preneur,* & seroit tenu ledit *Preneur* rendre pendant quinze jours ensuivans au *Bailleur* bon compte & loyal par serement de tout ce qu'il auroit receu de ladite ferme pour le temps qu'il l'auroit tenue, & payer tout ce qu'il en devroit par ledit compte, rabatues les loyaux mises. Et ou cas que le *Preneur* voudroit payer la monnoye qui a couru, ou courra aux termes, la ferme l'y demourroit, sans ce que le *Bailleur* la peust reprendre, ne oster, se ainsi n'estoit tant es *fermes du Roy,* comme en autres qui en baillant ou prenant icelles fermes eust en fraude, ou deception notable, ou faute d'avoir gardé les solemnitez deues & accoustumées es bauls des *fermes du Roy,* ouquel cas se aucuns vouloient encherir lesdites fermes, il y seroient receuz nonobstant que le temps des enchieres fust passé, & de long-temps. Et durera le temps des enchieres, quinze jours après la publication de ces presentes Ordennances, es lieux accoustumez à estre publiées.

(7) *Item.* Les *Ventes de bois* prises depuis que ladite foible a eu plain cours, à payer à une fois, ou à termes, un ou plusieurs, soient les termes passez, ou à venir, mais le bois est tout levé, se payeront à ladite *foible monnoye,* & pour le pris que elle avoit cours au temps de la prise, tant comme elle aura cours, ou à la nouvelle monnoye selon le pris du *Marc d'argent.*

(7) *Item.* Les *Ventes de bois prises,* comme dit est, dequoy les termes des payemens *sont tous passez,* mais le bois n'est pas tout couppé, & si en doit encores le Marchand au Vendeur certaine *somme d'argent* pour aucuns termes passez, se payeront à la *monnoye qui court,* & pour le prix que elle court. *C'est assavoir* ce qui en est deu pour tant de portions de bois, comme il y a à coupper, ou se ledit Marchand de bois veult, il pourra renoncier à la couppe du demourant de bois, & l'y sera descompté de sa debte, à la value & selon le pris du marchié, & la qualité & value du bois couppé & à

coupper. Et se il doit plus que ladite portion de bois à coupper monte, il payera le demourant à ladite foible monnoye, & se le bois à coupper monte plus que la somme d'argent deue, le vendeur sera tenus de payer le surplus à son Marchand, à ladite foible monnoye.

(9) *Item.* Les *Ventes de bois* prises, comme dit est, dequoy partye du bois est à coupper, & les termes des payemens *sont aussi à venir,* au cas que *l'Achapteur* voudra tenir son marchié pour *payer tele monnoye,* & pour tel pris comme il courra aux termes, *faire le poura,* senz contredit dudit Vendeur, & ou cas qu'il ne voudra ce faire, se le vendeur ne veult estre content, pour les *termes à venir,* de la monnoye qui couroit au temps du marchié, au pris du *Marc d'argent,* il poura *son bois & sa vente reprendre* pardevers soy, ou poinct où elle est, se il l'y plaist, en recevant de l'Achateur au pris que ladite vente ly cousta, ce que il ly pourra devoir, en ladite foible monnoye, comme dessus. C'est assavoir de & pourtant comme ledit Achateur aura exploitié dudit bois. Et sera regardé l'afforement ou empirement de la vente, où se le meilleur bois où le pire est couppé, ou exploitié, ou à coupper, ou à exploiter: & de ce sera faite compe-tant estimation.

(10) *Item.* Les *Ventes de bois prises* avant le plain cours de ceste darreniere foible monnoye, dequoy le bois est tout couppé, & les termes des payemens sont passez, mais l'en en doit encores au Vendeur certaine *somme d'argent, pour le terme* escheu au temps de la foible monnoye, *si l'Achateur* a promis à payer *à termes,* & à telle *monnoye,* & pour tel *pris,* comme elle auroit cours aux termes, il sera *quicte par payant ce que il doit* pour les termes escheuz à tele monnoye comme il couroit *aux termes, & pour le pris* que elle avoit cours, ou à la *monnoye nouvelle, à la valure du Marc d'argent,* & se l'*Acheteur,* ou contract de son marchié ne fist point de mention à payer à la *monnoye courant* aux termes, & pour le pris que elle y couroit, mais promist, ou *se obligea simplement* à payer certaine *somme d'argent* à chascun de certains termes, il sera tenuz en ce cas à payer *bonne monnoye.* C'est assavoir *celle qui court, ou courra au temps que il payera,* & pour le *pris que elle court,* ou courra lors, se ainsi n'estoit que au temps du marchié il eust couru plus foible monnoye que celle qui court ou courra au temps du payement, ouquel cas l'en payera selon la value *du Marc d'argent,* si comme cy-dessus est dit des fermes muables.

(11) *Item.* Les *Ventes de bois prises* avant le plain cours de ladite foible monnoye, dequoy le bois est tout couppé, & aucuns des termes des payements sont avenir, se payeront *à la monnoye courant,* aux termes des payemens.

(12) *Item.* Les *Ventes des bois* prises comme dit est, dequoy le bois *n'est pas tout couppé,* & les termes des payemens sont passez; mais l'Achateur en doit encores partye de l'argent escheuz au temps de *la foible monnoye,* se payeront à tele monnoye comme il court, ou courra quant l'Achateur payera se il l'y plaist, & sinon & le vendeur ne veult estre content de la monnoye qui couroit au terme du payement deu, il pourra reprendre sa vente & son bois, ou poinct que il est, par la maniere qu'il est devisé cy-dessus des ventes semblables prises depuis le cours de la foible monnoye.

(13) *Item.* Les ventes de bois *prises avant le cours de ladite foible monnoye,* de quoy aucuns termes des payemens sont à venir, & aussi le bois, ou partie du bois *est à coupper,* se payeront pour les termes à venir à la monnoye qui courra & pour le pris que elle courra aux termes, senz ce que l'achateur y puisse renoncier.

(14) *Item.* Les *fermes muables,* tant de impositions, comme de autres choses quelconques, & des *marchiez de bois,* des que les *fermes, les marchiez & enchieres* sont faillies la *veille* de la feste de la *Toussaints, le jour d'icelle feste,* ou aucun autre jour quelque il soit, depuis la publication du cours de la *nouvelle forte monnoye,* es liex où ladite monnoye a esté publiée, si les fermiers, ou Marchans ont icelles *fermes ou marchiez enchieris depuis ladite publication,* où lesdits Fermiers, ou Marchands, qui *avant ladite publication* avoient lesdites fermes, ou marchiez darrenieres prises, ou enchieries, & depuis ladite publication *de ceste forte monnoye,* dessusdictes, ont leursdites fermes ou marchiez en continuant leurs *prises, mises,* ou *enchieres* sur ce faites, affermées,

JEAN I.er & selon d'autres, Jean II. au mois de Novembre 1353.

accordées & acceptées, senz faire mention de ladite *foible monnoye,* courant devant ladite *publication de cette presente forte monnoye,* les fermiers, ou Marchands en ce cas seront tenus pour le temps precedent *le tiers jour de present mois de Novembre* dessusdit, se il en doivent aucune chose, *ce que il en doivent payer à la monnoye courant avant la publication de ceste presente forte monnoye,* & pour le temps ensuivant. C'est assavoir *depuis ledit tiers jour de ce present mois de Novembre en avant, à la monnoye qui court ou courra* aux termes des payemens.

(15) Item. Se pour certaines & justes causes, es contraux tant de fermes, comme de marchiez de bois & autrement, sont *intervenues, ou accordées* entre les Parties, *certaines, ou expresses convenances,* que le *Preneur,* ou *Achateur* doit payer au Bailleur, ou Vendeur, tele monnoye, & pour tel pris comme il courra aux termes mis & assignez sur les payemens d'iceuls contraux, *lesdites convenances seront tenues & gardées, quant à ce qui en aura esté, est, ou sera deu pour les termes escheuz & avenir, depuis ledit tiers jour de Novembre* ença; se toute voyes ainsi n'estoit, que *au temps du payement* courust plus forte monnoye, qu'il n'avoit fait au terme que on devoit, ouquel cas l'en seroit quictes par payant la monnoye courant au temps du payement, *denier pour denier,* si comme autre part est dit dessus, nonobstant *Ordennances* quelconques au contraires. Et parmy les manieres & modifications dessus escriptes, tendront les *Preneurs* & *Achateurs* leurs fermes, & leurs marchiez, senz ce qu'il y puissent renoncier autrement que dessus est dit. Toute voye se en aucun des cas & articles dessus escrips, ou es dependances d'iceux, avoit ou naissoit aucuns troubles ou doubtes, la Declaration en est reservée pardevant les Gens des Comptes à Paris.

JEAN I.er & selon d'autres, Jean II. à Paris le 6. Decembre 1353.

(a) Mandement du Roy aux Generaux-Maîtres, par lequel derogeant à un autre precedent, *de faire ouvrer dans ses Hostels, une monoie blanche & noire, sur le pied de* Monnoye Trente-deuxiéme & demie, *de faire donner de chaque Marc d'argent* allayé *à deux Deniers de Loy,* Quatre livres dix sols Tournois *& de tout autre Marc d'argent* allayé *à quatre* Deniers *& au-dessus,* Quatre livres quinze sols tournois, *Ordonne* qu'on donnera *du Marc d'argent* allayé *à trois Deniers cinq grains,* Quatre livres quinze sols tournois, *& de tout autre Marc d'argent* allayé *à deux Deniers de Loy,* Quatre livres dix sols tournois.

JEHAN par la grace de Dieu, Roy de France : A nos amez & feaulx les Generaulx-Maîtres de noz Monnoyes, *Salut & Dilection.*

Comme Nous pour certaine cause vous ayons n'agueres mandé par noz Lettres ouvertes, que à tous *Changeurs* & *Marchans* frequentans nosdites Monnoyes, en faisant faire & ouvrer en icelles pour Nous & en nôtre nom, *Monnoye blanche & noire,* sur le pié de *Monnoye Trente-deuxiéme & demie,* vous faciez donner en *chacun Marc d'Argent* qu'ils ont apporté, ou apporteront en icelle, *allayé, à deux Deniers de loy,* Quatre livres diz solz tournois, *& en tout autre Marc d'Argent allayé, à quatre deniers & au-dessus, quatre livres quinze solz tournoys.* Et depuis ce Nous avons entendu, & sommes pleinement enfourmez que au prouffit & avancement de l'ouvrage de *nosdites Monnoyes,* les dessusdiz *Changeurs & Marchanz* frequentans icelles pourront avoir & cueillir plus habundamment la matiere convenable & necessaire pour faire ledit ouvrage, en faisant *leur loy à trois deniers cinq grains.* Nous vous *Mandons,* & à chascun de vous *Enjoignons* estroitement & pour certaine cause, que tantost & sans delay, ces Letres vûes,

NOTES.

(a) Ce Mandement est au Registre C. de la Cour des Monnoyes de Paris, feüillet 137. verso.

vous faciez donner *en toutes nosdites Monnoyes*, à tous iceulx *Changeurs & Marchans*, en chacun *Marc d'argent* qu'il apporteront, *(b) allaié à trois deniers cinq grains*, comme dit est, *Quatre livres quinze solz tournoys*, & en tout autre *Marc d'argent* allayé *à deux* deniers de loy, *Quatre livres dix sols tournois* comme paravant. De ce faire à vous, & à chascun de vous *Donnons* povoir, auctorité & mandement especial, par la teneur de ces Presentes. *Donné à Paris le sixiéme jour de Decembre, l'an de grace mil trois cens cinquante-trois*, sous le Seel de nôtre secret en l'absence de nôtre grant. *Ainsi signé* par le Roy, *MATTHIEU.*

NOTES.

(b) Allayé à trois deniers cinq grains.] Voyez cy-aprés le Mandement du 5. Fevrier 1353.

JEAN Ier & selon d'autres, Jean II. à Paris le 5. Fevrier 1353.

(a) Mandement du Roy aux Generaux-Maîtres des Monoies de faire ouvrer dans ses Hostels, de petits Deniers tournois, *qui auront cours pour un* Denier tournois la piece, *sur le pied de monoie* trente-deuxiéme & demie. *Et de faire donner à chaque Changeur & Marchand, de chaque Marc d'Argent* allaié *à deux Deniers de Loy*. Dix sols tournois de Creûë, *outre le prix ordinaire, & de tout autre Marc d'argent allayé à trois Deniers cinq grains*, Douze sols *tournois de Creûë*.

JEHAN par la grace de Dieu Roy de France: A noz amez & feaulx les Generaulx Maîtres de noz monnoyes, *Salut & dilection*. Il est venu à nostre cognoissance, & de ce sommes pleinement enformez que *plusieurs bonnes gens & menuz Marchans*, qui en nostre Royaume se sont soustenuz & gouvernez, & encores sont, ont accoustumé à avoir *petits Deniers, & autres monnoyes*, pour faire *change aux menues gens*, qui *d'eulx achaptent leurs denrées, & marchandises*, sans lesquels il ne se peuvent & ne pourroient bonnement vivre, ne gouverner, ne faire aucunes *ausmones pour l'onneur de Dieu*. Et aussi que plusieurs noz *Voisins* ont *contrefait* & *contrefont* nos monnoyes que Nous faisons faire à present, en *fortreant*, & portant hors de nostredit Royaume, *tout le billon* que il peuvent trouver, duquel Nous *deussions ouvrer* en nosdictes monnoyes. Lesquels choses ont esté & sont ou trés grant *dommaige* de Nous & de nostre Peuple; & pourroient estre encores plus se sur icelles n'estoit pourveu de remede: *Pource est-il* que Nous, eu sur ce consideration par bonne deliberation de nostre Conseil: Et afin que nosdites monnoyes & billon ne puissent si habondamment estre portées ou fortraictes hors de nostredit Royaume ne contrefaictes. Vous *Mandons* & estroitement, *Enjoignons* & à chascun de vous, que en toutes & chascunes noz monnoyes, là où vous verrez qu'il appartiendra estre fait, vous faciez faire *petits Deniers tournoys, qui auront cours pour ung Denier tournois la piece, de tel pris & loy comme bon vous semblera, sur le pié de monnoye trente-deuxiéme & demye*, que Nous faisons faire à present: Et avecques ce affin que noz dictes monnoyes, ou aucunes d'icelles, ne puissent ou doient cheoir en chomaige. Vous *Mandons* & *Commandons*, & chascun de vous, que tantost & sans délay vous faciez donner par toutes nosdites Monnoyes, à tous *Changeurs* & *Marchans* frequentans icelles, en chascun *Marc d'argent* allaié à deux Deniers de loy *Dix sols tournois de creüe*, oultre le pris que Nous y donnons à present *(b)* lequel est de *Quatre livres dix sols tournoys pour marc:* Et en tout *Marc d'argent* allaié à Trois Deniers cinq grains *Douze sols tournoyes de creüe*, oultre le pris

NOTES.

(a) Ce Mandement est au Registre C. de la Cour des Monoies de Paris, feüillet 139. *verso*.

(b) Lequel est de quatre livres dix sols.] Voyez cy-dessus le Mandement du 6. Decembre 1353.

de presant lequel est de *Quatre livres quinze sols tournoys.* Ce faictes vous & chascun de vous si dilligemment & en tele maniere que vous n'en puissiez estre reprins de negligence: Et de ce faire, Nous & à chascun de vous donnons plain pouvoir auctorité & mandement especial par la teneur de ces presentes. *Donné à Paris le cinquiéme jour de Fevrier, l'an mil trois cens cinquante-trois, & estoit ainsi signé Par le Roy, ouquel vous & M. l'Evesque de Chaalons & M. De Reuil, estiez* VERRIERE.

JEAN I.er & selon d'autres, Jean II. à Paris le 12. Mars 1353.

(a) Letres adressées au Seneschal de Beaucaire & de Nismes, par lesquelles le Roy ordonne que le Denier d'Or à l'Escu, *qui avoit cours auparavant pour* Quinze sols, *sera mis & pris à l'avenir, pour* Vingt sols tournois *la piece.*

JEHAN par la grace de Dieu, Roy de France: *Au Senechal de Beaucaire & de Nime,* ou à son Lieutenant, *Salut.*

Comme Nous par nos Ordenances darrenierement faites, sur le cours de nos Monnoyes, ayons *ordené* & *deffendu* expressement à tous, sur certaines peines, que nulz de quelque condition ou estat qu'il fussent ou soient, ne fussent tant osez, ne si hardiz de prendre, ou mettre *le denier d'Or à l'Escu,* que Nous avons fait faire, & *faisons faire à present,* pour plus de *Quinze sols tournois* la piece; Sçavoir *faisons* que depuis Nous *avons eü trés grant & bonne deliberation* avec nôtre Conseil, au profit de nôtre Royaume, avons *Ordonné & Ordonnons* par ces presentes, que *le Denier d'Or à l'Escu* que Nous avons fait faire, & faisons faire à present, comme dit est, ait cours doresen-avant, & soit prins & mis d'un chascun pour *Vingt sols tournois la piece,* & non pour plus. Si vous *Mandons,* & étroitement *Enjoignons* que tantost & senz delay, ces Letres reçûës, vous faciez crier & publier solennement en tous les lieux notables & accoûtumez en vôtredite Seneschaussée & ressort d'icelle, que iceluy *denier d'Or à l'Escu* ait cours, & soit prins & mis d'un chascun pour *vingt sols tournois la piece,* & non pour plus: En faisans punicion, sans épargne, de tous ceux qui seront trouvez faisans le contraire, desquels Nous voulons execution pleine estre faite senz aucune grace, selonc le contenu de nosdites darrenieres Ordenances: Et ce faites si diligemment & par tele maniere que Nous nous puissions appercevoir de vôtre bonne diligence. *Donné à Paris le douziéme jour de Mars, l'an de grace mil trois cens cinquante & trois.* Par le Roy en son Conseil. *BLANCHET.*

NOTES.

(a) Ces Letres sont en original au Tresor des Chartes du Roy à Paris.

JEAN I.er & selon d'autres Jean II. à Paris le 22. Mars 1353.

(a) Mandement aux Generaux-Maîtres, par lequel le Roy leur ordonne de faire donner en ses Hostels, du Marc d'argent blanc ou noir, Dix sols tournois de creüe, *outre le prix ordinaire, sçavoir* du marc d'argent *allayé à trois Deniers cinq grains,* Cent dix-sept sols tournois, *& en tout autre marc d'argent allaiê à deux Deniers de Loy, argent le Roy & au-dessous* Cent dix sols tournois.

JEHAN par la grace de Dieu, Roy de France, à noz amez & feaulx les Generaulz-Maîtres de nos Monnoyes, *Salut & dilection.*

Nous pour certaine cause vous *Mandons* que tantost & sans delay, ces Letres vûës, vous faciez donner par toutes noz Monnoyes à touz *Changeurs* & *Marchans* frequentans en icelles, en icelles, de chascun *Marc d'Argent* qu'ils apporteront en nosdites Monnoyes, tant en blanc comme en noir, *Dix sols tournois de creuë*, oultre le prix que Nous y donnons à present; C'est assavoir que vous faciez donner en chascun Marc d'Argent allaié *à trois* Deniers cinq grains, *Cent dix-sept sols tournois;* Et en tout autre Marc d'Argent allaié *à deux deniers de loy Argent le Roy*, & au dessoubz *cent dix sols tournois;* Ce faites si dilligemment & en tele maniere que il n'y ait deffault. De ce faire à vous & à chascun de vous donnons povoir, auctorité & mandement especial par la teneur de ces presentes. *Donné à Paris le vingt-deuxiéme jour de Mars, l'an de grace mil trois cens cinquante-trois.* Ainsi signé par le Roy. *MELLOU.*

NOTES.

(a) Ce Mandement est au Registre C. de la Cour des Monoies de Paris, feüillet 142. *verso.*

JEAN I.er & selon d'autres, Jean II. à Paris le 8. Avril 1353.

(a) Mandement par lequel le Roy ordonne aux Generaux-Maîtres de ses monoies de faire ouvrer de gros Deniers tournois *&* des Doubles *tournois, sur le pied* de *monoie* Quarante-huitiéme.

JEHAN par la grace de Dieu, Roy de France, à noz amez & feaulx les Generaulz-Maîtres de nos Monnoyes, *Salut & dilection.*

Nous pour certaines & vrayes causes, en consideration de ce que Nous povons avoir à faire à present pour cause de noz guerres, & autres choses touchant la deffension de nôtre Royaume, pour le prouffit de Nous, & du commun & de nôtre peuple, par trés grant & meur deliberation, avons *Ordonné*, & *Voulons* estre fait par toutes nos Monnoyes *gros Deniers tournois, blancs & Doubles tournois*, telz comme Nous faisons faire à present; lesquelz seront faiz & ouvrez *sur le pié de Monnoye quarante-huitiéme*: Et seront iceulx *gros à trois deniers quatre grains* & quatre grains de loy, comme ceulx que l'en fait à present, & seront de *huit sols de poix, au marc de Paris*, & les *Doubles tournois à ung denier seize grains de loy*, & de *seize sols huit deniers de poix audit Marc.* Si vous *Mandons* & estroitement *Enjoignons*, & à chascun de vous, que sans delay, par la meilleure maniere que vous pourrez & que vous verrez qui sera à faire, vous faciez iceulx *gros & doubles tournois* ouvrer & monnoyer par toutes noz Monnoyes *sur le pié de Monnoye Quarante-huitiéme* par la forme & maniere que dessus est dit, en donnant à tous *Changeurs & Marchands* frequentans icelles, en *tout Marc d'Argent* allayé à trois deniers cinq grains, *Dix-huit sols tournois de creuë*, oultre le prix que Nous y faisons donner à present; C'est à sçavoir qu'il auront pour *chacun Marc d'Argent allayé*, comme dit est, *Six livres quinze sols tournois*, & en tout autre *Marc d'Argent allayé au dessoubz desdits* trois deniers cinq grains de loy, *Quinze sols tournois de creuë*, oultre le prix de present; ainsi auront *Six livres cinq sols tournois dessusdits*, par telle maniere comme vous verrez qu'il appartiendra: Et avecques ce vous *Mandons* & à chascun de vous, que à nos *Ouvriers & Monnoyers* faciez donner telle creuë d'*ouvrage & monnoiage*, laquelle comme bon vous semblera; laquelle Nous vous *Mandons* par ces Presentes, à noz amez & feaulx les gens de noz Comptes à Paris, que sans difficulté ou contredit ils alloüent és comptes de celuy ou ceulz à qui il appartiendra : De tout ce faire à vous & à chascun de vous donons povoir, autorité & mandement especial par la teneur de ces Presentes. *Donné*

NOTES.

(a) Ce Mandement est au Registre C. de la Cour des Monoyes de Paris, feüillet 144. *verso.*

L'année 1353. commença le 24. Mars, qui fut le jour de Pâques, de sorte que tout le mois d'Avril suivant fut de cette année. On avoit d'abord placé ce Mandement sous le 8. Avril. Mais comme le dernier jour de cette année fut le 12. de l'autre mois d'Avril suivant, on a changé l'arrangement, & suivant l'ordre du Registre, on a remis ce Mandement au 8. Avril de la fin de l'année 1353.

à Paris le huitiéme jour d'Avril, l'an de grace mil trois cens cinquante-trois, soubz le seel de nôtre Chastelet de Paris, en l'absence du grant. *Ainsi signé,* Par le Roy en son Conseil. *Yvo.*

JEAN I.er & selon d'autres, Jean II. à Paris le 9. Avril 1353.

(a) Ordonance par laquelle le Roy confirme celle de *S.t Loüis, touchant les guerres privées,* nommée *la Quarantaine le Roy.*

JOHANNES, *Dei gratia, Francorum Rex: Universis præsentes Literas inspecturis,* Salutem. *Notum facimus, quod cum ab antiquis temporibus, & potissime per felicis recordationis* Beati Ludovici *prædecessoris nostri, ac Franciæ Regis, dum vivebat,* Ordinationes *fecisset Statutum, & etiam Ordinatum, videlicet quod quotienscumque discordiæ, rixæ, meilleyæ aut delicta inter aliquos Regnicolas, in motus calidi conflictu vel aliàs pensatis insidiis, evenire contingebat, ex quibus nonnullæ occisiones, mutilationes, & aliæ injuriæ sæpissime accidebant, amici carnales hujusmodi meilleyas facientium, aut delicta perpetrantium in statu securo remanebant & remanere debebant, à die conflictus, seu maleficii perpetrati, usque ad* Quadraginta dies immediate *continuos, tunc sequentes, delinquentibus personis dumtaxat exceptis, quæ propter eorum perpetrata maleficia capi & arrestari poterant, tam dictis* Quadraginta diebus *durantibus, quæ postea & in justitiariorum carceribus mancipari, in quorum justitia dicta maleficia fuerunt perpetrata... Justitiam ibidem de suis maleficiis recepturi, secundum delicti qualitatem, prout postulabat ordo juris, & si interim infrà terminum* Quadraginta dierum *prædictorum aliqui de parentela, progenie, consanguinitate, seu affinitate utriusque partium principalium delinquentium alteri, quoquomodo forefacere presumebat, pro hujusmodi causa vindictam assumere satagendo, vel aliàs exceptis malefactoribus prædictis, qui, prout fertur, capi & pugniri poterant, prout casus exigebant, ipsi tanquam proditores, criminisque convicti & Ordinationum & Statutorum regiorum transgressores pugniri & justitiari debebant, per judicem ordinarium, sub cujus juridictione delicta existebant perpetrata, ut in loco in quo essent ab hujusmodi crimine convicti seu etiam condempnati; quæ quidem* Ordinationes *adhuc in pluribus & diversis partibus Regni nostri non immerito tenentur & firmiter pro bono rei publicæ, tuitioneque patriæ, ac habitantium in dicto Regno nostro, residentium & manentium laudabiliter observantur, prout fertur. Nichilominus, insinuatione clamosa plurium personarum fide dignorum referente, didicimus quod cum in civitate nostra Ambianensi, de die in diem nonnulli cives & habitatores dictæ Villæ, Deum præ oculis non habentes, ac justitiam non verentes, eorum superbia, aut seminatoriæ zizaniæ Diabolo instigante, quamplures meilleyas, rixas maleficia & delicta fecerunt & commiserunt, ac de die indiem facere & committere non desinunt, ex quibus quamplures eorum fuerunt nuper atrociter vulnerati, alii mutilati & etiam interfecti, pro eo quod incontinenti absque dilatione, seu mora quibuscumque post conflictus prædictos perpetratos, unus contra alium vindictam de se assumere, obmissa justitia, ausu suo temerario ac furibundo satagit, prout fertur, dictas* Ordinationes *& Statuta temere infringendo, quod in nostri populi malum exemplum atque periculum, & justitiæ lesionem*

NOTES.

(a) Cette Ordonance est en un Registre de l'Hostel de Ville d'Amiens, d'où elle a esté tirée, & collationnée ensuite par M. Dufresne Maire en charge & Secretaire du Roy. Le S.r Du Cange en rapporte un fragment dans sa Dissertation 29.e sur Joinville, page 230. Voyez au tome premier sous l'an 1245. page 56.

L'année 1353. commença le 24. de Mars qui fut le jour de Pâques, ainsi tout le mois d'Avril suivant fut de cette année, dont le dernier jour fut le 12. de l'autre mois d'Avril suivant, parce que Pâques par lequel l'année 1354. commença fut le 13. de cet autre mois. Il y eût donc comme on le void dans cette année, au commencement & à la fin, deux differens jours datez du 9. Avril. Et comme on ne peut dire précisément de quel mois est cette Ordonnance, on l'a placée à la fin de l'année en se conformant à la Table Chronologique.

cedit, quapropter multa mala, & quamplurima inconvenientia exinde futuris temporibus oriri & provenire possent, nisi super hoc providere curaremus.

JEAN I.er & selon d'autres, Jean II. à Paris le 9. Avril 1353.

NOS *igitur præmissis consideratis, vestigia Prædecessorum nostrorum laudabilia cupientes totis viribus nostris insequi, & volentes specialiter tenere, & inviolabiliter observare bonas* Ordinationes, *Statuta facta & constituta per* beatissimum Ludovicum *prædictum factas & ordinatas, subdictosque nostros in pace & tranquillitate, & corporum suorum tuitione & securitate custodiri, & etiam permanere, necnon eosdem & super aggravaminibus, periculis, dampnis & noxiis quibuscumque, quantum plus possimus, præservari ac tueri, ut tenemur affectantes, ac pro bono justitiæ maleficiis, iniquitatibus, conflictibus faciendis desiderantes obviare,* Constitutiones, Ordinationes, *& statuta prædicta* Volumus, Laudamus, Ratificamus, *& eas fuisse & esse benignas & validas per præsentes decernimus, & de nostris certa scientia & auctoritate Regia confirmamus, ac etiam approbamus.* Mandantes & Committentes *præposito Parisiensi, Baillivis nostris Viromandensi, Ambianensi, Insulensi, Regiisque justiciariis nostris, & eorum Locatenentibus modernis, & futuris quorum Ordinationes,* Constitutiones, *& Statuta prædicta, prout superius exprimuntur, in suis Jurisdictionibus & locis circumvicinis faciant firmiter tenere, & inter subditos quosque, tam nobiles quam innobiles eorum justiciabiles, inviolabiliter observari, ipsasque* Ordinationes, Constitutiones, *& statuta in suis Assisiis & aliis locis publicis, ubi eis expedire videbitur, faciant adeo palam publice & solemniter proclamari & publicari totiens & quotiens opus fuerit, seu casus exegerit, quod de negligentia, aut defectu in hac parte minime valeant argui, seu etiam reprehendi. Et si quis contrarium faciens reperiatur, ipsum delinquentem de forefacto suo* Volumus & Jubemus *secundum pœnas superius declaratas taliter pugniri, quod cedat aliis in exemplum, nonobstante quod aliqui in contrarium facere voluerint, & etiam de die in diem nitantur perpetrare, à tempore* Beati Ludovici *citra retroacto, & ejus* Ordinationum *prædictarum, quod contrarium factum quatenus extiterit penitus* annullamus, *& etiam per seriem præsentium* abolemus. *Intentionis tamen nostræ non extitit per prædicta, guerras, aut diffidationes quascumque inter quoscumque subditorum nostrorum nobilium aut innobilium cujuscumque status, aut conditionis existant, nostris durantibus guerris, laudare quomodolibet, vel etiam approbare, sed prohibitiones, & deffensiones nostras super hoc aliàs, tam in nostri præsentia quam undique per universas Regni nostri partes per nostras Literas super his factas solemniter publicatas, maxime dictis guerris nostris durantibus teneri, & de in puncto in punctum firmiter observari per præsentes* Volumus & *jubemus, in cujus rei testimonium præsentibus Litteris nostrum fecimus apponi sigillum.* Datum Parisius ex nona die Aprilis, anno Domini millesimo trecentesimo quinquagesimo tertio, *in requestis hospit. per laycos.* DIONYSI.

Collationné à l'original par Nous Ecuyer-Conseiller-Secretaire du Roy, Maison, Couronne de France & de ses Finances, & Maire en charge de la Ville d'Amiens, sur la requisition de Loüis Pingré, Ecuyer Seigneur de Guimliourt, Procureur du Roy au Bailliage & Siege Presidial d'Amiens. DUFRESNE.

NOTES.

Voyez au Tome premier, page 56. l'Ordonnance de S.t Loüis du mois d'Octobre 1245. tant en Latin qu'en François, quoyque le Roy Jean ne la rapporte icy qu'en Latin seulement. Voyez à ce sujet la Dissertation 29.e de M. Du Cange sur Joinville, dont on ne repetera rien icy parce que tout ce qui concerne cette matiere y est suffisamment expliqué.

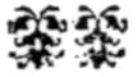

JEAN I.er & selon d'autres, Jean II. à la noble Maison, le 17. May 1354.

(a) Mandement du Roy aux Generaux-Maîtres des Monoies de faire donner à tous Marchands & Changeurs, de chaque Marc d'Argent allaié à trois Deniers cinq grains de Loy, Quarante-sept sols de Creuë, *outre le prix accoustumé que l'on en donnoit auparavant, le tout montant à* Neuf livres dix sols; *de tout marc d'Argent allaié au-dessous,* Quarante-cinq sols Tournois, *outre le prix qu'on en donnoit auparavant, le tout montant pour marc,* à Huit livres dix sols Tournois.

JEHAN par la grace de Dieu, Roy de France: A nos amez & feaulx les Generaulx-Maistres de noz Monnoyes, *Salut & dilection.* Nous pour certaine cause, vous *Mandons*, & à chascun de vous *enjoignons estroitement*, que tantost & sans délay, ces Lettres veuës, vous faciez donner à tous *Changeurs* & *Marchans* fréquentans nosdites Monnoyes en chascun *marc d'argent* qu'il apporteront en icelle, allayé à trois deniers cinq grains de loy, *Quarante-sept solz tournoys de Creüe,* oultre le pris que nous y donnons à present; c'est assavoir qu'il auront pour chascun *marc d'argent* allaié à icelle loy, *Neuf livres dix solz tournoys,* & en tout autre *Marc d'argent allaié au-dessoubz* desdits trois deniers cinq grains, *Quarante-cinq sols tournoys de creüe,* oultre le pris de present, ainsi auront pour chascun *Marc d'argent, huit livres dix solz tournois :* Ce faictes vous & chascun de vous si diligemment, & en telle maniere que il n'y ait deffaut. Et de ce faire à vous & à chascun de vous donons povoir, auctorité & mandement especial par la teneur de ces presentes. Donné à la noble Maison, le dix-septiéme jour de May, l'an de grace mil trois cens cinquante-quatre, ainsi signé par le Roy en son Conseil. Yvo.

NOTES.

(a) Ce Mandement est au Registre C. de la Cour des Monoyes de Paris, feüillet 148.

JEAN I.er & selon d'autres, Jean II. à la noble Maison de S.t Oüyn le 17. May 1354.

(a) Mandement du Roy aux Generaux-Maîtres des Monoies de faire ouvrer dans ses Monoies de gros Deniers blancs *& des* Doubles *Tournois, sur le pied de monoie* Soixante-quatriéme.

JEHAN, par la grace de Dieu, Roy de France : A noz amez & feaulx les Generaulx-Maistres de noz Monnoyes, *Salut & dilection.* Nous par très grant & meure déliberation en consideration à ce que nous povons avoir à faire à present, & pour le temps avenir, tant pour les grans & innumerables mises que il convenoit faire presentement, comme pour la deffension de nôtre Royaume, pour le prouffit de Nous & du commun de nôtre Peuple, avons *Ordonné* & *Voullons* estre fait par toutes noz Monnoyes, *Gros Deniers blans, & Doubles tournoys* sur le pié *de Monnoye soixante-quatriéme.* Si vous *Mandons* & estroitement *enjoignons* à vous & à chacun de vous, que tantost & sans delay, ces Lettres veues, vous faciez faire & ouvrer par toutes noz Monnoyes iceulx *Gros Deniers blans,* & *Doubles tournoys* dessusdits, sur le pié de monnoye *Soixante-quatriéme,* par la meilleur forme & maniere que verrez & saurez qu'il appartiendra estre à faire, & *de tel pois & loy, & à telle différence comme bon vous semblera,* en donnant à tous *Changeurs* & *Marchans* frequentans nosdites Monnoyes, les pris en chacun *Marc d'argent,* que Nous y avons ordonné estre donnez à present;

NOTES.

(a) Ce Mandement est au Registre C. de la Cour des Monnoyes de Paris, feüillet 149. *verso.* Voyez le Mandement precedent.

C'est assavoir en chacun *Marc d'argent* allayé à trois Deniers cinq grains, *Neuf livres dix solz tournoys:* Et en tout autre *Marc d'argent* allayé au dessoubz quel qu'il soit, *Huit livres dix solz tournois,* & en donnant aux Ouvriers & Monnoyers telle *Creuë* d'ouvrage & monnoyage comme bon vous semblera, laquelle vous mandons par ces presentes à noz amez & feaulx les Gens de nos Comptes à Paris, que sans contredit ou difficulté, ilz allouent es comptes de celluy ou ceux à qui il appartiendra. Toutes les choses dessusdictes faites si diligemment & en telle maniere, que il n'y ait deffault, & d'icelles faire à vous & à chascun de vous donnons povoir, auctorité & mandement especial par la teneur de ces presentes. *Donné* à nôtre noble Maison de Saint Ouyn lez-Saint-Denis, le dix-septiéme jour de May, l'an de grace mil trois cens cinquante-quatre, ainsi signé, *Par le Roy* en son Conseil. YVO.

JEAN I.er & selon d'autres, Jean II. à la noble Maison de S.t Oüyn, le 27. Juin 1354.

(a) Mandement du Roy aux Generaux-Maîtres de faire donner à tous Marchands & Changeurs, du Marc d'Argent tant blanc que noir, une Creuë de Trente sols Tournois, *lesquels avec l'ancien prix feront du Marc d'Argent allayé à trois Deniers,* Dix livres douze sols Tournois, *& de tout autre Marc au-dessous,* Dix livres Tournois.

JEHAN, par la grace de Dieu, Roy de France: A noz amez & feaulx les Generaulx-Maistres *de noz Monnoyes, Salut & dilection.* Nous, pour certaine cause, vous *Mandons* & estroitement *Enjoignons* à vous & à chacun de vous, que tantost & sans delay, ces Letres veuës, vous faciez donner à tous *Changeurs* & *Marchans* frequentans noz Monnoyes, en chacun *Marc d'argent* qu'ils apporteront en icelles, *tant en* blanc comme en noir, *Trente solz tournois de Creuë,* oultre le pris que nous faisons donner à present; C'est assavoir qu'il auront pour chacun *Marc d'argent* allaié *à trois* Deniers cinq grains, *Dix livres douze sols tournoys,* & en tout autre *Marc d'argent* allaié audessoubz desdits trois Deniers cinq grains, *Dix livres tournoys.* Ce faites si & en telle maniere que il n'y ait deffaut: Et que pour cause de ce aucunes de nosdites Monnoyes ne puisse, ou doye cheoir en chomage. De ce faire à vous & à chascun de vous *donnons povoir,* auctorité & mandement especial par la teneur de ces presentes. Donné à nostre noble Maison de Saint Ouyn le vingt-septiéme jour de Juing l'an de grace mil trois cens cinquante-quatre. Ainsi signé, Par le Roy. Present M.r l'Evêque de Chaalons. BLANCHET.

NOTES.

(a) Ce Mandement est au Registre C. de la Cour des Monoies de Paris, feuillets 151. *verso* & 152. *recto,* aprés lequel il y a ce qui suit.

Par vertu duquel Mandement lesdits Generaulx-Maîtres ordonnerent seize paires de Lettres closes, en semblable forme, pour envoyer par les Monnoyes du Royaume, desquelles la teneur est telle.

De par les Generaux-Maistres des Monoyes du Roy nostre Sire, Gardes & Maîtres de la Monoie de Paris; Par vertu des Letres du Roy nostredit Seigneur à nous envoyées, Nous vous mandons, &c. Et ce fait, faites tantost convenir pardevant vous lesdiz Changeurs & Marchans frequentans ladite Monnoye & leur dictes qu'ils auront pour chascun Marc d'argent qu'il apporteront en ladicte Monnoye, tant en blanc comme en noir, *Trente solz tournoys* de creuë, oultre le pris de present. C'est assavoir qu'il auront pour chacun Marc d'Argent allaié à trois deniers cinq grains de Loy, *Dix livres douze solz tournoys,* & de tout autre allaié au dessoubz d'iceux trois Deniers cinq grains, *Dix livres Tournois.* Et ce fait nous envoyez par seur & certain messaige toutes les boëstes de ladicte Monnoye, ledit Inventaire scellé de vos Seaulz avecques lez se aucunes en avez. Et nous envoyez les Maistres, ou Maistres qui ont à compter. En nous rescripvant diligemment par ce message, combien il sera venu de billon à ladite monnoye, pour ceste creuë, & comment elle est garnie d'Ouvriers & Monnoyers, avec tout l'estat d'icelle. Et de ce faire soyez plus curieulx & diligens que vous n'avez esté où temps passé, affin que l'en se puisse apparcevoir de votre bonne diligence. Escript à Paris en la Chambre des Monnoyes, le premier jour de Juillet l'an *mil trois cens cinquante-quatre.*

JEAN I.er & selon d'autres, Jean II. à Paris au mois de Juin 1354.

(a) Letres par lesquelles le Roy confirme de precedentes de *Charles le Bel*, du 4. May 1324. portant concession aux Citoyens & Habitans de Toulouse, d'acquerir des personnes Nobles des biens-fonds, pourvû que ces biens soient sans Justice, & qu'il n'en soit pas dû hommage.

JOHANNES Dei gratia, Francorum Rex: Notum facimus universis præsentibus pariter & futuris, Nos vidisse Literas carissimi domini & consanguinei regis Karoli *prædecessoris nostri, formam quæ sequitur continentes.*

KAROLUS *Dei gratia, Francorum & Navarræ Rex: Notum facimus universis tam præsentibus quam futuris, quod Nos fidelitatis constanciam & devotionem immensam, quas dilecti & fideles nostri* Cives & Habitatores Tholosæ *prædecessoribus nostris Franciæ Regibus exhibuerunt continue, & nobis incessanter exhibent,* Considerantes *attente, & ideo* Volentes *eosdem prosequi specialis exhibitione favoris, ac ad ipsos & eorum posteros* gratiam munificentiæ regalis extendere, *eisdem* Civibus & Habitatoribus *de gratia speciali* Concedimus *per Præsentes, quod tam ipsi quam eorum posteri,* quamvis Nobiles non existant, res, bona, possessiones & jura, nullam tamen jurisdictionem habentia, & pro quibus homagium fieri, aut fidelitatis juramentum præstari non fuerit consuetum, *licet per dictos* Nobiles *ab* Innobilibus *non fuerint acquisita, a dictis* Nobilibus ea tenentibus, *emptionis, donationis, permutationis, aut alio quovis justo acquisitionis titulo,* sibi & suis licite possint acquirere, *& ea absque aliqua præstatione financiæ retinere: Eaque* Cives & Habitatores *prædicti præsentes & futuri compelli non possint per aliquem ad prædicta taliter acquisita & etiam acquirenda, vendenda, aut extra manum suam ponenda, aut ad præstandam Nobis, seu successoribus nostris qualemcumque financiam pro eisdem; salvo in aliis jure nostro, & in omnibus quolibet alieno: Quod ut firmum & stabile perpetuo perseveret, præsentibus Literis nostrum fecimus apponi sigillum.* Actum Parisius anno Domini millesimo trecentesimo vicesimo-quarto, mense Maii.

Nos autem libertates & franchisias, ac omnia & singula in suprascriptis Literis contenta, *rata & grata habentes,* ea Volumus, Laudamus, Approbamus & Ratificamus, *& auctoritate nostra Regia, ex certa scientia & de speciali gratia* Confirmamus: *Intentionis tamen nostræ non existit, quod præsens gratia seu confirmatio, quantum ad loca nobilia & insignia quæ in* Allodium *tenentur aliqualiter se extendatur,* Mandamus Senescallo & Receptori nostris Tholosæ, *ceterisque Justiciariis ac Officiariis nostris, & eorum loca-tenentibus, necnon deputatis, seu deputandis a Nobis ad levandum* financias, *quatenus* Cives & Habitatores *prædictos præsentes & futuros, gratia ac confirmatione prædictis uti & gaudere faciant, & permittant pacifice & quiete, nec contra tenorem ejusdem ipsos inquietent, seu molestent quovismodo: Et si quid contra formam gratiæ, ac confirmationis nostræ prædictæ aliquid factum, seu attemptatum fuerit, id ad statum pristinum & debitum reducant, aut reduci faciant indilate. Quod ut firmum & stabile perpetuo perseveret, præsentes Literas* sigilli nostri munimine fecimus roborari, *salvo in aliis jure nostro, & in omnibus quolibet alieno.* Actum & datum Parisius, anno Domini millesimo trecentesimo quinquagesimo-quarto, mense Junii, *sigillata sub sigillo Castelleti nostri Parisiensis, in absentia magni,* die ultima Decembris, anno prædicto. *AL signata sic.*

Per Regem ad relationem consilii, in quo Domini Cardinalis Boloniensis, vos,

NOTES.

(a) Ces Letres sont au Tresor des Chartes, Registre cotté 82. pour les années 1353. & 1354. piece 232. & piece 563. Voyez au tome premier l'Ordonnance de *Loüis Hutin*, du premier Avril 1315. page 553. articles 2 3. & 4. *De la Faille*, dans ses Annales de Toulouse, tome premier, page 173. & les Letres de *Charles*, du mois de Mars 1419. aux preuves du mesme Volume, pages 106. 107.

Bellovacensis, Cathalaunensis, & Laudunensis, Comes Montis-fortis, & plures alii eratis. [R. POTIN.]

Et de præcepto consilii, in quo erant Domini Archiepiscopus Senonensis, *Episcopus* Parisiorum *& Jacobus* Lavache, *certa de causa rescripta, & penes Parlamenti Curiam retenta.* [DIONYSIUS BUCY]

Collatio facta est cum Literis originalibus suprascriptis.

JEAN I.er & selon d'autres, Jean II. à Paris le 5. Juillet 1354.

(a) Letres par lesquelles le Roy accorde des Droits & des Privileges aux Habitans du Bailliage de Senlis, *au moyen de l'ayde consentie par eux*, de six deniers pour livre.

JEHAN par la grace de Dieu, Roy de France: A noz amez & feaulx Conseillers, *l'Evêque de Laon,* le Sire *de Montmorency,* & *Mathieu de Trye,* Sire de Fontenay, *Salut & dilection.* La grande pitié & compassion que Nous avons de nostre Peuple, & de noz bons & loyauls subgiez de nostre Royaume, esquels Nous, & noz Predecesseurs, avons trouvé vray amour & obéissance touzjours & à tous noz besoings & necessitez, & especialement pour la deffence de nostre Royaume, conseil, aide & secours, & qui longuement & benignement ont soustenu grans fraiz & missions, en aidant nostre très cher Seigneur & *feu pere* que Diex absoille, & Nous, ou fait de noz guerres, à ladite deffence de nostredit Royaume, & avec ce le grant desir que nous avons de les relever de fraiz & de missions, & à ce qu'il puissent vivre soubz Nous en bonne tranquilité & pais, *Nous* ont meu à souffrir, que en la presence de nostre tres cher & amé oncle Reverent Pere en Dieu le *Cardinal de Bouloigne,* aucuns de nostre grant Conseil ont assemblé avec les gens de nostre Adversaire, qui de ce Nous avoit fait requerir, afin de mettre fin esdites guerres se estre puet, à l'onneur de Nous & de nostredit Royaume. Et combien que sus esperance d'aucuns traictiez, *Trieves* aient esté prises entre Nous & luy *jusques à certains temps,* toutes voyes plusieurs qui ou temps passé se sont rendus nos ennemis de la partie dudit nostre Adversaire, & enquore se rendent, se sont efforciez & efforcent de jour en jour de domagier Nous & nostredit Royaume, en plus de parties qu'il n'avoient fait par avant, pour laquelle chose & pour resister à leur malvais propos & volenté, Nous convient tenir chacun jour plus grant foison de Gens d'armes; Et pour ce Nous convient faire très grans fraiz & innumerables missions, lesquelles bonnement ne pourrions porter ne soustenir, se ce n'estoit à l'*Aide* de nozdix subgiez, esquelx Nous avons ferme esperance qu'il ne Nous vouldroient en aucune maniere faillir especialement à ce besoing qui touche l'onneur de Nous & de nostredit Royaume, & le commun proffit de toute la chose publique. Si vous *Mandons* & *Commettons*, & à deux de vous, que vous vous transportez ou Baillage de *Senlis;* & faites venir pardevant vous en certain lieu ou plusieurs, & à une journée, ou plusieurs, si comme bon vous semblera, noz amez & feaulx les Prelaz, Abbez, Prieurs Conventuaux, Barons, Chastellains & autres Nobles, Hauz-Justiciers, ayans Jurisdictions, & hommes oudit Bailliage; Et aussi les Habitans des bonnes Villes & lieux notables dudit Bailliage qui bon vous sembleront à ce estre appellez, & les choses dessusdites, & les autres que Nous vous avons chargées à dire, leur expousez plus pleinement. Et pour ce que Nous tenons que *l'Aide* de l'imposition de *six deniers* pour livre, est la moins greveuse pour nostre Peuple, & plus preste & convenable pour le fait dessusdit; Et ainsi fut déliberé en l'assemblée que Nous feismes en nostre Ville de Paris, le premier an de nostre Regne, requerez les de par Nous, que en perseverant en la bonne affection que toujours ont eu à Nous & à nos Predecesseurs, il nous

NOTES.

(a) Ces Letres sont au Registre, ou Memorial C. fol. 146. de la Chambre des Comptes de Paris. V. cy-dessus les Letres du mois d'Aoust 1352. & celles du mois d'Aoust 1353.

JEAN I.er & selon d'autres, Jean II. à Paris le 5. Juillet 1354.

veuillent benignement & gracieusement octroyer ladite imposition jusques à un an advenir, en la maniere que octroyé à Nous l'ont en l'an darrenierement passé, pour la convertir en ladite deffence de eulx & de nostredit Royaume, & ou cas qu'il la Nous octroieront, *Nous Voulons*, & par ces presentes *leur Octroyons* qu'il soient frans & quittes de toutes *prises* & de toutes autres *aides* durant le temps de ladite imposition, & que li octroiz qu'il en aient faiz à Nous, ou à noz Predecesseurs, ou facent à present ne puissent estre traiz à conséquence. Et se il vous font aucunes requestes sur les choses dessusdittes, ou deppendances d'icelles, si y mettez tel provision & remede comme bon vous semblera. Et ce qui par vous en sera ordonné, Nous ferons si fermement tenir & garder à l'*aide* de nostre Seigneur, que dorrennavant nulz n'aura cause de s'en doloir. Et se eulx ou aucun d'euls se complaingnent de ceuls qui se sont entremis des impositions ou temps passé, ou d'aucuns nos Officiers, ou d'autres, faites leur sommerement & de plein ostez touz *houquez, fuitez, & cavillations* par voye de reformation ou autrement, si comme bon vous semblera bon & brief accomplissement de Justice, en punissant ceulx que vous trouverez avoir meffait, tellement que les autres y preignent exemple. Et de ces choses & deppendances de icelles faire vous donnons povoir & à chascun de vous & mandement especial. C'est assavoir à vous Evesque, à fin civille, & & vous les autres à toutes fins. Et donnons en *mandement* à tous nos Officiers & Subgiez que à vous & à vos députez entendent & obéissent diligemmnent en ces choses faisant. *Donné* à Paris le cinquiéme jour de Juillet l'an de grace mil trois cens cinquante-quatre. *Par le Roy,* à la relation de son Conseil. ADAM.

JEAN I.er & selon d'autres, Jean II. à Paris le 7. Septembre 1354.

(a) Mandement du Roy aux Generaux-Maîtres des monoies de faire donner aux Changeurs & Marchands une Creuë de Vingt-huit sols Tournois, *outre le prix ordinaire, le tout pour le Marc d'Argent allaié* à trois Deniers de Loy *argent le Roy, montant* à Douze livres Tournois, *& de tout Marc au-dessous,* Onze livres huit sols Tournois.

JEHAN, par la grace de Dieu, Roy de France: A noz amez & feaulx les Generaulx Maistres de nos Monnoyes, Salut & dilection. *Nous* pour certaine cause vous *Mandons* & *Commandons,* que tantost & sans aucun delay ces Lettres veuës, vous fassiez donner par toutes nos Monnoyes, à tous *Changeurs* & *Marchans* frequentans icelles, de *chascun Marc d'argent* qu'ils apporteront en icelles tant en blanc comme en noir, *Vingt-huit sols tournoys,* oultre le prix que Nous y faisons donner à présent; C'est assavoir pour chacun *marc d'argent allaié à trois deniers de loy* argent le Roy, *Douze livres tournois:* Et de tout allaié au dessoubs d'iceulx trois deniers, *Onze livres huit solz tournoys:* Ce faites si dilligemment & par telle maniere que vous n'en puissiez estre reprins de negligênce. Et de ce faire à vous & à chascun de vous *donnons* pouvoir, auctorité & mandement especial par la teneur de ces Presentes. Donné à Paris en la Chambre des Monnoyes, le septiéme jour de Septembre mil trois cens cinquante-quatre. Ainsi signé par le Conseil ouquel vous Messieurs l'Evesque de Chaalons, le Sire de Renel & les Thresoriers estiez. J. ROYER.

NOTES.

(a) Ce Mandement est au Registre C. de la Cour des Monoies de Paris, feüillet 154. *recto.*

(a) Mandement

JEAN I.er & selon d'autres, Jean II. à Paris le dernier Octobre 1354.

(a) *Mandement du Roy aux Generaux-Maîtres des Monoies de faire ouvrer une monoie* blanche & noire vingt-quatriéme, *en* Deniers blancs *qui auront cours pour* cinq *qui seront à* trois Deniers huit grains de Loy, *& de six sols six Deniers de poids au Marc de Paris. Et des* petits Deniers Tournois *qui auront cours pour un petit Denier Tournois, & seront à un Denier vingt grains de Loy, & de dix-huit sols quatre Deniers au Marc.*

JEHAN par la grace de Dieu, Roy de France, à nos amez & feaulx les Generaulx-Maîtres de noz Monnoyes, *Salut & dilection.* Nous pour certaines causes, desquelles Nous avons eu très grant & bonne deliberation en nôtre grand Conseil, avons *Ordonné & Ordonnons* par ces Presentes, que l'on face faire *ouvrer & monnoyer* en toutes & chascunes noz Monnoyes, *Monnoye blanche & noire, sur le pié de Monnoye vingt-quatriéme.* C'est à sçavoir *Deniers blancs,* qui auront cours pour *cinq Deniers tournois* la piece, lesquels seront à *trois Deniers huit grains de loy,* & de *six sols huit Deniers de poix* au Marc de Paris, *& petits Deniers tournois,* qui auront cours pour *un petit Denier tournois la piece,* & seront à *ung Denier vingt grains de loy,* & de *dix-huit sols quatre Deniers de poix* audit Marc. Si vous *Mandons,* & étroitement *Enjoignons* à vous & à chascun de vous, que tantost & sans delay, ces Letres vûës, toutes excusations cessans vous faciez faire diligemment en toutes & chascunes nosdites Monnoyes, *iceulx Deniers blancs & petits Deniers tournois dessusdits,* sur le pié de Monnoye *vingt-quatriéme,* par la meilleure forme & maniere que vous verrez & saurez qu'il sera à faire au prouffit de Nous & de nôtre peuple, selon la loy & le prix dessusdit: Et faites *donner à tous Changeurs & Marchands* frequentans nosdites Monnoyes, *de chacun Marc d'Argent* qu'il apporteront en icelles, allaié *à trois Deniers huit grains de loy,* comme dit est, & au dessus, *Quatre livres quatre sols tournois,* & en tout autre Marc d'Argent allaié à un Denier vingt grains de loy, *quatre livres tournois.* De toutes lesquelles choses dessusdites faire à vous & à chascun de vous *Donnons* pouvoir, auctorité & mandement especial par la teneur de ces Presentes. *Donné à Paris le derrenier jour d'Octobre, l'an de grace mil trois cens cinquante-quatre,* soubz le seel de nôtre Chastellet de Paris, en l'absence de nôtre grant. *Ainsi signé* par le Roy, present Monsieur *l'Evêque de Chaalons, & enguerrant du petit celier.*

NOTES.

(a) Ce Mandement est au Registre C. de la Cour des Monnoyes de Paris, feüillet 156.

JEAN I.er & selon d'autres, Jean II. à Paris le 14. Novembre 1354.

(a) Ordonnance du Roy, touchant les Monoies.

SOMMAIRES.

(1) *Les Deniers d'Or à l'Escu qui courent à present, auront cours, & seront pris & mis depuis la publication des presentes, pour* douze sols six deniers tournois la piece. *Les* Deniers blancs *pour deux Deniers Tournois, & les doubles Tournois noirs pour une maille. Les bons* Deniers d'argent *à la Couronne pour cinq Deniers Tournois, les bons petits Tournois noirs pour un Denier Tournois, & toutes les autres monoies blanches & noires quelles qu'elles soient du Coin du Roy ou d'autres sont abbatuës & décriées.*

(2) *Aucun ne pourra se mesler du fait de Change dans tout le Royaume, à l'exception de ceux qui auront esté commis par les Generaux-Maîtres des monoies, & qui depuis la publication des presentes ayent des Letres du Roy.*

(3) *Nul depuis la publication des presentes ne s'entremeslera de faire courretage de monoie, d'Or, d'Argent, ni de billon.*

JEAN I.er & selon d'autres, Jean II. à Paris le 14. Novembre 1354.

(4) Nul ne pourra billonner en hostel ou ailleurs, ni acheter billon à la piece, à marc ou à livre, ni porter tablette.

(5) Nul ne pourra faire Contract à Marc d'Argent, à nombre de Deniers d'Or ni de gros tournois. Mais seulement à livres *&* à sols, *à l'exception cependant des monoies qui ont cours par ces presentes. Et qui fera Contract ou marché à Deniers d'Or à l'Escu, il ne pourra demander pour chaque piece que douze sols six deniers Tournois, &c.*

(6) Nuls Changeurs, Orfévres ou autres ne pourront ouvrer ni faire ouvrer Vaisselle *ni vaisseaux d'argent,* Hanaps *ni joyaux d'or ni d'argent, si ce n'est d'un Marc d'argent seulement & au-dessous, à moins que ce ne soient des vases destinez pour l'Eglise. Et quand il leur faudra de l'argent ils ne l'auront que par le congé des Maîtres.*

(7) Nul Changeur ni autres ne pourront vendre Or ou Argent ni aucune vaisselle à nul Orfévre, mais ils seront tenus de les faire porter aux plus prochaines monoies.

(8) Nul Changeur & nul Orfévre ne pourront rachater ni affiner Argent ou billon que par le congé des Maîtres.

(9) Tous Changeurs jureront que dés qu'ils auront acheté des Deniers d'Or quels qu'ils soient, à l'exception des Deniers d'Or à l'escu qui ont cours, ils les couperont, & apporteront à la plus proche monoie, sur peine de perdre lesdits écus avec amende.

(10) Nul Orbateur ne pourra faire ouvrer Or ni Argent que celuy qui leur aura esté ordonné par les Generaux-Maîtres des Monoies. Et afin que ces presentes ayent leur entiere execution, tous les Marchands seront tenus de jurer sur l'Evangile qu'ils l'observeront de point en point.

JEHAN, par la grace de Dieu Roy de France: Au Seneschal de Beaucaire & de Nismes, ou à son Lieutenant, *Salut.* Il est venu à nostre cognoissance, que pour cause de l'*affoiblissement* de noz Monnoyes, lesquelles ont esté affoiblies ou temps passé, pour cause de la dissention de nostre Royaume, toutes manieres de *vivres, de vesteures, chaussementes,* ouvrages & autres choses necessaires, pour le gouvernement & sustentation de nostre Peuple, ont esté & sont chiers, que à grant peine peut souffire chose que les gens aient à trouver, ce qu'il leur faut pour leurs vivres & autres necessitez; & pour faire les labourages de leurs heritages, & prent chascun sexcusation, & couventure que c'est pour cause dudit *affoibliment* que tels *chiertez outrageuses* & inraisonnables, sont & pour cause de ladite chiertée qui est generalle en toutes choses, les Gens d'Armes & de Pié, que il nous convient avoir continuellement pour la deffension de nostre Royaume ne peuvent vivre de leurs gaiges acoustumez, & requierent de jour en jour que Nous leurs facions *croissance de leurs gaiges*, laquelle chose seroit trop domagable, & pour le temps avenir moult préjudiciable à Nous & à nostre Royaume; Et aussi pour cause de ce que nosdites Monnoyes ont estez *flebes & aësiés* à contrefaire plusieurs de dehors de nostre Royaume, par leur malice ont fait & font fausses & mauvaises monnoyes contrefaites aux nostres, lesquelles sont par mauvés & genz malicieux apportées en nostre Royaume, & merlées malicieusement parmi les nostres, & par nostre Peuple ignorant de ce, prinses & mises, ou grant domage & deception de Nous & de nostre Peuple. Ausquelles choses *Nous* qui sommes desirans en tous temps de pourvoir au bon gouvernement & proffit de nostre Royaume & de tout nostre Peuple, par tres grant & bonne deliberation de nostre grant Conseil, & pour remedier aus choses dessusdites; Et aussi pour la seureté & proffit de nostre Royaume & de tout nostre Peuple, avons *ordené* & *ordonons* de nos *monnoyes en la maniere qui s'ensuit.*

C'est assavoir que les *Deniers d'or à l'Escu,* qui courent à present *aient cours*, & soient pris & mis depuis *la publication de ces presentes*, pour le pris de *Douze solz six deniers tournois la piece*, & non pour plus, & les *Deniers blans* & *Doubles tournois noirs* qui courent aussy à present aient cours & soient pris & mis depuis ladite *publication;* c'est assavoir les *Deniers blans* pour deux *Deniers tournois* la piece, & les *Doubles tournois noirs pour une maille tournois la piece,* & non pour plus, & nos bons *Deniers d'argent à la couronne,* que Nous faisons faire à present aient cours, & soient pris

NOTES.

(a) Cette Ordonnance est en original au Tresor des Chartes du Roy à Paris.

JEAN I.er & selon d'autres, Jean II. à Paris le 14. Novembre 1354.

& mis chascun pour *cinq deniers tournois la piece,* & nos bons *petits tournois noirs,* que Nous faisons faire à present aient cours, & soient pris & mis pour un *Denier tournois la piece,* & non pour plus, & touttes autres *monnoyes blanches & noires,* & autres quelconques qu'elles soient, tant de nostre coingt, comme d'autres soient abatues, & leur soit osté leur cours du tout en tout, & soient mises au marc pour billon, excepté les dessusdites, lesquelles auront cours pour le pris que Nous leurs avons donné & donnons, comme dit est, & non pour plus, & que nulz ne soient si hardiz de porter, ou faire porter, *or, argent, ne billon* hors de nostre Royaume, ne en aucunes Monnoyes, fors les nostres, & en la plus prochaine des nostres du lieu où il sera, sur peine de perdre corps & avoir, & de perdre tout l'or, l'argent & le billon qu'il portera, se congié ou licence ne l'y a esté donné des Generaux-Maistres de nos Monnoyes, ou de l'un deux de le porter en aucune d'icelles, & non en autres, au proffit de Nous & de nostre Peuple.

(2) Item. Que nulz sur ladite peine ne facent dores-en-avant es Villes ne es lieux de vostre Senechaucié & ressors d'icelle, ne en aucune Ville de nostre Royaume, fait de change, excepté *tant seulement les Changeurs,* qui par les Lettres des Generaulx-Maistres de nos Monnoyes, ou de l'un d'euls ont esté approuvez avant ceste presente Ordenance, estre souffisans & convenables à faire ledit fait de change, & qui *depuis la publication de ces presentes,* ayent Lettres *de Nous faites* depuis l'approbation desdits Generaulx-Maistres, ou de l'un deux, & que nulz Justiciers quiex qu'ils soient ne contraignent ou empeschent lesdits Changeurs en les obligeant de prendre autres Lettres ne congié d'euls ne d'autres de faire ledit fait de Change, mais que seulement par la maniere dessusdite.

(3) Item. Que nuls sur ladite peine de quelque condition ou estat quel qu'il soit, ne soit tant ozé & si hardis que depuis la *publication* de cette presente Ordenance il s'entremette de faire fait de *Courretage* de monnoye *d'or ne d'argent,* ne de nul *billon* quel qu'il soit.

(4) Item. Que nul quel qu'il soit sur ladite peine ne s'entremette de *billonner* en Hostel ne dehors, ne d'acheter *billon* à la piece, à Marc ne à livre, ne de porter tablette par nostre Royaume.

(5) Item. Que nul *Marchant,* ne autre quel qu'il soit, ne face fait de marchandise, ne *Contrat à Marc d'or ne d'argent,* ne à nombre de *Deniers d'or,* quiex qu'il soient de *Gros tournois d'argent,* ne autrement, *fors à livres & à soulz,* se ce n'est les Monnoyes dessusdites, ausquelles nous donnons cours par ceste presente Ordenance, & quiconque de cy en avant marchandera ou fera Contract *à Deniers d'or à l'Escu* à qui que ce soit, il ne pourra ou temps avenir demander pour le *Denier d'or à l'Escu,* que *Douze souls six deniers tournois pour piece,* de la monnoye dessusdite, nonobstant quelconque contrat, convenances ou obligations, faites au contraire, & avec ce *l'amenderont* à la volenté de Nous ou de nostre Conseil, & que nulz Tabellions & Notaires sur ladite peine ne soient si hardis de recevoir ou passer lettres de Contrat ou marchié qui soit fait par quelconques Tabellions & Notaires, feront jurer sur les saints Evangiles de Dieu, tous ceuls qui lettres de depost ou de prestz vouldront passer, qu'il n'y a nulle malice ne couventure comme dit est devant, & quiconque sera trouvé faisans le contraire, il sera puniz en corps & en biens en tele maniere que tous autres y prendrons example.

(6) Item. Que nuls *Changeurs, Orphevres,* ne autres sur ladite paine ne soient si hardis faire ne ouvrer, ne faire faire, ne ouvrer vaisselle ne vaisseaux d'argent, hanaps, ne joyaux *d'or ne d'argent,* fors d'un marc & audessoubz, se ce ne sont reliques ou autres sanctuaires pour Dieu servir, ne d'acheter *or, ne argent,* à greigneur pris que Nous donnons à nos monnoyes, sur paine de perdre tout l'or, l'argent & la vaisselle, lequel or & argent quant il leur faudra, il acheteront par le congié des *Generaulx-Maistres des Monnoyes,* ou de l'un d'eux, ou par certaines personnes que comises y seront & deputées par iceuls Maistres, ou l'un d'eux.

(7) Item. Que nuls *Changeurs* ne autres sur ladite paine ne vendent à nul Orphevre,

JEAN I.er & selon d'autres, Jean II. à Paris le 14. Novembre 1354.

or, argent, ne vaisselle, mais le portent à la plus prochaine Monnoye du lieu où il aura cuelly, & ne puisse gardier aucune monnoye deffendue fausse ne contrefaite, si elle n'est perciée, ne aucun *billon* plus de quinze jours, ainz le portent en nozdictes Monnoyes, ou vendent à *Changeurs* de bonne cognoissance qui soyent accoustumez de servir nozdites Monnoyes.

(8) Item. Que nul *Changeur* ne autres sur ladite paine, ne nul *Orphevre* de quelque condition qu'il soit ne soient si hardis de *rachater* ne *affiner or, argent, billon,* ne nulle autre chose à ce touchant, ne appartenant, se ce n'est par le congié desdits Generaux-Maistres, ou de l'un d'eux.

(9) Item. Tous *Changeurs* jureront aux sains Evangiles de Dieu, que sitost comme il auront acheté aucuns *Deniers d'or* quiex qu'il soient, excepté nos *Deniers d'or à l'Escu,* aus quiex Nous donnons cours comme dit est, il les coupperont & apporteront à la plus prochaine Monnoye du lieu où il seront, sur paine de perdre lesdits florins, & de l'amende à la volenté de Nous, ou de nostre Conseil, & que nulz *Changeurs* ne soient si hardis d'acheter *billon blanc ne noir,* à nombre de *Deniers d'or à l'Escu,* ne d'autres de *Deniers d'or à Marc d'or,* ne autrement, mais que à livre & à solz en baillant en payement les monnoyes dessus eclarciées, ausquelles nous donnons cours, & non autres, sur paine de perdre tout le marchié qu'il auroient fait au contraire.

(10) Item. Que nul *Orbateur,* sur ladite paine ne soit si hardis de *ouvrer* ou faire *ouvrer,* ou *mestier d'orbaterie, or ne argent,* mais seulement certaine quantité, qui leur sera *ordené* par lesdits *Generaux-Maistres des Monnoyes,* ou aucun d'euls à prendre *chascune sepmaine, ou par autre terme convenable ;* Et afin que nostredite Ordenance soit entierement gardée & tenue senz enfraindre, *Nous voulons* que tous Bourgeois, Changeurs, Orphevres, Marchans d'avoir de pois, Drappiers, Pelistiers, Merciers, Espiciers, Marchans de chevaux, Hostelliers, & tous autres gros Marchans & Nastiers, & toutes Personnes notables, & tous Marchans Foirains; c'est assavoir Genevoys, Lucois, Hiterliens, & autres quiex qu'il soient, nostre Receveur de Beaucaire & de Nismes; Et aussi tous Courretiers vous faciez venir pardevant vous & à yceux & chascun d'eux enjoignez & faites expres commandement de par Nous, sur peine de perdre corps & avoir, ne prendront ne ne mettront, ne prendre ou mettre feront par euls, leurs femmes, enfans, varlez, facteurs, ne par autres quiex qu'ils soient en payement, garde depost, ne autrement nozdits *Deniers d'or à l'Escu,* pour plus de *Douze soulz six deniers tournois la piece,* si comme dit est dessus, ne nulles autres monnoyes *dor, d'argent blanches ne noires* faittes hors de nostre Royaume, ne de nostre coingt ne d'autres pour nul pris quel qu'il soit, mais tant seulement *au Marc pour billon,* excepté celles dessusdites, aus quelles Nous donnons cours par nostre presente Ordenance. *Si vous Mandons, commettons & enjoignons* estroitement que nozdites Ordenances, lesquelles & chascune d'icelles Nous, pour le bien & proffit de Nous, de nostre Peuple & de nostre Royaume, *Voulons & desirons* estre tenues & gardées entierement, vous faciez tenir & garder de point en point en vostredite Senechaucié & ressort senz enfraindre, & icelles tantost ces lettres veues faites signifier & publier en toutes les Villes & lieux notables accoustumez d'icelle Senechaucié, & ressort, si & en telle maniere qu'il ne doie avoir cause de les ignorer, en faisans crier par les Villes & lieux dessusdits, que nuls sur lesdites peines ne face ne attempte aucune chose en aucune maniere contre nos presentes Ordenances, & tous ceux que vous trouverez ou saurez, faisans ou avoir fait le contraire depuis la publication d'icelle, par quelque maniere que ce soit, Nous des maintenant les *condempnons* à perdre tout ce qui aura esté trouvé qu'il auront pris ou mis, ou qu'il prendront ou mettront comme dit est, & de l'amende à la volenté de Nous ou de nostre Conseil, comme dit est; Et tous ceuls qui porteront aucuns *Deniers d'or* deffenduz à avoir cours, ou quelconques autres monnoyes deffendues a courre, soit de noz coingts ou d'autres, en esloignant la plus prochaine de nos Monnoyes, Nous les *condempnons* à perdre tous yceuls *Deniers d'or* & yceles monnoyes deffenduës, & de l'amende à la volenté de Nous, ou de nostre Conseil comme dit est, & pour ce quelles soient miels tenues & gardées senz enfraindre,

& que nuls ne s'en puist excuser d'ignorance, Nous voulons que les faciez copier & escrire, & icelles mettre & attachier en plusieurs lieux de vostre Senechaucié, affin que le Peuple les puisse veoir & lire, & de tous ceulx & d'un chascun quiex qu'il soient, ne de quelconques condition que vous pourrez trover ou savoir faisantz le contraire de ces presentes Ordenances, Nous voulons & vous *Mandons* par ces presentes que vous les contraignez, & en faites punition par la fourme & maniere que dit est dessus, si diligement & en tele maniere que ce soit exemple à tous, saichans pour certain que se de ces choses dessusdites & chascunes d'icelles faire & accomplir, povez estre trouvez remis ou negligens, & que en icelles ait aucun deffaut, Nous nous en prendrons du tout à vous, & vous en monstrerons nostre desplaisir. *Donné* à Paris le quatorziéme jour de Novembre l'an de grace mil trois cens cinquante-quatre, *sous le seel de nostre Chastelet de Paris, en l'absence du grant.* Par le Roy.

JEAN I.er & selon d'autres, Jean II. au mois de Novembre 1354.

(a) Ordonnance touchant les Monoies, à cause du changement de foibles à fortes, contenant des Reglemens concernans le prix des vivres, des Marchandises, & les salaires des ouvriers.

SOMMAIRES.

(1) Tous Marchands de vivres, de denrées, tous Laboureurs, Ouvriers & Serviteurs se contenteront à l'avenir d'un prix convenable, eu égard à la valeur de la forte presente Monoie, & tous ceux qui contreviendront à la presente Ordonnance seront punis.

(2) Pour obvier aux fraudes des Marchands, des gens de mêtier & autres qui exigent des prix excessifs, il sera crié par toutes les Villes qu'aucunes personnes saines de corps, soient qu'ils ayent des mêtiers ou non soient obligez de travailler pour gagner leur vie, & en cas de contravention ils seront tenus de sortir de la Ville où seront dans trois jours après le cry, & s'ils y manquent ils seront mis en prison pendant trois autres jours où ils seront nourris au pain & à l'eau, ensuite ils seront mis au Pillory, & s'ils perseverent ils seront marquez au front d'un fer chaud.

(3) Les Administrateurs des Hôpitaux & des Hôtels Dieux ne pourront heberger ni y recevoir telles gens plus d'une nuit, à moins qu'ils ne soient malades ou estropiez.

(4) Tous Ouvriers de quelque profession qu'ils soient, iront avant le lever du Soleil aux Places accoustumées pour se loüer à ceux qui auront besoin d'eux, & aucun ne pourra refuser de servir, en luy donnant le prix qui sera reglé pour le salaire des Ouvriers, sous peine de dix sols d'amende.

(5) Les Ouvriers pendant les jours de travail ne pourront passer leur temps dans les tavernes & autres lieux où l'on donne à joüer, aucun des Ouvriers ne pourra abandonner le domicile qu'il aura à la Saint Jean pour aller travailler ailleurs, en abandonnant leurs sommes, &c.

(6) Les Ouvriers des mêtiers travailleront seulement depuis le Soleil levant jusques au Soleil couchant.

(7) Si au temps que la foible Monoie avoit cours, aucuns avoit entrepris ouvrages *à tasche dans un certain temps ou* sans forme *pour de* certaines sommes *d'argent à payer à une fois ou à plusieurs, & si la tasche n'a pas esté parfaite au temps du cours de la* foible Monoie, *le* preneur *la pourra achever au cas que la saison & le temps ne soient pas contraires, & qu'il n'y ait pas d'opposition de la part du* bailleur *qui recevra ce qu'il luy restera dû à la Monoie, qui courroit au temps du marché ou à la nouvelle Monoie, selon le prix & la valeur du Marc d'Argent, & si le* preneur *a fait son devoir en travaillant diligemment sans demeure & sans fraude, en attendant malitieusement une plus forte Monoie, & en employant fidelement ce qu'il auroit reçû d'avance, il pourra s'il luy plaist renoncer au restant de l'œuvre, &c.*

(8) Mais si le preneur *a esté negligent ou en demeure de faire sa tasche, il sera tenu de la parfaire s'il plaist au* bailleur.

(9) Et si au contraire les tasches n'ont pas esté faites par la faute du bailleur, *parce qu'il n'a pas voulu donner d'Argent ou de Matiere, s'il y estoit obligé par la qualité de l'œuvre, le preneur ne sera pas tenu de parfaire l'ouvrage s'il ne luy plaist.*

(10) Les Baillis & les Justiciers chacuns en leurs Jurisdictions, assembleront promptement & sans aucun délay des plus notables du Clergé, des nobles & autres, qui ordonneront du prix des Denrées & des Vivres, & qui taxeront seulement & équitablement le salaire des Ouvriers, des Valets & des Servantes, eu égard à la cherté des choses en leur Pays, &c.

JEAN I.er & selon d'autres, Jean II. au mois de Novembre 1354.

A L'HONNEUR de Dieu & au profit de la chose publique, *Ordonné* est de par le Roy & son Conseil & *commandé* estroitement, que toutes manieres de *Vendeurs de Vivres*, & de toutes autres denrées, tous *Marchans* menerterlz, *Laboureurs*, & *Ouvriers* de bois, Serviteurs & autres quelconques, faisans & exercens faits de mestier, de labourage, services & marchandises, *ramainent &* mettent leurs denrés, marchandises, labouraiges, salaires & ouvrages *quelconques, chascun en* droit soy a feur & pris convenables & souffisans selon la valeur & cours de ceste presente forte monnoye, & que tous ceuls, qui ainsi ne le feront en soient punys, sans grace des peines cy dessous escriptes.

Item. Pour ce que plusieurs desdits *Vendeurs*, qui s'efforcent de *seurvendre* leursdites denrées, ne se veulent mettre à raison *de juste* pris, selon ladite *forte monnoye*, se veulent excuser de la seurvente, pour ce qu'ils dient, les aucuns qui leur convient ce faire pour la grant *chierté des Ouvriers*, qui ne veulent faire besoigne, se ils ne sont payez à leur volenté, de payemens si excessifs que pour ce de necessité, leur reconvient ainsy vendre chierement leursdies denrées, les *autres dient* que quant Ordennances sont faittes & certaines *taxations* mises pour les causes que dessus, sur les journées & salaires des Ouvriers & Laboureurs, plusieurs d'iceux ne veulent aler ouvrer à journée, ne besoigner se n'est en taches pour lesquelles il convient, que il ayent leurs ententions de salaires desraisonnables, telx comme il veulent demander, & quant ils sont requis de aler *ouvrer à journée*, dient les uns qu'il iront en leurs taches, ou ouvrer en leus heritages, ou en ceulx que il ont pris à part à labourer, & ainsy ne veulent ouvrer que à leur plaisir : & les autres se departent des lieux de leur demourance, en laissent femmes, & enfans, & leur propre pays & domicilles, & vont ouvrer autre part où les Ordennances ne sont mie adroit gardées, s'en contempnant & fraudes notoires des Ordennances: Avenus autres Ouvriers y a, aux quiex convient que il vont ouvrer à journée, que il ayent d'avantage, oultre le prix de leurs journées, vins, viandes & autres choses, contre les bonnes & aprouvées coutumes & observances anciennes, par lesquelles les Ouvriers estoient contens de leur argent, prins pour mesure par journée, & si rendoient bonnes & loyaux journées, de quoy les Ouvriers de present font le contraire, jasoit ce que il se seurloent & font moult d'inconveniens, par les manieres devant dies: Avenus aucuns autres desdis Ouvriers gourmans, ou frians, ou faineantises vont sejourner ès tavernes, & dient que pour le grant pris des journées qu'il ont accoutumés de prendre, que il ne ouvriront la sepmaine *que deux jours*, & aucun autres servans & servantes, comme Chartiers, Bergers, Nourices & Chamberiez, & semblables & telx dangers, que il ne veulent servir, s'il n'ont salaires & loyers, tels comme ils veulent, demandant vins & viande autre que il ne appartient à leur estat, dont mont d'œuvres & labouraiges profitables & necessaires au bien commun, en sont delaissées à faire en moult de lieux. *Ordonné est* pour obvier à telx fraudes & malices, & pour extirper tels *curies* de mal fait & de mal example, & pour tout le bon estat de la chose publique, *qu'il soit deffendû & crié solempnement en toutes Villes*, par les Justiciers d'icelles, que *aucunes personnes hommes & femmes*, sains de leur corps & membres, saichanz, non saichans mestiers, qui soyent *taillez* à ouvrer, ne soyent ou demeurent oiseux en tavernes ou autre part, mais se exposent à faire aucunes besoignes de labour, tel comme à chacun devra appartenir, si que il puissent gaigner leur vie, ou que il vuident la Ville dedans *trois jours*, amprés ce cry, & se aprés lesdies trois jours, il y sont trouvez oiseux, ou *jouans* aux dez, ou *mandiant*, il seront pris & mis *en prison*, & tenu au *pain & à l'eaue* par l'espace de trois jours, & quant il auront esté delivrés de ladite prison, se depuis il y sont trouvez *oiseux*, ou il n'ont bien de quoi il puissent avoir convenablement leur vie, ou se il n'ont adveu de

NOTES.

(a) Cette Ordonnance qui est au Tresor des Chartes du Roy a pour Titre *les Ordonnances Royaux, faites pour cause des mutations des monoies de foible à fort, faites en ce present mois de Novembre 1354.*

perſonne souffiſans ſans fraude, à qui il faſſent beſoigne ou à qui il ſervent, ils ſeront mis *ou pilory ;* & la tierce fois repris par la maniere que dit eſt, ils ſeront *ſignez au front* d'un fer chaut & bannis deſdis lieux.

(3) Item. Ordonné eſt, que l'en dit & en charge à ceuls ou celles, qui gouvernent ou gardent les *Hopitaux*, ou *Hotel-Dieu,* que il ne *hebergent* tels *truans,* ni tels perſonnes oiſeuſes, plus haut d'une nuyct, s'il ne ſont *méhaignez,* contraints ou malades, tels que l'en voye évidamment, que l'aumone y ſoit bien employée ſans fraude.

(4) Item. Commandé eſt que toute maniere de gens, hommes & femmes, qui ont accouſtumés à faire, ou exercer *ouvrages,* ou *labourages* en terres & vignes, ou ouvrages de draperie & tanerie, charpenterie, maçonnerie, ouvrages de maiſon & ſemblabes, & generalement en toutes manieres d'ouvrages, *ailleut avant ſoleil levant és places des lieux accoutumez à loüer les Ouvriers,* pour *euls loüer à ceuls* qui meſtier en auront, par ainſi que aucun ne refuſea aler ouvrer, pour le prix qui ſeront *mis ſur les journées des Ouvriers* deſdits meſtiers, s'il trevient qui le veuille alloer & avoir pour ledit pris, ne ſe rendent oiſeux ou excuſent d'excuſations faintes ou fauſſes, ſoubz peine de *dix ſolz* payer au Roy de chacuns de ceux qui meſprendront en ces choſes, pour tant de jours comme meſpris y auroient, ou d'eſtre en priſon pour tant de jours, comme aux Juges des lieux, ou aux Commiſſaires deputez ou à depputé ſur ces choſes ſembleront bon & raiſonnable, ſelon la qualité des perſonnes & la déſobéiſſance & meſpriſon.

(5) Item. Que pour eſchiver ladite oiſiveté deſdits Ouvriers, deffendu eſt etroitement, que aucuns d'iceux n'aillent boire, ne employer leur temps en tavernes ou autre part, ou exercent jeux deffendus aux jours ouvriers, & que aucun d'iceux *Ouvriers ne ſe departent des lieux,* où il auront tenu leur domicile, depuis la Saint Jean d'Eſté pour aler *ouvrer ailleurs,* en laiſſans leurs femmes, & même en leurſdits propres pays, domiciles, & en fraude des Ordennances, ſi ce n'eſtoient aucuns qui en aucunes ſaiſons ont accoutumez & de long-tems à aler és pays vingnoble, pour becher ou fouir, pour ce que en leur pays ne treuvent pas bien à gagner leur pain, & auſſy n'eſt de neceſſité qu'il y demeurent, ſur peine de *dix ſolz* payer au Roy de chaſcun deſdits Ouvriers qui ſeront trouvez *en tannieres, ou jouans* aux jours ouvriers, comme dit eſt, & de *cent ſols* payer de chacun d'iceux ouvriers qui en fraude des Ordonnances *laiſſeroient leurs domiciles,* ſi comme deſſus eſt dit, ou ſur peine de priſon à l'arbitrage des Juges ou Commiſſaires deſſuſdits.

(6) Item. Pour cauſe *ordonné* & commandé eſt, que les *Ouvriers deſdits meſtiers & des appartenances* à iceux, ou de ſemblables, aillent en euvre & tiennent euvre des Soleil levant, juſques à Soleil couchant, & que il faſſent leurs journées en ouvrant loyalement, nonobſtant Couſtumes ou Uſages de pays ou de lieux à ce contraires, ſur peine de *dix ſols* payer au Roy, de chacun d'iceux Ouvriers, pour tant de fois & journées, comme il auront defailly de aler ouvrer & tenir euvre par la maniere deſſuſdite, ou de priſon à l'arbitrage des Juges ou Commiſſaires deſſuſdits.

(7) Item. Se ou temps que ladite foible monnoye avoit plain cours, aucuns ont prins à faire en taſche dedans certain ou *certains termes* ou *ſans* prefixion de *terme* aucunes euvres, comme labourages, en terre, en vignes, en yaues ou de charpenterie, maçonnerie ou autres ouvrages quelconques, pour certaines ſommes *d'argent, à payer une fois* ou à *pluſieurs* ou ſans termes, ou ainſi & à la valeur de ce que le *Preneur* feroit de la beſoigne, & ladite tache n'a eſté faitte ou parfaitte ou temps du cours de ladite foible monnoye, ledit *Preneur* la poura faire ou parfaire ſe le temps & la ſaiſon n'eſtoient à ce contraires, & ſi le *Bailleur* ne le contrediſoit, pour cauſe de ladite contrarieté, en recevant ce qu'il en ſera deu en la monnoye courant & pour le pris que elle couroit au temps du marché ou contraut, de ladite tache, ou à la nouvelle monnoye ſelon le *pris & valeur du Marc d'argent,* s'il pleſt audit *Preneur,* & ſenon ou cas qu'il aura ouvré *diligemment* en ladite euvre, & ne aura eſté en demeure *deſſaulte ou coulpe* de faire icelle en ouvrant en autre beſoigne, ou en la delaiſſant de volenté, ou pour attendre plus *forte monnoye* ou autrement en fraude, & auſſi ou cas qu'il aura fait de labourage de ſa taſche, à la valeur de la ſomme qu'il aura ſur *ce receue,* ſe il

JEAN I.er & ſelon d'autres, Jean II. au mois de Novembre 1354.

convient mettre matiere ou chaſtel en la perfection de l'euvre de ladite taſche, autrement que du labour & des inſtrumens neceſſaires à ouvrer; *il porroit renoncier* en ce cas au *demourant de ladite euvre,* ſe le *Bailleur* ne vouloit bailler du ſien la ſomme que la matiere couſteroit plus à la forte monnoye, au regart à la foible & à la forte, & es cas que le *Bailleur* voudroit bailler ledit ſurplus de la matiere, comme dit eſt, ou que de l'ouvrage ſans matiere ou ſans chatel, ou ſans priſer les Couſtemens des Inſtrumens, ledit *Bailleur* voudroit bailler le demourant de la ſomme pour ce deue à la valeur du *Marc d'argent,* & pour le pris que il valoit au temps du Contraut de la taſche, le *Preneur* ſera tenu parfaire ladite tache, en recevant ſondit payement à ladite valeur du *Marc d'argent,* & ne porra renoncier en ce cas à ladite euvre.

(8) Item. Ou cas que ledit *Preneur* aura eſté negligent, ou en demeure ou coulpe, comme dit eſt, de faire ou parfaire ſadite tache, ſi elle eſt ſans mettre chaſtel ſi comme deſſus eſt dit, il fera & parfaira, s'il plait au *Bailleur* en recevant tele monnoye comme il courroit, quant il priſt ladite tache.

(9) Item. Ou cas que leſdites *taches baillées* & *priſes* comme deſſus, auront eſté demourées à faire, ou parfaire, par faute ou coulpe du *Bailleur;* c'eſt aſſavoir qu'il n'aura voulu bailler argent, ou en tout ou partye, ou matiere, ſe tenu y eſtoit, ſelon la qualité de l'euvre, ou ſelon les convenances, ſur ce requis ſouffiſament, ou que pour contrarieté du temps, ou de ſaiſon, ou autre empeſchement loyal, le *Preneur* n'avoit peu bonnement faire ou parfaire la beſoigne, ledit *Preneur* n'en ſera plus tenu faire ou parfaire, ſe il ne ly plaiſt.

(10) Item. Comme jaſoit ce que ſur *la moderation & taxation de vivres,* & de toutes autres *denrées, & ſur ſalaire & loyers de tous Ouvriers & Serviteurs* demourant en la *Ville Vicomté de Paris,* aient été miſes & faites certaines & juſtes *puniſſions, moderations & taxations,* à bonne & grant deliberation, au regart à la *monnoye forte* courant, par bonnes, ſages & diſcretes perſonnes cognoiſſans, & circonſpectes en teles choſes, & ſaichans l'eſtat des lieux, des quiex copie ſera donnée à toutes gens qui les voudront par le Royaume, pour ce que en ladite *Ville de Paris,* ne peut pas bonnement eſtre ſceu, les Eſtats & Gouvernemens des autres lieux, & ainſi pouroit on faillir à faire leſdites *taxations & ordenances des prix des denrées,* & des *journées, ſalaires des Ouvriers & Serviteurs des autres lieux,* ordonné eſt que les *Baillifs* & autres *Juſticiers,* tous chacun en ſa Juridiction, appellez en eſpecial pour cette choſe avec eux *haſtivement* & ſans aucun delay, des plus notables Gens du Clergié & de Religion de leurs lieux, des Nobles & des autres mieux renommez en preudomie, & plus ſouffiſans & cognoiſſans en tels choſes, en tel nombre comme bon leur ſemblera, & prins tout avant ſerment ſolempnel de chacun d'eux, que le plus juſtement & loyalement que mieux pourront, & ſçauront, aideront à faire & ordennez les choſes cy-après eſcriptes; c'eſt aſſavoir que il ordonnerons commant & pour quel pris *les denrées de vivres,* & toutes autres denrées vendables ſeront vendues, & auſſi tauxeront juſtement les pris des journées de tous *Ouvriers & Laboureurs* de certaines ſaiſons, & temps à autres, & les loyers & ſalaire de tous *Servans & Servantes, eue conſideration* au marché & à la cherté des choſes eſtans en leur pays, pour les jours preſens & avenir; & auſſy quel pris les *Hoſteliers* prendront par iour & nuye pour cheval, en conſiderant la vente des foingts & avoines deſdits lieux, & les autres choſes à ce faiſans, exceptez des Voitures & Voituriers, & des Laboureurs par les Rivieres de Saine, d'Yonne & de Marne, en deſcendans juſques à Paris, des quiex il eſt ordonné autre part, & l'Ordennance que faite auront ſur chacune de ces choſes, avec ladite Ordonnance deſdites Voitures par eaue feront tenir & garder ſans enfraindre, leſdits Baillifs & Juſticiers, comme Commiſſaires du Roy.

(a) Letres

JEAN I.er & selon d'autres, Jean II. à Paris au mois de Decembre, l'an 1354.

(a) *Letres par lesquelles le Roy confirme les Droits & les privileges des* Habitans de Vermandois, *au moyen d'une Ayde de* six Deniers *pour livre des Marchandises, & qui reglent la maniere dont cette Ayde sera levée.*

JEHAN par la grace de Dieu, Roy de France; sçavoir faisons à tous presens & à venir, que comme Nous considerans les très grands inconvenients qui pour cause de *nos guerres* sont venus en moult de manieres, & puent venir chascun jour, & desirans de tout nôtre Cuer, bonne & briefve fin mettre en ycelles, si que le peuple à Nous commis, puisse vivre en paix souz Nous; laquelle chose ne pourroit estre faite sans très grands & innumerables missions, & despenz, lesquiex Nous ne pourrions souffrir, ne soustenir sanz *l'aide de noz subgiez* : avons pour ce fait requerir par noz amez & feaulz, l'*Evesque* d'*Arraz*, l'*Abbé* de *Saint Maard* de *Soissons*, & le *Bailli* de *Vermandois ;* noz bien amez les *Prelaz*, *Chaspitres* & genz *d'Eglise*, les *Nobles*, *Communes*, *Eschevinages*, & autres genz des villes de nôtre bailliage de *Vermandois*, que à ce Nous voulsissent *faire aide convenable :* Et de leur bonne volonté il Nous ayent gracieusement ottroyé & accordé *en aide* pour le fait de nozdites guerres, une imposition *de six Deniers pour livre*, especiaument lesdites *Communes*, *Eschevinages*, & genz des villes de nôtre bailliage de *Vermandois*, en la maniere & souz la modification, & conditions que cy-après s'ensuivent.

C'est assavoir de chascun *tonnel de vin*, vendu en gros & en detail, & de toutes autres marchandises qui seront faites en toutes les bones villes & autres dessus quelconques Seigneurs *d'Eglise*, *Nobles*, & autres dudit bailliage de *Vermandois*, & aussi de toutes autres Marchandises quelconques venduës en quelque ville que ce soit oudit bailliage, *six deniers* pour livre à payer du *Vendeur* tant seulement; laquelle Imposition commencera à courir ès villes dudit bailliage, tantost que ces *Letres seront bailliées* aux bonnes gens desdites villes, ou autres en leurs noms, & leur doivent estre bailliées franchement, & sanz tout coust, *seellées en laz de soie & en cire vert;* Et durra ladite Imposition *jusques à un an continuel & accompli*, sauf que se aucune chose estoit venduë pour une foiz, & en un jour, dont le prix ne vaulsist plus de *cinq soulz*, riens ne sera prins ne levé : Et aussi ne payeront riens les *premiers Marchanz acheteurs de Bois, Viviers & Estangs des Seigneurs ;* mais l'autre *Marchan qui achetera desdiz premiers Marchanz* pour revendre, payera de ce que par luy sera revendu; Et aussi ne payeront riens les *Hostelliers* des vivres que il voudront en leurs maisons & hostelz à leurs Hostes, excepté le *vin* que il paieront en la maniere que dessus est dit.

(2) *Item.* Que le *Receveur de Vermendois* ne autres commis à vendre lesdictes Impositions, ne puist, ne doie *embourser*, ne *appliquier* à soy *les vins des Marchiez & renchieres* de la *venduë qui se fera desdites Impositions*, mais sera beu en commun, en la maniere que fait estoit au commencement que les Impositions Nous furent ottroyées. Et ne seront tenuz les *Achateurs* desdictes Impositions, à payer audit Receveur ou à son Deputé pour les *letres de l'achat* du marchié que *douze Deniers*, & pour la *quittance du payement* que *six Deniers Parisis :* Et ne pourront prendre les Sergens dudit Receveur & de ses Commis, pour la *premiére contrainte* sur les Fermiers aucune chose, mais pour sa *seconde contrainte*, & les autres ensuivantes, seront payez de cellui qui aura

NOTES.

(a) Ces Letres sont au Tresor des Chartes, Registre cotté 82. pour les années 1353. & 1354. piece 544. ou plustost 554. Voyez cy-dessus les Letres accordées aux habitans de *Vermandois* le penultiéme Mars 1350. pages 391. 392. 393. pour cause de la mesme Ayde, ce qui est cause qu'on ne met point de Sommaires ni de Notes à celle-cy. Voyez aussi celles de Paris au mois d'Aoust 1353.

JEAN I.er & selon d'autres, Jean II. à Paris au mois de Decembre, l'an 1354.

souffert ladicte *première contrainte*, dont le Sergent pour son salaire de la *contrainte*, se faicte est dedenz la ville, là où li *Sergent* & *Fermiers* seront demouranz ou residenz, ne aura, ne devra avoir que *deux soulz* par jour seulement.

(3) Item. Sera mandé & deffendu à ceulx qui tiennent, & tenront les *Fermes de l'Imposition des denrées,* traites & menées hors du Royaume, que il ne prengnent, ne puissent prendre d'une *Letre de Caucion,* que *quatre Deniers;* & de la *Letre de délivrance de ladite caution,* que *quatre Deniers:* Et que se plus en prennent ou détrient les *Marchanz* ou les *Voituriers* à délivrer lesdictes *Letres,* touz coux, fraiz & interestz qui pour leurs détriemens seroient faiz, ils seront tenuz de rendre, & contrainz à ce sanz delay: Et se plusieurs *Marcheanz* sont qui à un trait ensemble facent amener leurs denrées, que pour une seule *Letre* il se puissent passer, se il leur plaist.

(4) Item. Que pour Nous, ou pour nôtre Hôtel, ne pour les Hôtels de nôtre très chiere compaigne *la Royne,* ou de noz *Enfanz,* ne pour *Connestable, Marêchaux,* ou autres noz *Officiers,* pour les *Maîtres des Garnisons, Baillifs, Receveurs, Commissaires,* ou autres personnes quelconques, ne seront ou pourront estre pris durant ledit an, oùquel courra ladicte Imposition, *vivres* quelque il soient, *Chevaux, Chars,* ne *Charetes* d'aucuns des dessusdiz, ne d'aucuns qui contribuent à ladicte Imposition, se ce n'est pour *juste pris,* & en payant l'Argent: Et se aucuns par vertu de sa commission de *Nous,* du *Connestable,* des *Marêchaux,* ou d'aucuns autres *Officiers* faisoient, ou s'efforçoient de faire le contraire, que en riens n'y soit obéy; Et pour la desobéissance se faicte estoit, *amende* ne soit, ou puist estre prinse, ne levée pour ce.

(5) Item. Que des choses qui sont *prinses* ou *arrestées* des genz desdictes villes ou des Subgiés d'icelles, pour les garnisons de *nôtre Hôtel,* ou des Hôtelz de nôtre trés chiere compaigne *la Royne,* ou de noz *Enfanz* ne soit riens levé, sans en *payer le juste pris.*

(6) Item. Que les genz desdictes villes, ou leursdits subgiez ne seront contrains à aler en nôtre ost durant le temps de ladicte Imposition, se ce n'est à cause de *arriere-ban,* fait pour bonne & juste cause sans faintise.

(7) Item. Se ou Bailliages ou és Prevostez du *Bailliage de Vermandois* sont aucun Sergent oultre le nombre ordené sur les diz Sergenz, ils seront ostez; Et de ce seront faiz *mandemens aux Baillif & Prevos* dudit *bailliage,* & leur sera deffendu qu'il n'y en mettent plus nulz.

(8) Item. Que noz *Sergenz* auront pour leur salaire par jour *huit sols* parisis seulement, & que plus n'aient, ou doient prendre, pour quelconque nombre de personne que il besongnent, ne pour quelconques esploiz qu'il facent en un jour, combien qu'il en facent plusieurs, & pour plusieurs & diverses personnes, & bailleront & seront tenuz de bailler *copie de leurs Commissions,* au lieu là où il feront leurs esploiz & aussi *copie de leur rescription* se il en sont requis.

(9) Item. Que sur les *Prevos* qui ont tenu & tiennent *Prevostez à ferme,* seront faites enquestes *de trois ans en trois ans,* & dores-en-avant n'y seront receuz que personnes *sages & dignes de foy,* qui sachent faire *justice,* & *appointier* les parties & les causes en jugement & dehors.

(10) Item. Que toutes *nouvelles Garennes* cesseront oudit bailliage.

(11) Item. Que toutes *Nouvelletez* seront reparées, mises & ramenées au premier & deu estat, non contrestant *Letres d'Estat,* ou autres graces ou appellations quelconques, sauves les oppositions, selon l'Ordennance de nôtre Parlement.

(12) Item. Que Nous ferons savoir le *pris ancien des Escriptures & Seaux des Baillifs* & *Prevos,* en *Commissions, Adjournemens, Sentences,* & autres *actes quelconques:* Et se par l'information est trouvé que l'en en lieve excessivement, Nous le ferons ramener à juste & raisonnable pris.

(13) Item. Combien que les *Nobles* dudit bailliage de *Vermandois* ayans *guerre les uns aus autres,* ayent usé, ou accoûtumé à user depuis un peu de temps, que sitôt comme li uns avoit deffié, ou fait deffier l'autre, il s'entreportoient tantôt dommage, sanz attendre jour ne terme: il ne pourront dores-en-avant porter dommage les uns aus autres: c'est assavoir les principaux Chiefs de la guerre jusques à *quinze jours*

entiers & accompliz aprés les *deffiances;* & les amis d'iceulx jusques à *quarante jours* entiers & accompliz aprés les *deffiances* dessus dictes.

JEAN I.er & selon d'autres, Jean II. à Paris au mois de Decembre, l'an 1354.

(14) Item. Ou cas où il vouldroient faire, ou feroient *guerre les uns aus autres,* il ne pourroient abattre, ne faire abattre *Maisons, ne Moulins,* ne faire rompre *Estanz,* tuer *Chevaux ne bestes,* rompre *greniers, huches, huchiaux, letres, vaisselle,* effondrer *vins,* ne autre semblable *gast* faire; Et se il ont fait ou faisoient le contraire, il en seroient puniz, & sera reparé & mis au premier estat *le gast* que il averont fait, aus *coux des faiseurs,* & rendront *coux, fraiz & dommages,* & si en feront amende à Nous & à partie.

(15) Item. Que aucuns *non-Nobles* ne pourront *guerroier,* & aussi ne pourront *estre guerroié* par *Nobles,* ou autres quelconques.

(16) Item. Que le Bailli de *Vermandois* ne pourra *traire,* ni *traitier* nuls de ses Subgiez de ladicte baillie hors de sa Chastellenie, mais li sera fait droit par les hommes jugans en ycelle, se ce n'est pour juste cause & évidant.

(17) Item. Pour ce que les Genz de nôtre Parlement maintiennent que es appellations que l'en fait en Parlement à Paris, des *hommes juganz* oudit Bailliage, s'il est dit mal jugié par les diz *hommes,* chascun doit paier une amende arbitraire; Et pour doubte de paier ladicte amende, plusieurs *jugemens* sont retardez à faire par lesdiz *hommes,* ou dommage de ceulz qui sont en jugement, & aussi pour cause desdiz *hommes juganz* qui ne vuelent jugier; & se il jugent, & aucun en sont à descort pour la contradiction d'aucuns, tout le jugement des autres est empêschiez, *nôtredit Bailli de Vermandois,* appellez des personnes souffisantes de son Bailliage, tant *Clercs, Nobles & Bourgeois* comme autres, s'enfourmera comment bons remedes y pourra estre mis, par quoy justice y puist miex estre faite au prouffit de nôtre peuple, & les plus convenables remedes que il trouvera par leur conseil, Nous rescripra, afin que veuë sa rescription, Nous y *pourveyons* de bon remede.

De rechief, oultre les choses dessus dictes, avons *octroyé & octroyons, & Voulons* pour eschiver le dommage de nôtre commun peuple, que les habitans justiciers dudit Bailliage facent executer tout ce qui sera deu en leurs hautes justices, à tous les Fermiers de ladicte imposition, soient nos Fermiers pour moyen ou sanz moyen, & que l'execution facent faire par leurs propres Sergenz & Officiers de par Nous & en nôtre nom: Et de ce faire leur donnons pouvoir, & auctorité par la teneur de ces presentes Letres.

(18) Item. Que pour cause dudit *octroy,* avons fait de ladicte imposition & des autres *octroys* faiz à nôtre trés chier Seigneur & pere que Diex absoille, des impositions de *six & quatre deniers pour livre* par lesdictes bonnes villes & autres dudit Bailliage, conjointement ou divisemment, ne soit ou doie *estre acquiz à Nous ou à noz successeurs* aucun nouvel droit, *ou prejudice d'eulz ou d'aucun d'eulz* en corps ne en biens.

Si comme toutes les choses dessus dictes les dessus nommez *Evesque, Abbé & Bailli* Nous ont rapporté, en Nous suppliant de par lesdictes villes, que Nous icelles leur *voulsissions octroyer:* Nous par deliberation de nôtre Conseil, enclinanz favorablement à leur supplication, de certaine science, de nôtre auctorité Royal, & de grace special toutes les choses dessus dictes, & chascune d'icelles avons *octroyé & octroyons* par ces presentes, & accordé que le *Vidimus* d'icelles souz aucun de noz Seaulz autentiques, vaille l'original; Et n'est pas nôtre entente que pour l'*octroy* de ladicte imposition fait à Nous, une autre certaine imposition octroyée par nôtre trés chier Seigneur & pere dont Diex ait l'ame, & par Nous aus villes de *Saint Quentin, de Peronne & de Montdidier,* des *vins, Goudalles & Cervoises* venduz *à broche* & despenses es dictes villes, cesse, mais soit levée au prouffit *desdictes villes selon la fourme & teneur desdictes graces & octroys* faiz à eulz sur ce, & pour le temps contenu en iceulz *octroys;* c'est assavoir en ladite ville de *Saint Quentin* par deux *octroys* sur chascun tonnel de vin vendu à *broche* & despense en ladicte ville, *trente sols parisis;* en ladicte ville de *Peronne* de chascun lot de vin vendu à *broche* & despense en ladicte ville *un denier parisis;* & de chacun lot de *Gondale & Cervoise* vendu en ycelle ville une *Poiterine;* & en ladite ville de *Montdidier,* de chascun lot de *vin* vendu *à broche* en ladicte ville, à *deux deniers,* & dessus *une maille parisis.*

(19) Item. De chascun lot de *vin illuec* vendu *à broche,* au dessous de *deux deniers*

JEAN I.er & selon d'autres, Jean II. à Paris au mois de Decembre, l'an 1354.

une *Poitevine*, & de chascun tonnel de *vin* despensé ez hostelz des habitants de ladicte ville, *dix sols parisis*, & des lieres à la quantité, sanz ce que Nous pour l'*octroy* dessusdit fait à Nous de ladite imposition de *six deniers pour livre*, doions aucune chose prendre, ne avoir sur lesdiz *Vins, Gondalle & Cervoise* venduz *à broche & despensez* es dites villes: & aussi pour ce que certaine autre imposition *de quatre & de deux deniers pour livre* à eulx octroyée, doit surseoir durant l'imposition à Nous presentement octroyée, *Nous voulons* que le temps de ladite imposition à Nous presentement octroyée failli, ils puissent *lever & cueillir ladite imposition de quatre & de deux deniers pour livre*, selon la fourme & teneur des octroys faiz à eux sur ce, aus habitanz desdictes Villes.

Si Mandons & Commandons audit Bailli de *Vermandois*, & à touz noz autres *Justiciers & Officiers* presens & à venir, & à chascun d'eulz, que il tiengnent, gardent & accomplissent chascun en droit soy, les choses dessus dictes, & chascune d'icelles, & les facent *tenir, garder & accomplir* sanz contredit, & sanz autre mandement de Nous attendre, en la fourme & maniere que dessus est devisé & esclaircy : Et que ce soit ferme & estable à touzjours, *Nous avons fait mettre* à ces Lettres *le Seel de nôtre Châtellet de Paris*, en l'absence de nôtre grant Seel. *Donné à Paris l'an de grace mil trois cens cinquante-quatre, ou mois de Decembre*, sauf en autres choses nôtre droit, & en toutes l'autruy.

Par le Roy à la relation de son Conseil, *ADAM BUCY*.

JEAN I.er & selon d'autres, Jean II. à Paris le 17. Janvier 1354.

(a) *Mandement du Roy aux Generaux-Maîtres des Monoies de faire fabriquer des* Deniers d'Or fin *appellez* Deniers d'Or à l'Aignel, *qui auront cours pour* Vingt sols Parisis *la piece, & qui seront de cinquante-deux de poids au Marc de Paris.*

JEHAN par la grace de Dieu, Roy de France: A noz amez & feaulx les Generaulx-Maistres de nos Monnoyes, *Salut & dilection.* Nous par tres grant & bonne deliberation de nostre Conseil, & pour le prouffit de Nous & de nostre Peuple, *Avons ordonné à faire Deniers d'or fin appellez Deniers d'or à l'Aignel*, qui auront cours pour *Vingt sols parisis la piece*, & seront de cinquante-deux de poix au Marc de Paris: Si vous Mandons, & à chascun de vous enjoignons estroictement que tantost & sans delay, vous faciez faire par toutes noz Monnoyes, là où bon & prouffitable vous semblera : Et faictes donner à tous *Changeurs* & *Marchans* frequentans nosdites Monnoyes, de chascun *Marc d'or fin* qu'il apporteront en icelles, *soixante livres tournois*, en payant le *Denier d'or* dessusdit, pour *Vingt sols parisis*, comme dit est : Et en donnant aux Ouvriers & Monnoyers pour Marc d'euvre d'iceulx Deniers, pour ouvraige & monnoyaige tel sallaire comme bon vous semblera: Et afin que nostre ouvraige d'iceulx Deniers, en baille mieulx, & soit plus grant & estable, Voullons que vous donniez congié ausdits Changeurs & Marchans de affiner à leur prouffit tous *Deniers d'or à l'Escu*, & toute autre or detenue : Et avecques ce vous *Mandons*, & pour certaine cause, que vous faciez donner par toutes noz Monnoyes à tous Changeurs & Marchans, de chascun Marc d'argent qu'il apporteront en icelles, tant en *blans* comme en *noir, douze sols tournois* de creue, oultre les pris ou pris que Nous y faisons donner à present: *C'est assavoir*, qu'il auront de chascun *Marc d'argent* allaié à *trois deniers huit grains de loy*, & au-dessus, *Quatre livres seize sols tournoys ;* Et de tout autre *Marc d'argent* allaié à ung denier vingt grains de loy, *Quatre livres douze sols tournoys ;* en faisant les *Deniers blans* à la Couronne, & *petits tournois* que Nous faisons faire à

NOTES.

(a) Ce Mandement est au Registre C. de la Cour des Monoies de Paris, feuillet 160. verso.

present. De toutes les choses dessusdites, & chascune d'icelles faire, à vous & à chascun de vous donnons pouvoir, auctorité & mandement especial par la teneur de ces presentes, si gardez que en icelles n'ayt aucun deffaut. *Donné* à Paris le dix-septiéme jour de Janvier, l'an de grace mil trois cens cinquante-quatre, soubz le scel de nostre Chastellet de Paris, en l'absence de nostre grant. Ainsi signé par le Roy en son Conseil, ouquel estoient *M. de Chaalons, le Conte d'Armignac, le Duc de Renel, Messieurs de Bucy,* & plusieurs autres. MELLON.

JEAN I.er & selon d'autres, Jean II. à Paris le 24. Janvier 1354.

(a) Mandement du Roy aux Generaux-Maîtres de faire fabriquer une monoie Trente-deuxiéme, *consistant* en blancs Deniers *à la couronne, qui auront cours pour cinq* Deniers Tournois *la piece, à deux Deniers douze grains de Loy, & de* six sols six deniers de poids *au Marc de Paris,* des petits Tournois *qui auront cours pour* un petit Denier Tournois *á un Denier neuf grains, & de dix-huit sols quatre Deniers de poids au Marc.*

JEHAN par la grace de Dieu Roy de France: A noz amez & feaulx les Generaulx-Maistres de noz Monnoyes, *Salut & dilection.* Comme derrenierement Nous eussions ordonné & à vous mandé, que par toutes noz Monnoyes vous feissiez faire *Monnoye Vingt-quatriéme blanche & noire,* & il nous conviengne faire presentement & prochainement plus tres grans & innumerables mises pour la deffense de Nous & de noz Subgectz & de nostre Royaume, que nous ne esperions à faire quand nous feismes nostredite Ordonnance. Sçavoir vous faisons que nous en grant & bonne deliberation en nostre Grand Conseil, sur les choses dessusdictes, *avons ordonné & ordonnons* par ces presentes que l'on face en toutes nosdictes Monnoyes, *Monnoye blanche & noire sur le pié de monnoye trente-deuxiéme.*

C'est assavoir *blans Deniers à la Couronne* qui auront cours *pour cinq deniers tournois la piece, à deux Deniers douze grains de loy, & de six sols huit deniers de poix au Marc* de Paris, *& petis tournoys,* qui auront cours pour ung petit Denier tournoys la piece, *à ung Denier neuf grains de loy, & de dix-huit solz quatre deniers de poix* au dit Marc sur les coings telles & semblables comme nous faisons faire à present, & à telle difference comme bon vous semblera. En donnant aux Ouvriers & Monnoyers tel sallaire de creue pour ouvrage & monnoiaige, comme vous verrez qu'il appartiendra estre fait. Et en faisant donner à tous *Changeurs* & *Marchans* frequentans nosdites Monnoyes, les pris en tout *Marc d'argent, tant blanc, comme noir,* que Nous y faisons donner à present. Ce faites, vous & chacun de vous si diligemment, & par telle maniere que il ny ait deffault. De toutes lesquelles choses dessusdictes faire à vous & à chacun de vous donnons povoir, auctorité & mandement especial par la teneur de ces presentes. *Donné* à Paris le vingt-quatriéme jour de Janvier l'an de grace mil trois cens cinquante-quatre, sous le scel de nostre Chastellet de Paris, en l'absence de nostre grant. Ainsi signé, par le Roy, *MATHIEU.*

NOTES.

(a) Ce Mandement est au Registre C. de la Cour des Monoyes de Paris, feüillet 163. *verso.*

JEAN I.er & selon d'autres, Jean II. à Amiens le 20. Mars, l'an 1354.

(a) Mandement du Roy aux Generaux-Maîtres de faire fabriquer une monoie Quarantiéme en Deniers blancs à la Couronne qui auront cours pour cinq Deniers Tournois, *à trois Deniers de Loy, Argent le Roy, & de dix sols de poids au Marc de Paris* en doubles Tournois, *ou petits Tournois, &c.*

JEHAN par la grace de Dieu, Roy de France: A noz amez & feaulx les Generaulx-Maistres de noz Monnoys, *Salut & dilection.* Nous par tres grant & bonne delliberation de nostre Conseil, eu consideration à ce que nous povons avoir à faire à present & pour le temps advenir, tant pour le fait de noz guerres, comme pour la substantation & deffense de nostre Royaume, & de tout le commun Peuple d'iceluy, au prouffit de Nous & de nostredit Peuple, avons *ordonné & ordonnons* par ces presentes, estre fait par toutes noz Monnoyes, *Monnoye quarantiéme*, en faisant ouvrer & monnoyer *Deniers blans à la Couronne* sur les coings, & telz & semblables comme nous avons fait faire, & faisons à present; & aussi *Double tournoys*, ou petis *Deniers* sur ledit pié de *Monnoye quarante-quatriéme*, comme dit est; c'est assavoir *Deniers blans à la Couronne*, qui ont & auront cours pour *cinq Deniers tournoys la piece, à trois deniers de loy, d'argent nommé* Argent le Roy, & dix solz de poix au Marc de Paris, *& les Doubles tournoys*, ou petits *Deniers tournoys*, de tel poix & loy, comme dit est, & telz comme bon vous semblera estre fait selon ledit pié, en donnant aux Ouvriers & Monnoyers tel sallaire de creue pour ouvrage & monnoiage, comme vous verrez qu'il appartiendra estre fait, & en faisant donner à tous *Changeurs* & *Marchands* frequentans nosdites Monnoyes, les pris en tous *Marcs d'argent* que nous y donnons à present.

C'est assavoir en tout *Marc d'argent* allaié à trois deniers de loy & au-dessus, *Cent six solz tournois*, & en tout autre *Marc d'argent* allaié audessoubs d'iceulx trois deniers de loy, *Cent quatre solz tournoys:* & toutes les choses dessusdites, & chascunes d'icelles faictes si dilligemment & en telle maniere que il n'y ait deffault. De icelles faire, à vous & à chacun de vous donnons povoir, auctorité, mandement especial par la teneur de ces presentes. *Donné* à Amyens le vingtiéme jour de Mars l'an de grace mil trois cens cinquante-quatre, sous le scel de nostre secret, en l'absence de nostre grant. Ainsi signé, Par le Roy. MELLOU.

NOTES.

(a) Ce Mandement est au Registre C. de la Cour des Monoies de Paris, feüillet 170. *recto.*

ADDITION CONCERNANT LA MARÉE ET LE POISSON D'EAU DOUCE.

AVERTISSEMENT.

IL a esté dit dans la Note (a) *de la page 236. de ce Volume, que le Registre de la Marée ayant esté égaré, on avoit esté dans l'impuissance d'inserer à leurs places les Ordonnances tirées de ce Registre, qui avoient esté indiquées dans la Table Chronologique des Ordonnances imprimée en 1706. mais heureusement M. de la Mare, qui avoit eu communication de ce Registre, en a fait imprimer quelques-unes dans le Tome III.*[e] *de son excellent Traité de la Police. L'on y trouve aussi les Articles de l'Ordonnance du Roy Jean du penultiéme Janvier 1350. qui concernent la Marée & le Poisson d'eau douce, & que M. de la Mare avoit aussi tirés du Registre de la Marée. Ces Articles ont esté imprimés dans ce Volume des Ordonnances, page 357. & suivantes, tels qu'ils se trouvent dans Fontanon; mais le texte donné par ce Compilateur est different en bien des endroits de celuy qui a esté donné par M. de la Mare : il y a même des Articles qui ne se trouvent que dans l'un ou dans l'autre de ces deux Auteurs ; ensorte que pour avoir un texte éxact & complet de ces Articles, il faudroit refondre ensemble les deux éditions qui en ont esté données. M. de la Mare a encore fait imprimer dans son III.*[e] *Volume, d'anciennes Ordonnances sur la Marée & le Poisson d'eau douce, qu'il a jugé estre de S.*[t] *Loüis. Toutes ces pieces données par M. de la Mare entrant necessairement dans le Recüeil des Ordonnances, on a jugé à propos de les faire imprimer à la fin de ce Volume, avec la comparaison des deux textes de* l'Ordonnance du Roy Jean.

DES HARENGERS.

L'AN de grace 1320. fut enregistrée l'Ordenance des vendeurs & achateurs du mêtier de Harangerie, par le commandement de Gille Haquin Garde à present de la Prevosté de Paris, à la Requeste des preud'hommes dudit mêtier pour le commun profit. *(a)*

ARTICLE PREMIER.

QUE tout le Harenc qui vient à Paris en panier *(b)* ou en charette, c'est à sçavoir en *(c)* Banne, doit estre mis aussi bon dessous comme dessus, & ou milieu, & pour tel le doit-on vendre & acheter, & non autrement; ou se il fait à amender, que il soit amendé par les prudes hommes jurez des Halles; c'est assavoir deux ou trois, ou quatre, se ils y sont, & quiconque fait le contraire, il est en l'amende le Roy, toutesfois qu'il en sera repris.

Ne mesler les mauvais Harents avec les bons.

Seront visités par les Jurez.

NOTES.

(a) Cette Ordonnance & les deux suivantes se trouvent dans trois mss. intitulez, Registre, ou Livre des Mestiers de Paris. L'un de ces trois mss. qui sera nommé icy *A.* a appartenu à M. de la Mare, & il en a tiré la premiere Ordonnance qui s'y trouve p. 57. Le second ms. est dans la Bibliotheque de M. le Procureur general du Parlement: il sera nommé icy *B.* La premiere Ordonnance s'y trouve p. 16. *verso* col. 2. Le troisiéme est à la Chambre des Comptes, il est en 2. vol. & cette premiere Ordonnance est dans le second, à la page sept vingt-dix-neuf (159.) *recto.* Ce ms. sera icy nommé *C.*

Dans ces trois mss. le titre est tel qu'il est imprimé icy. Cependant M. de la Mare, titre 39. p. 236. luy a substitué celuy-cy. *Des Ordonnances de S.t Loüis de l'an 1258. pour establir & regler les Corps des Mestiers de la Ville de Paris :* & à une des marges on lit, *J'ay datté ces Ordonnances en plusieurs autres endroits de l'an 1254. mais j'ay reconnu par un ms. fort ancien de la vie de S.t Loüis, qui est en la Bibliotheque du Roy, qu'elles sont de 1258.* à l'autre marge il y a, *Livre blanc du Chastelet, ou premier Registre des Mêtiers de Paris, fol. 57.* Il paroist par plusieurs passages que M. de la Mare ne doutoit point que ces Ordonnances ne fussent de S.t Loüis : au titre 29. chap. 12. p. 93. col. 1. il semble dire que la preuve s'en tire des Lettres Patentes de Philippe de Valois, du 8. Novembre 1343. A la verité dans ces Lettres Patentes qui seront imprimées plus bas dans ce supplément, il y a un article de cette Ordonnance qui y est transcrit, mais le nom du Legislateur ne s'y trouve pas. Comme M. de la Mare n'a marqué precisément en aucun endroit, que l'on sçache, quelles estoient les raisons qui l'engageoient à croire que cette Ordonnance fut de S.t Loüis, on ne peut en porter de jugement: mais d'un autre costé il est à presumer qu'un aussi habile homme ne l'a luy a pas attribuée sans de fortes preuves. Quoy qu'il en soit de l'Auteur de cette Ordonnance, elle doit avoir place dans ce Recüeil; car il est certain qu'elle est émanée de l'autorité Royale, & qu'elle est très ancienne, puisqu'elle a esté enregistrée au Chastelet en 1320. & elle a servi de base & de fondement à celle du Roy Jean.

Les Sommaires, & les notes marginales sur cette Ordonnance & les deux suivantes sont tirées du Traité de la Police. Les articles ne sont point numerotez dans les mss.

(b) Dans le ms. *B* il y a *Pennier,* qui se trouve aussi quelquefois dans le ms. *C.*

(c) Il y a *Benne* dans le ms. *B.* & quelquefois dans le *C. Banne,* grand panier. *Nicot.* Le même, au mot *Bennel,* rapporte un passage de Monstrelet, où il est dit que des criminels furent amenez sur un *Bennel.* Borel au mot *Benneau* ou *Bennel* dit que ce mot dans le passage de Monstrelet signifie un tombereau, & qu'il vient de *Benna* sorte de Chariot des anciens Gaulois, selon Festus. Il y a grande apparence que *Banne* ou *Benne,* (panier) a la mesme étymologie. Voyez le Dictionnaire étymologique de Menage au mot *Benneau.*

ARTICLE II.

Ou de deux differentes pesches.

C'est-à-dire, s'il n'en avertit l'acheteur.

Item. Quiconque amene Harenc à Paris de deux mors *(d)* mellez ensemble, en panier ou en Banne, le Harenc est forfaict au Roy & acquis, & se le vendeur ne le motit au vendre.

ARTICLE III.

Le Maquereau & le Hareng doivent estre vendus à compte, & payez le même jour ou le lendemain.

Comment la preuve de la quantité se peut establir.

Item. Que tout le Maquerel & Harenc qui vient à Paris doit estre vendu à compte, & se le detailleur qui l'achate du vendeur le vent à la journée ou lendemain, que le voiturier puisse aller à S.t Denis de jours. Le detailleur doit estre creus par son serment, combien il aura trouvé en panier ou en la Charretée, *(e)* & se il plest au detailleur, il aura le serment du voiturier qui l'aura amené à Paris.

ARTICLE IV.

Deffaut de la quantité qui aura esté declarée, comment punie.

Item. Quiconques ameine Harenc en la Ville de Paris, en panier ou en Banne, & le panier se deffaut de plus de trente Harens, que il l'aura moti *(f)* au vendre, le panier de Harenc est acquis au Roy : & se la Charretée du Harenc en Banne se deffaut de plus de trois cens & demy, que il ne l'aura moti au vendre, le Harenc de la Charretée est acquis au Roy.

ARTICLE V.

Tout le Hareng amené en tonneaux doit estre livré de mesme que l'échantillon que le Marchand aura montré.

Item. Quiconques amaine Harenc en la Ville de Paris en Maises * ou en tonniaus, y convient que le Harenc soit tout d'une suite à tel tesmoing, comme le Marchant l'aura montré; & se il estoit trouvé le contraire, il seroit amendé par les Prudeshommes Jurez du mestier.

* Maises, moises, ou moie, vieux mot François qui signifioit un amas ou assemblage de quelque chose en un tas : l'on s'en sert encore en Champagne, où l'on dit moie de Bled pour dire un tas de Bled.

ARTICLE VI.

Quelle quantité de Harengs chaque banne ou tonneau doit tenir.

Item. Que nuls ne puisse vendre ne acheter ledit Harenc en maises, ne en tonniaus sans compte; c'est assavoir en chacune maise de Harenc sor, doit avoir un millier & vingt Harens pour fourneture, & en la maise de Harenc blanc doit avoir huit cens & seize Harens pour fourneture, & ou tonneau de Harenc sor ou blanc, doit avoir autant de Harenc, comme le Marchand l'aura jaugié *(g)* au fonds du tonnel: & se la maise du Harenc sor ou blanc se dechet de plus de trente Harens, le Harenc est acquis au Roy: & convient que ladite maise soit comptée par main de Jurez compteurs establis à ce faire par acort du vendeur & de l'achateur; & se ainssi si estoit que le tonniau se deffausis de plus de trois cens & demi de Harenc de la jauge, le Harenc seroit acquis au Roy.

Item. Que nuls, ne nulle ne puisse vendre ne achater au-dessus de dix maises de Harenc, de quoy il convient que au compte *(h)* ait deux: à la revenuë de ces deux doivent revenir tuit li autre; & qui autrement le fera, il sera en l'amende le Roy.

NOTES.

(d) Dans l'article 8. de l'Ordonnance des poissonniers de mer, attribuée à S.t Loüis, & dans le 88. de l'Ordonnance du Roy Jean, (Voyez cy-dessus p. 358.) qui est parallele à celuy-cy, il y a *deux marées.*

(e) Dans le ms. *B.* il y a par tout *Charreité.*

(f) Voyez l'article 2.

(g) Il y a *jugié* dans le ms. *A.* mais il y a *jaugié* dans les mss. *B. C.* & c'est la bonne leçon, comme il paroist par la fin de l'article.

(h) On en compte deux : ms. *B. C.*

ARTICLE VII.

Item. Que nuls ne puiſſe eſtre groſſier & detailler de la mêmes marchandiſe dudit métier, ſur paine de l'amende.

N'eſtre groſſier & detailleur.

ARTICLE VIII.

Item. Que nuls ne puiſſe ouvrir ne vendre ſes *(i)* derrées devant que Prime ſoit ſonnée à S.t Magloire, & clorre à Veſpres ſonnans à *(k)* S.t Huitace, & qui autrement le fera, les derrées ſont forfaites.

Heures de la vente.

ARTICLE IX.

Item. Que nuls, ne nulles ne puiſt gaſchier ni broeſlier *(l)* Harens, Maquerel, ne Moruës, ne autres derrées ſalées, ſur paine de perdre les derrées.

Trempis.

ARTICLE X.

Item. Que nuls ne puiſſe ſorir en la Ville de Paris Harenc de Saffaire, *(m)* Harenc poudré, ne frés aprés la S.t Michel, ſus paine de perdre les derrées.

Ne faire ſorer Harengs en la Ville de Paris.

Item. Que nuls, ne nulles ne puiſſe vendre ne achater derrées dudit mêtier ſens reſponſſe, ſur paine de l'amende le Roy toutefois qu'il en ſera repris.

ARTICLE XI.

Item. Que nuls, ne nulles ne puiſſe vendre derrées en gros au-deſſus de la clef, *(n)* ſi comme il eſt accouſtumé, ſur peine de perdre les derrées.

C'eſtoit une place de la Halle deſtinée pour ce commerce, au-delà d'un poteau auquel il y avoit une groſſe clef de fer attachée.

ARTICLE XII.

Item. Que nuls Marchands dehors, ne nuls vendeurs ne peuvent, ne ne doivent heberger Harenc ne Maquerel ſalé, fors au lieu où il eſt eſtabli; c'eſt aſſavoir en la garde des Halles, ſur paine de l'amende le Roy.

Toutes les Salines ſeront déchargées & venduës à la Halle.

ARTICLE XIII.

Item. Que nuls vendeur, Courtier ne puiſt eſtre Marchans de la même marchandiſe de quoy il eſt vendeur, ne luy, ne ſa *(o)* meſnie ne autre de par luy, ne hors, ne ens.

Vendeurs, Courtiers, ce n'eſtoit en ce temps-là que des Commiſſionnaires des Marchands forains: il leur eſt deffendu de faire le commerce pour leur compte.

ARTICLE XIV.

Item. Que nuls vendeurs ne puiſt donner derrées ſens fuer, ſur paine de l'amende le Roy.

C'eſt-à-dire, ſans en avoir fait auparavant le prix.

NOTES.

(i) Il y a par tout *denrées* dans les mſſ. *B. C.*

(k) S.t Huitaſſe, mſ. *B.* S.t Euſtace, mſ. *C.*

(l) Broeiller, mſ. *C.*

(m) De Saffare: & plus bas, avant aprés la S.t Michel. mſ. *B. C.*

(n) Cette clef eſtoit attachée à un poteau qui ſeparoit la place des detailleresſes de celle des Marchands; & elle s'y voit encore. La Mare. Ibid. Titre 39. c. 9. p. 89. col. 2. note *(a)* à la marge.

(o) Meſgnie, ou meſnie, famille. *Nicot. Borel.*

ARTICLE XV.

Compteurs de Salines commis par les Jurez, leur autorité.

Item. Que nuls Compteurs des Halles ne se puist entremettre dudit mêtier, se n'est par l'ordenance desdits prudes-hommes Jurez dudit mêtier.

ARTICLE XVI.

Item. Quiconques desdira lesdits Prudes-hommes Jurez du mêtier, ne yra contre ce que ils ont fait bien & loyaument par leurs sermens, il l'amendera au Roy & ausdits Jurez.

(a) POISSONNIERS DE MER.

ARTICLE PREMIER.

QUICONQUES veut estre Poissonnier de poisson de mer à Paris, il convient qu'il achate le mêtier du Roy, & le vent de par le Roy, à l'un plus à l'autre moins: Cil qui la baille en a selon ce que il voit que bon est. *(b)*

ARTICLE II.

Temps differens de garder, & de vendre la marée, selon les saisons.

Tout le Poisson frés de mer, qui vient à Paris depuis Pasques jusques à la S.t Remy, doit estre vendu le jour qu'il vient, soit en gros soit en détail. *Item.* Le Saumon & le Pourpois l'en le peut garder deux jours, à compter le jour que il sera apportez à Paris, dés la S.t Remy jusques à Pasques : & de Pasques jusqu'à la S.t Remy, il sera vendu le jour que il sera apportez à Paris; & qui autrement le fera, il poyera dix sols d'amende au Roy, touttes les fois que il en sera repris: & le Poisson de mer qui vient à Paris, de la S.t Remy jusques à Pasques doit avoir deux jours de vente, seulement de celuy que l'en vendra en gros, & celuy que l'en vendra à détail, ce jour même le doit l'en vendre; & qui plus le gardera en ces deux sesons, si comme dit est & devisé, le poisson sera perdu, & il sera à cinq sols d'amende au Roy, touttes les fois qu'il en sera repris. *(c)*

NOTES.

(a) Cette Ordonnance est dans le ms. A. p. 79. *verso*, dans le ms. *B.* p. 116. *verso*, col. 2. dans le ms. *C.* f. huit vingt (160.) *verso*. Dans ces trois mss. elle a pour titre, *Poissonniers de mer.* M. de la Mare p. 237. y a substitué celuy-cy, *Des mêmes Ordonnances de 1258. Titre des Poissonniers du Poisson de mer.* Cette Ordonnance est beaucoup plus correcte dans le ms. *A.* que dans le *B.* & le *C.* Dans ceux-cy, les Articles ne sont pas dans le même ordre, il y en a même quelques-uns qui ne s'y trouvent pas, & il y a des transpositions dans le texte qui en interrompent la suite.

(b) Ce texte paroît estre corrompu. Voyez page 357. l'art. 82. de l'Ordonnance du Roy Jean, & plus bas dans ce supplément, la maniere dont il a esté imprimé par la Mare. Ces deux textes sont encore plus defféctueux.

(c) Cet article se lit de la maniere suivante dans les mss. *B.* & *C.* Tout le Poisson frez de mer qui vient à Paris, de Pasques jusqu'à la S.t Remi, doit estre vendu le jour qu'il vient, soit en gros soit à détail: & le Poisson de mer qui vient à Paris, de la S.t Remi jusqu'à la Pâques, doit avoir deux jours de vente tant seulement, de celuy que l'en vendra en gros: celuy jour mêmes au détailleur, & qui plus le garderoit en ces deux saisons, que si comme il est devisié cy-dessus, le poisson seroit perdu. *Item*, le Saumon & le Pourpois l'en le peut garder deux jours, à compter le jour que il sera apportez à Paris, de la S.t Remi jusqu'à la Pasques, & de Pasques jusqu'à la S.t Remi, il sera vendu le jour que il sera apporté à Paris; & qui autrement le fera, il payera dix sols touttes les fois qu'il en sera repris. Voyez cy-dessus page 537. les articles 83. 84. de l'Ordonnance du Roy Jean, il y a *Pourpris* au lieu de *Pourpois*.

ARTICLE III.

Nul Poissonnier de mer de Paris ne peult, ne ne doit aller encontre le Poisson pour achater, se ce n'est de la riviere d'Oyse, ou à la Ville où il queurre marchié, là où il achetera le Poisson; & qui le fera autrement, il perdra tout le Poisson que il achetera, toutesfois que il en sera repris.

N'aller au devant de la marée, si ce n'est au-delà de la riviere d'Oyse, ou aux Villes où il y a marché.

ARTICLE IV.

Tout le Poisson qui vient à Paris quels que il soit, doit estre mis de lonc és peniers, & sans templeil. *(d)* Et qui autrement le feroit, il seroit à cinq sols parisis d'amende au Roy, toutesfois que il en seroit repris.

Comment le poisson doit estre mis dans les paniers.

ARTICLE V.

Quiconques amaine penniers de Poisson de mer à Paris, il convient que chacun pennier soit de la grandeur au patron, qui est fait de par le Roy ès Halles de Paris; & qui mendre le feroit de patron, il payeroit cinq sols de chacune somme, toutesfois que il en seroit repris.

Grandeur des paniers, reglée sur l'estalon gardé aux Halles.

ARTICLE VI.

Le Poisson doit estre mis ou pannier aussi bon dessus comme dessous, & ou milieu; & se il fait à amender, *(e)* si soit par les quatre preud'hommes qui sont establis à ce faire, & convient que ils soient deux ensemble à abbattre le tort fait, pour garder les marcheans à droit.

Les poissons ne seront meslez de bons & de mauvais dans chaque panier.

Visites des Jurez.

ARTICLE VII.

Nuls poissonniers de mer ne peut mettre Raye en pannier sur autre poisson, ne amener poisson salé, ne Merlent salé, que le *(f)* Feurrel qui est dessus les penniers ne soit ostez ès Halles, avant que le poisson soit vendu; & qui autrement le feroit, il seroit en amende de cinq sols parisis au Roy.

Ne mettre des Rayes en paniers sur d'autres poissons, ni mesler des poissons salez avec les poissons frais.

ARTICLE VIII.

Quiconques ameine poisson de mer à Paris, mellé ensemble en un panier de deux marées, il perd le poisson, toutesfois qu'il en est repris.

Ne mesler ensemble poissons de deux marées, c'est-à-dire, peschez en differens temps.

ARTICLE IX.

Tout le Maquerel, & tout le Harenc qui vient à Paris, doit estre vendus à compte, & se le Marcheant qui le achetera ne le veut compter, il aura le serment de celuy qui l'ameinera, se il li plest, ou l'estalier qui le vendra se fera creable par sa foy de tel compte comme il y trouvera.

Les Maquereaux & les Harengs doivent estre vendus à compte.

ARTICLE X.

Tout cil qui ameine poisson à Paris pour vendre en charrette ou à sommier, il convient que il viegnent descendre dedens les Halles de Paris, sans riens mucier

Ne descendre le poisson ailleurs qu'aux Halles.

NOTES.

(d) J'ay cherché inutilement la signification de ce mot.

(e) Si soit amendé, ms. *B. C.*

(f) Feurre, chaume, fourage, de *foderagium. Borel.*

(g) en meſon ne ailleurs; & ſe il deſcendoient ailleurs, ils poieroient l'amende de cinq ſols pariſis deſſuſdits.

ARTICLE XI.

Payer comptant les Forains, dans quel temps, & ſous quelle peine.

Li Poiſſonnier de Paris doivent delivrer les Marcheans eſtranges dedans lendemain Veſpres qu'ils auront achaté le poiſſon; & s'ils en deffaillent, ils poieront deux ſols pariſis d'amende au Roy, toutesfois qu'il en ſeront repris; & ſe li Marchant dehors giſt lendemain que il vendra à Paris par deffaut de poiement à l'eſtallier, li eſtallier eſt tenu à luy rendre ſes dépens de la nuit, ou de plus, ſe plus demeure.

ARTICLE XII.

Salines.

Tout le Hareng amené en ſomme, ou en charette, ſera tel que l'échantillon qui ſera montré par le Marchand.

Quiconques ameine Harenc à Paris pour vendre en charrette ou à ſommier, il convient que le Harenc ſoit tout d'une ſuite à tel teſmoing, comme li Marcheant le aura montré, & ſe le vendeur, ne l'acheteur s'acordent que le Harenc ſoit compté, le vendeur prendra une *(h)* Meſſe & l'achateur une autre par main eſtrange, & à la revenuë que ces deux revendront, doit revenir tout *(i)* le remenant du Harenc.

ARTICLE XIII.

Moruë ſeche & Merluche.

Heure de la vente des ſalines.

Quiconques achetera Harenc de *(k)* Frenelaie, & moruës baconnées, & Maquereau ſalé de Marcheant eſtrange, il convient qu'il ſoient ouverts dedens Tierce, & clos dedens Veſpres ſonnans; & ce eſt ordené pour ce que li Marcheant s'en aloient trop tart; & qui ainſſi ne le fera, il paiera les cinq ſols pariſis d'amende au Roy. Tout le poiſſon ſera en la volenté le Roy, toutes les fois qu'il en ſeront repris.

ARTICLE XIV.

Places hors les Halles aux poiſſons couvertes, ne doivent eſtre loüées.

Li Tonloiers *(l)* des Halles de Paris ne peult, ne ne doibt rien loüer hors des couvertures des Halles au Poiſſon.

ARTICLE XV.

Ou meſtier deſſuſdits à vingt vendeurs, qui y ſont mis de par le Prevoſt de Paris, & par le conſeil de ceux qui gardent le métier.

ARTICLE XVI.

Donnent caution de ſoixante livres pariſis, s'il plaiſt aux Maîtres qui gardent le métier.

Tuit li vendeurs du poiſſon de mer donnent chacun *(m)* pleigerie de ſoixante livres pariſis, aus Meſtre qui garde le meſtier, pardevant le Prevoſt de Paris, ſe il leur pleſt, avant qu'il s'entremettent pour vendre, ne pour achater pour nul *(n)* homme: Et ce ont li preud'homme ordené pour amender les meffais que li autres pourroient faire; & ſe il ſe vent avant la plegerie, il eſt à dix ſols d'amende : & ce eſt eſtabli des vendeurs en gros.

NOTES.

(g) Mucier dans le mſ. *B.* & Muſſier dans le mſ. *C.* ces deux mots ſont là apparemment pour muſſer, qui ſignifie cacher. Dans le mſ. *A.* il y a *envoyer* au lieu de *muſſier.*

(h) *Meſſe*, pour *Maiſe.* V. 576. 5.

(i) Le reſtant.

(k) Fienelaie. mſ. *B. C.* dans l'art. 93. de l'Ordonnance du Roy Jean, cy-deſſus p. 358. il y a Fronclaye, & Franelaye dans cette meſme Ordonnance donnée par M. de la Mare dans ſon Traité de la Police T. 3. l. 5. p. 24. art. 14.

(l) Ceux qui recevoient aux Halles le Droit nommé *Tonlieu*, qui ſe payoit pour la place où le Marchand vendoit. Voyez le Dictionnaire étymologique de Menage, au mot *Tonlieu.*

(m) Caution.

(n) Ame, mſ. *B. C.*

ARTICLE XVII.

Quiconques est vendeur, & ait baillé la plegerie devant dite, il ne peut perdre le mestier, se ce n'est pour vilain cas.

Cas, ausquels le vendeur peut estre destitué.

ARTICLE XVIII.

Et convient que chascun vendeur ait son hostel à Paris, pource que l'en le sache où trouver.

Le vendeur doit avoir sa demeure à Paris.

ARTICLE XIX.

Quiconques est vendeur de poisson de mer à Paris, il ne peut ne ne doibt partir à poisson qui vende, ne achate, ne luy, ne sa mesniée; & se il le fait, il est en la merci le Roy de tout son avoir, toutesfois qu'il en sera repris.

Ne peut faire le commerce par luy ni par sa famille, soit à Paris, soit dehors.

ARTICLE XX.

Nuls ne le peult envoyer hors en son nom; & li peult l'en deffendre le mestier, jusques à la volonté le Roy, se il le faisoit.

Comment les vendeurs doivent exercer leur Office.

ARTICLE XXI.

Nuls vendeur de poisson de mer de Paris ne peult vendre que six sommes de poisson, & trois charretées seulement; & se il plus en vent, il est à vingt sols parisis d'amende au Roi, toutesfois qu'il en seroit repris, fors de Harenc.

Quelle quantité de poisson chacun des vendeurs peut vendre.

ARTICLE XXII.

Nuls poissonnier de Paris ne peult ne ne doit broueillier *(o)* ne gaschier poisson, comme Moruë salée, Maquereau salé, & Harenc blanc salé; & se ils le font, ils perdront le poisson toutesfois qu'ils en seront repris.

Deffense de brouiller ou gaschier, c'est-à-dire, le falsifier pour en cacher les défauts.

ARTICLE XXIII.

Ou mestier dessusdit à quatre preud'hommes qui ont juré sur sains, *(p)* pardevant le Prevost de Paris, que il le mestier dessusdit garderont bien & loyaument, & que il toutes les mesprentures, qui faites y seront, seront assavoir au Prevost de Paris au plustost qu'ils pourront par reson.

Quatre prud'hommes Jurez élûs pardevant le Prevost de Paris pour garder le métier.

ARTICLE XXIV.

Li quatre preud'hommes qui gardent le mestier, doivent mettre & establir les conteurs & les Poingneeurs. *(q)* Et doivent avoir li Compteeur & li Poigneeur de chacun millier, un denier; c'est assavoir du vendeur obolle, & de l'achateur obolle.

Compteurs, comment establis, & leur salaire.

ARTICLE XXV.

Quiconque ameine Moruë à Paris, la charretée doit cinq sols parisis de coutume,

Ce qui est dû de coûtume, de congé

NOTES.

(o) *Broullier*, manuscrit *B.* & dans le *C.* *Broullier.*

(p) Sur les choses saintes.

(q) Ils sont nommez Poigneurs, parce qu'en déchargeant & comptant les Moruës, ils prennent ces poissons deux à deux, ce que l'on nomme vulgairement une poignée de Moruë. La Marc T. 3. titre 35. c. 1. p. 137. col. 1. à la marge.

& de hallage pour la saline & la marée. C'est aussi cet ancien droit que l'on nomme la boëte aux poissons.

& seize deniers de congié & de halage, *(r)* & chacune somme deux deniers. 2. La charretée de Pleys doit six *(s)* Pleys de coutume, ou quatre sols, & seize deniers de congié & de halage, & de chacune somme deux deniers. 3. La charretée de *(t)* Gournaux doit six Gournaux de coutume, ou quatre sols & seize deniers de congié & de halage, & de chacune somme deux deniers. 4. La charretée de *(u)* Melens doit six Melens de coûtume, ou six sols & seize deniers de congié & de halage, & de chacune somme deux deniers. 5. Et le Harenc sor & blanc & gisant doit quatre deniers de halage, & deux deniers du millier, & six vingts Harens au *(x)* feur où l'en le vent, & le salé aussi. 6. La charretée de Rayes doit dix-huit deniers de coutume, & seize deniers de congié & de halage, & de chascune somme deux deniers. 7. La charretée de Harenc frets doit six-vingt Harens au feur où l'en le vent, & seize deniers de congié & de halage, & chascune somme quatre deniers. 8. Le Harenc celerin ne doit point de coûtume. Tout *(y)* Mellenc doit quinze deniers de la somme à cheval, & Harenc frets sept deniers, & dix Harents au feur où l'en le vent. 10. Tout poisson, la somme doit sept deniers à cheval.

ARTICLE XXVI.

Paniers, comment doivent estre remplis.

Quiconque ameine poisson en penniers à Paris, il convient que ses penniers soient emplis loyaument ou à comble ou sens comble, en la maniere que il est devisé cidessus; & se il le fait autrement, il est à cinq sols d'amende de chacune somme, toutes les fois que il en est repris: Et se il avenoit que li vendeur treuve en un pennier trente Harens moins que il ne motira, la somme sera en la volonté le Roy.

ARTICLE XXVII.

Prud'hommes Jurez sont quittes du Guet.

Li quatre preud'hommes qui gardent le mêtier dessusdit de par le Roy, sont quitte du guet pour la peine que il ont de garder le mêtier du Roy.

ARTICLE XXVIII.

Les autres poissonniers doivent le guet jusqu'à l'âge de soixante ans.

Li hommes qui ont passé soixante ans d'âge, sont quitte du guet, & cil à qui leurs fames gisent d'enfant, tant comme elles gisent; mais ils sont tenus à faire le savoir à celuy qui le guet garde de par le Roy. Li poissonniers de Paris doivent le guet, la taille, & les autres redevances que li Bourgeois de Paris doivent au Roy.

NOTES.

(r) Droit que l'on payoit pour avoir permission de vendre aux Halles.

(s) Les mss. *B. C.* ont Pleis. C'est le poisson nommé la Plie.

(t) Gournal, espece de poisson très delicat. Il s'en trouve beaucoup dans la mer du Sud. (Dictionnaire de Trevoux.)

(u) Il y a Merlens dans les mss. *B. C.*

(x) Fuer, dans le ms. *B.* c'est-à-dire, au prix.

(y) Il y a Merlenc, dans les mss. *B.* & *C.*

POISSONNIERS

(a) POISSONNIERS D'EAU DOUCE.

ARTICLE PREMIER.

NULS ne peut estre poissonniers d'eaue douce à Paris, se il n'achate le mêtier du Roy: & le vent cil qui de par le Roy l'a achaté, à l'un plus, à l'autre moins, si comme il luy semble bon.

ARTICLE II.

Nuls poissonniers qui le mêtier a achaté au Roy, ne peut avoir le mêtier tous sus, c'est à sçavoir partir à poisson, que cil achatent qui ont le mêtier tout sus, ne ne peuvent achater Poisson à Paris, na moins de deux lieuës prés en tous sens, se il ne paye vingt sols parisis à quatre preudes-hommes du mestier, qui sont Jurez de par le Roy à garder le mestier devant dit; liquiez vingt sols sont converti ou commun profit de tout le mestier devant dit, si comme pour leur allées soutenir, & leurs autres besongnes necessaires à tout le mestier.

ARTICLE III.

Si aucuns poissonniers qui ait le mestier achaté au Roy, & n'ait payé les vingt sols devant dis, achepte poisson à Paris, ou près de Paris deux lieuës en tous sens, il perd le poisson sans autre *(b)* amende payer, & doit l'en icelluy poisson forfait donner pour Dieu aux *(c)* prisonniers du Chastelet, à la meson-Dieu, ou là où il leur semblera que bien soit.

ARTICLE IV.

Se aucuns poissonnier achate le mestier à celuy qui de par le Roi le vent, & il ne soit pas prud'homme & loyaus, de bonne conversation & de bonne vie, li quatre prud'hommes devant dis qui le mestier gardent de par le Roy, ou li trois des quatre le peuvent refuser & oster, qu'il n'ait part, ne compagnie ou mestier devant dit; & s'il est prud'homme & loyaux, de bonne vie & conversation, il ne luy peut refuser que il n'ait part ès choses que il achatent appartenant à leur mestier, & qu'il ne puist achater à deux lieuës près de Paris, pour tant qu'il ait achaté le mestier du Roy, & payé les vingt sols devant dits en la maniere dessus devisée.

Marchands poissonniers doivent estre gens de bien, sinon interdits.

Lotissage entre les marchands.

ARTICLE V.

Nulle femme veuve, ne autre ne peut achater Poisson dedans Paris, ne plus près qu'à deux lieuës en tout sens, ne partir à poisson nul que poissonnier achate, se elle n'a esté femme à poissonnier, ou s'elle ne l'achetoit ou vousist avoir part pour son manger, ou pour donner, mais pour son vendre, non.

Femmes veuves soient admises à faire le commerce.

ARTICLE VI.

Nuls, ne nulle ne peult, ne ne doit achater *(d)* poisson en terre, se il n'est peschè; & se

Escrevisses, & autres poissons

NOTES.

(*a*) Ces statuts sont à la p. 78. *verso* du msf. *A.* à la p. 88. *recto*, col. 2. du *B.* & à la page sept vingt douze (152.) *recto* du *C.* le texte du msf. *A.* est le moins correct des trois. M. de la Mare, p. 321. a mis pour titre. *Anciens statuts des Marchands poissonniers de Paris*, & à la marge. *S.t Loüis 1258.* mais ce titre ne se trouve point dans les msf. Dans le *B.* il y a, *Ce titre parle des poissons d'eau douce de Paris, & de leur establissement.*

(*b*) *Remede*, msf. *A.*

(*c*) *Poissonniers*, au lieu de *prisonniers*, dans le msf. *A.*

(*d*) Les msf. *B. C.* ont *poisson terre*, ou *terré*, car dans ces msf. il n'y a point d'accens.

qui se retirent dans les trous, ou sous les racines d'arbres le long des bords des rivieres.

il l'achatoit, il perdroit le poisson, se il y pouvoit estre repris, & seroit le poisson donnez pour Dieu en la maniere dessus devisée.

ARTICLE VII.

Quels poissons ne doivent estre vendus.

Nuls poissonniers, ne autre ne peut, ne ne doit vendre barbeaux, carpeaux, tancheaux, ne anguillettes, desquelx les quatre ne vallent un denier au moins, & se il le fait, il pert le poisson, & est donnez pour Dieu en la maniere dessus devisée.

ARTICLE VIII.

Saisons qu'il n'est permis de vendre certains poissons.

Nuls poissonniers, ne autres, ne peut, ne ne doit vendre Gardons *(e)* freans, c'est assavoir Gardons entre la my-Avril & my-May, & s'il le faisoit, il perdroit le poisson, & seroit donnez pour Dieu en la maniere dessusdite; & ce doit faire crier le Prevost de Paris chacun an une fois sur la pierre au poisson.

ARTICLE IX.

Estaliers, & places à vendre, & permission de colporter.

Nuls, ne nulle, ne peut, ne ne doit vendre à estal poisson d'eaue douce, fors que à la porte du grant Pont, aux pierres le Roy, & aux pierres aux poissonniers qui sont en ce mesmes lieu, mais ils le peuvent comporter par la Ville, sans mettre à terre, ou estal; & ce fu deffendu pour l'amour de ce que on vendoit les poissons *(f)* emblés, les mors, & les pourris, ès lieux forains, & s'aucun en vendoit *(g)* point, il perdroit le poisson, & seroit donné pour Dieu en la maniere dessus devisée.

ARTICLE X.

N'aller au devant, & comment doit estre acheté à Paris.

Nuls, ne nulle ne peut, ne ne doit aler encontre poisson qui viegne à Paris, pour vendre, ne achepter li à Paris, ne à moins de deux lieuës près Paris en tout sens, se il n'estoit à Paris au port, dedens les murs, & aux pierres devant dites, tant comme li Roi soit à Paris en Parlement, ou hors Parlement, au temps que Parlement siet; & se il le faisoit, il perdroit le poisson, & seroit donnez pour Dieu en la maniere dessus devisée.

ARTICLE XI.

Poissons chargez pour Paris, y seront amenez incessamment, & exposez en vente aux lieux destinez.

Nuls, ne nulle ne peut, ne ne doit son poisson *(h)* mucier, ne reporter, ne tourner çà ne là, *(i)* puisqu'il est meuz de son hostel pour aporter à Paris, à la porte de grant Pont, pour vendre jusqu'à tant qu'il l'ait apporté à la porte, & aux pierres devant dites; & se il faisoit, il perdroit le poisson, & seroit donnés pour Dieu en la maniere dessus devisée; & ce ont establi li Poissonniers, pour ce que quant les queux du Roy vouloient prendre poisson, *(k)* que li poissonniers mussoient leur poisson, tant que la prinse estoit passée.

ARTICLE XII.

Poissonniers, en cas d'absence, peuvent faire vendre par leurs femmes, leurs enfans, ou autres pour eux.

Se aussi poissonnier gist malade en la voye d'outre mer, ou en la voye Monseigneur S.t Jacques, ou à Rome, par quoy il ne peult user, ou hanter en la Ville de Paris, le mestier devant dit, en la maniere dessus devisée, sa femme, ou aucun de son commandement, enfant ou autre, peuvent user, ou hanter le mestier devant dit, en la maniere dessus devisée, en toutes choses, & en tous lieux, tant que l'on sache la certaineté de sa mort, ou de sa vie, ou de sa revenuë.

ARTICLE XIII.

Exempts de tous Droits.

Nuls poissonnier ne doit coutume nulle de chose qu'il vende, ne achate appartenant à son mestier.

NOTES.

(e) Qui fraient.
(f) Volez.
(g) Aucuns.
(h) Dans les mss. *B. C.* il y a, *amener.*
(i) Depuis qu'il.
(k) Dans les mss. *B. C.* au lieu de ces mots, *que li poissonniers mussoient leur poisson,* il y a, *on le detournoit.*

ARTICLE XIV.

Li Maistre Queux du Roy prent & eslit les quatre preud'hommes du mestier devant dit, & les met, & oste à sa volonté, & leur fait jurer sur Sains, que il *(l)* trestont le poisson que li Roy aura mestier, ou la Royne, ou leurs enfans, ou cil qui poisson ont par pris, priseront bien & loyaument, aussi pour ceux qui le prisent, comme pour les Marchans : & le Prevost de Paris fait jurer iceulx quatre hommes sur Sains, que il le mestier devant dit garderont bien & loyaument en la maniere dessus devisée, & que se il y trouvent poisson pourri, ou mauvais, que il le feront ruer en *(m)* Saine, & que il tout quatre, ou li un au moins, trois jours en la semaine, c'est assavoir le Mercredi, le Vendredi, & le Samedi en charnage, & en Caresme chacun jour, yront visiter, & chercher toutes les pierres aus poissonniers, & tous les lieux qu'il sauront, ou *(n)* commanderont que mauvais poisson soit par leur serment ; & se il le trouve mauvais, il le doit faire ruer en Saine, si comme il est dit dessus.

Jurez prud'hommes élûs par le maistre Queux du Roy, qui avoit la Surintendance sur la bouche, & prestoient serment devant le Prevost de Paris.

ARTICLE XV.

Li Poissonnier de Paris doivent la Taille, & le Guet, & les autres redevances que les autres Bourgeois de Paris doivent au Roi.

Poissonniers sont sujets aux charges de Ville.

ARTICLE XVI.

Li quatre preudes-hommes devant dis, ne doivent point de guet, pour le service que il font au Roi, de son mestier garder, & de ses poissons priser.

Priviléges des quatre prud'hommes.

ARTICLE XVII.

Nul poissonnier qui ait soixante ans passés, tel à qui sa femme gist d'enfans, tant comme elle gist, ne doivent point de guet, mais ils sont tenus le venir dire à celui qui le guet garde de par le Roi, & les doit en croire par leur serment.

Suite des deux articles precedents.

ARTICLE XVIII.

Nuls, ne nulle ne peut, ne ne doit dire vilenie à nul des priseurs devant dis, pour la raison de son service, si comme se on li disoit vilenie pour pris que il prisassent, ou pour mauvais poisson que il getassent en Saine, ou pour aucune entrepresure que il feissent sçavoir au Prevost de Paris : se nuls leur disoit vilenie pour les raisons devant dites, il l'amenderoit de dix sols parisis au Roi ; car vilenie ne leur doit-on pas dire pour le service le Roi, pour tant qu'ils le facent bien & loyaument.

N'injurier, ni troubler les prud'hommes dans leurs visites.

ARTICLE XIX.

Item. Nuls, ne nulle ne peut vendre boyaux, ne chaudun de nulle beste sur les pierres aux poissonniers, & aux Bourgeois de Paris, ne escorcher aigneaux : Quiconques mesprendra en aucuns des points dessusdis, il payera pour la premiere fois dix sols parisis d'amende au Roi, pour la seconde vingt sols parisis, & pour la tierce soixante sols parisis.

Places pour vendre les poissons, ne doivent estre embarrassées.

NOTES.

(l) Dans le mss. *A.* il y a *tretont.* Cet article est difficile à entendre. Dans M. de la Mare, il y a *treilleront*, apparemment, pour *trieront*, *choisiront*, mais cette correction jette de la confusion dans le texte. Quoyque l'N soit bien formée dans les mss. peut-estre faut-il lire *treslout*, mot qui est encore en usage parmi le petit peuple, pour dire *tout*, & le sens sera que les Jurez priseront aussi loyalement *tout* le poisson qui sera pris pour le Roi, la Reine, & pour ceux qui ont droit de prise, que pour les marchands. Ce droit de prise qui appartenoit au Roi, à la Reine, aux Princes du sang, & à un grand nombre d'Officiers civils & militaires, consistoit, comme il paroist par plusieurs Ordonnances, à prendre par preference, mais en payant, les denrées, & les autres choses dont ils avoient besoin. Voyez la Table des Matieres de ce Volume, au mot, *Prises de Vivres.*

(m) La Riviere de Seine.

(n) Il y a bien écrit *commanderont*, dans les mss. c'est une faute, peut-estre pour *connoistront*, ou autre mot semblable.

Fait par M. le Prevost en jugement sur les Carreaux, le Conseil, & Procureur du Roy presens, le Samedi 30. jour de Decembre l'an 1391. FRESNES. *(o)*

NOTES.

(*o*) La fin de ces Statuts, depuis les mots, *quiconque mesprendra, &c.* n'est point dans le ms. *A.* elle est tout de suite de la mesme main dans le ms. *C.* Dans le ms. *B.* elle a esté ajoûtée par une autre main, partie dans une espace vuide, qui estoit restée après le texte des statuts, & le reste à la marge. Cette fin prouve que ces Statuts ne sont point une Ordonnance Royale, mais un Reglement fait par le Prevost de Paris, & ils n'auroient pas trouvé place dans ce Recüeil, si M. de la Mare ne les avoit pas donnez pour une Ordonnance de S.t Loüis. Cette consideration a engagé à les faire imprimer icy du caractere des Notes.

CHARLES LE BEL, à Paris, en Mars 1325.

(a) Lettres Patentes de Charles le Bel, pour abolir le Droit nommé Hallebic.

CHARLES par la grace de Dieu, Roy de France & de Navarre. Nous faisons sçavoir à tous presens & à venir, que comme à la supplication & complainte de plusieurs marchands de poissons de mer confluans à Paris des parties de dessus la mer, sur ce qu'ils se douloient d'une fausse coutume estant à Paris, sur le poisson, * appellé *(b) Hallebic,* par laquelle les marchands establiers, par chacun panier, puis le prix fait, rabattoient à la fois douze sols, à la fois dix, à la fois huit, selon leur volonté; & d'autres qui participoient à ce gain, & nommément des paniers contenans poissons moins souffisans, mais aussi bien des bons, comme des moins souffisans indifferemment, dont il avenoit que lesdits marchands se transportoient ailleurs, où plus franchement exerçoient leur marchandise, & d'autant moins on en trouvoit à Paris, d'autant y estoit-il plus cher, au grand grief & dommage de tout le pueple, & de nous aussi, si comme ils disoient : si nous supplioient que nous voussissions ladite fausse coustume oster & abbatre, comme par ce li marchand hastivement conflueroient à Paris, & y auroit-on plus de poisson, & à trop mendre prix que devant, laquelle chose redunderoit au grand proufit de toute la chose commune & de nous; aussi nous connoitant mesmement en ce cas, pour l'abondance des vivres de la Ville de Paris, contre tant de mal-prouffit & dommages, pourvoir, eussions mandé, & commis nostre Prevost de Paris, que appellé avec li aucun prud'homme, il s'informast des dommages & inconveniens qui de ladite fausse coutume à la chose commune. à nous & auxdits marchands avenoient, & au contraire des gaignes & prouffits qui pourroient venir, se ladite fausse coutume estoit ostée, & ce qu'il en trouvassent, à ce que nous peussions voir quelle chose fut sur ce à ordener, sous leurs Seeaux, nous renvoyassent : ladite information faite à nous rapportée, & diligemment vüe, comme par la deposition de grant foison * de poissons de la Ville de Paris, & mesmement de plusieurs de ceux que ledit Hallebic tauxoient, ois sur ce en ladite information, il nous appert par cette dite fausse coutume, le poisson à Paris estre plus

* *Appellée.*

* Au lieu *de poisson*, il faut lire, *de personnes*, comme dans les Lettres qui suivent.

NOTES.

(*a*) Cette Ordonnance & la suivante sont dans la Mare, T. 3. Livre 5. titre 39. c. 10. p. 89. 90. il ne marque pas d'où il les a tirées.

Le texte de cette Ordonnance & des suivantes paroist estre corrompu dans plusieurs endroits : on a restitué quelques mots à la marge; mais il auroit fallu avoir un ms. pour corriger toutes les fautes.

(*b*) Voicy ce que dit M. de la Mare, *Ibid.* c. 10. p. 89. sur cette imposition. *Une famille de Paris nommée Hellebic, avoit un fief dans l'endroit des Halles à l'endroit destiné à vendre le poisson : pour l'indemniser, on luy donna un certain Droit sur cette marchandise : ceux qui composoient cette famille non contens de ces Droits, prétendirent avoir une inspection & une Jurisdiction sur cette marchandise, & ils se donnerent la liberté de forcer les marchands de diminuer le prix du poisson, après la vente volontaire qui en avoit esté faite : les marchands se plaignirent, & Charles le Bel cassa & annulla* cette fausse coutume.

cher de la tierce partie ou environ, que il ne feroit, se elle estoit ostée & rabatuë, & que de l'abattre se seroit le proufit de la chose commune, & specialement de la Ville de Paris, de nous & desdits marchands: Nous de nostre pouvoir Royal, qui toûjours desirons à augmenter & accroistre le bien commun, ladite fausse coustume que nous reputons pour abus, rappellons, & au neant mettons; & pour ce que li marchands estrangers n'ayent occasion de vendre mauvaises denrées & mauvais poissons, laquelle chose nous depleret, nous ordenons & voulons que li poisson viengne sans entrer en hostel, droit en place accoutumée à vendre le poisson, sous peine d'estre commis envers nous, se on faisoit le contraire; & là, se il plaist à l'acheteur, sera veu ledit poisson dessous, dessus, & ou milieu, & ne se partira pas lesdits marchands de ladite place, jusques adonc que chacun en pourra avoir pris, selon ce que mestier li sera: Et ce ordenons nous pour le prouffit commun, ainsi comme dessus est dit, sauf toutes autres coustumes & Ordonnances touchant la marchandise de poisson à Paris, desquelles en cette presente Ordonnance n'est fait mention, lesquelles nous voulons demeurer tant comme à present, & tenir en leurs vertus. En temoing de quoy nous avons fait mettre nostre Seel à ces presentes Lettres. Donné à Paris en nostre Parlement, l'an de grace mil trois cens vingt-cinq, ou mois de Mars.

CHARLES LE BEL, à Paris, en Mars 1325.

PHILIPPE DE VALOIS, à Paris le 15. Avril 1328.

(a) Lettres Patentes de Philippe de Valois, pour abolir le Droit nommé Hellebic.

PHILIPPE par la grace de Dieu Roy de France; Nous faisons assçavoir à tous presens & à venir, que comme plusieurs marchands de poissons de mer confluans à Paris, des parties dessus la Mer, ce soient de là en nostre Cour, sur ce que comme autrefois du temps de nostre tres chier Seigneur le Roi Charles, que Dieu absolve, se fussent complaint d'une fausse coutume estant à Paris sur le Poisson, * appellé *(b) Hellebic,* par laquelle li marchand establier pour chacun panier, puis le prix fait, rabattoient à la fois douze sols, à la fois dix sols, à la fois huit sols, selon leur volenté, & d'autres qui partissoient à cette gagne, & non-seulement des paniers contenant un nombre moins suffisant, aussi bien des bons comme des moins suffisans indistinctement, dont il avenoit que lesdits marchands se transportoient *en d'autres pays,* * au dommage de tout le pueple & de nous aussi, & sur ce eut esté faite certaine enqueste ou information pardevant les Commissaires à ce deputez de par nostredit Seigneur : & comme par la deposition de grant foison de personnes de la Ville de Paris, & mesmement de plusieurs de ceux que ledit Hellebic taxoient, ois sur ce en ladite information, il appart que par icelle dite fausse coutume appellée *Hellebic,* le poisson à Paris estoit plus chier de la tierce partie ou environ que il ne feroit, si elle estoit ostée & abbatuë, & que de l'abbatre seroit le prousit de nous & de nostre pueple, eust esté par Arrest de nostre Cour, ladite fausse coutume comme reputée pour abus, rappellée & mise au neant du tout, & ordené avecq ce que le poisson amené à Paris, soit amené droit à la place accoutumée à vendre le poisson, sans iceluy mettre en Hebergier, en Ostel aucun, sur peine d'estre commis envers nous, se on faisoit le contraire, & là se il plaisoit à l'achateur, sera veus li dit poissons dessus, dessous, & ou milieu, si comme tout ce est plus plenement contenu en l'Arrest sur ce donné; neantmoins Jehan de Clamart, Jehan de Garennes, & Aubin Meniel qui se dient estre deputés de par nous à la garde des poissons, contre ladite Ordonnance & Arrest, & après ce que il a esté publié ès Halles de Paris, & commandé à tenir

* *Appellée.*

* Environ quatre mois d'effacez, que j'ay crû pouvoir suppleer par ces mots, en italique, qui achevent le sens. *La Mare.*

NOTES.

(a) Voyez la note *(a)* de l'Ordonnance precedente.
(b) Voyez ce qui est dit dans la note *(b)* de l'Ordonnance precedente.

PHILIPPE DE VALOIS, à Paris le 15. Avril 1328.

& garder, s'efforçoient & se sont efforciez de tenir de jour en jour, de rabattre du premier de poisson vendu après son premier prix, six sous, huit sous, & autre certain prix, laquelle chose ils appellent amendement en venant contre ladite Ordenance & Arrest, ou dommage & prejudice desdits marchands, de tout le pueple & de nous, si comme ils disoient. Pourquoi ils requerroient que il fut deffendu & injoint aux dessusdits Jehan de Clamart, Jehan de Garennes, & Aubin Meniel, & à tous autres, que contre ladite Ordenance & Arrests dessusdits ne feissent aucun rabais par amendement ou autrement, & que ladite Ordenance & Arrest fussent tenus & gardés selon leur forme, & leur imposer perpetuel silence. Les dessusdits Jehan de Clamart, Jehan de Garennes, & Aubin Meniel, & leurs adherans, disans que c'estoit proufitable chose que aucuns amendemens, rabais ou deduction fussent faits du prix du premier vendu; car * mont souvent estoit trouvé le Poisson estre autre dessous que dessus, par quoy les acheteurs pouvoient estre grandement dommagiez, & seroient, se aucune desduction n'estoit faite du prix, si comme ils disoient, & avecques ce, apportoient plusieurs Ordenances scellées en cire verte, à fonder leur entention dessus dite : lesdits marchands disans au contraire que veu ledit Arrest, decevance ne peut estre aucune; quar l'acheteur peut voir le poisson dessous & dessus, à sa volenté, & disoient encore que les dessusdits ou aucuns d'iceux avoient esté appellez à faire ladite information, & que par leur conseil & temoignage, avoit esté ledit Hellebic abattu & mis à neant, & ainsi ne devoient estre ois, en venant contre ce qu'ils avoient juré & deposé par leur serment. Nous oies lesdites parties, & vû par Nous les Letres produites de part & d'autres, & ladite information autrefois faite sur ce, avons ordené que ledit Arrest & Ordenance faits par ledit nostre trés chier Seigneur le Roy Charles, tendra inviolablement, imposons silence aux dessusdits Jehan de Clamart, Jehan de Garennes, & Aubin Meniel & à tous autres & * deffendeurs que par en là aucuns rabais ou diminutions soient faites, rappellons iceux & mettons du tout au neant, reservé à nostre Procureur, que pour ce que les dessusdits se sont efforciez de venir contre ledit Arrest & Ordenance, & aprés la publication d'iceux, & contre ce que aucuns d'iceux avoient deposé en ladite information, & par leurs fermens il en puist faire demande, afin que punicion en soit faite, selon ce qu'il appartiendra de raison. En tesmoing de laquelle chose, Nous avons fait mettre nostre Seel en ces presentes Lettres. *Donné à Paris en nostre Parlement, le quinzième jour d'Avril, l'an de grace mil trois cens vingt-huit.* Signé HAUGEST. *Per ordinationem Curiæ.*

* *Moult*, beaucoup.

* *Deffendons.*

PHILIPPE DE VALOIS, à S.t Germain en Laye, 8.e Novembre 1343.

(a) Lettres Patentes portant que les Marchands de Marée en détail seront contraints par corps au payement du prix des Poissons qu'ils auront achetez.

PHILIPPES par la grace de Dieu, Roy de France: au Prevost de Paris, ou à son Lieutenant, *Salut.* Comme les pauvres marchands de Poisson à grand travail, & grande peine de jour & de nuit, frequentans les Ports de Mer, & acheptant poissons de mer en iceux ports, pour amener hastivement, pour le prouffit commun, ès bonnes Villes de nostre Royaume, & especialement iceux marchands qui frequentent la Ville de Paris, pour y apporter lesdits poissons, nous ayent fait supplier, & leurs vendeurs desdits poissons demourans en ladite Ville de Paris, aussi disans que jaçoit ce que selon les Ordonnances Royaux faites ou temps de nos Predecesseurs, sur le fait dudit mestier, ou usaige entroduit pour le bien commun; & pour

NOTES.

(a) Ces Lettres sont dans le Traité de la Police de M. de la Mare. T. 3. L. 5. Tit. 35. ch. 2. Sect. 4. p. 153. il les a tirées du Registre de la Marée. fol. 27. Voyez p. 586. note *(a)*.

PHILIPPE DE VALOIS, à S.t Germain en Laye, 8.e Novembre 1343.

obvier au malice des personnes prenant les poissons & denrées à creance desdits Supplians, les personnes prenans, & achetans lesdits poissons desdits supplians, soient tenus de payer & delivrer à iceux marchands ce qui leurs doivent, à cause de la vente desdits poissons dedans le lendemain heure de Vespres, sur peine de l'amende à appliquer à nous telle comme il peut apparoir par lesdites Ordonnances, ou que il est accoutumé en tel cas; ce nonostant plusieurs personnes vendans poisson à estal en nostredite Ville de Paris, prins ça en arriere, & prennent chacun jour à creance les poissons apportez en ladite Ville par lesdits Supplians, ne ne les payent selon lesdites Ordonnances ou usaige, ne pour ce ne sont contraints à payer à nous amende telle comme il appartient, comme dit est, les aucuns par la pouvreté de eux qui n'ont de quoy payer, & les autres par la faute ou negligence de ceux à qui telles amendes appartiennent à lever; parquoy le peuple acheptans poissons desdits estalliers, est grevé & domagié & nous aussi, à cause des amendes qui deuës nous en sont, selon lesdites Ordonnances ou usaiges, si comme lesdits supplians dient, requerrant que sur ce leur soit pourveu de remede: Et comme nous * oyent ladite Requeste & les usaiges loisibles entroduits pour le prouffit commun de nostre Ville, vous mendons & commandons estroitement, que vous fassiez voir & regarder diligemment par lesdits Registres de nostre Chastelet de Paris, se lesdites Ordonnances y sont ou non, & se par iceux, ou autrement, deüement il appert lesdites Ordonnances ou usaiges estre tels, comme dit est, les tenir & garder de point en point, & se aucuns preneurs & vendeurs de poisson à estal s'efforçoient de prendre à creance lesdits poissons, & qu'ils refusassent à payer le prix du poisson qu'il aura acheté desdits supplians le jour que achetté l'auroient, ou lendemain de devant l'heure de Vespres, contraignez-les à ce, & à nous payer pour ce amende convenable, & icelles amendes faites lever & exploitter par nostre Receveur de Paris, tantost & sans delay : & pource que les pouvres estalliers qui ledit poisson achetteroient, & payer n'en pourroient le prix dedans le terme & heure dessusdite, se vouldroient par adventure avancier par leur cautele & malice de achepter à creance les poissons desdits supplians plus hardiement que les autres, en pensant de en estre quittes & passer sans aucune peine, parce que l'en ne trouveroit que prendre sur eux, ne dont ils pussent payer amende : Nous emplians lesdites Ordonnances, & pour obvier à telles malices & cautelles, Voulons & vous mendons que tels estalliers, ou cas que ils n'auroient souffisament du leur à payer les amendes esquelles ils seroient encheus, & encheroient pour ce envers nous, ou le prix qu'ils devroient pour ledit poisson, pugnis par emprisonnement & detention de leurs corps, tellement qu'ils se gardent dorénavant de telles choses faire, & les autres y pregnent exemple. Et pour les choses dessusdites, & chacune d'icelles plus diligemment executer, & contraindre lesdits acheteurs à payer & delivrer lesdits marchands presentement & sans delay, dedans l'heure & le temps dessusdits, & lever & exploiter les amendes qui deuës Nous en seroient sur les biens de ceux qui feroient le contraire, commettez & establissez par especial un ou plusieurs de nos Sergens, tels & si convenables qui bien duëment & loyallement le fassent en la maniere que dessus est, & accomplissent les choses dessus dites, en gardant lesdites Ordonnances ou usaige comme dessus est dit, au prouffit de Nous, & du commun pueple de ladite Ville de Paris. *Donné à Saint Germain en Laye le huitiéme jour de Novembre, l'an de grace mil trois cens quarante-trois.*

* *Ayant oüi.*

PHILIPPE DE VALOIS, au Bois de Vincennes, 22. Novembre 1345.

(a) *Lettres Patentes qui declarent que celles du 8. Novembre 1343. regardent les Harengiers aussi bien que les Poissonniers.*

PHILIPPES par la grace de Dieu, Roy de France : à tous ceux qui ces presentes Lettres verront, *Salut.* Nous vous recordons pour le prouffit des Marchands poissonniers frequentans les Ports de Mer, & de nostre commun peuple, avons octroyé nos Lettres, contenant la forme qui s'ensuit :

Philippes par la grace de Dieu, Roy de France, Novembre 1343. *ut supra.* Et comme lesdits vendeurs, qui le plus prouffitablement qu'ils pevent, vendent chacun jour les poissons & Harens de mer, admenez ou envoyez à Paris par lesdits marchands frequentans lesdits Ports de mer, ayent une peine à accomplir la teneur de nosdites Lettres, en contraignant aucune personnes, tant Poissonniers comme Harengiers, qui refusants estoient de payer ce qu'ils devoient ausdits vendeurs, à cause desdits marchands, & encore sont disans iceulx Harengiers, que en nosdites Lettres dessus transcriptes, n'est fait aucune mention de eux, fors seulement desdits poissonniers, par quoy nosdites Lettres ne les a point dedans contenus, ne pevent, ne ne doivent estre employez, ne avoir regard contre eux, fors seulement contre lesdits poissonniers; & par cette maniere s'efforcent de prendre & appliquer à eux les denrées desdits marchands sans leur en faire aucune satisfaction, ne à leursdits vendeurs pour eux, laquelle chose est ou grant grief, dommage & prejudice desdits marchands & de Nous : mesmement que par Ordennance faite de nos predecesseurs Rois de France, l'an 1326. Nous soit apparu que dès iceluy temps fut ordené pour le prouffit de nous, & du commun peuple, que le mestier desdits Poissonniers, & celuy des Harengiers vendans, & demeurans à Paris, estoit & faisoit un même mestier : si nous ont supplié lesdits Marchands & leurs vendeurs, que nous lesdites Lettres dessus transcriptes à eux octroyées, & aussi lesdites Ordennances, dont mention est faite cy-dessus, voulsissions confermer de nôtre grace : en mesmement comme il nous soit aussi apparu, que entre plusieurs clauses contenuës ès Registres de nostre Chastelet de Paris sur ledit mestier, soit tenuë & exprimée la clause qui s'ensuit : *Li Poissonniers de Paris doivent delivrer les Marchands estrangiers dedans le lendemain Vespres qu'il auront achepté le Poisson, & se il en défaillent, il en payeront deux soulx parisis d'amende au Roy, toutes les fois que il en seront repris; & se li marchand de dehors gist lendemain qui vendra à Paris, par deffaut du payement à l'estallier, li estallier est tenu à luy rendre ses depens de la nuit, ou de plus, se plus demoure.* Sur laquelle clause & Ordenance l'en pourroit faire doubte par nosdites premieres Lettres dessus transcriptes, pource que en rien ne nous en estoit apparu lors, & nous en soyons à present enformez, Voulans pour le prouffit desdits Marchands frequentans lesdits Ports de mer, de leursdits vendeurs, & de nostre commun peuple, nosdites Lettres dessus transcriptes, & aussi lesdites Ordenances estre tenuës & gardées, & qu'il ayent leur effet de point en point, sans enfraindre en aucune maniere, afin que lesdits Marchands qui de bonne foy admenent, ou envoyent chascun jour à Paris leurs denrées, où est toute leur chevance, n'en soient deffraudez, ou estrangiez, & que plus assiduëment amenent & fassent amener à Paris, & ès autres bonnes Villes de nostre Royaume, lesdits Poissons & Harens pour la substentation, & vivre de nous, & de nostredit peuple : Sçavoir faisons, que de nostre autorité Royal, & de grace especial avons loüé, agréé, ratiffié, & confermé, loüons, agreons, ratiffions, & confermons par la teneur

NOTES.

(a) Ces Lettres sont dans le Traité de la Police de M. de la Mare. T. 3. L. 5. titre 35. ch. 2. Sect. 4. p. 154. il les a tirées du Registre de la Marée. f. 274. Voyez p. 586. note (a).

de ces

de ces presentes nosdites Lettres dessus transcriptes, lesdites clauses & Ordenances dessusdites, & voulons doresnavant avoir à plain effet contre lesdits Poissonniers & Harengiers, nonobstant que iceux Harengiers ne soient nommés par especial en nosdites premieres Lettres. Si donnons en Mandement à nôtre Prevost de Paris, qui adpresent est, & qui pour le temps advenir sera, que ces presentes Lettres il accomplisse, & fasse accomplir de point en point selon la teneur, & fasse lire & publier solemnellement ès Halles de nostredite Ville de Paris, sans delay, & ailleurs où il appartiendra : & en augmentant & accroissant nostredite premiere grace dessus transcripte, faite de Nous auxdits Marchands, & à leurs vendeurs, comme dit est, pour les causes & raisons dessusdites, Nous voulons que toutes les personnes, ou les entremettans dudit mestier, qui par fraude ou autrement malicieusement prendroient, ou acheteroient desdits vendeurs lesdites denrées, qui ne satisferoient dedans le temps & heure dessusdite, selon les points de nosdites Ordenances & grace, mais se laisseroient emprisonner; de laquelle prison il vouldroient issir par habendonnement, sans satisfaire aux vendeurs desdits Marchands, qui feroit grand dommage desdits Marchands, & *(b)* admeneusement de leur chevance. Nous voulons que tels Poissonniers, ainsi repris dudit malefice, soient privez dudit mestier, sans que ils s'en puissent entremettre, jusques à tant que il ayent fait desdites denrées satisfaction à plain ausdits Marchands, ou à leursdits vendeurs pour eulx, nostre droit gardé ès choses dessusdites, si comme il appartiendra. En tesmoin de laquelle chose, Nous avons fait mettre à ces Lettres nostre Seel nouvel. *Donné au Bois de Vincennes le vingt-deuxiéme jour de Novembre, l'an de grace mil trois cens quarante-cinq.*

PHILIPPE DE VALOIS, au Bois de Vincennes, 22. Novembre 1345.

NOTES.

(b) Admeneusement.] Diminution.

JEAN I.er & selon d'autres, Jean II. le penultiéme Janvier 1350.

(a) *Conference des Textes de l'Ordonnance du Roy Jean, du penultiéme Janvier 1350. donnez par Fontanon & par M. de la Mare.*

POISSON DE MER.

FONTANON.

82.

QUICONQUE voudra estre Poissonnier de Poisson de mer, il convient qu'il achette le mestier, s'il se vend de par le Roy à l'un plus, à l'autre moins, tels qu'il le baille, & en ce qu'il voit que bien est.

83.

84.

L'amende est de 20. sols.

85.

L'amende est de cent sols.

86.

Tout le Poisson doit estre mis au panier, aussi bon dessus, comme dessous, & au milieu; & qui fera le contraire, il perdra le poisson.

91.

Les poissonniers de Paris delivreront les Marchands estrangers du prix qu'ils leur devront pour leur poisson, dedans le lendemain Vespres, qu'ils auront acheté

POISSON DE MER.

LA MARE.

I.

QUE quiconque vouldret estre Poissonnier de poisson de mer, il convient que il achate le mestier, & le vent de par le Roy, à l'un plus, à l'autre moins, à tels qui le baille, & en a selon ce qu'il voit que bon est. *(b)*

II.

Item. Il est ordené que le mestier des Poissonniers & des Harengiers de Paris, est & soit un mesme mestier. *(c)*

III.

A la fin de cet article, & après ces mots *dix sols parisis*, il y a, *Dont l'accuseur aura le tiers.*

IV.

L'amende n'est que de 10. sols.

V.

L'amende est de cent dix sols.

VI.

Tout le Poisson doit estre descendu en la place, & illecque soit veu de celuy qui le vouldra achater, dessus, dessous, & ou milieu, se il pleust oudit achateur.

XI.

Item. Tous les Poissonniers estalliers de Paris delivreront les Marchands estrangers ou leur vendeur pour eux, du prix qui l'en devront pour leurs poissons,

NOTES.

(a) Le texte de Fontanon est imprimé dans ce deuxiéme Volume des Ordonnances, p. 357. & suivantes, & celuy de M. de la Mare dans son Traité de la Police. T. 3. L. 5. titre 29. page 240. & titre 40. p. 323. Voyez p. 573. l'Avertissement qui est à la teste de l'addition à ce deuxieme Volume des Ordonnances.

(b) Ce texte est plus correct, & plus conforme à l'article premier de l'Ordonnance des Poissonniers de mer attribuée à S.t Loüis. Voyez pag. 578. art. 1.

(c) Ces articles & les suivans, à costé desquels il n'y aura rien, ne sont pas dans Fontanon.

JEAN I.er & selon d'autres, Jean II, le penultiéme Janvier 1350.

FONTANON.

le poisson; & s'ils y faillent, ils payeront cinq sols d'amende au Roy, toutesfois qu'ils en seront atteints. Et si le Marchand de dehors gist le lendemain qu'il viendra à Paris, par deffaut du payement à l'estallier, l'estallier est tenu à luy rendre les dépens de la nuit, ou de plus, si plus demeure, & cinq sols d'amende au Roy.

92.

Quiconque amenera Haran à Paris, pour vendre en charettes, ou en sommes, il convient que le Haran soit d'une *sieute* à tel tesmoin, comme les Marchands l'auront monstré. Et si le vendeur & l'acheteur s'accordent que Haran soit compté, le vendeur prendra une *mose*, & l'acheteur une autre, par main estrange, & à la revenuë que ces deux reviendront, doit revenir tout le remanant du Haran.

93.

Harangs *de Fronclaye.*

94.

Les cueilleurs *du lieu* des Halles n'en pourront rien *loüer* hors des couvertures des Halles au Poisson.

LA MARE.

dedans le lendemain Vespres, qu'ils auront acheté le poisson, sans autre poursuite faire du Marchand, ne du vendeur; & se il en faillent, il payeront cinq sols d'amende au Roy, toutesfois qu'ils en seront atteints; & se le Marchand de dehors gist lendemain qu'il vendra à Paris, par deffaute de payement, l'estallier est tenu à li rendre ses depens de la nuit, ou de plus demeurer, & cinq sols d'amende au Roy.

XII.

Item. Quiconques amenera Harent à Paris, pour vendre en charette, ou à somme, il convient que le Harent soit tout d'une *suite*, à tels témoins comme les Marchands l'auront montré. Et se le vendeur & l'acheteur s'accordent que le Harent soit compté, le vendeur prendra une *moise*, & l'acheteur une autre, par main estrange, & à la revenuë que ces deux rendront, doit revenir tout le revenant du Harent; & fera le contraire, il restituëra le Marchant, & payera dix sols d'amende. *(d)*

XIII.

Item. Que se aucuns estalliers avoit acheté poisson ou Harent d'aucun Marchant ou vendeur, & il n'avoit de quoy en payer le prix, & les amendes du Roy pour ce acquises, il seroit puni par prison, sans en issir par abandonnement, ne autrement, sans payer, ou il seroit tourné au pilory, & privé du mestier.

XIV.

Harent *de franelaye. (e)*

XV.

Item. Les Cueilleurs du *tout lieu* le Roy ès Halles de Paris, ne pourront rien *lever* hors de couverture des Halles aux Poissons. *(f)*

NOTES.

(d) Ce texte doit estre preferé. Voyez plus haut p. 580. l'article 12. de l'Ordonnance des Poissonniers de mer.

(e) Voyez p. 580. l'article 13. de l'Ordonnance des Poissonniers de mer, il y a *frenelaye* & *fienelaye* dans deux mss.

(f) Il faut lire dans ces deux textes, *Tonlieu*, & dans celuy de la Mare *loüer* au lieu de *lever*. Voyez cy-dessus p. 580. l'Ordonnance des Poissonniers de mer, article 14.

JEAN I.er & selon d'autres, Jean II. le penultiéme Janvier 1350.

FONTANON.

98.

Audit mestier n'aura que 10. vendeurs tant seulement.

101.

.... Ne pour autres de nos Seigneurs quelconques *(g) n'ayant* droit ne pouvoir.

104.

Les Compteurs ne pourront avoir de chacun millier de Haran à compter qu'*un denier;* c'est à sçavoir du vendeur maille, & de l'acheteur maille, excepté du *Haran en grenier,* dont est parlé cy-dessus.

105.

Quiconque amenera Poissons en panier à Paris, il convient que ces paniers soient emplis loyaument, ou à comble ou sans comble, en la maniere qui est *dousé* par dessus. S'il advient que les vendeurs trouvent dans un panier trente Harens moins qu'il *ne nommera la somme, il sera en cinq sols parisis d'amende, & restituera partie.*

109.

Au regard des Jurez.

LA MARE.

XVIII.

Item. Oudit mestier n'aura que seize vendeurs tant seulement.

Après ces mots, *s'il leur plaist,* qui finissent l'article de Fontanon, il y a. Et se il avenoit que aucuns desdits vendeurs fust éloigné par maladie, ou par pelerinage, ou autre loyal éloignement, il pourra faire vendre ses poissons par un autre vendeur son compagnon, sans prouffit prendre.

XXII.

.... Ne pour autres de nosseigneurs quelconques *ayant* droit ne pouvoir.

XXV.

Les Compteurs & les Poigneurs ne pourront avoir de chacun millier de Harent comptez que *deux deniers ;* c'est à sçavoir du vendeur un denier, & de l'acheteur un denier, excepté du Herenc *de Grevisi,* dont est parlé cy-dessus.

XXVI.

Item. Quelconques amenera Poisson à Paris en paniers, il convient que les paniers soient emplis loyalement, ou à comble ou sans comble, en la maniere que il est *devisé* par dessus; & se il avient que les vendeurs trouvent en un panier trente Herens moins qui ne *nommera, & ne montre la somme, il perdra le panier & les Herens.*

XXVIII.

Item. Nuls estaliers ne pourra acheter Poissons à autre estallier, ce se n'est pour envoyer à ses chalans sans proufit prendre, ne ne pourra ce que il aura acheté à autre estalier, mettre à son estal, ne vendre, à peine de vingt sols d'amende, & de perdre le poisson.

XXXI.

Au Regiſtre des Jurez.

NOTES.

(g) Il faut oster la negation du mot *n'ayant.*

JEAN I.er & selon d'autres, Jean II. le penultiéme Janvier 1350.

FONTANON.

LA MARE.

XXXII.

Item. Nul estalier, Herengier ou autre ne peut prendre poisson ou Herent sans suer, à peine de perdre les denrées, ne le vendeur sera tenu du seure, sur la peine susdite.

111.

Harans de Garnisi. (h)

XXXIII.

Harangs *de Grevisi.* [Nota, qu'à l'article 39. il y a *Garnisi.*

114.

Et si le Maquereau *est goulsi.*

XXXV.

Et si le Macquerel est *goulesi.*

116.

Ou en *Tressoumel.*

XXXVII.

Ou en *Gresoumel;* & qui fera le contraire, il l'amendera de cinq sols.

118.

Soixante sols d'amende.

XXXIX.

Dix sols d'amende.

124.

XLV.

Après ces mots *acquis au Roy,* qui finissent l'article de Fontanon, il y a. *Si ce n'est Merlans salez.*

125.

Nul ne soit si hardi de vendre caque de Haran à detailleur, *en gros.*

XLVI.

Nuls ne soit si hardi vendre quaque de Herent *en gros & à détail.*

XLIX.

Item. Nuls desdits vendeurs ne pourront vendre poisson devant l'heure de Prime S.t Magloire sonnée; dedans laquelle heure les Jurez verront & visiteront le poisson, & se pendant la matinée se vendra le poisson du soir, qui aura esté mis en la garde; & qui fera le contraire, il perdra le poisson, & l'amendera de cinq sols, & du Herent ainsi.

L.

Item. Depuis que un vendeur avoit plus de huit sommes de poisson ou Herent, & jusques à douze sommes, le vendeur qui n'en aura point d'autres, pourra prendre les quatres sommes sans contredit, & les vendre à son profit; & qui met-

NOTES.

(h) Garnisi.] Il s'agit peut-estre là de l'Isle de Garnesay, qui est entre la Normandie & l'Angleterre. M. de Lisle dans ses Cartes la nomme *Grenesey,* mais Maty dans son Dictionnaire l'appelle *Garnesay, Garneseia.*

JEAN I.er & selon d'autres Jean II. le penultiéme Janvier 1350.

FONTANON. | LA MARE.

tra empeschement, ou fera le contraire, il perdra les denrées, & l'amendera.

L I.

Item. Nuls vendeurs de Poisson ne pourront avoir compagnie d'acquest avecques quelques personnes que ce soit, ne ne pourront laissier partir panier de Poisson devant eux sans pris.

L I I.

Item. Nuls preneurs de poisson pour le Roi, pour Madame la Reine, pour Nosseigneurs les Enfans, ne pour autres, ne pourront prendre poissons, ne oster de la place des Jurez, jusques après ce qu'il auront esté veus par les personnes à ce establis.

L I I I.

Item. Que toutesfois que aucuns desdits vendeurs verront & sauront que aucuns desdits estaliers s'efforceroient de vendre leurs poissons plus chieres que il ne le devront vendre, selon le prix que il leur auront fait desdits poissons, ils sont tenus par leurs serments d'eux tantost venir par devers aucuns des Jurez à leur dire, & les Jurez seront tenus de y tantost mettre remede, à les contraindre à faire raison de leurs poissons; & qui sera trouvé faisant le contraire, il sera puni d'amende volontaire.

L I V.

Item. Que nul vendeur de poisson frais ne pourront prendre, ne oster des paniers de poissons frais que ils vendront, mais vendront les paniers tous entiers, sans depecer, en la maniere que dessus est devisé; & s'aucun Seigneur loin de la Ville de Paris ou dehors venoit ou envoyoit devant aucun desdits vendeurs, pour acheter un panier de poisson, ou plusieurs, ou faisoit acheter, le vendeur feroit tenu de leur vendre, par tel & aussi convenable prix, comme il feroit à l'estalier; & qui fera le contraire, il perdra le poisson, & l'amendera.

FONTANON — 128.

Lesquels quatre Prud'hommes ainsi establis jureront par leurs serments, leurs mains

LA MARE — L V.

Lesquielx Prudhommes ainsi establis, jureront par leurs serrements, mains *nuës,*

JEAN I.er & selon d'autres, Jean II. le penultiéme Janvier 1350.

FONTANON.

mises, tenuës & touchées aux saintes Evangiles de Dieu, que lesdites Ordonnances, & tous les points dudit mestier *cy-dessus nommez & éclaircis*, ils tiendront & feront tenir pleinement sans enfraindre.

130.

Et cette autorisation, &c.

LA MARE.

tenus & touchiez aux saints Evangiles de Dieu, que les Ordonnances & tous les points dudit mestier *au dessus nommez estaliers*, ils tiendront & feront tenir plainement & entierement sans enfraindre.

LVII.

Et cette mutation, &c.

(i) POISSON D'EAUE DOUCE.

132.

Aux Boutiques en la Saunerie.

133.

Si aucun estoit trouvé pour vendre leur poisson *(l)* en repost ou autrement, il perdra les poissons, & l'amendera à volonté, & aussi celuy chez qui il sera mussé, luy sçachant, ou ses gens.

134.

Nul, ne nulle ne pourra son poisson *musser*, ne *rapporter* çà ne là, puisqu'il est *mené* de son Hostel, &c.

138.

..... Et d'autres bonnes gens *anciens* du mestier ...... appliquez au Roy à sa volonté, ou *ses* establissans, & auront la moitié des amendes pour *le salaire desdits Jurez.*

I.

Aux Boutiques en la (k) Tannerie.

II.

Item. Si aucun estoit trouvé *mussié* pour vendre son poisson *(l)* en repost ou autrement, il perdra le poisson, & l'amendera à volonté, & aussi celuy sur qui il sera mussié, luy sçachant, ou ses gens.

III.

Item. Nul ne nulle ne pourra son poisson mussier, ne *reporter, ne retourner* çà ne là, puisqu'il est *meu* de son Hostel.

VII.

..... Et d'autres bonnes gens, *autres que* du mestier ...... appliquez au Roy à sa volonté, ou *des* establissans, & auront la moitié des amendes *pour leur salaire lesdits Jurez. (m)*

NOTES.

(i) Voyez la Marc. T. 3. L. 5. c. 9. tit. 40. p. 523.
(k) Il faut lire en la *Saunerie.* Voyez cy-dessus, p. 362. note *(g)*.
(l) En repost, en secret. Voyez premier vol. des Ordonnances p. 80. note *(ee)*.
(m) Ce texte est plus correct.

JEAN I.er & selon d'autres, Jean II. à Paris, le 9. Avril 1350.

(a) Lettres Patentes qui exemptent les chevaux & équipages des Marchands de Poisson de toutes prises.

JOHANNES Dei gratiâ Francorum Rex, Præposito Parisius, cæterisque Justiciariis regni nostri, aut eorum Locatenentibus, Salutem. *Mercatores piscium & alecium villæ Parisius*, * *cæterisque adducentibus frequentes pisces Marinos & alecia vendendis Parisius nobis significaverunt graviter conquerendo, quod licet prætextu Litterarum inclitæ recordationis carissimi Domini & Genitoris nostri prohibitum fuerit, ac in dicta villa & alibi publicè proclamatum, ne quisquam pro quibuscumque garnisionibus vel quacumque alia de causa, capere vel arrestare equos seu harnesia conquerentium prædictorum, aut alterius eorumdem, eundo ad dictam villam vel redeundo quovismodo præsumet : Nihilominus nonnulli captores deputati pro garnisionibus nostris, aut carissimæ consortis nostræ Reginæ, seu liberorum nostrorum, ac quidam alii captores ausu suo temerario & præsumptuoso, equos & harnesia dictorum conquerentium de die in diem, spretis inhibitione & proclamatione prædictis capiunt, & arrestant in eorumdem conquerentium præjudicium atque dampnum, sicut dicunt, supplicantes humiliter sibi per Nos super hoc de remedio gratioso provideri : quare Nos eorumdem* * *supplicationis favorabiliter annuentes, in hac parte vobis & vestrûm* * *quilibet, ut ad eum pertinuerit, præcipimus & mandamus quatenus visis dictis litteris, proclamationem & ordinationem nostras prædictas observantes, ac facientes observari & publicari, inhibeatis, seu faciatis inhiberi, ex parte nostra Reginaldo Lupi* * *deputatum ad capiendum equos Parisius seu garnisiones prædictas, cæterisque equorum captoribus, equitatoribus, fructuariis & aliis officiis quibuscumque, quibus expedierit, si & cum super hoc fueritis requisiti, ne amodo corpora, seu equos, aut harnesia dictorum conquerentium, aut alicujus eorum, adducendo pisces seu alecia Parisius, aut redeundo, capere vel arrestare pro Nobis, aut aliis personis quibuscumque præsumant, sub omni pœna quam erga nos invenire possunt: Quod si contrarium fecerint, aut facere nitentur, Nolumus eisdem captantibus pareri seu intendi quoquomodo, aut Nobis præsentes propter hoc ad emendam nobis præstandam trahi, seu aliter quoquovismodo molestari. Datum Parisiis die 9 (b) Aprilis, anno Domini millesimo trecentesimo quinquagesimo. In requestis Hospitariis.*

Signé PIERRE BUCY.

* Ces mots doivent estre au nominatif, comme dans les Lettres suivantes.

* Il faut *Supplicationi*.

* *Cuilibet*.

* *Deputato*.

NOTES.

(a) Ces Lettres sont dans le Traité de la Police de M. de la Mare. T. 3. L. 5. titre 39. ch. 6. p. 78. il les a tirées du Registre de la Marée. f. 28. V. p. 586. note (a).

(b) Cette année 1350. ayant commencé le 28. Mars, & fini le 17. Avril, il y a eu deux neuf d'Avril, & rien ne marque auquel de ces deux jours ces Lettres ont esté données.

(a) Lettres

JEAN I.er & selon d'autres, Jean II. au Bois de Vincennes le 26. Fevrier 1351.

(a) Lettres Patentes qui exemptent les chevaux & les équipages des vendeurs de poisson de toutes prises, avec attribution au Parlement pour connoître des contraventions à ces Lettres.

JOHANNES Dei gratiâ, Francorum Rex, Dilectis & fidelibus gentibus nostrum præsens Parlamentum tenentibus, & qui futuris temporibus tenebunt, ac Universis Justitiariis Regni nostri, ad quos præsentes litteræ pervenerint, aut eorum Locatenentibus, Salutem. *Mercatores piscium & alecium villæ Parisiensis, cæterique adducentes frequenter pisces marinos, & alecia vendentes Parisiis, nobis graviter conquerendo monstrarunt, quod licet virtute litterarum inclitæ recordationis carissimi Domini & Genitoris nostri, ac etiam nostrarum ordinatum, & prohibitum extiterit, ac in dicta villa Parisiensi & alibi publice proclamatum, ne quisquam pro quibuscunque garnisionibus vel quacumque alia de causa, capere, vel arrestare equos, harnesia, pisces & alecia Mercatorum hominum, seu alterius eorumdem, eundo ad dictam villam Parisiensem, vel redeundo abinde, quovismodo* * *præsumant: quodque si contingeret aliquos captores, seu deputatos pro quibuscumque garnisionibus nostris, ac carissimæ consortis suæ Reginæ, seu liberorum suorum, aut aliorum, cujuscumque status, vel conditionis existere,* * *qui auderent contra Ordinationem, proclamationem & inhibitionem prædictas, capere seu arrestare equos, harnesia, pisces & alecia prædictorum mercatorum, eundo ad dictam villam Parisiensem, & redeundo, ut præfertur, quod eisdem captoribus, per dictos conquerentes aut alterum eorumdem minime* * *parent, & quod non parentes propter hoc ad emendam nobis præstandam trahi, aut aliter molestari non deberent: Nihilominus dilecti & fideles nostri Abbas Sancti Dionysii in Francia, Episcopus Aurelianensis, Dominus de Bellosaltu, Castellanus Montforti, Guillelmus de Gamache miles, Dominus de Serifonte, Petrus de Chantemelle miles, Castellanus de Tua, major Calvimontis, Billebandus de Tua miles, Dominus de Montmorency, Idda de Rosny, Dominus de Senarponte, Comes de Aubemale, Dominus de Saatus, Dominus de Milliato, Dominus de Montiaco, Guillelmus Dammares, Joannes Dammares, Robinetus Venerinus, Guido de Garennis, Dominus de Sancto Clero, Dominus de Loram, Domicella de Santeüil, & plures alii Prælati, Barones, milites, ac Domini temporales, tam sæculares quam Religiosi, sub eo prætextu quod ipsi dicunt se posse arrestare & capere in terris & Jurisdictionibus suis pisces & alecia mercatorum, totiens, quotiens ipsi transierint per terras & Jurisdictiones suas prædictas, ausu suo temerario, & præsumptuoso in præjudicium Reipublicæ, & contra Ordinationem, inhibitionem & proclamationem prædictas temere veniendo, (b) equos, harnesia, pisces & alecia dictorum mercatorum per dictas terras & jurisdictiones suas transeuntium, ad dictam villam Parisiensem veniendo arrestare equos dictorum, conquerentes pisces & alecia eorumdem pro precio voluntario ad eorum libitum & frequenter nos satisfacere, de illo capere non verentur, calathos in quibus prædicti pisces & alecia asservantur, diruendo & lacerando, & aliàs Mercatores ac* * *prædicto adducentes pisces & alecia multipliciter impediendo, molestando & dammificando, quæ sunt in Reipublicæ grave detrimentum & in nostrarum Ordinationis, inhibitionis, & proclamationis prædictarum vituperium & contemptum: Necnon in dictorum conquerentium, ac universorum in dicta villa Parisiensi habitantium & frequentantium præjudicium atque damnum non modicum & gravamen, potissime cum de ducentis calathis*

* *Præsumat.*

* *Existant.*

* *Pareatur.*

* *Prædictos.*

NOTES.

(a) Ces Lettres sont dans le Traité de la Police de M. de la Mare. T. 3. L. 5. Titre 39. c. 6. p. 78. Voyez cy-dessus, pag. 568. note (a).

(b) Voicy comme l'on pourroit corriger ce passage qui est très corrompu. *Equos, harnesia ...... arrestare, & dictorum conquerentium, pisces, & alecia eorumdem pro pretio voluntario ad eorum libitum capere, & frequenter non satisfacere de illo non verentur.*

JEAN I.er & félon d'autres, Jean II. au Bois de Vincennes le 26. Fevrier 1351.

*piscium per prædictos conquerentes ad mare pro afferendo Parisios ornatis, occasione dictarum captionum dimidia dictorum piscium nequit frequenter afferri. Quod nobis non modicum displicet, & non immerito, si sit ita. Quare Nos super præmissis celeriter providere, dictasque Ordinationem, inhibitionem & proclamationem firmiter & inviolabiliter observari in favorem & pro bono reipublicæ cupientes, vobis, & vestrûm cuilibet præcipiendo mandamus distinctius, injungentes quatenus dictas Ordinationem, & inhibitionem nostras iterato prænuncietis, * & omnibus aliis quibus expediens fuerit, & requisiti, significare faciatis, ipsis, sub dictis pœnis magnis Nobis applicandis, ex parte nostra firmiter ac distinctius inhibendo, ne amodo equos, harnesia, pisces & alecia mercatorum prædictorum, vel similium eundo Parisius, vel redeundo arrestent aut capiant, seu arrestari vel capi per gentes, aut famulos suos, seu alios quoscumque faciant vel permittant, nonobstantibus quibuscunque privilegiis, gratiis vel litteris à prædecessoribus nostris super hoc concessis, vel à Nobis, quæ & quas, quod adhoc, nolumus aliquod habere robur: Et ut præmissa firmius absque ulla contradictione per præfatos & alios quoscunque subditos nostros observentur, Nos, & carissimam nostram consortem & liberos nostros hisce omnibus Ordinationibus, & inhibitionibus submisimus quamdiu Nobis placebit, distincte inhibendo & præcipiendo dilectis & fidelibus Magistris hospitiorum, ac quibuscunque servitoribus & captoribus per Nos seu ipsos * deputatos pro garnisionibus & victualibus eorumdem hospitiorum consortis & liberorum nostrorum prædictorum, sub pœna amissionis officiorum suorum, & omni alia pœna quam erga Nos possunt incurrere, ne adversus præmissas Ordinationes & inhibitiones, ac præsentium tenorem aliqualiter attemptare præsumant, & si qui contra fecerint, eis non pareatur impune: si vero prænominati, aut aliqui eorumdem, aut alii cujuscumque conditionis vel status existant, qui contra Ordinationes, inhibitiones & proclamationes nostras prædictas, equos, harnesia, pisces & alecia dictorum Mercatorum capere & arrestare nitantur, quibus per dictos mercatores & adducentes, seu eorum * servitorum, aut aliorum eorumdem, * volumus in hoc aliqualiter pareri & intendi, & non * patentes propter hanc ad emendam trahi, aut alio quomodolibet molestari, adjournetis ipsos in nostro Parisiensi Parlamento, nonobstante quod * sedeat, vel aliter, quotiens casus advenerit * eorum dilectis & fidelibus gentibus nostris dictum Parlamentum tenentibus, Procuratore nostro, aut dictis mercatoribus, seu eorum procuratore super præmissa responsuro, & ulterius facturo & recepturo, ut fuerit rationis: quibus dictis gentibus nostris damus in mandatis, quod quoscumque in præmissa attemptantes, & contra dictas Ordinationes, inhibitiones, ac præsentium tenorem qualitercumque facientes, criminaliter puniant, sicque cedat cæteris in exemplum: & quia præsentes nostræ litteræ per ipsorum mercatorum, ac pisces & alecia Parisios adducentium singulos nequirent forsan quotiens opus esset, cuilibet vestrûm propter viarum distantiam præsentari & exhiberi, volumus & mandamus, dictarum litterarum transcripto seu transcriptis sigilli Castelleti nostri Parisius sigillato vel sigillatis, fidem plenariam velut prædictis litteris adhiberi, & præmissis diligentius exequendis, & inviolabiliter observandis, deputetis dictis Mercatoribus adductoribus, seu servitoribus aut familiaribus, vel procuratoribus eorumdem, & cuivis ipsorum, unum, vel plures * hostiarium nostri Parlamenti, seu alios servientes nostros, * si quotiescumque super hoc fueritis requisiti, quia sic fieri volumus, & dictis Mercatoribus concessimus & concedimus de gratia speciali per præsentes. Datum apud Bostum Vincennarum die 26. Februarii anno Domini 1351.*

* Il manque là quelques mots, comme *præfatis*, ou *prænominatis*, qui se trouvent l'un & l'autre plus bas.

* *Deputatis.*

* *Servitores.*

* *Nolumus.*

* *Parentes.*

* Je crois qu'il faut suppléer *non*.

* *Coram.*

* *Hostiariorum.*

* Ce mot est inutile.

JEAN I.er & selon d'autres, Jean II. à Paris le premier Juin 1353.

(a) Lettres Patentes qui permettent aux vendeurs de Poisson, de plaider par Procureur dans toutes sortes de Jurisdictions.

JOANNES Dei gratiâ Francorum Rex, Universis litteras præsentes inspecturis, Salutem. *Litteras nostras vidimus, formam quæ sequitur continentes : Joannes Dei gratia Francorum Rex, &c. Datum apud Bostum Vincennarum die 26. Februarii anno Domini 1351.* (b) ut supra. *Et cum præter & contra tenorem Litterarum nostrarum superscriptarum, Prælati, Religiosi, Barones & alii nobiles nisi fuerint, & de die in diem nituntur capere, arrestare dictos Mercatores, Vectuarios, ac eorum equos, Harnesia, pisces, & alecia ipsorum Mercatorum & Vectuariorum sibi applicantes, pluresque inurunt verberationes & excessus eisdem facientes, in nostri, ac nostræ salvæ & specialis gardiæ, salvique conductus, in quibus ipsi sunt veniendo Parisios & redeundo ad mare, ac inhibitionum & proclamationum ex parte nostra super hoc factarum contemptum & vituperium, reique publicæ, ac Mercatorum prædictorum, detrimentum, ac damnum & gravamen : Quocirca nos dictas ordinationes & litteras nostras superscriptas teneri firmiter & inviolabiliter observari toto cordis affectu cupientes, eas, & omnia singula in eis contenta ratificantes & approbantes, laudamus & tanquam factas pro utilitate Reipublicæ, de cætero robur firmitatemque habere volumus, ex nostra certa scientia & gratia speciali, quibuscumque litteris seu privilegiis in contrarium impetratis vel impetrandis* * *obstantibus quibuscumque : Præterea nostram gratiam ampliando, dictis Mercatoribus & Vectuariis concedimus de gratia speciali per præsentes, ut in omnibus causis suis, occasione præmissorum motis, seu movendis, contra quoscumque suos adversarios coram quibuscumque judicibus regni nostri secularibus agendo & deffendendo in Parlamento & extra per Procuratores admittantur; in cujus rei testimonium præsentibus litteris nostrum fecimus apponi sigillum. Datum Parisiis primo die Junii, anno Domini millesimo trecentesimo quinquagesimo-tertio.*

* Il faut suppléer *non.*

NOTES.

(a) Ces Lettres sont dans le Traité de la Police de M. de la Marre. T. 3. ch. 3. L. 5. titre 36. Sect. 4. p. 210. Voyez cy-dessus, pag. 586. note *(a)*

(b) Ut supra.] Ce sont les Lettres precedentes.

SECONDE ADDITION.

AVERTISSEMENT.

PENDANT que l'on imprimoit la Table des Matieres, il nous a esté envoyé de la Chambre des Comptes de Dijon, la Copie en forme de quatre Ordonnances nouvelles : La 1.re de Philippe le Hardy, la 2.e & la 3.e de Philippe le Bel, & la 4.e de Philippe de Valois. Comme celle-cy donne un grand jour à deux Ordonnances de ce Prince, du 21. Mars 1328. & du 4. Decembre 1329. qui se trouvent dans ce 2.e vol. des Ordonnances, l'on a cru necessaire de la donner à la fin de ce Volume, & on a jugé à propos, à cause de la connexité de la matiere, de la faire preceder par celle de Philippe le Hardy, qui est très importante, & par les deux de Philippe le Bel.

A la teste du Cayer, où sont transcrites ces quatre Ordonnances, il y a, Accordé par les mains de Maistre Pierre Hemery, Conseiller Auditeur. Fait au grand Bureau de la Chambre des Comptes de Dijon, l'onze Decembre 1728. CANABELIN.

Et à la fin, Collationné aux originaux estant dans la Tour d'enhaut de la Chambre des Comptes de Bourgogne, & de Bresse, par nous Conseiller du Roy Auditeur en icelle, Commissaire cette part. HEMERY.

Nous avions déja entre les mains des Copies de ces quatre Ordonnances, que celuy, qui nous les a communiquées, nous a dit avoir écrites luy-mesme dans la Chambre des Comptes de Dijon. Il a eu l'attention de marquer à la fin de chaque piece, le numero de la Layette, de la Liasse, & de la cotte, où est l'original à la Chambre des Comptes. C'est sur la foy de sa Copie, que nous avons fait imprimer icy ces indications.

Cette seconde Addition sera terminée par deux Ordonnances du Roy Jean, l'une du 3. May 1352. & l'autre du mois de Decembre 1352. qui ont esté trouvées dans les papiers de M. de Lauriere.

PHILIPPE III. dit LE HARDY, à Paris, en Decembre 1275.

(a) Edit de Philippe le Hardy, au sujet des Monnoyes, adressé au Duc de Bourgogne.

PHILIPPE par la grace de Dieu, Rois de France, à son amé frere & feal *(b)* R. Duc de Bourgoingne. *Saluz & amour.* Nous vous envoyons l'Ordenance de nos Monnoyes qui est tele.

(1) Nous voulons que nos Baillis par eus, & par leur Prevoz & Sergens, & par d'autres qui pevent & doivent estre convenable à ce, facient prendre garde, que nulles Monnoyes ne cuerent en nostre Terre, fors les nos propres, lesquelles y ont accoustumé à courre, & que nus ne vende ne achate, ne ne face marché, fors que à cette monnoye; & quant deus mois seront passés, aprés ce que cest ordenement sera publié, cil qui sera trouvez prenant ou mettant autre Monnoye, ou qui en pourra estre convaincu par droite preuve, ou par enqueste, ou par deus temoins leaus, ou par plus, en payera amende douze deniers de la livre, & se l'en trouvoit aucun riche homme, coustumier de faire encontre cette Ordenance, Nous voulons que il soit contrains par la prise de son corps, & par graigneur amende.

(2) En chacune Ville, soient appellé deu ou troi preud'omme, qui se praignent garde des amendes, & comment li Prevost & li Sergent s'en porteront, & que il ne grievent à tort la gent.

(3) Nulle Monnoye ne doit estre prise ou Reaume, là où il n'a propre monnoye, fors la nostre.

(4) Ez leus où il a propre monnoye, peut & doit courre nostre monnoye selon sa valuë: & ne seront pas refusé parisi, ne tornois, tout soient-il pelé, mes qu'il ait connoissance devers croiz, ou devers pile, que il soient parisi ou tornois, & que il n'y faille piece; *(c)* Et voulons que tels monnoyes soient receuës en nos rentes, comme Nous commandons à prendre.

(5) Nus en nostre Reaume ne soit osés de contrefaire nostre monnoye, ne nus Barons la monnoye de l'autre.

(6) En la terre à nos Barons qui ont monnoye, ne doit courre nulle monnoye, fors la leur, que il tiennent de Nous, ou les nos propres.

(7) En la terre à ceus qui n'ont point de monnoye, ne doit courre nulle monnoye, fors que les nos propres, ou celes qui de grant ancienneté, & par leur droit, y ont accoustumé à courre.

(8) Nous commandons & deffendons sur painne de corps & de avoir, à tous ceus qui font monnoyes, & qui ne font monnoyes, que il ne fondent, ne ne facent fondre nulle de nos monnoyes, ne des monnoyes à nos Barons, ne achatent billon de celes monnoyes, tant comme elle demourront en leur droit cours, & que elles ne seront abbatuës, & que *(d)* autresint nus ne les trebuche.

(9) Quiconques sera trouvé portant billon de monnoye du Reaume, qui abbatuë ne sera, il perdra le billon, & sera du cors en nostre merci, en nostre Terre. Es terres *(e)* des autruz Joutices, li billons sera as Seigneurs de leus, & li corps demourra en leur merci.

NOTES.

(a) Cet Edit est à la Chambre des Comptes de Dijon, Laïette de la Monnoye, Liasse 1. Cotte 2. V. l'avertissement de la seconde Addition, p. 602.

(b) *[R.]* c'est-à-dire, Robert II. qui a esté Duc de Bourgogne, depuis 1272. jusqu'en 1305. Voy. l'Histoire Genealogique de la Maison de France. T. 1. p. 543. 547.

(c) *Qu'il n'y faille piece.]* Pourvû qu'ils soient de poids, & que l'on n'ait point osté une partie de la matiere.

(d) *Autresint.]* aussi, pareillement. Voy. Borel.

(e) *Des autruz Joutices.]* des Justices des autres.

PHILIPPE III. dit LE HARDY, à Paris, en 1275.

(10) Nous commandons que nul Baron n'alegent la monnoye, que il auront commencié, de pois ou de loy, sans faire *(f)* d'esseurance apperte devers croiz, ou devers pile, qui puisse estre connuë de toutes gens : & qui desorenavant fera encontre, il perdra sa monnoye; & les monnoyes qui ont esté allegiées, sans faire d'esseurance apperte, Nous voulons queles cheent, & que elles soient abbatuës.

(11) Aprés Nous voulons que en toutes nos villes, où li orfevre euvrent de argent, que il euvrent de argent affine, *(g)* autretel comme à Tours; & que en chacune ville ait son seing propre, & que nus ne contreface le seing de l'autre; quiconque sera trouvez fesant encontre, il perdra l'argent.

(12) Et Nous vous mandons & commandons que vous faciés tenir & garder ceste Ordenance en *(h)* nostre Terre, & savoir au plus communement que vous pourrés, & faites avoir le transcrit de cette Ordenance à tous les Barons de vostre terre, & à ceus qui ont Joutice en leur terre, & leur commandés de par Nous, que cette Ordenance facient garder, & punissiés & faites punir ceus qui en seront en deffaut, & à ce tenir & garder les contraigniez par la prise de leur chose. Ce fû donné à Paris, l'an de l'Incarnation nostre Seigneur, mil deux cens soixante-quinze, au mois de *(i)* Decembre. Scellé en cire jaune.

NOTES.

(f) D'Esseurance.] marque, signe.

(g) Autretel.] semblable.

(h) Nostre.] Il faut corriger, *vostre* : & c'est ainsi qu'il y a dans la copie non en forme.

(i) Decembre.] Dans cette copie non en forme, il y a, *Septembre.*

PHILIPPE LE BEL, à Paris, le Vendredy après les Cendres. 1298.

(a) Lettres de Philippe le Bel, par lesquelles il ordonne au Duc de Bourgogne, de deffendre les Monnoyes estrangeres.

PHILIPPE par la grace de Dieu, Roy de France, à nostre amé & feal Robert Duc de Bourgogne, *Salut & dilection.* Comme l'en Nous ait donné à entendre, que plusieurs Monnoyes autres que la notre & la votre, queurrent communément en votre Terre, contre notre deffense, de laquelle chose nous avons grand domaige : Nous vous mandons que vous fassiés oter le cours desdites Monnoyes, & punissiez, & faites punir tous ceulx qui les ont prinses ou mises, & qui doresnavant les prendront ne mettront : ainsi comme il est contenu ez Ordonnances dont vous avez eû les Lettres plusieurs fois. Ce fut fait à Paris le Vendredy après les Cendres, l'an de grace MCCXCVIII.

NOTES.

(a) Ces Lettres sont à la Chambre des Comptes de Dijon, Laïette des Monnoyes, Liasse 1. Cotte 13. V. l'avertissement de la seconde Addition, p. 602.

PHILIPPE LE BEL, à Paris, au mois d'Octobre 1309.

(a) Lettres de Philippe le Bel, au Duc de Bourgogne, par lesquelles il luy ordonne de faire executer ses Ordonnances sur le fait des Monnoyes.

PHILIPPE par la grace de Dieu, Rois de France, à nostre amé & feal le Duc de Bourgogne, *Salut & dilection.* Pour ce que le commun peuple de nostre Royaume a esté ou temps passé, grandement domagiés, & en plusieurs manieres de fraude, & deceus, & pourroit encore plus estre ou temps à venir, en ce que plusieurs ne redoubtent contrefaire nos monnoyes, especiaument celles de l'or: Nous desirans pourvoir au profit d'iceluy peuple, & querir voyes par lesqueles il puisse estre gardé de dommage & de decevance en ce cas, eue pleniere deliberation & diligent traittié sus ce, avons ordené & ordenons, que en chascune ville de nostre Royaume, en laquele foires, marchiez, ou assemblées solempnels se font, aura establi de par Nous, certaines personnes convenables, une ou deus, ou tant comme l'en verra que il sera mestier, selon la grandesce de la ville, ou la quantité des foires, marchiez, ou assemblées qui si font, à qui toultes manieres de gens de quelque condicion ou estat que il soient, qui voudront bailler, prendre ou recevoir, pour quelque cause que ce soit, monnoye d'or, seront tenu à montrer ladite monnoye d'or, avant que il la baillent, mettent, *(b)* preigent, ou reçoivent, pour regarder & éprouver se il en y a nuls contrefaits, ne faux, & se lesdittes personnes ès monnoyes, qui ainsi leur seront montrées, trouvoient aucuns deniers contrefaits ou faux, il les perceront & trencheront, & perciés ou trenchiés, les rendront franchement avec la bonne monnoye, à ceus à qui il seront, sens rien prendre, ne retenir du leur: & se aucuns estoient trouvez prennant ou mettant, ou qui eust prise ou mise monnoye d'or, sans ce que il l'eust avant montrée ausdits changeeurs, & on y treuve aucuns deniers fauz ou contrefaiz, lis deniers fauz ou contrefaits qui y seront trouvez seront forfaiz, & acquis à Nous, & de l'amende sera à nostre volenté: & comme la connoissance de nos monnoyes, à savoir, si elles sont de droit alay, ou contrefaites, appartiengne à Nous tant seulement, & non à autre, Nous vous mandons que vous, tantost sans nul delay, selonc l'Ordennance dessusdites, establissiés pour les bonnes villes de votre terre, convenables personnes à ce faire, & notredite Ordenance faites crier & publier solempnelment, & garder fermement sans venir encontre. En tesmoing de laquele chose, Nous avons fait mettre nostre Seel en ces presentes Lettres. Donné à Paris, ou mois d'Octouvre, l'an de grace M. CCC & IX.

NOTES.

(a) Ces Lettres sont à la Chambre des Comptes de Dijon, Laïette des Monnoyes, Liasse premiere, Cotte 17. V. l'Avertissement de la seconde Addition, p. 602.

(b) Preigent.] il faut lire, *preignent,* comme dans la copie non en forme.

PHILIPPE DE VALOIS, 14. Decembre 1329.

(a) Ordonnance sur le prix & le cours des Monnoyes.

PHILIPPE par la grace de Dieu, Rois de France, au Bailli de Chaumont, ou à son Lieutenant, *Salut.* Aux Brandons *(b)* desrennement passées, heusmes Conseil & deliberation avec nos Prelats, Barons, & Communes des bonnes villes de nostre

NOTES.

(a) Cette Ordonnance est à la Chambre des Comptes de Dijon, Laïette des Monnoyes, Liasse seconde, Cotte 48. V. l'Avertissement de la seconde Addition, p. 602.

(b) Cette Ordonnance sert visiblement d'explication à celle du 21. Mars 1328.

PHILIPPE DE VALOIS, 14. Decembre 1329.

Royaume, & de nostre autre grant Conseil, Ordenasmes affaires bonnes, que les febles qui current meintenant, descherront de certenne somme, & de certennes quantité, puis le jour de Noël prochain venant, jusques à Pasques ensuiant, & ce feismes publier & crier solempnelement & publiquement, par les lieux solempnels de nostre Royaume. Toutes voyes pour ce qu'il ne puist estre nul debat entre les subgiés de nostre Royaume, que chacun sache & entende nostre volumptés & Ordenance, auxquelles monnoyes Nous donnons cours, & pour quel pris, puis ledit jour de Noël passé en avant, jusque à Pasques ensuiant, Nous ordenons en la meniere qui s'ensuit.

(1) Que les bons parisis d'or que Nous faisons ouvrer meintenant, ayent cours pour tout nostre Royaume, des lendemein de Noël jusques à Pasques ensuiant, pour trente sols parisis, & non par plus, & les trois parisis d'or, pour cinq Royaux d'or; quart y tant valent il par pois & par loy.

(2) Et volons que les Royaus d'or de pois, ayent cours pour dix-huit sols parisis, & non par plus: & les Aigneaus d'or de pois, à l'avenent; & que toutes autres monnoyes d'or soient abbatuës & mises au billon.

(3) *Item* volons que les bons parisis d'argent que Nous faisons ouvrer meintenant, ayent cours pour dix-huit parisis, & les gros tornois de M.r S.t Lois, & les autres anciens bons & de pois, & ceus que Nous faisons ouvrer meintenant, ayent cours pour dix-huit tournois.

(4) Et les mailles blanches de nostre coing, ayent cours pour six tornois.

(5) Et les doubles parisis ayent cours pour trois oboles parisis.

(6) Et les bons parisis petits, que Nous faissons ouvrer meintenant, ayent ainsint cours pour trois oboles des parisis.

(7) Et les bons petits tornois, que Nous faisons ouvrer meintenant, ayent cours pour trois oboles des tournois.

(8) Et les cours des monnoyes dessusdites, si comme il est contenu en cette Ordenance, durra, si comme dessus est dit, des Noël jusques à Pasques, & des y qui en avant, la bonne monnoye aura son droit cours, c'est à savoir, les parisis d'or pour vingt souz parisis, de ces bons parisis que Nous faissons ouvrer meintenant, & trois parisis d'or pour cinq Royaux d'or, & le Royal d'or pour douze sols des bons parisis que Nous faissons ouvrer, & l'Aignel dor à l'avenent.

(9) Et les parisis d'argent pour douze bons parisis.

(10) Et les gros tornois de M.r S.t Lois, & les autres anciens bons & de poiz, & ceulx que Nous faissons ouvrer meintenant, pour douze petits tornois bons.

NOTES.

imprimée cy-dessus p. 27. Par cette derniere, il y avoit eû une premiere diminution des Monnoyes, indiquée pour Noël suivant 1329. & une seconde pour Pasques suivant 1330. Comme dans cette Ordonnance, il s'estoit glissé une erreur dans le calcul de la valeur des Royaux d'Or, l'on y remedia par celle du 4. Decembre 1329. qui est cy-dessus, p. 42. & le 14. Decembre suivant, on publia l'Ordonnance que l'on donne icy, dans laquelle on marqua plus en détail, & plus exactement que dans celle du 21. Mars 1328. la valeur & le prix que devoient avoir les Monnoyes, après la diminution indiquée pour Noël suivant.

On peut cependant faire une difficulté sur ce qui vient d'estre dit, que l'Ordonnance du 14. Decembre 1329. sert d'explication à celle du 21. Mars 1328. Car dans l'Ordonnance du 14. Decembre 1329. il est dit que celle qu'il s'agist d'expliquer, a esté donnée *aux Brandons desrennement passez.* Par les Brandons, on entend communément le premier Dimanche de Caresme; & Pasques en 1329 estant arrivé le 23. Avril, le premier Dimanche de Caresme precedent ne peut estre arrivé le 21. Mars.

Voicy la réponse que l'on imagine pour lever cette difficulté. L'on croit avoir d'assez bonnes raisons de presumer que le Roy n'envoyoit pas le mesme jour, mais en differents temps, la copie de ses Ordonnances à tous les Baillis & Seneschaux de son Royaume, & que l'on datoit la copie destinée à chaque Bailli, ou Seneschal, du jour que l'on la luy envoyoit.

Si cette conjecture est vraye, il n'est pas estonnant que la mesme Ordonnance ait differentes dates; mais quoyqu'il en soit de cette reponse, quand on a lû les Ordonnances du 21. Mars 1328. & du 14. Decembre 1329. on ne peut douter que celle-cy n'ait esté donnée pour interpreter la premiere.

(11) Et

(11) Et les mailles blanches bonnes & de nostre coing, pour quatre petits tornois bons.

(12) Et les doubles, & les bons petitz parisis que Nous faisons ouvrer meintenant, pour deux bon Parisis chacun.

(13) Et les petits Tornois que Nous faisons ouvrer meintenant, chacun pour un denier tornois.

(14) *Item* Volons & ordenons que les changeurs doient & puissent chenger à toutes gens, les monnoyes dessusdites, l'un pour l'autre, à un denier pour libr *(c)* ou au-dessous, & non pour plus, sous poinne de cors & d'avoir.

(15) *Item* Voulons & ordenons que nos Tresseriers & nos Receveurs de tout ledit Royaume, & toutes menieres de gens, doient recevoir & payer les monnoyes dessusdite pour ledit pris, & non pour plus, seur poinne de cors & de biens : pourquoy Nous *(d)* vous que ceste presente Ordenance lendemain de Noël, vous faces solempnelement crier & publier. Donné l'an de grace MCCC. vingt & nuef, le quatorzieme jour de Decembre, *signé* Daïracel & Jaques.

PHILIPPE DE VALOIS, 14. Decembre 1329.

NOTES.

(c) Libr.] Livre.

(d) Nous vous] il faut suppléer, *ordonnons.*

JEAN I.er & selon d'autres, Jean II. à Paris, 3. May 1352.

(a) Lettres par lesquelles il est ordonné que le denier d'Or à l'écu sera pris pour douze sols Parisis, & non pour plus, & que les Baillis & Seneschaux feront observer les Ordonnances sur les Monnoyes, en attendant que les Commissaires nommez par le Roy sur le fait des Monnoyes, puissent partir.

JEHAN par la grace de Dieu, Roy de France, au Seneschal de Beaucaire, ou à son Lieutenant, *Salut.* Comme pour le très grant, & évident profit de notre Royaume, & de tous nos subgés, Nous, par très grant deliberation de notre Conseil, eussiens ordené par nos Ordenances derrenierement faites sur le cours de nos Monnoyes, que le denier d'or à l'escu, feust prins & mis pour douze *(b)* sols parisis la piece, & non pour plus; lequel pris estoit & est juste & convenable, selon le prix & la valeur de nostre Monnoye d'argent blanche & noire; & aussi que nulles autres Monnoyes, tant d'or comme d'argent, ne fussent prises, ne mises en nostredit Royaume, excepté celles ausquelles Nous avons donné cours par nosdites derrenieres Ordenances, si comme plus à plain fu signiffié à Paris par nostredit nostre Conseil, à vous, & à nos autres Seneschauls, Bailliz, Prevos & subgés, & vous eust esté enjoint que très diligemment & acertes, vous feissiez lesdites Ordenances tenir & garder sans enfraindre, de point en point, selon leur teneur : Et ou cas que vous pourriez trouver ou savoir

NOTES.

(a) Au dos de ces Lettres qui sont à la Bibliotheque du Roy, Liasse intitulée Monnoyes, n.° 25. est écrit. Lettres Patentes du Roy Jean, de l'an 1352. S.

(b) Douze sols Parisis.] Voicy ce que l'on trouve dans le Registre C. de la Cour des Monnoyes, fol. 107. R. *Le huitiéme jour de May l'an 1352. furent apportées en la Chambre des Monnoyes à Paris, 33. paires de Lettres Royaux scellées du grand seel, & autant d'instructions sur ce, encloses sous le contre-seel dudit sieur, addressans aux Seneschaux & Baillifs du Royaume, contenant que le denier d'or à l'escu fut prins & mis pour seize sols parisis la piece, non pour plus, & qu'ils feissent tenir & garder les Ordonnances, selon ladite instruction.* Il semble d'abord que ces Lettres Royaux addressées aux Baillis & Seneschaux, & ces instructions apportées à la *Chambre des Monnoyes*, le 8. May 1352. ne puissent estre autre chose, que les Lettres Patentes du 3. May 1352. & les instructions

JEAN I.er & selon d'autres, Jean II. à Paris, 3. May 1352.

aucuns faisans le contraire, que d'iceuls fessiez punicion, par tele maniere que tous y peussent prendre exemple, de laquelle chose ainsi faire, vous avez esté & estes du tout en tout remis & negligens, si comme il Nous est apparu & appert clerement, dont il Nous desplaist forment : si soyés certains que nostre entencion n'est pas de vous en passer sans grieve punicion; car par deffaut de vous, & de nos autres Justiciers, toutes manieres de gens, & le commun de nostredit peuple de leur volenté, & sans cause raisonnable, ont prins & mis, prennent & mettent ledit denier d'or à l'escu, pour seze sols parisis la piece, & s'efforcent encore de jour en jour, d'icelli prendre & mettre pour plus grant pris, ou grant grieve, domage & prejudice de Nous, & d'icelli peuple, & feroient encore plus, se remede n'y estoit mis; laquelle chose est & seroit en grant destruction du fait de nosdites Monnoyes, lequel est necessaire à Nous & à nostredit peuple, & pour la deffence de nostre Royaume : sur lesquelles choses dessusdites, Nous, par très grant & meure deliberacion de nostre Conseil, avons ordené que certains Commissaires yront de par Nous, par tout nostre Royaume, en toutes les villes & lieux notables d'icelli, pour signiffier à nostredit peuple l'Ordenance par Nous faite à present, sur le cours de nosdites Monnoyes, si comme par l'instruction faite sur ce, leur apperra; laquelle Ordenance Nous voulons & ordenons par ces presentes, estre tenuë & gardée d'un chascun, selon ladite instruction, sur paine de corps & d'avoir; & pource que lesdits Commissaires ne pevent sitost partir, comme le fait de nos Monnoyes le requiert, *(c)* Nous vous ladite instruction enclose soulz notre contre-scel. Si vous mandons & estroittement enjoignons, sur tout ce en quoy vous vous povez forffaire envers Nous en corps & en biens, que tantost ces Lettres vûës, notredite Ordenance, selon la forme & teneur de ladite instruction, en toutes les villes & lieux notables de vostre Seneschaussée, signiffiez à notredit peuple, & icelle faites crier & garder de point en point sans enfraindre, selon sa teneur, si diligemment & en tele maniere que notredit peuple puisse & doie appercevoir, que des transgressions ores & autreffois faittes sur le cours des nosdites Monnoyes, il Nous a despleu & desplaist forment, en faisant punicion tele & si convenable, sur tous ceuls, & chacun par soi, qui doresenavant aucune transgression feront contre notredite Ordenance, qu'il en soit memoire perpetuel; sachans que se de ce faire, en aucune maniere estes remis ou negligens, comme autrefois avez esté, Nous vous en ferons punir par tele maniere, que touz autres y pourront prendre exemple. *Donné à Paris, le troisieme jour de May, l'an de grace mil trois cens cinquante-deux.* Par le Conseil, Adam.

NOTES.

encloses sous le contre-scel : & cela paroist d'autant plus vray-semblable, que dans le R. de la Monnoye. fol. 107. V. il est dit, que les Lettres apportées le 8. May, ont esté envoyées au Seneschal de Beaucaire, à qui celles du 3. May sont addressées. Cependant dans celles-cy, il est dit que le denier d'or à l'escu, ne sera pris que pour douze sols parisis la piece, & il est ordonné de punir ceux qui le prendront pour seize sols parisis, & dans celles indiquées dans le Registre de la Monnoye, il est porté que le denier d'or sera pris pour seize sols parisis ; ensorte que s'il n'y a point de faute de copiste dans le Registre de la Monnoye, il faut dire, qu'entre le 3. & le 8. May, il y eust de nouvelles Lettres Patentes, pour fixer à seize sols le prix du denier d'or. S.

(c) Nous vous.] Il faut suppléer, *envoyons*. S.

JEAN I.er & selon d'autres, Jean II. à Paris, en Decembre 1352.

(a) Ordonnance faite à la Requeste du Doyen de la Faculté de Medecine de Paris, par laquelle le Roy deffend à toutes personnes, d'exercer la Medecine à Paris, à moins qu'elles ne soient Docteurs, ou Licenciez à Paris, ou ailleurs.

JOANNES Dei gratiâ, Francorum Rex, notum facimus Universis præsentibus pariter & futuris, quod auditâ supplici insinuacione Decani, & Magistrorum Facultatis Medicine Universitatis Parisiensis, asserencium quod quamplurimi utriusquè sexus, mulieresque alique & vetule, & (b) conversi, rustici, nonnullique Apothecarii, & Herbarii quamplures, insuper Scholares, in Medicine Facultate nondum Docti, venientes ad villam Parisiensem gratiâ praticandi, ignari scientie Medicine, ignorantesque complexiones hominum, tempus ac modum ministrandi, ac virtutes Medicinarum, potissime laxativarum, in quibus jacet mortis periculum, si ipsas contigerit indebite ministrari, ipsas Medicinas etiam alterantes, omnino contra rationem & Artem Medicine, clisteria multum laxativa, & alia eis illicita, in civitate, villâ, & suburbiis Parisiensibus ministrant, tradunt, & consulunt ministrare, nullis penitus Medicis cum eis vocatis, que cedunt in nostri populi scandalum, corporumque & animarum grande periculum, etiam in dictorum supplicantium, scientie Medicine, & Expertorum in eâ irrisionem, & gravamen; Ex quibus etiam administracionibus indebitis, homicidia, & prejudicium, abortus clandestine, alicubi & palam quandoque insequuntur. Quapropter dicti insinuantes, nequeuntes premissa ampliùs salvis eorum conscienciis tolerare, nec sub dissimulatione transire, Nobis humiliter supplicarunt, ut de debito & perpetuo remedio dignaremur super hoc providere. Nos *igitur tam dampnande (c) invectioni, presumptionique, seu fatue audacie Imperitorum ministrancium, obviare, & utilitati publice subditorum, competentibus remediis salubriter providere volentes,* Statuimus & ordinamus, *ex nostra auctoritate Regia & potestatis plenitudine, per Presentes perpetuo valituras,* quod nullus cujuscumque sexus, vel condicionis existat, in prædictis civitate, villa & suburbiis Parisiensibus, aliquam medicinam alterativam, medicinamque *laxativam, sirupum, electuarium, pilulas laxativas, clisteria qualiacumque, propter timorem mortis, ex fluxu vel malis sinthomatibus pregravativis, in quibus non est verissimile eos prefatos scire remedium adhibere, oppiatam, seu quamcumque aliam, de cetero faciat seu fieri consulat, ministrareve audeat, medicinam,*

NOTES.

(a) On donne icy cette Ordonnance, telle qu'elle s'est trouvée dans les papiers de M.r de Lauriere, avec la note qui suit. Cette Ordonnance est au Registre rouge vieil du Chastelet, folio 85. *verso.* Dans cette année 1352. le Roy fit deux Ordonnances pour la conservation de la vie de ses sujets : la premiere au mois d'Avril, imprimée cy-dessus page 496. concernant la *Chirurgie*, qui par un abus intolerable, estoit pratiquée à Paris, par des meurtriers, des larrons, des Faux-Monnoyeurs, des usuriers, semblables à ceux dont parle Horace dans sa Satyre seconde du premier Livre, appellez *Ambajugæ, Pharmacopolæ, mendici, mimæ, balatrones.* Ces sortes de gens comme aujourd'huy, assembloient & amusoient le peuple pour luy vendre leurs drogues, par des especes de farces & des tours surprenans qu'ils faisoient, dont il y a un témoignage singulier dans Saint Chrysostome, qui dit avoir vû un homme qui portoit sur sa teste une longue perche droite, au haut de laquelle il y avoit deux enfans qui joüoient ensemble. D. L.

(b) *Conversi.]* On nommoit *Conversi*, ceux qui abjuroient le Judaïsme, ou le Mahometisme, pour embrasser la Religion Chrétienne. Voy. Du Cange, au mot *Conversare, p.* 1207. col. 1. en bas. Ces *Convertis* se mesloient de Medecine. *Entretandiz entra leenz une Converse, qui Juifve avoit esté, laquelle venoit visiter la Dame, pour luy donner remeide, & garison d'aucune maladie.* Hist. de Bertrand du Guesclin, donnée par Menard. C. 1. p. 5. S.

(c) *Invectioni.]* Il n'y a point dans l'Original *invectioni*, mais *injectioni*, qui ne forme aucun sens. Si on restitue *invectioni*, avec M.r de Lauriere, il pourroit signifier *entreprise, outrage. Animi in odium alicujus invectio,* dans Ciceron, *de Invent. Reth. L. 2. n. 54.* S.

JEAN I.er & selon d'autres, Jean II. à Paris, en Decembre 1352.

vel medicinale consilium prebere, aut aliter officium Medici exerceat qualitercunque, cùm ad expertos & edoctos operando per certum in humano corpore, & non alios, spectat exhibitio predictorum, nisi in dicta Scientia *medicine* Parisius, *vel alibi in generali studio,* Magister, *vel* Licenciatus existat, *vel nisi per consilium, & directionem* alicujus Magistri, *vel alterius per dictam Facultatem approbati ad praticandam,* illa *medicina fuerit* ordinata; *Et hec eis decernentes non licere, ea ipsis omnibus & singulis* interdicimus *per Presentes;* Dantes Preposito *nostro* Pariensi *presenti & futuro, vel ejus locum tenenti, presentibus in mandatis, quatenus* presentem nostram Ordinacionem *& statutum, ac omnia & singula per nos superius* ordinata, *teneri faciat, & inviolabiliter* observari, *ac contra facientes, seu attemptantes contra aliquid premissorum, ministrando,* visitando, *vel aliter quovismodo consulendo, corrigat, puniatque juxta culpe, inobedientie, & commissi sceleris qualitatem, ad emendas pecuniarias, vel alias civiles, prout jus & racio suadebunt. Quod ut firmum & stabile permaneat in futurum, nostrum sigillum presentibus Litteris duximus apponendum, salvo in aliis jure nostro, & in omnibus alieno. Datum Parisiis, anno Domini millesimo trecentesimo quinquagesimo secundo, mense Decembris.* Ainsi signé, *per Regem, Mellou* Rest..... Et au doz desdites Lettres estoit écrit ce qui s'ensuit; *Publié en Jugement ou Chastelet de Paris, le Samedy vingt-huitieme jour de Septembre mil trois cens quatre-vingt & sept.* Séant Monsieur le Prevost en siege. J. Le Begue.

Collation faite à l'Original scellé en las de soye & cire vert, qui fu rendu au Doyen de la Faculté de Medecine, cy-après nommé, c'est assavoir, *Maistre Thomas Blache-Chappe,* le dixieme jour de Fevrier mil trois cens quatre-vingt-dix. J. Le Begue

TABLE DES ANNÉES DE JESUS-CHRIST, DES LETTRES DOMINICALES, DES PASQUES ET DES INDICTIONS.

Tirée du Glossaire de la basse Latinité de M. du Cange, au mot ANNUS.

ANNÉES.	LETTRES DOMINICALES.	PASQUES.	INDICTIONS.
1327	D	Pâques 12. Avril.	10.
1328	C B	3. Avril.	11.
1329	A	23. Avril.	12.
1330	G	8. Avril.	13.
1331	F	31. Mars.	14.
1332	E D	19. Avril.	15.
1333	C	4. Avril.	1.
1334	B	27. Mars.	2.
1335	A	16. Avril.	3.
1336	G F	31. Mars.	4.
1337	E	20. Avril.	5.
1338	D	12. Avril.	6.
1339	C	28. Mars.	7.
1340	B A	16. Avril.	8.
1341	G	8. Avril.	9.
1342	F	31. Mars.	10.
1343	E	13. Avril.	11.
1344	D C	4. Avril.	12.
1345	B	27. Mars.	13.
1346	A	16. Avril.	14.
1347	G	1. Avril.	15.
1348	F E	20. Avril.	1.
1349	D	11. Avril.	2.
1350	C	28. Mars.	3.
1351	B	17. Avril.	4.
1352	A G	8. Avril.	5.
1353	F	24. Avril.	6.
1354	E	13. Avril.	7.

TABLE CHRONOLOGIQUE DES ORDONNANCES CONTENUES DANS CE SECOND VOLUME.

LOUIS VI. DIT LE GROS.

LOUIS VII. DIT LE JEUNE.

PHILIPPE AUGUSTE.

LOUIS VIII.

SAINT LOUIS, *ou* LOUIS IX.

PHILIPPE LE HARDY.

Ordonnance

Lettres

Ordonnance

vingt-cinq articles: Ensuite dequoy sont des Declarations faites par la Chambre des Comptes en execution de cette Ordonnance. V. *Ibid.*

A Paris, le 6. Janvier 1347. Ordonnance touchant le prix, la valeur & le cours des Monnoyes, contenant quelques autres Reglemens. p. 276. jusqu'à 281. en quinze articles.

A l'Hôpital de Lisy, le 28. Janvier 1347. Ordonnance contre les Tresoriers & les Receveurs du Roy. p. 281. & 282. en quatre articles.

A l'Hôpital de Lisy, le 22. Fevrier 1347. Ordonnance contre les blasphemateurs, ou ceux qui jurent le vilain serment. p. 282. & 283.

A Fontainebleau, le 4. Mars 1347. Mandement aux Gens des Comptes, portant que tous les Receveurs s'applegeront pour une année de leur recepte, & feront serment sur les Evangiles qu'ils ne prendront robbes, ni gages de personne. p. 283. & 284.

A Paris, le 27. Mars 1347. Lettres touchant le cours des Monnoyes, & principalement pour le denier d'Or fin à la Chaise, & le denier d'Or fin à l'Escu. p. 284. & 285.

A Paris, le 27. Mars 1347. Dans la Table chronologique, elle a esté mal datée du 28. Août 1347. Ordonnance portant que les doubles Parisis faits au Coin du Roy, ausquels il avoit donné cours pour un denier Parisis, ne vaudront plus qu'un petit tournois : Que conformement aux dernieres Ordonnances, le denier d'Or fin ne sera pris que pour seize sols Parisis, & le denier d'Or à l'Escu, pour quinze sols Parisis. p. 285. & 286.

A Vincennes, le 15. Janvier 1346. & le dernier Mars 1347. Declaration reglant les gages & dépens de tous Commissaires. p. 287.

A Paris, le 3. Juin 1348. Edit qui oste aux Parisis doublés le cours qu'ils avoient par l'Ordonnance du 28. Mars. p. 288.

A Paris, le 3. Juin 1348. Lettres qui deffendent à tous Juges, & à tous Receveurs, de contraindre les Changeurs à payer aucune imposition, pour raison du billon d'Or ou d'argent qu'ils auront vendu. p. 288. & 289.

A Paris, le 18. Juin 1348. Mandement au Prevost de Paris, de faire publier les Ordonnances des Monnoyes. p. 289.

A Vincennes, le 23. Août 1348. Mandement aux Generaux-Maîtres de faire fabriquer des deniers d'Or à l'Escu, qui auront cours pour seize sols Parisis la piece, de cinquante-quatre de poids au Marc de Paris, & des deniers doubles Tournois, & des Parisis petits, &c. p. 289. & 290.

A Paris, le 27. Août 1348. Ordonnance contenant plusieurs dispositions sur le fait des Monnoyes. p. 290. jusqu'à 293. en treize articles.

A Paris, le 6. Decembre 1348. Mandement aux Generaux des Monnoies, d'augmenter le prix du marc d'Argent de cinq sols, & d'en donner à l'avenir cent cinq sols, au lieu de cent. p. 293.

A Anguerre en Brie, le 18. Decembre 1348. Mandement aux Generaulx-Maîtres, de faire fabriquer des doubles de deux deniers la piece, sur le pied de monnoye trente-deuxiéme. p. 293.

A Melun, le 27. Decembre 1348. Mandement aux Maîtres Generaulx des Monnoyes, de faire fabriquer des doubles de deux deniers Tournois la piece & de la monnoye blanche, sur le pied de monnoye trente-uniéme, de tel poids & de telle loy, comme bon leur semblera. p. 294.

A l'Abbaye du Lis près de Melun, le 30. Decembre 1348. Lettres qui ordonnent que le profit que le Roy retirera de ses Monnoyes, sera apporté à Paris. p. 294. & 295.

JEAN PREMIER, OU SELON D'AUTRES, JEAN SECOND.

Mandement

Mandement

A Paris, en Aoust 1353. Ordonnance touchant les visites qui doivent estre faites chez les Apothicaires. p. 532. jusqu'à 535. en sept articles.

A Paris, le 5. Octobre 1353. Mandement aux Generaux-Maîtres des Monnoyes, de faire ouvrer une monnoye vingt-sixiéme. p. 535. & 536.

A Paris, le 5. Octobre 1353. Lettres adressées au Seneschal de Beaucaire & de Nismes, pour faire observer les Ordonnances des monnoyes datées de ce jour, qui suivent immediatement. p. 536.

A Paris, le 5. Octobre 1353. Ordonnance touchant les Monnoyes. p. 536. jusqu'à 539. en treize articles.

Au Bois de Vincennes, le 9. Novembre 1353. Mandement aux Generaux-Maîtres des Monnoyes, pour faire fabriquer une monnoye trente-deuxiéme & demie, &c. & pour faire donner du marc d'Argent apporté aux Hôtels des monnoies allayé à deux deniers, quatre livres dix sols tournois, & de tout autre marc d'argent allayé à quatre deniers & au-dessus, quatre livres quinze sols tournois. p. 540.

16. Nov. 1353. Lettres qui declarent les Conseillers du Parlement affranchis de tous peages pour leurs vivres. p. 541. jusqu'à 543.

A Paris, le 18. Novembre 1353. Lettres qui ordonnent au Seneschal de Beaucaire & de Nismes, de faire crier & publier, que les gros deniers blancs que l'on fabriquoit alors, fussent pris pour huit deniers tournois, les doubles tournois, & les deniers d'Or à l'escu, pour le prix fixé par les Ordonnances precedentes. p. 543.

En Novembre 1353. Ordonnance portant reglement pour les payemens. p. 544. jusqu'à 548. en quinze articles.

A Paris, le 6. Decembre 1353. Mandement aux Generaux-Maistres des Monnoyes, de faire ouvrer dans les Hôtels des Monnoyes, nonobstant un Mandement precedent, une monnoye blanche & noire, sur le pied de monnoye trente-deuxiéme & demie; de faire donner de chaque marc d'Argent allayé à deux deniers de Loy, quatre livres dix sols tournois, & de tout autre marc d'Argent allayé à quatre deniers & au dessus, quatre livres quinze sols tournois; & de donner du marc d'Argent allayé à trois deniers cinq grains, quatre livres quinze sols tournois, & de tout autre marc d'Argent allayé à deux deniers de Loy, quatre livres dix sols tournois. p. 548. & 549.

A Paris, le 5. Fevrier 1353. Mandement aux Generaux-Maistres des Monnoyes, de faire ouvrer de petits deniers tournois, qui auront cours pour un denier tournois la piece, sur le pied de monnoye trente-deuxiéme & demie, & de faire donner à chaque Changeur & Marchand, de chaque marc d'Argent allayé à deux deniers de Loy, dix sols tournois de creuë, outre le prix ordinaire, & de tout autre marc d'Argent allayé à trois deniers cinq grains, douze sols tournois de creuë. p. 549. & 550.

A Paris, le 12. Mars 1353. Lettres au Seneschal de Beaucaire & de Nismes, par lequel il est ordonné que le denier d'Or à l'Escu qui avoit cours auparavant pour quinze sols, fust mis & pris à l'avenir pour vingt sols tournois la piece. p. 550.

A Paris, le 22. Mars 1353. Mandement aux Generaux-Maistres des Monnoyes, de faire donner aux Hôtels des Monnoyes, du marc d'Argent blanc ou noir, dix sols tournois de creuë, outre le prix ordinaire: sçavoir du marc d'Argent allayé à trois deniers cinq grains, cent dix-sept sols tournois, & en tout autre marc d'Argent allayé à deux deniers de Loy, argent le Roy & au dessous, cent dix sols tournois. p. 550. & 551.

A Paris, le 8. Avril 1353. Mandement qui ordonne aux Generaux-Maistres des Monnoyes, de faire ouvrer de gros deniers tournois & des doubles tournois, sur le pied de monnoye quarante-huitiéme. p. 551.

A Paris, le 9. Avril 1353. Ordonnance qui confirme celle de S.t Loüis, touchant les guerres privées, nommée *la Quarantaine le Roy*. p. 552. & 553.

A la Noble-Maison, le 17. May 1354. Mandement aux Generaux-Maîtres des Monnoyes, de faire donner à tous Marchands & Changeurs, de chaque marc d'Argent allayé à trois deniers cinq grains de Loy, quarante-sept sols de creuë, outre le prix accoustumé que l'on en donnoit auparavant, le tout montant à neuf livres dix sols; de tout marc d'Argent allayé au dessous, quarante-cinq sols tournois, outre le prix qu'on en donnoit auparavant, le tout montant pour marc, à huit livres dix sols tournois. p. 554.

Mandement aux Generaux-Maîtres des Monnoyes, de faire ouvrer dans les monnoyes du Roy de gros deniers blancs, & des doubles tournois, sur le pied de monnoye soixante-quatriéme. p. 554. & 555. *A la Noble-Maison de S.t Oüyn, le 17. May 1354.*

Mandement aux Generaux-Maistres des Monnoyes, de faire donner à tous Marchands & Changeurs, du marc d'Argent tant blanc que noir, une creuë de trente sols tournois, lesquels avec l'ancien prix feront du marc d'Argent allayé à trois deniers, dix livres douze sols tournois, & de tout autre marc au dessous, dix livres tournois. p. 555. *A la Noble-Maison de S.t Oüyn, le 27. Juin 1354.*

Lettres portant confirmation d'autres precedentes de Charles le Bel, du 4. May 1324. portant concession aux Citoyens & habitans de Toulouse, d'acquerir des Nobles des biens-fonds, pourvû que ces biens soient sans justice, & qu'il n'en soit pas dû hommage. p. 556. *A Paris, en Juin 1354.*

Lettres qui accordent des Droits & des Privileges aux habitans du Bailliage de Senlis, au moyen de l'Ayde consentie par eux, de six deniers pour livre. p. 557. & 558. *A Paris, le 5. Juillet 1354.*

Mandement aux Generaux-Maistres des Monnoyes, de faire donner aux Changeurs & Marchands une creuë de vingt-huit sols tournois, outre le prix ordinaire; le tout pour le marc d'Argent allayé à trois deniers de Loy argent le Roy, montant à douze livres tournois, & de tout marc au dessous, onze livres huit sols tournois. p. 558. *A Paris, le 7. Septembre 1354.*

Mandement aux Generaux-Maistres des Monnoyes, de faire ouvrer une monnoye blanche & noire vingt-quatriéme, en deniers blancs qui auront cours pour cinq, qui seront à trois deniers huit grains de Loy, & de six sols six deniers de poids au marc de Paris; & des petits deniers tournois qui auront cours pour un petit denier tournois, & seront à un denier vingt grains de Loy, & de dix-huit sols quatre deniers au marc. p. 559. *A Paris, le dernier Oct. 1354.*

Ordonnance touchant les Monnoies. p. 559. jusqu'à 563. en dix articles. *A Paris, le 14. Novembre 1354.*

Ordonnance touchant les Monnoyes, à cause du changement de foibles à fortes: elle contient des Reglemens concernant le prix des vivres, des marchandises, & les salaires des ouvriers. p. 563. jusqu'à 566. en dix articles. *En Nov. 1354.*

Lettres qui confirment les Droits & les Privileges des habitans de Vermandois, au moyen d'une Ayde de six deniers pour livre des marchandises, & qui reglent la maniere dont cette Ayde sera levée. p. 567. jusqu'à 570. en dix-huit articles. *A Paris, en Decembre 1354.*

Mandement aux Generaux-Maistres des Monnoyes, de faire fabriquer des deniers d'Or fin appellez deniers d'Or à l'Aignel, qui auront cours pour vingt sols parisis la piece, & qui seront de cinquante-deux de poids au marc de Paris. p. 570. & 571. *A Paris, le 17. Janvier 1354.*

Mandement aux Generaux-Maistres des Monnoyes, de faire fabriquer une monnoye trente-deuxiéme, consistant en blancs deniers à la Couronne, qui auront cours pour cinq deniers tournois la piece, à deux deniers douze grains de Loy, & de six sols six deniers de poids au marc de Paris; des petits tournois, qui auront cours pour un petit denier tournois, à un denier neuf grains, & de dix-huit sols quatre deniers de poids au marc. p. 571. *A Paris, le 24. Janvier 1354.*

Mandement aux Generaux-Maistres des Monnoyes, de faire fabriquer une monnoye quarantiéme en deniers blancs à la Couronne, qui auront cours pour cinq deniers tournois, à trois deniers de Loy, Argent-le-Roy, & de dix sols de poids au marc de Paris en doubles tournois, ou petits tournois, &c. p. 572. *A Amiens, le 20. Mars 1354.*

TABLE DES MATIERES.

Le chiffre Arabe marque la page; & le Romain, l'article de la page.

A

puissent

jour de leur appel, à faute de quoy la Sentence seroit executée; mais que les Appellans ne devroient pas d'amende; que si après l'adjournement pris, ils ne le poursuivoient pas, ou s'ils estoient deboutez de leur appel, ils payeroient l'amende. 51. 52. Ceux qui ont appellé au Parlement, ont trois mois pour obtenir un adjournement, & pour le faire mettre à execution. Anciennement ils payoient une amende, lorsqu'ils n'obtenoient pas d'adjournement, ou lorsqu'ils ne s'en servoient pas. Dans la suite l'amende n'eut plus de lieu dans ces deux cas. Mais comme ce Droit nouveau avoit produit un grand nombre d'appels injustes & temeraires, Philippe de Valois ordonna que dans les pays Coutumiers, tous ceux qui appelleroient, payeroient une amende de soixante livres, à moins qu'ils ne gagnassent leur procès sur l'appel, ou qu'ils n'y renonçassent huit jours après l'avoir interjetté, & que pour constater la renonciation à l'appel, le Juge qui avoit prononcé la Sentence, seroit tenu avant que de quitter le siege, de nommer une personne residente dans l'endroit où la Sentence auroit esté renduë, devant laquelle l'Appellant pourroit, en l'absence du Juge, renoncer à son appel, & que le Juge, ou son delegué, donneroit à l'Appellant & à (l'Intimé) un Acte qui contiendroit la date de la Sentence, sa renonciation à l'appel & la date de la renonciation. 213. III. Lorsque la Sentence dont on appelloit, avoit esté renduë dans un temps où le Parlement ne tenoit pas, & que le délay de trois mois, pour prendre un adjournement, tomboit dans un temps, où le Parlement suivant tenoit, les Appellans qui vouloient reculer, ne prenoient l'adjournement qu'à la fin des trois mois, & pendant la tenuë du Parlement, parce que suivant le stile de cette Cour, on ne pouvoit, sans une grace speciale, prendre un adjournement, & proceder en consequence dans le cours du même Parlement, & ainsi leur appel estoit rejetté au Parlement suivant. Philippe de Valois ordonna que lorsque l'appel seroit interjetté d'une Sentence du Bailli de Vermandois, les Appellans ne joüiroient pas du délay de trois mois, mais seroient tenus de prendre l'adjournement avant l'ouverture du prochain Parlement; & que lorsqu'il y auroit appel des autres Bailliages & Seneschaussées, les Appellans prendroient l'adjournement pendant la tenuë du Parlement, mais avant le jour, où les causes de leurs Seneschaussées, ou Bailliages devoient estre appellées, afin que l'appel pust estre jugé dans le cours du Parlement, nonobstant l'ancien stile. 213. IV. Suivant l'ancien stile du Parlement; lorsqu'on y appelloit de la Sentence d'un Pair de France, d'un Duc, d'un Comte, d'un Baron, & de quelque autre Seigneur Justicier, ou de celle de leurs Juges, il falloit faire adjourner non-seulement le Juge à personne, ou à domicile, mais encore le Pair, le Duc, &c. & le Seigneur, faute dequoy l'Appellant perdoit son procès; mais Philippe de Valois ordonna qu'il suffiroit à venir de faire adjourner ces Seigneurs & leurs Juges, soit qu'ils fussent presents ou absents, au lieu où la Sentence avoit esté renduë, & le deni de Justice fait, en s'adressant aux habitans de ce lieu, & en cas qu'on n'en trouva pas, aux voisins: sauf cependant aux appellants de donner l'adjournement à personne, ou à domicile s'ils le veulent; & comme par un ancien usage, le Roy adressoit les Lettres d'adjournement aux Pairs de France, & ordonnoit à ses Juges de les leur presenter, Philippe de Valois ordonna, que dans la suite ces Lettres seroient seulement adressées aux Juges des Ducs & Pairs, & envoyées au lieu où la Sentence avoit esté renduë, & le Deni de Justice fait, sans aucune autre formalité. 214. V.

Appels. Les Comtes, Barons & Nobles, qui, dans certaines Seneschaussées par de-là la Loire. (V. Bigorre) ont par ancienne Coutume, ou par privilege des Juges d'appels, & connoissent des appels des Juges inferieurs, continuëront de le faire. 126. XXIII. Les Justiciables des Seigneurs se pourvoiront par appel devant eux, suivant l'ancien usage. 461. LXI.

Appel des Juges d'un Pair. Lorsqu'on appelle à la Cour de France; de la Sentence donnée par les Juges d'un Pair de France, si ces Juges n'ont point d'autres Juges dessus eux, l'Appellant est exempt de leur Jurisdiction dans toutes ses causes, quand mesme elles ne regarderoient pas les Pairs, mais d'autres particuliers: mais si ces premiers Juges ont des Juges dessus eux dans la Cour du Pair, l'Appellant n'est exempt que de la Jurisdiction du Juge dont il a appellé. Quand un homme en vertu de son Appel, est exempt de la Jurisdiction d'un Juge, & que cependant il procede devant luy dans une autre affaire, il renonce à son exemption, qui n'a plus lieu que par rapport à son appel. 500. note *(b.)*

Appel des sujets du Duc de Bretagne au Parlement de Paris. V. Bretagne.

Appels. Si dans les causes d'Appels, où les Procureurs du Roy sont parties dans certaines Seneschaussées par de-là la Loire. (V. Bigorre.) les Comtes, Barons, & Nobles, & leurs Sujets, ont mis ces causes en estat d'estre jugées, & qu'elles ne l'ayent point esté par les délais demandez par les Procureurs du Roy, ou parce qu'on n'a pas tenu les assises, le temps fatal des appellations ne courra pas contre eux. 127. XXXII.

Appel. Il y avoit un usage au Parlement de Paris, de faire payer une amende arbitraire aux hommes jugeans dans les Chastellenies situées dans le Bailliage de Vermandois, lorsque sur l'appel de leurs jugemens il estoit dit qu'il estoit mal jugé. 395. XVIII. XIX. 507. XVII. 531. XVII. 569. XVII. V. jugeans (hommes.)

Appel. Dans l'Anjou & dans le Maine, quand un Noble déchoit de son Appel, tout ce qu'il tient du Comte est perdu pour luy, & acquis au Comte. 162.

Appel pardevant un Juge Laïque des procedures faites par l'Archevéque de Lyon. V. Forez.

Appel (presentation sur l') V. Presentation.

B

C

marque,

y auront leurs écuries ouvertes, depuis les trois jours de Draps, jusqu'aux Changes abbatuës. Si leurs Chevaux sont arrestez à la Requeste des Ecuyers du Roy, ou de quelques autres, ils ne pourront estre tenus en arrest plus de trois jours, passez lesquels, les Marchands pourront les emmener sans encourir d'amendes. 203. VIII. (309. VIII. au lieu d'*Ecuyers*, il y a, *Estimeurs.*) Les Marchands de Cuir exposeront leurs Marchandises aux lieux accoustumez, & non autre part, & pendant les trois jours du Cuir, passez lesquels, ils ne pourront plus les vendre. 203. IX. V. 309. IX. Les Marchands venant à ces Foires, y demeurans ou s'en retournans, ni leurs Marchandises, ne pourront pendant 5. ans du jour de la presente Ordonnance, estre arrestez en vertu de deffenses de ces Foires, données precedemment : pendant ces cinq années, les parties pourront s'accommoder, & les Creanciers qui auront ces deffenses pourront, sans leur prejudicier, faire contraindre les personnes principalement obligées. 203. X. V. 310. X. Il est deffendu à tous les Juges, & aux chevaucheurs du Roy, de prendre, ni pour luy, ni pour un autre, les Chevaux des Marchands de ces Foires, sans l'ordre de l'un des Gardes, qui feront rendre ceux qui auront esté pris. 204. XI. (V. 310. XI. il y a, *sans ordre des Gardes, ou du Chancelier.*) Les Compagnies de Changeurs feront leurs Charges en lieux apparens, & auront leurs tapis à leurs fenestres, & à leurs estaux. 204. XII. V. 310. XII. Les Marchands de ces Foires ne seront justiciables que des Gardes, & non d'autres, si ce n'est des Gens des Comptes, en cas de Souveraineté, & des Gens des jours de Troyes, en cas d'appel seulement. 204. XIII. Les Marchands estrangers ne pourront se servir des obligations passées dans ces Foires, ni joüir des privileges & franchises, s'ils n'y ont leur residence, si ce n'est à l'égard des Marchandises qu'ils font conduire à ces Foires, ou qu'ils en font revenir, & qui dans les chemins seront sous le sauf-conduit des Foires. 204. XIV. V. 311. XVII. Les estrangers frequentant ces Foires pourront entre eux, & non avec d'autres personnes, passer des obligations pour cause de Marchandises payables en nombre de pieces d'Or & d'Argent. 204. XV. Tous les Officiers de Justice de Champagne seront obligez d'executer les ordres des Gardes des Foires, qui y feront contraindre les desobeïssans par leurs Commissaires. 204. XVI. V. 312. XXVI. Les Changeurs estrangers qui viendront demeurer dans ces Foires, y feront Compagnie, (ou Societé,) ou vuideront le Royaume dans deux mois. Les Presteurs sur gages, ou Caseniers ne joüiront point des franchises de la Foire : s'ils demeurent en Champagne ils pourront avoir des facteurs pour recüeillir ce qui leur est dû dans le Royaume. 204. XVII. Les Marchands ne pourront pas prester à plus gros interest, qu'à quinze pour cent par an. 204. XVIII. Les deffendeurs pourront plaider leurs causes par Procureur, sans grace, à la Cour des Foires, si ce n'est dans les cas où il y auroit lieu à la prise de corps. Les Gardes avec le Conseil de cette Cour pourront interpreter toutes les choses douteuses qui regarderont le gouvernement de ces Foires. 204. XIX. V. 312. XXIV. Dans la Cour des Foires on ne recevra point les exceptions declinatoires, & dilatatoires : on jugera le principal, & si les parties se pourvoient au Parlement, on n'y aura point d'égard. 204. XX. V. 312. XXIII. Les Marchands & Presteurs ne pourront faire faire d'obligations à leur profit, ni faire transport, ni portage de leurs dettes que sous le Scel des Foires, sous peine de punition, de nullité, & d'estre privez des privileges de la Foire. 205. XXII. V. 311. XVI. Les Gardes, ou l'un d'eux, seront dans la Foire, la veille des trois jours, & y demeureront, jusqu'à ce que les plaidoyries soient finies. S'ils s'absentent pendant le *vague* de la Foire, le Lieutenant institué par le Roy y demeurera, jusqu'à ce que l'un des Gardes y soit revenu pour le payement. Aussitost que la Foire sera livrée (ouverte) en l'une desdites Foires, un des Gardes, ou le Lieutenant du Roy, visiteront les Halles, les Marchands, & les Marchandises, & donneront leurs ordres pour la sureté de la Foire. Le Chancelier Garde-Scel viendra à chaque Foire la veille des trois jours, & s'il s'absente pendant le *vague* de la Foire, il laissera un Lieutenant pour recevoir les octrois. 205. XXIII. V. 313. XXXI. Les Sergents seront reduits à l'ancien nombre de cent cinquante. Le Roy ni les Gardes ne rempliront les places vacantes de Sergents, qu'ils ne soient revenus à ce nombre, & lorsqu'ils y seront revenus, les Gardes rempliront les places vacantes, mais ils ne pourront y nommer d'Ultramontains. 205. XXIV. Il n'y aura que quarante Notaires : Les Gardes nommeront aux places vacantes gratuitement : si le Roy y nommoit, la nomination seroit nulle. Entre ces quarante Notaires, il y en aura quatre bons Clercs, & bons Notaires, capables d'écrire en François, & en Latin. Les Notaires obeïront aux Gardes, & au Chancelier Garde-Scel. 205. XXV. (V. 313. XXIX. Il y est dit que *les places des Notaires vacantes, seront remplies par les Gardes & le Chancelier conjointement & d'accord.*) Tout Sergent des Foires, s'il n'est en voyage, se presentera aux Gardes, une fois en chaque Foire, & y demeurera pour executer leurs ordres. 205. XXVI. (V. 313. XXVIII. le mot, *Chancelier* est ajoûté après celuy de *Gardes.*) Les Sergents & Notaires exerceront leurs Offices en personne, & ne pourront sans la permission des Gardes, les faire exercer par d'autres, les vendre, ni les aliener. 205. XXVII. V. 313. XXX. Il y aura dans les Foires deux Tabellions seulement pour dresser les Actes qui se passeront entre des Italiens, & non entre d'autres personnes. Les autres Notaires ne pourront dresser ces Actes, qui ne seront pas mis en execution par mandement des Foires, & il est deffendu au Chancelier Garde-Scel de sceller de pareils Mandemens. 206. XXVIII. S'il y a dans la suite quelques declarations à faire au sujet de ces Foires, elles seront faites par les Gens de la

CIRE.

D

E

homme, ni à un Officier du Roy, ni à un Advocat, ni à un Clerc beneficié. 247. XV. Les Marchands des Bois & Forests pourront se faire payer de ce qui leur sera dû par rapport à ces Bois, ou par les Maistres des Eaux & Forests, ou par les Justiciers des Chastellenies, où les Bois sont situez. 247. XVII. Les Maistres rendront compte chaque année à la Chambre des Comptes, des Enquestes, & de tout ce qu'ils auront fait par rapport aux Eaux & Forests. 247. XVIII. Ils ne delivreront aucune Lettre de don *à heritage, à vie, à volonté, ou à une fois*, si elles ne sont passées par la Chambre des Comptes. 247. XX. Les Baillis & les Chastelains recevront des mains des Maistres des Eaux & Forests, le Bois dont ils auront besoin. 248. XXXVIII. Les Grenetiers qui auront besoin de Bois pour la reparation des Chasteaux du Roy, ne les pourront prendre dans les Forests, que par la main des Maistres des Eaux & Forests. 249. XXXIX.

Eaux & Forests en Normandie. Les Maistres des Eaux & Forests n'auront point de Lieutenans. Ils jugeront en personne, & ils ne pourront faire adjourner personne qu'à un certain jour, dans la Chastellenie de l'adjourné, ou dans le lieu où le delit aura esté commis, & dans un lieu considerable, où l'adjourné puisse avoir un Conseil. 408. XX. On appellera des Sentences des Maîtres des Eaux & Forests, devant l'Echiquier. 240. X. 408. XX. XXI. Lorsqu'il y aura conflit de Jurisdiction entre les Baillis, Vicomtes, Prevosts, & les Maistres des Eaux & Forests, il sera jugé par l'Eschiquier. 408. XXV.

Eaux & Forests. Les Maistres des Forests particuliers, & le Gruyer de Champagne ayant esté supprimez, les deniers dûs pour la vente des Bois, & pour autre chose qui auroient dû estre remis entre leurs mains pour en compter, seront mis en celles des Receveurs des lieux. 248. XXXII. Voy. 245. I. 246. VIII.

Eaux & Forests. Les Verdiers, Chastelains, ou Maistres Sergents des Forests ne pourront faire aucune vente dans les Forests, si ce n'est du commandement des Maistres : ils n'auront connoissance que des prises faites par eux, ou par leurs Sergents, lorsque l'amende ne passera pas la somme de soixante sols : s'ils reduisoient à soixante sols une amende qui auroit dû estre plus forte, les Maistres, lors qu'ils viendront visiter les Forests, pourront augmenter l'amende : les plaintes que l'on aura à faire contre les Verdiers, Chastelains, Maistres-Sergents, ou simples Sergents des Forests, se porteront devant les Maistres. 246. IX. Les Verdiers, Châtelains, & Maistres-Sergents des Forests ne pourront estre depossedez par les Maistres. 246. X. XI. Ils ne pourront avoir de Lieutenans, si ce n'est pour recevoir l'argent de leurs recettes : excepté cependant ceux qui sont demeurans dans l'Hôtel du Roy, & dans celuy de ses Enfans, lesquels sont tenus des faits de leurs Lieutenans. 246. X. XII. Les Verdiers, Chastelains, ou Maistres-Sergents rendront leurs Comptes pardevant les Maistres, deux fois l'année : à sçavoir, en Normandie, cinq semaines, ou un mois avant Pasques, & avant la St Michel : & dans les autres Pays, avant l'Ascension, & la Toussaints. Les Maistres envoyeront aux mêmes termes aux Baillis, Seneschaux, & Receveurs le prix des ventes des Forests, les Rentes, Pasnages, Herbages, & autres revenus des Forests, dont le Compte se rend par les Baillis, Seneschaux, & Receveurs, & les Maistres des Forests assisteront aux Comptes qu'ils rendront. 247. XVI. Les Maistres Verdiers, & les Maistres Sergents ne prendront des Droits, que sur les prises qu'ils feront en propre personne. 247. XXII. Philippe de Valois en 1346. ordonna, que pendant un an, on ne feroit point de Sergents des Eaux, & que tous ceux qui l'estoient seroient rappellez, & viendroient compter à la Chambre des Comptes, de ce qu'ils avoient reçû : Que les plaintes que l'on feroit contre eux, seroient portées devant les Maîtres qui n'en establiroient que le moins qu'ils pourroient dans leur département seulement : que chaque Sergent donneroit une caution de deux cens livres tournois, qui seroit reçûë par les Maistres, qui seroient responsables de sa validité. 249. XLI. Les Maîtres des Eaux & Forests ne pourront prendre pour Sergents à tendre panneaux & filets que des Sergents des Forests, ou des Sergents Royaux. 247. XXIII.

Eaux & Forests. Les estangs seront gouvernez par les Maistres des Eaux & Forests, & tous les autres Gouverneurs seront supprimez. 249. XL. Les Maistres feront peupler les estangs, les changeront de lieu, & les feront pescher. 248. XXXIII. XXXIV. Ils pourront, en appellant les Baillis, & Procureurs du Roy des lieux où sont situez des petits estangs de peu de valeur, & des petits buissons qui coustent à garder, les donner à ferme, pourvû que ce ne soit point à des Gentilshommes, ou à des Officiers du Roy, ou de ses Enfans. 248. XXXVII. Philippe de Valois, par une Ordonnance de 1346. chargea Bertaut (Bardilly) un des dix Maistres des Eaux & Forests, de faire venir le poisson de tous les estangs, pour l'Hostel du Roy, & ceux de la Reine, & des Enfans du Roy, à l'exception des poissons qu'il sera plus profitable de vendre que de faire venir, & dont Bardilly recevra le prix, pour en acheter des poissons de mer. Les Gens de la Chambre des Comptes feront observer cette Ordonnance. 245. II.

EAUX. Prevost & Sergent des Eaux. 207.

Eaux & Forests. Philippe de Valois fait des Ordonnances sur ses Forests & Eaux, & sur celles de ses Fils, les Ducs de Normandie & d'Orleans. 245. Voy. 248. XXXVII.

Eaux & Forests. V. Forests.

ECCLESIASTIQUES payent la Taille, ou Collecte, eû égard aux lieux, où ils habitent. V. Carcassone. Ne veulent pas contribuer au payement d'une somme imposée pour l'abolition d'un Droit, sur les Draps de Carcassone. V. Carcassone.

Ecclesiastiques. V. Eglise.

ECHELLES. Nismes est divisée en dix Echelles,

F

H

I

K

L

pour certains meffaits, & excès notoires, enormes & deteſtables ; & il ordonne que jamais Commune, Corps, College, Echevinage, Maire, Jurez, ou aucun autre Eſtat ne ſoit inſtitué à Laon ; ſi ce n'eſt dans le cas d'une neceſſité evidente. 77. Voy. 784. Il fit enſuite l'eſtabliſſement d'un nouveau Gouvernement à Laon, après l'abolition de la Couſtume. 78. Le Bailli de Vermandois, ou ſon Lieutenant, tant en aſſiſes que hors d'aſſiſes à Laon, jugera ſeul de toutes les cauſes qui ſeront portées devant luy : Il pourra cependant prendre conſeil de telles perſonnes qu'il jugera à propos. 78. I. Il ſera eſtabli à Laon un Prevoſt de la Cité de Laon, qui aura des gages, pour gouverner ſeul la Juſtice, & Juriſdiction haute, moyenne, & baſſe; tant celle qui appartenoit auparavant à la Couſtume, que celle qui appartenoit au Roy. Il jugera dans les les termes & les mettes (ſuivant les uſages) de la paix, & ancienne Commune de Laon : Il pourra prendre conſeil de telles perſonnes qu'il jugera à propos : Les Appeaux (Appels) de ſes Jugemens ſeront portez d'abord devant le Bailli de Vermandois dans ſes aſſiſes à Laon. Cette Prevoſté ne ſera pas donnée à ferme, mais en garde avec des gages competens. 78. II. Le Prevoſt eſtablira les Maiſtres de tous les Mêtiers. 78. III. Les Appiaux (Appels.) volaiges qui ſe feront en la Ville de Laon, & en toutes ſes Villes & Juriſdictions appartenant au Prevoſt de la Cité, ſeront portez devant luy, ſans que le Prevoſt forain en puiſſe juger. 78. IV. Le Prevoſt de la Cité de Laon ſe trouvera en la Cour du Prevoſt forain de Laon, pour juger & prononcer les Jugemens, ſuivant que les Echevins avoient couſtume de s'y trouver, lors de la Commune; & il pourra conſulter qui il jugera à propos. 78. IV. Lorſque les Juſticiers des Seigneurs qui ont juſtice très ſonciere à Laon, requereront le Prevoſt de la Cité, pour aller juger à leur Cour, il ira, ou y envoira, ſuivant que les Echevins y alloient, lors de la Commune, ou comme y alloit le Gardien que le Roy avoit eſtabli. 78. V. Le Prevoſt de Laon pourra prendre pour juger, le conſeil de quatre ou ſix hommes ſages, ou tel nombre, & telles perſonnes qu'il jugera à propos. Il aura un Lieutenant. 79. VI. On continuera de lever à Laon le pavage, qui ſera employé à l'entretien des Chauſſées par l'ordre du Prevoſt. 79. VII. De trois ans en trois ans, le Prevoſt de Laon fera aſſembler le peuple de cette Ville, & en ſa preſence il ſera élire ſix perſonnes, dont trois ſeront Procureurs, pour pourſuivre les affaires de la Ville, & deffendre ſes droitures, franchiſes, & libertez ; & les trois autres élus avec le Prevoſt viſiteront les murs, les portes, les fortereſſes, les puits, les fontaines, les chauſſées, & le pavé, & pourvoiront aux reparations : pour y ſubvenir, & pour payer les rentes à vie, & à heritage, que doit la Ville, on levera ſur elle une Taille : & pour cet effet, le Prevoſt & les trois elus choiſiront dans chaque Paroiſſe deux ou trois perſonnes pour y impoſer la Taille, qui ſera levée par les trois elus, qui l'employront pour les depenſes communes, & qui en compteront de trois ans en trois ans, en preſence du Prevoſt, devant le Bailli de Vermandois; lequel envoira copie de ce compte à la Chambre des Comptes de Paris, pour y eſtre examiné & corrigé. 79. VIII. Les Cloches qui appartenoient à l'ancienne Commune de Laon, & qui eſtoient dans la Tour que l'on nommoit le Beffroy, ſeront confiſquées au profit du Roy, & enlevées hors de Laon : & cette Tour ne ſera plus nommée le Beffroy, mais la priſon du Prevoſt. Il reſtera deux Cloches dans la Tour de la Porte Martel, dont la plus grande ſonnera le couvreſeu le ſoir, & le point du jour au matin, & la plus petite ſonnera un peu avant le couvreſeu, pour faire aſſembler le Guet. Les deux Cloches ſonneront lorſqu'il y aura danger de feu, mais elles ne ſeront ſonnées pour nulle autre cauſe. 79 IX. Le Dean, (Doyen) Treſorier, & Chapitre de Laon doivent ceſſer de pourſuivre, & de perſecuter les habitans de cette Ville, & des autres Villes, & lieux dependans de la Juriſdiction du Prevoſt de Laon, à Langres, & ailleurs, hors du Dioceſe de Laon. 79. XI.

Laon. (Appellations de) Le Roy nomme des Commiſſaires pour reformer les abus qui s'y ſont introduits. 461. LVI. Philippe de Valois, à la requeſte de pluſieurs habitans de la Prevoſté, & du reſſort de Laon, ayant ordonné l'abolition des Appeaux volages, dans les lieux où les habitans ſe ſoumettroient à payer chaque année une rente ſur chaque feu, en compenſation du profit qui revenoit au Roy de ces Appels, les habitans des Villes de Tannieres, & de Ponſtivicour s'eſtant engagez à payer chaque année deux ſols pariſis par *chacun chief de feu d'Hôtel*, les Commiſſaires du Roy abolirent dans ces deux lieux les Appeaux, & adjournemens volages faits en Jugement, ou hors Jugement, avant clain (clameur) ou après clain, ſous les conditions ſuivantes : que ceux qui n'eſtoient pas ſujets aux Appeaux volages ne payeroient pas la redevance : que les habitans ſolvables payeroient pour ceux qui ne le feroient pas : que ſi les habitans de ces deux Villes alloient demeurer dans un lieu ſujet à ces Appeaux, ils ne joüiroient plus de la franchiſe : que ſi les habitans de ces deux Villes faiſoient un Appel volage contre des gens qui n'auroient pas cette franchiſe, ils pourroient pourſuivre leur Appel : que s'ils ne le faiſoient pas, les Appellez (Intimez) pourroient le pourſuivre : que faute par les Appellez de le faire, les Gens du Roy ne pourroient pas les pourſuivre : que les Majeurs, & Echevins de ces deux lieux ne ſeroient point tenus de repondre à ces Appels dans les affaires qui regarderoient les habitans : que les Clercs, & les Mendians ne payeroient pas cette redevance ; mais qu'elle ſeroit levée ſur les Laïques demeurans dans la maiſon des Clercs : reſervées au Roy les Appellations de deffaut de Droit, (deni de Juſtice) de mauvais, & faux Jugemens, & les cas appartenant au Roy,

M

deffendu

fausse,

N

l'Impetrant formoit sa complainte contre le deffendeur, qui estoit tenu, ou de rendre la chose dont il s'estoit emparé, ou de s'opposer à la complainte. S'il y formoit opposition, le Sergent avant que de la recevoir, l'obligeoit à resaisir le lieu de tout ce qu'il en avoit enlevé, & ensuite il mettoit le lieu dans la main du Roy, qui jugeoit si la recreance devoit estre donnée ou non. Le Sergent assignoit ensuite les parties devant le Juge, & toute cette procedure devoit estre faite dans un jour, dans une heure, & sans les formalitez des Jugemens. Philippe de Valois ordonna l'execution de ces anciens usages que les Juges n'observoient pas: Car quand les Lettres de Nouveleté leur estoient presentées, ils faisoient assigner pardevant eux le deffendeur, à qui ils accordoient de longs delais: ils recevoient toutes les exceptions qu'il proposoit contre ces Lettres, & rendoient par là ces sortes de procès immortels. 266. Quand le deffendeur ne s'opposoit pas à la complainte, le Sergent resaisissoit le complaignant, & assignoit les parties pour voir confirmer son exploit, & le deffendeur n'estoit plus reçû à former d'opposition. 267. note (c) col. II.

Nouvelleté. Complainte en matiere de nouvelleté. V. Appeaux volages.

O

OBLIGATION pour dettes. On y employoit autrefois le serment, qui a cessé d'estre en usage. 60. Voy. n. (c).

OBOLE. (Petite obole Parisis & Tournois,) Monnoye. 35. V. 36. XVII. XVIII.

OCTROY accordé par les habitans de Paris pour un an, sur toutes les Marchandises qui se vendront dans cette Ville, & les Fauxbours. 318. 423. Voy. Paris.

OEUFS. V. Poulailles.

OFFICES. Dons faits par le Roy, d'Offices, avant qu'ils vacquent de fait, sont nuls. 120. 166. Les causes qui regardent les Offices donnez par le Roy, sont portées devant les Maistres des Requestes de l'Hostel. 216. VIII. 407. XVII. Les Gens de l'Hostel du Roy, à qui il a permis par grace, en leur donnant un Office, de le faire desservir par des Lieutenants, ne pourront faire assigner les personnes du lieu où sont ces Offices, pardevant d'autres Juges que ceux de ce lieu, pardevant qui leurs Lieutenants seront aussi tenus de repondre. 175. XI.

Offices. Parents au troisiéme degré, ou plus près, ne peuvent posseder le mesme Office à Tournay. 134. Voy. Tournay.

Office. On ne peut approchier, (adjourner) d'Office, sans une information préalable. 407. XV.

OFFICIAL de l'Eglise de Paris. V. Medecine. De l'Evesque d'Amiens. 117.

OFFICIERS doivent exercer leur Office en propre personne. 26.

Officiers de l'Hostel du Roy. V. Hostel du Roy: & au mot Requestes de l'Hostel, les cas dans lesquels les Officiers de l'Hostel du Roy ont leurs causes commises pardevant les Maistres des Requestes de l'Hostel. Officiers du Roy ne doivent prendre des gages que pour le temps, & les jours qu'ils seront à Paris pour les affaires du Roy, s'ils n'ont excuse de maladie qui leur soit survenuë, lorsqu'ils estoient occupez pour le service du Roy, ou s'ils n'ont congé du Roy. 302. Voy. Gages.

Officiers du Roy dans certaines Seneschaussées par de-là la Loire, (V. Bigorre) pourront estre punis par les hauts Justiciers, lorsqu'ils auront delinqué, pourvû que leur delit ne regarde pas les fonctions de leurs Charges. 125. XIV. Dans ces Seneschaussées, les Créanciers ne seront pas obligez de donner aux Officiers Royaux leurs obligations, quand mesme elles seroient passées sous le Seel Royal, pour en poursuivre le payement; mais ils pourront s'en faire payer, ou par eux-mesmes, ou par des particuliers. 127. XXX. Lorsqu'à la requeste du Procureur du Roy, ou dans un procès entre des particuliers, on met quelque chose dans la main du Roy dans ces Seneschaussées, la garde n'en doit point estre confiée aux Officiers Royaux, quand mesme les parties y consentiroient, mais à un honneste homme particulier, qui en rendra compte, & à qui on donnera un salaire raisonnable. 127. XXXI.

Officiers du Roy & de ses enfants, ne peuvent estre Fermiers des petits estangs, & des petits buissons. 248. XXXVII. Les Maistres des Eaux & Forests ne pourront leur donner les ventes des Forests. 247. XV.

Officiers du Roy qui se diront deputez pour quelque affaire, seront obligez sous peine de punition, de montrer leur pouvoir ou commission. 126. XX. Officiers du Roy, Seneschaux, Procureurs, & autres, qui quitteront leurs Charges, seront tenus de rester cinquante jours depuis leur demission, dans le lieu où ils exerçoient leurs fonctions, pour repondre aux plaintes qu'on peut faire contre eux. 128. XXXIV.

Officiers des hauts Justiciers dans certaines Seneschaussées par de-là la Loire, (V. Bigorre.) ne seront pas empeschez par les Juges Royaux de punir dans leurs Jurisdictions, leurs Officiers qui auront manqué dans le devoir de leurs Charges, à moins que le Roy ne soit dans l'usage & dans la possession de le faire. 125. XIII.

OISONS. Il est deffendu, à quelque personne que ce soit, de nourrir dans sa maison des Oisons, & des Pigeons. 384. col. I. n. XIV.

OPIATES. Voy. Apothicaires.

OR. Imposition accordée pour un an par les habitans de Paris sur le Marc d'Or. 320. X. 425. XXII. XXIII. XXIV. Voy. à la fin de la la Preface, les differents prix du Marc d'Or, pendant le regne de Philippe de Valois, & les quatre premieres années du regne du Roy Jean.

Or. Les Orbateurs ne peuvent mettre de l'Or en œuvre. Voy. Orbateurs.

ORBATEURS ne pourront mettre de l'Or en œuvre, mais seulement une certaine quantité d'Argent, qui leur sera donnée chaque semaine, par des personnes commises par le Roy. 36. VI. 185. VII. 538. IV. 562. X.

P

Q

R

qu'on

quatre mois de delay pour payer : permis cependant aux debiteurs de se pourvoir contre les Usuriers, suivant la premiere Ordonnance. 60. 61.

Usuriers. Plusieurs Italiens, Outramontans, (Ultramontains) & Juifs qui demeuroient hors du Royaume, dans les villes frontieres, ayant fait des negociations de commerce avec les sujets du Roy, & fait avec eux des contracts usuraires ; Philippe de Valois deffendit à ses sujets de leur payer ce qu'ils leur devoient, sous peine de luy payer une seconde fois, & de l'amende : ordonna que ces debiteurs declareroient ce qu'ils leur devoient, & que les Tabellions donneroient des extraits des contracts passez avec eux, & en cas de refus, qu'ils seroient contraints de montrer leurs protocolles : ces debiteurs pourront se retirer vers les gens de la Chambre, qui leur feront bonne composition sur le payement de ces dettes, & s'ils ne le font pas, le Roy leur fera payer ces dettes en entier. 143. *& suiv.* Lettres de Philippe de Valois confirmées par le Roy Jean, par lesquelles il est ordonné que tous les debiteurs des Lombards, Usuriers, & Italiens seront quittes envers eux des usures qu'ils leur doivent, en payant le sort principal, lequel ne sera point payé aux Lombards, mais remis en depost, entre les mains du Receveur du lieu du domicile du debiteur, pour estre par luy envoyé au Thresor du Roy à Paris. Les debiteurs affirmeront par serment, quelle est la somme qu'ils doivent aux Lombards. 419. Voy. 441. note, differentes pieces concernant l'execution de l'Ordonnance de Philippe de Valois, qui portoit que leurs debiteurs payeroient au Roy le principal de ce qu'ils leur devoient. Biens des Lombards, Italiens, Ultramontains, Usuriers, & de leurs fauteurs, confisquez au profit du Roy. 523.

(VUIDANGEURS.) Comme il y a peu d'Ouvriers *ès Chambre basses, que l'on dit courtoises*, tous les Ouvriers, de quelque mestier qu'ils soient, pourront faire celuy-là, & revenir ensuite à celuy qu'ils faisoient auparavant : il est deffendu sous peine d'amende de les injurier. 377. CCXXXIV.

XAINTONGE. Trois Maistres des Eaux & Forests instituez pour la Touraine, l'Anjou, le Maine, le Poitou, la Xaintonge, le Berry, l'Auvergne. 245. I. Jean de Marigny Evesque de Beauvais, Lieutenant du Roy dans l'Occitanie, (le Languedoc) & le Xaintonge. 181. & note *(b)*.

YONNE. Reglement du Bailli de Sens, confirmé par Philippe de Valois, touchant les instrumens dont on se servoit pour pescher dans cette Riviere. XI.

YVELINE. Deux Maistres des Eaux & Forests instituez pour Yveline, Senlis, Valois, Vermandois, Aminois. 245. I.

ADDITION.

BACHELIERS n'estoient pas de bas Chevaliers : ils estoient ainsi nommez, parce que n'ayant pas un nombre de Bachelles de terre suffisant, ils n'estoient pas assez riches pour lever Banniere, mais ils estoient Chevaliers du mesme ordre que les Bannerets, quoyque moins riches. 466. note *(c)*.

TABLE DES NOMS

*des Provinces, des Bailliages, des Seneschaussées, des Villes & des autres lieux, dont il est parlé dans ce Volume.**

L

M

Marquisats.

N

O

P

TABLE DES NOMS

des Personnes, dont il est parlé dans ce Volume.

C

L

M

Manneville,

G

E

F

D

Donchery,

Q

R

S

S.t Pol,

T

Y

ADDITION.

V

(a) TABLE CHRONOLOGIQUE DES ORDONNANCES CONTENUES DANS LA SECONDE ADDITION.

NOTES.

(a) Comme la pluspart des pieces comprises dans cette seconde Addition, ont esté envoyées pendant que l'on imprimoit les Tables, on a esté obligé d'en faire de particulieres pour cette Addition.

TABLE

TABLE DES MATIERES DE LA SECONDE ADDITION.

O

P

R

S

T

V

Corrections & Additions.

PAGE 2. ligne 5. *le Roy*, lisez *le Regent*.
Page 2. ligne 4. *lieux*, lisez *Alleus*. Voy. pag. 14. art. 5. & la Preface pag. 2. note *(b)*.
Ligne 12. *soient trois Seigneurs*, lisez *ne soient trois Seigneurs*. Voy. pag. 15. Note, art. 6. & pag. 16. note, art. 7.
Page 92. Note, col. 1. *feüillet 120.* lisez *2. bis, verso*.
Page 98. Note marginale. *Senlis*, lisez *Maubuisson*.
Ibid. Note, ligne derniere. *57. verso*, lisez *57. recto, & 94. recto*.
Page 99. Note marginale, *à Maubuisson, le 1.er Juin*, lisez *à Senlis le 22. May, & cette Ordonnance doit estre placée avant celle du 1.er Juin qui est à la page precedente*.
Ibid. Dans la Note qui est après cette Ordonnance du 22. May, *feüillet 57. & 94.* lisez *57. verso. & 92. verso*.
Page 112. ligne 41. *vacari*, lisez *vocari*.
Page 115. ligne 36. *effectas*, lisez *effectus*.
Page 117. ligne 9. *aliasque suas*, je crois qu'il faut lire *alias quam suas*, suivant ce qui se lit dans l'Arrest du Parlement du 5. Mars 1388. qui est dans cette page, note *(a)*. col. 2.
Ibid. Note, col. 1. ligne 6. *millesimo octagesimo octavo*, lisez *1388*.
Page 126. ligne 24. *debati*, lisez *delati*.
Page 128. ligne 37. *(37)* lisez *38*.
Page 137. Note, col. 2. ligne 6. *1717.* lisez *1471*.
Page 138. au bas de la page dans le sommaire, col. 2. lig. 5. *276.* lisez *260*.
Page 141. Note, col. 1. ligne 18. *24.* lisez *30*.
Page 154. Note, col. 2. ligne 3. *1653.* je crois cette date fausse.
Page 157. dans le sommaire, col. 2. ligne 1. *enfrainées*, lisez *enfraintes*.
Page 158. dans le sommaire, col. 1. ligne 7. *du Monstiere*, lisez *Monstierviller*. Voy. pag. 161. art. 10.
Page 197. ligne 25. *debentes*, il y a dans Fontanon, *habentes*.
Page 239. ligne 19. *Prevoz, Fermiez*, lisez *Prevoz fermiez*.
Page 246. ligne 12. *rentes*, je crois qu'il faut corriger, *ventes*.
Page 252. au bas de la page, notes, col. 1. ligne 1. E. lisez C.
Page 254. Notes, col. 1. ligne 2. *E.* lisez *C.*
Page 256. au milieu de la page, Notes, *F.* lisez *C.*
Page 257. Notes, col. 2. ligne 5. *Beuteroue*, lisez *Bouteroue*.
Page 258. ligne 39. entre l'article 10. & le 11. le Pere Menestrier met un article que voicy :

> *Et sur ce qu'on se plaigneit que si un Citoyen en faisoit citer un autre, & qu'avant que de comparoistre devant le Juge, ils venoient à s'accorder, on ne laissoit pas de poursuivre l'affaire, nous avons deffendu de le faire, parce que cela ne s'est jamais pratiqué auparavant.*

Page 269. Notes, ligne 1. *E.* lisez *C.*
Page 270. Notes, *F.* lisez *C.*
Page 273. ligne 15. *dit*, lisez *dû*.
Page 282. ligne 26. *Hospital de Lisy*, il y a *Mesy*, dans l'original.
Page 288. Notes, *E.* lisez *C.*
Page 289. premieres Notes, col. 1. ligne 1. & secondes Notes, *E*, lisez *C.*
Page 291. Notes, col. 1. ligne 1. *E*, lisez *C.*
Page 293. dans les premieres & les secondes Notes, *E*, lisez *C.*
Page 294. dans les premieres & les secondes Notes, *E*, lisez *C.*
Page 295. dans les premieres & les secondes Notes, *E.* lisez *C.*
Page 296. dans les Notes, col. 1. ligne 1. *E. feüillet 44.* lisez. *C. feüillet 48. verso.*
Page 300. Notes, col. 1. ligne 2. *fol. 43. verso, de la Chambre des Comptes de Paris*, ajoûtez, *dans ce folio 431 ce Mandement est daté du 28. Mars.*
Page 301. aux premieres & secondes Notes, *E.* lisez *C.*
Page 304. aux premieres notes, après *Paris*, ajoûtez *Reg. C.*
Page 308. Notes, col. 1. ligne 2. après *Paris*, ajoûtez fol. *257. recto.*
Page 311. ligne 41. *point*, lisez *pour*.
Page 315. ligne 25. *6. Aoust l'an de grace 1349.* Dans le Memorial C. il y a seulement à la fin, *données ut supra. Collation est faite.* Et à la marge d'une main un peu plus recente *16. Juillet 1349.* qui est la date de la Lettre que les Gens du Parlement, du Conseil, & de la Chambre des Comptes adresserent au Roy, en luy envoyant le projet de cette Ordonnance, laquelle Lettre precede immediatement cette Ordonnance dans le Memorial. Voy. cy-dessus. p. 308. Note *(a)*.
Page 332. 333. 334. à la marge, *à Vincennes l'an 1346. au mois de Mars*, corrigez à *Agen le 9. Octobre 1348.*
Page 337. ligne 10. *Karolus*, lisez *Philippus*, & ligne 13. *Philippus*, lisez *Carolus*.
Page 350. à la marge, ligne 12. *Fevr.* lisez *Janvier*.
Pages 351. 352. ces chiffres sont repetez deux fois.
Page 351. *bis*, à la ligne penultieme *1311.* il y a *1316.* dans Fontanon.
Page 354. *à menuiser*, lisez *amenuisier*, qui signifie diminuer.
Page 378. ligne 41. *mesures*, lisez *mesgnies*, comme trois lignes plus haut.
Page 380. Notes, ligne derniere, *115.* lisez *1115.*
Page 389. ligne 24. *Visthbit.* Il y a dans le Registre, *Vistrebet.*
Idem, ligne suiv. *421.* lisez *81. recto.*
Page 400. dans le sommaire, col. 1. ligne derniere, *deniers & de maille*, lisez *deniers & maille*.
Page 401. col. 1. ligne 14. *prest*, lisez *prix*.
Ibid. ligne 20. *fermens ne soient pris*, lisez *fermiers n'offrent*.
Ibid. col. 2. ligne 5. *pourvû*, lisez *approchié*.
Ibid. ligne 10. *citer ce*, lisez *ester a*.
Page 411. dans le sommaire, article 9. ligne 12. *reparer*, lisez *lever*.
Ibid. art. 10. ligne 1. *Normadie*, lisez *Normandie*.
Page 412. ligne 7. *Ludovicus Dei*, lisez *Ludovicus (D.) Dei*.
Page 417. note marginale, ligne 8. & suiv. effacez, *au mois d'Avril 1350.*
Page 424. ligne 23. *Compoteurs*, lisez *Comporteurs*.
Page 430. Notes, col. 2. lisez *à la fin, & au feüillet 86. du mesme Registre il y en a*, &c.
Page 431. derniere ligne, *85.* lisez *86. recto.*
Page 432. Notes marginales, après la ligne 14. adjoûtez *S.t Louis.* 1266.
Page 438. Note marginale, ligne 9. *1304.* lisez *1134.*
Page 444. note marginale, ligne 45. *au mois de Juin*, lisez *16. Aoust.*
Page 447. premiere note. *92.* lisez *91. verso.*
Page 450. Notes, lignes 3. & 4. *page 234. sous la date du 3. Mars 1320.* lisez *page 354. sous la date du 23. Mars 1302.*
Page 455. Notes, col. 2. ligne 1. *339.* lisez *359.*
Page 464. Notes, col. 2. ligne 6. *38.* lisez *58.*
Page 476. *contractibus*, lisez *contractibus*.
Page 477. ligne 18. *in fringentur*, lisez *infringentur*.
Page 478. ligne 14. *universitatis*, lisez *universitatis*.
Ibid. ligne 42. *corum*, lisez *eorum*.
Page 490. Notes, col. 2. ligne 1. *E.* lisez *C.*
Page 495. aux premieres notes, *E.* lisez *C.*
Ibid. à la derniere ligne après *eratis*, adjoûtez *J. Royer*.
Ibid. aux dernieres notes *96.* lisez *106. verso.*
Page 517. note marginale, ligne 8. *les 7. May*, lisez *les 24. Avril 1337. & 7. May.*
Page 520. ligne 23. *consilibus*, lisez *consulibus*.
Ibid. ligne 34. *cressent*, lisez *crescent*.
Page 551. aux premieres notes *142. verso*, lisez *142. recto.*